KB039008

세법의 논점 2

• 백제흠

박영사

머 리 말

　'세법의 논점'이 출간된 지 어느덧 5년이 지났습니다. 실무가의 글에 대해 많은 분들이 관심을 보여 주신 데 힘입어 언젠가는 후속 서적을 발간해 볼 생각을 가졌는데, 갑자기 들이닥친 코로나 19 사태로 그 시기가 예상보다 앞당겨지게 되었습니다. 전대미문의 '일상의 멈춤' 속에서 의미 있는 작업을 찾다 보니 역설적으로 '세법의 논점 2의 집필시간'이 허여된 셈입니다.

　이 책은 29편의 논문과 판례평석으로 구성되어 있습니다. 2016년 '세법의 논점' 발간 이후 한국세정신문에 추가로 기고한 12편의 판례평석과 매년 법률신문에 투고한 전년도 조세법 중요판례분석 5편 및 틈틈이 작성한 최근 조세법 판례평석 3편이 발간의 바탕이 되었습니다. 거기에 그간 다수 간행물에 기고한 5편의 글과 코로나 시국에 조세학술지에 게재한 4편의 논문을 더하여 총 29편의 논문과 판례평석을 종전의 편제에 따라 '국내세법'과 '국제세법' 및 '부록'으로 구분하여 배치했습니다.

　그동안 '세법의 논점 2'의 논문과 판례평석을 작성하면서 몇 가지 사항을 염두에 두었습니다. 이 책의 구성을 크게 국내세법과 국제세법으로 나누었지만 국내세법 분야에 19편, 국제세법 분야에 10편의 글을 할애하여 국내세법 분야에 보다 집중함으로써 조세실무의 실상에 상응하도록 하였습니다. 또한, 세법의 전반적인 영역에 대한 이해를 도모하기 위하여 조세법 영역임에도 크게 논의되지 못하였던 지방세법과 관세법 분야에 대해서도 실무상 다툼이 되는 주요 쟁점을 추려내어 소개하였습니다. 더불어 최신의 세목별 과세 실무와 법원 판결의 경향을 전달하기 위하여 후반부에 지난 5년간의 조세법 중요판례분석을 실어 조세법의 최근 쟁점을 전체적으로 파악할 수 있도록 하였습니다. 조세법이 어렵고 복잡한 분야이다 보니 전문가가 아니더라도 대상 주제를 쉽게 이해할 수 있도록 매 글마다 모두에 쟁점을 정리하고 그와 관련되는 기본적 사항을 충실하게 설명하여 세법 전공자가 아니더라도 논의의 흐름을 이해할 수 있도록 하였습니다. 다만, 이 책의 글들은 5년 이내에 게재된 것들로서 그간 법령과 판례에 큰 변화가 있지는 않았고 이후 판례와 법령의 개정사항을 반영하면 기고 시점의 취지가 퇴색되는 문제가 있었으므로, '세법의 논점 2'를 준비하면서는 실체적인 내용을 가감하지 않는 대신 형식적 사항을 정리하고 통일하는 정도에서 보완작업을 하였다는 점을 말씀드립니다.

　2021년은 개인적으로 조세법을 공부하기 위하여 법원을 사직하고 유학을 떠난 지 20년이 되는 해입니다. 2001년 여름 출국 당시만 해도 국내 조세법이 불모지나 다름이 없었지만 이제는 법학의 주요한 분과로 자리잡았습니다. 조세법은 많은 전문가들이 선호하는 전공 분야가 되었고, 우리들의 경제활동에 심대한 영향을 미치는 핵심적 법률 과목이 되었습니다. 그렇지만 조세법 해석론과 법리가 실무의 현장에서 반영되는 과정을 다룬 지침서는 여전히 다른 법률 분야에 비하여 부족한 것이 현실입니다. '세법의 논점'에 이어 발간하는 '세법의 논점 2'를 통하여 부족하나마 조세법의 실무지식을 세상에 공유함으로써 전환의 시대에 조세법의 이론과 쟁점에 대한 논의를 풍성하게 하고 조세법에 관심을 두고 있는 독자들의 조세법 공부에 조금이라도 도움이 되었으면 하는 바람을 가져 봅니다.

　조세 실무가로서 그동안의 실무경험을 학문적으로 정리하여 두 권의 서적을 발간할 수 있었던 것은 강호제현(江湖諸賢)의 가르침과 배려가 있었기에 가능하였습니다. 조세법 실무와 연구의 토양이 충분하게 마련되어 있는 김·장 법률사무소와 한국세법학회 등 실무계와 학계에서 선후배 및 동료들과 함께 근무하고 교류할 수 있었던 것은 개인적으로 큰 행운이었습니다. 그 모든 은혜에 두 손 모아 감사드립니다. 아울러 이 책의 발간에 적극 힘써 주신 박영사 안종만 회장님, 안상준 대표님, 조성호 이사님, 수고스러운 편집작업을 맡아 주신 김상인 편집위원님께도 사의의 말씀을 드립니다.

　끝으로 어려운 환경 속에서도 항상 격려와 애정을 아끼지 않으신 모친, 그리고 가정의 대소사를 살뜰하게 챙겨 본업에 충실할 수 있도록 애써 준 처와 사랑하는 두 딸의 적극적인 성원이 없었다면 세법의 논점 1, 2의 출간은 애초에 시작도 하기 어려웠을 것임을 고백합니다. 환란의 시절에 가정의 소중함을 다시금 느끼면서 무엇보다도 이 책 발간의 기쁨을 가족들과 같이 나누고자 합니다.

2021. 9.

백 제 흠

목   차

제1편 국내세법

제 2 편　국제세법

4. 관 세 법

부   록

제 1 편 국내세법

1

국세기본법

구 국세기본법상 우선적 세무조사대상 선정규정의 의미와 그에 위반한 과세처분의 효력*

〈대법원 2014. 6. 26. 선고 2012두911 판결〉

Ⅰ. 대상판결의 개요

1. 사실관계의 요지와 부과처분의 경위

원고는 세무사로 근무하면서 임대업을 영위하고 있었는데, 원고의 처가 2004. 6. 10. 쟁점 부동산을 28억 6,700만 원에 매수하자, 피고 지방국세청장은 원고의 처의 직업·소득 및 재산상태 등으로 보아 쟁점 부동산을 자력으로 취득하였다고 보기 어렵고, 그 취득자금은 원고가 탈루한 임대소득을 증여 받았을 가능성이 높다고 보아 원고에 대해서는 임대소득을 탈루한 혐의로, 원고의 처에 대해서는 원고로부터 쟁점 부동산의 취득자금을 증여 받은 혐의로 원고와 그 처를 우선적 세무조사 대상자로 선정하여 2006. 9. 6. 세무조사 사전통지서를 발송하였다. 위 세무조사 사전통지서에는 각 조사대상 세목란에 '개인제세 통합조사(종합소득세, 부가가치세, 원천세 등 관련 세목 통합조사)', 조사사유란에 '국세기본법[1] 제81조의5 제2항', 원고의 처에 대해서는 추가로 조사대상 세목란에 재산제세 조사(양도 및 증여세)로 기재되어 있었다.

피고 지방국세청장 소속 세무공무원은 원고와 그의 처에 대하여 세무조사를 실시하여 원고에 대하여는 원고의 예금계좌에서 임대수입 신고누락 부분과 원고의 처 명의의 예금계좌에서 관리비수입 신고누락 부분 등을 적출하였으나, 원고

---

* 한국세정신문 제4752호 (2016. 9. 12.)
1) 구 국세기본법(2006. 12. 30. 법률 제8139호로 개정되기 전의 것, 이하 '구 국세기본법').

의 처에 대하여는 아무런 탈루나 오류를 발견하지 못하였다. 피고 지방국세청장 소속 세무공무원은 원고의 임대수입 등 신고누락 부분을 수입금액에 산입하고 업무무관비용을 필요경비에서 제외하여 조사적출보고서를 작성한 후, 이를 피고 세무서장에게 과세자료로 통보하였다.

이에 피고 세무서장은 2007. 8. 원고에 대하여 2001 내지 2005년도 종합소득세 합계 2억 3,100만 원의 부과처분 및 2002년 제1기 내지 2006년 제1기 부가가치세 합계 9,108만 원의 부과처분을 하였다. 이에 대하여 원고는 조세심판원에 심판청구를 제기하여 종합소득세 및 부가가치세의 일부 인용결정을 받았고, 이에 따라 피고 세무서장은 2011. 1. 위 부과처분을 종합소득세 합계 1억 8,599만 원 및 부가가치세 합계 8,194만 원으로 감액경정을 하였다(위 부과처분 중 감액되고 남은 부분을 '이 사건 부과처분'이라고 한다).

2. 소송의 경과

원고는 신고납부세목의 경우 원고에게 국세기본법 제81조의5 제2항(이하 '쟁점 규정' 또는 '우선적 세무조사대상 선정규정') 제1호 내지 제5호에 정한 사유가 있는 경우에만 우선적 세무조사대상으로 선정할 수 있는데, 원고에게는 그와 같은 사유가 존재하지 않으므로 피고 지방국세청장의 세무조사대상 선정행위는 위법하고, 따라서 이 사건 부과처분은 적법절차를 준수하지 않은 위법한 세무조사에 기초하여 이루어진 것으로서 역시 위법하다고 주장하였다.

제1심은 피고 지방국세청장이 원고와 그의 처의 각 소득 내지 재산, 그 인적관계 등에 비추어 원고의 처가 원고로부터 증여 받은 금액으로 부동산을 취득하였다고 판단하고 원고의 소득신고내용을 분석한 결과 '탈루나 오류의 혐의를 인정할 명백한 자료가 있는 경우'에 해당한다고 보아 세무조사를 한 것이므로 원고에 대한 세무조사는 쟁점 규정 제4호에 따른 적법한 세무조사이고, 피고 지방국세청장 소속 세무공무원이 원고의 처에게 질문·검사권을 행사한 것은 쟁점 규정 제4호, 구 소득세법(2006. 12. 30. 법률 제8144호로 개정되기 전의 것, 이하 '구 소득세법') 제170조, 구 부가가치세법(2010. 1. 1. 법률 제9915호로 개정되기 전의 것, 이하 '구 부가가치세법') 제35조, 구 상속세 및 증여세법(2010. 1. 1. 법률 제9924호로 개정되기 전의 것, 이하 ' 구 상증세법') 제84조에 의한 적법한 세무조사행위이므로 그에 기한 이 사건 부과처분은 적법하다는 이유로 청구를 기각하였다.[2)]

이에 대하여 원심은 원고가 세법에서 정하는 신고, 세금계산서의 작성 등 각종 납세협력의무를 이행하지 아니하였다고 볼 증거가 없고, 피고 지방국세청장은 원고의 처가 고가부동산을 취득한 것과 관련하여 이미 확보하고 있던 세무신고 자료나 전산자료 등에 나타난 원고의 처의 재산현황에 비추어 자금출처가 불분명하다고 판단하였을 뿐, 원고의 신고 내용 자체에 탈루나 오류혐의를 인정할 만한 명백한 자료를 가지고 있지 아니하며, 원고가 한 신고내용에 대하여 성실도 분석을 한 자료를 당심까지 제출하지 않고 있어 성실도 분석결과 불성실 혐의가 있다고 인정할 사유에 관한 아무런 증거가 없으므로 원고에게는 쟁점 규정 제1호, 제4호 및 제5호에서 정한 우선적 세무조사대상 선정사유가 존재하지 아니하고 따라서 이 사건 부과처분은 위법하게 개시된 세무조사에 기초한 것이므로 위법하다고 판단하면서 제1심 판결 및 이 사건 부과처분을 취소하였다.[3]

3. 대상판결의 요지

대상판결은 신고납부 세목에 대하여 우선적 세무조사대상 선정규정 각호의 사유에 해당하지 않는 경우에는 개별세법상 질문 · 조사권, 질문 · 검사권 규정에 따른 '직무상 필요성'만으로 우선적 세무조사 대상자로 선정할 수 없고, 우선적 세무조사대상 선정사유가 없음에도 세무조사대상으로 선정하여 과세자료를 수집하고 그에 기한 과세처분을 한 경우 그 과세처분은 위법하다고 판단하였다. 구체적으로 대상판결은 "헌법 제12조 제1항에서 규정하고 있는 적법절차의 원칙은 형사소송절차에 국한되지 아니하고 모든 국가작용 전반에 대하여 적용된다(헌법재판소 1992. 12. 24. 선고 92헌가8 결정, 헌법재판소 1998. 5. 28. 선고 96헌바4 결정 등 참조). 세무조사는 국가의 과세권을 실현하기 위한 행정조사의 일종으로서 과세자료의 수집 또는 신고내용의 정확성 검증 등을 위하여 필요불가결하며, 종국적으로 조세의 탈루를 막고 납세자의 성실한 신고를 담보하는 중요한 기능을 수행한다. 이러한 세무공무원의 세무조사권의 행사에서도 적법절차의 원칙은 마땅히 준수되어야 한다. 세무조사대상의 기준과 선정방식에 관한 구 국세기본법 제81조의5가 도입된 배경과 취지, 구 국세기본법 제81조의5가 포함된 제7장의2에 관한 구 국세기본법과 개별 세법의 관계 등을 종합하여 보면, 구 국세기본법 제81조의

---

2) 서울행정법원 2011. 6. 3. 선고 2011구합5155 판결.
3) 서울고등법원 2011. 12. 7. 선고 2011누22534 판결.

5가 마련된 이후에는 개별 세법이 정한 질문·조사권은 구 국세기본법 제81조의 5가 정한 요건과 한계 내에서만 허용된다고 보아야 한다. 또한 구 국세기본법 제81조의5가 정한 세무조사대상 선정사유가 없음에도 세무조사대상으로 선정하여 과세자료를 수집하고 그에 기하여 과세처분을 하는 것은 적법절차의 원칙을 어기고 구 국세기본법 제81조의5와 제81조의3 제1항을 위반한 것으로서 특별한 사정이 없는 한 그 과세처분은 위법하다"고 판시하면서 이 사건의 경우 우선적 세무조사대상 선정사유가 있는지에 대하여는 원고의 신고내용 자체에 탈루나 오류의 혐의를 인정한 만한 명백한 자료를 가지고 있지 않고, 원고의 신고내용에 대한 성실도 분석결과와 불성실 혐의 등이 있다고 볼 수 없다고 한 원심의 판단은 정당하다고 보았다.

Ⅱ. 대상판결의 평석

1. 이 사건의 쟁점

쟁점 규정은 일정한 사유에 해당하는 경우에는 우선적 세무조사대상으로 선정할 수 있다고 규정하면서 그 세무조사대상 선정사유를 제한하여 열거하고 있는 반면, 개별 세법은 질문·조사권의 행사의 요건으로 '직무상 수행상 필요한 때' 등 광범위한 재량을 세무조사 공무원에게 부여하고 있는바, 쟁점 규정과 개별 세법의 질문·조사권 규정이 상호 저촉되는 경우 어느 규정이 우선하는지 여부가 문제된다. 특히 쟁점 규정은 세무조사대상의 선정을 우선적으로 한다는 것을 규정하고 있고 다른 사유에 의한 세무조사의 선정을 배제한다고는 되어 있지 않아 쟁점 규정 각 호에서 정한 우선적 세무조사대상 선정사유가 없어도 과세관청에서는 개별 세법의 질문·조사권 규정에 정해진 '직무상 필요성'만으로 세무조사대상을 선정할 수 있는지 여부가 이 사건의 주된 쟁점이다.

다음으로 만일 개별 세법의 질문·조사권 규정에 의하여 세무조사대상으로 선정할 수 없다면 이 사건의 경우 쟁점 규정에 따른 우선적 세무조사대상자 선정사유가 있는지 여부가 쟁점이 된다. 추가로 구 국세기본법 제81조의5 제4항과 구 상증세법 제84조는 부과과세 방식의 세목에 대하여 세무조사와 질문·조사권의 행사를 할 수 있다고 규정하고 있는데, 위 규정에 의하여 원고에 대한 세무조사가 가능한 것은 아닌지, 나아가 쟁점 규정의 우선적 세무조사대상 선정사유가 없음에도 개별세법의 질문·조사권에 기하여 세무조사를 실시하여 과세처분을 하는 경우에 그 과세처분의 적법성이 유지되는지 여부도 문제된다.

쟁점 규정은 세무조사에 대한 적법성 통제의 차원에서 국세기본법에 새로이 도입된 것으로서 이 사건 쟁점에 대한 검토 및 분석을 위해서는 세무조사와 그에 관한 적법 절차 조항에 대하여 먼저 살펴볼 필요가 있다.

2. 세무조사와 그에 대한 법적 통제

가. 세무조사의 의의

세무조사는 조세의 부과징수를 위한 세무행정상의 목적을 실현하기 위해 법정 방식에 따라 대상자로 선정된 납세자로부터 그 신고 내용의 적정성을 검증하거나 과세표준을 결정 또는 경정하기 위한 과세자료를 수집·확보하는 절차를 의미한다.[4] 국세청 조사사무처리규정 제3조 제1호는 각 세법이 규정하는 질문·조사권 또는 질문·검사권 및 조세범처벌법, 조세범처벌절차법에 따라 조사공무원이 납세자의 국세에 관한 정확한 과세표준과 세액을 결정 또는 경정하기 위하여 납세자 또는 납세자와 거래가 있다고 인정되는 자 등을 상대로 질문하고 장부·서류·물건 등을 검사·조사하거나 그 제출을 명하는 행위로서 조사계획에 의해 실시하는 것으로 정의하고 있다. 세무조사는 과세권을 실현하기 위한 행정조사의 하나로서 부과과세방식의 조세에 관하여 과세표준과 세액을 결정하기 위한 자료를 수집하고, 신고과세방식의 조세에 관하여는 신고내용의 적정성을 검증할 수 있도록 하여 조세의 탈루를 막고 납세자의 성실신고를 담보하는 기능을 수행한다. 세무조사권은 조세법률관계에서 조세채권자인 과세관청에 법적 지위의 우위를 부여하는 핵심적 권한이다.[5]

나. 구 국세기본법상 세무조사에 대한 적법성 통제규정의 도입

세무조사는 세수를 확보하고 공평과세를 실현하기 위한 불가피한 수단이지만 그 과정에서 납세자의 재산권, 영업의 자유, 사생활의 비밀 등 헌법상의 기본권을 침해할 우려가 있다. 종전에는 국세기본법에 세무조사대상 선정에 관한 기

---

4) 이준봉, 조세법총론, 삼일인포마인, 2016, 159면.
5) 김민훈, "세무조사권에 대한 법적 통제", 공법학연구 제6권 제2호, 한국비교공법학회, 2005. 6, 335면.

준이나 납세자의 권리 일반에 대한 규정은 없었고 세무공무원은 '직무상 필요한 경우' 납세자나 관계인에게 필요한 질문을 하고 관계서류·장부 등을 조사하거나 제출을 명할 수 있다고 한 개별 세법상의 질문·조사권 규정에 근거하여 세무조사를 수행하여 왔다.

그러다가 1996년 우리나라가 경제개발협력기구에 가입하게 되면서 세무조사에 있어서도 국제적 기준과 규범에 부합하는 납세자의 권익 보호가 요청되었다. 이에 따라 1996. 12. 30. 법률 제5189호로 개정된 국세기본법은 납세자의 권익 향상과 세정의 선진화를 위하여 '납세자의 권리'에 관한 제7장의2를 신설하여 중복조사의 금지규정(제81조의3)과 납세자의 성실성 추정규정(제81조의5), 세무조사에 있어서의 조력을 받을 권리 규정(제81조의4)을 처음으로 도입하였다. 납세자의 성실성 추정 규정은 "세무공무원은 납세자가 세법이 정하는 신고 등의 납세협력의무를 이행하지 아니하였거나 납세자에 대한 구체적인 탈세제보가 있는 경우 등 대통령령이 정하는 경우를 제외하고는 납세자가 성실하며 납세자가 제출한 신고서 등이 진실한 것으로 추정하여야 한다"고 규정하였고 그 위임을 받아 1996. 12. 31. 대통령령 제15189호로 개정된 국세기본법 시행령 제63조의4 제1항은 법 제81조의5 제1항에서 대통령령이 정하는 경우로서 납세자가 세법이 정하는 신고, 세금계산서의 작성·교부, 지급조서의 작성·제출 등의 납세협력의무를 이행하지 아니한 경우, 납세자에 대한 구체적인 탈세제보가 있는 경우, 신고내용에 탈루나 오류의 혐의를 인정할 만한 명백한 자료가 있는 경우, 납세자의 신고 내용이 국세청장이 정한 기준과 비교하여 불성실하다고 인정되는 경우를 규정하였다.

그 후 2001년경 언론사에 대한 세무조사 등을 계기로 사회적, 정치적으로 세무조사의 공정성 및 객관성에 대한 문제제기와 함께 세무조사제도 운영에 있어서의 적정성을 확보하기 위한 구체적인 논의가 시작되었다.[6] 이에 따라 2002. 12. 18. 법률 제6782호로 개정된 국세기본법 제81조의3은 "세무공무원은 적정하고 공평한 과세의 실현을 위하여 필요 최소한의 범위 안에서 세무조사를 행하여야 하며, 다른 목적 등을 위하여 조사권을 남용하여서는 아니되고, 세무공무원은 조세탈루의 혐의를 인정할 만한 명백한 자료가 있는 경우, 거래상대방에 대한 조사가 필요한 경우, 2이상의 사업연도와 관련하여 잘못이 있는 경우 기타 이와 유

---

6) 이예슬, "우선적 세무조사 대상자 선정에 관한 구 국세기본법 제81조의5 제2항의 해석", 대법원 판례해설 제100호, 법원도서관, 2014, 10면.

사한 경우로서 대통령령이 정하는 경우를 제외하고는 같은 세목 및 같은 과세기간에 대하여 재경정·재조사할 수 없다"고 규정하게 되었고, 위 국세기본법 시행령 제63조의4 제1항의 규정은 삭제되고 그 대신 국세기본법 제81조의5 제2항에서 위 시행령 조항이 규정하고 있던 내용을 일부 수정하고 무자료거래, 위장·가공거래 등 거래내용이 사실과 다른 혐의가 있는 경우를 추가하여 5가지 유형의 우선적 세무조사대상 선정 사유를 규정하였다. 그와 같은 연장선에서 구 국세기본법 제81조의5 제1항은 납세자의 성실성 추정에 대하여, 제2항은 우선적 세무조사대상 선정사유에 대하여, 제3항은 일반적인 세무조사대상 선정사유에 대하여, 그리고 제4항은 부과과세 세목의 세무조사에 대하여 각 규정하고 있다.

다. 위법한 세무조사에 대한 구제방안

세무조사의 적법성 통제 규정에 위반하여 이루어진 세무조사에 대한 행정소송상의 구제방안으로서는 통상 세무조사결정의 취소와 관련 과세처분의 취소를 구하는 두 가지의 방법이 있다.

(1) 세무조사결정에 대한 취소소송

대법원은 세무조사결정이 행정소송의 대상이 되는 행정처분에 해당하는지 여부에 관하여 "부과처분을 위한 과세관청의 질문조사권이 행해지는 세무조사결정이 있는 경우 납세의무자는 세무공무원의 과세자료 수집을 위한 질문에 대답하고 검사를 수인하여야 할 법적 의무를 부담하게 되는 점, 세무조사는 기본적으로 적정하고 공평한 과세의 실현을 위하여 필요한 최소한의 범위 안에서 행하여져야 하고, 더욱이 동일한 세목 및 과세기간에 대한 재조사는 납세자의 영업의 자유 등 권익을 심각하게 침해할 뿐만 아니라 과세관청에 의한 자의적인 세무조사의 위험마저 있으므로 조세공평의 원칙에 현저히 반하는 예외적인 경우를 제외하고는 금지될 필요가 있는 점, 납세의무자로 하여금 개개의 과태료 처분에 대하여 불복하거나 조사 종료 후의 과세처분에 대하여만 다툴 수 있도록 하는 것보다는 그에 앞서 세무조사결정에 대하여 다툼으로써 분쟁을 조기에 근본적으로 해결할 수 있는 점 등을 종합하면, 세무조사결정은 납세의무자의 권리·의무에 직접 영향을 미치는 공권력의 행사에 따른 행정작용으로서 항고소송의 대상이 된다고 하여 세무조사결정이 항고소송의 대상이 된다"고 판시하였다.[7] 위 대법

---

7) 대법원 2011. 3. 10. 선고 2009두23617 판결.

원 판결은 세무조사결정을 항고소송으로 삼아 사전적으로 세무조사단계에서 그 결정의 적법성을 다투는 것을 허용하는 의미있는 판결이지만 당해 소송의 진행에 장기간의 시간이 소요되므로 그 실효성을 담보하기 위해서는 세무조사결정에 대한 집행정지가 필요하다. 세무조사 결정이 위법하더라도 그에 대해서는 금전적 보상이 가능하므로 세무조사의 실시로 회복하기 어려운 손해를 입게 되는지가 집행정지의 주요 기준이 된다.

(2) 과세처분에 대한 취소소송

세무조사에서 과세관청으로 하여금 세무조사에 대한 적법절차를 준수하도록 하고 납세자의 권리를 구제하기 위한 가장 적절하고 유효한 수단은 위법한 세무조사에 대해서 그 세무조사의 위법성을 이유로 과세처분의 취소를 인정하는 것이다. 대법원은 국세기본법상 중복세무조사 금지규정을 위반한 경우에 관련 과세처분도 위법하다고 판단하였다.[8] 국세기본법상 중복세무조사 금지규정이 도입된 후 이에 관한 다수의 판결들이 선고되었는데, 대법원은 원칙적으로 중복세무조사 금지규정을 위반한 세무조사에 기초하여 이루어진 과세처분을 위법하다고 보고 있다. 중복세무조사 금지규정에 따르면 세무공무원은 예외적인 허용사유가 없는 이상 원칙적으로 같은 세목, 같은 과세기간에 재조사를 할 수 없는바, 과세관청의 부가가치세 조사 이후 이루어진 개인제세 전반에 관한 특별세무조사의 결과 부가가치세와 종합소득세의 부과처분이 이루어졌다면 종합소득세의 조사 및 부과는 다른 세목에 대한 것이므로 재조사가 가능하지만,[9] 부가가치세 조사 및 부과는 중복세무조사로서 위법하게 된다.[10]

중복세무조사의 범위에 관하여 대법원은 "세무공무원이 어느 세목의 특정과세기간에 대하여 모든 항목에 걸쳐 세무조사를 한 경우는 물론 그 과세기간의 특정항목에 대하여 세무조사를 한 경우에도 다시 그 세목의 같은 과세기간에 대하여 세무조사를 하는 것은 구 국세기본법 제81조의4 제2항에서 금지하는 재조사에 해당하고 세무공무원이 당초 세무조사를 한 특정항목을 제외한 다른 항목에 대하여만 다시 세무조사를 함으로써 세무조사의 내용이 중첩되지 아니하였다고 하여 달리 볼 것은 아니다"라고 하여 당초 세무조사를 한 특정항목을 제외한 다른 항목에 대하여만 다시 세무조사를 하여 세무조사의 내용이 중첩되지 않더라

---

8) 대법원 2006. 6. 2. 선고 2004두12070 판결.

9) 대법원 2006. 5. 25. 선고 2004두11718 판결.

10) 대법원 2006. 6. 2. 선고 2004두12070 판결.

도 원칙적으로 중복세무조사에 해당한다고 판단하고 있다.[11]

　　대법원은 중복세무조사의 예외적 허용사유인 '조세탈루의 혐의를 인정할 만한 명백한 자료가 있는 경우'란 조세의 탈루사실이 확인될 상당한 정도의 개연성이 객관성과 합리성이 뒷받침되는 자료에 의하여 인정되는 경우로 보아 그 예외사유도 엄격히 제한하는 입장이다.[12] 따라서 객관성과 합리성이 뒷받침되지 않는 한 탈세제보가 구체적이라는 사정만으로는 여기에 해당한다고 보기 어렵고,[13] 나아가 종전 세무조사에서 이미 조사된 자료를 '조세탈루의 혐의를 인정할 만한 명백한 자료'에 해당하지 않는다고 보고 있다.[14]

3. 구 국세기본법상 우선적 세무조사대상 선정규정의 의미

가. 우선적 세무조사대상 선정사유

　　구 국세기본법 제81조의5는 제2항에서 세무공무원은 납세자가 세법이 정하는 신고, 세금계산서 또는 계산서의 작성·교부·제출, 지급조서의 작성·제출 등의 납세협력의무를 이행하지 아니한 경우(제1호), 무자료거래, 위장·가공거래 등 거래내용이 사실과 다른 혐의가 있는 경우(제2호), 납세자에 대한 구체적인 탈세제보가 있는 경우(제3호), 신고내용에 탈루나 오류의 혐의를 인정할 만한 명백한 자료가 있는 경우(제4호), 국세청장이 납세자의 신고내용에 대한 성실도 분석 결과 불성실혐의가 있다고 인정하는 경우(제5호)에 우선적으로 세무조사대상으로 선정할 수 있도록 함과 아울러 제3항에서 납세자가 최근 4과세기간(또는 4사업연도) 이상 동일세목의 세무조사를 받지 아니한 경우(제1호)나 무작위 표준추출방식에 의하여 표본조사대상으로 선정된 경우(제2호)에 신고내용의 정확성 검증 등을 위하여 필요한 최소한의 범위 안에서 세무조사를 실시할 수 있다고 규정하고 있고, 제4항에서는 과세관청의 조사결정에 의하여 과세표준과 세액이 확정되는 세목의 경우에는 과세표준과 세액을 결정하기 위한 세무조사를 할 수 있다고 규정하고 있다. 위 제2항은 우선적 세무조사대상 선정사유이고, 위 제3항은 일반적 세무조사 선정사유로서 신고내용의 검증을 위한 것이므로 신고납부 세목에 관한

---

11) 대법원 2015. 2. 26. 선고 2014두12062 판결.
12) 대법원 2010. 12. 23. 선고 2008두10461 판결.
13) 대법원 2010. 12. 23. 선고 2008두10461 판결 등.
14) 대법원 2011. 1. 27. 선고 2010두6083 판결. 다만, 제3자에 대한 세무조사에서 조사된 자료는 위 자료에 해당한다고 본 사례가 있다(대법원 2012. 11. 29. 선고 2010두19294 판결).

것이고, 위 제4항은 부과과세 세목에 관한 규정이다.

그 후 2006. 12. 30. 법률 제8139호로 국세기본법이 개정되면서 제81조의6 제1항과 제2항에서 세무조사의 유형을 정기조사와 수시조사로 구분하고 정기조사 선정사유는 종전 일반적 세무조사 선정사유에다가 우선적 세무조사대상 선정사유의 제5호를 추가하였고 나머지 우선적 세무조사대상 선정사유는 수시조사 선정사유로 규정하였다.

나. 개별세법상 질문조사권 규정과의 관계

구 소득세법 제170조는 "소득세에 관한 사무에 종사하는 공무원은 그 직무수행상 필요한 때에는 다음 각호의 1에 해당하는 자에 대하여 질문하거나 당해 장부·서류 기타 물건을 조사하거나 그 제출을 명할 수 있다"고 규정하면서 각호의 하나로 '납세의무자 또는 납세의무가 있다고 인정되는 자'(제1호)를 들고 있고, 구 부가가치세법 제35조 제1항은 "부가가치세에 관한 사무에 종사하는 공무원은 부가가치세에 관한 업무를 위하여 필요한 때에는 납세의무자, 납세의무자와 거래가 있는 자, 납세의무자가 가입한 동업조합 또는 이에 준하는 단체에 대하여 부가가치세와 관계되는 사항을 질문하거나 그 장부·서류 기타의 물건을 조사할 수 있다"고 규정하고 있다.

이와 같이 개별 세법은 직무수행상 필요하거나 업무를 위하여 필요한 경우 광범위한 재량에 의하여 세무조사를 실시할 수 있는 것으로 되어 있어 우선적 세무조사대상 선정규정에 해당하지 않는 경우에도 개별 세법상의 질문조사권 규정에 의하여 세무조사를 실시할 수 있는지, 달리 말하면 국세기본법상의 우선적 세무조사대상 선정규정과 개별세법상의 질문조사권 규정과의 관계를 어떻게 보아야 하는지가 문제된다.

이에 대해서 쟁점 규정은 우선적 세무조사대상 선정사유를 규정한 것이고 다른 사유에 의한 세무조사대상 선정을 배제하는 것은 아니므로 개별 세법상 질문·조사권의 '직무상 행사 필요성'이 있는 경우에는 세무조사를 개시할 수 있다는 견해도 있으나 다음에서는 보는 바와 같이 국세기본법과 개별세법의 관계, 우선적 세무조사 선정규정의 도입경위, 조문의 규정형식 등에 비추어 국세기본법에 우선적 세무조사 선정규정이 도입된 이후에는 개별세법이 정한 질문·조사권은 우선적 세무조사대상 선정규정이 정한 요건과 한계 내에서만 허용된다고 보아야 할 것이다.

첫째, 구 국세기본법 제1조는 "국세에 관한 기본적이고 공통적인 사항과 위법 또는 부당한 국세처분에 대한 불복절차를 규정함으로써 국세에 관한 법률관계를 명확하게 하고 과세를 공정하게 하며 국민의 납세의무의 원활한 이행에 이바지함을 목적으로 한다"고 규정함으로써 국세기본법이 국세 분야의 기본법임을 천명하고 있고, 구 국세기본법 제3조 제1항은 이 법은 세법에 우선하여 적용한다고 하면서 다만, 세법이 이 법 중 제2항 제1절, 제3장 제2절·제3절 및 제5절, 제4장 제2절(조세특례제한법 제104조의7 제4항에 의한 제2차 납세의무에 한한다), 제5장 제1절, 제2절 제45조의2·제6장 제51조와 제8장에 대한 특례규정을 두고 있는 경우에는 그 세법이 정하는 바에 의한다고 규정하고 있어 우선적 세무조사대상 선정규정이 속하는 제7장의2에 대해서는 국세기본법의 우선 적용을 유지하고 있다.

둘째, 종전에는 국세기본법에 세무조사대상 선정기준이나 납세자의 권리보호에 대한 규정이 없었으나 1996년 법률 제5189호로 개정된 국세기본법은 세무조사의 적법성 통제의 강화 차원에서 중복조사의 금지규정, 납세자의 성실성 추정규정, 세무조사에 있어서의 조력을 받을 권리, 세무조사대상 선정기준 등을 법률과 시행령에 명백히 규정하였고, 그 이후에도 세무조사의 공정성과 객관성의 확보를 통하여 과세관청의 임의적인 조사권 발동으로 인한 오·남용의 시비를 근절하고 억울한 납세자의 발생을 최소화하기 위해서 2002. 12. 18. 법률 제6782호로 개정된 국세기본법은 세무조사권의 남용을 금지하는 규정을 도입하고, 시행령에 규정된 세무조사대상 선정기준을 법률에 규정하였다.

셋째, 종전에는 개별세법상 질문조사권 규정은 세무공무원이 직무상 필요한 경우에는 질문조사권을 행사할 수 있다고 하면서 각 호에서 질문조사권 행사의 상대방만을 규정하고 있었는데 구 국세기본법은 제81조의3에서 세무조사권의 행사는 필요 최소한의 범위에서 행해져야 하고 다른 목적으로 남용되어서는 안되다는 것을 선언하였고, 제81조의5 제1항에서 그러한 입장에서 납세자의 성실성이 추정됨을 원칙으로 한다고 규정하되 다만 제2항에서 성실성이 추정되지 않는 5가지의 유형을 예외규정으로 나열하면서 그 예외적인 경우에 우선적 세무조사 대상으로 선정하는 것이 가능하다고 규정하고 있다. 이러한 조문 체계와 형식을 비교하면, 종전 개별세법에 의하여 광범위하고 포괄적으로 세무조사가 가능하던 것을 구 국세기본법의 개정을 통하여 예외적으로만 우선적 세무조사 대상 선정

이 가능하도록 규정한 것으로 보인다.[15]

다. 부과과세 세목과 우선적 세무조사 선정규정

구 국세기본법 제81조의5 제4항은 "세무공무원은 과세관청의 조사결정에 의하여 과세표준과 세액이 확정되는 세목의 경우 과세표준과 세액을 결정하기 위하여 세무조사를 할 수 있다"고 규정하고 있고, 구 상증세법 제84조는 "세무에 종사하는 공무원은 상속세 또는 증여세에 관한 조사 및 그 직무수행상 필요한 경우에는 납세의무자 또는 납세의무가 있다고 인정되는 자(제1호)와 피상속인 또는 제1호의 자와 재산의 수수관계가 있거나 수수할 권리가 있다고 인정되는 자(제2호)에 대하여 질문하거나 기타 물건을 조사하거나 그 제출을 명할 수 있다"고 규정하고 있으며 국세청 조사사무처리규정 제2조 제34호는 거주자가 재산을 취득하거나 채무의 상환 또는 개업 등에 소요된 자금이 직업·연령·소득 및 재산 상태로 보아 자력에 의한 것이라고 인정하기 어려운 경우 그 자금의 출처를 밝혀 증여세 등의 탈루 여부를 확인하기 위하여 자금출처 조사를 할 수 있다"고 규정하고 있다. 이는 부과과세 세목인 증여세에 관한 세무조사에 관한 규정들이다.

이와 관련하여 구 상증세법 제84조 제2호에 의하여 원고가 그의 처와 재산의 수수관계가 있다고 인정되는 자에 해당한다면 원고의 처의 증여세 탈루혐의를 밝히기 위하여 부과과세 세목인 증여세에 대한 과세표준과 세액을 결정하기 위하여 세무조사를 할 수 있는 구 국세기본법 제81조의5 제4항에 따라 세무조사를 개시할 수 있는지 여부에 의문이 있다.

이 사건의 경우 원고의 처의 직업·연령·소득 및 재산상태로 보아 쟁점 부동산의 취득자금 28억 원을 자력에 의하여 조달한 것이라고 보기 어려워 그 자금출처를 조사하기 위하여 세무조사를 개시한 것이고 증여세는 부과과세 세목에 해당하므로 원고의 처에 대한 세무조사는 구 국세기본법 제81조의5 제4항, 구 상증세법 제84조 제1호에 의한 것으로 정당하다고 사료된다. 그와 같은 경우 과세관청은 증여세 납세의무가 있다고 인정되는 자와 재산의 수수관계가 있다고 인정되는 자에 대해서는 질문조사권을 행사할 수 있으므로 원고의 처의 증여세 과세표준과 세액을 결정하기 위하여 위 규정에 기하여 원고에 대하여 별도의 세무조사 개시가 가능하다고 할 것이다. 다만 그러한 경우 세무조사의 범위는 구 상

---

15) 이예슬, 앞의 논문, 9-13면.

증세법 제84조에 따라 원고의 처의 증여세 탈루여부에 관한 질문·조사로 한정되어야 하는 것이고 원고의 다른 세목에 대한 조사를 하는 것은 그 범위를 벗어난 것이다.

뿐만 아니라 이 사건의 경우 과세관청은 원고를 그의 처와 재산의 수수관계에 있다고 인정되는 자로 보아 구 국세기본법 제81조의5 제4항, 구 상증세법 제84조 제2호에 의하여 세무조사를 개시한 것이 아니라 원고가 소득세를 탈루하여 원고의 처에게 증여한 것으로 보아 원고의 신고납부 세목에 대하여 구 소득세법 제170조 제1호, 구 부가가치세법 제35조에 의하여 개인제세 통합조사를 한 것이다. 따라서 과세관청의 위 세무조사 개시가 적법하려면 원고에게 신고납부 세목에 관한 국세기본법상 우선적 세무조사대상 선정사유가 존재하여야 하는 것이고 그러한 사유가 없다면 원고에 대하여 구 국세기본법 제81조의5 제4항, 구 상증세법 제84조 제2호에 기하여 세무조사 개시가 가능한 사정이 있다고 하더라도 그 절차는 위법한 것이 된다.[16)

라. 이 사건의 경우 우선적 세무조사대상 선정사유가 있는지 여부

(1) 피고의 주장

피고는 임대사업자이며 세무사인 원고가 수입금액을 탈루하여 처에게 취득자금을 증여하였다는 의심에 따라 원고의 처의 쟁점 부동산의 취득자금의 원천에 대한 자료 제출을 요구하였으나 원고가 이에 응하지 않았고 이러한 원고의 납세협력의무 불이행은 쟁점 규정 제1호에 해당하고, 쟁점 규정 제4호의 '신고 내용에 탈루나 오류의 혐의를 인정할 만한 명백한 자료가 있는 경우'의 명백한 자료는 '자료' 자체가 아니라 신고내용에 탈루나 오류의 혐의를 인정할 만한 '사유'로 보면 충분하며 이 사건에서는 그러한 사정이 인정된다는 입장이므로 주로 원고에게 쟁점 규정 제1호, 제4호의 우선적 세무조사대상 선정사유가 있는지가 문제되었다.

(2) 제1호의 '납세자가 세법이 정하는 납세협력의무를 이행하지 아니한 경우'에 해당하는지 여부

쟁점 규정 제1호는 납세자가 세법이 정하는 신고, 세금계산서 또는 계산서의 작성·교부·제출, 지급조사의 작성·제출 등의 납세협력의무를 불이행하는 경

---

16) 이예슬, 앞의 논문, 17-18면.

우를 우선적 세무조사대상 선정사유로 규정하고 있다. 제1호에서 납세협력의무를 부담하는 자는 납세자이고 납세협력의무의 대상은 세법에서 규정하고 있는 확정신고와 예정신고 등의 납세신고의무이고 세금계산서 등 과세자료의 작성·제출의무로 한정된다. 따라서 세무공무원의 질문·조사 등에 협력할 의무는 납세협력의무에는 포함되지 않는다고 할 것이다. 참고로 질문·조사권에 대한 납세자의 납세협력의무는 2014. 1. 1. 법률 제12162호로 개정된 국세기본법 제81조의17에서 별도로 도입되었다.

　　이 사건의 경우 먼저 피고가 쟁점 부동산의 취득자금 출처자료를 원고에게 요구한 것은 원고의 처의 증여세 탈루혐의를 밝히기 위한 것이고 그러한 경우라면 원고는 증여세 납세의무자는 아니므로 납세협력의무를 부담하는 것은 아니어서 이에 응하지 않았다고 하더라도 쟁점 규정 제1호를 위반한 것은 아니라고 할 것이다. 또한, 원고의 소득세 탈루혐의를 밝히기 위한 것이라고 하더라도 쟁점 규정상의 납세협력의무 대상은 납세신고의무나 과세자료의 작성·제출의무이지 개별 세법상의 질문·검사권의 행사에 협력할 의무가 있는 것은 아니다. 전자의 의무위반은 우선적 세무조사대상 선정사유가 되고 후자의 의무는 그와 같은 선정이 이루어진 후에 행사되는 질문·검사권에 응해야 하는 의무이므로 후자의 의무불이행을 이유로 전자의 선정사유가 발생했다고 보는 것은 논리적으로 상충된다.[17] 원심도 "세무조사 결과 원고가 한 신고 내용이 일부 사실과 다르다는 점이 밝혀진 것일 뿐, 세무조사 당시 원고가 신고 등 세법이 정하는 각종 납세의무를 이행하지 아니하였다고 인정할 아무런 증거가 없다"고 판단하였다.

　　(3) 제4호의 '신고내용에 탈루나 오류혐의를 인정할 만한 명백한 자료가 있는 경우'
　　　　에 해당하는지 여부

　　쟁점 규정 제4호는 '신고내용에 탈루나 오류 혐의를 인정할만한 명백한 자료가 있는 경우'에 우선적 세무조사 대상자로 선정할 수 있다고 규정하고 있다. 조세탈루나 오류의 혐의란 일반적으로 정당한 세액의 전부 또는 일부가 부과되지 않거나 신고되어 누락 세액이 존재할 가능성이 있다는 것이다.

　　그러한 누락세액에 대하여 명백한 자료가 있어야 쟁점 규정 제4호의 요건에 해당하게 되는데, 여기서 '명백성'의 정도가 문제된다. 이에 대해서는 '객관적인 자료에 의하여 조세의 탈루나 오류 사실이 확인될 가능성이 뒷받침 되는 경우'(제

---

17) 이예슬, 앞의 논문, 13-14면.

1설), '조세의 탈루 사실이 확인될 상당한 정도의 개연성이 객관성과 합리성이 뒷받침되는 자료에 의하여 인정되는 경우'(제2설)를, '조세 탈루를 확인할 수 있는 직접적인 과세자료가 있는 경우'(제3설)의 세 가지 단계로 구분할 수 있다.[18] 대법원은 중복세무조사가 예외적으로 허용되는 경우의 '조세 탈루의 혐의를 인정할 만한 명백한 자료가 있는 경우'의 '명백성'의 의미를 '조세의 탈루 사실이 확인될 상당한 정도의 개연성이 객관성과 합리성이 뒷받침되는 자료에 의하여 인정되는 경우'로 보아 명백성의 단계에 관한 제2설의 입장이다.[19]

제3설인 조세 탈루를 확인할 수 있는 직접적인 과세자료가 있는 경우에는 별도의 세무조사가 필요하지 않다고 할 것이므로 형사범칙 여부가 문제되지 않는 상황에서 명백성의 정도를 그와 같이 엄격하게 판단하는 것은 세무조사대상을 선정하는 단계에서 적절한 기준은 아니라고 할 것이다. 다음으로 객관적인 자료에 따라 조세의 탈루나 오류 사실이 확인될 가능성이 있는 경우로 해석해야 한다는 제1설[20]은 우선적 세무조사대상 선정사유인 제4호는 중복세무조사의 예외적 허용사유인 '조세탈루의 혐의를 인정할만한 명백한 자료가 있는 경우'와 동일한 문언 내용이므로 전자에 대하여 '탈루의 개연성이 객관성과 합리성이 뒷받침되는 자료에 의하여 인정되는 경우'로 보는 대법원의 판시와 달리 볼 이유는 없고, 그와 같이 본다고 하더라도 우선적 세무조사대상 선정사유로는 제4호 외에 다른 사유도 존재하므로 세무조사대상 선정 범위가 크게 제한되는 것은 아니라고 할 것이다. 특히 쟁점 규정 제2호는 무자료거래, 위장·가공거래 등 거래내용이 사실과 다른 혐의가 있는 경우로 규정하여 혐의의 명백성을 별도로 요구하고 있지 않으므로 제2호에 의한 세무조사대상 선정사유의 적용범위가 넓고 또한 제4호의 명백한 혐의와 제2호의 단순 혐의는 그 문언의 해석상 달리해야 한다는 점에서도 제2설이 타당하다고 사료된다.

이 사건에서 피고는 원고의 처가 쟁점 부동산을 취득한 것과 관련하여 이미 확보하고 있던 세무신고 자료나 전산자료 등에 나타난 원고의 처의 재산 현황에 비추어 자금출처가 불분명하다고 판단한 보고서를 탈루나 오류혐의를 인정할 만한 명백한 자료라고 주장하고 있으나 위 보고서는 세무공무원이 작성한 내부 문건으로서 탈루 내지 오류 사실이 확인될 가능성이 있는 객관적인 자료로 보기는

---

18) 이예슬, 앞의 논문, 15면.
19) 대법원 2010. 12. 23. 선고 2008두10461 판결.
20) 이예슬, 앞의 논문, 15면.

어려우며, 보고서의 내용도 원고의 신고내용 자체에 탈루나 오류혐의를 인정할만 한 명백한 자료라고 보기는 어려운바, 제1설이나 제2설의 입장에서도 혐의사실의 명백성은 인정되기 어렵다고 할 것이다. 이와 관련하여 제1심은 원고와 그의 처의 각 소득 내지 재산, 그 인적관계 등에 비추어 원고의 처가 원고로부터 증여받은 금액으로 위 부동산을 취득하였다고 판단한 후 부동산 임대업자인 원고의 소득신 고 내용을 분석한 결과 탈루나 오류의 혐의를 인정할 명백한 자료가 있다고 보았 으나 원심은 원고의 처의 재산상황에 비추어 자금출처가 불분명하다고 판단할 뿐 원고의 신고 내용 자체에 탈루나 오류 혐의를 인정할 만한 명백한 자료를 가지고 있지 않다고 보았고 대상판결은 이러한 원심의 입장을 정당하다고 보았다.

마. 소 결

대상판결은 국세기본법상 우선적 세무조사대상 선정규정과 개별세법상 질문 조사권의 관계에 관하여 신고납부 세목에 있어서 개별세법이 정한 질문조사권은 국세기본법 제81조의5가 정한 요건과 한계 내에서만 허용된다는 이유로 국세기 본법에 정해진 세무조사대상 선정사유가 없으면 그러한 세무조사를 위법하다고 보았다. 세무조사대상의 기준과 선정방식에 관한 규정이 도입된 배경과 취지, 국 세기본법 제3조 제1항이 이들 규정에 관한 개별 세법에 특례규정을 두는 것을 예 정하고 있지 않는 점 등에 비추어 정당한 결론으로 사료된다. 결국 쟁점 규정은 개별 세법에 근거한 세무조사권의 남용을 견제하기 위하여 입법적 필요에 의하 여 우선적 세무조사대상 선정사유를 법률에 규정한 것으로서 개별 세법의 질문 검사권보다 추후에 도입되었고 국세기본법은 원칙적으로 다른 세법의 개별 조항 보다 우선하여 적용되므로 질문검사권에 관한 개별 세법의 규정을 구 국세기본 법 제81조의5의 규정의 범위 안에서 행사할 수 있는 것으로 해석하여야 한다는 것이다.

4. 우선적 세무조사 대상선정 규정을 위반한 과세처분의 효력

가. 세무조사의 위법과 과세처분의 효력

위법한 세무조사에 대한 가장 효율적인 권리구제방법은 위법한 세무조사에 기하여 수집한 과세자료를 그 수집목적인 과세처분의 근거자료로 사용하지 못하 게 하는 것이고, 이는 위법한 세무조사를 이유로 과세처분의 취소를 인정하는 것이다. 세무조사에 위법이 있는 경우에 과세처분에 그 위법성이 미치는지 여부에 대하여 절차의 공정성이 헌법의 기본이념으로 점차 강조되고 있는 실정에 비추어 위법한 조사절차에 기한 과세처분은 위법한 것으로 취소되어야 한하는 견해,[21] 절차위배의 내용, 정도, 대상에 따라 위법 여부가 달라진다는 견해[22] 등이 있다. 후자의 견해는 세무조사 절차의 위법성은 과세처분의 위법성으로 이어지나 절차 위반의 정도에 따라 그 효과에 차이가 있을 수 있다는 것이다.

세무조사의 구체적 위법사유와 관련하여 대법원은 중복세무조사 금지 규정 위반의 경우와 같이 그 위반의 정도가 중대한 경우에는 과세처분도 같이 위법하게 된다고 보았다.[23] 그 밖에 대법원은 과세자료가 과세관청의 일방적인 억압적인 강요로 작성자의 자유로운 의사에 반해 작성되고, 별다른 합리적이고 타당한 근거가 없이 작성된 경우에는 그에 기초한 과세처분을 무효로 판단[24]하는 등 조사과정에서 위법사유가 있는 경우에도 과세처분이 위법하다고 보았다.

나. 위법한 세무조사대상 선정과 세무조사결정의 취소

세무조사 과정에서 다른 위법사유와는 달리 세무조사 대상선정이 위법한 경우에는 그 선정행위가 행정처분을 구성하는 세무조사결정을 구성하므로 이는 선행처분인 세무조사결정의 하자이므로 그 위법사유를 후행처분인 과세처분의 위법사유로 삼는 것은 부당하다는 지적이 있다. 대법원은 세무조사결정이 납세의무자의 권리 의무에 직접 영향을 미치는 공권력을 행사에 따른 행정작용으로서 항고소송의 대상이 된다[25]고 보았는데, 선후의 행정처분이 서로 독립하여 별개의 법적 효과를 발생시키는 경우에는 하자의 승계가 부정되는 것이 원칙이므로 세무조사결정에 위법사유가 있다고 하더라도 후행의 부과처분에 대한 취소사유로 삼을 수는 없는 것이 아닌지가 문제된다.

이에 대해서는 세무조사대상 선정사유가 없는 세무조사로서 위법하다고 하더라도 그것은 선행처분인 세무조사결정의 취소사유에 해당할 뿐 후행처분인 과세처분의 효력에는 영향을 미치지 않고 과세처분에 대한 항고소송에서는 위법사

21) 이태로·한만수, 조세법강의, 박영사, 2014, 190면.
22) 임승순, 조세법, 박영사, 2014, 94면.
23) 대법원 2006. 5. 25. 선고 2004두11718 판결 등.
24) 대법원 1985. 11. 12. 선고 84누250 판결.
25) 대법원 2011. 3. 10. 선고 2009두23617 판결.

유로 주장할 수 없다고 보는 견해가 가능하다. 반면, 세무조사의 결과로 반드시 과세처분이 이루어지는 것은 아니어서 납세자가 위법한 세무조사결정에 대해 일반적으로 제때 다툴 것으로 기대하기 어렵기 때문에 적법절차의 원칙을 두텁게 구현하자면 세무조사결정 자체를 다툴 수 있는 것과 별도로 적법한 세무조사가 부과처분의 적법요건에 해당하는 것으로 보아야 하는 견해가 가능하다. 두 견해는 서로 독립하여 별개의 효과를 목적으로 하는 행정처분 간에 하자의 승계를 부정할 것인가 아니면 긍정하는 예외를 둘 것인가 즉 세무조사대상 선정사유를 갖춘 적법한 세무조사에 기초하여 과세처분이 이루어질 것을 과세처분의 적법 요건으로 삼을 것인지에 관하여만 차이를 보일 뿐 세무조사대상 선정사유가 없는 세무조사가 위법하여 납세자가 세무조사결정의 취소를 구할 수 있는 점에 관하여는 아무런 차이가 없다.[26]

　　세무조사결정의 처분성을 인정하기 전에는 물론 후에도 판례는 위법한 중복세무조사와 과세처분과의 관계에서 세무조사의 위법사유를 과세처분의 위법사유로 주장할 수 있다고 보았고, 대상판결은 이러한 연장선에서 세무조사대상 선정사유가 없는 위법한 세무조사에 기초하여 과세처분이 이루어진 경우 납세자가 그 과세처분에 대한 항고소송에서 세무조사의 위법사유를 주장할 수 있다는 견해를 채택한 것으로 사료된다. 국세기본법상 중복세무조사 금지규정과 다른 절차적 규정의 위반의 경우에 관련 과세처분의 위법성이 있다고 판단하는데 세무조사대상 선정사유만을 따로 떼어내어 세무조사결정의 위법사유로만 국한하여 보는 것은 납세자의 권리보호에 미흡해 보인다. 실무상 세무조사결정을 다투는 경우가 극히 적고 세무조사대상 선정규정은 세무조사에 대한 법적 통제 규정 중에서도 매우 중요한 역할을 수행하고 있는 점을 고려해 보더라도 세무조사대상 선정의 위법은 다른 세무조사의 위법사유와 마찬가지로 관련 과세처분의 위법사유를 구성하는 것으로 보는 것이 타당하다.

다. 위법한 세무조사대상 선정과 과세처분의 취소

　　쟁점 규정에 위반하여 세무조사대상으로 선정된 경우 위법한 세무조사대상 선정은 다음과 같은 점에서 세무조사의 중대한 위법사유이므로 중복세무조사 금

---

26) 조윤희·하태홍, "2014년 조세분야 판례의 동향", 특별법연구 제12권, 사법발전재단, 2015, 573-574면.

지규정 등과 같이 이를 위반한 사유를 과세처분의 위법사유로 판단하는 것이 타당하다.[27)]

첫째, 적법절차의 원칙은 형사소송 뿐만 아니라 행정분야에서도 적용되는 헌법상의 원칙이고 위법한 세무조사로 인하여 수집된 자료를 과세자료로 사용하지 못하게 하는 것은 필연적으로 조세법상의 원칙인 실질과세원칙을 훼손하는 측면이 있고 실체적 진실발견을 희생하게 되지만 이를 감수하고서라도 위법 수집자료를 배제하는 것은 적법절차 보장이라는 헌법상의 요청에 따른 것이다. 따라서 과세처분의 근거가 되는 자료는 그 내용의 신빙성, 정확성을 담보하는 외에도 그 수집절차의 개시단계에서도 적법절차의 원칙을 중대하게 침해할 정도의 위법이 있어서는 안된다.

둘째, 세무조사가 구 국세기본법 제81조의3을 위반하여 필요한 최소한의 범위 안에서 행하여지지 않거나 세무조사권한을 남용하기에 이르렀다면 이는 세무조사 절차에 관하여 적법절차 원칙의 중대한 침해라고 할 것이다. 특히 세무조사 대상으로 선정되는지의 여부는 세무조사의 적법절차에 있어서 무엇보다도 중요하다. 세무조사 공무원의 자의적인 판단에 의하여 조사대상자로 선정되는 것을 통제하기 위해서도 그 위반의 사유는 중대한 사유로 보아야 한다.

라. 소 결

2002. 12. 18. 법률 제6782호로 개정된 국세기본법에서 세무조사대상자 선정사유를 구체적으로 마련하였지만 위 규정을 위반하여 세무조사대상 선정사유가 없음에도 세무조사대상으로 선정한 것을 독자적인 취소사유로 보아 그에 기하여 이루어진 과세처분이 취소되어야 하는지에 대한 정립된 견해가 없었는바, 대상판결은 종전 위법한 중복세무조사와 부과처분의 관계와 같이 우선적 세무조사대상 선정의 위법 역시 과세처분의 취소사유가 된다는 점을 명확하게 하였다. 우선적 세무조사대상 선정사유와 일반적 세무조사대상 선정사유로 구분하여 규정하고 있던 구 국세기본법에 관한 이러한 대상판례의 판시취지는 그와 유사하게 정기선정의 사유와 수시선정의 사유로 구분하고 있는 현행 국세기본법의 세무대상 선정 사유의 해석에 대해서도 유효하게 적용된다고 할 것이다.

---

27) 이예슬, 앞의 논문, 18－19면.

5. 대상판결의 의의와 평가

2002년 국세기본법상 세무조사권의 오·남용을 방지하고 납세자의 권리보호를 강화하기 위해 제81조의5를 신설하여 우선적 세무조사 대상의 요건을 명확히 하였는데, 과세관청은 이후에도 신고납부 세목에 대하여도 개별세법상 규정된 질문·조사권을 근거로 세무조사 대상자를 선정하여 세무조사를 수행해 왔다. 그러나 개별세법상 질문·조사권은 명확한 정의가 없이 '직무상 필요성', '업무상 필요성'이라는 불확정적인 개념을 사용함으로써 관할관청의 재량이 개입할 여지를 두어 납세자를 불안정한 지위에 놓이게 하는 문제점이 있었다. 대상판결은 과세관청이 구 국세기본법상 우선적 세무조사 대상자 선정 규정 도입 이후에도 개별세법상의 조문을 근거로 우선적 세무조사 대상자를 선정하던 현실에 대하여 국세기본법의 우선적 세무조사 대상자 요건에 해당하지 않음에도 개별 세법상의 조문을 근거로 과세관청이 재량으로서 우선적 세무조사 대상자로 선정할 수 없다고 보아 개별세법상 질문·조사권을 통해 납세자가 불안정한 지위에 놓이고 조사권이 오·남용될 가능성을 차단하여 납세자의 보호를 강조하였다는 데 그 의의가 있다.

또한, 헌법 제12조 제1항에서 규정하고 있는 적법절차의 원칙이 형사소송절차에 국한되지 아니하고 모든 국가작용 전반에 대하여 적용되는데 세무공무원의 세무조사권의 행사에서도 적법절차의 원칙이 준수되어야 한다는 점을 명시하였으며, 적법절차의 원칙을 어긴 과세처분 역시 위법하다고 보아 과세관청의 세무조사가 적법한 절차에 따라 이루어지도록 함으로써 납세자의 권리 보호를 강조하였다는 점에 주목할 만하다.

다만, 대상판결은 세무조사 단계의 위법사유 모두를 과세처분의 위법사유로 주장할 수 있는지에 관한 일반적인 판시를 하지 않았고 세무조사대상 선정사유가 없음에도 이를 과세처분의 위법사유로 주장할 수 있는 특별한 사정이 무엇인지에 관하여도 별다른 구체적인 판시를 하지 않았다. 이와 관련하여 하급심 판결이지만 국세기본법 제81조의9 제1항 및 제2항은 세무공무원은 구체적인 세금탈루 혐의가 여러 과세기간 또는 다른 세목까지 관련되는 것으로 확인되는 경우 등 대통령령이 정하는 경우를 제외하고는 조사진행 중 세무조사의 범위를 확대할 수 없으며, 그 범위를 확대하는 경우 그 사유와 범위를 납세자에게 문서로 통지하여야 한다고 규정하고 있음을 들어 조사확대의 사유와 범위를 문서로 통지하지 않는 사안에서 위 규정을 위법한 위법이 있다며 과세처분을 취소하면서 세무조사 절차의 위법은 전혀 조사를 결한 경우나 사기, 강박 등의 방법으로 과세처분의 기준이 되는 자료를 수집하는 등 중대한 것이 아닌 한 과세처분의 취소사유로는 되지 않는다는 피고 주장에 대하여 "국세기본법 제81조의9는 예상하지 못한 세무조사에 기한 부과처분으로부터 납세자를 보호하고자 하는 규정으로서 피고가 위 규정을 위반한 채 세무조사를 실시하여 과세처분을 한 이상 특별한 사정이 없는 한 그러한 세무조사에 기한 과세처분에는 취소사유에 해당하는 위법이 있다고 보는 것이 타당하다"고 판단한 사례가 있다.[28] 과세대상이나 부과세액에 관하여 실체적 위법사유가 없고 부과고지의 절차에도 아무런 위법사유가 없는 경우에 세무조사 단계에서 세무조사의 사전통지 불이행, 세무조사에서 조력을 받을 권리의 침해, 세무조사 연기신청의 불허, 세무조사 결과통지의 하자 등과 같은 다른 위법사유가 있는 경우에 관련 과세처분의 효력이 어떻게 될 것인지에 관한 향후 대법원의 판시가 기대된다.

---

28) 수원지방법원 2013. 9. 9. 선고 2013구합2015 판결.

소득처분에 따른 소득에 대한 원천납세의무의 부과제척기간*

〈대법원 2014. 4. 10. 선고 2013두22109 판결〉

Ⅰ. 대상판결의 개요

1. 사실관계의 요지와 과세처분의 경위

원고는 소외인이 2004년 골프장 건설 및 운영 등을 위하여 설립한 내국법인이고 소외인은 실질적 경영자로서 원고의 자금관리 및 집행업무 등을 총괄하였다.

소외인은 2004. 4.부터 2004. 8.까지 원고의 골프장 예정부지를 매수하면서 이중계약서 작성을 통해 과다한 매매대금을 지급 후 실제 매매대금과의 차액을 다시 반환받는 방법으로 비자금을 조성하고 그 비자금을 2004. 5.부터 2005. 1.까지 주식거래 등 사적으로 사용하는 등의 방법으로 원고의 자금을 횡령하였다(이하 '이 사건 횡령행위'). 소외인은 이 사건 횡령행위 등으로 공소 제기되어 2010. 5. 24. 서울고등법원에서 징역 2년, 집행유예 3년에 처하는 판결을 선고받았고 그 무렵 위 판결이 확정되었다. 한편, 소외인은 2004년에는 다른 종합소득이 없어 2004년 귀속 종합소득 과세표준신고서를 그 법정신고기한인 2005. 5. 31.까지 제출하지 않았다.

피고는 원고에 대하여 세무조사를 실시하여 소외인이 횡령한 금액 중 일부(이하 '이 사건 쟁점금액')를 원고의 익금에 산입하고 나아가 이 사건 쟁점금액은 원고의 실질적 경영자인 소외인에게 귀속되었다고 하면서 소외인의 2004년 귀속

* 한국세정신문 제4760호 (2016. 10. 20.)

종합소득세 납세의무에 대해서는, 구 국세기본법(2006. 12. 30. 법률 제8139호로 개정 되기 전의 것, 이하 '구 국세기본법') 제26조의2 제1항 제3호 소정의 '납세자가 사기 기타 부정한 행위로써 국세를 포탈한 경우'이거나 제2호 소정의 '납세자가 법정신고기한 내에 과세표준신고서를 제출하지 아니한 경우'이므로 10년의 부과제척기간(이하 '부정행위 부과제척기간') 또는 7년의 부과제척기간(이하 '무신고 부과제척기간')이 적용된다고 보아 소외인의 2004년 귀속 상여로 소득처분(이하 '이 사건 소득처분')하고, 2011. 6. 13. 원고에게 소득금액변동통지(이하 '이 사건 소득금액변동통지')를 하였다.

　　이에 원고는 이 사건 쟁점금액이 소외인에게 귀속되는 연도는 2004년으로서 소외인의 종합소득세의 납세의무에 대해서는 부정행위나 무신고 부과제척기간이 아니라 구 국세기본법 제26조의2 제1항 제1호 소정의 5년의 부과제척기간(이하 '일반 부과제척기간')이 적용되는데, 이 사건 소득금액변동통지 당시 위 기간이 도과하여 소외인의 종합소득세 납세의무가 소멸한 상태이므로, 이 사건 소득금액변동통지는 원천납세의무자인 소외인에 대한 부과제척기간 경과 후에 이루어진 것으로서 위법하다는 등의 이유로 2011. 8. 3. 조세심판원에 심판청구를 하였으나 원고의 청구가 기각되자 이 사건 소득금액변동통지의 취소를 구하는 행정소송을 제기하였다.

2. 대상판결의 요지

가. 원심의 판단

　　원심은 원천납세의무자의 소득세 납세의무는 당해 소득이 귀속된 과세기간이 종료하는 때 성립하는 점, 소득처분은 이미 특정한 과세연도에 귀속된 사외유출금액의 귀속자와 소득의 종류를 사후적으로 확인하는 세법상의 절차에 불과한 점 등에 비추어 소득처분에 따른 소득(이하 '소득처분 소득')의 귀속자는 그 법정신고기한인 다음 연도 5. 31.까지 그에 따른 종합소득세를 신고할 의무가 있는데, 소외인은 2004년 귀속 종합소득세 과세표준신고서를 제출하지 아니하였으므로 원천납세의무자인 소외인의 2004년 귀속 종합소득세에 대하여는 7년의 무신고 부과제척기간이 적용된다는 이유로 이 사건 소득금액변동통지는 그 부과제척기간 내에 이루어진 것으로서 적법하다고 판단하였다.

나. 대법원의 판단

대법원은 다음과 같은 이유에서 원심의 판단은 수긍할 수 없다고 판시하면서 원심판결을 파기하였다.

소득처분 소득의 귀속자의 종합소득세 납세의무는 당해 소득이 귀속된 과세기간이 종료하는 때에 성립하고(대법원 2006. 7. 27. 선고 2004두9944 판결 등 참조), 과세관청은 소득의 귀속자에게 그 소득이 귀속되는 과세기간에 관한 종합소득 과세표준 확정신고기한 다음날부터 종합소득세를 부과할 수 있으므로 그 부과제척기간도 다음 연도 6. 1.부터 기산된다. 그리고 국세의 부과제척기간은 구 국세기본법 제26조의2 제1항 제3호에 의하면 원칙적으로 5년이지만, '납세자가 법정신고기한 내에 과세표준신고서를 제출하지 아니한 경우'에는 구 국세기본법 제26조의2 제1항 제2호에 따라 7년으로 연장된다.

한편, 소득처분 소득은 이에 대한 소득금액변동통지가 있기 전까지는 귀속여부, 귀속자나 소득의 종류 등을 알 수 없는 경우가 많아 그 귀속자가 원래의 종합소득 과세표준 확정신고기한 내에 과세표준 및 세액을 신고ㆍ납부하는 것이 현실적으로 불가능하므로, 구 소득세법 시행령(2010. 2. 18. 대통령령 제22034호로 개정되기 전의 것, 이하 '구 소득세법 시행령') 제134조 제1항은 '종합소득 과세표준확정신고의무가 없었던 자', '세법에 의하여 과세표준확정신고를 아니하여도 되는 자' 등에 대하여 그 과세표준 및 세액의 확정신고 및 납부기한을 소득금액변동통지서를 받은 날이 속하는 달의 다음다음 달 말일까지로 유예하는 규정을 마련하고 있다(대법원 2011. 11. 24. 선고 2009두20274 판결 등 참조).

위와 같은 소득처분 소득의 성격, 관련 규정의 문언과 입법 취지 등에 비추어 보면, 소득처분 소득이 귀속된 과세기간에 그 외의 다른 종합소득이 없는 자에게는 그 소득이 귀속되는 과세기간에 관한 종합소득세의 과세표준 및 세액을 신고·납부하여야 할 의무가 유예되므로, 그가 원래의 종합소득 과세표준 확정신고기한 내에 과세표준신고서를 제출하지 않더라도 구 국세기본법 제26조의2 제1항 제2호 소정의 '납세자가 법정신고기한까지 과세표준신고서를 제출하지 아니한 경우'에 해당하지 않아 구 국세기본법 제26조의2 제1항 제3호 소정의 5년의 부과제척기간이 적용된다.

또한, 소득금액변동통지서를 받은 법인의 원천징수의무가 성립하려면 그 성립시기인 소득금액변동통지서를 받은 때에 소득금액을 지급받은 것으로 보아야 할 원천납세의무자의 소득세 납세의무가 성립되어 있어야 하며, 원천납세의무자의 소득세 납세의무가 그 소득세에 대한 부과제척기간의 도과 등으로 이미 소멸하였다면 법인의 원천징수의무도 성립할 수 없으므로, 그 후에 이루어진 소득금액변동통지는 위법하다(대법원 2010. 4. 29. 선고 2007두11382 판결 등 참조).

원심이 인정한 사실관계를 앞서 본 법리에 비추어 살펴보면, 소외인은 2004년도에 소득처분 소득인 이 사건 쟁점금액 이외에 다른 종합소득이 없었으므로 이 사건 소득처분에 따라 귀속되는 소득에 대하여는 원래의 종합소득 과세표준확정신고기한 내에 과세표준신고서를 제출하지 않았더라도 5년의 일반 부과제척기간이 적용되어야 하고, 따라서 소외인에게 2004년 귀속 종합소득세를 부과할 수 있는 날인 2005. 6. 1.부터 5년의 부과제척기간이 경과하여 종합소득세 납세의무가 소멸된 후에 이루어진 이 사건 소득금액변동통지는 위법하다.

Ⅱ. 대상판결의 평석

1. 이 사건의 쟁점 및 논의의 범위와 순서

피고의 과세논리는, 이 사건 쟁점금액은 법인세법상 상여로 소득처분된 금액으로서 구 소득세법(2006. 12. 30. 법률 제8144호로 개정되기 전의 것, 이하 '구 소득세법') 제20조 제1항 제1호 다목에 의하여 소외인의 근로소득을 구성하는데 이 사건 쟁점금액은 사기 기타 부정한 행위에 의하여 실질적 경영자인 소외인에게 사외유출이 되었고, 소외인은 그 귀속 과세연도에 종합소득세 과세표준신고서를 제출하지 않아 이 사건 쟁점금액에 대한 종합소득세 납세의무에 대해서는 10년의 부정행위 부과제척기간이나 7년의 무신고 부과제척기간이 적용되므로 원천납세의무자인 소외인에 대한 부과제척기간 내에서 그 지급시기를 의제하기 위하여 원천징수의무자인 원고에 대하여 이루어진 이 사건 소득금액변동통지는 적법하다는 것이다.

앞서 본 사실관계와 과세처분의 경위에 의하면, 이 사건의 쟁점은 크게 원고의 원천징수의무의 전제가 되는 소외인의 원천납세의무의 존부 및 그 원천납세의무의 부과제척기간 도과 여부의 두 가지의 쟁점으로 구분된다. 첫째 쟁점인 소외인의 원천납세의무의 존부는 소득금액의 사외유출을 전제로 하므로 이 사건 쟁점금액이 원고로부터 소외인에게 사외유출되었는지를 판단하는 문제이다. 이와 관련하여 대법원은 법인의 실질적 경영자인 대표이사 등이 법인의 자금을 유용하는 행위는 특별한 사정이 없는 한 처음부터 회수를 전제로 하여 이루어진 것이 아니어서 그 금액에 대한 지출 자체로서 이미 사외유출에 해당하고 여기서 그 유용 당시부터 회수를 전제로 하지 않은 것으로 볼 수 없는 특별한 사정에 관하여는 횡령의 주체인 대표이사 등의 법인 내에서의 실질적 지위 및 법인에 대한 지배 정도, 횡령에 이르게 된 경위 및 횡령 이후의 법인의 조치 등을 통하여 그 대표이사 등의 의사를 법인의 의사와 동일시하거나 대표이사 등과 법인의 경제적 이해관계가 사실상 일치하는 것으로 보기 어려운 경우인지 여부 등 제반사정을 종합하여 개별적·구체적으로 판단하여야 한다는 입장[1]이므로 이 부분 쟁점은 대법원의 위 기준에 따라 소외인이 원고의 실질적 경영자에 해당하고 이 사건 횡령행위가 애당초 회수를 전제로 이루어진 것이 아닌지 여부를 판단하면 될 것인바, 대상판결에서는 소외인이 원고의 실질적 경영자이고 이 사건 쟁점금액이 사외유출 되었다는 점에 대해서는 별다른 다툼이 없다.

둘째 쟁점은 소외인의 원천납세의무의 부과제척기간 도과 여부로서 원천징수의무는 원천납세의무자의 납세의무의 존재를 전제로 하므로 원고에 대하여 원천징수의무를 지우기 위해서는 그 소득금액변통통지에 의하여 지급시기가 의제되는 시점에 원천납세의무자인 소외인의 소득세 납세의무가 존재하는지를 살펴보아야 한다. 이를 위해서는 소외인의 소득세 납세의무가 2004년 귀속이므로 이 사건 소득금액변동통지 시점인 2011년에 소외인의 소득세 납세의무가 부과제척기간의 경과로 소멸된 것인지 여부를 판단하여야 하는데, 이는 소외인의 원천납세의무에 대하여 10년의 부정행위 부과제척기간이 적용되는지, 7년의 무신고 부과제척기간이 적용되는지, 아니면 5년의 일반 부과제척기간이 적용되는지에 따라 소득금액변동통지 시점에서의 원천납세의무의 소멸여부가 달라진다.

우선 원천납세의무에 대한 부정행위 부과제척기간의 적용 여부에 관하여 보면 이 부분에 대해서는 대상판결 이전에 대법원의 견해가 정리된 상태이다. 즉, 법인의 대표자 등이 사기 그 밖의 부정한 행위로 법인의 소득을 포탈하였고 그로 인하여 대표자 등에게 소득처분을 하는 경우에 과연 대표자 등에 대한 소득세에 대하여도 사기 그 밖의 부정한 행위가 있는지에 관하여 대법원은 법인의 대표자

---

1) 대법원 2010. 1. 28. 선고 2007두20959 판결 등.

가 법인의 자금을 횡령하는 과정에서 법인의 장부를 조작하는 등의 행위를 한 것은 그 횡령금을 빼돌린 사실을 은폐하기 위한 것일 뿐, 그 횡령금에 대하여 향후 과세관청의 소득처분이 이루어질 것까지 예상하여 그로 인해 자신에게 귀속될 상여에 대한 소득세를 포탈하는 위한 것으로 보기 어려우므로 '납세자가 사기 기타 부정한 행위로써 국세를 포탈한 경우'에 해당하지 않는다고 판시함으로써[2] 법인의 사기 기타 부정한 행위가 소득처분 소득에 대한 대표자의 부정행위로 연결되지 않는다고 보았다. 이는 대표자의 소득세 포탈에 대한 사기 기타 부정한 행위가 별도로 인정되기 위해서는 납세자의 고의가 필요하다는 점을 확인한 것으로서 장기부과제척기간의 부정행위와 부당무신고·과소신고가산세의 부정행위의 적용요건에 주관적 구성요건인 고의를 요하는 후속 대법원 판례[3]의 입장과 동일한 맥락에 있다고 보인다.[4] 위 판례에 따르면 소외인의 소득처분 소득에 대해서는 10년의 부정행위 부과제척기간을 적용하는 것은 타당하지 않은 것으로 정리된다.

　이와 같이 이 사건의 쟁점 중 소외인이 실질적 대표자에 해당하는지 여부 및 이 사건 쟁점금액에 대하여 10년의 부정행위 부과제척기간의 적용되는지 여부는 선행 대법원 판례에 의하여 그 판단기준이 제시되었으므로 대상판결에서의 유의미한 부분은 소외인이 소득처분 소득이 발생하기 전에 2004년 귀속 소득세 과세표준신고서를 제출하지 않았다는 사정이 구 국세기본법 제26조의2 제1항 제2호 소정의 '납세자가 법정신고기한 내에 과세표준신고서를 제출하지 아니한 경우'에 해당하여 이 사건 쟁점금액에 대하여 7년의 무신고 부과체적기간이 적용되는지 여부이다. 결국 무신고 부과제척기간의 '법정신고기한 내에 과세표준신고서를 제출하지 아니한 경우'의 의미가 무엇인지를 판단하는 문제이다. 이를 다른 측면에서 보면 일반소득에 대해서는 그 법정신고기한이 그 소득이 귀속되는 과세연도의 다음 연도 5. 31. 이어서 소득처분 소득은 위 신고기한을 기준으로 보면 일응 대부분 그 신고기한을 도과한 외관을 가지는데 소득처분 소득에 대해서는 일반소득의 법정신고기한과는 별도로 다른 법정신고기한이 있어 그에 따라 무신고 여부를 판단하여야 하는지를 파악하는 일이기도 하다.

---

2) 대법원 2010. 1. 28. 선고 2007두20959 판결, 대법원 2010. 4. 29. 선고 2007두11382 판결.
3) 대법원 2014. 2. 27. 선고 2013두19516 판결, 대법원 2015. 1. 15. 선고 2014두11618 판결.
4) 이에 대한 자세한 논의는 백제흠, "장기부과제척기간의 적용요건으로서의 사기 기타 부정한 행위와 조세포탈 결과의 인식", 세법의 논점, 박영사, 2016, 90-99면 참조.

본 판례평석에서는 대상판결의 주된 판시사항으로서 선행 대법원 판례에서 다루지 않은 소득처분 소득에 대한 원천납세의무의 부과제척기간에 대하여 검토한다. 대상판결의 의미에 대한 평가를 위해서는 소득처분 소득과 부과제척기간에 대한 이해가 선행되어야 하므로 이 부분을 먼저 검토하고 소득처분 소득에 대하여 무신고 부과제척기간이 적용되는지 여부의 순서로 논의한다. 이와 관련하여 구 국세기본법 제45조의2 제1항은 과세표준신고서를 법정신고기한 내에 제출한 자는 법정신고기한 경과 후 3년 이내에 최초신고 및 수정신고한 국세의 과세표준 및 세액의 결정 또는 경정을 관할 세무서장에게 청구할 수 있다고 하여 부과제척기간 규정과 동일한 '법정신고기한'의 표현을 사용하고 있는바, 경정청구의 법정신고기한의 의미를 파악하는 것은 무신고 부과제척기간의 법정신고기한의 의미를 판단하기 위하여 긴요하므로 이 부분도 관련 부분에서 같이 검토한다.

2. 소득처분 소득과 부과제척기간

가. 소득처분 소득

(1) 소득처분 소득에 관한 규정

구 법인세법(2007. 12. 31. 법률 제8831호로 개정되기 전의 것, 이하 '구 법인세법') 제67조는 제60조의 규정에 의하여 각 사업연도의 소득에 대한 법인세의 과세표준을 신고하거나 제66조 또는 제69조의 규정에 의하여 법인세의 과세표준을 결정 또는 경정함에 있어서 익금에 산입한 금액은 그 귀속자에 따라 상여·배당·기타사외유출·사내유보 등 대통령령이 정하는 바에 따라 처분한다고 규정하고 있다. 소득처분 소득은 구 법인세법 제67조에 의하여 상여·배당·기타소득으로 처분된 소득을 말한다. 구 소득세법 제17조 제1항 제4호는 법인세법에 따라 배당으로 처분된 금액은 배당소득으로, 구 소득세법 제20조 제1항 제3호는 법인세법에 따라 상여로 처분된 금액은 근로소득으로, 구 소득세법 제21조 제1항 제20호는 법인세법 제67조에 따라 기타소득으로 처분된 소득은 기타소득으로 각 규정하고 있다.

법인세법은 기업회계상 당기순이익을 기초로 익금산입·익금불산입·손금산입·손금불산입 등 세무조정사항을 가감하는 방식으로 각 사업연도의 소득을 산출한다. 이는 법인세법상의 익금·손금과 기업회계상의 수익·비용의 차이에서 기인한다. 기업회계상의 당기순이익에 대하여 주주총회 결의 등에 의하여 배당·상여 등 사외로 유출하는 처분을 하거나 준비금의 적립 등 사내에 유보하는 처분을 하는데 사외로 유출되는 배당과 상여의 경우 그 귀속자에 따라 소득세가 과세된다. 그런데 세무조정의 결과 기업회계상 당기순이익과 법인세법상의 과세소득과의 차액은 상법상 이익처분에 의하지 아니한 이익으로서 세법에서 독자적인 처분을 할 수밖에 없는데 이를 소득처분이라고 한다. 소득처분은 소득의 귀속자와 귀속소득의 종류를 확정하는 세법상의 절차로서 크게 사내유보·사외유출·기타로 구분되며 사외유출은 그 귀속자에 따라 상여·배당·기타소득·기타사외유출로 다시 구분된다. 이중 상여·배당·기타소득으로 처분된 금액이 소득처분 소득으로서 그 지급자인 법인은 그 소득에 대하여 원천징수를 하여야 한다.

이러한 소득처분은 법인이 스스로 과세표준을 신고하는 형태로도 이루어질 수 있고, 법인이 스스로 적정한 소득처분을 하지 않은 경우 과세관청에서 직접 소득처분을 하는 형태로도 이루어질 수 있는데, 통상 소득처분이라고 하면 주로 과세관청이 세무조사 결과 법인세 과세표준을 경정하면서 행하는 경우를 의미한다.[5]

(2) 소득처분 소득의 성격

소득처분 소득은 일반 소득과는 달리 다음과 같은 특성을 가진다.

첫째, 열거주의 소득과세를 취하고 있는 소득세법상 법인의 사외유출금액이 있고 그 사외유출금액이 소득자에 대하여 귀속이 되었다고 하더라도 그 금액이 곧바로 종합소득세의 과세표준을 구성하는 것은 아니다. 앞서 본 바와 같이 소득처분 소득은 소득세법에서 열거적으로 규정하는 바에 따라 배당소득·근로소득 또는 기타소득이 되는 것이다. 따라서 소득처분이 없는 이상 납세자에게 어떠한 경제적 이익이 귀속되었다고 하더라도 그 소득이 소득세법상 열거된 소득으로 구분될 수 없다면 이는 과세대상소득이 아니므로 과세관청은 이에 대하여 소득세를 부과할 수 없다. 소득처분 소득은 일반소득과는 달리 과세대상 소득이 되기 위해서는 과세관청의 선행행위로서의 소득처분이 개재되어야 한다는 점에서 그 특성이 있다.

둘째, 소득처분은 그 소득이 귀속되는 과세연도가 상당기간 지난 후에 과세관청에 의한 세무조사의 결과 법인의 당해 과세연도의 소득금액에서 기업회계상의 당기순이익과의 차이가 적출되어 그 차이금액을 귀속자에 대하여 사후적으로 귀속시키는 세법상의 절차이므로, 소득처분 소득은 그 귀속이 되는 특정의 과세

---

5) 이태로·한만수, 조세법강의, 박영사, 2016, 609−610면.

연도 이후에 소급적으로 발생하게 되는 것이 일반적이다. 그러므로 납세자로서는 다른 일반소득에 대해서는 당해 과세연도에 대한 소득세 신고납부기한까지 그 소득을 신고할 수 있으나 소득처분 소득에 대하여는 그 당시 존재하는 소득이 아니므로 과세표준 신고기한 내에 그에 대한 소득세를 신고하는 것은 상정하기 어렵다. 납세자가 스스로의 횡령행위 등에 대하여 사외유출에 따른 소득처분을 하고 그 소득금액을 배당이나 상여로 보아 소득세 과세표준에 포함시켜 소득세를 신고·납부하는 것이 이론적으로 가능하다고 하더라도 그와 같은 경우에도 납세자가 자신의 자금유용행위를 대외적으로 공개하는 것이므로 과연 그 금액이 처음부터 회수를 전제하지 않은 사외유출금액으로서 소득처분의 대상이 된다고 보기에는 쉽지 않은 측면이 있다.

　　이러한 소득처분 소득의 특성에 비추어 소득처분 소득의 법적 성격에 대해서는 두 가지의 견해가 있다. 즉, 소득처분 소득은 소득처분 이전까지는 잠재적 과세대상으로 있다가 소득처분에 의하여 비로소 원천납세의무자의 소득세 과세대상으로 확정된다는 견해[6]와 원천납세의무자의 소득세 납세의무는 시기적으로 소득금액변동통지 이전에 이미 성립해 있는 것이 아니고 거꾸로 소득처분과 소득금액변동통지가 행하여짐으로 인해 소급적으로 성립된다는 견해[7]가 있다. 두 견해는 소득처분 소득이 귀속 과세연도에 잠재적으로 과세대상으로 성립한 것인지 아니면 소급적으로 과세대상으로 성립하게 되는 것인지에 대한 차이로 보인다. 소득처분은 이미 추상적으로 성립한 납세의무를 확정시키는 부과처분과는 달리 그 자체로 소득처분 소득을 성립시키는 과세관청의 절차적 행위이고, 그 자체로는 항고소송의 대상이 되는 처분도 아니므로 부과처분에 관한 일반소득의 납세의무의 성립이나 확정과는 차원을 달리한다고 보이므로 소득처분 소득에 대해서는 잠재적 성립보다는 소급적 성립으로 보는 것이 보다 타당하다고 사료된다.

(3) 소득처분 소득에 대한 원천징수와 추가신고

　　소득처분 소득이 사후적·소급적으로 발생하면 소득금액변동통지에 따라 그 소득의 지급자인 법인은 원천징수의무자로서 징수의무를 이행하여야 하고 그 소득의 원천납세의무자인 귀속자는 추가신고·자진납부를 하여야 한다.

　　우선, 원천징수의무자의 소득금액변동통지에 따른 원천징수의무에 대하여

---

6) 임승순, 조세법, 박영사, 2014, 481면.

7) 이철송, "소득금액변동통지의 처분성에 수반하는 쟁점들", 세무사 제30권 제3호, 한국세무사회, 2012. 10., 109면.

보면 그 원천징수의무는 소득금액변동통지에 의하여 성립된다. 소득금액변동통지란 구 소득세법 시행령 제192조 제1항에 따라 과세관청이 소득처분을 하면서 법인소득금액을 결정 또는 경정하는 경우 관할 세무서장 또는 지방국세청장이 처분되는 배당·상여 및 기타소득을 기획재정부령에 따른 '소득금액변동통지서' 서식에 기재하여 통지하는 것을 의미하며, 법인은 소득금액변동통지서를 수령한 달의 다음달 10일까지 소득처분된 위 배당·상여 및 기타소득에 대한 소득세를 원천징수하여 관할 관청에 납부하여야 한다. 법인이 원천징수하지 아니한 경우에는 과세관청은 원천징수납부불성실 가산세를 포함하여 징수처분을 한다. 소득금액변동통지는 소득금액의 지급시에 납세의무가 자동적으로 성립·확정하는 원천징수 소득세에 관하여 지급시기를 의제하여 법인으로 하여금 원천징수의무를 이행하도록 하는 것이다.

　소득금액변동통지에 관하여 종래 판례는 항고소송의 대상으로서의 처분성을 부정하고 있었다. 종전 판례에 의하면, 소득금액변동통지 자체를 쟁송의 대상으로 삼아 불복청구를 할 수는 없었고, 다만 납세자가 소득금액변동통지에 따른 원천징수의무를 이행하지 않아 과세관청이 징수처분을 하면 그 징수처분을 쟁송대상으로 삼아 그 징수처분에 대한 취소소송절차에서 소득처분의 당부에 관해서도 함께 다투는 방식으로 진행되었다.[8] 따라서 납세자가 소득금액변동통지에 따른 원천징수의무를 이행하여 해당 소득세를 자진 납부하는 경우에는 과세관청의 징수처분 자체가 존재할 여지가 없어 이와 같은 경우에는 납세자의 불복수단이 전혀 없어 납세자의 권리 보호를 소홀하게 된다는 지적 등이 있어 대법원은 전원합의체 판결을 통하여 소득금액변동통지의 처분성을 인정하는 것으로 변경하였다.[9]

　다음으로 소득금액변동통지에 따른 원천납세의무자의 추가신고·자진납부는 소득처분에 의하여 부여된다. 구 소득세법 시행령 제134조 제1항은 종합소득 과세표준 확정신고기한 경과 후에 법인세법에 의하여 법인이 법인세 과세표준을 신고하거나 세무서장이 법인세 과세표준을 결정 또는 경정함에 있어서 익금에 산입한 금액이 배당·상여 또는 기타소득으로 처분됨으로써 소득금액에 변동이 발생하여 종합소득 과세표준 확정신고 의무가 없었던 자, 세법에 의하여 과세표

8) 백제흠, "소득의 귀속자에 대한 소득금액변동통지의 처분성", 세법의 논점, 박영사, 2016, 85면.
9) 대법원 2006. 4. 20. 선고 2002두1878 전원합의체 판결.

준확정신고를 하지 아니하여도 되는 자 및 과세표준확정신고를 한 자가 소득세를 추가 납부하여야 하는 경우에 있어서 당해 법인이 구 소득세법 시행령 제192조 제1항에 의하여 소득금액변동통지서를 받은 날이 속하는 달의 다음다음달 말일까지 추가신고 · 자진납부한 때에는 법 제70조 또는 제74조의 기한까지 신고납부한 것으로 본다고 규정하고 있다. 이와 같이 세법은 귀속자의 소득처분 소득에 대하여는 별도의 추가신고 · 자진납부기한을 마련해 두고 있다.

나. 부과제척기간

(1) 통상의 부과제척기간

제척기간은 일정한 권리에 대해 법률상으로 정하여진 존속기간으로, 권리에 관한 법률관계를 속히 종결지어 법적 안정성을 보장하는 데 그 목적이 있다. 국세의 부과제척기간 역시 국가와 납세의무자간 조세채권채무관계를 조속히 종결지어 납세의무자를 과세관청의 부과권의 행사로부터 보호하기 위한 것이다. 그러므로 부과제척기간이 만료되면 과세관청의 부과권은 당연히 소멸하므로 부과제척기간을 경과하여 이루어진 과세처분은 당연무효이다.[10)]

부과제척기간은 구 국세기본법 제26조의2 제1항 소정의 통상의 부과제척기간과 제2항 소정의 특례부과제척기간으로 구분된다. 통상의 제척기간은 부과권 행사의 난이도를 고려하여 상속세 및 증여세와 그 밖의 다른 세목으로 구분하여 규정하고 있다. 이 사건에서 문제되는 소득세의 부과제척기간 규정을 보면 구 국세기본법 제26조의2 제1항은 국세는 납세자가 사기 기타 부정한 행위로써 국세를 포탈하거나 환급 · 공제받는 경우에는 당해 국세를 부과할 수 있는 날부터 10년간(제1호), 납세자가 법정신고기한 내에 과세표준신고서를 제출하지 아니한 경우에는 당해 국세를 부과할 수 있는 날로부터 7년간(제2호), 제1호 및 제2호에 해당하지 아니하는 경우에는 당해 국세를 부과할 수 있는 날로부터 5년간(제3호)의 기간이 만료된 날 후에는 부과할 수 없다고 규정하고 있다. 이는 앞서 본 바와 같이 부정신고 부과제척기간, 무신고 부과제척기간 및 일반 부과제척기간을 말한다.

부과제척기간은 부과권을 행사할 수 있는 시점부터 기산된다. 국세의 부과권은 납세의무가 성립하여야 행사가 가능하나, 법인세 · 소득세 · 부가가치세 등과 같이 신고에 의해 확정되는 국세는 과세기간의 종료로 납세의무가 성립하더

---

10) 대법원 2010. 12. 23. 선고 2008두10522 판결 등.

라도 신고기한이 경과하기 전까지는 부과권이 발생하지 않으므로, 그 세목에 대해서는 법정신고기한의 다음날부터 비로소 제척기간이 개시되게 된다.[11]

(2) 경정청구기간의 법정신고기한의 의미

과세관청은 납세자의 신고나 과세관청의 부과처분의 오류·탈루가 있을 경우 부과제척기간이 도과하기 전까지는 언제든지 자유롭게 세액의 증액 및 감액 경정처분을 할 수 있는데, 이와 같은 과세관청의 경정권한에 대응하여 납세의무자도 스스로 자신의 신고행위의 잘못을 시정할 수 있는 제도가 경정청구 제도이다.[12]

구 국세기본법 제45조의2 제1항은 과세표준신고서에 기재된 과세표준 등 또는 세액에 잘못이 있는 경우에 하는 통상의 경정청구를, 제2항은 후발적 사유에 의하여 과세표준 또는 세액의 계산의 기초에 변동이 생긴 경우에 하는 후발적 경정청구를 규정하고 있다. 이 사건에서 문제되는 소득세의 부과제척기간과 관련되는 통상의 경정청구기간 규정을 보면, 위 제1항은 과세표준신고서를 법정신고기한 내에 제출한 자는 과세표준신고서에 기재된 과세표준 및 세액이 세법의 의하여 신고하여야 할 과세표준 및 세액을 초과하는 때(제1호), 과세표준신고서에 기재된 결손금액 또는 환급세액이 세법에 의하여 신고하여야 할 결손금액 또는 환급세액에 미달하는 때(제2호)에는 최초신고 및 수정신고한 국세의 과세표준 및 세액의 결정 또는 경정을 법정신고기한 경과 후 3년이내에 관할 세무서장에게 청구할 수 있다고 규정하고 있다. 무신고 부과제척기간과 마찬가지로 법정신고기한의 용어를 사용하고 있고, 경정청구기간의 기산일은 법정신고기한 다음날이 된다.[13]

구 국세기본법상 통상의 경정청구기간 규정의 문언을 보면 과세표준신고서를 법정신고기한까지 제출한 자는 최초신고 및 수정신고한 국세의 과세표준 및 세액의 결정 또는 경정을 법정신고기한 경과 후 3년이내에 관할 세무서장에게 청구할 수 있다고 규정하여 위 과세표준신고서의 법정신고기한에 추가신고·자진납부의 신고기한이 포함되는지에 대하여 의문이 있다. 이에 대하여 조세심판원은 추가신고·자진납부가 있는 경우 경정청구기간의 기산일을 추가신고·자진납부 기한 다음날이라고 하여 그 신고기한이 법정신고기한에 포함되는 것으로 보았으나 국세청 유권해석은 원래 과세표준 확정신고기한의 다음날로 보아 다른 입장

---

11) 대법원 1994. 12. 13. 선고 93누10330 판결.

12) 임승순, 앞의 책, 194면.

13) 현행 국세기본법 제45조의2 제1항은 경정청구기간을 5년으로 연장하여 규정하고 있다.

에 있었다.[14]

이와 관련하여 대법원은 원천납세의무자가 추가신고·자진납부한 경우 그 경정청구기간의 기산일이 문제된 사안에서 구 소득세법 시행령 제134조 제1항의 입법취지는 종합소득 과세표준 확정신고기한이 경과한 후에 소득처분에 의하여 소득금액에 변동이 발생한 경우에는 구 소득세법 제70조 등에서 정한 원래의 종합소득 과세표준 확정신고기한 내에 그 변동된 소득금액에 대한 과세표준 및 세액을 신고 납부하는 것이 불가능하므로 그 과세표준 및 세액의 확정신고 및 납부기한을 소득금액변동통지서를 받은 날이 속하는 달의 다음달 말일까지 유예하여 주려는 데 있는 점, 따라서 위 규정에 의한 추가신고·자진납부기한도 구 국세기본법 제45조의2 제1항 제1호 소정의 법정신고기한에 포함된다고 볼 수 있는 점, 그리고 구 국세기본법 제45조의2 제1항 소정의 감액경정청구제도의 취지 등을 종합하여 보면, 종합소득 과세표준 확정신고기한이 경과한 후에 소득처분에 의하여 소득금액에 변동이 발생하여 구 소득세법 시행령 제134조 제1항에 따라 과세표준 및 세액을 추가신고·자진납부한 경우 그에 대한 구 국세기본법 제45조의2 제1항 제1호 소정의 경정청구기간은 구 소득세법 시행령 제134조 제1항에서 정하는 추가신고·자진납부의 기한 다음날부터 기산된다고 볼 것이라고 판시하였다(이하 '관련 판결').[15] 즉, 판례는 소득처분 소득의 추가신고·자진납부기한을 경정청구기간의 법정신고기한으로 파악하고 그 경정청구의 기산일을 추가신고·자진납부기한 다음날로 보았다.

3. 소득처분 소득에 대한 무신고의 부과제척기간의 적용 여부

가. 논점의 정리

소득처분 소득은 소득금액변동통지가 있기 전까지는 귀속자가 원래의 종합소득 과세표준 확정신고기한 내에 과세표준 및 세액을 신고·납부하는 것을 현실

---

14) 오경석, "과세표준 및 세액을 추가신고·자진납부한 경우 경정청구의 기산일", 조세실무연구 4, 김·장 법률사무소, 2013, 214면

15) 대법원 2011. 11. 24. 선고 2009두20274 판결. 추가신고·자진납부한 소득에 대한 경정청구와 관련하여 대법원 2016. 7. 14. 선고 2014두45246 판결은 종합소득 과세표준 확정신고기한이 경과한 후 소득처분에 의하여 소득금액에 변동이 발생하여 원천납세의무자가 종합소득 과세표준 및 세액을 추가신고한 경우 원천납세의무자는 그가 실제로 납부한 세액의 한도 내에서가 아니라 추가신고의 대상이 된 과세표준과 세액 전부에 대하여 경정청구권을 행사할 수 있다고 판시하였다.

적으로 기대하기 어려움에도 불구하고, 이 경우에도 다른 일반소득과 마찬가지로 법정신고기한 내에 과세표준신고서를 제출하지 않은 경우와 동일하게 취급하여 7년의 무신고 부과제척기간을 적용할 수 있는지가 대상판결의 주된 쟁점이다.

이와 관련하여 소득처분 소득이 그 귀속 과세연도에 있어서 단지 과소신고에 해당하여 귀속자가 그 귀속 과세연도의 종합소득세 과세표준신고서를 제출한 사안에서 무신고 부과제척기간의 적용여부가 문제되었는데, 대법원은 법인의 대표가 소득처분 소득이 자신의 소득으로 귀속된 과세연도의 종합소득세 과세표준신고서를 법정신고기한 내에 제출하였다면 비록 그 과세표준신고서상의 종합소득금액에 소득처분 소득이 포함되어 있지 않더라도 무신고 부과제척기간의 '납세자가 법정신고기한 내에 과세표준신고서를 제출하지 아니하는 경우'에 해당한다고 볼 수도 없다고 판시[16]하여 소득처분 소득이 신고되지 않았지만 그 귀속 과세연도에 다른 일반소득이 있어 과세표준 신고서가 제출된 경우에는 7년의 무신고 부과제척기간이 적용되지 않는다고 보았다. 다만, 위 판결은 법정신고기한의 구체적 의미에 대한 언급 없이 귀속 과세연도의 과세표준신고서를 법정신고기간 내에 제출하였다는 이유로 무신고 부과제척기간 규정의 '법정신고기한 내에 과세표준신고서를 제출하지 아니한 경우'에 해당한다고 볼 수 없다고만 하여 오히려 납세자가 그 귀속 과세연도의 종합소득세 과세표준신고서를 제출하여야 무신고 부과제척기간 규정이 적용되지 않고, 따라서 그 법정신고기한은 일반소득에 대한 종합소득 과세표준 확정신고기한을 의미하는 것으로 보이는 측면이 있어 그와 같은 과세표준신고서의 제출이 없는 소득처분 소득에 대한 무신고 부과제척기간의 적용 여부는 여전히 문제가 되었다.

추가신고·자진납부의 대상이 되는 소득처분 소득과는 달리 일반소득에 대하여 구 소득세법 제70조는 해당 과세기간의 종합소득금액이 있는 거주자는 그 종합소득 과세표준을 그 과세기간의 다음 연도 5. 1.부터 5. 31.까지 납세지 관할 세무서장에게 신고하여야 한다고 규정하고 있고 제74조 제1항은 거주자가 사망한 경우 그 상속인은 그 상속개시일이 속하는 달의 말일부터 6개월이 되는 날까지 사망일에 속하는 과세기간에 대한 그 거주자의 과세표준을 신고하여야 한다고 규정하고 있는바, 결국 이 사건 논점은 무신고 부과제척기간의 법정신고기한을 위 과세표준 확정신고기한만을 의미하는 것으로 볼 것인지, 아니면 소득처분

---

16) 대법원 2010. 1. 28. 선고 2007두20959 판결.

소득 등에 대한 추가신고 · 자진납부기한 등 다른 신고기한도 포함되는 것으로 볼 것인지의 문제로 정리된다. 구체적으로 이 사건 쟁점 금액이 2004년 귀속이므로 구 소득세법 제70조 제1항에 따라 2004년 귀속 소득세 과세표준신고기한인 2005. 5. 31.을 법정신고기한으로 볼 것인지, 아니면 소득처분 소득이므로 구 소득세법 시행령 제134조 제1항에 따라 소득금액변동통지서를 받은 날이 속하는 다음다음달 말일인 2011. 8. 31.을 법정신고기한으로 볼 것인지의 여부이다. 후자의 경우라면 추가신고 · 자진납부의 기산점이 되는 이 사건 소득금액변동통지 시점에 법정신고기한이 도과하지 않는 상태이므로 7년의 무신고 부과제척기간은 적용되지 않는 것이 된다. 이에 대해서는 두 가지의 견해가 대립되고 있다.

나. 긍정설

긍정설은 구 국세기본법 제45조의2 제1항 소정의 법정신고기한은 소득세법 제70조, 제74조 등에서 정한 원래의 과세표준 확정신고기한을 의미하고, 따라서 소득처분 소득에 대해서는 납세자가 과세표준 확정신고기한 내에 과세표준신고서를 제출하지 않은 것이므로 무신고 부과제척기간 규정이 적용된다는 견해로서 다음과 같은 논거가 제시된다.[17] 원심의 입장이기도 한다.

첫째, 소득처분의 대상이 된 소득자의 소득세 납세의무가 그 귀속 과세연도 종료시에 소급하여 성립한다고 보는 이상 그 소득세에 관하여 다음 연도 5. 31.까지 종합소득세 신고의무가 있다고 볼 수밖에 없다. 소득처분 소득이 사후적으로 성립한다고 하더라도 그 소득의 귀속시기는 소급하는 것으로 그 소득에 대한 법정신고기한은 구 소득세법 제70조 제1항의 종합소득 과세표준 확정신고기한이 된다.

둘째, 구 소득세법 시행령 제134조 제1항은 추가신고 · 자진납부한 때에는 구 소득세법 제70조 또는 제74조의 기한 내에 신고 · 납부한 것으로 본다고만 규정하고 있을 뿐 추가신고 · 자진납부기한을 구 소득세법 제70조 또는 제74조의 기한으로 본다고 규정하고 있지 아니하므로 위 규정에 따라 소득처분 소득의 추가신고 · 자진납부기한이 무신고 부과제척기간의 법정신고기한으로 되는 것은 아니다.

셋째, 구 국세기본법 제45조의2 제1항은 조세행정의 원활한 운영과 조세법

---

17) 오경석, 앞의 논문, 213면.

률관계의 조속한 안정을 위하여 경정청구기간을 법정신고기한 경과 후 3년 이내로 제한하였는데 소득처분 소득에 대한 추가신고 · 자진납부기한을 법정신고기한으로 보아 경정청구기간을 연장하면 조세법률관계가 장기간 불안정한 상태에 놓이게 된다. 특히 소득처분 소득의 추가신고 · 자진납부는 원천납세의무자가 스스로 과세표준 및 세액의 무신고나 과소신고를 인정하고 이를 신고 및 납부한 것이어서 그에 대하여 경정청구기간을 연장하여 조세법률관계를 불안정하게 하면서까지 이를 다투게 할 실익도 적다.

넷째, 수정신고의 경우에도 그 법정신고기한은 원래의 과세표준 신고기한이므로 수정신고기한 다음날이 아닌 당초 과세표준 신고기한 다음날을 경정청구 기산일로 보기 때문에 수정신고가 늦어지는 경우만큼 경정청구기간이 단축되는데, 추가신고의 경우도 수정신고와 달리 그 경정청구가 늦게 행사되었다고 하여 이를 별도의 법정신고기한으로 보아 경정청구기한을 연장시켜 줄 이유가 없다.

다. 부정설

부정설은 무신고 부과제척기간의 법정신고기한은 위 과세표준 확정신고기한만이 아니라 소득처분 소득에 대한 추가신고 · 자진납부기한을 포함하고, 따라서 결국 소득처분 소득에 대해서는 그 법정신고기한까지 과세표준신고서를 제출하지 아니한 경우에 해당하지 아니하므로 무신고의 부과제척기간을 적용할 수 없다는 견해이다. 제1심의 입장으로서 그 논거는 다음과 같다.[18]

첫째, 납세자가 법정신고기한까지 과세표준신고서를 제출하지 않은 경우 7년의 무신고 부과제척기간이 적용되는데 이 규정은 납세자의 과세표준신고의무를 전제하고 있으므로 이를 적용하기 위해서는 그 법정신고기한 당시 반드시 과세표준 확정신고를 하여야 할 의무가 있음에도 불구하고 이를 신고하지 않은 경우로 해석하여야 한다. 이 사건의 경우 소득처분 소득이 귀속된 2004 과세연도에 다른 종합소득이 없는 소외인은 그 신고기한까지 종합소득 과세표준 확정신고를 할 의무는 없으므로 소외인이 종합소득 과세표준 확정신고를 하지 않았다고 하더라도 이를 두고 법정신고기한 내에 과세표준신고서를 제출하지 아니한 경우에 해당한다고 볼 수 없다.

---

18) 오경석, 앞의 논문, 214면; 이정란, "소득금액변동통지와 원천납세의무에 대한 부과제척기간", 법학연구 제56권 제1호, 부산대학교 법학연구소, 2015. 2., 354면.

둘째, 구 국세기본법 제45조의2 제1항 소정의 법정신고기한이 반드시 소득세법 제70조, 제74조에서 정한 원래의 과세표준 확정신고기한만을 의미한다고 볼 수 없고 세법에서 별도로 유예해 준 신고기한 등을 포함하는 것으로 보는 것이 타당하다. 구 소득세법 시행령 제134조 제1항이 추가신고 · 자진납부한 때에는 구 소득세법 제70조 또는 제74조의 기한 내에 신고 · 납부한 것으로 본다고 규정한 것은 문언상으로도 추가신고 · 자진납부기한을 소득처분 소득에 대한 별도의 과세표준 확정신고기한을 유예해 준 것으로 충분히 해석할 수 있다.

셋째, 소득처분 소득에 대한 추가신고 · 자진납부가 있는 경우에도 원래의 과세표준 확정신고기한 다음날을 경정청구기산일로 본다면 원래의 과세표준 확정신고기한 후에 소득처분이 이루어진 경우에는 사실상 경정청구가 불가능하므로 결국 원천납세의무자는 추가신고 · 자진납부를 하지 않고 과세관청의 부과처분을 기다려 이를 다투어야 하는데, 이는 원천납세의무자에게 부당하게 가산세만을 부담시키는 것이 된다.

넷째, 과세처분의 경우에는 조세법규의 전문성 · 기술성 · 복잡성으로 인하여 원칙적으로 부과제척기간 범위 내에서는 다른 장애사유가 없는 한 제한 없이 과세관청의 경정권 행사가 가능하고 조세법률관계는 제3자에 대하여 영향을 미치는 경우도 거의 없다는 점에서 납세자의 경정청구기간을 충분히 보장할 필요가 있고 그렇게 하더라도 다른 행정법률관계에 비하여 조세법률관계의 불안정성이 중대하게 초래되는 것은 아니다.

다섯째, 구 국세기본법 제48조 제2항이 수정신고에 대하여 단지 가산세를 감면하도록 규정하고 있는 것과는 달리 추가신고 · 자진납부의 경우에는 소급적으로 발생한 소득에 대한 별도의 정상적인 신고납부 · 절차를 규정하고 있는바, 그러한 점에서도 구 소득세법 시행령 제134조 제1항 소정의 추가신고 · 자진납부를 단순 수정신고와 같이 취급할 수는 없다.

라. 소 결

소득처분 소득은 통상 종합소득세 과세표준 법정신고기한 이후의 세무조사에 따라 법인의 세무조정사항이 발생하고 그에 따라 행하여지는 소득처분과 소득금액변동통지에 의하여 그 차이금액에 대하여 원천징수의무자는 원천징수의무를, 원천납세의무자는 추가신고 · 자진납부의무를 부담하게 되는바, 소득처분 소득의 발생 시점과 추가신고 · 자진납부 시점에는 일반 부과제척기간과 통상의 경정청구기간이 도과하는 경우도 예상된다. 소득처분 소득에 대한 통상의 경정청구기간의 기산일이 적용되는지 여부에 대하여 관련판결은 소득처분 소득에 대해서는 미리 그 신고의무를 이행하는 것은 불가능하므로 과세표준과 세액의 확정신고 및 납부기한을 소득금액변동통지서를 받은 날이 속하는 달의 다음다음달 말일까지 유예하여 주려는 데 있다는 점 등을 고려하여 추가신고 · 자진납부기한의 다음날부터 경정청구기간이 기산된다고 해석하여 소득처분 소득에 대한 납세자의 경정청구권을 보장해 주었다. 이와 같이 소득처분 소득에 대해서는 납세자의 경정청구기간이 장기간으로 보장되는 사정을 고려하여 소득처분 소득에 대한 부과제척기간도 그에 상응하여 장기간으로 확보하기 위해서라도 소득처분 소득에 대해서는 무신고 부과제척기간 규정을 적용할 필요성이 있다고 볼 여지도 있으나, 다음과 같은 추가적인 논거를 고려해 볼 때 현행 부과제척기간 규정의 해석상 긍정설을 받아들이기는 어렵다고 판단된다.

첫째, 무신고 부과제척기간 규정이 적용되기 위해서는 구 국세기본법 제26조의2 제1항 제2호의 법정신고기한이 소득세법 제70조의 종합소득세 과세표준신고기한만을 의미하는 것으로 보아야 하는데, 구 국세기본법 제2조 제16호는 '법정신고기한'이란 세법에 따라 과세표준신고서를 제출할 기한을 말한다고 규정하고 있어 과세표준 신고서의 제출이 필요한 추가신고 · 자진납부의 제출기한도 법정신고기한에 포함되는 것으로 해석된다. 이미 관련판결은 경정청구기간에 관한 것이기는 하지만 그 법정신고기한의 범위에 소득처분 소득에 관한 소득세법 시행령 제134조 제1항 소정의 추가신고 · 자진납부기한을 포함하는 것으로 판단하였는바, 부과제척기간의 법정신고기한과 경정청구기간의 법정신고기한을 달리 볼 이유가 없다는 점에서도 무신고 부과제척기간의 법정신고기한은 구 소득세법 시행령 제134조 제1항의 추가신고 · 자진납부기한을 포함한다고 보아야 한다.

둘째, 구 소득세법 시행령 제134조 제1항은 명문으로 소득금액에 변동이 발생함에 따라 종합소득 과세표준 확정신고의무가 없던 자가 소득세를 추가신고 · 자진납부하여야 하는 경우에 그 신고기한을 별도로 규정하고 있는바, 세법 조항의 체계적 해석상 그 신고기한이 지나지도 않는 소득이 생긴 납세자에 대하여 소득처분 소득에 대한 신고서의 제출이 없다는 이유로 무신고로 보아 장기간의 부과제척기간 규정을 적용하는 것은 논리적으로도 모순된다.

셋째, 구 국세기본법 제2조 제15호의2는 과세표준 수정신고서란 당초에 제출한 과세표준신고서의 기재사항을 수정하는 신고서를 말한다고 규정하여 수정신고는 구 국세기본법 제45조의2 제1항 소정의 최초신고에 대한 기재사항을 수정하는 신고로서 구 국세기본법 제48조 제2항에 의하여 가산세를 감면하여 줄 뿐 별도의 법정신고기한을 부여하고 있지 않다. 그에 반하여 소득처분 소득에 대한 추가신고는 앞서 본 바와 같이 별도의 신고기한이 마련되어 있는바, 이러한 추가신고는 경정청구에 관한 구 국세기본법 제45조의2 제1항 소정의 최초신고에 해당하고 그에 대해서는 별도의 수정신고가 가능하다는 해석이 충분히 가능하다고 보인다. 요컨대, 위 규정에서 최초신고와 수정신고라는 표현을 사용하고 있다는 이유로 위 규정이 수정신고만을 포함하고 추가신고는 포함하지 않아 법정신고기한은 당초의 소득세 과세표준 확정신고기한만을 의미하는 것으로 본다는 반론은 타당하지 않다. 결국 구 국세기본법 제45조의2의 경정청구는 일반소득에 대한 경정청구와 소득처분 등 추가신고의 대상이 되는 소득에 대한 경정청구로 구분되어 각기 그 기산일을 달리하게 되는 셈이다.

참고로, 추가신고에 대해서 법정신고기한이 별도로 마련되어 있다면 그에 대한 부과제척기간의 기산일도 추가신고·자진납부기한 다음날이 된다고 보아야 한다는 견해가 가능하다. 그러나 구 국세기본법 제26조의2 제4항은 국세를 부과할 수 있는 날은 대통령령으로 정한다고 규정하고 있고 구 국세기본법 시행령 제12조의3 제1항 제1호는 과세표준과 세액을 신고하는 국세에 있어서는 당해 국세의 과세표준과 세액에 대한 신고기한 또는 신고서 제출기한의 다음날이고 이 경우 중간예납·예정신고 및 수정신고기한은 과세표준신고기한에 포함되지 아니한다고 규정하고 있어 소득세의 경우에 국세를 부과할 수 있는 날은 구 소득세법 제70조 제1항의 당초의 과세표준 확정신고기한 다음날을 의미한다고 해석하는 것이 합리적이고, 이 규정으로부터 구 소득세법 시행령 제134조 제1항 소정의 추가신고·자진납부기한의 다음날이 별도의 부과제척기간 기산일이 된다는 해석을 도출하기는 어렵다고 보인다.

4. 대상판결의 평가와 의의

대상판결의 판시와 같이 과세기간 중 다른 종합소득이 없어 과세표준 신고의무가 없었지만 소득처분에 의하여 비로소 신고의무가 발생한 경우 사실상 종합소득세 과세표준 신고기한 내에 과세표준신고 및 세액납부를 이행하는 것이 불가능하였으나 구 국세기본법에는 소득처분 소득에 대하여 별도로 이를 규정한 조문이 없어 5년의 일반 부과제척기간과 7년 무신고 부과제척기간 중 어떠한 부과제척기간이 적용되는지에 관하여 예측가능성이 없어 법적 안정성을 해하는 문제가 있었다.

　　대상판결은 소득처분 소득에 관하여 원칙적으로 5년의 일반 부과제척기간이 적용됨을 확인함으로써, 납세자가 이행 불가능한 의무를 준수하지 못하였다고 하여 불이익한 결과를 강요받지 않도록 하여 납세자의 절차적 권리를 보다 두텁게 보호하였다는 점에서 의의가 있다. 이는 관련판결에서 소득처분 소득에 대한 추가신고·자진납부의 경정청구기간의 기산일과 관련하여 추가신고·자진납부기한도 구 국세기본법 제45조의2 제1항 제1호 소정의 법정신고기한에 포함된다고 보는 입장의 연장선에 있다고 볼 수 있다.

　　구 소득세법 시행령 제134조 제1항의 추가신고·자진납부기한이 법정신고기한에 해당하는 것으로 대상판결 및 관련판결에 의하여 정리가 됨에 따라 구 소득세법 시행령 제134조 제1항에서 규정하고 있는 종합소득세 과세표준 확정신고가 없었던 자뿐만 아니라 세법에 따라 과세표준 확정신고를 하지 아니하여도 되는 자, 즉, 구 소득세법 제73조 제1항 소정의 근로소득만 있는 자(제1호), 퇴직소득만 있는 자(제2호), 공적연금소득만 있는 자(제3호), 제127조에 따라 원천징수되는 사업소득으로서 대통령령이 정하는 사업소득만 있는 자(제4호) 등의 경우에도 마찬가지로 그 후발적 소득에 대하여 무신고 부과제척기간은 적용되지 않는다고 할 것이다. 그리하여 결론적으로 대상판결 등에 의하여 소득세법상 일반소득과 추가신고의 대상이 되는 소득처분 소득 등은 그 성격을 달리하고 그에 따라 부과제척기간과 경정청구기간의 적용이 달라지는 것이 확인되었다는 점도 중요한 의미를 가지는 것으로 평가된다.

　　이에 대해서 소득처분 소득에 대해서는 무신고 부과제척기간 규정이 적용되지 않고, 일반 부과제척기간이 적용되어 귀속 과세연도의 다음 연도 6. 1.부터 5년의 부과제척기간이 기산되는 반면 그 소득에 대한 경정청구기간은 소득처분 소득의 추가신고·자진납부기한의 다음날부터 기산하여 부과제척기간과 경정청구기간의 불균형이 문제된다는 지적이 제기될 여지가 있다. 그러나 소득처분 소득은 법인에서의 세무조정의 결과 발생하는 이중과세의 성격을 가지고 있고 법인 단계에서의 소득에 대해서는 부정행위 부과제척기간 등이 적용되고, 만일 부과제척기간이 추가신고·자진납부기한 다음날로부터 기산하는 것으로 연장된다면 경우에 따라서는 법인 단계 10년, 귀속자 단계 10년 합계 20년의 장기부과제척기간이 적용될 가능성 있는 점 등을 고려하면 그로 인한 차이를 유추해석이나 확대해석에 의하여 보정할 필요성은 적다고 하겠다.

한편, 2011. 12. 31. 법률 제11124호로 개정된 국세기본법 제26조의2 제1항 제1호 후단에서는 사기나 그 밖의 부정한 행위로 법인세를 포탈·환급·공제받는 과정에서 사외로 유출된 법인의 소득을 법인세법 제67조에 따라 그 실제 귀속자의 소득으로 처분함으로써 그 귀속자에게 부과된 소득세나 법인세에 대해서도 10년(부정행위가 국제거래의 과정에서 범하여진 경우에는 15년)의 부과제척기간이 적용된다고 규정하여, 사실상 소득처분의 결과 부과되는 소득세나 법인세도 '사기나 그 밖의 부정한 행위'로 포탈한 것으로 사실상 의제되는 결과가 나타나게 되었다. 대상판결과 같은 사안에서는 10년은 물론 7년의 무신고 부과제척기간도 적용되지 않았으나 위 국세기본법의 개정으로 10년의 부정행위 제척기간이 적용되게 되었는바,[19] 대상판결의 판시취지는 그 범위 내에서는 의미가 다소 반감되는 측면이 없지는 않으나 구 소득세법 시행령 제134조 제1항 소정의 추가신고 대상 소득 중 법인의 사기 기타 부정한 행위가 없는 소득처분에 따른 소득과 제2항 소정의 종합소득 과세표준확정신고를 한 자가 그 신고기한 내에 신고한 사항 중 정부의 허가·인가·승인 등에 의하여 물품가격이 인상됨으로써 신고기한이 지난 뒤에 당해 소득의 총수입금액이 변동되어 추가로 신고한 경우 등에 있어서는 여전히 중요한 해석지침이 된다고 하겠다.

---

19) 이에 대해서는 그 타당성에 의문을 제기하는 견해가 있다(이태로·한만수, 앞의 책, 125면).

구 국세기본법상 부당과소신고가산세의 부과요건인 '부당한 방법으로 과세표준을 과소신고한 경우'의 의미*

〈대법원 2015. 1. 15. 선고 2014두11618 판결〉

I. 대상판결의 개요

1. 사실관계의 요지와 부과처분의 경위

원고는 동설(銅屑)[1] 도·소매업 등을 목적으로 설립된 주식회사로서, 2011년 제1기 과세기간 중 동설을 공급받으면서 고철·비철 도매업자인 소외회사로부터 공급가액 합계 1,174,882,050원의 매입세금계산서 7장(이하 '이 사건 세금계산서')을 교부받아 해당 매입세액을 공제하여 2011년 제1기 부가가치세를 신고·납부하였다. 원고는 위 기간 동안 소외회사에게 이 사건 세금계산서상의 물품대금에 상응하는 합계 1,292,331,000원을 지급하였다(이하 '이 사건 거래').

그런데 피고는 원고가 소외회사로부터 동설을 공급받은 사실이 없음에도 실제로 공급받은 것처럼 매입세금계산서를 발급받았다는 이유로 원고를 조세범처벌법위반 혐의로 검찰에 고발하는 한편, 이 사건 세금계산서가 사실과 다른 세금계산서에 해당한다는 이유로 그 매입세액을 불공제하여 원고에 대하여 2012. 7. 2. 2011년 제1기분 부가가치세 본세 117,488,205원의 부과처분(이하 '본세 부과처분')을 하였고, 이어서 2013. 2. 1. 원고의 부가가치세 과소신고가 '부당한 방법으로 과세표준을 과소신고한 경우'에 해당한다는 등의 이유로 2011년 제1기분 부가

* 세무사 제34권 제3호 (2016. 11.)
1) 구리고철을 말한다.

가치세 가산세 합계 82,511,966원의 부과처분(이하 '가산세 부과처분')을 하였다(이하 총칭하여 '이 사건 부과처분'). 원고는 검찰 고발에 대해서 2012. 10. 10. '혐의없음'의 불기소처분을 받았고, 이 사건 부과처분에 대하여 조세심판원에 심판청구를 하였으나 2012. 11. 19. 기각되자 피고를 상대로 이 사건 부과처분의 취소를 구하는 행정소송을 제기하였다.

2. 판결의 요지

가. 원심판결의 요지

원고는 소외회사의 사업장을 방문하여 소외회사의 대표이사를 만나 사업장의 위치 및 직원, 사업자등록증 등을 직접 확인하고 소외회사로부터 실제 동설을 매입하여 세금계산서를 수수하고 물품대금을 지급하였으므로 이 사건 세금계산서는 사실과 다른 세금계산서가 아니고, 가사 이 사건 세금계산서가 사실과 다른 세금계산서라고 하더라도 이 사건 거래는 명의위장거래[2]로서 원고는 명의위장사실을 알지 못한 데에 과실이 없는 선의의 거래당사자에 해당하므로 관련 매입세액은 공제되어야 하며, 부당과소신고가산세는 사실과 다른 세금계산서임을 알고서 적극적으로 근거자료를 은폐하거나 조작하는 등의 부당한 방법으로 납부세액을 과소신고한 경우, 납부불성실가산세는 정당한 사유 없이 그 납부기한 내에 부가가치세를 납부하지 않은 경우에 각 부과되는데, 원고는 이 사건 세금계산서가 사실과 다르다는 것을 알지 못하여 부당한 방법으로 과소신고한 것이 아니고, 그러한 사정은 가산세 면제의 정당한 사유에 해당하므로 이 사건 부과처분은 모두 취소되어야 한다고 주장하였다.

이에 대하여 원심은 원고가 이 사건 세금계산서에 기재된 동설을 실제 공급받았다고 하더라도 원고에게 동설을 공급한 거래처가 세금계산서상의 소외회사가 아닌 다른 공급자라면 이 사건 세금계산서는 사실과 다른 세금계산서가 되는데, 이 사건 거래의 경우 소외회사가 원고에게 동설을 공급하였다고 보기는 어려우므로 소외회사를 공급자로 기재한 이 사건 세금계산서는 사실과 다른 세금계산서에 해당하고, 실제 공급자와 세금계산서상의 공급자가 다른 세금계산서는 공급받는 자가 세금계산서의 명의위장사실을 알지 못하였고 알지 못한 데에 과

---

[2] 위장거래는 가공거래와 구분된다. 위장거래란 실물거래는 있으나 거래물품, 거래상대방 등 거래내용의 일부 또는 전부가 사실과 다른 거래이고 그 중 명의위장거래는 거래상대방이 다른 경우이다. 가공거래는 실물거래 없이 세금계산서만 수수되는 거래이다.

실이 없다는 특별한 사정이 없는 한 그 매입세액을 공제 내지 환급받을 수 없는데 원고는 동설의 실제 공급자가 소외회사가 아님을 알고 있었거나 조금만 주의를 기울여도 알 수 있었음에도 불구하고 이를 게을리한 과실이 있다고 할 것이며, 이 사건 세금계산서가 사실과 다른 세금계산서임을 알았거나 중대한 과실로 알지 못한 원고가 이 사건 세금계산서상 매입세액공제를 신청하는 것은 부당한 방법으로 납부세액을 과소신고한 경우에 해당할 뿐만 아니라, 원고의 부가가치세 납부의무 해태를 탓할 수 없는 정당한 사유가 있다고도 보기 어려우므로 결국 이 사건 부과처분은 모두 적법하다고 판단하였다.

나. 대상판결의 요지

대법원은 원심이 비철금속 도매업 등을 영위하는 원고가 2011년 제1기 부가가치세 과세기간 중 소외회사로부터 교부받은 이 사건 세금계산서는 그 세금계산서상의 공급자와 실제 공급자가 다르게 적힌 '사실과 다른 세금계산서'에 해당한다고 판단한 부분, 원고가 소외회사의 명의위장사실을 알지 못하였거나 알지 못한 데에 과실이 없다고 보기 어렵다고 판단한 부분 및 원고가 부가가치세 납부의무를 이행하지 아니한 데에 정당한 사유가 있었다고 보기 어렵다고 본 부분에는 위법이 없다고 보았으나 부당과소신고가산세 부분에 대해서는 다음과 같은 이유에서 수긍하기 어렵다고 판단하였다.

구 국세기본법(2011. 12. 31. 법률 제11124호로 개정되기 전의 것, 이하 '구 국세기본법') 제47조의3 제2항 제1호 등 관련 규정의 문언 및 체계 등에 비추어 보면, 납세자가 거짓증명을 수취하여 과세표준을 과소신고하였다고 하더라도 수취한 증명이 거짓임을 알지 못하였을 때에는 '부당한 방법으로 과세표준을 과소신고한 경우'에 해당한다고 볼 수 없고, 납세자가 중대한 과실로 거짓임을 알지 못하였다고 하여 달리 볼 것은 아니다. 그리고 납세자가 세금계산서상의 공급자와 실제 공급자가 다르게 적힌 '사실과 다른 세금계산서'를 교부받아 매입세액의 공제 또는 환급을 받은 경우 그러한 행위가 구 국세기본법 제47조의3 제2항 제1호가 규정한 '부당한 방법으로 과세표준을 과소신고한 경우'에 해당하기 위하여는 납세자에게 사실과 다른 세금계산서에 의하여 매입세액의 공제 또는 환급을 받는다는 인식 외에, 그 세금계산서상의 부가가치세 납부의무를 면탈함으로써 납세자가 매입세액의 공제를 받는 것이 결과적으로 국가의 조세수입 감소를 가져오게 될 것이라는 점에 대한 인식이 있어야 한다. 원심판결의 이유와 기록에 의하면, 원고는 이 사건 세금계산서가 사실과 다르다는 사실을 알지 못하였다고 주장하고 있을 뿐만 아니라 이 사건 세금계산서에 의하여 공제받은 매입세액에 상당하는 금액을 소외회사가 지급하였다는 취지로도 주장하고 있으므로 원심으로서는 원고가 이 사건 세금계산서가 사실과 다르다는 사실을 알고 있었는지 여부 및 원고에게 소외회사가 이 사건 세금계산서상의 매출세액을 제외하고 부가가치세의 과세표준 및 납부세액을 신고·납부하거나 또는 이 사건 세금계산서상의 매출세액 전부를 신고·납부한 후 경정청구를 하여 이를 환급받는 등의 방법으로 이 사건 세금계산서상의 부가가치세 납부의무를 면탈함으로써 원고가 이 사건 세금계산서에 의하여 매입세액의 공제를 받는 것이 결과적으로 국가의 조세수입의 감소를 가져오게 될 것이라는 점에 관한 인식이 있었는지·여부를 심리한 후 부당과소신고가산세 부과처분이 적법한지를 판단하였어야 하는데도 원심은 이러한 점을 심리하지 아니한 채 위 처분이 적법하다고 판단하였으니 이러한 원심의 판단에는 구 국세기본법 제47조의3 제2항 제1호가 규정한 부당과소신고가산세의 부과요건에 관한 법리를 오해한 위법이 있다.

Ⅱ. 대상판결의 평석

1. 이 사건의 쟁점 및 문제의 소재

앞서 본 바와 같이 대상판결의 쟁점은 본세 부과처분의 적법 여부, 즉, 이 사건 세금계산서가 사실과 다른 세금계산서인지 여부, 원고가 선의·무과실의 거래상대방인지 여부, 가산세 부과처분의 적법 여부, 즉 부당과소신고 가산세 부과요건인 부당한 방법이 있는지 여부, 납부불성실 가산세 면제요건인 정당한 사유가 있는지 여부로 구분되는바, 대상판결의 판시사항 중 선례로서 의미가 있는 것은 부당과소신고가산세의 부과요건 부분이므로 본 판례평석에서는 이에 대하여 논의한다.

구 국세기본법 제47조의3 제2항 제1호는 부당과소신고에 대하여 일종의 제재로서 일반과소신고의 경우보다 훨씬 높은 40%의 가산세율을 적용한다고 규정하고 있다. 대상판결은 부당과소신고가산세의 부과요건으로서 '부당한 방법으로 과세표준을 과소신고한 경우'에 해당하기 위해서는 납세자에게 사실과 다른 세금계산서에 의하여 매입세액의 공제 또는 환급을 받는다는 인식 외에, 사실과 다른 세금계산서를 발급한 자가 그 세금계산서상의 부가가치세 납부의무를 면탈함으로써 납세자가 매입세액의 공제를 받는 것이 결과적으로 국가의 조세수입의 감소를 가져오게 될 것이라는 점에 대한 인식이 모두 필요하다고 판시하였는바, 납세자가 실물거래를 하고 거래상대방에게 부가가치세 상당액을 모두 지급한 후 공급자가 사실과 다르게 적힌 세금계산서임을 알면서 이를 수취하여 매입세액 공제를 받은 것만으로 부당과소신고가산세의 부과요건으로서의 부당한 방법으로 과세표준을 과소신고한 경우에 해당하는지, 아니면 추가로 국가의 조세수입의 감소를 가져오게 될 것이라는 인식이 필요한 것인지 여부가 이 사건의 쟁점이다. 부당무신고가산세의 경우에도 구 국세기본법 제47조의2 제2항 제1호가 부당한 방법으로 과세표준을 신고하지 아니한 경우 40%의 가산세율을 적용한다고 규정하고 있어 그 부당한 방법의 의미는 부당과소신고가산세의 그것과 동일하다고 할 것이다.

　　조세포탈죄의 경우에는 납세의무의 존재, 사기 기타 부정한 행위에 더하여 주관적 구성요건에 해당하는 사실과 다른 세금계산서에 의하여 매입세액을 공제받는다는 인식 외에 조세포탈의 결과에 대한 인식이 있어야 하므로, 단지 사기 기타 부정한 행위로 인하여 조세포탈의 결과가 발생한 것만으로는 부족하고 조세포탈의 결과, 즉 국가의 조세수입의 감소에 대한 납세자의 인식이 필요하다. 따라서 결국 이 사건의 쟁점은 달리 말하면 부당과소신고가산세의 부과요건인 '부정한 방법으로 과세표준을 과소신고한 경우'에 해당하기 위해서는 조세포탈죄와 마찬가지로 국가의 조세수입의 감소에 대한 인식이 필요한지 여부이다.

　　구체적으로 보면, 현행 국세기본법 제47조의3 제2항은 부당과소신고가산세의 부과요건을 '부정행위'라고 하여 조세포탈죄의 구성요건인 사기 그 밖의 부정한 행위(이하 '조세포탈죄의 부정행위')와 동일하게 규정하고 있는 반면 구 국세기본법 제47조의3 제2항은 부당과소신고가산세의 부과요건을 '부당한 방법으로 과세표준을 과소신고한 경우'(이하 '부당과소신고가산세의 부당행위')로 규정하고 구 국세기본법 시행령(2012. 2. 2. 대통령령 제23592호로 개정되기 전의 것, 이하 '구 국세기본법 시행령') 제27조 제2항 제6호는 그 부당행위를 포괄적으로 국세를 포탈하거나 환급·공제받기 위한 사기, 그 밖의 부정한 행위를 말하는 것으로 규정하여 위법률 조항의 부당행위가 위 시행령 조항에서는 조세포탈죄의 부정행위와 유사하게 규정되어 부당과소신고가산세의 부당행위가 조세포탈죄의 부정행위와 동일한 것인지가 문제된다.

이와 관련하여 장기부과제척기간의 적용요건으로 구 국세기본법 제26조의2 제1항 제1호는 납세자가 사기나 그 밖의 부정한 행위(이하 '장기부과제척기간의 부정행위')로 국세를 포탈하거나 환급·공제받는 경우에는 그 국세를 부과할 수 있는 날로부터 10년간을 부과제척기간으로 규정하고 있다. 부당과소신고가산세의 부당행위와는 달리 장기부과제척기간의 부정행위는 조세포탈죄의 부정행위와 같이 법률조항 자체에서 사기 그 밖의 부정한 행위를 그 적용요건으로 동일하게 규정하고 있다는 점에서 차이가 있는데 그 부정행위의 의미가 조세포탈죄의 부정행위와 동일한 것인지 같이 검토해 볼 필요가 있다. 만일 동일한 문언의 장기부과제척기간의 부정행위가 조세포탈죄의 부정행위와 그 의미가 다르거나 같다고 한다면 그 문언과 규정체계가 유사한 부당과소신고가산세의 부당행위와 조세포탈죄의 부정행위의 해석에 있어서도 유의미하게 고려될 수 있을 것이다.

이하에서는, 먼저 부당무신고가산세의 부당행위 규정과 조세포탈죄의 부정행위 규정의 내용과 그 연혁을 장기부과제척기간의 부정행위와 같이 살펴 보고 부당무신고가산세의 부당행위의 법적 의미에 대하여 검토한 다음 대상판결에 대하여 평석한다.

2. 부당과소신고가산세의 부당행위 및 조세포탈죄의 부정행위 규정

가. 부당과소신고가산세의 부당행위 규정

구 국세기본법 제2조 제4호는 가산세는 세법에서 규정하는 의무의 성실한 이행을 확보하기 위하여 세법에 따라 산출한 세액에 가산하여 징수하는 금액으로서 가산금[3]은 포함하지 않는다고 규정하고 있다. 종전 개별 세법에서는 다양한 종류의 가산세 조항을 두고 있었는데, 그 가산세의 유형은 신고불성실가산세, 납부불성실가산세, 보고불성실가산세로 대별된다. 그런데 2006. 12. 30. 법률 제8139호로 개정된 국세기본법은 가산세의 기본적인 내용에 대해서 통일적으로 규정하면서 종전의 일반 무신고·과소신고가산세 외에 부당무신고·과소신고가산

---

3) 가산금이란 국세를 납부기한까지 납부하지 아니한 경우에 국세징수법에 따라 고지세액에 가산하여 징수하는 금액과 납부기간이 지난 후 일정기한까지 납부하지 아니한 경우에 그 금액에 다시 가산하여 징수하는 금액을 말한다(구 국세기본법 제2조 제5호).

세를 도입하였고 개별세법에서는 별도의 보고불성실가산세를 규정하는 것으로 그 체계를 변경하였다. 즉, 위 국세기본법 제47조의2 제2항은 부당무신고 가산세에 관하여 납세자가 '국세의 과세표준 또는 세액 계산의 기초가 되는 사실의 전부 또는 일부를 은폐하거나 가장한 것에 기초하여 국세의 과세표준 또는 세액 신고의무를 위반하는 것으로서 대통령령으로 정하는 방법'을 부당한 방법으로 보면서 무신고한 과세표준에 대해서는 무신고납부세액의 40%에 상당하는 금액을 가산세로 한다고 규정하였고 위 국세기본법 제47조의3 제2항은 부당과소신고가산세에 관하여 부당한 방법으로 과세표준을 과소신고한 경우 과소신고납부세액의 40%에 상당하는 금액을 가산세로 하여 납부할 세액에 가산하거나 환급받을 세액에서 공제한다고 규정하였다. 그 위임을 받은 구 국세기본법 시행령(2010. 2. 18. 대통령령 제22038호로 개정되기 전의 것) 제27조 제1항은 법 제47조의2 제2항에서 대통령령이 정하는 방법이라 함은 이중장부의 작성 등 장부의 허위기장(제1호), 허위증빙 또는 허위문서의 작성(제2호), 허위증빙 등의 수취(제3호), 장부와 기록의 파기(제4호), 재산을 은닉하거나 소득·수익·행위·거래의 조작 또는 은폐(제5호), 그 밖에 국세를 포탈하거나 환급·공제받기 위한 사기 그 밖의 부정행위에 해당하는 방법(제6호)을 말한다고 규정하였다. 그 후 2011. 12. 31. 법률 제11124호로 개정된 국세기본법은 제47조의2 제2항, 제47조의3 제2항에서 '부당한 방법'이라는 기존의 표현을 '부정행위'로 변경하였고 이에 따라 2012. 2. 2. 대통령령 제23592호로 국세기본법 시행령이 개정되어 제27조 제2항의 위 제1호 내지 제6호를 삭제하여 위 부정행위의 의미는 뒤에서 보는 조세범처벌법의 부정행위인 조세범처벌법(2010. 1. 1. 법률 제9919호로 전부 개정된 것, 이하 '개정 조세범처벌법') 제3조 제6항 각호의 유형을 의미하는 것으로 통일되었다.

나. 조세포탈죄의 부정행위 규정

구 조세범처벌법(2010. 1. 1. 법률 제9919호로 전부 개정되기 전의 것, 이하 '구 조세범처벌법') 제9조 제1항은 사기 기타 부정한 행위로써 조세를 포탈하거나 조세의 환급·공제를 받은 자는 처벌한다고 규정하였다. 당시 판례는 부정한 행위를 조세포탈을 가능케 하는 사회통념상 부정이라고 인정되는 행위로서 조세의 부과와 징수를 불가능하게 하거나 현저하게 곤란하게 하는 위계 기타 부정한 적극적인 행위라고 하면서 이러한 적극적인 행위가 수반되지 아니한 단순한 미신고 또

는 과소신고는 부정행위에 해당하지 아니한다는 일관된 입장이었고, 적극적 행위
가 수반되지 않는 허위신고도 그 자체로는 부정행위가 되지 않는다고 일관되게
판시하였다.[4] 당시 판례는 부정행위의 대표적인 유형으로 이중장부의 작성[5], 허
위장부의 작성[6], 장부의 은닉 또는 의도적 훼손[7], 세금계산서 작성일자의 허위
기재[8], 세금계산서의 불발급 및 과소신고[9] 등을 들고 있었다.

　　그 후 개정 조세범처벌법 제3조 제1항은 사기나 그 밖의 부정한 행위로써
조세를 포탈하거나 조세의 환급·공제를 받은 자는 처벌한다고 하면서 제6항에
서 '사기나 그 밖의 부정한 행위'란 이중장부의 작성 등 장부의 거짓 기장(제1호),
거짓 증빙 또는 거짓 문서의 작성 및 수취(제2호), 장부와 기록의 파기(제3호), 재
산의 은닉, 소득·수익·행위·거래의 조작 또는 은폐(제4호), 고의적으로 장부를
작성하지 아니하거나 비치하지 아니하는 행위 또는 계산서, 세금계산서 또는 계
산서합계표, 세금계산서합계표의 조작(제5호), 조세특례제한법 제24조 제1항 제4
호에 따른 전사적 기업자원관리설비의 조작 또는 전자세금계산서의 조작(제6호),
그 밖에 위계에 의한 행위 또는 부정한 행위(제7호)로서 조세의 부과와 징수를 불
가능하게 하거나 현저히 곤란하게 하는 적극적 행위를 말한다고 하면서 부정행
위의 7가지 유형을 규정하였다. 위 7가지 유형은 대부분 종전 판례에 의하여 부
정행위의 대표적 유형으로 인정된 것이다.

　　한편, 구 국세기본법 제26조의2 제1항 제1호는 사기나 그 밖의 부정한 행위
로 국세를 포탈하거나 환급·공제받는 경우에는 그 국세를 부과할 수 있는 날로
부터 10년간을 부과제척기간으로 한다고 하면서, '사기 그 밖의 부정한 행위'의
의미에 관하여 구체적으로 규정하지 아니하였다. 그 후 2011. 12. 31. 법률 제
11124호로 개정된 국세기본법 제26조의2 제1항 제1호는 대통령령이 정하는 사기
그 밖의 부정한 행위를 '부정행위'로 정의하여 그 부정행위의 개념을 대통령령에
위임하였고 2012. 2. 2. 대통령령 제23592호로 개정된 국세기본법 시행령 제12조

---

4) 대법원 2000. 4. 21. 선고 99도5355 판결, 대법원 1999. 4. 9. 선고 98도667 판결, 대법원 1997.
　 5. 9. 선고 95도2653 판결, 대법원 1988. 12. 27. 선고 86도998 판결, 대법원 1988. 2. 9. 선고
　 84도1102 판결 등 다수.
5) 대법원 1989. 9. 26. 선고 89도283 판결.
6) 대법원 2002. 9. 24. 선고 2002도2569 판결.
7) 대법원 1988. 3. 8. 선고 85도1518 판결.
8) 대법원 1996. 6. 14. 선고 95도1301 판결.
9) 대법원 1988. 2. 9. 선고 84도1102 판결.

의2 제1항은 '사기 그 밖의 부정한 행위'란 개정 조세범처벌법 제3조 제6항 각호의 어느 하나에 해당하는 행위를 말한다고 하여 장기부과제척기간의 부정행위를 조세포탈죄의 부정행위와 동일하게 보도록 규정하였다.

3. 구 국세기본법상 부당과소신고가산세의 부과요건으로서의 부당행위의 의미

가. 논점의 정리

앞에서 본 바와 같이 2012 과세기간부터는 국세기본법의 개정으로 부당과소신고가산세의 부당행위가 부정행위로 그 용어가 변경되었고, 장기부과제척기간의 부정행위가 개정 조세범처벌법의 부정행위를 의미하는 것으로 개정되어 그 이후부터는 부당과소신고가산세의 부당행위와 장기부과제척기간의 부정행위가 모두 개정 조세범처벌법의 부정행위를 의미하는 것으로 정리되었다. 다만, 대상판결의 사안은 2011년 제1기 부가가치세 부과처분에 관한 것으로 이에 대해서는 위 개정 전의 구 국세기본법이 적용되는바, 그와 같은 입법적 해결이 있기 이전 과세기간에서도 과연 부당과소신고가산세의 부당행위가 조세포탈죄의 부정행위를 의미하는 것인지가 논점이 된다. 이는 조세범처벌법의 형사상의 구성요건의 법리를 부당과소신고가산세의 부과요건과 장기부과제척기간의 적용요건에 그대로 가져올 수 있는 지의 문제이기도 한바, 부당과소신고가산세 규정은 납세자의 세법상의 의무위반에 대하여 추가적인 금전적 의무를 부담시키는 방법으로, 장기부과제척기간 규정은 부과제척기간을 연장하는 방법으로, 조세포탈죄 규정은 납세자의 세법상의 의무위반에 대하여 형사상의 제재를 가하는 방법으로 국가의 조세채권의 확보를 도모하고 있기는 하지만 행정상의 제재, 부과권의 연장, 형사벌로 그 법적 성격이 서로 다르므로 해당 법률조항이나 시행령조항에서 부정행위라는 동일한 표현을 사용하고 있더라도 그 적용범위가 다를 수 있다는 지적이 가능하다. 통상 납세자가 자신의 부정행위를 인식하더라도 그에 관한 국가의 조세수입 감소의 인식이 반드시 수반되는 것은 아니므로 그에 대한 인식 여부를 해당요건에 포함시킬 것인지 여하에 따라 부당과소신고가산세의 부과여부 및 장기부과제척기간의 적용여부가 달라질 수 있다.

나. 조세포탈죄의 구성요건과 국가의 조세수입 감소의 인식

개정 조세범처벌법 제3조 제1항은 사기나 그 밖의 부정한 행위로써 조세를 포탈하거나 조세의 환급·공제를 받은 자는 2년 이하의 징역 또는 포탈세액, 환급·공제받은 세액의 2배 이하에 상당하는 벌금에 처한다고 규정하고 있어 조세포탈죄는 법문상 고의범에 해당한다. 따라서 조세포탈죄가 성립하기 위해서는 조세포탈의 객관적 구성요건 외에 그 객관적 구성요건에 해당하는 사실에 대한 인식이 있어야 한다. 즉, 납세자의 부정행위로 인해 조세포탈의 결과가 발생하였다는 사실만으로는 조세포탈죄가 성립할 수 없고, 납세자가 자신의 부정행위로 인해 조세포탈의 결과가 발생한다는 점을 주관적으로 인지하여야 한다.[10] 대법원도 같은 입장에서 피고인이 유류도매업체로부터 실제 유류를 공급받은 사실이 없음에도 불구하고 유류를 공급받은 것처럼 허위의 매입세금계산서를 교부받은 다음 그 세금계산서의 공급가액을 매입금액에 포함시켜 부가가치세 신고를 함으로써 매입세액을 공제받는 방법으로 부가가치세를 포탈하였다는 공소사실에 대하여 부가가치세 납부의무를 면탈함으로써 결과적으로 피고인이 위 허위의 세금계산서에 의한 매입세액의 공제를 받는 것이 국가의 조세수입의 감소를 가져오게 될 것이라는 인식이 있어야 한다고 판시하였고,[11] 피고인이 소외회사로부터 공급가액이 과다계상된 세금계산서를 교부받아 이를 세무당국에 제출하여 매입세액을 공제받기는 하였으나, 피고인이 위 세금계산서를 교부받으면서 과다계상된 공급가액을 기초로 산출된 부가가치세액을 소외회사에 지급하였고 소외회사도 과다계상된 세금계산서상의 공급가액을 기초로 산출된 부가가치세액 전액을 매출세액으로 신고·납부하였다는 이유로 조세포탈의 범의가 없다는 취지로 판단하는[12] 등 조세포탈죄에 있어서 조세포탈결과의 인식 즉, 국가의 조세수입의 감소의 인식이 있어야 한다고 보았다.

다. 장기부과제척기간의 적용요건과 국가의 조세수입 감소의 인식

부과제척기간은 과세관청의 부과권에 대해서 세법이 정하는 존속기간이고 그 존속기간이 만료하면 부과권은 자동 소멸한다. 부과제척기간은 통상의 제척기간과 부정행위가 수반되는 장기부과제척기간으로 대별된다. 부당과소신고가산세의 경우와 마찬가지로 장기부과제척기간의 부정행위를 조세포탈죄의 부정행위와

10) 백제흠, "장기부과제척기간의 적용요건으로서의 사기 기타 부정한 행위와 조세포탈 결과의 인식", 세법의 논점, 박영사, 2016, 95면.
11) 대법원 2001. 2. 9. 선고 99도2358 판결, 대법원 2010. 1. 14. 선고 2008도8868 판결.
12) 대법원 2013. 12. 26. 선고 2013도10833 판결.

동일하게 규정하기 전의 과세기간에서도 장기부과제척기간의 적용요건으로서의 부정행위를 판정함에 있어서 국가의 조세수입감소의 인식이 필요한지에 대하여 다툼이 있었다. 비록 양자가 '사기 기타 부정한 행위'라는 동일한 단어를 사용하고는 있지만 조세포탈죄의 경우에는 구 조세범처벌법 제9조의2가 법에 의한 소득금액결정에 있어서 세무회계와 기업회계의 차이로 인하여 생긴 금액(제1호)과 법인세의 과세표준을 법인이 신고하거나 정부가 결정 또는 경정함에 있어서 그 법인 주주·사원·사용인 기타 특수관계에 있는 자의 소득으로 처분된 금액(제2호)은 사기 기타 부정한 행위로 인하여 생긴 소득금액으로 보지 않는다고 규정하는 등 장기부과제척기간의 부정행위 규정과 조세포탈죄의 부정행위 규정은 그 구체적인 규정내용 등에 다소 차이가 있었기 때문이다.

　이와 관련하여 장기부과제척기간 규정과 조세포탈죄 규정의 법문언이 사기 기타 부정한 행위로서 동일할 뿐만 아니라 위 양 규정의 입법취지 역시 조세를 포탈하는 행위에 대해 불이익을 준다는 점에서 기본적으로 같다고 볼 수 있으므로, 법령의 통일적 해석이라는 측면에서 장기부과제척기간의 부정행위와 조세포탈죄의 부정행위를 동일하게 해석해야 한다는 견해[13]와 민법과 형법상 '사기'가 같은 개념의 용어임에도 불구하고 민법에서는 보다 광의로, 그리고 형법에서는 보다 협의로 해석 및 운용되는 것과 마찬가지로, 조세범의 경우에도 장기부과제척기간에 있어서의 '사기 기타 부정한 행위'와 조세포탈죄의 성립요건으로서의 '사기 기타 부정한 행위'는 그 제도의 취지에 맞추어 구체적 해석 및 운용 범위를 달리할 필요가 있다는 견해가 대립하였다.[14] 전자의 견해에 따르면 장기부과제척기간의 부정행위가 성립하기 위해서는 조세포탈 결과의 인식이 필요하나 후자의 경우에는 구체적인 사안에 따라 달라질 수 있다.

　이에 대하여 대법원은 납세자가 허위의 계약서를 작성한 다음 그에 따라 교부받은 허위의 세금계산서에 의하여 매입세액의 공제 또는 환급을 받은 경우 그러한 행위가 구 국세기본법 제26조의2 제1항 제1호가 규정한 '사기 기타 부정한 행위로써 국세를 포탈하거나 환급·공제받은 경우'에 해당하여 장기부과제척기간이 적용되기 위하여는, 납세자에게 허위의 세금계산서에 의하여 매입세액의 공제

---

13) 이용우, "국세기본법 제26조의2 제1항 제1호에 따른 국세의 부과제척기간에 관한 연구", 조세법연구 제20-2집, 세경사, 2014. 8., 84면.
14) 김영심, "조세법상의 '사기 기타 부정한 행위' 관련 소고", 법학연구 제19권 제1호, 2009, 연세대학교 법학연구소, 2009. 3., 118면.

또는 환급을 받는다는 인식 외에, 허위의 세금계산서를 발급한 자가 그 세금계산서상의 매출세액을 제외하고 부가가치세의 과세표준 및 납부세액을 신고·납부하거나 또는 그 세금계산서상의 매출세액 전부를 신고·납부한 후 경정청구를 하여 이를 환급받는 등의 방법으로 그 세금계산서상의 부가가치세 납부의무를 면탈함으로써 납세자가 그 매입세액의 공제를 받는 것이 결과적으로 국가의 조세수입 감소를 가져오게 될 것이라는 점에 대한 인식이 있어야 한다고 판시[15]하여 조세포탈죄와 마찬가지로 장기부과제척기간 적용요건으로서 부정행위가 성립하기 위해서는 국가의 조세수입 감소에 대한 인식이 필요하다고 판단하였다.

라. 부당과소신고가산세의 부과요건과 국가의 조세수입 감소의 인식

세법은 조세행정의 원활과 공평한 조세부담을 실현하기 위하여 납세자에게 본래적 의미의 납세의무 이외에 과세표준의 신고의무 등 여러 가지 협력의무를 부여하고 있다. 이러한 협력의무의 이행을 담보하기 위하여 세법은 적법한 의무이행에 대해서는 세제상의 혜택을 부여하고 그 의무위반에 대하여 제재를 가하게 된다. 가산세는 후자에 속하는 세법상의 제재수단으로서[16] 판례는 가산세는 행정질서벌[17] 또는 행정상의 제재[18]의 성격을 가진다고 보고 있다.

부당과소신고가산세의 부과요건에 해당하기 위해서 조세포탈죄의 부정행위와 같이 납세자에게 조세포탈죄의 객관적 구성요건에 대한 인식 즉 고의가 필요한지 여부가 문제된다. 대상판결의 사안에서 납세자는 실물거래를 하고 거래상대방에게 부가가치세 상당액을 모두 지급한 후 공급자가 사실과 다르게 적힌 세금계산서를 수취하여 매입세액 공제를 받았는바, 과연 납세자가 사실과 다른 세금계산서임을 알면서 매입세액 공제를 받았는지, 그러한 매입세액의 공제로 인하여 국가의 조세수입이 감소한다는 인식이 있었는지 여부가 쟁점이다. 구 국세기본법 제47조의3 제2항, 구 국세기본법 시행령 제27조 제2항 제3호는 부정행위의 하나로 거짓임을 알고 거짓 증명 또는 거짓 문서를 수취한 경우, 제6호는 그 밖에 국세를 포탈하거나 환급·공제 받기 위한 사기, 기타 그 밖의 부정한 행위를 부당

---

15) 대법원 2014. 2. 27. 선고 2013두19516 판결.
16) 백제흠, "가산세 면제의 정당한 사유와 세법의 해석", 특별법연구 제8권, 사법발전재단, 2006, 572면.
17) 대법원 1977. 6. 7. 선고 74누212 판결 등.
18) 대법원 1995. 11. 14. 선고 95누10181 판결 등.

행위로 규정하고 있는데, 납세자의 이 사건 거래가 위 시행령 조항의 각 호에 해당하는지의 문제이기도 하다. 이와 관련하여 국가의 조세수입 감소의 인식을 부당과소신고가산세의 부과요건으로 삼아야 하는지에 대하여 세가지 견해가 제시된다.[19)]

긍정설은 납세자가 실물거래를 하고 공급자가 사실과 다르게 적힌 세금계산서임을 알면서 수취하여 매입세액 공제를 받는 것은 그 자체로 부당행위에 해당한다는 견해이다. 구 국세기본법 시행령 제27조 제2항 제3호의 문언 해석상 비록 실물거래가 있었다고 하더라도 공급자가 사실과 다르게 적힌 세금계산서는 거짓 증명 또는 거짓문서에 해당한다고 볼 수밖에 없고, 따라서 매입세액을 공제받을 수 없는 사실과 다른 세금계산서임을 알면서 이를 수취하여 매입세액 공제를 받는 것은 부정행위로 납부세액을 과소신고한 경우에 해당한다는 것이다. 위 견해에 의하면 납세자의 행위는 시행령 조항 제6호의 사기, 그 밖의 기타 부정한 행위에 해당하는지 여부를 살펴 볼 필요 없이 제3호에 해당하여 부당행위가 된다.

부정설은 납세자가 실물거래를 하고 공급자가 사실과 다른 세금계산서임을 알면서 이를 수취하여 매입세액을 공제받는 것은 부당행위에 해당하지 않는다는 견해이다. 거래상대방에게 부가가치세를 모두 지급한 경우에는 그 후 공급자가 사실과 다르게 기재된 세금계산서임을 알면서 이를 수취하여 매입세액을 공제받았더라도 공제되는 매입세액은 자신이 거래상대방에게 징수당한 부가가치세액 상당액이기 때문에 실질적으로 자신이 지급한 부가가치세 상당액을 공제받은 것에 불과하다. 따라서 납세자가 실물거래 당시 거래상대방이 매출세액을 정상적으로 신고·납부할 것으로 믿었는지 여부와 관계 없이 부당행위로 납부세액을 과소신고한 경우에 해당한다고 볼 수 없다는 것이다. 부정설은 상대방에 의하여 거래징수가 이루어지는 부가가치세의 성격을 중시한 것으로 국가의 조세수입 감소에 대한 인식, 즉 주관적 구성요건의 성립여부를 사실상 요구하지 않는 것이므로 부당과소신고가산세의 부당행위를 조세포탈죄의 부정행위와는 다른 개념으로 파악하는 견해라고 할 것이다.

절충설은 납세자가 실물거래를 하고 공급자가 사실과 다르게 적힌 세금계산서임을 알면서 이를 수취하여 매입세액을 공제받는 경우 거래상대방이 매출세액

---

19) 이진석, "구 국세기본법 제47조의3 제2항 제1호가 규정한 '부당한 방법으로 과세표준을 과소신고한 경우'에 해당하기 위한 요건", 대법원 판례해설 제104호, 법원도서관, 2015, 26－28면.

을 정상적으로 신고·납부하지 않아 납세자가 그 매입세액을 공제받는 것이 결과적으로 국가의 조세수입의 감소를 가져오게 될 것이라는 점에 대한 인식이 있어야만 부당행위에 해당한다는 견해이다. 전단계세액공제방식을 취하고 있는 부가가치세제의 특성상 납세자가 실물거래 당시 거래상대방이 매출세액을 정상적으로 신고·납부할 것으로 믿고 거래상대방에게 부가가치세 상당액을 모두 지급한 경우에는 공급자가 사실과 다르게 적힌 세금계산서임을 알면서 이를 수취하여 매입세액 공제를 받았다는 사정만으로는 부당행위로 볼 수 없으나, 납세자가 실물거래 당시 거래상대방이 매출세액을 정상적으로 신고·납부하지 않으리라는 사정을 알면서 공급자가 사실과 다르게 적힌 세금계산서의 발행을 유인하는 등으로 그 발행에 적극 가담한 경우에는 국가의 조세수입 감소를 가져오게 될 것이라는 점에 대한 인식하에 사실과 다른 세금계산서임을 알면서 이를 수취하여 매입세액 공제를 받은 것으로 볼 수 있으므로 부당행위에 해당한다는 것이다. 이는 국가의 조세수입 감소의 인식을 요구하므로 부당과소신고가산세의 부당행위를 조세포탈죄의 부정행위와 같은 개념으로 이해하는 견해라고 할 것이다.

마. 대상판결의 입장

대상판결은 납세자가 그 세금계산서상의 공급자와 실제 공급자가 다르게 적힌 '사실과 다른 세금계산서'를 교부받아 매입세액의 공제 또는 환급을 받은 경우 사실과 다른 세금계산서를 발급한 자가 세금계산서상의 매출세액을 제외하고 부가가치세의 과세표준 및 세액을 신고·납부하는 등의 방법으로 그 세금계산서상의 부가가치세 납부의무를 면탈함으로써 납세자가 매입세액의 공제를 받는 것이 결과적으로 국가의 조세수입 감소를 가져오게 될 것이라는 점에 대한 인식이 있어야 한다고 판시하여 국가의 조세수입 감소의 인식을 부당과소신고가산세의 부과요건으로 보았는바, 구 국세기본법이 적용되는 과세기간에 대해서도 부당과소신고가산세의 부당행위를 조세포탈죄의 부정행위와 같은 개념으로 파악한 것으로 절충설의 입장에 있다고 판단된다.

이와 같이 부당과소신고가산세의 부당행위의 적용요건에 해당하기 위해서는 주관적 구성요건이 필요하므로 국가 조세수입 감소의 인식 외에 사실과 다른 세금계산서에 해당한다는 점에 대한 납세자의 인식도 있어야 부당과소신고가산세를 부과할 수 있다. 특히 구 국세기본법 시행령 제2항 제3호가 거짓 증명 또는 거짓문서를 수취한 경우만을 부정행위의 하나로 규정하고 있으므로 이 사건 세금계산서가 사실과 다른 세금계산서라는 점에 대한 납세자의 고의가 인정되어야 한다. 따라서 비록 납세자가 중대한 과실로 이를 알지 못하였다고 하더라도 이로써 고의가 의제되는 것은 아니므로 만일 고의가 없다면 부당과소신고가산세의 적용은 배제되는 것이다. 원심은 납세자가 중대한 과실로 이를 알지 못한 경우도 부당행위에 해당한다고 보았으나 대상판결은 고의가 인정되는지 여부에 대하여도 원심의 추가적인 심리가 필요하다고 보았다.

4. 대상판결의 의의와 평가

대상판결은 구 국세기본법 제47조의3 제2항의 용어가 '부정행위'로 개정되기 이전의 과세기간에 대한 것으로 장기부과제척기간의 부정행위와 조세포탈죄의 부정행위를 동일하게 해석해 오던 종전 판례의 연장선상에서 부당과소신고가산세의 부당행위도 조세포탈죄의 부정행위와 마찬가지로 국가의 조세수입 감소에 대한 인식이 필요하다고 판단함으로써 기존에 부가가치세와 관련하여 조세포탈죄의 구성요건의 성립여부나 10년의 장기부과제척기간의 적용여부가 문제된 사안에서 확립된 법리가 부당과소신고가산세에 대해서도 동일하게 해석·적용된다는 것을 명시적으로 밝힌 선례적 사례라는 점에서 의미가 있다.[20] 국세기본법의 개정에 의하여 2012 과세기간 이후 부당과소신고가산세의 부당행위와 장기부과제척기간의 부정행위가 모두 조세포탈죄의 부정행위를 의미하는 것으로 입법적으로 정리되었는바, 종전 과세기간에서도 동일하게 부당행위의 개념을 파악하는 대상판결에 의하면 이는 확인적 개정이라고 할 것이다.

대상판결은 구 국세기본법에서 장기부과제척기간의 적용요건과 조세포탈죄의 구성요건인 '사기 기타 부정한 행위'와 그 내용과 체계가 다소 다르게 규정되었던 부당과소신고가산세의 부과요건인 '부당한 방법'도 동일하게 해석함으로써 일관성 있는 기준을 마련하였고, 부당과소신고가산세 규정이 형사벌인 조세범처벌법 규정의 구성요건에 준하는 엄격한 요건을 충족하는 경우에 예외적으로 적용된다는 것을 명확히 하였다는 점에서도 의의가 있다. 부당행위로 보는 경우를 예시적으로 규정하고 있는 구 국세기본법 시행령 제27조 제2항이 그 포괄조항 내지 일반조항이라고 할 수 있는 제6호에서 부당행위 내지 부정행위에 해당하기

---

20) 이진석, 앞의 논문, 33면.

위해서는 국세포탈 등의 목적이 있어야 한다는 취지로 규정하고 있어 그 문언의 해석상으로 국가 조세수입의 감소의 인식을 부당과소신고가산세의 추가적 부과 요건으로도 볼 수 있으므로 대상판결의 판시는 타당하다고 사료된다. 최근 대법 원도 구 국세기본법 시행령 제27조 제2항 제6호가 부정한 방법의 하나로 들고 있는 '사기 그 밖에 부정한 행위'란 조세의 부과와 징수를 불가능하게 하거나 현 저히 곤란하게 하는 위계 기타 부정한 적극적인 행위를 말하고, 과세대상의 미신 고와 아울러 수입이나 매출 등을 고의로 장부에 기재하지 아니한 행위 등 적극적 은닉의도가 나타나는 사정이 덧붙여지지 않은 채 단순히 세법상의 신고를 하지 않는 것은 여기에 해당하지 않는다고 판시[21]하여 같은 맥락에서 부당과소신고가 산세의 부당행위의 범위를 제한적으로 해석하였다. 국가의 조세수입감소를 가져 오게 될 것이라는 인식이 없이 실물거래를 하고 거래상대방에게 부가가치세를 모두 지급한 납세자에게 명의위장거래로서 단지 사실과 다른 세금계산서를 수취 하였다는 이유로 매입세액 불공제의 제재뿐만 아니라 40%의 고율에 의한 부당과 소신고가산세를 부과하는 것은 매우 가혹하다는 점[22]에서도 부당행위의 의미에 대한 엄격해석의 필요성이 있다.

결국 종전의 과세기간에 있어서도 장기부과제척기간의 적용요건과 부당무신 고가산세, 부당과소신고가산세의 부과요건, 그리고 조세포탈죄의 구성요건은 그 행위태양의 측면에서뿐만 아니라 조세포탈의 결과에 대한 인식이 필요하다는 점 에서도 차이가 없게 되었다. 대상판결의 결론에 찬성한다.

---

21) 대법원 2016. 2. 18. 선고 2015두1243 판결.
22) 그러한 이유 때문에 판례는 세금계산서상 공급자와 실제 공급자가 다른 경우에도 공급받는 자 가 세금계산서의 명의위장사실을 알지 못하였고 알지 못한 데에 과실이 없다는 등의 사정이 있 는 경우에는 그 세금계산서에 의한 매입세액을 공제받을 수 있다고 판시하였다(대법원 2002. 6. 28. 선고 2002두2277 판결 등).

위법소득의 몰수 · 추징과 후발적 경정청구*

〈대법원 2015. 7. 16. 선고 2014두5514 전원합의체 판결〉

Ⅰ. 판결의 개요

1. 사실관계의 요지와 부과처분의 경위

재건축정비사업조합의 조합장인 원고는 2008. 7.경 재건축상가 일반 분양분을 우선 매수하려는 A로부터 5,000만 원을, 재건축아파트 관리업체 선정대가로 B로부터 3,800만 원을 교부 받았다.

원고는 의제공무원으로서 위와 같이 금원을 교부 받았다는 이유로 특정범죄 가중처벌등에 관한 법률 위반(뇌물)죄로 기소되어 2010. 4. 9. 서울동부지방법원에서 징역형과 함께 뇌물 상당액인 8,800만 원에 대한 추징을 명하는 판결을 선고 받았고, 위 판결은 2010. 12. 23. 상고기각으로 확정되었다. 이에 원고는 2011. 2. 16. 추징금 8,800만 원을 모두 납부하였다.

그런데 피고는 원고가 받은 위 8,800만 원이 '뇌물'로서 소득세법 제21조 제1항 제23호 소정의 기타소득에 해당한다는 이유로 2012. 9. 1. 원고에 대하여 2008년 귀속 종합소득세 42,622,680원을 부과하였다(이하 '이 사건 부과처분').

2. 판결 요지

가. 원심의 판단

원심은 "원고가 확정된 형사판결에 따라 추징금 8,800만 원을 납부하였다고 하더라도 이는 뇌물수수가 형사적으로 처벌대상이 되는 범죄행위가 됨에 따라 그 범죄행위에 대한 부가적인 형벌로서 추징이 가하여진 결과에 불과한 것일 뿐

* 한국세정신문 제4744호 (2016. 8. 11.)

이고 위와 같은 추징금 납부를 원귀속자에 대한 환원조치와 같이 볼 수 없다는 이유로 이 사건 부과처분이 위법하다고 볼 수 없다"고 판단하였다.

나. 대법원의 판단

대법원은 "뇌물 등의 위법소득을 얻는 자가 그 소득을 종국적으로 보유할 권리를 갖지 못함에도 그가 얻은 소득을 과세대상으로 삼는 것은, 그가 사실상 소유자나 정당한 권리자처럼 경제적 측면에서 현실로 이득을 지배·관리하고 있음에도 불구하고 이에 대하여 과세하지 않거나 그가 얻은 위법소득이 더 이상 상실될 가능성이 없을 때에 이르러서야 비로소 과세할 수 있다면 이는 위법하게 소득을 얻은 자를 적법하게 소득을 얻은 자보다 우대하는 셈이 되어 조세정의나 조세공평에 반하는 측면이 있음을 고려한 것이고, 사후에 위법소득이 정당한 절차에 의하여 환수됨으로써 그 위법소득에 내재되어 있던 경제적 이익의 상실가능성이 현실화된 경우에는 그때 소득이 종국적으로 실현되지 아니한 것으로 보아 이를 조정하면 충분하다. 그런데 형법상 뇌물, 알선수재, 배임수재 등의 범죄에서 몰수나 추징을 하는 것은 범죄행위로 인한 이득을 박탈하여 부정한 이익을 보유하지 못하게 하는 데 목적이 있으므로, 이러한 위법소득에 대하여 몰수나 추징이 이루어졌다면 이는 위법소득에 내재되어 있던 경제적 이익의 상실가능성이 현실화된 경우에 해당한다. 따라서 이러한 경우에는 소득이 종국적으로 실현되지 아니한 것이므로 납세의무 성립 후 후발적 사유가 발생하여 과세표준 및 세액의 산정기초에 변동이 생긴 것으로 보아 납세자로 하여금 그 사실을 증명하여 감액을 청구할 수 있도록 함이 타당하다. 즉, 위법소득의 지배·관리라는 과세요건이 충족됨으로써 일단 납세의무가 성립하였다고 하더라도 그 후 몰수나 추징과 같은 위법소득에 내재되어 있던 경제적 이익의 상실가능성이 현실화되는 후발적 사유가 발생하여 소득이 실현되지 아니하는 것으로 확정됨으로써 당초 성립하였던 납세의무가 전제를 잃게 되었다면, 특별한 사정이 없는 한 납세자는 국세기본법 제45조의2 제2항 등이 규정한 후발적 경정청구를 하여 납세의무의 부담에서 벗어날 수 있다. 그리고 이러한 후발적 경정청구사유가 존재함에도 과세관청이 당초에 위법소득에 관한 납세의무가 성립하였던 적이 있음을 이유로 과세처분을 하였다면 이러한 과세처분은 위법하므로 납세자는 항고소송을 통해 취소를 구할 수 있다"고 판시하면서 원심판결을 파기하였다.

Ⅱ. 대상판결의 평석

1. 이 사건의 쟁점 및 논의의 범위

이 사건의 쟁점은 위법소득으로서 경제적 이익의 상실가능성이 있는 뇌물을 공여 받았다가 추후 뇌물죄로 처벌받으면서 뇌물 상당액에 대한 추징선고를 함께 받아 추징금을 납부한 경우, 이를 과세소득이 종국적으로 실현되지 않는 후발적 사유가 발생한 것으로 보아 그 뇌물 상당액을 과세소득에서 제외할 수 있는지 여부이다.

위법소득에 대해서는 개념적으로 두 가지의 과세방식이 상정될 수 있다. 첫째 방식은, 위법소득은 반환가능성이 있으므로 위법소득에 대한 현실적 지배 · 관리가 있더라도 당장은 과세하지 않고 위법소득에 대한 반환가능성이 없어지는 시점에 이를 과세대상으로 삼는 방식이다. 둘째 방식은, 위법소득에 대한 현실적인 지배 · 관리가 있으면 그 시점에 과세를 하고 위법소득이 반환되는 경우에 이를 과세소득에서 제외하는 방식이다. 위법소득의 반환의 범위를 원귀속자에 대한 환원만으로 국한할 것인지, 몰수 · 추징의 경우도 포함할 것인지에 따라 과세소득 제외의 범위가 달라진다. 또한 과세제외의 시점도 소급적으로 위법소득이 발생한 과세연도의 과세소득에서 제외하는 방식과 반환가능성이 상실되는 시점의 과세연도의 과세소득에서 제외하는 방식이 가능하다.

대상판결은 위법소득이라고 하더라도 그 소득에 대한 현실적인 지배 · 관리의 사정이 인정되면 납세의무가 성립하지만 그 후 몰수나 추징과 같은 위법소득에 내재되어 있던 경제적 이익의 상실가능성이 현실화되면 이를 후발적 경정청구 사유로 삼아 납세의무의 부담에서 벗어날 수 있다고 판시하여 몰수 · 추징도 위법소득의 반환으로 보아 이를 과세소득에서 제외하도록 하였다. 그러나 종전 판례의 태도[1]는 위법소득의 몰수 · 추징에 대해서는 이를 후발적 경정청구 사유로 인정하지 않는 것이었다. 즉 대법원은 배임수재죄로 인한 위법소득의 추징에 관한 사안에서 형사사건에서 추징의 확정은 범죄행위에 대한 부가적 형벌이 가해진 결과에 불과하여 원귀속자에 대한 환원조치와 동일시할 수 없으므로, 그 추징 및 집행만을 들어 범죄행위로 인하여 교부 받은 금원 상당의 소득이 실현되지 않았다고 볼 수 없다고 보았다. 이에 대해서 학계에서는 위법소득의 몰수 · 추징

---

[1] 대법원 1998. 2. 27. 선고 97누19816 판결, 대법원 2002. 5. 10. 선고 2002두431 판결.

의 경우에도 담세력의 근거가 된 경제적 이익 자체가 상실된 것이어서 위법소득의 반환에 해당하므로 원귀속자에 대한 환원조치가 이루어진 경우와 달리 볼 이유가 없다는 지적이 있었는데,[2] 대상판결은 이러한 학계의 의견을 수용한 측면이 있다.

　대상판결은 위법소득의 몰수 · 추징의 경우 이를 원귀속자에 대한 환원조치와 동일시하면서 후발적 경정청구 사유로 인정하여 종전 판례와는 다른 입장을 취하고 있는바, 대상판결에서 다루고 있는 위법소득의 과세문제는 기간과세방식의 소득세에 있어서 소득의 개념과 그 소득의 귀속시기를 정하는 권리의무확정주의, 그리고 사후적으로 과세소득에서 제외를 허용하는 후발적 경정청구와 밀접하게 관련되어 있다. 구체적으로 상실가능성이 내재된 경제적 이익이 발생한 경우 이를 세법상 과세소득으로 볼 것인지, 만일 과세소득으로 본다면 그러한 과세소득의 귀속시기를 어느 시점으로 잡는 것이 타당한지, 만일 발생시점에 과세소득으로 보는 경우에 추후에 경제적 이익이 상실되었을 때 이를 후발적 사유로 보아 과세소득에서 제외할 것인지 등이 문제되는 것이다.

　이하에서는 우리나라의 세법상 위법소득에 대한 과세문제와 위법소득이 반환되는 경우 이를 과세소득에서 제외하는 문제를 논의하되 우선 그 전제적 이해가 필요한 소득세법상 소득의 개념과 그 귀속시기 및 후발적 경정청구에 대해서 먼저 살펴 본다.

2. 소득세법상 소득의 개념과 귀속시기

가. 소득의 개념

　소득세는 개인이 얻은 소득에 대하여 부과하는 조세이다. 소득의 개념에 대해서는 여러 견해가 있지만 대표적으로 소득원천설과 순자산증가설이 있다. 소득원천설은 제한적 소득개념으로서 소득을 '재화 생산의 계속적 원천으로부터의 수익으로서 일정기간 내에 납세자에게 유입된 재화의 총량'으로 정의한다. 안정적인 소득원천과 순환적 · 반복적 발생을 전제하고 있으므로 일정한 원천으로부터 반복적으로 발생한 소득만이 과세대상 소득이 되고 자본이득과 같은 일시적 · 우발적 소득은 과세대상소득에서 제외된다. 소득원천설은 조세법률주의 하에서 세법에 열거된 소득만 과세하는 열거주의의 입장으로 연결된다. 순자산증가설은 포

---

2) 이진석, "위법소득과 몰수 · 추징", 대법원 판례해설 제106호, 법원도서관, 2015, 173면.

괄적 소득개념으로서 소득을 '일정기간 내에 있어서 납세자의 순자산의 증가'로 파악하는 견해이다. 이는 미국의 경제학자 Haig와 Simon의 소득개념으로서 자본이득이나 일시적 소득뿐만 아니라 보유자산의 가치상승의 미실현이득이나 자기 보유자산의 이용으로부터 얻어지는 귀속소득도 과세대상이 된다.[3]

소득세법은 소득의 개념에 관한 구체적인 규정을 두고 있지 않은 채 제4조 제1항에서 소득을 원천이나 성격에 따라 종합소득, 퇴직소득, 양도소득으로, 그리고 종합소득은 이자소득, 배당소득, 사업소득, 근로소득, 연금소득, 기타소득으로 열거하고 있어 소득원천설의 입장에 있다고 이해된다. 따라서 소득세법이 규정하고 있지 않은 소득은 과세대상에서 제외된다.[4] 법인세법이 제14조 제1항에서 내국법인의 각 사업연도의 소득은 익금의 총액에서 손금의 총액을 공제한 금액으로 한다고 하면서, 제15조 제1항에서 익금은 해당법인의 순자산을 증가시키는 거래로 인하여 발생하는 수익의 금액으로, 제19조 제1항에서 손금은 해당 법인의 순자산을 감소시키는 거래로 인하여 발생한 손비의 금액으로 한다고 규정하여 순자산증가설의 입장에 있는 것과 대비된다.

나. 소득의 귀속시기와 후발적 경정청구

(1) 소득의 귀속시기에 대한 판정

소득세는 기간과세세목이므로 소득이 존재한다고 하더라도 그 소득을 어느 과세기간의 소득으로 보아야 하는지를 반드시 결정하여야 한다. 즉, 소득세를 부과하기 위해서는 특정의 소득을 특정의 과세연도에 귀속시켜야 하므로 결국 소득의 개념은 그 귀속시기의 판정과 밀접하게 관련된다. 귀속시기의 판정과 관련하여 기업회계기준은 수익의 계상시기에 관하여 발생주의, 실현주의, 현금주의 등을 두고 있다. 발생주의는 현금의 수입과는 관계 없이 일정 요건의 충족으로 수입을 받을 권리가 성립하였을 때 수익으로 계상하는 방식이고, 현금주의는 현금의 수입과 지출이 있을 때 각각 수입과 비용으로 계상하는 방식이며, 실현주의는 발생주의에 바탕을 두면서 확실성과 객관성을 기할 수 있는 시점에 수익을 인식하는 방식이다.

---

3) 임승순, 조세법, 박영사, 2016, 372−373면.
4) 이러한 입장에서 대법원 1988. 12. 23. 선고 86누331 판결은 자산의 임의평가차익은 실현되지 않은 소유자산의 가치증가익으로서, 소득세법이 과세대상으로 열거하여 규정한 소득 중 어느 것에도 해당하지 않아 과세대상소득이 아니라고 판시하였다.

소득세법은 기업회계기준상의 수익의 계상시기와는 달리 권리의무확정주의를 채택하고 있다. 소득세법 제39조 제1항은 거주자의 각 과세기간의 총수입금액과 필요경비의 귀속연도는 총수입금액과 필요경비가 확정된 날이 속하는 과세기간으로 한다고 규정하고 있다. 권리의무확정주의에 따르면, 과세대상 소득이 발생하였다고 하기 위해서는 소득이 현실적으로 실현되었을 것까지는 필요 없다고 하더라도 소득이 발생할 권리가 그 실현가능성에 있어 상당히 높은 정도로 성숙, 확정되어야 하므로 권리가 이런 정도에 이르지 아니하고 단지 성립한 것이 불과한 단계로서는 소득의 발생이 있다고 할 수 없다.[5] 권리의무확정주의는 소득개념보다는 하위의 개념이지만 구체적 판단시점에 소득이 있는지를 판정한다는 점에서 소득개념과 밀접한 연관이 있다.[6] 법인세법도 제40조 제1항에서 내국법인의 각 사업연도의 익금과 손금의 귀속사업연도는 그 익금과 손금이 확정된 날이 속하는 사업연도로 한다고 규정하여 권리의무확정주의의 입장에 있다. 참고로 미국은 채무의 이행에 따른 급부의 수취로 얻게 되는 소득의 귀속시기에 관하여 청구권 원칙(claim of right doctrine)[7]을 택하고 있다. 청구권 원칙이란 납세자가 청구권에 기하여 아무런 처분의 제한이 없는 상태에서 어떤 금액을 수취하면 납세자의 수익 실현시기에 관하여 적용한 회계원칙이 발생주의와 현금주의 중 어느 것인가에 관계없이 과세목적상 그 수취금액을 그 수취일이 속한 사업연도의 소득으로 신고하여야 한다는 원칙이다.

(2) 후발적 경정청구

권리의무확정주의에 의하여 특정의 과세연도로 귀속시킨 소득에 대하여 후발적 사유가 발생하여 그 소득이 실현되지 않는 것으로 확정됨으로써 당초 성립하였던 납세의무가 전제를 잃게 될 수 있다. 이러한 경우 종전에 납부한 세금을 반환하거나 조정해 줄 필요가 있는데, 이를 위하여 1994. 12. 22. 국세기본법의 개정에 따라 도입된 것이 후발적 경정청구제도이다. 후발적 경정청구제도는 일단 납세의무가 성립하였더라도 일정한 후발적 사유가 발생하여 소득이 실현되지 않은 것으로 확정되면 이를 조정할 수 있도록 하고 있다. 즉 후발적 경정청구제도는 권리의무확정주의에 근거하여 소득의 현실적 · 종국적 귀속 전에 과세대상 소

---

5) 대법원 2003. 12. 26. 선고 2001두7176 판결 등.

6) 이진석, 앞의 논문, 176면.

7) 미국 연방대법원이 North American Oil Consolidated v. Burnet, 286 U.S. 417 (1932) 사건에서 선언한 원칙이다.

득으로 삼아 과세하였으나 실제 그 소득의 현실적 · 종국적 귀속이 달라지는 경우 이를 사후적으로 조정하기 위한 것으로 권리의무확정주의에 의한 선행적 과세를 조세형평과 구체적 타당성을 고려하여 후행적으로 보완하는 의미가 있다.

국세기본법 제45조의2 제2항은 후발적 사유의 발생을 안 날로부터 3개월 이내에 경정청구를 할 수 있다고 하면서 그 사유로 최초의 신고 · 결정 또는 경정에서 과세표준 및 세액의 계산근거가 된 거래 또는 행위 등이 그에 관한 소송에 대한 판결(판결과 같은 효력을 가지는 화해나 그 밖의 행위를 포함한다)에 의하여 다른 것으로 확정되었을 때(제1호), 소득이나 그 밖의 물건의 귀속을 제3자에게로 변경시키는 결정 또는 경정이 있을 때(제2호), 조세조약에 따른 상호합의가 최초의 신고 · 결정 또는 경정의 내용과 다르게 이루어졌을 때(제3호), 결정 또는 경정으로 인하여 그 결정 또는 경정의 대상이 되는 과세기간 외의 과세기간에 대하여 최초에 신고한 국세의 과세표준 및 세액이 세법에 따라 신고하여야 할 과세표준 및 세액을 초과할 때(제4호), 제1호부터 제4호까지와 유사한 사유로서 대통령령이 정하는 사유가 해당 국세의 법정신고기한이 지난 후에 발생하였을 때(제5호)를 각 규정하고 있다. 그리고 국세기본법 시행령 제25조의2에서는 위 제5호의 위임을 받아 후발적 사유로 최초의 신고 · 결정 또는 경정을 할 때 과세표준 및 세액의 계산근거가 된 거래 또는 행위 등의 효력에 관계되는 관청의 허가나 그 밖의 처분이 취소된 경우(제1호), 최초의 신고 · 결정 또는 경정을 할 때 과세표준 및 세액의 계산근거가 된 거래 또는 행위 등의 효력에 관계되는 계약이 해제권의 행사에 의하여 해제되거나 계약 성립 후 발생한 부득이한 사유로 인하여 해제되거나 취소된 경우(제2호), 최초의 신고 · 결정 또는 경정을 할 때 장부 및 증빙서류의 입수 그 밖의 부득이한 사유로 인하여 과세표준 및 세액을 계산할 수 없었으나 그 후 해당 사유가 소멸한 경우(제3호), 그 밖에 제1호부터 제3호까지의 규정에 준하는 사유가 있는 경우(제4호)를 각 규정하고 있다. 국세기본법 제45조의2 제2항은 통상의 경정청구의 기간에 불구하고 3개월 내에 후발적 경정청구를 할 수 있다고 규정하고 있어 통상의 경정청구의 기간인 5년 내에서는 후발적 사유를 주장하여 통상의 경정청구를 할 수 있다고 해석된다. 후발적 경정청구에 의한 감액은 부과제척기간이 경과한 후에도 가능하다.[8]

---

8) 대법원 2006. 1. 26. 선고 2005두7006 판결.

3. 위법소득의 과세문제

가. 위법소득의 개념 및 유형

위법소득이란 위법행위에 의하여 얻은 소득을 총칭하는 것으로서 그 성격별로 형사상 위법소득, 사법상 위법소득, 행정법규 위반소득으로 구분된다. 형사상 위법소득은 소득을 구성하는 재물의 취득 자체가 범죄를 구성하는 경우이고, 사법상 위법소득은 사법의 위반으로 인하여 소득을 수취한 원인이 된 거래행위가 무효 내지 취소되어 반환의무를 부담하는 경우이며, 행정법규 위반소득은 소득을 수취한 원인이 된 행위가 행정법규를 위반하여 처벌의 대상이 되거나 무효로 되는 경우를 말한다.[9]

형사상 위법소득은 소득을 구성하는 재물의 취득행위 자체가 본질적으로 국가에 의한 처벌의 대상이 되는 범죄에 해당하는 경우의 소득이다. 여기에는 두 가지 유형이 있는데 첫째는 피해자에 대하여 반환의무를 부담하는 경우이다(이하 '제1 유형'). 횡령이나 사기로 인한 이득에 대해서는 그 재물을 반환하거나 손해배상을 할 의무가 있다. 둘째는 반환의무가 없는 경우이다(이하 '제2 유형'). 뇌물이나 배임수재액은 국가로부터 몰수나 추징의 대상이 될 수는 있지만 이를 제공한 자에게 반환할 의무는 없다. 사법상 위법소득은 선량한 사회질서에 반하여 무효인 거래행위나 사기나 강박에 의한 취소된 거래행위로 인하여 이익을 취한 경우이다. 이 경우에도 경제적 이익을 취한 자는 거래상대방에게 이를 반환할 의무가 있다. 행정법규 위반소득은 그 소득의 취득 자체가 범죄를 구성하는 것은 아니고 그 소득을 얻기 위한 거래를 하기 위해서 행정법령상 정한 기준을 위반하여 거래를 한 경우에만 그 거래가 위법한 것으로 처벌되는 경우의 소득을 말한다. 대상판결에서 쟁점이 된 부분은 형사상 위법소득인 뇌물상당액의 추징이 위법소득의 반환에 해당하여 후발적 경정청구의 사유가 되는지 여부이므로 본 판례평석에서의 위법소득은 형사상 위법소득을 지칭하는 것으로 한다.

나. 소득원천설 및 권리의무확정주의와의 관계

(1) 위법소득과 소득원천설

소득세법은 소득세의 과세대상 소득을 열거주의 방식에 의하여 규정하고 있

---

9) 한만수, "위법소득의 과세에 관한 연구", 조세법연구 제10─2집, 세경사, 2004. 11., 7─9면.

으므로 모든 위법소득이 과세소득이 되는 것은 아니고 소득세법에 열거된 위법소득만이 과세소득이 된다. 소득세법 제21조 제1항 제23호 및 제24호는 위법소득 중 뇌물·알선수재 및 배임수재에 의하여 받은 금품을 기타소득으로 규정하고 있어 예컨대 절취, 강취 등에 의한 소득은 과세대상소득이 되지 않는다. 그 밖에 소득세법 제20조 제1항 제3호는 법인세법에 따라 상여로 처분된 금액을 근로소득으로 규정하고 있는데, 회사의 자금을 횡령한 임직원이 회사와 동일시되거나 그 경제적 이해관계가 사실상 일치하는 경우에는 횡령금액이 사외유출된 것으로 보아 이를 해당 임직원에 대한 상여금으로 소득처분하여 해당 임직원의 근로소득이 된다.[10] 횡령으로 인한 위법소득이 법인세법상의 소득처분을 통하여 우회적으로 과세대상소득이 되는 경우이다. 열거주의 입장을 취하는 소득세법 아래에서는 위법소득이라도 과세대상 소득으로 열거되어야 하므로 대상판결에서 설시한 위법소득에 대한 현실적인 지배·관리의 논의는 횡령이나 뇌물 또는 알선수재 및 배임수재 등으로 인한 이득의 귀속시기를 판정하는 정도의 의미가 있다고 보인다.

(2) 위법소득과 권리의무확정주의

권리의무확정주의는 과세소득이 발생하였다고 하기 위해서는 그 소득이 발생할 권리가 실현가능성에 있어 상당히 높은 정도로 성숙·확정되어야 한다는 것으로 소득에 대한 권리의 존재를 전제하는 반면, 위법소득은 그러한 권리가 전제되지 않은 상태에서 취득한 소득이므로 위법소득과 권리의무확정주의의 관계가 문제된다. 이러한 위법소득의 성격으로 인하여 다음과 같은 두 가지의 지적이 있다.

첫째는, 위법소득은 권리의무확정주의 반하므로 그 귀속시기를 앞당겨 소득으로 삼지 말아야 한다는 지적이 있다. 형사상 위법소득은 당초부터 권리의무확정주의가 전제하는, 그 소득을 발생시키는 권리가 없는 것이어서 논리적으로 권리의무확정주의를 일관하면 그 위법소득의 반환의무가 종결되는 시점에서야 소득과세를 인정하는 것이 타당하다는 것이다. 그러나 현실적인 수령과 보유를 통하여 경제적 지배·관리가 있음에도 과세하지 않는다면 위법소득자를 적법소득자보다 우대하는 결과가 발생하므로 권리의무확정주의의 예외로서 그 선행적 귀속을 인정할 필요가 있으므로 일단 경제적 지배·관리가 인정되면 그 소득이 발

---

10) 대법원 2010. 1. 28. 선고 2007두20959 판결 등.

생하는 것으로 보는 것이 조세공평의 원칙에 부합한다.[11] 이에 대해서는 권리의 무확정주의는 소득의 실현이 있는지를 법적인 관점에서 파악한 것이므로, 그 판단기준으로 들고 있는 권리의 성숙·확정은 소득개념에서 들고 있는 경제적 지배·관리의 한 태양으로도 볼 수 있다는 견해도 있다.[12]

둘째, 권리의무확정주의의 관점에서 위법소득은 반환의무를 부담하므로 대여금과 본질적인 차이가 없음에도 대여금과는 달리 이를 소득으로 보아 과세하는 것은 부당하다는 비판이 있다. 예컨대, 횡령금과 대여금은 모두 납세자가 반환의무를 부담하고 있고 경제적 지배·관리를 한다는 점에서 차이가 없으므로 경제적 측면에서만 소득개념을 파악하면 횡령금이 과세대상소득에 포함된다고 보는 이상 대여금도 과세대상 소득에 포함된다고 보는 것이 논리적이라는 것이다.[13] 그러나 횡령금과 대여금은 반환의무의 성격 및 반환가능성의 정도에서 차이가 있으므로 이를 달리 취급할 필요성이 있다. 그 이득자가 반환의사를 가지지 않는 횡령금은 반환의사를 가진 대여금과 달리 그 자체에 내재되어 있는 경제적 이익의 상실가능성이 현실화되어 피해자에게 반환될 개연성이 낮으므로 일단 과세대상소득에 포함되는 것으로 보더라도 부당하지 않다.[14]

다. 위법소득의 과세문제에 대한 견해
(1) 학설의 입장

위법소득에 대한 과세문제에 관하여는 이를 부정하는 견해와 긍정하는 견해가 대립되어 있다. 학설은 대부분 위법소득도 현실적인 지배 내지 이익의 향유가 있는 이상 과세대상소득으로 보는 것이 타당하다는 것이다.[15] 부정설은 법률적 평가를 중시하는 견해로서 첫째, 과세대상 소득이라고 하기 위해서는 그 경제적 이익이 납세자에게 유효하게 귀속되어야 하는데 위법행위는 대부분의 경우 사법상 무효 또는 취소될 처지에 있어 그로 인한 경제적 이익의 법적 귀속이 확정되었다고 볼 수 없는 점, 둘째, 이를 긍정하면 위법행위에 대하여 국가가 그 위법을

---

11) 이진석, 앞의 논문, 180면.
12) 이진석, 앞의 논문, 176면.
13) 이진석, 앞의 논문, 181면.
14) 이진석, 앞의 논문, 181면.
15) 서규영, "위법소득에 대한 과세문제", 재판자료 제60집, 법원도서관, 1993. 10., 544−545면; 최명근, 세법학총론, 세경사, 2006, 128면; 김완석·정지선, 소득세법론, 광교이택스, 2013, 146−147면 등.

시인하게 되어 법질서에 혼란이 생긴다는 점, 셋째, 위법행위는 많은 경우 범죄로 처벌되고, 목적물이 몰수 또는 추징되어 상환 또는 반환이 강제되는데 이와 같은 자에게 또다시 과세한다면 이중의 불이익을 준다는 점 등을 논거로 한다.

긍정설은 경제적 평가에 무게를 두는 주장으로서 첫째, 위법소득은 소득이 반환되지 않는 경우가 많으므로 소득이 반환될 것이라는 이유로 과세하지 않는 것은 비현실적이며 반환되면 그때 조정을 하면 된다는 점, 둘째, 위법소득에 대한 과세는 현실적인 소득이 존재함을 이유로 과세하는 것일 뿐 위법행위 자체를 시인하는 것은 아니라는 점, 셋째, 위법소득에 대하여 과세하지 않는다면 세법상 위법소득자를 적법소득자보다 더 우대하는 셈이 되어 조세공평에 반한다는 점 등을 논거로 한다.

  (2) 판례의 입장

대법원은 법인의 부사장으로 재직하는 자가 같은 법인이 지방자체단체로부터 매수한 공장부지를 다른 회사에 양도하고 그 대금을 횡령한 사안에서 범죄행위로 인한 위법소득이라 하더라도 경제적 측면에서 보아 현실로 지배 · 관리하면서 이를 향수하고 있어 담세력이 있는 것으로 판단되면 과세소득에 해당한다고 판단하였다.[16] 이는 제1 유형의 위법소득으로 납세자가 피해자에 대하여 반환의무를 부담하고 있는 경우인데 판례는 현실적인 지배 · 관리가 있는 이상 과세소득에서 제외될 수 없다고 보았다.

형사상 위법소득으로서 반환의무가 없는 뇌물이나 배임수재액 등의 제2 유형의 위법소득에 대해서는 그 수취자가 더더욱 경제적으로 지배 · 관리하고 있다고 보이므로 과세대상 소득에 해당한다고 할 것이다. 대법원 1998. 2. 27. 선고 97누19816 판결과 대법원 2002. 5. 10. 선고 2002두431 판결은 부정한 청탁을 받고 수령한 배임수재죄에 따른 사례금의 몰수 · 추징이 후발적 경정청구 사유에 해당하는지 여부를 판단하였는바, 위 사례금이 위법소득으로서 과세대상에 해당한다는 것을 당연히 전제하는 것이어서 결국 대법원은 제2 유형의 위법소득도 과세대상소득에 해당한다고 보고 있다.

  (3) 각국의 입장

1913년 미국 연방세법은 적법한 거래로부터 얻은 소득에 한하여 과세한다고 규정하고 있다가 1916년 개정 시 그 요건을 삭제하였다. 그 후 연방대법원은

---

16) 대법원 1983. 10. 25. 선고 81누136 판결, 대법원 1985. 5. 28. 선고 83누123 판결 등.

1961년에 횡령소득이 과세소득에 해당하는지 여부가 쟁점이 된 James 판결에서 위법소득도 과세소득이 된다고 판단하였는데, 다수의견은 "납세자가 반환의무에 관한 묵시적 또는 명시적 합의 없이, 그리고 처분권의 제한 없이, 적법한 것이든 위법한 것이든 수익을 올리는 경우, 납세자는 그러한 금전을 계속하여 보유할 권리가 없다는 주장을 당할 우려가 있고 그러한 금전상당액을 상대방에게 회복시켜 주라는 판결을 받을 수 있음에도 불구하고 반환의무가 있는 소득을 올린 것이다. 이러한 경우 그 납세자는 과세된 재산, 즉 과세대상이 되는 현실적 이득을 지배한다. 이 기준에 따를 때 위법한 횡령행위는 과세소득의 포괄적 정의에 포함되고 대출금은 여기에 포함되지 않는다"고 판시하였다.[17]

독일은 위법소득의 과세문제에 관하여 조세기본법 제41조는 "법률행위가 무효이더라도 납세자가 그 행위의 경제적 효과를 발생시키는 한 이에 대하여 과세한다"고 규정하여 과세요건을 충족하는 행위가 법률의 명령이나 금지 또는 양속에 위반하는가 여부는 과세와 관계가 없으며 위법한 행위로 발생한 수익도 반환의무의 유무와 관계없이, 그리고 그 유형에 상관없이 과세의 대상이 될 수 있는 것으로 규정하고 있다.[18]

일본에서는 명문의 규정은 없으나 위법소득에 대한 과세를 긍정하고 있다. 소득세기본통달은 수입금액의 인정에 있어서 그 수입원인의 여하를 묻지 않는다고 규정하고 위법소득도 과세소득을 구성함을 명확히 하고 있다.[19] 판례도 위법소득에 대한 과세의 입장으로 물가통제령에 위반한 거래로 인한 수입,[20] 암거래에 의한 수입,[21] 횡령에 의한 수입[22] 등도 모두 과세소득에 포함된다고 보았다.

4. 위법소득 반환의 과세문제

가. 문제의 소재

위법소득에 대한 과세를 긍정하는 경우 추후 그 경제적 이익의 상실가능성이 현실화되어 위법소득이 종국적으로 실현되지 않은 경우 그 위법소득을 과세

---

17) 한만수, 앞의 논문, 13-15면.
18) 한만수, 앞의 논문, 12-13면.
19) 이진석, 앞의 논문, 179면.
20) 東京高裁 昭和 27. 1. 31.
21) 大阪高裁 昭和 43. 3. 13.
22) 東京地裁 昭和 40. 4. 27.

대상 소득에서 제외할 수 있는지가 문제된다.

위법소득의 반환은 위법소득의 유형과 마찬가지로 사법상 반환의무가 존재하는 제1 유형의 위법소득의 반환과 그 반환의무가 존재하지 않는 제2 유형의 위법소득의 반환으로 구분해 볼 수 있다. 제1 유형의 위법소득의 반환은 피해자에 대한 반환이고, 제2 유형의 반환은 위법소득의 몰수·추징으로 국가에 대한 반환으로서 위법소득자의 입장에서는 그 위법소득의 상실가능성이 현실화되었다는 점에서는 동일하지만 위법소득의 지급자에 대한 지급액의 보전 여부에 있어서는 차이가 있다.

위법소득의 반환의 유형별로 과세제외의 여부를 이론적인 측면에서 검토해 보는 것도 의미가 있지만 위법소득 반환의 과세문제는 결국 현행 세법의 해석의 테두리 내에서 그와 같은 과세제외가 판가름될 것이므로 위법소득의 원귀속자에 대한 반환이나 위법소득의 몰수·추징이 국세기본법상의 후발적 경정청구제도가 규정하는 후발적 사유에 해당하는 것으로 볼 수 있는지가 무엇보다도 중요하다. 이하에서는 위법소득 반환의 과세문제에 대한 이론적 측면과 후발적 경정청구제도의 해석론의 측면에 대해 순차 검토한다.

나. 위법소득 반환의 과세문제에 대한 견해

(1) 학설의 입장

위법소득의 반환에 대해서 학설은 대체로 제1, 2 유형의 위법소득의 반환의 구분 없이 다음과 같은 근거로 이를 과세대상소득에서 제외하여야 하는 입장이다. 첫째, 위법소득은 그것이 이득자의 지배에 있다는 사실상태에 착안하여 과세의 대상으로 삼은 것이기 때문에 위법소득의 반환 또는 몰수나 추징 등에 의하여 그 이익이 상실되는 경우 이러한 새로운 사실상태에 적합한 조정이 이루어져야 하고,[23] 둘째, 범죄에 의한 이득의 금지를 목적으로 범죄행위와 관련된 재산을 박탈하는 부가형으로서의 몰수와 추징은 담세력의 근거가 되는 범죄이득 그 자체를 상실시키는 것이므로, 담세력의 존부를 가리는데 기초적으로 검증해야 하는 요소이며 범죄행위로 인한 위법소득의 과세물건인 범죄이득 그 자체가 몰수 또는 추징되어 상실된 경우에도 이에 과세할 수 없음은 실질과세의 원칙에 비추어 당연한 것이고,[24] 셋째, 뇌물, 알선수재 및 배임수재에 의하여 받은 금품이 몰수

---

23) 서규영, 앞의 논문, 546-547면.

또는 추징되었다면 과세대상이 되는 경제적 이익은 이미 존재하지 않음이 명백하므로 뇌물, 알선수재 및 배임수재에 의하여 받은 금품에 대한 소득세의 과세는 존재하지 않는 경제적 이익을 그 과세대상으로 하는 것이어서 이에 대한 과세의 정당성 여부가 문제된다[25]는 것이다. 둘째, 셋째 주장은 제2 유형의 위법소득의 반환에 대하여 과세제외의 필요성이 있다는 것으로 제1 유형의 위법소득의 반환에 관하여도 동일한 입장으로 보인다.

(2) 판례의 입장

제1 유형의 위법소득과 관련하여 앞서 본 대법원 1983. 10. 25. 선고 81누 136 판결의 사안에서 대법원은 "그 착복된 공장부지의 양도대금 상당액은 해당 법인의 익금으로 산입되어야 하고 그 부사장에게 귀속된 횡령이익은 해당법인이 부사장의 위법소득에 대한 환원조치를 취하지 않고 있는 이상 비록 그것이 범죄 행위로 인한 위법소득에 해당한다고 하더라도 과세소득에서 제외될 수 없다"고 판시하여 위법소득이 원귀속자에게 환원되면 과세대상소득에서 제외되는 것으로 볼 여지를 남겼다.

그러나 이후 대법원은 법인의 실질적인 경영자가 법인의 자금을 유용하여 그 자금의 사외유출이 문제된 사안에서 "사외유출금 중 대표이사 또는 실질적 경영자 등에게 귀속된 부분에 관하여 납세의무가 성립하면 사후에 그 귀속자가 소득금액을 법인에게 환원시켰다고 하더라도 이미 발생한 납세의무에 영향을 미칠 수 없다"고 판시하는 등[26] 다수 판결에서 귀속자에 대하여 소득금액이 환원되었다고 하더라도 이미 성립한 납세의무는 소멸되지 않는다고 하여 과세제외의 입장에 있다고는 볼 수 없다.

제2 유형의 위법소득의 반환과 관련하여 대법원은 원고가 소외회사의 직원으로 토지매입업무를 처리하는 과정에서 A로부터 부정한 청탁을 받고 그 사례비 명목으로 10억 원을 받은 다음 원고가 배임수재죄로 기소되어 징역형과 함께 추징금 10억 원의 판결을 선고 받았는데, 피고가 위 10억 원을 기타소득으로 보아 종합소득세를 부과한 사안에서 "납세자가 범죄행위로 인하여 금원을 교부 받은 후 그에 대하여 원귀속자에게 환원조치를 취하지 않은 이상 그로써 소득세법상 과세대상이 된 소득은 이미 실현된 것이고 그 후 납세자에 대한 형사사건에서 그

---

24) 최명근, "불법정치자금 과세의 법리적 검토", 조세 190호, 영화조세통람, 2004. 3., 22-25면.
25) 김완석·정지선, 앞의 책, 222-223면.
26) 대법원 2001. 9. 14. 선고 99두3324 판결, 대법원 1999. 12. 24. 선고 98두7350 판결 등.

에 대한 추징이 확정됨으로써 결과적으로 그 금원을 모두 국가에 추징당하게 될 것이 확정되었다 하더라도 이는 납세자의 그 금품수수가 형사적으로 처벌되는 범죄행위가 됨에 따라 그 범죄행위에 대한 부가적인 형벌로서 추징이 가하여진 결과에 불과하여 이를 원귀속자에 대한 환원조치와 동일시할 수 없으므로 결국 위 추징 및 그 집행만을 들어 납세자가 범죄행위로 인하여 교부 받은 금원 상당의 소득이 실현되지 않았다고 할 수 없다"고 판시함으로써[27] 제2 유형의 위법소득의 반환에 대해서는 명시적으로 과세대상소득에서 제외되지 않음을 명확히 하였다. 위 판례들은 위법소득 반환의 과세문제에 대하여 논의는 하였으나 그러한 반환이 후발적 경정청구 사유에 해당하는지 여부에 대해서는 명시적으로 언급하지는 않았다.

(3) 각국의 입장[28]

미국 연방대법원은 위법소득에 해당하는 횡령금이 과세소득이 된다고 하면서 횡령금을 피해자에게 반환한 경우에는 손금공제를 받을 수 있다고 판단하였다.[29] 횡령금의 발생 당시가 아니라 횡령금의 반환시점에서 손금으로 공제하여 과세대상소득에서 제외할 수 있다는 것이다. 일본에서는 원상회복 등의 사유가 발생한 경우 국세통칙법 제71조 제2호에 결정·경정 등의 기간제한의 특례를 두어 소급하여 감액경정을 할 수 있고 소득세법 제152조에서 후발적 경정청구의 특례를 인정하고 있는데, 명확하지는 않지만 범죄로 인한 이익이 피해자에게 반환되거나 형사사건에서 몰수·추징된 경우 과세대상이 되지 않는 것으로 보인다.[30]

독일에서는 조세조정법 제5조 제5항 및 조세기본법 제41조에 의하여 법률행위가 무효이거나 취소되어 소득이 상실된 경우에는 무효 또는 취소할 수 있는 행위에 기하여 행한 세액의 결정은 이를 취소 또는 변경하여 납부한 세액을 환급하도록 하고 있다. 위법소득의 몰수·추징과 관련하여 1990. 1. 23.자 연합헌법재판소 결정은 위법행위로 인하여 발생한 경제적 이익에 대해 한번은 몰수·추징과 같은 형사법적 제재를 하고 동시에 세금을 부과하는 것은 허용되지 않는다고 판단하였다.[31]

---

27) 대법원 2002. 5. 10. 선고 2002두431 판결.
28) 한만수, 앞의 논문, 24면.
29) James v. United States, 366 U.S. 213 (1961).
30) 이진석, 앞의 논문, 187면.
31) BVerfG, 23. 01. 1990, BStBl II 1990, 483.

다. 위법소득의 반환과 후발적 경정청구 사유의 해석론

(1) 학설의 입장

앞서 본 바와 같이 국세기본법 제45조의2 제2항 및 국세기본법 시행령 제25조의2는 후발적 경정청구의 사유를 규정하고 있다. 위법소득이 반환되거나 몰수 · 추징된 경우 소득이 종국적으로 실현되지 않은 것으로 보아 과세대상소득에서 제외할 수 있는지 여부는 이를 후발적 경정청구의 사유로 볼 수 있는지의 문제이다.

학설은 납세자가 위법소득을 반환한 경우 후발적 경정청구사유가 된다고 보고 있다.[32] 국세기본법 시행령 제25조의2 제4호가 '그 밖에 제1호부터 제3호까지의 규정에 준하는 사유'라고 규정하고 있으므로 후발적 경정청구의 사유는 폭넓게 해석할 수 있다는 것이다.[33] 국세기본법 제45조의2 제2항 제5호가 '제1호부터 제4호까지와 유사한 사유'를 대통령령으로 정하도록 위임하고 있고, 그에 따라 국세기본법 시행령 제25조의2가 제1호 내지 제3호로 구체적인 사유를 열거하면서 제4호에서 포괄적인 사유를 규정하고 있으므로 국세기본법 시행령 제25조의2 제4호의 '준하는 사유'에는 위 시행령 제1호 내지 제3호뿐만 아니라 국세기본법 제45조의2 제2항 각 호에 준하는 사유도 포함하는 것으로 해석된다고 할 것이다[34].

구체적으로는 대법원이 "제1호에서 정한 '거래 또는 행위 등이 그에 관한 소송에 대한 판결에 의하여 다른 것으로 확정된 때'란 최초 신고 · 결정 또는 경정이 이루어진 후 과세표준 및 세액의 계산근거가 된 거래 또는 행위 등에 관한 분쟁이 발생하여 그에 관한 소송에서 판결에 의하여 거래 또는 행위 등의 존부나 법률효과 등이 다른 것으로 확정됨으로써 최초 신고 등이 정당하게 유지될 수 없게 된 경우를 의미한다"고 판시[35]한 점에 비추어, 몰수나 추징 판결이 제1호의 사유에 해당하는 것으로 보아 국세기본법 제45조의2 제2항 제1호, 국세기본법 시행령 제25조의2 제4호를 적용하여 해결할 수 있다는 견해가 있다.[36] 반면 국세기본법 시행령 제25조의2 제1호 및 제2호에서 최초의 신고 · 결정 또는 경정을 할

---

32) 임승순, 앞의 책, 187면; 소순무, 조세소송, 영화조세통람, 2014, 137면.

33) 이동식, "국세기본법상 후발적 경정청구제도", 현대공법이론의 제문제, 삼영사, 2003, 1306면; 심경, "경정청구사유에 관한 고찰", 사법논집 제40집, 법원도서관, 2005, 157면.

34) 이진석, 앞의 논문, 196-197면.

35) 대법원 2011. 7. 28. 선고 2009두22379 판결.

36) 강헌구, "위법소득에 대한 몰수나 추징이 있는 경우 후발적 경정청구를 하여 납세의무의 부담에서 벗어날 수 있는지 여부(원칙적 적극)", 대한변협신문 제1568호, 대한변협신문, 2015. 11. 30.

때 과세표준의 세액의 계산근거가 된 거래 또는 행위의 효력이 변경되는 경우에 후발적 경정청구를 인정하고 있으므로 위법소득의 반환을 위 조항에 준하는 사유로 보아 후발적 경정청구를 허용하여야 한다는 취지의 견해도 있다.[37]

(2) 판례의 입장

대법원도 국세기본법 시행령 제25조의2 제4호의 후발적 경정청구의 사유를 넓게 해석하고 있다. 즉, 대법원은 납세의무 성립 후 소득의 원인이 된 채권이 채무자의 도산 등으로 인하여 회수불능이 되어 장래 그 소득의 실현가능성이 전혀 없게 된 것이 객관적으로 명백한 경우 그 사정이 후발적 경정청구사유에 해당하는지가 문제가 된 사안에서 "후발적 경정청구제도의 취지, 권리의무확정주의의 의의와 기능 및 한계 등에 비추어 보면, 소득의 원천이 되는 권리가 확정적으로 발생하여 과세요건이 충족됨으로써 일단 납세의무가 성립하였다 하더라도 그 이후 일정한 후발적 사유의 발생으로 말미암아 소득이 실현되지 아니하는 것으로 확정됨으로써 당초 성립하였던 납세의무가 그 전제를 잃게 되었다면, 사업소득에서의 대손금과 같이 소득세법이나 관련 법령에서 특정한 후발적 사유의 발생으로 말미암아 실현되지 아니한 소득금액을 그 후발적 사유가 발생한 사업연도의 소득금액에 대한 차감사유로 별도로 규정하고 있다는 등의 특별한 사정이 없는 한 납세자는 국세기본법 제45조의2 제2항 등이 규정한 후발적 경정청구를 하여 그 납세의무의 부담에서 벗어날 수 있다고 보아야 한다. 따라서 그러한 채권 회수 불능의 사정은 국세기본법 시행령 제25조의2 제2호에 준하는 사유로서 특별한 사정이 없는 한 국세기본법 시행령 제25조의2 제4호가 규정한 후발적 경정청구사유에 해당한다고 봄이 타당하다"고 판시하였다.[38]

같은 차원에서 대법원은 피상속인이 제3자를 위하여 연대보증채무를 부담하고 있었지만 상속개시 당시에는 아직 변제기가 도래하지 아니하고 주채무자가 변제불능의 무자력 상태에 있지도 아니하여 과세관청이 그 채무액을 상속재산의 가액에서 공제하지 아니한 채 상속세 부과처분을 하였으나 그 후 주채무자가 변제기 도래 전에 변제불능의 무자력 상태가 됨에 따라 상속인들이 사전구상권을 행사할 수도 없는 상황에서 채권자가 상속인들을 상대로 피상속인의 연대보증채무의 이행을 구하는 민사소송을 제기하여 승소판결을 받아 그 판결이 확정되었

---

37) 한만수, 앞의 논문, 25면.
38) 대법원 2014. 1. 29. 선고 2013두18810 판결.

을 뿐만 아니라 상속인들이 주채무자나 다른 연대보증인에게 실제로 구상권을 행사하더라도 변제 받을 가능성이 없다고 인정되는 경우, 이러한 판결에 따른 피상속인의 연대보증채무의 확정은 국세기본법 제45조의2 제2항 제1호의 후발적 경정청구사유에 해당한다고 판시하기도 하였다.39)

(3) 후발적 경정청구사유의 주장방법

위법소득의 반환과 관련해서는 위법소득이 발생한 때에 그 소득에 대한 소득세를 신고 · 납부하고 그 후 위법소득이 상실된 시점에 후발적 경정청구를 하는 경우와 위법소득의 발생시점에 별다른 조치를 취하고 있지 않다가 과세처분을 받은 다음 불복하는 과정에서 위법소득의 반환을 부과처분의 위법사유로 주장하는 경우를 상정해 볼 수 있다. 실무상으로는 형사판결을 과세자료로 삼아 위법소득에 대한 과세가 이루어지므로 그 불복절차에서 위법소득에 대한 몰수나 추징이라는 후발적 사유로 부과처분의 위법사유를 내세우는 경우가 일반적이고 소득세를 신고 · 납부한 다음 후발적 경정청구를 하여 그 경정청구거부처분 취소 과정에서 후발적 사유를 주장하는 경우는 적다.

전자의 경우 후발적 경정청구 사유를 부과처분의 위법사유로서 주장할 수 있는지가 문제되는데, 대법원은 "납세자가 과세표준신고를 하지 아니하여 과세관청이 부과처분을 한 경우 그 후에 발생한 계약의 해제 등 후발적 사유를 원인으로 한 경정청구 제도가 있다 하여 그 처분 자체에 대한 쟁송의 제기를 방해하는 것은 아니므로 경정청구와 별도로 부가가치세 부과처분을 다툴 수 있다"고 판시하여40) 후발적 경정청구사유도 부과처분의 위법사유로 주장할 수 있다고 하였다. 또한, 대법원은 "납세자가 감액경정청구 거부처분에 대한 취소소송을 제기한 후 증액경정처분이 이루어져서 그 증액경정처분에 대하여도 취소소송을 제기한 경우에는 특별한 사정이 없는 한 동일한 납세의무의 확정에 관한 심리의 중복과 판단의 저촉을 피하기 위하여 감액경정청구 거부처분의 취소를 구하는 소는 그 취소를 구할 이익이나 필요가 없어 부적법하다"고 판시하여41) 감액경정청구 거부처분의 위법사유를 부과처분 취소사건에서 다툴 수 있음을 전제하고 있는바, 그 취소사유가 위법소득의 반환이라는 후발적 사유라고 하더라도 당연히 인정되

---

39) 대법원 2011. 7. 28. 선고 2009두22379 판결, 대법원 2013. 12. 26. 선고 2011두1245 판결 등도 후발적 경정청구의 범위를 넓게 인정하는 판례이다.
40) 대법원 2002. 9. 27. 선고 2001두5989 판결.
41) 대법원 2005. 10. 14. 선고 2004두8972 판결.

어야 할 것이다.

5. 대상판결의 의미와 평가

대상판결은 반환의무가 전제되지 않는 제2 유형의 위법소득의 몰수·추징의 경우에도 이를 그 소득이 종국적으로 실현되지 아니한 것으로 보아 과세대상에서 제외할 수 있다고 하면서, 그와 반대되는 취지의 종전판결[42]을 변경하였다. 종전판결은 명시적으로 원귀속자에 대한 환원조치가 후발적 경정청구 사유가 된다고 판단하지는 않았지만 이를 당연히 전제한 상태에서 위법소득의 몰수·추징은 범죄행위에 대한 부가적 형벌이므로 과세대상 소득에서 제외되지 않는다고 보았으므로, 결국 대상판결에 의하여 위법소득의 반환은 원귀속자에 대한 환원이나 위법소득의 몰수·추징이나 모두 후발적 경정청구 사유가 된다는 것을 확인한 셈이다.

대상판결은 첫째, 종전 판례와 같이 '원귀속자에 대한 환원조치'가 있었던 것으로 볼 수 있는 경우 경정청구 등을 할 수 있는 것을 전제로 한다면, 원귀속자에 대한 환원조치와 국가가 위법소득을 환수하는 것을 달리 볼 하등의 이유가 없고, 납세자에 대한 위법소득의 귀속을 과세계기로 본다면 그 납세자에게 귀속된 소득이 유지되는지 여부에 따라 과세제외 여부를 판단하여야 하는 것이지, 그 소득이 다시 누구에게로 귀속되었는지는 중요한 고려요소라고 볼 수 없는 점, 둘째, 위법소득에 대해 과세를 하는 이유는 위법소득을 얻은 자 역시 다른 소득을 얻는 자와 마찬가지로 해당 소득을 현실적으로 지배·관리하면서 이익을 향수한다는 데에 있다는 것이고, 결국 그러한 과세논리를 일관되게 적용한다면 몰수나 추징으로 더 이상 위법소득에 대한 현실적인 지배·관리나 향수를 할 수 없게 되는 경우 과세를 조정해주는 것이 일관성이 있다는 점, 셋째, 형사상 몰수·추징 등의 처벌까지 이루어진 이상 그에 더하여 위법소득에 대한 과세까지 하도록 하는 것은 조세형평상으로도 지나치게 가혹하다는 점 등에서 타당한 결론을 내렸다고 사료된다. 한편 대상판결에서는 후발적 경정청구가 가능함을 적시하면서도 후발적 경정청구를 인정하는 국세기본법 제45조의2 제2항, 국세기본법 시행령 제25조의2 각호의 어느 조항에 근거하여 경정청구가 가능한 것인지를 밝히지는 않았으나, 후발적 경정청구 제도가 국세기본법 시행령 제25조의2 제4호에서 포

---

42) 대법원 1998. 2. 27. 선고 97누19816 판결, 대법원 2002. 5. 10. 선고 2002두431 판결.

괄적 사유를 규정하고 있어 큰 실익은 없다고 보인다.

　　대상판결은 위법소득의 지배·관리라는 과세요건이 충족되어 납세의무가 성립하였더라도 위법소득의 경우 지급자에 대한 반환의무의 존부 여부를 묻지 않고 그 후 위법소득에 내재되어 있던 경제적 이익의 상실가능성이 현실화되는 후발적 사유가 발생하여 소득이 실현되지 아니하는 것으로 확정된 경우에는 납세자가 후발적 경정청구를 통해 그 납세의무의 부담에서 벗어날 수 있음을 명확히 하였다는 점에서 중요한 의미가 있다.[43] 후발적 경정청구 사유에 관한 대상판결의 새로운 법리는 향후 유사사건에 큰 영향을 미칠 것으로 보인다. 향후 후발적 경정청구 사유의 인정여부가 문제되는 관련 사건에서의 대법원의 판단이 주목된다.

---

43) 이진석, 앞의 논문, 199면.

2

소득세법 · 법인세법

헌법상 혼인의 보호와 주택세제*

Ⅰ. 서 론

사람은 태어나서 혼인을 하여 가정을 이루고 자녀를 낳아 양육하고 부모를 봉양하면서 한평생을 살아간다. 우리는 출생부터 사망까지 혼인을 통하여 형성되는 가족(이하, 편의상 가족을 '가족공동체', 부부를 '혼인공동체'로 칭하기도 한다)의 구성원으로 생활하고 있고 가족공동체의 중심에는 그 주거생활의 터전이 되는 주택이 있다. 가족공동체는 주택에서 외부의 침입을 받지 않고 사생활의 비밀과 자유를 누리며, 인간다운 생활을 영위할 수 있다. 혼인과 가족생활에 있어서 주거생활의 안정은 무엇보다도 중요한 요소이고 가족공동체는 안정적 주거공간의 마련을 위해 주택의 소유를 추구한다.

헌법 제36조 제1항은 혼인과 가족생활은 개인의 존엄과 양성의 평등을 기초로 성립되고 유지되어야 하며 국가는 이를 보장한다고 규정하여 혼인의 보호를 헌법적 차원에서 천명하고 있다(이하 '헌법상 혼인의 보호'라고 한다). 또한, 헌법 제14조, 제16조 및 제17조는 국민의 기본적 권리로서 모든 국민은 거주·이전의 자유를 가지고 주거의 자유를 침해받지 않으며 모든 국민은 사생활의 비밀과 자유를 침해받지 않는다고 규정하여 혼인과 가족생활이 이루어지는 주택은 주거공간으로서 헌법상 다양한 기본권 보장의 장소가 된다. 나아가 헌법 제35조 제3항은 국민에 대한 환경권의 구현으로 국가는 주택개발정책 등을 통하여 모든 국민이 쾌적한 주거생활을 할 수 있도록 노력하여야 한다고 규정하여 주거의 장소로서의 주택에 대한 헌법적 보호를 천명하고 있다.

혼인에 대한 헌법적 차원의 보호에도 불구하고 혼인과 가족생활은 비혼 및

* 지방세논집 제7권 제3호 (2020. 12.)

저출산의 문제로 그 존속마저 크게 위협을 받고 있다. 통계청의 혼인·인구통계에 따르면, 지난해 인구 1천명당 혼인 건수를 따지는 조혼인율(粗婚姻率)은 4.7건으로[1] 1970년 통계작성 이후 최저로 떨어졌고 작년 기준 남성과 여성의 평균 초혼 연령은 33.4세 및 30.6세를 각각 기록하여 1998년의 28.8세 및 26.0세에 비하여 4.6세나 증가하였다.[2] 혼인과 맞물려 있는 출산율 역시 급격한 하락 추세이다. 1960년 6.0명이던 우리나라의 합계출산율은 1983년 인구대체수준인 2.1명에 도달한 이후 지속적으로 하락하여 지난 해 0.92명을 기록하더니 올해 2분기에는 0.84명으로 떨어졌다. OECD 국가의 2018년 평균 출산율 1.63명의 절반 수준으로 세계 최하위의 초저출산 국가로 분류되고 있다.[3] 오래전에 도래한 비혼과 저출산 문제는 심화의 국면으로 접어들었고 그 탈출구를 가늠하기도 어려운 실정이다. 비혼과 저출산의 원인으로는 청년층의 취업난, 양육비의 부담 등 혼인과 자녀 양육을 위한 경제적 기반의 약화가 큰 비중을 차지하고 있는데,[4] 비혼과 저출산은 정서적 안정과 지지의 기능을 수행하는 혼인과 가족공동체의 해체로 이어지고 그 파급효과는 특정분야에 국한되는 것이 아니라 사회·경제 전반에 광범위한 영향을 미친다. 재정 측면에서는 생산가능인구와 취업자수를 감소시켜 잠재적 경제성장율을 낮추고 이는 조세수입의 감소로 이어질 뿐만 아니라 가족공동체의 기능을 대체하기 위한 복지지출의 꾸준한 증가로 재정수지의 악화를 아울러 초래한다.

한편, 쾌적한 주거생활의 보장에 관한 헌법 규정이 무색하게 혼인공동체의 주택 소유 자체가 지나치게 부담이 될 정도로 조정대상지역[5]을 중심으로 주택 소유자에 대한 세법상 규제와 부담이 크게 강화되었다. 최근 정부는 주택시장의 안정화를 위한다는 명목으로 주택의 취득과 보유 및 처분에 대한 조세부담을 급격하게 증가시켜 왔는데, 과세표준을 구성하는 주택에 대한 공시가격[6]을 시장가

---

1) https://www.index.go.kr/potal/main/EachDtlPageDetail.do?idx_cd=1580 (2020. 12. 8. 방문).

2) http://www.hani.co.kr/arti/economy/economy_general/933267.html (2020. 12. 8. 방문).

3) http://news.kmib.co.kr/article/view.asp?arcid=0924153275&code=11151100&cp=nv (2020. 12. 8. 방문).

4) 차진아, "저출산 사회에서 혼인과 가족생활의 보호", 헌법학연구 제19권 제4호, 한국헌법학회, 2013. 12., 11-12면.

5) 주택법 제63조의2 및 주택법 시행규칙 제25조의2에 근거하여 지정된 지역을 말하는데, 2020. 11. 20. 기준 서울과 세종 전지역, 경기, 인천, 대전, 부산, 대구, 충북의 일부 지역 등 75개 지역이 조정대상지역으로 지정되어 있다.

6) 정부는 2020. 4. 7. 부동산가격공시에 관한 법률 제26조의2를, 2020. 10. 7. 같은 법 시행령 제

격에 근접하도록 지속적으로 상승시키고 있고 나아가 2017. 8. 2., 2018. 9. 13., 2019. 12. 16. 및 2020. 7. 10. 주택의 취득, 보유 및 양도에 관한 세제(이하 '주택세제'라고 한다)를 개정하는 주택시장 안정대책을 연이어 발표하였다(이하 가장 대표적인 것이 2020. 7. 10. 주택시장 안정대책이므로 총칭하여 '7·10 부동산대책'이라고 한다). 그 요지는 다주택자·법인 및 증여의 취득세율 인상, 종합부동산세율과 양도소득세율 인상 및 1세대 1주택에 대한 장기보유특별공제에 대한 거주기간 요건의 추가이고[7] 이는 다주택자뿐만이 아니라 1세대 1주택자에 대해서도 주택에 관한 조세부담을 무겁게 지우는 것이었다. 국민의 쾌적한 주거생활을 위한 주택시장의 안정화를 위해서는 국가가 주택개발정책 등을 우선시하여야 함에도 조세정책을 최우선으로 삼아 주택 소유자에 대해 전방위적 압박을 하는 형국이다.

이 글에서는 비혼 및 저출산으로 혼인과 가족공동체의 존립이 위협받고 있는 상황에서 헌법상 혼인의 보호의 관점에서 가족공동체의 생활의 터전인 주택에 대하여 전면적으로 과세를 강화하고 있는 우리나라의 주택세제에 대하여 검토한다. 현행 주택세제에 관하여는 헌법상 조세법률주의 위반, 재산권 및 평등권의 침해 등 다수의 위헌성이 지적되고 있지만 여기에서는 헌법상 혼인의 보호 차원에서 제기되는 주택세제의 문제점을 파악하고 그에 대한 개선방안을 제시하는 것을 중심으로 그 논의를 전개한다. 이를 위해 우선 헌법상 혼인의 보호의 의미에 대해 살펴보고 현행 주택세제의 혼인 및 가족생활과 관련된 쟁점을 취득, 보유 및 양도단계별로 검토한 다음 외국의 주택세제 등과 비교·분석하여 우리나라의 주택세제를 평가한다. 이어서 헌법상 혼인의 보호에 입각하여 주택세제의 과세단위의 개편방안을 제안하고 혼인의 보호에 위반되는 주택세제의 구체적 문제점과 개선방안을 개별 주택세제별로 제시해 본다. 다만, 이 글에서 논의의 대상으로 삼는 주택세제는 혼인공동체와 제3자 사이의 일반적인 주택의 취득, 보유 및 양도 거래에 대한 것에 국한하고 혼인공동체 내부의 주택의 증여나 상속 및 사업의 형태인 임대의 조세문제는 제외한다.

74조의2를 각 신설하여 정부가 부동산의 시세반영률의 목표치 및 연도별 달성계획을 설정할 수 있는 근거를 마련하였고, 이는 종전 공시가격을 한국감정원에 위탁하는 방식에서 정부가 시세반영률을 조정하는 방식으로 변경된 것을 의미한다. 이에 따라 정부는 2020. 11. 3. 부동산공시가격 현실화계획을 발표하였는데, 공동주택은 10년에 걸쳐 그 현실화율을 90%로, 단독주택은 15년에 걸쳐 90%로 제고하는 것이었다(국토교통부, 부동산 공시가격 현실화 계획 보도자료, 2020. 11. 3., 6−11면).

7) 관계부처합동, 주택시장 안정 보완대책 보도자료, 2020. 7. 10., 4−6면.

Ⅱ. 헌법상 혼인의 보호의 의미

1. 혼인의 의의

가. 혼인의 정의

법률에서 정한 일정한 연령 이상의 두 남녀가 자유로운 의사결정에 따라 정신적·육체적으로 결합하여 하나의 경제적·사회적 공동체를 이루는 것을 혼인이라고 하고 두 남녀는 혼인에 의하여 부부가 된다. 혼인공동체는 사회의 기본 구성단위인 가족을 형성하는 기초로서 자녀를 낳아 종족을 보전하는 중요한 기능을 수행한다. 혼인은 남녀의 인적 결합으로 사적인 관계의 설정이지만 사회공동체의 제도에 편입되는 사회적 행위이기도 하다.

혼인이 적법하게 성립되기 위해서는 실질적 요건과 형식적 요건을 구비하여야 하는데, 실질적 요건으로 당사자의 혼인 의사의 합치가 있고, 당사자가 혼인 적령에 달해야 하며, 미성년자 등의 혼인에는 부모 등의 동의를 얻고, 일정한 근친자와의 혼인 및 중혼이 아니어야 하며, 형식적 요건으로 가족관계의 등록 등에 관한 법률에 따라 혼인신고를 해야 한다.[8] 혼인은 배우자의 사망 또는 이혼에 의하여 해소된다.

나. 혼인의 효력 및 이혼

혼인에 의하여 부부 사이에 신분적·재산적 효력이 발생한다. 부부는 동거하며 서로 부양하고 협조하여야 하며[9] 공동생활의 필요경비를 공동으로 부담하여야 하는데,[10] 이를 혼인의 신분적 또는 일반적 효력이라고 한다. 혼인의 재산적 효력은 부부 사이의 재산관계에 관하여 생기는 효력으로 부부가 혼인 전부터 가지고 있던 재산, 혼인 중에 취득한 재산을 누구의 소유로 볼 것인가를 정하는 것이다. 부부가 혼인성립 전에 부부재산계약을 체결하는 경우 그 합의가 존중되는데, 부부재산 약정에 관하여 혼인성립까지 그에 관한 등기를 하지 아니하면 부부의 승계인이나 제3자에게 대항하지 못한다.[11] 만일 부부재산계약이 없다면 부부별산제에 의하여 규율된다.[12] 부부별산제에서는 혼인 전부터 부부 각자에게

---

8) 민법 제807조, 제808조, 제809조, 제810조, 제812조.
9) 민법 제826조.
10) 민법 제833조.
11) 민법 제829조 제4항.

속하는 재산과 혼인 중에 자신의 명의로 취득한 재산은 부부 각자의 소유로 추정
되고[13] 부부는 자신 명의의 재산에 대해서는 다른 일방의 동의없이 일방적으로
그 처분을 할 수 있다.

이혼하면 부부관계는 해소되어 동거, 부양 및 협조의무, 부부재산관계 등 혼
인에 의하여 생긴 모든 권리와 의무는 소멸한다. 이혼시 유책배우자는 위자료 지
급의무를 부담하고 공동재산에 기여한 배우자에게는 재산분할청구권이 발생한
다.[14] 대법원은 재산분할은 혼인 중에 취득한 실질적인 공유재산을 청산분배하
는 것을 주된 목적으로 하는 것이므로 부부가 재판상 이혼할 때에 쌍방의 협력으
로 이룩한 재산이 있으면 법원은 그 재산의 형성에 기여한 정도 등 당사자 쌍방
의 일체의 사정을 참작하여 분할액수와 방법을 정한다고 하고[15] 유책배우자에게
도 재산분할을 청구할 권리가 있다고 판시하였다.[16] 재산분할청구권과 부부재산
제에 관하여 대법원은 부부재산제를 완전별산제로 해석하여 부부 일방의 재산취
득에 관한 상대방의 협력과 기여는 부부재산의 귀속을 정함에 있어 고려하지 않
고 그 대신 이혼시의 재산분할에서 고려하는 입장으로 평가된다.[17]

2. 헌법상 혼인의 보호의 의의

가. 혼인의 보호의 규범 내용

헌법 제36조 제1항은 혼인과 가족생활은 개인의 존엄과 양성의 평등을 기초
로 성립되고 유지되어야 하며, 국가는 이를 보장한다고 규정하고 있다. 위 규정은
헌법 제10조의 인간의 존엄과 제11조의 평등원칙을 혼인과 가족생활의 영역에서
다시 한번 강조하고 국가의 보장의무를 부과하는 데 그 취지가 있다. 헌법이 혼인
과 가족제도에 관한 특별규정을 두고 있는 것은 우리 공동체에 알맞은 혼인과 가
족관계를 실현하기 위한 것이다. 혼인과 가족제도는 기본적으로 사적 영역에 속하
는 것이지만 사회공동체에서 전통적으로 확립된 제도로서 공동체 구성원 생활의
기본적인 틀을 구성하는 것이므로 헌법의 수준에서 이를 보장하고 있는 것이다.[18]

---

12) 민법 제829조 제1항.
13) 민법 제830조.
14) 민법 제839조의2.
15) 대법원 1995. 10. 12. 선고 95므175, 182 판결.
16) 대법원 1993. 5. 11. 선고 93스6 결정.
17) 서울행정법원, 행정재판실무편람 III, 2002, 398면.
18) 정종섭, 헌법학원론, 박영사, 2017, 248면.

그러므로 헌법상 혼인의 보호의 규범 내용은 첫째는, 개인의 기본권의 성격으로서 국가의 간섭을 받지 않고 개인의 존엄과 양성 평등의 바탕 위에서 혼인과 가족생활을 스스로 결정하고 형성할 수 있는 자유를 보장하는 것이고, 둘째는, 제도적 보장의 성격으로 혼인과 가족제도의 본질적 내용은 반드시 법률에 의하여 규정되어야 한다는 것이다.[19] 이에 따라 국가는 적극적으로는 적절한 조치를 통하여 혼인과 가족을 지원하고 제3자에 의한 침해 앞에서 혼인과 가족을 보호하여야 하고, 소극적으로는 불이익을 야기하는 제한조치를 통하여 혼인과 가족을 차별하는 것을 금지하여야 하는 과제를 부담한다.[20] 따라서, 헌법상 혼인의 보호는 단순한 프로그램적 성격의 규정이 아니라 직접 효력을 가지는 재판규범인 것이다.

나. 기본권의 성격

헌법 제36조 제1항은 우선 평등권과 자유권의 성격을 가진다. 헌법상 혼인의 보호는 헌법 제11조의 평등원칙을 혼인과 가족생활의 영역에서 다시 한번 강조하고 구체적으로 실현시킨 규정의 한 형태로서 혼인한 부부 사이에서는 물론 혼인공동체와 비혼자들 사이에 차별이 없어야 한다는 것을 의미한다.

헌법상 혼인의 보호는 모든 국민은 스스로 혼인을 할 것인가, 아니면 혼인을 하지 않을 것인가를 결정할 수 있고, 혼인을 하는 경우에도 상대방은 물론 그 시기도 자유로이 선택할 수 있는 자유권을 의미한다. 또한, 형성된 혼인의 유지 여부 즉, 이혼 여부 및 그 시기에 대한 결정의 자유도 가지고 이러한 권리를 국가의 부당한 침해로부터 보호할 수 있는 방어권도 보유하며[21] 자녀에 대한 학교선택권, 자녀의 성(姓) 선택권 등도 여기에 포함된다. 혼인 연령 등의 제한이나 재판상 이혼사유의 제한, 고교추첨 배정제가 혼인의 자유권 제한의 입법에 해당하는데,[22] 헌법재판소는 구 민법상의 동성동본간 혼인의 금지는 혼인의 자유를 침해한다는 이유로 헌법불합치 결정을 하였다.[23]

---

19) 김은철, "혼인과 가족에 대한 헌법적 보호", 법학논총 제21집 제1호, 조선대학교 법학연구원, 2014. 4., 135면.
20) 헌법재판소 2002. 8. 29. 선고 2001헌바82 결정.
21) 장영수, 헌법학 II, 홍문사, 2010, 596–597면.
22) 김하열, "자유권 제한입법에 대한 위헌심사: 판례에 대한 몇 가지 비판적 고찰", 동아법학 제56호, 동아대학교 법학연구소, 2012. 8., 6면.
23) 헌법재판소 1997. 7. 16. 선고 95헌가6 등 결정.

또한, 헌법 제36조 제1항은 사회적 기본권의 성격도 가진다. 국가가 혼인과 가족생활을 보장한다고 하여 국가의 보장의무를 명시하고 있기 때문이다.24) 국가의 사회적 기본권의 보장은 국가의 적극적 행위를 통해 구현되는데, 이는 국가의 소극적 침해금지에 의하여 실현되는 자유권적 기본권과는 구별된다. 혼인의 보호의 사회권의 침해는 혼인의 보호를 위한 국가의 과소지원의 문제와 연결되고25) 이는 헌법상 혼인의 보호를 위한 국가의 적극적 지원의 근거가 될 수 있다. 특히 비혼과 저출산 시대에서는 혼인의 보호의 사회권 내지 생존권적 성격이 더욱 강조된다.

다. 제도보장의 성격

헌법 제36조 제1항은 혼인과 가족생활을 제도적으로 보장하고 있어 국가는 혼인과 가족제도의 핵심적 요소를 제거하거나 침해하여서는 안된다.26) 제도보장은 입법자에 대한 기본권의 방어능력을 강화시켜주므로 혼인과 가족제도의 보장에 따라 혼인과 가족공동체의 존립과 활성화에 필요한 법적인 조건들도 기본권의 보호 목적에 상응하게 고양된 헌법적 보호를 받게 된다.27) 제도보장은 개별적 권리의 보장이 아니므로 구체적 보호의 내용은 입법자의 입법형성권에 의하여 결정되지만 입법자가 혼인 및 가족제도를 형해화하여 혼인과 가족생활을 파괴하거나 이름만의 껍데기로 만드는 것은 금지된다.28) 혼인의 제도보장으로는 남녀의 자유로운 의사에 따른 지속적인 결합과 국가의 승인을 의미하는 일부일처제가 있다. 제도보장으로 혼인의 원칙적 해소가능성도 제시되는데, 혼인만이 아니라 이혼의 자유도 동시에 인정되어야만 가족공동체 구성원의 존엄이 침해되지 않고 혼인제도가 유지될 수 있기 때문이다.29)

24) 계희열, 헌법학(상), 박영사, 2010, 797면.
25) 헌법재판소 1997. 5. 29. 선고 94헌마33 결정.
26) 최갑선, "헌법 제36조 제1항에 의한 혼인과 가족생활의 보장", 헌법논총 제14집, 헌법재판소, 2003, 513면.
27) 김은철, 앞의 논문, 146면.
28) 최갑선, 앞의 논문, 515면.
29) 허영, 한국헌법학원론, 박영사, 2014, 422면.

3. 혼인의 보호의 위헌심사기준과 헌법재판소 결정

가. 기본권의 제한과 위헌심사기준[30]

헌법 제37조 제2항은 국민의 모든 자유와 권리는 국가안전보장·질서유지 또는 공공복리를 위하여 필요한 경우에 한하여 법률로써 제한할 수 있으며, 제한 하는 경우에도 자유와 권리의 본질적인 내용을 침해할 수 없다고 규정하여 기본 권 제한의 한계를 설정하고 있다. 위 규정은 기본권 제한에 관하여 '필요한 경우 에 한하여'라는 표현을 사용하여 기본권 제한은 필요한 경우와 범위 내에서 제한 적으로 허용될 수 있다는 과잉금지의 원칙 내지 비례의 원칙을 제시하였고 그러 한 제한이 비례의 원칙에 부합하더라도 기본권의 본질적 내용은 침해해서는 안 된다는 기본권 제한의 최종적 한계를 천명하고 있다.[31]

비례의 원칙은 국가가 국민의 기본권을 제한하는 입법을 하는 경우 준수하 여야 할 기본원칙 또는 입법의 한계를 의미하는 것으로서 국민의 기본권 제한의 입법 목적이 헌법 및 법의 체제상 그 정당성이 인정되어야 하고(목적의 정당성), 그 방법이 목적의 달성을 위하여 효과적이고 적절하여야 하며(방법의 적절성), 입 법에 의하여 선택한 기본권 제한의 조치가 입법목적의 달성을 위하여 설사 적절 하다고 하더라도 보다 완화된 형태나 방법을 모색하여 기본권의 제한이 필요한 최소한도에 그치도록 해야 하고(침해의 최소성), 그 입법에 의해 보호하려는 공익 과 침해되는 사익을 비교형량할 때 보호되는 공익이 사익보다 더 커야 한다(법익 의 균형성)는 헌법원칙이다. 위와 같은 요건이 충족되면 국가의 입법작용에 비로 소 정당성이 부여되고 그에 따라 국민은 수인의무를 부담하는 것이다. 과잉금지 의 원칙은 오늘 날 법치국가의 원리에서 나오는 확고한 원칙으로서 부동의 위치 를 차지하고 있다.[32]

다만, 비례의 원칙은 모든 기본권의 위헌심사에 일률적으로 적용되는 것은 아니고 개별 기본권별로 심사의 모습과 강도를 달리하는 경우가 있으며 고유한 심사기준이 발달하기도 한다.[33] 기본권은 자유권적 기본권, 평등권, 사회적 기본·

---

30) 위헌심사의 실무상 기준에 관하여는 이명웅, "위헌여부 판단의 논증방법", 저스티스 제106호, 한국법학원, 2008. 9., 314 – 339면 참조.

31) 한수웅, "헌법 제37조 제2항의 과잉금지원칙의 의미와 적용범위", 저스티스 제95호, 한국법학원, 2006. 12., 10면.

32) 헌법재판소 1990. 9. 3. 선고 89헌가95 결정 등.

33) 이종엽·김주경, 법원의 헌법판단을 위한 위헌심사기준연구, 사법정책연구원, 2018, 18면.

권 등으로 분류되는데, 이들 기본권은 그 작용과 효력, 제한방식 등에 차이가 있으므로 기본권 제한 입법에 대하여 그 위헌 여부를 동일한 기준이나 강도로 심사할 수는 없기 때문이다.34)

나. 자유권적 성격과 위헌심사기준

자유권 제한입법에 대해서는 위헌심사기준으로 과잉금지원칙이 적용된다. 자유권은 제한 없이 행사될 수는 없고 다른 기본권과의 충돌의 문제가 발생하는데, 이는 헌법이 조정하는 자유의 조정문제로서 그 해결방법으로는 실제적 조화 내지 규범조화적 해석의 원리가 제시되고, 헌법 제37조 제2항의 과잉금지원칙 내지 비례의 원칙에 의하여 구현된다.35) 다만, 상업적 표현행위의 자유와 일반적 직업 수행의 자유 등 자유권의 종류에 따라 완화된 과잉금지원칙이 적용되기도 한다.36)

헌법상 혼인의 보호의 자유권의 침해 여부의 판단에 대해서도 전형적인 비례원칙에 의한 위헌심사가 행해진다.37) 따라서 법률이 혼인을 못하도록 하거나 이혼을 하도록 만드는 강한 유인을 제공한다면 이는 혼인의 보호의 자유권적 측면을 침해할 소지가 있다. 헌법재판소도 헌법상 혼인의 보호의 자유권의 하나로 분류되는 학부모의 학교 선택권에 관하여 비례원칙 심사를 한 바 있다.38)

다. 평등권적 성격과 위헌심사기준

평등권에 대해서는 엄격한 심사와 완화된 심사의 이중심사기준이 적용된다. 평등권에 대한 일반적 위헌심사기준은 '합리성의 원칙' 내지 '자의의 금지'이지만 헌법이 스스로 차별의 근거로 삼아서는 아니되는 기준을 제시하고 차별

---

34) 헌법재판소는 신체의 안정과 자유 및 정신의 안정과 자유에 관하여는 엄격한 심사기준을 적용하는 반면, 사회경제적 안정과 자유에 대하여는 비교적 완화된 심사기준을 적용하는 입장이다 (성낙인, 헌법학, 박영사, 2018, 1038면).

35) 계희열, 앞의 책, 127-129면; 허영, 앞의 책, 277-278면.

36) 헌법재판소는 상업광고 규제 입법에 대하여 피해의 최소성 기준을 완화한 과잉금지원칙을 적용하고 있고(헌법재판소 2005. 10. 27. 선고 2003헌가3 결정), 직업의 자유와 표현의 자유 및 재산권의 침해에 관하여도 변형된 심사기준을 제시하였다(헌법재판소 2002. 10. 31. 선고 99헌바76 등 결정, 헌법재판소 2002. 12. 18. 선고 2000헌마764 결정, 헌법재판소 2005. 5. 26. 선고 2004헌가10 결정).

37) 헌법재판소 2011. 11. 24. 선고 2009헌바146 결정. 위 결정에서 헌법재판소는 해당 조항이 비례원칙에 반하여 헌법 제36조 제1항이 정하는 있는 혼인의 자유를 침해하였다고 판단하였다.

38) 헌법재판소 2009. 4. 30. 선고 2005헌마514 결정.

을 특히 금지하고 있는 영역을 제시하고 있다면[39] 그러한 기준을 근거로 한 차별이나 그러한 영역에서의 차별에 대하여 엄격하게 심사하는 것이 정당화되고 엄격한 심사를 한다는 것은 비례의 원칙에 따른 심사 즉 차별취급의 목적과 수단 간에 엄격한 비례관계가 성립하는지를 기준으로 한 심사가 행하여진다는 것을 의미한다.[40]

헌법 제36조 제1항은 혼인과 가족에 관련되는 공법 및 사법의 모든 영역에서 국가에 대하여 적극적으로는 적절한 조치를 통해서 혼인과 가족을 지원하고 제3자에 의한 침해 앞에서 혼인과 가족을 보호해야 할 과제를 부여한 것이고, 소극적으로는 국가에 대하여 불이익을 야기하는 제한조치를 통해서 혼인과 가족을 차별하는 것을 금지해야 할 의무를 부과한 것이다. 이러한 헌법원리에서 도출되는 차별금지명령은 헌법 제11조 제1항에서 보장되는 평등원칙을 혼인과 가족생활영역에서 더욱 더 구체화함으로써 혼인과 가족을 부당한 차별로부터 특별히 더 보호하려는 목적을 가진 것으로, 헌법이 차별금지영역으로 혼인과 가족생활을 특별히 규정한 것이므로 특정한 법률조항이 혼인한 자를 불리하게 하는 차별취급은 중대한 합리적 근거가 존재하여 헌법상 정당화되는 경우에만 헌법 제36조 제1항에 위배되지 아니한다.[41] 따라서 헌법상 혼인의 보호는 일반적인 평등의 원칙에 대한 위헌심사기준인 자의금지원칙[42]이 적용되지 않고 혼인한 자를 불리하게 차별취급하는 것에 중대한 합리적 근거가 존재하여야 헌법상 정당화되는데, 중대한 합리적 근거를 따지는 것은 비례의 원칙에 의한 심사를 의미하므로 결국 헌법상 혼인의 보호에 관한 평등권의 침해에 대해서는 엄격한 위헌심사가 이루어지는 것이다.

---

39) 또한, 차별적 취급으로 인하여 관련 기본권에 대하여 중대한 제한을 초래하게 되는 경우에도 평등권의 위헌심사에 관한 엄격한 비례원칙의 심사척도가 적용되는데, 헌법재판소는 사람이나 사항에 대한 불평등대우가 기본권으로 보호된 자유의 행사에 불리한 영향을 미칠 수 있는 정도가 크면 클수록 입법형성의 여지는 그만큼 좁은 한계가 설정되는 것이므로 엄격한 심사척도가 필요하다고 판시하였다(헌법재판소 2003. 9. 25. 선고 2003헌마30 결정).

40) 헌법재판소 1999. 12. 23. 선고 98헌마363 결정.

41) 헌법재판소 2002. 8. 29. 선고 2001헌바82 결정.

42) 자의금지의 원칙에 따르면, 차별의 합리적 이유가 존재하면 그 차별은 정당화되고 차별의 정도 등은 원칙적으로 문제가 되지 않으나 비례의 원칙이 적용되면 차별의 종류와 정도가 차별의 목적과 비례관계가 있는지 여부가 심사기준이 된다(전광석, 한국헌법론, 집현재, 2016, 313면).

라. 헌법재판소 결정

(1) 소득세의 부부자산소득 합산과세[43]

거주자 또는 그 배우자가 이자소득과 배당소득 및 부동산임대소득으로 구성되는 자산소득이 있는 경우 당해 거주자와 배우자 중 주된 소득자에게 그 배우자의 자산소득이 있는 것으로 보고 이를 주된 자산소득자의 종합소득에 합산하여 과세하는 구 소득세법 제61조 제1항에 대한 헌법소원 사건에서, 헌법재판소는 대상 조항은 부부의 자산소득을 주된 소득자의 종합소득에 합산하여 세액을 계산하도록 규정함으로써, 거주자 또는 그 배우자라는 혼인의 구성요건을 근거로 혼인한 부부에게 더 높은 조세를 부과하여 혼인한 부부를 혼인하지 않은 부부나 독신자에 비해서 불리하게 차별취급하고 있고, 대상 조항이 자산소득합산 과세제도를 통하여 합산대상 자산소득을 가진 혼인한 부부를 소득세 부과에서 차별취급하는 것은 중대한 합리적 근거가 존재하지 아니하므로 헌법상 정당화되지 아니한다는 이유로 대상 조항은 혼인한 자의 차별을 금지하고 있는 헌법 제36조 제1항에 위반된다고 판단하였다. 헌법재판소는 혼인에 대한 차별적 조세부과의 정당성이 인정되기 위해서는 중대한 합리적 근거가 존재하여 비례원칙의 심사를 통과하여야 한다고 보았다는 점에서 의미가 있다.[44]

(2) 종합부동산세의 세대별 합산과세[45]

과세기준일 현재 종합부동산세의 종합합산과세대상인 경우에는 국내에 소재하는 당해 과세대상토지의 공시가격을 합한 금액이 3억 원(개인의 경우 세대별로 합산한 금액을 말한다)을 초과하는 토지분 재산세의 납세의무자는 당해 토지에 대한 종합부동산세를 납부할 의무가 있다는 구 종합부동산세법 제12조 제1항 제1호에 대한 헌법소원 사건에서, 헌법재판소는 우리 민법은 부부별산제를 채택하고 있고 배우자를 제외한 가족의 재산까지 공유로 추정할 근거규정이 없고, 공유재산이라고 하여 세대별로 합산하여 과세할 당위성도 없으며, 이미 헌법재판소는 자산소득에 대하여 부부간 합산과세에 대하여 위헌 선언한바 있으므로 적절한 차별취급이라 할 수 없고, 대상 조항으로 인한 조세부담의 증가라는 불이익은 이를 통하여

---

43) 헌법재판소 2002. 8. 29. 선고 2001헌바82 결정.

44) 헌법재판소 결정에 따라 2002. 12. 18. 소득세법 개정에서 자산소득에 대한 부부합산과세제도가 폐지되면서 금융소득종합과세 기준금액이 부부합산 4,000만 원에서 개인별 4,000만 원으로 변경되었다.

45) 헌법재판소 2008. 11. 13. 선고 2006헌바112 등 결정.

달성하고자 하는 조세회피의 방지 등 공익에 비하여 훨씬 크고, 조세회피의 방지
와 경제생활 단위별 과세의 실현 및 부동산 가격의 안정이라는 공익은 입법정책
상의 법익인데 반해 혼인과 가족생활의 보호는 헌법적 가치라는 것을 고려할 때
법익균형성도 인정하기 어려우므로 대상 조항은 혼인한 자 또는 가족과 함께 세
대를 구성한 자를 비례의 원칙에 반하여 개인별로 과세되는 독신자, 사실혼 관계
의 부부, 세대원이 아닌 주택 등의 소유자 등에 비하여 불리하게 차별하여 취급하
고 있으므로, 헌법 제36조 제1항에 위반된다고 판단하였다.[46] 헌법재판소는 부부
자산소득 합산과세에 대한 위헌 입장과 같은 견지에서 재산과세를 규정한 대상
조항에 대하여도 비례의 원칙의 세부적 기준을 적용하여 헌법상 혼인의 보호의
평등원칙 위반여부를 구체적으로 판단하였다는 점에서 의미가 있다.[47]

(3) 양도소득세의 혼인으로 인한 3주택에 대한 중과세[48]

1세대 3주택 이상에 해당하는 주택에 대하여 양도소득세 중과세를 규정하고
있는 구 소득세법 제104조 제1항 제2호의3에 대한 헌법소원 사건에서 헌법재판
소는 대상 조항이 정하고 있는 1세대를 기준으로 3주택 이상 보유자에 대해 중과
세하는 방법은 보유 주택수를 억제하여 주거생활의 안정을 꾀하고자 하는 쟁점
조항의 입법목적을 위하여 일응 합리적인 방법이라 할 수 있으나 혼인으로 새로
이 1세대를 이루는 자를 위하여 상당한 기간 내에 보유주택수를 줄일 수 있도록
하고 그러한 경과규정이 정하는 기간 내에 양도하는 주택에 대해서는 혼인 전의
보유 주택수에 따라 양도소득세를 정하는 등의 완화규정을 두는 것과 같은 손쉬
운 방법이 있음에도 이러한 완화규정을 두지 아니한 것은 최소침해성 원칙에 위
배된다고 할 것이고 대상 조항으로 인하여 침해되는 것은 헌법이 강도높게 보호
하고자 하는 헌법 제36조 제1항에 근거하는 혼인에 따른 차별금지 또는 혼인의
자유라는 헌법적 가치라 할 것이므로 대상 조항이 달성하고자 하는 공익과 침해
되는 사익 사이에 적절한 균형관계를 인정할 수 없어 법익균형성에도 반하며, 결

---

46) 헌법재판소 결정 이후 2008. 12. 26. 주택분 및 종합합산대상 토지분 세대별 과세방식이 개인별
    합산방식으로 변경되었다.
47) 종합부동산세의 세대별 합산과세에 대한 합헌론은 소득세 과세대상은 유량(flow)인 소득이고
    보유세는 그 과세대상이 저량(stock)인 재산으로 서로 다르다는 점을 그 논거의 하나로 들고 있
    으나 헌법상 혼인의 보호는 혼인과 가족생활의 모든 영역에서 지켜져야 할 기본권이자 제도보
    장이므로 세목 여하에 따라 그 준수 여부가 달라지는 것은 아니라는 비판이 있다(이전오, "종합
    부동산세제의 문제점에 관한 고찰: 헌법측면을 중심으로", 성균관법학 제23권 제3호, 성균관대
    학교 법학연구소, 2011. 12., 879−880면).
48) 헌법재판소 2011. 11. 24. 선고 2009헌바146 결정.

국 대상 조항은 과잉금지원칙에 반하여 헌법 제36조 제1항이 정하고 있는 혼인에 따른 차별금지원칙에 위배되고 혼인의 자유를 침해한다고 판단하였다.[49] 헌법재판소는 혼인하는 부부에 대하여 3주택자로 중과를 하는 대상 조항은 혼인에 따라 3주택이 되는 부부에 대한 헌법상 혼인의 보호의 자유권적 성격과 평등권적 성격에 모두 위반된다고 판단하면서 헌법상 비례의 원칙에 의한 심사를 하였다는 점에서 의의가 있다.

4. 조세법 분야에서의 혼인의 보호

가. 조세법에 대한 위헌심사기준

과거 입헌군주제 시절에는 조세의 부과는 시민에게 일반적으로 부과되는 의무이므로 특별한 희생인 수용과는 구분되는 것으로 이해하여 재산권 등 기본권에 대한 제한으로 평가되지는 않았으나 민주주의 국가에서는 실질적 법치주의 하에서 헌법의 우위의 요청에 따라 조세 입법은 그 형식만이 아니라 내용도 기본권 보장과 비례의 원칙 등 헌법적 요청에 부합하여야 한다고 보게 되었다.[50] 헌법재판소도 같은 입장으로 오늘날 법치주의는 국민의 권리·의무에 관한 사항을 법률로써 정해야 한다는 형식적 법치주의에 그치는 것이 아니라 그 법률의 목적과 내용 또한 기본권보장의 헌법이념에 부합되어야 한다는 실질적 적법절차를 요구하는 법치주의를 의미하며 헌법 제38조, 제59조가 선언하는 조세법률주의도 이러한 실질적 적법절차가 지배하는 법치주의를 뜻하므로 비록 과세요건이 법률로 명확히 정해진 것일지라도 그것만으로 충분한 것은 아니고 조세법의 목적이나 내용이 기본권 보장의 헌법이념과 이를 뒷받침하는 헌법상 요구되는 제 원칙에 합치되어야 한다고 판시하여 조세법의 위헌심사기준으로 실질적 조세법률주의가 적용되는 것을 천명하였고 나아가 실질적 조세법률주의 위반 여부의 판단

49) 위 결정의 다수의견에 대해 혼인은 근본적으로 애정과 신뢰를 기초로 하여 남녀가 결합하는 것이라는 점에 비추어 보면, 2주택 소유자가 혼인으로 인하여 1세대 3주택 보유자로 취급되어 양도소득세가 더 많이 부과된다는 사유가 혼인의사의 결정에 영향을 미친다고 보기 어렵고, 혼인을 앞둔 이들이 1세대 3주택 이상 보유자가 되어 양도소득세 중과세의 염려로 혼인의 자유가 침해된다고 보는 것은 혼인이라는 제도가 갖는 숭고한 정신적 영역을 망각하고 이를 마치 재산권 보존을 위한 거래행위로 전락시키는 태도라고 하면서 혼인으로 인하여 새로이 1세대 3주택 이상 보유자가 되어 대상 조항의 적용을 받는 것은 단지 합리적 조세제도 운용에 있어 파생된 부수적 결과물이므로 혼인의 자유에 위반되지 않는다는 반대의견도 있다.
50) 차진아, "조세국가의 헌법적 근거와 한계", 공법연구 제33집 제5호, 한국공법학회, 2005. 6., 307-331면.

은 재산권 침해 여부에 대한 과잉금지원칙 내지 비례의 원칙 위반여부에 관한 판단과 다르지 않다고 판시하였다.[51]

　다만, 헌법재판소는 오늘날의 조세는 국가의 재정수요를 충족시킨다고 하는 본래적인 기능 외에도 소득의 재분배, 자원의 적정배분, 경기의 조정 등 여러 가지 기능을 가지고 있으므로 국민의 조세부담을 정함에 있어서는 재정·경제·사회정책 등 국정전반에 걸친 종합적인 정책판단을 필요로 하므로, 어느 범위까지 사법상 법률행위의 내용 및 효력에 간섭할 것인지, 그러한 간섭의 수단과 정도를 어떻게 정할 것인지 등에 대해서는 입법자가 당시 경제정책 등 여러가지 상황을 고려하여 결정하는 것[52]이 바람직하다는 점에서 비례심사의 강도는 다소 완화될 필요가 있다고 보았다.[53] 또한, 헌법재판소는 과세요건을 정하는 문제는 극히 전문적·기술적인 판단을 필요로 하므로, 조세법규를 어떠한 내용으로 규정할 것인지는 입법자가 국가재정, 사회경제, 국민소득, 국민생활 등의 실태에 관하여 정확한 자료를 기초로 하여 정책적·기술적인 판단에 의하여야 하는 것이므로 이는 입법자의 입법형성적 재량에 기초한 정책적·기술적 판단에 맡겨져 있다고 판시하였다.[54] 헌법재판소는 조세법률에 관하여도 과잉금지의 원칙이 적용되지만 필요한 경우 특정한 영역에서는 조세법률의 도입취지 등을 고려하여 입법자의 입법재량이 인정되어 심사강도가 완화된 심사기준을 적용하는 것이 허용된다고 보고 있는 것으로 이해된다.[55]

---

51) 헌법재판소 2020. 8. 28. 선고 2017헌바474 결정.

52) 납세의무는 국민의 기본적 의무로서 조세입법권은 입법부의 광범위한 재량에 위임되어 있지만 한편으로는 헌법에 의하여 조세입법권의 한계가 설정되어 있고 그 한계의 대표적인 헌법상의 원칙이 조세평등주의와 조세법률주의이다. 전자는 주로 재정목적의 조세에 대하여, 후자는 정책목적의 조세에 대하여 적용된다는 것이 일반적인 견해이다(양충모, "조세입법에 대한 사법심사 원리로서 비례원칙의 한계", 공법연구 제38집 제4호, 한국공법학회, 2010. 6., 184–185). 다만, 개별조세의 성격을 재정목적과 정책목적으로 뚜렷하게 구분하는 것이 쉽지 않다는 점에서 그 적용영역이 명확하게 구분된다고 보이지는 않는다.

53) 헌법재판소 2015. 12. 23. 선고 2013헌바117 결정.

54) 헌법재판소 2008. 7. 31. 선고 2007헌바13 결정.

55) 조세법 분야에서 헌법재판소가 혼인과 가정생활과 관련하여 위헌 판단을 한 사례를 보면, 헌법상 혼인의 보호에 관한 기본권이 침해되거나 인간의 존엄성을 실현하기 위한 수단인 1세대 1주택에 관한 것 등 인격적 권리가 침해된 경우가 많은데, 이는 헌법재판소가 인격적 권리를 경제적 권리보다 엄격하게 보호하고 있는 것으로 보인다(김영우, "조세입법에 있어서 고려해야 할 과잉금지원칙: 헌법재판소 판례분석을 중심으로", 인권과 정의 제394호, 대한변호사협회, 2009. 6., 182면).

나. 혼인의 보호의 평등권과 자유권: 혼인의 차별적 조세부담의 금지

헌법 제11조 제1항에 의한 평등의 원칙 또는 차별금지의 원칙의 조세법적 표현은 조세평등주의라고 할 수 있고 조세평등주의에 의한 차별금지도 통상 자의에 의한 차별의 금지를 말하므로 특정 기본권의 침해를 이유로 해당 조세법률을 엄격심사의 대상으로 삼지는 않는다. 하지만, 헌법 스스로 개별적으로 차별금지의 영역을 제시하여 입법자에게 준수하여야 할 지침을 특별히 요구하는 경우에는 엄격한 심사원칙이 적용되는바, 혼인과 가족생활의 보호는 헌법이 특별히 평등을 요청하고 있는 차별금지의 영역이므로 해당 조세법률에 대해서는 비례원칙에 따른 엄격한 위헌심사기준이 적용된다.

조세법률은 혼인한 자에게 납세의무를 부과하는 것 외에는 혼인생활 자체에 어떠한 명령이나 금지를 직접적으로 가하지 않으므로 헌법 제36조 제1항이 보장하는 혼인의 보호에 관한 기본권이나 이에 대한 제도보장에 관하여 조세법률이 어떠한 법적 영향을 미치지 아니한다. 그러나 헌법 제36조 제1항에서 도출되는 차별금지명령은 조세입법에서 조세부담의 증가라는 경제적 불이익을 통해서 혼인과 가족을 차별하는 것을 금지하므로 만약 조세법률이 혼인을 그 구성요건으로 삼아서 일정한 법적효과를 결부시키고자 한다면, 혼인한 자를 경제적으로 불리하게 차별취급해서는 안된다. 혼인공동체에 대한 조세입법의 차별적 취급은 혼인공동체의 구성을 금지하고 해체하는 유인을 제공하여 혼인의 자유도 침해하는 것이므로 헌법상 혼인의 보호에 따른 차별적 조세부담의 금지는 혼인의 보호의 평등권의 측면뿐만 아니라 자유권의 측면을 보장하는 것이기도 하다. 이러한 차별취급은 직접적으로 혼인한 부부 자체를 대상으로 하고 있는 경우뿐만 아니라 혼인으로 구성되는 세대나 가족에 대한 것도 포함된다고 해석함이 타당하다. 또한, 차별적 조세부담은 혼인공동체를 비혼공동체보다 중과세를 하는 것은 물론 혼인공동체에 대하여 차별적으로 비과세나 감면을 배제하는 것도 포함한다고 할 것이다. 독일 연방헌법재판소는 혼인과 가정에 대한 국가의 특별한 보호의무는 혼인공동체의 비혼공동체에 대한 차별대우를 금지하는 일종의 특별한 평등권에 관한 규정으로 보고 편부 내지 편모의 가정에 대해서만 양육비를 감면하는 소득세 규정은 평등권을 침해하였다고 판단하였다.[56]

---

56) BVerfGE 99, 216.

다. 혼인의 보호의 사회권: 혼인에 대한 적극적 조세지출의 지원

비혼과 저출산 시대에서는 사회국가적 원리에 입각한 국가의 적극적 지원이 중요하다. 비혼과 저출산은 경제적인 여건이 구비되지 않아 혼인과 출산의 시기를 늦추거나 부정적으로 대하는 남녀의 태도가 주요한 원인이다. 따라서 비혼과 저출산 문제에 대한 실효적인 대응은 사회국가원리에 입각한 경제적 지원을 통해 이루어지는 것이 바람직하고 혼인과 출산을 미루는 남녀에게는 경제적 지원이 문제해결의 열쇠로 작동할 수 있다.[57]

비혼과 저출산에 대한 대응의 차원에서 혼인의 보호를 위한 사회국가적 지원은 다양한 사회보장제도의 도입에서 출발할 것이지만 조세는 사회보장제도의 주요 재원일 뿐만 아니라 유효한 사회보장의 수단 내지 방법이 될 수 있다. 조세가 사회보장제도의 주요 재원을 마련하는 과정에서 혼인공동체에 대한 정책적인 조세감면 내지 조세지출을 통하여 보조금과 같이 간접적인 급부방식으로 기능할 수 있기 때문이다.[58] 혼인에 대한 적극적 조세지출 방식의 지원은 헌법상 혼인의 보호의 사회권적 성격에 근거한 것으로 비혼과 저출산 문제에 대응하기 위한 효과적인 대책이 될 수 있다.

라. 혼인의 보호와 과세단위의 설정문제

헌법상 혼인의 보호를 위한 차별적 조세부담의 금지와 적극적 조세지출의 지원은 혼인공동체에 대한 과세단위의 설정문제를 떼어 놓고 논의할 수는 없다. 조세는 납세자의 소득, 재산 및 소비의 담세력에 대하여 부과되는데, 과세단위란 납세의무를 부담하는 인적단위로서 과세단위의 설정은 납세의무를 누구에게 부담시킬 것인지를 정하는 문제이다. 혼인을 한 부부는 경제공동체를 구성하므로 그 혼인공동체에 대한 과세단위를 어떻게 파악하는지가 중요한데, 헌법상 혼인의 보호의 차별적 조세부담의 금지가 문제되고 과세단위는 적극적 조세지출의 지원이 행해지는 목표 대상이기도 하기 때문이다.

혼인공동체에 관한 과세단위의 설정은 개인단위주의, 부부단위주의 및 가족단위주의로 크게 구분된다. 먼저 개인단위주의는 개인을 과세단위로 삼는 것으로 혼인공동체에 대해서도 소득을 얻는 부부 개인을 각기 별도의 과세단위로 보는

---

57) 차진아, 앞의 헌법학연구 논문, 17면.
58) 차진아, 앞의 헌법학연구 논문, 18 - 19면.

것이다. 부부단위주의는 부부를 과세단위로, 가족단위주의는 부부와 그 자녀 또는 부부와 동거가족을 과세단위로 하는 방식이다. 부부단위주의나 가족단위주의를 택하는 경우에 합산소득이나 합산재산을 구성원별로 분할하는 경우와 분할하지 않는 경우가 있고, 분할하는 경우에도 균등하게 하는 경우와 균등하지 않게 하는 경우로 나뉜다.[59]

합산분할주의와 비분할주의는 누진세율 구조에서 의미가 있는데, 부부단위 합산비분할주의는 개인단위주의와 비교하여 과세대상금액이 커져 높은 누진세율이 적용되어 혼인공동체의 조세부담이 가중되는 혼인 페널티(marriage penalty)의 결과를 가져온다. 합산분할주의에 의하면 누진세율의 구조 하에서 부부 일방의 높은 소득은 부부 사이에 안분되어 평균적인 조세부담이 줄어들게 되므로 개인단위주의에 비하여 전체적인 조세부담이 감소하는 혼인 보너스(marriage bonus)가 생길 수 있다. 혼인의 보호 차원에서 합산비분할주의는 차별적 조세부담의 금지에 위배되므로 혼인공동체에 대한 과세단위의 설정문제는 개인단위주의와 부부단위 합산분할주의[60]가 그 비교대상이 된다. 나아가 헌법상 혼인의 보호의 적극적 조세지출의 지원과 관련해서는 개인단위주의보다는 조세혜택이 큰 부부단위 합산분할주의와 가족단위 합산분할주의[61]가 그 비교대상이 된다.

Ⅲ. 주택세제의 현황과 평가

1. 주택의 의미와 주택세제

가. 주택의 의미

주택은 사람의 거주와 활동을 위해 만들어진 건물로서 개인 또는 부부, 가족 등과 같은 사회 최소공동체의 사생활이 이루어지는 사적 공간이자 최후의 안식처이고, 개인은 자신이 거주하는 주택에서 최소한 인간다운 삶을 보장 받을 수 있고 그 공간에서 사생활의 비밀과 자유를 보호받고 스스로의 행복을 추구할 수 있다.[62] 혼인한 부부에게는 동거의무와 협력의무를 이행하는 장소이고 후손이

---

59) 김완석·이전오, "여성의 결혼·이혼·상속과 세제", 세무학연구 제22권 제1호, 한국세무학회, 2005. 3., 37면.
60) 편의상 '부부단위주의'라고도 한다.
61) 편의상 '가족단위주의'라고도 한다.

태어나고 그에 따라 구성되는 가족공동체의 삶의 터전이 되는 장소이다. 한편으로 주택은 혼인공동체의 중요한 투자재산의 성격도 가지므로[63] 주택은 가족 공동체의 재산증식이라는 부차적 기능도 수행한다.

주택에 관하여 헌법 제16조는 주거의 자유를 국민의 기본권으로 규정하고 있고, 헌법 제35조 제1항은 모든 국민은 건강하고 쾌적한 환경에서 생활할 권리를 가지고 국가와 국민은 환경보전을 위하여 노력하여야 한다고 규정하고 있으며 헌법 제35조 제3항은 국가는 주택 정책 등을 통하여 모든 국민이 쾌적한 주거생활을 할 수 있도록 노력하여야 한다고 규정하고 있다. 이는 국가에 대하여 가능한 한 최적의 주택생활을 보장하여야 할 의무를 부과하는 규정이다. 쾌적한 주거생활을 위해서 주택은 난방, 전기, 수도, 화장실 등과 같은 기본설비가 갖추어져 있어야 하고 또한, 국가는 가능한 범위에서 자가주택의 보유지원, 공동임대주택의 건설·보급, 임차인의 보호, 전세보증금과 월세의 지원 등의 조치도 강구하여 국민들이 쾌적한 주거생활을 할 수 있도록 노력하여야 한다.[64] 과거 주거에 대한 권리는 인간다운 생활을 할 수 있는 '최소한의 권리'의 측면이 강하였으나 현재는 '쾌적한 환경에서 생활할 권리'라는 환경권의 성격이 보다 중요해지고 있다.

주택은 주택법에서 주로 규율하고 있다. 주택법은 주택이란 세대의 구성원이 장기간 독립적 주거생활을 할 수 있는 구조로 된 건축물의 전부 또는 일부 및 그 부속토지를 말한다고 규정하고 있다.[65] 주택은 단독주택과 공동주택으로 구분되는데, 단독주택이란 1세대가 하나의 건축물 안에서 독립된 주거생활을 할 수 있는 구조로 된 주택을 말하며 공동주택이란 건축물의 벽·복도·계단이나 그 밖의 설비 등의 전부 또는 일부를 공동으로 사용하는 각 세대가 하나의 건축물 안에서 각각 독립된 주거생활을 할 수 있는 구조로 된 주택을 말하고 단독주택과 공동주택의 종류와 범위는 대통령령으로 규정한다.[66] 또한, 준주택은 주택 외의 건축물과 그 부속토지로서 주거시설로 이용 가능한 시설을 말하며 그 범위와 종

---

62) 이동식·황헌순·전세진, "주거용 주택에 대한 취득·재산세 차등과세방안", 지방자치법연구 제15권 제3호, 한국지방자치법학회, 2015. 9., 44-45면.

63) 2019. 3.말 기준 가계가 보유하는 자산의 75% 이상이 부동산 등 실물자산이고 주택이 가장 큰 부분을 차지한다(통계청, 2019년 가계금융복지조사결과 보도자료, 2019. 12. 17., 9면).

64) 김문현·김주환·임지봉·정태호, 기본권 영역별 위헌심사의 기준과 방법, 헌법재판소, 2008, 452-453면.

65) 주택법 제2조 제1호.

66) 주택법 제2조 제2호, 제3호.

류는 대통령령으로 정한다.[67] 대표적으로 오피스텔이 준주택에 해당한다.

나. 주택세제의 성격 및 세대 기준의 차별적 취급

(1) 주택세제의 성격

주택은 재산적 가치가 있는 재산이고 세법상 그 취득, 보유 및 양도가 모두 과세대상이 된다. 주택세제는 주택의 취득, 보유 및 양도 단계에서 과세되는 세제로서 주택의 취득에 대해서는 취득자에게 취득세 등이 과세되고, 주택의 보유에 대해서는 보유자에게 재산세와 종합부동산세 등이 부과되며, 주택을 양도하는 경우 양도자에게는 양도소득세 등이 과세된다. 거래단계별로 주택취득세제, 주택보유세제 및 주택양도세제(이하 총칭하여 '개별주택세제'라고 한다)[68]로 구분할 수 있다.[69] 주택을 매수하여 보유하다가 매각하는 전형적 사례에서 시간적 순서에 따라 개인이 부담하게 되는 취득세, 재산세(종합부동산세) 및 양도소득세가 그 대표적 세목이다.[70]

주택의 거래에 대해서는 다양한 조세부담이 지워지지만 주택은 다른 부동산과는 달리 국민의 인간다운 생활을 실현하기 위한 필수적인 재화라는 점에서 다른 재산과 그 과세상의 차이를 둘 필요가 있다. 헌법재판소도 택지 내지 주택 등 재산권에 대하여 개인의 인격 실현과 관련하여 특별한 의미와 보호 필요성을 강조하였는데, 택지는 소유자의 주거장소로서 그의 행복추구권 및 인간의 존엄성의 실현에 불가결하고 중대한 의미를 가지는 경우에는 단순히 부동산 투기의 대상이 되는 경우와는 헌법적으로 달리 평가되어야 한다고 하였고,[71] 주거용 주택에 대해서는 종합부동산세를 과세함에 있어서도 그 보유의 동기나 기간, 조세지불능력 등과 같이 정책적 과세의 필요성 및 주거생활에 영향을 미치는 정황 등을 고려하여 납세의무자의 예외를 두거나 과세표준 또는 세율을 조정하여 납세의무를 감면하는 등의 과세 예외조항이나 조정장치를 두는 등 차별적 과세가 필요하다

---

67) 주택법 제2조 제4호.

68) 주택취득세제와 주택보유세제는 재산의 취득과 보유에 관한 세제이므로 세법상 재산세제의 하나로, 주택양도세제는 재산의 양도에 따른 소득에 관한 세제이므로 소득세제의 하나로 분류된다.

69) 주택취득세제에서는 취득거래에 대하여 부과되는 취득세가 대표적이고, 상속세와 증여세는 전형적인 주택거래의 형태가 아니므로 주택취득세제에서의 별도 논의는 생략한다.

70) 주택 취득단계에서는 그 거래대상 및 형태 등에 따라 상속세, 증여세, 인지세, 농어촌특별세, 지방교육세가, 주택 보유단계에서는 지역자원시설세, 농어촌특별세, 지방교육세가 추가로 부과될 수 있다.

71) 헌법재판소 1999. 4. 29. 선고 94헌바37 등 결정.

고 판시하였다.[72]

주택의 이러한 특수성 때문에 주택세제에서도 주택의 취득, 보유 및 양도단계에서 주택에 대하여 우호적으로 배려하는 규정이 존재하지만[73] 그동안 우리나라에서는 주택세제가 주로 부동산 투기를 막기 위한 정책수단으로서 일정한 요건에 해당하는 납세자의 행위를 제재하는 조세중과장치로 적극 활용되어 왔다.[74] 주택의 구성요소인 토지는 유한성, 고정성, 비대체성을 가지고 있는 생산의 근원적 기초이고 그러한 토지의 공적 성격에 기반하여 토지에 대해서는 일반적인 사적 재산권보다 강화된 공적인 제약이 인정될 수 있다[75]는 생각에 기반을 두었다.[76] 주택에 대해서도 토지보다는 덜하지만 무한정 공급은 어렵고, 주택은 생활의 필수적인 공공재이므로 국가의 주택시장에 대한 적극적 개입의 정당성이 부여된다는 전제에서[77] 정책적 조세로서 주택세제를 폭넓게 이용하여 온 것이다.[78]

취득세는 일제 강점기인 1926년 부동산 취득세로 도입되어 부동산 수요를 조절하기 위한 조세정책 목적에서 완만하게 사용되어 왔는데, 2020. 8. 12. 다주택자의 취득에 대한 세율을 12%까지 대폭 인상하는 지방세법 개정안을 전격 도입하여 바로 시행하였고, 그 결과 12% 취득세율에 지방교육세 0.3[79]% 및 농어촌특별세 0.2%[80]가 추가되어 최대 12.5%의 세율이 적용될 수 있다. 종합부동산세

---

72) 헌법재판소 2008. 11. 13. 선고 2006헌바112 등 결정.

73) 상속세제에서도 1세대 1주택인 동거주택에 대한 상속공제제도를 두고 있다(상속세 및 증여세법 제23조의2).

74) 주택세제 중 종합부동산세는 부채를 공제하지 않으므로 순부유세가 아니라 조부유세적 성격이 있다고 한다(정회근·신평우, "조부유세로서 종합부동산세제에 대한 법률적 검토", 토지공법연구 제61집, 한국토지공법학회, 2013. 5., 139면).

75) 김남진, "토지공개념의 사상적 기초", 사법행정 제32권 제11호, 한국사법행정학회, 1991, 6－11면.

76) 이에 대해 헌법재판소는 주택은 토지와는 달리 개발정책을 통하여 그 공급을 보다 유연하게 할 수 있다는 점에서 주택에 대한 조정과 강도는 토지와 동일시해서는 안된다고 판시하고 있다(헌법재판소 2008. 11. 13. 선고 2006헌바112 등 결정).

77) 여경수, "헌법상 주택공개념에 관한 연구", 법학논총 제22집 제2호, 조선대학교 법학연구원, 2015. 8., 318－319면.

78) 조세의 정책적 기능에 대하여 헌법재판소도 현대에 있어 조세의 기능은 국가재정 수요의 충당이라는 고전적이고도 소극적인 목표에서 한걸음 더 나아가 국민의 공동의 목표로 삼고 있는 일정한 방향으로 국가사회를 유도하고 그러한 상태를 형성한다는 보다 적극적인 목적으로 가지고 부과되는 것이 오히려 일반적인 경향이 되었다고 판시하고 있다(헌법재판소 2003. 12. 18. 선고 2002헌바16 등 결정).

79) 지방세법 제151조 제1항 제1호.

80) 농어촌특별세법 제5조 제1항 제6호.

는 2005년 주택과 토지의 인별합산방식으로 도입되어 주택보유세제의 핵심적 기능을 수행하여 왔는데, 7·10 부동산대책에서 다주택자에 대해 최대 6%로 세율을 인상하였고, 위 개정 규정은 2020. 8. 18. 도입되어 2021. 1. 1.부터 시행된다. 다주택자는 농어촌특별세 1.2%[81]를 추가로 부담하여 최대 7.2%의 세율이 적용될 수 있다. 양도소득세는 1967년 부동산투기억제세라는 이름으로 도입된 후 1975년 양도소득세로 개명된 다음 부동산 투기 방지를 위한 대표적 수단으로 활용되고 있는데, 다주택자에 대해서는 기본세율에 추가되는 최대 30%의 중과세율이 2020. 8. 18. 도입되어 2021. 6. 2. 양도분부터 적용된다. 다주택자에 대해서는 2021년부터는 양도소득세 최고 기본세율 45%에 위 중과세율 30%가 추가되고 지방소득세율 7.5%[82]가 가산되어 최대 82.5%의 세율이 적용될 수 있다.[83] 그동안 주택세제는 다주택의 보유를 제재하기 위하여 주택의 취득과 보유 및 양도의 3단계에서 중과세를 해 왔는데, 7·10 부동산대책에서는 취득단계 최대 13.4%, 보유단계 매년 최대 7.2%, 양도단계 최대 82.5%의 세율을 적용하는 것으로 유래 없이 과중한 조세부담을 다주택자에게 지워 정책적 조세로서의 성격이 한층 강화되었다.

(2) 세대 기준의 차별적 취급과 그 과세방식

주택세제는 다른 세제와 마찬가지로 개인단위주의를 택하고 있지만 세대나 가구를 기준으로 그 세대 등이 보유하는 주택 수에 따라 비과세 또는 중과세하고 있다는 점에서 다른 세제와 크게 구별된다. 세대는 부부와 그 가족으로 구성되는 집단으로 1세대가 되기 위해서는 배우자가 있어야 한다. 헌법재판소는 1세대 1주택 비과세와 관련하여 생계를 같이 하는 1세대를 기준으로 한 것은 세대별로 주택이 사용되어지고 세대의 개념상 1주택을 넘는 주택은 일시적 1세대 2주택 등의 예외를 제외하고는 보유자의 주거용으로 사용되지 않을 개연성이 높은 점을 고려한 것이며 주택이 다른 재산권과 구별되는 특성을 고려하여 오로지 보유 주택수를 제한하고자 세대를 주택 양도소득의 과세단위로 규정하고 있다고 판시하여[84] 세대를 기준으로 하는 과세는 생활실태에 부합하므로 그 자체를 고려하는 것은 적절하다는 취지이다.

---

81) 농어촌특별세법 제5조 제1항 제8호.
82) 지방세법 제103조의3 제1항 제1호, 제92조 제1항.
83) http://www.opinionnews.co.kr/news/articleView.html?idxno=43920 (2020. 12. 8. 방문).
84) 헌법재판소 2011. 11. 24. 선고 2009헌바146 결정.

주택세제에 있어서 세대별 주택 보유수에 따른 차별취급의 방식은 개별 주택세제별로 차이가 있다. 일반적으로 납세의무자의 납세의무는 과세표준에 세율을 곱하여 산출세액이 산정되고 그 산출세액에서 세액공제나 세부담 상한율 등이 적용되어 납부세액이 결정되며, 과세표준을 산정하는 경우에도 소득공제 등이 행해진다. 주택세제에서의 차별적 취급방식은 크게 세 가지로 구분되는데, 첫째는 과세표준을 확대하는 방법이다. 세대별 합산과세를 하는 경우에는 세대의 과세표준이 합산되어 자동적으로 높은 세부담을 지게 된다. 이는 과세단위를 개인단위주의에서 부부단위주의나 가족단위주의로 변경하고 비분할주의를 택하는 것을 의미한다. 종전의 종합부동산세 세대별합산과세방식이 그 예이다. 둘째는 세율을 올리는 방법이다. 세대별 다주택 등의 일정한 요건을 충족하면 별도의 중과세율을 적용하는 방법이다. 개인단위주의를 택하면서 납세의무자 개인이 아닌 세대원의 사정을 고려하여 세율 적용을 달리 하는 것이다. 과세표준을 2배로 확대하는 대신 세율을 2배로 올리면 사실상 합산과세의 효과를 가져올 수 있다. 셋째는 비과세나 공제를 제한하는 방법이다. 다주택자에 대해서 비과세를 적용하지 않거나 다주택자나 1주택자라도 거주요건 등을 갖추지 못한 경우에 과세표준이나 납부세액 계산단계에서 적용되는 소득공제나 세액공제를 허용하지 않는 방식이다. 다주택자에 대해 세부담상한을 올리는 방식도 여기에 포함될 수 있다. 개인단위주의 하에서 마찬가지로 세대원의 사정을 고려하여 비과세나 공제를 제한하는 것으로 사실상 부부단위 합산과세의 효과가 있다. 주택세제는 개인단위주의를 택하고 있으므로 주택에 대한 차별적 취급은 개별주택세제에서 세가지 방식 중 둘째와 셋째 방식이 사용되고 있는데 개별 주택세제별로 다소 차이가 있다.

2. 주택취득세제

가. 취득세

취득세는 부동산, 차량, 기계장비, 항공기, 선박 등을 취득한 자에게 부과된다.[85] 부동산이란 토지[86]와 건축물을 말하고[87] 건축물에는 건축법 제2조 제1항 제2호에 따른 건축물이 포함된다.[88] 건축법 제2조 제1항 제2호는 건축물이란 토

---

85) 지방세법 제7조.
86) 토지란 공간정보의 구축 및 관리 등에 관한 법률에 따라 지적공부의 등록대상이 되는 토지와 그 밖에 사용되고 있는 사실상 토지를 말한다(지방세법 제6조 제3호).
87) 지방세법 제6조 제2호.

지에 정착하는 공작물 중 지붕과 기둥 또는 벽이 있는 것과 이에 딸린 시설물, 지하나 고가의 공작물에 설치하는 사무소, 공연장, 점포, 차고, 창고, 그 밖에 대통령령으로 정하는 것을 말한다고 규정하고 있고[88] 같은 법 시행령 별표 1에서 건축물을 용도에 따라 단독주택, 공동주택, 제1종 근린생활시설, 제2종 근린생활시설 등으로 구분하고 있다. 취득세제에서는 주택에 대한 별도의 정의규정을 두고 있지 않아 건축법에서 정하는 주택[90]이 취득세 과세대상이 되는데 건축법은 건축물의 용도에 따라 주택을 단독주택과 공동주택으로 구분하고 있으므로 건축물 대장상의 용도가 부과기준이 된다. 건축법상 공동주택과 단독주택에 대해서는 주택법이 단독주택과 공동주택으로 구분하여 정의하고 있는데, 주택법상 주택은 건축물과 부속토지를 포함하는 개념이고, 주택보유세제나 주택양도세제도 모두 같은 주택개념을 사용하므로 취득세의 과세대상도 주택법상 주택과 동일한 개념으로 파악하는 것이 타당하다. 결국 취득세제는 취득세의 과세대상인 주택에 관하여 주택법의 주택개념을 차용하고 있다고 볼 수 있다.[91]

취득세 납세의무자는 주택을 취득한 자이므로[92] 개인단위주의에 의하여 과세된다. 납세의무자는 취득일로부터 60일 이내에 해당 주택 소재지를 관할하는 지방자치단체에 취득세 및 그에 부수하는 농어촌특별세와 지방교육세를 납부하여야 한다.[93] 취득세의 과세표준은 취득 당시의 가액으로 하고, 취득 당시의 가액은 취득자가 신고한 가액으로 하되 신고를 하지 아니하거나 신고한 금액이 시가표준액에 미달 또는 신고가액의 표시가 없는 때에는 시가표준액으로 계산한다.[94]

주택의 표준취득세율은 취득 당시 가액이 6억 원 이하면 1%, 취득 당시 가액이 9억 원을 초과하면 3%, 6억 원을 초과하고 9억 원 이하이면 1%와 3% 사이에서 법정 산식에 의하여 취득 당시 가액에 비례한 세율이 적용된다.[95] 주택이 아닌 건축물을 유상으로 취득하는 경우에는 일률적으로 4%의 세율을 적용하고

---

88) 지방세법 제6조 제4호.
89) 건축법 제2조 제1항 제2호.
90) 건축법이 정하는 주택은 건축물로서의 주택이므로 엄밀히 보면 그 부속토지는 제외된다.
91) 이동식 외 2, 앞의 논문, 53면.
92) 지방세법 제7조 제1항.
93) 지방세법 제20조 제1항.
94) 지방세법 제10조.
95) 지방세법 제11조 제1항 제8호.

있는 반면,[96] 주택의 경우에는 기본적으로 취득가액을 기준으로 1%~3%의 세율을 적용하여 그 부담을 덜어 주고 있다. 이에 더하여 1가구 1주택자의 상속으로 인한 취득, 생애최초 취득의 경우 등에는 특례세율이 적용된다. 한편, 주택의 무상취득은 상속은 2.8%, 증여는 3.5%의 표준세율이 적용된다.[97]

주택의 과세표준과 세율이 정해지면 주택분 취득세는 다음의 산식에 의하여 계산된다.

과세표준*×세율(표준세율, 중과기준세율, 특례세율)
* 취득자의 신고가액이나 시가표준액 중 큰 금액

나. 주택에 대한 차등적 과세

(1) 세대와 가구의 정의

취득세제에서는 종전에는 세대 기준이 제한적으로 사용되었으나 7·10 부동산대책에 의하여 세대 기준이 전면 도입되었다. 주택취득세제는 세대를 기준으로 중과하는 경우와 가구를 기준으로 감면하는 경우가 있다. 지방세법은 세대에 관하여 별도의 정의규정을 두고 있는데,[98] 1세대란 주택을 취득하는 사람과 주민등록법 제7조에 따른 세대별 주민등록표 또는 등록외국인기록표 및 외국인등록표(이하 '주민등록표 등'이라고 한다)에 함께 기재되어 있는 가족(동거인은 제외한다)으로 구성된 세대를 말하며 주택을 취득하는 사람의 배우자[사실혼은 제외하며(이하 '사실혼 규정'이라고 한다), 법률상 이혼을 했으나 생계를 같이 하는 등 사실상 이혼한 것

---

96) 지방세법 제11조 제1항 제7호 나목.

97) 지방세법 제11조 제1항 제1호 나목, 제2호.

98) 구 지방세법(2020. 8. 12. 법률 제17473호로 일부 개정되기 전의 것) 제11조 제4항 제2호는 대통령령으로 정하는 1세대 4주택 이상에 해당하는 주택을 취득하는 경우에는 1%~3%의 주택 유상거래 특례세율을 적용하지 않고 4% 일반세율을 적용하는 것으로 규정하고 있었고 구 지방세법 시행령(2020. 8. 12. 대통령령 제30939호로 개정되기 전의 것) 제22조의2는 제1항에서 대통령령으로 정하는 1세대 4주택 이상에 해당하는 주택이란 국내에 주택을 3개 이상 소유하고 있는 1세대가 추가로 취득하는 모든 주택을 말한다고 하면서 제2항에서는 제1항을 적용할 때 1세대란 주택을 취득하는 자와 주민등록법 제7조에 따른 세대별 주민등록표 또는 출입국 관리법 제34조 제1항에 따른 등록외국인기록표 및 외국인등록표에 함께 기재되어 있는 가족으로 구성된 세대를 말하고, 다만 주택을 취득하는 자의 배우자, 미혼인 30세 미만의 직계비속 또는 부모(주택을 취득하는 자가 미혼이고 30세 미만인 경우로 한정한다)는 주택을 취득하는 자와 같은 세대별 주민등록표 또는 등록외국인기록표 등에 기재되어 있지 않더라도 1세대에 속한 것으로 본다고 규정하고 있었다. 위 규정은 세대를 기준으로 한 전면적인 취득세 중과규정이 마련되면서 신설된 세대 정의 규정으로 기본적인 내용을 유지한 채 이관되었다.

으로 보기 어려운 사람을 포함한다(이하 '가장이혼 규정'이라고 한다)], 취득일 현재 미혼인 30세 미만의 자녀 또는 주택 취득자가 미혼이고 30세 미만인 경우에는 그의 부모는 주택을 취득하는 사람과 같은 주민등록표 등에 기재되어 있지 않더라도 1세대에 속한 것으로 간주한다.[99]

다만, 예외적으로 별도 세대로 보는 경우도 있는데, 첫째, 부모와 같은 주민등록표에 기재되어 있지 않고 30세 미만의 미성년이 아닌 자녀가 소득세법 제4조에 따른 소득이 국민기초생활 보장법 제2조 제11호에 따른 기준 중위소득의 40% 이상이고[100] 소유하고 있는 주택을 관리 · 유지하면서 독립된 생계를 유지할 수 있는 경우(이하 '독립생계 요건'이라고 한다), 둘째, 취득일 현재 어느 한쪽이 65세 이상인 부모를 동거봉양하기 위하여 30세 이상의 자녀, 혼인한 자녀 또는 독립생계 요건을 충족하는 성년인 자녀가 합가한 경우(이하 '동거봉양 요건'이라고 한다), 셋째, 취학 또는 근무상 형편 등으로 세대전원이 90일 이상 출국하는 경우로서 해당 세대가 출국 후에 속할 거주지를 다른 가족의 주소로 신고한 경우(이하 '출국 요건'이라고 한다)이다.[101]

취득세는 1세대 외에 특례세율의 적용과 관련하여 1가구에 대한 정의규정도 별도로 두고 있다. 우선, 상속으로 인한 취득과 서민주택 취득의 특례세율의 적용과 관련하여 1가구란 상속인(주민등록법 제6조 제1항 제3호에 따른 재외국민은 제외한다)과 주민등록표에 함께 기재되어 있는 가족(동거인은 제외한다)으로 구성되고 상속인의 배우자, 상속인의 미혼 30세 미만의 직계비속 또는 상속인이 미혼이고 30세 미만인 경우 그 부모는 주민등록표에 기재되어 있지 아니하더라도 같은 가구에 속한 것으로 본다고 세대와 유사하게 규정하고 있다.[102]

생애 최초 취득의 취득세 감면과 관련하여도 1가구를 별도 규정하고 있는데, 1가구란 주택 취득일 현재 주민등록표 등에 기재되어 있는 세대주 및 그 세대원을 말한다고 하면서 동거인은 제외하고 세대주의 배우자는 세대별 주민등록표에 기재되어 있지 않더라도 같은 가구에 속한다고 규정하고 있다.[103] 앞의 두 경우와는 달리 세대분리한 미혼의 30세 미만 자녀와 취득자가 미혼의 30세 미만의

---

99) 지방세법 시행령 제28조의3 제1항.
100) 2020년 1인가구 중위소득은 월 1,757,194원이고 그 40%는 월 702,877원이다(보건복지부고시 제2019−173호 2020년 기준 중위소득 및 생계·의료급여 선정기준과 최저보장수준).
101) 지방세법 시행령 제28조의 3 제2항.
102) 지방세법 시행령 제29조 제1항, 지방세특례제한법 시행령 제15조 제3항.
103) 지방세특례제한법 제36조의3 제1항.

경우 그의 부모는 포함되지 않는다.

1가구의 개념은 통일적인 정의 규정을 두는 대신에 개별 조항의 적용과 관련하여 그 때마다 각기 다소 다른 정의규정을 별도로 두고 있고, 생계 여부를 따지는 1세대의 개념과는 달리 세대별 주민등록표의 기재에 따라 판단하고 있어 형식적인 면이 강하다.[104] 세대의 경우에는 동일 세대에 있더라도 예외적으로 별도 세대로 보는 규정이 있는 반면 가구의 경우에는 그와 같은 규정이 없다. 부부는 모든 경우에 주민등록표에 기재되어 있지 않더라도 동일 세대와 가구로 본다. 주택취득세제에서는 가족에 대한 별도의 정의규정을 두고 있지 않으나 주택보유세제와 주택양도세제의 가족의 개념과 동일하다고 할 것이다.

(2) 1주택의 경우

(가) 상속으로 인한 취득

무주택자의 상속으로 인한 1가구 1주택 취득의 경우에 일정한 요건을 구비하면 주택에 적용되는 상속 취득세율 2.8%에서 중과기준세율 2%를 뺀 0.8%의 세율이 적용된다.[105] 1가구가 국내에 소유하는 1개의 지방세법 제11조 제1항 제8호에 따른 주택과 그 부속토지를 취득하는 경우를 말하고, 지방세법 시행령 제28조 제4항에 따른 고급주택은 제외된다.[106] 지방세법 제11조 제1항 제8호의 주택이란 대체로 주택법 제2조 제1호에 따른 주택을, 지방세법 시행령 제28조 제4항의 고급주택이란 대체로 취득 당시의 시가표준액이 6억 원을 초과하는 경우로서 일정 면적을 초과하거나 수영장, 엘리베이터, 에스컬레이터가 설치된 주택을 말한다.

(나) 서민주택의 취득

상시 거주할 목적으로 대통령령이 정하는 서민주택을 취득하여 대통령령이 정하는 1가구 1주택에 해당하는 경우에는 취득세를 2021. 12. 31.까지 한시적으로 면제한다.[107] 상시 거주란 주민등록법에 따른 전입신고를 하고 계속하여 거주

---

104) 대법원은 세대와 가구의 구별에 관하여, 소득세법은 1가구와 달리 1세대라는 용어를 사용하고 있고 1세대를 거주자 및 그 배우자가 그들과 동일한 주소 또는 거소에서 생계를 같이 하는 가족과 함께 구성하는 1세대라고 규정하고 있으므로 1가구와 1세대는 다른 용어이어서 1가구를 동일 세대에서 생계를 같이 하는 가족으로 축소해석할 수는 없고 법 문언대로 세대별 주민등록표에 기재되어 있는 세대주와 그 가족으로 엄격하게 해석하여야 한다고 판시하였다(대법원 2015. 1. 15. 선고 2014두42377 판결).
105) 지방세법 제15조 제1항 제2호 가목.
106) 지방세법 시행령 제29조 제1항.
107) 지방세특례제한법 제33조 제2항.

하는 것을 말한다. 대통령령이 정하는 서민주택이란 대체로 연면적 또는 전용면적이 40제곱미터 이하인 주택으로서 취득가액이 1억 원 미만인 것을 말한다.[108] 서민주택의 취득이더라도 상속이나 증여로 인한 취득 및 원시취득의 경우는 제외한다. 1가구 1주택에는 해당 주택을 취득한 날부터 60일 이내에 종전 주택을 증여 외의 사유로 매각하여 1가구 1주택이 되는 경우를 포함하여 일정한 일시적 2주택자의 경우에도 혜택을 주고 있다.

(다) 신혼부부의 생애 최초취득

신혼부부의 생애 최초의 주택취득에 대하여도 취득세의 50%를 한시적으로 감면한다. 혼인한 날(가족관계의 등록 등에 관한 법률에 따른 혼인신고일을 기준으로 한다)부터 5년 이내인 사람과 주택취득일로부터 3개월 이내에 혼인할 예정인 사람(신혼부부)으로서 주택 취득일 현재 본인과 배우자 모두 주택 소유사실이 없고, 신혼부부의 합산소득이 7천만 원(홑벌이 가구는 5천만 원)을 초과하지 않으며, 취득가액이 3억 원(수도권은 4억 원) 이하이고 전용면적이 60제곱미터 이하라는 요건을 갖춘 사람이 거주 목적으로 주택을 유상 취득한 경우에는 취득세의 50%를 2020. 12. 31.까지 경감한다.[109] 위 취득세 경감규정은 부부의 합산소득을 고려한다는 점이 특이하다.[110]

(라) 일반인의 생애 최초의 취득

신혼부부가 아니더라도 생애 최초의 주택취득의 경우에 일정한 요건을 갖추면 취득세의 감면을 허용한다.[111] 구체적으로 주민등록표에 등재된 세대원 모두가 주택을 소유한 사실이 없는 경우이고, 주택의 범위는 주택법상 단독주택 또는 공동주택이며 주택을 취득하는 자와 그 배우자의 소득이 7천만 원 이하이면, 생애 최초로 구입한 1.5억 원 이하의 주택에 대해서는 취득세를 전액 면제하고, 1.5억 원 초과 3억 원(수도권은 4억 원) 이하의 주택에 대해서는 취득세 50%를 감경한다. 그 적용시기는 2021. 12. 31.까지이다. 감면대상자, 주택면적, 감면율, 소득기준이 신혼부부에 대한 것보다 확대되었다.

---

108) 지방세특례제한법 시행령 제15조 제2항.
109) 지방세특례제한법 제36조의2 제1항.
110) 박훈, "세대(世帶) 관점에서 바라 본 부동산 관련 취득세, 재산세, 지방소득세의 합리적 과세단위 개선방안", 지방세논집 제7권 제2호, 한국지방세학회, 2020. 8., 119면.
111) 지방세특례제한법 제36조의3 제1항.

(3) 다주택의 경우

1세대가 주택을 취득하여 2주택이 되는 경우 비조정대상지역은 취득세율이 1%~3%이지만 조정대상지역은 8%의 취득세율이 적용되고, 3주택이 되는 경우 비조정대상지역은 8%, 조정대상지역은 12%의 취득세율이 적용된다. 4주택 이상이 되는 경우와 법인의 주택취득에 대해서는 모두 12%의 취득세율을 적용 받게된다.[112] 증여 취득세율도 종전 3.5%에서 인상되어 조정대상지역 내 3억 원 이상 주택을 증여받는 경우에는 12% 취득세율의 적용을 받는데, 다만, 1세대 1주택자가 소유한 주택을 배우자 또는 직계존비속이 무상취득하는 등 대통령령이 정하는 경우에는 예외로 한다.[113] 다주택자가 증여를 통하여 조세부담을 줄이는 시도를 차단하기 위한 측면이 있다.

다주택 여부를 판정하기 위한 주택 수의 판단규정도 두고 있는데, 신탁법에 따라 신탁된 주식은 위탁자의 주택수에 가산하고, 조합원 입주권은 해당 주택이 멸실된 경우에도 조합원 입주권 소유자의 주택수에 가산하며, 주택 분양권도 해당 분양권 소유자의 주택수에 가산하고 주택으로 재산세가 과세되는 오피스텔은 해당 오피스텔 소유자의 주택수에 가산한다.[114] 공공성이 높거나 주택공급사업을 위해 필요한 경우 등 투기로 보기 어려운 주택 취득의 경우 주택수 합산에서 제외한다.[115] 이사·학업·취업 등으로 인해 일시적으로 2주택이 되는 경우 1주택 세율을 적용받을 수 있는 기준을 규정하고 있는데, 1주택을 소유한 1세대가 다른 1주택을 추가로 취득한 경우 종전 주택을 3년(다만, 종전 주택과 신규주택이 모두 조정대상지역 내에 있는 경우에는 1년) 내에 처분할 경우 신규주택은 1주택 세율을 적용받게 된다.[116] 다만, 기간 내에 종전 주택을 처분하지 않으면 추후 차액이 추징된다.

---

112) 지방세법 제13조의2 제1항 제2호, 제3호.
113) 지방세법 제13조의2 제2항, 지방세법 시행령 제28조의6.
114) 지방세법 제13조의3.
115) 지방세법 시행령 제28조의4 제5항.
116) 지방세법 시행령 제28조의5 제1항.

3. 주택보유세제

가. 재산세와 종합부동산세

(1) 재산세

주택보유세제의 세목으로는 재산세와 종합부동산세가 있다. 재산세는 토지, 건축물, 주택, 항공기 및 선박을 그 과세대상으로 한다.[117] 취득세는 부동산을 토지 및 건축물로 2분하고 있으나 재산세는 토지, 건축물 및 주택으로 3분하여 과세하고 있다. 주택보유세제는 취득세와 달리 주택을 건축물과 구분하여 별도로 정의하고 있는데, 주택은 주택법 제2조 제1호에 따른 주택으로서 토지와 건축물의 범위에서 주택은 제외된다고 규정한다.[118] 주택보유세제에서는 토지와 건축물중 주거용 건축물과 그 부속토지를 별도로 떼내어 주택으로 분명하게 규정하고 있다는 점에서 주택취득세제와 차이가 있다.

재산세 납세의무자는 개인으로 재산세 과세기준일 현재 재산을 사실상 소유하고 있는 자[119]이다. 재산세는 세대단위주의가 따로 도입되어 있지 않고 개인단위주의가 관철되고 있다. 매년 6월 1일 현재 주택을 사실상 보유하는 자는 주택분 재산세의 50%는 7월에, 나머지 50%는 9월에 당해 주택의 소재지를 관할하는 지방자치단체에 납부하여야 한다.[120] 주택분 재산세는 1개 물건별로 개별과세한다. 주택분 재산세는 주택과 부속토지를 과세대상으로 하며 주택공시가격이 시가표준액이다. 재산세 과세표준은 지방세법 제4조 제1항 및 제2항의 규정에 의한 시가표준액에 부동산 시장의 동향과 지방재정 여건 등을 고려하여 시가표준액의 40%부터 80%의 범위에서 대통령령이 정하는 공정시장가액비율을 곱하여 계산한다.[121] 2020년 현재 대통령령으로 정하는 공정시장가액비율은 90%이고, 매년 5%씩 인상되어 2022년에는 100%가 될 예정이다. 반면, 토지 및 건축물은 주택보다 10% 정도 반영율을 높여 시가표준액의 50%부터 90%까지의 범위에서 대통령령이 정하는 공정시장가액 비율을 곱하여 산출한다.

재산세율은 과세표준이 6천만 원 이하의 주택은 0.1%의 저율과세를 한다.

---

117) 지방세법 제105조.
118) 지방세법 제104조 제3호.
119) 지방세법 제107조 제1항.
120) 지방세법 제108조, 제114조, 제115조 제1항 제3호.
121) 지방세법 제110조.

0.07%로 저율분리과세를 하는 전, 답, 과수원, 목장용지 및 임야를 제외한 다른 재산보다 세율면에서 유리한 취급을 받고 있다. 과세표준이 6천만 원 초과 1억5천만 원 이하인 주택은 초과분에 대해서 0.15%의 세율이, 1억5천만 원 초과 3억 원 이하의 주택의 경우는 초과분에 대하여 0.25%의 세율이 적용된다. 과세표준 3억 원을 초과하는 주택에 대해서는 초과분에 대해서 0.4%의 세율이 적용된다.[122] 주택이 아닌 건축물에 대해서는 0.25%의 세율이 적용되는 것[123]과 차이가 있다.

주택의 재산세 과세표준과 세율이 정해지면 재산세는 다음의 산식에 의하여 계산된다.

과세표준*×세율(표준세율 또는 중과세율)
* 시가표준액×공정시장가액비율

---

(2) 종합부동산세

주택은 종합부동산세 과세대상이다. 종합부동산세법도 주택의 정의 규정을 두고 있는데, 주택이라 함은 지방세법 제104조 제3호의 주택을 말한다고 하면서 지방세법 제13조 제5항 제1호에 따른 별장은 제외한다고 규정한다.[124] 지방세법 제104조 제3호의 주택이란 재산세 과세대상이 되는 주택이다. 지방세법 제13조 제5항 제1호는 별장이란 주거용 건축물로서 늘 주거용으로 사용하지 아니하고 휴양·피서·놀이 등의 용도로 사용하는 건축물과 그 부속토지를 말한다고 규정하고 있다. 별장은 재산세가 4%로 고율분리과세[125]가 되기 때문이다. 따라서 종합부동산세의 과세대상 주택은 별장을 제외하고는 재산세의 과세대상 주택과 같다.

종합부동산세도 개인단위주의를 채택하고 있는데, 납세의무자는 과세기준일인 매년 6월 1일 주택분 재산세의 납세의무자로서 국내에 있는 재산세 과세대상 주택의 공시가격을 합산한 금액이 6억 원을 초과한 자이다. 다만, 임대주택, 사원용주택 및 주택건설사업자의 미분양주택 등은 과세표준 합산대상에서 제외된

---

122) 지방세법 제111조 제1항 제3호.
123) 지방세법 제111조 제1항 제2호 다목.
124) 종합부동산세법 제2조 제3호.
125) 지방세법 제111조 제1항 제2호 가목.

다.126) 주택에 대한 종합부동산세 과세표준은 건물 및 부속토지를 통합하여 평가한 공시가격을 기준으로 인별로 전국합산한 후 일정금액(6억 원 또는 1세대 1주택의 경우 9억 원)을 공제한 금액에 공정시장가액비율을 곱하여 산정한다.127) 종합부동산세 과세표준은 위 공제금액을 차감한 가액에서 60%부터 100%까지의 공정시장가액 비율을 곱하여 계산하는데, 재산세의 경우보다 20%씩 공정시장가액비율이 높게 책정되어 있다. 종합부동산세 기본세율은 3억 원 이하는 0.6%, 3억 원~6억 원은 0.8%, 6억 원~12억 원은 1.2%, 12억 원~50억 원은 1.6%, 50억 원~94억 원은 2.2%, 94억 원 초과는 3.0%가 적용되어 6단계의 세율구조로 되어 있다.128) 주택분 종합부동산세 납부금액은 과세표준에 세율을 곱하고 재산세 상당액, 1세대 1주택 세액공제액, 세부담상한을 초과하는 금액 등 법정공제액을 차감하여 결정한다. 종합부동산세의 납부기한은 매년 12. 1.부터 12. 15.까지이다.

주택분 종합부동산세는 과세표준과 세율이 정해지면 다음의 산식에 의하여 계산된다.

과세표준* × 세율(일반세율, 중과세율) − 재산세액 공제 − 1세대 1주택 세액공제
* (주택공시가액 − 기본공제 또는 1세대 1주택 공제) × 공정시장가액비율

나. 주택에 대한 차등적 과세

(1) 세대의 정의

주택보유세제에서 세대 중심의 차등적 과세는 종합부동산세에서 행해진다. 종합부동산세법은 세대의 정의규정을 별도로 두고 있는데, 세대란 주택 또는 토지의 소유자 및 그 배우자와 그들과 생계를 같이 하는 가족으로서 대통령령으로 정하는 것을 말하고129) 대통령령으로 정하는 것이란 주택 또는 토지의 소유자 및 그 배우자가 그들과 동일한 주소 또는 거소에서 생계를 같이하는 가족과 함께 구성하는 1세대를 말하며130) 가족이란 주택 또는 토지의 소유자와 그 배우자의 직

---

126) 종합부동산세법 제8조 제2항.
127) 종합부동산세법 제8조 제1항.
128) 종합부동산세법 제9조 제1항.
129) 종합부동산세법 제2조 제8호.
130) 종합부동산세법 시행령 제1조의2 제1항.

계존비속(그 배우자를 포함한다) 및 형제자매를 말하며 취학, 질병의 요양, 근무상 또는 사업상의 형편으로 본래의 주소 또는 거소를 일시 퇴거한 자를 포함한다131) 고 규정하고 있다. 주택보유세제에서도 배우자가 세대의 핵심적 요소이지만 주택취득세제와 주택양도세제와는 달리 사실혼 규정132)과 가장이혼 규정을 두고 있지 않는 점이 비교된다.133)

다만, 예외적으로 배우자가 없는 때에도 30세 이상인 경우, 배우자가 사망하거나 이혼한 경우, 독립생계 요건을 구비한 경우에는 1세대로 본다.134) 또한, 주택취득세제와 같이 별도 세대를 구성하는 예외규정이 있는데 혼인함으로써 1세대를 구성하는 경우에는 혼인한 날로부터 5년 동안은 주택 또는 토지를 소유하는 자와 그 혼인한 자는 각각 1세대로 본다.135) 주택취득세제가 독립생계 요건, 동거봉양 요건을 갖춘 경우 별도 세대로 보는 것과 비교된다.

(2) 1주택의 경우

주택보유세제는 1세대 1주택에 대해서 추가공제와 장기보유 및 고령자 세액공제를 허용한다. 1세대 1주택에 대해서 주택취득세제가 표준세율을 적용하고, 주택양도세제가 비과세 규정을 적용하고 있는 경우와 비교된다. 1세대 1주택의 과세표준은 주택의 공시가액을 합산한 금액에서 6억 원을 공제하고 1세대 1주택자인 경우에는 3억 원을 추가적으로 공제하여 산정된다.136) 종합부동산세의 고령자와 장기보유 세액공제도 1세대 1주택자에 대해서만 인정되는데137) 고령자 공제율은 60세 이상부터 연령에 따라 20%부터 40%까지 적용되고,138) 장기보유공제는 5년 이상부터 보유기간에 따라 20%에서 50%까지 인정된다.139) 장기보유공

131) 종합부동산세법 시행령 제1조의2 제2항.
132) 사실혼 배우자에 대한 세법상 취급에 관한 자세한 내용은 이상신·박훈, "사실혼 배우자에 대한 일관된 과세방식 도입방안", 조세법연구 제12-2집, 세경사, 2006. 11., 216-241면 참조.
133) 세대를 구성하는 배우자의 범위에 사실혼 배우자를 포함시킬 것인지가 문제되는데, 사실혼 배우자를 포함시켜야 한다는 견해(강인애, 신소득세법, 한일조세연구소, 2006, 1014면)도 있으나 판례는 배우자란 법률상 배우자만을 의미하고 사실상 배우자는 제외하고 있다(대법원 1999. 2. 23. 선고 98두17463 판결).
134) 종합부동산세법 시행령 제1조의2 제3항. 다만 독립생계 요건의 경우에는 미성년자는 제외하되, 미성년자의 결혼, 가족의 사망 그 밖의 기획재정부령이 정하는 사유로 1세대의 구성이 불가피한 경우는 예외이다.
135) 종합부동산세법 시행령 제1조의2 제4항.
136) 종합부동산세법 제8조 제1항.
137) 세대별 합산과세에 대한 위헌결정으로 2008. 12. 26. 종합부동산세법의 개정에 따라 1세대 1주택에 대한 과세상 혜택을 부여하기 위해 도입되었다.
138) 종합부동산세법 제9조 제6항.

제와 고령자공제는 중복하여 적용되는데 그 공제한도는 80%이다.[140] 부부 공동 명의 1세대 1주택에 대해서는 세액공제를 허용해 주지 않았는데 이에 대한 비판 이 제기되자 2020. 12. 2. 공동명의와 단독명의 중 유리한 방식을 선택하여 신청 할 수 있는 것으로 종합부동산세법을 개정하였고 2021년 종합부동산세 부과분부 터 적용된다.[141]

(3) 다주택의 경우

종합부동산세 세율은 세대가 아닌 개인이 소유한 주택 수에 따라 달라지는 데 다주택의 경우에는 기본적으로 중과세율이 적용된다. 납세의무자가 3주택을 소유하거나 조정대상지역 내 2주택을 소유하는 경우에는 과세표준 구간별로 1.2% 내지 6.0%의 중과세율을 적용하는데,[142] 기본세율의 2배이다. 납세자가 3 주택이나 조정대상지역 2주택을 소유한 경우 세부담 상한 300%가 적용된다.[143]

1세대 다주택의 경우에는 3억 원의 추가 공제 및 장기보유와 고령자 세액공 제가 허용되지 않지만 개인단위로 주택가액이 합산되므로 다주택을 각기 보유하 는 부부의 경우에는 각자 6억 원의 기본공제를 받을 수 있어 1세대 1주택자보다 3억 원이 추가로 공제되는 효과가 있다. 주택보유세제에서 개인단위 합산은 주택 취득세제와 주택양도세제의 세대별 합산과 크게 구별되는 부분이다. 종합부동산 세는 세액공제 등이 세대의 주택보유수를 기준으로 하고 있어 개인단위주의가 완벽하게 관철되고 있는 것은 아니다.

4. 주택양도세제

가. 양도소득세

양도소득세는 토지나 건물, 부동산에 관한 권리 등의 양도소득에 대해서 과 세되는 세목이다.[144] 토지는 공간정보의 구축 및 관리 등에 관한 법률에 따라 지 적공부에 등록하여야 할 지목에 해당하는 것을 말하고, 건물은 건물에 부속된 시 설물과 구축물을 포함한다.[145] 주택양도세제는 주택에 대해서 별도의 규정을 두

---

139) 종합부동산세법 제9조 제7항.
140) 종합부동산세법 제9조 제5항.
141) https://www.donga.com/news/article/all/20201207/104329039/1 (2020. 12. 8. 방문).
142) 종합부동산세법 제9조 제1항 제2호.
143) 종합부동산세법 제10조 제2호.
144) 소득세법 제94조 제1항.
145) 소득세법 제94조 제1항 제1호.

고 있는데, 주택이란 허가 여부나 공부상의 용도구분과 관계없이 사실상 주거용으로 사용하는 건물을 말하고 그 용도가 분명하지 아니하면 공부상의 용도에 따른다고 하고 있다.146) 따라서 주택은 건물공부상의 용도구분 등에 관계 없이 사실상 주거에 제공되는 건물을 뜻하는 것이고 일시적으로 주거가 아닌 다른 용도로 사용되고 있더라도 그 구조나 기능 등이 본래 주거용으로서 주거에 적합한 상태에 있고 주거기능이 그대로 유지·관리되고 있어 본인이나 제3자가 언제든 주택으로 사용할 수 있는 경우에는 주택으로 본다. 입주권과 분양권도 주택과 같이 취급된다.

양도소득세의 납세의무자는 양도소득이 있는 개인으로147) 개인단위주의의 입장에 있다. 양도소득세의 과세표준은 양도가액에서 취득가액과 기타 필요경비를 공제한 양도차익에서 장기보유 특별공제와 양도소득 기본공제를 차감하여 산정된다. 양도소득세율은 일반 부동산과 주택, 비사업용토지로 구분하여 그 세율체계를 달리하고 있다. 양도소득세율은 자산의 종류, 등기 여부 및 보유기간에 따라 초과누진세율과 비례세율로 이루어져 있는데, 기본세율은 종합소득세율과 같다.148) 즉, 과세표준이 1,200만 원 이하는 6%의 세율이 적용되고 그 이후 순차 누진되면서 1.5억 원 초과는 38%, 3억 원 초과는 40%, 5억 원 초과는 42%의 세율이 적용되고149) 2021년부터는 10억 원 초과에 대해서는 45%의 최고 세율이 적용된다. 단기보유는 중과되는데 1년 미만의 경우에는 70%의 세율이, 1년 이상 2년 미만 보유의 경우에는 60%의 세율이 적용된다.150) 주택을 양도한 경우에는 그 양도일이 속하는 달의 말일부터 2개월 이내에 양도소득 과세표준 예정신고를 하고151) 해당 연도에 양도소득이 있는 거주자는 다음 과세연도의 5. 1.부터 5. 31.까지 납세지 관할 세무서장에게 확정신고를 하여야 한다.152)

주택분 양도소득세 산출세액은 다음의 산식에 의하여 계산된다.

---

146) 소득세법 제88조 제7호.
147) 소득세법 제2조 제1항.
148) 소득세법 제104조 제1항.
149) 소득세법 제55조 제1항.
150) 소득세법 제104조 제1항 제2호, 제3호.
151) 소득세법 제105조 제1항.
152) 소득세법 제110조 제1항.

과세표준* × 세율(기본세율, 중과세율)

* 양도가액 − 필요경비 − 장기보유특별공제 − 양도소득기본공제

나. 주택에 대한 차등적 과세

(1) 세대의 정의

양도소득세도 세대를 기준으로 주택 보유수에 따라 비과세 또는 중과세가 결정된다. 1세대란 거주자 및 그 배우자(법률상 이혼을 하였으나 생계를 같이 하는 등 사실상 이혼한 것으로 보기 어려운 관계에 있는 사람을 포함한다)가 그들과 같은 주소 또는 거소에서 생계를 같이 하는 자(거주자 및 그 배우자의 직계비속 및 형제자매를 말하며 취학, 질병의 요양, 근무상 또는 사업상의 형편으로 본래의 주소 또는 거소에서 일시 퇴거한 사람을 포함한다)와 함께 구성하는 가족단위를 말한다.153) 주택취득세제와는 달리 사실혼 규정은 없고 주택보유세제와는 달리 가장이혼 규정을 두고 있는 점이 특이하다. 부부가 조세부담을 줄이기 위해 사실상 생계는 같이하면서 이혼신고를 하여 세대분리를 한 사안에서, 대법원은 법률상 부부관계를 해소하려는 당사자 간의 합의에 따라 이혼이 성립한 경우 그 이혼에 다른 목적이 있다 하더라도 당사자간에 이혼의 의사가 없다고 할 수 없고 이혼이 가장이혼으로서 무효가 되려면 누구나 납득할 만한 사정이 인정되어야 한다고 판시하여154) 별도 세대로서 과세상 혜택이 부여되는 것을 인정하였다. 이에 과세관청에서는 2018. 12. 31. 소득세법을 개정하여 법률상 이혼했다고 하더라도 사실상 이혼한 것으로 인정되지 않는 경우에는 여전히 배우자로 보는 가장이혼 규정을 도입하였다. 주택양도세제의 세대 개념은 주택보유세제의 세대 개념과 거의 동일하고, 주민등록표상의 등재와 무관하게 현실적 경제생활의 실상에 따라 파악된다는 점에서 주민등록표 등재가 기준이 되는 주택취득세제의 세대나 가구 개념과는 다소 차이가 있다.

다만, 예외적으로 배우자가 없더라도 1세대로 보는 경우가 있는데, 당해 거주자의 연령이 30세 이상인 경우, 배우자가 사망하거나 이혼한 경우, 독립생계 요건을 구비한 경우에는 1세대로 인정하고 있다.155) 주택보유세제의 예외적 세대

---

153) 소득세법 제88조 제6호.
154) 대법원 2017. 9. 12. 선고 2016두58901 판결.
155) 소득세법 시행령 제152조의3. 독립생계 요건의 경우에는 주택보유세제의 경우와 같은 예외가 인정된다.

인정의 경우와 동일하다.

(2) 1주택의 경우

(가) 1세대 1주택 비과세

1세대 1주택에 대해서는 일정한 요건을 갖춘 경우 비과세를 허용하고 있다. 그 규정의 취지는 국민의 주거생활의 안정을 도모하고 부수적으로는 국민의 재산형성에도 도움을 주기 위해서이다.[156] 1세대 1주택이란 1세대가 현재 국내에 1주택을 보유하고 있는 경우로서 해당 주택의 보유기간이 2년 이상(조정대상지역의 경우에는 주택의 보유기간이 3년 이상이고 그 보유기간 중 거주기간이 2년 이상)인 것을 말한다.[157] 1주택에는 지역별로 대통령령으로 정하는 배율을 곱하여 산정한 면적 이내의 주택 부수토지가 포함되는데[158] 그 배율이란 국토의 계획 및 이용에 관한 법률 제6조 제1호에 따른 도시지역 내의 토지는 5배, 그 밖의 토지는 10배이다.[159] 토지의 면적을 제한한 것은 1세대 1주택을 빙자하여 과다한 토지에 대해 비과세혜택을 부여받고자 하는 것을 방지하기 위한 것이다. 주택취득세제와 주택 보유세제에서는 그러한 제한규정을 두고 있지 않은 점과 비교된다. 1주택이란 물리적인 주택의 수를 의미하는 것이 아니라 1세대의 주거에 실제로 사용되고 있는 건물 및 그 부속물의 집합체를 의미한다. 주택의 부수토지란 양도하는 주택과 경제적 일체를 이루고 있는 토지로서 사회통념상 주거생활의 공간으로 인정되는 토지를 말한다. 1세대 1주택이더라도 고가주택에 해당하면 비과세 대상에서 제외된다.[160] 고가주택이란 양도 당시의 실지거래가액의 합계액이 9억 원을 초과하는 것을 말한다.[161]

보유기간은 해당 자산의 취득일로부터 양도일까지로 하고 거주기간은 주민등록표상 전입일자로부터 전출일자까지의 기간에 의하여 계산한다.[162] 다만, 거주기간 산정방식은 일종의 추정이고 오직 그 방법에 의하는 것은 아니다.[163] 1년

---

156) 민태욱, "오피스텔의 법적 지위와 조세문제", 고려법학 제72호, 고려대학교 법학연구원, 2014. 3., 636면.
157) 소득세법 시행령 제154조 제1항.
158) 소득세법 제89조 제1항 제3호.
159) 소득세법 시행령 제154조 제7항.
160) 소득세법 제89조 제1항 제3호.
161) 소득세법 시행령 제156조 제1항.
162) 소득세법 제95조 제4항, 소득세법 시행령 제154조 제5항.
163) 대법원 1986. 3. 11. 선고 85누772 판결.

이상 거주한 주택을 취학, 직장의 변경이나 전근 등 근무상의 형편, 1년 이상의 기간을 요하는 질병의 치료나 요양과 같은 부득이한 사유로 양도하는 경우 등에는 보유기간의 제한을 받지 않는다.[164] 거주요건은 소유자 본인 뿐만 아니라 세대원 전원이 모두 거주하는 것이 원칙이지만 세대원 일부가 취학, 근무상의 형편 등 부득이한 사유로 일시 퇴거하여 당해 주택에 거주하지 못한 경우 나머지 세대원이 거주요건을 충족한 경우에는 1세대 1주택의 비과세규정이 적용된다.

일시적 2주택을 보유하게 되더라도 1세대 1주택으로 보는 다수의 특례규정이 있는데, 먼저, 대체취득이 대표적인 경우이다. 국내에 1주택을 가진 세대가 그 주택을 양도하기 전에 다른 주택을 취득함으로써 일시적으로 2주택이 되었다고 하더라도 그 다른 주택을 취득한 날로부터 2년 이내에 종전의 주택을 양도하는 경우에는 그 종전 주택의 양도를 1세대 1주택의 양도로 본다.[165] 둘째, 1주택을 보유하면서 1세대를 구성하는 자가 1주택을 보유하는 별도의 세대에 해당하는 60세 이상의 직계존속을 동거봉양하기 위하여 세대를 합침으로써 1세대 2주택을 보유하게 되는 경우에는 합친 날로부터 5년 이내에 먼저 양도하는 주택이 3년의 보유요건을 갖춘 경우에는 1세대 1주택으로 본다.[166] 셋째, 1주택을 보유하는 자가 1주택을 보유하는 자와 혼인함으로써 2주택을 보유하게 되는 경우 또는 1주택을 보유하고 있는 60세 이상의 직계존속을 동거봉양하는 무주택자가 1주택을 보유하는 자와 혼인함으로써 1세대가 2주택을 보유하게 되는 경우 그 혼인한 날로부터 5년 이내에 먼저 양도하는 주택은 1세대 1주택으로 본다.[167] 주택보유세제에서 혼인으로 2주택이 되는 경우 5년간 각각을 1세대로 보는 것과 같은 취지이다. 넷째, 취학, 근무상의 형편, 질병의 요양 기타 부득이한 사유로 취득한 수도권 밖에 소재하는 주택과 그 밖의 주택을 국내에 각 1개씩 소유하고 있는 1세대가 후자를 부득이한 사유가 해소된 날부터 3년 이내에 양도하는 경우에는 1세대 1주택의 양도로 본다.[168] 주택보유세제의 경우에는 1세대를 2세대로 분리하

---

164) 소득세법 시행령 제154조 제1항 단서.
165) 소득세법 시행령 제155조 제1항. 다만, 2020. 2. 11. 소득세법 시행령의 개정에 의하여 신규 주택의 취득일로부터 1년 이내에 그 주택으로 세대전원이 이사하고 주민등록법 제16조에 따라 전입신고를 마쳐야 하고, 신규주택의 취득일로부터 1년 이내에 종전 주택을 양도하여야 하는 요건을 구비해야 하는 것으로 강화되었다.
166) 소득세법 시행령 제155조 제4항.
167) 소득세법 시행령 제155조 제5항.
168) 소득세법 시행령 제155조 제8항, 소득세법 시행규칙 제72조 제7항.

는 방식으로 혜택을 부여하는 반면, 주택양도세제는 2주택을 1주택으로 간주하는 방식으로 과세상 혜택 부여하고 있다는 점에서 차이가 있다.

(나) 장기보유 특별공제

1세대 1주택에 해당하면 고가주택에 대해서도 장기보유 특별공제가 인정된다.[169] 고가주택을 보유하더라도 1세대 1주택에 대해서는 종전에는 9억 원 초과 부분에 대해 거주 여부와 관계 없이 보유기간에 따라 80%까지 장기보유 특별공제가 인정되었다. 그러나 7·10 부동산대책에 따른 2020. 8. 18. 소득세법 개정으로 2021. 1. 1. 이후 양도분부터는 보유기간 40%와 거주기간 40%를 동시에 고려하여 장기보유특별공제를 허용하는 것으로 변경되었다. 그 결과 2021년부터는 실제 거주하지 않는 고가주택 보유자에 대한 장기보유 특별공제의 공제율이 종전과 비교하여 절반가량 대폭 축소되게 되었다.

(3) 다주택의 경우

1세대 다주택의 양도에 대해서는 주택수, 지역, 보유기간 등에 따라 양도소득세가 중과된다. 주택의 수가 2주택과 3주택 이상인지 여부, 일반지역, 지정지역, 조정대상지역인지 여부, 보유기간이 1년 미만, 1년 이상 2년 미만인지 여부 등에 따라 세율 등의 적용이 달라진다. 우선, 다주택자가 조정대상지역에 소재하는 주택을 양도하는 경우 2주택자는 기본세율에 20%를 가산한 세율이, 3주택자는 30%를 가산한 세율이 적용된다.[170] 종전에는 1세대 2주택자에 대해서는 기본세율에 10%를, 3주택자에 대해서는 기본세율에 20%를 가산한 세율이 적용되었는데 이를 10%씩 추가 인상한 것으로 2021. 6. 1. 이후 양도분에 대해서 적용된다. 분양권도 2021. 1. 1. 이후 취득분부터는 1세대 1주택과 조정대상지역 다주택자의 주택수의 계산에 포함된다. 다주택의 경우에는 중과세율의 적용과 장기보유 특별공제의 배제의 방법으로 무겁게 과세하고 있다.

5. 외국의 주택세제

가. 미 국

(1) 과세단위와 부부재산제

미국에서는 부부단위주의의 선택을 인정하여 국내거주자인 부부는 소득세

---

169) 소득세법 제95조 제2항.
170) 소득세법 제104조 제7항.

과세기간이 동일하면 소득세 합산신고를 할 수 있다.[171] 부부단위주의에 의하여 단순합산하는 경우 증가하는 조세부담을 줄이기 위해 종전에는 2분2승제를 채택하였다가 1961년 세법 개정을 통하여 세율조정방식을 취하고 있는데, 합산신고하는 부부에 대해서는 모든 과세구간에서 세율적용의 대상이 되는 과세표준이 두배가 되도록 하여 2분2승제와 같은 효과를 가져오는 방식이다. 부부에 대한 두 가지 세율 체계 외에 독신이지만 부양가족이 있는 세대주에게 적용되는 세율과 미혼 독신자에게 적용되는 세율 등 4가지의 세율 체계를 가지고 있다.

미국의 부부재산제는 주마다 차이가 있다. 미국의 50개 주중 부부별산제는 42개주, 부부재산공유제는 8개주에서 채택하고 있는데,[172] 부부재산공유제 하에서는 일방 배우자가 단독으로 소득을 벌었다고 하더라도 그 절반은 타방 배우자의 몫이 된다.

(2) 혼인과 주택세제

미국의 취득세제는 주별로 다양한 차이가 있으나 대부분의 주에서는 0.5% 이하의 낮은 세율을 적용한다.[173] 주택을 취득하는 경우에도 대부분 별도의 취득세가 부과되지 않고 100달러 정도의 수수료 성격의 비용을 부담한다.[174]

보유세로서 재산세가 있다. 재산세의 과세대상은 부동산과 동산으로 주택은 재산세 과세대상이 된다. 재산세는 지방정부의 세수로서 대부분 주는 공정시장가액이나 그 가액의 일정 비율로 과세표준을 설정하는데, 실효세율은 2017년 기준 미국 전체는 1.05%이고, 주별로는 0.3%의 하와이주부터 2.13%의 뉴저지주까지 있다.[175] 미국에서는 소득세신고시 전년도에 부담한 재산세와 주택과 관련하여 부담하는 금융비용을 소득에서 공제하여 주므로[176] 주택에 관한 위 부담액만큼 과세표준이 감액되어 세율 상당의 혜택을 볼 수 있다. 주거용으로 이용되는 주된 주택에 대해서는 거주주택공제라는 특별한 공제도 허용하고 있다.[177]

---

171) 미국 연방세법 제6013조.

172) 이동식, "부부재산공유제와 증여세 과세", 법제연구 제55호, 한국법제연구원, 2018. 12.,103면.

173) 김지혜·노민지·오민준·권건우, "주요국의 주택가격 변동과 부동산 조세정책", 국토정책 BRIEF 제758호, 국토연구원, 2020. 4. 6., 3면.

174) 박민, "부동산 보유세 증세에 대한 소고: 미국의 보유세를 중심으로", 토지공법연구 제81집, 한국토지공법학회, 2018. 2., 4면.

175) 김지혜 외 3, 앞의 국토정책 BRIEF 제758호, 3면.

176) 미국 연방세법 제164조(a), (b).

177) 이동식, "거주용 주택에 대한 과세의 새로운 접근", 세무학연구 제25권 제4호, 한국세무학회, 2008. 12., 68면.

주택의 양도단계에서는 양도소득세가 부과된다. 양도소득세는 자산의 보유기간에 따라 장기와 단기양도소득으로 구분하여 그 과세방식을 달리한다.[178] 보유기간이 1년 이하인 자산에 대한 단기양도소득은 다른 일반소득과 동일하게 최저 10%에서 최고 39.6%의 누진세율을 적용하여 과세된다.[179] 1년 이상 장기보유 양도소득은 일반세율 보다 낮은 최고 28%의 세율이 적용된다.[180] 주거용 주택에 대해서는 감면의 혜택이 있다. 일정 요건을 갖춘 주거용 주택을 처분하여 생긴 양도소득에 대해서는 개인의 경우 25만 달러, 부부기준으로 50만 달러까지 면세된다.[181] 위 소득공제는 2년의 기간 동안 1회에 한하여 적용받을 수 있다.[182] 감면요건으로는 지난 5년의 기간 동안 2년 이상은 보유하고 2년 이상 주거용 주택으로 사용해야 하는데, 다만, 2년의 거주요건을 충족하지 못하더라도 근무지의 변경이나 건강상의 이유 등 정당한 사유가 있는 경우에는 감면혜택을 받을 수 있다.[183] 주택에 대해서는 일정한 금액의 소득공제를 허용하는 방식을 취하고 있고 부부에 대해서는 그 소득공제금액이 50만 달러로서 개인보다 2배 크다는 점이 주목된다.

나. 영 국

(1) 과세단위와 부부재산제

영국은 종전에는 부부의 소득을 합산한 후 그대로 독신자와 동일한 세율표에 의해 과세하는 부부단위 합산비분할주의를 채택하고 있었는데 1960년대 후반부터 여성의 사회진출이 증가하면서 이에 대한 비판의 목소리가 높아지자 선택적 합산분할주의가 인정되었다가 1990년 완전한 개인단위주의로 전환하였다.[184] 부부는 완전한 별개의 주체로서 자신의 근로소득, 사업소득 등을 신고할 의무를 부담하게 된다.[185] 영국의 경우 부부재산제에 관한 일반적 규정은 없으나 판례와

---

178) 미국 연방세법 제1222조.
179) 미국 연방세법 제1조(a) — (d).
180) 미국 연방세법 제1조(h).
181) 미국 연방세법 제121조(a), (b).
182) 미국 연방세법 제121조(b).
183) 미국 연방세법 제121조(c).
184) 김완석·이전오, 앞의 논문, 38면.
185) 안종범, 저출산 고령화에 대비한 과세단위 개편에 관한 연구, 국회예산정책처, 2009. 12., 12 — 13면.

개별적 규정에 따라 엄격한 부부별산세를 기본으로 한다. 다만, 주택에 대해서는 부부재산공유제와 유사한 판단기준이 제시되기도 한다.186)

(2) 혼인과 주택세제

영국은 주택에 대하여 취득단계에서는 취득세187)(Stamp Duty Land Tax), 보유단계에서는 카운슬세(Council Tax), 양도단계에서 양도소득세(Capital Gains Tax)를 부과한다. 취득세는 국세로서 토지, 주거용·비주거용 건물이 과세대상이고 주택은 12만 5천 파운드 이상의 주택을 매수하는 경우 매수자에게 부과된다. 거래가액별로 차등을 두어 2%~12%까지 부과하는 단순누진세율 구조이다. 취득세는 비과세와 중과 규정을 두고 있는데, 생애 최초로 50만 파운드 이하의 주택을 구입하는 경우 비과세를 하고, 다주택자의 경우 1주택자 취득세율에 3%를 가산한 세율이 적용된다.188)

주택 보유에 대해서는 카운슬세가 부과된다. 카운슬세는 지방세로서 주거용 부동산에 대해 부과되는데 매년 18세 이상이면서 주택을 소유하거나 임차하여 거주하고 있는 거주자가 납세의무자이다. 주택의 시장가치는 국가기관인 평가청(Valuation Office Agency)에서 평가하고 가격대에 따라 총 8개의 평가등급으로 분류한다. 각 평가등급안에서는 주택가격이 다르더라도 동일한 세부담을 지게 되며 최고등급과 최저등급의 세율 차이는 3배 이상이다.189) 특이한 것은 주택의 소유자가 아니라 거주자가 부담하고 있다는 점이다.

양도소득세는 소득세 과세표준과 연동하여 누진세율이 적용되는 구조이다. 소득세 기본세율 20%가 적용되는 납세자는 18%의 양도소득 세율이, 40%의 고세율 또는 45%의 추가세율이 적용되는 납세자는 28%의 양도소득 세율이 각 적용된다.190) 영국은 주거용 주택에 대해서 비과세조항을 두고 있는데, 과거 주거 목적으로 등록한 주택을 비과세하였던 것과는 달리 1가구 1주택으로 실거주 목적으로 주택을 구입하여 취득 이후 계속 거주 주택의 일부를 임대하거나 사업장으로 사용한 적이 없는 경우에만 적용하는 것으로 그 요건이 엄격하게 변경되었다.191)

---

186) 이동식, 앞의 법제연구 논문, 102면.
187) 부동산 등록세라고도 한다.
188) 김지혜·노민지·오민준·권건우, "영국의 부동산 조세정책과 시사점", 국토정책 BRIEF 제766호, 국토연구원, 2020. 6. 8., 3-4면.
189) 김지혜 외 3, 앞의 국토정책 BRIEF 제766호, 4-5면.
190) 김지혜 외 3, 앞의 국토정책 BRIEF 제758호, 5면.

다. 독 일

(1) 과세단위와 부부재산제

독일의 경우에는 선택적 2분2승제의 부부단위주의와 개인단위주의 중 납세자가 임의로 선택할 수 있다.[192] 개인단위주의를 신고하지 않는 경우 기본적으로 부부단위주의를 선택한 것으로 간주한다. 과세방법은 부부의 합산소득을 2로 나눈 금액에 대하여 소득세율을 적용하여 소득세액을 산출하고 이에 대하여 2를 곱하여 부부 총소득세액을 결정한다.[193] 독일 연방헌법재판소는 낮은 누진세율의 적용을 받은 부부단위주의가 소득과 소비의 공동체인 부부의 현실을 반영한 것으로 조세특권이 아니라 응능부담의 원칙을 구체화한 것으로서 합헌이라고 판단하였다.[194]

독일에서는 부부재산제로 부부별산제와 부부재산공유제 중 하나를 선택할 수 있는데, 만일 선택이 없다면 유예공동제가 적용된다. 유예공동제란 혼인 중에는 별산제와 유사하게 운영되지만 이혼시에는 혼인 중 증가된 이익에 대해 청산하는 방식이다.[195] 따라서 부부는 혼인으로 재산의 소유관계가 변동되지 않고 혼인 중 각자 재산을 독자적으로 처분할 수 있다.

(2) 혼인과 주택세제

독일에서는 취득단계에서 부동산 취득세, 보유단계에서 부동산세, 양도단계에서 부동산 양도세가 부과된다. 부동산 취득세는 지방세로서 지방정부별로 세율을 자체적으로 결정하는데 3.5%를 기본세율로 하고 있다. 부동산과 이와 유사한 권리의 취득이 과세대상으로, 부동산의 유상취득만 과세하고 상속·증여 및 부부간 자산이전은 비과세한다.[196]

부동산 보유세로는 지방세인 부동산세 그리고 부대주택세가 있다. 부동산세는 수득세(收得稅)로서 평가법에 의하여 평가한 가액이 과세표준이 된다. 1964년 이후 평가법에 의한 계속 평가가 이루어지지 않아 부동산 평가액은 10%~20%로 매우 낮은 상태이고 부동산세는 이러한 부동산 평가액에 0.3%~0.6%의 세율을

---

191) 김지혜 외 3, 앞의 국토정책 BRIEF 제758호, 6면.
192) 독일 소득세법 제26조 제1항.
193) 독일 소득세법 제26조의b, 제32조의a 제5항.
194) BVerfGE 61, 319.
195) 이동식, "소득세와 종합부동산세의 부부합산과세제도 도입방안", 조세법연구 제26-3집, 세경사, 2020. 11., 318면.
196) 김유찬·이유향, 주요국의 조세제도 독일편, 한국조세재정연구원, 2009, 342면.

곱한 후 지방정부별 조세산정율을 곱하여 산정된다.[197] 부대주택세는 지방정부의 조례에 의하여 부과된다. 과세대상은 관할구역 안에 있는 부대주택, 즉 주된 주거용으로 사용하지 않는 주택이다. 과세표준은 과세기간 안에 체결된 임대차계약상의 기본임대료 또는 임대차계약이 존재하지 않는 경우에는 지방정부가 공표한 그 지역의 통상임대료가 되고 세율은 12%이다.[198]

개인자산의 양도차익에 대해서는 원칙적으로 비과세한다. 주거용 부동산의 경우 보유기간이 10년 미만인 경우에는 양도차익에 대해서 과세를 하지만[199] 오로지 자신의 주거목적으로 사용하였거나 또는 양도일이 속하는 연도와 직전 2년 간 자신의 주거 목적으로 사용한 주택은 비과세한다.[200]

라. 프랑스
(1) 과세단위와 부부재산제

프랑스는 부부만이 아니라 일정한 가족을 합산하여 가족계수에 따라 안분하여 과세하는 가족단위주의를 택하고 있다. 프랑스는 1945년 가족단위 합산분할주의를 기본으로 가족구성원의 수에 따른 가족계수에 의하여 세액을 계산하는 제도를 도입한 이후 현재까지 유지하고 있다. 프랑스 가족단위주의의 부부의 가중치는 각 1이고 첫째와 둘째 자녀의 가중치는 각 0.5, 세번째 자녀는 각 1.0이다.[201] 프랑스의 소득세액 계산방식에 따르면 가족구성원의 수가 많을수록 세부담이 급격하게 감소한다. 출산증가를 장려하기 위해서 도입한 것으로 전후(戰後) 프랑스의 인구증가에 기여하였다고 평가된다.

프랑스는 부부 법정재산제로 소득공동제를 채택하고 있는데 혼인 중 부부의 재산을 고유재산과 공동재산으로 분류하여 고유재산은 배우자가 단독으로 관리·처분하고[202] 공동재산은 부부 각자 단독처리가 원칙이나 중요한 행위는 공동으로 하게 된다. 약정재산제로는 부부별산제와 유예공동제 중에 선택할 수 있

197) 이동식, "부동산 보유세의 현황과 문제점: 종합부동산세를 중심으로", 토지공법연구 제36집, 한국토지공법학회, 2007. 5., 33면.
198) 이동식, 앞의 토지공법연구 논문, 33면.
199) 독일 소득세법 제22조.
200) 장기용, "주택에 대한 양도소득세 중과세제도의 헌법적 한계", 부동산학보 제43집, 한국부동산학회, 2010. 12., 274면.
201) 한국조세재정연구원, 주요국의 소득세제도 제1권, 2019, 388-389면.
202) 프랑스 민법 제1428조.

는데, 만일 선택하지 않는 경우에는 명의에 관계없이 부부의 공동재산으로 취급된다.[203)]

(2) 혼인과 주택세제

프랑스에서는 주택의 취득단계에서 등록세, 보유단계에서 부동산세와 부동산 부유세, 매매단계에서 양도소득세가 부과된다. 등록세는 주택의 유상 또는 무상거래 등에 대해 취득자에게 부과되는데, 자치단체별로 부동산 가액의 5.09%~5.8% 수준의 세율이 적용된다.[204)]

부동산세는 국세로서 납세의무자는 부동산 소유자이다. 과세표준은 중앙정부가 건축부지는 토지대장가액의 50%, 나대지는 토지대장가액의 80% 수준으로 결정하고 세율은 전년도 전국 평균세율의 2.5배를 넘지 않는 수준에서 지방정부가 결정한다. 부동산 부유세는 금융자산 등의 동산을 제외한 부동산만을 과세대상으로 하고 순자산 130만 유로를 초과하는 고액 부동산 보유자에 대해서는 0.5%~1.5%의 누진세율을 적용한다.[205)] 부동산 부유세는 과세기준액 130만 유로를 공제하지 않고 과세표준을 정하는 대신 순자산 규모가 140만 유로 이하인 경우에는 최대 1,250유로까지 세액공제를 한다.[206)]

주택의 양도소득에 대해서는 19%의 단일세율을 적용하고 사회보장세가 17.2% 세율로 추가로 부과되어 실질적으로 총 36.2%의 세율이 적용된다. 다만, 자본이익이 5만 유로 이상일 경우 자본이익에 대해 2%~6% 세율이 추가로 적용된다. 프랑스는 6년 이상 보유한 주택에 대해서는 보유기간에 따라 추가공제의 혜택을 부여하고 22년 이상 보유한 주택에 대해서는 실질적으로 양도소득세가 비과세된다.[207)]

마. 일 본

(1) 과세단위와 부부재산제

일본은 1887년 소득세법을 제정하면서 가족단위 합산비분할주의를 채택하

---

203) 프랑스 민법 제1401조.
204) 김지혜 · 노민지 · 오민준 · 권건우 · 오아연, "프랑스 · 싱가포르의 부동산 조세정책과 시사점", 국토정책 BRIEF 제767호, 국토연구원, 2020. 6. 15., 3면.
205) 배형석·양성국, "부동산세제의 국제비교와 시사점", 유라시아연구 제16권 제2호, 아시아·유럽 미래학회, 2019. 6., 53면.
206) 국회예산정책처, 부동산세제 현황 및 최근 논의 동향, 2008, 46면.
207) 김지혜 외 4, 앞의 국토정책 BRIEF 제767호, 7면.

였다가 1950년 개인단위주의와 자산소득에 대한 세대단위 합산과세를 병행하는 제도를 도입하였다. 일본 최고재판소는 1980년 자산소득 합산과세제도에 대하여 독일과 같이 혼인과 가정을 보호하는 특별한 규정이 없으므로 위 제도가 혼인생활에 방해가 되더라도 헌법 위반은 아니라고 판단하였다.[208] 그 후 1988년 소득세법의 개정에서 세액계산의 복잡성을 이유로 자산소득 합산과세제도는 폐지되고 순수한 개인단위주의가 채택되었다. 일본은 부부별산제 국가로서 우리나라의 부부재산제와 유사하다.

(2) 혼인과 주택세제

일본의 부동산 취득세는 지방세로서 부동산을 취득한 개인 또는 법인에게 부과된다. 부동산이란 토지 및 가옥을 총칭하는 것으로 가옥의 증축이나 개축으로 가옥가격이 상승한 경우에도 과세된다. 부동산 취득세의 과세표준은 부동산의 가격이고 표준세율은 4%로서 단순비례세율 구조를 취하고 있다.[209]

주택에 대한 보유세는 지방세인 고정자산세가 있다. 고정자산세는 매년 1월 1일을 기준으로 관할구역에 소재하는 토지, 가옥 등 고정자산에 대해 부과된다.[210] 납세의무자는 과세기준일 현재 등기부에 소유자로 등재된 자이고 과세표준은 과세기준일 현재 고정자산 과세대장에 등록된 고정자산의 가액으로 한다. 세율은 표준세율인 1.4%와 최고세율인 2.1% 이내에서 조례로 정할 수 있다.[211]

주택에 대한 양도소득은 종합소득과 분리하여 과세한다. 보유기간 5년을 기준으로 단기와 장기로 구분되는데, 장기양도소득에 대해서는 15%의 세율이, 단기양도소득에 대해서는 30%의 세율이 각 적용된다.[212] 양도소득금액은 양도가액에서 필요경비 및 특별공제액을 공제하여 산출된다. 특별공제액은 양도의 원인 등에 따라 차이가 있는데 주거용 주택을 양도하는 경우에는 장기양도소득 또는 단기양도소득의 구분없이 3,000만 엔의 특별공제를 허용한다.[213] 주택에 대해서는 감면 규정과 대체취득 양도손실의 특례 규정을 두고 있는데, 먼저, 주거용 주택을 10년 이상 장기 보유했다가 양도하는 경우 위 3,000만 엔을 차감한 소득금

208) 最高裁 昭和 55. 11. 20.
209) 박성욱·노정관·정희선, "부동산 양도소득세제의 개선방안에 관한 연구: 비사업용토지를 중심으로", 세무학연구 제32권 제3호, 한국세무학회, 2015. 9., 175－176면.
210) 일본 지방세법 제342조, 제359조.
211) 이동식, 앞의 토지공법연구 논문, 29면.
212) 일본 조세특별조치법 제31조의2 제1항.
213) 일본 조세특별조치법 제35조 제1항.

액이 6,000만 엔 이하인 경우에는 10%, 6,000만 엔을 초과하는 경우에는 15%의 경감세율을 적용하여 과세한다.[214) 다음으로, 거주 주택을 매각하고 신규 주택을 구입하여 기존 주택의 양도손실이 발생한 경우 그 양도손실에 대해 일정한 조건 하에 근로소득이나 사업소득 등과 통산을 인정한다.[215)

6. 현행 주택세제에 대한 평가

가. 과세단위의 측면

우리나라의 주택세제는 부부별산제 하에서 개인단위주의를 취하면서 세대를 기준으로 주택 수를 파악하여 1세대 1주택에 대해서는 주택의 취득, 보유 및 양도의 단계에서 과세상 혜택을 주고 1세대 다주택에 대해서는 중과세를 하는 입장이다. 종전 주택취득세제에서는 세대기준이 제한적으로 사용되었으나 7·10 부동산대책을 통하여 주택취득세제에도 전면 도입됨으로써 세대기준이 주택세제 전반을 관류하는 주된 기준으로 자리잡게 되었다. 세대에 관하여는 개별주택세제별로 각기 별도의 규정을 두고 있는데 그 기능과 범위에 다소 차이가 있다. 주택취득세제의 경우에는 취득세 중과세에 관하여 세대 개념을 사용하는 반면 감면에 관하여는 가구 개념을 사용하는 점이 특징적이다.[216) 주택보유세제의 경우에는 소득공제와 세액공제의 과세상 혜택을 위하여, 주택양도세제는 비과세와 중과세의 이중목적으로 사용되고 있다. 주택취득세제는 사실혼 규정과 가장이혼 규정을 모두 두고 있는 반면, 주택양도세제는 가장이혼 규정만을 두고 있고 주택보유세제는 가장이혼 규정도 두고 있지 않다는 점에서는 차이가 있다. 외국의 경우에는 부부별산제와 부부공유제 등 다양한 부부재산제를 운영하고 있지만 주택세제는 부부재산제와는 무관하게 개인단위주의, 부부단위주의 또는 가족단위주의를 그 과세단위로 선택하고 있다. 영국과 같이 입법례에 따라 개인을 기준으로 다주택 여부를 파악하여 중과세하는 경우는 있지만, 주요국의 현행 주택세제에서는 우리나라와 같이 세대를 기준으로 다주택 여부를 판단하여 비과세와 중과세를 하는 경우는 없는 것으로 보인다.

---

214) 일본 조세특별조치법 제31조의3.
215) 오종현·손은주·정경화, 1세대 1주택 양도소득 비과세제도 연구, 한국조세재정연구원, 2016, 55-57면.
216) 세대 개념의 통일성 부족과 그 개선방안에 대한 자세한 논의는 박훈, 앞의 논문, 124-128면 참조.

　　우리나라 주택세제는 과세단위의 측면에서 개인단위주의와 부부단위주의 또는 가족단위주의의 절충적인 형태라고 할 수 있다. 세대를 과세단위로 삼지는 않지만 세대의 주택보유수가 비과세와 중과세를 판가름 짓는 결정적 요소이므로 '세대중심주의'[217]를 취하고 있다고 할 수 있다. 다만, 부부단위주의와 가족단위주의는 합산분할주의가 원칙적이나 우리나라의 세대중심주의는 세대의 주택수를 단순합산하고 분할하지는 않으므로[218] 우리나라의 주택세제는 '세대중심의 합산비분할형 개인단위주의'라고 할 수 있다.

나.　과세방식의 측면[219]

　　세대중심주의를 취하고 있는 우리나라 주택세제는 개별주택세제별로 1세대 1주택에 대해 과세상 혜택을 주거나 1세대 다주택에 대해 과세상 불이익을 주는 방식에 다소 차이가 있다. 주택취득세제는 1세대 1주택에 대해서 취득세의 기본세율을 적용하고 일정한 요건을 갖추면 가구 개념을 통해 취득세를 감면하고 1세대 다주택에 대해서는 중과세율을 적용하여 불이익을 주는 방식을 택하고 있다. 취득세 감면의 범위가 제한적이어서 1세대 다주택자에 대해서는 중과세를 하는 방식이 주로 사용된다고 보인다. 주택보유세제의 경우에는 1세대 1주택에 대해서는 추가공제 및 장기보유와 고령자 세액공제를 허용하고 1세대 다주택자에 대해서는 세대가 아닌 개인 단위로 중과세율을 적용하고 세부담 상한을 인상하는 방식을 택하고 있다. 주택보유세제는 주택보유수를 개인 단위로 파악하여 중과세를 하지만 1세대 1주택에 대해서만 최대 80% 세액공제를 허용하여 1세대 1주택 여부가 과세상의 혜택과 불이익에 큰 영향을 미치고 있다. 주택양도세제의 경우에는 1세대 1주택에 대해서는 비과세 및 장기보유 특별공제를 허용하고 있는 반면 1세대 다주택에 대해서는 중과세율을 적용하고 1세대 1주택자라고 하더라도 고가주택에 대해서는 장기보유특별공제의 적용을 엄격하게 하는 방식을 취하고 있다. 주택양도세제의 경우에도 1세대 1주택 여하에 따라 과세결과에 지대한 차이

---

217) 세대는 과세단위가 아니므로 세대단위주의 대신 세대중심주의라는 용어를 사용한다. 박훈, 앞의 논문, 117면에서도 '세대 중심'이라는 표현이 사용되고 있다.

218) 소득과세에 해당하는 부부자산소득 합산과세 외에 재산과세에 해당하는 종합부동산세 세대별합산과세도 합산분할주의로 평가될 수 있다(차진아, "종합부동산세의 구조와 성격 및 헌법적 문제점: 헌법재판소 2008. 11. 13. 선고 2006헌바112 결정 등에 대한 평석", 고려법학 제53호, 고려대학교 법학연구원, 2009. 6., 142면).

219) 비과세나 감면도 광의로는 과세방식에 포함된다고 할 것이다.

가 생긴다.

개별주택세제별로 세대를 기준으로 다양한 방식으로 1세대 1주택자에 대하여 과세상의 혜택을 주는 반면 1세대 다주택자에 대해서는 과세상 불이익을 주고 있고 그 불이익의 정도는 갈수록 커지고 있으며 비과세와 중과세의 중간 영역은 사실상 존재하지 않는다. 현행 주택세제는 형식적으로는 종전의 자산소득 합산과세와 세대별 종합부동산세 합산과세처럼 세대를 과세단위로 삼아 중과세를 하는 것은 아니지만 다양한 방식으로 세대를 기준으로 세율이나 공제배제 등을 통해 다주택 세대에 대해 중과세의 효과가 발생하도록 하고 있으므로 실질적으로는 종전의 세대별 합산과세와 별반 차이가 없다. 미국의 경우 부부단위주의에서 전형적인 2분2승제 대신 세율적용의 대상이 되는 과세표준이 두배가 되도록 하여 2분2승제와 같은 효과를 가져오는 방식으로 혼인공동체의 과세상 부담을 줄여주고 있는 반면, 우리나라의 주택세제는 그와 반대로 다주택 혼인공동체에 대해서는 중과세율의 적용 등의 방식으로 부부합산과세의 결과와 마찬가지의 효과를 가져오고 있는 셈이다.

다. 과세부담의 측면

주택세제의 과세규모를 보면 다주택의 경우에는 1세대 1주택 비과세가 허용되지 않고 취택의 취득과 보유 및 양도단계에서 중과세가 된다. 2021년을 기준으로 보면, 주택의 각 거래단계에서 최대 12.5%의 취득세율, 7.2%의 종합부동산세율 및 82.5%의 양도소득세율의 적용 여지가 있는바, 이는 주택의 취득, 보유 및 양도의 전 과정에서 유래를 찾아보기 어려운 압살적 조세부담으로 주택 원본의 상당부분이 사실상 무상 수용되는 결과가 초래될 수 있다. 최근 연구결과에서도 현행 주택세제에서의 주택의 취득, 보유 및 양도에 따른 조세부담에 관한 조세부담이 심히 무거움이 수치로써 확인되었다. 위 연구에서는 한국과 G7 국가 모두 시가 12억 원의 주택을 매수하여 10년 뒤에 매도하는 경우에 전국단위 연평균 주택가격 상승률을 전제하고 총 조세부담을 1주택자와 3주택자로 나누어 비교하였는데, 한국의 경우 1주택자의 경우 총 조세부담이 7,390만 원으로, 양도세는 없었지만 취득세가 4,200만 원, 보유세는 3,190만 원으로 양도차익 580만 원보다 12배 이상 많고, 3주택자의 경우에는 취득세가 1억 6,080만 원, 보유세가 2억 7,330만 원, 양도세가 130만 원으로 총세금이 4억 3,540만 원에 이르러 양도차익

의 75배 달하였다. 반면, G7국가의 1주택자나 3주택자 모두 총 조세부담이 양도
차익보다 크지 않았다. 한국은 3주택자의 조세부담은 1주택자보다 6배 높았고
G7 국가는 1배~2.6배로 나타났다.[220] 외국의 입법례를 보더라도 개별주택세제
에서 개인의 주택보유수에 따라 일부 높은 세율이 적용되는 경우가 없지는 않지
만 이는 특정 거래단계에서의 조세부담의 문제일 뿐 취득과 보유 및 양도의 모든
단계에서 전면적 중과를 하는 경우는 찾기 어렵고, 개별적 단계에서의 중과의 경
우도 최대 취득세 5% 내지 12% 정도, 재산세 2% 정도, 양도세 35% 정도로서 우
리나라의 개별 주택세제의 최대 세율에 미치지 못하고 있다.

　뿐만 아니라 근자에 들어서는 1주택자에 대해서도 1세대 1주택의 과세상의
혜택의 범위를 지속적으로 축소해 그 조세부담을 무겁게 지우고 있다. 7·10 부
동산대책에서는 특히 고가주택에 대한 장기보유특별공제의 축소 등 1세대 1주택
에 대해서도 비과세 혜택을 현저히 축소하였다. 위 연구 결과에서도 확인되는바
와 같이 1주택자의 경우에도 그 중과의 정도는 OECD 어느 국가에 뒤지지 않는
다. 주택세제의 세대중심 합산비분할주의 아래에서의 이러한 막대한 과세부담은
주택을 소유하는 혼인공동체에게 큰 경제적 부담으로 작용한다. 대부분의 국가에
서는 부부단위주의를 유지하면서 주택에 대해 특정 요건을 충족하는 경우 비과
세하거나 소득공제 및 특례세율을 폭넓게 적용하여 과세상 혜택을 제공하고 있
는 것과 비교하면 그 역주행 문제의 심각성을 쉽게 확인할 수 있다.

Ⅳ. 혼인의 보호와 주택세제의 개선방안

1. 비혼과 저출산 시대와 헌법상 혼인의 보호

가. 현행 주택세제의 혼인에 대한 영향

　세대중심주의를 과세단위로 설정하고 세대별 보유주택 수에 따라 비과세와
중과세의 과세방식을 결정하며 다주택에 대해서는 주택의 취득, 보유 및 양도의
전 단계에서 과도하게 중과세를 하는 현행 주택세제는 헌법상 혼인의 보호에 정
면으로 역행하는 것으로 평가된다. 과세단위로서의 세대중심주의는 명목적으로

---

220) 박훈, "부동산세제와 기본권: 국제적 비교분석", 2020년 제15회 조세관련학회 연합학술대회 자
　　료집, 한국세법학회, 2020, 73－105면.

는 개인단위주의이지만 실질적으로는 세대의 주택 수를 고려하여 비과세나 공제를 부인하고 중과세율을 적용함으로써 혼인공동체의 소득이나 자산을 단순 합산하여 과세하는 합산과세방식과 유사한 결과를 가져오기 때문에 기본적으로 혼인과 가족생활에 우호적이지 못하다. 이러한 세대중심 비분할주의의 혼인에 대한 비우호성은 과세부담의 과중함으로 그 효과가 증폭되어 혼인공동체에 대하여 부정적 영향을 끼치고 있다. 현행 주택세제는 다주택의 경우뿐만 아니라 1주택의 경우에도 주택 소유에 대한 지나친 부담을 주어 혼인공동체로 하여금 주거의 장소로서 주택의 소유보다는 임대를 선호하게 만들어 혼인공동체의 보호에 역행하고 있다.

주택세제의 과도한 조세부담에 직면하는 혼인공동체에게는 혼인의 해소를 통한 세대분리로 부부의 실질적 공동재산인 주택을 나누어 가지는 방식으로 조세부담을 줄일 수 있는 강한 유인이 있다. 주택 2채를 가지고 있는 부부의 경우 이혼하면서 각기 한 채씩 재산분할을 한 다음 이를 보유하다가 각기 양도한다면 1세대 1주택의 비과세 혜택을 받을 수 있는바, 재산분할 과정에서 별다른 조세부담을 지지 않으면서 주택에 대한 보유 내지 양도에 따른 조세부담은 현저하게 줄일 수 있다. 1세대 1주택의 경우에도 향후 추가적인 주택의 취득시 중과세율의 적용이 부담으로 작용하고 고가주택의 경우에도 거주요건의 추가 등으로 장기보유 특별공제의 혜택을 받기 어려워 혼인의 해소에 따른 재산분할을 통하여 조세부담의 절감을 고려하게 될 수도 있다. 혼인공동체에 있어서 이혼에 대한 적극적인 경제적 유인이 제공되는 상황이다. 가장이혼에 관한 대법원 판례와 이에 대한 개정 규정의 도입에서 보는 바와 같이 다주택은 보유하지만 경제적 능력이 부족하여 조세를 납부하기 어려운 고령의 부부들뿐만 아니라 만혼으로 인하여 경제적 여건을 갖춘 상태에서 혼인을 앞둔 남녀에게 이러한 우려는 현실적인 상황으로 광범위하게 확산될 가능성이 충분하다.

나. 헌법상 혼인의 보호와 주택세제의 평가

비혼과 저출산 시대에 혼인공동체가 해체의 위기에 직면하고 있는 상황에서 주택세제는 혼인공동체에 대한 추가적인 위협요소가 되었다. 헌법적 차원에서 적극적인 혼인의 보호 필요성이 절실함에도 현행 주택세제는 소극적인 혼인의 자유권 및 평등권적 측면의 보호에도 미흡할 뿐만 아니라 오히려 중대한 위반의 소지가 다분하다. 주택은 혼인공동체의 주거의 공간이자 거의 유일한 투자재산의 성격을 가지고 있는데, 독신의 남녀나 사실혼 관계에 있는 부부의 경우에는 단독 세대주로서 각기 주택 1채씩에 대해서 주택의 취득, 보유 및 양도의 모든 단계에서 과세상의 혜택을 받을 수 있으나 그 남녀가 혼인을 하게 되면 둘이 합쳐 주택 1채에 대해서만 과세상 혜택을 받고 다른 주택 1채에 대해서는 여러 단계에서 중과세를 당하는 차별이 발생한다. 주택 2채를 보유하는 혼인공동체의 경우에는 혼인을 해소하지 않는다면 사실혼관계의 남녀나 비혼공동체에게 허여되는 1세대 1주택에 대한 과세상 혜택을 받을 수 없는 상황이다. 이는 혼인의 여부와 그 유지에 관한 자유로운 의사결정을 왜곡하고 비혼공동체나 사실혼 관계자 있는 자와 비교하여 혼인을 중대하게 차별하는 것으로 혼인의 보호의 자유권 및 평등권을 침해한다고 할 것이다.221)

가사 주택세제의 기본권 침해 여부가 명확하지 않더라도 비혼과 저출산 시대에 헌법상 혼인의 보호를 위해서는 주택세제의 자유권이나 평등권의 침해 요소를 제거하는 것에 나아가 혼인의 보호의 사회권적 성격에 부합하도록 혼인공동체에 대하여 주택세제의 조세측면에서의 지원 필요성이 크다. 특히, 저출산 시대에 출산장려를 위해서라도 혼인공동체에 대해서는 과세상의 혜택을 부여함으로써 미혼 남녀에게 혼인의 유인을 제공하는 것이 바람직할 것이다.222) 혼인공동체에 있어서 주택은 부부의 삶의 터전이므로 쾌적한 주거생활을 방해하는 1세대

---

221) 이에 대해 1세대 1주택 비과세는 수익적 규정이고 수익적 규정의 경우에는 비례원칙이 적용되지 않고 기본권의 침해 여부가 문제되지 않는다는 견해가 제시될 수 있다. 헌법재판소도 수익적 조항의 경우 기본권에 대한 침해 여부가 문제되지 않는다는 취지의 판시를 하였고(헌법재판소 2006. 2. 23. 선고 2004헌바80 등 결정), 증여재산공제제도와 관련하여 납세자에게 일종의 조세혜택을 부여하는 것은 광범위한 입법재량이 인정된다고 판시한 바 있다(헌법재판소 2008. 7. 31. 선고 2007헌바13 결정). 그러나 주택은 헌법상 특별한 보호를 요하는 대상으로서 주택세제에 있어서 1세대 1주택에 대한 과세상의 혜택은 단순히 특정행위에 대해서 비과세나 세액공제를 허용하는 것이 아니라 이를 위반하여 다주택을 소유하는 경우 단순 비과세를 받지 못하는 것이 아니라 곧 바로 중과세가 이어지고 있어 일반적인 수익적 규정의 경우와는 그 과세방식에 현저한 차이가 있고, 주택세제와 같이 특정한 행위를 규제하기 위하여 중과세를 하면서 제한적으로 비과세의 혜택을 부여하는 경우에는 중과세나 비과세의 불이익과 혜택의 간극이 보다 확대되어 비과세 조항은 중과세규정과 표리를 이루는 형태가 되므로 단순히 이를 일반적 상황에서 기능하는 수익적 조항으로 판단하는 것은 타당하지 않다. 헌법이 혼인과 가족생활을 차별금지의 영역으로 규정하여 특별한 보호를 하고 있는 이상 가사 수익적 규정이라고 하더라도 헌법상 혼인의 보호에 차별적인 효과를 가져온다면 그 자체로 위헌으로 평가된다고 보는 것이 타당하다. 헌법재판소도 수익적 규정에 해당하는 다주택자의 장기보유특별공제에 관하여 비례의 원칙을 적용하여 그 위헌여부를 판단한 바 있다(헌법재판소 2010. 10. 28. 선고 2009헌바67 결정).
222) 차진아, 앞의 헌법학연구 논문, 33면.

1주택에 대한 배려가 없는 과세는 인격적 권리를 침해한다고 볼 수 있는 점,[223] 헌법상 혼인의 보호는 그 기본권 보장을 보다 강화시켜주는 제도보장으로서의 성격도 가지는 점에 더하여 대부분의 경우 주택은 혼인공동체의 유일하거나 중요한 부동산 자산이기 때문에 주택세제에서의 조세지출의 유인 제공의 필요성은 더욱 더 절실하다는 점 등을 고려하면, 혼인한 부부에 대해서는 그들이 보유하는 주택에 대한 과세상의 혜택을 제공하는 것은 혼인의 보호의 사회권적 측면에도 부합하는 것이 된다.

다. 주택세제의 개선방향과 전제사항

헌법상 혼인의 보호의 측면에서 주택세제의 개선방향은 적극적으로 혼인공동체에 대하여 과세상의 혜택을 부여하는 새로운 과세단위의 도입문제와 소극적이지만 현행 세대중심주의 하에서 혼인공동체의 보호에 역행하는 개별 주택세제의 정비문제로 크게 구분해 볼 수 있다. 전자는 신규 과세제도의 도입으로 혼인의 보호를 위한 현행 주택세제의 세대중심주의를 변경하는 문제이고, 후자는 기존 과세제도의 정비로 세대중심주의라는 주택세제의 틀을 유지하면서 혼인의 보호에 위반되는 요소를 정비하는 문제이다.

그러한 두 가지의 개선방향에 있어서 중요한 전제사항이 있다. 헌법상 혼인의 보호와 가장 유관한 조세문제가 혼인공동체에 대한 과세단위의 문제이고 그 과세단위의 변경은 헌법상 혼인의 보호에 따른 차별적 조세부담의 금지가 그 요체이므로 혼인공동체에 대하여 비혼공동체와 마찬가지로 부부 각자에 대하여 주택 1채에 대한 과세상의 혜택을 부여하는 것이 최소한의 요청사항이 된다. 과세단위를 변경하지 않고 세대중심주의 하에서 개별 주택세제의 개선방안을 모색하는 경우에도 혼인공동체의 주택 보유수의 측면에서 비혼공동체와의 조세법상의 차별문제를 정비하는 것이 기본적으로 요구된다. 외국의 현행 입법례를 보더라도 부부 개인의 소유 주택수에 따라 다주택의 경우에 과세상의 부담을 지우는 경우는 있어도 부부의 주택보유를 합산하여 비과세와 중과세를 결정하는 경우는 찾기 어렵고 미국의 주택세제에서는 주택의 양도차익에 대하여 개인의 경우에는 25만 달러를 한도로 소득공제의 혜택을 부여하고 있는 반면 부부에 대해서는 그 2배인 50만 달러에 대하여 혜택을 명시적으로 주고 있는 점을 고려해 보더라도

---

223) 헌법재판소 2008. 11. 13. 선고 2006헌바112 등 결정.

부부의 주택 2채에 대한 과세상의 혜택의 부여는 그 정당성이 충분히 인정된다.

현실적인 측면에서도 맞벌이 부부나 가족의 일부가 서울과 지방 등 멀리 떨어진 곳에서 거주해야 하는 사정이 늘어나 주택 2채의 보유의 현실적 필요성이 있는 점을 고려할 때 주택세제의 부부단위주의는 바람직한 조세정책적 선택이 될 수 있다. 부부가 모두 주택 2채에 거주하지 않는다고 하더라도 나머지 1채는 자연스럽게 임대물량으로 시장에 공급될 것인 점, 임대와 전세제도가 존재하는 이상 주택을 공급하는 공급자가 필요할 것이며224) 국가가 임대물량을 독점하지 않는다면 사인 중의 누군가가 공급자의 역할을 담당해야 하는 점, 다수의 다주택자가 주택임대사업자로 등록하여 임대주택에 대해서 취득과 보유 및 양도단계에서 사실상 과세상 혜택225)을 보고 있는 점 등을 보더라도 혼인공동체의 주택 2채에 대한 혜택의 부여는 부정적 효과보다는 긍정적인 측면이 많다고 사료된다.

2. 주택세제의 과세단위에 대한 개편방안

가. 세가지의 대안과 주요 차이점

현행 주택세제의 세대중심주의에 대한 대안으로 개인단위주의와 부부단위주의 및 가족단위주의가 제시된다. 다만, 헌법상 혼인의 보호의 관점에서 그 논의의 전제는 개인단위주의에서는 세대중심 비분할합산의 요소를 제거하여 순수하게 개인단위로 주택보유수를 판정하여 비과세와 중과세를 결정하는 것이어야 한다. 부부단위주의와 가족단위주의에서도 부부나 가족의 재산과 소득을 합산분할하여 과세하는 것이므로 세대중심주의에서 가장 중요한 요소로 고려하는 주택도 합산한 다음 부부 또는 가족구성원의 수에 따라 안분하여 개인별로 평균 주택수를 산정하고 그 주택수를 기준으로 비과세와 중과세를 판단하는 방식이 된다.

주택세제가 개인단위주의로 변경되면 각자 개인으로서 1채의 주택을 소유하는 부부는 비혼의 남녀와 마찬가지로 주택 1채씩에 대하여 과세상의 혜택을 받게 되고, 경우에 따라서는 가족공동체 전체로는 가족 구성원과 같은 수의 주택에 대해서 비과세 등의 이익을 받을 수도 있다. 부부단위주의는 부부 전체로서 주택 2

---

224) 다주택자에 대한 양도소득세 중과세는 임대주택의 공급을 위축시킨다는 점에 대해서는 김경환, "주택관련 세제의 개편 방안", 부동산연구 제17집 제2호, 한국부동산연구원, 2007. 12., 206면 참조.
225) 주택임대사업자에 대해서는 일정한 요건 하에 취득세와 재산세가 감면되고 종합부동산세 및 양도소득세도 혜택이 부여된다.

채를 허용하는 것이 되어 부부의 소유 명의에 불구하고 과세상 혜택을 받은 것이 되어 개인단위주의에 비하여 부부에 대한 과세상 혜택의 정도가 크지만, 세대 구성원의 수는 주택 수에 반영되지 않는다는 점에서 개인단위주의보다는 그 혜택의 확장가능성은 적다. 가족단위주의를 채택하게 되면 부부는 각자 주택 1채에 대하여 비과세 등의 혜택을 받을 수 있고 추가적으로 자녀 수에 따라 혜택을 받는 주택수가 증가할 수 있다.

나. 과세단위별 장단점

(1) 개인단위주의

개인단위주의는 주택세제에 관하여 세대중심주의를 해체하고 개인단위로 주택수를 판정하여 그 보유주택수에 따라 비과세와 중과세를 하는 방식이다.[226] 개인단위주의는 비과세와 감면 및 중과 모두 통일되게 개인을 과세단위를 정하게 되어 납세자의 납세순응비용과 과세관청의 행정비용을 감소시킬 수 있다. 민법은 혼인 중의 부부재산에 대하여 부부별산제를 취하고 있는데, 세법이 소득과 재산의 귀속을 민사법상의 귀속에 의하여 원칙적으로 결정한다는 측면에서도 개인단위주의가 민법과도 조화를 이룬다. 헌법재판소는 자산소득 부부합산과세와 종합부동산세 세대별합산과세를 규정한 것이 헌법상 혼인의 보호에 부합하지 않다고 결정하여[227] 부부단위주의 등 다른 과세단위의 선택으로 나아가는 것은 현실적으로 어렵다.[228]

혼인의 보호의 관점에서 개인단위주의는 세대중심주의에 비하여 혼인의 보호에 도움이 되지만 부부 일방이 주택 2채를 가진 경우에는 여전히 비과세 혜택이 배제되고 중과세가 되므로 여전히 이혼과 세대분리의 유인이 존재한다. 만일 개인단위주의가 부부만이 아니라 자녀가 보유하는 주택에 대해서까지 과세상의 혜택을 부여한다면 지나치게 과도하다는 지적도 가능하다. 개인단위주의에 대해서는 소득이나 재산의 보유를 인위적으로 분산하는 유인이 있어 이를 방지하기 위한 과세관청의 행정비용도 증가하는 문제점이 있다는 지적이 있다.[229]

---

226) 박훈, 앞의 지방세논집 논문, 133면.
227) 헌법재판소 2008. 11. 13. 선고 2006헌바112 등 결정.
228) 박훈, 앞의 지방세논집 논문, 133면.
229) 김완석·이전오, 앞의 논문, 44면.

(2) 부부단위주의

부부단위주의는 주택세제의 과세단위를 부부단위로 파악하고 부부 각자가 안분하여 소유하는 주택의 수를 기준으로 비과세와 중과세를 결정하는 방식이다.230) 부부단위주의는 소득과 소비가 발생하는 기본적인 경제적 단위가 부부라는 현실에 부합하고 다른 과세단위 유형과 비교해서 부부 일방의 주택소유와 부부 각자의 주택소유 모두에서 조세부담이 적게 나타나 혼인에 대한 유인으로 작용할 가능성이 높다.231) 또한, 조세제도와 사회보장제도는 정책효과의 면에서 상호 연관성을 갖는데 우리나라의 대부분의 사회보장제도는 가구단위로 지원이 이루어지고 있어232) 부부단위주의가 개인단위주의보다 적절하다.

부부단위주의에 대해서는 민법상 부부별산제에 반한다는 지적이 있으나 민법상 혼인 중 취득한 소득이나 재산의 귀속을 민사적으로 결정하는 문제와 공평한 담세력의 측정을 위해 과세단위를 개인으로 할 것인지 아니면 부부나 가족으로 할 것인지의 세법적 문제는 서로 구분되는 것이므로 양자를 반드시 일치시킬 필요는 없다.233) 외국의 경우에도 부부별산제를 취하는 국가이지만 부부단위주의를 취하는 국가들도 다수 존재하고 법인의 경우에도 원칙적으로 개별 법인이 납세의무자이지만 일정한 요건을 구비하는 특수관계법인 그룹을 단일의 납세자로 보아 과세하는 연결납세제도의 경우도 있으므로 부부별산제라는 이유만으로 부부단위주의가 허용되지 않는 것은 아니다. 또한, 헌법재판소에서 부부단위주의를 인정하지 않았다는 논거도 있으나 헌법재판소가 부부자산소득 합산과세제도와 세대별 종합부동산세 합산과세에 대하여 헌법상 혼인의 보호에 부합하지 않는다고 판단한 것은 부부단위주의에서의 단순합산의 방식에 의한 과세의 문제점을 지적한 것이고 합산분할주의를 택하는 등 과세방식을 달리 한다면 충분히 헌법

---

230) 참고로 부부단위주의는 부부의 소득이나 재산의 분산을 통한 조세회피를 방지하는데 도움이 되므로 가처분소득을 과세대상으로 인식하는 소득세의 과세단위와 보유한 부동산의 규모를 과세대상으로 하는 보유세의 과세단위를 부부단위로 파악하는 것이 바람직하다고 하면서 소득세는 자산소득에 한정하여 합산하는 방법과 모든 소득유형을 합산하는 방법 및 종합부동산세는 주택에 대해서 한정하여 합산하는 방법과 주택과 토지 모두에 대해 합산하는 방법 등을 제시하는 견해가 있다(이동식, 앞의 조세법연구 논문, 339−340면). 다만, 위 견해는 혼인의 보호의 차원이 아니라 공평과세를 실현한다는 이유에서 부부단위 비분할주의의 도입을 제안하고 있다는 점에서 차이가 있다.

231) 안종범, "저출산·고령화와 과세단위의 변경", 세무사 제27권 제4호, 한국세무사회, 2010. 2., 25면.

232) 안종범, 앞의 논문, 23−24면.

233) 이동식, 앞의 조세법연구 논문, 319−320 면.

상 혼인의 보호에 부합하는 제도가 될 수 있다.[234]

(3) 가족단위주의

가족단위주의는 주택세제의 과세단위를 가족단위로 파악하여 가족구성원이 안분하여 소유하는 주택수를 기준으로 비과세와 중과세를 결정하는 방식이다. 부부단위주의와 마찬가지로 가족공동체는 소비공동체로서 경제적 현실에 부합하는 제도이고 사회보장제도와의 연관성도 높다는 장점이 있다. 자녀에 대한 가중치 설정의 문제에는 프랑스의 소득세에 대한 가족단위주의가 고려될 수 있을 것이다.

가족단위주의는 혼인의 보호의 관점에서 다자녀 출산의 유인을 제공하여 효과적인 조세정책의 수단이 될 수 있지만 자녀의 가중치를 어떠한 방식으로 산정할 것인지의 어려움이 있고 자녀의 수에 따라 과세상 혜택을 받는 주택수가 늘어나는 것은 지나치게 과도하다는 지적도 제기될 수 있다. 또한, 조세법에서 개인단위주의를 일관하고 있는데 부부단위주의를 채택하지 않고서 곧바로 가족단위주의를 도입하는 것은 시기상조라는 지적도 가능하다.

다. 부부단위주의 도입의 필요성

(1) 도입의 논거

부부단위주의는 우리나라 세법에서 도입된 적은 없지만, 소득세법에서도 거주자 1인과 그와 생계를 같이하는 동거가족으로서 배우자·직계존속 및 직계비속과 그 배우자·형제자매와 그 배우자에 해당하는 자가 부동산임대소득·사업소득이 발생하는 사업을 공동으로 경영하는 사업자 중에 포함되어 있는 경우에는 당해 특수관계자의 소득금액은 그 지분 또는 소득분배비율이 큰 공동사업자의 소득금액으로 보아 합산과세하는 가족조합에 대한 과세제도를 두고 있고[235] 과거 소득세법이 부부자산소득 합산과세제도를, 종합부동산세법이 세대별 종합부동산세 합산과세제도를 운영하고 있었고 현행 주택세제가 부부를 핵심요소로 하는 세대중심주의 하에서 세대를 기준으로 합산과세제도와 유사한 효과를 가져오는 비과세와 중과세를 운영해 오고 있으며[236] 대주주의 상장주식의 양도차익에 대한 과세를 하면서 부부의 보유주식을 합산하여 대주주 여부를 판정[237]하는

234) 이동식, 앞의 조세법연구 논문, 313−314 면.
235) 소득세법 제43조 제3항.
236) 소득세법 제88조 제6호.
237) 소득세법 제94조 제1항 제3호 가목, 소득세법 시행령 제157조 제4항.

등 유사한 과세방식의 경험이 있어 부부단위주의가 전혀 생소한 것은 아니다.

이혼시 일방 배우자에게 인정되는 재산분할청구권은 부부의 소득과 재산이 실질적으로 혼인공동체에 귀속한다고 보는 입장에 있는바, 그러한 관점에서 혼인 중의 소득과 재산 역시 명의에도 불구하고 실질적으로 혼인공동체에 속하므로 혼인공동체를 과세단위로 보는 것은 실질과세원칙에도 부합하는 자연스러운 측면이 있다.[238] 혼인 중 부부 일방이 그의 명의로 취득한 재산은 그의 단독소유이기는 하나 상대방의 협력이 있음으로써 취득할 수 있던 것이어서 상대방은 그 재산에 대하여 잠재적 지분을 갖는다고 볼 여지가 있고,[239] 실질적으로 부부 공동재산에 대한 지분권의 행사가 이혼의 경우에만 인정된다고 본다면 그 공유지분권 행사를 통한 조세부담의 절감을 위해 이혼을 시도할 수도 있는 문제점이 생길 수 있는데, 이를 방지하는 효과가 있다. 이러한 실무 및 이론상 고려사항을 종합하여 볼 때, 주택세제에서는 과세단위로 부부단위주의를 도입하는 것이 여러 가지 측면에서 타당하다고 사료된다.

(2) 고려사항

(가) 도입 범위의 문제

개인에 대한 현행 세법은 과세단위로 개인단위주의를 일률적으로 택하고 있는데 주택세제에 대해서만 부부단위주의를 채택하는 것이 논리적으로 가능하고 타당할지의 문제가 있다. 가족단위주의의 경우에도 같은 문제제기가 가능하다. 주택세제는 재산세제와 소득세제의 요소가 공존하고 있어 누진세율을 전제로 하는 소득세제에서도 부부단위주의를 도입하지 않은 터에 주택세제에 대해서 부부단위주의를 도입하는 것은 시기상조라는 지적도 가능하지만, 현행 주택세제는 이미 부부단위주의와 유사한 효과를 가지고 있는 세대중심주의를 기본틀로 운영해 오고 있어 다른 세제 분야와는 달리 그 도입시에도 상대적으로 부작용이 적을 것으로 사료된다. 또한, 주택취득세제와 주택보유세제에서는 누진세율을 택하고 있지는 않지만 주택보유수를 기준으로 비과세와 감면을 결정하고 있으므로 부부단위로 주택보유수가 판단되는 부부단위주의가 도입되더라도 그 집행상의 문제점은 그다지 크지 않을 것이다.[240] 외국의 입법례도 부부단위주의를 전면적으로

---

238) 김완석·이전오, 앞의 논문, 43 – 44면.

239) 신한미, "혼인과 그 해소에 관련된 조세문제", 가사재판연구 I, 서울가정법원 가사재판연구회, 2007, 239면.

240) 종합부동산세에 있어서 2분2승제의 부부단위주의 도입에 대해서는 김완석·이전오, 앞의 논문,

채택하는 경우도 다수 있으므로 부부가 공동으로 거주하는 주택에 대한 주택세제에서 부분적으로 그와 같은 제도를 도입하지 못할 이유는 없다고 생각된다.

(나) 도입방식의 문제

부부단위주의를 도입하는 경우 이를 혼인공동체에 대하여 의무적으로 시행하도록 할 것인지 여부가 문제되나 혼인공동체라고 하더라도 신고의 간편성 등의 사정으로 개인단위주의로 신고를 하는 것이 편리할 수도 있으므로 혼인공동체로 하여금 개인단위주의도 선택적으로 이용할 수 있도록 하는 것이 합리적으로 보인다. 선택적 부부단위주의는 혼인공동체에 대한 조세부담이 상대적으로 적고 특히 홀벌이가구나 맞벌이가구 모두에서 조세상의 유인을 제공하여 혼인의 인센티브로 작동할 수 있다.[241] 실무상으로는 개인단위주의가 원칙이 되고 부부단위주의는 부부가 임의로 선택을 하는 방식이 될 것이다. 종합부동산세가 선택적 신고방식을 채택하고 있고,[242] 미국과 독일이 부부단위주의를 선택적으로 운영하고 있는 점도 참고가 될 것이다.

3. 개별 주택세제의 쟁점별 개선방안

가. 두 가지 주요 쟁점과 법적 의미

과세단위를 부부단위주의로 변경하지 않더라도 세대중심주의 하에서도 주택세제를 정비하는 방법으로 헌법상 혼인의 보호의 취지를 살릴 수 있는데, 주택세제의 전반에 걸쳐 부부 기준 주택수의 판정 문제와 부부의 이혼의사의 존중 문제가 두 가지의 주요 쟁점이다. 우선은, 헌법상 혼인에 대한 조세부담의 차별을 없애기 위해 부부로 구성된 세대에 대해서는 부부 2주택에 대해서는 과세상 혜택을 부여하여야 할 것이다. 이는 비혼자에 대한 혼인공동체의 차별을 방지하기 위한 것으로 헌법상 혼인의 보호의 자유권 및 평등권적 성격에 배치되지 않기 위해서라도 개정이 필요한 부분이다. 다음으로, 그러한 조세부담의 차별 때문에 법률혼에서 이탈하는 남녀가 있다면 헌법상 혼인의 보호의 자유권적 성격을 중시하여 그 의사결정을 존중하여야 할 것이다. 만일 그러한 부부에 대해서 세법상 여전히 혼인공동체로 간주한다면 헌법상 혼인의 보호에 정면으로 역행하는 결과가 될 것이다. 전자는 헌법상 혼인의 보호를 위한 국가의 적극적 노력이자 근원적인 해

45-46면 참조.
241) 안종범, 앞의 논문, 25면.
242) 종합부동산세법 제16조 제3항.

결책이고, 후자는 국가의 소극적 노력이자 현상적 대책이 된다. 만일 전자가 허용된다면 후자의 필요성은 대부분 줄어들 것이다. 주택세제의 전반에 걸쳐 문제되는 두 가지 주요사항을 우선적으로 정비하고 이어서 혼인의 보호의 관점에서 개별 주택세제별로 제기되는 세부 쟁점들에 대한 구체적인 개선방안을 마련하는 것이 필요하다.

나. 개별 주택세제 전반의 개정방안

(1) 부부 기준의 주택 수 판정 문제

헌법상 혼인의 보호에 충실하게 세대중심주의 하에서 부부 2주택에 대해서 과세상 혜택을 허용한다면 개별주택세제에서 이에 부합하는 개정이 필요하다. 주택취득세제의 경우 혼인공동체의 다주택 취득에 대하여 고율의 취득세율을 적용하는 부분은 1회성이고 과세규모가 상대적으로 적어 다른 주택세제에 비하여 혼인공동체에 대한 부정적 영향은 비교적 크지 않지만 신규 주택의 취득을 통한 투자재산의 확대를 원하는 경우에는 혼인을 해소하여 그 부담을 줄이고자 하는 유인이 여전히 존재한다. 따라서 헌법상 혼인의 보호 차원에서 혼인공동체가 취득하는 2주택에 대해서는 최소한 일반세율이 적용되도록 하여야 할 것이다.

주택보유세제의 경우 재산세는 개인단위주의를 택하고 있어 별 문제가 없으나 종합부동산세는 주택의 합산은 개인단위주의로 하되 세액공제 등은 1세대 1주택에 대해서만 인정하고 있어 개정의 필요성이 있다. 종합부동산세법은 혼인한 부부에 대해서는 5년간 각각을 1세대로 보아 자유로운 혼인을 보장하려는 입장에 있으나 신혼부부의 연령이나 5년의 단기간을 고려하면 그 혜택이 실효적이지 않고 유예기간이 종료하면 주택의 보유가 1채로 제한되어 여전히 혼인의 보호에 반한다. 모든 혼인공동체에 대해서는 추가공제와 세액공제가 허용되도록 주택 2채에 대해 과세상 혜택을 부여하는 근본적인 개정이 필요하다.

주택양도세제의 경우 1세대 1주택에 대해서만 비과세와 장기보유특별공제를 인정하고 있어 개정이 필요하다. 세대중심주의를 취하더라도 혼인공동체에 대해서 부부 단위로 2주택에 대한 비과세와 장기보유특별공제의 혜택을 부여한다면 혼인의 보호에 역행되는 측면은 상당부분 치유될 수 있다.

(2) 부부의 이혼의사의 존중 문제

주택취득세제와 주택양도세제에서는 가장이혼 규정을 두어 법률상 이혼을 하였으나 사실상 생계를 같이 하는 등 사실상 이혼한 것으로 보기 어려운 관계에 있는 사람을 여전히 배우자로 본다고 규정하고 있다. 종합부동산세는 가장이혼 규정을 두고 있지 않으나 추가공제나 세액공제 등은 1세대 1주택에 한하여 허용하고 있으므로 법률상 이혼을 하더라도 실질과세원칙 등의 확대적용을 통하여 이를 가장이혼으로 보아 세액공제 등의 적용을 배제할 여지는 여전히 있다.

혼인은 당사자의 혼인의사의 합치가 있고 법률에 따라 혼인신고를 해야 성립한다. 법률상 혼인신고가 없다면 사실혼 관계이고 주택세제에서 사실혼은 혼인에 해당하지 않는다. 가장이혼 규정은 부부가 자유로운 의사에 의하여 이혼 합치의 의사로 법률혼을 해소하기로 하는 이혼신고를 하였음에도 세법의 목적에서는 그들을 혼인한 부부로 취급하는 것으로 이혼신고에 따라 부부로서의 법률상 보호가 박탈되는 효과가 발생함에도 세법이 이를 인정하지 않는 것이다. 이는 민법상 혼인의 개념과도 정면으로 배치될 뿐만 아니라 헌법상 혼인의 보호의 평등권 및 자유권적 성격에도 배치된다. 사실혼 관계의 부부는 혼인으로 인정하지 않으면서 법률혼을 해소시킨 경우에는 혼인으로 인정하는 것은 균형상 타당하지 않다. 가장이혼 규정은 역으로 현행 주택세제가 헌법상 혼인의 보호의 역행하고 있음을 단적으로 보여주는 것으로 세대를 구성하는 부부에 대해서 2주택의 보유를 허용하는 방식으로 문제를 접근해야 하는 것이지 이혼하여 세대를 분리한 남녀를 부부로 간주하는 것은 문제의 본질을 회피하는 미봉책으로서 주객전도의 측면이 강하다.

다. 주택취득세제의 개정방안

(1) 부부간 증여에 대한 취득세율의 문제

증여로 인한 주택의 취득에 대해서는 12%의 취득세율이 적용되는데, 12%의 취득세율은 거래세의 성격에 비추어 지나치게 과중할 뿐만 아니라 부부 사이의 증여에 대해서 그대로 적용된다면 부부 간 증여를 사실상 억제하는 것이 되어 혼인의 보호에 역행하는 측면이 있다. 부부간 증여에 대해서는 10년마다 6억 원의 증여재산공제가 허용되는데 부부간 주택의 이전에 대해서 12%의 고율의 취득세를 별도로 부과하는 것은 증여재산공제가 되는 6억 원 상당의 증여에 대하여 다른 명목의 과세를 하는 것으로 증여재산공제의 취지가 몰각되는 결과가 초래된다. 주택취득세제는 1세대 1주택자가 소유한 주택을 배우자 또는 직계존비속이 무상취득하는 경우는 제외한다고 규정하여[243] 1세대 1주택을 증여하는 경우에만 증여취득세율의 적용을 배제하고 있지만, 다주택이라고 하더라도 이에 대해 중과할 이유는 없으므로 부부간 증여에 대해서는 중과세율 규정의 적용을 배제하여야 할 것이다.

나아가 부부는 하나의 세대를 구성하고 있고 세대중심주의에서 부부 소유 주택 2채에 대해서 감면을 허용하는 전제에서 볼 때 만일 주택 2채를 가지고 있는 부부 일방이 그 중 1채를 배우자에게 증여한다고 하더라도 이는 혼인공동체 내부의 형식적 자산의 이전에 불과하므로[244] 취득세 비과세 대상으로 삼는 것이 타당하다. 지방세법은 신탁에 의한 취득과 같이 형식적 취득의 경우에 취득세를 비과세하는데[245] 부부간 주택 이전의 경우에도 이를 형식적 취득으로 보아 신탁의 비과세와 같은 규정을 둘 필요가 있다.

(2) 부부소득 합산의 문제

신혼부부의 생애 최초 주택 취득이나 일반인의 생애최초 주택 구입시에 부부나 세대의 소득을 합산하여 전자는 맞벌이 7천만 원, 외벌이 5천만 원 이하인 경우, 후자의 경우에는 세대합산 7천만 원 이하인 경우 취득세를 감면해 주고 있다. 신혼부부 등 혼인공동체의 주택 취득에 대하여 취득세를 감면하는 부분은 긍정적이지만 신혼부부 등의 소득을 합산하는 것은 혼인의 보호에 역행하는 측면이 있다. 종전 이자소득, 배당소득, 부동산 임대소득 등 자산소득에 대해 부부합산과세제도가 헌법상 혼인의 보호에 위반된다는 헌법재판소 결정은 비록 과세목적에서 부부소득의 합산을 금지한 것이기는 하지만 비과세나 면세를 배제하기 위한 목적에서 부정적으로 적용하는 것은 헌법상 혼인의 보호 취지에 어긋난다고 보인다. 특히 비혼 공동체나 사실혼 관계에 있는 남녀는 세대의 소득합산 없이 자신의 소득만을 기준으로 취득세 감면여부가 판정되는 반면 혼인한 부부는 세대의 소득이 합산되어 감면의 기회를 받지 못할 가능성이 있다. 비록 신혼부부에 대해 취득세 감면의 혜택을 주는 것이지만 부부의 소득합산은 자산소득 부부합산과세제도의 위헌 취지와 신혼부부에 대한 혜택범위의 제고필요성의 차원에서 부부 일방의 소득만 고려해서 감면을 허용하는 것이 혼인의 보호의 취지에 보

243) 지방세법 제13조의2 제2항, 지방세법 시행령 제28조의6.
244) 부부간 상속 및 증여에 대해서는 상속세와 증여세를 비과세하는 것이 타당하다는 주장에 대해서는 김완석·이전오, 앞의 논문, 60-62면 참조.
245) 지방세법 제9조 제3항.

다 부합한다고 사료된다.

라. 주택보유세제의 개정방안: 부부 공동명의 주택의 세액공제 문제

2020. 12. 2. 개정 전 종합부동산세법은 개인단위주의를 채택하고 있으면서 부부 중 일방 단독명의의 1세대 1주택에 한하여 장기보유세액공제와 고령자세액공제를 허용하고 있었다. 과거에는 공시가격과 공정시장가액비율이 높지 않아 1세대 1주택의 9억 원의 공제보다 부부 공동명의 주택에 대한 기본공제 합계 12억 원을 공시가격에서 차감하여 받게 되는 혜택이 세액공제를 받지 못하여 발생하는 불이익보다 커서 부부 공동명의가 단독명의보다 조세부담측면에서 대부분 유리하였다. 하지만 최근 들어 공시가격 급등과 공정시장가액 비율의 상승으로 단독명의 주택에 대해서 허용되는 고령자 및 장기보유세액공제의 혜택이 12억 원의 기본공제의 혜택보다 커지게 되는 경우가 발생하여 단독명의자보다 부부 공동명의가 불리할 여지가 생겼다. 그 결과 부부가 거주하는 주택을 부부 중 한 명이 단독으로 소유하게 하거나 혼인공동체에 대하여 부부관계보다 독신을 장려하게 하는 유인이 생겨 헌법상 혼인의 보호에 역행하는 문제가 발생하였다.[246]

이에 대해 정부는 2020. 8. 부부 공동명의 1세대 1주택에 대해서는 세액공제를 허용하지 않겠다고 발표하였으나 최근 이러한 지적을 수용하여 부부 공동명의 1주택자도 세액공제를 받을 수 있도록 하는 개정안이 2020. 12. 2. 국회를 통과하였다. 이에 따르면 부부공동명의 1주택자는 공동명의와 단독명의 중 유리한 방식을 선택하여 신고할 수 있고 개정안은 2021년 종합부동산세 부과분부터 적용된다. 부부 공동명의 1세대 1주택에 대해 3억 원의 추가 공제와 세액공제를 비교하여 유리한 선택을 할 수 있도록 허용한 것이다. 다만, 그러한 개정에도 불구하고 혼인공동체는 매년 마다 양자를 비교하여 선택을 해야 하는 번거로움이 있고,[247] 2020년 종합부동산세 신고납부기간이 2020. 12. 1.부터 2020. 12. 15.까지이고 위 규정이 그 이전에 개정되었음에도 2020년분에 이를 소급하여 적용하지

---

246) 김경하, "주택에 대한 과세제도의 합리적 개선방안 연구", 조세법연구 제26−3집, 세경사, 2020. 11., 375면.

247) 이에 대해서는 부부공동명의 1세대 1주택은 3억 원의 추가공제를 받고 세액공제까지 허용되므로 단독명의 1세대 1주택에 대한 역차별이 문제된다는 지적이 있는데, 그 해결방안으로 부부 공동명의 주택은 3억 원의 소득공제를 추가로 받아 조세부담의 측면에서 유리하므로 공동 명의에 대해 적용되는 세액공제는 전부 허용하는 것보다는 일정한 비율만큼 허용하는 것이 타당하다는 견해가 있다(김경하, 앞의 논문, 393−394면).

않는 문제점은 여전히 지적된다 .

　마. 주택양도세제의 개정방안: 장기보유 특별공제의 거주요건의 문제

　장기보유 특별공제는 10년 이상 보유하고 동시에 거주하면 양도차익에 대해 80%까지 소득공제를 받게 된다. 장기보유 특별공제의 거주요건이 7·10 부동산 대책에서 추가되어 고가주택은 1세대 1주택이더라도 거주요건을 충족하지 못하는 경우 종전 보유요건만 갖춘 경우와 비교하여 최대 50%까지 장기보유 특별공제를 받지 못하게 되었다. 장기보유 특별공제의 요건으로 최대 10년의 거주를 요구하는 것은 거주이전의 자유를 침해한다는 지적에 더하여 혼인의 보호에도 역행하는 부분이 있다. 예컨대, 부부가 보유하고 있던 주택에서 거주하던 중 인사발령 등의 사유로 지방으로 이사를 가서 그곳에서 함께 거주하였는데, 위 거주요건의 추가에 따라 그 요건을 충족시키기 위해 일방 배우자로 하여금 주택이 소유하는 장소에 이사하여 별거하게 함으로써 부부 사이의 동거의 기회를 상실하게 만드는 효과가 생길 수 있는 것이다. 이는 부부의 동거의무의 이행에 대하여 조세가 인위적으로 영향을 주는 것으로 혼인의 보호에 반하므로 장기보유 특별공제에 장기간의 거주요건을 추가한 부분은 삭제하는 것이 타당하다. 또한, 거주사실의 증명은 사실판단의 문제로서 이를 입증하는 것이 어렵고 그 과정에서 혼인의 사적 생활이 침해될 여지가 있다는 점도 고려되어야 한다.

　또한, 강화된 거주요건 하에서 생계를 같이하는 가족이 취학, 질병의 요양, 근무상 또는 사업상의 형편 등 부득이한 사유로 인하여 한 곳에 거주하고 못하고 이사를 하여야 하는 상황이 발생할 수 있는바, 이에 대한 고려 없이 일률적으로 장기간의 거주요건을 획일적으로 요구한다면 부득이한 사유가 발생하여 거주하지 못한 자와 부득이한 사유가 발생하지 아니하여 계속적으로 거주한 자를 차별하게 된다.[248] 혼인공동체의 경우에는 단독 세대보다는 가족구성원의 수가 많으므로 이와 같은 문제가 폭넓게 발생할 수도 있는데 이러한 사정을 고려하지 않는 것은 혼인의 보호에 역행할 수 있다. 따라서 최소한 세대 구성원에게 발생할 수 있는 부득이한 사유를 포괄적으로 규정하여 혼인공동체로 하여금 그러한 사유가 존재하는 경우에는 이를 입증하여 거주요건과 무관하게 장기보유 특별공제를 받을 수 있도록 하는 것이 타당하다.

---

248) 김경하, 앞의 논문, 380면.

V. 결 론

현행 주택세제는 세대를 기준으로 그 세대가 보유하는 주택의 수에 따라 비과세와 중과세의 차별적 대우를 하고 있다. 이러한 세대중심주의는 기본적으로 혼인공동체를 비혼자나 사실혼관계에 있는 남녀에 비하여 부당하게 차별하는 결과를 가져온다. 대표적으로 1세대 1주택에 대한 비과세 혜택을 1인 단독 세대는 온전히 누리지만 부부 2인으로 구성되어 있고 자녀들도 존재하는 혼인공동체는 주택 1채에 대해서만 비과세 혜택을 받고 주택 2채 이상을 보유하는 경우에는 비과세의 배제만이 아니라 다주택자로서 주택의 취득, 보유 및 양도의 모든 단계에서 막대한 조세를 부담하게 되고 그러한 불이익을 피하기 위해 이혼으로 세대를 분리하고자 하는 경제적 유인이 발생한다. 이는 혼인의 보호의 자유권적 성격과 평등권적 성격을 중대하게 침해하는 결과를 가져오는바, 조세부담의 과중으로 인한 혼인해소의 문제는 비단 이론적인 것만이 아니라 실제 혼인공동체에 발생하는 문제로서 이에 대한 판례[249]가 존재하고 이를 조세회피로 보아 과세하기 위한 대응 입법까지도 마련되어 있는 상태이다.

또한, 심화된 비혼과 저출산의 시대를 맞이하여 헌법상 혼인의 보호의 사회권적 성격은 더욱 더 강조되어야 하는데, 현행 주택세제는 혼인공동체를 비혼자나 독신자에 비하여 우대하는 규정이 거의 없다. 혼인공동체에 대해서는 조세지출의 측면에서의 적극적인 지원이 필요하고 조세상의 혜택의 부여는 비혼과 저출산 시대의 혼인의 보호를 위한 효과적 방식이 될 수 있다. 주택은 혼인공동체의 투자자산의 기능도 수행하고 있으므로, 그 전반을 규율하는 주택세제가 혼인의 보호를 위한 선도적 역할을 수행하기에 가장 적격인 법적 장치이다. 비혼과 저출산의 시대에 주택세제가 혼인공동체로서 부부 각자가 독신자로서 누릴 수 있는 이상의 기회와 혜택을 갖도록 조세지출 제도를 정비하여 혼인공동체에게 적극적인 재정지원을 강화하는 것이 필요하다.

이러한 관점에서 현행 주택세제의 세대중심주의는 그 과세단위를 부부단위주의로 전면 개편할 필요성이 있다. 부부단위주의가 도입되면 부부 각자에 1주택에 대한 과세상의 혜택이 부여될 수 있다. 만일 세대중심주의를 유지하는 경우에도 주택세제 전반에서 부부 기준의 주택 수를 2채로 판정하여 과세상의 혜택을

---

249) 대법원 2017. 9. 7. 선고 2016두35083 판결.

줄 당위성이 있고 부부의 개념도 혼인공동체의 의사를 존중하여 혼인의 보호에 충실하도록 하여야 할 것이다. 또한, 개별적으로는 주택취득세제에서의 부부간 증여에 대한 취득세율 문제, 주택양도세제에 있어서 장기보유특별공제의 거주요 건문제 등에 대한 합리적인 개선방안의 마련이 필요하다. 다만, 과세단위를 부부 단위주의로 개편하는 경우나 세대중심주의에서 개선방안을 채택하는 경우에 있어서 현행 주택세제 아래에서 구체적으로 혼인공동체에게 비혼 공동체보다 어느 정도의 범위에서 추가적인 혜택을 부여할 것인지에 대해서는 추후 연구 및 검토 가 필요하다고 사료된다.

'골드뱅킹 상품'의 거래이익이 소득세법상 배당소득세 과세대상에 해당하는지 여부*

〈대법원 2016. 10. 27. 선고 2015두1212 판결〉

Ⅰ. 대상판결의 개요

1. 사실관계의 요지와 이 사건 처분의 경위

원고 A 은행(이하 '원고 은행')은 은행업 등을 영위하는 내국법인으로서 2003. 11.경부터 고객들을 대상으로 금 적립계좌에서 금 실물 거래 없이 자유로운 입출금이 가능한 금 투자상품(이하 '골드뱅킹 상품')을 판매하였다. 원고 B 등 나머지 원고들(이하 '원고 고객들')은 골드뱅킹 상품에 가입한 원고 은행의 고객들이고, 피고들은 원고 은행 및 원고 고객들을 관할하는 세무서장들이다.

골드뱅킹 상품은 고객들이 원고 은행에 원화를 입금하면 원고 은행은 이를 국제 금 시세 및 환율을 기준으로 고시한 거래가격으로 환산하여 그에 해당하는 금을 그램(g) 단위로 기재한 통장을 고객들에게 교부하고 고객들이 골드뱅킹 상품을 해지하면 고객들의 선택에 따라 원고 은행이 고시한 출금일의 거래가격에 해당하는 원화금액을 지급하거나 통장에 기재된 그램 수만큼 실물 금을 인도받도록 되어 있다.

원고 은행은 골드뱅킹 상품을 통하여 고객으로부터 입금받은 원화 중 1% 상당의 수수료를 제외한 나머지 금액으로 실물 금을 매입하여 보관하거나 해외은행의 금 계좌[1]에 예치하였다.

---

* 한국세정신문 제4809호 (2017. 5. 15.)

원고 은행은 고객들이 골드뱅킹 상품에 가입하여 얻은 이익 상당액, 즉 인출 당시의 금 시세가 입금 당시의 금 시세보다 상승함에 따라 고객들이 금 적립계좌 에서 출금한 금액 또는 실물 금의 거래가격에서 당초 입금액을 초과하는 금액(이 하 '이 사건 소득')이 '금의 매매차익'에 해당하여 소득세법상 과세대상이 아니라고 보아 이 사건 소득에 대하여 별도의 원천징수를 하지 않았고 고객들도 종합소득 세를 신고·납부하지 않았으며 과세관청에서도 별도로 과세대상소득으로 보지 않았다.

그런데 2009. 2. 4. 대통령령 제21301호로 구 소득세법 시행령 제26조의3이 개정되어 제2호 나목2)에서 광산물 등의 가격 또는 이를 기초로 하는 지수의 변 동과 연계하여 수익이 결정되는 증권 또는 증서의 분배금이 소득세법 제17조 제 1항 제7호에 따른 배당소득에 포함된다고 규정하자 피고들은 원고 은행의 골드 뱅킹 상품과 관련하여 원고 고객들이 당초 입금액을 초과하여 지급받은 이 사건 소득 중 2009. 2. 이후 분에 대해서는 위 소득세법 시행령 제26조의3 제2호 나목 에서 정한 증권 또는 증서의 분배금으로서 과세대상 배당소득에 해당한다는 이 유로 원고 은행에 대해서는 배당소득세(원천징수분) 및 법인세(배당소득지급명세서 미제출 가산세)를, 금융소득 종합과세 대상인 원고 고객들에 대해서는 종합소득세 를 각 부과·고지하였다(이하 '이 사건 처분').

2. 대상판결의 요지

대상판결은 아래와 같이 소득세법상 배당소득의 유형별 포괄주의 과세조항 의 해석에 관한 법리를 설시한 다음 골드뱅킹 상품에서 발생한 이 사건 소득은 소득세법상 배당소득에 해당하지 않는다고 판단한 원심 판결을 정당한 것으로 수긍하였다.

구 소득세법(2012. 1. 1. 법률 제11146호로 개정되기 전의 것) 제17조 제1항은 "배당소득은 해당 과세기간에 발생한 다음의 각 호의 소득으로 한다"라고 규정하 면서, 제5호에서 '국내 또는 국외에서 대통령령이 정하는 집합투자기구로부터의 이익'을, 제9호에서 '제1호부터 제7호까지의 규정에 따른 소득과 유사한 소득으로 서 수익분배의 성격이 있는 것'을 들고 있고, 제6항은 "제1항 각 호에 따른 배당

---

1) 고객이 원하는 시점에 금을 예치할 수 있고 금 실물을 인도받을 수 있는 계좌를 말한다.
2) 위 조항은 위 시행령 부칙 제1조에 따라 공포한 날부터 시행되었다.

소득의 범위에 관한 필요한 사항은 대통령령으로 정한다"라고 규정하고 있다 (2009. 12. 31. 법률 제9897호로 개정되기 전의 구 소득세법 제17조 제1항 제5호, 제7호 및 제6항도 같은 취지이다. 이하 위 각 소득세법을 구별하지 않고 '구 소득세법'이라고 통칭하고, 위 제9호와 제7호를 '쟁점 법률 규정', 쟁점 법률 규정과 위 제6항을 '쟁점 위임규정'이라고 한다). 그 위임에 따라 구 소득세법 시행령(2010. 12. 30. 대통령령 제22580호로 개정되기 전의 것) 제26조의3 제1항은 본문에서 "다음 각 호의 어느 하나에 해당하는 증권 또는 증서로부터 발생한 수익의 분배금은 법 제17조 제1항 제9호에 따른 배당소득에 포함된다"라고 규정하면서, 제2호 나목으로 '광산물 등의 가격 또는 이를 기초로 하는 지수의 수치 또는 지표의 변동과 연계하여 미리 정하여진 방법에 따라 이익을 얻거나 손실을 회피하기 위한 계약상의 권리를 나타내는 증권 또는 증서'(이하 '쟁점 파생결합증권[3]')를 들고 있다(2010. 2. 18. 대통령령 제22034호로 개정되기 전의 구 소득세법 시행령 제26조의3 제2호 나목도 같은 취지이다. 이하 위 각 소득세법 시행령을 구분하지 않고 '구 소득세법 시행령'이라고 통칭하고 위 제2호 나목을 '쟁점 시행령 규정'이라고 한다). 이와 같이 쟁점 시행령 규정은 쟁점 위임규정이 위임한 범위 내에서 배당소득의 범위를 정하고 있는 규정이므로, 여기에 정한 과세대상 배당소득에 해당하기 위해서는 쟁점 시행령 규정에 따라 쟁점 파생결합증권으로부터 발생하여야 할 뿐만 아니라 쟁점 법률 규정에 따라 구 소득세법 제17조 제1항 제5호의 집합투자기구로부터의 이익 등과 유사한 소득으로서 수익분배의 성격이 있는 것이어야 한다.

원심은 골드뱅킹 상품의 실질이 금 실물에 대한 매매라거나 그로 인한 소득의 실질이 금 매매차익으로 보기 어렵다고 하면서 이 사건 소득이 소득세법상 과세대상이 되는 배당소득에 해당하는지 여부에 관하여, 고객은 각각의 계좌에 적립된 금의 양에 따라 그에 해당하는 원화 또는 실물 금을 개별적으로 지급받을 수 있을 뿐인 점, 골드뱅킹 상품으로써 고객이 얻는 수익의 크기는 그 해지에 의한 반환청구권 행사의 시기와 범위 등에 따라 결정되는 것이어서 전적으로 고객의 의사에 따른 것이지 원고 은행 또는 그 위임을 받은 운용자의 독립적 의사에 따라 이루어지는 것은 아닌 점, 원고 은행이 골드뱅킹 상품을 통하여 고객으로부터 입금 받은 원화 등을 운용하여 수익을 얻는다고 하더라도 그 수익이 고객의

---

3) 통상 파생결합증권은 유가증권과 파생금융상품이 결합한 형태의 증권을 말하며 기초자산의 가치변동에 따라 수익이 결정된다. 주가지수, 이자율, 환율뿐 아니라 금, 원유, 구리, 철강, 곡물, 부동산 등 실물자산도 기초자산의 대상이 된다.

투자에 비례하여 귀속되는 것이 아니므로 원고 은행의 운용 결과와 고객이 얻게 되는 수익 사이에 직접적인 인과관계가 없는 점 등에 비추어 골드뱅킹 상품에서 발생하는 이 사건 소득이 구 소득세법 제17조 제1항 제5호의 '집합투자기구로부터의 이익'과 유사한 소득으로서 '수익분배의 성격'이 있다고 볼 수 없으므로 배당소득의 유형별 포괄주의 과세조항인 쟁점 법률 규정의 적용대상이 아니어서, 결국 쟁점 시행령 규정의 과세대상에도 해당하지 않는다고 판단하였는바, 이러한 원심의 판단에는 쟁점 법률 규정과 쟁점 시행령 규정과 관련된 위임입법 등에 관한 법리를 오해한 잘못이 없다.

Ⅱ. 대상판결의 평석

1. 이 사건 쟁점 및 문제의 소재

소득세법은 소득세 과세대상으로 규정한 소득에 대하여만 과세하는 열거주의 입장을 취하고 있다. 현행 소득세법은 종합소득세 과세대상으로 이자소득, 배당소득 등을 규정하고 있고, 소득세법 제16조 제1항은 과세대상 이자소득에 대하여, 소득세법 제17조 제1항은 과세대상 배당소득에 대하여 다시 구체적으로 규정하고 있다. 따라서 납세자가 어떠한 금융소득을 얻었다고 하더라도 그 소득이 소득세법상 과세대상 이자소득이나 배당소득 등으로 열거되어 있지 않다면 과세되지 않는다.

대상판결의 사안(이하 '골드뱅킹 사건'이라고도 한다)에서는 골드뱅킹 상품의 거래이익인 이 사건 소득이 쟁점 시행령 규정의 쟁점 파생결합증권의 분배금이거나 쟁점 법률 규정의 집합투자기구로부터의 이익과 유사한 소득으로서 수익분배의 성격을 가져 소득세법상 과세대상 배당소득에 해당하는지가 문제되었다. 만일 이 사건 소득이 배당소득에 해당하지 않으면 소득세를 납부하지 않아도 되나 배당소득에 해당한다면 그 소득을 지급하는 금융기관은 원천징수의무를 부담하고 그 소득을 수취하는 납세자는 다른 금융소득을 포함한 연 소득이 4,000만 원[4]을 초과하면 그 초과분에 대해서 종합소득세를 신고·납부하여야 한다. 고객이 비거주자라면 비거주자의 소재지국과의 조세조약에 따라 그 소득구분이 정해질 것이

---

4) 2013년에는 개인별 연간 금융소득 기준금액이 4,000만 원에서 2,000만 원으로 하향 조정되었다.

지만 조세조약이 없거나 그 조세조약에 다른 규정이 없다면 국내세법상의 소득 구분에 따라 원천징수세율이 정해질 것이다.

구 소득세법 제17조 제1항 제5호는 국내 또는 국외에서 받는 대통령령으로 정하는 집합투자기구로부터의 이익을 배당소득의 하나로 규정하면서 쟁점 법률 규정인 제9호는 유형별 포괄주의 형태로 제1호부터 제7호까지의 소득과 유사한 소득으로 수익분배의 성격이 있는 것 역시 배당소득에 해당한다고 규정하고 있다. 한편, 구 소득세법 제17조 제6항은 배당소득의 범위에 관하여 필요한 사항은 대통령령으로 정한다고 규정하고 그 위임을 받은 쟁점 시행령 규정인 구 소득세법 시행령 제26조의3 제2호 나목은 광산물 등의 가격 또는 이를 기초로 하는 지수의 수치 또는 지표의 변동과 연계하여 미리 정하여진 방법에 따라 이익을 얻거나 손실을 회피하기 위한 계약상의 권리를 나타내는 증권 또는 증서, 즉 쟁점 파생결합증권으로부터 발생하는 수익의 분배금은 쟁점 법률 규정의 배당소득에 포함된다고 규정하고 있다. 다시 말하면, 이 사건 소득과 관련하여 구 소득세법은 쟁점 법률 규정에서 집합투자기구로부터의 이익과의 유사성 및 수익분배의 성격이 있어야 유형별 포괄주의 과세조항의 적용을 받는 과세대상 배당소득이 된다고 규정하면서 다른 한편 쟁점 시행령 규정에서는 쟁점 파생결합증권의 분배금은 그 자체로 쟁점 법률 규정의 유형별 포괄주의 과세조항의 적용을 받는 과세대상 배당소득이 된다고 별도로 규정하고 있는 것이다.

대상판결의 사안에서 피고들은 골드뱅킹 상품의 거래이익인 이 사건 소득은 쟁점 시행령 규정의 쟁점 파생결합증권의 분배금으로서 쟁점 법률규정의 적용 여부와는 무관하게 소득세법상 배당소득에 해당하고, 가사 쟁점 법률 규정의 적용을 받더라도 이 사건 소득은 구 소득세법 제17조 제1항 제5호의 집합투자기구로부터의 이익과 유사한 소득으로 수익분배의 성격을 가지므로 여전히 구 소득세법상 배당소득에 해당한다는 입장이다. 반면 원고들은 이 사건 소득을 배당소득으로 보기 위해서는 쟁점 시행령 규정의 쟁점 파생결합증권의 분배금에 해당하면서 동시에 쟁점 법률 규정의 집합투자기구이익과의 유사성과 수익분배의 성격을 모두 구비하여야 하는데 이 사건 소득은 거기에 해당하지 않으므로 구 소득세법상 과세대상 배당소득에 해당하지 않는다는 주장이다.

그러므로 이 사건 쟁점을 크게 보면 구 소득세법상 열거주의 과세원칙과 배당소득에 대한 유형별 포괄주의 과세원칙 하에서 골드뱅킹 상품의 거래이익인이 사건 소득이 구 소득세법상 배당소득에 해당하는지 여부로 볼 수 있지만, 이를 자세히 구분하여 보면 구 소득세법상 배당소득의 해당 여부를 판정함에 있어서 각기 과세대상 배당소득의 요건을 달리 규정하고 있는 쟁점 시행령 규정과 쟁점 법률 규정의 해석상의 관계를 어떻게 파악할 것인지가 우선적인 쟁점이 된다. 즉, 특정 금융 소득이 쟁점 시행령 규정의 쟁점 파생결합증권의 분배금에 해당하면, 쟁점 법률규정의 해당 여부에 관계 없이 과세대상 배당소득이 되는 것인지, 아니면 쟁점 법률 규정의 집합투자기구이익과의 유사성과 수익분배의 성격의 요건도 구비하여야 하는지 여부의 문제이다. 이어서, 이 사건 소득이 과연 쟁점 시행령 규정의 쟁점 파생결합증권의 분배금에 해당하는지 여부와 쟁점 법률 규정의 집합투자기구이익과의 유사성과 수익분배의 성격을 갖추고 있는지도 추가적인 쟁점이 된다.

　　참고로 유형별 포괄주의 과세조항의 해석에 관한 대표적인 선행판결로서 엔화스왑예금의 거래이익에 관한 대법원 2011. 5. 13. 선고 2010두3916 판결이 있다(이하 '엔화스왑예금 사건').[5] 엔화스왑예금은 고객이 은행에 원화를 주고 엔화를 현물환으로 매입하는 엔화 현물환계약과 고객이 매입한 엔화를 은행의 엔화정기예금으로 예치하는 엔화 정기예금계약, 엔화정기예금 만기일에 찾은 엔화를 사전에 약정한 선물환율로 은행에 다시 매도하는 엔화 선물환계약으로 구성된다. 은행은 엔화스왑예금에 따른 엔화정기예금의 이자를 지급하면서는 이자소득으로 보아 원천징수를 하였으나 선물환거래로 인한 선물환차익에 대해서는 비과세소득으로 보아 원천징수를 하지 않았는데 과세관청은 선물환거래로 인한 이익도 소득세법 제16조 제1항 제13호의 유형별 포괄주의 이자소득에 해당한다는 이유로 은행에 대해서는 이자소득세 원천징수처분을 함과 동시에 금융소득 종합과세 대상 고객들에 대해서는 종합소득세 부과처분을 하였다. 이에 따라 엔화스왑예금의 거래이익, 즉 선물환차익이 소득세법 제16조 제1항 제13호의 유형별 포괄주의 이자소득에 해당하는지 여부가 문제가 되었다. 이에 대하여 대법원은 은행과 고객 간의 엔화스왑예금거래를 구성하는 선물환계약과 엔화정기예금계약은 서로 구별되는 별개의 계약이므로 선물환계약으로 인한 선물환차익은 예금의 이자 또

5) 그 밖에 직장공제회초과반환금 중 회원의 퇴직·탈퇴 전에 지급되는 목돈급여와 종합복지급여의 부가금이 유형별 포괄주의 이자소득세 과세대상이 되는지 여부에 대한 대법원 2010. 2. 25. 선고 2007두18284 판결도 있다. 위 판결에 대한 판례평석으로는 김성균, "유형별 포괄주의 방식에 따른 조항의 효력", 조세판례백선 2, 박영사, 2015 참조.

는 이에 유사한 것으로 보기 어려울 뿐만 아니라 채권 또는 증권의 환매조건부 매매차익 또는 이와 유사한 소득으로 보기 어렵다는 이유로 소득세법 제16조 제 1항 제3호나 제9호, 제13호에 의한 이자소득세 과세대상이 될 수 없다고 판단하였다.[6]

엔화스왑예금 사건과 골드뱅킹 사건 모두 유형별 포괄주의 과세조항의 해석이 쟁점이 되었다는 점에서는 동일하나 엔화스왑예금 사건에서는 엔화스왑예금의 거래이익이 소득세법 제16조 제1항 제3호의 예금의 이자 및 제9호의 채권 또는 증권의 환매조건부 매매차익과 유사한 소득에 해당하는지가 문제가 된 반면 대상판결의 사안에서는 골드뱅킹 상품의 거래이익 즉 이 사건 소득이 소득세법 제17조 제1항 제5호의 집합투자기구이익에 유사한 소득인지 이외에 추가로 수익분배의 성격을 가지는지 여부가 문제가 되었고 특히 유형별 포괄주의 과세조항인 쟁점 법률 규정을 해석함에 있어서 그 과세대상 배당소득을 별도로 규정하고 있는 쟁점 시행령 규정과의 관계를 어떻게 파악할 것인지가 쟁점이 되었다는 점에서 차이가 있다.

이하에서는 이 사건 쟁점에 대한 구체적인 논의를 전개하기에 앞서 골드뱅킹 상품의 거래구조와 이 사건 소득의 법적 성격에 대해서 검토하고 이어서 이 사건의 주된 쟁점인 이 사건 소득이 구 소득세법상 배당소득에 해당하는지 여부를 판정하기 위하여 쟁점 법률 규정과 쟁점 시행령 규정의 해석상의 관계 문제를 중점적으로 논의한 다음 이 사건 소득이 쟁점 법률 규정과 쟁점 시행령 규정의 과세대상 배당소득에 해당하는지 여부 및 대상판결의 평가와 의의에 대하여 살펴보고자 한다.

2. 골드뱅킹 상품의 거래구조와 이 사건 소득의 법적 성격

가. 골드뱅킹 상품의 거래구조

골드뱅킹 상품은 고객들이 원고 은행으로부터 금을 매수하여 원고 은행에 보관하고 있다가 금을 실물로 인출하거나 그 금을 다시 원고 은행에 매도하고 현금을 수령하는 금융상품으로서 그 거래구조는 다음과 같다.

---

6) 엔화스왑예금사건에 대한 판례평석으로서는 강석규, "엔화스왑예금거래의 선물환차익이 이자소득세 과세대상인지 여부", 대법원 판례해설 제87호, 법원도서관, 2011; 백제흠, "유형적 포괄주의 과세조항의 해석과 그 한계", BFL 제57호, 서울대학교 금융법센터, 2013. 1. 참조.

[그림] 골드뱅킹 상품의 거래구조

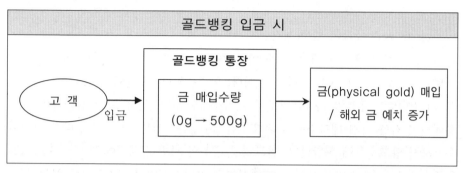

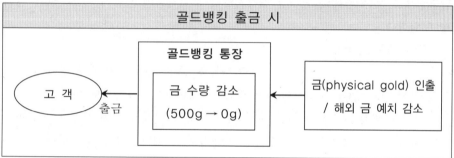

골드뱅킹의 구체적인 거래절차를 보면, 고객들이 원고 은행에 골드뱅킹 가입을 의뢰하고 금 1그램당 원고 은행이 고시하는 매도가격에 따라 원고 은행에 금 매매가격을 지급하면 원고 은행은 1%의 스프레드 상당을 수익으로 계상하고 고객들은 매매가격을 지급한 금을 예치·보관한다. 그에 따라 원고 은행은 고객들이 골드뱅킹 계좌에 적립하여 맡긴 금을 그램 단위로 표시하여 그 누계를 잔고로 표시하고, 그에 따라 실제 금을 매입하거나 해외 금계좌에 금을 예치한다.

고객들이 현금으로 인출을 요청하는 경우에는 금 1그램 당 원고 은행이 고시하는 매입가격에 따른 원화를 지급한다. 고객들이 원화가 아닌 금 실물의 인출을 요청할 경우 원고 은행은 고객들로부터 운송비 등을 감안한 실무수수료와 부가가치세를 지급받고 실물 금을 인도한다. 실물 금 인도 시와 원화 현금을 지급할 때 원고 은행이 실제 보유하는 금 실물 또는 해외계좌 예치금은 감소한다.

고객들이 골드뱅킹 상품에 가입하여 원화를 입금하면 원고 은행은 이를 골드뱅킹 부분 대차대조표의 부채계정 중 '금 예수금' 계정으로 회계처리하고, 이에 대응하여 원고 은행이 보유하고 있는 금은 자산계정 중 '금지금'7) 계정으로, 해외금 계좌에 예치하고 있는 부분은 자산계정 중 '금 예치금' 계정으로 회계처리한다.

나. 이 사건 소득의 법적 성격

골드뱅킹 상품의 거래이익, 즉 이 사건 소득은 골드뱅킹 상품의 법적 성격을 어떻게 볼 것인지에 따라 달라질 것이다. 만일 골드뱅킹 상품이 예금상품이라면 그 거래이익은 금전의 사용대가로서 이자소득이 되고 금융투자상품이라면 수익 분배의 성격을 가져 배당소득이 된다. 금 매수상품이라면 금 시세에 따른 자본이 득으로서 양도소득에 해당한다. 골드뱅킹 상품의 사법적 성격에 대해서는 파생결 합증권으로 보는 견해와 민사상 매매계약과 소비임치의 혼합계약으로 보는 견해 가 대립한다.

(1) 파생결합증권설

골드뱅킹 상품은 전형적인 금융투자상품 중의 하나인 쟁점 시행령 규정의 쟁점 파생결합증권에 해당한다는 견해로서 피고들의 주장이기도 하다.

쟁점 시행령 규정은 광산물 등의 가격 변동과 연계하여 미리 정해진 방법에 따라 이익을 얻을 수 있거나 손실을 회피하기 위한 계약상의 권리를 나타내는 증 권 또는 증서로부터 발생한 수익의 분배금을 소득세법상 배당소득의 범위에 포 함된다고 규정하고 있는데,[8] 이는 2009. 2. 4. 구 소득세법 시행령 개정 전에는 증권거래법 시행령 제2조의3 제1항 제7호 및 제8호의 파생결합증권의 분배금을 배당소득에 포함된다고 규정하였다가 자본시장과 금융투자업에 관한 법률(이하 '자본시장법')이 도입되자 자본시장법 제4조 제7항의 파생결합증권의 정의에 맞추 어 개정한 것이다.

자본시장법 제4조 제7항은 파생결합증권이란 기초자산의 가격·이자율·지 표·단위 또는 이를 기초로 하는 지수 등의 변동과 연계하여 미리 정하여진 방법 에 따라 지급하거나 회수하는 금전 등이 결정되는 권리가 표시된 것으로 말한다 고 규정하고 있는바, 이는 쟁점 시행령 규정의 쟁점 파생결합증권의 개념과 거의 동일하고 금융위원회에서도 골드뱅킹 상품이 자본시장법상 쟁점 파생결합증권에 해당한다고 판단하였다.[9]

---

7) 순도 99.5% 이상의 금괴와 골드바 등 원재료 상태의 금을 말한다.
8) 골드뱅킹 상품이 쟁점 시행령 규정의 쟁점 파생결합증권에 해당하는지 여부가 역시 별도의 쟁 점이므로 쟁점 시행령의 문언 내용에 해당하는지 여부는 해당 부분에서 검토한다.
9) 금융위원회 보도자료, 2010. 5. 31.

(2) 매매계약과 소비임치계약의 혼합계약설

혼합계약설은 고객들과 원고 은행 사이에는 금의 매매계약과 소비임치계약이 각기 존재한다는 견해로서 원고들의 입장이기도 하다.[10]

고객들이 골드뱅킹에 가입하면서 원고 은행에게 원화를 입금하면 거래기준가격에 따라 환산된 금의 양이 그램 단위로 고객들 계좌에 적립되는데 이는 고객들이 원고 은행으로부터 금을 매수하는 매매계약에 해당하고 동시에 원고 은행에 그 보관을 맡겨두는 소비임치계약에 해당한다는 것이다. 고객들은 출금 요청 시 골드뱅킹 계좌에 적립된 실물 금을 인출하거나 적립된 금을 그 당시의 금 1그램 당 대고객 매도가격에 따라 환산된 원화로 지급받을 수 있는데 이는 고객들이 원고 은행에 대하여 소비임치계약에 따른 반환청구권을 행사하거나 원고 은행에 금을 매도하는 것으로 볼 수 있다.

다. 소 결

골드뱅킹이 쟁점 시행령 규정의 쟁점 파생결합증권에 해당한다면 우선은 쟁점 시행령 규정에 따라 과세대상 배당소득에 해당할 가능성이 높다. 다만, 쟁점 파생결합증권에 해당한다고 하더라도 그 자체만으로 구 소득세법상 배당소득에 해당하는 것인지, 아니면 나아가 쟁점 법률 규정의 집합투자기구이익과의 유사성과 수익분배의 성격을 구비하여야 하는지에 대해서는 추가 논의의 필요성이 있고 이는 이 사건의 주된 쟁점이다.

만일 매매계약과 소비임치계약의 혼합계약이라면 원고 은행은 위 계약에 따라 예치된 금원 및 금을 운영할 수 있게 되고 이에 따라 고객들은 매입한 금에 대하여 온전한 소유권을 행사하기 어려운 측면이 있으므로 골드뱅킹 상품의 거래이익의 실질이 온전한 금 실물에 대한 매매라거나 그 소득의 실질이 금 매매차익이라고 단정하기는 쉽지 않다. 이 경우 골드뱅킹 상품의 거래이익, 즉 이 사건 소득에 대해서는 추가적으로 배당소득에 해당하는지 여부를 검토하여야 한다. 골드뱅킹 상품의 사법적 성격을 어떻게 파악할 것인지에 더하여 여전히 세법적인 관점에서 과세대상 배당소득 해당 여부를 판정할 필요성이 있는 것이다.

---

10) 원심은 골드뱅킹 상품의 거래의 실질은 위와 같이 매매계약과 소비임치계약의 혼합계약으로 본 반면 제1심은 실물 금에 대한 매매거래에 해당한다고 보았다. 제1심의 견해에 따르면 이 사건 소득의 실질은 금 매매차익에 해당하고 열거주의 과세방식을 채택한 현행 소득세법 하에서 과세대상에 해당하지 아니하는 것이 된다.

3. 쟁점 법률 규정과 쟁점 시행령 규정의 적용 관계 및 위임규정의 해석

가. 논점의 정리

이 사건 소득이 구 소득세법상 과세대상 배당소득에 해당하기 위해서는 쟁점 시행령 규정의 쟁점 파생결합증권의 분배금에 해당하기만 하면 충분한 것인지, 아니면 쟁점 법률 규정의 집합투자기구이익과의 유사성 및 수익분배성도 인정되어야 하는지의 문제이다. 이는 구 소득세법상 유형별 포괄주의 과세조항이 도입되어 있으므로 그에 근거하여 과세대상 배당소득은 시행령에 제한 없이 추가로 규정하면 되는 것인지, 아니면 유형별 포괄주의 과세조항이 있더라도 그 시행령은 모법의 제한을 여전히 받는 것인지, 만일 모법의 내용과 상치하는 경우에 그 시행령의 효력은 어떻게 되는 것인지에 관한 것으로서 금융소득에 대한 유형별 포괄주의 과세조항과 그 위임규정의 해석상의 관계 내지 한계의 문제이다. 이에 대해서는 두 가지 견해가 제시된다.

나. 단독 적용설

유형별 포괄주의 과세조항인 쟁점 법률 규정에서 그 과세대상 소득을 폭넓게 정의하고 있으므로 쟁점 위임규정의 위임을 받아 쟁점 시행령 규정에서 쟁점 파생결합증권의 분배금을 배당소득으로 정의하고 있는 이상 그 정의 규정에 부합하는 분배금에 해당하면 곧바로 과세대상 배당소득이 된다는 견해로서 다음과 같은 점을 그 근거로 들고 있다.

첫째, 소득세법상 금융소득과 관련한 이자소득과 배당소득은 조세평등의 원칙에 따라 투자형태에 따라 과세여부가 달라지는 것을 방지하고 각종 신종 금융상품을 신설하여 그 실질이 과세대상인 금융소득임에도 이를 회피하려는 시도를 막기 위하여 유형별 포괄주의가 도입된 것이므로 특정의 금융소득이 쟁점 위임규정의 위임에 따라 쟁점 시행령 규정에 과세대상 배당소득으로 규정된 쟁점 파생결합증권의 분배금에 해당하면 특별한 사정이 없는 이상 구 소득세법상 과세대상 배당소득으로 인정되어야 한다.

둘째, 구 소득세법 및 구 소득세법 시행령은 이미 엄격한 의미에서 사법상의 배당소득이 아닌 소득도 과세대상에 해당하는 것으로 규정하고 있다. 예를 들면 구 소득세법 제17조 제1항 제4호는 법인세법상 배당으로 처분된 금액을, 제5호는 집합투자기구로부터의 이익을 배당소득으로 규정하고 있는바, 이는 모두 엄격한 의미의 배당소득으로 볼 수 없는 소득임에도 배당소득으로 의제하여 규정하고 있는 것이다.[11] 이자소득의 경우에도 구 소득세법 제16조 제1항 제3호는 의제배당소득을, 제9호는 채권·증권의 환매조건부 매매차익을 이자소득으로 의제하고 있는데, 이들 소득은 양도소득이나 자본소득으로서 배당소득으로는 구분되기 어려운 소득이다.[12] 더 나아가 구 소득세법 제16조 제3항과 제17조 제6항은 이자소득 및 배당소득의 범위에 관하여 대통령령으로 위임하여 정할 수 있도록 하고 있다. 특히 구 소득세법 제17조 제1항 제5호는 집합투자기구로부터의 이익 중 배당소득에 해당하는 것은 대통령령으로 정할 수 있다고 하여 집합투자기구로부터의 이익 그 자체가 행정입법으로 위임되어 있다. 이러한 규정체계에 더하여 유형별 포괄주의 과세조항의 도입취지를 고려하면 구 소득세법 제17조 제1항 제5호의 집합투자기구이익과 유사한 소득과 같이 유형별 포괄주의 과세조항의 적용을 받는 소득에 대해서는 더더욱 위임의 범위가 넓게 인정되어야 한다.

다. 공동 적용설

유형별 포괄주의 과세조항인 쟁점 법률 규정이 그 과세대상 배당소득을 넓게 정의하고 있다고 하더라도 쟁점 시행령 규정은 쟁점 법률 규정과 배치되지 않는 범위 내에서만 효력이 있다는 견해이다. 그와 같은 의미에서는 쟁점 시행령 규정과 쟁점 법률 규정이 공동으로 적용된다고 볼 수 있고 공동 적용의 범위 내에서 시행령은 모법의 제한을 받는다고 할 것이다. 그 근거로서는 다음과 같은 점이 제시된다.

첫째, 쟁점 위임규정은 구 소득세법 제17조 제1항 각 호의 소득에 대하여 모법에서 정한 배당소득의 요건을 구체화하는 범위 내에서 필요한 사항을 시행령에 위임하는 근거 조항으로 해석되어야 하고 이를 통해 모법에서 규정하지 않는 과세대상 소득을 시행령에서 과세대상으로 창설할 수 있는 조항으로 해석할 수는 없다. 만일 쟁점 시행령 규정에서 정의하는 쟁점 파생결합증권의 분배금이 구 소득세법 제17조 제1항 제5호의 집합투자기구이익과의 유사성과 수익분배의 성

---

11) 김종근·박훈, "배당소득 요건의 정립에 따른 배당소득 과세제도 개선방안", 조세법연구 제22-2집, 세경사, 2016. 8., 185-187면.

12) 백제흠, "엔화스왑예금거래의 선물환차익과 소득세법상 유형별 포괄주의 이자소득의 범위", 세무사 제29권 제2호, 한국세무사회, 2011. 8., 99면.

격을 따지지 않고 과세대상소득에 해당된다고 해석한다면 별도의 시행령 규정을 통하여 과세대상 배당소득을 법률 규정의 제한 없이 창설할 수 있게 되는바, 배당소득을 구체적으로 열거한 구 소득세법 제17조 제1항을 사문화시키고, 나아가 소득세법상 열거주의 과세원칙을 무력하게 만드는 결과를 초래한다. 헌법재판소 역시 시행령만으로 배당소득 과세대상을 창설할 수 있도록 하는 법률 규정은 시행령의 내용이 조세공평과 실질과세원칙에 부합하여 결과적으로 부당함이 없다고 하더라도 조세법률주의에 위반하고 위임입법의 한계를 일탈하여 위헌이라는 입장이다.13)

둘째, 구 소득세법 제17조 제1항 제5호는 대통령령이 정하는 집합투자기구로부터의 이익을 그 과세대상 배당소득으로 규정하고 있는바, 이는 집합투자기구로부터의 이익 중에 대통령령이 정하는 집합투자기구의 이익으로 그 과세대상을 한정한 것이지 시행령을 통하여 집합투자기구로부터의 이익이 아닌 이익에 대해서 과세대상을 추가로 포착하는 것은 아니라는 점에서 위 제5호가 쟁점 시행령 규정의 단독 적용설의 근거가 될 수 없다.

셋째, 구 소득세법은 배당소득의 범위에 그 실질이 배당소득에 해당하지 않는 소득도 배당소득으로 의제하여 규정하고 있지만, 이는 구 소득세법의 규정에 의하여 제한적으로 과세대상 배당소득의 범위를 확대한 것이고, 배당소득의 과세범위를 시행령에 의하여 확대하는 것마저 허용하는 것으로 보는 것은 타당하지 않다고 사료된다. 법률의 규정에 의하여 배당소득이 아닌 것을 배당소득으로 의제하여 그 과세대상 범위를 확대하였다고 해서 법률이 아닌 시행령이 이를 과세대상 범위의 확대근거로 삼는 것은 앞뒤가 바뀐 측면이 있다.

라. 소 결

유형별 포괄주의 과세조항에서 그 세부항목을 시행령으로 위임하는 것을 제한 없이 허용한다면 쟁점 법률 규정의 규범적 의미가 퇴색하게 되고 납세자의 예측가능성과 법적 안정성이 중대하게 침해될 것이다. 쟁점 법률 규정과 쟁점 시행령 규정 등의 내용 및 체계와 더불어 조세법률주의 및 조세법규에 대한 엄격해석 원칙 등을 고려하면 이 사건 소득이 구 소득세법에 따라 과세대상 배당소득에 해당하기 위해서는 쟁점 법률 규정과 쟁점 시행령 규정이 공동으로 적용되므로 쟁

---

13) 헌법재판소 1995. 11. 30. 선고 94헌바14 결정.

점 시행령 규정의 쟁점 파생결합증권의 분배금에 해당하여야 할 뿐만 아니라 그 근거법률인 쟁점 법률 규정의 내용과 취지에 비추어 구 소득세법 제17조 제1항 제5호의 집합투자기구이익과의 유사성 및 수익분배의 성격을 갖추어야 할 것이다. 대상판결의 입장이기도 하다.

참고로, 쟁점 시행령 규정이 쟁점 법률규정에 위반되어 무효로 볼 여지가 있는지의 문제가 있다. 대법원은 법률이 특정 사안과 관련하여 시행령에 위임을 한 경우 시행령이 위임의 한계를 준수하고 있는지를 판단할 때는 당해 법률 규정의 입법 목적과 규정 내용, 규정의 체계, 다른 규정과의 관계 등을 종합적으로 살펴야 하고, 법률의 위임 규정 자체가 그 의미 내용을 정확하게 알 수 있는 용어를 사용하여 위임의 한계를 분명히 하고 있는데도 시행령이 그 문언적 의미의 한계를 벗어났다든지, 위임 규정에서 사용하고 있는 용어의 의미를 넘어 그 범위를 확장하거나 축소함으로써 위임 내용을 구체화하는 단계를 벗어나 새로운 입법을 한 것으로 평가할 수 있다면, 이는 위임의 한계를 일탈한 것으로서 허용되지 않는다고 함으로써, 시행령이 위임의 한계를 준수하고 있는지 판단하는 기준을 제시하고 있다.[14] 한편, 대법원은 어느 시행령의 규정이 모법에 저촉되는지가 명확하지 않는 경우에는 모법과 시행령의 다른 규정들과 그 입법취지, 연혁 등을 종합적으로 살펴 모법에 합치된다는 해석도 가능한 경우라면 그 규정을 모법 위반으로 선언해서는 안되고, 이러한 법리는 국가의 법체계는 그 자체로 통일체를 이루고 있는 것이므로 상·하 규범 사이의 충돌은 최대한 배제하여야 한다는 원칙과 더불어 민주법치국가에서의 규범은 일반적으로 상위규범에 합치할 것이라는 추정원칙에 근거하고 있을 뿐만 아니라 실제적으로도 하위규범이 상위규범에 저촉되어 무효라고 선언되는 경우에는 그로 인한 법적 혼란과 법적 불안정은 물론 그에 대체되는 새로운 규범이 제정될 때까지의 법적 공백과 법적 방황은 상당히 심각할 것이므로 이러한 폐해를 회피하기 위해서도 필요하다고 판시하고 있다.[15]

쟁점 시행령 규정의 경우에는 쟁점 위임규정에 근거하여 배당소득의 범위에 외견상 그에 해당하는 것으로 볼 수 있는 쟁점 파생결합증권의 분배금을 포함시킨 것으로서 그 자체로 쟁점 법률 규정의 문언적 한계를 일탈한 것으로는 보기는

---

14) 대법원 2012. 12. 20. 선고 2011두30878 전원합의체 판결.

15) 대법원 2014. 1. 16. 선고 2011두6264 판결 등 참조.

어렵고 쟁점 법률 규정과 합치되는 해석이 가능하므로 쟁점 법률 규정의 내용에 반하는 부분에 한하여 효력이 없다고 보는 것이 타당하고 곧바로 쟁점 법률 규정 과의 배치를 이유로 그 시행령 규정 자체를 무효로 판단하기는 쉽지 않다고 사료 된다.

4. 이 사건 소득이 '쟁점 파생결합증권의 분배금'에 해당하는지 여부

가. 쟁점 파생결합증권의 분배금의 과세요건

쟁점 시행령 규정의 배당소득 과세요건을 충족하기 위해서는 당해 소득이 광산물 등의 가격 변동과 연계하여 미리 정해진 방법에 따라 이익을 얻을 수 있 거나 손실을 회피하기 위한 계약상의 권리를 나타내는 증권 또는 증서로부터 발 생한 수익의 분배금이어야 한다는 네 가지 과세요건이 필요하다.

쟁점 시행령 규정은 2006. 2. 9. 소득세법 시행령의 일부 개정을 통하여 도 입되었는데 당시 이 규정은 구 증권거래법 시행령 제2조의3 제1항 제7호 및 제8 호의 규정에 따른 증권 또는 증서로부터 발생한 수익의 분배금은 법 제17조 제1 항 제7호의 규정에 따른 배당소득에 포함된다고 규정하여 구 증권거래법상의 쟁 점 파생결합증권을 과세하기 위해서 증권거래법 시행령 규정을 준용하는 방식으 로 하였다. 그 후 구 증권거래법이 폐지되자 2009. 2. 4. 소득세법 시행령이 개정 되면서 자본시장법 시행령의 규정을 준용하는 방법이 아니라 자본시장법 제4조 제7호의 내용 대부분을 옮겨오는 방식으로 규정하게 되었다.

나. 이 사건 소득의 '쟁점 파생결합증권의 분배금' 해당 여부

이 사건 소득은 다음과 같은 근거에서 골드뱅킹 상품이 쟁점 파생결합증권 에 해당하지 않으므로 쟁점 파생결합증권의 분배금이 아니어서 쟁점 시행령 규 정에서 정한 과세대상 배당소득의 요건을 충족하지 못한다고 판단된다. 제1심 판 결의 견해이기도 하다.

첫째, 골드뱅킹 상품에서 발생한 이 사건 소득은 금 매입시점과 매도시점 사 이의 금 시세와 환율의 변동에 따라 결정되는데 이는 기초자산의 가격변동과 연 계되어 발생하는 것이 아니라 골드뱅킹 가입에 따른 금의 매수와 매도 사이의 금 가격 변동 자체로 인한 것이다. 따라서 쟁점 파생결합증권의 광산물 등의 가격 변동과 연동되어 있는 것이 아니다.

둘째, 금융상품의 수익이 미리 정해진 방법에 따라 산출된다는 것은 상품이 구조화 되어 있다는 것으로 변수를 매개로 하여 수익을 계산하는 시기·옵션·조건 등에 따라 가공된 수익이 산출되어야 한다는 것을 의미한다. 그런데 골드뱅킹 상품에 있어서는 국제 금 시세 및 환율의 변동을 매개로 하여 수익이 계산되는 조건 등에 따라 가공된 수익이 산출되는 것이 아니라 국제 금 시세 및 환율의 변동 그 자체에 의하여 진정한 수익이 결정되므로 미리 정해진 방법이라는 것은 존재하지 않는다.

셋째, 골드뱅킹 상품에서는 고객들을 위하여 실제로 금을 매수하고 매도하는 거래가 수행되고 골드뱅킹 통장은 고객들의 금 거래사실 및 금 보유사실을 증명하는 증표에 불과할 뿐이어서 골드뱅킹 통장을 쟁점 시행령 규정의 쟁점 파생결합증권에서 말하는 이익을 얻을 수 있거나 손실을 회피하기 위한 계약상의 권리를 나타내는 증권 또는 증서로 볼 수 없다.

5. 이 사건 소득이 '집합투자기구로부터의 이익과 유사한 소득'이거나 '수익분배의 성격'을 가지는지 여부

가. 논점의 정리

쟁점 법률 규정의 문언을 보면 골드뱅킹 상품으로부터 얻은 이 사건 소득을 배당소득으로 보아 과세하기 위해서는 구 소득세법 제17조 제1항 제5호의 집합투자기구로부터의 이익과 유사한 소득이어야 하고 수익분배의 성격이 존재하여야 한다. 이러한 요건의 충족 여부에 대해서는 과세관청이 입증책임을 부담한다.[16] 집합투자기구이익과의 유사성과 수익분배의 성격은 간접투자의 징표라는 점에서 유사한 측면이 있다. 다만, 여기서 집합투자기구이익과의 유사성의 판단 문제는 수익분배의 성격을 가지는 여러 형태의 배당소득 중에서 집합투자기구이익을 그 대상으로 하는 것이므로 수익분배 측면보다는 집합투자의 성격에 보다 초점을 맞추어야 할 것이다.

나. 이 사건 소득의 '집합투자기구로부터의 이익 또는 이와 유사한 이익' 해당 여부

골드뱅킹 상품으로부터 발생한 이 사건 소득은 다음과 같은 사유에서 집합투자기구로부터의 이익이거나 이와 유사한 이익이라고 보기 어렵다.

---

16) 대법원 1986. 10. 28. 선고 85누555 판결 등 다수.

첫째, 구 소득세법 시행령 제23조 제1항은 구 소득세법 제17조 제1항 제5호의 '대통령령으로 정하는 집합투자기구'란 자본시장법에 따른 집합투자기구로서 매년 1회 이상 결산·분배하고, 금전으로 위탁받아 금전으로 환급할 것이 요구된다고 규정하고 있다. 자본시장법상 집합투자기구란 집합투자를 수행하기 위한 기구이고 원고 은행은 집합투자기구가 아니므로 골드뱅킹 상품에서 발생하는 이 사건 이익은 집합투자기구로부터의 이익에 해당하지 않는다.

둘째, 자본시장법 제6조 제5항은 집합투자란 2인 이상에게 투자권유를 하여 모은 금전 등을 투자자로부터 일상적인 운용지시를 받지 아니하고 그 결과를 투자자에게 귀속시키는 것을 말한다고 규정하고 있다. 다만, 자본시장법 제6조 제4항은 운용에 따른 보수를 받는 전문적 운용자의 존재 여부, 투자자의 투자동기가 전문적 운용자의 지식·경험·능력에 따른 것인지 여부, 운영결과가 합리적 기간 이내에 투자금에 따라 비례적으로 배분되도록 예정되어 있는지 여부, 투자자로부터 모은 재산을 전문적 운용자의 고유재산과 분리할 필요성이 있는지 여부 등을 고려하여 금융위원회가 집합투자에 해당하지 아니한다고 인정하는 경우 집합투자에서 제외된다고 한다. 이러한 점에 비추어 보면 집합투자는 고객의 직접 투자가 아닌 전문적인 운용자에 의한 간접투자의 성격을 가지고 있음을 알 수 있다. 이 사건 소득은 고객들의 직접투자를 통하여 발생할 뿐 전문적 운용자의 운용수익을 배분하는 간접투자의 형태로 발생하는 것이 아니므로 집합투자기구로부터의 이익과 유사한 소득에 해당하지 아니한다.

셋째, 자본시장법 제9조 제20항에 의하면 집합투자재산이란 집합투자기구의 재산으로서 투자신탁재산, 투자회사재산, 투자유한회사재산, 투자합자회사재산, 투자유한책임회사재산, 투자합자조합재산 및 투자익명조합재산을 말하고 집합투자재산은 다른 재산과 구분되어 별도로 관리·보관되고, 집합투자재산 자체에 대한 재무제표가 별도로 작성되어야 한다. 그런데 골드뱅킹 상품에 관한 자산·부채·수익·비용 등은 모두 원고 은행 전체의 고유계정에 포함되어 관리되므로 이 점에서도 이 사건 소득을 집합투자기구로부터의 이익과 유사한 소득에 해당한다고 보기는 어렵다.

다. 이 사건 소득의 '수익분배의 성격' 해당 여부

골드뱅킹 상품에서 발생한 이 사건 소득은 다음과 같은 점에서 수익분배의 성격을 가지고 있다고도 보기 어렵다. 위 사유는 출자지분이나 수익권의 존재, 소득지급자에 의한 투자의사결정, 투자와 수익의 직접적 인과관계 내지 비례 요건으로서 대상판결에서 제시한 수익분배 성격의 판단기준이기도 하다. 이는 배당소득의 고유한 성격으로서 이자소득이 금전의 사용대가적 성격을 가지는 것과 비교된다.

첫째, 수익분배의 성격을 가지기 위해서는 소득수취자가 소득지급자에 대하여 출자지분이나 수익권을 가지고 있어야 한다. 그러한 지분을 가지고 있는 경우에는 통상 그 지분비율에 따라 수익이 분배된다. 집합투자의 경우도 투자자는 투자금액에 따라 출자지분을 가지고 그 비율에 의하여 투자수익이 배분된다. 그러나 골드뱅킹 상품의 고객들은 원고 은행과의 소비임치계약에 따라 각각의 계좌에 적립한 금의 양에 따라 그에 해당하는 원화나 금 실물을 지급받을 수 있고 원고 은행에 대하여 별도의 출자지분을 가지고 있지 않으므로 위 판단기준에 부합하지 않는다.

둘째, 소득지급자의 능동적 투자행위와 의사결정에 의하여 수익의 크기가 결정되고 원칙적으로 소득수취자는 투자의사결정에 관여하지 않아야 한다. 주식회사의 예를 들면 주주가 얻는 수익의 크기는 회사 경영진의 의사결정에 의하여 정해지는 것이고 주주가 직접적인 의사결정과 업무에 관여하지 않는다. 골드뱅킹 상품에서 발생하는 이 사건 소득은 국제 금 시세와 환율, 고객들의 반환청구권 행사의 시기와 범위에 의하여 결정되는바, 이는 고객의 전적인 의사에 따른 것이고 원고 은행의 능동적 투자의사결정과는 무관하므로 위 판단기준을 충족하였다고 볼 수 없다.

셋째, 수익분배의 성격을 가지기 위해서는 투자에 따라 발생하는 소득과 소득 지급자의 운용의 결과 간에 직접적인 인과관계가 있어야 하고, 그와 같은 직접적 인과관계가 인정되기 위해서는 그 수익이 소득수취자의 투자에 비례하여야 한다. 상법상의 이익배당은 회사의 배당가능이익을 한도로 지분비율에 따라 그 이익이 분배되므로 투자와 운용 사이에 직접적 인과관계가 인정되는 경우이다. 원고 은행은 골드뱅킹 상품을 통하여 고객들로부터 입금 받은 원화 등을 운용하여 수익을 얻는다고 하더라도 그 수익이 고객의 투자에 비례하여 귀속되는 것이 아니므로 직접적인 인과관계는 인정되지 않는다. 따라서 위 판단기준에도 해당하지 않는다.

6. 대상판결의 의미 및 평가

대상판결은 배당소득의 유형별 포괄주의 과세조항인 쟁점 법률조항에 관한 최초의 판결로서 골드뱅킹의 거래이익인 이 사건 소득이 쟁점 시행령 규정에서 정의하고 있는 쟁점 파생결합증권의 분배금에 해당하기 위해서는 쟁점 시행령 규정의 배당소득 과세요건을 충족하여야 함을 물론 그 모법에 해당하는 쟁점 법률 규정의 집합투자기구이익과의 유사성 및 수익분배의 성격을 갖추어야 할 것을 요구함으로써 배당소득의 유형별 포괄주의 과세조항을 제한적으로 해석하면서 골드뱅킹 상품의 거래이익이 배당소득세 과세대상에 해당하지 않는다고 판단하였다는 점에서 의미가 있다.

또한 대상판결은 수익분배 성격의 판단기준으로서 출자지분이나 수익권의 존재, 소득지급자에 의한 투자의사결정, 투자와 수익의 직접적 인과관계 내지 비례 요건을 제시하였는바, 실무적으로 자금의 사용대가의 성격을 가지는 이자소득과 수익분배의 성격을 가지는 배당소득의 구분이 쉽지 않은 점 등을 고려하면 대상판결이 제시한 세 가지의 기준은 배당소득과 이자소득 및 그 밖의 다른 소득과의 구분이 문제되는 경우에 유익한 판단지표로서 기능할 수 있을 것이다.

대상판결은 종전 엔화스왑예금의 선물환 차익과 구 소득세법 제16조 제1항 각 호의 이자소득과의 유사성이 쟁점이 되었던 이자소득의 유형별 포괄주의 과세조항에 대한 엔화스왑예금 사건의 대법원 판결에서 더 나아가 금융소득에 대한 유형별 포괄주의와 위임규정의 해석상의 한계와 수익배분의 성격에 대한 판단기준에 대한 추가적인 판시를 하였는바, 유형별 포괄주의 과세조항의 해석에 있어서 진일보한 측면이 있다. 추후 다른 형태의 포괄주의 과세조항에 대한 대법원의 해석론이 주목된다.

제약업계 리베이트가 법인세법상
손금에 해당하는지 여부*

〈대법원 2015. 1. 15. 선고 2012두7608 판결〉

Ⅰ. 판결의 개요

1. 사실관계의 요지

원고[1])는 의약품 도매업체로서 의약품의 판매촉진을 위하여 약국이나 제약회사에 리베이트 등 사례금(이하 '이 사건 비용')을 지급하였고, 이를 제약회사에 대한 외상매입금 채무의 현금변제로 처리하여 왔다. 이 사건 비용은 약국 등 소매상과의 사전약정에 따라 의약품 매출실적의 일정비율로 지급한 경우(이하 '제1 비용')와 종합병원의 구매계약 입찰에 필요한 의약품공급확인서를 원활히 발급받고 의약품을 안정적으로 조달하기 위하여 제약회사 또는 대형병원이 우회설립한 의약품 도매상에 지급한 경우(이하 '제2 비용')로 구분된다.

서울지방국세청장은 원고에 대하여 2004~2008 사업연도 법인세 통합조사를 실시하여 매출누락 등에 대한 각 사업연도 소득금액을 조정하는 한편 외상매입금 현금변제로 처리한 금액 중 대부분이 허위라는 이유로 이를 대표자 상여로 소득처분 하라는 취지의 조사결과를 통보하였다. 이에 따라 관할세무서장인 피고는 2009. 7.경 원고에 대하여 법인세 부과처분 등을 하는 한편 위 금액을 귀속불분명으로 보아 대표자 인정상여로 소득처분하여 소득금액변동 통지를 하였다.

---

* 한국세정신문 제4734호 (2016. 7. 4.)
1) 의약품 도매업체가 이 사건 소송계속 중에 회생절차개시결정을 받아 관리인이 선임되어 그 관리인이 원고로서 이 사건 소송절차를 수계하였으나 편의상 의약품 도매업체를 원고로 칭한다.

이에 대하여 원고는 국세심사청구를 제기하여 이 사건 비용은 제약업계의 관행에 따라 의약품 선택권자인 약국 등 거래상대방에 대한 매출 확대·유지를 위하여 사례금 또는 보상금 명목으로 지급한 것으로서 거래상대방의 입장을 고려하여 부외손비로 처리한 것일 뿐 의약품의 판매와 직접 관련하여 정상적으로 소요된 판매부대비용에 해당하므로 전액 손금에 산입되어야 하고, 실제 약국 등 거래상대방에게 지급되어 그 귀속이 불분명한 경우가 아니므로 소득처분 대상에서 제외되어야 한다고 주장하였다. 그러나 국세심사청구 및 이에 따른 재조사 결정 과정에서 원고의 주장이 받아들여지지 않았고 이에 원고는 피고를 상대로 그 처분의 취소를 구하는 행정소송을 제기하였다.

2. 원심판결 및 대상판결의 요지

원심판결은 제1 비용 중 2008. 12. 1. 개정 약사법 시행규칙이 시행되기 이전의 부분과 제2 비용에 대한 손금산입을 인정하여 관련 법인세 등 부과처분을 취소하는 한편 그 지출의 상대방이 존재하는 한 귀속 불분명한 경우가 아니라고 보아 대표자 인정상여로 처분한 소득금액 변동통지를 취소하였으나, 대상판결은 원심의 판단과 달리 제1 비용에 대하여 전부 손금산입을 부정하여 원심판결 중 관련 법인세 부과처분 부분을 파기하였다. 원심판결과 대상판결의 요지는 다음과 같다.

가. 원심판결의 요지

원심은 2008년 개정 약사법 시행규칙의 개정 이전에 지출된 이 사건 비용은 지출 당시에는 약사법에 위반되는 행위가 아니고, 특히 제2 비용은 약사법 개정 이후에도 약사법 위반에 해당하지 않는다는 점, 이 사건 비용에 대하여 뇌물죄나 배임죄의 적용이 불가하고 독점규제 및 공정거래에 관한 법률(이하 '공정거래법')상 불공정거래행위에도 해당하는 것으로 보기 어렵다는 점, 법인세법은 위법비용에 대한 손금산입을 부인하는 특별한 규정이 없고 원칙상 담세력에 따라 과세되어야 하며, 사회질서를 위반한 행위로 보아 손금산입을 인정하지 않는다면 재산권 침해를 야기할 수 있고 조세법률주의를 위배할 우려가 크다는 점, 이 사건 비용의 경제적 실질은 사전약정에 따라 대량거래처에 지급한 매출할인의 성격을 가지고 있는 점, 리베이트와 관련된 비자금·탈세 등 사회적 해악에 대한 규제는 세법보다는 의료유통체계와 보험체계의 구조개선으로 해결하는 것이 바람직하다는 점, 제2 비용은 종합병원에서 실시하는 입찰에 참가하기 위하여 제약회사가 발행하는 의약품공급확인서 발급을 위한 것으로 현재의 유통구조 상에서 불가피하다는 점 등을 근거로 이 사건 비용은 일반적으로 용인되는 통상적인 것으로서 사회질서에 심히 반하는 것도 아니라는 이유로 모두 손금산입대상에 해당한다고 판단하였다.

나. 대상판결의 요지

대상판결은 원고가 제약회사나 도매상에게 지급한 제2 비용에 대한 부과처분 및 위 소득금액변동통지의 취소부분에 대해서는 원심의 판단을 유지하였으나, 원고가 약국 등 개설자에게 지급한 제1 비용에 대하여는 그 전부에 대하여 다음과 같은 이유로 손금불산입 대상으로 판단하였다.

의약품 도매상이 약국 등 개설자에게 금전을 제공하는 것이 약사법 등 관계 법령에 따라 금지된 행위가 아니라고 하여 곧바로 사회질서에 위반하여 지출된 비용이 아니라고 단정할 수는 없고, 그것이 사회질서에 위반하여 지출된 비용에 해당하는지 여부는 그러한 지출을 허용하는 경우 야기되는 부작용, 그리고 국민의 보건과 직결되는 의약품의 공정한 유통과 거래에 미칠 영향, 이에 대한 사회적 비난의 정도, 규제의 필요성과 향후 법령상 금지될 가능성, 상관행과 선량한 풍속 등 제반 사정을 종합적으로 고려하여 사회통념에 따라 합리적으로 판단하여야 한다.

의약품 도매상이 약국 등 개설자에게 의약품 판매촉진의 목적으로 경제적 이익을 제공하는 행위는 소비자에게 불필요한 의약품의 판매로 이어져 의약품의 오남용 초래의 가능성이 적지 않고 국민의 건강에 악영향을 미칠 우려도 있다. 나아가 이러한 경제적 이익제공행위는 의약품 유통체계와 판매질서를 해치고 의약품 가격의 상승으로 연결될 뿐만 아니라 결국 건강보험 재정의 악화를 가져와 그 부담은 현실적으로 의약품에 대하여 제한된 선택권밖에 없는 국민에게 전가된다. 구 약사법(2010. 5. 27. 법률 제10324호로 개정되기 전의 것, 이하 '구 약사법') 제47조의 위임에 따른 구 약사법 시행규칙(2008. 12. 1. 보건복지가족부령 제77호로 개정되기 전의 것, 이하 '구 약사법 시행규칙') 제62조 제1항 제5호에서 의약품의 품목허가를 받은 자, 수입자 및 도매상은 '의약품의 유통체계를 확립하기 위하여' 준수하여야 할 사항을 정하면서 '의료기관, 약국 등의 개설자에게 의약품 판매 촉진의 목적으로 현상품, 사은품 등 경품류를 제공하지 아니할 것'을 정하고 있었다. 그런데 개정 약사법 시행규칙은 제62조 제1항 제5호를 '의료인, 의료기관 개설자 또는 약국 등의 개설자에게 의약품의 판매촉진의 목적으로 금전, 물품, 편익, 노무, 향응, 그 밖의 경제적 이익을 제공하지 아니할 것'으로 개정함과 아울러 제6조 제1항 제7호에서 '약사 또는 한약사가 의약품 구매 등의 업무와 관련하여 부당하게 금품 또는 향응을 수수하는 행위'를 금지하는 규정을 마련하기에 이르렀다. 이는 의약품 도매상 등이 약국 등 개설자에게 의약품 판매촉진의 목적으로 경제적 이익을 제공하는 행위의 사회적 폐해가 지속된다고 여겨 약사법 등 관계 법령에서 현상품, 사은품 등 경품류의 제공행위 이외에 일체의 경제적 이익제공 행위까지도 금지하고자 한 것이지, 위 개정에 즈음하여 비로소 이러한 행위를 규제할 필요성이 생겼기 때문에 위와 같은 규정을 마련한 것은 아닌 것으로 보인다. 나아가 의약품 도매상이 의약품 판매사업을 영위하면서 상관행상 허용될 수 없는 정도로 견본품 등을 넘어서서 제공하거나 지급하는 사례금이나 장려금은 다른 의약품 도매상이 그 사업을 수행하면서 통상적으로 지출하는 것에 해당한다고 보기도 어렵다.

　　따라서 의약품 도매상이 약국 등 개설자에게 의약품 판매촉진의 목적으로 이른바 '리베이트'라고 불리는 금전을 지급하는 것은 약사법 등 관계 법령이 이를 명시적으로 금지하고 있지 않더라도 사회질서에 위반하여 지출된 것에 해당하여 그 비용은 손금에 산입할 수 없다고 보아야 한다.

Ⅱ. 대상판결의 평석

1. 논의의 대상과 문제의 소재

　　대상판결은 사회적으로 관심의 대상이 되고 있는 제약업계의 리베이트가 법인세법상 손금산입 대상인지 여부에 관한 것이다. 법인세법 제19조 제1항은 지출 비용이 손금으로 인정되기 위해서는 사업의 경영과 관련성이 있어야 하고 나아가 단순 관련성을 넘어서 사업상 수익을 얻는 데 직접 관련이 되거나 그 비용이 통상적이어야 한다고 규정하고 있다. 그간 제약업계에서 리베이트가 관행적으로 지급되고 있다는 것은 공공연한 사실로서 이와 같은 리베이트에 대한 규제가 점차로 강화되고 있는 상황에서 이와 같은 비용을 세법상 손금으로 산입할 수 있는지 여부 및 손금으로 인정하지 않은 경우에 그 범위 및 근거가 무엇인지 여부에 대해서는 여러 가지 견해가 있어 왔다.

이 사건 비용은 제약업계에서 일반적으로 지출되는 리베이트로서 특히 제1 비용 중 일부는 금전 등 경제적 이익을 포괄하여 광범위하게 의약품 리베이트를 규제하는 개정 약사법 시행규칙 제62조 제1항 제5호가 시행되기 이전에 지급된 것이어서 약사법 위반으로 취급되기 어려웠고, 제2 비용은 개정 약사법 시행규칙 아래에서도 그 규제대상이 되고 있지 않은바, 비용의 지출 당시에 약사법 위반 대상에 해당하지 않는 경우에도 사회질서에 심히 반하는 비용으로서 그 손금성이 부인되는지, 나아가 만일 사회질서에 반하는 측면이 있더라도 제약업계에서 통상적으로 지출되는 비용으로서 수익과도 직접 관련성이 있으므로 손금 산입이 인정되는 것은 아닌지가 문제된다.

이하에서는 제약업계의 리베이트의 의의 및 법인세법상 그 손금 인정 여부, 범위 및 그 근거에 대하여 그동안의 논의 및 판례의 태도를 토대로 대상판결의 의미에 대하여 검토한다.

2. 제약업계의 리베이트와 관련 규제

가. 리베이트의 의의

리베이트는 통상적으로 상품 혹은 용역을 제공한 자가 상품 또는 용역의 대가로 받은 금원 중 일부를 상대방에게 반환하여 주는 것으로서 제약업계에서 리베이트라고 함은 통상 제약회사나 도매상 등이 의료인, 의료기관 개설자 또는 약국 운영자에게 의약품 판매촉진을 위하여 현금 등을 지급하는 것을 말한다. 이외에 병·의원의 해외연수·세미나 참석 등에 소요되는 경비를 지원하는 경우, 개업하는 병·의원에 의약품을 무상으로 공급하거나 사무기기 등을 현물로 제공하는 경우 등도 리베이트의 일종으로 볼 수 있다. 제약업계에서는 리베이트의 용어가 특정 의약품의 처방이나 의료기기의 구입 등 의약품의 거래와 관련하여 지급되는 음성적인 이익이라는 보다 넓은 의미로 사용되고 있다.2)

---

2) 헌법재판소는 의약품 리베이트는 의료인이 정당한 가격품질 경쟁이 아닌 경제적 이익제공과 같은 비정상적인 방법을 통하여 독과점 이윤을 추구하려는 제약사로부터 그 의약품의 처방에 대한 대가로 받은 불법적 음성적 이익을 의미한다고 판시한 바 있다(헌법재판소 2015. 2. 26. 선

2000년 병·의원과 약국과의 의약분업 이후에는 병·의원과 약국에 대한 리베이트의 성질이 다소 다를 수 있다. 병·의원만이 의약품의 처방 권한을 가지고 있고 약국의 대체조제비율은 미미한 수준이기 때문이다. 그러한 사정으로 약국에 대한 리베이트의 경우 사전약정에 따라 판매대금의 일정 비율을 지급하는 경우가 많다.

이와 같은 리베이트는 관행상 제약회사나 도매상 등은 의약품 매출 확대를 위하여 지급하는 것이나 거래 상대방 등이 그 수수 사실이 드러나는 것을 꺼리므로 정상적인 회계처리 및 세무처리를 하지 못하고, 복리후생비, 소모품비, 업무추진비 등 항목으로 비용 및 손비처리를 하는 경우가 일반적이다.

나. 리베이트 규제 법령

리베이트는 가격경쟁 수단의 한 형태이므로 결과적으로 보다 낮은 가격에 재화나 용역의 공급이 이루어진다는 점에서 경쟁을 촉진하는 효과가 있다. 그러나 시장지배적 사업자의 배타조건부 리베이트 등이 심화될 경우에는 결국 유효한 경쟁이 이루어지지 않게 되어 소비자의 선택권을 침해하고 경쟁사업자를 배제하게 되는 등 경쟁제한효과를 발생시킬 가능성이 있다. 따라서 공정거래위원회는 정상적인 관행에 비추어 부당하거나 과대한 이익을 제공하여 경쟁사업자의 고객을 자신과 거래하도록 유인하는 행위를 금지하는 공정거래법 제23조의 규정을 주로 적용하여 위법한 리베이트를 규제하여 왔다.[3]

우리나라의 제약시장은 오리지널보다는 제네릭[4] 위주로 시장이 형성되어 있고 국민건강보험제도에 따른 의약품 가격규제가 강하여 최종소비자가 아닌 의사나 약사에 대한 마케팅 경쟁이 치열한 상황이다.[5] 의사나 약사에 대하여 지급되는 의약품 리베이트에 관한 우려와 부정적 여론이 증가하자 이를 규제하는 움직임이 계속하여 강화되어 왔다. 즉, 구 약사법 제47조는 약국개설자 등은 보건복지부령으로 정하는 바에 따라 의약품 등 유통 체계 확립과 판매 질서 유지에 필요한 사항을 지켜야 하고, 제76조 제1항 제3호, 제95조 제1항 제8호에 의하면

고 2013헌바374 결정).

3) 이봉의, "보건의료산업 리베이트관행의 경쟁법적 쟁점과 과제", 법학 제50권 제4호, 서울대학교 법학연구소, 2019. 12., 195면.

4) 특허가 만료된 오리지널 의약품의 카피약을 말한다.

5) 이은총, "제약업계에서 지급되는 리베이트 비용 등의 손금 허용 여부", 조세실무연구 7, 김·장 법률사무소, 2016, 239면.

이를 위반한 자는 허가취소, 업무정지 등이나 형사처벌 대상이 된다고 규정하고 있고, 구 약사법 시행규칙 제62조 제1항 제5호는 당초 "의약품 도매상은 의료기관 등 개설자에게 의약품 판매촉진 목적으로 현상품·사은품 등 경품류를 제공하지 아니할 것"이라고 규정하고 있었는데, 개정 약사법 시행규칙 제62조 제1항 제5호는 "의약품 도매상은 의료인, 의료기관 등 개설자에게 의약품 판매촉진 목적으로 금전, 물품, 편익, 노무, 향응, 그 밖의 경제적 이익을 제공하지 아니할 것"으로 규정하게 되었다. 또한 약사법 시행규칙 제6조 제1항 제7호로 약사, 한의사가 의약품 구매 등 업무와 관련하여 부당하게 금품 또는 향응을 수수하는 행위를 금지하는 조항이 신설되었다.

이후 2010. 5. 27. 법률 제10325호로 소위 '리베이트 쌍벌제'라고 불리는 의료법 제23조의2 및 제88조의2가 도입되어 의료인 등이 의약품 도매상 등으로부터 의약품 채택·처방유도 등 판매촉진을 목적으로 제공되는 금전, 물품, 편익, 노무, 향응, 그 밖의 경제적 이익을 받는 경우에는 리베이트를 제공한 제약사 등 뿐만 아니라 의료인도 2년 이하 징역이나 3,000만 원 이하 벌금 등의 형사처벌을 받게 되고, 또한 취득한 경제적 이익을 전액 몰수하도록 하였다. 나아가 2014. 7. 2.부터 시행된 국민건강보험법은 2회 이상 적발된 리베이트 제공자를 건강보험 급여대상에서 영구히 퇴출하는 리베이트 투아웃제를 도입하였다.

제약회사 등의 의약품 리베이트 제공에 관한 형사처벌 근거 조항인 약사법 제95조 제1항 제8호는 1년 이하의 징역 또는 300만 원 이하의 벌금에 처하도록 규정하고 있는데, 이에 대해서 포괄위임 금지 원칙 등에 반하는지 여부에 대하여 위헌법률심판제청신청 등이 있었으나 헌법재판소는 "의약품을 적정하게 공급·판매해 국민보건에 위해를 끼치지 않고 의약시장에서의 공정한 경쟁질서나 의약제도의 취지에 어긋나는 행위를 하지 않을 것이라는 것을 충분히 예측할 수 있다"며 헌법에 위반되지 않는다고 판단하였다.[6]

또한 의료인 등이 리베이트를 제공받은 경우의 형사처벌 근거 조항인 의료법 제23조의2 제1항 등에 대하여 위헌법률심판제청신청 등이 있었으나, 역시 헌법재판소는 "명확성 원칙 및 포괄위임금지 원칙에 반하지 않을 뿐만 아니라 리베이트 쌍벌제로 인해 의료인 등이 입게 될 불이익보다 국민건강 보호, 건강보험 재정 건전화 등의 공익이 커 법익 균형성을 충족한다는 이유로 과잉금지원칙을

---

6) 헌법재판소 2013. 8. 29. 선고 2011헌가19 결정 등.

위반해 직업의 자유를 침해한 것으로 보기 어려우므로 헌법에 위반되지 않는다"고 판단하였다.[7]

이와 같이 의약품 판매 및 구매와 관련하여 금품, 향응 등을 제공하거나 제공받는 관행을 금지하기 위하여 제약회사, 의약품 도매상과 의료기관 개설자 등에게 요구되는 준수사항을 확대·강화하고 있다.

3. 법인세법상 위법비용의 손금성

가. 법인세법상 손금의 의의

(1) 법인세법상 손금의 정의

법인세법 제19조 제1항은 "손금은 자본 또는 출자의 환급, 잉여금의 처분 및 이 법에서 규정하는 것을 제외하고 당해 법인의 순자산을 감소시키는 거래로 인하여 발생하는 손비의 금액으로 한다"라고 하면서, 다시 그 제2항에서는 "손비는 이 법 및 다른 법률에서 달리 정하고 있는 것을 제외하고는 그 법인의 사업과 관련하여 발생하거나 지출된 손실 또는 비용으로서 일반적으로 용인되는 통상적인 것이거나 수익과 직접 관련된 것으로 한다"라고 규정하고 있다.

위 제2항은 1998. 12. 28. 법률 제5581호로 법인세법이 개정되면서 도입된 것으로서 구 법인세법 제19조 제1항은 자본 또는 지분의 환급, 잉여금의 처분 및 이 법에서 규정하는 것을 제외하고 그 법인의 순자산을 감소시키는 거래로 인하여 발생하는 손비의 금액이라고만 손금을 정의하고 있었다.

한편, 소득세법 제27조 제1항은 "사업소득금액을 계산할 때 필요경비에 산입할 금액은 해당 과세기간의 총수입금액에 대응하는 비용으로서 일반적으로 용인되는 통상적인 것의 합계액으로 한다"라고 하여 소득세법의 필요경비에서도 통상성의 요건을 규정하고 있으나 법인세법과 달리 수익관련성의 요건은 별도 규정하고 있지 않다.

'법인의 사업과 관련하여 발생하거나 지출된 손실 또는 비용으로서 일반적으로 용인되는 통상적인 것'의 의미는 미국 연방세법 제162조 (a)항이 규정하고 있는 손비의 정의인 '필요하고(necessary) 통상적인(ordinary) 비용"과 동일한 것으로 이해된다.[8] 그리고 수익관련성은 수익에 직접 대응되는 비용에 해당하는 것을

---

7) 헌법재판소 2015. 7. 30. 선고 2015헌바70 결정.
8) 이태로·한만수, 조세법강의, 박영사, 2015, 438면.

의미한다.

여기서 '사업 관련성'과 '통상성' 및 '수익관련성'의 관계가 문제되는데 법 문언상으로는 법인세법 제19조 제2항에 따라 손비로 인정받기 위해서는 사업관련성은 당연히 필요하고 나아가 사업관련성의 요건을 갖춘 손실이나 비용이 사업상 수익을 얻는데 직접 관련된 것이거나 또는 그 비용의 지출이 통상적이어야 하는 것을 의미하는 것으로 보인다. 따라서 사업관련성이 있는 지출은 수익관련성과 통상성 중 하나의 요건을 충족하면 손비로서 인정받을 수 있는 것으로 해석된다.

이러한 손금 내지 손비의 정의 하에서 법인세법은 그 시행령 제19조 각호에 손금 항목을 열거하고 있고, 법인세법 제20조부터 제28조까지는 손금불산입항목을 열거하고 있다. 법인세법 제19조에 따라 손금성이 인정되는 지출이라고 하더라도 법인세법 제20조 내지 제28조의 손금불산입 항목에 해당하면 손금으로 공제받을 수 없다.

(2) 통상성의 의미

법인세법상 손금의 통상성은 미국 연방세법의 통상성(ordinary)의 개념과 유사한 것으로 해석된다. 미국 판례상 통상적인 비용이란 이례적(extraordinary)인 비용이 아니라는 의미와 자본적 지출액과 대비되는 수익적 지출액이라는 의미를 아울러 지니고 있다. 통상성의 의미는 당해 납세의무자가 통상 지출해 온 비용이라는 뜻이 아니고 특정 상황에서 통상인이라면 지출하였을 경비를 의미한다. 대법원도 "일반적으로 용인되는 통상적인 비용이라 함은 납세의무자가 같은 종류의 사업을 영위하는 다른 법인도 동일한 상황 아래에서는 지출하였을 것으로 인정되는 비용을 의미하고 그러한 비용에 해당하는지 여부는 지출의 경위와 목적, 형태, 액수, 효과 등을 종합적으로 고려하여 객관적으로 판단하여야 하는데, 특별한 사정이 없는 한 사회질서를 위반하여 지출한 비용은 여기에서 제외된다"고 판시[9]하여 통상성의 구체적 의미를 정의하면서 사회질서에 위반한 비용은 통상성이 없는 것으로 보았다. 결국 대상판결의 사안에서도 이 사건 비용이 사회질서에 위반하여 지출되어 통상성이 결여되는 것인지가 문제된다.

(3) 수익관련성의 의미

대법원에서 수익관련성의 의미나 범위에 관하여 명확히 밝힌 것은 없는 것으로 보인다. 수익관련성이 손비의 요건으로 통상성과 병렬적으로 규정되어 있어

---

9) 대법원 2009. 11. 12. 선고 2007두12422 판결.

'통상성'과의 관계가 문제된다. 즉, 통상성이 결여되는 비용이라고 하더라도 수익 관련성의 요건을 갖추면 손비로서 인정이 되는지 여부이다. 나아가 필요경비의 요건으로서 수익관련성을 규정하고 있지 않은 소득세법에서는 동일한 논리가 적 용될 수 있는지도 문제가 된다.

이에 대해서는 세 가지의 견해가 가능하다. 제1설은 법인세법이 수익관련성 을 통상성과 대등한 지위를 갖는 것으로 선택적으로 규정하고 있으므로 수익관 련성의 요건을 갖추면 사회질서에 위반되어 통상성이 결여되는 지출이더라도 손 금에 해당한다는 견해이다. 제2설은 수익관련성을 제한적으로 파악하자는 견해 이다. 수익과 직접적으로 관련된 매출원가 등 비용 이외에 수익과 간접적으로 관 련된 비용까지 수익관련성을 확대한다고 한다면 그 범위가 지나치게 커져 '통상 성'을 '수익관련성'과 대등한 손비의 요건으로 둔 취지가 희석될 수밖에 없다고 본다. 즉, '수익관련성'을 지나치게 넓게 본다면 사업관련성이 있는 지출로서 '통 상성' 요건을 충족하지 못한 비용들 대부분이 '수익관련성'에 따라 손비로 인정되 는 결과가 발생하므로 수익관련성을 제한적으로 보고 독자적인 의미를 부여하지 말아야 한다는 것이다. 제3설은 비록 통상성과 수익관련성을 대등하게 규정하고 있기는 하지만 수익관련성이 있는 비용이라도 사회질서에 심히 반하는 지출이라 면 통상성의 경우와 같이 수익관련성이 없는 것이 되어 손금으로 인정할 수 없다 는 견해이다.

나. 위법비용의 손금산입에 관한 논의[10]

(1) 우리나라의 경우

위법비용에 대해서는 법령이 이를 정의하는 규정은 없으나 일반적으로 법령 에 위반한 지출을 말한다. 위법비용은 뇌물 등 금전 등의 지출 자체가 법령에 위 반하는 경우, 마약의 제조·판매에 따른 비용 등 위법소득을 얻기 위하여 지출한 경우로 구분된다.[11]

지출자체가 법령에 위반하여 위법비용에 해당하는 경우의 손금인정 여부 문 제를 다루는 문헌들은 일률적으로 이러한 비용 모두를 손금부인 하여야 한다거 나 반대로 모두 손금으로 인정하여야 한다는 견해는 없으며, 대체로 지출이 사회

---

10) 김재승, "위법비용과 손금", 법학논총 제32집 제3호, 전남대학교 법학연구소, 2012. 12., 392-426면.
11) 대법원 1998. 5. 8. 선고 96누6158 판결 등.

질서에 심히 위반하는 경우 위법비용의 손금 인정을 부인하여야 한다는 점에 대하여 대부분 견해가 일치한 것으로 보인다.[12]

한편 위법소득을 얻기 위하여 지출한 비용의 경우에 대해서는 마약밀매 등과 같은 행위는 사회질서에 위반하는 행위로서 그와 같은 위법소득을 얻기 위하여 지출한 손비를 손금으로 인정하는 것은 사회질서에 현저히 위반하기 때문에 위법행위를 억제하기 위하여 손금산입을 허용하여서는 안된다는 견해와 순소득 과세의 원칙 및 응능부담의 원칙에 비추어 볼 때 위법소득을 얻기 위하여 지출한 비용 역시 손금산입을 인정하여야 한다는 견해가 있다.[13]

한편 위법행위 등에 대한 제재로서 과하는 벌금 등도 위법비용에 해당한다는 논의[14]가 있는데 이에 대해서는 법인세법 제21조에서 손금불산입 대상으로 규정하고 있으므로 손금산입 여부가 논란이 될 여지가 적다.

(2) 미국과 일본의 경우

미국의 경우 과거 위법비용과 관련하여 손금성 판단 기준인 통상성과 필요성을 충족하는지 여부가 문제되었다. 미국은 위법한 지출과 위법소득을 얻기 위한 지출을 구별하지 않고 통상적으로 필요경비에 해당하는지 여부만을 판단하되 위법지출이 공서양속에 반하는 경우 손금을 부인하는 소위 '공서양속이론'(public policy doctrine)을 적용하고 있다.[15] 이에 대해서는 일반화된 기준이 없이 위법비용의 손금성을 판단하게 하는 것은 조세행정에 있어서 명확성 혹은 납세의무자의 예측가능성을 해친다는 비판이 있었고 이에 1969년 미국 의회는 위법비용의 손금산입을 부인하는 개별 규정을 명문화하였다. 즉, 미국 연방세법(Internal Revenue Code, 'IRC') 제162조 (c)에 불법뇌물, 불법사례금을, 제162조 (f)에 과태료, 벌금을 제162조 (g)에 독점금지법상 3배 배상금을 손금불산입 대상으로 규정하였고, 1982년에는 제280E조에 불법 마약거래로 발생한 비용의 손금을 부인하는 규정이 신설되었다.

일본의 경우 판례는 주주우대금[16], 폭력단에 대한 상납금[17], 범죄행위의 적

---

12) 이상신, "위법비용과 세법", 조세법연구 제10-2집, 세경사, 2004. 11., 235-236면.

13) 이상신, 앞의 논문, 237면.

14) 김완석, "법인세법상 손금의 해석에 관한 연구", 세무학연구 제19권 제2호, 한국세무학회, 2002. 12., 79면.

15) 이상신, 앞의 논문, 226면.

16) 最高裁 昭和 42. 11. 13.

17) 東京地裁 昭和 61. 12. 24.

발을 막기 위한 뇌물[18])에 대하여 손금산입을 부인하였다. 부인근거는 주주우대
금에 대해서는 그러한 지출이 법률에 금지되어 있고 실질이 배당이기 때문이라
고 하고, 폭력단에 대한 상납금의 경우에는 이러한 지출에 대해 손금을 인정하면
국가가 폭력단에 보조금을 지급하는 것과 같기 때문일 뿐만 아니라 공서양속에
위반되기 때문이라고 하며, 범죄행위 적발을 막기 위한 뇌물을 손금으로 인정하
는 것은 법의 이념상 허용될 수 없기 때문이라고 한다.

다. 위법비용의 손금성에 관한 판례의 입장

(1) 법인세법의 경우

통상성 등의 법인세법 제19조 제2항의 손비 요건이 도입되기 전에 구 법인
세법 제19조의 손금 인정과 관련하여 대법원은 폐기물처리업허가를 받아 폐기물
처리업을 영위하는 원고가 특정산업폐기물을 소각한 후 그 잔재물을 매립하도록
규정한 관련 법령에 위반하여 특정산업폐기물을 소각로에 넣어 약간 그을린 후
이를 일반폐기물의 소각잔재물과 혼합하여 난지도 쓰레기종합처리장으로 운반한
다음, 그곳에 상주하면서 폐기물처리업허가 없이 불법으로 폐기물처리업을 하던
넝마주이에게 폐기물의 매립을 위탁하고 125,000,000원을 지급한 사안에서 "위
법소득을 얻기 위하여 지출한 비용이나 지출 자체에 위법성이 없는 비용은 그 손
금산입을 인정하는 것이 사회질서에 심히 반하는 등의 특별한 사정이 없는 한 손
금으로 산입함이 타당하다"고 판시하였다.[19]

이와 같이 판례는 법인세법 제19조 제2항과 같은 손비의 요건과 관련된 규
정이 존재하지 않는다고 하더라도 그 비용을 손금에 산입하는 것이 사회질서에
심히 반하는 경우에는 손금산입이 허용되지 않는다는 입장이었다.

이후 법인세법 제19조 제2항의 손비의 요건이 신설된 이후에도 이러한 입장
은 그대로 이어졌는데 다만, 추가로 위법비용의 손금 인정을 '통상성' 요건에 결
부시켜 판단하고 있다. 즉, 대법원은 담배를 수입·판매하던 회사가 영업부진 때
문에 영업을 중지하는 대리점에게 신규시장의 개척과 판매촉진을 위하여 인건비
및 차량 구입비를 지원한 사안에서 "일반적으로 용인되는 통상적인 비용이라고
함은 납세의무자와 같은 종류의 사업을 영위하는 다른 법인도 동일한 상황 아래

---

18) 大阪地裁 平成 1. 6. 28.
19) 대법원 1998. 5. 8. 선고 96누6158 판결.

에서 지출하였을 것으로 인정되는 비용을 의미하고, 그러한 비용에 해당하는지 여부는 지출의 경위와 목적, 형태, 액수, 효과 등을 종합적으로 고려하여 객관적으로 판단하여야 할 것인데, 특별한 사정이 없는 한 사회질서에 위반하여 지출된 비용은 여기에서 제외된다"라고 판시하였다.[20]

이와 같이 대법원은 법인세법 제19조 제2항이 신설된 이후에도 위법비용 중 사회질서에 위반하여 지출된 비용은 손금에 산입할 수 없다는 입장을 계속하여 견지하고 있고 이를 통상성 요건의 결여의 문제로 파악하고 있다.

(2) 소득세법의 경우

소득세법상 위법비용의 필요경비 인정 여부와 관련하여 판례는 법인세법의 경우와 동일하게 보고 있다. 즉, 대법원은 피고인들은 유흥주점의 유흥접객원과 영업상무 등에게 성매매 수당 내지 성매매 손님 유치 수당을 지급한 사안에서 "소득세는 원칙적으로 소득이 다른 법률에 의하여 금지되는지 여부와 관계 없이 담세력에 따라 과세하여야 하고 순소득을 과세대상으로 하여야 하므로 범죄행위로 인한 위법소득을 얻기 위하여 지출한 비용이더라도 필요경비로 인정함이 원칙이라 할 것이나, 그 비용의 지출이 사회질서에 심히 반하는 등 특별한 사정이 있는 경우라면 필요경비로 인정할 수 없다"라고 판시하였다.[21] 소득세법 제27조 제1항이 통상성 요건을 규정하고 있어 법인세법과 같이 통상성 요건과 결부시켜 판단할 수 있을 것으로 보이나 그와 같은 명시적 판단은 하지 않았다.

라. '수익관련성' 요건과의 관계

법인세법 제19조 제2항은 '수익관련성' 요건을 별도로 두고 있어 법인세법 제19조 제2항의 문언상으로는 '통상성' 요건을 충족하지 않는다고 하더라도 '수익관련성' 요건을 충족하는 경우에는 손비로서 인정받을 수 있다는 입장에서는, 판례가 위법비용을 통상성 요건과 결부시켜 판단하고 있으므로 법인세법 제19조 제2항의 문언상으로는 위법비용이더라도 이와 별도로 수익관련성의 요건을 충족하는 경우에는 손비로 인정받을 여지가 있다.

그런데 대상판결과 유사한 사안에서 대법원은 대상판결과 그 판시를 다소 달리하여 "의약품 도매상이 의료인이나 의료기관 개설자 또는 약국 등의 개설자

---

20) 대법원 2009. 11. 12. 선고 2007두12422 판결.
21) 대법원 2015. 2. 26. 선고 2014도16164 판결.

에게 의약품 판매촉진 목적으로 지급한 리베이트는 약사법 등 관계 법령에서 이를 명시적으로 금지하고 있지 않더라도 건전한 사회질서를 위반하여 지출한 것으로서 구 법인세법 제19조 제2항에서 말하는 '일반적으로 용인되는 통상적인 비용이나 수익과 직접 관련된 비용'에 해당한다고 볼 수 없고, 따라서 이를 손금에 산입할 수 없다고 보아야 한다"[22]라고 하여 '통상성' 요건뿐만 아니라 '수익관련성'요건도 함께 고려하여 사회질서 위반과 위법비용의 손금성 문제를 판단한 것으로 보인다. 일응은 앞서 본 수익관련성과 통상성의 관계에 관한 제3설의 입장을 취한 것으로 보이는데, 법인세법 제19조 제2항이 손금 인정 범위를 명확히 하기 위하여 신설되었고, '수익관련성'이라는 부분을 명시한 의미 및 그 적용 범위를 명확히 할 필요가 있는바 향후 대법원 분명한 해석이 필요할 것으로 보인다.

4. 이 사건 비용의 손금 인정 여부

가. 제약회사 리베이트의 성격과 손금성

그동안 과세관청은 제약업체 등이 병의원에 지출한 리베이트에 대하여 일종의 접대비로 취급하여 한도 초과분에 대하여 손금부인하여 왔고,[23] 이에 따라 법원에서도 리베이트의 접대비 해당 여부가 주요 쟁점이 되어 왔다.

그러나 근자에 들어 과세관청은 2008. 12. 1. 약사법 시행규칙 개정에 의하여 약국 등 개설자에 대한 금전 등 일체의 경제적 이익을 제공하는 것이 금지된 이후 제약회사의 리베이트가 사회질서에 반하는 지출로서 위법비용에 해당하여 손금성이 부인되고 그 금액을 대표자에 대한 인정상여로 처분하여 왔으며, 나아가 대상판결의 사안과 같이 약사법 시행규칙의 개정 이전에 수수된 리베이트에 대해서도 동일한 입장을 취하였다.

제약업계의 리베이트는 지출자체가 약사법에 위반된 경우로서 형사처벌의 대상이므로 약사법 시행규칙 개정 이후에는 그 비용이 사회질서에 반하는 것으로 손금성이 부인될 여지가 상대적으로 크다고 하겠으나 약사법 시행규칙 개정 이전의 지출에 대해서는 이를 명문으로 금지하는 조항이 없으므로 과연 사회질서에 반하는 위법비용에 해당하는 것인지는 의문이 있다. 이에 대해서는 긍정설과 부정설이 있다.

---

22) 대법원 2015. 1. 29. 선고 2014두4306 판결.
23) 국세청, 제약업체 등 세무조사 결과 838억원 세금 추징 보도자료, 2010. 7. 13.

나. 두 가지 견해의 대립

(1) 긍정설

긍정설은 의약품 도매업체의 리베이트 제공이 사회적으로 낭비를 초래할 뿐만 아니라 궁극적으로 의약품 가격 상승의 원인이 되므로 의약품 선택권이 없는 소비자에게 리베이트 비용의 부담을 전가하게 되는 등 매우 심각한 사회적 폐해를 야기할 수 있다는 점, 의약품 도매업체가 지급하는 리베이트 자금은 결국 분식회계 등을 통해 조성된 비자금으로 집행될 수밖에 없으며 그러한 비자금은 횡령, 분식회계, 조세포탈, 불공정 거래행위 등을 전제로 하게 되는데, 그러한 비용을 손금으로 산입하여 과세소득에서 공제한다면 세법이 위법한 상태를 용인하게 된다는 점에서 건전한 사회통념에 비추어 정상적으로 소요되는 판매부대비용으로 보기 어렵다는 입장이다. 이 사건 비용의 지출이 당시 약사법에 위반되는 행위가 아니고 횡령이나 불공정행위 등에 직접 해당하지 않더라도 공정거래위원회가 공정거래법상 부당한 고객 유인금지조항을 토대로 리베이트 관행을 제재하고 있는 실정을 고려하면 리베이트 제공이 통상적이거나 정당한 상관행으로 인정받기 어려우므로 사회질서에 반하는 위법비용이라는 것이다.[24]

(2) 부정설

부정설은 2008년 약사법 시행규칙의 개정 이전에 의료기관 등 개설자에게 지급된 사례금은 지급 당시 법령에 위반되는 행위가 아니라는 점, 사회질서를 위반하는 행위에 대한 제재가 넓어질 경우 재산권 침해를 야기할 수 있고 조세법률주의를 위배할 우려가 크다는 점, 이 사건 비용은 그 경제적 실질이 대량거래처에 대한 판매장려금의 성격이 있다는 점, 비자금 등으로 인한 사회악에 대한 규제는 세법보다는 의료유통체계와 보험체계의 구조개선으로 해결하는 것이 바람직하다는 점 등을 근거로 이 사건 비용은 사회질서에 심히 반하는 위법비용이 아니라는 것이다.[25]

다. 대상판결의 입장

대상판결은 위법비용의 손금 산입과 관련된 대법원 2009. 11. 12. 선고 2007두12422 판결을 인용하면서 제2 비용과는 달리 제1 비용은 법인세법상 손비에

---

24) 이은총, 앞의 논문, 242－243면.

25) 이은총, 앞의 논문, 242면.

해당하지 않는다고 판시하였다. 즉, 대상판결은 제약업계의 리베이트에 관하여 그러한 지출을 허용할 경우 야기되는 부작용, 국민의 보건과 직결되는 의약품의 공정한 유통과 거래에 미칠 영향, 이에 대한 사회적 비난의 정도, 규제의 필요성과 향후 법령상 금지될 가능성, 상관행과 선량한 풍속 등 제반사정을 고려해 볼 때 사회질서에 위반하여 지출된 비용에 해당한다고 보아 손비에 해당하지 않는다고 판단하였다.

대상판결의 원심은 2008. 12. 1. 약사법 시행규칙 개정으로 리베이트에 해당하는 금전을 지급하는 것을 명시적으로 금지하기 이전의 비용에 대해서는 손금산입을 인정하였으나, 대상판결은 약사법 등 관계 법령이 이를 명시적으로 금지하고 있지 않더라도 사회질서에 위반하여 지출된 것에 해당하여 그 비용은 손금에 산입할 수 없다고 보았다.

대상판결은 의약품 도매상이 약국 개설자에게 지급한 리베이트의 손비를 인정하지 않는 것인데, 이후 선고된 대법원 2015. 1. 29. 선고 2014두4306 판결에서는 제약회사가 의사 및 약국 운영자에게 지급한 리베이트에 대해서도 동일하게 손비를 인정하지 않는 것으로 판단하였다.

이와 같이 현재 판례에 의하면 제약업계의 리베이트는 그 성격을 구분하지 않고 대부분 손비로 인정되지 않는 것으로 보인다. 그러나 제약업계가 지급하는 금원이라고 하더라도 무조건 리베이트로서 손금 산입이 부인된다고 볼 수 없다. 예를 들어 관련 법령 등에 따라 허용되는 수준에서 제약업체가 전문의약품의 효능이나 임상결과를 설명하기 위해 지출한 비용 등은 손금산입이 가능할 것이다.[26]

라. 여론: 소득처분 및 조세포탈 관련

과거 과세실무와 같이 제약업계 리베이트를 접대비로 보는 경우에는 법인세법 제67조 및 법인세법 시행령 제106조 제1항 제3호 나목에 따라 기타 사외유출로 소득처분 하게 되므로 별도로 그 귀속자에 대한 소득처분 및 이에 따른 종합소득세 원천징수 문제는 발생하지 않는다.

그러나 대상판결과 같이 법인세법상 손비를 인정하지 않는 경우에는 원칙으로 돌아가 그 귀속자에게 소득처분을 하여야 하고 이에 따라 종합소득세 원천징

---

26) 조심 2015서0929, 2015. 06. 18.

수 문제가 발생하게 된다. 특히 제약업계 리베이트의 경우 그 상대방을 밝히기 어려운 측면이 있고 그 경우 귀속 불분명에 해당하게 되므로 법인세법 제68조 및 법인세법 시행령 제106조 제1항 제1호 단서에 따라 '대표자에게 귀속된 것'으로 보게 된다. 대상판결의 사안에서도 리베이트 중 그 귀속이 밝히지 못한 금액에 대해서는 귀속이 불분명한 경우로 보아 대표자에게 소득처분이 이루어졌다.

나아가 제약업계 리베이트의 경우 앞서 본 바와 같이 정상적인 회계처리 및 세무처리가 어려우므로 이를 복리후생비, 판매촉진비 등의 항목으로 처리하게 되는데 그 경우 조세포탈에 해당하는지 여부가 문제된다. 조세포탈이 성립되기 위해서는 과세표준과 세액의 허위신고 이외에 부정행위 즉, '조세의 부과와 징수를 불가능하게 하거나 현저히 곤란하게 하는 위계에 의한 적극적 행위'가 존재하여야 하는바, 당초 리베이트를 손금에 산입하기 위하여 그러한 행위가 있는지 여부에 따라 조세포탈의 성부가 달라질 것이다.

대법원 2015. 1. 29. 선고 2011도13730 판결은 리베이트 지출과 관련하여 시장조사비, 홍보비, 소모품비 등 성격이 다른 비용 항목으로 가장하여 손금처리하고, 허위의 경비청구서에 리베이트 지출과 무관한 영수증 등을 첨부하는 등의 조직적 부정행위가 존재한다고 판단하여 조세포탈의 형사책임을 인정하였다.

5. 대상판결의 평가와 의의

대상판결은 의약품 도매상이 약국 등 개설자에게 의약품 판매촉진의 목적으로 이른바 '리베이트'라고 불리는 금전을 지급하는 것은 약사법 등 관계 법령이 이를 명시적으로 금지하고 있지 않더라도 사회질서에 위반하여 지출된 것에 해당하여 그 비용은 손금에 산입할 수 없다고 판시함으로써 그동안 손비 인정 여부, 범위 및 그 근거에 대하여 논란이 있었던 제약업계의 리베이트를 위법비용에 해당하는 것으로 보아 특별한 사정이 없는 한 법인세법 제19조 제2항의 손비 요건 중 '일반적으로 인정되는 통상적인 것'이라는 요건을 충족하지 못하여 손금에 산입될 수 없음을 분명히 하였다.

종래 대법원은 위법비용 중 '사회질서에 위반하여 지출된 비용'에 대해서는 손비로 인정될 수 없다는 원칙을 설시하면서도 실제 사안에서는 이를 이유로 손비를 인정하지 않는 사례가 거의 없어 사실상 위법비용의 경우에도 원칙적으로 손금산입을 허용하는 태도를 취하여 왔는데, 대상판결은 적극적으로 위법비용에 대한 손비 인정을 부인한 선례적 사례이고 이후 다른 사안에서도 대상판결과 동일한 입장을 엿볼 수 있다.[27]

나아가 대상판결은 의약품 도매상이 약국 등 개설자에게 의약품 판매촉진의 목적으로 지급한 리베이트에 대한 사회질서 위반의 판단기준으로, 지출을 허용하는 경우 야기되는 부작용, 국민의 보건과 직결되는 의약품의 공정한 유통과 거래에 미칠 영향, 이에 대한 사회적 비난의 정도, 규제의 필요성과 향후 법령상 금지될 가능성, 상관행과 선량한 풍속 등을 제시하였는바, 위법비용에 대하여 그 비용의 지급시점에는 행정법규나 형사법규에 위반되지 않더라도 사회질서에 위반되는 것으로 판단하여 손금불산입할 수 있는 구체적인 기준을 제공하였다는 점에서 중요한 의미가 있다.

이러한 대상판결의 판단기준에 대해서는 공정한 유통질서에의 영향 및 향후 규제의 필요성과 가능성이라는 기준이 포함된 것에는 의문이 있다는 지적이 있다.[28] 공정한 유통질서 정립을 위하여 음성적인 비용에 대한 과세가 이루어져야 한다고 보더라도 세법은 이 사건 비용의 수취자에 대하여 소득세나 증여세를 과세하고 지급자에 대하여 접대비의 손금산입한도를 적용하여 과세할 수 있으므로 리베이트를 위한 제약업체의 비자금 조성 등 사회악에 대한 규제는 세법보다 의약품 유통체계와 건강보험체계의 구조개선으로 해결하는 것이 바람직하고, 이 사건 비용은 그 지급 당시 의료법, 형사법, 공정거래법 등 제반 법령에 위반되지 않았고 제약업계에서는 리베이트 비용이 통상 판매장려금으로 지출되고 있어 납세자가 이것이 향후 처벌될 것이라고 예측하기는 어려웠다고 보임에도 위 두 기준을 사회질서 위반 여부의 판단기준으로 삼는 것은 타당하지 않다는 입장이다.

한편, 대상판결에서는 법인세법 제19조 제2항의 손비 인정 요건 중 '수익관련성' 요건에 대해서는 별도로 언급을 하지 않았는데, 법인세법 제19조 제2항의 문언상 '수익관련성'이 '통상성' 이외에 또 다른 병렬적 요건으로 규정되어 있는 이상 대법원이 위법비용을 '통상성' 요건을 결여한 것으로 판단하였으므로 추가적으로 '수익관련성' 요건의 충족 여부에 대해서도 판단하였어야 논리적으로 정당하였을 것으로 보인다. 이 사건 비용은 의약품 도매업체인 원고의 수익과 직접 관련된 지출로서 법인세법 제19조 제2항의 수익관련성 요건을 충족한다고 판단

---

27) 대법원 2015. 1. 29. 선고 2014두4306 판결 등.
28) 이은총, 앞의 논문, 243−247면.

되는데 위 조항의 손금의 요건으로 명시되어 있지 않은 사회질서 위반의 사정을 이유로 그 손금성이 부인되었는바, 손금의 요건으로 법인세법 제19조 제2항에서 통상성과 대등하게 규정되어 있는 수익관련성이 있는 이 사건 비용의 손금성을 부인하기 위해서는 보다 엄격한 기준이나 논거가 제시되어야 할 것임에도 별다른 설명 없이 그 손금성을 부인하는 결론을 도출한 것은 타당하지 않다고 사료된다. 특히 제1 비용은 개정 약사법 시행규칙 이전에 지출된 비용으로 약사법 위반의 소지가 없었다는 점에서 더더욱 그러하다. 또한, 법인세법은 정책적인 목적에서 위법비용의 성격을 가지는 벌금과 공과금 등을 손금부인하기 위하여 별도로 법인세법 제21조 등의 규정을 두고 있는바, 법인세법 제19조의 손금으로서의 통상성과 수익관련성을 가질 뿐만 아니라 위 손금불산입 규정에 해당하지도 않는 비용을 문언에도 없는 사회질서 위반이라는 잣대를 들이대어 그 손금성을 부인하는 것은 납세자의 예측가능성과 법적 안정성을 침해하는 것으로서 조세법률주의에도 위배된다고 할 것이다. 향후 법인세법 제19조 제2항의 손비의 요건인 '수익관련성'의 적용 범위 및 의미에 대한 대법원의 명확한 판단을 기대해 본다.

3

부가가치세법

오픈마켓 할인쿠폰이 부가가치세법상
에누리액에 해당하는지 여부*

〈대법원 2016. 6. 23. 선고 2014두298 등 판결〉

Ⅰ. 대상판결의 개요

1. 사실관계의 요지와 부과처분의 경위

원고는 인터넷상의 재화 및 용역의 거래공간인 '오픈마켓'을 운영하는 내국법인으로서 오픈마켓에 가입한 판매회원과 구매회원 사이에 오픈마켓 시스템을 이용한 재화와 용역의 거래를 지원하고 그 대가로 판매회원으로부터 시스템 이용대가인 서비스 이용료를 지급받고 있었다.

원고는 오픈마켓에서의 재화와 용역의 거래를 활성화시키기 위한 마케팅 프로모션의 일환으로 할인쿠폰 제도를 도입하기로 하고 2003년 말경부터 아이템할인 제도를, 2005년 초경부터 바이어쿠폰 제도를 시행하였다. 아이템할인은 특정 상품을 구매하려는 모든 구매회원을 대상으로 해당 상품의 판매가격 중 일정 금액을 할인해 주는 방식이고, 바이어쿠폰은 이용실적이 우수하거나 신규 가입한 구매회원에게 전체 또는 일부 상품에 적용되는 일정금액의 할인쿠폰을 제공하여 그 구매회원이 적용대상 상품을 선택해서 쿠폰을 사용하는 경우에 해당 상품의 판매가격 중 일정 금액을 할인해 주는 방식이었다.

원고의 오픈마켓에 대한 약관(이하 '이 사건 약관')은 원고와 판매회원간의 계약체결과 동일한 효력을 가진다고 규정하고 있었고 구체적인 내용은 수차례에

* 한국세정신문 제4734호 (2016. 7. 4.)

걸쳐 변경되었는데, 2006. 6. 1. 개정 전 약관은 서비스이용료는 원고와 판매회원과의 협의를 통하여 별도로 정해질 수 있고, 원고는 판매회원의 상품판매와 관련한 마케팅 프로모션을 자체적으로 진행할 수 있으며, 다만 그 프로모션 비용은 원고가 전적으로 부담하거나 판매회원과 공동으로 부담할 수 있으며 만약 프로모션 비용 가운데 판매회원이 부담하는 비용이 있으면 원고는 사전에 판매회원과 협의하여야 한다고 규정하였다가 2006. 6. 1. 개정 약관부터는 서비스 이용료는 구매회원이 결제한 금액에서 원고가 판매회원에게 정산해 주어야 할 금액을 공제한 금액으로 산정한다는 규정이 추가되었다.

원고는 할인쿠폰의 사용을 통하여 상품거래가 이루어지는 경우에 그 할인액만큼의 금액(이하 '이 사건 공제액')을 원고가 판매회원으로부터 지급받아야 할 서비스이용료에서 공제하여 주었고, 2006년 제1기부터 2010년 제1기까지 부가가치세를 신고·납부하면서 이 사건 공제액을 구 부가가치세법(2013. 6. 7. 법률 제11873호로 전부 개정되기 전의 것, 이하 '구 부가가치세법') 제13조 제2항 제1호에서 정한 에누리액으로 보아 부가가치세 과세표준에서 제외하였다.

그런데 피고는 오픈마켓의 구매회원에 대한 상품판매가격의 할인은 그 혜택이 모두 구매회원에게 귀속되고 할인 여부와 관계없이 판매회원이 실제 지급받는 금액은 동일하기 때문에 위 할인거래의 실질은 오픈마켓이 판매회원에게 구매회원을 대신하여 상품판매대금을 지급하는 것으로서 이는 오픈마켓이 자신의 매출 증대를 위하여 부담하는 판매촉진비 내지 판매장려금 성격의 비용에 해당하므로 이 사건 공제액은 서비스 이용료에 대한 부가가치세 과세표준에 포함되어야 한다는 이유로 2010년 및 2011년경 원고에 대하여 이 사건 공제액이 과세표준에서 제외됨에 따라 부가가치세가 부족하게 징수되었다고 하면서 2005년 제1기부터 2010년 제1기까지의 부가가치세의 부과처분을 하였다.

이에 불복하여 원고는 조세심판원에 심판청구를 하였는데, 조세심판원은 2011. 12. 30. 각 과세기간의 부가가치세 과세표준에서 원고의 2006. 6. 1.자 약관 개정 이후의 아이템할인 부분을 제외하는 것으로 그 과세표준과 세액을 경정한다는 취지의 일부 인용결정을 하였고, 이에 따라 피고는 위 부가가치세 부과처분의 일부를 취소하였다(이하 위 부과처분 중 취소되지 않고 잔존하는 부분을 '이 사건 부과처분'이라고 한다).

2. 대상판결의 요지

대법원은 구 부가가치세법 제13조 제2항 제1호의 에누리액은 재화 또는 용역의 공급에 있어서 그 품질·수량 및 인도·공급대가의 결제 기타 공급조건에 따라 그 재화 또는 용역의 공급 당시의 통상의 공급가액에서 일정액을 직접 공제하는 금액으로서 그 발생시기가 재화나 용역의 공급시기 전으로 한정되지 아니하고 그 공제·차감의 방법에도 특별한 제한이 없다(대법원 2015. 12. 23. 선고 2013두19615 판결 참조)는 부가가치세 과세표준 산정의 법리를 판시한 다음, 당사자 사이에 계약을 둘러싸고 의사표시의 해석이 문제되는 경우에는 그 의사표시의 내용, 그러한 의사표시가 이루어진 동기와 경위, 그 의사표시에 의하여 달성하려는 목적, 당사자의 진정한 의사 등을 종합적으로 고려하여 논리와 경험칙에 따라 합리적으로 해석하여야 한다(대법원 2005. 5. 27. 선고 2004다60065 판결, 대법원 2007. 9. 20. 선고 2006다15816 판결 등 참조)고 하면서 이 사건 공제액은 원고와 판매회원 사이에서 오픈마켓 시스템 지원 및 이용에 관한 용역계약(이하 '이 사건 용역계약')상 판매회원이 원고가 시행하는 아이템할인이나 바이어쿠폰 등의 프로모션에 동의하고 아이템할인이나 바이어쿠폰이 적용된 구매회원과의 매매 등 거래시 그 할인금액만큼 상품판매 가격을 인하한다는 용역제공의 조건에 따라 서비스이용료에서 직접 공제되는 것으로서 구 부가가치세법에서 정한 에누리액에 해당한다는 이유로, 이와 달리 피고가 이 사건 공제액은 그 실질상 원고가 판매회원에게 구매회원을 대신하여 상품판매대금을 지급하는 것으로서 원고 자신의 매출 증대를 위하여 부담하는 판매촉진비 성격의 비용에 해당하므로 서비스이용료에 대한 부가가치세 과세표준에 포함되어야 한다고 보아 행한 이 사건 부과처분은 위법하다고 판단하였다.

Ⅱ. 대상판결의 평석

1. 이 사건 쟁점 및 논의의 범위

사업자는 보다 많은 고객을 확보하여 이윤을 얻고자 다양한 방식의 판매촉진방법을 사용하고 있는데, 그 대표적인 방식으로 판매장려금, 할인쿠폰, 마일리지 등이 있다. 재화나 용역의 공급거래와 별도로 지급되는 판매장려금은 재화나 용역의 공급대가와 구분되어 부가가치세법상 과세표준의 산정에 별다른 문제가 없었다.

그러나 근자에 들어 마일리지, 포인트, 할인쿠폰 등 다양한 판매촉진 방식이 등장하였다. 이러한 프로모션 방식은 특정 재화나 용역의 공급가액에 대한 차감의 요소로 작용하고 특히 복수의 당사자들 사이의 다수 거래가 상호 연계하여 공급대가의 할인에 영향을 주면서 거래당사자들 사이에서는 내부적인 정산절차가 행하여지고 있다. 이러한 다양한 판매촉진수단에 따른 공제액이 부가가치세법상 에누리로 판정되는지, 아니면 판매장려금으로 구분되는지에 따라 부가가치세 과세표준 내지 공급가액이 달라지므로 부가가치세법상 그 공제액의 성격을 파악하는 것은 중요하다. 구체적으로 에누리와 판매장려금의 구분에 따라 사업자가 거래징수하여야 하는 매출세액과 그 거래상대방이 부담하여야 하는 매입세액에 차이가 발생하고, 나아가 사업자의 매출액에도 영향이 미치므로 법인세법상 접대비 손금산입한도 등이 달라지게 되는 것이다. 이러한 새로운 방식의 판매촉진수단 중에서 오픈마켓 할인쿠폰에 대하여 과세관청이 최초로 부가가치세 과세표준의 문제를 제기하였고, 그 이후 홈쇼핑의 할인쿠폰, 백화점의 마일리지, 포인트 등에 대해서도 동일한 지적이 이루어져 그에 대한 부과처분이나 경정거부처분의 불복절차에서 그 공제액의 부가가치세법상 에누리액의 해당 여부가 쟁점이 되었다.

어느 공제액이 에누리액에 해당하는지, 판매장려금에 해당하는지의 여부는 기본적으로 그 공제액이 부가가치세법상 에누리액의 개념에 포섭될 수 있는지의 문제로서 단일한 거래에서의 재화나 용역의 공급대가의 차감의 경우와는 달리 복수의 당사자간 다수의 연계 거래에서의 공제액의 성격을 판단하기 위해서는 그 거래구조를 둘러싼 법률관계를 파악하는 것이 중요하다. 대상판결은 이 사건 공제액의 에누리액에 해당 여부와 관련하여 이 사건 용역계약상 이 사건 공제액의 용역제공의 공급조건성과 서비스이용료에서의 직접 공제성 여부를 주요 요소로 판단하였는바, 본 판례평석에서는 우선 오픈마켓 할인쿠폰의 거래구조와 원고와 판매회원 사이의 용역계약의 내용 및 그 체결 경위에 대하여 우선 살펴보고 이어서 그 거래구조의 이해를 토대로 부가가치세 과세표준에서 차감되는 에누리액의 의미와 판매장려금과의 구분 기준 및 이 사건 공제액이 부가가치세법상 에누리액 해당하는지 여부에 대하여 검토한 다음 대상판결의 의미에 대하여 논의하고자 한다.

2. 오픈마켓 할인쿠폰의 거래구조

가. 오픈마켓 할인쿠폰

오픈마켓 할인쿠폰은 오픈마켓에서 구매회원이 판매회원으로부터 상품이나 용역을 할인하여 제공받을 수 있는 표 내지 증서로서 그 적용대상과 범위에 따라 '아이템할인'과 '바이어쿠폰'으로 구분된다. 아이템할인은 특정 상품의 판매가격 중 일정금액을 할인해 주는 방식이고, 바이어쿠폰은 전체 또는 일부 상품에 적용되는 일정금액의 할인쿠폰으로서 구매회원이 적용대상 상품을 선택해서 쿠폰을 사용하면 해당 상품의 판매가격 중 일정 금액을 할인해 주는 방식이다.

홈쇼핑의 경우에도 오픈마켓과 같이 할인쿠폰이 이용된다. 홈쇼핑은 판매자로부터 판매수수료를 대가로 상품판매를 위탁받아 위탁판매서비스를 제공하면서 구매자에게 할인쿠폰을 발행하는데, 할인쿠폰이 적용되는 경우 구매자는 할인된 금액으로 물품을 구매하고 홈쇼핑은 위탁자들에게 할인액만큼 판매수수료도 할인하여 주므로 오픈마켓의 할인쿠폰과 그 정산구조가 동일하여 위탁거래라는 점을 제외하고는 오픈마켓 할인쿠폰과 별다른 차이가 없다.

한편, 오픈마켓 할인쿠폰은 마일리지 내지 포인트와는 다소 차이가 있다. 마일리지란 사업자의 마일리지 시스템에 등록된 고객이 물품 또는 용역을 구매한 경우 그 이용대금 등의 기준에 따라서 사업자가 지급하는 것으로 해당 고객으로 하여금 자신이 적립한 마일리지를 사용하여 장래의 거래에서 가격을 할인받거나 무상으로 재화 또는 용역을 제공받거나 현금으로 환급받을 수 있는 것을 말한다. 공급대가의 할인이 이루어진다는 점에서는 할인쿠폰과 차이가 없으나 1차 거래에서 적립된 마일리지가 2차 거래에서 사용된다는 점에서 할인쿠폰과는 달리 즉시 보상하는 형태가 아니라 고객과의 지속적인 관계를 바탕으로 한 누적 보상의 형태이다.

나. 판매회원의 상품판매거래와 원고의 서비스공급거래

오픈마켓을 통하여 판매회원은 구매회원에게 상품을 판매하고 구매회원이 상품판매대금을 원고에게 입금하면 판매회원은 구매회원에게 상품을 배송한다. 원고는 오픈마켓 서비스를 제공한 대가로 판매회원으로부터 서비스이용료를 지급받는데, 그 서비스이용료는 구매회원으로부터 수령한 상품판매대금을 판매회원에게 지급하면서 이를 공제하는 방식으로 행해진다(이하 위 금액을 '정산금'이라 한다).1) 이러한 오픈마켓을 통하여 상품이 판매되는 거래구조는 사법상 두 가지로 구분되는데, 하나는 판매회원과 구매회원 사이의 상품판매거래이고, 다른 하나는 원고와 판매회원 사이의 서비스공급거래이다. 이들 각각의 거래에 대하여 당사자 사이에 대가가 수수되고 부가가치세 납세의무가 발생한다.

[그림 1] 거래구조

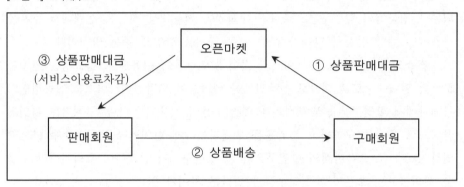

오픈마켓에서 바이어쿠폰이나 아이템할인이 적용되어 판매회원과 구매회원 사이의 상품판매거래에서 그 대금이 할인되는 경우 원고와 판매회원 사이의 서비스공급거래에서도 동일 금액만큼 서비스이용료가 할인된다. 할인쿠폰이 적용되어 상품판매대금이 할인되더라도 그 금액만큼 서비스이용료가 같이 차감되므로 판매회원은 할인쿠폰이 적용되기 전의 금액을 정산금으로 수령하게 된다. 판매회원으로서는 상품대금이 할인되면 할인 전에 비하여 구매회원의 수요가 증가하여 매출이 증가하는 반면 정산금은 동일하여 판매회원에게 이익이 될 수밖에 없기 때문에 수년 동안 이러한 프로모션은 별다른 이의 없이 진행되었다.

다. 할인쿠폰 적용과 원고와 판매회원의 세무처리

오픈마켓 할인쿠폰거래에서는 판매회원과 구매회원 사이의 상품판매거래와 원고와 판매회원 사이의 서비스공급거래의 각 대가가 상호 연계되어 있다. 부가가치세는 다단계 소비세이므로 위 거래구조의 이해를 위해서는 연계 거래에서의

---

1) 오픈마켓에서는 상품구매를 원하는 이용자는 구매회원이 아니더라도 무료로 오픈마켓을 이용할 수 있고 원고는 구매회원이나 비회원 구매자로부터는 별도 서비스이용료를 지급받지 않는다.

원고와 판매회원의 세무처리를 할인쿠폰이 적용되는 경우와 그렇지 않는 경우로 구분하여 살펴볼 필요가 있다. 예를 들어 판매회원의 할인 전 상품판매대금이 100, 서비스수수료가 10이었는데, 할인쿠폰이 5만큼 적용되어 상품판매대금이 95, 서비스수수료가 할인액 5만큼 차감되어 5가 되는 경우의 원고와 피고의 세무처리를 비교하여 정리하면 다음과 같다.

[표 1] 판매회원의 세무처리

판매회원	법인세		부가가치세	
	익 금	손 금	매 출	매 입
할인 전	100	10	10	1
할인 후 (원고)	95	5	9.5	0.5
할인 후 (피고)	100	10	10	1

[표 2] 원고의 세무처리

원 고	법인세		부가가치세	
	익 금	손 금	매 출	매 입
할인 전	10	0	1	0
할인 후 (원고)	5	0	0.5	0
할인 후 (피고)	10	5	1	0

구체적으로 할인 후에 판매회원은 상품판매대금이 5만큼 할인되어 판매회원의 익금(상품판매대금)은 95, 손금(서비스이용료)은 5가 되고, 그에 따라 매출부가가치세는 9.5, 매입부가가치세는 0.5가 되므로 판매회원의 과세소득은 90, 납부부가가치세는 9가 되어 할인 전과 동일하고, 원고는 익금(서비스이용료)이 5만큼 할인되어 원고의 과세소득[익금(매출, 서비스이용료)]은 5가 되며, 그에 따라 매출부가가치세 0.5가 되어 할인전과 비교하여 원고는 익금(매출) 5, 납부부가가치세 0.5가 감소하게 된다는 것이 원고의 주장이다. 이에 반하여 피고의 입장은 판매회원의 익금과 손금 및 매출·매입부가가치세, 원고의 익금과 매출부가가치세는 모두 동일하고 다만 원고의 경우 할인 전과 비교하여 손금(판매장려금)이 5만큼 증가하므로 원고의 과세소득은 익금(서비스이용료) 10에서 손금(판매장려금) 5를 차감한 5로 동일하지만 익금(매출, 서비스이용료)은 줄어들지 않아 매출부가가치세는 여전히 할인 전과 동일하게 1만큼 부담하여야 한다는 것이다.

결국 위 세무처리에 비추어 이 사건 쟁점을 다시 정리하면 원고는 할인쿠폰 만큼 판매회원의 익금(상품판매대금)과 손금(서비스이용료)이 각 5만큼 감액되고 서비스이용료의 감액 금액은 부가가치세법상 에누리액에 해당한다고 보는 반면, 피고는 판매회원의 익금(상품판매대금)과 손금(서비스이용료)은 종전과 동일하고 원고가 할인쿠폰으로 구매회원의 일부 상품판매대금을 대신 지급하고 그 채권을 취득하여 피고에 대한 서비스이용료채권과 상계 내지 정산한 것이어서 할인쿠폰으로 원고가 부담한 금액은 판매장려금에 해당한다는 것이다. 요컨대, 두 거래가 서로 연계되어 있으므로 이 사건 공제액의 에누리액 해당 여부의 판단은 할인 후 거래에 대한 원고의 세무처리와 피고의 세무처리의 적정성을 검증하는 것이기도 하다.

3. 부가가치세법상 과세표준과 에누리액

가. 부가가치세 과세표준과 공제항목

(1) 부가가치세 과세표준

구 부가가치세법 제13조 제1항은 재화 또는 용역의 공급에 대한 부가가치세의 과세표준은 해당 과세기간에 공급한 재화 또는 용역의 공급가액을 합한 금액으로 한다고 규정하고, 제1호는 금전으로 대가를 받는 경우 그 대가를, 제2호는 금전 외의 대가를 받는 경우에는 자기가 공급한 재화 또는 용역의 시가를 각각들고 있다. 그리고 구 부가가치세법 시행령(2013. 6. 28. 대통령령 제24638호로 전부 개정되기 전의 것, 이하 '구 부가가치세법 시행령') 제48조 제1항은 구 부가가치세법 제13조 제1항에 규정하는 과세표준에는 거래상대자로부터 받은 대금·요금·수수료 기타 명목 여하에 불구하고 대가관계에 있는 모든 금전적 가치가 있는 것을 포함한다고 규정하고 있다. 부가가치세는 재화나 용역이 생산·제공되거나 유통되는 모든 단계에서 창출된 부가가치를 과세표준으로 하여 과세하는 소비세이므로 최종소비자가 실제로 지급하거나 지급할 대가에 대해서 부가가치세가 과세되어야 하고 그 부가가치의 합계액은 최종 소비자가 부담하는 재화와 용역에 대한 대가가 된다.

(2) 과세표준의 공제항목

구 부가가치세법 제13조 제2항 각 호는 과세표준에 포함하지 아니하는 금액으로 제1호는 에누리액, 제2호는 환입된 재화의 가액, 제3호는 공급받는 자에게 도달하기 전에 파손·훼손 또는 멸실된 재화의 가액, 제4호는 국고보조금과 공공보조금, 제5호는 공급대가의 지급이 지연되어 받는 이자로서 대통령령이 정하는 연체이자, 제6호는 재화 또는 용역을 공급한 후의 그 공급가액에 대한 할인액으로서 대통령령이 정하는 할인액을 규정하고 있다.

에누리액(제1호)은 일반적으로 공급한 재화에 결함 등이 있어 대가를 깎아주는 것을 말하는데 구 부가가치세법 시행령 제52조 제2항이 공급조건에 따라 재화 또는 용역의 공급 당시의 공급가액에서 직접 공제하는 금액이라고 규정하고 있다. 환입된 재화의 가격(제2호)과 공급받는 자에게 도달하기 전에 파손·훼손 또는 멸실된 재화의 가액(제3호)도 공제항목에 해당한다. 전자는 일단 공급한 재화에 파손이나 결함이 있어 반환된 재화를 말하고, 후자는 공급되기 전에 파손 등으로 되돌아 온 재화를 말한다. 국고보조금과 공공보조금(제4호)이 재화 또는 용역의 공급과 직접 관련이 되지 아니한 경우에는 과세표준에 포함하지 아니한다.[2] 공급대가의 지연지급으로 인하여 받는 연체이자(제5호)는 금융비용으로서 계약 등에 따른 공급과 대가관계에 있는 금전에 해당하지 아니하므로 과세표준에서 제외된다. 매출할인액(제6호)도 공급대가를 약정기일 전에 받은 경우에 일정액을 할인하는 금액으로 과세표준에서 제외된다. 매출할인도 공급조건으로 에누리액에 해당할 수 있지만 별도 규정이 있으므로 위 규정이 우선 적용된다.

위 공제항목 중에 제1, 2, 3, 6호는 당초 공급시점에 공급가액에 포함되었지만 사후적으로 발생한 사유에 의하여 변동이 생길 수 있는 항목으로서 부가가치세법상 수정세금계산서의 발급사유가 될 수 있다. 제4, 5호는 공급시기에 세금계산서에 기재할 공급가액에서 제외한다는 것으로 공급가액 산정 당시부터 공급가액에 포함되지 않는 항목이라는 점에서 구별된다. 위 제1, 2, 3, 6호의 사유 중 제2호와 제3호는 계약의 일부 해제에 해당하고 제6호의 사유는 매출할인으로서 그 공제항목에 해당하는지 여부가 비교적 분명한 반면 제1호의 에누리액은 공급조건 해당여부의 해석 등이 문제된다는 점에서 다른 공제항목과 차이가 있다.

나. 부가가치세법상 에누리액과 판매장려금

(1) 에누리액과 판매장려금의 의미

과세표준에 포함하지 않는 에누리액의 범위에 관하여 구 부가가치세법 시행

---

2) 구 부가가치세법 시행령 제48조 제10항.

령 제52조 제2항은 재화 또는 용역의 공급에 있어서 그 품질·수량 및 인도·공급대가의 결제 기타 공급조건에 따라 그 재화 또는 용역의 공급 당시의 통상의 공급가액에서 일정액을 직접 공제하는 금액으로 한다고 규정하고 있다. 에누리액을 과세표준에서 제외하는 취지는 공급가액은 당사자가 최종적으로 지급하기로 약정한 가액을 의미하므로 당초 정한 공급가액에서 공제해 주기로 한 금액은 공급가액에서 제외되어야 하기 때문이다.[3] 품질·수량은 부가가치세 과세대상이 되는 재화 또는 용역거래에서 공급되는 재화 또는 용역의 품질·수량을, 인도는 인도방법·시기·장소 등을, 공급대가의 결제는 공급대가의 결제방법·시기·장소 등을, 그 밖의 공급조건은 재화 또는 용역의 공급과 관련된 그 밖의 부수적인 사항을 의미한다.[4] 대법원은 통상의 공급가액에서 직접 공제·차감되는 에누리액은, 그 발생시기가 재화나 용역의 공급시기 전으로 한정되지 아니하고 그 공제·차감의 방법에도 특별한 제한이 없다는 입장이다.[5] 한편, 구 부가가치세법 시행령 제48조 제14항은 사업자가 고객에게 매출액의 일정비율에 해당하는 마일리지를 적립해 주고 향후 해당 고객이 재화를 공급받고 그 대가의 일부 또는 전부를 적립된 마일리지로 결제하는 경우 해당 마일리지 상당액은 과세표준에 포함한다고 규정하여 에누리액과 과세표준 공제여부에 차이를 두고 있다.

판매장려금에 대하여는 별도의 정의 규정이 없다. 구 부가가치세법 제13조 제3항은 재화 또는 용역을 공급한 후의 그 공급가액에 대한 대손금[6], 장려금과 이와 유사한 금액을 과세표준에서 공제하지 아니한다고 규정하고 있다. 장려금은 일반적으로 판매촉진 등의 목적에서 대량 구매자나 고정거래처의 매출에 따른 반대급부로 거래수량이나 거래금액에 따라 지급하는 금품을 말한다. 에누리액과는 달리 공급조건에 미리 정함이 없이 지급되고 공급가격에서 직접 공제하지 아니하므로 부가가치세 과세표준에 포함된다.

참고로, 에누리액과 판매장려금에 관하여 법인세법 등은 별도의 규정을 두고 있다. 법인세법 제15조 제1항은 익금의 범위를 자본 또는 출자의 납입 및 법

---

3) 이태로·한만수, 조세법강의, 박영사, 2015, 911면.
4) 박정수, "부가가치세법상 매출에누리의 범위", 2013년 사단법인 한국세법학회 제110차 정기학술대회 자료집, 한국세법학회, 2013, 15면.
5) 대법원 2015. 12. 23. 선고 2013두19615 판결.
6) 대손금이란 거래처의 파산·폐업 등으로 외상매출금 등 채권의 회수가 불가능하게 되어 미회수된 채권으로 공급대가의 결정과는 무관하므로 그 대손금은 부가가치세 과세표준에서 공제하지 아니한다(구 부가가치세법 제17조의2).

인세법에서 규정하는 것을 제외하고 해당 법인의 순자산을 증가시키는 거래로 인하여 발생하는 수익의 금액으로 한다고 규정하고, 법인세법 시행령 제11조 제1 항은 기업회계기준에 따른 매출에누리금액 및 매출할인금액은 수입금액에서 제외하고 판매한 상품 또는 제품의 보관료·운반비·판매장려금 및 판매수당 등 판매와 관련된 부대비용은 손비에 포함하고 있다. 한편, 소득세법 제24조 제1항은 사업소득에 대한 총수입금액을 해당 과세기간에 수입하였거나 수입할 금액의 합계액으로 규정하고 소득세법 시행령 제51조 제3항 제1호의2는 총수입금액에서 환입된 물품의 가액과 매출에누리는 제외한다고 규정하고 있다. 소득세법 시행규칙 제22조 제1항은 매출에누리란 물품의 판매에 있어서 그 품질·수량 및 인도·판매대금결제 기타 거래조건에 따라 그 물품의 판매 당시에 통상의 매출가액에서 일정액을 직접 공제하는 금액 및 매출한 상품 또는 제품에 대한 부분적인 감량·변질·파손 등으로 매출가액에서 직접 공제하는 금액을 말한다고 규정하고 있다. 기본적으로 법인세법과 소득세법은 에누리액과 판매장려금을 구분하여 매출에누리만 매출 자체의 차감항목으로 보고 판매장려금은 비용으로 처리하고 있다.[7]

(2) 구분기준

다양한 신종마케팅 프로모션의 수단이 등장하고 있는 상황에서 부가가치세법상 에누리액과 판매장려금의 구분은 쉽지 않다. 에누리액도 통상의 공급가액에서 일정액을 공제하도록 하여 고객으로 하여금 재화나 용역을 보다 많이 구매하도록 하는 판매장려의 성격이 있고 판매장려금 또한 매출액이나 판매수량에 대한 장려의 의미로 고객에게 금품 등을 지급하여 사실상 공급가액을 할인해 주는 측면도 있기 때문이다.[8]

과세실무는 에누리액이 되기 위해서는 거래처와 사전약정에 의하여 공급 당시에 공급가액에서 직접 공제하는 금액으로서 거래수량·거래금액에 따라 상대방에게 지급하는 금품인 장려금에 해당하지 아니하거나 사업자가 사전약정에 의하여 판매실적에 따라 당초 공급단가를 조정하는 조건으로 재화를 공급하는 경우로서 약정 내용에 따라 당초 공급단가를 조정시키는 조정사유가 발생하는 경우로 제한하여 해석하고 있다.[9]

7) 공현진·박훈, "마일리지 결제시 부가가치세법상 매출에누리 인정여부", 조세법연구 제20-2집, 세경사, 2014. 8., 219면.
8) 김두형, 부가가치세법론, 피앤씨미디어, 2016, 246면.

에누리액과 판매장려금의 구분기준과 관련하여 약정의 존부를 기준으로 구별해야 한다는 견해가 있다.[10] 즉, 에누리액과 판매장려금의 구분은 재화나 용역의 공급조건에 관한 당사자 사이의 약정에 의한 지급인지 아니면 공급조건에 관한 약정에 의함이 없이 재화나 용역의 공급이 완료된 후 은혜적으로 행하여진 지급인지에 달려 있으므로 약정에 의한 지급이라면 에누리액이고, 그렇지 않다면 장려금이라는 것이다. 이에 대하여 에누리액을 당사자 사이의 약정에 의한 것으로 한정할 필요는 없고 실제로 받은 대가가 할인된 금액이라면 이를 기준으로 부가가치세를 부담하여야 한다는 견해도 있다.[11] 대법원은 에누리액으로 인정되기 위해서 사전약정이 필요한지에 관하여 부동산임대업자가 임차인들에게 제공한 임대용역의 부가가치세 과세표준 내지 공급가액이 문제된 사안에서, 공급계약에서 정한 공급조건에 따라 공급이 이루어지지 않았음을 이유로 재화 또는 용역의 공급 후에 당초의 공급가액에서 차감되는 금액도 에누리액에 포함된다고 하여 사전약정뿐 아니라 사후약정의 경우에도 에누리액에 해당한다고 판시함으로써[12] 약정의 시기에 대하여 탄력적인 입장이다.

또한, 판매장려금과 에누리액의 판단기준과 관련하여 부가가치세법상 에누리액 해당 여부는 해당 공급거래와 관련이 있고, 그 품질이나 수량, 인도조건 또는 공급대가의 결제방법이나 그 밖의 공급조건에 따라 정해지며, 해당 공급대가에서 직접 공제되는 금액이어야 한다는 세 가지 기준에 의하여 판단하여야 한다는 견해[13]가 있다. 위 세 가지 기준에 따라 에누리액으로 판단되면 판매장려금에는 해당하지 않을 것이다. 에누리액을 재화와 용역의 공급에 있어서 공급조건에 따라 공급가액에서 직접 공제하는 금액이라고 규정하고 있는 구 부가가치세법 시행령 제52조 제2항의 문언에 충실하게 에누리액의 판단기준을 도출한 것으로 보인다.

하급심에서는 에누리액과 판매장려금을 구분하는 기준으로 가격 보상의 조

---

9) 서삼-1900, 2007. 07. 04., 서삼-1270, 2007. 04. 30.

10) 한만수, "이동통신용역의 이용자 겸 단말기 구입자에게 지급되는 보조금의 부가가치세 과세표준에의 포함여부에 관한 연구", 법학논집 제17권 제1호, 이화여자대학교 법학연구소, 2012. 9., 140면.

11) 강성모, "이동통신사업자가 지원하는 단말기 보조금과 부가가치세", 대법원 판례해설 제106호, 법원도서관, 2015, 120면

12) 대법원 2013. 4. 11. 선고 2011두8178 판결.

13) 박설아, "단말기약정보조금의 부가가치세법상 매출에누리 인정여부", 법조 제716호, 법조협회, 2016. 5., 285면; 공현진 · 박훈, 앞의 논문, 220면.

건이 사전에 미리 정해져 있는지 여부, 가격보상의 실시 또는 내용이 필수적인지 임의적인지 여부, 예컨대 일정한 매출액이나 판매수량을 올린 거래처에 대해서만 적용하는 등 거래처별 매출액이나 판매수량에 따른 적용대상의 제한이 있는지 여부 또는 예컨대 일정한 매출액이나 판매수량을 초과하는 부분에 대해서만 혜택을 준다거나 그 혜택의 정도에 차등을 두는 등 적용범위의 제한이나 차등이 있었는지 여부, 판매물품의 가격에 미치는 영향이 직접적인지 간접적인지 여부 등을 제시하였는바,[14] 이러한 사정도 에누리와 판매장려금의 구분기준으로 고려할 수 있을 것이다.

다. 대법원 판례[15]

(1) 대법원 2008. 9. 25. 선고 2008두11211 판결(이하 '게임장 사건')

상품권을 경품으로 제공하는 게임장에서의 부가가치세 과세표준 산정시 게임기 이용자들이 게임기에 투입한 총 금액에서 게임업자가 게임기 이용자들에게 경품으로 제공한 상품권의 액면가액 또는 그 취득가액을 공제할 수 있는지 여부가 문제가 된 사안에서 대법원은 전단계매입세액공제방식을 채택하고 있는 우리나라 부가가치세는 소득세·법인세와 달리 실질적인 소득이 아닌 형식적인 거래의 외형에 대하여 부과하는 거래세의 형태를 띠고 있어 비용 공제의 개념이 없고, 사업자의 손익 여부와 무관하게 부과되는 점, 상품권을 경품으로 제공하는

---

14) 서울고등법원 2003. 5. 13. 선고 2002누4404 판결.

15) 에누리액과 관련하여 조세심판원은 음식점에서 할인쿠폰 발행 및 마일리지 등으로 정상가격에서 일정 금액을 할인판매한 사안에서 청구법인이 판매촉진을 위하여 불특정 다수인에게 할인권과 멤버십 마일리지에 의해 사전에 정해진 우대기준에 따라 입장요금을 할인해 준 금액은 매출에누리에 해당한다고 결정하였다(조심 2009서2342, 2010. 02. 11.). 한편, 국세청은 자동차 제조회사 갑이 통신사업자 을과 공동프로모션에 따라 행사기간 중 을의 특정 상품 또는 특정 요금제에 신규로 가입한 고객에게 자동차 판매시 일정금액을 할인하여 주고 을로부터 할인액 중 일부를 정산하여 지급받은 경우 갑은 자기의 정상 판매가격에서 해당자동차를 구입한 고객에게 할인하여 준 일정금액을 차감한 후 제휴 통신사업자로부터 지급받기로 한 금액을 더한 가액을 과세표준으로 하여 해당 고객에게 세금계산서를 발급받는 것이라고 하여 용역을 공급하는 자가 용역을 공급받는 자로부터 실제 대가로 지급받은 금액을 기초로 과세표준을 산정하여야 한다고 판단하였고(부가가치세과-664, 2010. 05. 28.) 담배제조회사가 도매상에 담배를 판매하면서 도매상이 소매상에게 지출하는 판매촉진비용을 담배제조회사가 도매상에 대한 공급가액에서 차감하기로 계약한 경우 동 차감액은 부가가치세 과세표준에서 제외되는 것으로 보았다(서면인터넷방문상담3팀-2544, 2004. 12. 14). 또한, 대형할인점을 운영하는 사업자가 고객에게 상품권을 할인판매하거나 할인쿠폰을 일괄적으로 제공한 후 해당 고객에게 물품을 판매하고 그 대가의 일부를 상품권 또는 할인쿠폰으로 받음에 따라 공급가액의 일정액을 할인해 주는 경우 해당 할인하여 준 가액은 에누리액에 해당한다고 유권해석하였다(부가가치세과-21, 2011. 01. 05.)

게임장에서 게임업자가 게임기 이용자에게 제공하는 것은 게임기 이용이라는 용
역뿐이고 상품권은 게임기 이용 후 게임기 이용자별로 게임의 우연한 결과에 따
라 부수적으로 제공되는 경품으로서 구 부가가치세법 제13조 제3항의 장려금적
성격이 있다고 볼 여지가 있는 점, 구 게임제공업소의 경품취급기준은 게임업자
가 경품을 쉽게 현금화하는 것을 엄격히 제한하고 있어 사실상 환가가 보장되더
라도 상품권을 현금과 동일시할 수 없는 점 및 게임업자로서는 스스로 부가가치
세가 부과되지 않는 상품권을 구입하여 제공한 결과로 그 매입세액을 공제받지
못하는 것인 점 등을 종합하여 상품권을 경품으로 제공하는 게임장에서의 부가
가치세 과세표준을 산정함에 있어 게임기 이용자들이 게임기에 투입한 총금액에
서 게임업자가 게임기 이용자들에게 경품으로 제공한 상품권의 액면가액 또는
그 취득가액을 공제할 수 없다고 판시하였다.

　　(2) 대법원 2003. 4. 25. 선고 2001두6586 등 판결(이하 '신세기통신 사건')

　　신세기통신이 단말기 판매업의 겸업을 한시적으로 승인받았다가 그 승인기
간 만료일이 임박하자 재고단말기를 시급히 소진하기 위하여 수개월의 기간을
할인판매기간으로 정하고 신세기통신이 운영하는 서비스망에 가입하는 것을 조
건으로 대리점에 단말기를 할인판매하면서 그 할인액을 에누리액으로 계상한 수
정세금계산서를 대리점에 발행하며 이를 기준으로 부가가치세 경정청구를 하였
으나 과세관청이 이를 거부한 사안에서, 대법원은 구 부가가치세법 제13조 제2
항, 구 부가가치세법 시행령 제52조 제2항의 에누리액은 그 품질·수량 및 인
도·공급대가의 결제 기타 공급조건에 따라 정해지면 충분하고 그 발생시기가
재화 또는 용역의 공급시기 전에 한정되는 것은 아니라고 하면서 신세기통신이
대리점에 단말기를 공급하면서 소비자를 신세기통신 서비스망에 가입시키면 할
인해 준다는 공급조건에 따라 단말기의 공급 당시의 통상의 공급가액에서 일정
액을 직접 공제하였으므로 위 매출액은 에누리액이 된다고 판시하였다.

　　(3) 대법원 2015. 12. 23. 선고 2013두19615 판결(이하 'KT 사건')

　　KT가 이동통신과 관련된 업무를 대행하는 대리점에게 이동통신단말기를 판
매하면서 출고가격 전액을 공급가액으로 하여 부가가치세를 신고 납부하였다가
일정한 기간 동안 이동통신용역을 이용하기로 약정한 이동통신영역의 가입자에
게 지원한 단말기 구입보조금이 구 부가가치세법 제13조 제2항 제1호의 에누리
액에 해당한다고 주장하면서 부가가치세 감액 및 환급을 구하는 경정청구를 하

였으나 과세관청이 이를 거부한 사안에서, 대법원은 재화나 용역의 공급과 관련하여 공급가액에서 직접 공제·차감되는 에누리액은 발생시기나 재화나 용역의 공급시기 전으로 한정되지 아니하고 공제·차감의 방법에도 특별한 제한이 없으므로 공급자가 재화나 용역의 공급 시 통상의 공급가액에서 일정액을 공제·차감하는 방법뿐만 아니라, 공급가액을 전부 받은 후 그 중 일정액을 반환하거나 또는 이와 유사한 방법에 의하여 발생할 수 있다고 하면서 KT와 대리점 사이에 대리점이 보조금 지원 요건을 갖춘 가입자에게 보조금 상당액만큼 할인 판매하는 것을 조건으로 단말기의 공급가액에서 보조금 상당액을 감액하여 결제하기로 하는 약정이 있었고 보조금 상당액은 이동통신사업자의 대리점에 대한 공급가액에서 직접 공제되는 가액으로서 단말기의 공급과 관련된 에누리액에 해당한다고 판시하였다.

라. 유럽연방법원 판례

(1) Gibbs v. Commissioner of Customs & Excise (1996) (이하 'Gibbs 사건')

유럽연방법원은 영국 제조업체가 도매상에게, 도매상은 소매상에게, 소매상은 소비자에게 재화를 공급하는 거래에서 제조업자가 소비자에게 발행한 할인쿠폰을 소비자가 소매상에게 사용하는 경우 할인쿠폰금액을 제조업자가 소매상에게 보상해 주기로 약정이 되어 있다면 그 할인쿠폰금액은 제조업자의 공급가액에서 차감함이 타당하다고 판결하였다.

(2) First Choice Holiday Plc v. Commissioner of Customs & Excise (2003)
    (이하 'FCH' 사건)

영국의 여행사인 First Choice Holiday('FCH')가 여행중개업자에게 여행상품을 판매하고 그 대가로 여행중개업자에게 10%의 수수료를 지급하기로 하였는데, 여행중개업자는 고객에게 여행상품을 판매할 때 FCH의 동의 없이 임의로 할인을 할 수 있지만 FCH에게는 할인 전 여행상품가격을 지급해야 하는 사안에서, 유럽연방법원은 FCH가 여행중개업자로 하여금 할인 전 가격 전액을 지급받도록 하였고 여행중개업자가 특정 여행상품을 할인된 가격으로 판매하였는지 여부나 할인금액이 얼마였는지를 FCH가 알지 못하였으며 FCH가 송부하는 고객 청구서도 할인 전 금액으로 기재되어 있었고 FCH도 자신과 여행중개업자 사이에서 자신이 할인 전 가격 전액을 지급받은 것을 기준으로 해당 여행상품을 처리한 사실

에 터잡아 FCH와 고객 사이의 여행상품 판매계약상 부가가치세 과세표준은 할
인 전 금액이라고 판단하였다.

마. 소 결

앞서 본 바와 같이 부가가치세법상 에누리액의 판단기준으로 여러 가지 견
해가 제시되고 있지만 기본적으로 에누리액은 부가가치세법의 문언에 따라 정해
져야 한다는 점에서 '공급 관련성'과 '공급 조건성' 및 '직접 공제성'의 세 가지 요
소를 그 판단기준으로 삼고 있는 견해가 타당하다고 보인다. 다만, 에누리액은
공급 조건성과 직접 공제성의 두 가지 요소만을 가지고 판단하면 충분하다고 사
료된다. 공급 조건성과 직접 공제성의 요소는 그 자체로 공급거래와의 관련성을
내포하고 있으므로 굳이 이를 추가적 기준으로 삼지 않더라도 에누리액의 판단
에는 별 문제가 없을 것이다. 따라서 에누리액의 두 가지 요소를 충족하는 금액
이라면 판매장려금에는 해당하지 않고 결국 이는 에누리액과 판매장려금의 구분
기준이 될 것이다.

구체적으로 보면, 우선 부가가치세법상 에누리액이 되기 위해서는 '공급 조
건성'의 요소가 필요하다. 재화와 용역의 공급에 있어서 공급조건에 해당하여야
한다는 것인바, 통상 어느 공제액이 공급조건이 된다면 당사자 사이에 그에 관한
약정이 성립한 경우가 대부분이겠지만 그러한 구속력 있는 약정에 이르지 않는
다고 하더라도 공급조건으로 판단될 수 있으면 에누리액으로 인정될 수 있을 것
이다. 앞서 본 대법원 판결의 판시를 보더라도 에누리액으로 구분되기 위한 약정
의 필요성에 대한 언급이 없고 사후 약정에 의한 공급대가의 감액도 에누리액에
해당한다고 보고 있으므로 사회통념 및 상관행상 공급조건으로 볼 수 있다면 충
분하다고 할 것이다. 위 대법원 판례에서 신세기통신 사건과 KT 사건에서는 단
말기 보조금 등이 단말기 판매의 공급조건에 해당한다고 본 반면, 게임장 사건에
서는 상품권이 공급조건이라기 보다 게임기 이용 후에 부수적으로 제공되는 경
품에 해당한다고 판단하였고, 유럽연방법원은 Gibbs 사건에서 할인쿠폰의 적용
이 공급조건이었다고 보아 에누리액을 인정하였으나 FCH 사건에서는 여행중개
업자의 일방적인 할인만으로 고객과 FCH 사이의 공급조건으로 인정되기 어려워
할인 전 가격이 과세표준이 된다고 판단하였다.

다음으로, 통상의 공급가액에서 직접 공제되어야 하는 '직접 공제성'의 요소

가 구비되어야 한다. 문언상으로 통상은 공급가액에서 깎아주는 금액이 에누리액이 될 것이다. 별도의 지급액이더라도 그 실질이 대가의 할인 · 감액의 성격을 가진다면 직접 공제로 평가될 수 있다. 또한 직접 공제가 되어야 하므로 간접적인 공급대가의 감액의 효과를 가지는 경우라면 에누리액에 해당한다고 보기에는 부족하다고 할 것이다. 판매장려금이 대표적인 예이다. 대법원은 KT 사건 등에서 단말기보조금이 단말기공급대가에서 직접 공제가 되면 충분하다고 하면서 그 공제시기나 공제 · 차감의 방법에 제한을 두지 않아 직접 공제성의 기준을 비교적 완화하여 판단하였고 반면 게임장 사건에서는 상품권은 게임의 우연한 결과에 의하여 부수적으로 제공되는 경품으로 보아 직접 공제성 요소를 구비하지 않았다고 판단한 것으로 보인다. 대법원이 직접 공제성의 기준을 엄격하게 해석하지 않는 점에 비추어 에누리액의 요건으로서 공급 조건성에 보다 비중을 두고 있는 것으로 사료된다.

　　요컨대, 부가가치세법상 에누리액은 판매장려금과는 달리 공급 조건성, 직접 공제성의 요건을 요구하고 있고 그 중에서 특히 공급조건성은 판매장려금과 질적으로 구분되는 특징이므로 어느 공제액이 공급의 조건이고 공급대상 목적물의 가격에 직접 영향을 미치는 것이라면 에누리액이 되고 공급의 조건이 아니거나 공급목적물의 가격에 간접적인 정도의 영향만을 미친다면 판매장려금으로 보아야 할 것이다. 다만, 이러한 에누리액의 요건인 공급 조건성 및 직접 공제성의 요소에 대한 판단은 구체적인 사안에서는 공급조건에 해당하는지 여부 등에 관한 법률행위의 해석의 문제로 귀결될 가능성이 높다. 헌법재판소도 게임장 사건과 관련하여 구 부가가치세법 제13조 제3항의 장려금 및 이와 유사한 금액에 해당하는지 여부는 법원에서의 사실인정 및 그에 대한 평가에 의하여 결정되는 문제로 보았다.[16]

---

16) 헌법재판소 2011. 2. 24. 선고 2009헌바33 등 결정.

4. 이 사건 공제액이 부가가치세법상 에누리액에 해당하는지 여부

가. 이 사건 공제액의 성격에 대한 근본적 입장의 차이

할인쿠폰의 적용에 따라 구매회원은 상품판매대금의 일부를 지급하지 않는 반면, 판매회원은 원고로부터 동일한 정산금을 수령하고, 그 할인의 부담은 원고가 지므로 이 사건 공제액의 성격을 둘러싸고 이를 판매회원의 서비스이용료에 대한 에누리액으로 보아야 하는지, 아니면 구매회원에 대한 판매장려금으로 보아야 하는지에 관한 근본적인 입장 차이가 존재한다.

이 사건 공제액의 성격에 대한 제1설은 원고의 견해로서 판매회원과 구매회원 사이의 할인쿠폰에 따른 상품판매대금의 할인이고 원고와 판매회원 사이에서는 용역계약에 따라 상품판매대금의 할인액만큼 서비스이용료를 공제한 것이라는 입장이다. 반면 제2설은 피고의 견해로서 판매회원과 구매회원 사이에서는 할인 전 금액을 공급가액으로 상품매매계약이 성립하고 원고는 할인쿠폰에 의하여 구매회원의 판매회원에 대한 상품판매대금지급의무 중 할인액 상당의 채무를 인수하며 원고는 위 할인액 상당의 상품대금지급채무에 대하여 판매회원에 대한 서비스이용료채권을 자동채권으로 상계한 것이라는 입장이다.

다시 말하면 제1설은 원고와 판매회원 사이의 서비스이용료의 과세표준과 공급가액은 구매회원의 할인쿠폰의 적용에 따라 변동이 되는데 구매회원의 상품판매대금의 할인액을, 원고와 판매회원 사이의 서비스이용료의 할인액으로 공제해 주는 것으로 공급조건을 정하였고 그 금액이 직접 서비스이용료에서 공제되므로 에누리액에 해당한다는 것이다. 제2설은 판매회원과 구매회원 사이의 상품판매대금은 할인쿠폰의 적용에 의하여 원고가 이를 할인액만큼 부담하게 되었고 판매회원은 할인쿠폰과 무관하게 동일한 정산금을 수령하였으므로 상품판매대금이 할인된 바는 없으며 구매회원에 대한 할인쿠폰에 의한 물품대금채무의 자발적 인수가 판매장려금이 된다는 것이다.

나. 두 가지 견해의 논거

이 사건 공제액의 성격을 판단하기 위해서는 에누리액의 직접 공제성 요건과 공급 조건성의 요건을 구비하였는지를 따져야 할 것인바, 두 가지 견해는 이들 요건에 대하여 다음과 같이 각기 다른 논거를 제시하고 있다.

(1) 제 1 설

이 사건 공제액이 부가가치세법 에누리액에 해당한다는 제1설은 다음과 같은 점을 근거로 들고 있다.

첫째, 이 사건 약관에 할인액을 공제하여 실제 체결금액으로 세금계산서를 발행한다는 규정이 있고, 판매회원들은 할인쿠폰이 적용되어 상품판매대금이 감액되는 것을 분명히 인지하고 있고 그러한 할인쿠폰의 적용에도 불구하고 동일한 정산액을 수령하여 서비스이용료에서 이 사건 할인액이 공제된다는 점을 인식하고 있었으며, 원고와 판매회원 사이에 수년 동안 실제 할인된 금액을 기준으로 세금계산서를 수수해 왔고, 판매회원으로서는 할인이 이루어지면 할인 전에 비하여 당연히 구매회원의 수요가 증가하여 매출이 늘어나는 반면 정산금은 동일하여 판매회원에게 이익이 될 수밖에 없기 때문에 이를 동의하지 않을 이유가 없었는바, 이러한 제반사정을 종합하면 원고와 판매회원들 사이에서는 이 사건 공제액만큼 서비스이용료를 할인하는 공급조건에 대한 명시적 또는 묵시적 합의가 있었다.

둘째, 이 사건 공제액은 구매회원이 경제적 이익을 얻고 원고가 경제적 부담을 지고는 있지만 할인쿠폰이 적용되면 구매회원과 판매회원 사이의 공급가액이 할인되고 이에 따라 그 할인액만큼 원고와 판매회원 사이의 서비스 이용료도 할인된다는 용역계약의 내용 때문에 비롯된 것이고, 그러한 거래구조에서 이 사건 공제액이 서비스이용료에서 직접 차감·공제되는 것은 명확하므로 부가가치세법상 에누리액에 해당하고 단지 경제적 손익의 귀속결과만을 가지고 판매장려금으로 판단할 수는 없다.

셋째, 부가가치세법상의 공급대가와 과세표준은 계약 당사자 사이의 합의한 계약 내용에 따라 판단되어야 하고 계약 당사자가 아닌 제3자 사이의 내부적 부담관계에 따라 달리 판단될 수 없다. 이 사건 공제액은 판매회원과 구매회원 사이에서 실제로 할인쿠폰의 적용에 의하여 발생한 것이고 그 할인액만큼 원고와 판매회원 사이의 서비스이용료가 공제되었는데 구매회원이 판매회원에게 지급해야 할 상품판매대금 중 일부를 원고가 할인쿠폰을 통하여 대신 부담하고 이를 가지고 판매회원에 대한 서비스 이용료채권과 상계한다고 거래를 재구성하는 것은 부가가치세법의 근본원칙에 반하는 것이자 법적 근거도 결하는 것이다.

(2) 제 2 설

이 사건 공제액이 판매장려금에 해당한다는 제2설은 다음과 같은 점을 그 근거로 들고 있다.

첫째, 부가가치세법상 에누리액이 되기 위해서는 판매회원이 원고가 시행하는 할인쿠폰에 동의하고 할인쿠폰이 적용된 구매회원과의 매매 등 거래시 그 할인금액만큼 상품판매가격을 인하한다는 용역제공의 공급조건에 따라 서비스 이용료에서 그 할인금액을 직접 공제하기로 하는 사전적 합의가 전제되어야 하는데 이를 인정할 근거나 자료가 없다. 특히 2006. 6. 1. 이전 약관에는 서비스이용료는 구매회원이 결제한 금액에서 원고가 판매회원에게 정산해 주어야 할 금액을 공제한 금액으로 산정한다는 규정도 없어 더더욱 이러한 공급조건의 존재를 인정할 수 없다.

둘째, 판매회원은 할인 전 · 후에 원고로부터 동일한 정산금을 수령하므로 이 사건 공제액은 원고가 판매회원과는 관계 없이 구매회원과의 사이에서 일방적으로 부담하는 금액이고 그 이익을 얻는 거래당사자는 구매회원이며 판매회원은 이 사건 공제액 상당의 비용을 분담하거나 어떠한 이익도 얻지 않으므로 이 사건 공제액은 원고가 구매회원에 대하여 지출하는 판매장려금으로 보아야 한다. 즉, 이 사건 공제액은 원고의 전적인 부담으로 오픈마켓을 이용하는 구매회원에게 경제적 이익을 제공하는 것이어서 판매회원의 서비스이용료에서 직접 공제되었다고 볼 수 없다.

셋째, 할인쿠폰의 적용에 따른 이 사건 공제액이 원고와 판매회원 사이의 서비스이용료에서 공제되어 법적으로는 판매회원에 그 혜택이 부여된 것으로 보이나 판매회원은 상품판매대금이 할인되어 원고로부터 종전과 동일한 정산금을 받아 실질적인 이익을 얻은 것은 아니므로 판매회원에게 에누리액이 제공된 것으로는 보기 어렵고, 그 실질적 이익을 받는 자는 구매회원이어서 피고는 그 경제적 실질에 착안하여 원고가 할인쿠폰의 적용에 의하여 상품대금채무를 인수하여 이를 가지고 피고에 대한 서비스이용료 채권을 상계한 것으로 거래를 재구성할 수 있고 그 경우 이 사건 공제액의 실질은 구매회원에 대한 판매장려금에 해당한다.

다. 소 결

부가가치세는 모든 거래 단계마다 과세하는 다단계거래세로서 거래내용을 정확히 파악하여 세원을 확보하려는 입법취지에 따라 거래의 흐름 및 법적 형식이 중요하다. 이러한 차원에서 보면 제2설은 부가가치세의 근본적인 성격에 배치되는 거래의 재구성을 허용하는 것이 되어 부당하다고 판단된다. 대법원은 대리점이 본사로부터 공급받은 상품을 소비자들에게 신용판매하면서 공장 출고가격과 대리점 이익 이외에 수금수수료가 포함된 가액을 그 대금으로 지급받기로 약정하는 한편, 신용판매대금의 수금을 본사로 하여금 대행하게 하여 본사가 직접 수금한 후 그 수금수수료를 본사의 수입으로 계상한 사안에서, 대리점이 위 신용판매한 대금의 수금을 본사로 하여금 대행하게 하여 본사가 이를 직접 수금한 후 그 중 수금수수료 상당액을 본사의 수입으로 하고 있다고 하더라도 이는 대리점과 본사 사이의 약정에 기하여 본사가 대리점에게 대금수금이라는 별개의 용역을 제공하고 그 대가로 대리점이 위 수금수수료 상당액을 본사에 지급하는 것으로 보아야 할 뿐 그로 인하여 대리점으로부터 상품을 신용구입한 소비자가 대리점에 대하여 공장출고가격에 대리점 이익만을 합한 가액만을 그 상품의 대가로 지급하고 나머지 수금수수료 상당액을 본사에게 직접 지급하는 법률관계로 변환되는 것은 아니라는 이유로 위 수금수수료 상당액이 대리점의 부가가치세 과세표준에서 제외될 수 없다고 판시한바 있다.[17] 또한 대법원은 용역을 공급받는 자라 함은 계약상 법률상의 원인에 의하여 역무 등을 제공받는 자를 의미하므로 계약상 원인에 의하여 용역을 공급받는 자가 누구인가를 결정함에 있어서는 당해 용역공급의 원인이 된 계약의 당사자 및 그 내용, 위 용역의 공급은 누구를 위하여 이루어지는 것이며 그 대가의 지급관계는 어떠한지 등 여러 사정을 고려하여야 한다고 전제한 다음 아무런 계약관계가 없이 용역을 사실상 수령한 자가 아닌 용역공급계약 당사자를 부가가치세법상 용역을 공급받는 자로 하여 작성 · 교부한 세금계산서가 사실과 다른 세금계산서로서 가산세 부과대상이 된다고 할 수는 없다고 판시[18]하였는바, 과세대상 거래에 대한 사법상의 해석에 기초하여 부가가치세법을 적용하고 있는 위 대법원 판례에 비추어 보더라도 제2설의 입장은 수긍하기 어렵다.

뿐만 아니라 제2설은 다단계거래에서 부가가치세를 징수하는 부가가치세 과세의 기본구조에 비추어 보더라도 납득하기 어려운 결과를 초래한다. 예컨대, 최

---

17) 대법원 1987. 5. 12. 선고 86누874 판결.
18) 대법원 2007. 1. 10. 선고 2005두1594 판결.

종소비자인 구매회원이 당초 판매가 11,000원(부가가치세 포함), 원고의 수수료 770원(부가가치세 포함)인 물건을 500원의 할인을 받아서 10,500원을 지급하여 판매회원으로부터 구매하는 경우 궁극적인 부가가치는 9,545원(10,500원/1.1)이고 관세관청이 판매회원과 원고로부터 징수하여야 하는 10%의 부가가치세는 955원이어야 한다. 그러나 제2설에 의하면 과세관청은 판매회원으로부터 930원(매출부가가치세 1,000원 − 매입부가가치세 70원), 원고로부터 70원(770원 / 1.1 × 10%) 합계 1,000원에 달하는 부가가치세를 징수하게 되어 최종 소비자단계의 부가가치 9,545원의 10%인 955원보다 45원만큼 부가가치세를 초과하여 징수하게 되는 불합리가 발생한다. 그러한 사정으로 제2설은 할인쿠폰에 의하여 상품판매대금의 할인이 명시적으로 이루어졌음에도 부득이 판매회원의 상품판매금액을 할인 후 금액이 아니라 할인 전 금액이라는 입장에 있는 것이다. 그러나 할인쿠폰의 적용에 의하여 판매회원의 상품판매대금이 할인된 사실은 명백한 것이므로 이를 달리 설명하는 것은 타당하지 않다.

5. 대상판결의 의의와 평가

대상판결은 신종 마케팅 프로모션 수단에 대한 부가가치세 과세표준 인정 여부에 대하여 과세관청이 최초로 문제를 삼은 사안으로서 재화나 용역의 공급에 있어서 그 품질·수량이나 인도·공급대가의 결제 등의 공급조건이 원인이 되어 통상의 공급가액에서 직접 공제·차감되는 에누리액은 그 발생시기가 재화나 용역의 공급시기 전에 한정되지 아니하고 그 공제·차감의 방법에도 특별한 제한이 없다는 부가가치세 과세표준 산정의 법리를 설시한 다음 에누리액과 판매장려금의 구별은 기본적으로 법률행위의 해석의 문제로 파악하여 이 사건 공제액이 용역제공의 공급조건에 따라 서비스 이용료에서 직접 공제되는 에누리액에 해당하는 것으로 판단하였다.

부가가치세법상 에누리액의 법리에 대하여 대법원은 신세기통신 사건에서는 에누리액은 공급조건에 따라 정해지면 충분하고 그 발생시기를 재화 또는 용역의 공급시기 전에 한정하지 않는다고 판시하였고 나아가 KT 사건에서는 에누리액은 공급자가 재화나 용역의 공급시 공급가액을 전부 받은 후 그 중 일정액을 반환하거나 이와 유사한 방법에 의하여 발생할 수 있다고 하여 그 공제·차감의 방법에도 특별한 제한이 없다고 판시하였는바, 대상판결은 부가가치세법상 에누리액에 대하여 그 범위를 넓게 인정해온 위 대법원 판례의 입장과 궤를 같이 한다. 대법원은 대상판결 선고일에 홈쇼핑의 할인쿠폰 사건에서도 그 할인액이 부가가치세법상 에누리액에 해당한다고 하여 대상판결과 동일한 판시를 하였고,[19] 그 후 마일리지(포인트)가 부가가치세법상 에누리액에 해당하는지 여부가 문제된 사안에서도 사업자가 점수(포인트) 적립에 의한 대금 공제제도를 다른 사업자들과 함께 운영하면서 각자의 1차 거래에서 고객에게 점수를 적립해 주고 그 후 고객이 사업자들과 2차 거래를 할 때에 적립된 점수 상당의 가액을 대금에서 공제하고 나머지 금액만 현금 등으로 결제할 수 있도록 한 경우 2차 거래에서 적립된 점수 상당만큼 감액된 가액이 에누리액에 해당하여 2차 거래의 공급가액에 포함할 수 없다고 판단하였다.[20]

　　또한, 대상판결은 부가가치세법상 에누리액의 판단문제를 당사자 사이의 의사표시의 해석의 문제로 보면서 원고와 판매회원 사이의 이 사건 용역계약의 내용과 거래 관행 등에 비추어 명시적인 계약이 없다고 하더라도 실제 할인된 대가를 수수하였다면 그 공급조건과 직접 차감에 대한 묵시적 동의를 인정하였고, 에누리액이 되기 위한 사전약정의 필요성 등을 명시하지 않아 공급조건으로만 인정되면 에누리액에 해당할 수 있다는 취지로 판시하여 법률행위의 해석 차원에서도 에누리액으로 인정될 여지를 사실상 넓혔다는 점에서 의미가 있다. 대상판결과 그 이후 마일리지 등 신종 마케팅 프로모션 수단의 부가가치세법상 에누리액 해당 여부에 대한 대법원 후속 판시에 의하여 부가가치세법상 에누리액의 의미와 장려금과 구별 기준의 판단문제는 상당 부분 정리되는 것으로 일단락되었다고 할 것이다. 대상판결의 결론과 판시에 찬동한다.

---

19) 대법원 2016. 6. 23. 선고 2014두144 판결.
20) 대법원 2016. 8. 26. 선고 2015두58959 전원합의체 판결.

세금계산서상 '공급받는 자'의 착오 기재가
수정세금계산서의 발행사유에 해당하는지 여부*

〈대법원 2010. 10. 28. 선고 2009두10635 판결〉

Ⅰ. 대상판결의 개요

1. 사실관계의 요지와 이 사건 처분의 경위

원고는 사립학교법에 의하여 설립된 비영리 학교법인으로서 그 산하에 사립
대학교를 설립·운영하면서 부가가치세 면세사업을 영위하고 있는데, 원고와 사
립대학교에 대해서는 각기 부가가치세법상 고유번호가 부여되어 있다(이하 원고
의 고유번호는 '학교법인 고유번호', 사립대학교의 고유번호는 '사립대학교 고유번호'라고
한다).

원고는 사립대학교 내에 주차장 및 종합복지관을 신축하기로 하고 소외 A,
B(이하 '소외회사')와 사이에 순차로 2002. 1. 16. 건축설계 및 공사감리계약을,
2003. 2. 19. 주차장 신축공사계약을, 2004. 3. 11. 종합복지관 신축공사계약을 각
체결하고 공사(이하 '이 사건 공사')를 진행하였다. 이 사건 공사가 행해지는 사립
대학교 내 부지와 이 사건 공사로 신축되는 건축물의 소유자는 원고로서 이 사건
공사와 관련된 각종 인·허가도 원고 명의로 받았는데, 위 계약서의 도급인 명의
는 사립대학교로 하였다.

한편, 원고는 위 주차장과 종합복지관 운영 등의 수익사업을 위하여 2004.
3. 1. 피고에게 부가가치세 과세사업자로 사업자등록 신청을 하여 같은 달 9. 피

---

* 한국세정신문 제4787호 (2017. 2. 6.)

고로부터 사업자등록증을 교부받았다.

그런데 원고는 2004. 3. 30부터 2006. 1. 27.까지 사이에 소외회사로부터 이 사건 공사에 대하여 공급받는 자를 '사립대학교'로, 등록번호를 '사립대학교 고유번호'로 하는 매입세금계산서 31장(이하 '수정 전 세금계산서')을 교부받았다. 당시 원고는 수정 전 세금계산서상 공급받는 자 명의가 원고가 아니었으므로 2004년 제1기부터 2006년 제1기까지 부가가치세를 신고하면서 그에 대한 매입세액을 공제받지 않았다.

그 이후 원고는 소외회사에게 요청하여 이 사건 공사와 관련된 각종 계약서의 도급인 명의를 사립대학교에서 원고로 변경하는 한편, 수정 전 세금계산서에 관하여 2006. 12.경 '거래처 착오분 정정 발행'을 이유로 수정세금계산서(이하 '이 사건 세금계산서')를 교부받은 다음 2007. 1. 23. 피고에게 이 사건 세금계산서상의 매입세액을 공제하여 원고가 기납부한 2004년 제1기부터 2006년 제1기까지의 부가가치세 합계 16억 원 상당의 환급을 구하는 경정청구를 하였다.

이에 대하여 피고는 2007. 4. 16. 공급받는 자를 사립대학교에서 원고로 고친 이 사건 세금계산서는 부가가치세법상 기재사항의 착오에 의한 수정세금계산서 교부대상이 아니라는 이유로 그 경정청구를 거부하는 처분(이하 '이 사건 처분')을 하였다.

2. 대상판결의 요지

대법원은 구 부가가치세법(2006. 12. 30. 법률 제8142호로 개정되기 전의 것, 이하 '구 부가가치세법') 제16조 제1항은 "납세의무자로 등록한 사업자가 재화 또는 용역을 공급하는 때에는 제9조에 규정하는 시기에 다음 각호의 사항을 기재한 세금계산서를 대통령령이 정하는 바에 의하여 공급을 받은 자에게 교부하여야 한다"고 규정하면서 그 각호로서 '1. 공급하는 사업자의 등록번호와 성명 또는 명칭, 2. 공급받는 자의 등록번호, 3. 공급가액과 부가가치세액, 4. 작성연월일, 5. 제1호 내지 제4호 이외에 대통령령이 정하는 사항'을 들고 있으며, 구 부가가치세법 시행령(2007. 2. 28. 대통령령 제19892호로 개정되기 전의 것, 이하 '구 부가가치세법 시행령') 제59조는 "법 제16조 제1항의 규정에 의하여 세금계산서를 교부한 후 그 기재사항에 관하여 착오 또는 정정사유가 발생한 경우에는 법 제21조의 규정에 의하여 부가가치세의 과세표준과 납부세액 또는 환급세액을 경정하여 통지하기 전까지 국세청장이 정하는 바에 따라 세금계산서를 수정하여 교부할 수 있다"
고 규정하고 있는바, 원심의 인정사실에 의하면 이 사건 공사를 위한 건축설계
및 공사감리계약과 신축공사계약의 당사자는 원고로 보아야 할 것이고, 당초 사
립대학교 명의로 작성된 계약서는 착오로 인하여 도급인을 잘못 기재한 것으로
보이는 점, 부가가치세의 신고·납부는 사업장별로 이루어지지만 이 사건 공사를
위한 건축설계 및 공사감리계약과 신축공사계약의 내용은 주로 과세사업에 관련
된 것이고, 이 사건 공사의 목적인 수익사업은 부가가치세 과세사업자로 사업자
등록을 한 원고의 사업이며, 위 과세사업과 관련된 사항의 세금계산서의 수령 주
체 역시 원고가 되어야 하는 점, 공급받는 자인 원고가 착오로 당초 사립대학교
명의로 소외회사와 건축설계 및 공사감리계약과 신축공사계약을 체결하는 바람
에 공급하는 자인 소외회사도 착오로 세금계산서의 공급받는 자를 원고가 아닌
사립대학교로 기재한 것으로 볼 수 있는 점, 이 사건과 같이 공급받는 자의 등록
번호를 원고 산하 사립대학교의 고유번호로 잘못 기재한 경우에는 수정세금계산
서를 교부받아 매입세액을 공제받도록 하더라도 거래질서를 어지럽게 할 우려가
없고, 부가가치세 체계에 혼란을 초래하거나 악용의 소지가 없는 점 등을 종합하
며 보면, 수정 전 세금계산서상 '공급받는 자'란에 사립대학교와 그 고유번호가
기재된 것은 기재사항에 관하여 착오가 발생한 경우에 해당하여 수정세금계산서
의 발행사유가 된다는 이유로 이 사건 처분이 위법하다고 판단한 원심은 정당하
다고 판시하였다.

Ⅱ. 대상판결의 평석

1. 이 사건 쟁점 및 논의의 범위

수정세금계산서 제도는 세금계산서를 발급한 후에 그 기재사항의 착오 또는
정정사유가 발생한 경우 과세관청의 경정이 있기 전까지 당초 세금계산서의 기
재 내용을 수정하여 발행할 수 있도록 하는 부가가치세법상의 제도로서, 수정세
금계산서의 발행에 따라 당초 세금계산서의 발급일이 속하는 과세연도에 납부한
부가가치세가 과다납부한 것이 되면 그 거래당사자는 경정청구를 하여 부가가치
세의 환급을 구할 수 있는바, 이 사건의 쟁점은 학교법인인 원고가 수익사업을

하기 위하여 소외회사로부터 이 사건 공사용역을 공급받으면서 공급받는 자를 면세사업자인 사립대학교 명의로 하여 수정 전 세금계산서를 교부받았다가 그 후 학교법인 명의로 변경하여 이 사건 세금계산서를 발급받았는데, 수정 전 세금계산서의 '공급받는 자'의 기재가 구 부가가치세법 시행령 제59조의 '그 기재사항에 착오가 발생한 경우'에 해당하여 그에 따라 발급받은 이 사건 세금계산서를 부가가치세법상 적법한 수정세금계산서로 볼 수 있는지 여부이다.

　　원심과는 달리 제1심[1])은 부가가치세의 신고납부는 사업장별로 이루어지므로 사립대학교는 비록 법인격을 갖지 않는 교육시설에 불과하지만 원고의 다른 사업과는 별개로 사업주체로서의 지위를 보유하고 있고, 세금계산서는 공급하는 자가 법정 사항을 기재하여 공급받는 자에게 교부하는 것이므로 그 기재의 착오가 있었는지 여부는 일차적으로 공급하는 자를 기준으로 가려야 하는데 공급하는 자인 소외회사는 원고의 요청에 따라 공급받는 자를 사립대학교로 하여 수정 전 세금계산서를 발행한 것이므로 소외회사에게 그 공급받는 자의 기재에 착오가 있다고 볼 수 없다고 판단하였다. 제1심 판결의 요지는, 부가가치세법상 과세사업과 면세사업은 각기 별도의 사업주체로서의 지위를 가지고 있고 세금계산서의 기재사항에 관한 착오의 주체는 공급하는 자로서 부가가치세법상 사업장 과세원칙에 따라 공급받는 사업장에 대한 구분은 공급받는 사업자에 대한 구분과 동일한 의미를 가지는데, 공급하는 자인 소외회사가 공급받는 자인 원고의 요청에 따라 원고의 과세사업장과 면세사업장 중 하나의 사업장을 특정하여 기재하였다면 공급하는 자인 소외회사의 입장에서는 부가가치세법상 공급받는 자의 기재에 관해서 아무런 착오가 없다는 것이다. 이러한 판단의 이면에는 세금계산서의 공급받는 자의 기재는 세금계산서의 필요적 기재사항으로서 학교법인 명의가 아닌 사립대학교 명의로 그 기재사항을 사실과 다르게 작성한 이상 수정 전 세금계산서는 구 부가가치세법 제17조 제2항 제1호의2의 세금계산서의 필요적 기재사항이 사실과 다르게 기재된 경우에 해당하여 수정세금계산서의 발급에 의하더라도 그 매입세액을 공제할 수 없다는 생각이 깔려 있다고 보인다.

　　그러므로 수정 전 세금계산서의 발행이 구 부가가치세법 시행령 제59조의 '그 기재사항에 착오가 발생한 경우'에 해당하는지 여부를 판단하기 위해서는 부가가치세법상 사업장 과세원칙과 사실과 다른 세금계산서의 의미를 제대로 이해

---

1) 서울행정법원 2008. 10. 30. 선고 2008구합19178 판결.

하는 것이 중요하다. 다만, 사실과 다른 세금계산서 부분은 부가가치세법의 매입세액 공제문제, 조세범처벌법 위반문제 등에 관한 다수의 쟁점과 맞물려 있어 수정세금계산서의 발급사유보다 그 논의의 범위가 넓고, 이 사건의 쟁점은 이 사건 세금계산서가 구 부가가치세법상 적법한 수정세금계산서에 해당하는지 여부이므로 비록 수정 전 세금계산서가 사실과 다른 세금계산서라고 하더라도 그 기재사항의 착오가 있다면 이 사건 세금계산서가 적법한 수정세금계산서에 해당하여 그 자체로 매입세액 공제가 허용되는 것이어서 수정세금계산서의 발급사유와 관련하여 별도로 사실과 다른 세금계산서에 대한 직접적인 논의의 실익은 크지 않다고 사료된다. 부언하면 구 부가가치세법 제17조 제2항 제1호의2는 세금계산서의 필요적 기재사항이 사실과 다르게 기재된 세금계산서에 대하여는 그 매입세액을 공제하지 않는다고 규정하면서 한편으로는 구 부가가치세법 시행령 제60조 제2항 제2호는 당해 세금계산서의 그 밖의 필요적 기재사항 또는 임의적 기재사항으로 보아 거래사실이 확인되는 경우에는 매입세액의 공제가 가능하다고 보고 있는바, 이 사건에서 세금계산서의 필요적 기재사항인 공급받는 자의 등록번호를 사립대학교의 고유번호에서 원고의 사업자등록번호로 변경한 이 사건 세금계산서가 수정세금계산서로서 적법하다면 수정 전 세금계산서는 결국 효력이 없게 되므로 수정 전 세금계산서가 사실과 다른 세금계산서에 해당하는지 여부에 대해서는 별도로 판단할 필요는 없다. 만일 이 사건 세금계산서가 부적법한 수정세금계산서라고 본다면 수정 전 세금계산서는 여전히 유효한 세금계산서이므로 그 세금계산서를 구 부가가치세법 제17조 제2항 제1호의2의 필요적 기재사항이 사실과 다르게 기재된 세금계산서가 아니라고 보아 그 매입세액을 공제할 수 있는지, 가사 사실과 다르게 기재된 세금계산서라고 하더라도 그 밖의 기재사항으로 보아 거래사실이 확인되는 경우로서 매입세액이 공제될 수 있는지 여부가 문제될 것이지만 이 부분은 예비적 판단의 영역이고 수정세금계산서의 교부사유로서의 기재사항의 착오가 인정된다면 구 부가가치세법 제17조 제2항 제1호의2에서 언급하는 필요적 기재사항의 착오 기재도 인정될 여지가 상당하므로 본 판례평석에서는 편의상 이 사건 세금계산서의 수정세금계산서의 해당 여부라는 직접적인 쟁점에 대하여 주로 검토하고 사실과 다른 세금계산서 부분은 필요적 기재사항의 착오기재의 의미를 파악하는 정도에서 그 논의 범위를 한정한다.

이하에서는 먼저 수정세금계산서 제도와 부가가치세법상 사업장 과세원칙을 살펴보고 이 사건의 쟁점인 구 부가가치세법상 공급받는 자의 착오 기재가 수정세금계산서의 발급 사유에 해당하는지 여부를 중심으로 검토하면서 아울러 공급받는 사업장의 착오 기재를 수정세금계산서의 발급사유로 인정하는 경우 부가가치세법상 사업장 과세원칙에 위반되는지 여부도 논의한 후 대상판결의 의미와 평가에 대해서 평석한다.2)

2. 부가가치세법의 기본구조와 수정세금계산서 제도

가. 부가가치세법의 기본구조와 세금계산서

부가가치세는 재화나 용역의 유통과정의 각 단계에서 창출되는 부가가치를 과세표준으로 하는 조세이다. 부가가치세법은 사업자가 공급한 재화나 용역의 매출세액에서 그가 다른 사업자로부터 공급받은 재화나 용역에 대한 매입세액을 공제하여 납부세액을 신고 · 납부하게 하는 전단계 세액공제법을 채택하고 있다.3) 이에 따라 사업자는 매입세액을 공제받기 위해서 매입세금계산서를 교부받아야 하므로 거래상대방에게 세금계산서의 교부를 요구하게 되어 공급자의 거래가 노출 · 양성화된다. 이와 같이 부가가치세법이 전단계 세액공제 방식을 선택하고 있으므로 거래징수사실을 증명하기 위하여 세금계산서의 수수가 필수적이 된다.

구 부가가치세법 제16조 제1항은 세금계산서의 기재사항을 구체적으로 규정하고 있는데, 이는 필요적 기재사항과 임의적 기재사항으로 구분된다. 필요적 기재사항은 공급하는 사업자의 등록번호와 성명 또는 명칭, 공급받는 자의 등록번호, 공급가액과 부가가치세액, 작성연월일이다.4) 임의적 기재사항은 공급하는 자의 주소, 공급받는 자의 상호, 성명, 주소, 공급하는 자와 공급받는 자의 업태와 종목, 공급품목, 단가와 수량, 공급연월일, 거래의 종류이다.5)

부가가치세법은 세금계산서의 정확한 수수를 위하여 세금계산서의 필요적 기재사항의 전부 또는 일부가 기재되어 있지 아니하거나 그 내용이 사실과 다르

---

2) 구 부가가치세법은 2013. 6. 7. 법률 제11873호로 전부 개정되었고, 구 부가가치세법 시행령도 2013. 6. 28. 대통령령 제24638호로 전부 개정되었으나 수정세금계산서에 관한 규정은 조문체계만 변경되었을 뿐 그 주된 내용은 거의 동일하다. 따라서 본 판례평석에서 논의하는 구 부가가치세법과 동법 시행령의 수정세금계산서 제도는 현행 부가가치세법상의 수정세금계산서 제도에서도 유효하다고 생각된다.

3) 다만 수입되는 재화에 대하여 구 부가가치세법 제16조 제3항에 의하여 세관장이 수입세금계산서를 교부한다.

4) 구 부가가치세법 제16조 제1항 제1 내지 4호.

5) 구 부가가치세법 제16조 제1항 제5호, 구 부가가치세법 시행령 제53조 제1항 제1 내지 6호.

게 기재된 경우에는 원칙적으로 매입세액의 공제를 허용하지 않는다.[6] 또한 부
가가치세법은 세금계산서의 교부를 의무화하고 이를 위반하는 경우에는 가산세
를 부과하고[7] 부가가치세 신고시 세금계산서의 합계표를 세무서장에 제출하게
함으로써,[8] 세금계산서에 거래상황 및 과세자료를 정확히 반영하도록 도모하고
있다. 이와 같이 중요한 기능을 수행하는 세금계산서는 통일적으로 수수되어야
하므로 부가가치세법은 그 기재사항과 서식을 별도로 규정하고 있다.[9]

나. 수정세금계산서 제도

(1) 수정세금계산서의 의의

수정세금계산서는 세금계산서를 발급한 후에 그 기재사항에 착오 또는 정정
사유가 발생하는 경우에 당초 세금계산서의 발행내용을 수정할 수 있는 제도이
다. 구 부가가치세법 시행령 제59조는 세금계산서를 교부한 후에 그 기재사항에
착오 또는 오류가 생기거나 당초 거래의 내용이 변경된 경우 당초의 발행내용을
수정하여 세금계산서를 교부할 수 있도록 하는 한편 그 중 기재사항의 착오 또는
정정사유가 있는 경우에는 과세관청이 부가가치세의 과세표준과 세액을 경정하
여 통지하기 전까지, 거래내용에 변경이 있는 경우에는 증감사유가 발생한 때에
각 교부할 수 있다고 하여 수정세금계산서 제도에 대하여 규정하고 있다.

세금계산서는 부가가치세법상 전단계 세액공제 방식의 근간을 이루는 것으
로 필요적 기재사항이 실제 거래내용대로 정확하게 기재되어야 하는데 경우에
따라서는 그 기재내용이 실제 거래와 다르게 잘못 기재되거나 사후에 정정 사유
가 발생하기도 하므로 정확한 매출세액과 매입세액의 산정을 위하여는 이를 수
정할 필요가 발생한다. 거래 실정상 착오 등의 이유로 정확한 내용을 기재하지
못하는 경우에 무조건 세금계산서 작성의무의 불이행을 이유로 제재를 가하는
것은 납세자에게 지나치게 과중한 부담을 지우는 것이고 그와 같은 경우 수정세
금계산서 제도에 의하여 세금계산서의 기재내용을 수정할 수 있도록 하여 매입
세액 공제 등을 허용함으로써 납세자의 편의를 도모하고 있다. 당초 기재사항의
착오나 정정사유가 단순한 오기 등의 경우에는 수정세금계산서를 발급하지 않더

---

6) 구 부가가치세법 제17조 제2항 제1호의2.

7) 구 부가가치세법 제22조 제2항 제1호.

8) 구 부가가치세법 제20조.

9) 구 부가가치세법 시행규칙(2007. 4. 2. 재정경제부령 제549호로 개정되기 전의 것) 제16조 제1항.

라도 당초 세금계산서의 진정한 의미를 확인 받을 수 있으므로 수정세금계산서
는 단순 오기를 넘어서는 오류가 있는 경우에 발급의 필요성과 의미가 있다.

수정세금계산서는 국세기본법 제45조의 규정에 의한 과세표준의 수정신고와
비교가 되는데 국세기본법상의 수정신고와는 달리 개별적인 재화 또는 용역의
공급에 있어서 착오 또는 정정사유가 발생하는 경우 그 부분에 대한 수정을 한다
는 점, 그리고 수정세금계산서 발급사유에 따라 일정한 경우에는 당초 세금계산
서의 발급시점이 아니라 당해 사유가 발생한 시점의 과세기간의 과세표준에 수
정을 가한다는 점에서 차이가 있다. 그러나 당초 세금계산서가 발급된 경우에 한
하여 수정세금계산서의 발행이 가능하므로 최초 신고기간 내에 과세표준과 세액
을 신고한 경우에 한하여 허용되는 수정신고와 유사한 측면이 있고, 수정신고를
하기 위한 전단계로서 수정세금계산서의 수수가 이루어진다는 점에서 수정신고
와의 관련성이 인정된다.

(2) 수정세금계산서의 발급요건과 발급효과

수정세금계산서를 교부하기 위해서는 당초 세금계산서를 적법하게 발행하여
야 하고 당초 세금계산서의 기재사항에 오류나 착오가 있어야 한다는 두 가지 발
급요건을 구비하여야 한다.[10] 당초 교부한 세금계산서에 대한 수정이므로 거래
당시에 세금계산서를 교부하지 아니하였거나, 세금계산서가 아닌 계산서를 발행
한 경우에는 수정세금계산서를 교부할 수 없다. 수정세금계산서는 세금계산서를
발행한 후에 그 세금계산서를 수정하는 것이므로 수정세금계산서의 발급의무자
는 당초 세금계산서를 발급한 일반 과세사업자이다.

수정세금계산서의 발급요건 중 주로 문제가 되는 것은 그 기재사항의 착오
나 정정사유 여부이다. 이는 당초 세금계산서의 기재사항에 착오 또는 정정사유
가 발생한 경우로서 과세표준에 포함되지 아니한 금액을 착오로 과세표준에 산
입한 경우, 작성연월일을 착오로 잘못 기재한 경우 등 당초 교부한 세금계산서의
필요적·임의적 기재사항에 대해 착오로 작성오류가 발생한 경우(이하 '기재사항
의 착오사유'), 당초에는 과세거래로 보아 세금계산서를 교부하였으나 추후에 일정
요건을 구비함으로써 영세율이 적용되는 경우 등과 같이 당초 공급한 재화 또는
용역의 공급에 대한 정정사유가 발생한 경우(이하 '기재사항의 정정사유') 및 계약

---

10) 수입재화에 대하여 구 부가가치세법 시행령 제71조는 수입재화가 관세법상 위약물품에 해당하
거나 과오납부한 수입재화에 해당하는 경우에는 세관장이 수정수입세금계산서를 교부한다고 별
도로 규정하고 있다.

의 해지 등에 따라 공급가액에 추가 또는 차감되는 금액이 발생하거나 추후 계약
내용의 변동으로 당초 교부한 세금계산서의 공급가액에 증감사유가 발생한 경우
등과 같이 후발적으로 공급가액에 변동이 생기는 경우(이하 '공급가액의 변동사유')
로 나누어 볼 수 있다.

첫째, 기재사항의 착오사유와 관련하여 구 부가가치세법 시행령 제60조 제2
항 제2호는 세금계산서의 필요적 기재사항이 착오로 사실과 다르게 기재되었으
나 당해 세금계산서의 그 밖의 필요적 기재사항 또는 임의적 기재사항으로 보아
거래사실이 확인되는 경우에는 매입세액을 공제할 수 있다고 규정하고 있는바,
사실과 다른 세금계산서에 관한 위 기재사항의 착오의 의미는 수정세금계산서
조항의 착오의 의미를 판단하는 데 해석의 지침을 줄 수 있다. 위 기재사항의 착
오의 해석과 관련하여 구 부가가치세법 시행령 제60조 제2항 제2호에는 다른 필
요적 기재사항 등에 의하여 거래사실이 확인되는 경우라는 추가문구가 있어 마
치 동일성을 해하지 않는 범위 내에서의 착오 기재를 구제하는 조항이라는 견해
가 제시될 수 있지만 실제로는 사실과 다른 세금계산서에 해당함에도 예외적으
로 매입세액 공제를 허용하는 사유라고 보는 것이 타당하다. 만약 공급받는 자의
등록번호를 단순 착오로 잘못 기재하였다면 그것은 단순 오기일 뿐 사실과 다른
세금계산서로 보기 어려우므로 위 조항이 없더라도 매입세액 불공제를 할 수 없
다고 할 것이므로 위 조항이 의미를 가지기 위해서는 단순 착오 기재의 경우를
구제하기 위한 것이 아니라 사실과 다른 세금계산서라고 하더라도 부가가치세의
운영의 기초가 되는 세금계산서의 정확성과 진실성을 해치지 않는다면 거래당사
자가 실제로 부담한 매입세액의 공제를 허용하기 위하여 이를 규정한 것이라고
할 것이다.[11] 위 조항과 대등한 지위에 있는 구 부가가치세법 시행령 제60조 제2
항 제3호가 재화 또는 용역의 공급시기 이후에 교부받는 세금계산서로서 당해 공
급시기가 속하는 과세기간 내에 교부받은 경우라고 규정하여 필요적 기재사항이
사실과 다른 세금계산서라고 하더라도 매입세액 공제를 허용한 점에 비추어 보
더라도 제2호를 단순 착오기재의 구제를 넘어서는 의미 있는 조항으로 해석하는
것이 합리적이다. 따라서 위 조항의 필요적 기재사항 중 일부가 착오로 기재되었
다는 부분은 필요적 기재사항 중 일부가 사실과 달리 기재되었다는 정도의 의미

---

11) 하태흥, "공급자가 사실과 다른 세금계산서와 명의위장사실에 대한 선의·무과실의 판단요소",
    대법원 판례해설 제98호, 법원도서관, 2014, 56면.

를 가진 것으로 해석하는 것이 정당하다. 부가가치세법의 세금계산서 규정의 기재사항의 착오의 의미를 사실과 다른 세금계산서 조항과 수정세금계산서 조항에서 달리 파악할 필요가 없다는 점에서 사실과 다른 세금계산서 규정의 착오에 대한 해석론은 수정세금계산서의 착오의 의미를 판단함에 있어서도 원용할 수 있을 것으로 사료된다. 한편 위 조항은 필요적 기재사항 중 일부가 착오로 기재된 경우라고 하여 그 대상을 필요적 기재사항으로 제한하고 있지만 수정세금계산서 규정은 그 기재사항에 제한을 두고 있지 아니하므로 임의적 기재사항의 착오에 대해서도 그 발급이 가능하다.

　기재사항의 착오나 정정사유가 있어 수정세금계산서를 발급하는 경우 당초 세금계산서의 발급일이 속하는 과세기간의 과세표준 및 납부세액을 경정청구하거나 수정신고하여야 할 것이다. 기재사항의 착오나 정정사유의 발생으로 인한 수정세금계산서의 교부시기는 그 사유가 발생한 때에 교부하는 것이 원칙이나 그 기한은 구 부가가치세법 제21조에 의하여 과세관청이 부가가치세의 과세표준과 세액을 경정하여 통지하기 전까지로 제한되어 있다.[12] 이는 당초 제출된 세금계산서에 대한 과세관청의 경정이 있은 뒤에 다시 이를 수정함으로써 이미 이루어진 경정에 영향을 주는 것을 방지하기 위한 것으로 보인다. 따라서 기재사항의 착오나 정정사유를 원인으로 한 수정세금계산서의 교부를 이유로 경정청구를 하기 위해서는 수정세금계산서에 대하여는 과세관청의 경정통지 전이라는 기간 제한과 별도로 국세기본법상 경정청구기간의 제한이 따르므로 두 단계의 제한이 있는 셈이다.

　둘째, 당초 교부한 세금계산서의 공급가액에 변동사유가 발생한 때란 세금계산서를 교부한 후 당초 교부한 세금계산서의 공급가액에 추가되는 금액 또는 차감되는 금액이 발생한 경우이다. 기재사항의 착오나 정정사유와는 달리 공급가액의 변동사유가 발생한 때에 수정세금계산서를 교부하여야 한다. 공급가액의 변동사유로 매출이 감소하는 경우에는 공급자는 그 사유가 발생한 날이 속하는 과세기간의 매출세액에서 차감하고 공급을 받는 자는 같은 과세기간의 매입세액에서 차감하여 부가가치세를 납부하여야 한다.

---

12) 현행 부가가치세법 시행령 제70조 제1항 제5호는 세무조사의 통지를 받거나 세무공무원이 과세자료의 수집 또는 민원 등을 처리하기 위해 현지출장이나 확인업무에 착수한 경우, 세무서장으로부터 과세자료해명안내통지를 받은 경우, 위와 유사한 경우로서 과세표준 또는 세액을 경정할 것을 미리 알고 있는 경우는 제외한다고 규정하고 있다.

공급가액의 변동사유의 경우에는 그 사유가 발생한 때가 속하는 과세기간 내에 수정세금계산서를 발급하여야 한다. 이 경우에는 그 변경사유가 발생한 과세연도의 부가가치세에 영향을 주는 것이므로 그 과세기간이 경과한 후에 수정세금계산서를 발급하는 경우에는 구 부가가치세법 제17조 제2항 제1호의2, 구 부가가치세법 시행령 제60조 제2항 제3호에 따라 사실과 다른 세금계산서가 되어 그 매입세액이 불공제될 수 있다.

수정세금계산서의 발행이 적법한 경우 당초 세금계산서의 효력 여부는 발급사유에 따라 차이가 있다. 당초 교부한 세금계산서의 필요적·임의적 기재사항의 착오나 정정사유로 수정세금계산서가 발급된 경우에는 당초 세금계산서는 효력을 상실하고 수정세금계산서가 효력을 가진다고 할 것이다. 따라서 수정세금계산서 발급이 정당하다면 당초 세금계산서가 사실과 다른 세금계산서였다고 하더라도 그 효력을 상실하여 사실과 다른 세금계산서가 아닌 것이 된다. 다만, 공급가액의 변동사유에 의하여 수정세금계산서가 발급되는 경우에는 그 세금계산서는 그 사유발생일이 속하는 과세기간의 부가가치세의 변동을 초래하므로 당초 세금계산서는 여전히 유효하다고 판단된다. 수정세금계산서의 교부가 부적법한 경우에 관하여 판례는 1차 세금계산서와는 그 과세기간을 달리하여 작성·교부된 2차 세금계산서가 수정세금계산서로서의 요건을 갖추지 못하였다면 이는 단지 이중으로 발행된 부적법한 세금계산서에 불과하여 효력이 없다는 입장이다.[13] 이 경우 당초 세금계산서는 여전히 유효하다고 할 것이다.

3. 부가가치세법상 사업장 과세원칙

가. 부가가치세의 납세의무자와 사업장

부가가치세의 납세의무자는 영리목적의 유무에 불구하고 사업상 독립적으로 재화나 용역을 공급하는 자 및 재화를 수입하는 자로 규정하고 있다. 이러한 납세의무자에는 개인 및 법인과 법인격 없는 사단·재단 기타 단체가 포함된다.[14] 사업자란 일반적으로 재화나 용역의 공급에 대하여 부가가치세가 과세되는 사업을 영위하는 과세사업자를 의미하나 경우에 따라 부가가치세가 면제되는 사업을 영위하는 면세사업자를 포함하는 개념으로 사용되기도 한다. 면세사업자란 구 부

13) 대법원 2004. 5. 27. 선고 2002두1717 판결.
14) 구 부가가치세법 제2조.

가가치세법 제12조 제1항의 규정에 의하여 부가가치세가 면제되는 재화나 용역을 공급하는 사업을 영위하는 자로서 면세사업자에 대해서는 부가가치세법에서 규정하고 있는 납세의무의 이행과 관련된 사업자등록, 거래징수, 세금계산서의 발급, 예정신고 · 납부 및 확정신고 · 납부 등의 제반 의무가 배제된다.

부가가치세는 사업장마다 신고 · 납부하여야 한다.[15] 사업장은 원칙적으로 사업자 또는 그 사용인이 상시 주재하여 거래의 전부 또는 일부를 행하는 장소를 말한다. 법인세법은 사업장이 여러 곳에 있더라도 법인의 전체적인 소득을 산정하는 것을 목적으로 하고 있기 때문에 본점 또는 주사무소 소재지를 납세지[16]로 규정하고 있는 것[17]과 달리 부가가치세법은 과세대상인 재화 또는 용역의 공급의 흐름을 파악하는 것을 목적으로 하고 있기 때문에 그 공급이 이루어지는 사업장을 납세지로 삼고 있다. 즉, 동일인이 2개 이상의 사업장을 겸영하는 경우에도 부가가치세 매출세액 및 매입세액은 각 사업장 간에 통산되지 않고 각각 신고 · 납부하는 것이 원칙이다. 다만, 부가가치세가 면제되는 재화나 용역을 공급하는 장소는 부가가치세법상 제반 의무에서 제외되므로 부가가치세 과세의 장소적 단위가 되는 구 부가가치세법 시행령 제4조의 사업장과는 다른 의미라고 할 것이다.[18]

나. 부가가치세법상 사업자등록과 등록번호 및 고유번호

구 부가가치세법 제5조 제1항은 신규로 사업을 개시하는 사업자는 사업장마다 사업자의 인적사항, 사업개시연월일 등을 기재한 등록신청서를 당해 사업개시일로부터 20일 이내에 관할 세무서장에게 제출하도록 하고, 제2항에서는 세무서장은 이와 같이 등록한 사업자에게 대통령령이 정하는 바에 의하여 등록번호가 부여된 사업자등록증을 교부하도록 규정하고 있다. 사업자등록이란 납세의무가 있는 사업자의 인적 사항과 사업사실 등 기타 과세자료를 파악하는 데 필요한 사항을 세무관서의 대장에 등재하는 것을 말한다. 사업자등록제도는 부가가치세 과

---

15) 구 부가가치세법 제4조.
16) 납세지란 조세의 납부와 관련하여 세무서장 등 행정관청과 납세자간에 법률관계에 있어서 특정한 장소를 매개로 한 용어로서 지역적 개념이며 행정관청의 관할구역을 구분하여 주고 납세자의 납세의무를 이행하는 장소를 말한다.
17) 법인세법 제9조 제1항.
18) 국세청도 면세사업장을 신설하는 경우는 당해 사업장을 부가가치세법 시행령 제4조에서 규정하는 사업장에 해당하지 않는다고 유권해석하였다(부가 46015-1740, 2000. 07. 21.).

세자료의 양성화를 기함으로써 근거과세 및 공평과세를 실현하고자 하는 데에 목적이 있다. 사업자등록의무자가 등록을 하지 아니하는 경우 매입세액을 공제받지 못하게 될 뿐 아니라 미등록가산세를 부담하게 된다.[19]

사업자등록의무는 부가가치세법상 납세의무자에게 부과되는 협력의무이므로 면세사업자는 사업자등록을 할 필요가 없다.[20] 판례도 부가가치세법의 사업자등록의무는 납세의무 있는 사업자에 한하고 부가가치세 면세사업자는 그 등록의무가 없으므로 부가가치세의 면세사업자가 사업자등록신청을 하여 면세사업자용으로 기재된 사업자등록증을 교부받았다고 하더라도 이는 소득세법상의 사업자등록을 한 것이거나 부가가치세법상의 고유번호를 부여받은 것으로 볼 수 있을 뿐 부가가치세법 제5조 제1항에서 정한 사업자등록을 한 것이라고는 볼 수 없다고 판시함으로써[21] 부가가치세법상 사업자등록과 소득세법상의 사업자등록을 명백하게 구분하고 있다.

한편, 구 부가가치세법 시행령 제8조 제1항은 부가가치세 납세의무자에 대한 등록번호는 사업장마다 관할 세무서장이 부여하도록 하되 제2항은 세무서장은 납세자료의 효율적인 처리를 위하여 일정한 경우 과세사업자가 아닌 경우에도 등록번호에 준하는 고유번호를 부여할 수 있다고 규정하는 한편, 그 대상으로 구 부가가치세법 제20조 제4항의 기타 대통령령이 정하는 자를 규정하고 있는데 그 위임을 받은 구 부가가치세법 시행령 제67조는 각 호에서 부가가치세 면제되는 사업자 중 소득세 또는 법인세의 납세의무자가 있는 자(제1호), 민법 제32조의 규정에 의하여 설립된 법인(제2호), 특별법에 의하여 설립된 법인(제3호), 각급학교 기성회·후원회 또는 이와 유사한 단체(제4호)를 들고 있는바, 위와 같이 사업자의 신청 또는 과세관청의 직권에 의하여 사업자등록번호에 준하는 고유번호를 부여할 수 있도록 하고 있는 것은 과세자료를 효율적으로 관리하기 위한 장치라고 보여진다. 결국 위 부가가치세법 시행령 각 호에서 규정하고 있는 자는 부가가치세법상 고유번호를 부여받을 수 있는 것이고, 이러한 고유번호의 부여는 사업자등록에 의한 등록번호의 부여는 아니므로 고유번호를 부여받은 자가 신규로 과세사업을 개시하거나 개시하고자 하는 때에는 사업자등록을 별도로 하여야 한다.

---

19) 구 부가가치세법 제17조 제2항 제5호, 제22조 제1항.

20) 임승순, 조세법, 박영사, 2010, 874면.

21) 대법원 1995. 11. 7. 선고 95누8492 판결.

4. 이 사건 세금계산서가 구 부가가치세법상 적법한 수정세금계산서에 해당하는지 여부

가. 논의의 대상

여기서는 앞서 본 수정세금계산서 제도와 부가가치세법상 사업장 과세원칙 등을 고려하여 이 사건 세금계산서가 구 부가가치세법상 수정세금계산서의 발급 요건을 구비하였는지에 대하여 논의한다. 원고가 착오로 수정 전 세금계산서의 필요적 기재사항인 공급받는 자의 등록번호를 원고가 아닌 사립대학교의 그것으로 잘못 기재하였다가 추후 거래의 실질에 맞게 사립대학교의 고유번호를 원고의 사업자등록번호로 수정하여 이 사건 세금계산서를 교부받았는데, 그러한 사유가 구 부가가치세법 시행령 제59조의 기재사항의 착오가 있는 경우로서 수정세금계산서 발급요건에 해당하는지 여부에 대하여 대립되는 두 가지 견해를, 수정세금계산서의 기재사항의 착오의 주체가 누구인지, 착오의 대상과 범위에 제한이 있는지, 과세사업장과 면세사업장의 수정은 부가가치세법상 사업장 과세원칙에 위반되는 것은 아닌지 등을 중심으로 검토한다.

나. 두 가지의 견해

(1) 제1설

제1설은 공급하는 자인 소외회사는 원고의 요청에 따라 과세사업장과 면세사업장 중 면세사업장을 공급받는 자로 하여 수정 전 세금계산서를 발행한 것이므로 수정 전 세금계산서의 기재사항의 착오가 있다고 볼 수 없다는 피고의 견해로서 다음과 같은 사유를 그 근거로 들고 있다.

첫째, 세금계산서 기재의 착오는 공급하는 자를 기준으로 판단하여야 하는데 수정 전 세금계산서를 작성한 공급하는 자인 소외회사는 공급받는 자인 원고로부터 그가 운영하는 과세사업장과 면세사업장 중 하나의 사업장을 지정 받아 이를 기재하여 세금계산서를 발행해 준 것이므로 소외회사에게는 세금계산서상 공급받는 자의 기재에 관하여 아무런 착오가 없다.

둘째, 공급받는 자의 사업자등록번호 등이 일부 잘못 기재된 경우에는 수정세금계산서를 발급할 수 있으나[22] 부가가치세는 사업장 단위로 과세하고 그 사

---

22) 서면인터넷방문상담3팀 - 1140, 2007. 04. 13.

업장이 납세의무자가 되기 때문에 사업장이 변경되는 경우 납세의무자가 바뀌게 되어 세금계산서의 기초적 동일성이 무너진다고 할 수 있다. 따라서 이 사건에서도 면세사업장을 과세사업장으로 변경하는 것은 사업장 변경으로서 수정세금계산서의 발급범위를 벗어난다. 공급받는 자가 한 명이더라도 그가 운영하는 사업장이 복수이면 그 사업장을 변경하는 수정세금계산서는 발행할 수 없는 것이다.[23] 사업장 변경의 경우에도 실제 거래처가 아닌 다른 사업자 명의로 세금계산서를 발행하는 위장거래와 마찬가지로 거래질서를 해할 위험성이 있기 때문에 이를 허용하지 말아야 한다. 원고와 사립대학교에 대해서는 별도로 고유번호가 부여되어 있어 이점에서도 각기 별도의 사업장이 존재한다고 볼 수 있다.

셋째, 세금계산서는 부가가치세뿐만 아니라 법인세 등의 부과에 있어서도 거래의 객관적인 증빙으로서의 기능을 수행하므로 부가가치세법은 세금계산서의 필요적 기재사항의 수정에 대하여 엄격한 제한을 가하고 있다 즉, 세금계산서 발행시기에 관하여 부가가치세법은 반드시 실제 거래일에 세금계산서를 발행하도록 하되 예외적으로 실제거래일이 속하는 다음 달 10일까지 세금계산서를 발행할 수 있는 특례 규정[24]을 두고 있고, 대법원도 과세기간이 경과한 후에 작성한 세금계산서는 작성일자를 공급시기로 소급하여 작성하였다 하더라도 필요적 기재사항의 일부가 사실과 다르게 기재된 세금계산서에 해당하므로 매입세액은 매출세액에서 공제되어서는 아니된다고 판시한바 있다.[25] 그럼에도 수정세금계산서는 과세기간을 도과하더라도 과세관청의 경정통지 전까지는 발급할 수 있다는 예외를 허용한 것이므로 위 발급시기 제한에 관한 부가가치세법 규정과 대법원 판례의 취지를 살리기 위해서는 사업장을 변경하는 세금계산서의 수정은 허용하지 않는 것이 관련 규정들과의 조화로운 해석이다.

(2) 제2설

제2설은 수정 전 세금계산서는 거래당사자인 원고의 착오에 의하여 세금계산서의 필요적 기재사항인 공급받는 자의 등록번호를 잘못 기재한 경우로 그 수정세금계산서의 발행이 허용되어야 한다는 원고의 견해로서 다음과 같은 점을 근거로 제시하고 있다.

첫째, 세금계산서의 작성권자는 공급하는 자이지만 필요적 기재사항 중 '공

---

23) 부가 46015-3833, 2000. 11. 27.
24) 구 부가가치세법 시행령 제54조.
25) 대법원 2004. 11. 18. 선고 2002두5771 전원합의체 판결.

급받는 자' 란은 공급받는 자의 통지에 따라 작성되는 것이고 그러한 통지에 공급받는 자의 착오가 있었다면 공급하는 자의 세금계산서 기재에도 착오가 있다고 보아야 한다. 또한 부가가치세법이 수정세금계산서의 기재사항의 착오의 주체를 공급하는 자로 국한하는 것은 아니므로 공급받는 자의 착오에 따라 세금계산서의 기재가 결과적으로 사실과 달리 되었다면 기재사항의 착오로 보아 수정세금계산서의 발급을 허용하여야 한다.

둘째, 구 부가가치세법 시행령 제59조는 세금계산서의 수정사유를 그 기재사항에 관하여 착오 또는 정정사유가 발생한 경우라고 명시하여 착오 또는 정정의 대상을 특정 일부 항목으로 제한하고 있지 않으므로 필요적 기재사항인 공급받는 자를 착오로 잘못 기재한 경우에도 수정세금계산서의 교부가 가능하다고 해석된다.

셋째, 원고의 수익사업을 위한 과세사업장은 1개로서 원고의 면세사업장에 대해서는 부가가치세법상 제반 의무가 면제되므로 부가가치세법상의 사업장으로 볼 수 없으므로 원고에게 복수의 부가가치세법상 사업장이 있다고 볼 수 없다. 따라서 복수 사업장 간의 변경을 공급받는 자의 변경으로 보아 이를 허용하지 않는 입장에 있다고 하더라도 원고가 1개의 과세사업장을 보유하고 있는 이 사건에 있어서 공급받는 자가 변경된 경우라고 볼 수 없다. 따라서 공급받는 자를 사립대학교에서 원고로 변경한 것은 공급받는 자를 변경한 것이 아니라 단순히 공급받는 자의 등록번호를 정정한 것에 불과하므로 수정세금계산서의 발행사유가 인정된다.

넷째, 수정세금계산서 제도의 취지가 신고납세방식인 부가가치세를 잘못 신고·납부한 경우 납세자 스스로 이를 보정할 수 있는 기회를 주기 위한 것이므로 세금계산서의 기재사항이 정확하지 못하여 실제와 다르다고 하더라도 납세자가 이를 인식하거나 의도한 것이 아니라 착오로 기재한 것이었다면 실제 거래사실에 부합하는 세금계산서로 수정하여 재교부하는 것을 허용하는 것이 제도의 취지에도 부합한다. 기재사항의 착오를 지나치게 엄격하게 해석하여 사실과 달리 기재된 일체의 세금계산서의 수정을 허용하지 아니한다면 매입세액 공제라는 부가가치세법상의 기본골격에도 반하는 결과가 초래된다.

다. 소결론

제1설은 수정세금계산서 규정의 발급요건의 해당 여부에 대한 직접적인 판단이라기보다는 부가가치세법상 사업장 과세원칙과 세금계산서의 교부특례나 사실과 다른 세금계산서의 매입세액 불공제의 예외조항에 근거하여 수정세금계산서의 발급을 허용하지 않는 것이 타당하다는 입장으로 사료된다. 그러나 이러한 특례조항이나 예외조항은 세금계산서의 필요적 기재사항 중 공급시기나 작성연월일에 관한 것으로서 오히려 '공급받는 자'에 대해서는 부가가치세법상 이러한 특별조항이 없다는 점에 비추어 수정세금계산서의 발급상 제한이 없다는 해석이 가능하다. 다시 말하면 구 부가가치세법 시행령 제60조 제2항 제1호 및 제3호의 공급자나 공급시기와는 달리 공급받는 자의 착오 기재가 사실과 다른 세금계산서에 해당하는지 여부는 구 부가가치세법 시행령 제60조 제2항 제2호에 따라 필요적 기재사항 중 일부가 착오로 기재가 되었으나 당해 세금계산서의 그 밖의 필요적 기재사항 또는 임의적 기재사항으로 보아 거래사실이 확인되는지 여부에 따라 판단하면 되고 그에 따라 기재사항의 착오로 인정되면 사실과 다른 세금계산서에 해당하지 않게 되며 나아가 수정세금계산서의 발급도 허용하여야 한다는 논리로 연결된다. 요컨대, 세금계산서상 공급받는 자의 기재에 대해서는 그야말로 수정세금계산서 규정의 그 기재사항에 착오가 있었는지 여부에 따라서만 판단하면 되는 것이다.

또한, 제1설은 원고나 사립대학교에 대해서 고유번호가 부여되어 있음을 문제로 삼고 있지만 고유번호란 부가가치세의 납세의무가 없는 자라고 하더라도 자산의 매입 등과 관련한 세금계산서의 수취 및 제출, 원천징수의무의 이행 등 세무상 관리목적으로 과세자료를 효율적으로 처리하기 위하여 부여받은 것일 뿐이고 고유번호를 부여받았다고 하여 그 고유번호에 해당하는 별개의 사업장이 존재하는 것은 아니다. 특히 이 사건의 경우 원고는 자신이 납세자임에도 사립대학교가 별도의 권리의무의 주체인 것으로 착각하여 소외회사와 계약서를 작성하고 공급받는 자를 사립대학교로 기재한 것으로 전형적인 공급받는 자의 기재사항에 착오가 발생한 것이므로, 수정세금계산서의 발급을 허용하는 제2설이 타당하다. 만일 제1설에 의하면 궁극적으로는 착오로 공급받은 자를 잘못 기재한 경우 사실상 수정세금계산서 발행을 허용하지 않겠다는 것이 되어 수정세금계산서의 발행을 명문으로 허용한 부가가치세법 규정의 존재의의가 몰각될 수 있다.

5. 대상판결의 의의와 평가

대상판결은 사립학교법에 의하여 설립된 학교법인이 설립·운영하고 있는 사립대학교 내에서 수익사업을 하기 위하여 주차장 신축공사·종합복지관 신축 공사에 관련된 용역을 실제로 공급받은 자가 학교법인인 원고이었음에도 수정 전 세금계산서상 '공급받는 자' 란에 위 사립대학교 명칭과 그 고유번호가 기재된 것은 기재사항에 착오가 발생한 경우에 해당하여 수정세금계산서의 발행사유가 된다고 판시하였는바, 이는 수정세금계산서의 발급범위에 대한 최초의 판시로서 그 의미가 크다. 또한, 부가가치세법상 수정세금계산서 발급사유로서의 필요적 기재사항인 공급받는 자의 기재사항의 착오에 대한 대상판결의 판시는 사실과 다른 세금계산서의 매입세액 불공제의 예외사유로서의 필요적 기재사항의 착오 와 그 개념 차이를 둘 이유가 없다는 점에서 구 부가가치세법 시행령 제60조 제2 항 제2호의 기재사항의 착오의 의미를 파악하는 데에도 중요한 지침과 시사점을 제공할 수 있다고 사료된다.

그동안 대법원은 부가가치세법상 필요적 기재사항인 공급하는 사업자와 공 급받는 자, 공급가액, 공급시기를 잘못 기재한 세금계산서에 대하여는 이를 사실 과 다른 세금계산서로 보아 그 매입세액을 불공제하는 엄격한 입장에 있었는바, 대상판결은 필요적 기재사항에 오류가 있는 사실과 다른 세금계산서라고 하더라 도 구 부가가치세법 시행령 제59조의 수정세금계산서의 발급요건인 기재사항의 착오가 있다면 이를 존중하여 수정세금계산서의 발급을 허용하였다는 점에서도 의의가 있다. 구 부가가치세법 제17조 제2항 제1호의2가 사실과 다른 세금계산서 의 매입세액을 불공제하면서 한편, 구 부가가치세법 시행령 제60조 제2항 제1호 나 제3호에서는 사업자등록증 교부일까지의 거래에 대하여 당해 대표자 또는 사 업자의 주민등록번호를 기재하여 교부받은 세금계산서와 재화나 용역의 공급시 기 이후에 교부받은 세금계산서로서 당해 공급시기가 속하는 과세기간 내에 교 부받은 세금계산서에 대해서는 사실과 다른 세금계산서라고 하더라도 매입세액 불공제에서 제외해주고 있는바, 공급자나 공급시기와는 달리 공급받는 자의 경우 에는 매입세액 불공제의 제외사유와 관련한 그와 같은 명시적 조항이 없다는 점 을 고려하여 일반적인 법리에 따라 수정세금계산서의 발급요건으로서의 기재사 항의 착오를 판단하여야 한다는 입장을 견지하였다고 볼 수 있다.

　　대상판결 이후 세금계산서의 필요적 기재사항인 공급받는 자의 기재와 관련
하여, 대법원은 2개 이상의 과세사업장이 있는 사업자가 재화를 수입하면서 당해
재화를 직접 사용·소비·판매할 사업장의 등록번호가 기재된 수입세금계산서가
아닌 단지 형식상의 수입신고 명의인에 불과한 다른 사업장의 등록번호가 기재
된 수입세금계산서를 교부받은 경우 수입세금계산서의 필요적 기재사항이 사실
과 다르게 기재된 경우에 해당하여 매입세액은 매출세액에서 공제할 수 없다고
판결하여 비록 과세사업장과 면세사업장이 문제되는 이 사건과는 다르지만 복수
의 과세사업장이 있는 사업자에 대해서는 부가가치세의 사업장 과세원칙을 강조
하는 판시를 하였는바[26], 부가가치세법상 사업장 과세원칙과 관련하여 수정세금
계산서의 공급받는 자 및 다른 필요적 기재사항의 착오기재에 관한 대법원의 후
속 판단을 주목할 필요가 있다.

---

26) 대법원 2013. 11. 14. 선고 2013두11796 판결.

'공급시기 전에 발급된 세금계산서'가 부가가치세법상 사실과 다른 세금계산서에 해당하는지 여부*

〈대법원 2016. 2. 18. 선고 2014두35706 판결〉

I. 대상판결의 개요

1. 사실관계의 요지와 이 사건 부과처분의 경위

원고는 물류서비스업 등을 영위하는 내국법인으로서 물류센터 신축공사를 위하여 2011. 7. 6. 건설회사와 사이에 공사기간은 2011. 7. 7.부터 2012. 1. 31.까지, 공사대금은 10,150,000,000원으로 정하여 공사도급계약을 체결하였는데, 공사대금 지급방법은 완성도기준지급조건부로서 매월 기성고에 따라 지급하되, 선급금 3,000,000,000원은 2011. 10. 31.까지 지급하는 것이었다.

원고는 2011. 10. 18. 위 선급금에 관하여 건설회사로부터 3,000,000,000원의 세금계산서(이하 '이 사건 세금계산서')를 발급받고 이를 증빙자료로 첨부하여 은행으로부터 대출을 받아 그 지급기일인 2011. 10. 31. 건설회사에 선급금 3,000,000,000원을 지급하였다.

위 물류센터의 신축공사와 관련하여 원고는 위 선급금 외에 2011. 8.부터 2011. 12.까지 건설회사에게 수차례에 걸쳐 공사대금을 지급하였고, 각 공사대금에 관하여 건설회사로부터 세금계산서를 발급받았다.

피고는 원고에 대하여 세무조사를 실시한 후 이 사건 세금계산서 및 2011. 11. 4.자 공급가액 2,390,400,000원의 세금계산서는 용역의 공급시기 이전에 발급

---

* 한국세정신문 제4822호 (2017. 7. 23.)

되어 사실과 다른 세금계산서에 해당한다는 이유로 위 합계 5,390,400,000원에 대한 매입세액을 불공제하여 2012. 6. 1. 원고에 대하여 2011년 제2기분 부가가 치세 663,827,760원의 부과처분을 하였다.

원고는 위 부과처분에 불복하여 2012. 7. 31. 조세심판청구를 하였고 조세심 판원은 2013. 2. 19. 이 사건 세금계산서의 공급가액 중 694,400,000원에 대한 매 입세액과 위 2011. 11. 4.자 세금계산서의 공급가액 2,390,400,000원에 대한 매입 세액을 매출세액에서 공제하여 세액을 경정하고, 나머지 청구를 기각하는 결정을 하였다.

피고는 위 조세심판원의 결정에 따라 2013. 3. 5. 3,084,800,000원(= 694,400,000원 + 2,390,400,000원)에 대한 매입세액을 매출세액에서 공제하여 2011 년 제2기분 부가가치세를 663,827,760원에서 285,387,168원으로 감액·경정하였 고(이하, 위 부과처분 중 잔존세액 부분을 '이 사건 부과처분'이라고 한다) 원고는 피고 를 상대로 이 사건 부과처분의 취소를 구하는 행정소송을 제기하였다.

2. 대상판결의 요지

대법원은 이 사건 세금계산서는 다음과 같은 이유에서 부가가치세법상 사실 과 다른 세금계산서의 예외사유에 해당하므로 이 사건 세금계산서의 매입세액은 전부 공제되어야 한다고 판단하였다.

구 부가가치세법(2013. 6. 7. 법률 제11873호로 전부 개정되기 전의 것, 이하 '부가 가치세법'1)) 제17조 제1항에서 채택한 전단계세액공제 제도의 정상적 운영을 위 해서는 과세기간별로 각 거래단계에서 사업자가 공제받을 매입세액과 전단계 사 업자가 거래징수할 매출세액을 대조하여 상호 검증하는 것이 필수적인 점을 고 려하여 부가가치세법 제17조 제2항 제2호 본문(이하 '쟁점 매입세액 불공제조항')은 필요적 기재사항이 사실과 다르게 적힌 세금계산서에 의한 매입세액의 공제를 제한함으로써 세금계산서의 정확성과 진실성을 확보하기 위한 제재장치를 마련 하고 있다. 그러나 한편, 같은 호 단서에서는 필요적 기재사항이 사실과 다르게 적힌 세금계산서이더라도 전단계세액공제 제도의 정상적인 운영을 저해하거나 세금계산서의 본질적 기능을 해치지 않는 것으로 볼 수 있는 경우에는 매입세액

---

1) 이하에서는 위 구 부가가치세법의 규정을 중심으로 논의하되 그 이전·이후의 부가가치세법규 정을 언급하는 경우 별도로 그 개정시기와 개정법률을 특정하기로 한다.

의 공제를 허용하는 것이 부가가치세제의 기본원리에 부합하는 점을 고려하여, 이에 해당하는 경우를 시행령으로 정하도록 위임하고 있고, 그 위임에 따른 구 부가가치세법 시행령(2013. 2. 15. 대통령령 제24359호로 일부 개정되기 전의 것, 이하 '부가가치세법 시행령') 제60조 제2항 제2호(이하 제2항을 '쟁점 예외조항', 제2호를 '쟁점 일반 예외조항'이라고 한다)는 매입세액의 공제가 허용되는 경우의 하나로 '법 제16조에 따라 발급받은 세금계산서의 필요적 기재사항 중 일부가 착오로 적혔으나 해당 세금계산서의 그 밖의 필요적 기재사항 또는 임의적 기재사항으로 보아 거래사실이 확인되는 경우'를 규정하고 있다.

이들 규정의 문언 내용과 체계 및 취지 등에 비추어 보면, 사업자가 부가가치세를 부담하지 아니한 채 매입세액을 조기에 환급받을 의도로 공급시기 전에 미리 세금계산서를 발급 받는 등의 특별한 사정이 없는 한, '공급시기 전에 발급된 세금계산서'이더라도 발급일이 속하는 과세기간 내에 공급시기가 도래하고 세금계산서의 다른 기재사항으로 보아 거래사실도 진정한 것으로 확인되는 경우에는 쟁점 일반 예외조항에 의하여 그 거래에 대한 매입세액은 공제되어야 할 것이다(대법원 2004. 11. 18. 선고 2002두5771 전원합의체 판결 참조). 한편, 부가가치세법 제9조 제3항, 부가가치세법 시행령 제54조 제2항, 제3항 등(이하 '쟁점 공급시기 특례조항')은 '공급시기 전에 발급된 세금계산서'의 발급일을 공급시기로 의제하거나 부가가치세법 제16조 제1항에 따라 세금계산서를 발급한 것으로 의제하는 경우에 관하여 규정하고 있는데, 이는 '필요적 기재사항이 사실과 같은 세금계산서'로 보는 경우에 관한 규정이므로, 이들 규정으로 인하여 '필요적 기재사항이 사실과 다른 세금계산서'에 관한 쟁점 일반 예외조항의 적용 대상이나 범위가 당연히 제한된다고 보기 어렵다.

원심은 원고가 건설회사에 물류센터 신축공사를 완성도기준지급조건부로 도급하고 2011. 10. 18. 건설회사로부터 공사대금 30억 원에 대한 이 사건 세금계산서를 발급받은 후 그 지급기일인 2011. 10. 31. 위 돈을 지급한 사실 등을 인정한 다음, 이 사건 세금계산서는 용역의 공급시기 전에 발급된 세금계산서로서 필요적 기재사항인 '작성 연월일'이 사실과 다른 세금계산서에 해당하지만, 원고가 이 사건 세금계산서를 증빙자료로 첨부하여 은행으로부터 대출을 받아 위 공사대금을 지급하기 위하여 그 지급기일 전에 위 세금계산서를 발급받은 점, 원고는 동일한 과세기간인 2011년 제2기에 이 사건 세금계산서의 대금을 지급하고 그에

대한 용역을 제공받은 다음 위 세금계산서의 매입세액을 공제하여 부가가치세를
신고·납부하였을 뿐 부당하게 세액을 환급받지 아니한 점 등에 비추어, 이 사건
세금계산서에 대한 매입세액은 쟁점 일반 예외조항에 의하여 전부 공제되어야
한다는 이유로, 이와 달리 이 사건 세금계산서의 일부 공급가액에 대한 매입세액
의 공제가 허용되지 아니함을 전제로 한 이 사건 부과처분은 위법하다고 판단하
였는바, 원심의 위와 같은 판단은 정당하고 거기에 사실과 다른 세금계산서에 관
한 쟁점 매입세액 불공제조항과 쟁점 일반 예외조항의 해석·적용에 관한 법리
를 오해한 위법이 없다.

Ⅱ. 대상판결의 평석

1. 이 사건 쟁점과 문제의 소재

　　세금계산서의 필요적 기재사항이 사실과 다른 경우 그 매입세액은 매출세액
에서 공제하지 아니한다. 우리나라의 부가가치세 과세방법인 전단계세액공제 제
도는 사업자의 매출세액에서 매입세액을 공제하여 납부세액을 산출하는데, 전단
계세액공제 제도의 정상적인 운영을 위하여는 과세기간별로 거래단계에서 사업
자가 거래징수 당한 매입세액과 거래징수한 매출세액을 상호·검증하는 것이 필
수적이다. 따라서 이러한 기능을 수행하는 세금계산서의 진정성을 담보하는 것이
중요하므로 부가가치세법은 필요적 기재사항이 사실과 다른 세금계산서의 매입
세액을 불공제하고 있다.

　　그러나 필요적 기재사항이 사실과 다르게 적힌 세금계산서라도 그 매입세액
을 무조건 불공제하는 것은 사업자에게 지나치게 과중한 부담을 주고 매입세액
공제를 허용하는 부가가치세법의 기본 구조에 반하는 것이므로, 전단계세액공제
제도의 정상적인 운영을 저해하지 않는다면 사실과 다른 세금계산서라도 그 매
입세액의 공제를 허용할 필요가 있다. 이에 쟁점 일반 예외조항은 세금계산서의
필요적 기재사항의 일부가 착오로 기재되어 있으나 해당 세금계산서의 그 밖의
필요적 기재사항 또는 임의적 기재사항으로 보아 거래사실이 확인되는 경우에는
납세자가 매입세액 공제를 받을 수 있도록 그 예외를 인정해 주고 있다.

　　세금계산서는 부가가치세법에서 정하는 공급시기에 발급되어야 하므로 공급

시기에 발급되지 않은 세금계산서는 필요적 기재사항이 사실과 다른 세금계산서에 해당하여 그 매입세액은 원칙적으로 공제되지 않는다. 재화나 용역의 공급시기에 관하여는 부가가치세법이 자세하게 규정하고 있으나, 특정의 재화나 용역의 공급거래의 구체적인 사안에서 공급시기를 판정하는 것이 쉽지 않을 뿐만 아니라 현실적으로 용역대가가 지급되었으나 여러 사정으로 세금계산서가 제때 교부되지 못하는 경우가 빈번하게 발생한다. 그러한 경우 공급시기에 발급되지 않은 세금계산서를 모두 사실과 다른 세금계산서로 보아 그 매입세액의 공제를 부인한다면 전단계세액공제 제도를 근간으로 하는 부가가치세제의 적정한 운영은 어려울 것이다. 이러한 문제를 해결하기 위하여 부가가치세법은 공급시기보다 먼저 발급되는 선(先)발행 세금계산서와 그 이후에 발급되는 후(後)발행 세금계산서에 대해서 일정한 요건 하에 매입세액 공제가 허용될 수 있도록 하는 별도의 규정을 두고 있다.

후발행 세금계산서에 대해서는 부가가치세법 제17조 제2항 제2호 단서, 부가가치세법 시행령 제60조 제2항 제3호(이하 제3호를 '쟁점 과세기간 예외조항'이라고 한다)에서 재화 또는 용역의 공급시기 이후에 발급받은 세금계산서로서 당해 공급시기가 속하는 과세기간 내에 발급받은 경우에는 사실과 다른 세금계산서라고 하더라도 매입세액 공제를 허용한다. 즉, 후발행 세금계산서 중 그 세금계산서가 동일 과세기간 내에 발급된 경우에는 사실과 다른 세금계산서에 해당하지만 그 예외를 인정하여 매입세액 불공제를 하지 않는 것이다. 반면, 선발행 세금계산서에 대해서는 재화와 용역의 공급시기 전에 재화나 용역의 대가의 일부 또는 전부를 받고 세금계산서를 발급하는 경우 쟁점 공급시기 특례조항에 의하여 재화나 용역의 공급시기를 세금계산서의 발급시기로 보아 문제를 해결하고 있다. 즉, 선발행 세금계산서는 쟁점 공급시기 특례조항에 의하여 그 발급시기가 공급시기가 되므로 사실과 다른 세금계산서 자체에도 해당하지 않는다는 점에서, 사실과 다른 세금계산서에는 해당하나 쟁점 과세기간 예외조항에 의하여 매입세액이 공제되는 후발행 세금계산서와 차이가 있다.

통상 공급시기가 지난 시점에 뒤늦게 세금계산서가 발급되는 경우 그러한 후발행 세금계산서가 사실과 다른 세금계산서에 해당하는지가 주로 문제가 되었고, 이 사건의 경우와 같이 공급대가의 수수 전에 발급되는 선발행 세금계산서의 매입세액 공제 여부가 문제되는 사례는 많지 않았다. 이 사건 세금계산서의 경우

선발행 세금계산서이지만 쟁점 공급시기 특례조항의 적용을 받지 못하여 사실과
다른 세금계산서에 해당하게 되는데, 이를 쟁점 일반 예외조항에 의하여 당해 세
금계산서의 다른 기재사항으로 보아 거래사실이 확인된다는 이유로 그 매입세액
을 공제하여 줄 것인지가 이 사건의 쟁점이 된다. 부연하면, 후발행 세금계산서
에 대하여는 매입세액 공제를 허용하는 쟁점 과세기간 예외조항이 있으나 선발
행 세금계산서에 대해서는 그러한 예외조항을 두지 않고 쟁점 공급시기 특례조
항에 의하여 매입세액 공제가 가능하도록 하고 있는데, 쟁점 공급시기 특례조항
에 해당하지 않는 선발행 세금계산서에 대해서 추가로 쟁점 일반 예외조항을 적
용하여 그 매입세액의 공제를 허용할 것인지의 문제이기도 하다.

결국 세 가지의 조항의 해석론과 맞물려 있는 이 사건 쟁점에 대한 대상판
결의 의미를 판단하기 위해서는 사실과 다른 세금계산서에 관한 쟁점 일반 예외
조항 및 선발행 세금계산서에 관한 쟁점 공급시기 특례조항과 후발행 세금계산
서에 관한 쟁점 공급시기 예외조항의 의미와 그 연혁 등을 종합적으로 파악하는
것이 무엇보다도 중요하다. 이하에서는 사실과 다른 세금계산서에 관한 쟁점 매
입세액 불공제조항과 쟁점 일반 예외조항 및 쟁점 과세기간 예외조항에 대해서
우선 살펴 보고, 세금계산서의 발급시기와 쟁점 공급시기 특례조항의 의미에 대
해서 검토한다. 이어서 쟁점 일반 예외조항과 쟁점 과세기간 예외조항 및 쟁점
공급시기 특례조항의 적용 관계에 비추어 이 사건 세금계산서가 쟁점 일반 예외
조항의 적용에 따라 매입세액이 공제되는 경우에 해당하는지 여부에 대하여 논
의한 후 대상판결의 의미와 평가에 대한 의견을 개진하고자 한다.

2. 사실과 다른 세금계산서에 관한 쟁점 매입세액 불공제 조항과 쟁점 예외조항

가. 부가가치세의 기본구조와 세금계산서

다단계 일반소비세인 부가가치세는 재화나 용역의 각 거래단계에서 창출되
는 부가가치를 과세표준으로 하는 조세로서, 그 세액을 계산·징수하는 방법은
국가마다 차이가 있다. 우리나라 부가가치세법은 사업자가 공급한 재화나 용역의
매출세액에서 그가 다른 사업자로부터 공급받은 재화나 용역에 대한 매입세액을
공제하여 납부세액을 신고·납부하게 하는 전단계세액공제 방식을 채택하고 있
다.[2] 따라서 공급받는 자인 사업자는 매입세액을 공제받기 위해서 매입세금계산

---

[2] 다만 수입되는 재화에 대하여는 부가가치세법 제16조 제5항에 의하여 세관장이 수입세금계산서

서를 교부받아야 하므로 공급자에게 세금계산서의 교부를 요구하게 되고 그 과정에서 공급자의 거래가 노출·양성화된다.

이와 같이 부가가치세법이 전단계세액공제 방식을 선택하고 있어 납세자간 상호감시의 효과로 세무행정의 효율성이 제고되는데, 거래징수사실을 증명하기 위하여 세금계산서의 수수가 필수적이 된다. 부가가치세법 제16조 제1항은 세금계산서의 기재사항을 필요적 기재사항과 임의적 기재사항으로 구분하여 구체적으로 규정하고 있다. 필요적 기재사항은 공급하는 사업자의 등록번호와 성명 또는 명칭, 공급받는 자의 등록번호, 공급가액과 부가가치세액, 작성 연월일이다.[3] 임의적 기재사항은 공급하는 자의 주소, 공급받는 자의 상호·성명·주소, 공급하는 자와 공급받는 자의 업태와 종목, 공급품목, 단가와 수량, 공급연월일, 거래의 종류, 사업자단위과세사업자의 경우 실제로 재화 또는 용역을 공급하거나 공급받는 종된 사업장의 소재지 및 상호이다.[4]

나. 쟁점 매입세액 불공제조항의 사실과 다른 세금계산서

부가가치세법은 세금계산서의 정확한 수수를 위하여 쟁점 매입세액 불공제조항에서 부가가치세법 제16조 제1항·제2항·제4항 및 제5항의 규정에 의한 세금계산서를 발급받지 아니한 경우 또는 세금계산서의 필요적 기재사항의 전부 또는 일부가 기재되어 있지 아니하거나 그 내용이 사실과 다르게 기재된 경우에는 원칙적으로 매입세액의 공제를 허용하지 않는다고 규정하고 있다.[5] 따라서 세금계산서의 매입세액을 공제받기 위해서는 발급된 세금계산서의 4가지 필요적 기재사항 모두를 실제 거래와 일치하도록 기재하여야 한다. 사실과 다른 세금계산서에 해당한다는 점에 대해서는 원칙적으로 과세관청이 입증책임을 부담한다.[6]

쟁점 매입세액 불공제조항의 적용과 관련하여 세금계산서의 기재내용이 '사실과 다르다'는 것의 의미를 파악하는 것이 중요하다. 이에 대해 대법원은 "과세대상이 되는 소득·수익·계산·행위 또는 거래의 귀속이 명의일 뿐 사실상 귀속되는 자가 따로 있는 때에는 사실상 귀속되는 자를 납세의무자로 하여 세법을

를 교부한다.
3) 부가가치세법 제16조 제1항 제1 내지 4호.
4) 부가가치세법 제16조 제1항 제5호, 부가가치세법 시행령 제53조 제1항 제1 내지 7호.
5) 부가가치세법 제17조 제2항 제2호.
6) 대법원 2009. 6. 23. 선고 2008두13446 판결 등.

적용한다고 규정한 국세기본법 제14조 제1항의 취지에 비추어, 세금계산서의 필요적 기재사항의 내용이 재화 또는 용역에 관한 당사자 사이에 작성된 거래계약서 등의 형식적인 기재내용에 불구하고 그 재화 또는 용역을 실제로 공급하거나 공급받는 주체와 가액 및 시기 등과 서로 일치하지 아니한 경우를 가리키는 것이다"라고 판시하였다.[7]

세금계산서의 필요적 기재사항 중 작성 연월일과 관련하여 사실과 다른 세금계산서의 해당 여부가 문제되는 경우는 세금계산서에 작성 연월일이 기재되어 있지 아니하였거나 사실과 다르게 기재된 경우이다. 세금계산서의 작성 연월일이란 세금계산서를 실제로 작성하여 발급한 날이므로[8] 작성 연월일이 사실과 다르게 기재되었다는 것은 세금계산서의 작성·발급일이 실제 거래일과 다른 경우를 말한다. 실제 거래일이란 재화나 용역의 공급시기를 의미하므로 세금계산서를 작성하여 발급한 날이 재화나 용역의 공급시기와 다르면 사실과 다른 세금계산서가 되어 그 매입세액을 공제하지 않는다.

통상 세금계산서의 작성 연월일은 날짜까지 특정되므로 실제 공급시기에 해당하는 날짜에 세금계산서가 발급되면 그 세금계산서는 사실과 같은 세금계산서가 될 것이다. 만일 세금계산서의 발급일자가 재화나 용역의 공급시기와 하루라도 차이가 있다면 작성 연월일이 사실과 다른 세금계산서로 보아야 하는지에 대해서는 의문이 있을 수 있다. '사실과 다르다'는 것이 구체적으로 어떠한 의미를 가지는지에 대해서는 다양한 생각이 가능한바,[9] 부가가치세법은 기간 과세를 채택하고 있고 매입세액 공제는 하나의 과세기간을 단위로 이루어지게 되므로 여기서 의미가 있는 것은 과세기간이고 특정의 시점은 아니라는 전제에서 매입세액 공제와 관련된 사실에 대해서는 어떠한 폭 또는 범위를 설정할 여지가 있다는 견해를 상정해 볼 수 있다.

그러나 판례가 작성 연월일을 세금계산서의 작성·발급일로 보면서 그 날이 공급시기와 다른 경우 사실과 다른 세금계산서로 파악하고 있고 쟁점 과세기간 예외조항에 의하여 그 공급시기가 속하는 과세기간 내에 수수된 경우에는 매입

---

7) 대법원 1996. 12. 10. 선고 96누617 판결 등.

8) 대법원 2004. 11. 18. 선고 2002두5771 전원합의체 판결 참조. 위 판례에 따르면 작성 연월일이 실제로 작성·발급한 날과 다르다고 하여 작성 연월일이 사실과 다른 세금계산서가 되는 것은 아니다.

9) 강성모, "2016년 부가가치세법 판례회고", 조세법연구 제23−1집, 세경사, 2017. 4., 299면.

세액의 공제를 허용하는 부가가치세법의 체계에 비추어 보면, 작성 연월일의 폭 내지 범위를 설정하여 사실과 다른 세금계산서 여부를 판단하는 것은 어렵다고 할 것이다.

다. 쟁점 예외조항의 사실과 다른 세금계산서의 매입세액 공제

(1) 개 요

세금계산서의 필요적 기재사항의 내용이 사실과 다른 경우를 지나치게 엄격하게 해석하여 그 구체적인 발생경위나 사유 등을 고려하지 않은 채 단순히 사실과 달리 기재된 모든 세금계산서의 매입세액 공제를 허용하지 않는다면 납세자에게 지나치게 무거운 부담을 주고 매입세액 공제라는 부가가치세법의 기본구조에도 반하는 결과가 초래될 수 있다. 이에 부가가치세법은 사실과 다른 세금계산서에 해당하더라도 일정한 요건을 구비하면 그 매입세액을 공제하는 쟁점 예외조항을 두고 있다.

쟁점 예외조항은 쟁점 일반 예외조항과 쟁점 공급시기 예외조항 외에 제1호에서 사업자등록을 신청한 사업자가 사업자등록증 발급일까지의 거래에 대하여 해당 사업자 또는 대표자의 주민등록번호를 기재하여 세금계산서를 발급받은 경우 매입세액 공제를 허용한다는 규정을 두고 있다. 제1호는 고유의 사실과 다른 세금계산서라기보다는 사업자등록 전 매입세액 공제를 허용하기 위한 특례규정으로 보인다. 쟁점 일반 예외조항은 모든 유형의 사실과 다른 세금계산서에 적용되는 일반적 구제조항이고, 쟁점 과세기간 예외조항은 일정한 요건을 갖춘 후발행 세금계산서에 대한 매입세액을 허용하는 개별적 구제조항에 해당한다.

(2) 쟁점 일반 예외조항의 의미

쟁점 일반 예외조항은 세금계산서의 필요적 기재사항 중 일부가 착오로 사실과 다르게 기재되었으나 당해 세금계산서의 그 밖의 필요적 기재사항 또는 임의적 기재사항으로 보아 거래사실이 확인되는 경우에는 매입세액을 공제할 수 있다고 규정하고 있다.

위 기재사항의 착오의 해석과 관련하여 쟁점 일반 예외조항은 '일부의 착오기재'의 경우에만 적용되고 '착오가 없는 일부의 기재 누락'의 경우에는 적용되지 않는 것인지 여부가 문제된다. 쟁점 일반 예외조항에는 필요적 기재사항 중 일부가 착오로 기재되었으나 다른 필요적 기재사항 등에 의하여 거래사실이 확인되는 경우라는 추가 문구가 있어, 마치 착오 기재가 있는 경우만을 구제하는 조항이라고 해석될 여지가 있다. 법 문언에 명확하게 '착오 기재'의 경우라고 규정하고 있으므로 매입세액 공제는 착오의 경우에 국한되어야 하고 착오가 아닌 고의의 경우까지 매입세액 공제를 허용해 주는 것은 문언의 범위를 넘어서는 해석이며 세금계산서의 진실성을 담보하기 위해서도 사실과 다른 세금계산서의 매입세액 공제 예외사유는 제한적으로 보아야 한다는 점을 근거로 들 수 있다. 그와 같은 입장에서는 동기의 착오를 착오로 볼 것인지 등 착오 기재의 범위를 어디까지 인정할 것인지가 중요하다.[10]

   그러나 쟁점 일반 예외조항은 실제로는 사실과 다른 세금계산서에 해당함에도 일반적으로 매입세액 공제를 허용하는 규정으로 보는 것이 타당하다. 만일 공급받는 자의 등록번호를 단순 착오로 잘못 기재하였다면 그것은 단순 오기일 뿐 사실과 다른 세금계산서로 보기 어려워 위 조항이 없더라도 매입세액 불공제를 할 수 없다고 할 것이므로 위 조항이 의미를 가지기 위해서는 단순 착오 기재의 경우를 구제하기 위한 것이 아니라 사실과 다른 세금계산서라고 하더라도 부가가치세의 운영의 기초가 되는 세금계산서의 정확성과 진실성을 해치지 않는다면 거래당사자가 실제로 부담한 매입세액의 공제를 허용하기 위하여 이를 규정한 것이라고 할 것이다.[11] 위 조항과 대등한 지위에 있는 쟁점 과세기간 예외조항이 재화 또는 용역의 공급시기 이후에 발급받은 세금계산서로서 해당 공급시기가 속하는 과세기간에 발급받은 경우라고 규정하여 필요적 기재사항이 사실과 다른 세금계산서라고 하더라도 매입세액 공제를 허용한 점에 비추어 보더라도 쟁점 일반 예외조항을 단순 착오 기재의 구제를 넘어서는 의미 있는 조항으로 해석하는 것이 합리적이다. 따라서 위 조항의 필요적 기재사항 중 일부가 착오로 기재되었다는 부분은 필요적 기재사항 중 일부가 사실과 달리 기재되었다는 정도의 의미를 가진 것으로 해석하는 것이 정당하다.

   쟁점 일반 예외조항에서 '거래사실이 확인되는 경우'란 거래당사자인 공급자와 공급받는 자의 등록번호, 작성 연월일, 공급가액과 부가가치세액 등 필요적 기재사항이 확인되는 경우를 말한다. 그리고 쟁점 일반 예외조항에는 그 문언상

---

10) 만일 착오 기재의 범위를 폭넓게 인정한다면 그 문언에 의한 매입세액 공제 제한의 의미는 크지 않다고 하겠다.
11) 하태흥, "공급자가 사실과 다른 세금계산서와 명의위장사실에 대한 선의·무과실의 판단요소", 대법원 판례해설 제98호, 법원도서관, 2014, 56면.

'거래사실이 확인되는 때'라고만 되어 있어, 그 거래사실이 확인되면 사실과 다른 세금계산서라고 하더라도 폭넓은 매입세액 공제의 여지가 있다고 보인다.

(3) 쟁점 과세기간 예외조항의 의미

쟁점 과세기간 예외조항은 재화 또는 용역의 공급시기 이후에 교부받은 세금계산서로서 당해 공급시기가 속하는 과세기간 내에 교부받은 경우에는 매입세액 불공제에서 제외된다. 후발행 세금계산서로서 공급시기 후에 작성·발급되어 필요적 기재사항인 작성 연월일이 사실과 다른 세금계산서이지만 공급시기와 동일 과세기간 내에 교부되었다면 매입세액 공제를 허용하는 것이다.

공급시기 이후에 세금계산서를 작성·교부하여 세금계산서의 작성 연월일이 사실과 다르게 되는 경우는 첫째, 세금계산서에 공급시기 이후인 실제 작성일을 그대로 기재한 경우와 둘째, 세금계산서의 작성일자를 실제 공급시기로 소급하여 작성한 경우를 들 수 있다.

후자에 대해서 종전 판례는 "공급시기나 과세기간이 경과한 후에 작성일자를 공급시기로 소급하여 작성·교부하였더라도 그 세금계산서의 기재사항에 의하여 그 거래사실이 확인되면 당해 부가가치세의 매입세액은 공제되어야 한다"고 보아 매입세액 공제가 전면 허용되는 것으로 판단하였다.[12] 반면 전자에 대해서는 "세금계산서 작성일이 사실상의 거래시기와 다르게 되어 있을 뿐 그 거래사실은 그 세금계산서 기재대로 확인된다면 위 거래사실에 대한 매입세액은 공제되어야 하는 것이지만 이는 어디까지나 세금계산서 작성일이 속하는 과세기간과 사실상의 거래시기가 속하는 과세기간이 동일한 경우에 한하는 것이다"고 보아 제한적으로 매입세액 공제가 가능하다고 판시하였다.[13] 이에 의하면 동일한 거래에 대하여 공급시기가 속하는 과세기간이 경과한 후에 작성일자를 공급시기로 소급하여 작성하는 경우에는 매입세액 공제가 모두 허용되는 반면, 소급하지 않고 실제 작성일자로 기재하는 경우에는 같은 과세기간 내에서만 제한적으로 매입세액 공제가 허용되게 되었다.

그러던 중 1999. 12. 31. 대통령령 제16661호로 부가가치세법 시행령이 개정되어, 재화 또는 용역의 공급시기 이후에 교부받은 세금계산서라도 이를 당해 공급시기가 속하는 과세기간 내에 교부받은 경우에는 매입세액이 공제될 수 있다

---

12) 대법원 1988. 2. 9. 선고 87누964 판결 등.
13) 대법원 1997. 3. 14. 선고 96다42550 판결 등.

는 쟁점 과세기간 예외규정이 도입되었다. 그러나 위 규정의 문언상 당해 공급시기가 속하는 과세기간 내에 세금계산서를 교부받은 경우에만 매입세액이 공제될 수 있는 것으로 제한되어 있으므로, 당해 공급시기가 속하는 과세기간이 지난 후에 작성 연월일을 공급시기로 소급하여 세금계산서를 교부받은 경우에는 매입세액 공제가 가능한 것인지에 대하여는 여전히 논란의 소지가 있었다.14)

이에 대하여 대법원은 "쟁점 매입세액 불공제조항의 해석상 매입세액의 공제가 부인되는 '세금계산서의 필요적 기재사항의 일부인 작성 연월일이 사실과 다르게 기재된 경우'라 함은 세금계산서의 실제작성일이 거래사실과 다른 경우를 의미하고, 그러한 경우에도 쟁점 일반 예외조항에 의하여 그 세금계산서의 나머지 기재대로 거래사실이 확인된다면 위 거래사실에 대한 매입세액은 공제되어야 하지만 이는 어디까지나 세금계산서의 실제작성일이 속하는 과세기간과 사실상의 거래시기가 속하는 과세기간이 동일한 경우에 한한다"라고 판시하였다.15) 위 대법원 판결은 매입세액 공제에 있어서 세금계산서의 작성일자를 실제 공급시기로 소급하여 작성하든, 실제 작성일자로 하든 실제 작성일이 거래시기와 동일한 과세기간이어야 한다는 것으로 전자와 후자의 경우 모두 같은 과세기간 내에만 제한적으로 매입세액 공제가 허용되는 것으로 통일되었다. 이로써 후발행 세금계산서의 매입세액 공제 여부가 대법원에서 세금계산서의 소급 작성 여부와 무관하게 동일 과세기간 내에 작성·교부되는 경우에 한하여 허용되는 것으로 정리되었다는 점에서 의미가 있다.

3. 세금계산서의 발급시기와 쟁점 공급시기 특례조항

가. 세금계산서의 발급시기

세금계산서의 발급은 공급자가 재화나 용역을 공급하고 그 공급사실에 대하여 공급내용을 기재한 세금계산서를 작성하고 이를 공급자에게 교부하는 것을 말한다. 세금계산서를 작성하였으나 발급하지 않은 상태에서는 세금계산서로서의 효력은 없다. 이러한 세금계산서는 사업자가 재화 또는 용역의 공급시기에 발급해야 하는데, 일반적으로 재화의 이동이 필요한 경우에는 재화가 인도되는 때, 재화의 이동이 필요하지 아니한 경우에는 재화가 이용가능하게 되는 때, 그 밖의

---

14) 하태흥, 앞의 논문, 60면
15) 대법원 2004. 11. 18. 선고 2002두5771 전원합의체 판결.

경우에는 재화의 공급이 확정되는 때가 재화의 공급시기이고, 용역이 공급되는 시기는 역무가 제공되거나 재화·시설물 또는 권리가 사용되는 때이다.[16] 부가가치세법 시행령은 재화와 용역의 공급시기에 관하여는 할부 또는 조건부로 재화나 용역을 공급하는 경우 등에 관하여 거래형태별로 자세한 규정을 두고 있다.[17] 각 거래형태별 해당 공급시기가 세금계산서의 발급시기가 된다.

나. 쟁점 공급시기 특례조항의 의미

(1) 내 용

부가가치세법상 공급시기 판정에는 어려움이 있을 뿐만 아니라, 현실에서는 다양한 거래 형태 등으로 인하여 공급시기가 도래하기 전 또는 그 후에 세금계산서가 발행되는 경우가 생기게 된다. 그와 같은 경우 단지 세금계산서가 제때 발급되지 않았다는 이유로 사실과 다른 세금계산서로 보아 매입세액 공제를 인정하지 않는다면 납세자에게 지나치게 큰 부담을 주는 결과가 초래된다. 따라서 부가가치세법은 일정한 선발행 세금계산서에 대해서는 쟁점 공급시기 특례조항에 의하여 세금계산서 발급시기 그 자체를 공급시기로 의제하여 사실과 다른 세금계산서에 해당하지 않도록 하고 있다.

쟁점 공급시기 특례조항에 의하면 부가가치세법 제9조 제1항, 제2항의 재화 또는 용역의 공급시기가 되기 전에 재화 또는 용역의 대가의 전부 또는 일부를 받고 이와 동시에 그 받은 대가에 대한 세금계산서 또는 영수증을 발급하는 경우에는 그 발급하는 때를 각각 당해 재화 또는 용역의 공급시기로 본다. 나아가 다음의 두 경우도 쟁점 공급시기 특례조항의 적용대상이 된다. 첫째, 사업자가 재화 또는 용역의 공급시기가 도래하기 전에 세금계산서를 발급하고 그 세금계산서 발급일로부터 7일 이내에 대가를 지급받는 경우에는 공급시기에 세금계산서를 발급한 것으로 본다. 둘째, 앞의 경우에 불구하고 대가를 지급하는 사업자가 거래당사자 간의 계약서·약정서 등에 대금청구시기와 지급시기가 별도로 기재될 것, 대금청구시기에 세금계산서를 발급받고 재화 또는 용역을 공급받는 자가 이를 전사적 자원관리시스템에 보관할 것, 대금청구시기와 지급시기 사이의 기간이 30일 이내일 것의 요건을 모두 충족하면 공급하는 사업자가 재화나 용역의 공

---

16) 부가가치세법 제9조 제1항, 제2항.
17) 부가가치세법 시행령 제21조, 제22조.

급시기가 도래하기 전에 세금계산서를 발급하고 그 세금계산서 발급일로부터 7일 경과 후 대가를 지급받더라도 공급시기에 세금계산서를 발급한 것으로 본다.[18]

(2) 연 혁

쟁점 공급시기 특례조항은 부가가치세법이 1976. 12. 22. 법률 제2934호로 제정되면서 도입되었는데 그 당시에는 당해 거래의 실재성 여부에 관계 없이 재화 또는 용역의 공급시기가 도래하기 전이라도 일단 세금계산서가 발행되면 당해 거래가 적법하게 이루어진 것으로 보아 세금계산서상의 매입세액을 공제하였다. 그 결과 공급받는 자는 부가가치세를 거래징수 당하지 아니한 상태에서 매입세액을 부당하게 환급받는 사례가 발생하였다. 이에 2003. 12. 30. 법률 제7007호로 부가기치세법을 일부 개정하면서 쟁점 공급시기 특례조항은 공급대가의 일부 또는 전부를 받고 세금계산서 또는 영수증을 발급하는 경우에만 그 발급하는 때를 각각 당해 재화 또는 용역의 공급시기로 보도록 규정하였다. 이는 선발행 세금계산서의 매입세액 공제의 범위를 좁히는 개정이었다.

2007. 2. 28. 대통령령 제19892호로 부가가치세법 시행령이 일부 개정되면서 제54조 제2항 및 제3항이 신설되어, 세금계산서 교부 후 7일 이내에 대금지급이 이루어지거나 대금지급이 7일 이상 지연되더라도 일정 요건을 충족하는 경우 선발행 세금계산서를 적법한 세금계산서로 인정하도록 하였다. 이는 매입세액 공제의 범위를 넓히는 개정이었다.

4. 이 사건 세금계산서가 사실과 다른 세금계산서의 쟁점 일반 예외조항에 해당하는지 여부

가. 논점의 정리

앞서 본 바와 같이 이 사건 세금계산서는 공급시기 전에 발행된 선발행 세금계산서로서, 쟁점 공급시기 특례조항의 요건을 구비하지 못하여 그 발급일이 공급시기로 의제되지 못하므로, 세금계산서의 작성·교부가 공급시기 전에 이루어진 것이 되어 사실과 다른 세금계산서에 해당한다. 따라서 그 매입세액을 공제받기 위해서는 사실과 다른 세금계산서의 쟁점 일반 예외조항에 해당하여야 하는바, 이 사건에서는 쟁점 공급시기 특례조항의 요건을 갖추지 못한 선발행 세금

---

18) 부가가치세법 제9조 제3항, 부가가치세법 시행령 제54조 제2항, 제3항 제1 내지 3호.

계산서도 사실과 다른 세금계산서의 매입세액 공제를 허용하는 쟁점 일반 예외조항의 적용을 여전히 받을 수 있는지가 다투어졌다.

한편, 후발행 세금계산서에 대해서는 쟁점 과세기간 예외조항에 의하여 공급시기 이후에 세금계산서를 발급받더라도 그 발급시점이 해당 공급시기가 속하는 과세기간 내이면 매입세액 공제를 허용해 주고 있는 반면, 해당 공급시기가 속한 과세기간 내에 교부된 선발행 세금계산서에 대하여는 쟁점 과세기간 예외조항과 같이 매입세액 공제를 허용해 주는 규정이 없는바, 그럼에도 불구하고 쟁점 일반 예외조항에 의하여 매입세액 공제를 허용할 것인지의 문제이기도 하다.

이상의 쟁점 공급시기 특례조항과 쟁점 과세기간 예외조항의 요지를 정리하면, 매입세액의 공제를 받기 위해서는 선발행 세금계산서의 경우에는 공급시기 이전에 대가를 받으면 되고 그 대가의 수수가 동일 과세기간 이내일 필요는 없는 반면, 후발행 세금계산서에 대해서는 공급시기가 속하는 과세기간에 수수되어야 한다는 요건만 있을 뿐 별도로 대가의 수수는 요구하고 있지 않다. 그런데, 쟁점 일반 예외조항은 '착오 기재'와 '거래사실이 확인되는 경우'라는 문언만 두고 있지 매입세액 공제를 받기 위하여 쟁점 공급시기 특례조항이나 쟁점 과세기간 예외조항과 같이 별도의 구체적인 요건을 규정하고 있지 않은바, 쟁점 공급시기 특례조항과 쟁점 과세기간 예외조항에 해당하지 않는 이 사건 세금계산서가 쟁점 일반 예외조항의 적용을 받는다면 우회적으로 매입세액 공제가 허용되는 셈이 되므로 쟁점 일반 예외조항의 적용 여부에 대한 판단을 위해서는 쟁점 공급시기 특례조항과 쟁점 과세기간 예외조항의 관계를 어떻게 보아야 하는지가 무엇보다도 중요하고 그에 따라 결론이 달라질 것이다. 만일 적용이 되더라도 쟁점 공급시기 특례조항과 쟁점 가세기간 예외조항과의 관계에 비추어 어떠한 제한을 전제로 적용되는 것은 아닌지도 문제된다. 이에 대해서는 두 가지의 견해가 대립된다.

나. 제1설

제1설은 이 사건 세금계산서는 작성 연월일이 사실과 다른 세금계산서이고, 쟁점 일반 예외조항에도 해당하지 않으므로 그 매입세액은 불공제된다는 견해로서 쟁점 일반 예외조항에 해당하지 않는다는 점에 대하여 다음과 같은 사유가 그 근거로 제시된다. 제1심[19]의 견해이기도 하다.

---

19) 부산지방법원 2013. 9. 26. 선고 2013구합1684 판결.

첫째, 쟁점 일반 예외조항은 필요적 기재사항의 일부가 착오로 기재되었으나 다른 기재사항으로 보아 거래사실이 확인되는 경우라야 하는데 이 사건 세금계산서는 공급받는 자가 은행 대출을 받기 위한 사전의 증빙자료로 필요하여 공급시기 전이라는 점을 스스로 인지하고 발급된 것이고, 공급시기 등에 대한 착오가 원인이 되어 작성·발급된 것은 아니므로 쟁점 일반 예외조항의 문언상의 착오 기재의 요건을 구비하였다고 볼 수 없다.

둘째, 부가가치세법은 선발행 세금계산서 중 쟁점 공급시기 특례조항의 요건을 충족하는 경우에 한하여 예외적으로 그 매입세액 공제를 인정하고 있으므로 이 사건 세금계산서와 같이 이러한 요건을 충족하지 못하고 공급시기 전에 발행된 세금계산서는 공급시기가 잘못 기재된 사실과 다른 세금계산서에 해당하여 매입세액 공제를 받을 수 없다. 또한, 쟁점 공급시기 특례조항의 반대해석상 그 규정의 요건이 충족되지 않으면 매입세액을 공제할 수 없다고 해석하는 것이 타당하다. 쟁점 공급시기 특례조항은 수차례 개정을 통하여 그 적용 대상과 범위를 달리 규정해 왔는데, 그 요건에 해당하지 않아 공급시기가 의제되지 않는 선발행 세금계산서에 대해서도 쟁점 일반 예외조항의 적용에 의하여 매입세액 공제를 허용한다면 쟁점 공급시기 특례조항을 사문화시키는 것과 마찬가지가 된다.

셋째, 후발행 세금계산서는 비록 사실과 다른 세금계산서라고 하더라도 쟁점 과세기간 예외조항에 의하여 공급시기가 속한 과세기간 내에 교부받으면 매입세액 공제가 가능하다는 규정을 두고 있지만 이 사건 세금계산서와 같이 선발행 세금계산서에 대해서는 과세기간 내에 발급되더라도 매입세액 공제를 허용해 주는 별도의 규정이 없다. 그러한 예외규정이 없는 선발행 세금계산서에 대해서 매입세액 공제를 허용한다면 후발행 세금계산서에 대해서 매입세액 공제를 허용하는 쟁점 과세기간 예외조항은 별다른 독자적인 의미를 가지지 않게 된다는 점에서도 이 사건 세금계산서에 대해서는 쟁점 일반 예외조항이 적용되는 것으로 보아서는 안 된다.

넷째, 선발행 세금계산서와 후발행 세금계산서는 서로 다르므로 매입세액 공제의 허용에 있어서 차이를 둘 필요가 있다. 후발행 세금계산서에 대해서 매입세액 공제를 허용하더라도 대부분 그 시점에는 거래대금이 수수되었을 것이므로 공급받은 자가 거래대금과 같이 지급한 매입세액을 사후적으로 환급받은 것이 되어 특별히 부당하지 않다. 그러나 선발행 세금계산서는 공급하는 자가 재화 또

는 용역을 공급하기 전에 대금도 지급받지 아니한 상태에서 세금계산서를 발급
해 준 것으로 선발행 세금계산서의 매입세액의 공제를 제한 없이 허용할 경우 공
급받는 자는 실제 공급대가를 지급하지 않은 상태에서 세금계산서를 교부받아
국가로부터 세액을 환급받는 부당한 이익을 누릴 수도 있다. 이점에서도 쟁점 공
급시기 특례조항의 요건을 충족한 선발행 세금계산서에 한하여 예외적으로 매입
세액 공제를 허용하는 것이 타당하다. 하급심에서도 쟁점 공급시기 특례조항의
요건을 충족하지 못한 선발행 세금계산서에 대해서는 그 매입세액 공제를 허용
하지 않는 것이 타당하다고 판단한바 있다.[20]

다. 제 2 설

제2설은 이 사건 세금계산서는 공급시기가 사실과 다르게 적힌 세금계산서
이지만 쟁점 일반 예외조항이 적용되므로 그 매입세액은 공제될 수 있다는 견해
이다. 다음과 같은 점을 근거로 들고 있는데, 제2심[21]의 견해이기도 하다.

첫째, 쟁점 일반 예외조항의 착오 기재란 예시적인 의미로서 세금계산서의
다른 기재내용에 의하여 거래사실이 확인되면 그 적용을 받을 수 있는 것이다.
대법원도 쟁점 일반 예외조항의 매입세액 공제가 부인되는 세금계산서의 필요적
기재사항의 일부인 작성 연월일이 사실과 다르게 기재된 경우라 함은 세금계산
서의 실제 작성일이 거래사실과 다른 경우를 의미하고 그러한 경우에도 쟁점 일
반 예외조항에 따라 나머지 기재대로 거래사실이 확인된다면 그 거래사실에 대
한 매입세액은 공제되어야 한다고 판단하였다.[22] 실제 공급시기와 다르게 작
성·교부된 세금계산서는 원칙적으로는 매입세액의 공제가 부인되나, 당사자 간
거래 노출로 세원 포착 및 상호검증 기능 등 세금계산서의 본질적 기능을 해하지
않는 한도 내에서는 매입세액 공제를 허용하여 납세의무자의 피해를 구제해 줄
필요가 있고 그러한 차원에서 쟁점 일반 예외조항이 폭넓게 기능하는 것이다.

둘째, 선발행 세금계산서에 관한 쟁점 공급시기 특례조항은 일정한 요건을
갖춘 선발행 세금계산서의 발급시기를 공급시기로 의제하여 사실과 같은 세금계
산서에 해당하는 것으로 보아 매입세액을 공제시켜 주기 위한 것으로 여기에서
정한 요건에 해당하지 않았다는 이유로 자동적으로 사실과 다른 세금계산서로

20) 서울고등법원 2009. 1. 20. 선고 2008누19316 판결.
21) 부산고등법원 2014. 1. 24. 선고 2013누20516 판결.
22) 대법원 1990. 2. 27. 선고 89누7528 판결 등.

보아 매입세액을 불공제하는 것은 쟁점 공급시기 특례조항의 입법취지에 반한다. 납세자를 추가적으로 구제하기 위하여 사실과 다른 세금계산서에 해당하지 않도록 도입된 쟁점 공급시기 특례조항의 요건에 해당하지 않는다는 이유로 사실과 다른 세금계산서라도 일정한 요건에 해당하면 매입세액 공제를 허용하는 쟁점 일반 예외규정의 적용 여지를 박탈하는 해석은 타당하지 않다. 두 조항의 규정 맥락과 적용 차원이 다르다는 점을 고려하면 이와 같은 양립적 해석이 충분히 가능하다.

셋째, 대법원은 후발행 세금계산서에 대해서는 쟁점 과세기간 예외조항이 신설되기 전에도 해당 공급시기가 속한 과세기간 내에 세금계산서를 교부받은 경우에는 작성 연월일이 착오로 기재되었는지 여부에 관계 없이 쟁점 일반 예외조항을 적용하여 매입세액 공제를 허용하여 왔다.[23] 이러한 법리는 세금계산서를 공급시기 전에 작성한 선발행 세금계산서의 경우에도 동일하게 적용될 수 있는 것이고, 후발행 세금계산서에 관한 쟁점 과세기간 예외조항이 도입되었다고 하더라도 이를 달리 볼 이유는 없다.

넷째, 선발행 세금계산서와 후발행 세금계산서가 대금 수수에서 차이가 있고 이 사건 세금계산서와 같이 대가를 실제 지급하기 전에 교부받은 세금계산서의 매입세액 공제를 허용하면 자칫 부당하게 매입세액을 환급받는 문제가 발생할 우려도 없지 않으나 동일한 과세기간에 공급시기가 도래한 경우로 제한한다면 부당한 이익을 누릴 가능성은 높지 않다. 선발행 세금계산서를 발급받은 공급받는 자라고 하더라도 과세기간 중으로는 거래대금을 지급하면서 부가가치세를 부담한 다음 과세기간 종료 후에 매입세액을 환급받는 것이 일반적이므로 공급시기 전에 세금계산서를 발급하였다고 하여 무조건 납세자가 부담세액을 먼저 환급받게 되는 것은 아니다.

라. 소 결

제1설은 쟁점 공급시기 특례조항과 쟁점 과세기간 예외조항의 적용을 받을 수 없어 매입세액이 공제되지 않는 선발행 세금계산서에 대해서 쟁점 일반 예외조항에 의하여 그 매입세액 공제를 허용하는 것은 부당하다는 것으로 부가가치

---

23) 대법원 1986. 9. 9. 선고 86누79 판결, 대법원 1991. 4. 26. 선고 90누9933 판결, 대법원 2004. 11. 18. 선고 2002두5771 전원합의체 판결 등.

세법의 문리해석에 충실한 견해로서 합리적인 측면이 있으나, 다음과 같은 추가적인 논거를 고려해 볼 때 제2설의 견해가 보다 타당하다고 사료된다.

첫째, 세금계산서의 상호 검증기능은 부가가치세 과세기간별로 행하여지고 있고, 부가가치세의 신고도 과세기간별로 이루어지고 있는바, 그러한 상호 검증기능이 제대로 작동하기 위해서는 세금계산서의 작성·교부가 공급시기가 속하는 과세기간 내에 정상적으로 이루어지면 되는 것이고 만일 원칙적으로 선발행 세금계산서와 후발행 세금계산서가 공히 사실과 다른 세금계산서이지만 공급시기와 세금계산서의 발급시점이 순서를 달리 한다는 이유로 매입세액 공제의 허용에 있어서 근본적인 차이를 두는 것은 합리적으로 설명될 수 없다.

둘째, 부가가치세의 매입세액 공제는 부가가치세 기본구조의 핵심적인 사항으로, 매출세액이 존재함에도 매입세액의 공제를 허용하지 않는 경우는 납세자에게 지나치게 과중한 불이익을 초래한다. 이러한 사정 때문에 세금계산서상 공급하는 자와 실제 공급하는 자가 다른 명의위장 거래에 있어서 그 세금계산서는 사실과 다른 세금계산서에 해당하지만 판례는 오래 전부터 공급받는 자가 공급자의 명의위장사실을 알지 못하였고 알지 못한 데 과실이 없는 경우에는 선의의 납세자 보호를 위하여 그 매입세액을 공제받을 수 있다는 일관된 입장을 취하고 있다.[24] 위 판례들은 매입세액 공제를 허용하는 특별한 근거조항을 제시하고 있다고 보이지는 않지만 명의위장 거래라고 하더라도 거래사실이 확인되었다는 이유로 매입세액 공제를 허용하는 것이므로 쟁점 일반 예외조항을 그 근거로 볼 여지가 있다. 그러한 논리에서 보면 쟁점 일반 예외조항의 성격은 거래사실이 확인되는 경우에는 사실과 다른 세금계산서라고 하더라도 제반 사정을 고려하여 일정한 제한[25] 하에 매입세액 공제를 허용하는 규정으로 볼 수 있는바, 이 사건은 동일 과세기간 내에 있는 공급시기 전에 세금계산서를 발급한 경우로서 명의위장 거래에 비하여 부가가치세의 근간을 이루는 전단계세액공제 제도의 정상적인 운영을 저해하거나 세금계산서의 본질적인 기능을 해친다고도 볼 수 없으므로 일정한 제한 하에 그 매입세액을 공제하는 것이 합리적이다.

셋째, 일정한 요건을 갖춘 선발행 세금계산서의 공급시기를 의제하는 쟁점

---

24) 대법원 1987. 9. 22. 선고 87누252 판결, 대법원 1989. 7. 25. 선고 89누749 판결, 대법원 1985. 7. 9. 선고 85누211 판결 등.
25) 위 판례들에서는 명의위장거래의 매입세액 공제에 대해서는 선의와 무과실을 제한사유로 삼았다고 볼 수 있다.

공급시기 특례조항과 무관하게 쟁점 일반 예외조항에 의하여 매입세액 공제를 허용하더라도 그 세금계산서는 여전히 작성 연월일이 사실과 다른 세금계산서가 되어 부가가치세법상 가산세[26] 등의 적용을 받게 되므로 쟁점 공급시기 특례조항이 사문화되는 것은 아니다.

5. 대상판결에 대한 평가와 전망

대상판결은 쟁점 공급시기 특례조항의 요건을 구비하지 않은 선발행 세금계산서의 경우에는 선발행 세금계산서에 관한 쟁점 공급시기 특례조항과 후발행 세금계산서에 대하여 매입세액 공제를 허용하는 쟁점 과세기간 예외조항이 적용되지 않음에도 불구하고, 쟁점 일반 예외조항에 의하여 매입세액이 공제될 수 있음을 최초로 밝힌 판례로서 의미가 크다.

나아가 쟁점 일반 예외조항에서는 필요적 기재사항의 착오가 있으나 당해 세금계산서의 다른 기재사항으로 거래사실이 확인되면 매입세액 공제가 허용된다고 규정하고 있는데, 대상판결은 쟁점 일반 예외조항의 요건으로 기재된 착오 기재의 의미를 열거적인 성격으로 파악하면서, 선발행 세금계산서의 매입세액 공제를 받기 위한 적극적 요건으로 공급시기 전에 발급된 세금계산서라고 하더라도 발급일이 속하는 과세기간 내에 공급시기가 도래하여야 한다는 점과 소극적 요건으로 사업자가 부가가치세를 부담하지 아니한 채 매입세액을 조기에 환급받을 의도로 공급시기 전에 미리 세금계산서를 발급받는 등의 특별한 사정이 없어야 한다는 점을 제시하였다는 점에서 쟁점 일반 예외조항의 적용 기준을 설정한 것으로 의의가 있다. 대상판결의 이러한 판시는 쟁점 과세기간 예외조항과 쟁점 공급시기 특례조항과의 관계를 고려하여 두 조항의 적용 대상이 되지 않는 선발행 세금계산서에 대하여 일정한 요건과 제한을 설정하여 매입세액 공제를 허용한 것으로서 그러한 제한이 없는 두 개별 조항의 별도의 독자성과 존재의의를 인정하였다고도 볼 수 있다. 이는 명의위장거래에 있어서 공급받는 자의 매입세액 공제를 허용하면서도 그 공제를 받기 위해서는 선의와 무과실의 요건을 갖추어야 한다는 종전 대법원의 판례와도 일맥 상통하는 측면이 있다.

대상판결의 판시는 일반적인 조세법률주의상의 엄격해석의 원칙과는 다소 차이가 있으나, 어느 세금계산서가 사실과 다른 세금계산서에 해당하지만 세금계

---

26) 부가가치세법 제22조 제5항 제1호, 부가가치세법 시행령 제70조의3 제7항.

산서가 가지는 상호검증 등의 기능을 방해하지 않고 조세탈루의 목적이나 의도
가 없다면 매입세액을 공제하지 않는 불이익을 주지 않는 것이 바람직하다는 차
원에서 쟁점 일반 예외조항의 적용범위를 넓게 보면서도 조세회피 의도의 부재
와 동일 공급기간의 제한을 설정하여 조세회피 가능성을 차단하였다는 점에서도
주목되는 판결이다. 대상판결의 논거와 결론에 찬동한다.

4

상속세 및 증여세법

단계적 거래의 재구성과 구 상속세 및 증여세법상 실질과세원칙*

〈 대법원 2019. 7. 25. 선고 2018두33449 판결〉

Ⅰ. 대상판결의 개요

1. 사실관계의 요지와 과세처분의 경위

원고는 갑 법인의 대표이사 겸 최대주주이고, 갑 법인은 코스닥 등록법인이다. 갑 법인은 2010. 11. 25. 을 법인의 최대주주로부터 그 법인의 주식 약 32%를 147억 원에 매수하는 주식매매계약을 체결하였고, 잔금 117억 원은 2010. 12. 9. 지급 예정이었다.

갑 법인은 위 잔금의 조달을 위하여 2010. 12. 3. 사모투자전문회사로서 원고 및 갑 법인과 특수관계가 없는 병 법인과 사이에 권면금액 100억 원의 분리형 신주인수권부사채(이하 '이 사건 사채')를 발행하는 계약을 체결하였고, 병 법인은 2010. 12. 7. 그 대금을 납입하고 이 사건 사채를 모두 취득하였다.

동시에 원고는 2010. 12. 3. 병 법인으로부터 이 사건 사채 중 권면금액 50억 원에 해당하는 부분에서 갑 법인의 신주 2,942,900주를 인수할 수 있는 권리인 신주인수권증권(이하 '이 사건 신주인수권')을 분리하여 매매대금 2억 원(권면금액의 4%)에 매입하기로 하였는데 지급기일인 2011. 12. 5.까지 그 매매대금을 지급하지 못하였다. 그 후 원고는 2012. 1. 11. 다시 병 법인과 사이에 이 사건 신주인수권을 2억 원에 매수하는 계약을 체결하고 이 사건 신주인수권을 취득하였다. 한편, 갑 법인의 주가는 이 사건 사채 발행 시점부터 2년 가까이 하락하다가

* 국세인광장 제235호 (2021. 7.)

2012년 후반경에 상승하기 시작하였는데, 원고는 2012. 11. 30. 이 사건 신주인수권을 1주당 행사가격 1,699원에 행사하여 갑 법인의 신주 2,942,900주(이하 '이 사건 신주')를 취득하였다.

원고는 2013. 2. 28. 구 상속세 및 증여세법(2013. 1. 1. 법률 제11609호로 개정되기 전의 것, 이하 '구 상증세법') 제40조 제1항 제2호 나목에 따라 균등 배정시의 주식수를 초과하는 부분에 대하여 1주당 2,625원(신주발행 후 1주당 가액 4,324원 – 1주당 취득가액 1,699원)의 이익을 얻었다고 보아 7,552,842,955원을 증여재산가액으로 하여 그에 대한 증여세 2,858,779,330원을 신고·납부하였다.

그 후 원고는 2013. 11. 27. 이 사건 신주인수권의 취득거래는 구 상증세법 제42조 제1항 제3호의 적용대상으로서 제3항의 거래 관행상 정당한 사유가 있는 경우에 해당하여 증여세 과세대상이 아니라는 이유로 위 신고·납부한 증여세 2,858,779,330원에 대하여 환급을 구하는 경정청구를 하였으나 서울지방국세청장은 2014. 4. 14. 이를 기각한다는 통지를 하였고, 나아가 원고를 관할하는 피고는 2014. 6. 9. 구 상증세법 제42조 제1항 제3호의 적용대상으로 보아 증여세 197,464,190원을 추가로 고지하였다. 이에 따라 원고에 대한 증여세 부과처분은 위 신고·납부한 증여세 2,858,779,330원에 추가 고지된 증여세 197,464,190원을 더한 3,056,243,520원이 되었다(이하 '이 사건 처분').

원고는 이 사건 처분의 취소를 구하는 이 사건 소송을 제기하였는데, 피고는 제1심 소송 과정에서 구 상증세법 제42조 제1항 제3호 외에 구 상증세법 제2조 제4항과 제40조 제1항 제2호 나목을 처분사유로 추가하였다. 피고의 추가 처분사유의 과세논리는 구 상증세법 제42조 제1항 제3호의 그 밖의 이익의 증여 규정에 해당하지 않더라도 구 상증세법 제2조 제4항의 실질과세원칙(이하 '구 상증세법상 실질과세원칙'이라고 한다)에 의하여 갑 법인의 병 법인에 대한 이 사건 사채의 발행, 병 법인의 원고에 대한 이 사건 신주인수권의 매도, 원고의 이 사건 신주인수권 행사 및 이 사건 신주의 취득(이하 위 각 거래를 '이 사건 거래'라고 한다)을 갑 법인의 원고에 대한 이 사건 신주인수권의 행사차익 상당의 직접적인 증여거래로 재구성한 다음 그 재구성된 거래에 대하여 구 상증세법 제40조 제1항 제2호 나목의 전환사채 등의 주식전환 등에 따른 이익의 증여규정을 적용한다는 것이다.

2. 판결의 요지

가. 제1심 판결 및 원심판결의 요지

제1심은 원고가 갑 법인이 아니라 병 법인으로부터 신주인수권을 인수한 것이므로 구 상증세법 제40조 제1항 제2호 나목은 적용되지 않고 구 상증세법 제42조 제1항 제3호가 이 사건 처분의 근거규정이 되는데, 이 사건 신주인수권 취득 및 행사거래에는 제3항의 거래의 관행상 정당한 사유가 있다고 인정되지 않는다고 보아 원고의 청구를 전부 기각하였다.

원심은 원고가 갑 법인이 아닌 병 법인으로부터 이 사건 신주인수권을 취득하였으나 병 법인을 구 자본시장과 금융투자업에 관한 법률(2013. 5. 28. 법률 제11845호로 개정되기 전의 것) 제9조 제12항에 따른 인수인으로 보거나 가사 그렇지 않다고 하더라도 구 상증세법 제2조 제4항에 따라 원고가 이 사건 신주인수권을 갑 법인으로부터 직접 취득한 것으로 볼 수 있으므로 구 상증세법 제40조 제1항 제2호 나목을 적용하는 것이 타당하다고 하면서 그와 보충관계에 있는 상증세법 제42조 제1항 제3호는 이 사건 처분의 근거법령이 될 수 없다고 판시한 후 이 사건 처분 중 위와 같이 적용법령의 변경에 따른 균등배정시의 주식수에 해당하는 차액 197,464,190원(＝3,056,243,520원-2,858,779,330원)을 취소하였다.

나. 대상판결의 요지

대법원은 병 법인의 구 상증세법 제40조 제1항 제2호 나목의 인수인 해당 여부에 대해서는, 위 규정의 인수인은 전환사채등의 발행 법인을 위하여 제3자에게 취득의 청약을 권유하여 전환사채 등을 취득시킬 목적으로 이를 취득하는 자를 의미할 뿐이고 이러한 목적 없이 단순히 투자목적으로 취득하는 자는 특별한 사정이 없는 한 인수인에 해당하지 않는다고 보아야 한다고 하면서, 병 법인은 구 자본시장법상 인수인이 아니라 투자수익을 얻으려는 투자자의 지위에서 이 사건 사채를 취득하였다고 봄이 타당하므로 구 상증세법 제40조 제1항 제2호의 적용대상이 아니라고 판단하였다.

나아가 이 사건 거래에 대한 구 상증세법 제2조 제4항의 실질과세원칙의 적용 여부에 관하여는, 납세의무자는 경제활동을 할 때 동일한 경제적 목적을 달성하기 위하여 여러 가지 법률관계 중 하나를 선택할 수 있고, 과세관청으로서는 특별한 사정이 없는 한 당사자들이 선택한 법률관계를 존중하여야 하며, 또한 여러 단계의 거래를 거친 후의 결과에는 손실 등의 위험부담에 대한 보상과 외부적인 요건이나 행위 등이 개입되어 있을 수 있으므로 그 여러 단계의 거래를 거친 후의 결과만을 가지고 그 실질이 증여행위라고 쉽게 단정하여 증여세의 과세대상으로 삼아서는 아니된다고 하면서 이 사건 거래, 즉 이 사건 사채의 발행부터 이 사건 신주인수권의 행사 및 이 사건 신주 취득까지의 일련의 행위들은 별다른 사업상 목적 없이 증여세를 부당하게 회피하거나 감소시키기 위하여 비정상적으로 이루어졌다고 볼 수 없으므로 구 상증세법 제2조 제4항을 적용하여 구 상증세법 제40조 제1항 제2호에 따라 증여세를 과세할 수 없다고 판시하였다.

따라서 이 사건 거래에 대해서는 구 상증세법 제42조 제1항 제3호가 적용되고, 합리적인 경제인의 관점에서 볼 때 이 사건 거래에는 구 상증세법 제42조 제3항에서 말하는 거래의 관행상의 정당한 사유가 있으므로 구 상증세법 제42조 제1항 제3호에 따라 과세할 수도 없으므로 결국 원심의 판단에는 구 상증세법 제2조 제4항, 제42조 제1항 제3호와 제3항에 관한 법리오해의 위법이 있다는 이유로 원심판결을 파기하였다.

II. 대상판결의 평석

1. 이 사건의 쟁점 및 문제의 소재

원고와 피고의 주장 및 원심판결의 판시내용에 비추어 대상판결의 쟁점을 논리적 순서에 따라 구분하여 보면, 병 법인을 구 상증세법 제40조 제1항의 인수인으로 볼 수 있는지 여부와 만일 인수인에 해당하지 않는다면, 구 상증세법 제2조 제4항을 적용하여 이 사건 거래를 재구성하여 원고가 갑 법인으로부터 신주인수권을 직접 취득한 것으로 볼 수 있는지 여부가 되고, 만일 실질과세원칙의 적용이 배제된다면 추가로 이 사건 거래에 구 상증세법 제42조 제1항 제3호 및 제3항의 정당한 사유가 인정되는지 여부도 쟁점이 된다.

첫째 쟁점에 대해서는 단순히 투자목적으로 전환사채 등을 취득한 자가 인수인에 해당하지 않는다는 기존의 판례[1]가 있고 셋째 쟁점은 특수관계자가 아닌

---

1) 대법원 2019. 5. 30. 선고 2017두49560 판결.

자간의 거래에 거래의 관행상 정당한 사유가 존재하는지는 사실판단의 문제이므로 그 논의의 실익이 크지 못하였다. 반면, 둘째 쟁점에 관하여는 근자에 단계적 거래에 관하여 구 상증세법상 실질과세원칙의 적용을 부정하는 판례와 긍정하는 판례가 연달아 선고되어[2] 그 적용범위에 대하여 대법원 후속 판결의 추이가 주목되었는데, 대상판결에서는 신주인수권의 단계적 취득에 해당하는 이 사건 거래에 대하여 다시금 구 상증세법상 실질과세원칙의 적용을 배제하였다는 점에서 관심을 끌었는바, 이 글에서는 구 상증세법상 실질과세원칙의 적용 범위를 다룬 대상판결의 둘째 쟁점에 대하여 논의하고자 한다(이하 위 쟁점을 '이 사건 쟁점'이라고 한다). 이를 위해서 종전의 상반되는 듯한 구 상증세법상 실질과세원칙에 관한 대법원 판례 등을 분석하여 구체적인 적용기준을 파악하고 그 기준에 따라 대상판결의 판시사항을 검토하고 평가하도록 한다.

2. 구 상증세법상 실질과세원칙의 의미와 적용기준

가. 실질과세원칙의 의의와 도입 연혁

구 상증세법 제2조 제4항은 제3자를 통한 간접적인 방법이나 둘 이상의 행위 또는 거래를 거치는 방법으로 증여세를 부당하게 감소시킨 경우 경제적 실질에 따라 당사자가 직접 거래한 것으로 보거나 연속된 행위 또는 거래로 보아 증여 해당 여부를 판단한다고 규정하고 있다. 구 상증세법상 실질과세원칙은 단계적 거래를 통한 조세회피에 대한 방지규정으로서 그 입법취지는 증여세의 과세대상이 되는 행위 또는 거래를 우회하거나 변형하여 여러 단계의 거래를 거침으로써 증여의 효과를 달성하면서도 부당하게 증여세를 감소시키는 조세회피행위에 대처하기 위하여 그와 같은 여러 단계의 거래 형식을 부인하고 실질에 따라 증여세 과세대상인 하나의 행위 또는 거래로 보아 과세할 수 있도록 한 것으로, 실질과세원칙의 적용대상 중 하나를 증여세 차원에서 규정하여 조세공평을 도모하기 위한 것이다.[3]

위 규정은 2003. 12. 30. 법률 제7010호로 개정된 상증세법에서 처음으로 도입되었다. 도입 당시 국세기본법 제14조 제1항 및 제2항에서 과세표준의 귀속과 거래 내용에 관한 실질과세원칙만을 규정하고 있었는데, 단계적 거래에 관한 새

---

2) 대법원 2017. 2. 15. 선고 2015두46963 판결, 대법원 2017. 1. 25. 선고 2015두3270 판결.
3) 대법원 2017. 1. 25. 선고 2015두3270 판결 등.

로운 형태의 실질과세원칙 규정이 국세기본법보다 먼저 상증세법에 도입되었다는 점에서 주목되었다. 위 단계적 거래에 대한 실질과세원칙은 국제거래에 대해서는 2006. 5. 24. 국제조세조정에 관한 법률 제2조의2 제3항에, 일반적 거래에 대해서는 2007. 12. 31. 국세기본법 제14조 제3항에 순차로 도입되었다.

구 상증세법 제2조 제4항은 2013. 1. 1. 상증세법 개정에 의하여 제4조의2로 이관되었고 단계거래에 관한 실질과세원칙 규정인 국세기본법 제14조 제3항과 병렬적으로 존치되어 오다가 2015. 12. 15. 상증세법 개정에 의하여 삭제되었다. 전체 세목에 대해서 적용되는 국세기본법 제14조 제3항과 중복되어 구 상증세법 제2조 제4항을 별도로 유지할 필요성이 적었기 때문으로 보인다.

나. 구 상증세법 제2조 제4항의 실질과세원칙 규정

(1) 실질과세원칙의 적용요건

구 상증세법상 실질과세원칙은 제3자를 통한 간접적 방법이나 둘 이상의 행위 또는 거래를 거치는 방법으로 상속세나 증여세를 부당하게 감소시킨 것으로 인정되는 경우에는 그 경제적인 실질에 따라 당사자가 직접 거래한 것으로 보거나 연속된 하나의 행위 또는 거래로 보아 증여세를 과세하는 규정이다. 그 적용요건은 제3자를 통한 간접적 방법이나 둘 이상의 행위 또는 거래를 거치는 것과 상속세나 증여세가 부당하게 감소되는 것이다. 전자는 '단계거래 요건', 후자는 '조세부당감소 요건'으로 칭할 수 있다. 단계거래 요건은 거래의 객관적 형태에, 조세의 부당감소 요건은 납세자의 주관적 의도에 보다 초점이 맞추어진 요건으로 볼 수 있지만 단계거래의 구체적 형태가 그 자체로 조세감소의 부당성의 징표가 되거나 조세회피 의도에 따라 복수의 거래가 단계거래로 판정될 수 있으므로 두 요건은 상호 밀접하게 연관되어 있다고 보인다.

단계거래 요건에서는 다수의 거래가 객관적으로 존재하여야 하므로 각 거래는 복수의 실체성 있는 거래로 인정되어야 하고 그러한 거래들은 단계적 거래로 분류될 수 있도록 상호 관련성이 있어야 할 것이다. 만일 거래의 실체성이나 상호관련성이 인정되지 않는다면 단계거래 요건을 충족하지 못하여 구 상증세법상 실질과세원칙이 적용되지 않는다고 할 것이다.

조세부당감소 요건은 상속세 또는 증여세가 부당하게 감소되어야 한다는 것으로 단계적 거래를 통한 조세의 감소가 세법이 허용하는 형태의 정당한 조세절감이 아니어야 한다는 것이다. 조세감소가 수반되어야 하므로 부당한 방식이 개재하더라도 조세감소의 결과가 없다면 위 요건을 충족하지 못한 것이 된다.

(2) 실질과세원칙의 적용효과

단계거래 요건과 조세부당감소 요건에 해당하면 과세관청은 그 적용효과로서 단계적 거래의 경제적 실질에 따라 당사자가 직접 거래한 것으로 보거나 연속된 하나의 행위 또는 거래로 보아 증여 규정을 적용할 수 있다. 이는 단계적 거래의 법적 형식을 부인하고 경제적 실질에 따라 하나의 거래로 재구성한다는 것을 의미하는데, 그 경제적 실질을 어떻게 파악하는지에 따라 재구성된 거래의 형태가 달라질 수 있다.

실질과세원칙의 적용효과는 복수의 거래를 경제적 실질에 따라 하나의 행위나 거래로 간주하여 과세하는 것이므로 그 문언의 반대해석상 예컨대 하나의 거래 또는 두 단계의 거래를 분해하여 복수의 거래로 재구성한 다음 그에 따라 과세를 하는 것은 허용되지 않는다고 사료된다. 또한, 그 적용효과는 증여규정을 적용하는 것이므로 상속세나 증여세의 부당 감소가 있더라도 증여세 외의 다른 세목의 과세를 하는 것은 허용되지 않는다고 판단된다.[4]

다. 실질과세원칙에 관한 대법원 판례

실질과세원칙을 규정한 국세기본법 제14조의 '실질'의 의미에 관하여 전통적인 법적 실질설과 경제적 실질설의 입장이 대립하고 있었는데,[5] 대법원 2012. 1. 19. 선고 2008두8499 전원합의체 판결은 외국단체의 소득귀속자의 지위를 판정하면서 국세기본법상 실질과세원칙의 의미에 관하여 납세자가 조세부담을 회피할 목적으로 과세요건사실에 대하여 실질과 괴리되는 비합리적 형식이나 외관을 택하였다면 실질과세원칙을 적용하여 그 형식이나 외관에 불구하고 그 실질에

---

4) 다만, 단계거래에 대한 국세기본법상의 실질과세원칙이 도입된 이후에는 그 규정의 적용국면에서는 동 조항이 구 상증세법상 실질과세원칙과는 달리 대상 세목을 특정하고 있지 않으므로 다른 해석의 여지는 있다고 사료된다.

5) 대법원에서는 법적실질설이나 경제적 실질설을 정식으로 택하기 보다는 민법상 가장행위의 요건보다 완화되고 그 범위를 확장한 가장행위론에 근거하여 거래의 재구성을 함으로써 조세회피행위를 부인한 경우도 다수 있었다. 이러한 경향의 판례들은 거래의 재구성에 따른 귀속의 근거를 원칙적으로 법적 실질설에 따라 가장행위 해당 여부로 파악하면서도 조세회피행위에 대해서는 민법상 가장행위보다 그 요건을 완화하여 경제적 실질설과의 조화를 꾀한 것으로 평가된다 (김선아, "국세기본법 제14조 제3항과 실질과세원칙: 적용요건을 중심으로", 행정재판실무연구 VI, 법원도서관, 2020, 296면).

따라 담세력이 있는 곳에 과세할 수 있다는 취지로 판시하였다.[6] 위 전원합의체 판결은 국세기본법 제14조 제1항의 귀속에 관한 실질과세원칙을 직접 적용하여 종래의 전통적 입장에서 한걸음 더 나아간 것[7]으로 대법원이 실질과세원칙의 총론적 적용요건으로 조세회피 목적과 실질과 괴리되는 비합리적인 거래형식을 제시한 것으로 판단된다.

나아가 대법원은 2017년 구 상증세법상 실질과세원칙에 대하여 그 적용을 부정하고 긍정하는 판결을 연달아 선고하면서 각기 다른 맥락에서 구체적 법리를 제시하였다. 먼저 상증세법상 실질과세원칙의 적용을 부정한 대법원 2017. 1. 25. 선고 2015두3270 판결[8]에서는 납세의무자는 경제활동을 할 때 어느 경제적 목적을 달성하기 위한 여러가지 법적 형식 중 하나를 자유롭게 고를 수 있고 이처럼 사적 자치에 기초한 납세의무자의 선택을 부인하려면 그에 관한 특별한 사정이 있어야 하고 또한 여러 단계의 거래를 거친 후의 결과에는 손실 등의 위험부담에 관한 보상뿐만 아니라 외부적인 요인이나 행위 등이 개입되어 있을 수 있으므로 여러 단계의 거래를 거친 후의 결과만을 가지고 실질이 증여행위라고 쉽게 단정하여 증여세 과세대상으로 삼아서는 아니된다고 판시하였다.

다음으로, 위 실질과세원칙의 적용을 긍정한 대법원 2017. 2. 15. 선고 2015 두46963 판결[9]에서는 상증세법상 실질과세원칙에 의하여 당사자가 거친 여러 단계의 거래 등 법적 형식이나 법률관계를 재구성하여 직접적인 하나의 거래에 의한 증여로 보고 증여세 과세대상에 해당한다고 하려면, 납세의무자가 선택한 거래의 법적 형식이나 과정이 처음부터 조세회피를 목적을 이루기 위한 수단에 불

---

6) 대법원은 당해 주식이나 지분의 귀속명의자는 이를 지배·관리할 능력이 없고 그 명의자에 대한 지배권 등을 통하여 실질적으로 이를 지배·관리하는 자가 따로 있으며 그와 같은 명의와 실질의 괴리가 위 규정의 적용을 회피할 목적에서 비롯된 경우에는 당해 주식이나 지분을 실질적으로 지배·관리하는 자에게 귀속된 것으로 보아 그를 납세의무자로 삼아야 할 것이라고 판시하였다.

7) 이정원, "실질과세원칙에 따른 거래의 재구성: 이른바 교차증여를 직접증여로 재구성할 수 있는지 여부", 대법원 판례해설 제111호, 법원도서관, 2017, 440면.

8) 갑 주식회사의 최대주주이자 대표이사인 을이 갑 회사가 다른 회사에 발행한 전환사채를 약정에 따른 조기상환권을 행사하여 양수한 후 전환권을 행사하여 수령한 우선주를 보통주로 전환·취득하자 과세관청이 을이 보통주 중 을의 소유주식비율을 초과하여 인수·취득한 부분에 대하여 당시 주가와 전환가액의 차액 상당을 증여받았다는 이유로 증여세 부과처분을 한 사안이다.

9) 갑 주식회사의 주주들이며 남매 사이인 을과 병 및 병의 배우자가 각자 소유 중인 갑 회사 주식을 을은 병 부부의 직계비속들에게, 병 부부는 을의 직계비속들에게 교차증여하자 과세관청이 실질은 각자가 직계비속들에게 직접 증여한 것으로 보아 을과 병 부부의 직계비속들에게 증여세 부과처분을 한 사안이다.

과하여 재산이전의 실질이 직접적인 증여를 한 것과 동일하게 평가할 수 있어야 하고 이는 당사자가 그와 같은 거래 형식을 취한 목적, 제3자를 개입시키거나 단계별 거래과정을 거친 경위, 그와 같은 거래 방식을 취한 데에 조세부담의 경감 외에 사업상의 필요 등 다른 합리적 이유가 있는지 여부, 각각의 거래 또는 행위 사이의 시간적 간격 등 관련 사정을 종합하여 판단하여야 한다고 판시하였다. 위 두 대법원 판례의 판시 내용에는 다소 차이가 있지만 위 대법원 판례는 구 상증세법상 실질과세원칙의 적용기준의 판단에 관한 구체적인 요소를 각기 제시하였다는 점에서 의미가 있다.

라. 소결: 실질과세원칙의 구체적 적용기준의 도출

구 상증세법상 실질과세원칙은 그 적용요건으로 '부당성'이나 '경제적 실질'과 같은 포괄적이고 추상적인 기준만을 규정하고 있어 거래의 예측가능성과 법적 안정성이 보장되지 못한 측면이 많았는데 위 대법원 판례들이 다양한 판단요소를 제시하여 그 구체적 적용기준을 도출하기 위한 자료가 마련되었다. 구 상증세법상 실질과세원칙의 적용요건은 그 문언상 단계거래 요건과 조세부당감소 요건으로 구별되는데, 구 상증세법상 실질과세원칙에 관한 위 대법원 판례들의 판시 내용을 분석하고 일반적인 실질과세원칙에 대한 대법원 전원합의체 판례의 판시 내용 등도 고려하여 그 구체적 적용기준을 파악해 볼 수 있다.

구 상증세법상 실질과세원칙에 관한 위 대법원 판례들의 기본적 판시 내용을 보면, 납세자는 경제적 목적 달성을 위해 여러 가지 법 형식 중 하나를 자유롭게 선택할 수 있고 사적 자치에 의한 납세자의 선택을 부인하기 위해서는 특별한 사정이 없다면 실질과세원칙을 적용할 수 없다고 보면서도 그 단계적 거래가 당초 조세회피를 이루기 위한 수단으로 재산이전의 실질이 직접 증여한 것과 동일하게 평가되면 실질과세원칙의 적용을 긍정하는 입장이다. 납세자에게는 사적 자치에 따른 거래의 선택권이 있으므로 단계적 거래가 있다고 하더라도 원칙적으로 구 상증세법상 실질과세원칙을 바로 적용할 수는 없고 특별한 사정이 있는 경우에 한하여 이를 적용할 수 있다는 것이다.

여기서 특별한 사정이란 단계적 거래가 처음부터 조세회피를 이루기 위한 수단에 불과하여 재산이전의 실질이 직접적인 증여를 한 것과 동일하게 평가될 수 있는 것으로 대법원 전원합의체 판결에서 제시된 조세부담을 회피할 목적으로 과세요건사실에 대하여 실질과 괴리되는 비합리적 형식이나 외관을 선택한 경우를 의미하므로, 특별한 사정이란 '조세회피 목적'과 실질과 괴리되는 '비합리적인 단계적 거래'의 두 가지 부분으로 구성된다. 이를 구 상증세법상 실질과세원칙의 두 적용요건에 대응하여 보면 비합리적인 단계적 거래는 단계거래 요건의, 조세회피 목적은 조세부당감소 요건의 핵심요소가 될 수 있다.[10]

대법원은 특별한 사정의 구체적 판단요소로서 당사자가 그러한 거래형식을 취한 목적, 단계적 거래를 거친 경위, 조세부담의 증감 외에 사업상 필요 등 합리적 이유의 존재, 단계적 거래 사이의 시간적 간격, 손실 등에 대한 위험부담에 대한 보상, 외부적 요인이나 행위 등의 개입 등을 제시하고 있다. 이들 요소들을 객관적인 성격의 단계거래 요건과 주관적인 성격의 조세부당감소 요건의 구체적 판정기준으로 명확하게 구분하는 것은 쉽지 않지만 각 요소의 특성에 비추어 편의상 단계거래의 목적이나 경위 및 다른 사업상 필요성의 유무는 조세부당감소 요건을 구성하는 적극적 요소나 그를 배제하는 소극적 요소로, 각 거래 사이의 시간적 간격이나 위험 부담의 존부는 단계거래 요건의 적극적 또는 소극적 요소로 분류해 볼 수 있다.

3. 이 사건의 경우 구 상증세법상 실질과세원칙에 의하여 이 사건 거래를 재구성할 수 있는지 여부

가. 논의의 순서와 범위

이 사건 거래에 대하여 구 상증세법상 실질과세원칙의 적용 여부를 판단하기 위해서는 그 거래의 사실관계가 단계거래 요건과 조세부당감소 요건에 해당하는지가 검토되어야 한다. 이 사건 거래는 갑 법인의 병 법인에 대한 이 사건 사채의 발행, 원고의 병 법인으로부터의 이 사건 신주인수권의 매수 및 원고의 이 사건 신주인수권의 행사에 따른 이 사건 신주의 취득으로 구성되는데, 이들 거래에서 조세회피 목적이나 단계거래의 비합리성을 인정할 수 있는지 여부가 문제된다. 구체적으로 조세부당감소 요건의 주요 요소인 조세회피 목적을 판정하기 위해서 이 사건 거래의 형식을 선택한 목적, 단계거래를 거친 경위, 이 사건 거래에 조세부담 경감 이외에 사업상 목적 등이 존재하는지 여부를, 단계거래 요

---

10) 거래의 비합리성은 단계거래 판정과 조세회피 목적의 판단에 공히 영향을 미칠 수 있어 개념적으로 명확히 대응되는 것은 아니지만, 거래의 외적 비합리성에 집중하여 본다면 단계거래 요건의 하나로 논의될 수 있다.

건의 주요 요소인 단계적 거래의 비합리성을 판단하기 위해서 각 거래나 행위의 시간적 간격, 해당 거래 형식의 선택에 따른 손실과 위험부담 등의 존부를 따져 보아야 한다.

나. 조세부당감소 요건의 해당 여부
(1) 각 당사자의 목적과 사업상 필요성

조세부당감소 요건을 판단하기 위해서는 이 사건 거래의 각 당사자가 고유한 사업목적 없이 조세회피 목적에서 참여하여야 한다. 대상판결의 사안의 경우 갑 법인은 을 법인의 경영권 취득을 위한 주식매매계약의 체결에 따른 잔금 117억 원의 지급의무를 부담하였는데, 위 잔금의 지급 목적으로 그 자금을 조달하기 위하여 병 법인에게 이 사건 사채를 발행하였다. 병 법인은 갑 법인에게 신주인수권부사채 발행 방식의 투자방안을 제안하면서 원고에게 이 사건 신주인수권의 매입을 투자조건으로 요구하였는데, 이는 원고에게 이 사건 사채의 상환에 대한 보증과 동시에 병 법인의 이 사건 사채 인수에 따른 투자이익을 조기에 실현하기 위한 것이었다. 갑 법인의 대주주 겸 대표이사이던 원고 입장에서는 병 법인으로부터 이 사건 신주인수권을 취득함으로써 신주인수권이 제3자에게 매각되는 경우 발생할 수 있는 경영권 침해의 위험을 줄일 수 있었다.

원고가 병 법인과 사이에 이 사건 사채 발행 전에 병 법인으로부터 이 사건 신주인수권을 일정 시점 후에 매수하기로 합의하였다고 하더라도 이는 사모투자전문회사인 병 법인이 원고에게 권유하여 이루어진 것으로 원고와 병 법인 모두에서 그와 같은 거래에 사업상의 정당한 목적이 존재하는 이상 그 약정 시점이 이 사건 사채 발행 전이라는 사정에 의하여 그 사업상의 필요성이 부정되고 조세회피 목적이 인정되는 것은 아니라고 할 것이다. 또한, 병 법인은 원고가 당초 약정한 지급기일에 신주인수권 대금을 지급하지 못하였음에도 매매계약을 바로 해제하지 않았지만, 그 지급기일로부터 한달 후에 정상적으로 매매대금이 지급된 사정이나 그 사이에 갑 법인의 주가에 별다른 변동이 없었던 점에 비추어 병 법인은 당초 계획과 달리 위 매매계약을 해제하고 이 사건 신주인수권 전부를 보유하거나 새로운 매수인을 찾는 것보다는 당초 계획대로 원고에게 이 사건 신주인수권을 매각한 것은 합리적인 의사결정으로 볼 수 있다.

요컨대 원고 및 갑 법인과 병 법인은 이 사건 거래를 수행하는 각기 정당한 사업상의 목적을 가지고 있었고 각 당사자들이 고유한 사업목적을 가지고 이 사건 거래에 참여한 이상 원고와 병 법인의 이 사건 신주인수권 매매 약정 시점이 이 사건 사채 발행 전이거나 병 법인이 곧바로 매매계약을 해제하지 않고 원고에게 한달 간의 기회를 부여하였다고 하더라도 이에 대해서는 정상적인 사업상 필요성이 인정되는 것으로 이 사건 거래를 통하여 원고 등에게 상속세나 증여세의 부당 감소를 도모하는 조세회피 목적이 있다고 보기는 어렵다고 사료된다.

(2) 이 사건 거래 내용의 결정 경위

이 사건 거래에 있어서는 신주인수권의 행사가격과 매입가격의 결정 경위 및 과정이 중요하다. 만일 그 행사가격과 매입가격이 원고에게 유리하게 임의로 정해졌다면 이 사건 거래가 원고에 대한 신주인수권 행사이익의 분여거래로서 조세회피 목적이 있다고 볼 여지가 높을 것이다. 그러나 이 사건 신주인수권의 행사가격은 갑 법인과 그와 특수관계가 없는 병 법인 사이에서 증권의 발행 및 공시에 관한 규정에 의하여 객관적으로 결정되었고, 신주인수권 매입가격도 이 사건 사채 권면금액의 4%로 정하였는데, 이는 당시 우리나라 증권시장의 거래관행에 해당하는 신주인수권부사채 권면금액의 4%~5%와 부합한 가격이었다. 이 사건 거래의 주요 요소인 신주인수권의 행사가격과 매입가격이 관련 규정이나 거래관행에 기초하여 결정되었다는 사정에 비추어 원고의 조세회피 목적의 존재 가능성은 더욱 낮아진다고 할 것이다.

다. 단계거래 요건의 해당 여부

이 사건 거래가 비합리적인 단계적 거래인지를 판정함에 있어서는 각 거래의 시간적 간격과 위험부담이 무엇보다 중요하다. 만일 사채발행 시점에서 갑 법인의 주가 상승의 개연성이 예상되었다면 원고가 이 사건 거래를 통하여 병 법인으로부터 이 사건 신주인수권를 매수하는 방법으로 갑 법인에게서 이 사건 신주인수권 행사차익 상당을 부당하게 직접 증여받았다고 평가할 여지가 있다. 그러나 갑 법인의 주가는 이 사건 사채 발행 이후부터 약 2년 간, 이 사건 신주인수권 매매 이후부터 약 1년 간 계속 떨어지다가 2012년 말경부터 상승하기 시작하였는데, 이는 갑 법인이 이 사건 사채 발행을 통하여 을 법인을 인수하면서 사업구조를 개편한 결과로 보이고 원고가 이 사건 사채 발행 당시부터 주가 상승을 이미 예상하고 이 사건 거래를 진행하였다고 보기는 어렵다고 사료된다.

이 사건 거래는 갑 법인의 이 사건 사채 발행부터 원고의 신주인수권 매수 및 행사까지에는 약 2년의 기간이 소요되었다. 갑 법인의 주가는 2년 동안 하락하였다는 사정은 원고가 그 기간 동안 이 사건 신주인수권의 매수에 따른 주가하락의 위험, 달리 말하면 이 사건 신주인수권의 가치 하락의 위험을 실질적으로 부담하였다는 것이 된다. 따라서 원고의 이 사건 신주인수권 행사차익은 이러한 위험부담에 대한 보상의 성격도 갖고 있다. 원고는 이 사건 신주인수권을 매수하였지만 상당 기간이 지난 후에 갑 법인의 주가가 상승하자 이를 행사하게 된 것이므로 원고의 이 사건 신주인수권의 매수와 그 행사 사이에는 직접적인 관련성은 떨어진다고 할 것이다. 요컨대 원고는 이 사건 신주인수권을 취득하여 보유하고 있는 상당 기간 동안 주가 하락의 위험을 실질적으로 부담하고 있었는바, 이 사건 거래는 위험부담을 통한 정당한 투자수익의 확보거래로서 비합리적인 단계거래에 해당한다고 보기는 어렵다고 판단된다.

라. 소결: 단계거래 요건과 조세부당감소 요건의 미충족

이 사건 거래를 구성하는 이 사건 사채의 발행, 이 사건 신주인수권의 매입 및 행사는 원고뿐만 아니라 갑 법인과 병 법인의 정당한 사업목적 하에 진행된 것이고, 원고의 이 사건 신주인수권의 취득과 행사 사이에 시간적 간격이 상당하고 그 기간 동안 원고는 갑 법인의 주가 하락 내지 신주인수권의 가치 하락의 위험을 실질적으로 부담하여 구 상증세법상 실질과세원칙의 적용요건인 조세부당감소요건 및 단계거래 요건을 충족한다고 보기 어렵다. 결국 이 사건 거래는 조세회피 목적에서 비합리적인 형식을 이용한 거래에 해당하지 않으므로 구 상증세법상 실질과세원칙에 의하여 이 사건 거래를 원고와 갑 법인간 신주인수권 행사이익의 직접 분여거래로 재구성할 수 없다고 판단된다. 따라서 대상판결의 결론과 논거는 종전 구 상증세법상 실질과세원칙에 관한 대법원 판례의 입장에 부합하는 것으로 정당하다고 사료된다.

4. 대상판결의 의의와 평가

구 상증세법상 실질과세원칙의 적용 여부를 둘러싸고 이를 긍정하는 판례와 부정하는 판례가 존재하고 있어 구 상증세법상 실질과세원칙의 적용범위에 대한 귀추가 주목되었는데, 대상판결은 신주인수권부사채에 관한 단계적 거래에 대하여 실질과세원칙의 적용범위를 제한적으로 해석함으로써 구 상증세법상 실질과세원칙에 관한 적용기준과 한계를 다시 한번 제시하였다는 점에서 의미가 있다. 대상판결의 사안은 신주인수권의 우회거래에 대한 사안이고 구 상증세법상 실질과세원칙 규정은 삭제되었지만 구 상증세법 제2조 제4항과 사실상 동일한 내용이 국세기본법 제14조 제3항에 규정되어 있다는 점을 고려할 때 대상판결의 판시내용은 국세기본법 제14조 제3항의 실질과세원칙이 다투어지는 다른 단계적 거래의 사안에서도 중요한 지침을 제공할 것으로 판단된다.[11] 향후 관련 판례의 추이가 주목된다.

---

11) 김범준, "제3자를 거친 신주인수권부사채 거래와 실질과세원칙", 대법원 판례해설 제122호, 법원도서관, 2020, 246면.

명의수탁자에 대한 무상주의 배정과 명의신탁재산의 증여의제*

〈대법원 2011. 7. 14. 선고 2009두21352 판결〉

I. 대상판결의 개요

1. 사실관계의 요지와 부과처분의 경위

원고 A는 2000. 9.경 실질주주들로부터 소외회사가 발행한 액면 5,000원의 기명식 보통주 5,000주, 지분율 50% 상당(이하 '제1 주식')을 명의신탁 받았다. 이후 소외회사의 발행주식 중 일부는 실질주주들 앞으로 그 소유 명의가 변경되었고 또 다른 일부는 원고 B 명의로 명의수탁자가 변경되었다. 이에 따라 소외회사의 발행주식은 원고 A 명의로 4,500주, 원고 B 명의로 1,500주(이하 '제2 주식')가 명의신탁 되었다. 그런데, 소외회사는 2005. 2. 이익잉여금을 자본에 전입하면서 기존 주식 1주당 신주 3주를 무상으로 분배하는 무상증자를 하였고 이에 따라 원고 A는 13,500주(이하 '제3주식'), 원고 B는 4,500주(이하 '제4주식')를 각 배정받았다.

피고들은 관할세무서장으로서 제1, 2주식(이하 '기존 주식')의 명의신탁에 대하여 구 상속세 및 증여세법(2007. 12. 31. 법률 제8828호로 개정되기 전의 것, 이하 '구 상증세법') 제45조의2 제1항의 규정(이하 '명의신탁 증여의제 규정')을 적용하여 원고들에게 증여세를 부과하였는데 원고들은 이에 대하여 별도의 불복을 제기하지 않았다. 그 이후 피고들은 2007. 11.경 제3, 4 주식(이하 '쟁점 주식')에 대하여도 이익잉여금의 자본전입에 따라 명의상의 주주에게 무상으로 주식이 배당된

---

* 한국세정신문 제4769호 (2016. 11. 24.)

때에는 실질주주가 명의상의 주주에게 새로이 명의신탁을 한 것으로 보아야 한
다는 이유로 명의신탁 증여의제 규정을 적용하여 원고 A에게 22억 원, 원고 B에
게 8억 원의 증여세를 부과하였다(이하 '이 사건 부과처분').

이에 대하여 원고들은 불복하여 2008. 1. 조세심판원에 심판청구를 제기하였
으나 기각결정을 받자 피고들을 상대로 행정소송을 제기하여 제1심 및 원심에서
전부 승소하였다.

2. 대상판결의 요지

대법원은 주식 발행법인이 이익잉여금을 자본에 전입함에 따라 기존 주식의
명의수탁자에게 보유주식에 비례하여 배정된 무상주가 명의신탁 증여의제 규정
의 적용대상이 되는지 여부에 관하여, 명의신탁 증여의제 규정은 국세기본법 제
14조에서 정한 실질과세원칙에 대한 예외의 하나로서 명의신탁이 조세회피의 수
단으로 악용되는 것을 방지하여 조세정의를 실현하고자 하는 한도 내에서 제한
적으로 적용되는 규정인 점, 주식의 실제소유자와 명의자가 다른 상태에서 주식
발행법인이 이익잉여금을 자본에 전입함에 따라 그 명의인에게 무상주가 배정되
더라도 그 발행법인의 순자산이나 이익 및 실제주주의 그에 대한 지분비율에는
변화가 없으므로 실제 주주가 그 무상주에 대하여 자신의 명의로 명의개서를 하
지 않았다고 하여 기존 주식의 명의신탁에 의한 조세회피 목적 외에 추가적인 조
세회피의 목적이 있다고 할 수 없는 점 등을 고려하면, 특별한 사정이 없는 한
기존의 명의신탁 주식 외에 이익잉여금의 자본전입에 따라 기존의 명의수탁자에
게 그 보유주식에 비례하여 배정된 무상주는 명의신탁 증여의제 규정의 적용대
상이 아니라고 판시하였다.

Ⅱ. 대상판결의 평석

1. 이 사건의 쟁점과 논의의 범위

이 사건의 쟁점은 이익잉여금의 자본전입으로 무상주를 배정한 경우에 명의
신탁 증여의제에 해당하는지 여부이다. 구체적으로는 첫째, 기존주주가 추가적인
출자 없이 무상주를 배정받는 경우 경제적 실질상 기존 주식이 분할된 것이어서

별도의 명의신탁이 부정되는 것인지, 아니면 법 형식적으로는 별도로 신주가 발행되기 때문에 명의신탁으로 인정되는 것인지, 둘째, 가사 명의신탁으로 보더라도 무상주의 배정은 기존 주주의 지분 비율대로 배분된 것이고 주식 발행법인의 순자산에도 변화가 없으므로 별도의 조세회피 목적이 부존재하는 것인지가 문제된다.

　명의신탁 증여의제 규정에 따른 명의신탁 증여의제는 재산을 명의신탁 하는 경우 그 재산을 증여한 것으로 보아 그 명의수탁자에 대하여 증여세를 과세하는 제도이다. 조세회피의 목적에서 권리의 이전이나 행사에 등기 등이 필요한 재산을 명의신탁하는 경우 그 명의자가 실제 소유자로부터 그 재산을 증여받은 것으로 의제하는 것이다. 부동산 명의신탁에 대해서는 부동산실권리자명의 등기에 관한 법률(이하 '부동산실명법'[1])에 의하여 과징금, 이행강제금 및 형사벌이 부과되고, 별도로 명의신탁 증여의제 규정은 적용되지 않으므로 과세실무상 문제가 되는 것은 주로 주식의 명의신탁이다.

　장기간의 주식 명의신탁에 있어서는 당초의 명의신탁 외에 그 명의신탁 주식에 관하여 추가적인 주식거래가 발생할 수 있는데 이러한 주식거래 중 명의신탁 증여의제 규정의 적용이 문제되는 거래는 크게 두 가지로 구분해 볼 수 있다. 첫째, 명의수탁자가 최초 명의신탁을 받은 주식을 기초로 주식 발행법인으로부터 별도의 주식을 배분받는 경우이다. 예컨대, 자본잉여금이나 이익잉여금을 자본에 전입하여 무상주를 배정받거나 유상증자에 참여하여 신주를 배정받는 경우를 들 수 있다. 이는 명의수탁자의 주식 수나 규모가 증가하는 경우로서 전자는 무상주 배정이고 후자는 유상주 배정이다. 둘째, 명의수탁자로부터 최초 명의신탁주식이 이전되는 경우이다. 예컨대, 명의수탁자인 주식발행 법인의 임직원이 퇴사하여 다른 임직원 등의 명의로 기존 명의신탁주식의 소유 명의를 이전하거나 명의수탁자[2]가 사망하여 상속인이 그 주식을 포괄적으로 승계하는 경우를 들 수 있다.[3] 이는 명의수탁주식의 명의자가 변경되는 경우로서 전자는 유상거래이고, 후자는 무상거래이다. 이러한 추가적 주식거래에서는 유상거래의 행태라고 하더라

---

1) 부동산실명법은 1995. 3. 30. 법률 제4944호로 제정되어 1995. 7. 1. 시행되었다.
2) 명의신탁자가 사망하는 경우에도 유사한 문제가 발생하나 편의상 그 논의는 생략한다.
3) 명의수탁자가 사망한 경우 명의신탁자와 상속인 사이의 새로운 명의신탁을 인정할 것인지의 문제인데 피상속인의 지위의 포괄적 이전이라는 상속의 특성상 과세가 부인될 것이나 명백히 새로운 명의신탁의 합의가 개입된 경우에는 과세를 피할 수 없다는 견해가 있다(임승순, 조세법, 박영사, 2016, 935면).

도 명의수탁자는 별도의 경제적 부담을 지지 않는 경우가 일반적이다.

이와 같은 다양한 형태의 추가적·단계적 주식거래를 모두 명의신탁 증여의제 규정의 적용대상으로 삼아야 하는지가 문제된다. 대상판결의 사안은 명의수탁자의 변경이 없는 상태에서 이익잉여금의 자본전입에 의한 무상주가 배정되는 경우로서, 이는 경제적 실질이 현금배당을 받아 유상증자에 참여하여 신주를 배정받은 것과 유사한 측면이 있으므로 주식분할의 성격을 가진 자본잉여금의 자본전입에 따른 무상주 배정과 추가적인 유상증자의 참여에 따른 유상주 배정의 중간적 성격을 가지는 주식거래로 볼 수 있다.

기본적으로 이익잉여금의 자본전입에 의한 무상주 배정에 대하여 명의신탁 증여의제 규정이 적용되는지는 명의신탁 증여의제의 과세요건에 해당하는지 여부에 따라 판단되어야 할 것이다. 대상판결은 발행법인의 순자산이나 지분비율에 변화가 없어 조세회피 목적이 없다는 이유로 명의신탁 증여의제의 과세요건에 해당하지 않는다고 보았다. 즉, 이익잉여금의 자본전입에 따른 무상주의 배정을 최초 명의신탁과는 별개의 거래로 보아 명의신탁 증여의제의 해당 여부를 판단하면서 명의신탁 증여의제의 두 가지 과세요건 중에 명의신탁에는 해당하나 조세회피 목적은 없다고 판단한 것이다. 이는 자본잉여금의 자본전입에 대한 무상주 배정에 대해서는 별도의 명의신탁이 없다고 판시한 대법원 판결[4])과 유상증자 참여에 따른 유상주 배정에 대해서는 명의신탁에 해당하면서 조세회피의 목적이 있다고 본 대법원 판결[5])과 비교된다.

대상판결의 사안에서는 이익잉여금의 자본전입에 따른 무상주의 배정에 대해서 주로 논의되었지만 위 주식거래는 자본잉여금의 자본전입에 따른 무상증자와 유상증자의 중간적인 성격을 가지고 있고, 실무적으로는 유상증자에 대한 명의신탁 증여의제의 적용 여부가 다수 문제되므로 이하에서는 명의신탁 증여의제의 과세요건 및 이익잉여금의 자본전입에 의한 무상주의 배정의 의미에 대하여 살펴 보면서 유상증자에 관한 명의신탁 증여의제에 대하여도 같이 검토한다.

---

4) 대법원 2009. 3. 12. 선고 2007두8652 판결.
5) 대법원 2003. 10. 10. 선고 2002두9667 판결, 대법원 2006. 9. 22. 선고 2004두11220 판결.

2. 구 상증세법상 명의신탁 증여의제 규정

가. 명의신탁 증여의제 규정의 의의

(1) 명의신탁 증여의제 규정의 내용과 입법취지

구 상증세법 제45조의2 제1항은 권리의 이전이나 행사에 등기 등이 요하는 재산(토지와 건물은 제외한다)에 있어서 실질소유자와 명의자가 다른 경우에는 국세기본법 제14조의 규정에 불구하고 그 명의자로 등기 등을 한 날(그 재산이 명의개서를 요하는 재산인 경우에는 소유권 취득일이 속하는 연도의 다음 연도 말일의 다음날을 말한다)에 그 재산의 가액을 명의자가 실제소유자로부터 증여받은 것으로 보되 조세회피의 목적이 없이 타인의 명의로 재산의 등기 등을 하거나 소유권을 취득한 실제소유자 명의로 명의개서를 하지 아니한 경우 등에는 그러하지 아니하다고 규정하고 있다. 제2항은 타인의 명의로 재산의 등기 등을 한 경우 실제소유자 명의로 명의개서를 하지 아니한 경우와 유예기간 중에 주식 등의 명의를 실제소유자 명의로 전환하지 아니하는 경우에는 조세회피 목적이 있는 것으로 추정하고 다만, 양도자가 소득세법 제105조 및 제110조의 규정에 의한 양도소득과세표준신고 또는 증권거래세법 제10조의 규정에 의한 신고와 함께 소유권변경내역을 신고하는 경우에는 그러하지 아니하다고 한다. 제3항은 주주명부가 작성되지 아니한 경우에는 법인세법 제109조 제1항 및 제119조의 규정에 의하여 납세지 관할세무서장에게 제출한 주주 등에 관한 서류 및 주식등변동상황명세서에 의하여 명의개서 여부를 판정한다고 규정하며 제6항은 제1항 제1호 및 제2항의 조세라 함은 국세기본법 제1호 및 제7호에 규정된 국세 및 지방세와 관세법에 규정된 관세를 말한다고 규정하고 있다. 명의신탁 증여의제 규정이 적용되면 명의신탁자는 명의수탁자에게 재산을 증여한 것이 되어 재산가액에 따라 최대 50%의 증여세를 납부하여야 한다.

명의신탁 증여의제 규정의 입법취지는 명의신탁제도를 이용한 조세회피를 효과적으로 방지하여 조세정의를 실현한다는 목적에서 실질과세원칙의 예외를 인정한 것으로, 조세회피의 목적으로 이루어진 명의신탁행위에 대하여 적절한 불이익을 줌으로써 명의신탁이 조세회피의 수단으로 악용되는 것을 방지하기 위한 것이다.[6] 명의신탁 증여의제는 증여를 받지 않은 명의자에 대하여 증여세를 과

---

6) 대법원 2006. 9. 22. 선고 2004두11220 판결 등.

세하므로 조세라기보다는 조세회피 목적의 증여에 대한 별도의 제재라고 할 것이다.[7]

(2) 명의신탁 증여의제 규정의 위헌문제

명의신탁 증여의제 규정은 증여를 받은 것이 아님에도 증여세가 과세되는 바, 그 과세금액이 크고 적용 사례도 많다는 점에서 위헌 여부에 대한 논란이 있다. 담세력이 없는 명의신탁에 대하여 최대 50%에 해당하는 과중한 증여세와 추가적인 가산세를 그것도 명의수탁자에 대하여 부과하는 것이 과연 합헌적인지 여부가 문제가 된다.

위헌설은 다음과 같은 점을 논거로 들고 있다.[8] 조세회피에 대한 제재는 회피되는 조세의 크기에 비례하여 정하는 것이 합리적인데 이는 가산세가 과소 납부한 세금의 액수에 일정한 가산세율을 곱하여 산정되는 것이나 조세범처벌법상의 벌금의 상한선이 포탈세액에 비례하는 것에서도 확인된다. 주식의 명의신탁에 의하여 회피될 수 있는 조세는 배당소득에 대한 누진세, 과점주주의 간주취득세 및 제2차 납세의무의 회피, 상속세 회피 등인데 이러한 각각의 경우에 회피될 수 있는 조세의 크기를 고려하지 않고 일률적으로 명의신탁재산의 가액을 기준으로 세율이 가장 높은 증여세를 부과하는 것은 조세회피 목적의 명의신탁 방지라는 입법 목적을 달성하기 위한 적합한 수단이라고 볼 수 없고 침해의 최소성도 인정되지 않는다.

합헌설은 명의신탁 증여의제 규정은 헌법에 위반되지 않는다는 것으로서 헌법재판소의 입장이기도 하다. 헌법재판소는 명의신탁 증여의제규정은 조세회피 목적의 명의신탁을 방지하기 위한 것으로 입법목적의 정당성이 인정되고, 이를 달성하기 위한 수단으로 증여세를 과세하는 것은 적합한 수단이며, 조세회피 목적의 명의신탁에 대한 제재방법으로 증여세를 과세하는 것이 형벌이나 과징금 등을 과하는 등의 다른 대체수단에 비하여 납세의무자에게 더 많은 피해를 준다고 볼 수 없고, 명의수탁자가 입게 되는 재산상의 불이익보다 이로써 달성되는 공익이 현저히 크므로 비례의 원칙에 반하지 않으며, 증여를 받지 않는 명의수탁자에게 증여세를 과세하는 것은 조세정의와 조세의 공평을 실현하기 위한 적절

---

7) 윤지현, "상속세 및 증여세의 간주·추정규정의 한계", 조세법연구 제16-1집, 세경사, 2010. 4., 166-167면.

8) 하상혁, "준비금의 자본전입·주식배당과 증여의제", 민사집행법 실무연구 제3권, 사법발전재단, 2011, 820-821면.

한 방법으로 합리성이 있다고 인정되므로 평등의 원칙에도 반하지 않는다고 결정하였다.9) 대법원도 같은 태도를 취하고 있다.10)

그러나 부동산의 명의신탁과 관련하여 헌법재판소는 부동산 명의신탁자에 대하여 명의신탁 증여의제와 같이 일률적으로 기준시가의 30%에 해당하는 과징금을 부과하도록 규정한 구 부동산실명법 제5조 제1항에 대해서는 그것이 탈세나 투기의 방편으로 이용되었는지, 그로 인하여 이득을 얻었는지, 실명등기의무 지체의 기간이 얼마나 되는지 등의 다양한 요소들을 고려하여 과징금을 차등적으로 부과할 수 있는 가능성을 배제한 것은 과잉금지의 원칙은 물론 평등의 원칙에도 반한다는 이유로 헌법불합치 결정을 선고하였고,11) 이에 따라 개정된 부동산실명법은 과징금 부과율을 부동산평가액에 따라 5%에서 15%로 차등 규정하는 한편, 조세를 포탈하거나 법령에 의한 제한을 회피할 목적이 아닌 경우에는 50%를 감경할 수 있도록 하였다. 비록 헌법재판소의 결정에서 명의신탁 증여의제 규정의 합헌성이 판단되었다고 하더라도 그와 본질적인 차이를 가지지 않는 부동산 명의신탁 관련 법령에 관한 헌법재판소의 헌법불합치 결정에 비추어 명의신탁 증여의제 규정의 위헌문제는 여전히 논란의 소지가 있다고 보인다.

나. 명의신탁 증여의제 규정의 과세요건

(1) 과세요건의 해석

명의신탁 증여의제 규정의 과세요건은 크게 객관적 요건과 주관적 요건으로 구분할 수 있다. 객관적 요건은 명의신탁재산에 대한 명의신탁의 존재이고 주관적 요건은 조세회피 목적의 존재이다. 객관적 요건은 첫째, 권리의 이전이나 그 행사에 등기 등이 필요한 재산에 대한 명의신탁이어야 하고, 둘째, 실제 소유자와 명의자 사이에 명의신탁 설정에 관한 합의가 존재하여야 하며, 셋째, 명의신탁 합의에 따라 명의개서가 마쳐져야 한다는 요건으로 세분할 수 있다.

명의신탁 증여의제 규정은 조세회피 목적을 추정하여 그 부존재의 입증책임을 납세자에게 부담시키고 있고 회피대상 조세를 증여세에 한정하지 않아 그 적용범위가 광범위하게 되어 있다. 조세회피 목적의 부존재는 내심의 의사로서 이를 입증하는 것은 사실상 불가능한 측면이 있고, 명의신탁은 그 자체로 당초의 목적이 무엇이었는지에 상관없이 조세부담의 감소 가능성은 상존할 수밖에 없어 명의신탁 증여의제 규정은 명의신탁에 대한 일반적 제재로서 기능할 가능성이 높다. 이에 학계에서는 법 개정을 통해 위헌성을 제거하고 법 개정이 이루어지기 전까지는 조세회피 목적의 범위 등을 제한적으로 해석하는 논의가 제기되어 왔다.12) 이러한 점에 비추어 볼 때 명의신탁 증여의제 규정의 과세요건은 명의신탁이 조세회피의 수단으로 악용되는 것을 막는 범위 내에서 제한적으로 엄격하게 해석할 필요성이 있고, 최초 주식 명의신탁이 있더라도 추가적으로 발생하는 주식거래에 대해서는 별도로 과세요건의 해당여부를 판단하여야 하며 만연히 최초 명의신탁의 조세회피 목적 등을 그 추가거래에 대해서까지 연장하여 가져오는 것은 타당하지 않다고 할 것이다.

(2) 객관적 요건: 명의신탁재산에 대한 명의신탁의 존재

명의신탁 증여의제 규정이 적용되기 위해서는 우선 명의신탁 증여의제 규정에서 정하고 있는 대상재산에 해당하여야 한다. 명의신탁 증여의제 대상재산 즉, 권리의 이전이나 행사에 등기 등이 필요한 재산이란 등기 등이 권리이전의 효력 발생요건이거나 대항요건인 재산을 말한다. 부동산 명의신탁은 별도로 부동산실명법에 의하여 규율되고 부동산실명법상 부동산에 대한 명의신탁 약정은 무효이므로 부동산의 경우에는 명의신탁의 존재를 상정하기 어려워 이를 과세대상에서 제외하고 있다. 권리의 이전이나 행사에 등기 등이 필요한 재산이 아닌 예금, 골프회원권 등은 적용대상이 아니다.13) 따라서 명의신탁 대상재산은 거의 대부분 주식이 된다.

다음으로 명의신탁 재산에 대한 명의신탁의 설정 합의가 존재하여야 한다. 대법원은 부동산 명의신탁에 관한 사안에서 명의신탁의 의미에 대하여 당사자간의 신탁에 관한 채권 계약에 의하여 신탁자가 실질적으로 그의 소유에 속하는 부동산의 등기명의를 실체적인 거래관계가 없는 수탁자에게 매매 등의 형식으로 이전하여 두는 것이라고 판시하였다.14) 주식 명의신탁은 타인에게 주주명부상의 명의를 신탁하는 것으로서 부동산의 명의신탁과 다를 이유가 없으므로 타인의

12) 이재교, "명의신탁 증여의제의 조세회피목적에 대한 해석", 법학연구 제10집 제1호, 인하대학교 법학연구소, 2007. 3.; 김관중, "명의신탁재산의 증여의제: 조세회피목적의 합헌적 해석·적용", 재판자료 제108집, 법원도서관, 2005. 12.
13) 대법원 1984. 12. 26. 선고 84누613 판결, 대법원 1987. 3. 24. 선고 86누341 판결.
14) 대법원 1972. 12. 28. 선고 72다1789 판결.

명의를 빌려 주식을 양수하고 그 타인 명의로 주주명부에 명의개서를 하거나 자기의 명의로 된 주식을 타인에게 명의신탁 약정에 따라 이전하고 그 명의로 명의개서한 것을 의미한다고 할 것이다.15) 명의신탁의 설정합의는 추가적인 주식거래에서도 별도로 판단되어야 한다. 명의신탁의 합의가 필요하므로 실제소유자가 명의자의 의사와 관계없이 임의로 명의자 앞으로 등기 등을 하는 명의도용의 경우에는 증여로 의제되지 아니한다.

마지막으로 명의개서가 이루어져야 한다. 명의신탁의 합의가 있더라도 명의개서가 되지 않으면 명의신탁 증여의제 규정을 적용할 수 없다. 주주명부가 작성되지 않은 경우에는 주식등변동상황명세서에 의하여 명의개서 여부를 판단한다.16) 주주명부가 작성되어 있다면 주식등변동상황명세서에 주식소유자 명의가 실제 소유자와 다르게 기재되어 있어도 명의자 앞으로 주식명의개서가 이루어지지 않았다면 명의신탁 증여의제 규정을 적용할 수 없다.17) 추가적인 주식거래에 있어서도 명의개서 여부가 과세요건에 해당한다.

(3) 주관적 요건: 조세회피 목적의 존재

명의신탁 증여의제에 해당하기 위해서는 조세회피 목적이 존재하여야 한다. 조세회피 목적 없이 타인명의로 등기 등을 하는 경우에는 명의신탁 증여의제 규정이 적용되지 않는다.18) 예컨대, 고소득자가 그 소유주식에 대한 배당금이 종합소득에 합산되어 누진세율이 적용되는 것을 회피하거나 법인의 발행주식을 50% 초과하여 소유하는 자가 과점주주 간주취득세나 제2차 납세의무를 회피하기 위하여 타인 명의로 주식을 보유하는 경우 등이 여기에 해당한다. 타인 명의로 등기 등을 하거나 실제소유자 명의로 명의개서를 하지 아니한 경우 그 자체로 일응 조세회피 목적이 추정되므로 조세회피 목적이 없다는 점에 대한 증명책임은 이를 주장하는 명의자에게 있다.19)

대법원 2006. 5. 12. 선고 2004두7733 판결은 명의신탁이 조세회피 목적이 아닌 다른 목적에서 이루어졌고 그 명의신탁에 부수하여 사소한 조세경감이 생기는 경우에는 그와 같은 명의신탁에 조세회피 목적이 있다고 볼 수 없다고 판단

---

15) 권용숙, "주식명의신탁에 있어 명의수탁자의 처분과 법률관계", 판례연구 제22집, 서울지방변호
　　사회, 2008. 8., 6면.
16) 구 상증세법 제45조의2 제3항.
17) 대법원 2014. 5. 16. 선고 2011두11099 판결.
18) 구 상증세법 제45조의2 제1항 단서 제1호 등.
19) 대법원 2009. 4. 9. 선고 2007두19331 판결 등.

하여 당초 조세회피 목적을 넓게 인정하던 종전의 입장을 변경하여 조세회피 목적을 제한적으로 인정하였다. 그러나 이후 대법원은 1인당 주식담보대출한도를 피해 타인명의로 추가대출을 받을 목적으로 주식을 명의신탁한 사안에서 명의신탁을 회피한 종합소득세액이 상당한 액수에 달한다는 이유로 조세회피 목적이 있다고 보았고[20], 법인이 주가관리를 위하여 기관투자자들 명의로 자사주를 취득하여 관리하다가 그로 인하여 발생하는 법인세를 보전해 주어야 하는 문제 등을 감안하여 이를 개인주주들 명의로 다시 이전하여 보유한 사안에서 조세회피 목적을 인정하는 등[21] 다시 조세회피 목적의 존재를 다소 넓게 보고 있다. 요컨대, 조세회피 목적의 존부는 조세회피와 상관없는 뚜렷한 다른 목적이 있고, 명의신탁 당시나 장래에 회피될 조세가 없었다는 점 등의 사정이 인정되는지 여부에 따라 판가름되는 것으로 보인다.

추가적인 주식거래에서의 조세회피 목적의 존부는 더더욱 별도로 판단되어야 한다. 대법원 판례도 명시적이지는 않지만 각 주식거래 단계별로 명의신탁 증여의제의 조세회피 목적의 존부를 판단하고 있다. 대법원은 주식에 대한 기존의 명의신탁이 유지되고 있다가 기존 주주 비율대로 유상증자가 이루어진 대상판결 이전의 사안에서도 각 주식거래를 별도로 보아 조세회피 목적이 없다고 인정하였다. 즉, 제1 주식의 명의신탁은 갑이 을 회사의 설립 당시 상법상 요구되는 발기인 수를 채우는 한편 병을 을 회사에 입사시켜 중용하기 위해서 병의 이름으로 을의 주식을 인수하였고, 제2 주식의 명의신탁은 이후 을 회사가 영위하는 토목공사업의 면허기준을 맞추기 위하여 증자를 실시하면서 종전 소유주식 수에 따라 신주인수권이 부여됨에 따라 병의 이름으로 신주를 추가 인수하게 된 것이므로 각 주식 명의신탁에 있어 병에게 조세회피 목적이 인정되지 아니한다고 판시하였다.[22]

또한, 대법원은 대상판결 이후의 사안에서 2차례에 걸쳐 이루어진 명의신탁에 있어 그 조세회피 목적을 각기 달리 판단하였다 즉, 친족관계인 갑과 을은 주권상장법인 병 회사와 비상장법인 정 회사의 흡수합병절차를 이용하여 병 회사 주식을 무 등의 명의로 취득할 목적으로 정 회사의 제1 주식을 매수하여 무 등 앞으로 명의개서하였고, 병 회사는 무 등에게서 제1 주식을 매수함과 동시에 매

---

20) 대법원 2009. 4. 9. 선고 2007두19331 판결.
21) 대법원 2011. 9. 8. 선고 2007두17175 판결.
22) 대법원 2006. 5. 12. 선고 2004두7733 판결.

매대금을 신주인수대금으로 하는 유상증자가 이루어져 무 등의 명의로 제2 주식이 배정된 후 병 회사가 정 회사를 흡수합병한 사안에서, 제1 주식의 명의신탁에는 조세회피의 목적이 있었다고 볼 수 없으나 제2 주식의 명의신탁에는 조세회피의 목적이 있다고 보았다.[23]

3. 무상증자와 명의신탁 증여의제

가. 무상증자

(1) 의의와 유형

무상증자는 자본잉여금이나 이익잉여금을 자본금에 전입하고 증자된 자본금에 해당하는 신주를 발행하여 기존 주주들에게 주식을 무상으로 배정하는 것이다. 무상증자를 법률적으로 크게 구분하면 준비금(자본잉여금과 이익잉여금 중 이익준비금)의 자본전입을 통하여 신주를 배정하는 경우, 즉 무상신주의 배정[24]과 이익잉여금 중 배당가능이익을 현금으로 배당하지 않고 자본에 전입하는 대신 주식을 배당하는 것, 즉 주식배당[25]을 하는 경우로 구분된다.

(2) 준비금의 자본전입과 무상주 배정

자본준비금과 이익준비금은 자본잉여금과 이익잉여금에서 전입되는 상법상의 준비금으로서 그 적립이 강제된다. 자본잉여금은 자본거래에서 발생하는 잉여금으로서 손익거래에서 발생하는 이익이 아니어서 주주에게 배당할 성질의 것이 아니므로 그 전부를 자본준비금으로 적립하여야 한다.[26] 이익잉여금은 손익거래에서 발생하는 잉여금으로서 회사는 자본금의 2분의 1이 될 때까지 매 결산기 이익배당액[27]의 10분의 1 이상을 이익준비금으로 적립하여야 한다.[28] 이익준비금은 금전 등이 사외로 유출되는 것을 억제하기 위한 것이므로 주식으로 이익배당을 하는 경우에는 이익준비금을 강제하지 않고 금전 또는 현물 등으로 이익배당을 하는 경우에만 이익준비금을 적립하도록 하고 있다.[29] 회사는 이익잉여금 중 일부만 배당하고 나머지를 사내에 유보할 수 있는데 이를 임의적립금이라고 한다.

---

23) 대법원 2013. 9. 26. 선고 2011두181 판결.
24) 상법 제461조, 재평가적립금의 경우에는 자산재평가법 제30조.
25) 상법 제462조의2.
26) 상법 제459조.
27) 이익배당액이란 금전배당 및 현물배당액을 포함한다(이철송, 회사법강의, 박영사, 2016, 957면).
28) 상법 제458조 본문.
29) 상법 제458조 단서 참조.

특정의 사업연도에 배당가능이익으로 배당을 실시하기 전의 자산 · 부채 · 자본을 간단하게 표시하면 다음과 같다. 이익준비금은 전 사업연도까지 적립된 금액이고 배당가능이익은 당해 사업연도의 배당가능이익이다.

자산 = 부채 + 자본

자본 = 자본금 + 자본잉여금(자본준비금 등) + 이익잉여금

이익잉여금 = 이익준비금 + 배당가능이익

회사는 이사회의 결의에 의하여 준비금의 전부 또는 일부를 자본금에 전입할 수 있다.[30] 준비금을 자본금에 전입하면 자본준비금 또는 이익준비금의 일부가 감소하고 그만큼 자본금이 증가하고, 회사는 자본금 증가액을 1주의 액면가로 나눈 수의 신주를 발행하여 주주들에게 그 보유주식 수에 따라 배정한다. 기존주주들이 주금 납입 없이 신주를 취득하므로 이를 무상주라고 한다.

준비금의 자본전입이 이루어지는 경우 준비금 계정에 있던 금액이 자본금 계정으로 이동할 뿐 순자산에는 아무런 변동이 생기지 않고 회사의 수익에도 영향이 없다. 또한 무상주를 기존 주주들에게 그 보유주식 수에 비례하여 배정하므로 기존 주주들의 지분비율에도 차이가 없다. 결국 새로 취득하는 무상주의 가치만큼 기존 주식의 가치가 하락하는 셈이 되어 실질적으로는 기존 주식을 분할한 것이 된다. 이와 같은 이유에서 기업회계기준은 준비금의 자본전입으로 인해 무상주를 취득하는 경우 그 취득자의 자산에 변동이 없는 것으로 보고 있다.[31]

자산재평가법에 의해 회사자산의 가액을 재평가한 경우 그 재평가차액만큼 자산이 증가하는데, 그 상대계정으로 자본잉여금에 재평가적립금을 계상한다.[32] 재평가적립금은 자본금에 전입할 수 있는바,[33] 이는 준비금을 자본금으로 전입한 경우와 같다.[34]

---

30) 상법 제461조 제1항.

31) 기업회계기준 제61조.

32) 자산재평가법 제28조 제1항.

33) 자산재평가법 제28조 제2항 제2호.

34) 하상혁, 앞의 논문, 823-824면.

(3) 주식배당

주식배당이란 주식으로 이익배당을 하는 것, 즉 금전 등으로 이익배당을 하는 대신에 배당가능이익의 일부를 자본금에 전입하고 그 전입금액을 액면가로 나눈 수의 신주를 발행하여 주주들에게 배정하는 것을 말한다. 주주들이 주금납입 없이 위 신주를 취득한다는 점에서 넓은 의미의 무상증자에 해당한다. 주식배당은 이익배당총액(= 금전배당액 + 주식배당액 + 현물배당액)의 2분의 1에 상당하는 금액을 초과하지 못한다.35) 주주총회가 주식배당을 결의하면 당해 주주총회가 종결한 때부터 주주는 새로이 발행된 무상주의 주주가 된다.36)

나. 자본잉여금의 자본전입에 따른 무상주 배정과 명의신탁 증여의제

자본잉여금 내지 자본준비금의 전입에 따른 무상주 배정이 명의신탁 증여의제의 적용대상인지 여부에 대하여 이를 긍정하는 견해와 부정하는 견해가 대립되었다. 이에 대해서 대법원은 명의신탁 증여의제의 적용대상이 아니라는 판결을 선고하였다. 즉, 대법원은 자본잉여금의 일종인 자산재평가적립금을 자본금으로 전입하여 무상주를 분배한 사안에서 원고들 명의의 무상증가분 주식은 소외회사가 자산재평가적립금을 기존 주주들에게 지분비율대로 무상으로 배분한 것으로서 종전의 명의수탁주식이 실질적으로 분할된 것에 불과하여 원고들이 소외인으로부터 기존의 명의수탁주식과 별도로 명의신탁받은 것으로 볼 수 없다고 하였다.37) 그리고 자본잉여금의 일종인 주식발행초과금을 재원으로 무상주를 배정한 사안에서도 주식발행초과금 등 상법상의 자본준비금과 자산재평가법상의 재평가적립금 등의 자본전입에 따라 무상주가 발행된 경우에는 기존 주식의 재산적 가치에 반영되고 있는 주식발행초과금 또는 재평가적립금 등이 전입되면서 자본금이 증가됨에 따라 그 증자액에 해당하는 만큼의 신주가 발행되어 기존 주주에게 그가 가진 주식수에 따라 무상으로 배정되는 것이어서 회사의 자본금은 증가되지만 순자산에는 아무런 변동이 없고 주주의 입장에서도 원칙적으로 그가 가진 주식의 수만이 늘어날 뿐 그가 보유하는 총 주식의 자본금에 대한 비율이나 실질적인 재산적 가치에는 아무런 차이가 없다고 판시하였다.38)

---

35) 상법 제462조의2 제1항 단서.
36) 상법 제462조의2 제4항.
37) 대법원 2006. 9. 22. 선고 2004두11220 판결.
38) 대법원 1989. 12. 22. 선고 88누8548 판결.

이와 같이 대법원의 판시취지는 자본준비금의 전입에 의한 무상주의 배정에 대하여 무상주 배정 전후에 걸쳐 회사의 순자산 및 주주의 지분비율에 아무런 변동이 없고 주주가 보유하는 총 주식의 재산적 가치에도 아무런 차이가 없어 그 무상주는 실질적으로 주식이 분할된 것에 불과하므로 무상주를 별도로 명의신탁을 받은 것으로 볼 수 없다는 것이다.

그러나 명의신탁 증여의제 규정을 적용함에 있어 증여세의 본질을 조세로 본다면 대법원의 논거는 타당하다고 할 것이나 이를 제재로 본다면 위 논거는 적절하다고 보기 어렵다.[39] 실제주주가 명의자에게 주식을 증여한 것을 이유로 증여세가 과세되는 것이 아니라 조세회피 목적으로 차명주식을 보유한 것을 제재하기 위하여 증여세를 과세하는 것이므로 주식 발행법인의 순자산의 증가나 지분비율의 다과를 문제 삼는 것은 타당하지 않다. 이를 굳이 문제삼아 명의신탁 증여의제 규정을 적용하지 않는다면 명의신탁자와 명의수탁자 사이에 무상주에 대한 명의신탁 의사의 합치가 없었다는 것으로 풀어 가거나 아니면 그러한 사정을 추가적인 조세회피 목적의 부재의 근거로 삼는 것이 보다 적절해 보인다. 명의신탁 증여의제 규정의 과세요건이 실제소유자와 명의자가 다른 경우라고 되어 있더라도 당사자 사이에 의사의 합치가 없이 그와 같은 결과가 발생한 경우에는 명의신탁 증여의제를 적용할 수 없는 것이므로 단순히 명의신탁 주식에 기하여 무상주가 배정된 것만으로는 명의신탁 합치의 의사가 있었다고 단정하기는 어려울 것이고, 실제주주가 조세회피 목적으로 그 소유주식에 대해 타인 명의로 명의개서를 한 후 그 명의신탁 주식에 배정된 무상주를 실제주주 명의로 환원시키지 않는 행위는 종전의 명의신탁의 연장선에서 이루어진 행위로서 별도의 추가적인 조세회피의 목적이 있다고는 볼 수 없기 때문이다.

참고로 이익준비금은 이를 적립하는 재원이 이익잉여금이라는 점에서 자본준비금과 차이가 있을 뿐 준비금으로 적립된 후에는 자본의 한 부분을 구성하고 이익배당의 재원으로 사용될 수 없으며[40] 자본금으로 전입할 수 있는 점 등에 있어서 자본준비금과 별다른 차이가 없다. 자본금에 전입된 경우 회사의 순자산과 수익 및 기존주주의 지분비율에 변동이 없고 그에 따라 주주가 보유하는 총 주식의 실질적인 재산가치에도 차이가 없다는 점에서 자본준비금의 경우와 동일

---

39) 하상혁, 앞의 논문, 826－827면.
40) 상법 제462조 제1항.

하다. 따라서 주식 명의신탁 이후에 주식 발행법인이 이익준비금을 자본금에 전입하여 명의수탁자에게 무상주가 배정되는 경우 그 무상주도 자본준비금의 경우와 마찬가지로 명의신탁 증여의제 규정의 적용대상이 되지 않는다고 할 것이다.[41]

4. 이익잉여금의 자본전입에 따른 무상주 배정과 명의신탁 증여의제

가. 문제의 소재

대상판결의 사안은 이익잉여금의 자본전입에 따른 무상주의 교부로서 이익준비금과 주식배당이 같이 이루어진 경우로 보이는바, 이익준비금의 자본전입은 자본준비금의 경우와 별 다른 차이가 없으므로 주식배당을 중심으로 논의한다. 주식배당은 주식으로 이익을 배당하는 것으로서 금전 대신 배당가능이익의 일부를 자본에 전입하여 그 금액을 액면가로 나눈 신주를 주주들에게 배정하는 것으로서 당기의 배당가능이익이 그 원천이 된다. 대법원이 자본준비금을 전입하여 명의수탁자에게 그 보유주식에 비례하여 그 무상주를 배정하는 것은 명의신탁 증여의제의 대상이 아니라고 수차례 판시하여 왔으므로[42], 이익준비금의 자본전입의 경우에는 종전 판례에 의하면 되지만 주식배당의 경우에는 현금배당 후에 그 자금으로 유상증자에 참여하여 신주를 배정받는 경우와 유사하고 소득세법과 법인세법은 자본준비금의 자본전입으로 인한 무상주의 배정과는 달리 이익잉여금의 자본전입에 따른 주식배당에 대해서는 의제배당으로 보아 소득세 및 법인세를 과세하고 있어 명의신탁 증여의제의 적용 여부에 관한 판례의 입장이 주목되었다.

나. 두 가지의 견해의 대립

주식배당에 따른 무상주의 배부에 대해서는 두 가지의 견해가 제시된다. 기본적으로는 당초 명의신탁 주식과는 별도의 무상주 배정에 대하여 명의신탁 증여의제의 과세요건을 충족하는지의 문제이다.

(1) 제1설

제1설은 과세설로서 명의신탁 증여의제의 과세요건과 관련하여 다음과 같은

---

41) 이중교, "무상주 과세의 논점", 특별법연구 제9권, 사법발전재단, 2011, 694면.
42) 대법원 2009. 3. 12. 선고 2006두20600 판결 등.

점을 그 근거로 삼고 있다. 첫째, 이익잉여금의 자본전입에 따라 무상주가 기존 명의수탁자에게 배정된 것은 새로운 주식가치가 창출된 것이므로 그에 대하여 새로운 명의신탁 약정이 존재한다고 본다. 무상증자의 경우 이론적으로 그 발행 법인의 주식의 총가치가 변하지 않는다고 볼 수 있으나 현실적으로는 무상증자로 시장수요가 증가하여 결국 주가상승으로 인한 주식의 실질가치의 증대를 가져오므로 주식배당에 의한 무상주의 발행은 주식분할과는 달리 발행주식수와 자본 모두를 증가시키는 주식거래이다. 뿐만 아니라 무상주가 신주로 발행된 이상 이는 법률상 별개의 재산으로 독립된 가치를 가지므로 종전의 주식과는 구별되는 명의신탁재산에 해당한다.

둘째, 앞서 본 바와 같이 주식배당에 따른 무상주 발행은 현실적으로 주식의 실질가치에 영향을 미치므로 순자산과 지분비율에 변동이 없는 주식분할과는 그 성격이 다르고, 전체 명의신탁 재산의 증가가 있고, 당초 명의신탁에 조세회피 목적이 있는 이상 그 명의신탁 주식에 기하여 추가적으로 수취하는 무상주의 명의신탁에 대해서도 조세회피 목적은 당연히 인정되는 것이다.

셋째, 소득세법 및 법인세법은 주식배당으로 인하여 취득하는 무상주는 배당으로 의제하여 소득세와 법인세를 과세하면서[43) 자본준비금의 자본전입으로 인하여 취득하는 무상주에 대해서는 원칙적으로 소득세와 법인세를 과세하지 않는다. 자본잉여금의 자본전입으로 인한 무상주에 대해서는 소득세를 과세하지 않는 것은 이로 인한 주주의 재산증가가 없기 때문인 반면 이익잉여금의 자본전입의 경우에는 이로 인한 주주의 재산증가가 있으므로 별도로 증여의제로 과세하는 것이므로 증가된 재산에 대해서도 명의신탁이 성립한다고 보아야 한다.

(2) 제 2 설

제2설은 비과세설로서 다음과 같은 점이 근거로 제시된다. 첫째, 이익잉여금의 자본전입으로 인한 무상주에 대한 명의신탁의 합치가 없다는 것이다. 대법원 판례는 자본준비금의 자본전입에 따른 무상주의 배정은 기존 명의신탁 주식의 실질적 분할에 해당하기 때문에 별도 재산의 명의신탁 약정이 없다고 보고 있는데, 이익잉여금의 자본전입에 의한 주식배당의 경우도 차이가 없다. 주식배당을 실시하면 배당가능이익의 일부가 감소하고 그에 상당하는 자본금이 증가하며 그 자본금의 액면가에 상당하는 신주가 발행되어 기존주주들에게 배분된다. 이 경우

---

43) 소득세법 제17조 제1항 제3호, 제2항 제2호 본문, 법인세법 제16조 제1항 제2호 본문.

배당가능이익이 자본금 계정으로 이동할 뿐 회사의 순자산에는 아무런 변화가 없고 기존주주들이 지분비율에 따라 무상주를 수취하므로 기존주주들의 지분비율에도 변화가 없다는 점에서 자본준비금의 전입의 경우와 별다른 차이가 없다. 명의신탁 증여의제 규정은 명의신탁자가 조세회피 목적으로 적극적으로 명의수탁자에게 신규재산을 명의신탁하는 행위가 전제되는데 주식배당에 의한 무상주의 배분은 신규재산이라고도 볼 수 없고 기존 주주가 별도의 신주인수절차 없이 신주의 주주가 되므로 적극적인 명의신탁행위도 존재하지 않는다.

둘째, 주식배당에 따른 무상주의 배부에는 조세회피 목적도 존재하지 않는다. 실제 주주가 조세회피 목적으로 그 소유주식에 대해 타인 명의로 명의개서를 한 후 당해 주식을 발행한 법인이 주식배당을 실시함에 따라 그 명의신탁주식에 대해 무상주가 배정된 경우 위 주식배당의 전·후에 걸쳐 회사의 순자산, 수익 및 주주들의 지분비율에 변동이 없으므로 기존주식의 명의신탁과 무상주가 배정된 후의 조세회피의 가능성과 범위에 별다른 차이가 없다. 또한 주식배당에 의한 무상주의 배정은 당초 명의신탁과는 구분되는 별개의 주식거래이므로 조세회피 목적 또한 별도로 판단되어야 하므로 당초 명의신탁 주식에 조세회피 목적이 있다는 이유만으로는 부족하고 무상주 배정에 추가적인 조세회피 목적이 있어야 하는데 주식분할의 경제적 성질을 가지는 무상주의 배정을 이유로 추가적인 조세회피 목적을 인정하기는 어렵다고 할 것이다.

셋째, 이익잉여금의 자본전입은 소득세법 제17조 제2항 제2호 규정에서 의제배당으로 보아 소득세를 부과하지만 무상주에 대해서 이를 의제배당으로 보아 소득세를 과세할 것인지 여부는 소득세 입법정책의 문제인 것이고, 명의신탁 증여의제의 해당 여부는 그 과세요건에 따라 달리 판단되어야 한다는 것이다. 또한 소득세법 제17조 제2항 제2호는 잉여금을 자본에 전입하여 취득하는 주식을 의제배당소득으로 규정하면서 단서의 각호 규정에서 자본잉여금을 자본에 전입하는 경우의 일부[44]만을 의제배당에서 제외한다고 규정하여 자본잉여금의 상당부분도 의제배당소득으로 과세되므로 의제배당 여부가 자본잉여금과 이익잉여금의 구별을 결정짓는 기준이 될 수 없고, 그러한 기준으로 명의신탁 증여의제 규정을 적용한다면 대법원 판례의 입장과는 달리 일정한 자본잉여금의 자본전입의 경우

---

44) 자본준비금 중에서도 채무출자전환으로 주식을 발행하는 경우로 당해 주식 등의 시가를 초과하여 발행된 금액, 합병평가차익, 분할평가차익, 일정한 자기주식소각이익은 의제배당으로 과세된다.

도 같이 과세가 되어야 하는 문제가 발생한다. 따라서 소득세법상 의제배당 규정을 들어 주식배당을 그 실질적 성격과 달리 별도의 명의신탁으로 보아야 한다는 제1설의 근거도 타당하지 않다.[45]

다. 대상판결의 입장

대상판결은 제2설의 입장에서 명의신탁 증여의제 규정은 실질과세원칙의 예외로서 명의신탁이 조세회피의 수단으로 악용되는 것을 방지하기 위하여 조세정의를 실현하는 한도 내에서 제한적으로 적용되는 규정이라고 전제하면서 명의신탁 증여의제의 과세요건 중 명의신탁 증여의제의 객관적 요건인 명의신탁 설정의 합의에 관하여는 자본준비금의 전입에 따른 무상주 배정과는 달리 명의신탁의 합의가 없었다고 보지는 않은 대신에 이익잉여금의 자본전입에 따른 무상주가 배정되더라도 주식 발행법인의 순자산이나 이익 및 실제 주주의 지분비율에 변화가 없다는 사정을 토대로 추가적인 조세회피의 목적이 인정되지 않는다고 하여 명의신탁 증여의제의 규정이 적용될 수 없다고 보았다.

5. 대상판결의 평가와 전망

가. 대상판결의 의의

대상판결은 이익잉여금의 자본전입에 따라 명의수탁자가 수취하는 무상주에 대하여 명의신탁 증여의제 규정을 적용하지 않은 최초의 판결로서 의의가 크다. 이익잉여금의 자본전입에 따른 무상주의 배정이 별도의 주식거래로서, 당초의 명의신탁과는 별도로 명의신탁 증여의제의 과세대상 여부를 판단하여야 함을 전제로, 자본준비금 전입의 경우와는 달리 명의신탁이 존재한다는 점은 사실상 인정하는 대신에 순자산이나 지분비율에 변동이 없다는 점에 근거하여 추가적인 조세회피 목적이 없다는 논거에서 명의신탁 증여의제의 적용을 배제함으로써 명의신탁 증여의제에 있어서 조세회피 목적이 중요한 판단 기준이 된다는 점을 명확하게 확인하였다. 그리고 대상판결은 주식의 명의신탁 후에 통상 추가로 행해지는 주식거래에 대하여 당초 명의신탁의 조세회피 목적을 그대로 가져와 이를 인정하기 쉽지만 그에 불구하고 무상주 배정의 개별 주식거래의 법적 성격을 분석

---

45) 이상우, "신주배정에 대한 명의신탁 증여의제 규정의 적용", 조세실무연구 2, 김·장 법률사무소, 2011, 59-60면.

하여 조세회피 목적을 별도로 판단하였다는 점에도 의미가 있다. 나아가 명의신탁 증여의제 규정이 실질과세원칙에 대한 예외로서 제한적으로 적용되어야 한다고 하여 그 적용범위를 제한하는 의미 있는 판시를 하면서도, 특별한 사정이 있는 경우에는 이익잉여금의 자본전입에 따른 무상주 배정에 대해서도 명의신탁 증여의제의 적용대상이 될 수 있다고 하여 구체적인 사정에 따라 다른 판단 여지를 유보하는 다소 탄력적인 입장을 취하였다.

나. 유상증자와 명의신탁 증여의제

주식 발행법인의 자본금은 증자행위 즉, 무상증자와 유상증자에 의하여 증가하고, 이는 주식 발행법인과 명의수탁자 사이의 주식거래로서 자본잉여금의 전입에 의한 무상주의 배정, 이익잉여금의 전입에 의한 무상주의 배정, 유상증자 참여로 인한 유상주의 배정의 순서로 주식 발행법인의 순자산의 변동 정도와 명의수탁자의 거래관여도가 증가한다고 볼 수 있다. 이러한 연속선상에 있는 증자거래에 관하여 대상판결 이전에 자본잉여금의 자본전입에 따라 배정된 무상주에 대해서는 명의신탁에 따른 증여세 과세를 부정하는 판결이 있었고 나아가 대상판결에서는 이익잉여금의 자본전입에 의한 무상주에 대해서도 같은 입장을 취하였으나 그에 반해 유상증자로 배정된 신주에 대해서는 명의신탁에 대해서는 조세회피 목적이 있다는 이유로 한 증여세 과세를 긍정한 대법원 판결[46]이 있었다.

그러나 유상증자에 대해서도 대상판결의 판시 취지 및 다음과 같은 사정에 비추어 명의신탁 증여의제 규정의 적용은 합리적인 범위로 제한되어야 할 것이다. 우선 대상판결에서 주식 발행법인의 순자산의 증가가 없고 기존주주의 지분비율에 변동이 없다는 사정을 명의신탁의 부존재나 조세회피 목적의 부존재로 삼고 있는바, 이익잉여금의 자본전입의 경우는 현금배당 후에 유상증자 참여의 실질을 가지므로 균등 유상증자와 비교하여 별다른 차이가 없을 뿐 아니라 유상증자의 신주인수는 명의수탁자에 귀속하는 것이므로 명의수탁자가 신주의 명의를 가진다고 하여 명의신탁관계가 성립하는 것은 아니다. 대법원은 주식을 취득한 실질주주가 따로 있음에도 주주명부에 기재된 명의상 주주에게 유상증자 등을 통하여 신주가 배정된 사안에서 그 신주인수권 및 새로 발행된 신주는 명의상의 주주에게 귀속하는 것으로 판결하였다.[47] 만일 명의신탁 주주들이 유상증자

---

46) 대법원 2006. 9. 22. 선고 2004두11220 판결.

에 참여하지 않는 경우 별도의 주주간 이익분여에 의한 증여세 문제가 제기된다는 점을 보더라도 균등 유상증자의 경우에는 이를 무상증자와 구분하여 달리 취급할 이유가 없다. 주식 발행법인으로부터 주식을 배정받는 수동적 주식거래인 무상주의 배정에 대해서 명의신탁 증여의제를 인정하지 않는다면 적극적 주식거래인 균등 유상증자에 따른 유상주 배정을 무상주 배정과 질적 차이가 있는 것으로 보아 별도로 증여세를 과세할 필요성은 적다고 할 것이다.

또한, 대상판결이 조세회피 목적의 판단에 있어 기존주식의 명의신탁에 의한 조세회피 목적 외에 추가적인 조세회피 목적을 요구하고 있는바, 이러한 점은 유상증자에 대하여도 동일하게 고려될 수 있다. 오히려 유상증자는 사업상의 필요에 의하여 자본금을 외부에서 조달하는 경우로서 내부적인 자본의 계정 재분류에 해당하는 무상증자에 비하여 사업상의 목적이 존재할 가능성이 높고, 정당한 사업목적에 따라 기존 지분비율과 동일하거나 유사하게 신주가 배정된 경우라면 조세회피 목적인 부인되는 이익잉여금의 자본전입에 따른 무상주의 배정과 달리 볼 이유가 없다.

그동안 판례는 유상증자로 배정된 신주에 대하여 조세회피 목적을 인정하여 명의신탁 증여의제규정을 적용하였는바,[48] 향후 유상증자 특히 균등 유상증자에 대해서도 대상판결의 사안에서와 같이 명의신탁 증여의제 규정의 합리적 해석 · 적용이 이루어지기를 기대한다.

---

47) 대법원 2010. 2. 25. 선고 2008다96963 판결.
48) 대법원 2006. 9. 22. 선고 2004두11220 판결, 대법원 2013. 3. 28. 선고 2010두24968 판결.

5

지방세법

지방세법상 부동산신탁의 과세쟁점*

I. 들어가는 말

우리나라의 신탁제도는 1961년 신탁법의 제정에 의하여 정식으로 도입되었다.[1] 영미법에서 유래[2]한 신탁은 도입 당시 대륙법계인 우리나라에서는 다소 생소한 제도였지만 반세기가 지나면서 우리 법제에도 깊숙하게 뿌리를 내렸다. 특히 2011년 신탁법의 전면개정을 통하여 자금조달을 쉽게 하고 자산관리의 다양성을 높일 수 있는 담보권신탁 등 새로운 신탁유형을 도입하고, 수탁자의 의무강화를 통하여 수익자의 지위를 제고하는 규정 등이 포함되면서 크게 도약할 수 있는 제도적 발판이 추가로 보강되었다.[3]

다른 거래와 마찬가지로 신탁에서도 소득세 등 국세와 취득세 등 지방세의 과세문제가 발생한다. 신탁의 과세문제는 전형적인 민사 또는 상사법리와 차별되는 영미법상 신탁 특유의 논리로 인하여 복잡성과 불확실성이 현저하다. 우리나라의 경우 개별세법에는 신탁에 관한 소수의 규정이 산재해 있고 체계적이지도 못하여 신탁의 세법상 쟁점 판단의 대부분을 해석론에 의지하고 있어 더욱 그러하다.

다양한 신탁 중 세법상의 전형적 쟁점을 다수 내포하는 것이 부동산신탁이다.[4] 가치를 표상하는 금전 자체가 신탁재산인 금전신탁의 경우에는 파생되는

---

* BFL 제94호 (2019. 3.)

1) 근대적 의미의 신탁제도는 조선총독부가 총독부령을 통하여 1920년 일본의 담보부사채신탁법을, 1931년 일본의 신탁법을 의용하면서 최초로 도입되었다(광장신탁법연구회, 주석 신탁법, 박영사, 2015, 4-5면).

2) 이중기, 신탁법, 삼우사, 2007, 24면.

3) 이하 종전 신탁법과 전면 개정 신탁법의 구별이 필요한 경우에는 종전 신탁법을 '구 신탁법', 전면 개정 신탁법을 '개정 신탁법'이라 한다.

4) 부동산신탁 시장은 급격하게 성장하고 있는바, 2018. 10. 현재 그 시장규모는 239조 원에 이르

과세문제가 상대적으로 적은 반면, 부동산신탁은 신탁재산이 부동산이기 때문에 세법상으로도 많은 규제가 온존하고 있고, 그 중에서도 지방세법상의 과세문제가 두드러진다. 또한 신탁에서 창출되는 수익권에 대해서도 같은 문제가 발생하는 바, 지방세법상 신탁의 과세논점을 정리하여 납세자의 예측가능성과 법적 안정성을 제고할 필요가 있다. 이 글에서는 부동산신탁에 대한 지방세법상의 주요 세목인 취득세와 재산세의 과세쟁점에 관한 해석론에 대하여 주로 검토하고 이에 대한 평가 및 시사점에 대해서도 간단히 논의하고자 한다.

Ⅱ. 신탁법상 부동산신탁제도

1. 신탁법상 신탁

가. 신탁의 의의

신탁법상 신탁이란 신탁을 설정하는 위탁자와 신탁을 인수하는 수탁자 사이의 신임관계에 기하여 위탁자가 수탁자에게 특정의 재산을 이전하거나 담보권의 설정 또는 그 밖의 처분을 하고 수탁자로 하여금 수익자의 이익 또는 특정한 목적을 위하여 그 재산의 관리·처분·운용·개발 그 밖의 신탁 목적 달성을 위하여 필요한 행위를 하게 하는 법률관계를 말한다.[5] 신탁은 유언이나 신탁선언의 방법에 의해서도 가능하지만 대부분은 위탁자와 수탁자 사이의 신탁계약에 의해 설정된다.

신탁의 장점으로는 수탁자가 파산하는 경우에도 수익자의 이익을 보호할 수 있는 '도산격리기능', 수익자의 이익에 대해서만 과세하고 수탁자에 대해서는 과세하지 않는 '조세편의기능', 위탁자의 이익을 위해 수탁자의 권한이 행사되도록 하는 '신임관계의 창설', 신탁당사자의 의견을 최대한 존중하는 '체계의 유연성'이 제시되고 있다.[6] 그 중에서도 핵심은 도산격리기능으로 담보신탁에서 더욱 중요하다. 다른 관점에서 보면 이러한 장점들은 하나의 재산권을 분리하여 각 요소의 독립성을 만들어 내는 기능을 수행한다고 평가된다. 이를 통해 재산권의 단일한

고 담보신탁이 전체 신탁재산의 66%를 차지하고 있다(금융투자협회 http://freesis.lofia.or.kr/).
5) 신탁법 제2조.
6) John H. Langbein, "The Secret Life of the Trust: The Trust as an Instrument of Commerce", *107 Yale L. J. 165* (1997), pp. 179-185.

외형을 유지하면서 각각 목적에 상응하는 독립요소를 창설하여 거래의 대상으로 삼을 수 있는 것이다.[7)]

신탁법상 신탁은 명의신탁과 구분된다. 명의신탁은 명의신탁자가 대내적으로 소유권을 보유하고 이를 관리·수익하면서 공부상 소유명의만을 명의수탁자 앞으로 해 둔다는 점[8)]에서 대내외적으로 소유권이 이전되는 신탁법상 신탁과 차이가 있다.[9)]

나. 신탁관계인 및 신탁재산과 수익권

신탁의 설정에 따라 신탁재산이 위탁자로부터 수탁자에게 이전되고 수익자에게는 수익권이 발생한다. 신탁관계인인 위탁자, 수탁자, 수익자 및 신탁재산과 수익권이 신탁의 기본요소를 이룬다.

(1) 위탁자

위탁자란 신탁설정자로서 신탁설정 단계에서 신탁재산을 출연하고 신탁의 목적을 정하는 등 주도적 역할을 담당한다.[10)] 신탁은 수익자에게 신탁재산에 대한 권리를 귀속시키는 것이지만 위탁자도 신탁재산에 대해 다양한 권리를 보유한다. 즉, 위탁자에게는 수탁자 해임권, 신수탁자 선임권, 신탁재산 강제집행 이의권, 신탁종료권[11)] 등 다수의 권리가 인정되고 있다.[12)] 영미법계인 미국에서는 신탁의 설정으로 신탁재산이 위탁자로부터 분리되는 것으로 보아 위탁자의 권한을 제한하고 있는 반면 우리나라는 수탁자의 감독을 위하여 위탁자에게 비교적 폭넓은 권한을 인정하고 있다.

위탁자의 지위는 신탁행위에서 정한 방법에 따라 제3자에게 이전될 수도 있다.[13)] 이는 개정 신탁법에 의하여 인정된 것으로 토지신탁의 경우 사업시행자가

---

7) 이를 재산권의 실질은 유지하면서 각각 목적에 상응하도록 재산권을 다른 형태로 변환하는 '전환기능'을 가진다고 표현하기도 한다(최수정, 신탁법, 박영사, 2016, 28면).

8) 대법원 1994. 10. 14. 선고 93다62119 판결.

9) 또한 명의신탁은 그 관계가 외부에 공시되지 않는 은닉형 신탁인 반면 신탁법상의 신탁은 그 관계가 외부에 공시되는 공개형 신탁이라는 점에서도 차이가 있다(이중교, "신탁법상의 신탁에 관한 과세상 논점", 법조 제639호, 법조협회, 2009. 12., 320면).

10) 이중교, 앞의 논문, 322-323면.

11) 신탁법 제16조, 제21조, 제22조 및 제99조.

12) 그 밖의 권리에 대해서는 신탁법 제14조, 제40조, 제43조, 제47조, 제88조, 제91조, 제95조 및 제100조 등 참조.

13) 신탁법 제10조 제1항.

파산하더라도 위탁자 변경을 통해 원활한 사업 진행이 가능하게 되었다.

(2) 수탁자

수탁자는 신탁재산에 대한 권리·의무의 귀속주체이다. 신탁목적의 달성을 위하여 신탁재산을 처분·관리하는 권한을 가진다. 수탁자는 신탁재산의 소유자로서 완전한 지배권을 보유하지만 신탁의 본지에 따라 선량한 관리자의 주의의무로 신탁재산을 관리하고 수익자의 이익을 위하여 신탁사무를 처리하여야 한다. 또한 수탁자의 이해상충행위가 금지되고 신탁재산을 자신의 고유재산이나 다른 신탁재산과 구별하여 관리해야 한다.14)

수탁자의 지위는 이전될 수 있다. 구 신탁법은 수익자와 위탁자의 승낙을 수탁자의 사임요건으로 요구하였으나15) 개정 신탁법은 수탁자의 임무 종료의 경우 위탁자와 수익자는 합의하여, 만일 위탁자가 없으면 수익자 단독으로 각 신수탁자를 선임할 수 있도록 하여16) 수탁자 지위이전을 용이하게 하였다.

(3) 수익자

수익자는 수탁자로부터 신탁이익을 받을 자이고 수익자가 가지는 권리는 수익권으로 표현된다. 수익자가 수익의 의사표시를 하지 않아도 수익권은 발생한다. 수익자는 신탁재산에 대한 인도와 그 밖에 신탁재산에 기한 급부를 요청할 수 있는 수익채권을 가진다. 그 밖에도 다양한 권리를 보유하는데, 위탁자 지위이전 동의권, 수탁자 해임청구권, 신탁재산에 대한 원상회복 및 손해배상청구권, 신탁목적에 반한 법률행위 취소권17)이 대표적이다. 수익자는 수익권의 성질상 양도를 허용하지 않은 경우 외에는 자유롭게 수익권을 양도할 수 있다.18)

(4) 신탁재산과 수익권

신탁재산이란 신탁설정에 따라 수탁자가 위탁자로부터 이전받아 신탁의 목적에 따라 관리·처분하여야 할 대상을 말한다. 위탁자가 신탁계약을 통해 신탁재산을 수탁자에게 이전하면 수탁자는 그 신탁재산에 대해 완전한 소유권을 취득한다.19) 신탁재산에 대해서는 위탁자의 채권자나 수탁자의 고유재산의 채권자

14) 수탁자의 권리는 신탁법 제32조, 제33조, 제34조, 제37조, 제38조, 제46조 및 제47조 등이 규정하고 있다.
15) 구 신탁법 제13조 제1항.
16) 신탁법 제21조 제1항.
17) 신탁법 제10조 제2항, 제16조, 제43조 및 제75조.
18) 신탁법 제61조, 제62조 및 제64조.
19) 대법원 2008. 3. 13. 선고 2007다54276 판결, 대법원 2003. 1. 27. 선고 2000마2997 판결.

로부터 강제집행이 금지되며[20] 수탁자의 고유재산과 분별하여 관리된다.[21] 신탁재산의 독립성은 위탁자 및 수탁자의 관계에서 신탁재산을 파산위험으로부터 격리시키는 것으로 수익자의 보호를 위한 것이다.

수익권에 대해서는 수익자가 그 지위에서 가지는 수익채권을 중심으로 한 여러 가지 권리와 수익자의 지위에서 부담하는 의무의 총체를 수익권으로 이해하는 견해[22]와 수익자가 부담하는 의무를 제외하고 그가 가지는 권리만을 수익권으로 보는 견해가 있다.[23] 수익권은 수익자의 지위를 표창하는 것으로서 원본수익권, 수입수익권, 신탁재산 종료시 신탁재산인도청구권[24]으로 구성되는 협의의 수익권과 신탁재산보호권[25]과 수탁자감독권[26]을 포함하는 광의의 수익권으로 구분할 수 있다.[27]

2. 부동산신탁

가. 부동산신탁의 의의

부동산신탁은 신탁 설정 당시의 신탁재산이 토지와 건물 등 부동산인 신탁이다. 부동산신탁은 부동산의 고유한 특성이 법률관계에 반영된다는 점에서 일반신탁과 차이가 있다.

부동산은 등기할 수 있는 재산권이므로 신탁등기를 함으로써 제3자에게 대항할 수 있다.[28] 신탁등기는 등기관이 위탁자, 수탁자, 수익자 및 신탁관리인의 인적사항, 신탁의 목적, 신탁재산의 관리방법, 신탁종료사유 등이 기재된 신탁원부를 작성하고 등기기록에는 그 신탁원부의 번호를 기재하는 방법에 의한다.[29]

신탁재산인 부동산의 관리, 처분, 운용, 개발, 멸실, 훼손 그 밖의 사유로 수

---

20) 신탁법 제22조 제1항.

21) 신탁법 제37조.

22) 최수정, "개정 신탁법상의 수익권", 선진상사법률연구 제59호, 법무부 상사법무과, 2012. 7., 142면.

23) 이근영, "신탁법상 수익자의 수익권의 의의와 수익권포기" 민사법학 제30호, 삼진인쇄공사, 2005. 12., 187면.

24) 신탁법 제101조 제1항 본문.

25) 신탁법 제22조 제2항, 제43조 제1항, 제3항, 제75조 제1항, 제88조 제3항.

26) 신탁법 제12조 제2항, 제13조 제2항, 제16조, 제21조, 제40조 제1항 및 제2항, 제77조 제1항, 제103조 제1항.

27) 이계정, 신탁의 기본법리에 관한 연구, 경인문화사, 2017, 106 – 107면.

28) 신탁법 제4조 제2항.

29) 부동산등기법 제81조 제1항.

탁자가 얻은 재산은 신탁재산에 속한다.[30] 민법상 물상대위[31]에 의한 대위물의 범위는 대상재산의 변형물에 국한하나 신탁은 대위물 뿐만 아니라 신탁재산으로 부터 발생한 천연과실 · 법정과실 모두를 포함한다.

나. 부동산신탁의 유형

신탁은 크게 수익자에게 신탁이익을 귀속시키기 위한 수익자신탁과 수익자가 없는 목적신탁으로 대별된다. 수익자신탁에는 위탁자 자신이 수익자의 지위를 겸하는 자익신탁과 제3자가 수익자가 되는 타익신탁이 있다. 또한, 영리신탁과 비영리신탁, 금전신탁과 비금전신탁으로 구분되기도 한다. 비금전신탁인 부동산 신탁은 주로 수익자신탁 · 목적신탁 및 영리신탁의 성격을 가지는데 그 유형은 관리신탁 · 처분신탁 · 담보신탁 · 개발신탁이 있다. 개별 유형에 따라 수탁자의 업무범위도 상이하다. 신탁설정 후에 신탁재산의 종류가 변경되어도 설정 당시 신탁재산의 현황에 따라 금전신탁이나 비금전신탁으로 분류되므로[32] 금전으로 신탁설정되는 부동산투자신탁[33]은 부동산신탁에서 제외된다.

개발신탁은 토지의 효율적 개발을 통한 수익창출을 목적으로 위탁자가 전문 토지개발업체인 수탁자에게 토지를 신탁하고, 수탁자는 신탁계약에서 정한 바에 따라 개발자금의 조달, 건축물의 건설 및 임대 · 분양, 건축물의 유지 · 관리 등 토지의 개발업무를 행하며, 그로 인하여 발생하는 신탁수익을 수익자에게 교부하는 신탁이다.[34] 토지신탁이라고도 한다.

담보신탁은 위탁자가 토지를 담보목적으로 수탁자에게 신탁하는 부동산신탁이다. 담보신탁에서는 채무자가 위탁자가 되고 채권자가 수익자가 되며 통상 신탁회사가 수탁자가 된다. 위탁자는 수익자에 대한 자신의 채무이행을 담보하기 위하여 자신이나 제3자 소유의 부동산을 수탁자에게 이전하고 수탁자는 일정기간 그 부동산을 소유 · 관리하다가 채무가 정상적으로 이행되면 그 부동산의 소유권을 위탁자에게 반환하고 만일 채무가 불이행되면 부동산을 처분하여 그 대

---

30) 신탁법 제27조.
31) 민법 제342조, 제355조 및 제370조.
32) 최호석, 신탁법, 한국법학교육원, 2014, 28면.
33) 투자신탁은 일반투자자들이 재산을 자산운용회사에 맡기고 자산운용회사는 이를 투자자를 대신하여 유가증권, 부동산 등에 투자하여 그 수익을 투자자에게 나누어 주는 형태의 신탁으로 부동산에 투자하는 경우 부동산투자신탁이라고 한다.
34) 신영수 · 윤소연, "부동산신탁의 쟁점", BFL 제62호, 서울대학교 금융법센터, 2013. 11., 87면.

금으로 채무를 변제하며 잔액이 있는 경우 이를 위탁자에게 반환한다.

처분신탁은 위탁자가 처분 목적으로 수탁자에게 부동산을 이전하고 수탁자가 그 부동산을 처분하여 그 처분대가를 수익자에게 정산하여 주는 신탁을 말한다. 주로 권리관계가 복잡하여 처분절차에 어려움이 있는 부동산이나 고가의 부동산으로서 매수자가 제한되어 있는 부동산, 잔금 청산일까지 장기간이 소요되어 소유권의 관리에 안전을 요하는 부동산 등을 안정적으로 처분하기 위해 이용되는 신탁이다.[35]

관리신탁이란 부동산의 효율적인 관리를 목적으로 부동산 소유자가 부동산을 수탁자에게 신탁하고 수탁자가 소유자를 대신하여 임대차관리 · 시설유지관리 등 일체의 관리업무를 수행하고 그로 인하여 발생하는 신탁수익을 수익자에게 교부하는 신탁을 말한다.

Ⅲ. 지방세법상 부동산 신탁세제의 주요 논점

1. 논의의 범위와 순서

우리나라 지방세법[36]상 부동산 신탁세제의 대표적인 세목은 취득세와 재산세이다. 2018년 기준 전체 지방세수 약 84조 원 중 취득세가 약 24조 원, 재산세가 약 12조 원을 차지하고 있고[37] 그 과세대상이 주로 부동산으로 신탁세제와도 밀접하게 관련되어 있다. 부동산신탁에 관한 지방세 중 취득세는 사실상 취득자가 납세의무자가 되는데 신탁에 대해서는 일부 비과세 한다. 재산세는 사실상 소유자가 납세의무자가 되나 신탁에 대해서는 수탁자가 납세의무자라고 규정하고 있는 외에 다른 구체적인 규정을 두고 있지 않다. 연혁적으로는 재산세의 경우 납세의무자가 위탁자나 수탁자로 수차례 변경되어 왔다. 신탁에서는 수탁자라는 신탁재산에 대한 사용 · 수익 · 처분권한을 향유하는 주체가 있음에도 위탁자와 수익자가 수탁자와 신탁재산에 대해 일정한 권리를 가지고 있다는 사정 때문에,

---

35) 김승호 · 이진우, "부동산신탁과 조세 1", 국세 제605호, 국세청, 2017. 6., 55면.
36) 지방세법은 2010년 3월 31일 법률 제10221호로 전면 개정되었는바, 이하 그 전면 개정 전후로 지방세법을 달리 지칭하는 경우에는 종전 지방세법을 '구 지방세법', 위 전면 개정된 지방세법을 '개정 지방세법'이라 한다.
37) 2019 지방세통계연감 참조.

누구를 납세의무자로 보아야 하는지에 대하여 다른 견해의 여지가 있다. 신탁과
세이론으로는 신탁도관론과 신탁실체론이 있는데, 신탁도관론이나 신탁실체론
중 어느 관점에서 세법 규정을 해석하는지에 따라 판이한 결론에 이를 수 있다.
그동안 납세의무자 판정에 대한 여러 해석론에 따라 신탁세제의 혼란이 있어 왔
고, 다양한 유형의 신탁거래에 대하여 구체적이고 명확한 규정이 없어 과세관청
과 납세자 사이에 다수의 분쟁이 발생하고 있다. 이를 해결하기 위해서는 우선
그 이론적 근거를 이루는 신탁과세이론과 거래단계에서 발생하는 취득세와 재산
세의 구체적 논점에 대한 검토와 분석이 필요하다.

2. 신탁과세이론

가. 신탁과세이론의 의의

우리 민사법의 체계상 권리 · 의무의 주체는 인격을 가진 자연인과 법인뿐이
고, 사법상 신탁재산은 권리 · 의무의 주체가 될 수 있는 법인격이 없는 것으로
이해되고 있다. 그러나 신탁재산을 신탁의 당사자와 구별되는 독립성을 갖는 것
으로 취급하는 신탁법상의 규정이 다수 존재하고,[38] 사회적 · 경제적으로도 신탁
은 법인과 비슷한 기능을 수행하고 있으며[39] 대법원은 신탁의 법적 형식을 존중
하여 수탁자의 완전한 소유권을 인정하고 수익자는 신탁재산에 대하여 채권을
가지고 있다고 보고 있는 점[40] 등에 비추어 신탁세제에서는 신탁관계인인 위탁
자 · 수탁자 · 수익자 중 누구를 납세의무자로 보는 것이 타당한지, 나아가 신탁재
산 자체를 세법상 독립적인 과세단위로 취급하여야 하는지에 관한 신탁과세이론
을 검토할 필요성이 있다. 이에 관하여 '신탁도관설'과 '신탁실체설'이 대립하고
있다.[41]

나. 신탁도관설

신탁도관설은 신탁을 수익자에게 소득을 분배해 주는 도관(conduit)으로 보
기 때문에 신탁재산은 독립한 납세의무자나 과세단위가 아니라는 견해이다. 따라

---

38) 예컨대, 신탁의 공시와 강제집행의 금지 등을 규정하고 있는 신탁법 제4조, 제22조 내지 제30조
   를 들 수 있다.
39) 이창희, 세법강의, 박영사, 2017, 515면.
40) 대법원 2002. 4. 12. 선고 2000다70460 판결 등.
41) 김동수 · 마영민, "신탁과 세법", BFL 제17호, 서울대학교 금융법센터, 2006. 5., 319면.

서 신탁재산의 배후에 존재하는 수익자나 위탁자가 납세의무자가 된다. 세법상 실질과세의 원칙[42]에 부합한다는 것이 주요 논거이다. 이 견해에 따르면 신탁소득에 대한 과세는 분배하기 전의 운용과정에서 발생한 소득의 내용에 의해 결정된다. 따라서 주식이나 채권의 매매차익과 같이 수익자 단계에서 비과세되는 소득에 대해서는 세금을 매길 수 없다.[43] 재산세와 취득세의 경우 신탁도관설에 따르면 위탁자나 수익자가 납세의무자가 된다.

다. 신탁실체설

신탁실체설은 세법상 신탁재산 자체에 실체가 있다고 보아 신탁재산을 세법상 법인과 유사한 실체로 인정하는 견해이다. 신탁재산의 법률상 소유권이 수탁자에게 있고 신탁재산에 귀속되는 모든 수입과 지출은 외견상 신탁재산에 귀속되는 것으로 나타난다는 점이 핵심 논거이다.[44] 신탁실체설은 신탁재산 그 자체를 하나의 독립된 과세상 주체로 인정하여 세법을 적용하자는 견해와 수탁자를 과세주체로 하여 신탁세제를 운영하자는 견해로 나뉜다.[45] 신탁재산 자체를 하나의 납세의무자로 인정하고 운용과정에서 발생한 소득과 수익자가 신탁재산으로부터 받는 분배금을 구별한다. 법인세와 유사하게 신탁재산에서 발생한 소득은 위탁자, 수익자 및 수탁자의 다른 재산에서 발생한 소득과 구분되어 독립적으로 과세된다.[46] 수익자가 신탁재산으로부터 받은 분배금은 그 원천을 따지지 않고 모두 통산하여 단일소득으로 과세한다. 취득세나 재산세의 경우 신탁실체설에 따르면 수탁자나 신탁재산이 납세의무자가 된다.

3. 취득세의 과세쟁점

가. 논점과 연혁

취득세는 부동산, 차량, 기계장치, 항공기, 선박, 입목, 광업권, 어업권, 골프회원권 등을 취득한 자에게 부과된다.[47] 취득세는 재화의 이전이라는 사실 자체

---

42) 국세기본법 제14조.
43) 김재진 · 홍용식, 신탁과세제도의 합리화 방안, 한국조세연구원, 1998, 104면.
44) 방진영, "부동산신탁과 부가가치세 문제", 조세법연구 제24-2집, 세경사, 2018. 8., 100면.
45) 김재진 · 홍용식, 앞의 책, 102면.
46) 광장신탁법연구회, 앞의 책, 628면.
47) 지방세법 제7조 제1항.

에 담세력을 인정하여 과세하는 유통세의 일종이다. 신탁이 설정되면 위탁자의 신탁재산은 수탁자에게로 이전되고 수익자는 수익권을 취득하게 되는데 이는 취득세의 과세계기가 된다. 신탁 종료단계에서도 수익권의 종료 및 신탁재산의 이전이 수반되므로 동일한 과세문제가 생긴다. 신탁의 운용단계에서도 신탁재산이나 수익권의 이전, 수탁자나 위탁자의 지분변동에 따른 과점주주 간주취득세가 문제될 수 있다.

구 지방세법은 부동산 취득세의 납세의무자를 사실상 부동산을 취득한 자로 규정하면서48) 신탁의 설정과 종료로 인한 신탁재산의 이전은 형식적 소유권 취득으로 보아 비과세하는 규정을 두고 있었다.49) 개정 지방세법도 거의 동일한 내용이다.

신탁 설정과 관련하여 취득세의 납세의무자는 형식적 소유권 이전에 따라 과세해야 한다는 견해와 실질적 소유권 이전에 따라 과세해야 한다는 견해가 대립한다.50) 신탁실체설에 따르면 신탁재산의 소유 주체가 위탁자로부터 수탁자에게로 변경된 것이므로 취득세 과세대상이 되고 단지 조세정책적 목적에서 별도의 비과세 규정을 둔 것이 된다. 전자와 같은 입장이다. 반면, 신탁도관설에 따르면 수탁자는 도관이므로 그 소유권은 여전히 위탁자에게 있어 비과세 규정은 확인적 성격의 규정이라는 것으로 후자와 같은 입장이다.

나. 일반적 경우

(1) 신탁의 설정과 종료

부동산의 취득은 민법 등 관련법령에 따른 등기·등록을 하지 아니한 경우라도 사실상 취득하면 각각 취득한 것으로 보고 해당 취득물건의 소유자 또는 양수인을 각각 취득자로 한다.51) 취득이란 취득자가 실질적으로 완전한 내용의 소유권을 취득하는지에 관계 없이 소유권이전의 형식에 의한 재화 이전의 유·무상의 모든 경우를 포함한다.52) 신탁설정에 의한 수탁자의 신탁재산의 취득도 무상취득에 해당하여 취득세 과세대상으로 보아야 한다는 것이 판례의 입장이

---

48) 구 지방세법 제105조 제2항.

49) 구 지방세법 제110조 제1호.

50) 자세한 논거에 대해서는 한원교, "신탁과 관련된 조세법의 몇 가지 쟁점", 2017년도 법관연수 어드밴스과정 연구논문집, 사법연수원, 2018, 24–25면 참조.

51) 지방세법 제7조 제2항.

52) 임승순, 조세법, 박영사, 2016, 1089면.

다.[53] 또한 판례는 분양보증회사가 주택분양보증을 위하여 위탁자와 신탁계약을 체결하고 이를 원인으로 위탁자로부터 신탁재산인 토지를 이전받은 경우 구 지방세법 제105조 제1항에서 정한 부동산 취득에 해당하고 주택분양보증계약에 기초하여 수분양자들에게 분양대금을 환급해 준 경우 신탁계약의 취득과 구별되는 별도의 취득행위가 존재한다고 볼 수 없다고 보았다.[54]

다만, 조세정책적 목적에서 신탁설정으로 인한 신탁재산의 취득은 형식적인 취득으로 보아 비과세하되 신탁등기가 병행된 것에 한한다.[55] 같은 취지에서 신탁의 종료로 인한 위탁자에 대한 신탁재산의 이전과 수탁자 변경으로 인한 신수탁자에 대한 신탁재산의 이전도 비과세이다.[56] 수탁자의 변경은 구 수탁자와의 신탁관계의 종료와 신 수탁자에 대한 신탁관계 설정이 모두 비과세인 점을 고려한 것으로 보인다. 타익신탁의 경우 신탁종료로 신탁재산이 수익자에게 이전되면 수익자에게 취득세가 과세된다. 이는 새로운 무상승계취득이고 이에 대한 비과세 규정이 없기 때문이다. 신탁재산의 위탁자의 지위 이전이 있는 경우에는 새로운 위탁자가 해당 신탁재산을 취득한 것으로 보아 취득세를 과세하되, 위탁자의 지위 이전에도 불구하고 신탁재산에 대한 실질적인 소유권 변동이 있다고 보기 어려운 일정한 경우에는 취득세를 과세하지 아니한다.[57]

신탁설정 당시 신탁등기가 병행된 신탁재산만 비과세되므로 신탁재산에 대해서 신탁등기가 병행되지 않거나 설정 당시 금전을 신탁하였는데 수탁자가 그 금전으로 부동산을 매수한 경우에는 비과세의 적용을 받지 못한다.[58] 같은 취지에서 개발신탁의 경우 신탁 운용 중에 취득한 신축건물에 대해서도 비과세의 적용이 없다. 다만 신축건물에 대해 보존등기 및 신탁등기를 한 후 신탁 종료로 인하여 수탁자가 위탁자에게 소유권을 이전하는 경우에는 취득세가 비과세될 것이다. 조세심판원은 위탁자가 수탁자에게 자동차등록에 따른 신탁등록을 하였는데 위 신탁등록이 신탁등기에 해당하지 않는다는 이유로 비과세대상에 해당하지 않는다고 보았다.[59]

---

53) 대법원 2017. 6. 15. 선고 2015두60853 판결.
54) 대법원 2017. 6. 15. 선고 2015두60853 판결.
55) 지방세법 제9조 제3항 제1호.
56) 지방세법 제9조 제3항 제2호 및 제3호.
57) 지방세법 제7조 제15항 및 동법 시행령 제11조의2.
58) 대법원 2000. 5. 30. 선고 98두10950 판결.
59) 조심 2018지0099, 2018. 03. 29. 이 결정은 엄격해석원칙에 따른 것으로 보이지만 지방세법에

(2) 신탁의 운용

수탁자가 신탁재산을 운용하면서 부동산 등을 이전받으면 이를 사실상 취득한 수탁자가 취득세 납세의무자가 된다. 수탁자가 건축주가 되어 건물을 신축한 경우 수탁자가 취득세 납세의무자가 된다.[60] 수탁자가 위탁자로부터 매매계약상의 지위를 이전받아 부동산을 취득한 경우에 취득세 납세의무자가 누구인지가 문제된다. 대법원은 원고가 제3자와 토지매매계약을 체결한 다음 잔금지급일 전에 매수인의 지위를 수탁자에게 양도하면서 수탁자와 사이에 토지신탁계약을 체결하였고 수탁자는 제3자로부터 위 토지를 취득하였는데 과세관청은 잔금지급일에 그 매매대금을 실질적으로 부담한 원고가 취득세 납세의무자라고 보아 취득세를 부과한 사안에서, 원고는 토지의 잔금을 지급하지 않은 상태에서 매매계약에서 탈퇴하여 잔금지급일 당시에는 매수인의 지위를 유지하지 않았고, 신탁계약에서 정한 내부약정에 따라 원고가 잔금을 부담하였다고 하더라도 사실상 취득자가 되는 것은 아니라는 이유로 취득세 납세의무자가 아니라고 판단하였다.[61] 즉 판례는 매수인의 지위를 신탁받아 부동산을 매수한 수탁자가 취득세 납세의무자이고 별도로 원고가 취득세 납세의무를 부담하지 않는다고 본 것이다. 이는 신탁의 운용 중의 취득이므로 지방세법 제9조의 비과세 규정은 적용되지 않는다.

(3) 주택재건축사업의 비조합원용 부동산

주택재건축사업에서 주택조합에 토지 등 부동산의 신탁등기를 한 경우, 비조합원용 부동산에 대하여 주택조합 또는 조합원에게 취득세를 부과할 수 있는지의 문제가 있다. 2008. 12. 31. 개정 전 지방세법 제110조 제1호 본문은 신탁법에 의한 신탁으로 수탁자에게 신탁재산을 이전하는 경우를 취득세 비과세대상으로 하면서, 그 단서에서 주택법 제32조의 규정에 의한 주택조합 및 도시 및 주거환경정비법 제16조 제2항의 규정에 의한 주택재건축조합과 조합원간의 신탁재산 취득을 제외한다고 규정하였다. 한편, 개정 전 지방세법 제105조 제10항은 주택조합과 주택재건축조합이 당해 조합원용으로 취득하는 조합주택용 부동산은 그 조합원이 취득한 것으로 본다고 규정하였다. 당시 위 두 조항을 문언적으로 해석하면 주택조합이 조합원 소유의 토지를 조합주택용 부동산으로 취득하면서 신탁등기를 경료하는 경우 조합원용 부분은 위 제105조 제10항에 의하여 조합원이 취

등록과 등기를 구분하여 비과세 적용을 달리할 만한 입법취지가 있는지는 의문이다.

60) 대법원 2010. 1. 18. 선고 2009다66990 판결.
61) 대법원 2018. 2. 28. 선고 2017두64897 판결.

득한 것으로 간주되어 주택조합은 취득세 과세대상이 되지 않는 것이었으나 비조합원용 부분의 취득세 과세가능 여부에 대해서는 대립되는 견해가 존재하였다.

이에 대해 대법원은 구 지방세법 제110조 제1호 단서의 신탁재산 취득은 주택조합과 조합원간의 모든 신탁재산 이전을 의미하는 것이 아니라 제105조 제10항에 의하여 조합원이 취득한 것으로 간주되는 신탁재산 이전만을 의미하는 것으로 보고 비조합원용 부분은 구 지방세법 제110조 제1호 본문이 적용되어 주택조합에 대한 취득세 과세대상이 되지 않는다고 판단하였다.[62] 이에 과세관청은 2008. 12. 31. 지방세법 제110조 제1호 단서를 개정하여 신탁재산의 취득 중 주택조합 등과 조합원 간의 부동산 취득뿐 아니라 주택조합 등의 비조합용 부동산 취득까지 취득세 비과세대상에서 제외함으로써, 주택조합 등의 비조합원용 부동산에 대한 취득세 부과가 가능하도록 명문화하였다.[63]

다. 간주취득의 경우

수탁자가 보유하고 있는 토지의 지목이 사실상 변경되어 그 가액이 증가하는 경우 그 증가분을 취득으로 간주하여 취득세가 과세된다.[64] 본래 의미의 취득은 아니지만 증가된 토지의 가치만큼 담세력이 발생한다는 이유에서 이를 취득으로 보는 것이다. 신탁설정 이후의 취득이므로 지방세법 제9조 제3항의 비과세 적용대상은 아니다.

그런데 토지가 수탁자에게 이전된 상태에서 위탁자의 개발행위로 신탁토지의 지목이 변경된 경우, 취득세를 위탁자와 수탁자 중 누가 부담해야 하는지에 관하여 다툼이 있다. 실질과세원칙상 위탁자가 납세의무자라는 견해와 신탁계약에 따라 수탁자가 신탁토지의 완전한 소유권을 이전받은 이상 지목변경의 원인행위를 위탁자가 했더라도 신탁토지의 가액증가부분에 대한 소유권은 수탁자가 취득하는 것이므로 수탁자가 납세의무자라는 견해[65]가 있다. 대법원은 신탁법상 신탁으로 수탁자에게 소유권이 이전된 토지에 대한 지목변경으로 인한 취득세 납세의무자는 수탁자이고 위탁자가 지목을 사실상 변경하였더라도 달리 볼 것은 아니다[66]라고 명확하게 판단하였다.[67] 신탁재산의 관리·처분 등의 사유로 수탁자가

---

62) 대법원 2008. 2. 14. 선고 2006두15929 판결.
63) 지방세법 제9조 제3항 단서.
64) 지방세법 제7조 제4항.
65) 이중교, 앞의 논문, 344면.

얻은 재산은 신탁재산에 속하는 점[68]에 비추어 보아도 후자의 견해가 타당하다.

라. 중과세의 경우

신탁계약에 의하여 수탁자 명의로 등기가 경료된 경우 대도시 지역 내 등록세 중과세 여부에 관한 판단기준은 수탁자라는 것이 판례의 입장이다. 즉 대법원은 구 지방세법 제138조 제1항 제3호의 등록세 중과세 여부는 수탁자를 기준으로 판단하여야 한다고 하였다.[69]

대도시내 본점 사업용 부동산에 대한 중과세와 관련하여 신탁법에 따른 수탁자가 취득한 신탁재산 중 위탁자가 신탁기간 내 또는 신탁종료 후 위탁자의 본점이나 주사무소의 사업용으로 사용하는 부동산에 대해서도 취득세가 중과세된다.[70] 위탁자가 본점을 사실상 건축하여 사용하고 있음에도 수탁자 명의로 되어 있어 취득세를 중과세 못하는 문제점을 보완하기 위한 것이다. 위탁자가 대도시내 지점을 설치하여 사용하는 경우에는 취득세 중과대상이라는 규정이 없어 다툼의 여지가 있다. 과세관청에서는 지점 설치의 경우에도 중과대상으로 해석하고 있다.[71] 그러나 본점이나 주사무소의 경우와 같이 수탁자의 재산인 지점을 위탁자의 재산으로 의제하는 규정이 없는 이상 취득세 중과세 대상으로 파악하기는 어렵다고 보인다.

마. 과점주주의 경우

수탁자가 신탁재산인 주식 지분의 50%를 초과하여 취득하는 경우 과점주주

---

66) 대법원 2012. 6. 14. 선고 2010두2395 판결.

67) 이와 관련하여 대법원은 과세관청이 위탁자에게 지목변경으로 인한 취득세를 고지하였다가 납세의무자가 수탁자라는 판결이 선고되자 수탁자에게 취득세 및 가산세를 부과한 사안에서 수탁자가 취득세를 신고·납부하지 아니하였더라도 대법원 판결이 선고되기 전까지는 의무해태를 탓할 수 없는 가산세 면제의 정당한 사유가 있다고 판단하였다(대법원 2016. 10. 27. 선고 2016두44711 판결).

68) 신탁법 제27조.

69) 대법원 2003. 6. 10. 선고 2001두2720 판결. 등록세는 재산권 기타 권리의 취득, 이전, 변경 또는 소멸에 관한 등기 또는 등록이라는 단순한 사실관계의 존재를 대상으로 그 등기 또는 등록을 받는 자에게 부과하는 조세로서 그 등기 또는 등록의 유·무효나 실질적 권리귀속의 여부와는 관계가 없다는 이유에서이다.

70) 지방세법 제13조 제1항. 참고로 지방세법 제13조 제2항은 신탁재산에 대한 별도의 예외규정이 없으므로 대도시내에서 이미 취득한 부동산을 신탁을 통해 수탁자에게 이전하더라도 중과세의 적용은 없다.

71) 지방세운영과-25, 2017. 07. 28.

간주취득세의 납세의무를 부담하는지가 문제되나 신탁업자의 의결권 제한[72] 등으로 수탁자는 권리를 실질적으로 행사하는 자로 보기 어려우므로 간주취득세는 부담하지 않는다고 할 것이다.

위탁자에 대해서도 과점주주 간주취득세의 과세문제가 있다. 어느 법인의 부동산이 신탁법에 의한 신탁으로 소유권이 이전된 후 그 법인의 과점주주가 되거나 그 법인의 주식비율이 증가된 경우, 그 법인의 과점주주에게 신탁부동산을 그 법인이 보유하는 부동산으로 보아 과점주주 간주취득세를 부과할 수 있는지 여부에 관하여 대법원은 부정적 입장을 취하였다.[73] 신탁의 효력으로서 수탁자는 대내외적으로 신탁재산에 대한 관리권을 갖게 되고 수탁자가 위탁자에 대한 관계에서 신탁부동산에 관한 권한을 행사할 때 일정한 의무를 부담하거나 제한을 받게 되더라도 그것만으로는 위탁자의 과점주주가 신탁부동산을 사실상 임의처분하거나 관리운용할 수 있는 지위에 있다고 보기 어렵다는 이유에서이다.[74] 이에 과세관청은 2015. 12. 29. 지방세법 제7조 제5항을 개정하여 과점주주 간주취득세의 대상으로 법인이 신탁법에 따라 신탁한 재산으로서 수탁자 명의로 등기·등록이 되어 있는 부동산 등을 포함한다고 규정하여 위탁자의 과점주주에 대한 취득세과세가 가능하도록 하였다.

바. 수익권의 경우

수익권 그 자체는 취득세 과세대상으로 열거되어 있지 않지만[75], 수익자가 부동산신탁의 수익권증서를 타인에게 이전하는 경우 수익권증서의 수취자에 대해 취득세를 부과할 수 있는지가 문제된다. 종전 과세관청의 입장은 신탁수익권의 신탁재산 중 취득세의 과세대상 물건이 있는 경우 해당 물건은 취득세 과세대상이 될 수 있다는 것이었다.[76] 이후 과세관청은 그 입장을 변경하여 신탁부동산의 지분이 표시된 수익권증서를 양수한 것은, 신탁부동산에서 발생되는 수익을 우선적으로 받을 수 있는 권리를 양수한 것일 뿐 수익권증서에 표시된 신탁부동산을 취득한 것은 아니므로 취득세 과세대상이 될 수 없다고 보았다.[77]

---

72) 자본시장과 금융투자업에 관한 법률 제87조.
73) 대법원 2014. 9. 4. 선고 2014두36266 판결.
74) 위 판례에 대한 평석으로는 임태욱·양인준, "신탁부동산에 대한 과점주주의 간주취득세 과세", 조세연구 제17권 제2집, 한국조세연구포럼, 2017. 6. 참조.
75) 지방세법 제7조 제1항.
76) 세정 13407-297, 2001. 09. 06.

사. 감면 · 추징의 문제

지방세특례제한법은 신탁재산에 대한 감면규정을 적용함에 있어 신탁재산의 취득자를 누구로 보아야 하는지에 대한 구체적 규정을 두고 있지 않다. 이와 관련하여 조세심판원은 위탁자가 신탁으로 토지를 이전한 다음 그의 노력으로 토지의 지목변경이 된 경우, 그 토지의 소유권은 수탁자에게 완전히 귀속되는 것이므로 감면 여부는 수탁자를 기준으로 판단하여야 한다고 결정하였다.[78]

지방세특례제한법은 부동산 등의 취득에 대하여 취득세 등을 감면하여 준 다음 일정 기간 내에 매각 · 증여의 요건이 발생하면 추징하는 규정을 두고 있는데,[79] 신탁설정으로 인한 신탁재산의 이전을 매각 · 증여로 보아 감면된 취득세 등을 추징할 수 있는지 여부가 문제된다. 과세관청에서는 신탁설정에 따라 신탁재산의 소유권이 이전되는 이상 매각처분으로 보아 추징대상이 된다고 해석하였으나[80] 조세심판원은 신탁은 매각이나 증여에 해당하지 않는다고 결정하였다.[81] 매각이란 유상으로 소유권이 이전되는 것이고 증여란 유형 또는 무형의 재산을 타인에게 무상으로 이전하는 것인바, 신탁은 유상이전이 아니고 신탁 목적의 달성을 위하여 소유권을 이전하는 것으로 증여와 같은 형태의 무상이전도 아니므로 추징사유인 매각이나 증여에 해당한다고 보기 어렵다.

4. 재산세의 과세쟁점

가. 논점과 연혁

신탁의 운용단계에서 재산세가 부과된다. 재산세는 토지, 건물 등의 보유에 대하여 그 소유자에게 과세하는 조세이다. 신탁재산의 재산세에 대해서도 위탁자와 수탁자, 수익자 중 누구를 납세의무자로 보아야 하는지가 문제된다. 수탁자가 보유하는 신탁재산은 실질적으로는 수익자나 위탁자의 소유이므로 실질과세원칙상 수익자나 신탁자가 납세의무자라는 견해와 신탁법상의 신탁은 대내외적으로 소유권이 수탁자에게 완전히 이전되므로 법률상 소유자인 수탁자가 납세의무자라는 견해가 대립되어 왔다.[82] 전자는 신탁도관설, 후자는 신탁실체설과 부합하

77) 세정−1919, 2007. 05. 25.
78) 조심 2016지0386, 2018. 06. 19.
79) 지방세특례제한법 제6조 제1항 제2호 및 제4항 제2호, 제11조 제3항 제3호 및 제12조 제3항 제3호 등 다수 규정이 있다.
80) 지방세특례제도과−3558, 2015. 12. 29. 등 다수.
81) 조심 2017지0351, 2017. 08. 23. 등 다수.

는 견해이다. 그 견해들은 연혁적으로 지방세법의 개정에 영향을 미쳐 왔다.

1994. 1. 1. 이전에는 재산세 과세기준일 현재 과세대상 재산의 소유자로 등재되어 있는 자가 납세의무자이고[83] 종합토지세의 경우에는 사실상 소유자[84]가 납세의무자[85]로 규정되어 있었다.[86] 공부상의 소유자인 수탁자가 납세의무를 부담하게 되자, 신탁을 통해 과세대상 부동산을 분산하여 세금을 절감하려는 시도가 있었고 이를 방지할 필요성이 제기되었다. 이에 따라 1993. 12. 27. 지방세법을 개정하여 1994. 1. 1.부터는 납세의무자를 원칙적으로 재산을 사실상 소유하고 있는 자로 하면서 신탁법에 따라 수탁자 명의로 등기·등록된 신탁재산의 경우 위탁자[87]로 규정하였다.[88]

그런데 납세의무자를 위탁자로 보게 되자 신탁재산의 재산세가 체납되더라도 수탁자가 보유하는 신탁재산에 대한 압류에 어려움이 발생하였다.[89] 구 신탁법 제21조 제1항의 해석상 동항 단서에서 예외적으로 신탁재산에 대하여 강제집행 또는 경매를 할 수 있다고 규정한 '신탁사무의 처리상 발생한 권리'에는 수탁자를 채무자로 하는 것만이 포함되고 위탁자를 채무자로 하는 것은 포함되지 않아[90] 압류가 불가능하였다. 또한 대법원은 지방세기본법 제91조 및 국세징수법 제24조는 어느 경우에나 압류의 대상을 납세자의 재산에 국한하고 있으므로, 납세자가 아닌 제3자의 재산을 대상으로 한 압류처분은 그 처분의 내용이 법률상 실현될 수 없는 것이어서 당연무효라고 보았다.[91]

82) 이중교, 앞의 논문, 351-352면.
83) 구 지방세법 제182조 제1항.
84) 당시 종합토지세의 납세의무자가 누구인지가 다투어진 사안에서 대법원은 단순한 명의신탁과는 달리 신탁재산은 수탁자에게 귀속되고 이로써 수탁자는 신탁의 목적에 따라 신탁재산을 관리·처분할 수 있는 권능을 가지게 되므로 신탁재산에 대한 종합토지세의 부과는 수탁자를 상대로 하여야 한다고 판시하였다(대법원 1993. 4. 27. 선고 92누8163 판결).
85) 수탁자가 신탁재산에 대한 사실상 소유자로서 종합토지세 납세의무를 부담하게 된다고 하더라도 신탁재산의 독립성 원칙에 따라 조세채무에 대한 책임재산은 신탁재산에 국한되고 수탁자 개인의 고유재산으로 책임을 지는 것은 아니라고 해석하였다(이형하, "신탁법상의 신탁재산에 대한 종합토지세 부과대상자", 대법원 판례해설 제19-2호, 법원도서관, 1993. 12., 240-241면).
86) 구 지방세법 제234조의9 제1항.
87) 당시 납세의무자가 위탁자로 규정되어 있음에도 과세관청에서는 신탁계약상 신탁재산에 대한 실질적 관리처분권과 그로부터 생기는 수익이 모두 수익자에게 귀속되는 것으로 되어 있다는 이유로 수익자에 대해 재산세 부과처분을 하였으나 대법원에서는 법문과 달리 위탁자가 아닌 수익자를 납세의무자로 볼 수 없다고 판단하였다(대법원 2012. 5. 10. 선고 2010두26223 판결).
88) 구 지방세법 제182조 제5항.
89) 대법원 1996. 10. 15. 선고 96다17424 판결.
90) 대법원 2013. 1. 24. 선고 2010두27998 판결 등.

그 해결을 위해서 납세의무자를 수탁자로 변경하는 방안과 납세의무자는 그대로 두되 신탁재산에 관한 체납처분이 가능하도록 수탁자를 제2차 납세의무자로 하는 방안 등이 논의되었다. 후자의 방안은 신탁재산의 수탁자가 취득세 납세의무를 부담하는 점과 부합하지 않고, 위탁자가 세금을 체납하는 경우 신탁재산에 대한 체납처분이 불가하여 타당하지 않다는 지적[92] 등에 따라 2014. 1. 1. 이후 납세의무가 성립하는 분부터는 신탁재산에 관한 재산세 납세의무자를 수탁자로 하는 방식[93]이 채택되었다.[94]

나. 일반적 경우

재산세는 토지, 건축물, 주택, 항공기 및 선박을 과세대상으로 한다.[95] 부동산신탁의 토지와 건축물 및 주택은 과세대상이 된다. 재산세는 과세기준일 현재 과세대상 재산을 사실상 소유하고 있는 자가 납세의무를 부담하는데[96] 수탁자 명의로 등기·등록된 신탁재산의 경우 수탁자가 납세의무자로 되고 위탁자별로 구분된 재산에 대해서는 신탁재산의 독립성에 따라 수탁자를 각각 다른 납세의무자로 보고 있다.[97] 이 경우 위탁자별로 구분된 재산에 대한 납세의무자의 성명 또는 상호 다음에 괄호를 하고 그 괄호안에 위탁자의 성명 또는 상호를 적어 구분한다.[98] 수탁자 명의로 등기된 신탁재산에 대한 재산세가 체납된 경우, 압류처분은 해당 재산 및 위탁자의 해당 신탁의 다른 재산에 대해서만 가능한 것으로 명시하였다.[99]

---

91) 대법원 2012. 4. 12. 선고 2010두4612 판결 등.

92) 이전오, "신탁세제의 문제점과 개선방안에 관한 연구", 성균관법학 제25권 제4호, 성균관대학교 법학연구소, 2013. 12., 536－538면.

93) 지방세 납세의무자가 수탁자로 변경되자 신탁회사 등이 그 근거규정인 구 지방세법 제107조 제1항 제3호 등이 실질과세원칙과 과잉금지원칙에 위반하여 수탁자의 재산권을 침해했다는 이유로 헌법소원을 청구하였으나 헌법재판소는 합헌으로 판단하였다(헌법재판소 2016. 2. 25. 선고 2015헌바185 결정).

94) 납세의무자를 수탁자로 다시 변경하여 발생하는 문제점에 대해서는 손영화, "현행 지방세법상 신탁재산 재산세 납세제도의 개선방안", 한양법학 제29권 제2집, 한양법학회, 2018. 5.; 김성균, "부동산 신탁 관련 재산세 및 부가가치세 검토", 원광법학 제33권 제1호, 원광대학교 법학연구소, 2017. 3. 각 참조.

95) 지방세법 제105조.

96) 지방세법 제107조 제1항 본문.

97) 지방세법 제107조 제1항 제3호.

98) 지방세법 제106조 제3항.

99) 지방세법 제119조의2.

재산세의 경우 과세대상 토지를 종합합산과세대상과 별도합산과세대상 및 분리과세대상으로 구분하여 그 과세방식을 달리하는데,[100] 과세대상 토지가 신탁 재산에 속하는 경우 수탁자의 신탁재산과 고유재산에 속하는 토지를 서로 합산 하지 아니하며 위탁자별로 구분되는 신탁재산에 속하는 토지의 경우 위탁자별로 각각 합산하여야 한다.[101]

다. 중과세의 경우

부동산의 보유에 대한 중과세에 관한 지방세법 규정은 없고 종합부동산세법 에 따라 종합부동산세가 부과된다. 종합부동산세는 재산세와 달리 국세로 분류되 어 있지만, 그 납세의무자는 과세대상 부동산에 대한 재산세 납세의무자와 동일 하다.[102] 따라서 부동산신탁의 재산세의 납세의무자에 대한 논의가 종합부동산세 에도 그대로 적용된다.

라. 수익권의 경우

수익권의 보유에 대해서는 신탁의 운영형태에 따라 위탁자나 수탁자가 실질 적으로 신탁재산인 부동산을 보유하고 있다는 이유로 위탁자나 수탁자가 납세의 무자에 해당한다는 견해가 가능하나, 지방세법이 신탁의 경우 수탁자를 납세의무 자로 명시적으로 규정하고 있는 점, 수익권은 지방세법상 과세대상재산으로 열거 되어 있지 않은 점에 비추어 수익권에 대한 재산세 과세는 어렵다고 판단된다.

Ⅳ. 지방세법상 부동산 신탁세제의 평가와 시사점

지방세법상 부동산신탁세제를 신탁과세이론과 취득세와 재산세의 과세쟁점 을 중심으로 살펴보았다. 신탁과세이론 중 신탁도관설은 신탁을 주로 소득분배의 도관으로 파악하고 있어 신탁의 소득과세이론으로는 부합하는 측면이 많지만 재 산의 이전이나 보유에 관한 취득세와 재산세에 대한 이론적 근거를 제시하기에 는 부족한 점이 있으므로, 지방세법상 과세이론으로 기능하기에는 한계가 있다고

---

100) 지방세법 제106조 제1항.
101) 지방세법 제106조 제3항.
102) 종합부동산세법 제7조 제1항.

보인다. 반면 신탁실체설은 부동산의 이전과 보유의 형식을 존중하고 있어 신탁도관설보다는 지방세법상의 보다 효과적인 과세이론으로 판단된다. 그러한 관점에서 지방세법상 신탁세제는 신탁실체설의 관점에서 접근하는 것이 바람직할 것이다.

현행 지방세법상 부동산신탁에 대한 취득세는 원칙적으로 수탁자가 납세의무자가 되고 신탁설정과 종료시에 취득세를 비과세하고 있다. 재산세의 경우에도 신탁재산의 납세의무를 수탁자가 부담한다고 하고 있는바, 지방세법상 부동산 신탁세제는 신탁실체설의 입장에서 설계되어 있다고 볼 수 있다.

지방세법상 신탁세제를 보면, 납세의무자에 대한 명문규정이 있음에도 불구하고 그 규정이 단순하고 과세관청의 실질과세원칙의 적극 적용에 따라 과세상의 다툼이 다수 발생하고 있는바, 납세자의 법적 안정성과 예측가능성을 보장하기 위하여 지방세법상 신탁세제를 체계적으로 정비하고 합리적인 해석론을 도출할 필요가 있다. 우선 지방세법에 납세의무자에 대한 규정 이외에 추가로 하위 시행령 등에 납세의무자의 판정기준과 과세방식을 체계적으로 명확하게 규정하는 방식이 필요하다. 그 방안으로는 신탁실체설의 입장에서 신탁재산의 관리와 운용방식, 수탁자의 역할 및 위탁자와 수익자의 관여정도, 신탁관계인의 권리의무관계 등을 기준으로 삼아 신탁에 있어서 실질과세원칙의 적용한계를 설정하는 것을 고려해 볼 수 있다.

또한, 해석론의 영역에서도 납세의무자 판정에 관한 합리적 판단요소를 제공할 필요가 있다. 다수의 분쟁이 법원과 과세관청의 해석론에 의하여 해결되고 있는데, 그동안 제시되어 온 해석론은 대체로 사실관계와 과세경위에 대한 종합적 판단에 터잡은 것이어서 그 법리적 기준을 제대로 제시하고 못하고 있다. 수탁자를 납세의무자로 보는 명시적 규정을 두고 있는 경우에도 위탁자나 수익자의 관여도가 큰 사정에 터잡아 실질과세원칙에 따라 수탁자 대신 위탁자나 수익자를 납세의무자로 과세하는 경우도 많았다. 위 입법론의 판단기준으로 제시한 사정 등을 추출해서 해석론의 영역에서도 납세의무자 판정의 합리적인 판단요소를 제공하는 것이 요청된다. 취득세나 재산세에서는 법적 형식이 보다 중요하므로 실질과세원칙이 소득과세보다 제한적으로 적용되는 것이 바람직하며, 이를 위한 객관적 기준이 마련되어야 할 것이다.

우리나라 부동산신탁세제의 문제점은 체계적 규정의 부재, 납세의무자 판정의 불합리성으로 요약되는데 그 개선방안을 진지하게 모색하여야 할 것이다. 특히 개정 신탁법에 따라 다양한 부동산신탁의 유형이 등장하면서 신탁제도의 활성화가 기대되고 있는바, 만일 지방세법상 신탁세제가 이를 뒷받침하지 못하고 오히려 저해 요소로 작용하게 된다면 국가경제적으로도 큰 손실이 될 것이다. 현행 신탁세제가 가지는 문제점을 직시하고 신탁세제의 정비와 체계화, 해석상 합리적 판단요소의 제시 등 효과적인 개선책의 마련에 주력해야 할 시점이다. 향후 부동산 신탁세제의 세부적 개선책에 대한 후속 검토가 이루어지기를 기대한다.

수탁자의 부동산 취득과 지방세법상 위탁자의 사실상 취득 해당 여부*

〈대법원 2018. 2. 28. 선고 2017두64897 판결〉

Ⅰ. 대상판결의 개요

1. 사실관계의 요지와 이 사건 처분의 경위

원고 A는 2009. 3. 31. 주택공사와 아파트신축 분양사업의 수행을 위해 이 사건 토지를 약 3,272억 원에 매입하는 매매계약을 체결하고 주택공사에게 계약금 약 327억 원을 지급하였다. 그 후 원고 A는 위 사업의 공동 수행을 위하여 원고 B에게 이 사건 토지 지분 50%를 양도하는 매매계약 및 권리의무승계계약을 체결하였다. 원고들은 2009. 6. 30. 위 매매계약에 따라 주택공사에 중도금 약 1,309억 원을 지급하였다.

원고들은 2009. 7. 30. 이 사건 토지 및 그 지상건물을 신탁회사에게 신탁하는 관리형 토지신탁계약을 체결하였고, 동시에 주택공사 및 신탁회사와 매매계약상 양수인의 지위를 신탁회사가 승계하는 권리의무승계계약을 체결하였다.

신탁회사는 2009. 10. 15. 주택공사에게 잔금 약 1,636억 원을 지급하고 취득세를 납부하였다. 그런데 피고는 2013. 9. 12. 원고들이 잔금 지급일에 이 사건 토지를 사실상 취득하였다고 보아 원고들에게 취득세 등을 부과하는 이 사건 처분을 하였다.

---

* 법률신문 제4658호 (2018. 12. 6.)

2. 대상판결의 요지

대법원은 구 지방세법(2010. 3. 31. 법률 제10221호로 전부 개정되기 전의 것, 이하 '지방세법') 제105조 제2항의 사실상 취득이란 소유권취득의 형식적 요건을 갖추지 못했으나 대금의 지급과 같은 실질적 요건을 갖춘 경우를 말하는데 원고들이 이 사건 토지의 잔금을 지급하지 않은 상태에서 매매계약에서 탈퇴하여 위 잔금 지급일 당시 매수인의 지위를 유지하지 않았고, 신탁계약이 정한 내부약정에 따라 원고들이 잔금을 부담하였더라도 사실상 취득자가 되는 것이 아니며, 원고들이 매수인의 지위를 유지하면서 이 사건 토지의 등기명의만을 신탁회사 앞으로 한 3자간 등기명의신탁에 해당한다고 볼 수 없다는 이유로 원고들이 이 사건 토지를 사실상 취득하지 않았다고 한 원심의 판단이 정당하다고 판시하였다.

Ⅱ. 대상판결의 평석

1. 문제의 소재

이 사건의 쟁점은 신탁회사의 잔금지급일에 그 잔금을 실질적으로 부담한 원고들이 이 사건 토지를 사실상 취득하였다고 볼 수 있는지 여부이다. 지방세법상 취득에는 사실상 취득이라는 포괄적 개념이 사용되고 3자간 등기명의신탁에 있어 명의수탁자가 부동산을 취득하는 경우 명의신탁자의 사실상 취득을 인정한다. 한편 신탁법에 따른 신탁으로써 신탁등기가 병행되는 경우 위탁자와 수탁자 사이의 신탁재산의 이전 등에 대해 취득세를 비과세하고 있다. 이 사건은 신탁등기가 병행되지 않아 취득세 비과세 규정의 적용대상이 아니고 수탁자가 매수인의 지위를 승계하여 신탁재산을 취득하여 구조상 3자간 등기명의신탁과 유사한 측면이 있어 위탁자인 원고들이 이 사건 토지를 사실상 취득하였는지가 문제되었다.

2. 지방세법상 취득의 개념과 사실상 취득의 의미

가. 취득의 개념

취득의 개념에 관하여 지방세법 제104조 제8호는 취득이란 매매, 교환, 상속, 증여 기타 이와 유사한 취득으로서 원시취득, 승계취득 또는 유상·무상을 불문한 일체의 취득을 말한다고 하고, 제105조 제2항은 민법 등 관계법령의 규정에 의한 등기 등을 이행하지 아니한 경우라도 사실상 취득한 때에는 이를 취득한 것으로 본다고 규정하고 있다.

취득의 개념에 대하여 형식설은 지방세법에 별도 규정이 없어 민법상의 개념을 차용해야 하는데, 실질적 취득이든 형식적 취득이든 묻지 않고 사법상의 소유권 취득은 지방세법상 취득에 해당한다는 견해이다. 이에 대해 실질설은 소유권이란 사용·수익·처분권을 의미하므로 이를 전유하는 실질적 소유권의 취득만이 취득이라는 견해이다. 판례는 취득세는 재화의 이전이라는 사실 자체를 포착하여 거기에 담세력을 인정하고 부과하는 유통세의 일종으로 부동산 취득자가 그 부동산을 사용·수익·처분함으로써 얻어질 이익을 포착하여 부과하는 것은 아니라고 하여(대법원 2002. 6. 28. 선고 2000두7896 판결) 형식설의 입장을 취하고 있다.

나. 사실상 취득의 의미

형식설에 따를 경우 사실상 취득을 어떻게 파악할 것인지가 문제된다. 이에 대해 사실상 취득은 지방세법상 취득의 개념을 확대한 것으로 형식적 소유권과 실질적 소유권이 분리된 경우에 실질적 소유권자에게 추가 과세할 수 있다는 견해가 있다. 그러나 형식적 소유권자와 실질적 소유권자가 다른 경우 하나의 취득행위에 대해 이중과세가 발생한다는 점, 지방세법이 등기 등을 하지 아니한 경우에도 사실상 취득으로 본다고 하여 등기 등을 주요 과세계기로 삼고 있어 등기 등의 가능성이 전혀 없는 경우까지 사실상 취득의 범위를 확대하는 것은 부당하다는 점 등에 비추어, 사실상 취득규정은 잔금 지급 후에도 등기 등을 하지 않아 취득세를 과세할 수 없는 경우에 취득시기를 잔금 지급일로 앞당겨 과세할 수 있는 규정으로 보는 것이 타당하다. 판례도 지방세법상 사실상 취득이란 등기와 같은 소유권취득의 형식적 요건을 갖추지는 못했으나 대금 지급과 같은 소유권취득의 실질적 요건을 갖춘 경우를 말한다고 판시하여(대법원 2017. 7. 11. 선고 2012두28414 판결 등) 등기 전에 사실상 취득을 인정할 수 있다고 보고 있다.

3. 신탁의 취득세 과세 문제

가. 신탁법상의 신탁

신탁이란 위탁자가 수탁자에게 특정 재산의 이전 등의 행위를 하고 수탁자로 하여금 수익자의 이익 등을 위하여 그 재산의 관리·처분 등의 필요한 행위를 하게 하는 법률관계이다. 신탁에 대해 지방세법 제110조 제1호는 신탁법에 의한 신탁으로써 신탁등기가 병행되는 경우에 위탁자로부터 수탁자에게로의 재산이전 및 수탁자로부터 위탁자에게로의 재산이전 등을 비과세한다고 규정하고 있다. 취득세 비과세 규정은 지방세법상 취득에 해당하지만 취득세를 면제하는 조항으로 해석된다.

나. 명의신탁

명의신탁이란 타인과 사이에서 대내적으로는 실권리자가 부동산 소유권을 보유하기로 하고 등기는 타인의 명의로 하는 것을 말한다. 부동산의 명의신탁은 부동산실명법에 따라 원칙적으로 무효이다. 명의신탁의 유형 중 신탁자가 제3자와 매매계약을 체결하고 매도인으로부터 수탁자에게로 이전등기를 하는 3자간 등기명의신탁에 대해서는 수탁자가 매도인에게 매매대금을 지급하여 부동산을 사실상 취득하므로 취득세 납세의무가 있다고 한다(대법원 2007. 5. 11. 선고 2005두13360 판결). 명의신탁자와 매도인 사이의 매매계약이 유효하므로 명의신탁자는 명의수탁자 명의의 등기를 말소하고 자신 앞으로 소유권이전등기를 마칠 수 있는 지위에 있기 때문이다. 신탁자가 수탁자로 하여금 매도인과 매매계약을 체결하고 그 등기도 수탁자 명의로 경료하게 하는 계약명의신탁의 경우 신탁자는 매매계약의 당사자가 아니므로 매도인에게 소유권이전등기를 청구할 수 없고 수탁자와의 명의신탁약정도 부동산실명법에 따라 무효이기 때문에 신탁자의 취득세 납세의무가 부정된다(대법원 2017. 7. 11. 선고 2012두28414 판결).

4. 이 사건의 경우 수탁자의 부동산 취득과 지방세법상 위탁자의 사실상 취득 해당 여부

가. 긍정설

긍정설은 위탁자인 원고들의 사실상 취득을 구성한다는 것으로 다음과 같은 논거가 제시된다. 첫째, 신탁재산에 대해서는 별도의 비과세 규정이 있는데 이 사건은 신탁등기를 경료하지 않은 것으로 비과세 규정의 적용이 없는 이상 취득세 과세대상으로 보아야 한다. 둘째, 3자간 등기명의신탁의 경우에는 그 매매대금을 부담하고 사실상 사용·수익권을 가지는 명의신탁자에게 취득세 납세의무가 성립하는데, 이 사건은 3자간 등기명의신탁과 유사하다.

나. 부정설

부정설은 위탁자인 원고들에 대해서 사실상 취득을 인정할 수 없다는 견해로서 그 논거는 다음과 같다. 첫째, 신탁재산의 비과세 규정은 지방세법상 취득에 해당하는 거래에 대해 면세를 해 주는 것인데 원고들이 매매계약에서 탈퇴하여 취득 자체가 성립하지 않으므로 위 비과세 규정은 과세근거가 될 수 없다. 둘째, 이 사건의 경우 위탁자인 원고들은 매수인의 지위에서 완전히 벗어나 위탁자가 매수인 지위를 가지는 3자간 등기명의신탁과는 다르다.

5. 대상판결의 검토 및 평가

종래 과세실무상 취득물건의 매매대금을 실질적으로 부담하고 그 취득물건을 실질적으로 사용·수익한 자가 지방세법상 사실상 취득자로서 취득세 납세의무를 부담한다고 보았고, 이 사건도 그러한 연장선에서 신탁회사가 취득세를 납부하였음에도 위탁자에게 재차 취득세를 부과하였다. 그러나 대상판결은 매매대금의 실질적 부담 여부와 관계없이 잔금 지급일 당시 매매계약상의 권리를 가지는 양수인만이 취득세 납세의무자이고 잔금 지급 전에 매매계약에서 탈퇴한 위탁자는 취득세 납세의무를 지지 않는다고 판시함으로써 지방세법상 사실상 취득의 범위를 제한적으로 파악하고 신탁을 이용한 부동산 개발사업의 거래구조에서 취득세 납세의무의 판단기준을 명확히 하였다는 점에서 의미가 있다. 3자간 등기명의신탁과는 달리 매매대금을 내부적으로 부담했더라도 매도인이나 수탁자에 대한 소유권이전등기 청구권이 없다는 이유로 명의신탁자의 취득세 납세의무를 부정하는 계약명의신탁에 관한 앞서 본 판례와 같은 맥락에 있다.

제 2 편　국제세법

1

국세기본법

국제조세법의 체계와 그 개편방안에 관한 연혁적 고찰*

I. 서 론

국제연맹(League of Nations, 'LN')의 주도로 국제교역의 활성화를 위하여 마련된 최종보고서[1]가 등장한 지도 어언 한 세기가 다 되어간다.[2] 그 보고서의 핵심은 이중과세를 조정하기 위해 원천지국이 과세권을 줄이고 거주지국은 원천지국의 조세를 우선한다는 것으로 100년 여정의 국제조세규범의 근간을 이루었다. 지난 세기 체결된 다수의 조세조약의 제도적 뒷받침에 힘입어 전세계적으로 국제교역과 투자가 급증하였고, 국가 간의 교역과 투자는 지구촌 글로벌 경제의 필수로 자리매김하게 되었다. 경제의 대외의존도가 높은 우리나라는 국제교역에 적극 동참하였고 국제무역과 투자가 경제성장에 큰 견인차 역할을 하였다. 우리나라는 2019년 기준 수출 5,418억 달러, 수입 5,041억 달러의 세계 무역순위 7위의 교역국가로서 국제무역의 선도적 위치에 있는데,[3] 이는 국제조세규범의 적극 수용 및 준수에 힘입은 바 크다. 국제거래의 양적·질적 증가에 따라 우리나라의 국제조세 분쟁은 갈수록 그 수와 규모가 증가하고 복잡·다기화 되었다. 2000년대 중반부터 외국인 투자에 대한 전면적인 과세관청의 세무조사와 과세처분이 이어지면서 국제조세 사건은 폭증하였고 그 과정에서 선례적인 대법원 판례들이 다수 선고되었으며 세제상으로도 국제거래를 효과적으로 규율하기 위한 다양한 국제조세규범이 도입되었다.

---

* 조세학술논집 제36집 제2호 (2020. 6.)

1) Bruins · Einaudi · Seligman · Stamp, *Report on Double Taxation*, League of Nations— Economic and Financial Commission (1923).
2) 그 이전에도 19세기 후반 독일 프로이센과 작센 간에 조세조약이 있었으나 이는 개별 국가간의 조세조약이었고 세계적인 조세조약의 출범은 아니었다.
3) http://stat.kita.net/stat/world/trade/CtrImpExpList.screen (2020. 6. 14. 방문).

국제거래에 대한 신규 세제의 도입과 판례의 누적 및 선도적 교역국가로서의 지위는 과거 국제조세의 변방에 위치했던 우리나라의 역할을 정부와 민간분야 모두에서 증대시켰다. 국제조세 분야의 정부간 논의의 중심에는 경제개발협력기구(Organization for Economic Cooperation and Development, 'OECD')가 있는데, 우리나라는 1996년 OECD 회원국으로 가입하였고, 2010년에는 G20 정상회의에도 참여하는 등 정부차원에서의 국제적 역할을 격상시켜 왔다. 민간차원의 국제기구로는 국제조세협회(International Fiscal Association, 'IFA')가 있다. IFA는 1938년 설립된 국제적 학술단체로서 국제조세 연구와 교류를 주도하고 있다. 그 지부인 한국국제조세협회[4]는 2018년에 '조세분야의 올림픽'이라고 하는 IFA 세계연차총회를 서울에서 개최하여 전세계 조세전문가들의 주목을 받기도 하였다.

반면, 우리나라의 국제조세규범은 그 다양한 세제의 도입과 판례의 누적에 비하여 그 영역에 대한 명확한 개념이 정립되어 있지 않을뿐더러 그 편제도 체계적으로 정비되어 있다고 보기 어렵다. 국제조세는 다른 세목과는 달리 단행 법률이 없고 개별 법률에 해당 규정이 산재해 있어 그 체계에 대한 심도 깊은 연구가 이루어지지 못한 측면도 있다. 우리나라의 주요 국제조세규범으로는 소득세법과 법인세법, 국제조세조정에 관한 법률(이하 '국제조세조정법') 및 조세조약이 있는데, 대체로 국제거래에 대한 기본적 과세규정과 이중과세 조정규정[5]은 소득세법과 법인세법에, 조세회피 방지규정[6]은 조세조약과 국제조세조정법에 나뉘어 위치하고 있지만 이는 체계적 검토 결과에 따른 것은 아니고 이질적인 조항도 개별 법률에 혼재되어 있다. 그나마 존재하는 국제조세 규정도 거의 대부분 소득세제의 영역에 관한 것이고 재산세제와 소비세제 분야의 국제조세규범은 찾아보기 어렵다.

근자에 들어서는 전통적 국제조세규범에도 큰 변화의 움직임이 포착되고 있다. 기존의 국제조세규범의 규율대상인 국제거래에 있어서는 물리적 공간을 차지

---

4) 1983년 IFA의 한국지부로 설립되어 국제조세 학술활동을 선도해 온 비영리사단법인이다.
5) 이중과세조정과 이중과세방지는 같은 의미를 가지는데 전자는 사후적 의미가, 후자는 사전적 의미가 강하다. 국제거래의 이중과세문제는 논리적으로 일반세법에서 발생하는 이중과세효과를 특별세법에 의하여 사후적으로 해결해 주는 것이므로 이 글에서는 편의상 '이중과세조정'이라는 용어를 주로 사용한다.
6) 조세회피 방지규정과 조세회피 부인규정도 같은 의미를 가지는데 전자는 조세회피 시도를 막는 사전적 의미가, 후자는 조세회피 결과의 사후적 배제하는 의미가 강하다. 국제거래에서의 조세회피는 사전적인 예방이 보다 중요하므로 이 글에서는 편의상 '조세회피 방지규정'이라는 용어를 주로 사용한다.

하는 유형재화의 거래가 주종을 이루었으나 21세기에 접어들면서 디지털거래가 차지하는 규모가 현격하게 증가하였고 국제적 조세부담을 줄이려는 다국적 기업들의 조세계획 등에 따라 세원잠식과 소득이전(Base Erosion and Profit Shifting, 'BEPS')으로 총칭되는 과세상의 문제점들이 출현하기 시작하였다. 그에 대한 대응 차원에서 BEPS 프로젝트가 추진되면서 포괄적 이행체제의 수립 및 조세조약의 다자주의의 등장 등 기존의 국제조세질서를 대폭 수정하는 규범들의 도입이 모색되고 있다. 전통적 유형재화 위주의 국제경제 하에서의 양자간 조세조약의 운영으로 대변되는 국제조세의 기본 틀의 중대한 변경이 시도되는 국면이다. 우리나라도 이러한 추세에 부합하여 2015년 OECD와 G20에 의하여 확정된 BEPS 프로젝트의 실행방안을 국내세법에 적극 반영하는 한편 Post-BEPS로 불리는 디지털경제의 과세문제에 대한 대응논의에도 적극 참여하고 있고, 2020. 5. 13.에는 BEPS 방지 다자협약(Multilateral Convention to Implement Tax Treaty Related Measures to Prevent Base Erosion and Profit Shifting)[7]에도 그 비준서를 기탁하였다.[8] 또한, 디지털 거래만큼 그 규모가 크지는 않지만 인적요소인 납세자의 소재지 이동도 주목된다. 전통적 국제조세규범은 인적 요소로서 납세자의 거주지가 고정적이라고 전제하고 있으나, 근자에는 그러한 전제에 반하여 납세자들의 국경을 넘는 이동이 꾸준하게 증가하고 있다. 개별 국가들은 자국의 사정에 따라 그에 걸맞은 대응세제를 운영하고 있는데, 앞으로도 납세자의 국경을 초월한 이동 경향은 계속될 것으로 전망된다.

　이러한 전환의 시대에서 세법으로서의 국제조세법의 고유 영역에 대해 분석하고 국제조세의 전반적인 체계를 검토하여 합리적인 개편의 체계를 모색해 보는 것은 그 자체로서도 이론적 필요성이 있다. 뿐만 아니라, 향후 새롭게 등장할 국제조세규범을 우리나라 국제조세법의 체계에 효과적으로 포섭할 수 있는 기틀을 마련한다는 점에서 중요한 의미가 있다.[9] 국제조세법에 대한 학술적 논의를 위해서는 우선 국제조세의 개념과 영역을 정립할 필요성이 있으므로 이 글에서

---

7) OECD는 MLI(Multilateral Instrument)로 약칭한다.

8) 기획재정부, 세원잠식 · 소득이전(BEPS) 방지 다자협약 비준서 기탁 보도참고자료, 2020. 5. 14., 1면.

9) 기획재정부 세제실에서는 2011년부터 추진해 온 '조세법령 새로 쓰기' 작업의 차원에서 국제조세조정법의 전면개정안을 마련하여 2020. 5. 8. 공청회를 개최하기도 하였다. 그러나, 이는 국제조세조정법의 조문편제를 개편하여 가독성을 높이기 위한 것이었고 국제조세법 전반에 대한 개편작업으로 추진된 것은 아니었다.

는 먼저 '국제조세의 의의와 그 체계'를 정리해 보고 다른 조세분야와 마찬가지로 그 대상이 되는 '국제거래의 개념과 유형'을 분석해 보도록 한다. 이어서 전세계 국제조세규범을 주도하는 '국제기구와 국제조세규범의 변천' 및 '우리나라에서의 국제조세의 역사'를 살펴본 다음 이를 토대로 '향후 국제조세의 발전방향'을 가늠해 보고 '국제조세법의 체계적 개편방안'을 제시해 보고자 한다. 과거와 현재의 국제조세법의 체계에 대한 연혁적 검토와 그 개편 방안의 마련은 변화하는 국제거래에 대한 효과적이고 논리적인 대응방안의 토대가 될 수 있을 것이다.

Ⅱ. 국제조세와 그 법규의 체계

1. 국제조세의 의의

가. 국제조세의 개념

국제조세라는 용어는 강학상·실무상 일반적으로 사용되고 있으나 그 개념이 명확하지는 않다. 통상 국제거래에 관한 조세 정도로 이해되는데, 단어의 문언상으로는 '국가와 국가 사이의 조세',[10) 보다 구체적으로는 '둘 이상의 국가의 과세권이 관여하는 조세' 정도로 풀이된다. 국제조세는 소득세나 법인세와 같은 별도의 세목은 아니고 개별 세목의 섭외적인 측면을 지칭한다. 개별 국가들 중에는 국제조세에 관한 단행법률을 두지 않는 경우가 많은데, 이는 국내 세법상 국제거래를 규율하는 규정이 있는 터에 추가로 이를 추려내어 별도 법률을 마련하는 것은 당장의 실익이 적기 때문으로 보인다. 우리나라의 경우에도 국제조세조정법 외에는 기본법률이나 단행법률이 없고, 그러한 사정 등으로 국제조세의 영역확정에 다소 어려움이 있다.

세법의 분과로서 국제조세의 독자적 측면은 국가별 과세관할 내지 과세권의 차이에서 비롯된다. 국제조세에는 복수의 과세권자가 존재하고 그 과세관할에 따라 납세자와 과세물건 등 과세요건에 차이가 생기며 이로 인하여 이중과세 문제와 조세회피 문제, 과세방식의 차이 등 다른 세목과는 차별되는 국제조세의 독자적 영역이 형성된다. 과세요건은 납세자,[11) 과세물건,[12) 과세표준과 세율 등으로

---

10) 이창희, 국제조세법, 박영사, 2020, 3면.
11) 납세자는 납세의무자와 원천징수의무자의 두 종류가 있다(국세기본법 제2조 제10호).
12) 납세자, 과세물건, 과세기간, 세목 등을 통칭하여 '과세단위'(tax unit)라고도 한다.

구성되는데,[13] 납세자는 인적 요소이고, 과세물건은 물적 요소로서 국제조세에 있어서 전자는 과세권의 인적 근거가, 후자는 물적 근거가 된다. 국가별 과세관할에 따라 납세자, 과세대상 등 과세요건에 차이가 생기게 된다.[14]

국가의 과세권은 납세자의 과세물건에 대해 행사되는데, 과세물건은 담세력인 소득, 재산, 소비를 의미하므로 납세자의 그러한 담세력에 관한 거래가 과세계기(taxable event)가 된다. 담세력에 관한 국제거래에서 담세력을 가지는 납세자가 있는 경우에 그 납세자나 그 담세력 자체가 각기 다른 국가에 소재하면 그 담세력에 관한 거래를 과세 계기로 삼아 납세자와 담세력의 소재지국이 서로 각각 과세권을 행사하게 된다. 즉, 특정의 담세력에 대한 국가간 과세권의 경합은 일반적으로 그 담세력과 거래의 당사자들이 각기 다른 국가에 소재하는 경우에 발생한다. 그렇다면 국제조세는 서로 다른 국가에 소재하는 납세자와 담세력에 대해 둘 이상의 국가의 과세권이 관여하는 조세로 그 개념을 정리할 수 있다. 이는 국제조세의 실체적 측면의 개념이고, 보다 넓게 파악하면 그에 관한 과세 및 불복절차 등 절차적 분야도 국제조세의 범주에 포함된다.

그러므로 조세를 부과하는 특정국가의 입장에서 보면, 국제조세란, 내국인[15]과 외국인[16]간의 거래와 관련하여 내국인의 국외 소득, 재산, 소비 및 외국인의 국내 소득, 재산, 소비에 관한 그 국가의 과세권과 그 절차에 관하여 규정한 법률이 된다. 이는 특정국가의 과세권을 규정하고 있는 개별 세법의 실체법 및 절차법의 국제적 측면의 조항을 모아 놓은 것이다. 따라서 국제조세란 국제거래에 적용되는 개별 세법 규정의 집합체를 의미하므로 정확하게는 국제조세법[17]으로 지칭하는 것이 타당하다.[18]

---

13) 임승순, 조세법, 박영사, 2020, 112면.
14) 예컨대, 특정의 단체가 어느 국가에서는 납세자가 되나 다른 국가에서는 납세자의 지위가 부인되기도 하는 등 납세자에 대한 규정이 국가마다 다를 수가 있다. 과세물건인 소득, 소비, 재산의 경우에도 각 국가별로 그 정의에 차이가 있을 수 있고 과세표준의 산정과 세율도 국가별로 달라진다.
15) 편의상 거주자와 내국법인을 모두 지칭한다.
16) 편의상 비거주자와 외국법인을 모두 지칭한다.
17) '국제세법'이라는 용어도 사용된다.
18) 서울대학교에서는 국제조세법연구, 서울시립대학교에서는 국제조세법, 미국 Harvard Law School에서는 International Taxation, New York University School of Law에서는 International Tax I, II, III의 강좌명으로 국제조세 강의가 개설되어 있다.

나. 국제조세의 정의

국제조세법은 실체법적으로는 크게 광의와 협의로 정의될 수 있다. 먼저, 광의의 국제조세법은 국제거래로 인한 소득, 소비 및 재산에 관한 과세문제를 규정한 개별 세법 규정의 집합체로서 '국제소득세제', '국제소비세제' 및 '국제재산세제'로 나누어 볼 수 있다.[19] 다음으로, 협의의 국제조세법은 그 중에서 국제소득세제, 즉, 소득과세에 관한 국제조세법을 의미한다. 국가간 과세권의 경합은 주로 국제소득세제에서 문제되는데, 통상 소득의 원천지국와 소득귀속자의 거주지국 간의 과세권 경합이 대표적이다. 소득세법과 법인세법의 국제소득거래에 관한 규정과 조세조약이 국제소득세제의 주된 규범이다. 국제소비세제에서는 그 과세권은 통상 소비지국 과세원칙[20]에 의하여 소비지국이 행사하므로 국가간 과세권의 경합 가능성이 낮고, 소비지국의 실효적 과세권행사가 주로 문제된다. 국제소비거래에 관한 부가가치세법 규정과 관세법[21]이 여기에 해당된다. 국제재산세제의 대표적 규정은 주로 국제상속이나 증여에 대한 상속세 및 증여세법(이하 '상증세법') 규정이다. 국제적 재산의 보유와 이전에 관한 세제로서 소득세제에 비해 현재로서는 그 과세사례가 많지 않아 실무상 본격적으로 문제되고 있지는 않다. 따라서 통상 국제조세법이라고 하면 국제소득세제를 지칭한다. 조세조약도 국제소득세제에 관한 조약이 대부분으로 그 명칭도 '소득과 자본에 관한 조세조약'이다. 한편, 국제조세법을 최광의로 정의하면, 광의의 국제조세법에 더하여 그에 관한 절차법을 포괄한다. 이를 '국제조세 절차법'으로 부를 수 있는데 국제소득세제와 국제소비세제 및 국제재산세제를 아우르는 '국제조세 실체법'과 대비된다.[22] 국

---

19) 소득과세는 경제가치의 유량(flow)인 소득에 대한 과세로서 소득세와 법인세가, 소비과세는 소비지출에 대한 과세로서 부가가치세와 개별소비세가 대표적이다. 재산과세는 경제가치의 저량(stock)인 재산의 보유와 이전에 대한 과세로서 전자는 재산세와 자동차세가, 후자는 상속세와 증여세가 대표적이다(임승순, 앞의 책, 127면).

20) 이를 국경세 조정이라고도 하는데, 거의 대부분의 국가가 소비지 과세원칙을 택하고 있다. 우리나라의 경우 소비지국 과세원칙의 채택 여부에 관하여 명확한 판례는 없으나 우리나라 부가가치세법이 수출 재화 등에 영세율을 적용하고 재화의 수입을 과세거래로 규정하고 있다는 점에서 소비지국 과세원칙을 구현하고 있다고 해석된다(김두형, 부가가치세법론, 피엔씨미디어, 2016, 33면).

21) 관세법도 국제소비세법으로 일부로 볼 수 있으나, 통관절차와 긴밀히 연결되고, 세계무역기구 (World Trade Organization, 'WTO')와 세계관세기구(World Customs Organization, 'WCO') 등 국제기구에서 별도의 국제관세규범을 만들고 있어 학계와 실무계에서는 국제조세법과는 다른 고유한 분야로 취급된다.

22) 조세실체법이란 조세법상의 권리와 의무의 발생이나 소멸, 변동 등을 규정하는 법률이고, 조세절차법이란 조세실체법에서 규정하는 권리와 의무의 행사나 이행에 관한 절차를 규정하고 있는

제조세 절차법에는 국제적 과세정보교환, 국가간 세무조사의 공조 등의 과세절차 규정 및 상호합의와 국제조세중재 등의 불복절차 규정이 포함된다. 국제조세 절차법 규정은 시간적 순서에 따라 크게 과세정보 수집 및 교환 등 과세 전 단계 규정과 세무조사 공조 등 과세 단계 규정 및 상호합의와 집행공조 등 과세 후 단계 규정으로 구분해 볼 수 있다.

2. 국제거래와 국제조세법의 체계

가. 국제거래의 의의

(1) 국제거래의 개념

국제조세법도 다른 세법과 마찬가지로 그 법률이 적용되는 과세대상 거래가 있다. 소득, 재산 및 소비에 대하여 둘 이상의 국가의 과세권이 경합되는 거래가 국제조세법의 적용대상인 국제거래라고 정의할 수 있다. 국제조세조정법은 국제거래를 "당사자 어느 한 쪽이나 양쪽이 비거주자 또는 외국법인인 거래로서 유형자산 또는 무형자산의 매매·임대차, 용역의 제공, 금전의 대출·차용, 그 밖에 거래자의 손익(損益) 및 자산과 관련된 모든 거래"라고 정의한다.[23] 재산의 이전만이 아니라 재산의 보유도 납세자나 재산의 소재지 등에 관한 판정 차이로 과세권의 경합 여지가 있어 국제조세법의 적용대상이 될 수 있다. 국내거래는 국제거래가 아닌 거래로서 국제거래와 대비된다. 국제거래는 역외거래와 그 개념에 차이가 있는데, 역외거래는 국제거래 외에 추가로 "거래 당사자 양쪽이 거주자인 거래로서 국외에 있는 자산의 매매·임대차, 국외에서 제공하는 용역과 관련된 거래"를 포함한다.[24] 국제거래는 국제조세법의 적용대상이고 역외거래에 대해서는 부과제척기간, 가산세, 세무조사에 관한 특례규정이 적용된다.[25]

국제거래에서의 소득도 인적 요소인 노동과 물적 요소인 자본의 결합에 의해 발생하는데, 자본은 국제적으로도 이동성이 높고 조세의 영향을 강하게 받고 있으므로 조세의 중립성이 더욱 요청된다. 조세의 중립성이란 조세가 효율적 시장에서 이루어지는 자원배분에 중립적이어야 한다는 원칙으로 조세부담이 있으

법률이다. 조세형사법 분야에서 조세범처벌법과 조세범처벌절차법이 그 예이다.

23) 국제조세조정법 제2조 제1항 제1호.

24) 국세기본법 제26조의2 제1항 단서.

25) 국세기본법 제26조의2 제2항 제1호, 제2호, 제6항 제6호, 제47조의2 제1항 제1호, 제47조의3 제1항 제1호 가목, 제81조의8 제3항 제2호.

면 납세자의 경제적 의사결정에 영향을 미치게 되어 그 조세부담 이상의 초과부
담이 발생하게 된다.[26] 따라서 조세는 초과부담이 영(零)이 되도록 조세간섭을
최소화해야 하는데, 이를 전체적으로 관리하는 중앙정부가 없는 국제조세 분야에
서는 전세계적 후생증가의 관점에서 조세의 중립성의 요청은 크다고 할 것이다.

(2) 국제거래의 유형

(가) 인바운드 거래와 아웃바운드 거래

소득을 창출하는 자본의 이동방향에 따른 구분이다. 특정 국가의 입장에서
국제거래는 자본의 투자방향에 따라 인바운드(In-bound) 거래와 아웃바운드
(Out-bound) 거래로 나누어 볼 수 있다. 인바운드 거래는 외국 자본이 국내로
유입되는 거래이고, 아웃바운드 거래는 국내 자본이 외국으로 유출되는 거래이
다. 국내진입거래와 해외진출거래라고도 한다. 인바운드 거래의 비중이 크다면
그 국가는 자본수입국으로, 아웃바운드 거래의 비중이 크다면 그 국가는 자본수
출국으로 분류된다. 원칙적으로 국제적 이동이 비교적 용이한 자본의 수익률이
국내보다 해외가 높다면 국내자본이 해외로 유출되고, 만일 그 반대라면 해외자
본이 국내로 유입되므로 자본의 수익에 대한 조세부담이 중요하다.[27] 개별국가
의 국제거래는 통상 인바운드 거래에서 시작하여 경제발전에 따라 아웃바운드
거래로 이행하게 된다. 국제조세법은 인바운드 거래와 아웃바운드 거래에 대한
과세권 행사의 방법에 차이가 있다.

아웃바운드 거래에 대해 자본의 수출국은 일반적으로 자본의 투자장소와 무
관하게, 즉 자본을 국내에 투자하든 국외에 투자하든 투자소득에 대한 조세부담
이 거주지국에서 동일하여야 한다는 '자본수출의 중립성'(Capital Export Neutrality,
'CEN') 원칙을 견지한다. 세계경제의 효율성의 입장에서 투자자의 거주지에서의
자본수출의 중립성을 유지하는 것이 중요하다는 것이다.[28] 그에 따라 자본수입
국의 우호적인 조세제도가 자본수출의 중립성을 저해한다면 이를 부당하다고 보

---

26) 이창희, 세법강의, 박영사, 2020, 33면.
27) 세제의 자본수출의 중립성의 개념이 있는데, 이는 국내와 해외 어디에 투자하더라도 조세부담
이 동일하여 국제투자의 유인이 없어지고 국내와 해외의 자본의 분배는 세전수익이 같은 지점
에서 균형을 이루게 되어 최적상태가 되는 것을 말한다.
28) 조세부담이 동일한 경우 자본수출국의 기업이 조세제도를 고려하지 아니하고 시장경제의 원칙
에 따라 세전수익률이 큰 지역을 투자장소로 결정할 때에 자원이 가장 효율적으로 분배된다. 자
세한 내용은 OECD, *Taxing Profits in a Global Economy: Domestic and International Issues*
(1991) 참조.

아 규제하여야 한다는 입장을 취한다. 반면, 인바운드 거래에 대해 자본의 수입 국은 원천지국에서 사업을 영위하는 모든 회사들의 조세부담률이 동일해야 된다는 '자본수입의 중립성'(Capital Import Neutrality, 'CIN')의 입장에 있다. 자본수입국은 자국의 우호적인 조세제도가 있더라도 이는 원천지국의 자본의 조세부담률과 동일한 것이므로 자본수입의 중립성을 해하지 않아 자본수입국에서의 경쟁의 중립성을 도모한다는 것이다.29) 자본수출의 중립성 위배를 이유로 한 자본수출국의 조세회피 규제에 대해 경쟁중립성의 보장을 위해 그와 같은 세제의 유지 필요성이 있다는 자본수입국의 대응논리이기도 하다.

자본에 비해 상대적으로 이동성이 적은 노동에서도 유사한 분류가 가능하다. 인적 요소인 노동의 이동은 납세자의 과세관할의 변경으로 연결된다. 국내로 거주지를 선택하는 인바운드 거래에서는 국내 과세권이 창출되고, 해외로 거주지를 이전하는 아웃바운드 거래에서는 국내 과세권의 일실이 초래된다.

(나) 능동적 거래와 수동적 거래

소득의 창출 과정에서의 노동의 관여도에 따른 구분이다. 아웃바운드 거래와 인바운드 거래의 구분이 주로 물적 요소인 자본에 관한 것이라면 능동적 거래와 수동적 거래의 구분은 인적 요소인 납세자에 대한 것이다. 소득을 얻는 과정에서의 노동 내지 인적 활동의 관여 정도가 크다면 능동적 거래, 그 정도가 적다면 수동적 거래로 정의된다.30) 소득의 창출자의 능동적 경제활동을 통하여 능동적 소득이 발생한다. 능동적 소득을 가득하기 위해서는 상당한 시간의 노동의 투입이 필요하고 그 노력 여하에 따라 소득의 규모가 변하게 된다. 능동적 소득을 얻기 위해서는 납세자의 자본, 기술 및 인력 등의 투입을 수반하므로 납세자는 조세제도에 따라 손쉽게 투자장소를 변경하지 않는다. 능동적 소득의 경우에도 자본, 기술 및 인력의 투자 정도에 따라 생산소득과 판매소득으로 구분할 수 있다. 생산소득은 판매소득에 비하여 자본, 기술 및 인력의 투자의 규모나 정도가 크며, 조세제도에 따라 투자장소의 이전이 상대적으로 어렵다.31) 능동적 거래의

---

29) 이창희, 앞의 국제조세법 책, 32면.
30) 수동적 소득과 능동적 소득의 중간형태의 소득을 중간적 소득으로 칭하기도 한다. 형식적 자본 출자로 설립된 회사를 이용하여 가득되는 소득으로 일반적으로는 사업의 위치가 그다지 중요하지 않아 현지에 실질적인 자본이 투하될 필요성이 없는 사업, 사업체의 소득이 특수관계자와의 거래를 통하여 주로 얻어지는 사업에서 발생하는 소득을 말한다.
31) 백제흠, "피지배외국법인의 유보소득 과세제도에 관한 연구", 서울대학교 대학원 박사학위논문 2005. 2., 35면.

대상에 따라 재화 거래와 용역 거래로 분류할 수 있다. 능동적 소득의 대표적인 형태가 사업소득과 근로소득이다.

수동적 거래는 인적 활동의 관여가 적은 거래를 말한다. 소득창출자의 수동적 경제활동에 따라 수동적 소득이 생긴다. 납세자는 수동적 소득을 얻기 위해 인력이나 기술보다는 자본의 투자에 집중한다. 납세자가 수동적 소득을 얻기 위하여 들이는 시간은 능동적 소득에 비해 현저히 적으며 그의 노력 여하에 관계없이 소득액이 사전에 정해지는 것이 보통이다. 수동적 소득을 창출하는 데에는 능동적 소득과는 달리 통상 기술이나 인력의 투자를 수반하지 않으므로 자본을 세후수익률이 높은 투자장소로 이동시키는 것이 용이하다. 또한 수동적 투자는 투자지국의 조세제도에 민감하고 탄력적으로 반응한다는 특징이 있다.[32] 주로 투자거래가 이에 해당하는데 투자 형태에 따라 지분투자와 채권투자로 구분할 수 있다. 양도소득, 배당소득과 이자소득이 대표적인 수동적 소득이다. 국제거래는 수동적 투자거래에서 시작하여 능동적 사업거래로 진전이 되는데 국제조세법은 능동적 거래와 수동적 거래에서 발생하는 소득에 대하여 그 과세방식을 각기 달리한다.

나. 국제거래와 국제조세법의 특성

(1) 국제거래의 특성

국제거래에서는 국내거래와는 달리 이를 통일적으로 규율하는 전세계적 중앙정부가 없고 개별 국가가 그 과세관할에서 각기 다른 국제조세법을 적용하므로 과세권 경합이나 과세권 누락의 문제가 발생할 수 있다. 국제거래에는 이중과세문제와 조세면탈문제가 내재하고 있는 것이다. 이들 문제는 납세자와 과세물건 모두에 대해서 생길 수 있다. 역사적으로 국제거래의 진전에 따라 이중과세 문제가 먼저 등장하고 이어서 조세면탈 문제가 후속하였다. 이중과세는 우선, 인적요소인 납세자를 복수의 국가에서 과세근거로 삼은 경우에 생긴다. 소득, 소비 및 재산의 귀속 주체를 누구로 보는지, 그 거주지를 어디로 보는지에 따라 개별 국가는 그 납세자에 대한 과세권 행사 여부와 방식이 달라질 수 있는데, 특정의 납세자가 복수의 국가의 과세관할에 속할 수도 있고, 어느 국가의 과세관할에도 속하지 않을 수도 있다. 또한, 물적요소인 소득의 원천지와 재산의 소재지 및 재화

---

32) 백제흠, 앞의 논문, 35-36면.

와 용역의 소비지의 판정에 있어서도 같은 문제가 생길 수 있다. 그 밖에도, 국제
거래에서는 납세자나 담세력 중 하나 이상이 역외에 존재하여 그 과세권행사가
쉽지 않다는 절차적인 문제도 추가된다. 이와 같이 국제거래는 국내거래와는 다
른 실체적 특성과 절차적 특성을 가진다.

(2) 국제조세법의 특성

국제거래의 특성은 국제조세법의 특성으로 이어진다. 국제조세법의 첫 번째
특성으로는 국제조세법이 국제거래의 실체적 문제, 즉 이중과세와 조세면탈의 문
제 및 절차적 문제를 해결하는데 주안점을 두고 있다는 것이다. 이중과세의 문제
는 국가간 과세권의 충돌에 따른 조세부담의 증가로 국가간 거래를 위축시켜 자
원의 효율적 배분을 왜곡하고 조세의 중립성에 중대한 악영향을 미치고 조세면
탈의 문제는 과세권의 누락에 따른 조세부담의 탈루로서 이를 이용하기 위한 인
위적인 거래는 역시 자원의 효율적 배분과 조세의 중립성을 저해하기 때문에[33)
이를 규율하는 국제조세법은 이중과세와 과세면탈의 문제에 대한 대응규정의 특
징을 가진다. 다음으로, 절차적인 측면에서도 국제거래는 동일한 과세관할에서
이루어지는 것이 아니므로 과세정보의 수집과 과세 및 징수에서 국가간 원활한
협조가 이루어지지 않는다. 과거 스위스 은행의 비밀보호법이 과세정보 수집의
대표적 장애물이었다. 국제조세법은 이 문제를 해결하기 위해 다른 국가와 공조
하는 절차적 규정이 많은 점이 특징이다. 이는 이중과세와 과세면탈의 문제를 절
차적으로 해결하기 위한 것이기도 하다.

국제조세법의 두 번째 특성으로는 국제조세규범에 관한 국제기구의 존재와
역할이 중요하다는 것이다. 국제조세분야에서는 이러한 실체법적 또는 절차법적
문제를 해결하기 위해 국제기구들이 전세계 중앙정부의 역할을 대신하여 공통의
국제조세규범을 마련하고 있다. 이러한 국제조세규범은 연성규범(soft law)으로
그 자체로 강제력을 갖는 것은 아니지만 규범의 해석과 적용에 중요한 지침이 되
고 개별 국가들이 입법을 통하여 채용하면 법원성(法源性) 있는 국제거래의 법적
규범이 된다. 만일 특정 국가와 구속력 있는 약속이 필요한 개별 국가 입장에서
는 그 국가와 조세조약 등을 체결하여 국제거래의 과세문제를 해결하면 된다. 요

---

33) 일반적으로 이중과세의 문제는 개별 국가가 스스로의 과세권을 행사하는 과정에서 그 의도와
무관하게 소극적으로 발생하는 측면이 있고 조세면탈의 문제는 개별 국가가 외국자본을 유치하
기 위하여 인위적으로 우호적인 과세관할을 설정하는 시도나 납세자가 우호적인 과세관할을 선
택하여 조세부담을 감소시키는 조세계획에 의하여 적극적으로 창출된다.

컨대, 국제조세법은 이중과세와 조세면탈에 대한 실체법적 및 절차법적 대응의 성격을 가지고 있고, 이를 위한 국제조세규범의 입법자가 개별 국가가 아니라 국제기구라는 점에서 국내세법과 중대한 차이가 있다.

국제조세의 개념과 특성에 대한 이해를 위해서는 별도의 과세관할과 세목을 가지는 지방세와 비교할 필요성이 있다.[34] 개별 국가와 마찬가지로 지방자치단체도 독자적 과세관할을 가지고, 지방자치단체들 사이에서도 납세자와 과세물건의 이동이 가능하여 조세경쟁[35]이 발생한다는 점에서 지방세는 국제조세와 유사한 측면이 있다. 그러나 개별 국가의 과세권과는 달리 통상 지방자치단체들의 지방세에 대한 과세권은 그 차이가 크지 않다는 점,[36] 지방세는 지방자치단체의 지방재정의 하나의 수단으로 지방자치단체는 그 세입이 부족한 경우 교부금이나 국고보조금의 형태로 중앙정부로부터 보전을 받는 것이 가능한 점, 지방자치단체 간의 관할권 차이로 발생하는 문제는 중앙정부가 있어 비교적 용이하게 해결될 수 있는 반면, 국제조세 분야에서는 통상 국가간 재정지원의 개념을 가지는 국제재정[37]은 일반적으로는 상정되기 어렵다는 점, 국가간의 관할권 차이로 발생하는 문제는 이를 조정할 수 있는 국제기구가 존재하지 않아 당사국 사이의 협상에 의존할 수밖에 없어 해결하기 용이하지 않다는 점 등에서 양자는 차이가 있다.

34) 국제조세는 국가의 여러 세목 중에 국가간 과세관할이 문제되는 일부 세목을 의미하므로 정확하게는 지방세의 여러 세목 중에서 지방자치단체 간 과세권이 경합하는 세목과 비교하는 것이다.

35) 우리나라에서 지방자치단체 사이의 조세경쟁으로서는 리스차량의 취득세 납세지에 관한 선례적 판례가 있다. 리스회사가 그 지점 소재지를 사용본거지로 하여 자동차를 등록하고 취득세를 납부한 것과 관련하여 취득세 납세지가 주사무소 소재지인지 아니면 지점 소재지 인지 여부가 쟁점이 되었다. 서울에 본사를 두고 있는 리스회사들은 자동차 취득시의 공채매입비용의 절감 목적에서 그 부담이 적은 지방에 지점을 설치하여 리스차량을 등록하고 그곳을 납세지로 하여 취득세를 신고 · 납부하였는데 주사무소 소재지를 관할하는 지방자치단체는 리스회사 지점들이 허위 사업장이라는 이유로 취득세를 부과하면서 리스차량의 취득세 납세지가 문제되었다. 대법원은 가능한 일률적이고 객관적 기준에 따라 납세지를 정할 필요가 있는 점, 차량과 같이 이동성이 높은 과세물건은 그 소재지를 파악하는데 과다한 행정비용이 발생하므로 납세지를 정하는 경우에 차량의 소재지가 아닌 다른 합리적인 기준이 요구된다는 점등의 이유로 법인이 자동차 등록을 하면서 주사무소 이외에 다른 장소를 사용본거지로 하여 그 장소가 자동차등록원부에 사용본거지로 기재되었다면 그것이 취득세 납세지가 된다고 판단하였다(대법원 2017. 11. 9. 선고 2016두40139 판결).

36) 미국의 개별 주(state)의 과세권은 독자적인 성격이 강한바, 미국 연방세법 제482조는 이전가격에 대해서 규정을 하고 있는데 이 조항은 미국과 다른 국가 사이의 국제거래뿐만 아니라 미국 주(州)간의 거래에도 모두 적용된다. 이러한 사정 때문에 미국에서는 국제조세는 International Tax로, 주간의 조세는 Interstate Tax로 지칭된다.

37) 다만, 개발도상국이 예산을 편성하면서 선진국 등의 원조나 국제금융기구 등의 차입이 고려되는 경우라면 그 범위 내에서 국제재정은 존재한다고도 볼 수 있다.

다만, 큰 틀에서는 제도의 구체적 내용에 따라 별도의 관할권을 가지는 국제조세와 지방세의 차이는 비교적 상대적인 것으로 평가될 수 있다.

다. 국제조세법의 체계
(1) 규정의 복잡성과 분류방식

국제조세법은 크게 국제거래를 규율하는 국내세법과 조세조약으로 구성되는데, 국제소득세제에서는 통상 특정한 당사자의 국제거래소득에 대하여 그 당사자의 거주지국은 그가 거주자이므로 전세계소득에 대하여 과세권을 가진다는 이유로, 원천지국은 그 소득이 그 국가의 국내원천소득이라는 이유로 그 국제거래소득에 대해 과세권을 행사하게 된다. 즉, 특정의 국제거래소득에 대하여 각기 다른 과세제도를 가진 거주지국과 원천지국의 과세권이 경합하게 되는 것이다. 소득의 원천지국은 세수확보 등을 위해 외국인의 국내원천소득에 대해서는 높은 세율 적용이나 기본 공제의 불인정 등으로 중과세하는 경우가 있다.[38] 한편, 거주지국은 내국인의 전세계 소득에 대해 과세하면서 자체적으로 국외원천소득에 대한 이중과세를 조정해주는 경우가 대부분이고, 국외원천소득을 비과세하는 경우도 있다. 이와 같이 국제거래에서는 국가별 과세제도가 상이함에 따라 중과세나 경과세의 결과가 나타날 수 있다. 일반적으로 중과세의 결과는 특정 국제거래소득이 거주지국과 원천지국에서 중복과세되거나 예외적으로 원천지국에서 무겁게 과세되는 경우에 발생한다. 반면, 경과세는 무과세와 감경과세를 포함하는 의미로서 거주지국과 원천지국 모두에서 제대로 과세가 되지 않는 경우에 생긴다. 이는 납세자의 조세회피나 절세행위에 따른 경우가 대부분이고[39] 해외투자를 유치하기 위해서 세제혜택을 부여하는 우호적인 과세관할을 선택하여 투자하는 경우를 포함한다. 국제조세법에서는 국가간 정보수집과 세무조사나 징수공조 등 절차적인 특례규정을 두고 있다. 국제소비세제와 국제재산세제에서도 유사한 규정이 있다.

다양한 규정으로 구성된 국제조세법은 국내세법에 비하여 복잡하여 그 이해

---

38) 투자자 입장에서 해당 국가가 다른 국가에 비하여 조세부담이 무겁다는 것을 말한다. 배당소득 등 일정한 국내원천소득에 대해 일률적으로 30%의 세율을 적용하는 미국의 경우가 그 대표적 예이다.

39) 중과세는 이중과세로 인한 경우가, 경과세는 조세회피로 인한 경우가 대표적이므로 편의상 중과세와 경과세의 문제를 이중과세 문제와 조세회피 문제로 통칭한다.

를 높이기 위해 국제조세법의 체계를 유형적으로 분류하는 방식이 있는데 다음의 두 가지가 대표적이다. 첫째는, 원천지국 과세규정과 거주지국 과세규정 및 조세조약의 세 가지 틀로 구분하는 방식이다.[40] 조세조약은 그대로 두고 국제거래에 대한 국내세법 규정을 '원천지국의 과세규정'과 '거주지국의 과세규정'으로 분류하는 것으로 각기 인바운드 거래와 아웃바운드 거래에 대한 과세문제를 다룬다. 원천지국 과세규정에서는 외국인의 국내원천소득에 대한 과세가 핵심이므로 국내원천소득의 정의와 과세방식 및 외국인의 조세회피에 대한 규제가 중요하다. 거주지국 과세규정은 거주자의 국외원천소득에 대한 과세권의 행사가 주된 사항이므로, 외국납부세액에 대한 이중과세의 조정과 내국인의 국외원천소득에 대한 조세회피대응이 주된 고려사항이 된다.

둘째, 국내세법 일반론과 국내세법 특수론 및 조세조약의 세 가지 유형으로 구분하는 방식도 있다.[41] 이는 국내세법을 국제조세의 기본적 과세규정과 예외적 특례규정으로 나누어 보는 입장인데, 조세조약은 별도로 분류한다. 국내세법 일반론이란 국내세법상 내국인과 외국인에 대한 일반적인 과세권과 이중과세조정에 관한 부분이고, 국내세법 특수론이란 국제거래를 이용한 조세회피 방지규정과 조세혜택 부여규정에 대한 부분이다.

위 두 견해는 모두 조세조약을 별도로 분류하고 국제거래에 관한 국내세법의 규정을 두가지 방식으로 나누는 형태로서 조세조약의 특수성과 국제조세에 대한 이해의 편의성에 비추어 적절하고 타당한 국제조세법의 분류방식이다. 다만, 국제조세규범인 조세조약과 국내세법을 포괄하여 각 조항의 성격에 따라 국제조세의 체계를 분류하는 방식도 가능하다고 사료된다. 국가별 과세제도의 상이에 의하여 중과세와 경과세가 발생하는 국제조세법의 특성에 비추어, 큰 틀에서 납세자와 과세대상 및 과세방식을 규정한 '국제조세 기본규정'과 국제적 이중과세를 해소하는 '이중과세 조정규정' 및 국제적 조세회피에 대응하기 위한 '조세회피 방지규정'으로 대별하는 방식이 그것이다.[42] 국제거래에 대한 일방 원천지 국가의 비과세 등의 조세혜택 부여는 타방 거주지 국가의 과세권만을 인정하여 선행적으로 이중과세를 해소해 주는 셈이므로 이중과세 조정규정으로 분류될 수 있다. 우리나라의 경우 법인세법과 소득세법의 국제거래에 대한 납세자와 과세대

---

40) 이창희, 앞의 국제조세법 책, 4면.
41) 오윤, 국제조세법론, 삼일인포마인, 2016, 35면.
42) 이하 편의상 국제조세 기본규정, 이중과세 조정규정 및 조세회피 방지규정으로 칭한다.

상소득 및 과세방식에 관한 규정이 국제조세 기본규정에 해당한다. 반면, 조세조약에서는 이중과세 조정규정이 주종을 이루고 있고[43] 국제조세조정법에는 조세회피 방지규정이 대부분을 차지한다. 만일 국내세법과 조세조약이 각기 다른 규정을 두고 있다면 조세조약의 규정은 국내세법에 우선하는 특별규정이 된다. 절차법적 규정도 국내세법과 조세조약[44]에 위치하고 있다. 국제재산세제와 국제소비세제도 그 조문 수는 많지 않지만 국제소득세제와 유사한 형태로 분류할 수 있다.

(2) 국제조세 기본규정

국제조세 기본규정은 국제거래의 납세자와 과세물건 및 과세방식에 대한 규정이다. 납세자와 과세대상소득이 정해지면 과세방식이 결정되는데, 통상 납세자와 과세대상소득이 다르면 상이한 과세방식이 적용된다. 과세권 근거가 되는 인적 요소와 물적 요소에 관한 것으로 국가마다 차이가 있으나, 일반적으로 개별국가는 과세권을 확대하고자 납세자와 과세물건의 범위를 비교적 넓게 잡고 있다. 예컨대, 국제소득세제에서 거주자가 되는 체류기간을 단축하고 국내원천소득의 범위를 확대하며 그에 대한 세율을 인상하는 방식이다. 이는 조세조약의 체결과정에서 상대방 체약국의 과세권을 낮추는 협상의 지렛대(leverage)로도 활용될 수 있다.

국제소득세제의 경우 국제조세 기본규정은 크게, 첫째, 내국인에 대해서는 전세계 소득과세를 하고, 외국인에 대해서는 국내원천 소득과세를 하는 경우와 둘째, 내국인과 외국인 구분 없이 국외원천소득은 면제하고 국내원천소득만 과세하는 경우로 대별된다. 전자를 속인주의과세, 후자를 속지주의과세라고 한다. 기본규정에서는 납세자인 내국인과 외국인 및 과세소득인 국내원천소득에 대한 정의가 필요하다. 외국인의 정의는 외국단체에 관한 것이 난제이다. 외국단체의 사법적(私法的) 성질을 고려하여 그 단체가 국내법의 어느 단체와 유사한지를 정하는 방식과 외국단체의 세법상의 성질을 따져 국내세법상의 단체와 비슷한지에 따라 개인이나 법인으로 판정하는 방식이 일반적이다. 통상 거주자와 비거주자는 주소지와 거주기간을 기준으로 구분한다.[45] 내국법인과 외국법인은 대체로 설립

---

43) 조세조약의 경우에도 조세회피 방지규정들이 있는데, 조세회피 목적을 고려한 한·독 조세조약 제27조, 혜택의 제한에 관한 한·홍콩 조세조약 제26조 등이 그 예이다.

44) 징수협조에 관한 한·미 조세조약 제30조, 상호합의절차와 정보교환에 관한 한·독 조세조약 제25조, 제26조 등이 있다.

45) 국적기준을 사용하는 국가도 있는데 미국이 대표적이다. 미국 연방세법 제1조, 제872조(a), 제7701조(b).

준거법이나 본점소재지 등 형식적 요건을 기준으로 구분하는 것이 보통이나, 실질적 관리장소를 기준으로 정하는 경우도 있다. 속인주의와 속지주의 모두 외국인의 국내원천소득에 대해서는 과세하는 입장이나 내국인의 국외원천소득에 대해서는 전자만 과세한다. 다만, 속인주의에 따라 내국인의 국외원천소득에 대해서 과세를 하더라도 외국법인도 별도의 소득귀속자로 상정하고 있으므로, 예컨대, 내국인이 주주로서 외국법인을 통해 국외원천소득을 얻는다면 그 내국인이 그 외국법인으로부터 배당을 받지 않는 이상 그 국외원천소득에 대해 과세할 수 없다. 즉, 속인주의라도 위와 같은 범위 내에서는 전세계소득과세원칙이 제한을 받을 수 있다고 할 것이다.[46] 한편, 국내원천소득의 정의는 소득이 창출되는 경제활동의 소재지를 판단하는 방식으로 행해진다. 소득의 성격에 따라 경제활동의 양상이 다르므로, 소득의 유형을 구분한 다음 그 소득의 지역적 원천을 정하는 방법이 가장 편리한 방식이다.[47] 대부분의 국가가 이와 같은 방식에 의하고 있다.

내국인에 대해서는 국내세법에 정의규정을 두고 전세계소득과세를 하는 경우가 다수이므로, 국제조세 기본규정은 주로 외국인의 국내원천소득과 그 과세방식을 정하는 것에 할애된다. 통상 외국인의 국내원천소득 중 수동적 소득은 원천지국에서 납세자의 인적 행위가 없고, 별다른 경비가 들지 않으므로 주로 원천징수세제에 의하여 지급자에 대한 원천징수방식으로, 능동적 소득은 원천지국에서 납세자의 인적 활동이 있고, 비용도 상당 부분 소요되므로 고정사업장세제에 의하여 외국인에 대한 종합소득방식으로 과세하는 것이 통상적이다. 수동적 투자소득에 대한 원천징수세제와 능동적 사업소득에 대한 고정사업장세제가 국제조세 기본규정상 과세방식의 핵심적 과세틀이 된다.[48] 원천징수세제와 고정사업장세제의 적용요건에 관하여는 국내세법에 자세한 규정을 두고 있다.

(3) 이중과세 조정규정

국제거래로 인한 소득이 국내거래로 인한 소득보다 무겁게 과세되면 국제거래는 위축되고 국제투자와 교역은 실익이 없게 된다. 이중과세의 문제는 본질적으로 중과세의 문제이다. 첫째, 중과세는 납세자의 소득에 대해 둘 이상의 국가에서 이중으로 과세권을 행사하는 경우에 생긴다. 이는 납세자와 과세대상소득이

---

46) 이창희, 앞의 국제조세법 책, 9면.

47) 이창희, 앞의 국제조세법 책, 41-42면.

48) Chang Hee Lee · Ji-Hyun Yoon, "Withholding Tax in the Era of BEPS, CIVs and Digital Economy", *Cahiers de droit fiscal international Vol. 103* (2018), p. 223.

라는 양 측면에서 문제된다. 우선 속인주의는 국가별 거주자 정의의 차이 때문에 특정 개인이 양 국가의 거주자로 인정된다면 그 납세자는 곧바로 이중과세의 상황에 직면하게 된다. 다음으로, 특정 국외원천소득이 원천지국에서 과세가 되었음에도 소득귀속자의 거주지국에서 다시 과세를 한다면 역시 이중과세가 발생한다. 특정의 소득을 복수의 국가에서 국내원천소득으로 보는 경우에도 같은 문제가 생긴다. 납세자에 대한 이중과세가 소득에 대한 것보다 그 범위가 넓어 현저히 과중하다. 둘째, 일방 국가에서 외국인의 국내원천소득을 중과세한다면 이는 그 자체로 국제거래의 저해요소가 된다. 개별 국가는 외국인의 국내원천소득에 대해서 외국투자를 유치하기 위해 경과세하는 경우도 있지만 과세권 보호 등 다양한 사정으로 다른 국가보다 무겁게 과세하는 경우도 있다. 후자의 경우 이중과세가 없더라도 국제거래가 위축된다.

납세자와 소득에 대한 이중과세는 주로 속인주의 국가에서 발생하는데, 일반적으로 조세조약과 국내세법 규정에 의해 이중과세 문제가 조정된다. 조세조약의 적용을 받기 위해서는 조세조약의 인적 적용 범위, 대상조세 및 대상소득, 일반적 정의, 거주자와 고정사업장의 정의 등에 해당하여야 하고 이는 조세조약의 기본규정으로 볼 수 있다. 국내세법의 기본규정이 조세조약의 적용 맥락에서 수정되는 것이다. 납세자에 대한 이중과세문제는 조세조약의 Tie-breaker Rule[49]이 담당하는데, 이에 의해 이중거주자를 특정 국가의 거주자로 판정하게 된다. 특정 소득의 이중과세문제는 아웃바운드 거래의 경우 국내세법상 거주지국의 국외원천소득에 대한 비과세의 방법이나 외국납부세액공제 등의 방법에 의하여 해결할 수 있다. 다만, 외국납부세액공제는 그 범위의 제한 때문에 이중과세문제를 완전히 제거할 수 없는 경우가 생긴다. 외국납부세액공제는 원천지국의 과세에 대한 거주지국의 후행적 이중과세 조정이다. 일방 국가에 의한 중과세 문제는, 우선, 조세조약의 과세권 배분조항에 의해 해결할 수 있다. 조세조약을 통하여 특정 소득에 대해 원천지국의 과세권을 배제하거나 제한세율을 적용하는 방법이 그것이다. 다음, 인바운드 거래에서 일방 국가가 자체적으로 외국자본의 유치 등을 위해 특정의 외국인 투자에 대해 국내세법상의 특별규정에 의해 과세권을 포기하는 방법도 있다. 외국인 투자에 대한 원천지국의 면세는 외국인 거주지국의 과세

---

49) 통상 항구적 주거, 중대한 이해관계의 중심지, 일상적 거소, 국적지, 상호합의의 순서로 판단한다(OECD 모델조세조약 제4조 제2항).

와 관련하여 선행적 이중과세 조정의 측면이 있다.[50] 요컨대, 국제적 이중과세는 국내세법상 내국인에 대한 외국납부세액공제, 국외원천소득 면제, 외국인에 대한 국내원천소득에 대한 감면 규정, 조세조약상의 이중거주자 판정 및 대상소득에 대한 과세권 배분 규정에 의하여 조정된다.

(4) 조세회피 방지규정

국제거래에서의 조세감면의 결과는 주로 납세자의 절세행위 또는 조세회피에 의하여 생긴다.[51] 절세행위는 세법 규정이 예정하는 방식에 의하여 조세부담을 경감시키는 행위이고, 조세회피행위는 우회행위나 다단계행위 등 비정상적인 방식을 통해서 조세부담을 부당히 감소시키는 경우이다. 절세와 조세회피는 상대적인 개념으로 국제조세법에서는 이를 구별하는 것은 더욱 어렵다. 예를 들어, 국제조세 기본규정인 고정사업장세제의 구성요건에 해당하지 않도록 하는 행위와 조세회피 방지규정인 이전가격세제의 정상가격의 범위를 벗어나지 않는 행위를 절세와 조세회피행위 중 어느 하나로 통일적으로 귀속시키는 것은 쉽지 않다.[52] 국내거래에서의 절세행위는 특정 납세자에게 절세 결과가 생기더라도 그 세원은 국내에 잔존하여 다른 납세자에 대한 추가 과세나 그 납세자에 대한 장래 과세의 여지가 있어 해당 국가 입장에서는 용인 가능한 측면이 있는데, 국제거래에서는 종국적인 세원의 국외유출로 과세권이 상실될 수 있어 그에 대한 방지규정을 두는 경우가 많다.

대표적인 조세회피행위로서는 이전가격의 조작, 조세조약의 남용, 과소자본의 활용, 소득의 역외유보의 방식을 들 수 있다. 주로 국제소득세제와 관련하여 비교적 이동이 자유로운 수동적 소득이 그 대상이 되는데, 원천지국의 조세부담을 줄이는 방식과 거주지국의 조세부담을 줄이는 방식으로 대별해 볼 수 있다. 정상가격을 벗어나는 이전가격의 설정을 통하여 거래 당사자 전체의 조세부담을 줄이는 이전가격의 조작은 대표적 조세회피행위로서 인바운드 거래나 아웃바운드 거래를 불문하고 발생할 수 있다. 어느 국가가 고세율국이라면 아웃바운드 거래에서, 저세율국이라면 인바운드 거래에서 이전가격의 조작이 주로 문제될 것이다.

---

50) 이에 따라 외국인의 소재지국에서도 과세가 되지 않아 과세면탈의 문제가 생길 수는 있다.

51) 역외거래에서의 절세, 조세회피 및 탈세에 관한 자세한 논의로는 이준봉·이재호, "역외탈세의 개념", 역외탈세, 삼일인포마인, 2014, 15-35면 참조.

52) 통상 거주지국의 납세자는 원천지국의 납세자와의 국제거래를 통하여 소득을 얻으면서 단순히 거주지국이나 원천지국의 국내 세법을 고려하거나 원천지국의 조세조약망을 이용하여 조세감면을 받는 방법으로 조세부담을 줄일 수 있는데 이는 절세의 유형으로 분류될 수 있다.

인바운드 거래에서는 조약편승행위가 대표적 조세회피행위이다. 이는 외국인이 원천지국에 직접 투자하는 대신에 원천지국과 과세혜택을 부여하는 조세조약을 체결한 국가에 특수목적법인 등을 설립한 후 해당 법인을 거쳐 투자를 하여 조세부담을 줄이는 행위이다. 수동적 소득 중 특히 이자소득, 배당소득, 사용료소득 또는 주식양도소득이 주로 문제된다. 통상 원천지국의 국내세법에서 배당과 이자 중 이자만 손금산입 대상이 되므로, 외국인 주주가 원천지국 법인에서 배당을 수취하는 '지분투자'보다는 이자를 수취하는 '채권투자'를 하는 과소자본의 활용으로 원천지국에서의 과세부담을 줄일 수 있다. 이에 대한 방지규정으로는 외국인 주주에 대한 이자비용을 손금부인하는 과소자본세제가 대표적이다. 보다 큰 관점에서 본다면 원천지국의 채권투자에서 이자소득으로 회수하는 규모를 크게 하여 원천지국의 과세부담을 감소시키는 방식도 여기에 포함될 수 있다. 이에 대응하기 위한 것으로서 과다이자비용의 손금불산입 조항이 있다.[53]

아웃바운드 거래에서는 조세부담이 적은 국가에 자회사를 설립하여 그 자회사를 통하여 국제거래를 수행하는 방법으로 그곳에 소득을 쌓아두는 소득의 역외유보방식이 문제된다. 지점으로 진출하는 대신에 조세피난처에 자회사를 설립하여 그곳에 소득을 유보시킨 채 배당을 하지 않는다면 거주지국의 과세를 장기간 이연시킬 수 있게 된다. 이에 대해서는 외국 자회사의 유보소득을 배당간주하여 과세하는 특정외국법인세제[54]가 있다.

Ⅲ. 국제조세법의 과거와 현주소

1. 국제조세법의 역사

가. 국제조세법의 등장과 국제기구의 역할

국제조세법 발전은 다른 세법과 마찬가지로 그 과세대상 국제거래인 국제교역과 투자의 증가라는 토양에 뿌리를 두고 있다. 제1, 2차 세계대전을 거치며 지역적 경제블록이 해체되면서 20세기 중반에 이르러 국제교역과 투자가 전세계를 대상으로 확대되었다.[55] 그전에도 국가간 투자와 교역은 있었지만 지역적 범위

---

53) 편의상 이 부분도 포함하여 과소자본세제로 통칭한다.
54) 조세피난처에 소재한 특정 자회사의 지배주주에게 적용된다는 점에서 '조세피난처세제' 또는 '피지배외국법인세제'라고도 한다.

를 크게 벗어나지 못하였고 그 규모도 상대적으로 적은 편이었으나, 이제는 다수 국가를 걸쳐 소득을 얻는 납세자에 대한 과세권의 행사와 그 분배 문제가 본격적으로 제기되었다. 국제거래의 초창기에는 이자를 수취하는 채권투자와 유형재화의 거래가 주류를 이루었고, 시간이 지나면서 지분투자와 지적재산권과 같은 무형재화 및 용역의 거래가 증가하였으며, 전체적으로 수동적 투자거래에서 능동적 사업거래로 이행하여 왔다. 국제거래가 증가하면서 국제거래소득에 대한 효과적 과세권 행사를 위하여 국제조세 기본규정의 정비와 과중한 조세부담을 줄여 국제거래를 활성화하도록 이중과세 조정방안의 마련이 요청되었다. 국제조세 기본규정은 특정국가의 경제적 상황과 조세정책방향 등에 따라 개별 국가별로 정비하면 되는 것이었으나, 이중과세 조정을 위해서는 각 국가의 개별적 대응을 넘어서 국제기구를 통한 전세계 공통의 과세원칙 정립과 통일적 세제정비를 위한 국제적 공조가 필요하였다.

그 초기과정에서는, 1920년 설립된 국제연맹이 주도하여 이중과세조정을 위하여 원천지국과 거주지국 사이의 과세권 배분 원칙을 마련하였고, 그 후 1945년 창설된 국제연합(United Nations, 'UN')이 국제조세 분야에서 국제기구로서 중요한 역할을 수행하고자 하였으며 미국도 국제적 영향력 확대를 위해 노력을 기울여 왔다. 하지만, 그 성과는 크지 못했고 지금까지 국제조세 분야의 지도적 역할은 OECD가 담당하고 있다. OECD는 1961년 자유경쟁 및 무역확대를 통한 세계경제의 발전을 목적으로 1948년 설립된 유럽경제협력기구(Organization for European Economic Cooperation, 'OEEC')의 회원국들과 미국 및 캐나다가 참여하여 발족한 국제기구로서 그 산하 재정위원회(Committee on Fiscal Affairs, 'CFA')가 국제조세 분야를 맡고 있고, 이를 위해 다수의 실무작업반(Working Party, 'WP')[56]을 두고 있다. OECD는 2019년 현재 36개의 회원국을 두고 있는데, 우리나라는 1996년 29번째 회원국으로 가입한 바 있다. OECD는 그동안 조세조약을 통한 이중과세 문제의 해결과 국제적 조세회피의 방지대책을 적극 추진하면서 각국의 협력적 대응을 위해 회원국들의 세제개편을 촉구해 왔는데, 기본적으로 자본수출국인 거주지국 과세권을 강화하려는 입장에 있다. 근자의 국제조세 프로젝트는 OECD가 마련하고 G20이 승인하는 구조로 이루어지고, 미국과 EU도 OECD를

---

55) 이창희, 앞의 국제조세법 책, 4면.
56) WP1(조세조약), WP2(통계, 분석), WP6(이전가격), WP9(소비세), WP10(정보교환), WP11(공격적 조세회피) 등이 있다.

통하여 영향력을 행사하고 있다.

　참고로 UN은 별도의 UN 모델조세조약을 제정하고 이전가격세제 편람도 두고 있는데, 주로 개발도상국의 개발재원의 마련에 중점을 두어 자본수입국인 원천지국 과세권을 강화하는 입장에 서 있다. 미국은 국제조세 분야에서 독자적인 입장을 견지해 왔는데, 다른 국가들과는 달리 조세조약과 국내세법이 충돌하는 경우 신법 우선의 원칙을 취하여 국내세법이 조세조약의 적용을 배제하는 결과가 초래되는 경우도 있다. 지점이익세, 외국인의 부동산투자에 관한 세법(Foreign Investment in Real Property Tax Act, 'FIRPTA') 및 해외금융계좌신고법(Foreign Account Tax Compliance Act, 'FATCA') 등이 대표적 사례이다. 별도의 US 모델조세조약을 마련하여 각국과 조세조약을 체결하고 있는데, 혜택제한조항(Limitation of Benefits Clause, 'LOB 규정') 등이 특유하다.

　나. 국제적 이중과세의 조정

　20세기 초반 국제조세법의 화두는 이중과세 문제의 해결이었고, 경합하는 거주지국과 원천지국의 과세권의 조정이 핵심과제였다. 개별 국가마다 자국의 입장만을 고수한다면 국가간 과세권 조정은 요원할 수밖에 없어 국제적으로 수용이 가능한 과세원칙의 정립 필요성이 절실하였다. 제1차 세계대전 후 국제연맹은 국제교역과 투자의 촉진을 위해서는 무엇보다도 조세조약의 활용 필요성이 있다고 보고 이 문제를 해결하기 위해 과세권 배분원칙을 담은 모델조약의 제정을 시도하면서 그 기초작업을 Bruins 등 4명의 경제학자들[57]에게 맡겼다. 1923년 국제연맹의 재정위원회에 제출된 이중과세보고서(Report on Double Taxation)에서는 조세조약에 의해 서로 합의한 범위로 원천지국의 과세권을 축소하고 거주지국은 원천지국에서 과세된 조세를 우선하여 이중과세를 방지한다는 국제조세의 핵심적 원칙이 제시되었다.

　이중과세방지의 기본원칙이 마련되었음에도 전세계적 조세조약의 체결이 지지부진하자[58] OECD가 선진국 사이에서라도 조세조약을 활성화하고자 모델조세

---

57) Bruins, Einaudi, Seligman, Stamp이다.
58) 1928년 거주지국 과세에 방점을 둔 국제연맹의 이중과세 방지협약안이 나오고 몇 차례 수정을 거쳐서 1943년 원천지국 과세에 중점을 둔 멕시코 모델조약이, 1946년에는 거주지국 과세에 중점을 둔 런던모델조약이 나왔으나 다자간 조세조약 제안은 실패하였다. 그 후 국제연합의 재정위원회가 국제연맹의 조세조약에 관한 논의를 이어받았으나 역시 별다른 성과가 없었고, OEEC에서도 4차례에 걸쳐 이중과세 방지협약안에 관한 중간보고서를 마련하였으나 별다른 소득이

조약 작업에 나서게 되었고 1963년 OECD 모델조약과 그에 대한 주석서를 내어
놓았다. OECD 모델조약도 국제연맹의 이중과세 방지를 위한 기본원칙을 계승한
것으로 많은 국가들의 조세조약의 체결과 해석에 지대한 영향을 미쳤다. 위 모델
조세조약은 경제환경 등을 반영하여 1977년 이후부터 수차례 개정되어 현재에
이르고 있다.[59] 그 뒤 UN에서 개발도상국의 이익을 옹호하는 새로운 모델조약을
제시하기도 하였지만[60] 이 모델조약 역시 기본적으로 OECD 모델조약의 연장이
었다. 이제는 중국과 일부 개발도상국도 OECD 모델조약 작업에 옵져버(observer)
로 참가하여 의견을 개진하고 있어 OECD가 이중과세방지를 위한 조세조약의 조
타대를 잡고 있다고 하겠다.[61]

다. 국제적 조세회피의 방지

국제적 조세회피에 대응하기 위해 각 국가는 국제조세 기본규정의 정비와는
별도로 조세회피 방지규정의 도입 등의 노력을 경주하여 왔는데, 이 주제도
OECD가 주도해 왔다. 국제적 조세회피행위는 크게 다국적 기업의 이전가격 문
제, 조세피난처의 유해조세경쟁문제와 조세조약의 부적절한 이용인 조약편승문
제, 그리고 궁극적으로는 BEPS 문제로 대별할 수 있다. OECD는 고정사업장세
제[62] 등 국제조세 기본규정도 정비해 왔지만 주로 이전가격, 유해조세경쟁, 역외
탈세 및 BEPS에 대한 대응문제를 시대별로 중점을 두어 추진하여 왔다. 유해조
세경쟁은 주로 조세피난처에 대한 특정외국법인 세제의 적용이 주된 방지규정이
었다. 조약편승에 대해서도 모델조세조약과 그 주석서를 꾸준히 개정하여 그 대

없었다.
59) OECD 모델조세조약은 1977년, 1994년, 1997년, 2000년, 2002년, 2005년, 2010년, 2014년,
2017년까지 9회 개정되었는데, 2017년 개정은 BEPS 프로젝트의 일부 내용을 반영하기 위한 것
이었다.
60) 1980년 UN 모델조세조약이 만들어졌고 1999년과 2017년 두차례 개정이 있었다.
61) 이창희, 앞의 국제조세법 책, 85-86면.
62) 원천지국 입장에서 이전가격세제가 외국법인의 국내 자회사에 대한 과세방식이라면 고정사업장
세제는 외국법인의 국내지점에 대한 과세방식이라는 점에서 차이가 있다. 전자는 조세회피 방지
규정으로 이전가격세제상의 비교적 객관적인 방식에 의해 과세가 이루어지는 반면, 후자는 국제
조세 기본규정으로 지점에 대한 귀속소득의 산정방식이라는 다소 주관적인 방법에 의해 과세소
득이 산정된다. 고정사업장은 소비세제의 사업장과도 밀접한 관련이 있는데, OECD는 1998년
'전자상거래 과세기본원칙' 보고서를 채택하였고 2001년에는 'OECD 2001 소비세 가이드라인'을
제정하였으며, 2003년에는 'OECD 2003 소비세 가이드라인 시리즈'를 발간하였다. 2017년에는
'국제거래에 대한 효과적 부가가치세 징수방안' 보고서를, 2019년에는 '온라인 판매시 발생되는
부가가치세 징수에 관한 디지털 플랫폼 사업자의 역할'이라는 보고서를 발표하기도 하였다.

책을 마련해 왔는데, 조세조약상 수익적 소유자(Beneficial Owner, 'BO') 정의규정이나 주요목적기준(Principal Purpose Test, 'PPT') 규정 또는 혜택제한기준(Limitation on Benefit, 'LOB') 규정을 두고 있다. PPT 규정은 외국인의 조세회피목적을 판정한다는 점에서 주관적 기준이고 LOB 규정은 외국인의 법적 지위를 판단한다는 점에서 객관적 기준의 성격을 가진다. BEPS 방지규정은 조세피난처에 대한 것에 국한하지 않고 일반적인 조세회피행위 전부를 대상으로 하고 있어 고정사업장세제와 이전가격세제 및 조세조약의 남용 등이 종합적으로 다루어진다.

(1) 이전가격세제의 정비

OECD는 1970년대 및 1980년대에는 '이전가격세제의 정비'에 주력하였다. OECD는 다국적 기업의 이전가격에 의한 조세회피의 방지를 위해 1979년 이전가격세제의 가이드라인을 담은 '이전가격과 다국적 기업' 보고서[63]를 발표했다. 이전가격세제는 특수관계자들 간의 거래에 대해 독립거래원칙을 적용하여 그에 따라 결정되는 정상가격을 기초로 과세하는 제도이다.[64] 이와 대비되는 전세계적 공식배분방식(formularly apportionment)[65]과는 차별된다. OECD 회원국들은 1979년 이전가격 보고서를 유보 없이 채택하고 국내세법에 이전가격세제를 입법하였다. 1984년에는 상호합의, 은행의 이전가격과 중앙관리 비용의 배분에 관한 이전가격보고서[66]가 나왔다. 1980년대 중반 미국은 독립거래원칙이 국익에 반한다고 보고 연구개발이 수반되는 무형재산의 초과이윤은 연구개발 국가에서 과세해야 한다는 슈퍼로열티 조항의 도입을 주장하여 국제적인 세수 싸움이 벌어졌다. 초과이윤은 연구개발의 성과이고 그에 대한 과세권은 연구개발이 행해지는 국가에서 행사해야 한다는 것이다. 유럽국가들은 반대했고 미국과 힘겨루기 끝에 OECD는 1995년 위 보고서를 개정해 '다국적 기업과 과세관청을 위한 이전가격 지침'[67]을 발간하였다. 전통적 독립거래원칙을 고수했지만 그 원칙을 넓게 풀이하여 이익분할법 등 비전통적 방법도 보충적으로 인정한 타협책이었다. 전통적인 독립거래원칙이 유지되었다는 점에서 OECD가 이전가격세제의 주도권을 넘겨주

---

63) OECD, *Transfer Pricing and Multinational Enterprises* (1979).
64) OECD 모델조세조약 제9조에 규정되어 있다.
65) 미리 마련된 공식을 기초로 다국적 그룹의 전세계 이익을 연결기준에 의해 관계회사들에게 배분하는 것이다.
66) OECD, *Transfer Pricing and Multinational Enterprises: Three Taxation Issues* (1984).
67) OECD, *Transfer Pricing Guideline for Multinational Enterprises and Tax Administration* (1995).

지 않은 것으로 평가된다.[68] 그러나 그 이후 계속적인 위 지침의 개정과정에서 미국의 이익을 반영하는 쪽으로 변경되고 있다.[69] 위 보고서는 2010년 처음으로 개정되었다가 2017년 BEPS 프로젝트를 반영하여 다시 개정되었다.[70]

  (2) 유해조세경쟁의 억제

  1990년대 중반 이후부터 2000년대 초반 무렵까지는 유해조세경쟁의 억제가 OECD의 역점사업이었다. 유해조세경쟁(Harmful Tax Competition)이란 외국인투자를 유치하기 위하여 개별국가들이 과도한 조세혜택을 부여하는 등의 방법으로 조세경쟁을 하는 것을 말한다. 유해조세경쟁으로 국제적 자본이동이 왜곡되고 각국의 재정기반이 잠식되는데, 주로 버뮤다, 케이만 군도와 같은 조세피난처가 외자유치를 위해 세제혜택을 부여하는 경우가 대표적이다. 1980년대 초반부터 조세피난처에 헤지펀드 등 집합투자기구가 대규모로 설립되었고, 1980년대 이후에는 다른 국가들도 조세경쟁에 뛰어 들었다. 이에 1996년 G7 정상회담에서 공식적으로 OECD가 유해조세경쟁에 대한 해결책을 강구하도록 요청되었다. 1998. 4. OECD는 재정위원회가 마련한 '유해조세경쟁 억제대책에 관한 보고서'를 정식으로 채택하였고, 지속적인 대책 수립 및 실천을 위하여 OECD 재정위원회 산하에 유해조세경쟁포럼을 설치하였다. 이 포럼의 목표는 조세피난처 등의 유해감면제도의 파악과 폐지, 유해성 제거를 통한 공정한 경쟁조건의 구축에 있었다. OECD는 1998. 10. 47개 잠재적 조세피난처를 선정·조사하여 2000. 6. 35개의 조세피난처 명단을 발표하였고, 2002. 4.에는 7개국을 비협조적 조세피난처로 공식 발표하였다. 과세정보의 효과적 교환 기피, 제도운영의 투명성 결여 및 실질적 경제활동의 부재가 조세피난처의 특징으로 정의되었다.

  나아가 OECD는 회원국들에 대해서 유해조세 판정작업을 개시하였는데, 2000. 6. 22개 회원국의 47개 감면제도를 잠재적 유해제도로 판정하였고, 2003. 4.에는 최종 판정을 마쳤으며 유해조세경쟁 중간보고서를 발간하는 등 그 규제작업을 추진하였다. 나아가 비회원국들에 대해서도 유해조세경쟁포럼의 참여를 독려하고 회원국과 같이 유해조세제도의 폐지를 권고하였다. 이에 대해서는 조세피난처뿐만 아니라 비회원국들도 자국의 국가 생존과 조세특례제도의 역사적 측면을 언급하며 거세게 반발하였다. 그 과정에서 조세피난처에 대한 지정보다는 협

---

  68) 이에 관한 자세한 내용은 이창희, 앞의 국제조세법 책, 297-321면 참조.
  69) 이창희, 앞의 국제조세법 책, 319면.
  70) UN에서도 2017년 이전가격편람(Transfer Pricing Manual)을 발간하였다.

조적인 조세피난처들과 과세정보교환(Exchange of Information, 'EOI')과 운영의 투명성으로 초점이 이동되었다. OECD의 유해조세경쟁의 억제 노력은 그 목적을 충분히 달성하였다고 보기는 어렵지만 2002년 조세정보 교환협정 표준모델의 제정, 2004년 조세에 관한 글로벌포럼의 구축 등으로 이어져 그 선도적 의미가 크다.[71]

(3) 역외탈세와 BEPS에 대한 대응

2000년대 후반부터의 OECD의 핵심사업은 역외탈세의 방지와 BEPS에 대한 대응이다. 국제적 조세회피에 대한 방지대책의 진전이라는 점에서 유해조세경쟁 억제의 연장선상의 논의이다. 역외탈세는 국제거래에서의 조세회피를 의미하는 것으로 종전에는 조세피난처를 통한 소득의 은닉이 주로 시도되었으나 이번에는 정상적인 무역거래나 금융상품에 대한 투자를 이용한 조세회피의 형태로 대두되었다. BEPS는 다국적 기업이 경제활동의 기여도가 낮더라도 세율이 낮은 국가로 세원을 이전하여 조세부담을 줄이는 행위로서 애초 국제거래 자체에 내재하는 것이었으나 자유무역의 확산 및 정보통신 기술의 발달로 그 규모가 날로 커지게 되었다. OECD는 역외탈세에 대한 대응으로 먼저 2009년부터 조세정보교환에 관한 글로벌포럼을 구축하였고, BEPS에 대한 대응으로 2012년부터는 BEPS 프로젝트를 추진하였다.

(가) 역외탈세

역외탈세는 2008년 스위스 UBS(Union Bank of Switzerland)와 리히텐슈타인 LGT(Liechtenstein Global Trust)의 대규모 탈세 스캔들에서 전세계적 관심을 받게 되었다. OECD가 역외탈세 대응을 선언하였고 국제적 공조를 강화하면서 스위스 은행의 비밀주의가 와해되었다. OECD의 국제적 공조는 2009년 투명성과 조세정보교환을 위한 글로벌포럼(Global Forum on Transparency and Exchange of Information for Tax Purpose)의 결성과 조세정보교환제도에 대한 국가별 평가(Peer Review) 및 자동정보교환 체제의 도입으로 나타났다.[72] 위 글로벌포럼은 은행비밀주의와 같은 조세정보교환의 장애물을 타파하고 조세정보의 원활한 교환을 실현시키는 것을 목적으로 하고 정보교환제도와 관행에 대한 국가별평가를 지속적으로 실시함으로써 정보교환기준을 확산하는데 기여하였다. 그 결과물이 2012년

---

71) 이에 관한 자세한 내용은 이경근, 국제조세의 이해와 실무, 영화조세통람, 2018, 988-994면 참조.
72) 전자는 OECD 1번 주도사업(Initiative 1), 후자는 OECD 2번 주도사업(Initiative 2)으로도 불린다.

발효된 다자간조세행정공조협약(Convention on Mutual Administrative Assistance in Tax Matters)이고 그에 근거하여 2014년 조세에 관한 자동정보교환을 위한 공통보고기준(Common Reporting Standard, 'CRS')과 다자간 금융정보 자동교환을 위한 협정(Multilateral Competent Authority Agreement on Automatic Exchange of Finance Account Information, 'MCAA')73)이 마련되었다.74) G20도 역외탈세의 방지가 안정적 재정수요에 부합하는 효과적인 방법이라고 인식하고 OECD의 노력에 적극 지지를 하였고 역외탈세방지를 위한 제도적 방안과 역외탈세 추적의 강화방안 마련을 그 대응수단으로 추진하였다. 미국과 영국 등의 해외금융계좌신고제도, 캐나다와 일본 등의 역외탈세 추적 전담조직의 운영이 대표적 사례이다.

(나) BEPS

2008년 글로벌 금융위기75)와 재정위기가 심각하게 대두되면서 다국적 기업의 국제적 조세회피가 심각한 문제점으로 부각되었다. 또한, 일부 유럽국가들에서는 미국의 다국적 IT 기업들이 그 사업활동에 비하여 미미한 세금만을 납부한다는 지적이 제기되었으며 다국적 기업들의 정당한 세금의 납부 여부에 대한 의문과 함께 유럽 각국의 적극적 과세가 이어졌다. 다국적 기업의 조세회피 문제에 대한 관심이 높아짐에 따라 2012. 6. 멕시코 G20 정상회담에서는 BEPS 방지의 필요성을 명확하게 언급하면서 BEPS 프로젝트 추진을 의결하였고, 국제적 과세 기준의 강화를 위한 OECD의 역할이 촉구되었다. 이러한 배경에서 OECD는 2013. 2. BEPS에 대한 보고서를 발간하였다. 이 보고서에서는 종전의 국제조세규범은 디지털 경제하에서는 글로벌 비즈니스 실무의 변화를 따라가지 못하고 있다는 점이 지적되었고, 글로벌 차원의 실행방안의 필요성이 역설되었으며, G20 재무장관회의에서 OECD로 하여금 그해 7월까지 포괄적 실행방안의 제출을 요청하였다. 이에 따라 2013. 7. OECD는 BEPS 프로젝트의 실행방안에 관한 보고서(Action Plan on BEPS)를 개별 실행방안별로 추진시한을 정하여 제출하였고 2013. 9. 그 보고서가 G20 정상회의에서 최종 승인되었다.

OECD는 2014. 9. 추진시한에 맞추어 1, 2, 5, 6, 8, 13 및 15 실행방안 보고

---

73) http://www.oecd.org/tax/exchange−of−tax−information/multilateral−competent−authority−agreement.htm (2020. 6. 14. 방문).

74) 우리나라는 2014년 위 협정에 가입하였고, 2015년 미국과는 별도로 한·미 금융정보자동교환협정(FATCA 협정)을 체결하였다.

75) 2008. 9. 15. 미국 리먼브러더스 투자은행의 파산에서 금융위기가 시작되었다.

서를 발표하였고 2015. 10. 모든 실행방안을 마무리하여 15개의 실행방안이 담긴 최종보고서를 제출하였으며, 2015. 11. 중국에서 개최된 G20 정상회담에서 채택되어 최종 확정되었다.[76] OECD의 BEPS 15개 실행방안은 디지털경제의 조세문제해결(Action 1), 혼성불일치 효과의 해소(Action 2), 효과적인 특정외국법인 세제의 설계(Action 3), 이자비용 등 공제의 제한(Action 4), 유해조세환경에 대한 효과적 대응(Action 5), 조세조약 혜택의 남용방지(Action 6), 고정사업장의 인위적 회피방지(Action 7), 이전가격세제의 강화(Action 8~10), BEPS 측정과 모니터링(Action 11), 의무보고규정(Action 12), 이전가격문서 및 국가별보고서(Action 13), 분쟁해결장치의 효과성 제고(Action 14), 양자간 조세조약 보완을 위한 다자협약개발(Action 15)로 구성되어 있다.[77] 위 실행방안들은 '기업과세의 일관성 확보', '국제조세기준 남용방지', '국제거래의 투명성 확보'를 위한 방안으로 구분되고[78] 그 이행수준에 관하여 의무적 성격의 '최소기준과제'와 권고적 성격의 '공통접근과제' 또는 '모범권고과제'로 분류된다.[79] OECD는 위 4개의 최소기준은 BEPS 프로젝트 참여국[80]에 필수적으로 반영하도록 권고하고 있다. 실행방안 13의 국가별보고서 교환을 위한 다자간 협정(Multilateral Competent Authority Agreement on the Exchange of Country-by-Country Report, 'CbC MCAA')도 체결되어 있는데 이는 2012년 발효된 다자간 조세행정공조협약에 근거를 두고 있다.

2. 우리나라 국제조세의 체계

가. 국제조세법의 시대별 변천

우리나라에서는 1960년대 이전에는 외국자본의 국내투자가 거의 없었고 1960년대 초반 수출주도의 경제개발정책에 따라 국제거래가 본격 추진되었다. 당시 구조적 무역적자를 보전하고 경제개발을 위한 재원 마련을 위해 외국자본

---

76) OECD, *BACKGROUND BRIF Inclusive Framework on BEPS* (2017. 1.), pp. 9-10.

77) 조세조약 관련 BEPS 실행방안은 2, 6, 7, 14, 15이고 그 중 최소기준은 6, 14의 일부이다.

78) BEPS 실행방안 2, 3, 4, 5는 기업과세의 일관성 확보, 6, 7, 8은 국제조세기준의 남용방지, 11, 12, 13, 14는 국제거래의 투명성 확보를 위한 것이다. 실행방안 1은 디지털경제, 실행방안 15는 다자협약에 관한 것으로 그 포괄적 성격에서 다른 실행방안과는 구별된다.

79) 실행방안 5, 6, 7, 8, 9, 10, 13, 14(상호합의조항 개정)는 최소기준과세, 2, 4는 공통접근과제, 3, 6, 12, 14(강제중재)는 모범권고과제이다.

80) 2020. 1. 31. 현재 137개 관할권(jurisdictions)에서 참여 중이다[http://www.oecd.org/tax/beps/international-community-renews-commitment-to-multilateral-efforts-to-address-tax-challenges-from-digitalisation-of-the-economy.htm (2020. 6. 14. 방문)].

을 적극 유치하였는데 거의 대부분의 해외자본은 차관 형태로 들어왔다. 1966년 외자도입법의 제정으로 정부의 선별적인 허가를 받은 외국인의 직접투자가 허용되었는데, 당시 외국 차관이나 외국인 직접투자는 관련 법률에 의해 조세감면을 받아 국제소득세제의 적용 여지는 거의 없었다. 당시 우리나라는 전형적인 자본수입국으로서 자본수출의 사례는 찾아보기 힘들었고, 그러한 추세가 1970년대말까지 이어져 국제조세법의 별다른 역할은 없었다.

1980년대 들어 시장개방 조치가 강화되었고 1983년에는 외자도입법을 개정하여 외국인 투자에 관하여 네거티브 시스템을 채택하여 전제 업종에서 금지업종과 제한업종을 제외한 나머지 업종에 대한 외국인 직접투자를 자유화하였다. 이에 따라 1980년대 중반 들어 해외자본의 직접투자가 증가하였고 1980년대 후반에 들어서는 우리나라도 자본수출의 대열에도 합류하면서 국제조세법이 주목을 받기 시작했다.[81] 그 무렵부터는 인바운드 거래와 아웃바운드 거래에 대한 국제조세 이슈가 공히 문제되었다. 특히 1990년대 말 외환위기에 따라 전면적 자본자유화가 이루어져 외국인의 직접 투자가 현격하게 증가하였고 내국인의 해외투자도 대폭 증가하였다.

소득세법과 법인세법은 1949년 제정되면서 비거주자와 외국법인 및 국내원천소득 등에 관한 국제조세 기본규정을 두었고, 그 이후 기본규정은 법인세법과 소득세법의 개정을 통해 꾸준히 정비되어 왔다. 1971년 소득세법과 법인세법에 외국납부세액공제규정을 도입하는 등 이중과세 조정규정도 마련되었고 1988년 법인세법에 이전가격세제를 신설하는 등 조세회피 방지규정도 순차로 도입되었다. 우리나라의 국제조세법 역사에서 특기할 만한 것은 1970년 일본과의 조세조약의 체결과 1995년 국제조세조정법의 제정이다. 우리나라는 한·일 조세조약[82]을 시발점으로 다수 국가들과 조세조약을 체결하여 2020. 3. 현재 93개국과의 조세조약망을 가지고 있다.[83] 이중과세 조정규정을 담은 조세조약은 우리나라에

81) 이창희, 앞의 국제조세법 책, 7면.
82) 1882년 체결한 조·미수호조약도 있는데, 동 조약은 생활필수품과 사치품의 수입에 대해 10%와 30%의 관세를, 수출품에 대해서는 5%의 관세를 부과하는 것을 내용으로 담고 있다.
83) 기획재정부, "20년 3월 기준 조세조약 및 조세정보교환 협정 등 체결현황" 참조[http://www.moef.go.kr/com/bbs/detailComtPolbbsView.do?searchBbsId1=MOSFBBS_000000000039&searchNttId1=MOSF_000000000032823&menuNo=5020200 (2020. 6. 14. 방문)]. 같은 시점을 기준으로 12개국과 조세정보교환협정(Tax Information Exchange Agreement)을 체결하고 있고 2012. 7. 1. 136개국이 가입한 다자간 조세행정공조협약(Convention on Mutual Administrative Assistance in Tax Maters)에도 가입하였다.

대한 국제교역과 투자를 활성화시키는 제도적 네트워크가 되었다. 국내세법상으로는 우리나라가 OECD에 가입하면서 단행한 국제조세조정법의 제정이 무엇보다 주목을 받았다. 국제조세조정법에서는 종전 이전가격세제를 정비하는 것 외에 조세회피 방지를 위한 특정외국법인 세제와 과세자본 세제를 전격적으로 도입하였고 국제재산세제에 관한 국외증여세제도 같이 규정하게 되었다. 이로써 국제거래에 관한 조세회피 방지규정을 단행법률에서 규율하게 되었다.

나. 현행 국제조세법 규정

(1) 국내세법과 조세조약의 현황

국제조세 실체법과 절차법 규정들은 국내세법과 조세조약에 위치하고 있다. 개별세법으로는 소득세법, 법인세법, 상속세 및 증여세법(이하 '상증세법'), 국제조세조정법, 조세특례제한법이 주요 법률이고 국세기본법, 부가가치세법에도 관련 규정이 있다. 우리나라의 국제조세법은 주로 국제소득세제가 대부분이고 소득세법과 법인세법에 국제조세 기본규정이 위치하여 납세자와 과세대상소득 및 과세방식을 규정하고 있다. 이중과세 조정규정은 조세조약과 국내세법상의 외국납부세액 공제규정과 외국인에 대한 조세특례규정에 의하고 있고 조세회피 방지규정은 주로 국제조세조정법에 담겨 있다. 국제재산세제는 상증세법과 국제조세조정법에서 주로 규정하고 있다. 조세조약은 모두 국제소득세제에 관한 것으로 주로 OECD 모델조세조약을 반영하여 체결되었는데, 자본수입국의 입장에서 선진국과 체결한 조세조약과 자본수출국의 입장에서 개발도상국과 체결한 조세조약으로 대별해 볼 수 있다. 절차법적인 규정은 개별 세법과 국제조세조정법 및 조세조약에 산재해 있는데, 국제조세조정법의 상호합의제도, 국가간 조세협력규정 및 해외금융계좌 신고제도가 대표적이다.

(2) 국제조세 기본규정

우리나라는 내국인 즉, 거주자와 내국법인에 대한 전세계소득과세의 속인주의 입장에 있다. 개인의 경우에는 주소와 183일 이상의 거소[84]를, 법인의 경우에는 본점 또는 주사무소 소재지와 실질적 관리장소[85]를 기준으로 거주자와 내국법인 여부를 판정한다. 외국인 즉, 비거주자와 외국법인에 대해서는 국내원천소

---

84) 소득세법 제1조의2 제1호 및 제2호.
85) 법인세법 제2조 제1호 및 제3호.

득과세를 한다. 그 과세방식으로는 고정사업장세제와 원천징수세제가 대표적이
다. 과세대상 국내원천소득은 소득세법과 법인세법에 구체적으로 열거되어 있
다.86) 다만, 국내원천소득의 소득구분과 범위는 특별법 우선의 원칙에 따라 조세
조약에 의하여 변경될 수 있다.87) 외국법인의 국내사업장에 대한 과세특례를 두
어 우리나라가 체결한 조세조약에서 지점의 이윤송금액에 대해서 과세할 수 있
도록 규정한 경우에는 지점세가 과세된다.88)

국제재산세제에서도 기본규정이 있는데 거주자가 사망한 경우 전세계 소재
상속재산에 대해서 과세하고 비거주자가 사망한 경우에는 국내 소재 상속재산에
대해서만 과세한다.89) 상속재산의 소재지에 대해서도 별도의 규정이 있다.90) 부
가가치세에 있어서는 재화의 수입에 관한 납세자 규정91)과 용역의 수입에 대한
대리납부규정92)이 국제소비세제의 기본규정이다.

(3) 이중과세 조정규정

이중과세의 조정은 조세조약과 국내세법상 외국납부세액공제규정93)에 의해
이루어지고 있다. 조세조약은 Tie-breaker Rule과 과세권 배분 규정에 의하여 이
중거주자 문제와 이중과세소득 문제에 대응하고 있다. 조세조약의 제한세율을 적
용받기 위해서는 특정 주체가 소득의 실질귀속자, 수익적 소유자 및 포괄적 납세
의무를 부담하는 거주자에 해당하여야 한다.

국내세법상 이중과세조정은 직접·간접 및 간주 외국납부세액공제 규정94)
에 의한다. 간접외국납부세액 공제는 외국자회사의 배당에 대하여 적용되고 간주
외국납부세액공제는 조세조약에서 정하는 바에 따라 인정되고 있다.95) 원천지국

---

86) 소득세법 제119조 및 법인세법 제93조.
87) 외국인의 국내원천소득의 구분에 관해서는 국내세법에 불구하고 조세조약이 우선한다는 국제조
   세조정법 제28조가 있었으나 2018. 12. 31. 폐지되었다
88) 법인세법 제96조.
89) 상증세법 제3조.
90) 상증세법 제5조.
91) 부가가치세법 제3조 제2호.
92) 부가가치세법 제52조 제1항.
93) 상증세법 제29조는 외국 상속재산에 대한 외국납부세액의 공제를 허용하여 이중과세를 조정하
   고 있다.
94) 법인세법 제57조.
95) 간접외국납부세액공제도 간주외국납부세액 공제와 마찬가지 방식으로 제한을 두었으나 자회사
   형태의 해외투자를 촉진시키기 위해 2002년 조세특례제한법 개정으로 조세조약과 무관하게 일부
   공제를 해 주다가 2011년 법인세법 개정에 의하여 일반적으로 공제해 주는 것으로 변경되었다.

의 과세에 대한 거주지국의 후행적 이중과세 조정규정이다. 인바운드 거래의 경우에는 조세특례제한법상 국제자본거래에 대한 조세특례규정[96] 등이 외국인의 투자수익에 대한 면제를 허용한다. 국제재산세제에서는 외국상속세 공제규정이 있고,[97] 국제소비세제상 상호주의 하에서의 부가가치세 영세율 규정[98] 및 외국 관광객에 대한 부가가치세 특례 규정[99] 등이 이중과세 조정규정이다.

(4) 조세회피 방지규정

국제적 조세회피는 과세근거인 납세자와 과세물건의 두 요소를 고려하여 행해진다. 과세물건에 관한 조세회피 방지규정으로 우리나라에서는 국내세법상 인바운드 거래에 대해 적용되는 과소자본세제, 아웃바운드 거래에 대해 적용되는 특정외국법인세제와 두 거래 모두에 적용되는 이전가격세제가 있다. 이들 모두 OECD의 역점 사업을 적극 반영하여 국내세법에 도입된 것이다. 최근에도 OECD의 BEPS 실행방안 중 혼성불일치규정(Action 2), 소득대비 과다이자비용의 공제제한규정(Action 4), 외국법인의 국내사업장 규정(Action 7), 국제거래정보 통합보고서 규정(Action 13) 등을 도입하였다. 조약남용방지(Action 6) 등은 다자협약 참여를 통해 개별 조세조약이 수정되는 방식으로 도입되었는데, 우리나라는 2017년 다자협약에 서명하고 2020. 5. 그 비준서를 기탁하였다.[100] 역외탈세에 관한 절차적 규정으로 해외금융계좌신고제도를 2010년에 신설하여 2011. 6. 처음 시행하였고, 2009. 11. 국세청에 '역외탈세 추적 전담센터'를 설치하여 역외탈세 추적을 강화하고 있다.[101] 또한, 2009. 3. 미국, 영국, 일본 등과 함께 국제 탈세 정보교환센터(Joint International Tax Shelter Information, 'JITSIC')에도 가입하였다.[102]

조세회피방지규정의 대표는 이전가격세제[103]이다. 국외특수관계자와의 국제거래에서 그 거래가격이 정상가격보다 높거나 낮은 경우에 그 이전가격을 부인

---

96) 조세특례제한법 제20조 내지 제22조.
97) 상증세법 제29조.
98) 부가가치세법 제25조.
99) 조세특례제한법 제107조의2, 3.
100) BEPS 방지 다자협약은 2017. 6. 정부 대표가 서명하고 2019. 12. 국회 비준동의가 완료되었으며 2020. 9. 1. 발효 예정이다. 현행 93개 조세조약 중 73개가 다자협약 적용대상이 되고 그 중 32개 조약 상대국이 비준서 기탁 및 통보를 완료하였다(기획재정부, 보도자료, 2020. 5. 14.).
101) 국세청, 역외탈세 추적 전담센터 출범 보도자료, 2009. 11. 19.
102) 국세청, 국제탈세정보교환센터(JITSIC) 가입 보도자료, 2009. 4. 8.
103) 국제조세조정법 제4조 내지 제13조.

하고 정상가격을 기준으로 과세하는 제도이다. 우리나라는 비회원국이던 1988. 12. 31. OECD의 이전가격정책을 수용하여 법인세법 시행령 제46조에 부당행위계산부인조항의 일부로서 독립거래원칙을 택하는 이전가격세제를 도입하였다.104) OECD 회원국으로 가입하면서 국제조세조정법을 제정하여 동 법률에 이전가격세제를 이관함으로써 OECD의 진전된 논의를 반영하였다.105) 과소자본세제는 국외지배주주에 대한 과다한 차입금의 지급이자를 손금산입이 되지 않는 배당으로 보아 과세하는 것으로 국제조세조정법의 제정과 함께 도입되었는데106) 지급이자 손금불산입의 판단 기준인 부채와 자본의 비율을 2배로 하고 있다. 또한 2017년 국제조세조정법의 개정을 통하여 다국적기업의 소득 대비 과다이자비용의 손금불산입조항107)과 혼성금융상품의 거래에서 발생하는 이자비용의 손금불산입조항108)도 도입되었다. 우리나라는 국제조세조정법을 제정하면서 특정외국법인세제도 선례적으로 도입하였다.109) 법인의 실제부담세액이 실제발생소득의 15% 이하인 국가에 소재하는 특정외국법인에 대해 내국법인이 일정 비율 이상 출자하는 경우에 그 외국법인의 유보소득을 간주배당으로 과세하는 제도이다.

우리나라에서의 조세조약의 남용(Treaty Shopping)은 인바운드 거래에서 해외투자자들이 투과과세단체를 만들어 이를 통해 투자금을 조달한 다음 그 아래에 조세조약의 제한세율의 혜택을 받는 국가에 특수목적회사를 세워 그 회사가 우리나라에 투자하는 다층적 구조를 취하는 형태의 조세회피가 대부분이었다. 조세조약의 남용에 대하여 우리나라는 사용료소득과 이자소득 및 배당소득에 관하여 수익적 소유자 규정을 두는 한편, LOB 규정보다는 PPT 규정을 주로 조세회피 방지규정으로 삼았다. 한·독 조세조약 제27조 제2항은 배당지급에 관한 주식 또는 기타 권리의 창설이나 부여 등에 있어서 그 제한세율 규정을 이용하는 것이 관계인의 주요한 목적일 경우에는 조세조약을 적용하지 아니한다고 하고 있는바,

104) 1988년 이전에는 이전가격세제가 없어 국제거래에 대해서도 국내세법상 부당행위계산부인규정을 적용하였고, 시가가 불분명한 경우에는 공인감정기관의 감정가액 또는 상증세법상의 평가가액으로 거래가격을 조정하였다.
105) 2002년에는 자산증여 등이 아닌 국제거래에 관하여 부당행위계산부인 규정보다 이전가격세제가 우선 적용된다는 특칙을 신설하였고(국제조세조정법 제3조), 이전가격세제의 효과적 운용을 위해 납세자의 자료제출의무와 위반시의 제재도 규정하였다(국제조세조정법 제11조, 제12조).
106) 국제조세조정법 제14조 내지 제16조.
107) 국제조세조정법 제15조의2.
108) 국제조세조정법 제15조의3.
109) 국제조세조정법 제17조 내지 제20조의2.

PPT 규정의 사례이다. 원천징수의무이행의 불확실성을 해소하기 위한 국외투자기구에 대한 실질귀속자 특례규정110)도 두고 있는데, 특기할 만하다. 조세조약상 고정사업장이 없는 외국법인에 대해서는 사업소득에 대해 원천지국의 과세권이 없으므로 외국법인은 원천지국의 고정사업장의 구성을 회피하는 경우가 있다. 고정사업장의 구성 회피에 대해서는 조세조약과 법인세법의 간주고정사업장규정을 적용하여 과세하고 있다.111) 이에 의하여 국내에 체약대리인을 두고 계약체결권한을 반복적으로 행사하는 등의 경우에는 고정사업장을 구성하는 것으로 본다.

조세회피 방지규정으로 주목할 만한 것이 국외증여세제와 출국세이다. 국제조세조정법에 거주자가 비거주자에게 국외 소재 재산을 증여하는 경우에 증여자에게 증여세 납세의무를 부과하는 특례규정을 두고 있는데,112) 국제재산세제의 대표적인 조세회피 방지규정이다. 또한, 소득세법에 과세물건이 아닌 납세자 자체의 조세회피에 대한 부인규정으로 출국세가 2016년에 도입되었는데, 국외전출세라고도 한다. 출국일 10년전부터 출국일까지의 기간 중 국내에서 주소나 거소를 둔 합계가 5년이상이고 직전 사업연도 종료일 현재 주식 등 일정 재산을 보유하는 경우에 주식 등 재산에 대하여 출국일에 양도한 것으로 보아 양도소득세를 과세하는 것이다.113) 또한, 국제소비세제에서의 전자적 용역을 공급하는 국외사업자에 대해 간편사업자등록을 하고 부가가치세를 납부하도록 하는 규정114)도 조세회피 방지규정이다. 소비지국 과세원칙의 수용과 국내사업자와 국외사업자 간의 부가가치세 과세형평의 도모가 그 도입배경이다.

3. 외국의 국제조세법의 체계

가. 미 국

(1) 국내세법

미국의 조세는 연방세(federal tax)와 주세(state tax) 및 지방세(local tax)가 있다. 미국의 국제조세에 관한 규정은 국내세법과 조세조약에 있는데, 미국 연방세법(Internal Revenue Code, 'IRC')에 국제조세법 규정이 대부분 담겨 있는 점이 특

110) 소득세법 제119조의2 및 법인세법 제93조의2.
111) 법인세법 제94조 제3항.
112) 국제조세조정법 제21조.
113) 소득세법 제118조의9.
114) 부가가치세법 제53조의2.

색이다. 미국 연방세법 Subchapter N에서 국내원천소득과 국외원천소득의 과세
규정을 두고 있고, 그 하위의 Part I, II에는 인바운드 거래에 관한 국내원천소득
규정과 과세방식에 관한 규정이, Part III에 아웃바운거래에 대한 이중과세 조정
규정과 조세회피 방지규정 등115)이 다수 위치하고 있다.

　　미국은 개인의 경우 미국 거주자 외에 미국 시민권자에 대해서도 전세계소
득 과세원칙을 취하고 있다. 미국 시민권자는 국외에 체류하더라도 시민권의 혜
택을 동등하게 누릴 수 있다는 이유에서이다.116) 영주권자, 실질적 체류기준
(substantial presence test)117)과 거주자 선택기준(first year election test)118)을 충족
한 자도 미국 거주자가 된다. 법인의 경우에는 설립지주의에 따르고 있다. 소득
원천지 규정(sourcing rule)도 있는데, 미국원천소득이 미국내 사업이나 거래와 실
질적으로 관련이 되어 있다면 사업소득(effectively connected income, 'ECI 소득')으
로 보아 비용을 공제한 순소득에 대해 누진세율로 과세한다.119) 이자, 배당 등 일
정한 금액으로 정해지거나 확정될 수 있는, 매년 또는 일정한 기간마다 지급되는
소득(fixed or determinable, annual or periodical income, 'FDAP 소득')은 30%의 세율
로 과세된다.120)

　　이중과세 조정규정으로는 외국납부세액공제 규정과 해외소득면제 규정이 있
다. 전자의 경우 외국납부세액은 외국원천소득과 관련이 있어야 하고,121) 납세자
는 세액공제나 일반공제를 선택할 수 있는데,122) 특정 소득에 대해서는 세액공제
의 한도가 있다.123) 후자의 경우로 해외근로소득의 일정금액을 총소득에서 제외
하는 규정이 있다.124)

　　미국에서도 조세회피 방지규정으로는 이전가격세제가 대표적이다. 둘 이상

---

115) 그 중 Subpart F는 특정외국법인 세제에 관하여 규정하고 있어 그 과세소득을 Subpart F소득이
　　라고 한다.
116) Cook v. Tait, 265 U.S. 47 (1924).
117) 미국 연방세법 제7701조(b)(3).
118) 미국 연방세법 제7701조(b)(4).
119) 미국 연방세법 제861조(b), 제871조(b), 제873조, 제882조.
120) 미국 연방세법 제871조(a), 제881조.
121) Michaels S. Schadewald · Robert J. Misey, *Practical Guide to US Taxation of International
　　Transactions*, Wolters Kluwer (2015), p. 47.
122) 미국 연방세법 제901조(a).
123) 미국 연방세법 제904조(d).
124) 미국 연방세법 제911조.

의 조직, 거래 또는 사업들이 동일한 이해관계를 가진 특수관계인에 의하여 직·
간접적으로 통제되거나 소유되는 경우 미국 재무부장관은 조세탈루를 방지하고
관련된 조직, 거래 또는 사업의 소득을 정확하게 산출하기 위하여 필요하다고 인
정되는 때에는 총소득, 비용, 세액공제 또는 소득공제를 다시 분배, 배분 또는 할
당하여 그 조직, 거래 또는 사업의 소득을 다시 계산할 수 있다.[125] 아웃바운드
거래에 대해서는 피지배외국법인의 유보소득을 배당으로 보아 과세하는 특정외
국법인세제를 두고 있다. 또한 수동적 외국투자회사에 대해서도 유사한 규정이
있다.[126] 인바운드 거래에 대해서는 지점세가 있는데, 외국법인의 지점을 자회사
와 마찬가지로 취급하는 것으로 미국지점이 그 이익을 확정하는 시점에 과세하
는 것 외에 이익을 외국법인에 분배하는 시점에 추가로 최대 30% 세율로 과세한
다.[127] 외국법인의 자회사 대신 지점 진출 방식의 조세회피에 대한 방지규정이
다. 또한 과소자본세제도 있는데, 과도한 부채비율이 있는 경우 부채의 성격을
자본으로 재구분하여 이자비용 공제를 허용하지 않거나 이자지급 등을 관계자에
대한 배당으로 보아 과세한다.[128]

　　미국에서는 출국세적 성격을 가지는 조세회피 방지규정이 개인과 법인 모두
에게 있다는 점이 특이하다. 미국에서는 국경을 넘는 자산의 양도를 통해 미국회
사가 외국에서 사업을 영위하기 위해 외국기업에 미실현이익이 있는 자산을 양
도하면 외국기업의 법인격 여부와 관계없이 미실현이익을 인식해야 한다.[129] 주
식과 자산의 교환이 국내거래라면 그 미실현이익에 대한 과세이연이 허용될 수
있으나 국제거래에서는 미국의 과세권을 벗어나는 것이 되므로 과세하는 것이다.
또한, 미국은 미국 기업이 자신보다 규모가 작은 외국기업과 합병하여 새로운 법
인을 신설하고 그 신설법인의 주소지를 외국으로 이전하는 경우에 그 외국법인
이 형해화되어 있다면 미국법인으로 의제하는 법인도치(corporate inversion) 방지
규정[130]을 두고 있다. 이는 법인의 거주지 이전에 관한 과세규정의 성격을 가진
다. 개인에 대해서는 미국 시민권자나 장기 영주권자가 조세회피 목적으로 시민

125) 미국 연방세법 제482조.
126) 미국 연방세법 제1291조.
127) 미국 연방세법 제884조.
128) 미국 연방세법 제385조.
129) 미국 연방세법 제367조.
130) 미국 연방세법 제7874조.

권이나 영주권을 포기하고 외국으로 거주지를 이전하는 경우에는 10년 동안 미국회사의 주식 등 미국 원천소득에 대하여 미국 시민권자나 거주자로 보아 과세하는 규정을 두고 있다.[131]

(2) 조세조약

미국은 독자적인 US 모델조세조약을 두고 있다. US 모델조약은 OECD 모델조약과는 달리 지방정부의 조세는 조세조약의 적용을 받지 않는다는 점,[132] 배당에 대한 원천징수의 제한세율의 적용요건을 25% 지분비율 대신 10% 지분비율로 한다는 점[133] 등에서 차이가 있다. US 모델조세조약은 조세회피 방지규정으로 LOB 규정을 두고 있는 점이 특징적이다. 예컨대, 미·일 조세조약에 의하면 유가증권시장에 상장하고 있는 회사[134]이거나 해당 회사의 주식을 체약국 거주자가 보유하고 있는 경우,[135] 해당 회사가 공제가능한 지급에 의해 과세기반을 침식하고 있지 않는 경우[136] 등 열거된 적격자에 해당하는 경우에는 조세조약의 혜택이 부여된다. 또한, 체약국에서 능동적으로 사업활동을 하고 있거나[137] 권한 있는 과세당국의 판단이 있는 경우[138]에는 조세조약의 혜택을 받을 수 있다. 2016년에 US 모델조세조약이 개정되었는데,[139] 조세특례조치와 기업도치거래에 대한 대응 등이 상당 부분 변경되고, 중재 조항이 새로이 들어온 점이 주목된다. 특기할 만한 것으로 미국은 상속세와 증여세에 대해서도 US 모델조약을 두고 있으며 1955년 일본과 상속세 조약을 체결하는 등 비교적 여러 국가와 상속세 조약을 체결하고 있다는 점이다.

미국에서 조세조약은 연방법과 같은 효력을 가지므로 연방법이 신법이면 구법인 조세조약에 우선할 수 있다.[140] 미국 원천의 ECI 소득이나 FDAP 소득에 대한 과세는 조세조약에 의하여 수정되어 조세조약상의 낮은 세율이나 면세가 적

---

131) 미국 연방세법 제877조.
132) US 모델조약 제2조.
133) US 모델조약 제10조.
134) 미·일 조세조약 제22조 제1항 (c) i).
135) 미·일 조세조약 제22조 제1항 (c) ii)
136) 미·일 조세조약 제22조 제1항 (f).
137) 미·일 조세조약 제22조 제2항.
138) 미·일 조세조약 제22조 제4항.
139) https://www.treasury.gov/press-center/press-releases/Pages/jl0356.aspx (2020. 6. 14. 방문).
140) 미국의 FIRPTA 규정이 대표적이다.

용된다. 예컨대 외국법인의 ECI 소득은 미국에 고정사업장이 없다면 조세조약에
따라 과세되지 않는다.

나. 일　본
(1) 국내세법

일본의 국제조세법의 발전은 세 단계의 기간으로 구분된다. 제1기는 제2차
세계대전 후에 국제교역 및 투자의 증가와 함께 이중과세 조정규정이 정비되는
시기이다. 일본은 1953년 외국납부세액공제제도를 도입하였고 1962년에는 그 적
용범위를 확대하였다. 1955년 미국과의 조세조약의 체결 이후 여러 나라와 조세
조약을 체결하여 국제무역을 세제상 뒷받침하였다. 제2기는 외국자회사를 통한
소득의 역외이전이나 유보에 대한 방지세제를 도입하는 시기이다. 1978년 특정
외국법인세제가, 1986년 이전가격세제가 도입되어 국내세법 차원에서 조세회피
방지에 주력하였다. 제3기는 국제적 조세회피문제에 대하여 공동으로 대응하는
시기이다. 일본은 1995년 OECD의 이전가격과세지침과 유해조세경쟁에 대한 국
제적 대응조치에 동참하였고, BEPS의 대응에도 적극 참여하고 있다.

일본의 국제조세법으로는 소득세법과 법인세법 및 조세조약이 있고, 조세특
별조치법에 국제조세법 규정을 두고 있는 점이 특색이다. 소득세법과 법인세법에
는 납세자와 과세대상소득 및 과세방식에 대한 국제조세 기본규정이 있고, 조세
조약은 체약국과 과세권 배분을 통하여 이중과세 조정을 하고 있다. 조세특별조
치법은 소득세, 법인세, 상속세, 지가세,141) 등록면허세 및 소비세의 과세특례를
규정하면서 특정외국법인 세제, 이전가격세제, 과소자본세제 등 조세회피 방지규
정을 두고 있다. 일본도 기본적으로 거주자에 대한 전세계소득과세, 비거주자에
대한 국내원천소득과세의 입장에 있다. 거주자는 국내에 주소를 두거나 1년 이상
계속하여 거소를 둔 개인을 말한다.142) 비거주자는 거주자 이외의 개인이다.143)
내국법인은 국내에 본점 또는 주사무소를 가지고 있는 법인이고,144) 외국법인이
란 내국법인 이외의 법인을 말한다.145) 국내원천소득은 소득세법과 법인세법에서

---

141) 일본의 지가세는 우리나라의 종합부동산세와 유사한 세목이다. 1월 1일을 기준으로 국내에 있
　　는 토지, 지상권 등을 보유하고 있는 개인이나 법인이 납세의무자가 된다.
142) 일본 소득세법 제2조 제1항 제3호.
143) 일본 소득세법 제2조 제1항 제5호.
144) 일본 법인세법 제2조 제3호.
145) 일본 법인세법 제2조 제4호.

자세히 규정하고 있다.[146] 종전에는 국외원천소득을 국내원천소득 이외의 소득으로 규정하였으나 2012년 개정을 통해 외국법인의 국외원천소득을 적극적으로 규정하고 있다.[147]

이중과세 조정규정으로는 외국납부세액공제제도가 있다. 외국납부세액의 손금산입방식도 허용된다. 외국납부세액공제는 일괄한도방식에 의하여 제한된다. 조세조약에 따른 간주외국납부세액공제도 인정된다. 간접외국납부세액공제는 2009년 개정에 의하여 내국법인이 외국자회사로부터 배당을 받는 경우 그 배당을 익금불산입하는 것으로 변경하여 국외소득면제방식이 일부 채용되면서 폐지되었는데, 그 부분에서는 국외소득면제방식이 채택된 것으로, 일본의 다국적기업의 경우에는 해외배당소득이 과세제외되어 전세계 소득과세원칙이 크게 수정되었다. 조세회피 방지규정으로 이전가격세제는 조세특별조치법에 국외관련자 거래와 관련된 과세특례[148]로 규정되어 있는데, 국외계열회사간 이전가격을 독립기업 거래가격과 달리 설정하여 소득이 감소되는 경우 그 이전가격을 독립기업간 가격으로 과세소득을 재계산하는 것이다. 과소자본세제는 국외지배주주 등과 관련된 부채의 이자과세특례[149]로 규정되어 있고, 차입금이 자기자본의 3배를 초과하는 경우에 그 지급이자를 손금불산입한다. 특정외국법인세제는 거주자[150]와 내국법인[151]의 특정 외국자회사 등과 관련된 소득의 과세특례로 규정되어 있는데, 경과세국에 유보된 외국자회사의 소득에 대해 일본 내국법인 등의 소득으로 합산하여 과세하는 것이다. 2015년부터 소득세법 개정을 통해 납세자의 거주지 이전에 대한 출국세를 도입하여 시행하고 있다. 국외전출을 하는 거주자로서 국외전출시 대상자산이 1억엔 이상이고 국외전출일 10년 이내에 국내거주기간이 5년을 초과하면 출국세를 부담한다.[152]

(2) 조세조약

일본의 조세조약은 헌법에 의하여 별도의 입법조치 없이 국내법적 효력을 가지고 법률에 우선하여 적용된다.[153] 이에 대하여 조세조약의 규정을 구분하여

---

146) 일본 소득세법 제161조 제1항, 일본 법인세법 제138조 제1항.
147) 일본 법인세법 제69조 제4항.
148) 일본 조세특례조치법 제66조의4.
149) 일본 조세특례조치법 제66조의5.
150) 일본 조세특례조치법 제40조의4 내지 제40조의6.
151) 일본 조세특례조치법 제66조의6 내지 제66조의9.
152) 일본 소득세법 제60조의2.

과세제한 규정은 과세요건 명확주의 입장에서 국내 적용가능성을 판단하여야 하나 과세근거 규정에 대해서는 과세요건 법정주의의 견지에서 국내 적용가능성은 일반적으로 배제된다는 견해가 있다.[154] 일본은 2020. 6. 1. 현재 76개국과 소득세에 관한 조세조약을 체결하고 있고[155] 미국과의 상속세조약도 체결되어 있다.

다. 독 일
(1) 국내세법

독일의 국제조세법 규정은 법인세법, 소득세법, 대외조세법(Aussensteuergesetz)과 조세조약 등에 위치하고 있다. 대외조세법은 국제조세법 규정으로 구성된 특별법으로 1972년 제정되었다. 대외조세법에는 조세회피 방지규정이 다수 포함되어 있는데, 독일의 과세권의 확대에 기여하였다고 평가된다. 소득세법과 법인세법은 국제조세 기본규정을 두고 있다. 국내에 주소를 두거나 평상적으로 거주하는 개인은 전세계소득에 대한 무제한적 납세의무를 진다.[156] 독일에 주소도 없고 평상적으로 거주하지 않는 개인은 제한적 납세의무를 부담한다. 그가 납세의무를 부담하는 국내원천소득은 별도로 규정되어 있다.[157] 독일 상속세법은 피상속인이나 상속인이 내국인이거나 상속재산이 국내에 소재하면 납세의무가 있다고 규정하고 있다.[158] 이중과세 조정규정으로 소득세법에 외국납부세액공제규정이 있는데[159] 외국납부세액면제방식도 허용된다.[160] 외국납부세액의 공제한도는 전세계소득에 대한 독일의 소득세액에 외국소득이 전세계소득에서 차지하는 비중을 곱한 국별한도를 채택하고 있다. 법인세법도 외국납부세액공제규정을 두고 있는데[161] 간접외국납부세액공제[162] 및 간주외국납부세액공제도[163]도 허용한다.

---

153) 일본 헌법 제98조 제2항.
154) 谷口勢津夫, 租稅條約論, 淸文社, 1999, 32면.
155) https://www.mof.go.jp/english/tax_policy/tax_conventions/international_182.htm (2020. 6. 14. 방문).
156) 독일 소득세법 제1조, 제2조.
157) 독일 소득세법 제49조.
158) 독일 상속세법 제2조.
159) 독일 소득세법 제34c조 제1항.
160) 독일 소득세법 제34c조 제2항.
161) 독일 법인세법 제26조.
162) 독일 법인세법 제26조 제2항.
163) 독일 법인세법 제26조 제3항.

독일의 대표적 조세회피 방지규정으로는 조세기본법(Abgabenordnung)의 '일반적 남용방지규정'164)이 있다. 이 규정은 어떠한 민법적인 행위가 경제적으로 부적절하고 단지 납세의무를 유발하는 행위를 피해가려는 동기에 의해서만 선택되는 경우에는 세법상 남용되었다고 보아 과세하는데, 국제거래에도 적용된다. 개별적인 조세회피 방지규정은 대외조세법에서 규정하고 있다. 이전가격세제는 독립기업간 거래원칙에 따라 내국인과 그와 특수관계인 외국인이 독립적인 제3자라면 합의하지 않았을 조건으로 거래를 한다면 이로 인하여 야기되는 국내소득의 감소는 과세액의 결정과정에서 고려되지 않고 국내 과세소득은 제3자간에 합의되었을 조건하에서 발생할 수 있는 소득액만큼으로 조정된다고 규정하고 있다.165) 특정외국법인세제는 저세율 국가에 위치하는 중간회사나 도관회사에 수동적 지분참여를 하고 그 회사에 소득을 유보한 경우 이를 배당으로 간주하여 과세한다.166) 종전에 과소자본세제가 있었는데, 2008년 기업세제개혁법을 통하여 이자손금산입 제한규정이 도입되면서 폐지되었다. 종전 과소자본세제는 주주가 자본금을 필요 이하로 줄이고 법인에게 자금을 대여하여 과세소득을 줄이는 경우에 그 지급이자를 은익배당으로 보아 손금인정하지 않는 것이었는데,167) 새로 도입된 이자손금산입 제한규정은 과소자본세제보다 광범위한 방지규정이다.

특이한 부분은 납세자의 거주지 이전과 관련하여 제한적 납세의무를 확대하는 규정168)과 미실현 자본이득에 대한 과세규정169)이 있다는 점이다. 전자에 의하면 최근 10년 중 5년 이상 기간 독일의 거주자였던 개인이 경과세국가로 거주지를 변경하면서 독일 국내와 상당한 경제적인 관계를 유지하는 경우에 일반 비거주자와는 달리 법률에 규정된 국내원천소득에 대해서만 납세의무를 부담하는 것이 아니라 국외원천소득이 아닌 모든 종류의 소득에 대해 납세의무를 부담하여야 한다. 이를 확대된 제한적 납세의무라고 한다. 후자는 독일의 과세권을 벗어나는 납세자와 자산의 미실현이익에 대한 과세이다. 납세자가 외국으로 이전하거나 주거지를 외국에 마련하거나 사업용 자산을 외국으로 이전하는 경우 국

---

164) 독일 조세기본법 제42조.
165) 독일 대외조세법 제1조.
166) 독일 대외조세법 제7조 내지 제14조.
167) 개정 전 독일 법인세법 제8a조.
168) 독일 대외조세법 제2조 내지 제5조.
169) 독일 대외조세법 제6조.

내에서 납세의무가 존재하는 기간 동안에 형성된 미실현 자본이득에 대해 과세한다.

(2) 조세조약

독일은 2019. 9. 현재 소득세에 관하여 97여개국과 조세조약을 체결하고 있고[170] 상속세와 증여세에 대해서도 일부 국가와 조세조약을 체결하고 있다. 조세조약은 연방법률에 우선한다고 규정되어 있다.[171]

4. 우리나라 국제조세법 체계의 평가

가. 국제조세법 편제의 형태

1970년 한·일 조세조약 체결 이후 소득세법과 법인세법 및 조세조약으로 구성된 우리나라 국제조세법의 체계는 1995년 국제조세조정법의 제정으로 3개의 국내세법 및 조세조약으로 그 구성을 변경하여 현재에 이르고 있다. 우리나라의 국제조세법 규정은 거의 대부분 국제소득세제에 관한 규정으로, 소득세법과 법인세법은 국제조세 기본규정과 이중과세 조정규정인 외국납부세액공제규정을 같이 두고 있고,[172] 국외투자기구에 대한 실질귀속자 특례 규정, 조세조약상 비과세나 면제 및 제한세율 적용의 특례 규정과 같이 조세조약의 적용에 관한 조항도 같이 규정하고 있다. 소득세법에는 조세회피 방지규정인 출국세 규정도 있는 점이 주목된다. 국제조세조정법은 조세회피 방지규정으로 이전가격세제, 특정외국법인세제, 과소자본세제, 국외증여세제를 두고 있고, 상호합의제도, 해외금융계좌신고제도, 국가간 조세협력규정 등 절차법적 규정도 담고 있다. 대체로 조세조약에서는 이중과세 조정규정이 주로 위치하고 있고 예외적으로 조세회피 방지규정이 들어 있는 경우도 있다. 조세조약은 거의 대부분 양자형태의 조약으로 관세법 분야를 제외하고는 발효되고 있는 다자적 형태의 조세조약은 매우 드물다.

반면, 국제소비세제와 국제재산세제에 관한 규정은 소수에 불과하다. 소비지국 과세원칙을 반영한 부가가치세법상 재화 수입자의 납세의무자 규정, 용역의 대리납부 규정이 기본규정이고, 이중과세 조정규정으로는 부가가치세법상 영세

---

170) https://www.lowtax.net/information/germany/germany−tax−treaty−introduction.html (2020. 6. 14. 방문).
171) 독일 헌법 제25조, 독일 조세절차법 제2조.
172) 연구 및 인력개발, 국제자본거래 및 기업구조조정에 대한 조세특례 규정 등이 조세특례제한법에 있는데, 그 중 국제거래에 대하여 과세혜택을 부여하는 규정은 선행적 이중과세 조정규정의 성격을 가진다.

율 규정, 조세특례제한법상 외국인 관광객에 대한 부가가치세 특례규정 등이 있
다. 상증세법은 외국납부세액공제 규정과 국제조세조정법상 국외증여세제가 이
중과세 조정규정과 조세회피 부인규정의 전부이다. 아직, 상속세에 관한 조세조
약은 체결되어 있지 않는 상태이다.[173]

국제조세절차법은 상호합의규정이 대표적인데, 소득세법과 법인세법 및 국제
조세조정법에 각기 규정되어 있다. 국제조세조정법에 국가간 조세협력에 관한 규
정과 해외금융계좌에 대한 신고 규정이 있는 점이 특기할 만하다. 국세기본법에
도 역외거래에 대한 별도의 부과제척기간 규정이 있는 점도 주목된다. 조세조약
에도 국가간 협력 등에 관한 규정이 있고 별도의 과세정보교환 협정 등도 체결되
어 있다.

나. 외국의 국제조세법 체계와 비교

우리나라, 미국, 일본, 독일의 국제조세법을 보면 국내세법과 조세조약의 체
계로 되어 있고 미국을 제외하고는 개별 세법에서 그 규정의 성격에 따라 나누어
규정하고 있다. 미국은 국제조세법 규정을 단행법률인 미국 연방세법에 두고 있
는 점이 특색이다. 조세조약은 개별 국가 사이의 협정이므로 국가별로 큰 차이는
없으나 미국은 US 모델조세조약에 따라 조세조약을 체결하고 있는 반면, 우리나
라와 독일, 일본은 OECD 모델조세조약에 기반하여 조세조약을 체결하고 있다는
점에서 차이가 있다. 조세조약이 국내세법과 상충하는 경우 우리나라, 독일, 일본
은 조세조약이 우선하는 것으로 해석하고 있고 미국은 신법 우선의 원칙에 의한
다. 국제조세 기본규정과 이중과세 조정규정은 소득세법과 법인세법에서 규정하
고 있고 조세회피 부인규정은 공통적으로 이전가격세제, 특정외국법인세제, 과소
자본세제를 두고 있는데, 일본은 조세특별조치법에, 독일은 대외조세법과 법인세
법에, 우리나라는 국제조세조정법에 규정하고 있어 별도의 특별법을 마련하고 있
는 점이 공통된다. 납세자의 거주지 이전에 관한 조세회피 부인규정인 출국세 규
정을 우리나라와 미국, 독일, 일본이 모두 두고 있다는 것도 주목된다. 법인의 출
국세에 해당하는 법인도치에 대해서는 미국만 그 규정을 두고 있는 점이 특색이
다. 지점세는 미국과 우리나라가 규정하고 있다. 한편, 국외투자기구에 대한 실질
귀속자 특례규정 등 조세조약에 관한 특례규정을 두고 있는 경우는 우리나라 외

---

173) 국제소비과세의 경우는 소비지국 과세원칙이 지배하여 조세조약의 체결 사례를 찾기 힘들다.

에는 찾아보기 어렵다.174)

일본은 조세특별조치법에서 다른 세법의 특례규정과 함께 조세회피 방지규정을 국제조세법의 특례로 규정하고 있고, 독일은 조세회피 방지규정을 대외조세법에 전속적으로 규정하고 있다. 이들 조세회피 방지규정은 우리나라의 국제조세조정법의 방지규정과 유사하고, 국제조세조정법과 대외조세법은 단행법률이라는 점에서는 공통점이 있다.

[표 1] 조세회피 방지규정의 비교

국 가	이전가격세제	과소자본세제	특정외국법인세제	출국세
우리나라	국제조세조정법	국제조세조정법	국제조세조정법	소득세법
일 본	조세특별조치법	조세특별조치법	조세특별조치법	소득세법
독 일	대외조세법	법인세법	대외조세법	대외조세법
미 국	연방세법	연방세법	연방세법	연방세법

Ⅳ. 국제조세법의 전망과 개편방안

1. 국제조세법의 환경 변화

가. 문제의 소재

국제거래는 향후에도 양적이나 질적으로 계속 증가하고 지구촌의 경제통합 역시 더욱 빠르게 진행될 것이다. 근자의 국제조세법의 주요 환경변화로는 과세근거의 물적 요소인 디지털 거래의 현저한 증가를 들 수 있고, 인적 요소로서의 납세자의 거주지 이전의 증가도 주목된다. 디지털 거래의 증가와 납세자의 거주지 이전의 증가에 따라 국제적 조세회피 문제가 전면적으로 대두되고 있다. 이는 전통적인 국제조세규범이 예상하지 못했던 것으로 인적·물적 과세근거의 확보 어려움에 따라 개별 국가가 직면하는 국제적 조세회피행위는 종전과는 다른 차원으로 전개되고 우리나라에서도 그러한 현상은 심화될 것으로 전망된다.

---

174) 위 실질귀속자 특례규정에 대한 논문으로는 김정홍, "케이만 유한 파트너쉽의 외국법인 해당 여부에 대한 검토 및 향후 과제", 조세학술논집 제36집 제1호, 한국국제조세협회, 2020. 3. 및 이창희, "국외투자기구에 대한 실질귀속자 특례", 법학 제60권 제3호, 서울대학교 법학연구소, 2019. 9. 참조.

새로운 국제적 조세회피에 대한 적절한 대응의 부재는 전통적 국제조세규범의 한계를 노정하는 것이고 이는 국제조세 패러다임의 변화 계기로 작동하고 있다. 국제조세규범을 주도하는 국가들의 이해관계에도 균열이 발생하여 각기 다른 새로운 국제조세규범의 제시와 이에 관한 찬반 양론들이 다양하게 전개되고 있다. 전통적 국제조세규범을 담아내던 기본적인 대응장치로서 양자 조세조약의 네트워크도 조세회피행위에 대응하기에는 역부족이라는 지적이 제기되고 그 보완 차원에서 새로운 국제조세규범을 담은 다자간 이행체제의 등장도 현실화되고 있다. 이러한 논의들은 국제적 합의를 거쳐 새로운 국제조세규범으로 자리잡을 것이고, 그 규범들은 우리나라를 포함한 개별국가의 국제소득세제는 물론 국제소비세제와 국제재산세제의 영역에서 다양한 신규 세제로 도입될 것이다.

나. 인적 · 물적 요소의 변화
(1) 디지털 거래의 증가

디지털 경제는 정보통신기술과 인터넷을 기반으로 하는 디지털 거래가 바탕이 되는 경제체제로서[175] 전자상거래의 발전된 형태이다. 디지털 거래는 그 정의가 쉽지는 않지만 디지털 상품 또는 서비스의 직접 공급, 즉 디지털 형식의 소프트웨어 또는 콘텐츠가 고객에게 디지털 방식으로 전달되는 거래를 지칭한다.[176] 디지털 거래에서는 소비시장에 물리적 시설이 존재할 필요성이 적다는 점, 기술 · 노하우 등 무형재산이 중요하고 그 재산의 이동성이 크다는 점, 가치사슬(value chain)이 고도로 통합되어 있다는 점[177]이 전통적 거래와 구분되는 질적 차이이다. 국제조세법의 측면에서는 디지털 경제의 무형성과 이동성의 특성이 중요하다. 디지털 경제에서는 기업과 고객이 만나는 장소가 물리적으로 고정된 장소가 아니라 온라인이라는 가상의 공간으로 구글, 아마존 등의 다국적 IT 기업의 입장에서는 고객들의 소재지국에 인적 · 물적 요소를 배치하지 않고서도 다른 국가에 소재한 서버 등을 통하여 전세계적 사업활동을 수행할 수 있다. 또한, 기업과 고객이 가상의 공간에서 거래를 수행하는 것이므로 디지털 경제는 장소적 이

---

175) OECD, *OECD Digital Economy Outlook* (2015), p.20.

176) 디지털 거래는 크게 인터넷광고, 어플리케이션스토어, 온라인쇼핑, 클라우드컴퓨팅의 4가지로 구분할 수 있다(이지수 · 남태연, "디지털 경제를 둘러싼 국제조세쟁점에 관한 고찰", 2015 세정전문가네트워크 BEPS분과, 한국조세재정연구원, 2015, 140 – 142면).

177) Marcel Olbert · Christoph Spengel, "International Taxation in the Digital Economy: Challenge Accepted?", *World Tax Journal Feb. 2017* (2017), pp. 6 – 12.

동성이 높다.178) 디지털 거래의 무형성과 이동성의 특성상 납세자와 과세물건의 소재 파악에도 어려움이 있다.

그에 따라 디지털 거래로 발생하는 소득에 대하여 기존의 국제조세 틀에 의하여 그 과세권을 소득의 원천지국과 사업자의 거주지국 간에 적절하게 배분하는 것이 가능한지에 대한 근본적 의문이 제기되고 있다. 디지털 경제에서 가치창출의 바탕이 되는 데이터는 근본적으로 무상성을 띠고 있는데, 데이터의 기여도가 큰 경우에 최종 창출 가치에 대한 전통적 과세권 배분법칙이 계속 적용될 수 있는 것인지의 문제도 지적된다.179) 이러한 문제점은 국제소비세제에서도 발생하는데, 디지털 용역이 제공되는 경우 그 용역의 공급장소가 어디인지, 소비되는 곳이 어디인지를 파악하기 어렵다. 국제재산세제의 경우에도 디지털 재화나 권리의 소재지에 대한 각기 다른 해석의 여지가 존재한다.

(2) 거주지 이전의 증가

교통과 통신의 발달로 납세자는 국경을 넘어 다른 과세관할로 이동하는 것이 자유롭다. 신규 소재지에서도 종전 소재지에서의 경제활동을 수행하는데 큰 지장이 없다. 납세자의 이동은 거주지를 변경할 정도의 장기간일 수도 있지만 다양한 과세관할을 수시로 단기간 출입하는 형태가 될 수도 있다. 전자의 경우에는 새로운 국가로 납세자에 대한 과세권이 이전하고, 후자의 경우에는 납세자가 어느 과세관할에도 속하지 않아 과세권 자체가 소멸될 수도 있다. 우리나라의 경우 2019년 기준 재외동포가 749만명180)을 차지하고 있고, 2018년 기준 국내 체류 외국인수가 236만명181)으로 그 숫자를 합하면 우리나라의 인구의 20% 정도이다. 2018년 출입국자는 9,000만명에 육박하고 있는데, 2014년 기준 6,100만명에서 4년만에 50% 상당 증가한 것으로 그 추세는 계속 이어지고 있다.182)

---

178) 그 밖의 디지털 경제의 특성으로 데이터 활용과 네트워크 효과를 들 수 있다. 정보통신기술의 발달로 기업이 고객과 사업활동에 대한 정보를 수집·활용하여 수익화하는 것이 가능하다. 또한 수익원천의 다양성도 디지털 경제의 특성이다. 일반 대중에게 무료로 온라인서비스를 제공하여 사용자 기반을 확보하고 이를 토대로 광고 등 서비스를 제공하여 수익을 창출하는 경우가 대표적인 수익원천의 다양성의 사례이다.

179) 이지수·남태연, 앞의 논문, 143-144면.

180) 미국 254만명, 중국 246만명, 일본 82만명으로 80%를 차지하고 있다.
[http://www.index.go.kr/potal/main/EachDtlPageDetail.do?idx_cd=1682 (2020. 6. 14. 방문)].

181) 중국인이 107만명이고 태국인이 19만명이다
[http://www.index.go.kr/potal/main/EachDtlPageDetail.do?idx_cd=2756 (2020. 6. 14. 방문)].

전세계소득과세를 택하고 있는 국가에서 조세부담이 높다면 그 거주자는 다른 국가로 거주지를 이전할 유인이 있다. 만일 납세자의 국외원천소득의 비중이 높고 그 국외원천지국에서 조세부담이 낮은 반면 거주지국에서의 조세부담이 크다면 그 유인은 상대적으로 크다.[183] 유사한 상황에 처한 법인의 경우에도 인적 근거 이전의 유인이 있다. 국제소비세제의 경우 특정 국가에서의 소비세 부담이 적다면 소비자이건 공급자이건 그 국가로 이동하여 소비나 공급활동을 할 유인이 발생하고, 국제재산세제의 경우에도 국외소재 상속재산이 많다면 상속세나 증여세의 세율이 낮은 국가로 거주지를 이전하여 조세부담을 줄이려는 시도가 생길 수 있다. 이러한 납세자의 이동은 과세권 상실에 따른 세원의 일실과 과세정보 포착의 어려움으로 귀결될 수 있다.

다. 국제적 이해관계의 다변화
(1) 전통적 국제조세규범의 변화

국제조세규범은 주로 국제소득세제에서 이중과세의 조정문제와 조세회피의 방지문제를 해결하기 위해 변천되어 왔는데, 국제조세규범의 정립은 개별 국가의 노력에 의하여 형성된 측면도 있지만 이를 주도해 온 OECD 등 국제기구의 역할이 컸다고 할 수 있다. 국제조세법의 역사는 국제기구가 공통 국제조세규범을 설정하여 그 국제규범이 각국의 세법에 반영되어 온 여정이기도 하다. 국제연맹과 OECD에서 주도하여 마련한 전통적 국제조세규범은 양자간 조세조약과 국내세법상의 고정사업장세제와 원천징수세제의 정상적인 작동을 기본축으로 하는 것으로 무형성과 이동성의 특징을 가지는 디지털 경제는 고려되지 않은 것이었다.

국제조세법의 초창기부터 2000년대까지는 미국과 EU의 이해관계에 큰 차이가 없었으나 디지털 경제 하에서 미국의 다국적 IT기업들이 유럽시장에서 큰 규모의 이익을 내면서도 그 세금 납부실적이 미미하자 EU는 위 다국적 IT기업의 이익에 대한 자국세수의 일실에 대해 우려를 표시하기 시작했다. 이는 새로운 국제조세규범 정립의 시발점이 되었는데 미국과 EU는 수정규범의 마련은 물론 그 전의 임시적 조치에 관하여도 입장 차이가 컸다. EU는 디지털 거래에 대해서는 기존의 고정사업장세제와 원천징수세제가 그 기능을 상실하고 있으므로 적절한

---

182) http://www.moj.go.kr/moj/2411/subview.do. (2020. 6. 14. 방문).

183) 1970년대 말 스웨덴의 테니스 스타 비외른 보리가 모나코로 이주한 사례 등 과거에도 유명한 스포츠스타나 연예인의 거주지 이전의 사례가 다수 있었다.

과세권이 행사되기 위해서는 경제활동이 발생하고 시장이 존재하는 곳에 과세권이 배분되어야 하고,[184] 전통적 규범은 디지털 거래에서는 더 이상 과세형평에 부합하지 못하므로 다국적 기업의 매출에 비례하는 디지털서비스세를 채택하여야 한다는 입장이다. 반면, 미국은 디지털서비스세보다는 다국적 기업의 소득에 비례하는 디지털이익세가 보다 타당하다는 주장이다. 이에 대해서는 전세계 권역별·지역별로 입장 차이가 있고 해당 그룹의 내부에서도 각자의 이해관계에 따라 각기 다른 목소리들이 제기되고 있다.

국제조세규범의 균열과 다변화에도 불구하고 국가간 협력과 공조의 필요성은 여전하고, 이를 위해서는 국제적 합의가 도출되어야 한다. 기존의 국제조세규범이 대책없이 파기된다면 국제거래를 둘러싸고 더욱 더 큰 경제적 혼란과 무질서가 초래되기 때문이다. 작금의 국제조세체제[185]는 독자적인 이해관계의 고려와 국제적 공조의 필요성이라는 이질적인 목표를 추구해야 하는 상황으로 국제조세질서의 100년 역사에서 가장 큰 변혁이 예고되는 시점이다.

(2) OECD

근자에도 OECD는 여전히 국제조세법의 논의를 주도하고 있다. 주요역점사업은 BEPS 프로젝트 실행방안 2 내지 15의 이행과 post-BEPS인 실행방안 1의 수립이다. BEPS 프로젝트 실행방안에 대한 과제별 최종보고서의 제출 이후 OECD는 그 이행단계에서의 다수 국가들의 참여 필요성에 대해 공감하였고 이를 위한 포괄적 이행체계의 구축을 추진하였으며 2016. 2. G20 재무장관 회의에서 승인되었다. 이에 BEPS 프로젝트 이행을 위한 포럼(이하 'BEPS 이행 포럼')이 구성되었는데, 이에 새로 참여하는 국가들은 종전 참가국들과 동등한 자격이 부여되지만, BEPS 프로젝트상 최소기준에 대한 이행 약속은 요청된다. BEPS 이행 포럼은 국가별 평가의 지속적 이행을 추진하는 종전의 조세정보교환을 위한 글로벌 포럼과 유사하다. 포괄적 이행체계의 수립을 위하여 OECD에서 초대한 국가들도 참여국이 될 수 있고, OECD의 결정에 따라 참여의사가 없는 국가들도 국가별평가의 검증대상이 되어 그 제도에 대한 강제적 평가가 이루어질 수 있다. 한편,

---

184) OECD, *Explanatory Statement, OECD/G20 Base Erosion and Profit Shifting Project* (2015), p. 4.

185) 국제금융체제, 국제통상체제과 함께 국제경제체제의 큰 축이다. IMF와 World Bank를 중심으로 하는 국제금융체제에서는 중국이 주도하는 아시아인프라투자은행(Asian Infrastructure Investment Bank)의 부상이 두드러지고 GAAT와 WTO로 이어지는 국제통상체제에서는 자유무역이행협정의 체결이 활발하며 미국과 중국의 통상마찰이 계속되는 등 변화의 움직임이 크다.

BEPS 실행방안 중 조세조약의 개정이 필요한 사항에 관한 다자적 이행 수단의
마련을 위하여 2015. 11. 임시그룹(ad hoc group)이 구성되었다. 임시그룹에서는
BEP 실행방안을 포함시켜 다자간 협상이 개시되었고 여러 차례 협의를 거쳐
2016. 11. BEPS 방지 다자협약이 발표되었으며 2017. 6. 정식으로 서명되었다.
BEPS 실행방안 15이기도 한 다자협약은 전문, 총7부 및 39개 조문으로 구성되어
있는데,[186] 최소기준 외에는 자유로운 유보가 허용되고 기존 양자 조세조약을 개
정하는 효력을 지닌다.[187]

　　OECD는 디지털 경제에 따른 BEPS 문제에 대처하기 위해 BEPS 프로젝트
실행방안 1에 관한 최종보고서에서 다양한 해결책을 제시하였는데,[188] 이는
BEPS를 방지하기 위한 고정사업장세제와 원천징수세제 등의 기존 국제조세법 체
계의 개편을 논의하는 것이었으나 최종 합의점을 도출하지 못하였다.[189] 그 후
OECD 디지털 경제 태스크포스와 BEPS 다자간 협의체는 2018. 3. 16. 중간보고
서(interim report)를 발표하면서 디지털 경제에서의 과세문제는 직접적인 BEPS
문제라기보다는 다국적 IT기업의 소득에 대한 과세권 배분의 문제로 보고,[190] 과
세연계점(nexus)과 이익배분방식(profit allocation rule)이 중요한 의미를 가진다고
판단하여 이를 기반으로 하는 새로운 고정사업장 개념을 논의하였고, 2020년까
지 장기대책을 마련하기로 하였다.[191] 즉, OECD도 종전의 국제조세규범은 디지
털경제 하에서 과세권의 공평한 배분에 충분하지 않다는 점, 물리적 사업장을 전
제하는 고정사업장세제만으로 디지털 경제에서의 과세권의 배분은 제한될 수밖
에 없다는 점 등을 인식하면서,[192] 그와 함께 임시적 조치로 디지털 기업의 실재

---

186) BEPS 방지 다자협약은 기본적인 BEPS 이행 조항, 이행 조항과 대상 협정 조항의 관계를 규정
한 양립성 조항, 유보의 허용 범위를 규정한 유보 조항 및 대상 협정 조항이 변경되는 경우 이
를 통지하는 통보 조항으로 구성되어 있다.
187) 다자협약의 구조 및 적용방식에 대해서는 김정홍, "BEPS 이행 다자협약의 현황과 전망", 조세
학술논집 제34집 제1호, 한국국제조세협회, 2018. 2., 96－115면 및 다자협약의 문제점과 개선
방안에 대해서는 이다영 · 변혜정, "BEPS 방지 다자협약에 관한 연구", 서울법학, 제27권 제4호,
서울시립대 법학연구소, 2020. 2., 628－635면 각 참조.
188) OECD, *Addressing the Tax Challenge of the Digital Economy Action 1: 2015 Final Report,
OECD/G20 Base Erosion and Profit Shifting Project* (2015).
189) 디지털 경제에 대한 과세의 국제적 논의의 경과와 국가별 장 · 단기대책의 구체적 내용에 대해
서는 허원, "디지털 경제관련 국제조세 분야의 최근 논의와 대응 동향", 세무와 회계저널, 제21
권 제2호, 한국세무학회, 2020. 4., 209－221면 참조.
190) OECD, *Tax Challenges Arising from Digitalization － Interim Report 2018* (2018), p. 167.
191) OECD, *Public Consultation Document － Addressing the Tax Challenge of the Digitalization of
the Economy* (2019. 2.), p. 6.

를 바탕으로 법인의 소득에 대해 과세하는 디지털이익세와 법인의 디지털 공급 행위에 대해 과세하는 디지털서비스세를 제시하였다.

OECD는 2019. 2. 시장소재지 국가의 과세권 확대의 근거가 되는 연계성과 이익배분 중심의 세가지 방안을 제시하였는데, 사용자 참여 기준(user partic‑ipation proposal),[193] 마케팅 무형자산 기준(marketing intangibles proposal),[194] 중요한 경제적 실질 기준(significant economic presence proposal)[195]이 그것이다. 이에 BEPS 다자간협의체는 연계성과 이익배분을 하나의 축(Pillar One)으로 하면서 다국적 기업에 대한 최저한세 보장을 다른 하나의 축(Pillar Two)으로 삼아 검토하기로 하였고, 2019. 5. 열린 BEPS 다자간 협의체 회의와 2019. 6. 개최된 G20 재무장관 회의에서 2020년말까지 완료하기로 한 포괄적 이행체제를 위 두가지 접근법으로 진행하기로 하였다. OECD는 2019. 10. 기존의 제안을 종합하여 Pillar One의 통합접근법을,[196] 2019. 11. Pillar Two의 글로벌 최저한세[197]를 공개하였다. 전자는 새로운 사업모델을 고려한 과세권 조정으로 시장소재지 국가에 대한 과세권을 확대하는 것이고, 후자는 조세회피방지 규정으로 최소세율만큼은 시장소재지국에서 과세하기 위한 것이다.[198] BEPS 다자간협의체는 2020. 1. 프랑스 파리 총회에서 디지털 경제에 대한 대응책인 두가지 접근법(Two Pillars)에 동의하고, 그에 관한 내용을 담은 성명서[199]를 발표하였다.[200] OECD 사무국은

---

192) OECD, *Public Consultation Document - Secretariat Proposal for a "United Approach" under Pillar One* (2019. 10.) p. 5.
193) 물리적 실재와 관계없이 실제 사용자 참여의 데이터를 기준으로 소득을 배분하는 방안으로 시장소재지 국가에 초과이익을 배분하자는 것이다.
194) 고객 기반 데이터 등 마케팅 무형자산이 존재하고 그에 관한 이익에 대해 그 자산을 소유하고 있는 기업의 소재지 국가가 과세권을 가지도록 한다는 것이다.
195) 고정사업장이 없는 외국인이더라도 디지털기술 등을 통해 시장소재지 국가와 의도적이고 지속적인 상호작용을 하여 경제적 실체가 인정된다면 그 시장소재지 국가가 과세권을 행사하도록 하자는 것이다.
196) OECD, *IF on BEPS on the Two‑pillar Approach* (2020), p. 7.
197) OECD, *Public Consultation Document - Global Anti‑Base Erosion Proposal ("GloBE") - Pillar Two* (2019. 11.) pp. 5-6.
198) Pillar One, Two의 자세한 내용에 대해서는 김신언, "최근 디지털세제의 동향과 우리나라 과세제도의 개편방안", 조세법연구 제26-1집, 세경사, 2020. 4., 389-397면 및 통합접근법의 자세한 내용에 대해서는 우진욱·이재호, "디지털 경제화에 따른 사업소득 과세권 배분원칙의 재정립에 관한 최근 국제적 논의와 우리나라의 정책방향", 조세와 법 제12권 제2호, 서울시립대학교 법학연구소, 2019. 12., 175-179면 참조.
199) OECD, *Statement by the OECD/G20 Inclusive Frame work on BEPS on the Two‑Pillar Approach to Address the Tax Challenges Arising from the Digitalization of the Economy* (2020. 1.).
200) 이러한 논의 과정에서 프랑스의 디지털서비스세와 미국의 보복관세로 대표되는 통상분쟁이 발

2020. 2. 사우디아라비아 리야드에서 개최된 G20 재무부장관회의에서 디지털세 부과를 위한 기본합의안201)을 발표하고 이에 대한 승인을 받았다. BEPS 다자간 협의체의 Two Pillars의 핵심 정책사항에 대하여 2020년말까지 최종 합의방안이 마련되어 2021년 이후에는 개별 국가의 국제조세규범화 작업으로 이어질 것으로 전망된다.

(3) EU

국제조세 분야에서는 OECD 이외에 EU의 동향에도 주목할 필요가 있다. 28 개 회원국으로 구성된 EU는 1993년 마스트리히트 조약(Maastricht Treaty)에 의하여 출범한 국제기구로서 정책결정기관인 유럽연합 이사회(Council of European Union), 집행기관인 집행위원회(European Commission, 'EC')와 정책결정기관인 유럽의회(European Parliament) 및 사법기관인 유럽사법재판소(European Court of Justice)를 두고 있다. 유럽연합 이사회의 하나인 경제재정이사회(Economic and Financial Affairs Committee, 'ECOFIN')는 역내조세회피를 방지하고 공평한 과세를 정책목표로 추구하면서 부가가치세에 관한 지침(VAT Directive)과 법인세에 관한 모회사와 자회사 지침(Parent-subsidiary Directive)을 공표하였고 2016년에는 특정 외국법인세제, 출국세, 하이브리드미스매치 규정, 이자손금제한규정, 일반적 조세회피방지규정의 내용을 담은 별도의 조세회피 방지지침(Anti-Tax Avoidance Directives, 'ATAD')202)을 발표하기도 하였다. EU에는 행동그룹규범(Code of Conduct Group)이 있는데, 그 산하의 기업과세행동규범(Code for Conduct for Business)이 중요하다.203) EU는 2018. 3. 21. 디지털 경제활동에 대한 공평하고 성장친화적인 과세규정을 제안하기도 하였다.204)

EU 집행위원회와 회원국들은 OECD의 BEPS 논의에 적극 참여하고 있고 다

생하였는데 2020년 1월 개최된 미국과 프랑스의 정상회담에서 그 분쟁이 봉합되었다.

201) OECD, *OECD Secretary-General Tax Report to G20 Finance Ministers and Central Bank Governors* (2020. 2.).

202) https://ec.europa.eu/taxation_customs/business/company-tax/anti-tax-avoidance-package_en (2020. 6. 14. 방문).

203) EU는 2017. 12. 우리나라를 포함한 17개 지역을 조세분야 비협조지역으로 지정하였는데 이는 위 규범에 근거한 것으로 우리나라의 외국인투자지원제도가 유해조세제도에 해당한다는 이유에서였다.

204) https://ec.europa.eu/taxation_customs/business/company-tax/fair-taxation-digital-economy_en (2020. 6. 14. 방문). EU는 디지털 경제에서 가치가 창출되는 곳과 조세가 납부되는 곳 사이의 연결 불일치의 문제를 지적하였다.

자협약에도 27개 회원국이 서명하였다. EU 집행위원회는 2018. 3. OECD가 임시 조치로 언급한 디지털이익세와 디지털서비스세 중 디지털서비스세가 사용자의 가치창출로 특징되는 디지털 활동에 한정하여 과세하기 용이하다는 점 때문에 디지털서비스세를 채택했고, 디지털이익세는 디지털서비스에서 창출된 소득에 대한 법인세를 분배하는 과정에서의 일관성과 단순성을 입법적으로 구현하기 어렵다고 보아 채택되지 못하였다.[205] 다만, 디지털서비스세에 대해서는 EU 회원국들 중에서도 프랑스, 이탈리아가 적극적이고 독일, 네덜란드 등 나머지 국가들은 소극적이다.[206] 디지털서비스세의 도입은 2018. 12. EU 이사회에서 논의되었으나 북유럽 국가들의 반대 등으로 합의를 보지 못하였다.

(4) 미 국

미국의 다국적 기업들은 경과세국에 소재하는 계열회사에 특허권 사용대가를 지급하는 등의 다양한 방법을 동원하여 해외로 이익을 이전하여 왔는데, 그동안 미국정부는 이전가격세제와 특정외국법인세제 등을 통하여 대응하여 왔으나 실효적이지 못하였다. 트럼프 행정부는 이에 대한 효과적인 대응을 위해 2017년 조세감면과 고용을 위한 법률(Tax Cuts and Jobs Act, 'TCJA')을 제정하였다. 여기에는 미국 대기업이 미국 연방세법상 손금산입되는 관계회사들에 대한 지급액을 통해 미국의 과세기반을 잠식하는 것을 막기 위한 'BEAT세'(Base Erosion and Anti-Abuse Tax)도 포함된다. 미국 회사와 특수관계에 있는 외국회사에 대한 지급액이 과세기반을 침식하는 성격의 손금을 증가시키는 방법으로 미국의 납세의무를 일정 비율 이하로 감소시킨다면 최저한세를 납부하여야 한다.[207] 미국판 BEPS 법안이다.[208]

미국은 OECD가 주도하는 다자주의의 논의에는 참여하였으나 그 협약안에 대한 서명은 하지 않았다.[209] BEPS 프로젝트의 주된 규율 대상이 미국의 다국적 IT 기업이므로 적극적인 입장은 아니라고 할 것이다. 미국은 OECD와 함께 디지

---

205) European Commission, *Commission Staff Working Document Impact Assessment* (2018), p. 78.
206) 홍성훈, "디지털경제 과세에 대한 국제사회의 논의와 시사점", 의정연구 제25권 제3호, 한국의정발전연구회, 2019, 115면.
207) BEAT세에 대한 자세한 설명과 그 시사점에 관해서는 최정희, "국제조세분야에서의 미국 개정 세법의 의의", 조세학술논집 제35집 제1호, 한국국제조세협회, 2019. 2., 144-150면 참조.
208) Cummings Jr. Jasper. L., "Selective Analysis: The BEAT", *Tax Notes* (2018. 3. 26.).
209) 미국은 미국 우선주의(America First)의 입장을 취하고 있고 국제법의 다자주의에 친숙한 국가는 아니다. 국제무역기구 헌장의 비준 반대, 파리기후변화협상 탈퇴선언 등의 사례가 있다.

털경제의 조세문제에 대한 논의를 실질적으로 주도하고 있는데, Pillar One의 주
요 고려사항인 마케팅 무형자산 접근법(Marketing Intangibles Approach)이 그 대표
사례이다.

2. 우리나라 국제조세법에 대한 영향

가. 국제소득세제
(1) 디지털 거래의 영향

우리나라의 경우에도 국제거래에서 디지털 거래의 비중은 계속 증가하고 있
고 그에 따라 다국적 IT기업에 대한 적절한 과세권의 행사 문제가 제기되고 있
다.210) 외국인이 가득하는 사업소득은 원천지국에서의 고정사업장이 존재하여야
과세권 행사가 가능한데 디지털 거래에서는 다국적 IT기업의 고정사업장이 없으
므로 원천지국에서 과세권을 행사하기가 어렵다.211) 과거 서버를 중심으로 전자
상거래의 고정사업장 판단기준은 미러서버나 노드 장비 등에 대한 예비적 · 보조
적 행위의 판단에는 유용하였지만212) 클라우딩 컴퓨팅 등 각종 신종 디지털 사업
모델에 대해서는 적절한 과세기준을 제시하는데 중대한 문제점을 노정하였다.213)
또한, 무형성과 이동성을 가지는 디지털 거래로 인한 소득은 사용료소득보다는
사업소득의 성격이 강하여 원천징수세제에 의한 과세권 행사도 사실상 불가능한
상태이다.

이에 대해 원천지국에서는 기존의 고정사업장 개념을 완화하거나 디지털 실
체나 가상의 고정사업장의 개념으로 과세하자는 논의가 있고, 또한 사용료 소득
개념을 확대하거나 최종 소비자에게 원천징수의무를 부과하자는 주장도 제기된
다. 나아가 디지털 거래의 지급 대가의 일정 비율을 균형세로 과세하자는 의견도
있다. 이전가격세제에 관하여도 OECD는 BEPS 실행방안 8, 9, 10, 13에서 정상
가격 산출과 가치창출의 연계 등을 추진하고 있고 미국도 비전통적 방법을 사용

210) 이에 대한 고정사업장세제와 원천징수세제의 대응에 관한 자세한 논의는 박훈, "디지털 경제하
에서의 고정사업장 개념 변경과 해외이전소득에 대한 과세제도의 도입에 관한 소고", 조세학술
논집 제35집 제1호, 한국국제조세협회, 2019. 2. 및 최정희, "BEPS 체제하에서 원천지국 과세권
확보를 위한 원천징수제도 검토", 조세학술논집 제33집 제1호, 한국국제조세협회, 2017. 2. 각
참조.
211) 김빛마로 · 유현영 · 김민경, 디지털경제의 주요특징과 조세쟁점연구, 한국조세재정연구원, 2016,
40면.
212) OECD 모델조세조약 주석서 제5조 문단 122 내지 131.
213) 이지수 · 남태연, 앞의 논문, 148면.

하여 국익을 도모하려는 입장에 있다. 이와 같은 다양한 논의가 있지만 디지털 거래에 대해서는 OECD에서 논의하고 있는 Two Pillars를 기반으로 한 새로운 과세규범이 등장할 것으로 예상되고, 그 규범의 상당 부분은 우리나라의 국제소득세제에도 도입될 것으로 전망된다.

(2) 거주지 이전의 영향

납세자의 거주지 이전은 디지털 거래에 비하여 현저하지는 않지만 이로 인한 과세효과는 상대적으로 장기적이며 집약적이다. 납세자의 거주지 이전 등이 발생하면 종전 거주지국은 납세자에 대한 과세권의 상실로 세수일실이 초래되고 반대로 신규 거주지국은 납세자의 향후 소득에 대한 과세권을 확보할 수 있다. 장래 고액재산가를 상대로 세제혜택 등의 제공을 통해 거주자를 유치하는 조세경쟁도 심화될 것으로 예상된다.

납세자의 거주지 이전은 종전부터 그 과세권을 상실하는 주요 선진국들의 과세계기로 작동하였다. 미국, 독일, 일본 모두 종전 거주지국에서 생기는 세수일실 문제를 방지하기 위해 출국세를 운영하고 있다. 우리나라는 국외이주자에 대하여 국외전출세[214]라는 이름으로 그 이주자의 일정한 재산에 대해 출국세를 물리고 있는데,[215] 향후 그 과세범위가 확대될 것으로 보인다. 법인의 경우에도 미국세법상 자산의 국경이전에 따른 조세나 기업도치세제 등과 유사한 세제의 도입도 예상된다.

나. 국제소비세제

(1) 디지털 거래의 영향

국내시장에서 디지털 제품이 구매자에게 판매되면 판매자는 부가가치세를 징수하고 구매자는 부가가치세를 부담하게 된다. 디지털 제품의 국제적 소비에 있어서는 소비지국 과세원칙에 따라 소비자의 소재지국이 부가가치세를 징수하게 되는데, 그 디지털 제품이 재화인지 용역인지에 따라 과세방식이 달라진다. 재화에 해당하면 재화의 수입자가, 용역에 해당하면 그 적용범위에 제한이 있지

---

214) 국외전출세 내지 출국세의 주요 쟁점에 대한 자세한 내용은 최정희, "출국세 도입에 대한 헌법적 검토와 입법형태에 관한 연구", 조세학술논집 제30집 제3호, 한국국제조세협회, 2014. 10. 및 윤현석, "소득세법상 국외전출세 도입에 관한 연구", 조세학술논집 제32집 제3호, 한국국제조세협회, 2016. 10. 참조.
215) 소득세법 제118조의9 내지 제118조의18.

만 부가가치세법상 대리납부제도에 의하여 국내에서 용역을 제공받는 사업자가 부가가치세를 납부하여야 한다.[216] 재화로 보게 되면 외국물품의 수입에도 해당되어 관세법의 적용을 받을 수 있다. 디지털 제품의 성격에 대해 OECD는 기본적으로 용역으로 취급하자는 입장[217]이나 반론도 만만치 않고, 구체적 내용에 따라 다른 판단의 여지도 상당하다. 디지털 거래에서는 다국적 IT기업이 외국에서 역무를 공급하는 경우가 많은데, 소비지국의 수입자에게는 면세사업자에 적용되는 부가가치세 대리납부의무가 발생하지 않을 가능성이 높다.[218] 예컨대, 인터넷 광고를 수행하는 외국법인으로부터 광고용역을 매입한 광고주가 면세사업자가 아니라면 대리납부의무가 없어 부가가치세 부담을 지지 않게 되는바,[219] 디지털 제품에 대해서는 소비지국 과세원칙을 관철하기 어려운 상황이 발생한다.

OECD의 부가가치세 가이드라인은 무형재산 및 용역의 국제거래시 소비지국에서 부가가치세를 과세하도록 권고하면서, B2C거래에서 개별 소비자로부터 부가가치세를 징수하는 데 어려움이 있는 반면, B2B거래에서는 대리납부제도를 통해 국내법인이 외국법인을 대신하여 부가가치세를 징수하는 방법이 가능하므로 OECD는 간편사업자등록제도를 통하여 외국법인이 소비지국에 사업자등록을 하고 부가가치세를 납부하도록 하는 방안이 가장 효과적이라고 제시하고 있다.[220] 한편, EU의 부가가치세 지침에서는 원칙적으로 과세사업자에게 용역을 공급하는 경우 소비지국에서 과세하고, 과세되지 않는 개인에 대하여 용역을 공급하는 경우에는 공급지국에서 과세하되, 통신용역, 방송용역, 전자적 용역 등의 경우 소비지국에서 용역이 공급된 것으로 보아 소비지국에서 부가가치세를 과세하여야 한다는 입장이다.[221] 관세법에서도 무형의 디지털 상품에 대한 과세권을 확보하기 위한 대응책 검토가 예상된다.

우리나라는 OECD 부가가치세 가이드라인에 따라 전자적 용역을 규정한 국외사업자에 대한 특례규정을 두고 있는데, 디지털 거래에 관한 국제적 논의에 따

---

216) 부가가치세법 제13조 및 제52조.
217) OECD, *Taxation and Electronic Commerce: Implementing the Ottawa Taxation Framework Conditions* (2001), p. 18.
218) 김빛마로 외 2인, 앞의 책, 40면.
219) 김빛마로 외 2인, 앞의 책, 41면.
220) OECD, 'Electronic Commerce: Verification of Customer Status and Jurisdiction", *Consumption Tax Guidance Series: Paper No. 3* (2003) p. 2.
221) *EU Council Directive 2002/38/EC of 7 May 2002 Annex L – Illustrative List of Electronically Supplied Services Referred to in Article 9(2)(e).*

라 관련 규정들이 추가로 도입될 여지가 있다. 추가로 용역의 공급장소에 관하여 부가가치세법 제20조는 용역의 공급장소를 역무가 제공되는 장소라고 규정하는 반면 부가가치세법 제53조의2는 별도의 전자적 용역의 공급장소를 역무가 소비 되는 장소로 규정하고 있어 그 해석상의 충돌 여지가 있으므로 이를 정비할 필요 가 있다. 국내에서의 용역의 공급이 부가가치세 과세대상거래인바, 외국법인의 디지털 거래에서의 공급장소의 판정과 관련해서도 다수의 분쟁[222]이 발생하고 있어 공급장소에 관한 구체적인 정의규정 등의 마련이 필요하다.

(2) 거주지 이전의 영향

국제소비세제에서의 거주지 이전은 공급자와 소비자의 경우로 구분해 볼 수 있다. 소비자의 국가간 이동은 소비세의 종국적인 부담을 지는 소비자의 재배치 이므로 국제소비세제의 세원도 변동하게 된다. 미국의 소비세의 경우에는 각 주 별로 소비세의 세율 등에 큰 차이가 있어 소비세 부담을 고려한 소비자들의 주간 이동이 많다. 소비자의 이전은 개별적인 재화와 용역의 소비장소의 변경 정도일 것이지만 디지털 거래에서 공급자의 이전은 문제의 차원이 다르다. 디지털 거래 는 다른 거래에 비하여 공급자의 이동이 비교적 용이하고 공급자의 이전 내지 공 급장소의 이전은 종전 과세관할의 입장에서는 사업장 등의 이전에 따른 과세권 의 대대적 상실을 의미하므로 부가가치세 등 소비세수의 급격한 감소가 초래될 수 있다. 디지털 거래의 경우 공급자가 그 공급장소를 국외로 이전하더라도 용역 공급에 특별한 문제가 생기는 것은 아니기 때문에 그 실재적 가능성이 있고 이에 대한 대응방안을 검토할 필요가 있다.

다. 국제재산세제

(1) 디지털 거래의 영향

국제재산세제는 재산의 보유와 이전에 대한 세제이므로 과세근거로서 재산 의 소재지의 의미가 크다. 디지털 경제에서는 디지털 재산의 이동성과 무형성의 특징으로 인하여 개별 과세관할에서 그 무형재산의 소재지 판정과 무형재산의

---

222) 전자적 수단으로 행해지는 역무제공에 대한 공급장소를 판단한 대표적인 판결로 대법원 2006. 6. 6. 선고 2004두7528, 7535 판결(이하, '스위프트 판결')이 유명하다. 스위프트 판결 이외에도 대법원 1983. 1. 18. 선고 82누483 판결, 대법원 1988. 12. 6. 선고 88누2489 판결, 대법원 1996. 11. 22. 선고 95누1071 판결, 대법원 2016. 1. 14. 선고 2014두8766 판결, 대법원 2016. 2. 18. 선고 2014두13829 판결이 주목된다.

이전의 포착에 어려움이 있다. 개별 국가의 재산세제에도 차이가 있을 수 있는데, 특정의 디지털 재산의 보유나 이전에 대해 복수의 국가들이 자국에 소재하는 재산이라는 이유로 각자 보유세나 취득세를 부과한다면 이중과세의 문제가 발생하고 그 문제의 심각성은 적지 않다고 할 것이다. 우리나라는 상속세와 증여세의 과세대상을 포괄주의 입장에서 파악하고 있으므로 디지털 재산에 대해서는 더욱 과세의 불확실성과 이중과세의 문제가 크다. 비록 상증세법에서 기타 무형재산에 대해서 그 소재지를 재산의 권리자의 주소지로 한다[223]고 규정하고 있지만 우선 무형재산과 디지털 재산의 정의 자체가 불명확하고 또한 디지털 재산의 경우 단순 무형재산으로 보기에는 그 가치가 상당하며 개별 디지털 재산별로 그 특성에 차이가 있어 이 규정을 그대로 적용하기에는 어려움이 있다. 개별 국가의 경우 디지털 재산의 소재지에 관하여 다른 규정을 둘 여지도 있어 이중과세의 위험은 현실적이다. 예컨대, 피상속인이 외국의 특정 서버에 등재된 디지털 재산을 보유하다가 사망하였는데, 그 디지털 재산의 이용료는 다른 외국의 고객으로부터 주로 지급된 경우에 피상속인의 거주지국은 무형자산의 권리자의 주소지국이라는 이유로, 그 서버의 소재지국은 그 디지털 재산이 서버에 소재한다는 이유로, 그 고객의 소재지국은 그 디지털 재산이 자국 시장에 기반을 두고 있다는 이유로 디지털 재산에 대한 과세권을 주장할 가능성이 있는 것이다. 국제재산세제의 경우에도 디지털 재산과 그 권리자의 정의나 소재지 규정 등에 대한 구체적 입법조치가 추가로 필요하다고 사료된다.

　(2) 거주지 이전의 영향

　　재산의 소유자가 그 거주지를 이전하는 경우 그 재산의 보유와 이전에 대한 과세관할의 변경이 초래될 수 있다. 통상 상속세의 경우에는 거주자에 대해서는 전세계 소재 상속재산에 대해 과세하고, 비거주자에 대해서는 국내 소재 상속재산에 대해 과세한다. 만일 납세자의 거주지나 상속재산의 소재지에 대해 관련 국가들이 각자 개별적으로 상속세제를 운영하는 경우에는 국제소득세제와 마찬가지로 이중과세문제가 발생할 수 있다.[224] 예를 들면, 납세자가 다국적 기업의 현지 자회사의 임원으로 외국에 장기간 체류하다가 본국에 상속재산을 남긴 채 사

---

223) 상속세 및 증여세법 제5조 제2항.
224) 이에 대한 자세한 논의는 김해마중, "국제상속과세에 관한 연구", 조세법연구 제26−1집, 세경사, 2020. 4. 및 백제흠, "국제상속과세와 상속세조약", 조세법연구 제13−3집, 세경사, 2007. 12. 참조.

망한 경우 그 임원의 거주지국과 상속재산 소재지국의 과세권이 경합하는 경우가 대표적이다. 이는 전(全) 생애 기간 동안 축적된 상속재산에 대한 이중과세의 문제이므로 특정 기간의 소득세의 이중과세문제 보다도 심각한 측면이 있다. 전 세계적 인적 이동의 증가에 따라 상속세의 이중과세문제가 본격 대두될 가능성이 높고, 거주자와 비거주자간 증여의 사례도 증가할 것으로 보인다. 향후 이러한 문제에 대응하기 위해서 상증세법의 기본규정이 정비되고 상속세 조약의 체결도 추진될 것으로 예상된다.

라. 국제조세절차법

디지털 거래와 거주지 이전이 증가하는 환경에서 국제거래에 대한 적절한 과세권의 행사를 위해서는 과세정보의 수집이 중요하다. 디지털 경제 하에서는 납세자의 과세정보가 디지털 자료로 관리되고 있으므로 과세관청에서 신속하게 그 자료를 입수하여 활용할 수 있는 측면은 있지만 과세정보가 국외의 클라우드 환경에서 관리되는 경우에는 그 과세정보에 대한 접근에 장애가 발생할 수 있다. 전통적 경제 하에서는 과세관청은 그 관할 내에 소재하는 납세자의 과세정보를 비교적 손쉽게 수집하는 것이 가능하였으나 과세정보가 역외에 소재하는 경우에 납세자가 그 자료의 제출을 거부한다면 이를 강제할 적절한 방법이 없다.[225] 이를 해결하기 위해서 국가간 과세정보 교환 등 공조의 필요성이 요청되고 있다. 납세자의 소재지가 자주 변경되는 경우에도 과세관청에서는 관련 정보의 수집에 어려움을 겪을 수 있다. 이들 문제점은 과세정보의 수집만이 아니라 세무조사와 조세징수의 영역에서도 공히 발생한다.

이러한 문제를 해결하기 위하여 OECD가 제정한 과세정보교환에 대한 기준 등에 근거하여 과세정보 교환이 급격히 증가하고 세무조사에서도 국제적 공조가 강화될 것으로 보인다.[226] 조세조약에는 과세정보 교환 규정이 있고 국제조세조정법은 조세징수의 위탁, 조세정보 및 금융정보의 교환, 세무조사의 협력에 관한 조항[227]을 두고 있는데, 향후 과세절차와 징수절차 단계에서 국제적 협력도 강화될 것으로 보인다. 또한, 국제조세 절차법에서의 큰 변화는 국제조세분쟁의 영역

---

225) 이지수 · 남태연, 앞의 논문, 149면
226) 정유리, "다국적기업의 조세회피 문제에 대한 대응방안", 조세법연구 제24-3집, 세경사, 2018. 11., 72-74면.
227) 국제조세조정법 제30조 내지 제32조.

에서 발생할 것으로 예상된다. 국제조세 분쟁은 통상 과세권을 행사한 국가에서 불복절차가 진행되거나 상호합의절차[228]에 의해서 양 과세관청 사이의 합의방식으로 해결되어 왔다. OECD는 BEPS 실행방안 14에서 분쟁해결의 효과성을 제고하는 차원에서 조세조약의 상호합의절차의 개선 및 강제중재규정의 도입을 촉구하고 있다. 전자의 경우는 비교적 용이하게 반영될 수 있을 것이나 후자의 경우는 개별 국가의 재판권과 관련이 있어 그 추이를 지켜 볼 필요가 있다. 향후 절차법적인 측면에서도 OECD 등을 통한 국가간 공조의 경향이 강화될 것으로 예상되고 그러한 국제적 합의 내용도 국제조세 절차법 영역에 반영될 것으로 보인다.

3. 국제조세법 체계의 개편방안

가. 국제조세법 체계의 개편 필요성

1995년 국제조세조정법의 제정으로 소득세법, 법인세법과 국제조세조정법 등 3개의 국내세법 및 조세조약으로 구성된 국제조세법의 기본적 체계는 현재에 이르기까지 큰 변화가 없었다. 시대별로 제기되는 실체적 · 절차적 문제점에 대한 대응 규정은 그때마다 3개의 개별 세법에 나뉘어 반영되어 왔다. 디지털 거래 등에 따른 국제조세의 중대한 환경변화는 국제소비세제와 국제재산세제의 분야에도 심대한 영향을 미치고 국제소득세제에서도 새로운 형태의 조세회피의 증가로 이어질 것으로 전망된다. 그에 대한 대응차원에서 국제적으로는 이해관계를 달리하는 다양한 논의들이 주장되고 치열한 합의를 통해 새로운 국제조세규범이 생성되며 이를 포괄적으로 담아내는 새로운 국제조세질서가 마련될 것으로 전망된다. 나아가 그러한 국제적 토의의 결과물들은 결국 국내세법과 조세조약에 새로운 조세회피 방지규정으로 도입될 것이다.

우리나라 국제조세법의 기본체계는 국제조세법 체계에 대한 전반적 연구작업에 따른 결과물은 아니었다. 국제조세조정법의 도입 시점으로부터 4반세기가 지나는 동안 우리나라의 경제는 현격하게 발전하였고 국제조세법도 세법의 주요 분과로 등장하였으며 BEPS 대응을 위한 새로운 국제조세규범도 계속하여 도입되고 있는바, 차제에 큰 틀에서 국제조세법의 전반적 체계에 대한 검토 필요성이 있다. 특히 디지털 거래의 증가로 인한 국제조세환경의 변화는 국제조세규범의 중요한 개편 동인이 되고, 조만간 신규 국제조세규범이 마련될 것이므로, 새로운

---

228) 국제조세조정법 제22조 내지 제27조의2.

규정을 합리적으로 수용할 수 있는 체계개편의 준비작업이 요청된다. 단기적으로는 소득세법과 법인세법 및 국제조세조정법으로 구성된 국제소득세제의 체계적 정비가 우선되어야 할 것이나, 장기적으로는 국제소득세제의 조세특례제한법 부분과 국제소비세제와 국제재산세제에 대한 개편방안도 추가적으로 검토하는 것이 바람직하다. 국제조세 절차법 분야에서 국제적 공조의 경향이 더욱 증가하고 있고, 국제중재에 의한 조세분쟁의 해결책도 모색되고 있으므로 그와 관련된 절차적 규정에 대한 개편작업을 병행하는 것도 필요해 보인다. 특히, 다자적 이행 체제 아래에서는 다자협약에 관한 국내세법의 공통되는 실체적 또는 절차적 규정을 별도로 정리할 필요성도 있다고 사료된다. 국제조세법의 체계 개편에 따라 단행법률이 제정되거나 재편되면 그에 따라 입법을 담당하는 주무부서의 변동이 생기고 집행단계에서도 이를 주관하는 조직이 창설되므로 조세정책과 집행에서도 효율성을 기할 수 있다. 이러한 국제조세법의 합리적 체계 설정은 납세자의 이해를 도모하여 예측가능성과 법적 안정성을 제고하는 것이기도 하다.

다만, 여기에서 논의하는 국제조세법 체계의 개편방안은 연혁적 측면에서의 국제조세법 규정의 유형화에 터잡은 이론적 측면에서의 제언이므로 실무적인 사정 등을 고려하여 다른 개편방안의 제시도 가능하다는 점을 밝혀 두고자 한다.

나. 국제조세법 체계의 개편기준

국제조세 실체법의 개편기준으로는 두가지가 가능하다. 첫째는 인바운드 거래와 아웃바운드 거래로 나누어 개편하는 방식[229)]이고, 둘째는 국제조세 기본규정, 이중과세 조정규정 및 조세회피 방지규정으로 구분하여 개편하는 방식이다.

(1) 인바운드 과세규정과 아웃바운드 과세규정의 구분

인바운드 과세규정과 아웃바운드 과세규정으로 구분하여 국제조세법 체계를 잡는 방식으로 전자에 대한 과세규정은 '인바운드 세법', 후자에 대한 과세규정은 '아웃바운드 세법' 정도로 칭할 수 있을 것이다. 인바운드 세법에서는 인바운드 거래의 정의규정을 두고 납세자를 비거주자와 외국법인으로 구분하여 규정한 다음 소득 구분별로 국내원천소득을 열거하고 그 소득의 과세방식에 관한 규정을 마련해야 할 것이다. 이중과세 조정규정은 통상 원천지국 과세권이 우선하므로

---

229) 이와 비교되는 수동적 거래와 능동적 거래는 개별 거래의 성격에 따른 미시적인 구분이므로 거시적 관점이 필요한 별도의 개편기준이 될 수 없고, 다만, 조세회피 부인규정 등에서 그 거래의 성격을 반영하여 차별적으로 규율하면 될 것이다.

별도로 고려하지 않아도 될 것이지만, 외국인 투자 촉진 등의 이유로 비과세·감면을 통하여 거주지국에서의 이중과세를 선행적으로 조정해 주고자 한다면 그 조항도 인바운드 세법에 규정할 수 있을 것이다. 인바운드 거래의 대표적 조세회피 방지규정인 과소자본세제 및 과다이자비용 손금불산입규정 등도 포함되어야 할 것이다.

아웃바운드 세법에서는 아웃바운드 거래의 정의규정을 두면서 내국인 즉, 거주자와 내국법인을 납세자로 규정하여야 한다. 우리나라는 전세계소득과세의 원칙을 택하고 있고, 납세자와 과세대상소득에 대해서는 국내거래를 규율하는 소득세법과 법인세법에 규정하고 있기 때문에 국외 과세대상소득에 관한 별도 규정을 둘 필요는 없어 보인다. 다만, 아웃바운드 거래에서는 외국납부세액이 존재하고 원천지국 과세권이 우선하므로 외국납부세액 공제 등의 이중과세 조정규정을 마련해야 한다. 국외원천소득 면제방식을 취하는 경우에는 특별한 사정이 없는 한 이중과세 조정규정은 필요 없을 것이다. 특정외국법인세제와 같은 아웃바운드 거래에 관한 전형적인 조세회피 방지규정도 필요하다.

인바운드 세법과 아웃바운드 세법으로 구분하는 기준은 강학상으로는 국제조세법의 체계적 이해에는 도움이 되지만 국제조세법 편제의 개편방안으로 채택하기에는 구조적인 문제점이 있다. 우선 현행 국제조세법 체계가 그와 같은 편제로 구성되어 있지 않아 그 개편작업에 시간과 비용이 많이 소요될 것이다. 뿐만 아니라 인바운드 세법에서는 납세자를 외국인만 규정해야 법제의 단순화를 도모할 수 있는데, 실상은 인바운드 거래에서 외국인은 신고의무가 없는 경우가 대부분이고 외국인에 대해 소득금액을 지급하는 내국인이 원천징수의무를 부담하는 방식이어서 결국 거주자도 납세자로 규정해야 하므로 단순화의 실익도 크지 않다. 아웃바운드 세법의 경우에도 납세자와 과세대상소득은 기존의 소득세법과 법인세법과 동일하고 차이가 있는 부분은 외국납부세액공제와 특정외국법인세제 정도가 되는데 이 부분을 따로 떼어내어 별도 아웃바운드 세법을 만드는 것도 큰 의미가 없어 보인다. 이전가격세제는 인바운드 거래와 아웃바운드 거래에서 공히 문제되므로 이를 각 세법에 중복적으로 규정해야 하는 번잡성이 초래될 수 있다. 또한 조세조약도 인바운드 거래와 아웃바운드 거래에 모두 해당하므로 조세조약에 관한 특례규정 등을 마련해야 한다면 인바운드 세법이나 아웃바운드 세법에 중복해서 규정해야 하는 문제도 있다.

(2) 국제조세 기본규정, 이중과세 조정규정 및 조세회피 방지규정의 구분

국제조세 기본규정, 이중과세 조정규정 및 조세회피 방지규정으로 구분하여 국제조세법의 체계를 잡는 방식이다. 통시적으로, 국제조세 실체법에서는 국제조세 기본규정의 정비가 선행되었고, 이어서 국제거래의 활성화를 위하여 이중과세를 조정하는 규정이 마련되었으며, 그리고 국제거래가 증가하면서 발생하는 조세회피문제를 방지하기 위한 규정이 도입되는 순서로 그 체계가 정비되어 왔다. 우리나라 국제조세법 규정들도 그러한 순서를 밟아 정비되어 왔고, 현행 국제조세법도 이와 같은 체계를 갖추고 있다. 즉, 위 방식을 택한다면 기존의 국제조세법의 기본틀을 유지하는 상태에서 소득세법과 법인세법의 이질적인 조항을 정리하는 방식으로 국제조세법의 체계를 정비하면 될 것이다. 양방향 국제거래에 대한 이전가격세제나 조세조약에 관한 특례 규정도 조세회피 방지규정 및 국제조세 절차규정 등을 담은 개별 세법들에 포섭이 가능할 것이다.

이 방식을 택하는 경우 국제조세법의 독자적 성격을 강조하는 차원에서 소득세법과 법인세법에 있는 국제조세 기본규정을 취합하여 국제조세 기본법 등의 이름으로 별도 법률을 만드는 방안도 생각하여 볼 수 있다. 그러나, 현행 세법의 기본적 체계는 납세자와 과세물건에 대하여 세목별로 개별 세법에서 규정하고 있고 국제조세 기본규정은 국제조세라는 별도 세목에 관한 것은 아니고 개별 세목상의 납세자와 과세물건의 섭외적 측면에 대한 것이므로 국제조세 기본규정을 떼어내어 별도의 법률로 만드는 것은 전체 세법의 근본 체계를 흔드는 것이어서 바람직하지 않다. 다만, 소득세법과 법인세법에 있는 이중과세 조정규정과 조세회피 방지규정, 나아가 조세특례제한법에 있는 이중과세 조정규정적 성격의 감면조항을 뽑아내어 별도의 세법에 위치시키는 문제는 검토할 가치가 있다.

다만, 별도 법률을 만든다면, 이중과세 조정규정과 조세회피 방지규정을 하나의 법률에 담을 것인지, 아니면 조세회피 방지규정만을 하나의 법률에서 규정할 것인지가 문제된다. 조세회피 방지규정에 대해서는 별도 법률로 입법하는 문제에 별다른 이견이 없어 보인다. 그러나 이중과세 조정규정은 전세계소득과세원칙이나 국외원천소득면제원칙 등과 같은 과세관할과 밀접하게 관계되므로 국제조세 기본규정과 같이 두는 것이 타당하다는 견해가 가능하다. 이에 대해서는 이중과세 조정규정은 조세조약에도 규정되어 있어 반드시 국제조세 기본규정과 같이 위치할 이유는 없다는 점, 국제거래에 관하여는 소득세법이나 법인세법의 규

정만 아니라 조세특례제한법 등에 있는 다수의 특례조항도 고려하여 세무신고와
과세처분이 행해지고 있는 터이므로, 이중과세 조정규정을 굳이 과세관할에 관한
국제조세 기본규정과 같이 위치시키지 않더라도 국제조세법의 운영과 해석에 별
다른 문제가 없다는 점 등을 이유로 이중과세 조정규정을 별도의 법률에서 규정
하는 것이 이론적으로 정치하다는 반론이 제시될 수 있다.

후자의 견해에 따른다면, 이중과세 조정규정은 그 수가 많지 않으므로 별도
법률보다는 조세회피 방지규정에 관한 법률인 국제조세조정법에 하나의 장을 할
애하여 그곳에 위치시켜 규율하는 것이 합리적으로 사료된다. 이중과세 조정규정
이 국제조세조정법에 들어가면 국제조세조정법은 그 법률 명칭 그대로 국제조세
의 조정에 관한 고유한 법률로 자리매김할 수 있을 것이다.[230]

다. 개별 국제조세법의 개편방안

국제조세 기본규정은 개별 세법에 그대로 두고 이중과세 조정규정과 조세회
피 방지규정은 국제조세조정법에서 규정하는 개편방식을 채택한다면, 국제조세
실체법은 국제조세 기본규정을 담은 소득세법과 법인세법 및 이중과세 조정규정
과 조세회피 방지규정을 담은 국제조세조정법으로 대별되고 이러한 방식으로 국
제소득세제의 정비가 마쳐지면 장기적으로는 국제소비세제와 국제재산세제의 해
당 조항도 순차로 조세환경의 변화를 고려하여 같은 방식의 개편이 필요할 것이
다. 또한, 다자조약의 추이를 살펴 조세조약의 적용과 관련되는 절차적 규정을
모은 조세조약 특례법과 국제조세의 특유한 국제적 공조 등의 절차규정을 담은
국제조세 절차법의 제정도 추진하는 것이 바람직하다.

(1) 국제조세 실체법의 개정

(가) 소득세법과 법인세법

소득세법과 법인세법에는 납세자와 과세물건 및 과세방법을 정한 기본규정
외에 이중과세 조정규정과 조세회피 방지규정 및 조세조약에 관한 특례규정과
국제조세 절차규정이 있다. 그 중 이중과세 조정규정인 외국납부세액 공제규정과
조세회피 방지규정인 국외전출세 규정은 국제조세조정법으로 이관할 필요성이

---

230) 만일 그와 같은 작업이 번거롭다면 전자의 견해에 따라 외국납부세액공제규정은 소득세법과 법
인세법에 그대로 두는 방법도 단기적으로는 고려될 수 있어 보인다. 조세특례제한법상의 감면
규정도 이중과세 조정규정으로 보아 외국납부세액 공제규정과 같이 별도의 법률에 담는 문제는
그 감면규정의 성격이 혼합적이고 다양하여 장기적 검토대상이 될 수 있을 것이다.

있다. 국제조세조정법의 조세회피 방지규정이 물적요소인 과세물건에 대한 것이지만 인적요소인 납세자의 거주지 이전 등도 조세회피행위로 분류될 수 있고 추후 법인의 거주지 이전에 관한 대응규정의 도입도 전망되므로 차제에 그 선례적 성격을 가지는 국외전출세 규정을 국제조세조정법에서 규율할 필요가 있다. 그 밖에 소득세법과 법인세법 등에 산재하고 있는 국제조세 절차법 규정이나 조세조약의 적용에 관한 특례규정은 해당 특별법이 제정되면 그쪽으로 옮겨야 할 것이다.

(나) 부가가치세법

부가가치세법에서는 납세자와 과세대상에 대한 기본규정은 소득세법과 법인세법의 경우와 마찬가지로 그대로 두면 될 것이다. 국제소비세제에서는 소비지국 과세원칙에 따라 이중과세 조정규정이나 조세회피 방지규정의 도입과 적용 가능성은 높지 않지만, 만일 용역의 공급장소가 자국이라고 주장하는 국가가 복수로 존재하거나, 용역의 공급장소가 국외임에도 국내 공급으로 보아 복수 국가가 각기 과세한다면 이중과세의 여지가 있고 디지털 거래에서 그 가능성은 상당하다. 소비자가 특정국가에서 재화를 구입하면서 소비세를 부담하였는데 국외 이동과정에서 다른 국가에서 다시 소비세를 이중으로 내야하는 경우도 생길 수 있다. 이러한 문제에 대해서는 부가가치세법에서 국제조세 기본규정을 명확하게 정비하는 것이 우선이고 이중과세를 조정하는 규정의 제정은 추후 선택사항으로 보인다.

부가가치세 등 소비세의 경우에도 조세회피가 발생할 수 있다. 디지털 거래에서는 용역의 공급장소를 특정하기 어렵고, 용역의 소비를 과세계기로 포착하는 것이 어렵다. 예컨대, 공급자가 소비세를 부과하지 않는 국가에서 외국 소비자에 대해 용역을 공급한다면 어느 곳에서도 소비세를 부담하지 않는 일이 생길 수 있으므로 이에 대한 조세회피 방지규정의 도입 필요성은 있다고 보인다. 만일 이중과세 조정규정이나 조세회피 방지규정이 도입된다면, 우선은 부가가치세법에서 시행해 보다가 그 적용 사례 등이 증가하거나 다른 유사 규정을 추가로 신설해야 하는 사정이 생긴다면 추후에 일괄하여 국제조세조정법에 이관하는 것이 필요할 것이다.

(다) 상증세법

국제재산세제의 기본규정은 상증세법에 마련되어 있지만 그 수가 적고 구체적이지 못하므로 차제에 그 기본규정을 자세하게 정비할 필요가 있다. 특히 거주

자에 대한 상속세 과세는 그 거주자가 전 생애를 걸쳐 형성한 상속재산을 사망
시점에 일거에 과세하는 문제이므로 그 거주자 개념을 소득세법의 거주자와는
달리 할 필요가 있고 디지털 경제에서는 디지털 재산이 상속재산이 되는 경우가
증가할 것이므로 디지털 재산의 구체적 개념과 소재지를 명확하게 정비할 필요
가 있다.

　　이중과세 조정규정인 외국납부세액 공제규정은 소득세법과 법인세법과 같이
국제조세조정법으로 이동시켜 그 체계를 정비할 필요가 있다. 그와 같은 정비가
마쳐지면 국외증여에 대한 특례규정과 함께 국제재산세제에 관한 이중과세 조정
규정과 조세회피 방지규정이 국제조세조정법에서 같이 규율되는 형태가 된다. 국
제조세조정법에 이미 국외증여세제가 규정되어 있으므로 국제소비세제에 비하여
국제재산세제의 이중과세 조정규정과 조세회피 방지규정은 보다 용이하게 국제
조세조정법에 이관될 수 있을 것이다.

　　(라) 국제조세조정법

　　국제조세조정법은 국제조세 실체법과 절차법에 관한 다수의 규정을 두고 있
는데, 그 대부분은 국제소득세제의 조세회피 방지규정에 관한 것이다. 국제조세
조정법을 정비하는 기회에 국제소득세제의 이중과세 조정규정을 포함시킬 필요
가 있고 장기적으로는 국제재산세제 및 국제소비세제의 이중과세 조정규정과 조
세회피 방지규정들을 이관받아 체계적으로 정비할 필요가 있다. 또한, 조세특례
제한법상의 외국인에 대한 감면규정도 이중과세 조정규정의 성격을 가지고 있으
므로 장기적으로 국제조세조정법에 포섭하는 문제도 검토 필요성이 있다. 국제조
세조정법에 위치하는 절차법 규정은 추후 조세조약 특례법이나 국제조세 절차법
이 제정된다면 해당 법률로 이관하여 규율하는 것이 체계정합적이다. 종국적으로
국제조세조정법이 이중과세 조정규정과 조세회피 방지규정의 모법이 된다면 조
세회피 방지규정은 국제조세에 관한 실질과세 등을 규율하는 총론 부분과 국제
소득세제, 국제소비세제 및 국제재산세제에 관한 각론 부분의 판덱텐(Pandekten)
체계를 갖추게 될 것이다.

　　(2) 조세조약 특례법의 제정

　　조세조약은 체약국과의 합의에 따른 국제조세규범이므로 일방 국가가 독자
적으로 그 자체를 개편 대상으로 삼기에는 어려움이 있다. 다만, 다수의 조세조
약이 체결되어 있는 우리나라의 입장에서는 개별 세법의 산재하고 있는 조세조

약에 관한 규정을 모아 조세조약에 관한 특례법(이하 '조세조약 특례법')을 제정할 필요성은 있다. 조세조약의 적용과 관련하여 다수의 분쟁이 양산되자 그에 대한 대응차원에서 조세조약의 적용과 관련한 특별조항이 소득세법과 법인세법 등에 도입되었는바, 이 조항들이 우선 그 이관의 대상이 될 것이다. 최근 조세조약이 양자주의에서 다자주의 체제로 이행하고 있는데, 다자협약의 조문의 복잡성 및 기존의 양자조약과 국내세법과의 충돌가능성231) 등으로 인하여 조세조약의 적용 및 해석과 관련하여 여러 쟁점들이 등장할 것이므로, 이를 규율하기 위한 실체적, 절차적 규정의 도입 필요성은 더욱 커질 것이다. 관세법 영역에서 조세조약에 해당하는 자유무역협정(Free Trade Agreement, 'FTA')에 관하여서는, FTA의 이행을 위한 관세법의 특례에 관한 법률(이하 'FTA 특례법')이 별도로 마련되어 있다. FTA 특례법은 자유무역이행에 필요한 관세의 부과 등의 특례에 관한 사항과 체약 상대국과의 관세협정에 필요한 사항을 규정하는데, 조세조약 특례법의 규정 대상을 정하는 데에도 참고할 수 있을 것이다. 국제조세조정법상의 조세조약에 따른 상호합의 규정과 국가간 과세협력에 관한 규정 및 소득세법과 법인세법상의 조세조약에 대한 제한세율, 비과세·감면 신청규정과 국외투자기구에 대한 실질귀속자 특례규정 등이 우선 그 규정대상이 될 수 있을 것이다.

(3) 국제조세 절차법의 제정

개별 세법에 산재해 있는 과세정보의 수집 등 과세 전 단계, 세무조사와 부과처분 등 과세단계, 불복절차와 확정 후의 징수 등 과세 후 단계에 이르기까지의 절차적인 규정을 따로 떼어내어 국제조세 절차법을 제정할 필요성이 있다. 일반 세법 중에 별도의 조세절차법이 없기는 하지만 국세기본법에 절차적 규정이 다수 소재하고 있고 국제조세법의 절차적 규정은 다른 세법에 비하여 특수한 측면이 있기 때문에 별도의 국제조세 절차법을 제정하더라도 큰 문제는 없어 보인다. 국제조세법의 적용 영역과 규모가 광범위해 지고 있고 국제조세에서는 과세정보의 수집 등의 어려움으로 인하여 국가간 공조가 강하게 요청되므로 그에 관한 절차적인 사항도 별도 법률로 규정할 필요성이 있다. 조세조약에 관한 절차적인 부분은 조세조약 특례법에서 규정하면 되고 그와 무관한 절차적 규정을 위 법률에서 규율하면 될 것이다. 국제조세조정법상의 해외금융계좌신고, 국제거래에

---

231) 우리나라 세법상의 실질과세원칙과 다자협약상의 PPT 규정의 관계 등이 문제될 수 있다(이다영·변혜정, 앞의 논문, 637-639면).

대한 분쟁에서의 입증책임 규정 등이 그 대상이 될 것이다. 향후 BEPS 실행방안
으로 국제조세 중재나 세무조사 공조 등의 절차적 규정이 도입되면 이 부분도 함
께 규율할 수 있을 것이다.

V. 결 론

그동안 국제조세 분야에서 우리나라의 역할이 증대되었지만 국제거래와 국
제조세법의 역사가 아직은 길지 않아 우리나라 국제조세법은 그 규범의 정의와
영역에 대한 심도 깊은 논의가 이루어지지 못하였고 국제조세법의 체계에 대한
학술적 검토도 아직은 충분하게 토의되었다고 볼 수 없다. 이 글에서는 국제조세
법의 정의와 그 체계에 대한 연혁적 분석을 통하여 국제조세법 체계의 현주소를
평가하고 우리나라의 국제조세법 체계에 대하여 거시적인 관점에서의 개편방안
을 제시하고자 하였다.

국제조세법의 체계적 개편 방안의 정립은 조세법으로서의 국제조세법의 고
유 영역을 확인하는 기회가 될 뿐만 아니라, 기존의 국제조세법 규정을 그 유형
별로 논리적으로 정비하고 디지털 거래의 증가 등에 따른 국제적 조세회피에 대
응하기 위해 창설되는 새로운 국제조세규범을 우리나라 국제조세법의 시스템에
합리적으로 포섭할 수 있는 기틀을 마련하는 것이기도 하다. 우리나라 국제조세
법의 체계적 개편방안이 마무리되면 우리나라의 국제조세법은 실체법으로 국제
조세 기본규정을 담은 '소득세법'과 '법인세법' 등 개별 세법, 이중과세 조정규정
과 조세회피 방지규정을 규율하는 '국제조세조정법' 및 '조세조약', 그리고 조세조
약에 관한 '조세조약 특례법' 및 국제조세의 절차적 규정을 담은 '국제조세 절차
법'이라는 새로운 체계를 갖추게 될 것이다. 이러한 국제조세법의 체계적 구조 설
정을 통하여 국제조세법의 고유분야로서의 위상제고와 개별 국제조세 규정의 합
리적 입법에 다소나마 이바지할 수 있기를 기대해 본다.

국제거래에 대한 원천징수세제의 개선방안*

Ⅰ. 서 론

원천징수세제는 지급자가 소득금액을 소득자에게 지급하면서 그 소득금액의 일부를 세금으로 징수하고 그 징수된 세금을 그 소득자를 관할하는 과세관청에 납부하는 제도이다. 원천징수세제는 거주자가 비거주자에게 지급하는 수동적 투자소득에 대하여 주로 적용되는데, 능동적 사업소득에 대한 과세제도인 고정사업장세제[1]와 더불어 국제조세의 주요한 중심축을 이루고 있다.[2] 원천징수세제가 국제거래에 대한 핵심적인 세제이기는 하지만 구조적으로 원천징수의무자의 완전한 징수의무의 이행을 담보하기에는 무리가 있는 제도이다. 원천징수의무자가 제대로 원천징수를 하기 위해서는 최소한 원천납세의무자와 소득금액의 성격에 대한 정보가 필요하나 원천징수의무자가 이를 파악하는 것이 쉽지 않은 경우가 있고 이를 요구할 권한도 없다는 점에서 근본적인 문제가 있다. 특히 국제거래에 있어서는 거래당사자들의 지리적 이격과 사법제도의 차이로 그러한 정보에 대한 접근성이 떨어지고 관련규정의 해석이 더욱 어렵다. 특히 근자에 들어 집합투자기구 등 해외투자펀드 거래와 디지털 거래 등 혼성거래의 현저한 증가로 인하여 그러한 현상은 더욱 심화되었다. 2018년 1분기 말 전 세계에서 운용되는 펀드의

---

* 조세학술논집 제34집 제3호 (2018. 10.)

1) 원천지국은 주로 원천징수세제에 의하여 비거주자의 수동적 투자소득에 대해 원천징수의무자를 통해 과세권을 행사하게 된다. 일반적인 원천징수권은 원천지국의 국내세법에 의해 원천징수의 무자에게 부여되고 특정 소득 등에 대해서는 조세조약이나 국내세법에 의하여 원천징수권이 제한되거나 배제되는 경우가 있다. 비거주자의 능동적 사업소득에 대해서는 주로 고정사업장세제에 의해 원천지국의 과세권 행사가 이루어진다. 비거주자는 원천지국에 고정사업장이 존재하면 그 고정사업장에 귀속되는 소득에 대해 신고납부를 하여야 한다.

2) Chang Hee Lee · Ji—Hyun Yoon('Lee · Yoon'), "Withholding Tax in the Era of BEPS, CIVs and Digital Economy", *Cahiers de droit fiscal international Vol. 103* (2018), p. 223.

순자산 규모는 40조 7,000억 달러로 2009년 4분기 말 22조 9000억 달러보다 2배 가까이 성장하였다.[3] 세계펀드시장에서 국제 투자거래의 상당 부분은 복잡한 다층적 구조를 가지는 집합투자기구를 통해서 이루어지고 있는데, 해외투자펀드의 다층적 구조로 인하여 해외투자펀드의 소득에 대한 원천납세의무자를 판정하는 것이 어렵다. 또한, 전 세계 전자상거래 시장의 규모는 2018년 2조 8600억 달러, 소매분야 판매율의 11.5%를 차지하고 있는데, 2020년에는 4조 580억 달러, 14.6%를 차지할 것으로 예상하고 있다.[4] 종전의 전자상거래가 인터넷 과학기술의 발달로 디지털 거래[5]로 변모하면서 그 대가로 지급하는 소득의 구분을 사업소득과 사용료소득 중 어느 것으로 보아야 하는지의 문제가 제기되고 있다. 그밖에 지식산업과 과학기술의 발달에 따른 다양한 형태의 혼성거래의 등장은 그 거래에 내재된 전문지식과 기술요소로 인하여 그 대가가 사용료소득에 해당하는지 여부를 둘러싼 논쟁이 꾸준히 야기되고 있다.

국내거래에서는 원천징수의무자가 과세관청으로부터 원천징수 미이행에 따른 세금을 납부하더라도 원천납세의무자를 상대로 구상하는 것이 가능하다. 그러나 국제거래에서는 거래 상대방이 외국에 소재하고 있어 그에 대한 구상권 행사가 쉽지 않고 더욱이 국제거래에서는 원천징수세액을 거주자가 전적으로 부담하는 그로스업(gross-up) 약정[6]이 행해지는 경우도 다수 있으므로 국내거래와는 달리 원천징수의무자가 원천징수 미이행에 따라 과세관청으로부터 징수당한 세금의 부담을 오롯이 지게 될 수도 있다. 그동안 원천징수세제에 대해서는 징세의 편의에 따른 원천징수 적용범위의 비합리적 확대문제[7]와 타인의 의무를 대신 이

3) 금융투자협회 통계자료, 2018. 7. 19.
http://www.kofia.or.kr/npboard/m_18/view.do?nttId=120106&bbsId=BBSMSTR_000000000203
4) 아주경제, 2018. 4. 25.
5) 디지털 거래에서는 소득구분 문제 이외에도 전통적 고정사업장세제에 의한 과세공백의 문제가 제기되고 있다. 디지털 사업환경에서는 원천지국의 물리적 실체가 없더라도 외국법인의 정상적 사업수행이 가능하게 되었고 그 결과 전통적인 고정사업장세제에 의해 디지털 거래의 소득을 과세하는 것이 어렵게 되었다. 그밖에 부가가치세제에서도 용역의 공급장소의 판정 등에 관한 복잡한 문제를 야기하고 있다. 이에 대한 자세한 내용은 이지수·남태연, "디지털 경제를 둘러싼 국제조세쟁점에 관한 고찰", 2015 세정전문가네트워크 BEPS 분과, 한국조세재정연구원, 2015. 참조.
6) 속업(soak-up) 약정이라고도 한다.
7) 국내거래에 대한 원천징수세제에서의 원천징수의무의 지나친 확대문제의 대표적 사례로서 회사의 대표이사의 횡령에 대해 피해자인 회사에 원천징수의무를 지우는 과세실무가 지적된다. 이에 대한 자세한 논의로서는 이철송, "법인 임·직원의 횡령행위의 과세효과", 인권과 정의 제

행하는 원천징수의무자의 부담완화 문제[8]가 지적되어 왔는데, 근자에 들어 후자의 문제가 심각하다. 즉 해외투자펀드 거래와 혼성 거래의 확대로 인하여 국제거래에서의 원천징수의무자의 부담이 심화되는 상황이므로 차제에 그 원천징수세제에 내재하는 결함을 포착하여 이를 치유함으로써 원천징수의무자의 부담완화를 도모할 필요가 있다. 국제거래에서의 원천징수의 어려움이 원천징수세제의 어느 요소에서 유래하는지를 파악하고 그 효과적인 개선방안을 마련한다면 국제거래에서의 우리나라의 원천징수세제의 선진화에 기여할 수 있을 것이다.

　　이 글에서는 원천징수세제의 운용과정에서 제기되는 실무상의 쟁점에 대한 옳고 그름을 판정하는 문제는 가급적 다루지 않고 그러한 애로사항이 원천징수세제의 개선방안 마련의 필요성에 근거가 된다는 수준에서 논의한다. 국제거래에서의 원천징수세제의 역할과 원천징수의무의 한계 및 문제점과 개선방안을 파악하기 위하여 먼저 원천징수세제의 일반론과 우리나라의 원천징수세제의 현황에 대하여 살펴본다. 원천징수세제의 전반적인 체계와 법적 성격에 관한 정확한 이해가 개선방안 마련의 유용한 출발점이 된다. 이어서 국제거래에 대한 원천지국의 세원을 보호하기 위한 원천징수세제의 기능 및 역할에 대해서 검토하고 최근 해외투자펀드 거래와 혼성거래의 증가에 따라 발생하는 원천징수의무자의 의무이행의 어려움 등 원천징수세제의 문제점을 원천징수세제의 기본요소별로 분석한다. 그러한 검토를 토대로 원천징수세제에 있어서 원천징수의무자의 부담완화를 위한 사전적·사후적 및 절차적·실체적 개선방안을 구체적으로 제시해 본다.

Ⅱ. 원천징수세제의 일반론

1. 원천징수세제의 의의

가. 원천징수의 의의와 기능

　　원천징수세제는 세법에서 정하는 원천징수의무자, 즉 소득금액의 지급자가 세법이 정하는 바에 따라 원천납세의무자인 거래상대방에게 소득금액을 지급할

311호, 대한변호사협회, 2002 참조.

8) 강남규, "원천징수제도의 개선방안", 조세법연구 제13-2집, 세경사, 2007. 8.; 강석훈·정광진, "해외투자펀드의 국내원천소득에 대한 원천징수제도의 문제점", 법학평론 창간호, 서울대학교 출판문화원, 2010 등 다수.

때에 그 원천납세의무자로부터 그 소득금액에 대한 세금을 과세관청을 대신하여 징수하여 납부하도록 하는 제도이다. 원천징수세제에 의하여 원천납세의무자가 부담하는 납세의무의 이행이 원천징수의무자를 통하여 원천징수의 방식으로 실현되는 것이다. 신고납부제도 하에서는 소득금액의 수취자가 자신의 소득을 신고 납부하는 것이 원칙이나 원천징수세제에서는 소득의 지급자가 이를 대신 납부한다는 점에서 신고납부제도와는 다소 이질적인 측면이 있다. 그럼에도 이러한 원천징수세제를 운영하는 것은 소득이 여러 갈래로 갈라지기 전의 길목에서의 원천징수로 인하여 징세비용이 감소하고 그렇지 않는 경우라고 하더라도 소득의 발생원천에서의 원천징수로 조세수입의 조기확보와 세수일실의 방지가 가능하기 때문이다.[9) 그 밖에도 원천징수세제는 소득의 발생원천에서의 세금징수로 정부 세수의 평준화와 납세자의 조세부담의 분산을 가능하게 하고 소득의 발생과 조세의 납부 사이의 시차를 줄여 경기자동조절기능을 강화하는 순기능을 수행한다.[10) 원천징수의무자가 원천징수의무를 이행하지 아니한 경우 과세관청은 원천징수의무자에게 원천납세의무의 이행을 구할 수 있다. 원천징수의무자가 원천징수를 미이행하면 미징수한 세액[11) 및 이에 대한 미징수세액의 10%의 원천징수 불이행가산세를 부담하고[12) 형사처벌의 대상이 될 수도 있다.[13) 다만, 별도의 추가적인 지연이자의 납부의무는 없다. 이러한 행정적 편의성과 그 이행을 담보하는 규제조치에 따라 소득세제의 필수적인 제도로 자리잡았다.

우리나라는 국세인 소득세와 법인세 및 농어촌특별세에서 원천징수가 인정되고 있다.[14) 지방세에서는 지방소득세, 등록세 등의 특별징수분 및 주행세에 대하여 인정되는 특별징수세제[15)가 있는데, 특별징수세제는 과세관청이 지방자치단체라는 점에서 차이가 있고 징수납부의무자와 납세의무자가 분리되어 있어 원천징수세제와 기본구조는 비슷하나 위탁징수와 거래징수가 포함된 복합적 세제이다.[16) 유사한 제도로서 부가가치세법상 거래징수제도[17)가 있는데, 위 제도는

---

9) 윤지현, "소득 지급의 '대리' 또는 '위임'과 원천징수의무", 조세법연구 제18-3집, 세경사, 2012. 12., 131-137면.

10) 임승순, 조세법, 박영사, 2017, 466면.

11) 법인세법 제98조 제1항, 소득세법 제156조 제1항, 법인세법 제76조, 제97조.

12) 국세기본법 제47조의5 제1항.

13) 조세범처벌법 제13조.

14) 소득세법 제127조, 법인세법 제73조, 제98조, 농어촌특별세법 제7조 제3항.

15) 지방세법 제103조의13, 제103조의 29, 제31조, 제137조.

징수자가 거래대금을 지급받는 자이고 징수를 당하는 상대방이 담세자이며 납세의무자는 아니라는 점에서 원천징수세제와 구별된다. 한편, 국제거래에서 국내사업장이 없는 비거주자 또는 외국법인이 우리나라에서 용역 등을 제공하는 경우 그 대금을 지급하는 자로 하여금 부가가치세를 징수하여 납부하도록 하는 대리납부세제[18]가 있는데 대리납부세제는 그 징수하는 세목이 소득세가 아니라 부가가치세라는 점에서 차이가 있으나 원천징수세제와 그 제도의 목적이 유사하다.

나. 원천징수의 법적 성격

원천징수의 성격에 대해서는 위탁징수기관설, 법정대리인설, 채무인수설 등이 있다. 위탁징수기관설은 국가가 조세의 징수권한을 원천징수의무자에게 위임하거나 그가 대리한다는 것이다. 원천징수의무자가 원천징수 대상소득을 확정하여 지급하는 소득에서 원천납세의무자의 의사와 무관하게 원천세를 징수할 수 있고, 이에 따라 원천징수의무자의 납부 유무에 불구하고 원천납세의무자의 납세의무는 이행된 것으로 간주된다. 위탁징수기관설에서는 원천징수의무자를 국가의 조세징수사무를 위탁받아 집행하는 공무수탁사인으로 본다.[19] 법정대리인설은 원천징수의무자와 원천납세의무자의 관계를 민법상의 법정대리로 본다. 원천징수의무자와 원천납세의무자의 관계를 중시하는 견해로서 원천납세의무자의 납세의무를 원천징수의무자가 대리한다는 것이다. 채무인수설은 원천납세의무자의 조세채무를 원천징수의무자가 인수하는 것으로 본다. 원천납세의무자의 조세채무는 원천징수의무자에게로 이전되어 원천납세의무자는 납세의무를 면하게 되고 원천징수의무자가 대신 그 의무를 부담하게 된다는 것이다.

다. 원천징수의 방식과 절차

원천징수방식에는 완납적 원천징수와 예납적 원천징수가 있다. 전자는 원천징수만으로 납세의무가 종국적으로 소멸되는 경우이고, 후자는 원천징수가 추후의 확정신고납부를 전제로 조세의 예납적 조치로 이루어지는 경우이다.[20] 예납

---

16) 김태호, "원천징수와 특별징수의 법적 및 실무상의 문제점 고찰", 월드텍스연구논집 제2권 제1호, 월드텍스연구회, 2006. 6., 99면.

17) 부가가치세법 제15조.

18) 부가가치세법 제52조.

19) 김완석, "원천징수의 법적 성질에 관한 고찰 1", 조세 제96호, 조세통람사, 1996, 47면.

20) 완납적 원천징수에서는 원천징수만으로 납세의무가 종결되기 때문에 원천납세의무자가 추후에

적 원천징수는 세금의 선급으로서 역할을 하며 세금의 추가징수 및 환급이 발생
할 수 있다. 우리나라에서는 추후 확정신고납부를 전제로 하는 예납적 원천징수
가 원칙이다.21) 완납적 원천징수의 예로는 소득세법상 분리과세되는 일용근로자
의 근로소득, 분리과세 이자소득, 분리과세 배당소득 등을 들 수 있다. 금융소득
에 있어서는 분리과세되는 이자소득이나 배당소득이 연간 2천만 원을 초과하는
경우 종합소득과세 되므로 완납적 원천징수와 예납적 원천징수의 중간적 성격을
띤다.22) 원천징수의무자는 원천징수한 세액을 징수일이 속하는 달의 다음 달 10
일까지 원천징수 관할세무서에 납부하여야 한다.23) 원천징수의무자는 지급일이
속하는 연도의 다음 연도 2월 말일까지 지급명세서도 제출하여야 한다.

2. 원천징수세제의 특수성

가. 자동확정방식의 세목

세법상 원천징수의무는 원천징수의무자가 소득금액이나 수입금액을 지급하
는 때에 성립·확정된다.24) 즉, 원천징수하는 법인세와 소득세는 납세의무자의
신고나 과세관청의 부과처분 없이 그 지급시점에 납세의무가 성립·확정되는 자
동확정방식의 세목으로 본래의 소득세나 법인세의 납부기간이 도래하지 않았더
라도 별도의 확정절차 없이 조세를 징수할 수 있다. 원천징수하는 조세는 이점에
서 신고주의방식이나 부과과세방식을 취하는 다른 조세와는 달리 그 법적 성격
에 차이가 있다. 원천징수의무자는 그 지급시점에 소득구분에 따라 개별 세법에
정해진 원천징수세율을 적용하여 원천징수를 하여야 한다. 그러므로 소득이 발생
하였다고 하더라도 그 소득에 대한 지급이 행하여지지 않는다면 원천징수의무는
생기지 않는다.25)

밟아야 하는 절차가 없다. 반대로 예납적 원천징수에서는 원천납세의무자가 소득세 신고를 통
해서 원천징수세액과 총소득에 대한 연간 산출세액을 비교하여 정산해야 한다.
21) 대법원 1984. 2. 28. 선고 82누424 판결.
22) 소득세법 제14조 제3항.
23) 소득세법 제128조 제1항, 법인세법 제73조 제1항, 법인세법 시행령 제111조 제2항,
24) 국세기본법 제21조 제2항 제1호, 제22조 제2항 제3호.
25) 지급에는 현실적으로 금전이나 재화를 교부하는 행위 외에 지급자가 지급에 갈음하여 지급채무
를 소멸시키는 행위가 포함될 수 있다(이태로·한만수, 조세법강의, 박영사, 2018, 426면). 대법
원 1986. 12. 9. 선고 85누892 판결은 회사의 종전 대표이사에 대하여 보유하고 있던 가지급금
채권을 회수불능채권으로 보아 대손처리한 경우에는 그 대손처리시점에 회사가 종전 대표이사
에게 채권액 상당의 채무면제이익을 제공하였다고 인정하였다.

나. 법률관계의 다면성

원천징수에서는 국가와 원천납세의무자 사이의 조세법률관계의 중간에 원천
징수의무자가 개재하여 원천납세의무자의 국가에 대한 납세의무를 대신 이행하
는 것이어서 원천납세의무자, 원천징수의무자와 국가 사이에 3면적 법률관계가
발생한다는 점에서 원천징수세제는 독특한 법적 성격을 가진다. 그 3자간 법률관
계로 먼저 원천징수의무자와 국가의 관계가 있다. 원천징수의무자는 원천징수한
조세를 국가에 납부할 의무를 부담한다. 만일 원천징수의무자가 원천징수의무를
제대로 이행하지 않으면 국가는 원천징수의무자에게 징수처분을 할 수 있고,[26]
초과납부한 세액에 대해서 원천징수의무자는 민사상 부당이득반환청구[27]나 국세
기본법상 경정청구[28]를 할 수 있다. 둘째는 원천징수의무자와 원천납세의무자의
법률관계이다. 원천징수의무자는 원천징수를 하지 않아 과세관청으로부터 징수
처분을 받은 후 그 납부한 세액에 대해 원천납세의무자에게 구상권을 행사할 수
있다. 반대로 원천징수의무자가 정당한 세액을 초과하여 원천징수한 경우 원천납
세의무자는 원천징수의무자를 상대로 그 초과액에 대해 부당이득반환청구를 할
수 있다.[29] 셋째는 원천납세의무자와 국가의 법률관계이다. 기본적으로 원천납세
의무자는 국가를 상대로 과오납세액에 대한 직접 환급청구권을 행사할 수 없지
만,[30] 예외적으로 비거주자나 외국법인에 대한 원천징수에서는 실질귀속자도 일
정한 경우에는 직접 국가를 상대로 직접 환급청구를 할 수 있다.[31] 국가는 과부
족액에 대해서는 원천납세의무자에 대해 부과처분을 할 수 있다.[32]

---

26) 대법원 1988. 11. 8. 선고 85다카1548 판결.

27) 대법원 2009. 12. 24. 선고 2007다25377판결.

28) 국세기본법 제45조의2 제4항.

29) 대법원 2003. 3. 14. 선고 2002다68294 판결.

30) 대법원 2016. 7. 14. 선고 2014두45246 판결. 원천징수의무자가 그 명의로 납부한 세액에 대해
서는 원천징수의무자가 환급청구권자가 된다.

31) 소득세법 제156조의4 제2항, 법인세법 제98조의4 제4항, 제98조의6 제4항.

32) 대법원 2006. 7. 13. 선고 2004두4604 판결. 우리나라에서는 종래 원천납세의무자는 과세관청에
대하여 원천납세의무를 부담하지만 이를 원천징수의무자의 원천징수를 수인하는 의무 정도로
파악하여 과세관청과 직접적인 법률관계가 없다고 보았으나 원천징수가 누락된 경우에는 과세
관청이 원천납세의무자를 상대로 종합소득세를 부과할 수 있다는 대법원 2001. 12. 27. 선고
2000두10649 판결과 원천납세의무자의 과세관청에 대한 직접적인 경정청구권을 규정한 국세기
본법 제45조의2 제4항의 도입에 따라 과세관청과의 공법적 법률관계가 전면 인정되고 있다.

다. 정리: 원천징수의무자의 특수한 지위

자동확정방식의 원천징수와 3자간의 법률관계의 특수성에 따라 원천징수의무자의 법적 지위를 보면 실체법적으로 원천징수의무자는 원천납세의무자에게 소득금액을 지급하면서 성립·확정된 원천납세의무자의 국가에 대한 납세의무를 그 지급일이 속하는 달의 다음 달 10일까지 대신 이행하는 의무를 부담한다. 이는 국가에 대한 타인의 납세의무를 대신 이행하는 것으로서 원천납세의무자로부터 조세를 징수할 의무와 그 징수한 조세를 과세관청에게 지급할 의무로 구성된다.

절차법적으로 단기간 내에 원천징수의무의 이행이 완료되는 것이 전제되는 원천징수세제에서 원천징수의무자는 원천납세의무자에 대하여 어떠한 절차이행의 협조를 받을 법적 권한을 가지고 있지 않다. 원천징수의무자는 원천납세의무자로부터 필요한 서류 등을 제출받아 원천징수세액을 산정할 수 있고[33] 소득세를 과오납한 경우 이를 그가 납부할 소득세에서 직접 조정하여 원천납세의무자에게 환급하도록 규정[34]하고 있으나 전자는 원천납세의무자에 대한 자료제출 요구권을 부여한 것으로 볼 수 없고 후자도 원천징수의무자의 원천세액산정에 관한 것으로 별도 어떠한 권한을 부여한 것으로 보기 어렵다.

3. 원천징수세제의 기본요소

가. 원천징수 판정대상

원천징수는 원천징수의무자가 원천징수 대상소득을 원천납세의무자에게 지급하면서 그 소득의 일부를 세금으로 징수하는 것인바, 원천징수의무자와 원천납세의무자, 원천징수 대상소득이 원천징수세제의 3가지가 원천징수의무 판정의 기본요소가 된다. 원천징수의무를 제대로 이행하기 위해서는 납세자는 자신이 원천징수의무자에 해당하는지, 자신이 지급하는 소득금액의 원천납세의무자가 누구인지, 자신이 지급하는 소득금액이 원천징수의 대상이 되는 것인지 등 원천징수세제의 기본요소를 잘 파악해야, 원천징수의무를 제대로 이행하는 것이 가능하다. 원천징수 대상소득에 관하여는 구체적으로 소득금액의 크기, 소득의 구분 및 그에 대한 세목과 세율을 파악하여야 하는데 이는 원천납세의무자가 개인인지 법인인지, 어떠한 활동의 대가로 받는 것인지 등에 따라 좌우되므로 원천징수세

---

33) 소득세법 제140조, 소득세법 시행규칙 제65조 제1항.
34) 소득세법 시행령 제201조 제1항.

제의 기본요소는 서로 유기적인 관계에 있다.

나. 원천징수 대상소득

원천징수의무자가 원천징수 대상소득[35]을 지급하는 경우 원천징수의무가 발생한다. 소득의 구분에 따라 원천징수 대상소득 해당 여부, 다양한 원천징수 세율의 적용여부가 결정된다. 소득의 구분에 따라 원천징수의 방식도 달라질 수도 있다. 소득의 구분은 크게 수동적 소득과 능동적 소득으로 대별할 수 있다. 수동적 소득의 대표적인 형태는 투자 및 자본소득으로서 이자소득, 배당소득, 사용료 소득을 들 수 있다. 능동적 소득의 대표적인 형태는 사업소득이다. 근로소득도 능동적 소득에 해당한다. 대체로 근로소득은 원천징수의 대상이 되고 사업소득은 원천징수의 대상에서 제외된다.[36]

우리나라에서는 개인의 경우 국내에서 이자소득, 배당소득, 일부 사업소득, 근로소득 중 외국기관 또는 우리나라에 주둔하는 국제연합군으로부터 받는 근로소득과 국외의 비거주자 또는 외국법인으로부터 받는 근로소득을 제외한 것, 연금소득, 기타소득, 원천징수 대상이 되는 근로소득을 받는 자의 퇴직소득, 일부 봉사료 수입금액을 거주자 또는 비거주자에게 지급하는 자는 소득세를 원천징수하여야 한다.[37] 원천징수 대상소득의 범위가 비교적 넓은 편이다. 법인의 경우에는 이자소득금액과 투자신탁이익의 지급에 따른 원천징수의무와 채권 등의 매매에 따른 원천징수의무가 예외적으로 인정된다.[38] 비거주자와 외국법인에 대해서는 별도의 규정을 두고 있다.[39]

다. 원천징수의무자와 원천납세의무자

소득금액의 지급자가 원천징수의무를 부담하는 것이 원칙이다. 그러나 세무

---

35) 원천징수의무자가 국내원천소득을 지급하면서 그 원천징수세액을 자신이 부담하기로 했다면 그 원천징수상당액도 국내원천소득에 포함시켜 원천징수세액을 산정하여야 한다(대법원 1989. 11. 28. 선고 89누5522 판결).
36) 사업소득을 산정하기 위해서는 일반적으로 필요경비 등이 지출되는데 원천징수의무자가 원천납세의무자의 이러한 필요경비 등을 파악하기가 어렵기 때문이다. 반면, 과세관청은 사업자에 대해서 신고납부를 요구하기 용이하고 추후 세무조사 등을 통해 이를 확인할 수도 있으므로 원천징수방식 대신 신고납부방식이 사용된다.
37) 소득세법 제127조 제1항.
38) 법인세법 제73조 제1항, 제73조 제8항.
39) 소득세법 제119조, 제121조 제3항, 법인세법 제93조, 제98조 제1항.

행정의 편의상 투과과세단체(pass‒through entities)나 금융기관에게도 원천징수의무가 부여될 수 있다. 우리나라에서는 원천징수 대상소득을 지급하는 자[40]가 원천징수의무를 부담한다. 소득금액을 지급하는 경우가 무엇을 의미하는지에 대해 다툼의 여지가 있으나 사법상 지급은 금전채무의 변제를 뜻하는 것으로 해석된다.[41] 대법원은 외국법인에게 지급되는 국내원천 이자소득에 대하여 원천징수의무를 부담하는 소득금액을 지급하는 자란 자신의 채무이행으로서 이자소득의 금액을 실제 지급하는 자를 의미한다고 하면서 내국법인이 채권증서의 소지인에게 주채무자와 독립하여 원리금 상환의 보증책임을 부담하는 보증서를 발급하고 채무의 이행으로서 그 소지인에게 이자를 실제 지급한 경우 그 내국법인은 국내원천 이자소득에 대한 원천징수의무자에 해당한다고 판시하였다.[42] 주채무자가 아닌 보증인도 소득금액을 지급하면 원천징수의무자가 될 수 있는 것이다. 다만, 소득의 지급자가 아님에도 지급과정에 개재되어 있다는 이유로 원천징수의무를 부담하는 경우가 있다. 첫째, 소득의 지급자로서 본래의 원천징수의무를 부담하는 자를 대리하여 또는 그로부터 위임을 받아 소득의 지급을 행하는 자는 수권 또는 위임의 범위 안에서 본래의 지급자로 간주되어 원천징수의무를 진다.[43] 둘째, 사업자가 음식, 숙박용역이나 서비스용역의 공급대가와 함께 봉사료를 받아 해당 소득자에게 지급하는 경우에는 해당 사업자가 원천징수의무를 진다.[44] 법인세의 경우에도 유사한 규정이 있다.[45]

원천납세의무자가 누구인지에 따라 원천징수의무자가 원천징수하는 세목이나 방식이 달라진다. 원천납세의무자가 거주자나 내국법인인 경우에는 소득신고와 세무조사를 통하여 과세정보 등에 쉽게 접근할 수 있기 때문에 일반적으로 원천징수에서 제외되거나 적용되더라도 주로 예납적인 방식으로 운영된다. 국내거래의 경우에는 원천납세의무자 파악이 비교적 용이하므로 원천징수의무 판정에 별다른 문제가 없다.

40) 소득금액 지급자의 의미에 관하여는 대법원 2009. 3. 12. 선고 2006두7904 판결 등 참조.
41) 백제흠, "국내원천소득에 대한 원천징수의무를 부담하는 '소득금액을 지급하는 자'의 의미", 세법의 논점, 박영사, 2016, 339면.
42) 대법원 2009. 3. 12. 선고 2006두7904 판결.
43) 소득세법 제127조 제2항.
44) 소득세법 제127조 제6항. '원천징수의무자를 대리하거나 그 위임을 받은 자'의 의미에 관하여는 대법원 2014. 7. 24. 선고 2010두21952 판결 등 참조.
45) 법인세법 제73조 제4항, 제6항.

Ⅲ. 국제거래에서의 원천징수세제의 현황과 문제점

1. 국제거래와 원천징수세제의 현황

가. 원천징수세제의 의의와 역할

국제거래란 거래 당사자 어느 한쪽이나 양쪽이 비거주자 또는 외국법인인 거래로서 유형자산 또는 무형자산의 매매·임대차, 용역의 제공, 금전의 대출·차용, 그 밖에 거래자의 손익 및 자산과 관련된 모든 거래를 말한다.[46] 국제거래에서 원천지국은 거주자로 하여금 비거주자에게 지급하는 소득금액에 대해 원천징수의무를 부과하는 방법으로 과세권을 행사한다. 원천지국의 과세관청이 비거주자인 원천납세의무자에게 직접 과세하는 것이 어렵고, 대부분의 경우 비거주자는 국내원천소득에 대하여 신고납부의무가 없기 때문이다. 과세대상 소득이 국내에 잔류하는 국내거래와는 달리 국제거래에서는 지급자가 원천징수하지 못한 소득은 국외로 이전되므로 원천지국은 더 이상 그 소득의 일부를 세수로 확보할 수 없다.[47] 따라서 국제거래에서 원천징수세제는 원천지국에서 발생한 소득에 대한 거주지국과의 과세권의 경계선에서 세원확보의 역할을 수행하는 제도로서 국제거래에서 거주지국과 원천지국 사이에서 과세권을 배분하고 한계를 설정해주는 추가적 기능을 수행한다. 이 점에서 주로 징세비용의 감소 차원에서 기능하는 국내거래에서의 원천징수[48]와 비교된다. 국제거래에서 원천징수세제는 주로 투자소득에 대해서 적용된다. 그 밖에 사업소득과 인적용역소득 등 적극적 능동소득에 대해서도 적용되는 경우도 있다. 외국법인의 능동적 사업소득에 대해서는 주로 고정사업장세제가 적용되는 것과 비교된다.

우리나라는 국제거래에 대한 원천징수에 관하여는 국내거래와는 달리 별도의 규정을 두고 있다. 국내사업장이 없는 외국법인에게 지급되는 국내원천소득[49]은 원천징수의 방식으로 과세된다.[50] 우리나라가 체결한 조세조약에서 원천

---

46) 국제조세조정에 관한 법률 제2조 제1항 제1호.
47) 원천지국의 과세관청이 원천징수의무자에 대하여 징수권을 행사하더라도 소득이 국외로 이전된 이상 이는 그 소득에 대한 직접적인 과세권의 행사라기 보다는 원천징수의무자의 의무불이행에 대한 제재의 성격이 크다.
48) 원천징수세제란 국가가 만 명의 종업원을 쫓아가 세금을 걷는 번거로운 일 대신에 회사를 상대로 손쉽게 세금을 징수하겠다는 것이라고 예를 들어 설명된다(이창희, 세법강의, 박영사, 2012, 193면).
49) 법인세법 제93조.
50) 법인세법 제98조 제1항. 국내사업장이 있는 외국법인에게 지급되는 국내원천소득 중 국내사업

납세의무자와 원천징수 대상소득에 대하여 별도의 규정을 두는 경우도 있다.

나. 국제거래에서의 원천징수의 특수성

국제거래에서는 원천징수세제의 일반적인 특수성 외에 다음과 같은 특수성이 추가로 존재하므로 원천징수의무자는 국제거래에 대한 원천징수의무의 이행에 있어서 이러한 사정을 면밀히 고려하여야 한다.

(1) 대상거래의 특수성

국제거래에서는 국내거래와는 달리 원천징수가 적용되는 대상거래에 다음과 같은 사실상·법률상 특수성이 있어 원천징수의무의 이행에 어려움이 크다. 국제거래에서는 사법상·공법상의 제도의 차이로 원천납세의무자나 원천징수 대상소득 등 원천징수 대상 국제거래의 성격을 판단하기 쉽지 않은 경우가 있고 절차적으로도 국가간 지리적 이격으로 거래상대방과 원천징수 대상소득에 대한 명확한 정보를 얻기 어렵기 때문이다. 즉, 국제거래에서 원천징수의무자가 원천납세의무자와 원천징수 대상소득의 성격을 파악하는 것이 쉽지 않은 것이다.

(2) 적용법률의 특수성

국제거래에서의 원천징수는 다음과 같이 적용법률에 대한 추가 검토가 필요하다는 점에서 국내거래에서의 원천징수와 차이가 있다. 첫째, 원천징수의무는 원천납세의무자의 과세대상 소득의 존재를 전제로 하는 것인바, 국내거래에서는 원천납세의무가 존재하지 않는 경우는 원천납세의무자에 대한 부과제척기간 도과 등이나 그 대상소득이 소득세법상 열거되지 않는 등의 제한적인 경우에만 문제되나, 국제거래에 있어서는 그 대상소득이 국내원천소득에 해당하는지의 판정작업도 추가로 하여야 한다. 둘째, 국내거래에서의 원천징수는 징세비용의 감소 목적에서 도입된 것이어서 원천징수의무자와 원천납세의무자 및 원천대상소득의 구분에 다툼의 여지가 적다. 그러나 국제거래에서는 세수일실의 방지목적에서 원천납세의무자나 원천징수 대상소득의 구분에 관하여 자세한 규정을 두고 있다. 따라서 국제거래에서는 원징수의무자가 적용법률을 추가적으로 파악하여 원천징수의무를 이행하여야 한다.

무엇보다도 중대한 차이는 특별법인 조세조약이 추가로 적용된다는 점이다. 국내거래와 국제거래에서의 원천징수는 모두 국내세법에 근거하여 이루어지나

장과 실질적으로 관련되지 않거나 국내사업장에 귀속되지 아니하는 소득금액도 같다.

국제거래에서의 원천징수는 국내세법에 우선하는 조세조약에 의하여 원천징수의 범위와 방식이 결정된다. 국제조세조정에 관한 법률(이하 '국제조세조정법') 제28조는 비거주자 또는 외국법인의 국내원천소득의 구분에 관하여 소득세법 제119조 및 법인세법 제93조에도 불구하고 조세조약이 우선하여 적용된다고 규정하고 있는바, 이는 조세조약의 특별법적 지위를 확인한 것으로 그 문언은 조세조약상의 소득구분에 관한 것으로 되어 있지만 그 취지상 소득의 원천지와 원천납세의무자의 판정에 있어서도 조세조약이 국내법에 우선한다.[51] 국내원천소득이라도 조세조약에서 우리나라에 과세권이 없다고 규정하면 과세할 수 없으므로[52] 원천징수의무자는 조세조약의 적용문제도 같이 따져 보아야 한다. 한편, 조세조약의 해석과 적용에 있어서 국내세법상의 실질과세원칙이 적용되는지 여부도 문제되나 대법원은 국세기본법상 실질과세원칙은 법률과 같은 효력을 가지는 조세조약의 해석과 적용에 있어서도 이를 배제하는 특별한 규정이 없는 한 그대로 적용된다는 입장이다.[53]

다. 원천징수세제의 주요 쟁점

(1) 원천징수의무자와 실질과세원칙

국제거래에서의 원천징수세제는 원천징수의무자에 대한 실질과세원칙의 적용문제 및 원천징수 대상소득과 원천납세의무자의 판정이 주요 쟁점이 된다. 원천납세의무자와 원천징수대상소득은 실질과세원칙에 의하여 판정한다.[54] 국내원천소득의 실질귀속자 즉, 해당 국내원천소득과 관련하여 법적 또는 경제적 위험을 부담하고 그 소득을 처분할 수 있는 권리를 가지는 등 소득에 대한 소유권을 실질적으로 보유하는 자가 원천납세의무자가 된다. 원천징수 대상소득도 거래의 명칭이나 형식에 관계없이 그 실질내용에 따라 구분된다.

다만, 자동확정방식의 원천징수에서도 원천징수의무자가 실질과세원칙에 따라 원천납세의무자를 파악하여 원천징수의무를 이행하여야 하는지 여부가 별도

---

51) 백제흠, 앞의 논문 338면.

52) 윤준석, "외국법인의 국내원천소득에 대한 원천징수", 조세학술논집 제33집 제3호, 한국국제조세협회, 2017. 10., 6면.

53) 대법원 2012. 1. 19. 선고 2008두8499 전원합의체 판결, 대법원 2012. 4. 26. 선고 2010두11948 판결.

54) 법인세법 제98조의5 제2항, 법인세법 시행령 제138조의5 제2항 제1호, 소득세법 제156조의4 제2항, 소득세법 시행령 제207조의4 제2항.

로 문제된다. 국세기본법은 납세자를 납세의무자와 원천징수의무자로 구분하고
있고55) 실질과세원칙은 과세대상이 되는 소득 등의 귀속이 명의일 뿐이고 사실
상 귀속되는 자가 따로 있을 때에는 사실상 귀속되는 자를 납세의무자로 하여 세
법을 적용한다고 규정하고 있어56) 납세의무자가 아닌 원천징수의무자에 대하여
실질과세원칙이 적용되는 것인지에 대해 불분명한 부분이 있다. 원천징수의무의
본질은 징수절차에서의 협력의무이고 반면 실질과세원칙은 과세요건을 판정하기
위한 세법규정의 적용에 관한 것이므로 별도의 수권규정이 없는 이상 원천징수
의무자의 원천납세의무자 판정에 대해서는 실질과세원칙이 적용되지 않는다는
부정설57)과 원천징수의무자가 부담하는 원천징수의무에도 실질과세원칙을 적용
하는 것은 당연히 포함되므로 별도의 수권규정이 없이 실질과세원칙을 원천징수
의무자에게 적용할 수 있다는 긍정설58)이 있다. 자동확정방식의 원천징수의 특
성상 원천징수의무자가 일일이 실질귀속자를 파악하여 원천징수의무를 이행하는
것은 적절하지 않으므로 별도의 수권규정이 없이 일률적으로 원천징수의무자에
게 실질과세원칙을 적용하는 부담을 지우는 것은 지나친 측면이 있으므로 원칙
적으로 원천징수의무에 실질과세원칙을 적용하지 않는 것이 타당하지만 외국법
인과 그 외국법인에 소득을 지급하는 내국법인이 경제적으로 동일시할 만한 관
계에 있는 경우까지 과세권을 포기하는 것은 과세형평이나 조세정의에 맞지 않
으므로 그러한 예외적인 사정이 증명되는 경우에는 실질과세원칙을 적용할 수
있다는 절충설59)도 있다. 판례는 국내원천소득을 지급하는 자는 특별한 사정이
없는 한 그 소득에 대한 귀속명의와 달리 실질적으로 귀속되는 자가 따로 있는지
를 조사하여 실질귀속자를 기준으로 그 소득에 대한 법인세를 원천징수할 의무
가 있다고 판시하여 원천징수의무자의 원천납세자 판정에도 실질과세원칙이 적
용된다고 보고 있다.60)

55) 국세기본법 제2조 제10호.
56) 국세기본법 제14조 제1항.
57) 강남규, 앞의 논문, 87면.
58) 이재호, "비거주자의 주식양도소득에 대한 원천징수의무의 한계", 조세학술논집 제27집 제2호, 한국국제조세협회, 2011. 8., 115면.
59) 박재찬, "2013년도 법인세법 판례회고", 조세법연구 제20 - 1집, 세경사, 2014. 4., 383면.
60) 대법원 2013. 4. 11. 선고 2011두3159 판결.

(2) 원천징수 대상소득의 판정문제

(가) 소득의 구분과 원천지 및 조세조약

국제거래에서 원천징수 대상소득은 소득구분과 소득의 원천지에 따른 국내원천소득 해당 여부에 의하여 정해진다. 비거주자에게 지급되는 소득금액에 대한 원천징수의무는 원천지국에서 그 소득이 국내원천소득으로 열거되어 있어야 하고 그 국가에 원천지가 존재하여야 한다. 원천징수 대상소득은 일반적으로 이자소득, 배당소득 및 사용료소득 등과 같은 수동적 투자소득이다. 사업소득에 대해서도 예외적으로 원천징수가 적용되는 경우도 있으나 고정사업장이 존재하여 비거주자가 고정사업장에 귀속되는 소득에 대하여 신고납부의무를 부담하는 경우에는 적용되지 않는다. 국내세법에서 원천징수의무가 부여되었지만 조세조약에 의해 감면되는 경우가 많다.

국내원천소득이란 세법에 열거된 소득으로서 소득의 원천지가 국내인 것을 말한다. 우리나라는 외국법인의 국내원천소득으로 이자소득(제1호), 배당소득(제2호), 부동산소득(제3호), 선박 등 임대소득(제4호), 사업소득(제5호), 인적용역소득(제6호), 양도소득(제7호), 사용료소득(제8호), 유가증권양도소득(제9호), 기타소득(제10호)을 규정하고 있다.[61] 비거주자의 국내원천소득으로는 위 소득 외에 근로소득(제7호), 퇴직소득(제8호), 연금소득(제8호의2) 등이 추가된다.[62] 국내원천소득을 지급하는 자는 그 소득에 대한 세액을 원천징수하여야 한다.[63] 소득구분 별로 과세표준의 산정과 세율이 다르다.[64] 우리나라가 체결한 다수의 조세조약에서는 별도로 소득의 원천지와 소득구분에 관하여 국내세법과는 다른 규정을 두는 경우가 있다. 실무적으로 원천징수와 관련하여 사용료소득, 인적용역소득, 사업소득의 구분이 주로 문제된다.

(나) 사용료소득

다수 국가에서 사용료소득은 원천징수 대상소득이고 이자소득과 배당소득과

---

61) 법인세법 제93조.

62) 소득세법 제119조.

63) 법인세법 제98조. 국내원천소득 중 이자소득(제1호), 배당소득(제2호), 선박 등 임대소득(제4호), 사업소득(제5호), 사용료소득(제8호), 유가증권 등의 양도소득(제9호), 기타소득(제10호)은 원천징수를 통하여 완납적으로 과세된다. 한편, 인적용역소득(제6호)에 대한 법인세는 원천징수 외에 외국법인의 신고·납부에 의하여 할 수 있고 부동산 등 양도소득(제7호)는 양수자가 법인인 경우 예납적으로 원천징수를 해야 하며 추후 양도자가 법인세 신고·납부를 하여야 한다.

64) 법인세법 제91조, 제92조, 제95조, 제95조의2.

같이 지급자의 거주지가 사용료소득의 원천지가 된다. 일부 국가들은 사용장소를 원천지로 추가하는 경우도 있다. 국가별로 차이가 있는데 세율은 통상 15%에서 30%이다.[65] OECD 모델조약은 사용료란 영화필름을 포함한 문학적, 예술적 또는 과학적 작품의 저작권, 특허권, 상표권, 의장이나 신안, 도면, 비밀공식이나 공정에 대한 사용이나 사용권 또는 산업적·상업적·과학적 경험에 대한 정보의 대가로서 모든 종류의 지급액을 의미한다고 정의하고 있다.[66] 따라서 원칙적으로 사용료소득은 특허권 등 이와 유사한 재산의 사용허가에 따른 임대소득이라고 볼 수 있다. OECD 모델조약은 사용료소득에 대해 거주지국 과세권만을 인정하고 있다. 우리나라는 사용료소득의 국내원천소득 해당 여부에 관하여 사용지기준과 지급지기준을 모두 적용하고 있고[67] 원천징수세율은 20%이다.[68] 우리나라가 체결한 조세조약도 원천지국 과세권을 인정하고 지급지를 기준으로 하는 경우가 많다. 다만, 한·미 조세조약과 같이 사용지기준을 택하고 있는 경우도 있다.

(다) 인적용역소득

인적용역소득은 독립적 인적용역소득과 종속적 인적용역소득[69]으로 구분되는데 주로 독립적 인적용역소득이 문제된다. 독립적 인적용역소득은 전문직업적 용역 또는 기타 독립적 성격의 활동에 따른 소득을 의미한다. 종전 OECD 모델조약은 독립적 인적용역소득에 대한 과세를 사업소득 과세원칙에 준하여 거주자가 타방국에서 고정시설을 통하여 인적용역을 수행하는 경우에만 타방국에서 과세할 수 있도록 규정하고 있었다. 이러한 독립적 인적용역소득을 규정한 OECD 모델조약 제14조는 2000. 4. 폐지되고 제7조의 사업소득에 의하여 과세하도록 개정되었다. 독립적 인적용역소득과 사업소득 및 그 과세근거가 되는 고정시설과 고정사업장을 구분하기가 어렵고, OECD 모델조약 제14조도 제7조와 마찬가지로

---

65) Lee · Yoon, op. cit., pp. 237 – 238.
66) OECD 모델조약 주석서 제12조 문단 2.
67) 법인세법 제93조 제8호 본문.
68) 법인세법 제98조 제1항 제3호.
69) 종속적 인적용역소득은 고용관계 하에서 제공되는 용역에 따른 소득으로서 고용으로 인하여 수취하는 급료, 임금 및 이와 유사한 대가를 의미한다. OECD 모델조약은 종속적 인적용역소득은 용역수행지국에서 과세하는 것을 원칙으로 하되 다음의 경우 즉, 첫째, 그 수취인이 타방 체약국 체재기간이 당해 회계연도 중 총 183일을 초과하지 않을 것, 둘째, 당해 근로소득이 타방체약국의 거주자가 아닌 자에 의하여 지급될 것, 셋째, 당해 근로소득이 고용주가 타방체약국 내에 가지고 있는 고정사업장에 의하여 부담되지 않을 것을 조건으로 면세된다(OECD 모델조약 제15조 제1항, 제2항).

개인뿐만 아니라 법인에게도 적용되는 규정이라는 것을 강조하기 위한 이유에서이다.[70]

우리나라에서 외국법인의 인적용역소득은 국내에서 영화·연극의 배우, 음악가 기타 공중연예인이 제공하는 용역, 직업운동가가 제공하는 용역, 변호사·공인회계사·건축사·측량사·변리사 기타 자유직업자가 제공하는 용역, 과학기술·경영관리 기타 분야에 관한 전문적 지식 또는 특별한 기능을 가진 자가 해당 지식 또는 기능을 활용하여 제공하는 용역을 제공함으로써 발생하는 소득을 말한다.[71] 용역제공장소가 원천지가 된다. 고정사업장에 귀속되는 독립적 인적용역소득은 다른 국내원천소득과 함께 종합과세된다.[72] 국내사업장이 없거나 그에 귀속되지 않는 독립적 인적용역소득은 20%의 세율로 분리과세되어 완납적으로 원천징수된다.[73]

(라) 사업소득

OECD 모델조약은 사업의 개념에 대해 열거적 정의를 하고 있지 않으며 조약이 정의하지 않은 용어는 문맥에서 달리 규정하고 있는 것을 제외하고는 조세의 목적상 조약을 적용하는 국가의 국내법에 내포된 의미를 갖는다고 한다. 따라서 사업소득 여부는 국내세법에 따라 판정하게 된다. 우리나라와 체결된 조세조약의 대부분은 사업소득에 대하여 기업이윤이라는 표현을 사용하고 있으나 그에 대한 구체적인 언급은 없으며 고정사업장을 통하여 사업을 수행하여야만 과세할 수 있도록 규정하고 있다. OECD 모델조약은 사업소득 규정 이외의 규정에서 사업소득과 별도로 취급되고 있는 소득은 그것이 사업활동에서 발생한 소득이더라도 사업소득에서 제외하도록 하고 있다.[74] 따라서 별도의 조문에서 규정하는 배당소득, 이자소득, 사용료소득 및 인적용역소득 등은 그것이 기업활동에서 발생한 것이라도 사업소득으로 취급되지 않고 당해 조항이 우선 적용된다.

우리나라에서는 사업소득이란 외국법인이 경영하는 사업에서 발생하는 소득(조세조약에 따라 국내원천사업소득으로 과세할 수 있는 소득을 포함한다)으로서 대통령령이 정하는 것이나 인적용역소득은 사업소득에서 제외된다.[75] 여기서 말하는

---

70) 이용섭, 국제조세, 세경사, 2005, 272－274면.
71) 법인세법 제93조 제6호 전문, 법인세법 시행령 제132조 제6항.
72) 법인세법 제97조 제1항, 제91조 제1항.
73) 법인세법 제98조 제1항.
74) OECD 모델조약 제7조 제7항.

사업은 소득세법 제19조의 사업을 말한다.[76] 국내사업장에 귀속되는 사업소득은 외국법인의 다른 국내원천소득과 함께 법인세 과세표준에 포함되어 종합과세된다.[77] 조세조약이 체결되어 있는 경우에는 국내사업장이 없거나 국내사업장에 귀속되지 않는 사업소득은 우리나라에서 과세되지 않는다. 조세조약이 체결되어 있지 않은 경우에는 2% 세율로 분리과세되어 완납적으로 원천징수된다.[78]

(3) 원천납세의무자의 판정문제

(가) OECD 모델조약

우리나라 조세조약의 대부분은 OECD 모델조약을 기반으로 하고 있는데, 일반적으로 OECD 모델조약상 원천납세의무자로 지칭되는 자가 '인', '거주자', '수익적 소유자' 모두에 해당하여야 그에 대하여 조세조약이 적용되므로 국제거래에서의 원천납세의무자의 판정문제는 원천납세의무자가 조세조약상 '인'에 해당하는지, '거주자', '수익적 소유자'에 해당하는지를 따져보는 것이다.

(나) 인과 단체의 분류

조세조약은 체약국의 인에 대하여 적용된다. OECD 모델조약에서는 인은 일반적으로 개인, 회사, 기타 인적 단체를 포함하고 회사는 법인체나 조세목적상 법인체로 취급되는 모든 단체를 의미한다.[79] 인에 해당하는 단체라도 개인과 법인에 대한 과세체계를 달리 하고 있는 국가에서는 그 단체가 개인인지, 법인인지를 판정하는 것이 중요하다. 우리나라는 외국법인에 대한 정의규정을 두고 있는데 외국법인이란 외국에 본점 또는 주사무소를 둔 단체(국내에 사업의 실질적 관리장소가 존재하지 아니하는 경우만 해당한다)로서 설립된 국가의 법에 따라 법인격이 부여된 단체(제1호), 구성원이 유한책임사원으로만 구성된 단체(제2호), 구성원과 독립하여 자산을 소유하거나 소송의 당사자가 되는 등 직접 권리·의무의 주체가 되는 단체(제3호), 그 밖에 해당 외국단체와 동종 또는 유사한 국내의 단체가 상법 등 국내의 법률에 따른 법인인 경우의 그 외국단체(제4호)를 말한다.[80] 사업의 실질적 관리장소가 국내에 소재하는 경우에는 내국법인으로 과세한다.[81] 사

---

75) 법인세법 제93조 제5호.
76) 법인세법 시행령 제132조 제2항 본문.
77) 법인세법 제97조 제1항, 제91조 제1항.
78) 법인세법 제98조 제1항 제1호.
79) OECD 모델조약 주석서 제3조 문단 1.
80) 법인세법 제1조 제3호, 법인세법 시행령 제1조 제2항.
81) 법인세법 제1조 제3호.

업의 실질적 관리장소는 법인의 사업수행에 필요한 중요한 관리 및 사업적 결정이 실제로 이루어지는 장소를 의미한다.82)

(다) 수익적 소유자와 거주자

국내세법상 소득의 실질귀속자가 원천납세의무자가 된다. 대부분의 조세조약은 배당소득, 이자소득 및 사용료소득에 관하여 수익적 소유자 규정을 두고 있다. OECD 모델조약은 수익적 소유자 규정을 두고 있지만83) 수익적 소유자의 개념에 대해서는 별도로 정의하고 있지 않다. 다만, OECD 모델조약 주석서는 국제거래에서의 조세회피방지라는 조세조약의 목적에 비추어 수익적 소유자를 해석하여야 한다는 입장으로 단지 형식적 소유자로서 명의만 갖추었을 뿐 그 실질에 있어서 그 소득의 처분권을 갖지 않는다면 수익적 소유자로 볼 수 없다고 한다.84) OECD 모델조약의 수익적 소유자의 구체적 의미에 대해서는 상당수 국가에서는 실질귀속자와 사실상 같은 것으로 사용해 왔다. 이러한 입장에 대하여 OECD는 수익적 소유자 개념에 대한 새로운 해석론을 제시하기 위해 2014년 OECD 모델조약 제10조, 제11조 및 제12조의 주석서를 개정하여 수익적 소유자 개념을 수령자가 수령하는 소득을 사용하고 향유할 수 있는 권한에 대한 제한이 있는지 여부를 중심으로 수익적 소유자 개념을 재정립함으로써 수익적 소유자 개념을 실질귀속자보다는 좁은 개념으로 파악하였다.85) 이와 관련하여 우리나라에서도 조세조약이 국내세법에 우선 적용되므로86) 국내세법상의 실질귀속자라고 하더라도 조세조약상 수익적 소유자에 해당하지 않으면 조세조약상의 제한세율의 적용을 받지 못하는 결과가 되는바, 수익적 소유자와 실질 귀속자가 같은 의미인지, 아니면 서로 다른 의미인지가 문제된다. 양자의 개념에 차이가 있다면 국내세법상으로 원천납세의무자로 인정되는 자가 조세조약상으로는 인정되지 않

---

82) 대법원 2016. 1. 14. 선고 2014두8896 판결. 사업의 실질적 관리장소의 자세한 의미에 대해서는 Je-Heum Baik, "The Meaning and Basis of Judgment on 'Place of Effective Management' under the Corporate Income Tax Law of Korea", *Journal of Korean Law Vol. 17* (2018. 6.) 참조.

83) OECD 모델조약 제10조, 제11조, 제12조.

84) OECD 모델조약 주석서 제10조 문단 12, 제11조 문단 9, 제12조 문단 4 등.

85) 이미현, "국외투자기구의 소득에 대한 조세조약의 적용", 조세학술논집 제31집 제1호, 한국국제조세협회, 2015. 2., 156면. 실질과세원칙에 의하여 조세조약의 적용을 배제할 수 있다면 굳이 수익적 소유자개념을 검토할 여지는 없을 것이다(이창희, "조세조약과 실질과세" 사법 제25호, 사법발전재단, 2013. 9., 46면).

86) 국제조세조정법 제28조, 제29조.

을 수도 있고, 그 경우 원천징수의무자의 의무이행이 판이하게 달라지게 된다. 대법원은 국내세법상의 실질과세원칙은 조세조약의 해석에도 적용될 수 있는 점, 수익적 소유자 개념과 실질과세원칙은 공통적으로 조약편승이나 조세회피를 방지하기 위한 대응 규정이라는 점 등에 비추어 조세조약상 수익적 소유자란 국내세법상 실질귀속자와 같은 의미로 보는 것이 타당하다는 입장이다.[87]

특정의 수익적 소유자를 원천납세의무자로 판정하더라도 그 수익적 소유자에 대해서 조세조약을 적용하기 위해서는 거주자에 해당하여야 한다. 조세조약상 거주자란 일반적으로 체약국에서 납세의무(liable to tax)를 부담하고 있는 인을 의미한다.[88] 여기서 납세의무를 부담한다는 것은 실제 세금을 납부하고 있다는 것이 아니라 체약국에서 납세단위로 인정되는 자로서 과세상 투명한 단체가 아니라는 것이다. 통상 체약국에서 발행하는 거주자 증명서에 의해 거주자 여부가 판정된다.

2. 국제거래에서의 원천징수세제의 문제점

가. 논의의 배경

전통적으로 국제거래에서의 원천징수는 주로 소득구분과 그에 따른 제한세율의 적용이 문제가 되어 왔으나 근자에 들어 해외투자펀드의 국내 투자가 증가하면서 복잡한 다층적 투자구조에 위치하는 여러 단체들과 투자자들 중에 누구를 원천납세의무자로 판정하여 원천징수를 하여야 하는지가 다툼이 되었다. 이는 원천납세의무자의 거주지국에 따라 국내세법이 적용되거나 적용되는 조세조약이 달라지기 때문이다. 종전 소득구분에 대한 판단의 차이는 조세조약과 국내세법상의 원천징수세율의 적용문제에 그쳤으나 원천납세의무자에 대한 판정차이는 조세조약의 적용자체에 중대한 영향을 미치게 된다.[89] 또한, 디지털 거래의 증가에 따라 종전의 사업소득으로 구분되던 소프트웨어의 도입대가 등을 사용료소득으로 보아 과세할 수 있는지도 문제되고 있다. 만일 사용료 소득으로 구분할 수 있

---

87) 김석환, "조세조약상 수익적소유자와 국내세법상 실질귀속자와의 관계", 조세학술논집 제29집 제1호, 한국국제조세협회, 2013. 2., 202 – 204면; 대법원 2012. 1. 19. 선고 2008두8499 전원합의체 판결.
88) OECD 모델조약 주석서 제4조 문단 1.
89) 만일 원천납세의무자의 판정에 조세회피 목적 등의 주관적인 기준이 적용되고 조세회피 목적이 있는 경우 그러한 납세자의 행위가 사기 그 밖의 부정행위로 해석된다면 장기부과제척기간 및 조세범처벌법의 적용문제까지도 제기될 수 있다.

다면 원천징수가 면제되는 사업소득 대신 사용료소득에 따른 원천징수세제가 적용된다는 점에서 전통적인 제한세율의 다과가 문제가 되는 사안보다는 국제거래에 미치는 영향이 크다. 또한 과학기술의 발달로 혼성거래의 규모나 범위가 증가하고 있어 종전의 전통적 소득구분의 사안과는 다른 양상을 보이고 있다. 국제거래에서 최근에 주로 다툼이 되는 거래가 집합투자기구 등 해외투자펀드거래와 디지털 거래 등 혼성거래이므로 이들 거래를 중심으로 원천징수세제의 문제점을 살펴본다.

나. 국제거래의 복잡 · 다단화

(1) 다층적 거래의 증가

국가 간의 제도와 세제의 차이를 이용하여 조세부담을 줄이기 위해 다층적 구조를 가지는 국제투자거래가 증가하고 있는데, 해외투자펀드거래에서 현저하다. 통상 투자펀드는 다수의 투자자들로부터 자금을 모아 운용한 후 그 수익을 투자자들에게 분배하기 위하여 회사, 신탁 등의 단체나 사적 관리약정 등의 다양한 법적 형태로 구성된다.[90] 해외투자펀드는 그 설립지가 해외이고 해외에서 투자자금을 모집하여 국내에 투자하는 펀드를 말한다. 특히 해외투자펀드 중 소수의 투자자들로부터 자금을 모집하여 투자를 하는 투자기구를 사모투자펀드라고 한다. 펀드 투자를 위해서 설립되는 조직체를 투자기구라고 하는데 회사형식의 투자기구가 있는 반면 신탁이 이용되기도 하고 공동소유와 같은 계약관계로 구성되는 경우도 있다.[91] 투자펀드의 투자기구를 설립하고 투자기구의 자산을 관리 · 운용하는 역할을 수행하는 금융기관을 통상 자산운용사[92]라고 한다. 투자펀드에 대한 규제는 국가별로 다양하여 투자자보호를 위하여 투자기구의 투자활동을 엄격하게 규제하는 경우와 투자기구의 투자활동의 전부 또는 일부를 사적 자치의 영역으로 남겨두는 경우가 있다.

OECD는 집합투자기구를 다수의 투자자로부터 투자자금을 모아서 유가증권 등에 분산투자하고 설립지국에서 투자자보호에 관한 규제를 받는 펀드라고 정의

---

90) OECD Committee on Fiscal Affairs, *The Granting of Treaty Benefits with respect to the Income of Collective Investment Vehicles*, CTPA (2010), 23 문단.

91) 강석훈 · 정광진, 앞의 논문, 429면.

92) 자산운용사는 다수 임직원을 고용하고 복수의 투자기구를 동시에 관리하는 반면 투자기구는 자산운용사가 투자자로부터 모은 자금을 관리하기 위한 집합체의 역할을 하는 기구로서 인적 · 물적 설비를 거의 보유하지 않는 것이 일반적이다.

하고 있다.[93] 집합투자기구는 전문적인 운용자가 이를 운영하고 투자자는 그 수익을 운용 결과대로 배분받는 집단적 · 간접적 투자기구로서[94] 재산에 대한 소유와 운용을 분리하고 투자자의 재산과 집합투자업자의 재산을 분리하는 수단으로 사용되는 집합투자의 도구이다.[95] 우리나라에서는 집합투자기구는 자본시장과 금융투자업에 관한 법률(이하 '자본시장법')에 의해 규제되고 있다. 이에 따르면 집합투자란 2인 이상에게 투자권유를 하여 모은 금전 등을 투자자로부터 일상적인 운용지시를 받지 아니하면서 재산적 가치가 있는 투자대상자산을 취득 · 처분, 그 밖의 방법으로 운용하고 그 결과를 투자자에게 배분하여 귀속시키는 투자이고[96] 그 수단으로 사용되는 일정한 도구를 집합투자기구라고 한다.[97]

(2) 혼성거래의 증가

혼성거래에서는 디지털 거래의 증가가 현저하다. 디지털거래라는 용어가 명확하게 정의되어 있지는 않지만, 디지털 상품 또는 서비스의 직접 공급, 즉 디지털 형식의 소프트웨어 또는 콘텐츠가 납세자에게 디지털 방식으로 전달되는 거래를 말한다.[98] 디지털 거래의 증가는 디지털경제로 이어지는데 디지털경제는 정보통신기술과 인터넷을 기반으로 하는 디지털거래가 바탕이 되는 경제를 말한다.[99] 디지털경제는 다음과 같은 특성을 갖는다.[100] 첫째, 무형성과 이동성이다. 디지털경제에서는 기업과 고객이 만나는 장소가 물리적으로 고정된 장소가 아니라 온라인이라는 가상의 공간이다. 종래의 물리적 시설과 같은 가시적인 생산요소보다는 기술, 노하우 등 비가시적인 무형자산이 가치 창출의 큰 부분을 차지한

---

93) OECD Committee on Fiscal Affairs, op. cit., p. 3.

94) 이경근, "집합투자기구(CIV)와 역외소득탈루", 조세학술논집 제27집 제1호, 한국국제조세협회, 2011. 2., 9면.

95) 이와 같이 집합투자는 집단성, 간접성, 수동성의 특징을 가지는데, 공동투자를 통한 비용절감, 전문가에 의한 운용, 광범위한 분산투자를 통한 위험분산 등의 장점으로 인해 투자자의 투자전략을 충족시켜주는 효율적 수단으로 기능할 뿐 아니라 자금제공자와 자금수요자를 연결시켜주는 금융중개, 나아가 연금저축에 있어서 주요한 기능을 수행하고 있다(손영철, "소득세법상 집합투자기구 세제 해설", 세무사 제27권 제1호, 한국세무사회, 2009. 4., 155−156면).

96) 자본시장법 제6조 제5항.

97) 자본시장법 제9조 제18항 본문.

98) 디지털 거래는 크게 인터넷광고, 어플리케이션스토어, 온라인쇼핑, 클라우드컴퓨팅의 4가지로 구분할 수 있다. 인터넷광고는 다수 사용자 기반을 보유하거나 인터넷 트래픽이 많은 인터넷 플랫폼을 이용하여 잠재적인 소비자들에게 광고를 전달하는 것으로 검색광고와 디스플레이 광고가 있다(이지수 · 남태연, 앞의 논문, 137면).

99) OECD, *OECD Digital Economy Outlook 2015* (2015), p. 20.

100) 이지수 · 남태연, 앞의 논문, 140−142면.

다. 기업과 고객이 가상의 공간에서 정보를 이용하고 거래를 수행하는 것이므로 물리적 장소의 차원에서 볼 때 디지털경제는 이동성이 높다. 둘째, 데이터 활용 및 네트워크 효과이다. 정보통신기술의 발달로 기업이 고객, 사업활동에 관한 정보를 모아 활용하여 수익화하는 것이 가능하다. 다수의 사용자들이 인터넷을 활용함에 있어 일부 사용자들의 결정이 다른 사용자들이 누리는 혜택에 영향을 줄 수 있다. 셋째, 수익원천의 다양성이다. 디지털경제에서는 일반 대중에게 무료로 온라인서비스를 제공함으로써 사용자 기반을 확보하고 이를 토대로 광고 또는 선택 프리미엄서비스를 제공하여 수익을 창출하는 정보사용자와 비용지급자가 다른 이원적인 형태를 띤다. 또한, 과학기술과 지식의 발전에 따라 기술적 요소에 기반을 둔 다양한 형태의 혼성거래가 증가하고 있다. 이러한 혼성거래는 국가 간의 소득구분에 대한 세법규정의 차이를 이용하기 위하여 의도적으로 설계되기도 하여 그 증가현상은 더욱 심화될 것으로 예상된다.101) 디지털경제의 도래는 과학기술과 지식산업의 발전에 기반을 두고 무형재화의 거래가 가능하도록 하여 소득구분의 어려움을 가중시키고 있다. 또한 다른 형태의 혼성거래에도 그 이면에는 거래의 디지털적 요소가 영향을 미치는 경우가 많은데 이로 인한 원천징수세제의 적용상의 문제점이 계속 증가하고 있다.102) 특히 사용료소득의 범위가 넓어 규정되어 있어 특정의 혼성거래로 인한 소득이 사업소득인지, 인적용역소득인지, 사용료소득인지를 판단하는 것이 주로 문제가 되고 있다.

---

101) 둘 이상의 과세관할에서 세법상의 특정 단체나 금융상품의 취급이 상이하다는 점을 이용하여 과세결과상의 불일치를 야기하고 이로 인한 당사자들의 조세부담을 경감시키는 조세계획이 이용되고 있는데 이를 하이브리드 미스매치라고 한다. 이에 대한 자세한 내용은 이준봉, "하이브리드 미스매치의 해소와 관련된 국내세법상 대응방안에 관한 연구", 조세학술논집 제32집 제3호, 한국국제조세협회, 2016. 10. 참조.

102) 디지털경제는 원천징수세제만이 아니라 고정사업장세제에도 중대한 현실적 문제점을 야기하고 있다. 외국법인의 고정사업장이 존재하기 위해서는 국내에 외국법인의 물적 시설이 고정적으로 존재하여야 한다는 객관적 요건과 외국법인이 그 물적 시설을 사용할 권한을 갖거나 지배하여야 한다는 주관적 요건 및 그 물적 시설을 통해서 기업의 본질적이고 중요한 사업활동이 수행되어야 한다는 기능적 요건이 필요하다. 전통적 경제에서의 고정사업장세제에 관한 분쟁은 객관적 요건의 성립을 당연히 전제하고 기능적 요건 해당여부가 주로 다투어져 왔다. 그러나 디지털 경제의 도래는 전통적 경제의 디지털화된 부분과 나머지 부분을 분리할 수 없을 정도로 전통적 경제를 잠식하였고, 디지털 경제의 급속한 성장에 따라 외국법인이 국내에 고정된 사업장소를 두지 않고도 정상적인 사업활동을 영위하는 것이 가능하게 되면서 고정사업장의 객관적 요건 자체가 성립되지 않아 고정사업장세제의 적용이 불가능한 경우가 다수 발생하였다. 그 결과 고정사업장 세제는 디지털경제 하에서 그 역할이 현저히 축소되었고 원천지국의 세원 잠식 방지를 위하여 고정사업장 세제의 개편 필요성에 대한 논쟁이 촉발되었다.

다. 원천징수세제의 문제점

(1) 원천납세의무자 판정의 어려움

OECD 모델조약에서 집합투자기구 등 해외투자기구에 대한 취급방법을 별도로 정하고 있지 않으므로 해외투자기구에 대한 조세조약의 적용여부는 해외투자기구가 조세조약 체결국의 거주자인 인이며 또한 수익적 소유자에 해당하는지에 따라 결정된다. 만일 해외투자펀드에 대해서 조세조약이 적용되지 않는다면 원천징수의무자는 그 배후에 있는 최종 투자자에 대한 조세조약의 적용 여부도 같이 판단하여야 한다.

(가) 인 및 단체의 분류

먼저 해외투자기구가 OECD 모델조약상 인에 해당하는지 여부는 해외투자기구의 다양한 법적 형태에 따라 판단되어야 한다. OECD 모델조약은 인에 대하여 이를 협의로 해석할 것이 아니라 포괄적인 의미로 해석하여야 하고 조세목적상 법인으로 취급을 받는다면 재단이나 파트너십 역시 인에 해당할 수 있다고 보았다.[103] OECD에서는 조세조약상 인의 개념을 판단하는 기준으로 해외투자기구의 설립지국의 세법상의 취급을 제시하고 있다. 따라서 회사형 집합투자기구는 인에 해당한다고 판단되나 신탁형 집합투자기구가 인에 해당하는지는 설립국에서의 과세상의 취급에 따라 달라진다고 할 것이다. 신탁이 설정된 국가에서 납세자로 취급하는 경우 그러한 신탁은 인에 해당하는 것으로 보아야 하고[104] 인에 대한 포괄적 정의에 비추어 공동소유를 전제로 하는 계약관계에 해당하는 조합 내지 계약형 투자펀드도 인에 해당하는 것으로 볼 수 있다.[105]

해외투자기구를 인으로 보는 경우 그 투자기구가 조합인지, 법인인지를 구분하는 것은 중요하다. 해외투자기구인 유한책임파트너십을 조합으로 보아 소득세를 과세할 것인지, 아니면 법인으로 보아 법인세를 과세할 것인지에 대해 판례는 그 단체가 국내의 어느 단체와 사법적 성질이 유사한지에 따라 판단하여야 한다고 하면서 미국의 유한파트너십은 구성원들과 독립된 별개의 권리 · 의무의 주체이므로 법인세법상 외국법인으로 보아 법인세를 과세하여야 하고 만일 외국법인으로 볼 수 없더라도 구성원들에게 이익을 분배하는 영리단체이므로 유한파트

---

103) OECD 모델조약 주석서 제3조.
104) 홍성훈 · 이은별 · 홍민옥, 국외투자기구 과세제도 국제비교 연구, 한국조세재정연구원, 2014, 35면.
105) OECD 모델조약 주석서 제3조 문단 2.

너십 자체를 하나의 비거주자나 거주자로 보아 소득세를 과세할 수 없다고 판시하였다.[106)]

(나) 수익적 소유자

OECD 모델조약은 배당소득, 이자소득 및 사용료 소득의 경우에는 조세조약의 적용요건으로 체약국의 거주자라는 요건 외에 수취자가 수익적 소유자이어야 한다는 요건을 요구한다. 그런데 해외투자기구에 대해서는 거주자요건 또는 수익적 소유자 요건 충족여부에 다툼의 여지가 있다. OECD 모델조약은 수익적 소유자에 대한 정의규정이 없으므로 체약국은 집합투자기구 등 해외투자기구에 대한 수익적 소유자 판정을 자국의 관련 법률에 근거하여 결정하게 된다. 일부 국가에서는 집합투자기구가 수익적 소유자에 해당하지 않는다는 입장을 취하고 있는데 집합투자기구에 관한 법률상 집합투자기구에 대한 투자자의 소유권은 집합투자기구가 투자한 기초자산에 대한 소유로 간주한다는 이유에서이다.[107)]

그러나 집합투자기구에 대한 투자는 다음과 같이 일반적인 직접 투자와는 다른 중대한 차이점이 존재하므로 수익적 소유자에 해당한다는 견해도 있다. 첫째, 집합투자기구는 다수의 투자자들의 공동투자로 소액투자자 개인으로서는 투자할 수 없는 큰 규모의 자산에 투자할 수 있어 그 자체로 독립단체의 성격을 가진다. 둘째, 집합투자기구 투자자들은 본인 소유의 증권을 매매할 권리는 있으나 집합투자기구의 기초자산에 대한 처분 권한은 없으므로 개별투자자의 집합투자기구 증권소유는 그 증권에 할당된 금액을 받을 권리이자 투자대상 자산에 대한 소유와는 분명히 구별된다. 셋째, 집합투자기구의 경우 기초자산을 관리하는 고유의 권한은 투자자들을 대신하여 집합투자기구 운용자에게 전적으로 있는 것이고 운용자의 투자자에 대한 이익분배의무가 운용자의 고유의 자산관리권한을 제한하는 것은 아니다. 넷째, 집합투자기구의 특성상 개별투자자별로 투자대상자산이나 소득구분을 추적하는 것은 사실상 불가능하여 투자자가 집합투자기구 지분을 환매하는 경우 집합투자기구 단계에서의 소득구분에 불문하고 세무상 양도소득으로 취급하고 있어 직접 투자와는 그 과세상 취급이 구별된다.[108)]

---

106) 대법원 2012. 1. 27. 선고 2010두5950 판결. 그 밖에 대법원 2013. 9. 26. 선고 2011두12917 판결, 대법원 2013. 7. 11. 선고 2011두4411 판결, 대법원 2012. 10. 25. 선고 2010두25466 판결 등도 외국법인의 판정기준을 제시한 대표적인 판결이다. 추가로 소득세와 법인세의 과세문제가 쟁점이 된 경우로는 대법원 2013. 7. 11. 선고 2010두20966 판결, 대법원 2013. 7. 11. 선고 2011두4411 판결 등을 들 수 있다.
107) 홍성훈 · 이은별 · 홍민옥, 앞의 책, 37면.

집합투자기구라고 하더라도 규제여부에 따라 수익적 소유자를 달리 파악해야 한다는 견해도 있다. 각기 다른 투자기구의 경제적 기능과 운용실태를 고려할 때 모든 투자기구를 일률적으로 수익적 소유자로 간주하는 것은 타당하지 않지만 적어도 해당국가의 감독법규의 규제를 받는 집합투자기구로서 투자자가 널리 분산되어 있고 자산운용사가 독자적인 재량권을 가지고 다양한 포트폴리오에 투자하는 외양을 갖춘 경우에는 투자자로부터 독립된 경제적 주체로서의 기능이 존재하므로 수익적 소유자로 볼 충분한 근거가 있다는 것이다.[109] 2010년 OECD 재무위원회는 이러한 점에 착안하여 일정한 범위 내의 집합투자기구에 한하여 거주자 및 수익적 소유자로 간주할 것을 제안하는 보고서(이하 'CIV 보고서')를 발간하였으며 이에 따라 OECD 모델조약 제1조 주석을 2010년 개정하였다. CIV 보고서 및 OECD 모델조약 주석서는 집합투자기구를 투자자가 널리 분산되어 있으며 다양한 포트폴리오의 증권에 투자하는 펀드로서 설립지 국가의 투자자보호법규의 적용을 받는 경우라고 정의함으로써 제한적인 범위의 집합투자기구를 논의의 대상으로 삼고 있으며 이러한 집합투자기구의 경우 자산운용사가 투자자들의 이익을 위해 자산을 관리할 독자적인 재량권을 보유하고 있다는 조건이 충족된 경우에 한하여 수익적 소유자로 보자고 제안하고 있다.[110] 한편, 우리나라 대법원은 명의와 실질의 괴리와 조세회피 목적의 존재를 근거로 실질귀속자의 지위를 부인할 수 있다는 전제[111]에서 구체적 사실 관계 등에 따라 외국단체의 수익적소유자의 지위를 인정하거나 부정하고 있다.[112]

(다) 거주자

해외투자기구가 체약국의 거주자에 해당하는지 여부는 OECD 모델조약 제4조에서 정의하는 바와 같이 체약국에서의 포괄적 납세의무를 부담하는지에 따라 결정된다. OECD 모델조약 주석서에 따르면 납세의무를 판정함에 있어 체약국의 세법에 의해 반드시 조세가 부과될 필요가 없는 것이라고 해석하고 있으며 집합

---

108) 홍성훈 · 이은별 · 홍민옥, 앞의 책, 38면.
109) 이미현, 앞의 논문, 158면.
110) OECD 모델조약 주석서 제1조 문단 6.14.
111) 대법원 2012. 1. 19. 선고 2008두8499 전원합의체 판결.
112) 외국단체의 실질귀속자 지위가 인정된 경우로서 대법원 2017. 4. 28. 선고 2017두32135 판결, 대법원 2016. 7. 14. 선고 2015두2451 판결, 대법원 2014. 9. 4. 선고 2012두1747, 1754 판결, 대법원 2014. 7. 10. 선고 2012두16466 판결이 대표적이다. 부정된 경우로서는 대법원 2015. 8. 19. 선고 2014두40166 판결, 대법원 2012. 4. 26. 선고 2010두11948 판결, 대법원 2012. 1. 27. 선고 2010두5950 판결 등을 들 수 있다.

투자기구에 대한 조세중립성을 실현시키는 구체적인 방식에 따라 거주자에 대한 판정이 달라질 수 있다고 본다.[113] 집합투자기구에 대한 과세는 크게 투과체와 불투과체로 취급하는 방법으로 구분되는데 설립국에서 투과체로 취급되는 집합투자기구는 납세의무가 없어 거주자로 판정하기 어렵지만 특정 조건하에서 소득면제를 받는 경우와 배당지급공제 및 경감세율 적용 등에 의해 조세를 감면받는 경우에는 포괄적 납세의무가 있는 것으로 보아 거주자로 판정될 수 있다고 한다.[114]

(라) 투자자단계에서의 적용문제

해외투자기구가 조세조약상 수익적 소유자에 해당하지 않거나 수익적 소유자에 해당하는 경우라도 그 투자기구의 거주지국과 원천지국 간에 조세조약이 체결되어 있지 않은 경우 해당 해외투자기구의 투자자들이 자신의 거주지국과 소득의 원천지국간의 조세조약을 적용할 수 있는지의 문제가 발생한다.

우리나라가 체결한 조세조약에서는 조세조약 적용을 위한 일반 요건들을 규정하고 있으나 투자기구의 투자자들에 대하여 조세조약의 적용 여부에 대한 구체적인 방안을 규정하고 있지 않다. OECD 모델조약에서도 투자기구와 그 투자자들에 대한 구체적인 적용방안은 마련되어 있지 않다. 다만, OECD 모델조약 주석서에서는 파트너십 또는 집합투자기구가 조세조약 혜택을 적용받지 못하는 경우 적격투자자는 본인의 거주지국과 소득의 원천지국간의 조세조약을 적용받을 수 있다고 하고 있다.[115]

최근 우리나라 대부분의 판례들은 조세조약의 적용에 있어 해외투자기구 단계에서 실질귀속자 여부를 판단하고 해외투자기구가 실질귀속자가 아니거나 조세조약 체결국의 거주자가 아닌 경우 그 투자기구의 투자자들이 조세조약을 적용받을 수 있는지 여부에 대해서는 별도로 판시하고 있지 않다. 다만 미국의 투과과세단체인 LLC를 주식양도소득의 실질적 귀속자로 판단하면서도 해당 LLC의 구성원이 미국에서 납세의무를 부담하는 범위에서 한·미 조세조약을 적용해야 한다는 판결이 있다.[116] 이는 해외투자기구의 투자자의 거주자성을 가지고 와 그 해외투자기구에 대해 가분적으로 조세조약을 적용한 사례로서 의미가 있는데 위

113) OECD 모델조약 주석서 제4조 문단 8.6.
114) 홍성훈·이은별·홍민옥, 앞의 책, 36면.
115) OECD 모델조약 주석서 제4조 문단 8.8.
116) 대법원 2014. 6. 26. 선고 2012두11836 판결.

판결은 한·미 조세조약의 다소 특이한 규정[117])에 근거하고 있다. 동일한 맥락에서 독일 투과과세단체인 유한합자회사를 배당소득의 실질귀속자로 보면서도 위 단체가 얻은 소득에 대해 독일에서 포괄적인 납세의무를 부담하는 범위에서는 조세조약상 독일의 거주자에 해당하여 한·독 조세조약의 적용을 받을 수 있다고 한 대법원 판결이 있다.[118]) 미국의 LLC 사안과는 달리 별다른 근거규정이 없음에도 해석론으로 독일 투과과세단체의 거주자성을 가분적으로 인정하였다는 점이 주목된다. 해외투자기구와 그 투자자가 모두 독일 거주자라는 점에서 서로 다른 국가에 소재하는 해외투자기구와 투자자의 경우에도 적용될 수 있는지에 대한 불확실성이 여전히 존재한다.[119])

(2) 국내원천 소득구분의 어려움

(가) 사업소득과 사용료소득

사업소득과 사용료소득의 구분문제는 디지털거래에서 다투어지는 경우가 많다. 디지털거래 대가의 소득구분 문제는 국내세법과 조세조약이 사용료소득과 사업소득에 대하여 과세방식과 세율의 적용을 달리할 때 의미가 있다. 주로 유형 소프트웨어의 구매와 무형 소프트웨어의 다운로드가 문제가 된다. 기술이 고도화되면서 그 기술이 담긴 소프트웨어의 도입대가의 소득구분을 어떻게 파악하여야 하는지의 쟁점이 되는데 OECD는 구매자가 소프트웨어가 저장된 CD나 DVD를 구매하여 개인적인 용도로 사용한 경우에 판매자가 얻는 소득을 사업소득[120])으로 분류하고 있다. 소프트웨어가 저장된 CD나 DVD의 구매는 일반적인 유형 제품의 구매와 다를 바가 없기 때문이다. 구매자가 소프트웨어를 개인 하드디스크나 유사한 장치에 복사하는 것 또한 동일하게 취급하고 있다. 다수의 국가들은 OECD의 입장에 따르고 있다. 다만, OECD는 구매자가 개인적 사용 또는 제3자에게 판매할 목적으로 소프트웨어를 수정·복제할 권리를 법적으로 취득하였을

---

117) 한·미 조세조약 제3조 제1항 (b)호는 미국의 거주자라 함은 다음의 것을 의미한다고 하면서 (i)목에서 미국법인을, (ii)목에서 미국의 조세목적상 미국에 거주하는 기타의 인, 다만, 조합원 또는 수탁자로서 행동하는 인의 경우에 그러한 인에 의하여 발생되는 소득은 거주자의 소득으로서 미국의 조세에 따라야 하는 범위에 한한다고 규정하고 있다.

118) 대법원 2015. 3. 26. 선고 2013두7711 판결.

119) 다만 이에 대해서는 주식양도소득의 실질귀속자로 인정된 버뮤다의 유한파트너십에 대해 위 유한파트너십의 최종 투자자의 거주지국과 우리나라 사이에 체결된 조세조약이 적용될 수 없다고 판단한 대법원 2017. 7. 11. 선고 2015두55134, 55141 판결이 있는데, 버뮤다와는 조세조약이 체결되어 있지 않다는 점에서 위 경우와 차이가 있다.

120) OECD 모델조약 주석서 제12조 문단 14.2 참조.

경우, 판매자가 얻는 소득을 사용료소득으로 구분한다.[121] 온라인 다운로드의 경우 거래의 양상이 유형 제품의 구매와 달라 보이기 때문에 소득의 구분에 대한 논란이 생길 수 있다. 그러나 기술적 차이가 있더라도 거래의 본질이 변하는 것은 아니므로 온라인 다운로드 구매는 유형 소프트웨어의 구매와 동일하게 취급해야 한다는 의견이 일반적이다. OECD의 컴퓨터 소프트웨어에 대하여 제시된 견해는 다른 종류의 디지털 콘텐츠에도 확장하여 사용할 수 있다. 다양한 국가들이 일회성 제공 콘텐츠, 지속적 접근권한이 주어지는 콘텐츠 모두에 이러한 입장을 점진적으로 적용하고 있다. 이러한 점에서 디지털거래 소득을 사용료소득으로 구분하기에는 무리가 있다고 판단된다.[122]

(나) 사용료소득과 인적용역소득

이에 대한 전통적 판정기준은 재산의 제공과 노무의 제공의 구별이다. 지적재산권이나 노하우 같은 재산을 제공하는 대가라면 사용료소득이고 인적 용역 내지 노무를 제공하는 대가라면 인적용역소득이 된다.[123] 특정의 용역이 사용료소득에 해당하는지, 인적용역소득에 해당하는지에 관하여 OECD 모델조약 주석서는 노하우 사용계약은 산업상·상업상·과학상의 지식 경험 등에 관한 정보를 상대방에게 제공하면서 기밀유지에 관한 조항을 포함하여 계약을 체결하고 노하우 제공자는 현존 정보의 제공 또는 현존하는 물질의 재생산에 관한 정보 제공 외에는 다른 특별한 역할을 수행하지 않는 반면 인적용역계약은 인적용역제공자 자신의 지식·기술·전문지식이 사용될 수 있으나 이들을 상대방에게 이전하지는 않고 인적용역제공자는 용역제공과정에서 임금 기타 비용이 소요된다고 보고 있다.[124] 법인세법 기본통칙은 비밀보호규정이 있거나 제3자에게 공개되지 못하게 하는 특별한 장치가 있는지 여부, 기술용역제공대가가 해당 용역 수행에 투입되는 비용에 통상이윤을 가산한 금액을 상당히 초과하는지 여부, 사용자가 제공된 정보 또는 노하우를 적용함에 있어서 제공자가 특별한 역할을 수행하도록 요구되는지 또는 제공자가 그 적용결과를 보증하는지 여부에 따라 노하우 해당여부를 판단한다고 규정하고 있다.[125]

---

121) Lee · Yoon, op. cit., p. 252.
122) 그럼에도 불구하고 소프트웨어 거래로부터 창출되는 소득의 원천지국 과세에 관심이 있는 국가들은 여전히 관련 소득의 대부분을 사용료소득으로 분류하여 원천징수를 시도할 가능성이 높다는 점에 유의해야 한다.
123) 이창희, 앞의 책, 565면.
124) OECD 모델조약 주석서 제12조 문단 11.3.

(다) 대법원 판례

우리나라에서는 주로 사용료소득과 사업소득의 구분, 그리고 사용료소득과 인적용역소득의 구분이 문제되고 있다. 전자에 관한 것으로 소프트웨어의 도입대가가 사용료소득인지 아니면 사업소득인지가 쟁점이 된 사안에서, 대법원은 내국법인이 외국법인으로부터 도입한 소프트웨어의 기능과 도입가격, 특약내용 등에 비추어 그 소프트웨어의 도입이 단순히 상품을 수입한 것이 아니라 노하우 또는 그 기술을 도입한 것이라면 그 기술도입 대가를 그 외국법인의 국내원천소득인 사용료소득으로 보고 원천징수의무자인 내국법인에 대하여 법인세를 징수할 수 있지만 당해 소프트웨어는 범용소프트웨어로서 외국의 공급업자가 스스로 소프트웨어를 복제한 후 내국법인이 이를 복제판매권 등을 수여받지 아니한 채 수입하여 판매한 상품에 불과하여 이를 노하우의 전수라고 보기 어렵다는 이유로 그 도입대가를 사용료 소득이 아니라 사업소득으로 보았다.126)

후자에 관하여는 독일법인이 내국법인과 제철소 설비구매계약을 체결하여 플랜트공사를 위한 설비공급, 설계 등 용역을 제공하기로 한 후 내국법인이 독일법인에 설계대금을 지급하면서 한 · 독 조세조약 제12조 제2호 나목의 사용료소득에 해당한다고 보아 법인세를 원천징수하고 이를 납부하였는데 독일법인이 과세관청에 설계대금은 사용료소득이 아니라 인적용역의 제공에 따른 소득으로서 원천징수할 수 없다는 이유로 법인세 경정청구를 하였으나 과세관청이 거부한 사안에서, 대법원은 국내에 고정사업장이 없는 독일법인이 지급받은 설계대금은 인적용역의 대가로서 한 · 독 조세조약 제7조에 의하여 국내에서 원천납세의무가 없다고 판단하였다.127) 그 밖에 국제공인자격시험의 시험문제 및 시험실시에 필요한 소프트웨어의 사용대가의 소득구분128) 등도 문제가 되었다.

한편, 우리나라에서는 사용료소득의 원천지에 대하여 사용지주의와 지급지

---

125) 법인세법 기본통칙 93－132…7.

126) 대법원 1997. 12. 12. 선고 97누4005 판결. 그 밖에 사업소득과 사용료소득이 문제된 사건으로는 대법원 2008. 1. 18. 선고 2005두16475 판결, 대법원 1995. 4. 11. 선고 94누15653 판결이 있는데 전자의 경우에는 사업소득으로, 후자의 경우에는 사용료 소득으로 판단되었다.

127) 대법원 2015. 6. 24. 선고 2015두950 판결. 그밖에 인적용역소득과 사용료소득이 문제된 사건으로는 대법원 1989. 5. 9. 선고 87누1050 판결, 대법원 1987. 3. 10. 선고 86누225 판결, 대법원 1991. 7. 23. 선고 90누6088 판결이 있는데 첫째, 둘째 판결에서는 인적용역소득으로, 셋째 판결에서는 사용료소득으로 인정되었다.

128) 대법원 2010. 1. 28. 선고 2007두7574 판결. 그 외에 대법원 2012. 10. 11. 선고 2010두20164 판결, 대법원 2015. 12. 23. 선고 2015두50085 판결에서도 소득구분이 문제되었다.

주의를 함께 사용하되 조세조약에서 사용지를 기준으로 하여 소득의 국내원천소득 여부를 규정한 경우 국외에서 사용된 권리 등에 대한 대가는 국내에서 지급되더라도 국내원천소득으로 보지 아니 한다[129)]고 하면서 특허권 등 권리를 행사하기 위해 등록이 필요한 권리는 해당 특허권 등이 국외에서 등록되고 국내에서 제조·판매 등에 사용된 경우에는 국내 등록여부와 관계없이 국내에서 사용된 것으로 본다고 규정하고 있다.[130)] 이에 대하여 미국법인이 지급받은 국내 미등록 특허권의 사용대가가 국내원천소득에 해당하는지 여부가 쟁점이 된 사안에서 대법원은 국제조세조정에 관한 법률 제28조에 따라 한·미 조세조약을 국내법에 우선하여 적용하여야 하고, 한·미 조세조약의 사용지주의의 해석상 특허권이 등록된 국가 외에서는 특허권의 침해가 발생할 수 없어 이를 사용하거나 그 사용대가를 지급한다는 것은 관념할 수 없어 미국법인이 국외에 등록하였을 뿐 국내에는 등록하지 아니한 경우에는 미국법인이 그와 관련하여 지급받은 소득은 그 사용대가가 될 수 없으므로 국내원천소득으로 볼 수 없다고 판단하였다.[131)]

Ⅳ. 원천징수의무자의 부담완화 필요성과 개선방안

1. 논점의 정리

가. 부담완화의 필요성

대부분의 국가들은 국제거래에서도 국내거래와 마찬가지로 원천징수의무의 미이행의 책임을 원천징수의무자에게 전적으로 부과하고 있다. 앞서 본 바와 같이 국제거래의 경우 원천징수의무자가 원천징수 대상소득의 구분과 원천지 및 원천납세의무자의 지위에 대한 과세정보를 입수하고 이를 판단하여 제대로 원천징수를 하는 것이 매우 어렵다. 원천징수의무자는 관련 정보 수집에 상당한 노력을 기울여야 하고 적절한 절차에 따라 수집된 정보에 근거하여 관련 사실과 정황을 파악하여야 하며 한 달 남짓의 단기간 내에 국내법 및 조세조약에 대한 자신의 해석에 근거하여 원천징수의 여부와 정도에 대해 최선의 판단을 내려야 한다.[132)] 예컨대, 원천징수의무자가 사용료소득을 지급하는 경우에 그 지급일이 속

---

129) 소득세법 제119조 제10호, 법인세법 제93조 제8호.
130) 소득세법 제119조 제10호, 법인세법 제93조 제8호 단서 후문.
131) 대법원 2014. 11. 27. 선고 2012두18356 판결 등.

하는 달의 다음 달 10일까지 그 소득이 과연 사용료소득에 해당하는지, 그 소득의 원천지가 국내인지를 파악해야 하고 사용료소득의 실질적 귀속자 내지 수익적 소유자를 판정하여야 하며, 그 사용료소득의 수익적 소유자의 단체분류에 따라 법인세를 원천징수할 것인지, 아니면 소득세를 원천징수할 것인지를 판단하여야 한다. 사용료소득에 대한 원천징수세율과 원천지를 제한하는 조세조약이 있다면 그 조세조약이 국내세법에 우선하는지, 그 수익적 소유자가 조세조약의 적용을 받는 거주자에 해당하는지도 판단하여야 한다. 사용료소득의 수취자가 계열회사라고 하더라도 계열회사의 투자구조 등 구체적인 정보를 파악하는 것이 쉽지만은 않다. 특수관계가 없는 경우라면 더욱 문제가 심각해 질 수 있다. 특히 집합투자기구 거래에서는 수익적 소유자와 단체 분류 및 거주자성의 문제를 야기하는 외국단체가 관여하는 복잡한 구조를 취하는 경우가 많고, 디지털 거래에서는 눈에 보이지 않는 무형자산이 거래된다는 점에서 더욱더 원천징수의 어려움이 가중된다. 이러한 상황들은 특정의 조세조약의 적용 여부를 판가름 지으므로 원천징수의무자들을 심각한 곤경에 빠뜨린다. 대부분의 국가들은 원천징수의무자들로 하여금 적정한 주의를 기울이게 하기 위하여 원천징수의무자에게 전적인 책임을 지웠고 이로 인하여 원천징수의무자들은 더욱 어려운 입장에 처하게 되었다. 이러한 사정으로 원천징수의무자는 명백히 조세조약을 적용해야 하는 경우가 아니라면 조금이라도 합리적인 의심이 있다면 조세조약의 적용을 배제하고 원천징수세율이 가장 높은 불리한 추정에 기반하여 원천징수하는 보수적인 입장을 취할 가능성이 높다.133) 만일 보수적인 입장에서 과도한 원천징수가 관행화되면 이는 국제거래의 예측가능성과 법적 안정성을 침해하여 종국적으로 원천지국에 대한 비거주자나 외국법인의 투자의 저해요인으로 작용하고 이는 장기적으로 원천지국의 국익에 반하는 결과를 초래한다. 특히 집합투자기구 거래에서는 투자활동에 대한 조세부담이 집합투자기구 지분의 매입과 판매가격을 결정하는 순자산가치의 계산에 중대한 영향을 주기 때문에 더욱 큰 영향을 받는다. 또한 만일 원천징수의무자가 합리적 판단에 의하여 원천징수의무 이행 여부를 결정하였는데, 과세관청에서 다른 입장을 취하여 원천징수의무자에게 거액의 세금을 징수한다면 반대급부 없이 다른 납세자의 의무를 공법상 대행하는 원천징수의무자

---

132) Lee · Yoon, op. cit., p. 244.
133) Ibid., p. 244.

에게 지나치게 가혹한 결과가 초래된다. 원천징수세제의 적용과정에서 발생하는
이러한 부작용을 줄이기 위해서는 원천징수의무자의 부담 완화의 필요성이 있는
바, 그 필요성에 대한 법적 논거를 토대로 복잡다단한 국제거래에서 발생하는 원
천징수의 문제점에 대한 제도적 개선방안을 강구하여 원천징수를 둘러싼 모호한
해석과 분쟁의 가능성을 낮추도록 하는 것이 바람직하다.

나. 부담완화의 근거
(1) 헌법상 비례의 원칙

과세관청은 원천징수세제를 통하여 아무런 대가 없이 소득금액의 지급자에
게 원천징수의무를 지우는바, 그 의무불이행이 발생하였다는 이유로 타인의 납세
의무를 이행하는 원천징수의무자에게 무조건적인 책임을 지우는 것이 헌법상 타
당한지에 대한 의문이 있다. 보다 구체적으로는 원천징수세제에서는 납세의무가
자동성립·확정되므로 원천징수의무자의 의무이행의 대상과 범위가 일의적으로
정해지도록 할 필요가 있는데, 그러한 조건에 전혀 부합하지 않는 경우에 원천징
수를 제대로 하지 못하였다는 이유로 그로스업 약정 등으로 원천납세의무자에
대하여 구상하기도 어려운 원천징수의무자에게 그 징수책임을 전적으로 지우는
것이 헌법상의 기본권에 위반되는지의 문제가 제기된다.

긍정설은 원천징수세제는 납세자보다는 징세권자의 편익에 지나치게 치우치
고 있고 세법상의 납세의무자가 아니어서 단순한 납세협력의무만을 부담하는 징
수의무자에 대하여 자신의 비용으로 상당한 사무부담을 아무런 대가 없이 수인
하도록 강요하는 제도이므로 헌법상 재산권 보장, 평등의 원칙 및 과잉금지의 원
칙에 위반된다는 견해이다.[134] 부정설은 소득의 종류나 특성을 고려하여 징수방
법이나 납세시기를 달리 정하는 것은 입법사항의 범위 내에 속하는 것이므로 원
천징수세제의 위헌성은 인정되지 않는다는 견해이다. 부정설이 일반적이고 대법
원도 원천징수세제를 조세징수의 편의를 도모하기 위한 것으로 그 자체로는 합
헌적 제도로 판단하고 있다.[135]

그러나 원천징수세제는 여전히 헌법상 비례의 원칙에 위반될 소지가 있다.
헌법 제37조 제2항의 비례의 원칙은 법치국가의 원리에서 당연히 파생되는 헌법

---

134) 이철송, "현행 원천징수제도의 문제점", 세무사 제23권 제2호, 한국세무사회, 2005. 8.; 김완석,
　　"원천징수제도의 위헌여부에 관한 고찰", 한국조세연구 제11권, 한국조세학회, 1996. 2. 참조.
135) 대법원 1989. 1. 17. 선고 87누551 판결.

상 기본원리로서 입법뿐만 아니라 행정·사법을 포함하는 모든 국가권력을 구속한다. 만일 원천징수세제에 의하여 타인의 납세의무의 이행을 위하여 아무런 보상 없이 원천징수의무자에게 원천징수의무를 지움으로써 사회적 비용이 오히려 커진다면 비례의 원칙에 어긋난다고 보아야 한다.[136] 또한 단순히 사회적 비용의 다과만이 아니라 원천징수의무가 납세의무에 비하여 지나치게 크거나 보호되는 범위가 협소하여 원천징수의무자가 희생하는 사익이 그로 인하여 도모되는 공익보다 부당하게 큰지 여부를 가지고도 판단되어야 하고,[137] 이에 반하는 경우에도 원천징수세제는 헌법상 비례의 원칙 위반에 어긋나 위헌이라고 보아야 한다. 이에 더하여 원천징수세제는 자동확정방식을 채택하고 있으므로 원천징수의 대상이 되는 소득이 일의적으로 명료할 뿐만 아니라 과세표준과 세액의 산정도 단순하고 용이해야 한다. 원천징수세제는 소득금액 등을 지급하는 경우에 당해 소득금액 등이 원천징수의 대상이 되는지 여부와 원천징수하여 납부할 세액이 얼마인지에 관하여 원천징수의무자, 원천납세의무자, 과세관청 사이에 다툼이 없을 정도의 명확성 및 단순성을 전제하고 있는 것이다.[138] 만일 그와 같은 전제가 달성되지 않는 경우에까지 원천징수의무를 지운다면 이 역시 비례의 원칙에 위반된다고 보아야 한다.[139] 뿐만 아니라 원천납세의무자의 납세의무가 헌법상의 의무인 반면 원천징수의무자의 납세의무는 공법상의 의무라는 점에 비추어 원천징수의무자의 납세의무는 원천납세의무자의 그것보다 완화되어야 하고 이점에서도 원천징수의무자의 징수의무는 그 적용범위에 일정한 제한이 있어야 할 것이다.[140] 나아가 세법이 과세관청에게 세무조사권 등 막강한 권한을 부여하고 있음에도 세수확보라는 이름으로 그 징수책임의 상당 부분을 원천징수의무자에게 떠넘기는 것은 사회적 효율이라는 이름으로 정당화되기 어렵다. 이러한 제반사정을 고려하여 원천징수세제는 헌법상 비례의 원칙에 위반되지 않도록 그 개정방안이 마련되어야 할 것이다.

(2) 외국의 입법례

일부 국가에서는 사후적으로 원천징수의무자의 책임을 감면하거나 사전적

---

136) 이창희, 앞의 책, 180면.
137) 강남규, 앞의 논문, 90–91면.
138) 김완석, 앞의 논문, 52면.
139) 임승순, 앞의 책, 466면.
140) 이철송, 앞의 논문, 42면; 강남규, 앞의 논문, 88–89면.

지침이나 면책규정을 두는 방식으로 원천징수의무자의 부담완화를 해 주고 있다. 구체적으로 첫째, 원천징수의무자가 원천납세의무자의 실상을 조사할 필요한 법적 지식이나 권리를 갖지 못한 경우 원천징수의무자의 부담이 과다하다고 판단되면 사후적으로 원천징수의무가 완화되거나 면제되는 국가가 있다. 폴란드에서는 원천납세의무자의 잘못으로 인한 책임을 원천징수의무자가 부담하지 않는다. 핀란드, 룩셈부르크, 뉴질랜드, 노르웨이 및 스웨덴에서는 원천징수의무자는 원천납세의무자가 제공하는 증서 또는 정보에 의존할 수 있는 권리가 있다.[141]

둘째, 사전적으로 원천징수의무자의 엄격한 책임을 경감시켜 주기 위하여 세이프 하버(safe harbor) 규정과 지침을 제공해 주는 경우가 있다.[142] 전자의 경우로서 특정 국가들은 원천납세의무자들로부터 수집할 정보의 범위를 구체화한다. 미국은 다양한 종류의 원천납세의무자들에 맞는 W-8BEN 형식, W-8IMY 형식, W-8EXP 형식 등 다양한 형식의 서류들[143]을 구비하고 있다. 후자의 경우로서 원천징수의무자들에게 조약 적용을 위한 사전 승인을 신청하는 것을 요구하고 있다. 대부분은 원천징수의무자가 원천납세의무자의 지위에 관한 서류들을 제출하도록 하고 있다. 영국은 승인이 지연되었을 경우 임시구제제도 명목 하에 임시적인 승인을 허가한다.

특히 미국은 비거주자의 국내원천소득에 대하여 이를 지급하는 자의 원천징수의무를 자세하게 규정하고 있는 데[144] 주목할 필요가 있다. 미국 재무부규칙은 원천징수의무자의 실질귀속자(beneficial owner) 확정의무의 구체적인 기준을 상세히 규정하고 있다.[145] 이를 원천징수의무자의 실사의무(due diligence obliga-

---

141) Lee · Yoon, op. cit., p. 234.

142) Ibid., p. 234.

143) W-8은 비거주자의 원천징수에 관한 양식으로 W-8BEN은 미국과 조세조약을 체결한 수익적 소유자(beneficiary)가 제출하는 양식이고, W-8IMY는 중개인(intermediary)의 지위에 있는 자가 제출하는 양식이며 W-8EXP는 면제(exemption)되는 국제기구나 다른 국가가 제출하는 양식이다.

144) IRC §1441.

145) The term beneficial owner means the person who is the owner of the income for tax purpose and who beneficially owns that income. A person shall be treated as the owner of the income to the extent that it is required under US tax principles to include the amount paid in gross income under section 61(···). Beneficial ownership of income is determined under the provisions of section 7701(I) and the regulations under that section and any other applicable general US tax principles, including principles governing the determination of whether a transaction is a conduit transaction ···(Reg. §1.1441-1(c)(6)).

tion)[146]라고 한다. 일반적으로 비거주자나 외국법인에 대한 소득을 통제(control), 수령(receipt), 보관(custody), 처분(disposal), 지급(payment)하는 자가 원천징수의 무자가 되며 도관회사도 마찬가지이다. 소득의 수취자는 원천징수의무자에게 자신의 신분과 지위를 증명할 수 있는 서류를 제공하도록 요구된다.[147] 이러한 서류를 원천징수 증명서라고 하는데 W−8 서식에 의한 경우에만 유효하다. 원천징수의무자는 소득의 지급전에 이러한 서류가 제공되지 않거나 소득의 수취자의 제한세율 주장 또는 미국인 지위 주장이 신뢰할 수 없거나 부정확하다는 사실을 알았거나 알만한 이유가 있는 경우에는 제한세율 등의 적용을 배제하고 세법상 기본세율을 적용할 수 있는데[148] 원천세, 이자, 가산세 추징의 위험을 피하기 위하여 소득 수취인이 미국인 또는 외국인 여부, 파트너십, 부동산, 신탁, 외국면세단체여부 등 관련사항을 추정하여 원천징수세액을 적용할 수 있다.[149] 이와 관련하여 동 규칙은 원천징수의무자가 실질귀속자 확정시 위와 같은 실사의무를 다했다고 볼 수 있는 요건으로서 원천징수의무자가 신뢰할 수 있는 서류의 구체적인 요건들에 대해 상세한 규정을 두고 있다.[150] 이때 '알만한 이유가 있는 경우'란 수취자가 제출하는 원천징수증명서나 기타 서류들에 포함된 관련 사실이나 진술들에 의할 때 원천징수의무자의 입장에서 합리적으로 신중한 자라면 그러한 주장에 의문을 제기할 수 있었음을 알만한 경우로 규정하고 있다.[151] 예를 들어 서식이 불완전한 경우, 서류의 정보가 일관적이지 않은 경우, 수취자가 기재한 주소가 그가 거주자로 주장하는 국가의 주소가 아닌 경우, 서류의 주소가 미국 주소인 경우, 수취자가 거주자라고 주장하는 국가의 지급계좌가 아닌 경우 등이다. 이 서식은 미국 국세청에 제출되지 않고 지급자에게 제공된다.[152] 특히 원천징수의무자가 일정한 금융기관인 경우에는 이러한 알만한 이유가 있는 경우의 해당 요건을 대폭 완화하는 규정을 두고 있다.[153]

---

146) Reg. §1.1441−1(a).
147) Reg. §1.1441−1(a), (b)(2), (b)(3).
148) Reg. §1.1441−1(b)(1), §1.1441−7(b)(1).
149) Reg. §1.1441−1(b)(3)(ix)(A).
150) Reg. §1.1441−1(b)(1), §1.1441−4~9.
151) Reg. §1.1441−1(b)(1), §1.1441−7(b)(2).
152) 김선영, "원천징수 절차에 대한 개선방안", 조세실무연구 2, 김·장 법률사무소, 2011, 284−285면.
153) Reg. §1.1441−1(b)(1), §1.1441−7(b)(3)~(9).

2. 원천징수의무자의 부담완화 규정 및 판례

가. 국외투자기구 규정

우리나라 법인세법은 국외투자기구의 투자자가 조세조약상 제한세율 또는 비과세·면제를 신청하는 방법을 규정하고 있다. 국내원천소득이 국외투자기구를 통하여 지급되는 경우에는 그 국외투자기구가 실질귀속자로부터 제한세율 적용신청서 또는 비과세면제신청서를 제출받아 그 명세서가 포함된 국외투자기구 신고서와 함께 소득의 지급자에게 제출하여 조세조약의 혜택 적용을 신청한다.154) 원천징수절차 특례제도는 2005. 12. 31. 신설되어 2006. 7. 1.부터 시행된 것으로서 고시지역이 말레이시아 라부안에 한정되어 그 지역의 거래상대방에게 일정한 대가를 지급하는 원천징수의무자의 실질귀속자 확정의무를 완화한 규정이다.155) 즉, 기획재정부장관이 고시하는 지역의 경우에는 소득의 지급자로 하여금 원칙적으로 국내세법의 세율을 우선 적용하여 원천징수를 하도록 하면서 그 소득의 실질귀속자가 조세조약을 적용받고자 하는 경우에는 이를 증명하는 서류를 갖추어 경정청구를 하도록 하였다. 외국법인에 대한 조세조약상 제한세율 적용을 위한 원천징수절차 특례제도는 2011. 12. 31. 신설되어 2012. 7. 1.부터 시행되었는데 실질귀속자에 대한 합리적인 의문이 있는 경우에는 일정한 절차에 따라 원칙적으로 국내세법에 따른 원천징수의무를 부과하여 원천징수의무자의 실질귀속자 확정에 따른 과중한 부담을 완화한 규정이다.156) 즉, 그 소득의 실질 귀속자인지 여부가 불분명한 경우에는 소득의 지급자로 하여금 조세조약에서 정한 제한세율이 아닌 국내세법의 세율을 적용하여 원천징수를 할 수 있도록 명문으로 규정하여 실질귀속자가 누구인지를 확정하여야 하는 부담을 덜어 주었다. 국외투자기구(overseas investment vehicle) 규정(이하 'OIV 규정')이라고 한다. 한편, 조세조약상 혜택을 적용받지 못한 실질귀속자는 국내원천소득에 대한 원천징수일이 속하는 달의 말일부터 5년 이내에 경정청구를 통해 조약혜택의 적용을 청구할 수 있다.157) 비과세면제 또는 제한세율 적용을 위해서는 체약상대방국가에서 발급하는 거주자증명서, 법인 또는 단체의 설립신고서 및 정관 사본, 이사회의

---

154) 법인세법 제98조의4 제2항, 소득세법 제156조의2 제2항.
155) 법인세법 제98조의5, 소득세법 제156조의4.
156) 법인세법 제98조의6 제2항, 소득세법 제156조의6 제2항.
157) 법인세법 제98조의4 제4항, 제98조의6 제4항.

구성원의 성명 및 주소, 주주 등의 인적사항 및 지분현황, 법인 또는 단체의 종업원 수 및 각 종업원별 업무분장, 투자와 관련된 경제적 또는 영업상 동기에 대한 설명서, 투자자금 조달방법, 소득 수령 후의 처분명세서 또는 그 계획서, 최근 3년 동안 체약상대국의 세무당국에 제출한 세무신고서 · 감사보고서 · 재무제표 및 부속서류 등을 제출하여야 한다.[158]

종전 대법원 판례는 외국파트너십의 납세주체성에 관하여 OECD 기준[159]과 입장을 달리하여[160] 조세조약이 없는 조세피난처에 설립된 유한파트너십을 수익적 소유자로 인정함으로써 동 펀드 투자자들에 대한 조세조약의 적용에 어려움이 있었는데, 우리나라 OIV 규정은 그에 대한 대응차원에서 마련된 측면이 있다. 위 규정은 OECD가 제시한 옵션 중에서도 집합투자기구의 거주자성이나 수익적 소유자성은 인정하지 않는 입장에 입각한 것으로 보이나 이 입장도 OECD에서 집합투자기구 취급에 관한 대안 중의 하나로 제시된 것이다.[161]

나. 대법원 판례

우리나라에서는 원천징수의무의 미이행에 정당한 사유가 있는 경우 가산세가 면제되나[162] 원천징수의무 그 자체를 면제하거나 완화하는 법적 규정은 별도로 없다. 다만, 우리나라에서는 일정한 경우에는 사후적으로 원천징수의무자의 징수책임 자체를 면제해 주는 판례법리가 형성되어 있다. 즉, 대법원은 국내원천소득을 지급하는 자가 거래 또는 소득금액의 지급과정에서 성실하게 조사하여 확보한 자료 등을 통해서도 실질적인 귀속자가 따로 있다는 사실을 알 수 없었던 경우에는 실질적인 귀속자를 기준으로 그 소득에 대한 법인세를 원천징수할 의무가 없다고 판시하였다.[163] 위 판결은 원천징수세제가 국가의 편익을 위하여 원천징수의무자에게 아무런 보상 없이 의무를 부과하는 점을 고려하여 성실한 원천징수의무자의 이행책임을 제한하였다는 점에서 의미가 크다.[164] 일부 국가들이

---

158) 법인세법 시행령 제138조의5 제1항, 소득세법 시행령 제207조의4 제1항.
159) OECD 모델조약 주석서 제4조 문단 8.8.
160) 대법원 2012. 1. 27. 선고 2010두5950 판결.
161) OECD 모델조약 주석서 제1조 문단 6.28.
162) 국세기본법 제48조 제1항.
163) 대법원 2013. 4. 11. 선고 2011두3159 판결. 다만, 위 판결에서 대법원은 원고가 주의의무를 성실하게 이행하지 않았으므로 원천징수의무가 있다고 판단하였다.
164) 백제흠, "외국법인의 국내원천소득에 대한 원천징수의무에 있어서의 실질과세원칙의 적용과 그 한계", 세법의 논점, 박영사, 2016, 315면.

원천징수의무자들을 가산세로부터 면제시키는 경우가 있지만, 원천징수의무 자체를 완전히 면제하는 경우는 흔하지 않다.

3. 원천징수세제의 개선방안

가. 현행제도의 평가와 개선방향

OIV 규정이 원천징수의무자의 실질귀속자 확정의무를 완화해 준 측면이 있으나 사전승인신청서의 첨부 자료가 방대하고 사전적 승인을 받기까지 시간이 많이 소요될 뿐만 아니라 여전히 모호한 지침들 때문에 결국 원천징수의무자는 조약적용에 관한 위험을 부담하게 되어 실효성에 의문이 있다.[165] 그리고 이는 절차적 측면에서 원천징수의무자가 밟아야 하는 절차를 규정한 것으로 문제가 되는 특정의 해외투자기구 등에 대한 수익적 소유자나 실질귀속자 판단기준 자체를 규정한 것은 아니므로 실체적인 측면에서의 예측가능성을 부여하지 못하고 있다. 또한, 원천징수의무자가 국내법에 따라 원천징수를 하고 소득의 수익자가 세액에 대하여는 환급을 요청하는 OIV 규정과 같은 방식은 원천납세의무자에 대한 재무적, 시간적 부담이 크므로 실제로 많이 사용되지는 않는다.[166] 그리고 원천징수의무자의 책임을 면제하는 법리를 제시한 대법원 판례도 소득의 지급자가 거래 또는 소득의 지급과정에서 성실하게 조사하여 확보한 자료 등을 통하여도 그 소득의 실질귀속자가 따로 있다는 사실을 알 수 없었던 경우에는 원천징수의무가 없다고 원천징수의무의 한계를 설정한 바 있으나 어느 정도 조사를 하여야 성실하게 조사를 한 것인지, 어느 정도의 사정이 있어야 실질귀속자가 따로 있다는 사실을 알 수 없었던 것으로 인정할 수 있는지 불분명하고 그러한 사실에 대한 입증책임을 누가 부담하는지도 명확하지 않다. 입증책임의 부담주체가 누구인지에 따라 실무에서는 책임면제의 결정적 요소가 될 수 있다. 이러한 사정 때문에 대법원의 판시에도 불구하고 구체적인 사안에서 원천징수의무자의 책임을 면제시킨 사례가 없다는 점도 아쉬움이 있다. 현행 원천징수세제에서 원천징수의무자의 부담완화를 위한 사전적 장치와 사후적 장치가 있지만 여전히 부족한 점이 많으므로 원천징수의무자의 부담을 완화할 현실적, 법률적 필요성이 존재한다. 그 기본방향은 원천징수의무자의 원천징수에 따르는 부담을 낮추어 주는 것으로

---

165) Lee · Yoon, op. cit., p. 244.
166) Ibid., p. 243.

크게는 사전적으로 원천징수세제의 기본요소의 명확한 정의, 원천징수의무자의 정보요구권의 도입, 사후적으로 일정한 요건을 충족하는 경우에는 책임을 면제하는 규정의 신설, 원천징수의무자의 책임면제사유에 대한 입증책임의 완화로 대별해 볼 수 있다.

나. 사전적 개선방안

(1) 실체적 측면: 원천징수 기본요소의 명확한 정의

국제거래에서 원천징수의무자는 관련 정보를 수집하여 소득의 실질귀속자를 확인하여 국내세법과 조세조약을 적용하는 등 쉽지 않은 업무를 수행하여야 하므로 원천징수 기본요소에 관한 정의가 구체적이고 명확하게 정의된다면 그 부담이 상당히 완화될 수 있다. 즉, 원천징수의무가 실용적이고 효율적으로 수행되기 위해서는 먼저 원천납세의무자와 원천징수 대상소득의 정의가 합리적이고 명확하게 내려져야 할 것이다. 국제거래에서의 원천징수는 외국단체가 원천납세의무자가 되므로 외국 단체에 대한 세법상의 지위를 명확하게 정의한다면 원천징수의무자의 부담이 경감될 수 있다. 또한, 해석상의 다툼이 생길 수 있는 소득구분이나 원천지에 대해서도 그 의미를 분명하게 하는 것이 필요하다. 국제거래에서 자주 등장하는 유한파트너십, LLC 등 외국단체에 대해서만이라도 우선 수익적 소유자의 해당 여부에 대해 직접 정의한다면 부담경감에 도움이 될 것이다. 특히 해외투자기구 거래와 관련하여 해외투자기구의 투자자들이 그 설립지국의 거주자들로 주로 구성되어 있거나 해외투자기구 설립지국에서 상장되어 공개시장에서 거래되거나 또는 해외투자기구에 대한 법적 규제가 존재하는 등의 경우에는 적극적으로 수익적 소유자로 보아 조세조약의 적용혜택을 부여하는 방법 등도 제시될 수 있다.[167] 또한, 사용료소득과 사업소득, 인적용역소득의 소득구분에 대한 실무상 다툼이 크므로 이에 대한 구체적인 가이드라인을 제시할 필요성이 있다. 특히 디지털 거래에서 발생하는 소득구분의 문제는 그 거래 규모와 세율 차이 등에 비추어 원천징수의무자에 대한 큰 부담으로 작용할 수 있다. 모든 거래를 명확하게 규정하는 것은 쉽지 않겠지만 혼선의 여지가 있는 거래에 대해서는 조세조약이나 국내세법의 개정을 통해서 이를 명확히 하여 납세자의 예측가능성과 법적 안정성을 보장하여야 할 것이다.

---

167) 홍성훈·이은별·홍민옥, 앞의 책, 45면.

(2) 절차적 측면: 정보요구권의 도입과 수집정보의 특정

우리나라의 경우 원천징수의무자에게는 거래 상대방인 원천납세의무자에 대한 정보요구권이 부여되어 있지 않다. 미국은 원천징수의무자가 원천납세의무자에게 필요한 서류를 요구할 수 있는 법적 근거를 규정하고 있다. 원천징수의무자는 이를 근거로 수익적 소유자 및 적용세율을 결정한다. 만일 이러한 자료가 제공되지 않거나 제공받은 서로의 신빙성이 보장되지 않는 경우에는 원천징수의무자는 최고세율을 적용하거나 추정규정(presumption rule)을 적용하여 원천징수의무를 이행한다. 우리나라의 경우에도 절차적인 측면에서 이러한 정보요구권의 도입이 필요하고, 그와 같은 권한이 명문으로 규정된다면 거래상대방에 대한 정보의 파악이 상대적으로 용이해질 것이다.

한편, 원천징수의무자가 거래 상대방에게 요구할 수 있는 정보의 범위도 특정할 필요가 있다. 무한정 많은 정보를 요구하는 것이 가능하다면 오히려 이는 또 다른 조사 부담으로 작용할 여지가 크다. OIV 규정도 제출서류의 범위를 정하고 있지만 그것만으로는 부족하고 중요한 특정서류를 제출하면 원천징수의무자의 책임이 감면되는 등의 내용을 같이 규정할 필요가 있다. 이러한 수집 정보의 범위 특정과 이에 따른 감면의 허여는 원천징수의무자로 하여금 법령에 정한 중요서류의 제출에 의하여 그 책임을 감면받을 수 있다는 점에서 세이프 하버 조항으로 기능할 수 있다.

다. 사후적 개선방안

(1) 실체적 측면: 면책 기준의 입법화

원천징수의무자가 그 의무를 성실하게 이행한 경우 그 과정에서 발생하는 법적 책임을 완화시켜주는 방안을 마련하고, 나아가 어떠한 경우에 그 의무이행이 성실하게 수행된 경우인지를 객관적 잣대에 의하여 판단할 수 있도록 해 줄 필요가 있다. 이러한 규정을 둔 국가들이 많지는 않지만[168] 적극 참조할 필요가 있다. 대법원은 원천징수의무자가 자신의 주의의무를 충분히 이행하였음에도 여전히 소득의 수익자가 누구인지를 알 수 없을 때 지급인의 원천징수의무가 완전히 면제될 수 있다고 판결하였으나[169] 이러한 판시는 추상적인 내용이어서 그 기

---

168) Lee · Yoon, op. cit., p. 259.
169) 대법원 2013. 4. 11. 선고 2011두3159 판결.

준을 구체화할 필요가 있고 나아가 보다 규범력을 가지기 위해서는 그 기준을 입법화하는 것이 바람직하다. 판례에 의하여 자신의 납세의무를 이행하지 않더라도 그 의미불이행에 정당한 사유가 있으면 가산세가 면제된다는 법리[170]가 등장하여 장기간 축적되면서 그 판시사항이 국세기본법[171]에 도입된 사례가 참고가 될 것이다. 나아가 원천징수의무자의 면책사유로 가산세 면제의 정당한 사유를 적극 고려할 필요가 있다. 원천징수의무자의 면책은 본세에 대한 책임을 덜어주는 것이므로 가산세 면제의 정당한 사유를 원용하기에는 적절하지 않다는 주장도 가능하지만 일반 가산세의 경우에도 통상 그 규모가 본세의 50%에 육박하여 그 면제의 경제적 효과가 상당하고 원천징수불이행의 경우 그 가산세의 한도가 10%이어서 정당한 사유가 있는 경우 실효적인 추가 면책 부여의 필요성이 있다는 점, 원천징수의무자의 본세 책임은 자신의 납세의무가 아니라 타인의 납세의무라는 점, 실무상 가산세 면제의 정당한 사유가 제한적으로 인정되는 점 등을 고려하면 가산세 면제의 정당한 사유를 원천징수의무자의 면책사유로 그대로 가져오는 것도 적극 검토할 필요가 있다. 가산세 면제의 정당한 사유란 납세의무자가 그 의무를 알지 못한 것이 무리가 아니었다고 할 수 있어서 그를 정당시 할 수 있는 사정이 있을 때 또는 그 의무이행을 당사자에게 기대하는 것이 무리라고 하는 사정이 있을 때 등을 의미하는데[172] 가산세 면제의 정당한 사유의 유형 중 원천징수의무자의 면책사유와 관련하여 대표적으로 고려될 수 있는 것이 세법 해석상의 의의와 과세관청의 언동에 대한 신뢰, 조세전문가에 의견에 대한 신뢰이다.[173] 단순한 법률의 무지나 오해를 넘어서 세법 해석상의 다툼이 있는 경우[174]나 과세관청의 질의회신이나 선행행위 등 과세관청의 언동이 있는 경우[175] 및 조세전문가의 합리적 의견이 있는 경우[176] 등에는 가산세 면제의 정당한 사유를 인

170) 대법원 1976. 9. 14. 선고 75누255 판결. 이 판결은 법인세법에 규정된 영수보고서 제출의무를 해태함에 있어서 그 보고의무자에게 정당한 사유가 있다고 인정되는 경우에는 가산세를 부과할 수 없다고 판시하였다.
171) 국세기본법 제48조 제1항.
172) 대법원 1976. 9. 14. 선고 75누255 판결.
173) 자세한 내용은 백제흠, "가산세 면제의 정당한 사유와 세법의 해석", 특별법연구 제8권, 사법발전재단, 2006 참조.
174) 대법원 1992. 10. 23. 선고 92누2936 판결, 대법원 2002. 8. 23. 선고 2002두66 판결, 대법원 2005. 1. 27. 선고 2003두13632 판결 등.
175) 대법원 1995. 11. 14. 선고 95누10181 판결, 대법원 1987. 4. 28. 선고 85누419 판결, 대법원 1989. 10. 27. 선고 88누2830 판결, 대법원 1989. 4. 25. 선고 88누4218 판결 등.
176) 대법원 2002. 8. 23. 선고 2002두66 판결. 위 판결에서는 세법의 해석에 관하여 조세전문가로부

정하고 있는바, 원천징수의무자의 징수의무이행의 미이행에 관하여도 그러한 사정은 면책사유로 작용할 수 있을 것이다.

한편, 원천징수의무자의 주의의무의 정도와 범위도 구체적으로 설정하는 것이 바람직하다. 대법원 판례상의 원천징수의무자의 주의의무를 일반적인 민사법상의 경과실로 이해한다면 구체적인 사안에서 원천징수의무자의 주의의무가 인정되지 않는 경우를 찾기 어려울 것이다. 대법원은 부가가치세법상 위장사업자로부터 세금계산서를 발급받았더라도 그 사실을 알지 못하였고 이에 대해 과실이 없는 선의의 거래당사자는 매입세액 공제를 받는다고 판시[177]하고 있는바, 여기서의 과실은 상대방이 거래적격자에 해당하는지 여부를 판단하기 위한 기초 자료를 수집하는 과정에서 밝혀진 사실관계를 기초로 할 때 위장사업자라고 의심할 만한 충분한 사정이 있는 경우에 과실이 있는 것으로 보고 있다.[178] 원천징수의무자의 주의의무의 범위를 설정함에 있어 중요한 지침이 될 수 있을 것이다. 이러한 사후적 판단기준이 도입되면 원천징수의무자가 사전에 어떻게 주의의무를 기울이면 그 책임을 면할지에 대한 사전적 지침을 제공할 수 있다.

(2) 절차적 측면: 증명책임의 완화

원천징수의무자가 실질귀속자가 누구인지를 알았거나 알 수 있었다는 적극적 사실에 대한 증명책임이 과세관청에 있다는 견해와 원천징수의무자에게 실질귀속자 확정의무가 있다는 긍정설을 취하는 한 그러한 사정의 부존재의 증명책임은 원고가 부담한다는 견해가 있다. 원천징수의무에 대한 실질과세원칙의 적용에 관하여 절충설을 취하는 입장에서는 원칙적으로 과세관청이 증명책임을 부담하되 원천징수의무자에게 실질귀속자를 기준으로 원천징수의무를 부담시킬 예외적인 사정에 대해 과세관청이 입증하면 그 증명책임은 원천징수의무자에게로 넘어간다는 견해로 이어질 수 있다. 이와 관련하여 앞서 본 부가가치세법상 위장사업자의 해당여부에 관한 증명책임이 문제되는 사안에서 판례는 사실과 다른 세금계산서의 경우 공급받는 자가 사실과 다르다는 점을 알지 못하였고 그에 대한 과실이 없다는 등의 특별한 사정이 없는 한 그 매입세액을 공제 내지 환급 받을

터 자문과 세무조정을 받은 사정을 정당한 사유 판단의 하나의 근거로 들고 있다.

177) 대법원 1997. 6. 27. 선고 97누4920 판결, 대법원 1987. 9. 22. 선고 87누252 판결.
178) 안병욱, "사실과 다르게 기재된 세금계산서에 의한 매입세액 공제 여부", 재판자료 제108집, 법원도서관, 2005, 425-428면; 대법원 1997. 9. 30. 선고 97누7660 판결, 서울행정법원 2009. 1. 22. 선고 2008구합12283 판결.

수 없다고 하면서 공급받는 자가 위와 같은 명의위장사실을 알지 못한 데에 대한 과실이 없다는 점은 매입세액의 공제 내지 환급을 주장하는 자가 이를 증명해야 한다고 판시한 바 있다. 부가가치세의 경우에는 납세의무자가 자신의 납세의무를 면하기 위하여 증명책임을 부담하는 경우이고 세금계산서 수수를 통한 거래질서의 확립필요성이 있어 그 증명책임을 엄격하게 유지할 필요성이 있지만 원천징수의무자의 경우에는 공무수탁사인으로서 원천납세의무자의 납세의무를 대신 이행하고 있고 정보요구권이 없는 상태에서 과실이 없다는 소극적 사실을 증명하는 것은 사실상 매우 어려운 점, 증명책임을 원천징수의무자의 실질귀속자 확정의무와 반드시 연계하여 볼 것은 아니라는 점 등을 고려하면 과세관청에게 그 증명책임을 부담시키는 것이 타당하다. 만일 예외적으로 원천징수의무자에게 그 증명책임을 부담시켜야 한다고 하더라도 원천징수의무자가 실질귀속자를 기준으로 원천징수의무를 이행하여야 하는 특별한 사정에 대해서는 여전히 과세관청이 이를 부담한다고 해석하여야 할 것이다. 원천징수의무 미이행의 가산세가 다른 가산세와는 달리 본세의 10%에서 그 한도가 설정되어 있는 점을 고려하면 그와 같은 해석이 일관되고 합리적이다. 이러한 증명책임을 해석론에 의하여 도출하는 것이 무리가 있다면 입법적인 보완도 검토할 필요가 있다.

V. 결 론

원천징수세제의 기능과 법적 성격 및 기본요소를 살펴보고 국제거래에서의 원천징수세제의 문제점을 위 기본요소에 따라 검토하였다. 원천징수는 과세관청의 관점에서 세금 징수 업무가 용이하다는 전제에서 소득금액을 지급하는 원천징수의무자에게 아무런 대가 없이 자신의 업무를 아웃소싱한 것이다. 국내거래에서의 원천징수는 일견 그와 같은 전제가 성립한다고 할 것이지만 국제거래에서는 원천징수대상거래의 특수성 및 적용법률의 특수성으로 원천징수의무자는 그 의무이행에 많은 어려움이 있다. 특히 근자에 들어 해외투자기구거래와 혼성거래의 증가로 인해 그 부담은 더욱 가중되고 있다. 원천징수의무자가 자신의 납세의무가 아님에도 과세관청의 업무를 위탁받아 수행하는 것이기 때문에 그 징수의무의 부담을 덜어 주는 것이 필요하다. 그 근거는 원천징수의무의 헌법상 비례의 원칙과 외국의 입법례에서 찾아 볼 수 있다. 이를 위해서는 원천징수의무의 이행과 관련하여 판단과 해석상의 다툼이 있는 용어는 명확하게 정의되어야 하고, 이를 위해 과세관청의 분명한 가이드라인이 제시될 필요가 있다. 나아가 거래 당사자에 대한 정보요구권를 도입하고 수집을 해야 할 정보의 범위를 특정하여 원천징수의무자의 의무이행의 부담을 덜어 주는 것이 바람직하다. 그리고 신의성실에 따라 원천징수의무를 이행한 원천징수의무자에 대한 과세책임을 감면해주는 것도 요청되는바, 가산세 면제의 정당한 사유를 면책사유 판단기준의 설정에 적극 고려할 필요가 있다. 나아가 절차적인 측면에서 원천징수의무자의 면책사유에 대한 증명책임을 완화해 주어야 할 것이다. 원천징수의무자의 부담완화는 원천징수의무자로 하여금 합리적 판단에 의하여 원천징수의무 이행을 할 수 있도록 하여 결국 국제거래의 예측가능성과 법적 안정성을 보장해 주어 국제거래에서의 우리나라 과세행정의 신뢰성을 제고해 주고 그에 따라 외국인 투자 등도 활성화시킴으로써 국익에도 큰 도움이 될 것으로 판단된다.

2

법인세법 · 국제조세조정에 관한 법률

법인세법상 '실질적 관리장소'의 의미와 판단기준*

〈대법원 2016. 1. 14. 선고 2014두8896 판결〉

I. 서 언

외국인의 국내 직접투자는 1962년 시작되었는데, 외자도입법의 전면개정에 따른 외국인 투자 자유화 조치에 따라 1984년부터는 외국인의 직접투자가 크게 확대되기 시작했다. 또한, 우리나라 경제성장과 더불어 1990년대부터는 내국인의 해외직접투자도 꾸준히 증가하였다. 2018년말 기준 내국인의 해외직접투자의 규모는 3,976억 달러이고, 외국인의 국내직접투자는 2,314억 달러로 예상되고 있다.[1] 이러한 국제투자는 대부분 법인을 통해 이루어지는데 외국법인의 국내투자(이하 '인바운드 거래')와 내국법인의 해외투자(이하 '아웃바운드 거래')로 구분된다. 국제투자에서는 법인의 사업활동이 국경을 넘나들면서 행해지고 대규모의 소득이 국내와 해외에 걸쳐 발생하게 되는데, 그러한 소득에 대한 우리나라의 과세권의 행사문제가 국제조세분야의 주요 관심사로 대두되어 왔다.

종전 법인세법은 내국법인에 대한 전세계소득과세, 외국법인에 대한 국내원천소득과세의 체계를 가지고 있었는데, 내국법인을 본점 소재지주의라는 형식적 기준에 의하여 판정하고 외국법인의 과세대상 국내원천소득을 열거하고 있었으므로 인바운드 거래에서 외국법인이 중요한 사업활동을 국내에서 행하더라도 국내 과세관청은 그 외국법인이 벌어들이는 국내원천소득이 법인세법상 과세대상 소득으로 열거되지 않았다는 이유로 과세권을 행사하지 못하는 경우가 많았다.

* Journal of Korean Law Vol 17 (2018. 6.)

[1] 한국은행, 2018년말 국제투자대조표(잠정) 보도자료, 2019. 2. 27.

또한, 아웃바운드 거래에서도 내국법인이 그 자회사인 외국법인의 중요한 관리활동을 국내에서 수행하더라도 국내 과세관청은 그 외국법인이 벌어들이는 국외원천소득에 대해 외국법인의 소득이라는 이유로 과세하지 못하는 경우가 대부분이었다.

이러한 과세권 제약의 사정을 고려하여 2005년 법인세법 개정에 의하여 국내에 사업의 실질적 관리장소를 둔 법인도 내국법인이 된다는 내국법인의 새로운 판단기준이 도입되었다(이하 '실질적 관리장소 기준'이라고 하고 위 기준을 적용하는 과세제도를 '내국법인 세제'라고도 한다). 내국법인 판단기준으로 종전의 본점 소재지 기준 외에 실질적 관리장소라는 기준이 추가된 것이다. 새로 도입된 실질적 관리장소 기준에 의하여 외국에서 설립된 법인을 내국법인으로 판정할 수 있다면 앞서 본 사례에서 국내 과세관청은 그 대상법인의 비열거 국내원천소득과 국외원천소득에 대하여 과세권을 확보할 수 있는 순기능의 측면이 있다. 반면, 내국법인의 판정기준인 실질적 관리장소는 포괄적 개념이어서 예측가능성과 명확성이 결여되어 내국법인의 판정에 중대한 혼선을 초래할 수 있고 만일 외국법상 그 국가의 법인으로 인정되는 외국법인을 다시 국내법상 내국법인으로 판정한다면 이중과세 문제가 발생하고 외국과의 과세권 충돌이 야기될 수 있다.

내국법인 세제가 법인세법에 도입된 지 10여년이 지났으나 사업의 실질적 관리장소가 무엇을 의미하는지, 어떤 요소를 그 판단기준으로 삼아야 할 것인지 명확하지 못한 부분이 많았다. 이 때문에 법인세법상 실질적 관리장소의 존부를 둘러싼 여러 사건이 하급심에서 진행되어 왔는데, 대법원 2016. 1. 14. 선고 2014 두8896 판결(이하 '대상판결')이 실질적 관리장소의 정의와 판단요소에 관하여 최초의 판시를 하였다. 이 글에서는 대상판결에 대한 평석을 중심으로 법인세법에서 새로 도입된 사업의 실질적 관리장소의 의미와 판단기준에 대해 논의하도록 한다.

Ⅱ. 대상판결의 개요

1. 사실관계의 요지와 이 사건 부과처분의 경위

가. 원고의 지위와 현황

(1) 원고의 사업과 임직원

원고는 2000. 3. 싱가포르 회사법에 따라 설립되어 싱가포르 내에 본점을 두었고, 설립 이후 2008년까지 주로 싱가포르 호텔들에 인터넷 접속과 기타 서비스를 제공하는 사업을 영위하였다. 2009년에는 외국금융회사 홍콩지점(이하 '홍콩지점')이 보유하던 우리나라 상장회사 발행의 전환사채(이하 '쟁점 채권')를 매입하기도 하였고 2009년과 2011년에는 아프리카 케냐에서 농작물을 생산하는 사업도 시도하였다. 2010년 이후에는 미국에서 호텔경영 관련 용역을 제공하는 사업도 영위하였다.

원고의 대표이사는 A였고, 2009년 A의 아들이 원고에 입사하여 일반 경영활동을 맡았으며, 재무 업무는 다른 직원이 담당하였다. 원고는 2009년부터 A의 아들이 소유하는 주택으로 사무실을 이전하였다. 원고의 이사회는 설립 이후 2010 사업연도까지 2~10명의 이사로 구성되어 있었는데, 2008년, 2009년에는 대표이사 A, 그의 친구인 한국 거주자 B, 지인인 미국시민권자 C가 이사로 있었다. 원고의 이사회가 실제로 개최된 경우는 많지 않았고 대부분 이사회 결의는 이사들의 동의 하에 서면으로 이루어졌다.[2]

원고는 설립 이후 싱가포르 법률에 따라 싱가포르 회계법인을 외부감사인으로 선임하여 회계감사를 받아 왔고 법인세 등 세무신고도 싱가포르 과세관청에 하여 왔다. 한편 원고의 상업장부나 거래 증빙서류는 위 사무실에 보관되어 있다.

(2) 원고의 지배주주와 그의 가족

원고의 지분은 A, B, C, 내국법인 D(이하 'D사') 등이 보유하고 있었는데, 2008. 12. 이후부터는 A가 거의 대부분 주식을 보유하고 있었다. A는 1999. 5. 배우자 및 자녀와 함께 온 가족이 필리핀으로 이주하였고 다시 2001. 7. 홍콩으로 이주하였다가 2003. 1. 싱가포르에 정착하였다. A는 싱가포르에 정착한 이래 원고를 경영하는 등 사업을 하여 왔고, 싱가포르에 소득세를 신고·납부하여 왔다.

---

2) 싱가포르 회사법과 원고의 정관에 따라 원고 이사회의 서면결의는 실제 개최된 이사회 결의와 동일한 효력을 가지고 있다.

A와 그의 배우자 및 자녀들은 모두 싱가포르 영주권자이다.

나. 2008년 이후 원고의 쟁점 채권 투자사업
(1) 원고의 쟁점 채권의 인수

홍콩지점의 쟁점 채권이 2008년경 급매물로 나왔는데 쟁점 채권은 국내 상장회사가 발행한 외화표시채권으로 국내 거주자가 매수할 수 없는 채권이 다수 포함되어 있어 일괄적으로 비거주자가 매수하는 것이 매각조건이었다.

내국법인 E(이하 'E사')는 2008. 10.경 홍콩지점이 쟁점 채권을 처분한다는 정보를 입수한 뒤 홍콩을 직접 방문하여 홍콩지점과 거래조건을 협상한 다음 원고에게 소개하여 그 매수를 중개·알선하였다. A는 쟁점 채권의 매수와 관련하여 싱가포르에 서버가 있는 원고의 이메일 계정 등을 이용하여 임직원들과 의견을 교환하는 한편 2008년도 연말 및 2009년도 연초에 미국을 방문하여 C로부터 쟁점 채권의 매수에 관한 동의를 받고 그로부터 매수대금의 일부인 150만 달러를 차용하기도 하였다.

원고는 2009. 2.경 홍콩지점과 쟁점 채권을 900만 달러에 인수하는 계약을 체결하고, 그 무렵 인수대금을 해외결제기관을 통해 지급하였는데, 그 인수금액은 쟁점 채권의 액면가의 30%로 저렴한 가격이었다.

(2) E사의 쟁점 채권의 회수

원고는 쟁점 채권의 회수업무를 E사에 일임하였고 E사는 국내에서 2009. 3.경부터 2009. 9.경까지 쟁점 채권의 회수업무를 대부분 완료하였다. 쟁점 채권은 상장사 발행채권으로 회수가능성이 매우 높았고 원고는 발행회사로부터 만기에 상환을 받거나 주식으로 전환하여 매각하는 등의 방법으로 회수하였다.

(3) 원고 임직원의 관여 정도

원고의 대표자 A는 2008년 이후 국내에서 상당한 기간을 체류하였으나 주로 개인적인 목적이었고 이 기간 동안 쟁점 채권의 회수상황을 보고 받았다. A와 그 가족들은 여전히 싱가포르 내에 주거를 유지하고 있었고, 원고도 싱가포르내의 사무소를 종전과 다름없이 유지하였다. 원고의 직원은 E사로부터 쟁점 채권의 회수상황을 보고 받아 이를 확인하고 정리하여 A에게 보고하는 업무와 쟁점 채권 관련 공시업무를 수행하였다.

다. 원고의 세무신고와 이 사건 부과처분의 경위

쟁점 채권의 투자사업으로 인한 2009 사업연도 소득은 싱가포르 세법상 비과세되는 자본소득이었으므로 원고는 별도로 싱가포르에 법인세를 신고·납부하지 않았다. 다만, 원고는 국내에서는 쟁점 채권의 회수와 관련하여 증권거래세를 납부하였고, 쟁점 채권의 발행기관은 원고의 이자소득세를 원천징수하였다.

이에 대해 피고는 2010. 7.경 2009 사업연도 원고의 쟁점 채권 투자사업과 관련된 중요한 결정과 쟁점 채권의 회수 및 인수업무가 국내에서 이루어졌으므로 원고의 실질적 관리장소가 국내에 있어 내국법인에 해당한다는 이유로 원고에게 쟁점 채권의 투자사업으로 인한 소득에 대해 2009 사업연도 법인세 부과처분을 하였다.[3]

2. 대상판결의 요지

대상판결은 법인세법상 실질적 관리장소의 의미와 판단기준에 대하여 "내국법인과 외국법인을 구분하는 기준의 하나인 '실질적 관리장소'란 법인의 사업수행에 필요한 중요한 관리 및 상업적 결정이 이루어지는 장소를 뜻하고 법인의 사업수행에 필요한 중요한 관리 및 상업적 결정이란 법인의 장기적인 경영전략, 기본정책, 기업재무와 투자, 주요재산의 관리·처분, 핵심적인 소득창출활동 등을 결정하고 관리하는 것을 말한다. 법인의 실질적 관리장소가 어디인지는 이사회 또는 그에 상당하는 의사결정기관의 회의가 통상 개최되는 장소, 최고경영자 및 다른 중요임원들이 통상 업무를 수행하는 장소, 고위 관리자의 일상적인 관리가 수행되는 장소, 회계서류가 일상적으로 기록·보관되는 장소 등의 제반 사정을 종합적으로 고려하여 구체적인 사안에 따라 개별적으로 판단하여야 한다[4]"고 하면서 "다만, 법인의 실질적 관리장소는 그 결정·관리행위의 특성에 비추어 어느 정도의 시간적·장소적 지속성을 갖출 것이 요구되므로 실질적 관리장소를 외국

---

3) 한편, E사는 쟁점 채권의 중개 및 회수 용역의 대가에 대해 외국법인에 대한 국외 제공 용역으로 부가가치세법상 영세율 적용대상으로 보아 부가가치세를 거래징수하지 않았는데, 피고는 그 용역을 제공받은 원고가 내국법인이고 국내에서 용역이 제공되어 영세율 적용이 배제된다는 이유로 E사에 대하여 부가가치세 부과처분을 하였다. 이에 대해 대법원은 영세율 적용대상인 국외에서 제공하는 용역 판단시 그 용역을 공급받는 상대방이 내국법인인지, 외국법인인지를 가리지 않는다고 하면서 위 용역대가는 중요하고 본질적인 부분이 국외에서 이루어져 영세율 적용대상이라고 판단하였다(대법원 2016. 1. 14. 선고 2014두8766 판결).

4) 대법원 2016. 1. 14. 선고 2014두8896 판결.

에 두고 있던 법인이 이미 국외에서 전체적인 사업활동의 기본계획을 수립·결정하고 국내에서 단기간 사업활동의 세부적인 집행행위만 수행하였다면 종전 실질적 관리장소와 법인 사이의 관련성이 단절된 것으로 보이는 등의 특별한 사정이 없는 한, 그 법인이 실질적 관리장소를 국내로 이전하였다고 쉽사리 단정할 것은 아니다5)"고 판시하였다.

이어서 대상판결은 "원고가 설립된 이후 2008년경까지 주로 싱가포르에서 사업을 영위하면서 상당한 매출액을 얻어온 점, 원고는 홍콩에서 쟁점 채권의 거래조건에 관한 협상을 진행하고 그 대금 결제도 해외결제기관을 통해 이루어진 점, 원고의 2009 사업연도 이사회 구성원 3인이 각기 거주지국을 달리하여 국내외에서 이메일을 주고 받는 방식으로 의사결정이 이루어 진 점, 원고의 대표이사가 의사결정을 한 장소도 국내외에 걸쳐 있던 점, 쟁점 채권 관련 회계자료 외의 회계자료의 보관이나 세금의 납부를 싱가포르에서 한 점, 원고는 그 무렵 쟁점 채권 투자사업 외에도 케냐 등지에서 여러 사업을 추진한 점에 비추어 쟁점 채권 매입과 회수업무 일부가 단기간 국내에서 수행되었다는 사정만으로는 원고의 사업수행에 필요한 중요한 관리 및 상업적 결정이 국내에서 지속적으로 이루어진 것으로 볼 수 없을 뿐만 아니라 실질적 관리장소를 싱가포르에 두고 있던 원고가 싱가포르와의 관련성을 단절한 채 이를 국내로 이전한 것으로 보기도 어렵다6)"고 판단하였다.

Ⅲ. 대상판결의 평석

1. 이 사건의 쟁점 및 논의의 순서와 범위

대상판결의 사안에서는 원고가 법인세법상 사업의 실질적 관리장소를 국내에 두고 있는 내국법인에 해당하는지 여부가 문제가 되었다. 달리 말하면 이 사건의 쟁점은 싱가포르에 사업의 실질적 관리장소를 두고 있던 원고가 쟁점 채권의 투자사업과 관련하여 그 실질적 관리장소를 국내로 이전한 것으로 볼 수 있는지 여부이다.7) 원고는 싱가포르에서 주로 운영해 오던 인터넷 서비스 사업을 정

---

5) 대법원 2016. 1. 14. 선고 2014두8896 판결.
6) 대법원 2016. 1. 14. 선고 2014두8896 판결.
7) 이 사건에서 원고의 고정사업장이 국내에 존재하는지 여부도 예비적 쟁점이 되었으나 대상판결

리하고 외국에서 쟁점 채권을 매수하여 대표이사 A와 직원이 국내에 체류하면서 그 회수업무를 E사를 통하여 수행하는 등으로 쟁점 채권의 투자사업을 영위하였는바, 그와 같은 사정으로 원고의 실질적 관리장소가 국내에 있는 것으로 되는지 여부는 결국 법인세법상 내국법인 세제의 실질적 관리장소의 개념과 범위를 어떻게 파악하는지에 따라 달라질 것이다.

내국법인의 판단기준으로 새로이 도입된 실질적 관리장소 기준은 불확정 개념으로 그 적용범위를 가늠하는 것이 쉽지 않고 종전의 본점 소재지 기준과의 관계도 정립되어 있지 않다. 단순히 실질적 관리라는 문언상의 의미에 따라 사실관계에 따라 판단하면 된다는 견해도 가능하지만 이는 법리적 가이드라인의 제시를 포기하는 것으로 국제투자의 법정 안정성과 예측가능성을 보장해 주지 못하는 것이어서 채용하기 어렵다. 포괄적 개념인 실질적 관리장소에 대한 구체적인 법리적 판단기준을 마련하기 위해서는 우리 세법의 전반적인 외국법인 과세제도의 틀에서 이를 도출해 보는 것이 필요하다. 결국 그 논의의 출발점은 실질적 관리장소와 관계되는 현행 세법과 조세조약 규정의 해석론과 그 배경이 되는 외국에서의 관련 논의를 살펴보는 일이 될 것이다.

우선, 실질적 관리장소 기준 내지 내국법인 세제는 주로 외국에서 설립된 법인을 내국법인으로 보아 과세권을 행사하기 위한 것이므로 국내세법상 내국법인과 외국법인의 거주자 판단방법과 거주자 판정의 효과 및 외국법인에 대한 일반적 과세체계에 대한 분석의 필요성이 있다. 또한 이와 관련하여 내국법인 세제와 경합 적용의 여지가 있는 고정사업장 세제와 특정외국법인세제와의 비교·검토가 무엇보다 중요하다. 국세기본법상 외국법인에 대한 실질과세원칙의 적용도 문제될 수 있지만 실질과세원칙은 실질적 관리장소 기준과 마찬가지로 포괄적인 기준이어서 실질적 관리장소 기준의 해석에 지침을 제공하기 어려운 측면이 있으므로 이 글의 논의에서는 제외한다. 개인에 대한 거주자 판정기준도 참고가 될 수 있으나 법인의 그것과는 판단기준이 상이하므로 별도 논의는 하지 않는 것으로 한다.

또한, 조세조약의 해석론과 외국에서의 비교법적 논의도 중요하다. 실질적 관리장소 개념은 법인세법 개정 이전에 우리나라가 체결한 여러 조세조약에서

은 원고가 국내의 고정된 장소나 대리인을 통하여 국내에서 수행하는 사업활동이 예비적이거나 보조적인 것에 불과하여 국내에 고정사업장이나 종속대리인을 통한 간주고정사업장을 둔 것으로 볼 수 없다고 판단하였다. 이에 대한 별도 논의는 생략한다.

등장하는 용어이다. 조세조약에서 나타나는 'Place of Effective Management'를 번역한 것이 실질적 관리장소이기 때문에 조세조약에서의 논의도 시사하는 바가 많을 것이다. 조세조약의 실질적 관리장소의 개념은 OECD의 모델조세조약과 독일과 영국의 입법례 등에서 유래하므로 이 부분도 검토의 필요성이 있다.

　　이하에서는 우선 일반론으로서의 법인의 거주지 판정방법과 외국법인에 대한 과세체계를 살펴 본 다음, 조세조약의 실질적 관리장소 개념 및 국내 세법상 고정사업장 세제와 특정외국법인세제와의 비교·분석을 통하여 국내 세법과 조세조약의 체계적 해석의 관점에서 법인세법상 실질적 관리장소의 의미를 도출해 보고, 이어서 세부적인 판단기준을 제시하도록 한다. 이어서 그 의미 및 판단기준에 따라 이 사건의 경우 원고의 실질적 관리장소가 국내에 있는 여부를 따져본 후 그에 대한 대상판결의 판시사항에 대한 평가와 향후 전망에 대하여 논의한다.

2. 법인의 거주지 판정과 외국법인에 대한 과세체계

가. 법인의 거주지 판정의 의의

　　국내원천소득에 대해서 과세하는 속지주의 원칙을 채택하는 국가에서 과세상의 거주지는 조세조약의 적용 여부를 결정하는 기준이 되고, 거주자의 전세계소득에 대해 과세하는 속인주의 원칙을 채택하고 있는 국가에서 거주자는 조세조약의 적용만이 아니라 무제한적 납세의무를 판정하는 기준이 된다. 거주자에 대한 무제한적 납세의무의 근거는 거주자는 그 거주지국으로부터 공공재의 혜택을 누리기 때문이다.[8] 우리나라는 속인주의 원칙을 택하면서 비거주자에 대해서는 속지주의 원칙을 택하고 있다.

　　만일 외국에서 설립된 법인이 내국법인으로 판정되면 거주자로서 우리나라가 체결한 다수의 조세조약의 적용을 받는 한편, 그 법인은 국내 과세관청에 전세계소득에 대한 납세의무를 부담하고 부가가치세법상 사업자에도 해당하여 세금계산서를 발행하고 매출세액을 거래징수하여야 하며[9] 그 외에도 장부의 비치기장의무[10] 등 세법상 내국법인이 부담하는 의무를 지게 되고 외국법인을 대상으로 하는 조세특례제한법 등의 적용은 배제되는 등의 조세법률관계에 중대한 변동을 초래한다. 이는 개별 거래에서의 소득의 실질귀속자 지위를 부인 당하는

---

8) 이창희, 국제조세법, 박영사, 2015, 18면.
9) 부가가치세법 제31조, 제32조.
10) 법인세법 제112조.

것과는 차원이 다른 문제이다.

나. 법인의 거주지 판정방법

(1) 거주지 판정의 요소

자연인과 달리 법인은 법률에 의해 만들어진 인격이므로 거주지도 기술적 개념일 수밖에 없고 그 거주지의 설정 내지 조작도 상대적으로 용이하다.[11] 법인을 구성하는 부분은 다양하므로 여러 요소가 거주지 판정에 영향을 줄 수 있다. 법인은 법인격을 부여한 국가에서 창설되지만 그 이사회는 복수의 장소에서 의사결정을 하고 대표자와 임직원을 통해 관리 및 사업활동을 하며 그 법인을 종국적으로 지배하는 주주가 있다. 이러한 모든 요소가 동일 국가 내에 있는 경우에는 복잡한 문제가 발생하지 않지만 여러 국가에 분산되어 있는 경우에는 설립절차, 관리기능, 사업활동, 주주의 지배권 및 다른 요소들에 따라 법인의 과세상의 거주지가 달라진다.[12] 비교법적으로 보면 법인의 거주지 결정기준은 형식적 기준과 실질적 기준으로 크게 대별된다. 보다 구체적으로는 법인의 설립절차, 관리기능, 사업활동, 주주의 지배권의 중시 여부에 따라 다음의 네 가지로 구분해 볼 수 있다.

(2) 설립지주의

법인의 설립장소를 법인의 거주지로 보는 기준이다. 어느 국가의 법률에 따라 설립행위가 이루어졌는지에 따라 거주지가 결정된다. 설립지주의는 납세자와 과세관청에 확실성을 준다는 이유로 다수 국가에서 채용되고 있다. 대부분의 국가에서 법인설립이 용이하다는 점을 고려하면 법인의 경제적 의미의 거주지를 반영하지 않을 수 있다. 미국이 설립지주의를 택하고 있는 대표적 국가이다.[13] 우리나라와 일본의 본점이나 주사무소 소재지 기준도 형식적 기준으로 넓은 의미의 설립지주의에 속한다고 볼 수 있다.[14]

(3) 경영관리지주의

경영관리지주의는 법인의 설립지와는 관계없이 경영의 중심과 관리가 행하

---

11) 이창희, "조세조약상 이중거주자", 법학 제51권 제1호, 서울대학교 법학연구소 2010. 3., 222−223면.

12) 백제흠, "피지배외국법인의 유보소득 과세제도에 관한 연구", 서울대학교 대학원 박사학위논문, 2005. 2., 24면.

13) 백제흠, 앞의 논문 24−25면.

14) 이경근 · 서덕원 · 김범준, 국제조세의 이해와 실무, 영화조세통람, 2011, 394면.

여지는 곳에 법인의 거주지가 있다고 본다. 다만, 관리에 관하여는 법인사업의
일상적 관리와 이사의 권한인 고급관리를 구분하여 전자는 경영 중심의 일부를
구성하는 것으로 보지 않는다.15) 영국 대법원은 "법인은 소득세의 과세상 현실의
사업이 행하여지는 장소에 거주하고 있고 현실의 사업은 경영의 중심과 관리의
장소에서 행하여 지고 있다"고 판결하여 법인의 거주지를 경영관리지주의에 의
하여 판단하고 있다.16) 새로 도입된 실질적 관리장소 기준도 경영관리지주의의
하나이다.

(4) 사업활동지주의

사업활동지주의는 법인의 주된 사업활동지에 법인의 거주지가 있다는 견해
이다. 법인의 사업장소는 활동의 외견이고 주요한 요소이지만 복수의 장소가 많
다. 이스라엘에서는 법인등기가 되고 동시에 주된 사업활동이 국내에서 행해지는
것이 증명되는 경우 그 법인은 과세목적상 이스라엘의 거주자가 된다. 이탈리아
에서는 법인의 주된 목적과 그가 행하는 주된 사업이 국내에 있는 경우에 과세상
의 거주자로 된다.17)

(5) 지배주주의 거주지주의

지배주주의 거주지주의는 다수 주주의 국적지 또는 거주지가 그가 지배하는
법인의 거주지가 된다는 견해이다. 예를 들면 호주에서는 외국에서 설립된 법인
은 국내에서 사업을 행하고 동시에 호주의 거주자인 주주가 그 법인에 대한 의결
권을 지배하는 경우 호주의 거주자로 된다. 또 스웨덴에서는 외국지주회사는 경
영지배가 국내에 있고 그 회사가 포트폴리오 회사이며 스웨덴인이 그 회사의 주
된 권리를 직접 · 간접 보유하고 있는 경우에 스웨덴의 거주자로 된다.18)

다. 국내세법과 조세조약상 외국법인에 대한 과세체계

(1) 외국법인 과세제도의 개요

국내세법상 외국법인이란 외국에 본점 또는 주사무소를 둔 단체로서 국내에
사업의 실질적 관리장소가 있지 않고 대통령령으로 정하는 기준에 해당하는 법
인을 말한다.19) 대통령령으로 정하는 기준에 해당하는 법인이란 다음의 각호의

---

15) 백제흠, 앞의 논문, 25면.
16) De Beers Consolidated Mines Ltd. V. Howe (1906).
17) 백제흠, 앞의 논문, 25면.
18) 백제흠, 앞의 논문, 25 – 26면.

어느 하나 즉, 설립된 국가의 법에 따라 법인격이 부여된 단체(제1호), 구성원이 유한책임사원만으로 구성된 단체(제2호), 구성원과 독립하여 자산을 소유하거나 소송의 당사자가 되는 등 직접 권리·의무의 주체가 되는 단체(제3호), 그 밖에 해당 외국단체와 동종 또는 유사한 국내의 단체가 상법 등 국내의 법률에 따른 법인인 경우의 그 외국단체(제4호)에 해당하는 단체를 말한다.[20] 법인의 거주지 판정기준은 국가마다 다를 수 있으므로 어느 법인이 우리나라의 내국법인에도, 다른 나라의 외국법인에도 동시에 해당할 수 있다. 이러한 이중거주법인에 대해서 우리나라가 체결한 다수의 조세조약은 실질적 관리장소가 소재하는 국가의 법인으로 판정하는 규정을 두고 있다.

외국법인은 국내원천소득에 한하여 납세의무를 부담한다.[21] 인바운드거래에서만 납세의무를 부담하는 것이다. 국내원천소득으로는 이자소득, 배당소득, 부동산소득, 선박 등 임대소득, 사업소득, 인적용역소득, 부동산 등 양도소득, 사용료소득, 유가증권 등 양도소득, 기타소득이 열거되어 있다.[22] 외국법인이 인바운드거래를 통해서 어떠한 소득을 얻었다고 하더라도 그 소득이 법인세법에 열거되지 않은 소득이라면 이에 대해 납세의무를 부담하지 않는다.[23] 외국법인의 거주지국과 우리나라와의 사이에 조세조약이 체결되어 있다면 특별법인 조세조약이 국내세법에 우선하여 적용된다. 예를 들면 외국법인의 국내원천소득의 소득구분에 대해서 조세조약이 법인세법에 우선한다.[24] 그리고 이자소득, 배당소득, 사용료 소득에 대한 세율은 조세조약과 법인세법[25]의 원천징수세율 중 낮은 세율이 적용된다.[26] 우리나라와 조세조약이 체결된 국가의 외국법인의 사업소득은 국내에 고정사업장이 없으면 국내에서 과세되지 않는다.

외국법인의 국내원천소득에 대한 과세방법은 국내사업장의 존부에 따라 달라진다. 국내사업장은 조세조약상 고정사업장과 대동소이한 개념이다.[27] 국내사

---

19) 법인세법 제1조 제3호.
20) 법인세법 시행령 제1조 제2항.
21) 법인세법 제2조 제1항 제2호.
22) 법인세법 제93조.
23) 대법원 1987. 6. 9. 선고 85누880 판결. 캐링차지(Carring Charge)와 관련된 판결이다.
24) 국제조세조정에 관한 법률(이하 '국제조세조정법') 제28조.
25) 법인세법 제98조 제1항.
26) 국제조세조정법 제29조.
27) 이하에서는 편의상 '고정사업장'으로 통칭한다.

업장을 가진 외국법인 등은 그 사업장에 귀속되는 국내원천소득을 종합하여 신고 · 납부하여야 한다.[28] 그 밖의 국내원천소득은 각 국내원천소득별로 지급자에 의해 원천징수된다.[29]

외국법인의 국외원천소득에 대해서 우리나라는 과세권을 가지고 있지 않지만 예외적으로 아웃바운드거래에 대해 특정외국법인세제가 적용되면 특정외국법인의 주주인 내국법인에 대한 간주배당으로 과세된다. 현지에서의 실질적인 사업활동이 없고, 국내에서 그 주주인 내국법인의 지배와 통제권이 존재하는 특정외국법인이 주로 그 대상이 된다.

정리하면, 조세조약의 실질적 관리장소는 법인세법상 실질적 관리장소와 그 용어가 동일하다는 점, 국내 세법상 인바운드거래에서는 외국법인의 국내 사업활동이 존재하는 경우 고정사업장 세제가, 아웃바운드거래에서는 내국법인의 국내 관리 및 지배활동이 있는 경우 특정외국법인세제가 적용될 수 있어 국내에서의 활동이 외국법인의 소득에 대한 과세근거가 된다는 점에서 내국법인 세제 내지 실질적 관리장소 기준과 밀접한 관련이 있다.

(2) 인바운드거래와 고정사업장 세제

법인세법상 외국법인의 국내원천사업소득에 대해서는 국내사업장이 없는 경우에는 2% 세율로 원천징수된다.[30] 국내사업장이 존재하면 국내사업장과 관련된 다른 국내원천소득과 함께 신고 · 납부의무를 부담한다.[31] 조세조약에 별도의 고정사업장 규정이 있으면 그 규정이 법인세법상 국내사업장 규정에 우선한다.

고정사업장으로는 물리적 고정사업장과 종속대리인 고정사업장이 있다. 법인세법상 실질적 관리장소 기준과 관련하여 물리적 고정사업장이 주로 문제된다. 물리적 고정사업장이 존재하기 위해서는 사업장소가 존재해야 되고 그 사업장소가 고정되어 있어야 하며 그 사업장소를 통해서 사업이 수행되어야 하고 사업이 예비적이거나 보조적인 것에 그치지 않아야 한다.[32] 사업장소의 고정성은 사업장이 움직이지 않고 특정 장소에 고정되어 있는 상태를 의미하고 나아가 그 상태가 일정시간 지속되어야 한다는 의미를 포함한다.[33] 고정사업장에서 수행되는

---

28) 법인세법 제97조 제1항.
29) 법인세법 제98조 제1항.
30) 법인세법 제98조 제1항 제1호.
31) 법인세법 제97조 제1항.
32) OECD 모델조세조약 주석서 제5조 문단 6.

사업활동은 핵심적 사업활동이어야 하고 예비적이거나 보조적인 행위는 고정사업장을 구성하는 사업활동에 해당하지 않는다. 생산, 판매활동 및 관리활동이 핵심적 활동이고,[34] 재화의 저장, 전시, 가공, 배달, 재화의 구매, 정보수집, 연구개발활동은 예비적, 보조적 활동으로 예시되어 있다.[35]

요컨대, 인바운드거래에서는 외국법인이 국내 고정사업장을 두면 그 사업장에 귀속되는 사업소득에 대해 우리나라가 과세권을 행사할 수 있다. 만일 고정사업장이 없다면 외국법인이 실질적으로 국내에서 인적·물적 요소를 투입하여 사업활동을 하여 소득을 벌어들이더라도 그 외국법인의 거주지국과 조세조약에 체결되어 있다면 우리나라에서 과세할 수 없게 된다.

(3) 아웃바운드거래와 특정외국법인세제

외국법인의 국외원천소득에 대해서 국내 과세관청은 원칙적으로 과세권을 행사할 수 없다. 아웃바운드거래의 경우, 내국법인이 외국지점을 설립하면 그 외국지점의 소득은 국내법인의 소득으로 과세될 수 있다. 반면, 내국법인이 외국법인을 설립하면, 원칙적으로 그 외국법인의 소득은 내국법인에 배당으로 분배되지 않는 한 과세되지 않는다. 즉, 외국법인의 주주인 내국법인이 국내에서 실질적인 경영관리 및 통제 활동을 하는 경우에도 그 외국법인의 소득에 대해 과세할 수 없는 것이다. 다만, 예외적으로 특정외국법인세제에 따라 우리나라 과세관청이 특정외국법인의 국외원천소득에 대해 그 주주인 내국법인에 대해 과세할 수 있는 경우가 있다. 특정외국법인세제는 조세피난처에 외국법인을 설립하여 그 외국법인으로 하여금 소득을 얻도록 하면서 내국법인에게 배당을 하지 않고 계속 유보시키는 과세이연 행위를 규제하기 위한 것이다.

적용대상 특정외국법인은 법인의 부담세액이 실제발생소득의 15% 이하인 국가 또는 지역에 본점 또는 주사무소를 두어야 한다.[36] 다만 특정외국법인이 그 본점 또는 주사무소 소재지에 사업을 위하여 필요한 고정된 시설을 가지고 있고 그 시설을 통하여 사업을 실질적으로 영위하고 있는 경우에는 특정외국법인세제를 적용하지 않는다.[37] 적용대상 주주는 당해 특정외국법인의 각 사업연도말 현

---

33) 김해마중, 고정사업장과세의 이론과 쟁점, 경인문화사, 2017, 60면.

34) Arvid Aage Skaar, "Erosion of the Concept of Permanent Establishment: Electronic Commerce", *Intertax Vol. 28* (2000), p. 192; OECD 모델조세조약 제5조 제2항.

35) OECD 모델조세조약 제5조 제4항.

36) 국제조세조정법 제17조 제1항.

재 발행주식 총수의 10% 이상을 직접 또는 간접으로 보유하고 있는 자를 말한
다. 국내주주의 지분비율에 따라 그 특정외국법인의 각 사업연도 종료일 현재 배
당가능 유보소득 중 내국인에게 귀속된 금액으로 산정되는 금액을 사업연도 종
료일의 다음날로부터 60일이 되는 날에 배당받은 것으로 보아 배당소득으로 과
세한다.[38]

(4) 조세조약과 실질적 관리장소

우리나라는 2019. 5. 현재 전세계 93개 국가와 조세조약을 체결하여 시행하
고 있다.[39] 조세조약은 체약국의 거주자에 대해 적용된다. 국가마다 내국법인 판
정기준이 달라 어느 법인이 두 국가의 이중거주법인에 해당할 수 있고 그러한 경
우 그 법인은 이중과세의 위험에 직면한다. 이러한 이중과세를 방지하기 위해 조
세조약은 이중거주법인에 대한 판정규정을 두고 있다. 예를 들면 한·영 조세조
약은 법인이 양체약국의 거주자로 되는 경우 그 법인은 실질적 관리장소가 소재
하는 체약국의 거주자로 보고 의문이 있는 경우 상호합의에 따른다고 규정하고
있다.[40] 따라서 이중거주법인의 실질적 관리장소가 어느 국가에 있는 것으로 판
단되면 체약국 사이에서 그 국가의 거주법인으로 분류되어 이중과세를 피할 수
있다.

3. 법인세법상 실질적 관리장소의 의미

가. 실질적 관리장소의 의의

(1) 실질적 관리장소의 개념과 입법취지

법인세법은 내국법인이라 함은 국내에 본점이나 주사무소 또는 사업의 실질
적 관리장소를 둔 법인을 말한다고 규정하고 있다.[41] 실질적 관리장소의 의미나
판정기준에 대해서는 구체적인 규정이 없고, 다만, 국세청의 법인세법 집행기준
이 사업의 실질적 관리장소란 법인이 사업을 수행함에 있어서 중요한 관리 또는
상업적 의사결정이 실질적으로 이루어지는 장소를 말한다는 설명을 하고 있을
뿐이다.[42] 이는 OECD 모델조세조약 주석서에서 명시되어 있던 "the place

---

37) 국제조세조정법 제18조 제1항 본문.
38) 국제조세조정법 제17조 제1항, 국제조세조정법 시행령 제33조.
39) 기획재정부, '19년 5월 조세조약 및 조세정보교환 협정 등 체결현황 보도자료, 2019. 5. 17.
40) 한·영 조세조약 제4조 제3항.
41) 법인세법 제1조 제1호.

where key management and commercial decisions that are necessary for the conduct of the entity's business as a whole are in substance made"43)를 번역한 것으로 보인다. 우리나라가 체결한 대다수의 조세조약에도 'place of effective management'의 개념이 있는데 주석서는 그 정의를 설명한 것이다.

실질적 관리장소 기준은 법인세법이 2005. 12. 31. 법률 제7838호로 개정되면서 도입된 것으로 그 입법취지는 조세피난처 등에 명목적인 본점·주사무소를 두고 실질적으로 국내에서 주된 업무를 수행하는 외국법인 등의 조세회피를 방지하고 우리나라가 체결한 대부분의 조세조약에서 최종 거주지 판단기준으로 채택한 실질적 관리장소를 수용한 것이라고 한다.44) 법인세법이 전통적으로 본점소재지기준으로 법인의 거주지를 판단해 왔지만 실질적 관리장소 기준을 도입하여 과세기반을 넓히고 탄력적으로 내국법인을 판정하겠다는 것으로 보인다. 실질적 관리장소 기준은 인바운드거래에서 조세회피를 방지하기 위한 목적으로 도입된 것으로 되어 있으나 문언상으로 그 적용대상에 제한을 두고 있지 않으므로 아웃바운드거래에서도 동일하게 적용되는 것으로 해석된다.

(2) 본점 소재지 주의와의 관계

법인세법은 내국법인 해당여부를 본점 소재지에 의하여 판정하고 있었는데 새로 실질적 관리장소 기준이 도입됨에 따라 종전의 본점 소재지 기준과 실질적 관리장소 기준의 관계를 어떻게 보아야 하는지가 문제가 된다.

이에 대해서는 두 가지 견해가 제시된다. 첫째는 본점 소재지기준은 형식적인 외형을 가지고 판단하는 기준이고, 실질적 관리장소 기준은 실질적인 내용을 근거로 거주지를 판단하는 서로 다른 기준이므로 각기 독립적인 문언해석에 따라 그 기준에 해당하는지 여부를 정하면 된다는 견해이다. 이에 따르면 실질적 관리장소는 사실인정의 문제이므로 조세회피 목적 등의 고려 없이 그 문언적 의미에 충실하게 실질적 관리장소로 인정되는 사실관계가 있다면 내국법인으로 판단해야 한다는 것이다.

둘째 견해는 실질적 관리장소 기준의 도입배경은 조세피난처 등에 본점을 두고 실질적 관리활동은 국내에서 하면서 외국법인으로 분류되어 국내 과세를 회피하는 경우를 방지하기 위한 것이므로 설립지국에서의 적절한 세금 부담 여

---

42) 법인세 집행기준 1-0-1. 같은 내용의 유권해석으로는 서면2팀-1989, 2006. 10. 02.
43) 구 OECD 모델조세조약 주석서 제4조 문단 24.
44) 국회재정경제위원회, 법인세법 개정안(의안번호 172840)에 대한 심사보고서, 23면.

부와 납세자의 조세회피 의도도 고려하여 실질적 관리장소를 판단하여야 한다는 것이다.[45] 내국법인 세제는 외국법인의 조세회피에 대응하기 위한 개념이므로 조세회피 의도가 인정되면 실질적 관리장소 기준을 폭넓게 해석하여 이에 대응하여야 한다는 취지로 이해된다.

위 견해들은 본점 소재지 기준과 별도로 실질적 관리장소 기준에 의해 과세기반을 넓히는 것이 가능하고 외국법인의 과세제도 즉, 고정사업장 세제와 특정외국법인세제가 적용되는 영역에서도 중복적용이 될 수 있으며 고정사업장 세제와 특정외국법인세제로 방지할 수 없는 과세회피나 과세이연이 발생하는 분야에 대해서도 그 대응세제로서 기능을 해야 한다는 생각이 깔려 있다고 보인다. 이러한 견해에 의하면 법인세법상 실질적 관리장소는 조세조약상의 실질적 관리장소보다 넓게 그 적용범위를 잡아야 하고 그렇게 해석하더라도 추후 조세조약의 실질적 관리장소 규정에 의해서 이중거주자 판정이 이루어지므로 이중과세문제는 해소될 수 있다는 것이다.[46]

그러나 실질적 관리장소는 포괄적, 불확정적 개념이므로 법인세법상 본점소재지 기준이 있음에도 독자적인 내국법인 판정기준으로 보아 그 범위를 확대해석한다면 외국법인의 국내투자와 내국법인의 해외투자의 법적 안정성과 예측가능성을 중대하게 침해할 가능성이 있으므로 그 적용범위를 제한할 필요가 있다. 즉, 실질적 관리장소 기준의 문언에 따른 독자적 확대해석의 필요성이나 조세회피 의도나 목적의 고려에 의한 실질적 관리장소의 확대 적용의 입장은 외국법인에 대한 고정사업장 세제와 내국법인에 대한 특정외국법인세제와의 선별적 내지 중복적 적용의 오류가 발생하고 동 세제들과의 체계적 해석에 있어 중대한 문제를 초래할 수 있다. 합리적 기준에 의한 실질적 관리장소에 대한 제한적 해석을 위해서는 조세조약의 실질적 관리장소의 의미와 국내세법의 관련 규정인 고정사업장 세제와 특정외국법인세제와의 비교 · 검토가 필요하고 이를 통해 그 시사점을 발견할 수 있을 것이다.

---

45) 이창, "법인세법상 내국법인 인정요건인 실질적 관리장소의 판단기준", 법학 제54권 제4호, 서울대학교 법학연구소, 2013. 12., 251–252면.

46) 이창, 앞의 논문, 252–254면.

나. 조세조약상 실질적 관리장소

(1) 검토의 필요성

우리나라가 체결한 조세조약의 실질적 관리장소 개념은 OECD 모델조세조약의 이중거주법인의 판정기준을 차용한 것이다. OECD 모델조세조약은 19세기말과 20세기초의 영국과 독일 등에서의 법인의 세법상 거주지를 확립하기 위한 중요한 관리 및 통제기준 등 여러 입법례의 영향을 받은바 있다. 따라서 조세조약상의 실질적 관리장소의 의미는 그 뿌리를 두고 있는 OECD 모델조세조약 주석서와 각국의 입법례의 검토를 통하여 파악해 볼 수 있고 이는 법인세법상 실질적 관리장소의 의미와 적용범위를 구체화하는데 시사점을 줄 수 있다.

(2) OECD 모델조세조약

(가) 이중거주자 판단기준으로서의 실질적 관리장소

OECD 모델조세조약 해석의 지침을 제공하기 위해 OECD는 모델조세조약 주석서를 제정하여 수시로 개정하고 있다. 구 OECD 모델조세조약 주석서[47]는 실질적 관리장소란 법인 전체의 사업수행에 필요한 중요한 경영상·상업상의 결정이 실질적으로 이루어지는 장소라고 정의하면서 실질적 관리장소는 모든 관련 사실과 정황을 종합하여 판단하여야 하되 법인은 다수의 관리장소를 유지할 수 있지만 실질적 관리장소는 특정시점에는 하나만 존재할 수 있다고 설명하고 있다.[48] OECD 주석서상 실질적 관리장소는 거주지 결정의 요소가 아니며 둘 이상의 거주지가 존재하는 경우 어느 거주지를 우선시킬 것인지에 관한 원칙, 즉 Tie-breaker Rule로서 논의되는 개념이다. 다만, 특정시점에 실질적 관리장소가 하나만 존재한다는 것은 예외적으로 다른 시점에는 실질적 관리장소가 이전되어 다른 곳에 존재할 수도 있다는 것을 시사한다.

역사적으로 실질적 관리장소의 개념은 영업활동 장소가 수시로 이동할 수밖에 없는 종류의 사업과 관련하여 처음으로 나타났다는 점에 주목하여야 한다. 실질적 관리장소의 개념은 1958년 유럽경제협력기구(Organization for European Economic Cooperation, 'OEEC')의 보고서에서 처음 등장했다. 이에 따르면 실질적 관리장소의 개념은 해운, 내륙수운, 항공운송 사업에서 발생한 소득의 과세권 배분에 관한 조세조약 실무에서 도출된 것으로 해운이나 항공운송과 같이 사업장

---

47) 2014. 7. 개정된 OECD 모델조세조약 주석서를 말한다.
48) OECD 모델조세조약 주석서 제4조 문단 24. 다만, 2017. 11. 개정된 현행 OECD 모델조세조약 주석서 제4조에는 해당 내용이 삭제되어 있다.

소가 수시로 이동하는 경우에도 법인의 거주지를 어느 정도 안정적이고 잘 이동하지 않는 요소에 결부시키고자 한 데에서 연유한 것이라고 한다.[49] 이와 같이 실질적 관리장소는 법인의 여러 사업장소 중에 하나를 결정하기 위하여 사용되는 개념이므로 이중거주법인의 판정기준으로 기능하는 것이다.

(나) 상호합의에 의한 사안별 거주지국 판단방식

이에 대해 새로운 통신기술의 활용으로 실질적 관리장소의 결정이 어렵고 이중거주법인은 드물게 발생하므로 실질적 관리장소 개념은 이중거주법인의 일반적인 판단기준보다는 사안별 판단방식의 하나의 고려요소로 주장되기도 한다. 2017년 OECD 재무위원회는 개인이 아닌 단체의 이중거주문제에 대한 더 나은 해결책은 그러한 상황에 사안별로 대처하는 것이라고 결론지었다.[50] 이러한 결론에 입각하여, OECD 모델조세조약 제4조 제3항은 체약국 관할당국은 개인이 아닌 법인의 이중거주사안을 상호합의로 해결하도록 노력하여야 한다고 규정한다. 상호합의로 조세조약상 법인의 거주지를 결정할 경우 관할당국은 다양한 요소들, 예를 들어 이사회나 그에 상당하는 의사결정기구가 통상 열리는 장소, 최고경영자 및 기타 임원이 통상적으로 활동을 수행하는 장소, 법인의 고위수준의 일상적 관리가 수행되는 장소, 법인의 본점 소재지, 법인의 법적 자격을 규율하는 국가, 회계기록이 보관되는 장소, 조세조약상 당해 법인이 일방체약국 거주자이고 타방체약국 거주자가 아니라고 결정하는 것이 조세조약의 부적절한 활용을 초래할 위험이 있는지 여부 등을 고려할 수 있다.[51]

7가지의 고려요소들은 조세조약의 체약국이 상호합의를 통해 어느 법인의 거주지국을 결정하고자 할 때 고려될 수 있는 기준이고, 직접적으로 실질적 관리장소를 판단하기 위해서 제시된 기준은 아니다. 예를 들어 위 요소 중 법인의 본점 소재지와 법적 자격을 규율하는 국가는 형식적 요소에 해당하기 때문에 실질적 관리장소의 판단기준과 모순된다. 또한 조세조약의 남용위험성도 법인세법상 실질적 관리장소의 판단기준으로 삼기 어렵다.[52]

---

49) 서울행정법원 2013. 5. 24. 선고 2012구합10673 판결(대상판결의 제1심 판결).
50) OECD 모델조세조약 주석서 제4조 문단 23.
51) OECD 모델조세조약 주석서 제4조 문단 24.1.
52) 이창, 앞의 논문, 242면.

(3) 외국의 입법례

(가) 영국의 중요한 관리 및 통제기준

영국은 원칙적으로 설립준거법을 기준으로 내국법인 여부를 판단하나 설립준거법이 영국법이 아니더라도 '중요한 관리 및 통제'가 이루어지는 장소가 영국에 있으면 영국법인이 된다. 영국에서는 중요한 관리 및 통제의 주체는 이사회이고 그 관리 및 통제의 내용은 중요한 정책결정을 의미하며 그 장소는 이사회가 개최되는 장소이다. 이러한 전통은 보통법을 적용하는 국가에서 널리 인정되는 기준이 되었다. 다만, 예외적으로 이사회의 권한을 실질적으로 주주나 특정의 이사가 행사하면 그 자가 관리 및 통제의 주체로 취급되며 그 자의 거주지가 관리 및 통제의 장소로 인정된다.[53]

(나) 독일의 관리장소 기준

독일은 관리장소를 내국법인의 판단기준으로 채택하고 있다. 관리장소란 법인의 대표자가 경영활동을 수행하는 장소이다.[54] 독일법상의 관리의 주체는 원칙적으로 이사회보다는 대표이사로 파악하고 관리의 내용은 일상적인 회사의 관리에 관하여 어느 정도 중요성을 가지는 사실상, 계약상, 조직상의 활동을 포함한다. 관리장소는 대표이사가 그 임무를 수행하는 곳이다.[55] 다만, 주주 등이 실질적으로 중요한 모든 관리상의 결정을 한다면 그가 관리의 주체가 될 수 있다. 독일에서 관리장소란 법인경영의 중요한 정책이 실제로 결정되는 곳으로 경영지침이 효과를 발휘하는 장소가 아니라 만들어지는 장소를 말한다. 독일법상 관리장소도 법인에 관한 사실관계를 종합하여 판단한다는 점에서 조세조약상 실질적 관리장소와 개념적으로 유사하다고 볼 수 있다.[56]

(4) 법인세법상 실질적 관리장소와의 관계

법인세법상 실질적 관리장소 기준과 조세조약상 실질적 관리장소 기준이 서로 다른 개념인지 아니면 같은 개념인지의 문제가 있다. 법인세법상 실질적 관리장소가 조세조약의 용어를 수용한 것이므로 기본적으로 조세조약과 같은 의미로 해석해야 한다는 견해가 가능하다. 법인세법상 실질적 관리장소가 조세조약상의

53) 정광진, "법인에 대한 포괄적 과세권의 기초개념으로서 법인의 실질적 관리장소에 대한 고찰", 2016년 법관연수 어드밴스과정 연구논문집, 사법연수원 2016, 107-108면.
54) 박민·안경봉, "법인세법상 '실질적 관리장소'의 판단기준", 조세학술논집 제29집 제1호, 한국국제조세협회 2013. 2., 152면.
55) 박민·안경봉, 앞의 논문, 153면.
56) 정광진, 앞의 논문, 111면.

용어를 수용한 이상 거기에서 논의되는 내용은 법인세법상 실질적 관리장소의 의미를 파악하는 데 사용되어야 한다는 입장이다.

그러나 조세조약상 실질적 관리장소는 어느 법인이 체약국의 이중거주자에 해당하는 경우에 이중과세를 방지하기 위해 어느 체약국의 거주자로 볼 것인지를 판단하는 기준이다. 반면 법인세법의 실질적 관리장소는 형식적인 본점 소재지주의에 의할 경우 발생할 수 있는 조세회피를 방지하고 과세기반을 넓히기 위해 내국법인의 판정을 탄력적으로 정하기 위해 도입된 기준이다. 그러므로 이중거주법인의 거주지를 하나의 곳으로 판정하는 조세조약의 실질적 관리장소의 개념과 법인세법의 실질적 관리장소의 개념은 다르다고 할 것이다. 따라서 조세조약에서의 논의를 참고할 필요는 있겠지만 법인세법상 실질적 관리장소는 원칙적으로 다양한 사정을 고려하여 독자적으로 판단될 수 있는 개념이다.

2008년 모델조세조약 주석서에서는 이중거주자 판단기준으로 실질적 관리장소를 파악하는 방식보다는 실질적 관리장소, 본점 소재지 등 제반 사정을 고려하여 상호합의를 통해 거주지국을 결정할 수 있다는 사안별 판단방식이 제시되기도 하였는바, 사안별 판단방식에서 제시된 7가지의 요소들은 법인세법의 실질적 관리장소의 판단기준으로서도 유용한 역할을 수행할 수 있다. 특히 거주지국 결정이 조세조약의 부적절한 이용을 초래할 위험이 있는지 여부는 조세회피의 의도나 목적을 의미하는바, 법인세법상 실질적 관리장소 기준이 조세회피를 방지하기 위하여 도입되었다는 점을 고려하면 OECD에서 제시한 조세회피 목적의 존부는 실질적 관리장소의 개념과 적용범위를 판단하는 데 중요하게 고려될 수 있을 것이다.

실질적 관리장소 기준이 포괄적 개념이고 본점 소재지 기준이 별도로 존재하므로 여러 요소에 의하여 그 적용범위를 제한하여 법적 안정성과 예측가능성을 도모할 필요가 있고 그러한 입장에서 보면 조세회피 의도나 목적이 없다면 내국법인 세제를 적용하지 않는 것으로 해석해도 별다른 문제는 없을 것이다. 다만, 실제적으로 외국법인의 인바운드 거래에서는 외국법인이 정식으로 고정사업장을 설치하지 않고 국내에서 중요한 사업활동을 한다면 조세회피 목적이 인정되는 경우가 많을 것이다. 그러나 아웃바운드거래에서는 국내에서의 관리 · 지배활동과 무관하게 일정한 요건 하에서 내국법인이 외국법인의 지분을 보유하면서 그 외국법인을 통해 소득을 얻는 행위가 특정외국법인세제에 따라 그 자체로 과세대상이 되므로 여기에 별도의 조세회피목적이 인정되기는 어렵다고 보인다. 특히 후자의 경우 내국법인의 과세상의 혜택은 과세이연의 정도에 그치기 때문에 더더욱 그러하다.

다. 국내세법상 고정사업장 세제와 특정외국법인 세제

(1) 검토의 필요성

국내세법은 외국법인의 인바운드 거래와 내국법인의 아웃바운드 거래에서 발생하는 조세회피와 과세이연을 방지하기 위해서 고정사업장 세제와 특정외국법인세제를 두고 있었는데 2005년 법인세법 개정을 통해 내국법인의 판정기준으로 추가로 실질적 관리장소 기준을 도입하였다. 실질적 관리장소 기준은 문언상 인바운드 거래와 아웃바운드 거래를 구분하지 않고 외국에서 설립된 법인의 실질적 관리장소가 국내에 있으면 내국법인으로 보아 과세할 수 있는바, 기존의 고정사업장 세제와 특정외국법인세제와의 관계가 문제가 된다. 만일 실질적 관리장소 기준을 폭넓게 적용하면 고정사업장 세제와 특정외국법인세제의 적용 여지가 크게 줄어들거나 양 세제의 중복적용 가능성이 있다.

(2) 고정사업장 세제와 내국법인 세제의 관계

고정사업장 세제는 외국법인의 인바운드 거래에서 발생한 국내원천소득을 과세하기 위한 세제이다. 외국법인이 국내에 고정사업장을 설치하면 그 사업소득에 대해 우리나라가 과세권을 행사할 수 있다. 그러나 외국법인이 실질적으로 국내에서 사업활동을 하면서 수익을 창출하더라도 그 거주지국과 조세조약에 체결되어 있다면 고정사업장이 없는 이상 우리나라에서 과세할 수 없다는 것이 국제조세의 일반원칙이다. 이 경우 국내원천소득에 대한 과세회피가 발생할 수 있다.

내국법인 세제와 고정사업장 세제는 사업장소가 과세요건이 된다는 점에서 공통점이 있다. 고정사업장의 전형적인 형태는 관리장소를 두고 사업활동을 하는 경우이다. OECD 모델조세조약 등 대부분의 조세조약은 관리장소를 고정사업장에 포함된다고 명시하고 있다.[57] 실질적 관리장소는 고정사업장이 되지만 고정사업장이 있더라도 그것이 항상 실질적 관리장소가 되는 것은 아니다. 고정사업장의 대표적인 예는 생산이나 영업활동을 하는 장소이고 실질적 관리장소는 더

---

57) OECD 모델조세조약 제5조 제2항, 한·영 조세조약 제5조 제2항, 한·독 조세조약 제5조 제2항, 한·일 조세조약 제5조 제2항 등. 다만, 한·미 조세조약 제9조 제2항의 경우 관리장소를 고정사업장의 범위에 포함하고 있지 아니하다.

나아가 법인의 경영전략, 기본정책, 핵심적인 소득처분 활동 등 법인의 근본적 의사결정을 하는 장소이다. 고정사업장은 실질적 관리장소보다는 덜 중요한 결정을 하는 장소를 포함한다.[58] 내국법인 세제와 고정사업장 세제는 활동 주체와 내용에 있어서 차이가 있다. 고정사업장 세제의 적용대상에는 예비적, 보조적 사업활동 외에 모든 사업활동이 포함되고 그 활동 주체에도 특별한 제한이 없다. 내국법인 세제는 활동의 주체는 대표이사나 이사회 등 고위 임원이고 그 내용도 중요한 관리행위이어야 한다. 그 과세효과를 보면 고정사업장 세제에서는 외국법인의 고정사업장에 귀속되는 소득에 대해 과세가 이루어지는 반면, 내국법인 세제에서는 외국법인의 전세계소득이 과세된다는 점에서 차이가 있다.

이러한 내국법인 세제와 고정사업장 세제와의 관계를 어떻게 파악할지, 구체적으로 고정사업장 세제에 의하여 과세되지 않는 외국법인에 대해 내국법인 세제를 적용할 수 있는지가 문제된다. 이에 대해 내국법인 세제와 고정사업장 세제는 각기 과세요건을 별도로 검토하여 판단하면 된다는 견해가 가능하다. 이에 따르면 고정사업장 세제의 적용이 가능하지 않더라도 내국법인 세제로 과세할 수 있다는 것이다. 그러나 내국법인 세제는 고정사업장의 과세요건을 최소한 구비하여야 하고 고정사업장 세제가 적용되지 않는 외국법인에 대해 내국법인 세제를 적용하는 것은 합리적이지 않다. 외국법인의 고정사업장이 존재하면 그 법인은 고정사업장에 귀속되는 소득에 대해서만 납세의무를 부담하면 되는데 실질적 관리장소로 판단되면 전세계소득에 대해 과세된다는 점을 보더라도 그와 같은 해석이 체계적이고 논리적이다. 작은 과세가 허용되지 않는 외국법인에 대해 큰 과세가 가능하다고 보는 것은 모순이다. 그러므로 사업장소가 존재해야 되고 그 사업장소가 고정되어 있어야 하며 그 사업장소를 통해서 사업이 수행되어야 하고 사업이 예비적이거나 보조적인 것에 그치지 않아야 한다는 고정사업장의 구성요건은 실질적 관리장소 기준에서 반드시 요구되는 객관적 요건이 될 것이다.

(3) 특정외국법인 세제와 내국법인 세제의 관계

특정외국법인 세제는 내국법인의 아웃바운드거래에서 발생한 국외원천소득에 관하여 과세하기 위한 세제이다. 내국법인이 국외사업장에서 국외원천소득을 얻게 되면 그 소득은 내국법인의 전세계소득으로 과세될 수 있으나 외국법인을 설립하여 소득을 얻으면 그 법인의 소득이 내국법인에게 배당되지 않는 이상 그

---

58) 김해마중, 앞의 책, 24면.

국외원천소득에 대해 과세할 수 없다. 이 경우에는 내국법인에 대한 배당이 행해
질 때까지 국외원천소득에 대한 과세이연이 발생하는 셈이다.

특정외국법인 세제는 내국법인의 지배나 관리행위, 관리장소 자체가 과세요
건이 아니지만 특정외국법인에 대한 지배나 관리활동은 그 주주인 내국법인의
사업장에서 수행될 가능성이 상당하므로 실질적 관리활동이 수행된다는 점에서
내국법인 세제의 경우와 유사점이 있다. 다만, 특정외국법인 세제의 관리와 지배
활동의 주체는 통상 일정 이상 지분을 보유하는 특정외국법인의 주주인 내국법
인이고 내국법인 세제의 경우에는 외국법인의 대표자나 이사회라는 점에서 차이
가 있다. 그 과세효과를 보면 특정외국법인 세제는 낮은 세율을 적용받으면서 주
로 수동적 형태의 소득을 얻는 외국법인이 그 과세대상이고 그 유보소득이 내국
법인 주주의 간주배당 소득으로 과세되는데, 내국법인 세제는 전세계소득에 대해
직접 외국법인이 과세된다는 점에서 비교된다.

이러한 특정외국법인 세제와 내국법인 세제의 관계를 어떻게 보아야 하는
지, 구체적으로 특정외국법인 세제가 적용되지 않는 외국법인에 대해 내국법인
세제를 적용할 수 있는지 여부가 문제된다. 이에 대해 특정외국법인 세제와 내국
법인 세제는 각기 그 과세요건을 구비하면 되므로 서로 독자적인 과세제도라는
견해가 있다. 즉, 특정외국법인 세제는 외국법인에 대해 적용되는 것이고 만일
내국법인에 의하여 외국에서 설립한 법인이 있더라도 그 법인의 사업의 실질적
관리장소가 국내에 있다고 인정되면 그 법인은 내국법인이 되어 특정외국법인
세제는 별도로 적용될 수 없게 된다는 것이다.[59] 내국법인 세제는 특정외국법인
세제의 입법취지 등을 고려할 필요 없이 그 문언에 따라 적용하면 되고 내국법인
세제의 판정이 우선하고 그 다음에 특정외국법인 세제를 적용하면 된다는 입장
이다. 이 견해에 따르면 특정외국법인 세제가 주로 수동적 형태의 소득을 얻고
현지 사업활동이 없는 명목회사에 적용되는 사정을 고려하면 특정외국법인 세제
의 적용이 문제되는 경우에는 내국법인 세제가 우선 적용될 수 있고, 경우에 따
라 특정외국법인 세제의 적용대상이 아닌 외국법인에게도 적용될 가능성이 있다.

그러나 특정외국법인 세제의 적용대상이 되는 외국법인에 대하여 내국법인
세제를 우선적으로 적용하거나 특정외국법인 세제가 적용되지 않는 외국법인에

---

[59] 이상우, "해외법인에 대한 과세상의 취급의 문제점", 특별법연구 제12권, 사법발전재단, 2015, 306-307면.

대해 내국법인 세제를 적용하는 것으로 해석하는 것은 타당하지 않다. 외국법인의 국외원천소득에 대해서는 원칙적으로 국내 과세관청의 과세권이 없고 수동적 소득 등 일부 소득에 대해 특정외국법인 세제에 의해서 제한적으로 과세하는 것이 국내세법의 입장이며 그나마도 외국법인 자체에 대한 과세가 아니라 그 주주인 내국법인에 대한 과세 방식을 채택하였는데, 특정외국법인 세제의 적용도 되지 않는 외국법인을 내국법인으로 보아 전세계소득에 대해 과세하는 것은 논리적으로 허용될 수 없다. 특정외국법인 세제의 반대해석에 의하면 그 세제의 적용을 받지 않는 외국법인에 대해서는 과세권을 행사하지 않겠다는 의사를 표명한 것으로도 볼 수 있는 것이다. 이러한 견지에서 특별한 사정이 없는 이상 내국법인 세제와 특정외국법인 세제가 경합하면 특정외국법인 세제가 우선 적용되고 외국법인에 대해서 특정외국법인 세제가 적용되지 않으면 내국법인 세제를 적용할 수 없다고 해석하는 것이 타당하다.

라. 내국법인의 보충적 판정기준으로서 실질적 관리장소

실질적 관리장소는 불확정개념이므로 법인세법상 본점소재지 기준이 있는 상황에서 독자적인 내국법인 판정기준으로 보는 것은 법적 안정성과 예측가능성을 중대하게 침해할 가능성이 있으므로 조세조약과 국내세법의 체계적 해석에 따라 그 적용범위를 제한할 필요가 있다.

우선 조세조약상 사안별 거주지국 판정기준으로 제시된 조세회피의 의도나 목적은 인바운드 거래나 아웃바운드 거래에 있어서 실질적 관리장소의 적용범위를 제한하는데 중요하게 고려될 수 있을 것이다. 다음으로 고정사업장 세제와 특정외국법인 세제의 과세요건도 내국법인 세제의 적용을 위한 필요조건으로 해석하는 것이 타당하다. 특정외국법인 세제와 고정사업장 세제가 적용되지 않는 경우에는 내국법인 세제 역시 적용되지 못한다고 보아야 하고 고정사업장 세제와 특정외국법인 세제가 적용되는 경우 동 세제의 적용이 내국법인 세제의 적용에 우선되어야 하며 내국법인 세제는 추가적인 사정이 존재해야 적용된다고 보아야 한다.

실질적 관리장소 기준의 확대해석에 의해 내국법인을 과도하게 넓게 포섭하면 외국에서 설립된 법인이 내국법인으로 분류되어 국가간의 불필요한 과세권의 마찰을 초래할 수 있다는 점을 고려하더라도 실질적 관리장소 기준의 적용범위를 제한할 정책적 필요성이 있다. 실질적 관리장소의 포괄적 개념을 확대해석하면 당장의 세수증가에는 도움이 될지는 모르나 장기적으로 외국법인의 국내투자 등의 법적 안정성과 예측가능성이 중대하게 침해되어 우리나라의 국익을 위해서도 바람직하다고 볼 수 없다. 요컨대, 실질적 관리장소 기준은 종전의 본점 소재지기준을 보충하는 판정기준으로 이해하는 것이 바람직하다.

4. 법인세법상 실질적 관리장소의 판단기준

가. 판단기준의 선정

법인세법상 실질적 관리장소는 법인이 사업을 수행함에 있어서 중요한 관리 또는 상업적 의사결정이 실질적으로 이루어지는 장소를 의미한다. 실질적 관리장소의 개념은 내국법인의 보충적 판단기준의 관점에서 그 적용범위가 제한되어야 하고, 그 적용을 위해서는 고정사업장 세제와 특정외국법인 세제의 과세요건이 최소한 구비되어야 하며 조세조약의 사안별 거주지국 판정요소의 하나인 조세회피의 목적 내지 의도도 추가적 판단기준으로 요구된다.

법인의 활동은 법인을 구성하는 여러 요소에 의해서 파악된다. 법인의 어떠한 활동이 법인의 사업 수행에 있어 중요한 관리 또는 상업적 의사결정이 실질적으로 이루어지는 장소를 구성하는지는 객관적으로 관리의 주체, 관리의 내용, 관리의 장소, 주관적으로는 법인의 의사와 목적의 측면에서 검토되어야 한다. 보충적 판단기준의 관점에서 이러한 제반 사정을 고려하면 실질적 관리장소의 판단기준을 객관적 기준과 주관적 기준으로 나누어 볼 수 있다. 객관적 판단기준은 관리의 주체, 관리의 내용, 관리의 장소로서 고정사업장 세제와 특정외국법인 세제에서 요구되는 요소들이 최소한 필요하고 주관적 판단기준으로는 OECD 모델 조세조약에서 고려되는 조세회피의 목적 내지 의도가 요청된다.

나. 객관적 판단기준

(1) 실질적 판단

실질적 관리장소의 객관적 판단기준인 관리의 주체와 관리의 장소, 관리의 내용은 실질적으로 판단되어야 한다. 관리의 주체, 내용, 장소를 실질적으로 판단한다는 것은 법령, 정관, 계약 기타 문서의 내용보다 실제 사실관계를 우선적으로 고려해야 한다는 취지이다.[60] 만일 명목상의 대표자가 있더라도 실질적 대표자로 기능하는 자가 있다면 그 자를 기준으로 관리의 주체를 판단해야 하고, 관리장소도 등기된 장소를 의미하는 것이 아니라 실제 사용하고 있는 장소가 중요하다.

(2) 관리의 주체

관리의 장소와 내용은 관리의 주체 또는 관리자가 누구인지를 결정한 후에야 판단할 수 있다. 실질적 관리의 주체를 누구로 보아야 하는지에 대해서는 이사회가 관리주체라는 견해와 대표이사가 관리주체라는 견해가 있다. 우리나라는 주식회사의 경우 경영에 관한 최고 의사결정기관을 원칙적으로 이사회로 규정하여 이사회 중심주의를 취하고 있으므로,[61] 관리의 주체는 이사회가 된다. 다만, 정관이나 운영의 실질에 따라 법인의 의사결정이 실질적으로 이사회가 아닌 다른 사람, 예컨대 대표이사, 대주주 등에 의하여 이루어지고 이사회는 그러한 의사결정을 추인하는 역할만을 하는 경우에는 예외적으로 다른 고려를 할 여지가 있다.[62] 관리의 주체를 대표이사로 보더라도 마찬가지이다. 관리의 내용이 누구에 의해서 결정되는지에 따라 관리주체를 판단할 수 있는 것이다. 결국 관리의 주체는 법인의 정관, 의사결정과정, 관리의 내용 등을 종합해서 판단할 수밖에 없다.

고정사업장 세제의 경우 고정사업장을 구성하는 행위의 주체는 이사회나 대표이사뿐만 아니라 외국법인의 모든 임직원이다. 경우에 따라 외국법인의 임직원이 아니라 다른 계열사나 거래상대방의 직원도 그 주체가 될 수 있다. 특정외국법인 세제에는 주로 외국법인의 주주인 내국법인의 임직원이 행위의 주체가 될 것이다. 특정외국법인 세제의 경우 그 주체인 내국법인은 간주배당 과세의 대상이 되고 일정한 지분 보유가 요구된다.

(3) 관리의 내용

관리의 내용은 법인의 사업수행에 필요한 중요한 관리 및 상업적 결정을 말한다. 국세청은 이사회가 있는 장소, 법인의 최고의사결정이 이루어지는 장소, 투자구조의 목적 등 관련사실과 제반여건을 종합적으로 고려할 필요가 있다[63]고 하여 관리의 내용을 최고수준의 관리로 보고 있다. 고정사업장 세제의 경우 그 활동이 핵심적이고 중요한 활동이면 되고 예비적이거나 보조적인 활동은 고정사

---

60) 정광진, 앞의 논문, 112면.
61) 상법 제393조.
62) 정광진, 앞의 논문, 113면.
63) 서면2팀−2316, 2007. 12. 20.

업장을 구성하는 활동에 해당하지 않는다는 점과 비교된다. 특정외국법인 세제의 경우 그 활동이 있다면 주주인 내국법인의 관리활동이 될 것이다.

어떠한 활동을 객관적 기준에 해당하는 관리의 내용을 구성하는 것으로 판단할 것인지는 이론적으로 쉽지 않다. 법인의 관리의 내용은 최고수준의 의사결정부터 일상적인 관리까지 그 형태가 다양한데 어디까지를 중요한 관리로 보아야 하는지를 판단하는 문제이기 때문이다.

중요한 관리 및 통제를 관리의 내용으로 보는 영국 등 보통법 국가들은 경영전략이나 기본정책 등 사업의 최상위 결정을 우선시하고 있다. 반면 독일 등 대륙법 국가들은 전략이나 정책결정보다 일상적인 관리에 중점을 두고 있어 서로 다른 입장에 있다. 그러나 영국은 경영전략만 아니라 부동산의 매매나 임대에 관한 결정도 중요하게 고려하고 있고[64] 대륙법 국가들도 관리행위를 위험이 수반되는 중요한 일상적 관리활동을 의미한다[65]고 보고 있어 실질적인 차이는 크지 않다고 보인다.

법인의 관리 및 통제의 수준을 전략적 관리, 전략적 관리의 실행을 위한 실제관리, 일상적인 영업활동의 감독에 관한 하위관리의 3가지로 구분하고 그 중 실제관리를 거주지 판단기준의 입법론으로 제시하는 견해도 있다.[66] 그러나 중요한 관리의 내용은 법인의 전략이나 재무문제를 제외하고는 구체적으로 열거하기 어렵고 사업수행의 중요 요소는 그 사업의 속성에 따라 달라지므로 개별사안에서 결정될 필요가 있다.[67]

이상의 논의를 종합해 보면 중요한 관리는 대체로 장기적인 회사전략이나 기본정책, 재무문제, 주요재산의 처분을 결정하고 관리하는 것을 포함하고, 상업적 결정은 소득창출에 관련된 것을 의미한다고 판단된다.[68]

(4) 관리의 장소

(가) 고정사업장의 장소적 요건과 관리장소의 의미

관리의 장소는 관리주체가 관리의 내용을 수행하는 장소를 의미한다. 예컨

---

64) Robert Couzin, *Corporate Residence and International Taxation*, International Bureau of Fiscal Documentation (2002), p. 59.

65) 박만·안경봉, 앞의 논문, 169−170면.

66) Robert Couzin, op. cit., p. 58.

67) 정광진, 앞의 논문. 114면.

68) Robert Couzin, op. cit., p. 59; 이재호, "법인세법상 실질적 관리장소의 기본개념 및 판단요소", 조세학술논집 제31집 제1호, 한국국제조세협회, 2015. 2., 302면.

대 이사회가 개최되는 장소, 지배주주 또는 대표이사 등의 사무실을 말한다. 관리의 장소는 고정사업장의 구성요건을 충족하여야 한다. 고정사업장이 되기 위해서는 사업장소이어야 하고 그 장소가 고정되어야 하며 그곳에서 사업 전부 또는 일부가 수행되어야 한다. 사업장소란 외국법인이 우리나라에서 사업을 수행하기 위한 장소로서 반드시 외국법인의 소유일 필요는 없지만 외국법인이 점유하거나 사용하여야 한다. 사업이란 자신의 위험과 계산 아래 독립적 · 계속적으로 행하는 영리활동을 말한다. 비영리활동이나 종속적 활동 및 단발성 활동은 사업의 요건을 충족하지 못한다. 사업장소의 고정성은 시간적인 개념이다. 사업장소는 어느 정도 항속성이 있어야 하고 일시적이거나 단기간에 그치는 경우에는 고정성의 요건을 충족하지 못한다.[69] 항속성 요건은 사업장소 그 자체에 대한 것이라기 보다는 그 사업장소에 대한 사용에 대해 적용된다고 보아야 한다.[70] 고정사업장의 장소적 지속성에 관해 OECD 는 6개월을 기준으로 제시하고 있지만 지속성이 인정되는 기간은 사업의 내용과 국가에 따라 상이하다.[71] 나아가 외국법인의 사업의 전부 또는 일부가 사업장소에서 수행되어야 한다. 사업활동은 반드시 직원에 의해 행해질 필요는 없고 각종 설비를 통해서 역무가 제공되더라도 무방하다.[72] 실질적 관리장소 기준의 관리의 장소는 최소한 이러한 고정사업장의 장소적 요건은 구비하여야 할 것이다.

실질적 관리장소는 이사회 또는 그에 상당하는 의사결정기구가 통상적으로 열리는 장소, 최고경영자 및 중요임원들이 통상 업무를 수행하는 장소, 고위 수준의 일상적 관리가 수행되는 장소로서 사업수행에 필요한 중요한 관리 및 상업적 결정이 있는 장소를 의미한다. 회계기록이 보관되는 장소도 중요한 관리 및 상업적 결정이 이루어지는 곳으로 볼 수 있다. 회계기록은 수입과 지출에 관한 기록이나 회계장부를 의미한다. 이러한 회계기록들은 사업활동이 수행되는 곳에서 그에 수반하여 작성되는 것이므로 그 비치장소에서 중요한 관리가 이루어지고 있다는 간접사실이 될 수 있기 때문이다.[73] 회계기록이 작성되는 곳과 보관되는 곳이 다르다면 보관되는 장소라는 사정만으로 실질적 관리장소

---

69) OECD 모델조세조약 주석서 제5조 문단 28.
70) Arvid Aage Skaar, op. cit., p. 190.
71) OECD 모델조세조약 주석서 제5조 문단 28.
72) 이경근 외 2, 앞의 책, 490면.
73) 이창, 앞의 논문, 245면.

로 추정하기 어렵다는 견해가 있다.74) 그러나 과거 회계자료도 관리를 위해 유용하게 사용될 수 있으므로 그 자료가 보관되는 장소도 관리장소의 판단의 주요자료가 될 수 있다.

　법인의 최고수준의 관리기능을 국내외 복수의 장소에서 수행하는 경우 2개 이상의 실질적 관리장소를 인정할 수 있는지 여부가 문제된다. 이에 대해 법인세법은 국내의 사정만 고려하여 실질적 관리장소를 판단하면 족하고, 국내외 2개의 관리장소가 인정되는 경우 상호합의 등에 의하여 이중거주자의 거주지를 판단하는 과정이 남아 있으므로 우리나라 스스로 내국법인의 인정범위를 미리 제한할 필요가 없다는 이유로 내국법인으로 인정함이 상당하다는 견해가 있다.75) 그러나 실질적 관리장소는 무제한적 납세의무를 발생시키는 근거가 되는 것으로서 국내외의 복수의 장소에서 관리활동이 수행된다고 하더라도 무조건 국내의 관리장소를 실질적 관리장소로 인정하는 것은 바람직하지 않다. 외국의 관리장소와 비교하여 그 중요도를 판단하여 만일 외국의 관리장소가 보다 중요한 관리활동을 하였다면 그곳을 실질적 관리장소로 인정하여야 할 것이다.

　관리주체가 의사결정을 서면으로 하거나 전자적인 형태로 한 경우 관리장소의 특정이 어려운 경우가 발생할 수 있다. 이러한 경우 관리주체의 거주지를 관리장소로 정할 수밖에 없고,76) 관리주체의 거주지는 세법상의 거주지일 필요까지는 없다는 견해가 있다.77) 그러나 관리주체의 거주지는 그 개인의 거주지를 결정하는 기준의 성격이 강하고 법인의 의사결정은 관리주체의 내심의 의사가 중요한 것이 아니라 일정한 형식과 공표가 필요하므로 법인의 관리장소를 개인의 주거지를 가지고 판단하는 것보다는 그러한 의사가 법적 절차에 따라 표현되거나 객관화되어 서면화되거나 전자적 형태로 발송 내지 보관되어 있는 곳을 관리장소로 보는 것이 타당하다.

(나) 관리장소의 지속성과 관리장소의 이전

　실질적 관리장소는 연혁적으로 사업장소가 수시로 옮겨 다니는 경우에도 관리기능을 수행하는 장소는 쉽게 옮겨지지 않는다는 전제에서 나온 개념이다. 관

74) 정광진, 앞의 논문 118면.
75) 정광진, 앞의 논문, 115면.
76) Ekkehart Reimer · Alexander Rust, *Klaus Vogel on Double Taxation Conventions*, Wolters Kluwer (2015), p. 262.
77) 정광진, 앞의 논문, 117면.

리는 통상 특정의 장소에서 지속적으로 행해진다는 의미를 담고 있다. 고정사업
장 인정을 위한 요건으로 장소의 고정성을 요구하고 있으므로 내국법인 세제에
서도 당연히 이와 같은 관리의 지속성은 필요한 요소라고 할 것이다. 여기서의
전제는 관리행위를 수행하기 위해서는 기본적으로 법인의 인적, 물적 시설과의
항속적 관계가 필요하다는 것이다. 단순히 최고경영자의 의사결정이 몇 차례 있
었다고 그곳이 실질적 관리장소가 될 수는 없다.

그렇다고 실질적 관리장소는 고정불변하는 것은 아니고, 이전이 될 수 있는
장소이다. 그러면 어느 정도의 사실관계가 있어야 실질적 관리장소가 이전되는
것으로 볼 것인지가 문제이다. 이에 대해 법인의 관리 주체가 장소를 옮겨 다니
면서 사업을 수행한 경우 종래 법인의 사업과 관련된 주요한 결정을 내리는 장소
가 관리주체와의 관련성이 약화된 정도에 이르렀다면 실질적 관리장소가 이동하
였다고 봄이 타당하다는 견해가 있다.

그러나 관리 주체가 개인적인 사정으로 일시적으로 소재지를 옮긴다고 하더
라도 그에 따라 법인의 관리장소도 같이 이전된다고 볼 수는 없다. 법인을 구성
하는 다른 요소들과 종합적으로 판단되어야 한다. 실질적 관리장소는 법인의 사
업과 관련된 중요한 결정이 어느 정도 지속적으로 이루어지는 곳이므로 단지 그
장소로서의 성격이 약화되는 정도가 아니라 단절되는 정도에 이르러야 할 것이
다. 그와 같은 측면에서 일단 실질적 관리장소가 형성된 경우 그 후 관리장소의
이전을 인정하기 위해서는 단절을 인정할 만한 특별한 사정이 필요하다.

다. 주관적 판단기준

실질적 관리장소로 인정되기 위해서는 조세회피 목적 내지 의도가 있어야
한다. OECD 모델조세조약의 주석서에서 언급된 조세조약상 당해 법인을 일방
체약국의 거주자이고 타방 체약국의 거주자가 아니라고 결정하는 것이 조세조약
의 부적절한 활용을 초래할 위험으로 되는지 여부는 조세회피 목적의 존부를 간
접적으로 표현한 것이다. 여기서 조세회피 목적이란 국내조세의 회피목적을 말한
다고 할 것이다. 외국조세의 회피는 국내 과세관청에서 판단하기도 어렵고 외국
조세의 회피가 있다고 하더라도 그것이 내국법인 세제의 법리적인 과세근거가
되기에는 부족하다. 실제로도 내국법인 세제를 피하기 위한 외국법인의 행위에
외국조세의 회피목적이 있는 경우를 상정하기 어렵다.

5. 이 사건의 경우 원고의 실질적 관리장소가 국내에 있는지 여부

가. 논점의 정리

실질적 관리장소의 판단기준으로 관리의 주체, 관리의 내용 및 관리의 장소와 조세회피 목적이 필요하다. 관리의 주체는 이사회 또는 대표이사가 되는데 이 사건에서는 이사회 결의가 서면으로 이루어지고 이사들의 거주지가 싱가포르, 미국, 우리나라 등으로 다양하며, 또 규모가 그리 크지 않아서 지배주주인 A를 중심으로 하는 폐쇄회사로서의 성격이 강하다는 점에 비추어 이사회의 기능이 그다지 활성화되어 있다고 보기 어렵다. 그렇다면 관리의 주체를 이사회나 대표이사 어느 쪽에 초점을 맞추든지 이 사건에서는 결국 대표이사 A가 관리의 주체가 되고 관리의 내용과 관리장소의 측면이 주로 문제가 되었다. 쟁점 채권의 매수나 회수과정에서 A의 지시나 채권 회수 업무를 집행하는 원고 직원의 이메일 보고 내용 등을 어떻게 이해하여야 하는지가 다투어졌다. 구체적으로는 관리의 내용에 쟁점 채권의 회수업무에 관한 관리 및 결정을 포함시킬 지 여부, 국내외에서 이메일 등으로 업무를 지시하고 보고 받는 경우 관리행위의 장소를 국내로 볼 수 있는지, 원고에게 조세회피의 목적이 있는지 여부를 중심으로 논의한다.

나. 긍정설

긍정설은 싱가포르에서 설립되었다고 하더라도 다음과 같은 사정에 비추어 원고의 실질적 관리장소가 국내에 있다는 견해로서 과세관청의 주장이기도 하다.

(1) 관리의 내용

원고의 쟁점 채권 투자업무에 있어 매입업무뿐만 아니라 회수업무도 본질적이고 중요한 부분에 해당하고 회수업무에 관한 중요한 관리 및 상업적 결정을 한 장소는 국내라고 할 수 있다. 즉, 쟁점 채권은 일반 채권이 아니라 전환사채와 신주인수권부 사채로 구성되어 있다. 이러한 사채의 경우 주식을 취득할 수 있는 권리를 어떻게 행사하고 처분하는지에 따라 채권회수결과가 달라지므로 회수과정에서의 사업적 결정이 매우 중요하다.

(2) 관리의 장소

쟁점 채권의 매입업무에 관한 의사결정 등 매입 관련 관리행위가 수행된 장소의 일부는 외국이나 전체적으로 볼 때 국내라고 할 수 있다. 즉, 원고의 대표이사 A는 원고의 최고의사결정기관이고 2008년 및 2009년 중 국내에 장기간 체류하였으며 국내에서 원고의 쟁점 채권의 투자사업의 수행에 필요한 중요한 관리와 상업적 결정을 하였다. 원고의 직원은 원고의 재무담당 상무로서 2009년 국내에 장기간 체류하였고 쟁점 채권의 투자업무를 실질적으로 집행하였다.

이 사건에서 쟁점 채권 투자에 관한 중요한 의사결정을 일부 외국에서 한 사정이 있고, A가 실제 의사결정을 한 장소를 기준으로 원고의 실질적 관리장소를 특정하기 어려운 측면이 있다. 실질적 관리장소의 입법취지를 종합해 볼 때 원고의 중요 사업이 수행된 장소이고 A가 2009년 중 상시적으로 체류한 장소인 우리나라를 원고의 실질적 관리장소로 취급하는 것이 상당하고 이 경우 특별한 사정이 없는 한 A의 국내사무실이 마련되었던 D사의 사무실을 원고의 실질적 관리장소라고 할 수 있다.

또한 원고는 2009년에 쟁점 채권 투자업무 외에 다른 사업을 수행한 바 없고 싱가포르 사무실은 A의 아들의 주거용으로 사용되고 있을 뿐 원고의 임직원이 아무도 싱가포르에 상주하고 있지 않다. 따라서 싱가포르는 2009년에는 더 이상 실질적 관리장소로 볼 수 없거나 원고의 실질적 관리장소로서의 성격이 약화되었다.

(3) 조세회피의 목적

원고는 쟁점 채권 투자로부터 얻은 소득을 싱가포르에서 1회성의 채권양도소득으로 신고함으로써 과세를 면하고 동시에 우리나라에서는 외국법인으로서 외화표시채권의 이자에 대한 법인세를 면제받는 방법으로 쟁점 채권 투자로 얻은 소득에 대해 어느 나라에도 세금을 납부하지 않았으므로 조세회피 목적이 있다.

다. 부정설

부정설은 원고의 실질적 관리장소가 국내에 존재하지 않는다는 입장으로 원심판결의 견해이다. 그 논거로는 다음과 같은 점이 제시된다.

(1) 관리의 내용

쟁점 채권의 투자사업에서 본질적이고 중요한 부분은 채권매수업무이다. 홍콩지점에서 국내 비거주자를 상대로 급매물로 내놓은 쟁점 채권을 입수할 수 있는 투자정보를 취득하여 저가로 이를 매수한 것이 쟁점 채권의 투자와 관련하여 본질적이고 중요한 부분이다. 원고가 매수한 쟁점 채권의 회수업무는 다분히 기계적이고 반복적인 단순업무에 불과하다.

(2) 관리의 장소

원고의 이사회나 이와 동일한 조직의 모임이 통상적으로 개최되는 장소는 국내라고 단정할 수 없다. 이사회 구성원 3인 중 B를 제외한 나머지 2인은 국내 거주자가 아니고 2009년 동안 원고의 이사회는 국내에서 개최된 바가 없으며 이 사회 구성원들 사이에 이메일로 이루어졌다. 이러한 이메일은 국내 및 국외에서 발송되었으므로 원고의 이사회는 국내외에서 이루어졌다고 보아야 한다.

원고의 대표이사가 통상적으로 활동을 수행한 장소도 국내가 아니다. A는 수차례 국외로 이동하였고 그 과정에서 쟁점 채권 매입과 관련하여 메일로 지시 하거나 보고를 받았다. 2009. 9.경부터 D사 사무실에 A의 사무실을 두었으나 대 부분의 쟁점 채권 회수업무는 종결된 상태였다. 회계기록이 보관되어 있는 장소 가 국내가 아니다. 쟁점 채권 관련 자료만이 D사 사무실에 보관되어 있을 뿐 그 외 회계자료가 국내에 보관되어있다는 점에 대한 입증이 없다.

쟁점 채권 매입과 회수업무만으로 원고의 실질적 관리장소가 종전 싱가포르 에서 국내로 이동하였다고 보기 어렵다. 쟁점 채권의 매입과 회수업무는 2009. 1. 5.부터 2009. 9.경까지인데 이 정도의 기간은 본점 또는 주사무소의 소재지와 같이 지속성을 가진다고 하기 어렵다. 원고는 2009년에 쟁점 채권 투자업무 외에 케냐에서의 에너지 관련사업, 미국 및 싱가포르에서의 부동산 투자사업 등을 추 진함으로써 싱가포르에서의 관리를 계속하고 있었으므로 쟁점 채권 투자업무를 국내에서 수행하였다는 사실만으로 종전 싱가포르와의 관련성이 끊어졌다고 볼 수 없다.

(3) 조세회피의 목적

원고는 국내에서 증권거래세 및 이자소득세를 부담하고 있었고 D사가 아 니라 원고가 쟁점 채권을 취득한 것은 홍콩지점이 채권 취득의 자격요건을 비 거주자로 한정하였기 때문이다. 결국 원고에게는 조세회피 목적은 인정되지 않 는다.

6. 대상판결의 의미와 평가

대상판결은 내국법인과 외국법인을 구분하는 실질적 관리장소란 법인의 사 업수행에 필요한 중요한 관리 및 상업적 결정이 이루어지는 장소라고 하여 실질적 관리장소의 의미를 밝히면서 그 판단기준으로 위 중요한 관리 및 상업적 결정이란 법인의 장기적인 경영전략, 기본정책, 기업재무와 투자, 주요재산의 관리·처분, 핵심적인 소득창출활동 등을 결정하고 관리하는 것이라고 하여 관리의 내용에 대해서 구체적으로 판시하였다. 나아가 법인의 실질적 관리장소는 이사회가 개최되는 장소, 최고경영자가 업무를 수행하는 장소, 고위관리자의 관리가 수행되는 장소 회계서류가 일상적으로 기록·보관되는 장소라고 하여 이사회, 최고경영자 및 고위관리자가 관리의 주체가 되고 그 관리의 주체가 통상적, 일상적으로 업무를 수행하는 장소일 것을 요구하여 관리의 장소에 대해 시간적, 장소적 지속성이 필요하다고 보았다. 실질적 관리장소의 이전에 대해서도 종전 실질적 관리장소와의 관계가 단절되는 것으로 보이는 사정이 있어야 이를 인정할 수 있다고 하여 그 이전의 경우를 제한적으로 파악하였다.

대상판결은 법인의 실질적 관리장소에 관한 추상적 법리와 구체적 판단기준을 명시적으로 선언한 최초의 선례이다. 즉, 대상판결은 실질적 관리장소의 판단기준인 관리의 주체, 관리의 장소 및 관리의 내용에 대한 구체적인 요소를 제시하면서 관리의 장소와 내용에 대해 시간적, 장소적 지속성을 갖출 것을 요구하였고 외국에서 실질적 관리장소를 두었던 외국법인을 내국법인으로 판정하기 위해서는 종전의 관리장소와의 단절이라는 엄격한 기준이 필요하다고 보았다는 점에서 중요한 의미가 있다. 특히 외국에서 설립된 법인을 실질적 관리장소를 이유로 내국법인으로 판단하는 것은 납세자의 법적 안정성과 예측가능성을 침해하고 국가간 과세권 분쟁을 초래할 수 있으므로 최대한 신중을 기할 필요가 있다는 점에서 대상판결의 판시는 타당하다.

다만, 대상판결은 보다 근본적인 문제, 즉 실질적 관리장소 기준과의 관계를 어떻게 보는 것이 타당할 것인지에 대한 명시적인 판단을 하지 않았다는 점에서 아쉬움이 있다. 앞서 논의한 바와 같이 국내세법상의 고정사업장 세제와 특정외국법인 세제와의 체계적 해석에 비추어 볼 때, 실질적 관리장소기준은 본점소재지 기준의 보충적 판단기준에 해당한다고 보는 것이 타당하다. 대상판결의 판시 내용에서 간접적으로 실질적 관리장소 기준의 보충적 성격을 추론해 볼 수는 있지만 그 법적 성격에 대한 판단이 추가되었으면 보다 의미있는 판결이 되었을 것이다. 또한 대상판결은 원고의 싱가포르에서의 세금납부 등의 사정을 언급한 점에 비추어 조세회피 목적도 그 판단의 고려사항으로 삼은 것으로 보이나 구체적인 판단기준으로 설시하지는 않았는바, 조세회피 목적에 대한 판시도 보완이 되어야 할 부분이다.

Ⅳ. 결 어

법인세법상 실질적 관리장소는 포괄적 개념으로 그 적용범위를 어디까지 인정할 것인지가 도입초기부터 문제가 되어 왔는데, 그 논의의 출발점은 국내세법의 외국법인 과세제도, 즉 고정사업장 세제 및 특정외국법인 세제와 비교·분석을 하는 일이 될 것이다. 포괄적 과세조항의 해석에 대해 대법원은 엔화스왑예금의 선물환차익이 소득세법상 이자소득에 해당되는지가 문제된 사건에서 관련 조항과의 체계적인 해석을 통해 그 적용범위를 제한한바 있다. 위 사건에서 대법원은 이자소득에 대한 유형별 포괄주의 과세조항의 적용범위와 관련하여 동 조항이 포괄적으로 규정되어 있지만 외환의 환매차익은 그 이자소득의 하나로 열거되어 있는 채권이나 증권의 환매차익과 유사한 것으로 볼 수 없어 이에 대해서는 동 과세조항이 적용될 수 없다고 판시하였다. 위 대법원 판결은 전체 세법의 체계상 당해 조항이 개별세법에서 예외적인 성격을 가지고 있는지 여부, 당해 조항과 중첩가능성이 있는 다른 조항이 존재하는지 여부, 그리고 당해 조항의 체계상 선행 열거조항의 지위와 과세대상의 특정 여부, 선행 열거조항이 과세대상을 창설한 것인지 여부, 납세자의 예측가능성과 집행가능성 등을 고려하여 이자소득에 관한 유형적 포괄주의 과세조항을 해석하였다고 볼 수 있는바, 실질적 관리장소의 제한적 해석 기준의 마련에도 유의미한 아이디어를 제공할 수 있을 것으로 사료된다.[78] 향후 추가적인 연구와 분석이 축적되어 실질적 관리장소의 법적 의미와 외국법인 과세제도와의 관계를 고려한 구체적인 판단기준이 제시되기를 기대해 본다.

---

[78] 자세한 내용에 대해서는 백제흠, "유형적 포괄주의 과세조항의 해석과 그 한계", BLF 제57호, 서울대학교 금융법센터, 2016 참조.

계약의 해약으로 지급받은 선박선수금이자가 외국법인의 국내원천 기타소득에 해당하는지 여부*

〈대법원 2019. 4. 23. 선고 2017두48482 판결〉

Ⅰ. 대상판결의 개요

1. 사실관계의 요지와 처분의 경위

국내조선사들은 2007. 5.경부터 2011. 1.경까지 외국선주사들로부터 총 12척의 선박건조를 도급받는 계약(이하 '이 사건 선박건조계약')을 체결하였는데, 위 계약에는 외국선주사들은 선박건조 완료 전에 국내조선사들에게 선박대금 일부를 선수금으로 지급하고, 국내조선사들은 자신들의 사유로 계약이 종료되면 외국선주사들에게 선수금 및 그에 대한 연 6%~7%의 이자를 환급하여야 하며, 그 경우 쌍방의 상대방에 대한 모든 의무 및 책임이 면제되고 준거법은 영국법으로 한다고 규정되어 있었다.

원고는 국내금융기관으로서 2007. 7.경부터 2011. 3.경까지 위 국내조선사들의 외국선주사들에 대한 선수금 및 그 이자의 지급채무를 보증하였다(이하 '이 사건 보증계약').

그 후 외국선주사들은 국내조선사들의 선박인도 등이 지연되자 이 사건 선박건조계약을 해제하였고, 원고는 2009. 6.경부터 2011. 7.경까지 외국선주사들에게 국내조선사들이 수령한 선수금과 그 이자(이하 '쟁점 선수금' 및 '쟁점 선수금이자')를 지급하였다.

---

* 법률신문 제4902호 (2021. 6. 28.)

피고는 쟁점 선수금이자가 구 법인세법(2011. 12. 31. 법률 제11128호로 개정되기 전의 것) 제93조 제10호 나목 및 구 법인세법 시행령(2010. 12. 30. 대통령령 제22577호로 개정된 것) 제132조 제10항 등(이하 '쟁점 조항')이 규정하는 국내원천 기타소득에 해당하는데도 원고가 그에 대한 원천징수를 하지 않았다는 이유로, 원고에게 2009 내지 2011 사업연도 원천징수법인세 및 이에 대한 가산세를 징수·부과하였다(이하 '이 사건 처분').

2. 대상판결의 요지

대법원은 쟁점 조항이 국내원천 기타소득으로 규정하는 '재산권에 관한 계약의 위약 또는 해약으로 인하여 지급받는 손해배상으로서 그 명목 여하에 불구하고 본래의 계약내용이 되는 지급자체에 대한 손해를 넘어 배상받는 금전 또는 기타 물품의 가액'에 관하여 재산권에 관한 계약의 위약 또는 해약으로 인하여 지급받는 위약금과 배상금이 계약상대방의 채무불이행 등으로 인하여 발생한 재산의 실제 감소액에 대한 배상으로서 순자산의 증가가 없는 경우에는 '본래의 계약내용이 되는 지급자체에 대한 손해'에 해당하여 이를 기타소득으로 볼 수 없지만, 이를 초과하여 위약금과 배상금을 지급받았다면 이는 손해의 전보를 넘어 새로운 수입이나 소득을 발생시키므로 국내원천 기타소득으로서 과세대상이 된다고 판시한 다음, 쟁점 선수금이자는 외국선주사들이 선수금을 조달하는 과정에서 통상 부담하게 되는 금융비용과 계약체결 과정에서 지출하게 된 비용 등에 대한 전보로서 지급이 예정되어 있었던 것으로, 선박대금 선지급에 따라 현실적으로 발생한 손해의 합리적인 범위 내에 있으므로 쟁점 선수금이자는 외국선주사들이 실제로 입은 손해를 회복시키는 손해배상금으로 보아야 한다고 판단하였다.

Ⅱ. 대상판결의 평석

1. 문제의 소재와 이 사건 쟁점

전세계소득에 대해 납세의무를 부담하는 내국법인과 달리 외국법인은 법인세법에서 규정하는 국내원천소득에 대해서만 제한적으로 납세의무를 부담한다. 구 법인세법 제93조는 외국법인의 국내원천소득의 종류를 열거하고 있는데, 그 중 쟁점 조항은 재산권에 관한 계약의 위약 또는 해약으로 인하여 지급받는 손해배상으로서 본래의 계약내용이 되는 지급 자체에 대한 손해를 넘어 배상받는 금전을 국내원천 기타소득으로 규정하고 있다.

쟁점 선수금이자는 선박건조계약에 따라 수령한 선수금을 반환하는 경우에 가산하여 지급되는 금액으로서 쟁점 선수금이자가 외국법인의 국내원천소득에 해당하는 경우에 한하여 그 소득의 지급자인 원고가 원천징수의무를 부담하게 되므로 쟁점 선수금이자가 쟁점 조항의 외국법인의 국내원천 기타소득에 해당하는지 여부가 이 사건의 쟁점이 된다.

2. 선박건조계약과 선수금이자의 성격

선박건조에는 장기간 막대한 자금이 소요된다. 통상 선주사는 선박의 자산가치 등을 담보로 자금을 조달하여 조선사에게 선수금을 지급하는데, 선박건조 과정에서 일정한 문제가 생기면 조선사는 선수금을 반환하여야 한다. 선수금반환 의무는 조선사의 요청을 받은 금융기관이 외국선주사와 선박선수금환급보증계약을 체결하는 방식으로 담보된다. 조선사와 금융기관은 선수금 반환시에 선수금이자를 가산하여 지급한다. 선수금이자는 선주사가 선수금을 조달하는 과정에서 발생한 선박금융비용 등과 연계되어 변동이율 등에 따라 산정된다. 선수금과 선수금이자가 반환되면 선박건조계약상 당사자들은 모두 면책된다.

3. 쟁점 조항의 국내원천 기타소득의 의미

쟁점 조항의 국내원천 기타소득에 해당하기 위해서는 재산권에 관한 계약의 위약 또는 해약으로 지급받는 손해배상금이어야 한다는 '해약배상 요건' 및 본래의 계약내용이 되는 지급 자체에 대한 손해를 넘어 배상받는 금전이어야 한다는 '초과배상 요건'을 갖추어야 한다. 대법원은 외국법인이 고등훈련기 양산참여권의 포기대가로 금전을 받은 사안에서, 위 금전은 해약배상 요건을 충족하고 외국법인 장차 양산사업에 참여하였을 경우 얻은 기대이익에 대한 배상금이므로 초과배상 요건도 해당하여 쟁점 조항의 국내원천 기타소득에 해당한다는 취지로 판시하였다(대법원 2010. 4. 29. 선고 2007두19447 판결). 쟁점 조항의 국내원천 기타소득은 소득세법에서 기타소득으로 규정하는 위약금, 배상금과 거의 동일하게 정의되어 있다(소득세법 시행령 제41조 제8항). 헌법재판소는 위 초과배상에 관하여 계약상대방의 채무불이행으로 인하여 발생한 재산의 실제 감소액(적극적 손해)을 넘는 것, 즉 채무가 이행되었더라면 얻었을 재산의 증가액(소극적 손해)을 의미한다고 해석하였다(헌법재판소 2010. 2. 25. 선고 2008헌바79 결정). 대법원은 이행지체로 인한 변제기 이후의 지연손해금은 기타소득에 해당하지만(대법원 1997. 3. 28. 선고 95누7406 판결) 법정해제나 약정해제권의 행사에 따른 민법 제548조 제2항의 법정이자는 기타소득에 해당하지 않는다고 하였고(대법원 2014. 12. 11. 선고 2014두41145 판결), 매매계약의 합의해제에 따라 기지급 금액을 넘는 금원을 지급받는 사안에서는 구체적 내용에 따라 현실적 손해 보전의 경우인지를 따져 기타소득 해당여부를 판단하고 있다(대법원 2010. 10. 28. 선고 2010두11979 판결, 대법원 2018. 5. 30. 선고 2018두33470 판결). 대법원은 초과배상 요건에 관하여 일의적 잣대를 택하지 않고 사안에 따라 순자산 증가 여부를 가지고 판단하는 것으로 사료된다.

4. 쟁점 선수금이자가 쟁점 조항의 국내원천 기타소득에 해당하는지 여부

이 사건 선박건조계약의 준거법인 영국법에 따르면 쟁점 선수금이자는 영국법상 손해배상예정을 의미하는 Liquidated Damages로서 쟁점 선수금과 그 이자를 환급하는 경우 국내조선사들은 외국선주사들에 대한 모든 법적 책임이 면제되므로 '해약배상'에 해당한다는 점에 대해서는 별다른 다툼이 없는 반면 '초과배상' 해당 여부에 대해서는 긍정설과 부정설이 대립하고 있다.

긍정설은 외국선주사들은 선박건조계약의 해제로 인하여 국내조선사들에 지급하였다가 돌려 받지 못한 쟁점 선수금 자체의 적극적 손해는 원고로부터 쟁점 선수금 상당액을 지급받으면서 배상받은 것이지만 쟁점 선수금이자는 외국선주사들이 쟁점 선수금을 다른 곳에 사용하지 못하여 입게 되는 이자 상당액의 소극적 손해를 배상하기 위하여 지급된 것이므로 쟁점 선수금이자는 지급자체에 대한 손해를 넘어서는 금전에 해당한다는 것이다.

부정설은 일반적인 선박금융구조에 비추어 쟁점 선수금이자는 외국선주사들이 쟁점 선수금을 조달하는 과정에서 부담하는 금융비용 등을 전보하기 위한 금원으로 실제로 입은 손해는 넘어서 지급되는 것이 아니라 실제로 발생한 순자산 감소를 회복시키는 것이고 가사 쟁점 선수금이자 중 재산상 감소액을 초과하여 손해를 배상하는 금액이 포함되어 있어 이를 기타소득에 포함시켜야 한다고 하더라도 이에 대한 입증책임은 과세관청이 있으므로 피고가 이를 특정하여 입증하지 않는 이상 이 사건 처분 전부가 위법하다는 것이다. 대상판결의 입장이기도 하다.

5. 대상판결에 대한 평가

대상판결은 선박건조계약의 해제에 따라 원고가 외국선주사들에게 지급한 쟁점 선수금이자가 외국선주사들의 순자산 감소를 회복시키는 손해배상금으로서 초과배상 요건을 충족하지 못하여 국내원천 기타소득에 해당하지 않는다고 판시한 최초의 선례이다. 쟁점 선수금이자의 기타소득 해당 여부를 외국선주사들과 국내조선사들 사이의 거래를 포함하여 선박금융 과정에서 체결되는 모든 거래를 고려하여 원천납세의무자에 해당하는 외국법인의 순자산 증가의 관점에서 쟁점 선수금이자의 성격을 판단하였다는 점에서 소득과세원칙에 입각하여 국내원천 기타소득의 법리를 발전시켰다고 평가된다. 또한, 절차적 측면에서 쟁점 선수금 이자가 외국법인의 순자산을 증가시켰다는 점에 대한 입증책임이 과세관청에 있다고 판단한 부분도 입증책임원칙에 충실한 것으로 의미가 크다. 다만, 이 사건의 경우 선박금융의 구조에 비추어 쟁점 선수금이자는 일응 순자산감소에 대한 전보로 파악할 수 있지만 유사사건에서는 순자산감소에 대한 회복여부와 입증의 문제는 구체적 사정을 들여다보고 판단해야 할 것이다. 대상판결의 논거와 결론에 동의한다.

해외금융계좌 신고제도의 주요 쟁점과 개선방안*

I. 서 론

해외금융계좌 신고제도(이하 '쟁점 신고제도'라고도 한다)는 2010년 국제조세조정에 관한 법률(이하 '국제조세조정법')에 의하여 도입되어 그 다음해부터 시행되었는데, 그 제도 운영의 역사가 어느덧 10년이 다 되어 간다. 국세청 통계자료 기준 2011년 신고인원 525명, 신고금액 11.5조 원이던 해외금융계좌 신고(이하 '쟁점 신고'라고도 한다)가 2020년에는 신고인원 2,685명, 신고금액 59.9조 원으로 증가하였다.[1] 2020년 신고계좌 유형별 비율을 보면 예·적금 등 현금성 자산이 29.2조 원으로 약 48.8%를, 주식이 25조 원으로 약 41.7%를, 파생상품 및 그 밖의 자산이 5.7조 원으로 약 9.5%를 차지하고 있다. 한편, 쟁점 신고의 불이행을 이유로 2011년부터 2020년 상반기까지 미신고자 382명에게 1,125억 원의 과태료가 부과되었고, 그동안 58명이 형사고발 되었으며, 7명은 그 명단이 공개되기도 하는 등[2] 쟁점 신고제도는 국제조세 분야의 중요한 절차적 제도로서 자리잡아 가고 있다.

해외금융계좌 신고제도는 국제거래의 증가에 따라 발생하는 거주자의 역외세원에 대한 관리를 강화함으로써 거주자의 국외원천소득의 탈루를 방지하기 위한 목적에서 도입되었다. 그동안 쟁점 신고제도에 대해서는 대체로 그 적용 범위의 확대와 제재의 강화 방향으로 여러 차례 개정 작업이 이루어져 왔는데, 그 신고제도의 개편 방향에 관하여 큰 틀에서 두 가지의 견해가 대립되고 있다. 먼저,

---

* 국제조세연구 제1집 (2020. 10.)

1) 특히 2019년도부터 신고자 숫자가 급증하였는데, 이는 해외금융계좌 신고 기준금액이 2017년 10억 원에서 2018년 5억 원으로 인하됨에 따른 것으로 보인다.

2) 국세청, 올해 해외금융계좌 신고결과 지난해보다 신고인원 24% 증가 보도참고자료, 2020. 9. 10.

해외금융계좌 신고제도를 더욱 강화하자는 입장으로 쟁점 신고제도는 수차례의 개정에도 불구하고 다른 외국의 유사 제도와 비교하여 볼 때 그 적용 범위와 제재의 정도가 여전히 낮으므로 그 적용 범위를 확대하고 제재의 수준을 높여야 한다는 견해3)와, 이와 반대로 쟁점 신고제도의 적용범위와 제재의 수위 등을 완화하자는 입장으로 과세관청에서 별도의 역외 과세정보 수집의 수단이 구비되어 있음에도 쟁점 신고제도의 신고대상자를 넓혀 과중한 제재를 하는 것은 재고가 필요하다는 견해가 있다.4) 또한 쟁점 신고제도의 신고의무자, 신고대상 및 신고방법, 위반시의 제재 등 구체적 쟁점에 대해서도 다양한 견해가 제시되고 있다.

해외금융계좌 신고제도의 도입 10주년을 맞이하는 시점에서 국제조세 분야의 중요한 제도로 자리잡아 가는 쟁점 신고제도의 기본적 개편방향과 그 제도의 구체적인 쟁점에 대하여 분석하여 합리적인 개선방안을 모색해 보는 것은 의미가 크다고 사료된다. 이 글에서는 우리나라의 쟁점 신고제도의 의의와 법적 성격을 먼저 살펴보고 헌법과 관련 법률 및 외국의 입법례에 대한 체계적인 비교·검토를 통하여 그 제도의 정당성을 평가한 다음 그에 터잡아 해외금융계좌 신고제도의 주요 쟁점에 대한 개선방안에 관하여 논의하고자 한다.

II. 해외금융계좌 신고제도의 개요와 현황

1. 해외금융계좌 신고제도의 의의

가. 해외금융계좌 신고제도의 개념과 그 도입 경위

해외금융계좌 신고제도는 납세자가 해외에 보유하고 있는 금융계좌를 국세청에 신고하는 의무를 지우는 제도이다. 2010년 역외탈세의 방지와 과세형평성의 제고를 위한 역외금융정보의 수집방안으로 국제조세 절차법5)의 신규제도로서

---

3) 김태경·변혜정, "해외금융계좌신고제도의 문제점 및 개선방안", 원광법학 제31권 제1호, 원광대학교 법학연구소, 2015 3., 175-176면; 오윤·이진영, "해외금융계좌신고제도 개선방안", 조세학술논집 제28집 제1호, 한국국제조세협회, 2012. 2., 164면.

4) 권오성, "해외금융계좌 신고의무에 관한 과태료 부과에 관한 소고", 세무와 회계연구 제3권 제2호, 한국세무사회 한국조세연구소, 2014 2., 153면; 백새봄, "해외금융계좌 신고제도에 관한 몇 가지 쟁점", 조세법의 쟁점 제4호, 경인문화사, 2020, 111면.

5) 국제조세 실체법이란 국제조세법상의 권리와 의무의 발생이나 소멸·변동 등을 규정한 법률이고, 국제조세 절차법이란 국제조세 실체법에서 규정하는 권리와 의무의 행사나 이행에 관한 절차를 규정한 법률이다. 국제조세법 및 국제조세 실체법과 국제조세 절차법에 관한 자세한 내용

국제조세조정법에 도입되었다. 당초에는 잔액 합계가 10억 원을 초과하는 해외금융계좌가 신고대상이었는데, 현재는 거주자 및 내국법인이 직전 연도에 보유한 각 해외금융계좌 잔액 합계가 매월 말일 중 어느 하루라도 5억 원을 넘었다면 다음 해 6. 1.부터 6. 30.까지 관할세무서장에게 해외금융계좌 정보를 신고하여야 한다.[6] 해외금융계좌 신고의무의 위반 등에 대해서는 위반금액의 20% 이하의 과태료가 부과되고[7] 그 위반금액이 50억 원을 초과하는 경우 2년 이하의 징역 또는 위반금액의 13% 이상 20% 이하의 벌금에 처하는 형사처벌이 행해질 수 있으며[8] 성명·나이·직업·주소·위반금액 등 인적사항에 관한 명단공개의 제재가 따를 수 있다.[9] 또한, 신고의무자는 위반금액의 출처에 대하여 소명의무를 부담하는데 이를 소명하지 않거나 거짓으로 소명하면 그 금액의 20%에 상당하는 과태료가 부과된다.[10]

　　해외금융계좌 신고제도는 미국의 해외금융계좌 신고제도(Report of Foreign Bank and Financial Accounts, 'FBAR')에서 유래하는데, FBAR는 1970년 제정된 미국의 은행비밀보호법(Bank Records and Foreign Transactions Act)에 의하여 최초로 도입되었다. 도입 당시에는 테러단체의 자금 추적과 자금세탁 방지 등에 방점이 있었으나 2003년 금융범죄집행국(Financial Crimes and Enforcement Network, 'FinCEN')[11]이 가지는 FBAR의 집행권한이 국세청(Internal Revenue Service, 'IRS')에 이관되면서 국제적 조세회피의 방지가 핵심 목표로 되었다.

　　우리나라에서도 1990년대 중반부터 국제거래가 양적으로 증가하고 질적으로 다양해지면서 국제적 조세회피행위에 대한 전반적인 규제가 증가하였는데, 우리 정부는 대외적으로는 역외과세정보 수집을 위하여 경제협력개발기구(Organization for Economic Cooperation and Development, 'OECD')를 중심으로 추진되고 있는 국가간 조세정보 자동교환에 관한 논의에 적극적으로 참여함과 동시에, 대내적으로는 미국에서 오래 전부터 시행되고 있는 FBAR를 참고하여 납세

　　은 백제흠, "국제조세법의 체계와 그 개편방안에 관한 연혁적 고찰", 조세학술논집 제36집 제2호, 한국국제조세협회, 2020. 6., 6－9면 참조.
  6) 국제조세조정법 제34조 제1항.
  7) 국제조세조정법 제35조 제1항.
  8) 조세범 처벌법 제16조.
  9) 국세기본법 제85조의5 제1항 제4호.
 10) 국제조세조정법 제35조 제2항.
 11) 우리나라 금융정보분석원과 유사한 기구이다.

자로부터 직접적인 역외금융정보를 수집하는 해외금융계좌 신고제도를 도입하게 된 것이다.

거주자의 역외 금융정보의 수집 필요성은 거주지국 내지 속인주의 과세원칙을 취하는 국가에서 현저하다. 국외원천소득에 대해서 비과세하는 원천지국 내지 속지주의 과세원칙을 채택한 국가와는 달리 거주자의 전세계소득에 대한 과세권을 가지는 거주지국의 과세관청은 거주자의 국외원천소득에 대한 적정한 과세를 위하여 역외 과세정보의 수집 필요성이 있기 때문이다.[12] 국제거래는 둘 이상의 과세관할에서 이루어지는 것으로 거주지국의 과세관청으로서는 원천지국으로부터 그 과세정보의 수집에 관하여 원활한 협조를 받는 것이 쉽지 않기 때문에 추가로 거주자에게 해외금융계좌에 관한 정보에 대한 신고의무를 부여하는 것이 요청된다. 거주자의 국외원천소득은 일반적으로 아웃바운드 거래를 통하여 발생되는데, 그 거래과정에서 거주자가 비거주자 등으로부터 그 대금의 일부를 조세피난처에 소재한 해외금융기관의 계좌를 통하여 편법적으로 수취하는 등의 국제적 조세회피 행위가 발생할 수 있다.

거주자의 해외금융계좌가 신고의무자의 신고나 국가간 금융정보 자동교환 등을 통하여 확인되면 우선적으로 과세관청에서는 그 계좌에서 발생하는 이자소득이나 배당소득이 제대로 신고되었는지 여부를 확인하고, 나아가 그 계좌금액 자체에 대한 소득세 등 신고가 제대로 이루어졌는지를 검증하게 되며, 위반사항이 발생하면 소득세 등을 추징하거나 과태료 부과와 형사고발 등의 조치를 행하게 된다.

나. 해외금융계좌 신고제도의 법적 성격

(1) 행정법상 자기완결적 신고와 사실파악형 신고

해외금융계좌 신고는 신고의무자가 과세관청에 대해서 해외금융계좌에 대한 정보를 통지함으로써 공법적 효과가 발생하는 행정법상 신고이다.[13] 쟁점 신고

---

12) 거주자나 비거주자 모두 국내원천소득에 대한 납세의무를 부담하지만 거주자에 대해서 쟁점 신고의무를 부과하는 것은 거주자가 비거주자와는 달리 국외원천소득에 대한 납세의무를 별도로 부담하기 때문이다. 물론 거주자의 국내원천소득이 다른 경로로 국경을 넘어 이탈하여 해외금융계좌에 예치하고 있는 경우도 상정해 볼 수 있으나 국내원천소득에 대해서는 그 소득이 발생한 이상 국내 과세관청은 그에 대한 과세정보의 파악 가능성이 상대적으로 용이하고 이는 비거주자의 국내원천소득의 경우에도 마찬가지이므로 국내원천소득의 역외 금융계좌 예치분에 대한 과세정보의 파악은 쟁점 신고제도의 중점 대상은 아니다.

에 의하여 공법적 효과가 발생하므로 단순한 사실행위로서의 신고와는 구분된다. 해외금융계좌 신고는 관할 세무서장의 수리를 요하지 않는다는 점에서 자기완결적 신고에 해당한다.[14) 따라서 그 신고서가 관할 세무서장에게 도달할 때 법적 효과가 발생한다. 해외금융계좌 신고는 금융계좌나 금융자산의 취득이나 보유를 사전에 허가대상으로 삼기 위한 것은 아니므로 이는 해외금융계좌의 취득이나 보유를 규제하기 위한 규제적 신고가 아니고 그 취득이나 보유사실의 파악을 위한 사실파악형 신고이다.

수리를 요하는 신고나 규제적 신고의 경우 신고를 하지 않고 신고대상 행위를 한다면 당해 행위는 법 질서에 위반하는 것이 되므로 일반적으로 형사처벌의 대상이 되고 위법행위에 대하여 시정명령이 발동된다. 반면, 자기완결적 신고 또는 사실파악형 신고에서는 신고를 하지 않고 신고의무 있는 행위를 하더라도 그 행위 자체가 위법한 것으로 되지 않으므로 그에 대해 형사처벌 대신 신고의무 미이행을 이유로 과태료가 부과된다.[15) 해외금융계좌 신고는 자기완결적 신고이고 사실파악형 신고이므로 신고의무 위반은 외국환거래법 등 다른 법률의 위반 소지는 별론으로 하고 그 신고대상 행위인 해외금융계좌에 금융자산을 예치하여 보유한 행위 자체가 위법한 것으로 되지는 않고, 그 위반행위에 대해서도 과태료 수준의 제재가 수반되어야 한다.

(2) 납세의무에 대한 보충적 의무로서의 신고

해외금융계좌 신고제도는 거주자의 전세계소득에 대한 과세권의 적정한 행사를 위한 것이므로 거주지국 과세원칙을 취하는 국가에서 의미가 있는 제도이다. 만일 국외원천소득에 대한 납세의무를 부담하지 않는 비거주자에 대하여 그 국외원천소득에 관하여 해외금융계좌 신고의무를 부담시킨다면 다른 국가의 과세주권과의 충돌 문제도 야기될 수 있다. 거주지국 과세원칙에 의하면 거주자는 국외원천소득에 대해서도 납세의무를 부담하므로 거주지국 과세관청은 거주자의 아웃바운드 거래에서 발생한 소득에 대하여 해외금융계좌 신고제도 등을 통하여 과세정보를 입수할 필요성이 있다. 그러나 해외금융계좌 신고제도는 그 자체가 존치의 목적이 아니고 거주자의 국외원천소득에 대한 적정한 납세의무 이행의

---

13) 류지태 · 박종수, 행정법신론, 박영사, 2010, 129면.

14) 김철용, 행정법, 고시계사, 2013, 108면.

15) 박균성, "행정법상 신고", 고시연구 제26권 제11호, 고시연구사, 1999. 4., 31면; 김학세, "행정법상 신고제도", 변호사 제32집, 서울지방변호사회, 2002. 1., 14-15면.

수단으로 도입되었다는 점에서 거주자의 납세의무에 대한 보완적 내지 보충적 성격을 가진다. 납세의무의 이행 확보를 위한 보충적 제도이므로 그 신고의무 이행 자체가 중요한 것이 아니고 쟁점 신고가 행해지거나 그 위반금액이 추후 적발되면 거주자의 해외금융계좌 금액에 대한 세무신고의 이행 여부 등에 대한 세무조사가 진행되는 것이 일반적이다.

다. 해외금융계좌 신고제도에 대한 담보장치

해외금융계좌 신고제도가 제대로 기능하기 위해서는 이를 담보할 수 있는 제도적 장치가 필요하다. 신고의무자의 역외 금융정보 신고에 대하여 과세관청이 별도의 해외금융정보 수집 방안을 보유하고 있고 이를 검증하는 장치를 구비하고 있을 때 해외금융계좌 신고제도가 실효적으로 운영될 수 있다. 대표적인 담보 장치로서는 해외금융계좌에 관한 국가간 금융정보 자동교환협정과 해외금융계좌 신고포상금 제도를 들 수 있는데, 각기 국가간 협약과 국내법에 그 근거를 두고 있다. 다만, 이러한 제도적 담보장치를 통하여 과세관청에서 거의 대부분의 해외 금융계좌 정보를 입수할 수 있고 그와 같은 상태에서 추가로 해외금융계좌 신고 제도를 운영한다면 쟁점 신고제도는 납세자의 신고의 진실성 여부에 대한 제재 수단으로서의 기능만을 수행하는 것이 되어 헌법상 과잉금지의 원칙이나 비례의 원칙 위반의 소지가 있다.

(1) 국가간 금융정보 자동교환협정

근자에 들어 국가간 금융정보 자동교환협정이 증가하고 있다.[16] OECD는 과세당국간 정보교환협정(Tax Information Exchange Agreement, 'TIEA')의 체결을 권고해 왔는데, 정보교환의 다양화를 통한 실효성의 제고를 위하여 1998년 OECD와 유럽평의회(Council of Europe)[17]에 의하여 '요청에 의한 정보교환' 외에 '자발적 정보교환' 및 '자동정보교환'까지 그 범위를 확대하는 다자간 조세행정공조협약(Multilateral Convention on Mutual Administrative in Tax Matters)이 발족하였고, 나아가 OECD 회원국 및 비회원국 등 51개 국가 및 지역이 참여한 가운데 2014. 10. 다자간 금융정보 자동교환협정(Multilateral Competent Authority Agreement on

---

16) 우리나라 과세관청에서는 조세정보수집을 위해 국제탈세정보교환센터에 가입하고, 미국과 동시 범칙조사약정을 체결하는 등 국제적인 공조네트워크도 강화하고 있다.

17) 유럽연합 차원에서도 2003년 예금과세지침(Savings Taxation Directive)을 도입하여 예금의 이 자소득에 대한 정보를 상호 교환하기로 합의하고 2005년부터 시행하고 있다.

Automatic Exchange of Financial Account Information, 'MCAA')이 출범하였다. 우리나라는 2010년 다자간 조세행정공조협약에 서명하였고 2012년 위 협약이 국회에서 비준되었으며 이를 근거로 2010. 10. MCAA에도 서명하였다. 우리나라는 2019년 스위스, 싱가포르 등 총 95개 국가와 금융정보 자동교환을 시행하였고 2020년에는 터키 등이 추가되어 108개국과 자동정보교환을 이행할 것으로 예상되는 등 매년 자동교환 대상국가가 확대되어가고 있다.[18]

한편, 미국과는 2012년 별도의 한·미 금융정보 자동교환협정을 체결하였고 2016년 국회 비준을 마쳤다. 위 협정은 우리나라가 외국과 최초로 체결한 금융정보 자동교환협정이다.

(2) 해외금융계좌 신고포상금 제도

해외금융계좌 신고포상금 제도는 2011년에 도입되어 2012년부터 시행되었는데, 해외금융계좌 미신고자에 대한 중요한 자료를 제보하는 경우 과태료 금액 또는 벌금액에 5%~15%의 지급률을 적용하여 최고 20억 원까지 포상금을 지급한다.[19] 그에 관한 하위 규정으로 국세청 훈령인 '해외금융계좌 신고의무 위반행위에 관한 제보처리와 포상금 지급규정'이 있다.

도입 당시에는 신고포상금은 최대 10억 원이었고 탈세신고포상금 등과 중복지급이 인정되지 않았는데, 2014년 그 금액을 20억 원으로 인상하였고 2015. 1. 1. 이후 자료를 제공하는 분부터는 탈세신고포상금 및 체납자 은닉재산신고포상금 수령과 관계없이 해외금융계좌 신고포상금을 중복하여 지급받을 수 있다. 다만, 과태료 금액이 2천만 원 미만인 경우에는 포상금을 지급하지 않는다.[20] 피제보자의 과태료 금액이 납부되고 질서위반행위규제법에 따른 이의제기기간이 지났거나 비송사건절차법에 따른 불복청구절차가 종료되어 과태료 부과처분이 확정된 날이 속하는 다음 달의 말일부터 2개월 이내에 포상금을 지급한다.[21]

---

18) 국제조세조정법은 조세부과 및 징수, 형사소추 등을 위하여 필요한 조세정보와 국제관행에 따른 조세정보를 체약 상대방 국가와 교환할 수 있으며 상대방 국가의 요청이 있는 경우에는 금융실명거래 및 비밀보장에 관한 법률에도 불구하고 과세자료에 해당하는 금융정보 및 상대방 국가가 조세탈루 혐의를 인정할 만한 명백한 자료 확인에 필요한 정보 등을 수집·제공할 수 있다고 규정하고 있다(국제조세조정법 제31조, 국제조세조정법 시행령 제47조).
19) 국세기본법 제84조의2 제1항 제6호.
20) 국세기본법 시행령 제65조의4 제5항 제2호.
21) 국세기본법 시행령 제65조의4 제18항 제4호.

라. 해외금융계좌 신고제도와 유사한 제도

해외금융계좌 신고제도 이외에 세법과 외국환거래법에는 해외자산 신고제도와 자본거래 신고제도를 두고 있다. 해외자산 신고제도는 해외부동산과 직접투자등 해외자산에 대한 신고의무를 부여하였다는 점에서, 자본거래 신고제도는 해외금융계좌에 대하여 사전신고와 사후신고를 의무화하고 있다는 점에서 제도의 도입취지에는 다소 차이가 있지만 쟁점 신고제도와 비교·검토할 필요성이 있다.

(1) 세법상 해외자산 신고제도

소득세법과 법인세법에는 해외부동산이나 이에 관한 권리(이하 '해외부동산등') 및 해외직접투자를 신고하는 해외자산 신고제도가 있다. 해외 부동산 구입과 해외직접투자가 증가하고 있어 이를 이용한 국제적 조세회피를 방지하기 위한 과세정보의 수집 차원에서 해외자산 신고제도를 도입한 것이다. 개인의 경우 외국환거래법에 따른 해외직접투자를 하거나 자본거래 중 해외부동산 등을 취득하거나 처분한 거주자는 소정의 신고기한까지 해외부동산 등의 투자 명세와 해외직접투자의 명세 등을 담은 해외현지법인명세서 등을 납세지 관할 세무서장에게 제출하여야 하는데, 해외부동산 등의 물건별 취득가액 또는 처분가액이 2억 원 미만이면 그 적용이 제외된다.[22] 해외부동산 등과 해외직접투자 이외의 해외금융계좌 등 해외자산에 대해서는 신고의무가 없다. 거주자가 소명요구일 전 10년 이내에 해외부동산 등을 취득하거나 해외직접투자를 받은 법인의 지분을 취득한 경우로서 종합소득 과세표준 확정신고기한까지 일정한 자료를 제출하지 아니하거나 거짓된 자료를 제출한 경우에는 해당 납세지 관할 세무서장은 그 거주자에게 취득자금의 출처에 대한 소명을 요구할 수 있다.[23]

해외현지법인명세서 등의 자료제출의무를 위반하는 경우 5천만 원 이하의 과태료를 부과하고, 해외부동산 등의 투자명세서 등의 자료제출의무를 위반한 경우에는 1억 원을 한도로 해외부동산 등의 취득가액, 처분가액 및 투자운용소득의 10% 이하의 과태료를 부과한다. 다만, 기한까지 자료제출이 불가능하다고 인정되는 경우 등 대통령령이 정하는 정당한 사유가 있는 경우에는 과태료를 부과하지 아니한다.[24] 한편, 거주자가 취득자금 출처에 대한 소명의무를 미이행한 경우에는 미소명 금액의 20%에 상당하는 과태료를 부과한다. 납세지 관할 세무서장

---

22) 소득세법 제165조의2 제1항.
23) 소득세법 제165조의4 제1항.
24) 소득세법 제176조 제1항, 제2항.

은 위반행위의 동기와 결과 등을 고려하여 과태료 금액의 50% 범위에서 그 금액
을 증감시킬 수 있으나 증가시키더라도 과태료 금액의 상한을 넘을 수 없고 천재
지변 등 대통령령으로 정하는 정당한 사유가 있는 경우에는 과태료를 부과하지
아니한다.[25] 법인의 경우에도 유사한 규정을 두고 있다.[26]

　　해외자산 신고제도는 해외부동산 및 해외직접투자에 대한 사후적 신고라는
점에서 해외금융계좌 신고제도와 유사한 측면이 있다. 그러나 해외부동산 등과
해외직접투자가 그 신고대상이라는 점에서 해외금융계좌를 신고대상으로 하는
쟁점 신고제도와 차이가 있고 미이행시 과태료만을 부과하고, 정당한 사유에 의
한 감면이 허용된다는 점에서 형사처벌과 명단공개가 수반되고 정당한 사유에
의한 감면을 규정하지 않는 쟁점 신고제도와 구별된다.

(2) 외국환거래법상 자본거래 신고제도

　　해외금융계좌에 대해서는 외국환거래법상 자본거래 신고의무가 있다. 자본
거래란 예금계약, 신탁계약, 금전대차계약, 채무보증계약, 대외지급수단·채권 등
의 매매계약에 따른 채권의 발생·변경 또는 소멸에 관한 거래, 증권의 발행·모
집, 증권 또는 이에 관한 권리의 취득, 파생상품거래, 거주자에 의한 외국에 있는
부동산이나 이에 관한 권리의 취득 또는 비거주자에 의한 국내에 있는 부동산이
나 이에 관한 권리의 취득 등을 말한다.[27] 외국환거래법상 거주자는 비거주자와
외화예금이나 신탁거래를 하는 때에는 일정한 경우를 제외하고는 지정거래외국
환은행장이나 한국은행총재에게 사전신고를 하여야 하는데, 거주자가 건당 미화
5만 달러를 초과하여 국내에서 송금한 자금으로 예치하고자 하는 경우와 거주자
가 해외에서 비거주자와 신탁거래를 하고자 하는 경우에는 한국은행총재에게 원
칙적으로 신고하여야 하여야 한다.[28] 이를 위반한 경우에는 위반금액이 10억 원
이상이면 1년 이하의 징역 또는 1억 원 이하의 벌금, 위반금액이 10억 원 미만이
면 외국환은행장 신고대상에 대해서는 1억 원을 한도로 100만 원과 위반금액의
2% 중 큰 금액을, 한국은행총재 신고대상에 대해서는 1억 원을 한도로 200만 원
과 위반금액의 4% 중 큰 금액의 과태료를 부담하여야 한다.[29]

---

25) 소득세법 제176조 제3항.
26) 법인세법 제121조의2, 제121조의4, 제123조.
27) 외국환거래법 제3조 제1항 제19호.
28) 외국환거래법 제18조 제1항, 외국환거래법 시행령 제32조, 외국환거래규정 제7-11조 제2항,
　　제3항.
29) 외국환거래법 제29조 제1항 제3호, 제32조 제1항 제4호, 외국환거래법 시행령 제40조 제1항 제

해외에서 예금거래나 신탁거래를 하는 경우 사후적으로도 해외에서 건당 미화 1만 달러를 초과하여 입금한 경우에는 입금일로부터 30일 이내에 해외입금보고서를 지정외국환거래은행장에게 제출하여야 하고[30] 연간입금액 및 연말잔액이 법인은 미화 50만 달러, 법인이 아닌 경우에는 미화 10만 달러를 초과하는 경우 지정거래외국환은행을 경유하여 다음 연도 첫째 달 말일까지 잔액현황보고서를 한국은행총재에게 제출하여야 한다.[31] 이러한 제출의무에 위반한 경우에는 건당 700만 원의 과태료에 처해진다.[32] 종래 외국환거래에 대해서는 국제수지의 균형 및 통화가치의 안정을 위하여 외환의 유출입을 강하게 규제하여 왔으나 2000년대 이후에는 국제 금융거래의 변동 추이와 국제적 외환거래의 자유화 추세에 따라 그 규제를 대폭 완화하였다.

해외금융계좌 신고제도와 자본거래 신고제도는 전자가 사후적 신고인 반면 후자는 주로 사전적 신고라는 점에서 차이가 있다. 다만, 외국환거래법상 사후관리는 해외금융계좌 신고제도와 같은 사후적 방식으로 운영된다. 자본거래 사전신고의 위반에 대하여 주로 과태료 위주의 제재로 되어 있고 과태료 금액이 위반금액에 비례하도록 되어 있으나 그 금액의 한도가 1억 원으로 정해져 있는 점에서 쟁점 신고제도와 구분된다. 사후보고 위반의 경우에는 쟁점 신고제도와는 달리 건당 700만 원의 과태료가 책정되어 있는 점이 특색이다.

2. 해외금융계좌 신고제도의 주요 내용

가. 신고의무자

(1) 신고의무자의 정의

해외금융계좌의 신고의무자는 신고대상 연도 종료일 당시 해외금융계좌 매월 말일 중 어느 하루의 보유잔액의 합계액이 5억 원을 초과하는 거주자 또는 내국법인으로서 신고의무 면제자가 아니어야 한다.[33] 즉, 인적 요소로서 세법상 거주자나 내국법인이면서 신고의무 면제자가 아니어야 하고 물적 요소로서 해외금융계좌의 보유잔액이 5억 원을 초과하여야 한다. 거주자는 국내에 주소를 두거나

2호, 제41조 [별표4] 과태료 부과기준.
30) 외국환거래법 제20조 제1항, 외국환거래규정 제7-12조 제1항.
31) 외국환거래법 제20조 제1항, 외국환거래규정 제7-12조 제2항.
32) 외국환거래법 제32조 제4항 제4호, 외국환거래법 시행령 제41조 [별표4] 과태료 부과기준.
33) 국제조세조정법 제34조 제1항 및 제5항, 국제조세조정법 시행령 제49조 제1항.

183일 이상의 거소를 둔 개인을,[34] 내국법인은 본점, 주사무소 또는 사업의 실질
적 관리장소가 국내에 있는 법인을 말한다.[35] 거주자와 내국법인은 해외사업장
또는 지점이 보유한 해외금융계좌도 포함하여 신고해야 한다. 여러 해외금융계좌
가 있는 경우 매월 말 보유 잔액 5억 원 초과 여부는 각 계좌의 잔액을 합산하여
계산한다. 도입 당시에는 어느 하루라도 보유계좌 잔액이 10억 원을 초과하는 경
우에 그 신고대상이 되었으나 법률과 시행령 개정을 통하여 2013년 보유분부터
는 기준시점을 매월 말일 중 어느 하루로 변경하여 그 신고대상을 축소하였고,
2018년 보유분부터는 기준금액을 10억 원에서 5억 원으로 인하하여 그 신고대상
을 대폭 확대하였다.

(2) 신고의무자의 확대

쟁점 신고제도는 그 신고의무를 확대하기 위하여 인적 요소에 관하여 해외
금융계좌 관련자 규정을 두고 있는데, 해외금융계좌 관련자는 해당 계좌를 각 보
유하는 것으로 간주되어 신고의무자가 된다. 해외금융계좌 관련자란 해외금융계
좌 중 실지명의에 의하지 아니한 계좌 등 그 계좌의 명의자와 실질적 소유자가
다른 경우에는 명의자 및 실질적 소유자를, 공동명의 계좌인 경우에는 각각의 공
동명의자를 말하고 그 해외금융계좌 관련자들이 해당 계좌를 각각 보유한 것으
로 본다.[36] 따라서, 명의자와 실질적 소유자 또는 각 공동명의자는 계좌잔액 전
부를 각자 보유한 것으로 보아 신고기준금액을 계산하고 계좌에 보유한 자산을
평가해서 신고를 하여야 한다.[37] 다만, 다른 공동명의자나 명의자 또는 실질적
소유자 중 어느 한 명이 해외금융계좌 신고서 관련자 명세서에 타인의 모든 해외
금융계좌 정보를 제출하는 등으로 다른 자가 보유한 모든 해외금융계좌를 파악
할 수 있게 되는 경우 그 타인은 신고의무가 면제된다.[38] 차명계좌의 경우 실질
적 소유자가 비거주자이고 명의자가 거주자인 경우에는 그 명의자의 신고의무
존부에 관하여 다툼의 여지가 있다. 해외금융계좌 신고제도가 거주자의 국외원천
소득에 대한 납세의무 이행을 위한 보충적 제도인 점, 해당 조항의 문언이 '제1항
에서 해외금융계좌관련자(해외금융계좌 중 실지명의에 의하지 아니한 계좌 등…)'라고

34) 소득세법 제1조의2.
35) 법인세법 제2조.
36) 국제조세조정법 제34조 제4항.
37) 국제조세조정법 시행령 제50조 제6항.
38) 국제조세조정법 제34조 제5항 제4호.

규정하고 있는데 그 해외금융계좌의 의미는 실질적 소유자가 신고의무를 부담하는 해외금융계좌를 말하는 것으로 이를 전제로 명의자에 대해서도 신고의무를 지우는 형식으로 규정하고 있는 점 등에 비추어 실질적 소유자가 비거주자로서 해외금융계좌 신고의무를 부담하지 않는 경우에도 명의자에 대해서 별도로 신고의무를 부담시키는 것으로 해석하는 것은 합리적이지 않다고 보인다. 명의자는 자신의 명의만을 대여한 것일 뿐 통상 그 계좌금액의 규모 등을 알 수 없어 해외금융계좌 신고의무 위반의 고의 등이 인정되기 어렵다는 점도 제한적 해석의 고려사항이 될 수 있을 것이다. 공동명의 계좌의 경우에도 유사한 문제가 발생할 수 있다. 만일 공동명의자들 중에 비거주자가 있는 경우에 그 비거주자가 신고의무를 부담하는지 여부에 다툼의 여지가 있는데, 제1항에서의 해외금융계좌 관련자라는 문언의 의미에 따라 그 공동명의자는 제1항이 적용되는 해외금융계좌 신고의무자인 거주자와 내국법인을 의미하는 것으로 해석하는 것이 타당하고 따라서 비거주자인 공동명의자는 전체 금융계좌를 보유하는 것으로 간주되더라도 신고의무가 없다고 보인다.

　　해외금융계좌 관련자 규정의 실질적 소유자란 해당 계좌의 명의와는 관계없이 해당 금융계좌와 관련한 거래에서 경제적 위험을 부담하거나 이자 · 배당 등의 수익을 획득하거나 해당 계좌의 처분권한을 가지는 등 해당 계좌를 사실상 관리하는 자를 말한다.[39] 내국인이 외국법인의 의결권 있는 주식의 100%를 직접 내지 간접으로 소유한 경우에도 실질적 소유자로서 원칙적으로 외국법인이 소유한 해외금융계좌에 대하여 신고의무를 부담한다. 내국인 즉, 내국법인과 거주자가 해외금융계좌를 직접 보유하고 있지 아니하더라도, 100%의 주식 지배를 통하여 외국법인이 보유하는 해당 계좌를 '사실상 관리하는 자'에 해당하면 신고의무를 부담하게 되는 것이다. 종전에는 내국법인만을 대상으로 했다가 2019. 2. 시행령 개정에 의하여 2019년 보유분부터는 거주자도 사실상 관리자로서 신고의무를 부담하게 되었다. 다만, 위의 경우라고 하더라도 해당 외국법인이 우리나라와 조세조약을 체결한 국가에 소재하는 경우에는 신고의무가 없다.[40] 체약국 간 해외금융계좌에 관한 정보교환의 가능성을 고려한 것으로 보인다. 특수목적법인인 해외자회사가 보유한 해외금융계좌에 대한 국내 모회사의 신고의무 여부와 관련

---

39) 국제조세조정법 시행령 제50조 제5항.
40) 국제조세조정법 시행령 제50조 제5항, 해외금융계좌의 실질소유자 간주 범위에 관한 고시.

하여 해당 시행령⁴¹⁾의 모법 위반 여부가 다툼이 된 사안에서, 대법원은 구 국제
조세조정법⁴²⁾ 제34조 제6항의 위임에 따라 시행령에서 구체화될 '신고의무자 판
정기준'에 외국법인(완전자회사)의 의결권 있는 주식 100%를 직접 또는 간접 소유
한 내국법인(완전모회사)을 실질적 소유자로 판정하는 기준이 포함될 수 있는지
충분히 예측할 수 있고, 완전모회사인 내국법인을 완전자회사인 외국법인 명의의
해외금융계좌의 실질적 소유자로 정한 구 국제조세조정법 시행령⁴³⁾ 제50조 제4
항 본문 중 괄호부분이 구 국제조세조정법 제34조 제6항의 위임범위를 일탈하여
무효라고 볼 수 없다고 판단하였다.⁴⁴⁾ 위 시행령 규정의 직접 또는 간접소유의
판단과 관련하여 국제조세조정법 제2조 제1항 제8호의 간접소유비율의 계산방식
적용이 문제될 수 있는데, 위 간접소유 비율의 계산방식은 이전가격세제 등 실체
법의 적용을 위한 특수관계의 포괄적 판정에 관한 것으로 납세의무의 보충적 이
행수단으로 절차법 차원에서 도입된 쟁점 신고제도의 신고의무자 판정방식과는
그 법적 성격을 달리하고 그 계산방식을 신고의무자 판정에 준용하는 명문의 규
정이 없을 뿐만 아니라 납세의무도 없는 외국자회사의 해외금융계좌에 대해 내
국법인의 신고의무를 확대하는 것은 쟁점 신고제도의 도입 취지에도 반하므로
실질적 소유자 판정에 적용하지 않는 것이 타당하다.⁴⁵⁾

(3) 신고의무 면제자

다만, 거주자에 해당하더라도 재외국민이 국내에 거소를 둔 기간이 1년 간
183일 이하인 경우 및 외국인이 최근 10년 중 국내에 주소나 거소를 둔 기간이
5년 이하인 때 등 일정한 경우에는 신고의무가 면제된다.⁴⁶⁾ 재외국민이란 대한민
국의 국민으로서 외국의 영주권을 취득한 자 또는 영주할 목적으로 외국에 거주
하고 있는 자를 말한다.⁴⁷⁾ 재외국민에 대한 신고 면제는 도입 당시 국내 거주기
간이 1년 이하인 경우가 그 적용대상이었는데, 2011년 개정에 의하여 2011년 보

---

41) 위 시행령 규정이 신설되기 전에는 해외명목회사가 보유한 해외금융계좌에 대하여 그 100% 주
주인 내국법인의 신고의무가 문제가 된 사안에서 하급심에서 해당 해외금융계좌가 내국법인의
차명계좌로서 내국법인을 그 계좌의 실질적 소유자로 볼 수 없다고 판단한 바 있다(서울중앙지
방법원 2016. 7. 18. 선고 2016라411 결정).
42) 2010. 12. 27. 법률 제10410호로 개정된 것을 말한다.
43) 2015. 2. 3. 대통령령 제26078호로 개정된 것을 말한다.
44) 대법원 2020. 3. 12. 선고 2019도11381 판결.
45) 백새봄, 앞의 논문, 100－103면 참조.
46) 국제조세조정법 제34조 제5항.
47) 재외동포의 출입국과 법적 지위에 관한 법률 제2조 제1호.

유분부터 신고대상 연도 종료일 2년 전부터 국내에 거소를 둔 기간의 합계가 1년 이하인 경우로 완화되었다가, 2015년 개정에서는 2016년 보유분부터는 그 거소 기간의 합계 1년을 183일로 변경하여 강화하였고 2018년 개정에서는 2019년 보유분부터 그 대상기간을 신고대상연도 종료일 '2년전부터'를 '1년전부터'로 바꾸어 다시 완화하였다.

나. 신고대상

해외금융계좌 신고대상은 매월 말일 중 어느 하루의 보유계좌 잔액의 합계가 5억 원을 초과하는 해외금융계좌이다. 해외금융계좌란 해외금융회사에 은행업무 및 증권이나 파생상품의 거래 등 금융거래를 위하여 개설한 계좌를 말하고,[48] 해외금융회사란 국외에 소재하는 금융업, 보험 및 연금업, 금융 및 보험 관련 서비스업 및 이와 유사한 업종을 영위하는 금융회사를 의미한다.[49] 해외금융회사에는 국내금융회사의 국외사업장은 포함되지만 외국금융회사의 국내사업장은 제외된다.

신고의무자는 해외금융계좌에 보유한 현금, 주식, 채권, 집합투자증권, 보험상품 등 모든 자산을 신고하여야 한다. 현금이나 주식이 아니더라도 채권, 펀드, 파생상품, 보험 등의 다른 모든 자산도 계좌 형태로 보유하고 있다면 신고의무가 있으나 해외금융계좌를 통해 보유하지 아니한 해외자산은 해외금융계좌 신고대상이 아니다. 다만, 해외부동산 등이나 해외직접투자는 세법상 해외자산 신고의무의 대상이 되고 그에 관한 소득세나 법인세 납세의무도 부담할 수 있다.

2013년 개정시 시행령에 현금과 상장주식으로 한정하여 규정한 신고대상을 채권, 파생상품, 보험 등 모든 금융자산 관련 계좌로 확대하여 법률에 직접 규정하여 2013년 보유분부터 적용하고 있다.

다. 신고방법
(1) 일반적 신고

해외금융계좌 신고의무자는 해외금융계좌 신고서를 작성하여 다음 해 6. 1. 부터 6. 30.까지 납세지 관할 세무서에 제출하여야 하는데 해외금융계좌신고서에

---

48) 국제조세조정법 제34조 제3항.
49) 국제조세조정법 제34조 제2항.

는 해당 계좌보유자의 성명·주소 등 신원에 관한 정보와 계좌번호, 금융회사의 이름, 매월 말일 보유계좌 잔액의 최고금액 등 보유계좌에 대한 정보, 명의자와 실질소유자·공동명의자 등 해외금융계좌 관련자에 관한 정보를 기재하여야 한다.[50] 전년도 신고 계좌의 잔액 변동이 없더라도 신고요건을 충족하는 경우 해당 연도에 다시 신고하여야 한다.

해외금융계좌 신고제도는 종합소득세 신고와는 별개의 제도이므로 해외금융계좌와 관련된 이자소득을 종합소득세 신고에 반영하였다고 하더라도 관련 해외금융계좌 정보를 별도로 신고하여야 하고 또한 해외금융계좌에 대하여 외국환거래법상 자본거래 신고를 하였다고 하더라도 그 계좌정보를 다시 신고해야 한다. 해외금융계좌 신고를 하면 그 신고금액에 대한 세금을 납부하지 않았더라도 별도의 과태료 부과는 받지 않는다.

(2) 수정신고와 기한 후 신고

신고기한 내에 해외금융계좌 정보를 과소신고하거나 신고하지 않은 자는 과세관청이 과태료를 부과하기 전까지 해외금융계좌 정보를 신고할 수 있다.[51] 전자의 신고는 '수정신고', 후자의 신고는 '기한 후 신고'이다. 2011년 개정시 과태료 경감의 유인을 제공하여 신고누락자에 대한 자기시정 기회의 부여와 성실신고의 유도를 위하여 수정신고와 기한 후 신고가 도입되었고 2010년 보유분부터 적용된다.[52] 수정신고를 하거나 기한 후 신고를 하는 경우에는 시행령에 규정된 과태료 감경비율을 필요적으로 적용하여야 하는데, 과세관청의 과태료 부과를 미리 알고 수정신고나 기한 후 신고를 한 경우에는 감경대상에서 제외된다.[53]

(3) 자진신고의 특례

기획재정부장관은 국세기본법과 세법에도 불구하고 국세청장의 요청에 따라 1회의 특정기간을 정하여 국제거래 및 국외에서 발생한 소득과 세법상 신고의무가 있는 국외재산으로서 법정 신고기한 내에 신고하지 아니하거나 과소하게 신고한 소득과 재산이 있는 내국인에게 대통령령이 정하는 바에 따라 해당 소득과 재산을 신고하고 세법에 따라 납부하여야 할 세액을 납부하게 할 수 있다.[54] 자

---

50) 국제조세조정법 제34조 제1항.
51) 국제조세조정법 제37조 제1항, 제2항.
52) 국세기본법상 수정신고는 신고의무자 입장에서 가산세 경감 혜택을 받고 과세관청은 세무행정상 불필요한 비용을 절감하는 기능적 가치가 있다(임승순, 조세법, 박영사, 2020, 202면).
53) 국제조세조정법 시행령 제51조 제6항 제1호, 제2호.
54) 국제조세조정법 제38조 제1항.

진신고자에 대해서는 신고한 소득과 재산에 대하여 국세기본법, 세법 또는 외국
환거래법상 부과되는 가산세 및 과태료를 감면하고 명단공개를 면제할 수 있
다.[55] 이를 자진신고의 특례 또는 자진신고제도라 한다. 자진신고 대상인 소득과
재산은 자진신고일 현재 해외금융계좌 형태의 자산을 포함하여 국제거래 및 국
외에서 발생한 소득, 국외 상속재산 및 증여재산, 거주자가 비거주자에게 증여한
국외재산 중 증여세 납부의무가 있는 재산, 해외자산 신고의무가 있는 해외직접
투자에 해당하는 재산 또는 자본거래에 해당되는 외국에 있는 부동산이나 이에
관한 권리이다.[56] 다만, 이 경우 국세의 부과제척기간이 지나지 않았어야 하고[57]
해외금융계좌 신고불이행에 따른 과태료 부과를 통지받거나 수사가 진행 중인 자
는 제외한다.[58] 자진신고제도는 해외금융계좌만이 아니라 다른 해외자산에 대해
서도 적용된다는 점에서 해외금융계좌 신고제도와는 구별되는 별도의 제도이다.

　　2014년 역외소득·재산의 한시적 자진신고제도로서 신설된 것으로 위 제도
의 효과적 운영을 위해 2015. 9. '역외소득·재산 자진신고기획단'이 구성되었고
2015. 10.부터 2016. 3.까지 자진신고제도를 시행하였다.[59] 자진신고대상으로 해
외금융계좌 형태의 재산을 포함하고 그 제재에 대한 감면을 허용하고 있어[60] 해
외금융계좌 신고 위반의 제재에 대한 한시적 사면의 성격을 가진다.

3. 신고의무 위반시의 제재

　　해외금융계좌 신고의무 위반에 대해서는 과태료의 부과, 형사처벌 및 명단
공개의 제재가 있는데 수차례의 개정을 통하여 대체로 그 제재의 수위가 꾸준히
강화되어 왔다. 2013. 1. 국세기본법 개정에 따른 2012년 보유분부터의 미신고자
에 대한 명단공개의 도입, 2013. 1. 국제조세조정법 개정에 따른 2013년 보유분
부터의 형사처벌의 도입 및 2015. 2. 국제조세조정법 시행령 개정에 따른 2015년
보유분부터의 과태료 상한 20% 증가가 주목되었다.

---

55) 국제조세조정법 제38조 제2항.
56) 국제조세조정법 시행령 제50조의4 제1호.
57) 국제조세조정법 시행령 제50조의4 제2호.
58) 국제조세조정법 시행령 제50조의5 제1호.
59) 자진신고제도 시행에 따라 642건의 신고가 접수되었는데, 신고된 소득금액은 총 5,129억 원, 납
　　부세액은 총 1,538억 원이었으며 해외금융계좌 신고액은 총 2조 1,342억 원으로 집계되었다(기
　　획재정부, 미신고 역외소득·자진신고 마감, 소득금액 5,129억 원 신고 보도자료, 2016. 4. 26.).
60) 국제조세조정법 시행령 제50조의 4.

가. 과태료의 부과

(1) 과태료의 법적 성격과 부과절차

과태료는 국가 또는 지방자체단체의 기관, 기타 법령 또는 자치법규에 따라 행정권한을 갖고 있거나 위임이나 위탁받은 공공단체 등이 법령을 위반한 국민에게 부과하는 금전적 제재[61]이다.[62] 금전벌의 성격을 가지는 질서벌로서의 과태료는 사법상 의무위반, 소송법상 의무위반 및 행정법상 의무위반 등 그 의무위반 태양에 의하여 3가지 유형으로 구분된다.[63] 과태료의 성격에 따라 불복절차가 달라지는데 사법상·소송법상 의무위반에 대한 과태료는 비송사건절차법의 규율을, 행정법상 의무위반에 대한 과태료는 질서위반행위규제법의 적용을 각 받는다.[64]

해외금융계좌 신고의무 위반에 대한 과태료는 행정상 의무이행 확보수단으로서 행정질서벌에 해당하고 의무위반행위에 대한 제재로서의 성격 외에 행정의 실효성 확보의 수단으로서의 의미도 갖는다.[65] 행정법상 의무위반에 대한 제재이므로 그 불복절차는 질서위반행위규제법의 적용을 받는다.[66]

종래 과태료는 행정법규 위반의 객관적 사실에 대한 제재라는 이유로 현실적 행위자가 아니더라도 법령에 규정된 책임자에게 부과되고 원칙적으로 위반자의 고의·과실을 묻지 않는다는 것이 통설과 판례의 입장[67]이었다.[68] 그러나 질서위반행위규제법은 고의 또는 과실이 없는 질서위반행위는 과태료를 부과하지 아니한다[69]고 규정하여 과태료 부과의 요건으로 고의·과실을 요구하는 것으로 변경되었다. 대법원도 질서위반행위자가 자신의 책임 없는 사유로 위반행위에 이르렀다고 주장하면 법원은 행위자에게 고의나 과실이 있는지를 따져 보아야 한다고 판시하여 고의나 과실을 과태료 부과의 요건으로 보았다.[70] 또한, 질서위반

---

61) 과태료는 과징금과는 구별되는데, 과징금은 법규 위반으로 얻은 경제상 이익을 박탈하기 위하여 그 이익의 규모에 따라 행정청이 과하는 행정상 제재금이다.

62) 김재광, "과태료 제도의 문제점과 개선방안", 법조 제577호, 법조협회, 2004. 10., 166면.

63) 질서벌로서의 과태료는 좁은 의미의 과태료이고 그 밖의 행정상의 의무이행을 강제하기 위한 집행벌로서의 과태료, 특별신분자가 그에 상응하는 의무를 위반하는 경우 징계의 방법으로 부과되는 징계벌로서의 과태료가 있다.

64) 질서위반행위규제법 제2조 제1호.

65) 헌법재판소 1998. 5. 28. 선고 96헌바83 결정.

66) 국제조세사무처리규정 제116조.

67) 대법원 2000. 5. 26. 선고 98두5972 판결 등.

68) 김재광, "과태료제도와 관련한 법적 문제", 경희법학 제52권 제2호, 경희법학연구소, 2017. 6., 106면.

69) 질서위반행위규제법 제7조.

행위규제법은 위법성의 착오에 관하여 신고의무자가 자신의 행위가 위법하지 않다고 오인하고 위반행위에 이른 경우 그 오인에 정당한 사유가 있으면 과태료를 부과하지 않는다고 규정하고 있다.[71]

관할 세무서장은 질서위반행위에 대하여 과태료를 부과하고자 하는 때에는 사전통지로서 미리 당사자에게 일정 사항을 통지하고 10일 이상의 기간을 정하여 의견을 제출할 기회를 주어야 하고, 당사자는 그 기한 이내에 행정청에 의견을 진술하거나 필요한 자료를 제출할 수 있다.[72] 행정청은 당사자가 제출한 의견에 상당한 이유가 있는 때에는 과태료를 부과하지 아니하거나 통지한 내용을 변경할 수 있다.[73]

관할 세무서장은 의견 제출 절차를 마친 후에 서면으로 과태료를 부과하여야 하고 질서위반행위, 과태료 금액 등을 명시하여야 한다.[74] 관할 세무서장의 과태료 부과에 불복하는 당사자는 과태료 부과통지를 받은 날로부터 60일 이내에 해당 세무서장에게 이의제기를 할 수 있고, 그 경우 관할 세무서장의 과태료 부과처분은 그 효력을 상실한다.[75] 이의 제기가 있는 경우 관할 세무서장은 이의제기를 받은 날로부터 14일 이내에 이에 대한 의견 및 증빙서류를 관할법원에 통보하여야 하고,[76] 관할법원은 질서위반행위규제법에 따라 과태료 재판을 진행한다.[77]

(2) 신고의무의 불이행

신고의무자가 신고기한 내에 해외금융계좌 정보를 신고하지 아니하거나 과소신고한 경우에는 미신고금액이나 과소신고한 금액에 대하여 20% 이하에 상당하는 과태료를 부과한다.[78] 2010년 개정시 해외금융계좌 신고제도를 도입하면서 해외금융계좌 신고의무 불이행에 대한 과태료 규정을 두었다. [표 1]은 신고의무 위반에 대한 과태료 부과율이다.[79]

---

70) 대법원 2011. 7. 14. 선고 2011마364 결정.
71) 질서위반행위규제법 제8조.
72) 질서위반행위규제법 제16조 제1항, 제2항.
73) 질서위반행위규제법 제16조 제3항.
74) 질서위반행위규제법 제17조 제1항, 제2항.
75) 질서위반행위규제법 제20조 제1항, 제2항.
76) 질서위반행위규제법 제21조 제1항.
77) 질서위반행위규제법 제25조 내지 제50조.
78) 국제조세조정법 제35조 제1항.
79) 국제조세조정법 시행령 제51조 제4항.

[표 1] 공신고의무 위반에 대한 과태료 부과율

신고의무 위반금액	과태료 부과기준
20억원 이하인 경우	해당금액의 10%
20억원 초과 50억원 이하인 경우	2억원＋해당금액 중 20억원 초과 금액의 15%
50억원 초과인 경우	6억 5천만원＋해당 금액 중 50억원 초과 금액의 20%

2012년 시행령 개정시 신고의무 위반에 대한 과태료 부과율을 3%, 6%, 9%에서 4%, 7%, 10%로 상향 조정하여 2011년 보유분부터 적용하였고 2015년 시행령 개정시에는 그 과태료 부과율을 각각 4%, 7%, 10%에서 10%, 15%, 20%로 증가시켜 2015년 보유분부터 시행하였다. 해외금융계좌 신고의무 위반에 대한 과태료는 신고의무를 위반한 '연도'마다 부과되며, 연속하여 여러 연도에 걸쳐 신고를 누락하였다면 각 연도별로 과태료가 부과된다.[80] 다만, 신고의무 위반일로부터 5년이 경과하면 과태료를 부과할 수 없다.[81]

(3) 출처소명의무의 불이행

신고의무자가 신고기한까지 해외금융계좌 정보를 신고하지 아니하거나 과소신고한 경우에는 납세지 관할세무서장은 신고의무 위반금액의 출처에 대하여 소명을 요구할 수 있다.[82] 신고의무자가 신고의무 위반금액의 출처에 대하여 소명하지 아니하거나 거짓으로 소명한 경우에는 그 금액의 20%에 상당하는 과태료를 부과한다.[83] 출처소명 불이행 과태료는 신고의무 위반에 대한 과태료와 별도로 부과되는 과태료이다. 위반금액에 대한 출처를 소명하는 경우 그에 대한 세금 납부가 없었다면 별도로 과세처분이 행해지게 된다.

다만, 천재지변, 화재·재난, 도난 등 불가항력적 사유로 증명서류 등이 없어져 소명이 불가능한 경우 및 해외금융계좌 소재 국가의 사정으로 인하여 신고의무자가 신고의무 위반금액의 출처에 대하여 소명하는 것이 불가능한 경우에는 과태료를 부과하지 아니한다.[84] 소명을 요구받은 신고의무자가 그 요구받은 금액의 80% 이상에 대해 출처를 소명한 해외금융계좌에 관해서는 신고의무 위반으

---

80) 질서위반행위규제법 제13조 제2항.
81) 질서위반행위규제법 제19조 제1항.
82) 국제조세조정법 제34조의3 제1항.
83) 국제조세조정법 제35조 제2항.
84) 국제조세조정법 제35조 제2항 단서, 국제조세조정법 시행령 제51조 제9항.

로 소명을 요구받은 전액에 대하여 소명한 것으로 본다.[85] 신고의무자가 수정신고 및 기한의 신고를 한 경우에는 본 규정을 적용하지 아니하되, 과세관청의 과태료 부과를 미리 알고 수정신고나 기한 후 신고를 한 경우에는 여전히 소명요구의 대상이 된다.[86]

2014. 1. 개정시 실효성을 확보하기 위하여 해외금융계좌 신고의무 위반금액의 출처에 대한 소명규정과 불이행시 과태료 부과규정을 신설하여 2014년 보유분부터 적용하였고 2014. 12. 개정시 과태료 부과율을 10%에서 20%로 인상하여 2015년 보유분부터 시행하였다.

(4) 과태료의 조정

과태료 조정은 재량에 의한 가중 및 감경과 수정신고 등에 따른 감경 및 자진납부 감경으로 구분된다. 과태료는 그 위반행위의 정도, 위반횟수, 위반행위의 동기와 결과 등을 고려하여 해당 과태료 금액의 50%의 범위에서 줄이거나 늘릴 수 있으나, 증가시키는 경우에는 위반 금액의 20% 상한을 초과할 수 없다.[87] 감경 및 가중 사유로는 조세회피 목적의 유무, 관련 세금의 신고 및 납부 여부, 과실 유무 등이 고려될 수 있다. 과태료의 재량가중도 가능하지만 실무상 과태료의 재량감경이 주로 문제된다.

수정신고 등에 의한 감경은 신고기한까지 신고의무를 미이행한 경우라도 과세관청이 과태료를 부과하기 전까지 자발적으로 수정신고나 기한 후 신고를 하여 과태료 금액의 최대 90%까지 감경받는 것을 말한다. 즉 해외금융계좌 신고기한이 지난 후 수정신고나 기한 후 신고를 한 경우에는 과소신고하여 산정된 과태료에 [표 2]에 따른 필요적 감경비율이 적용된다.[88] 신고기한이 지난 경우에도 해외금융계좌에 대한 자발적 신고를 유도하기 위한 것이다.

---

85) 국제조세조정법 시행령 제50조의2 제2항.
86) 국제조세조정법 제34조의3 제3항.
87) 국제조세조정법 시행령 제51조 제5항.
88) 국제조세조정법 시행령 제51조 제6항 제1호, 제2호.

[표 2] 수정신고 또는 기한 후 신고에 따른 과태료 감면율

수정신고시기	기한 후 신고 시기	과태료 감면율
6개월 이내	1개월 이내	해당 과태료 금액의 90%
6개월 초과 1년 이내	1개월 초과 6개월 이내	해당 과태료 금액의 70%
1년 초과 2년 이내	6개월 초과 1년 이내	해당 과태료 금액의 50%
2년 초과 4년 이내	1년 초과 2년 이내	해당 과태료 금액의 30%

2012. 2. 시행령 개정시 경과기간에 따라 과태료 금액을 최고 50%까지 감경하도록 하였고, 2015년 시행령 개정시 과태료 감면율을 70%로 확대하였으며 2020년 개정시에는 그 과태료 감면율을 종전 10~70%에서 30~90%로 확대했다.

자진납부 감경은 신고의무 위반자가 의견 제출 기한 이내에 과태료를 자진하여 납부하는 경우에는 20% 이내의 범위에서 자진납부자에 대하여 과태료 감경을 하는 것을 말한다.[89] 당사자가 감경된 과태료를 납부하는 경우에는 불복절차 없이 해당 질서위반행위에 대한 과태료 부과 및 징수절차는 종료한다.[90]

신고의무 위반에 따른 과태료를 부과할 때 보유계좌잔액 합산의 오류 등 단순 착오에 따라 신고하지 않았다고 인정할 만한 사유가 있는 경우에는 과태료를 부과하지 않을 수 있고 과소신고금액이 추가로 확인되는 경우에는 추가로 부과하는 과태료는 과소신고한 금액을 기준으로 부과할 과태료에서 이미 부과한 과태료를 뺀 금액을 부과한다.[91] 조세범처벌법에 따라 처벌되거나 조세범처벌절차법에 따른 통고처분을 받고 이행한 경우에는 과태료를 부과하지 않는다.[92]

(5) 공동명의 해외금융계좌의 경우

공동명의의 해외금융계좌의 경우 공동명의자 각각이 해당계좌를 보유한 것으로 보아 해당 금융계좌 전체에 대하여 신고의무를 부담한다고 규정하여 다수의 공동명의자가 있는 경우 신고의무 위반에 대한 제재의 과태료 기준금액의 산정에 있어서 구체적 타당성에 문제가 발생할 수 있다. 예컨대, 10억 원의 해외금융계좌를 100인이 공동으로 보유하고 있는 경우를 상정해 보면 그 계좌금액과 관련하여 공동명의자들에게 부과되는 과태료 전체 금액의 규모는 막대할 것이다.

---

89) 질서위반행위규제법 제18조 제1항, 질서위반행위규제법 시행령 제5조.
90) 질서위반행위규제법 제18조 제2항.
91) 국제조세조정법 시행령 제51조 제8항.
92) 국제조세조정법 제35조 제4항.

이에 대해서는 공동명의자의 과태료 금액은 문언에도 불구하고 그 지분비율에 따라 산정한 금액을 기준으로 개별적으로 부과하는 것이 타당하다는 견해[93]가 가능하지만, 해당 규정의 문언에 더하여 질서위반행위규제법이 2인 이상이 질서위반행위에 가담하는 경우에 각자가 질서위반행위를 한 것으로 본다고 규정하고 있으므로 위반금액 전액에 대해서 공동명의인에 대한 과태료 부과는 불가피한 해석이고 다만, 구체적 타당성의 문제는 공동명의인에 대한 과태료 금액의 상호 간 내부적 조정에 의하여 해결하는 것이 바람직하다는 전제에서 공동명의자들이 과태료 금액에 대하여 연대하여 납부책임을 부담하되 일부 공동명의자에게 수정신고 등의 감경사유가 있다면 개별적 책임주의 원칙에 따라 개별적으로 적용하지만 감경 대상인 공동명의인은 그 감액된 범위 내에서만 다른 공동명의인과 연대책임을 부담하는 것이 정당하다[94]는 견해가 있다. 후자의 견해가 해당 문언의 의미를 벗어나지 않은 상태에서 쟁점 신고제도의 보충적 성격과 헌법상 비례의 원칙 등을 고려한 타당한 해석이라고 사료된다.

나. 형사처벌과 명단공개

(1) 형사처벌

해외금융계좌 신고의무자로서 신고기한 내에 신고하지 아니한 금액이나 과소신고한 금액이 50억 원을 초과하는 경우에는 2년 이하의 징역 또는 신고의무 위반금액의 13% 이상 20% 이하에 상당하는 벌금에 처한다.[95] 신고의무는 매년 부과되므로 수차 위반시 경합범으로 가중되어 처벌된다. 정당한 사유가 있는 경우에는 벌금을 부과하지 아니하며[96] 정상에 따라 징역형과 벌금형을 병과할 수 있다.[97] 법인의 대표자, 법인 또는 거주자의 대리인, 사용인, 그 밖의 종업원이 그 법인 또는 개인의 업무에 관하여 범칙행위를 하면 그 행위자뿐만 아니라 그 법인 또는 개인에게도 벌금형을 과한다.[98] 형사처벌 규정은 2013. 1. 국제조세조정법에 도입되어 2013년 보유분부터 적용되었는데 2018. 12. 그 규정이 조세범

---

93) 권오성, 앞의 논문, 162-163면.
94) 권오성, 앞의 논문, 163-170면.
95) 조세범 처벌법 제16조 제1항.
96) 조세범 처벌법 제16조 제1항 단서.
97) 조세범 처벌법 제16조 제2항.
98) 조세범 처벌법 제18조.

처벌법에 이관되었다.

도입 당시에는 위반금액의 10%이던 벌금 부과율의 상한이 2014년 개정되어 2015년 보유분부터 20%로 강화되었다가 2018년 개정으로 벌금 부과율의 하한을 13%로 정하여 2019년 보유분부터 적용함으로써 다시 강화되었다. 위 13%의 하한은 50억 원에 대한 과태료 금액의 상한이다. 초기에는 과태료와 형사처벌의 병과에 관하여 별도 규정을 두고 있지 않았으나[99] 2013년 개정시 형사처벌이 되는 경우 과태료를 부과하지 않는 조항이 신설되어 2013년 보유하는 분부터 적용되었다가[100] 이 조항은 2018년 개정에 의하여 형사처벌규정이 조세범 처벌법으로 이관되면서 국제조세조정법의 다른 조항으로 옮겨 규정되었다.[101]

(2) 명단공개

해외금융계좌 신고의무자가 신고하지 아니하거나 과소신고한 금액이 50억 원을 초과하는 경우에는 국세정보위원회의 심의를 거쳐 성명·나이·직업·주소·위반금액 등 인적사항을 공개할 수 있다.[102] 다만, 위원회가 신고의무자의 신고의무위반에 정당한 사유가 있다고 인정하거나 신고의무자가 수정신고 또는 기한 후 신고를 한 경우에는 명단공개 대상에서 제외한다.[103] 그러나 수정신고와 기한 후 신고의 경우 세무공무원이 세무조사에 착수한 것을 알았거나 과세자료 해명 통지를 받고 수정신고 및 기한 후 신고를 한 경우에는 공개대상에서 제외되지 아니한다.[104]

4. 해외금융계좌 신고제도의 정리 및 평가

우리나라 해외금융계좌 신고제도는 미국의 FBAR와는 달리 자금세탁 방지보다는 역외탈세에 관한 과세정보의 수집을 주 목적으로 하여 도입되었고 도입 당시부터 과세관청에서 해당 업무를 담당하였다는 점에서 미국의 FBAR와 비교된다. 쟁점 신고제도를 담보하는 제도적 장치로서 국가간 금융정보 자동교환협정과

---

99) 과태료와 형사벌의 병과가능 여부에 대하여 대법원은 긍정설을 취하였고(대법원 2000. 10. 27. 선고 2000도3874 판결), 헌법재판소는 부정설의 입장에 있다(헌법재판소 1994. 6. 30. 선고 92헌바38 결정).
100) 구 국제조세조정법(2013. 1. 1. 법률 제11606호로 개정된 것) 제34조의2 제3항.
101) 국제조세조정법 제35조 제4항.
102) 국세기본법 제85조의5 제1항 제4호.
103) 국세기본법 시행령 제66조 제1항 제4호.
104) 국세기본법 시행령 제66조 제1항 제4호 나목 괄호 부분.

해외금융계좌 신고 포상금제도가 함께 운영되고 있는 점도 특징적이다. 또한, 해외금융계좌 신고제도와 유사한 제도로서 해외부동산 등에 관한 해외자산 신고제도가 있고 해외금융계좌에 관한 외국환거래법상 자본거래 신고제도가 존재한다는 점도 주목된다.

　해외금융계좌 신고제도는 2010년 도입된 이래 여러 차례 개정을 하였는데, 대체로 그 신고의무자와 신고대상 계좌를 확대하고 신고의무 위반에 따른 제재의 정도를 강화하는 방향으로 진행되어 왔다. 쟁점 신고제도 위반의 경우 위반금액의 최대 20%까지 부과되는 미신고 및 과소신고 과태료 외에 위반금액의 출처에 대하여 소명하지 아니하면 추가로 위반금액의 20%의 출처소명 불이행 과태료가 부과되고 위반금액이 50억 원을 초과하는 경우에는 형사처벌과 명단공개까지 하고 있다. 해외금융계좌 신고제도와 비교되는 해외부동산 등 해외자산 신고제도 위반에 따른 과태료 금액의 상한은 5천만 원 또는 1억 원으로 해외 자산의 성격 차이만이 있음에도 그 계좌금액의 20%까지 과태료가 부과되는 쟁점 신고의무 위반의 제재는 지나치게 과중하다. 또한, 외국환거래법상 자본거래 신고제도와 비교해도 그 제재의 수위가 상당히 높은 편이다. 자본거래 신고제도는 그 위반시의 제재가 최대 1억 원을 한도로 위반금액의 4% 이하의 과태료 위주로 되어 있고 형사처벌의 경우에도 최고 1년 이하의 징역형이나 1억 원 이하의 벌금으로 되어 있는 반면 쟁점 신고제도는 그 상한이 금액 제한 없이 위반금액의 20%이고 형사처벌의 경우에도 2년 이하의 징역형과 위반금액의 20%에 비례한 벌금으로 되어 있고 명단공개까지 행해질 수 있어 그 제재의 정도가 지나치게 무겁다고 할 것이다.

　또한, 쟁점 신고제도 위반의 제재는 미이행의 과태료의 경우에는 정당한 사유로 인한 감면규정이 없는 반면 해외자산 신고제도의 경우에는 정당한 사유에 의한 감면이 허용되고 있어 비교된다. 출처 소명 위반의 과태료의 경우에는 부득이한 사유에 의한 면제가 허용되고, 형사처벌의 경우에는 정당한 사유가 있으면 처벌하지 않는다고 규정하고 있어 정당한 사유에 의한 감면 여부가 쟁점 신고제도의 두 종류의 과태료 규정과 형사처벌 규정에서도 체계적으로 통일되어 있지 않은 상태이다.

Ⅲ. 외국의 해외금융계좌 신고제도

1. 미 국

가. 개 요

미국은 거주지국 과세원칙을 취하는 국가로서 국외금융자산을 파악하기 위해 앞서 본 FBAR 외에 해외금융계좌 납세협력법(Foreign Account Tax Compliance Act, 'FATCA')을 두고 있다. FBAR는 해외로의 자금유출 및 국내로의 반입을 감시할 목적으로 1970년 비밀보호법(Bank Secrecy Act)에 따라 세계 최초로 시행되었고, FATCA는 2010년 역외탈세를 방지하기 위하여 고용촉진법(Hiring Incentives to Restore Employment Act)에 따라 도입되었다. FBAR는 해외금융계좌만을 신고대상으로 하고 있으나 FATCA는 해외금융자산으로 그 보고대상이 넓고, 해외금융기관에 대해서도 별도 보고의무를 부여한다는 점에서 FBAR와 차이가 있다. 또한, 미국은 신고의무 미이행자들에 대한 구제를 위하여 사면 프로그램인 역외자산 자진신고 프로그램(Offshore Voluntary Disclosure Program, 'OVDP') 및 간편 자진신고제도(Streamlined Filing Compliance Procedures, 'SFCP')도 시행하고 있는 점이 특징이다.

나. FBAR

(1) 신고의무자

미국인이 해외금융계좌를 소유하고 있거나 그 금융계좌에 대해 재무적 이해관계(financial interest)나 서명권한(signature authority)이 있고 그 금융계좌의 잔액이 연중 한 번이라도 1만 달러를 넘으면 다음해 6. 30.까지 그 미국인은 매년 FinCEN에 FinCEN Form 114를 제출하여 그 금융계좌 내역을 신고해야 한다. FBAR는 해외금융계좌를 이용하는 미국인을 적발하는 유용한 수단으로서 그 수집정보는 불법 목적의 자금을 확인하거나 추적하고 미신고 국외원천소득을 포착하는데 사용된다. FBAR의 민사상 위반에 대한 조사와 과태료의 부과 등은 IRS가 담당하고 있다.

미국인이란 미국 시민권자와 영주권자, 미국에서 사업을 영위하는 개인·법인 등 미국 세법상 거주자이고, 이들이 직접 또는 간접으로 50%를 초과하는 지분을 소유하여 처분권한을 가지는 법인 및 동업기업, 신탁 등도 미국인에 포함된

다. 해외금융계좌의 수익이 귀속되지 않더라도 그 계좌의 법적인 소유자나 공공
기록상 소유자는 재무적 지분을 가지는 것으로 의제된다.105) 서명권한은 해당 계
좌가 개설된 금융기관에 문서 등으로 직접 의사표시를 해서 그 금융계좌의 자산
에 대한 처분을 결정하는 권한을 의미한다. 따라서 계좌에 관한 대리권을 가지는
자(agent)도 포함될 수 있다.

(2) 신고대상 및 신고방법

신고대상은 해외금융기관의 은행계좌, 증권계좌, 생명보험 및 연금계좌, 뮤
추얼펀드계좌 및 그 밖에 해외금융기관이 유지 · 관리하고 있는 계좌 등을 포함
한다.106) 과세대상 소득의 발생과는 무관하다. 반면, 금융기관이 아닌 자와의 자
금거래상의 채권 등은 신고대상에 포함되지 않는다.

신고의무자는 소득세 신고시 보고의무를 부담하는데, 소득세 신고기한인 매
년 4. 15.까지 Form 1040의 Schedule B, Part III에 해외금융계좌 보유사실을 보
고하고 그 계좌에서 소득이 발생한 경우 이를 합산하여 신고하여야 한다. 신고의
무자가 신고의무 기한 내 이행하지 못한 경우에도 기한 후에 전자신고시스템 등
을 통하여 신고할 수 있고, 기한 후 신고의 사유가 합리적이라면 민 · 형사상 제
재를 하지 않는다.

(3) 의무위반에 대한 제재

신고의무 미이행시 민사상 제재(civil penalty) 또는 형사상 제재(criminal
penalty)가 행해진다. 민사상 제재로는 원칙적으로 고의가 없더라도 미신고 계좌
당 미화 1만 달러의 과태료가 부과되고 미신고에 합리적인 이유가 있는 경우에는
과태료를 면제받을 수도 있다.107) 고의로 신고의무를 위반한 경우에는 미화 10만
달러 또는 계좌 잔고의 50% 중 더 큰 금액의 과태료가 부과된다.108) 과실에 의한
위반에는 형사상 제재가 없다. 과태료 금액은 과실과 반복적인 과실109) 및 고의

105) IRS, "Internal Revenue Manual Ch. 26, Bank Secrecy Act. 4.26.16.3.3 (11-06-2015) Financial Interest"
106) IRS, "Internal Revenue Manual Ch. 26, Bank Secrecy Act. 4.26.16.3.2 (11-06-2015) Financial Account". 반면, 직접 채권, 어음, 주권을 소유하고 있는 경우 및 금융기관이 아닌 자에게 돈을 빌려준 경우 등은 신고대상에 포함되지 아니한다.
107) US Code Title 31 §5321(a)(5)(B).
108) US Code Title 31 §5321(a)(5)(C).
109) 과실과 반복적인 과실에 따른 과태료는 개인에게는 적용되지 않는데, 전자는 미화 500달러 이내, 후자는 거기에 추가로 미화 5만 달러 이내에서 과태료가 부과될 수 있다(US Code Title 31 §5321(a)(6)(A), (B)).

성 유무에 따라 차등적으로 부과되고, 매년 신고의무 위반시마다 반복하여 부과
된다.

민사상 제재에 더하여 형사상 고의가 있는 경우에는 형사상 제재가 가해지
는데, 미화 25만 달러 이하의 벌금이나 5년 이하의 징역형이 부과되거나 병과된
다.110) 세법 등 다른 법률을 위반하거나 12개월 동안 미화 10만 달러 이상의 불
법행위가 있는 경우, 미화 50만 달러 이하의 벌금 또는 10년 이하의 징역형이 부
과되거나 병과된다.111) 동일한 위반사항에 대해서 형사상 제재와 민사상 제재가
동시에 행해질 수 있다.112)

다. FATCA

FATCA는 미국 납세의무자의 해외금융자산 보고의무와 이를 검증하기 위한
해외금융기관의 보고의무에 관하여 규정하고 있다. 신고대상은 은행계좌, 위탁계
좌, 출자·채권지분 등을 포괄하는데, 미국 납세의무자의 해외금융자산 보고의무
에 해외금융계좌 신고의무가 포함된다. 미국 시민권자 및 미국 거주 외국인은 과
세연도말 기준 특정 해외금융계좌와 해외금융자산에 대하여 소득세 신고기한인
4. 15.까지 Form 8938을 통해 그 보유사실을 IRS에 보고해야 한다. 과세연도 말
기준으로 미화 5만 달러를 초과하거나, 과세연도 중 한 번이라도 미화 7만5천 달
러를 초과하게 되면 보고대상 기준금액에 해당하게 된다. 미신고시에는 미화 1만
달러의 벌금에 더하여 최대 미화 5만 달러를 한도로 매달 미화 1만 달러의 벌금
이 추가로 부과되고 미납부 세금의 40%를 가산세로 부과하며 형사처벌도 가해질
수 있다.113)

라. 자진신고제도
(1) OVDP

OVDP는 해외자산을 신고하지 아니한 미국 납세자에게 해외자산 및 그에
대한 소득과 세금을 자진신고하는 경우 형사처벌 없이 경감된 과태료를 부과하

---

110) US Code Title 31 §5322(a).
111) US Code Title 31 §5322(b).
112) US Code Title 31 §5321(d).
113) 박명호·최정욱·정훈, 주요국의 해외금융계좌 신고제도에 대한 비교연구, 한국조세재정연구원,
    2013. 12., 45면.

는 한시적인 사면 제도이다. FBAR를 통해 해외금융계좌를 신고하지 못했더라도 세금과 과태료를 납부하면 형사처벌을 면제해 주는 것이다. IRS는 2003년, 2009년, 2011년 3차에 걸쳐 한시적으로 운영하다가 2012년 FATCA가 도입되면서 기한을 정하지 않고 OVDP를 운영하고 있다. 4차례의 OVDP는 과태료 감경비율 등 구체적 내용에 차이가 있는데, 현재 시행되고 있는 OVDP는 자진신고시 신고대상 기간 중 최대 계좌잔액의 27.5%의 경감된 과태료가 적용되고 계좌잔액이 미화 7만5천 달러 미만인 경우에는 12.5%로 경감하도록 하고 있다.[114)]

(2) SFCP

미신고자의 부담 경감을 위해 OVDP를 운영하였으나 OVDP에 따라 자진신고를 하더라도 최대 27.5%에 해당하는 과태료가 부과되어 실효성이 적자, 2012. 9.부터는 납세자가 해외금융자산과 그에 대한 소득세를 신고 · 납부하지 않았더라도 고의성이 없는 경우에는 과태료를 감면하도록 하는 SFCP를 시행하고 있다. SFCP는 미국 시민권자에 대하여 적용되는데, 외국절차(Foreign Procedure)와 국내절차(Domestic Procedure)로 구분된다. 외국절차에 의하면, 최근 3년 중 1년 이상 미국 내 거주지가 없고 미국 외에서 330일 이상 거주하며 해외금융계좌 미신고에 대한 고의성이 없고 IRS로부터 세금신고 또는 해외금융계좌신고와 관련하여 어떠한 통지도 받지 않았다면 최근 3년간 소득세 신고서 등을 제출하는 경우 FBAR와 관련된 과태료를 전액 면제받을 수 있다. 국내절차는 위 비거주자 요건을 충족하지 못한 경우에 이용할 수 있는데, 해외금융계좌 잔액의 5%의 과태료를 납부하여야 한다. SFCP를 이용하는 경우 납세자는 미신고와 미납부에 따른 가산세를 면제받을 수 있으나 미납세금 및 그에 대한 이자는 납부하여야 한다. SFCP는 IRS가 민사나 형사상 조사를 시작하지 않은 경우에만 신청이 가능하다.[115)]

2. 일 본

일본은 기본적으로 속인주의 과세원칙을 취하는 국가이므로 일본의 거주자는 국외원천소득에 대해 소득세 납세의무를 부담한다. 일본은 2012년 '국외송금등조서법'에 따라 역외소득에 대한 과세권의 적정한 행사와 징수권의 확보를 위

---

114) 김태경 · 변혜정, 앞의 논문, 169면.
115) 김태경 · 변혜정, 앞의 논문, 170면.

해 국외재산 보유자로부터 그가 보유하는 국외재산 내역을 제출하도록 하는 국외재산 조서제도를 도입하여 2014년부터 시행하고 있다. 일본은 지하경제 규모가 상대적으로 낮지만 개인의 국외재산 관련 소득 및 상속재산의 신고 누락이 급증하자 국외재산 조서제도를 도입하였다.

일본 비영주권자를 제외한 거주자는 당해 연도 12. 31. 해외금융계좌를 포함한 국외재산의 시가 합계액이 5천만 엔을 초과하는 경우, 당해 국외재산의 종류, 수량 및 가액 기타 필요한 사항을 기재한 국외재산조서를 다음 연도 3. 15.까지 관할 세무서장에게 신고하여야 한다.[116] 비영주권자는 신고의무가 면제되는데, 거주자 중 일본 국적을 보유하지 않고 과거 10년 이내에 국내에 주소 또는 거소를 가지고 있던 기간의 합계가 5년 이하인 개인을 의미한다.[117] 국외재산조서에는 당해 국외재산의 종류, 수량, 가액 및 소재지 등 기타 필요한 사항을 기재하여야 한다. 일본의 국외재산 조서제도는 토지, 건물 등 국외에 있는 모든 재산을 신고대상으로 하고 있는 점이 특징적이다.

국외재산조서를 제출하지 않거나 허위로 제출하는 경우 1년 이하의 징역 또는 50만 엔 이하의 벌금에 처한다.[118] 해당 국외재산과 관련하여 소득세 신고누락이 생겼을 때에는 과소신고가산세를 5% 가산한다.[119] 반면, 국외재산조서를 기한내 제출한 경우에는 국외재산조서에 기재된 국외재산에 관하여 소득세·상속세의 신고누락이 생긴 경우에는 과소신고가산세 5%를 감면한다.[120] 신고의무 위반시의 제재뿐만 아니라 자발적 신고에 대해 세제상의 혜택을 부여하고 있는 점이 특징적이다.

3. 프랑스

프랑스는 상시적 해외계좌 신고제도를 두고 있다. 거주자 등은 해외계좌를 보유하는 경우 그 개설, 소지, 폐쇄 및 사용 내역을 신고하여야 한다.[121] 신고대상은 금융계좌 이외의 계좌를 포함한다. 해외금융계좌 신고제도와 거의 유사하지

---

116) 일본 국외송금등조서법 제5조 제1항.
117) 일본 소득세법 제2조 제1항.
118) 일본 국외송금등조서법 제10조.
119) 일본 국외송금등조서법 제6조 제2항.
120) 일본 국외송금등조서법 제6조 제1항.
121) 프랑스 조세일반법 제1649A조.

만 그 신고대상 범위가 다소 넓다는 점에서 차이가 있다. 신고의무자는 프랑스에 거주하는 개인, 비영리단체, 상업적 형태를 가지지 않는 회사이다. 상업적 형태를 가지지 않는 회사란 주식회사, 유한책임회사, 그리고 주식합자회사를 제외한 모든 회사를 말한다. 신고대상은 해외에서 개설된 모든 계좌로서 은행뿐만 아니라 다른 단체, 공공기관 등을 통해 개설한 계좌를 포함한다. 신고대상 기준금액은 별도로 없고 모든 계좌를 신고해야 한다. 신고의무자는 해당연도 1. 1. 이후 개설, 소지, 폐쇄 또는 사용한 모든 계좌에 대한 내용을 소득세 신고와 함께 별도의 서식을 제출하는 방식으로 신고한다.

미신고의 경우 계좌당 1,500 유로의 과태료가 부과되고, 프랑스와 조세정보교환협정을 체결하지 않는 국가 또는 지역의 계좌일 경우 그 과태료는 1만 유로가 된다. 특히 미신고금액이 5만 유로 이상인 경우에는 계좌잔액의 5%를 과태료의 하한으로 부과한다. 신고를 하였으나 부정확한 경우 또는 일부 정보를 누락한 경우에는 150 유로의 과태료가 부과되며 그 합계액은 1만 유로를 초과할 수 없다.[122]

4. 호 주

호주는 상시적인 해외금융계좌 신고제도를 두지 않고 있는 대신 해외자산신고와 관련하여 독특한 제도를 가지고 있다. 호주 과세관청은 고액자산가 전담팀(High Wealth Individuals Taskforce)을 통해 500만 호주달러 이상을 소유한 고액자산가에게 해외거래신고와 해외계좌신고를 포함한 확장소득신고(expanded income tax returns)를 요구한다.[123] 신고의무자는 고액자산가 전담팀에 의하여 확장소득신고자로 통보받은 개인과 관련기업이다. 5만 호주달러 이상을 해외로 송금하거나 해외로부터 수취하는 경우에는 거래의 구체적 내용을 신고해야 하고 해외의 은행이나 금융기관에 개설한 계좌의 보유자이거나 서명인인 경우에는 그 계좌정보를 신고해야 한다.[124]

신고의무자가 확장소득신고를 하지 않거나 기한연장신고, 미신고에 따른 최후 통지나 추가 집행의 정지에 따른 요구사항을 준수하지 않으면 기소절차가 개시될 수 있다.[125] 과세관청 등에 승인된 양식이나 정보를 제공하는 것 및 세법에

---

122) 박명호 외 2, 앞의 책, 72−73면.
123) 호주 소득세법 제161조, 제162조.
124) 박명호 외 2, 앞의 책, 61−62면.
125) 박명호 외 2, 앞의 책, 63면.

따라 요구되는 방법으로 정보를 제공하는 것을 거부하거나 불이행하는 경우 형
사처벌 대상이 되는데, 무과실책임이다.[126] 최초 불이행의 경우에는 20 페널티유
닛(Penalty Unit, 'PU')[127] 이하의 벌금, 두번째는 40 PU 이하의 벌금, 세번째는 징
역 12월 또는 50 PU 이하의 벌금에 처해지는 등 의무불이행의 반복 정도에 따라
가중처벌된다.[128]

5. 캐나다

캐나다는 해외자산 신고제도를 두고 있는데, 대상기간 중 어느 하루라도 해
외자산을 10만 캐나다 달러 이상 보유하는 신고의무자는 캐나다 국세청에 신고
하여야 한다. 캐나다 거주자가 해외에서 벌어들인 소득을 파악하기 위한 목적에
서 운영되고 있다. 캐나다 거주자인 개인, 법인, 파트너쉽, 신탁 등이 신고의무자
이다.[129] 소득세 신고기한인 4. 30.까지 소득세와 함께 신고하여야 하는데 과태
료로서 일반적인 미신고는 하루당 25 캐나다 달러를 최대 2,500 캐나다 달러까지
부과한다.[130] 고의나 중대한 과실로 미신고한 경우에는 매월 1,000 캐나다 달러
씩 최대 24개월간 과태료를 부과할 수 있고[131] 고의나 중대한 과실로 허위 또는
누락신고를 하는 경우에는 24,000 캐나다 달러와 미신고 해외자산의 5% 중 큰
금액을 과태료로 부과한다.[132]

6. 외국의 입법례의 정리 및 평가

해외금융계좌 신고제도를 최초로 도입한 미국과 우리나라의 경제규모와 큰
차이가 없는 주요국의 입법례에 대하여 살펴 보았다. 외국의 입법례를 보면, 기
본적으로 해외금융계좌 신고제도를 운영하고 있는 국가가 많지 않고 그 운영방
식에도 국가별로 차이가 크다는 점이 특색이다. 미국, 프랑스와 같이 해외금융계
좌 신고제도를 상시적으로 운영하고 있는 국가와 일본, 캐나다와 같이 해외금융
계좌를 포함한 일반적 해외자산 신고제도를 운영하는 국가로 대별된다. 제한적인

---

126) 호주 소득세징수법 제8C(1)조.
127) 2019. 7. 1. 기준 1 PU는 210 호주 달러이다.
128) 호주 소득세징수법 제8E조.
129) 캐나다 소득세법 제233.3조 제1항.
130) 캐나다 소득세법 제162조 제7항.
131) 캐나다 소득세법 제162조 제10항.
132) 캐나다 소득세법 제163조 제2.4항.

경우로는 자진신고 방식이 아니라 과세관청의 통보 방식으로 해외금융계좌 신고제도를 운영하는 호주의 경우도 있다. 상시적 또는 한시적 사면제도를 운영하고 있는 미국의 경우도 주목된다. 우리나라는 해외금융계좌 신고제도를 상시적으로 운영하고 있다는 점에서 미국과 프랑스와 유사하고, 해외부동산 등에 대한 별도의 해외자산 신고제도를 두고 있다는 점에서 해외자산에 대하여 일반적 신고제도를 운영하고 있는 일본, 캐나다와 비교된다.

해외금융계좌 신고의무의 범위에 관하여 보면, 미국은 FBAR의 경우 미화 1만 달러, FATCA의 경우 미화 5만 달러를 기준으로 신고의무를 부여하고 있고, 프랑스는 모든 계좌에 대해서 신고의무를 부여하고 있으며, 일본의 경우에는 5천만 엔을 초과하는 국외재산을 보유하는 경우에 신고의무가 있고, 캐나다의 경우에는 10만 캐나다 달러의 해외자산을 보유하는 경우에 신고의무를 부담한다. 5억원을 초과하는 해외금융계좌에 대해서 신고의무를 부담하는 우리나라의 경우와 비교하여 이들 국가들의 신고의무의 범위가 넓다고 보인다.

신고의무 위반에 대한 제재에 관하여 보면, 미국 FBAR의 경우 민사상의 과태료를 기본으로 하고 형사처벌로서 고의성이 있는 경우에 벌금과 징역형의 제재를 추가로 부과하는데 고의의 미신고는 과실의 경우에 비하여 무겁게 처벌하고 최고 미화 50만 달러 이하의 벌금 또는 10년 이하의 징역형이 가해질 수 있다. 프랑스의 경우에는 과태료 위주의 제재를 가하고 있는데, 1만 유로가 대체적인 상한으로 비교적 경미한 편이다. 일본의 경우에는 신고의무 위반의 경우 과태료 부과는 하지 않고 1년 이하의 징역이나 50만 엔 이하의 벌금에 처하고 소득세와 상속세의 가산세를 5% 가중한다. 자발적 신고의 경우에는 가산세를 5% 감면해 주는 점이 특이하다. 캐나다의 경우 고의와 과실을 구분하여 그 제재의 정도를 달리하고 있는데, 최대 과태료 금액이 2,400 캐나다 달러와 해외자산가액의 5% 중 큰 금액으로 되어 있다. 호주의 경우에는 위반횟수에 따라 가중처벌하고 미이행시 기소절차가 개시된다는 점이 특징적이다.

신고의무 위반의 제재에 대한 감면사유를 보면, 미국에서는 고의가 없거나 정당한 사유가 있으면 과태료 경감 혜택을 부여하고 있다. 또한 미국은 사실상 상시적인 감면제도인 OVDP를 운용하고 있는데, 자진신고를 하고 세금을 납부하면 27.5%의 경감된 과태료와 형사처벌의 면제의 혜택이 있다. 미국의 SFCP는 세금을 납부하지 않더라도 고의성이 없는 경우에는 과태료를 감면한다는 점이 특색이다. 캐나다는 고의와 과실, 호주는 위반횟수, 프랑스는 조세정보교환협정의 체결이나 조세피난처 해당 여부에 따라 제재의 정도를 달리하는 특징이 있다.

　　우리나라 해외금융계좌 신고제도는 위반금액의 최대 20% 비율에 따른 과태료를 산정하여 사실상 상한이 없고, 2년 이하의 형사처벌 및 명단공개의 제재까지 가하고 있는 점, 단기간의 지연 신고에 따른 감면만을 허용하여 실효적이지 않고 정당한 사유의 존재나 고의나 과실의 유무에 따른 과태료의 감면을 인정하고 있지 않는 점 등에서 폭넓은 감면이 가능한 미국의 제도나 다른 국가의 입법례와 비교하여 보더라도 그 위반시의 제재의 정도가 상대적으로 무겁다고 평가된다.

Ⅳ. 해외금융계좌 신고제도의 개선방안

1. 문제의 소재와 논의의 범위

　　해외금융계좌 신고제도가 국외원천소득에 관한 과세정보를 파악함으로써 거주자의 국외원천소득에 대한 공평과세의 이념을 달성하는 수단으로 기능하고 있다는 점은 부인하기 어렵다. 그러나 해외금융계좌 신고제도에 대해서는 우선 법 체계적 측면에서 헌법 원칙과 조세법, 행정법 및 형사법과의 관계상 여러 가지 문제점들이 지적되고 있고 해외금융계좌 신고제도의 구체적인 쟁점에 대해서도 다양한 의견들이 제시되고 있다. 해외금융계좌 신고제도에 대한 주요 쟁점 내지 문제점은 크게 쟁점 신고제도의 법 체계적 문제점과 쟁점 신고제도 자체의 문제점으로 대별해 볼 수 있다. 법 체계적 문제점은 헌법 체계상 문제점과 유관 법률과의 체계상 문제점으로 구분되는데, 해외금융계좌 신고제도는 법 질서의 정점에 있는 상위 규범인 헌법에 위반되지 않아야 하고 조세법, 형사법, 행정법 등 다른 유관 법률과의 관계에서도 체계적 정합성이 유지되어야 할 것이다. 쟁점 신고제도 자체의 문제점은 해외금융계좌 신고제도의 세부 쟁점에 관한 것으로 신고의무의 범위와 위반시의 제재상의 문제점으로 나누어 볼 수 있는데, 이는 그 정도와 규모에 따라 그와 밀접하게 관련된 헌법 및 유관 법률과의 법 체계적 문제점을 심화시킬 수 있다.

2. 해외금융계좌 신고제도의 법 체계적 문제점과 개선방안

가. 헌법과의 체계상 문제점

(1) 자기부죄금지의 원칙

헌법 제12조 제2항은 모든 국민은 고문을 받지 아니하며, 형사상 자기에게 불리한 진술을 강요당하지 아니한다고 규정하여 형사책임에 관하여 자기에게 불이익한 진술을 강요당하지 않을 것을 국민의 기본권으로 보장하고 있다. 헌법재판소는 구 도로교통법[133) 제50조 제2항이 교통사고 신고의무 규정을 운전자의 형사책임에 관련되는 사항에까지 확대 적용할 경우 헌법상 자기부죄금지의 원칙에 위반된다고 판시하였다.[134) 헌법재판소는 교통사고를 일으킨 차량의 운전자 등과 같이 장차 형사피의자나 피고인이 될 가능성이 있는 자에게도 그 진술내용이 자기의 형사책임에 관련되는 것일 때에는 그 진술을 강요받지 않을 자기부죄(自己負罪) 거절의 권리가 보장되고 또한 진술거부권은 법률로써도 진술을 강제할 수 없음을 의미하므로 만일 법률이 범법자에게 자기의 범죄사실을 반드시 신고하도록 명시하고 그 미신고를 이유로 처벌하는 벌칙을 규정하는 것은 국민의 기본권인 진술거부권을 침해하는 것이 된다고 하면서 본래 구 도로교통법 제50조 제2항은 피해자의 구호 및 교통질서의 회복을 위한 조치가 필요한 범위 내에서 교통사고의 객관적 내용만을 신고하도록 한 것이지만 실제 운영에서는 오히려 교통질서 유지법으로서의 목적보다 도리어 경찰관이 운전자 등의 형사입건을 용이하게 하는 범죄수사의 편의로 활용하게 되고 운전자 등에 대하여는 자기의 형사책임을 추궁당할 위험을 부담하게 하는 것이 되므로 헌법상 진술거부권을 침해하는 것이 된다고 판단하였다.

해외금융계좌 신고의무 위반에 대해서는 과태료와 명단공개 외에 형사처벌로서 신고의무 미이행자의 위반금액이 50억 원을 초과하는 경우 2년 이하의 징역 또는 신고의무 위반금액의 13% 이상 20% 이하의 벌금에 처한다.[135) 해외금융계좌 신고가 이루어지면 과세관청에서는 그 신고금액의 적정성 외에도 위반금액의 출처에 대해서 소명요구를 하는 등 관련 소득에 대한 납세의무가 이행되었는지 여부를 조사하게 되는데, 만일 해외금융계좌가 조세의 탈루와 관계되고 사

---

133) 1984. 8. 4. 법률 제3744호로 개정된 것을 말한다.
134) 헌법재판소 1990. 8. 27. 선고 89헌가118 결정.
135) 조세범 처벌법 제16조.

기 그 밖의 부정한 행위가 게재하는 경우라면 신고의무자는 조세포탈죄에 해당하여 형사처벌을 받을 수 있다. 역외거래로 인한 소득 탈루에 대해서는 원칙적으로 7년, 무신고의 경우 10년, 부정행위가 수반되면 15년의 부과제척기간이 적용되므로[136] 해외금융계좌 신고와 관련되어 최대 15년 간 소급하여 세무조사가 행해질 수 있고 그 과정에서 신고의무자로서는 앞서 본 사유로 형사처벌을 받을 위험이 상존하는바, 쟁점 신고제도는 그 신고의무 위반에 대하여 제재를 가하면서 신고의무자에 대해서 형사처벌과 밀접한 관계가 있는 내용을 스스로 신고하도록 의무를 지운다는 점, 신고의무를 이행하는 경우 신고의무자는 형사책임을 추궁당할 위험을 부담한다는 점 등에서 구 도로교통법상 신고의무 위반죄와 본질적으로 다른 부분이 없다고 할 것이고 따라서 헌법이 보장하는 자기부죄(自己負罪) 거절의 기본권에 대한 침해 가능성이 상당하다고 할 것이다.

  (2) 과잉금지의 원칙

  헌법 제37조 제2항은 국민의 모든 자유와 권리는 국가안전보장·질서유지 또는 공공복리를 위하여 필요한 경우 법률로써 제한할 수 있지만 국가는 개인이 가지는 불가침의 기본적 인권을 확인하고 이를 보장할 의무를 진다는 헌법 제10조 후문 등에 비추어 그 기본권 제한은 국가안전보장·질서유지·공공복리를 위하여 불가피한 경우에 한하고 그 제한은 최소한에 그쳐야 하며 그 제한은 보호하고자 하는 법익을 구현하는 데 적합하여야 할 뿐만 아니라 보호하려는 법인과 제한하는 기본권 사이에 상당한 비례관계가 있어야 한다고 규정하고 있다. 이를 과잉금지의 원칙 내지 비례의 원칙이라고 하고, 목적의 정당성·방법의 적절성·피해의 최소성·법익의 균형성이 그 내용을 이룬다.[137]

  헌법재판소는 과잉금지의 원칙을 위헌심사의 확고한 판단기준으로 삼고 있는데, 기존 양도담보권자의 서면제출의무 위반시 부동산가액의 30%에 해당하는

---

136) 국세기본법 제26조의2 제1항 단서 및 제2항 제1호, 제2호. 50억 원 초과의 국외에 있는 상속·증여재산에 대해서는 그 재산의 상속이나 증여가 있음을 안 날로부터 1년으로 부과제척기간이 연장된다(국세기본법 제26조의2 제5항 제3호).

137) '목적의 정당성'이란 기본권을 제한하는 입법은 국가안전보장·질서유지·공공복리를 위한 정당한 목적이 있어야 한다는 것이고 '방법의 적절성'이란 선택하는 수단은 합리적 판단에 입각하여 추구하고자 하는 사안의 목적을 달성함에 있어 필요하고 효과적이어야 하며, '피해의 최소성'이란 입법자는 기본권을 제한하는 경우에도 입법목적을 실현하기에 적합한 여러 수단 중 국민의 기본권을 최소로 침해하는 수단을 선택하여야 한다는 것이고 '법익의 균형성'이란 입법에 의하여 보호하려는 공익과 침해되는 사익을 비교형량하는 경우 보호되는 공익이 더 커야 한다는 것이다(성낙인, 헌법학, 법문사, 2014, 937-947면).

과징금을 부과할 수 있도록 규정한 구 부동산실권리자명의등기에 관한 법률(이하 '구 부동산실명법')[138] 제14조 제2항에 대하여, 양도담보는 적법한 법률행위로서 채무 담보의 많은 사례로 이용되고 있고, 그 자체가 반사회성을 가지고 있다고 할 수 없는 점, 이를 규율하는 특별법으로 가등기담보 등에 관한 법률이 따로 정하여져 있을 뿐만 아니라, 다른 법률의 신고의무 위반에 대한 규정 등에서는 일반적으로 과태료 정도의 비교적 가벼운 행정벌이 가하여지는 점, 구 부동산실명법을 위반한 명의신탁자에 대하여 일률적으로 부동산가액의 30%에 해당하는 과징금을 부과하는 것이 헌법상 과잉금지의 원칙에 반한다는 점 등에 비추어 일률적으로 부동산 평가액의 30%에 달하는 고율의 과징금을 부과하도록 한 것은 법익균형성을 잃은 과잉의 제재로서 과잉금지의 원칙에 반한다고 판단하였다.[139] 또한 헌법재판소는 부동산을 공급하는 경우에는 법인에게 계산서 교부, 합계표 제출의무를 부과하지 아니하더라도 각 과세관청은 부동산등기법이나 부동산등기특별조치법에 의하여 등기소나 검인관청으로부터 거래자료를 송부받아 그 거래 내용을 파악하고 관리할 수 있는 방도를 법적으로 확보하고 있음에도, 납세자들로 하여금 부가적으로 위와 같은 의무를 부담하게 하고, 이를 이행하지 아니하는 경우 공급가액의 1%에 이르는 가산세를 부과하는 구 법인세법 규정은 법익침해의 최소성원칙에 어긋나 납세자의 재산권을 침해한다고 결정하였다.[140]

　　나아가 헌법재판소는 어떤 행정법규 위반행위에 대하여 행정질서벌인 과태료를 과할 것인가, 행정형벌을 과할 것인가, 그리고 행정형벌을 과할 경우 그 법정형의 형종과 형량을 어떻게 정할 것인가는 기본적으로 입법권자가 제반사정을 고려하여 결정할 입법재량에 속하는 문제이지만,[141] 어느 범죄의 법정형이 그 범죄의 실태와 죄질의 경중, 이에 대한 행위자의 책임, 처벌규정의 보호법익 및 형벌의 범죄예방효과 등에 비추어 지나치게 가혹한 것이어서 전체 형벌 체계상 현저히 균형을 잃음으로써 다른 범죄와의 관계에서 있어서 헌법상 평등의 원리에 반하게 되거나 그러한 유형의 범죄에 대한 형벌 본래의 기능과 목적을 달성함에 있어 필요한 정도를 현저히 일탈함으로써 헌법 제37조 제2항의 과잉입법금지원칙에 반하는 등 입법재량권이 헌법규정이나 헌법상의 제 원리에 반하여 자의적

---

138) 1995. 3. 30. 법률 제4944호로 개정된 것을 말한다.
139) 헌법재판소 2001. 5. 31. 선고 99헌가18 등 결정.
140) 헌법재판소 2006. 6. 29. 선고 2002헌바80 등 결정.
141) 헌법재판소 1997. 8. 21. 선고 93헌바51 결정.

으로 행사된 것으로 평가되는 경우에는 이와 같은 법정형을 규정한 법률조항은 입법재량권을 남용하였거나 그 한계를 일탈한 것으로서 헌법에 반한다고 보아야 한다고 결정하였다.[142] 행정질서벌인 과태료에 관하여도 헌법재판소는 입법권자가 입법재량의 범위 내에서 행정질서벌인 과태료를 과하기로 하였다면 다시 그 과태료 액수를 정하는 것도 역시 입법재량의 문제이기는 하지만 그것이 의무위반행위와 그에 대한 책임이 현저하게 균형을 잃게 되고 이로 인하여 다른 행정법규 위반자와의 사이에서 헌법상 평등의 원리에 위반하게 되거나 그 목적을 달성함에 있어 필요한 정도를 일탈함으로써 헌법 제37조 제2항으로부터 파생되는 비례의 원칙 혹은 과잉금지의 원칙에 위반하는 것으로 평가되는 등 헌법재판소가 관여할 정도로 입법재량을 현저히 불합리하게 또는 자의적으로 행사한 것이라면 입법재량의 범위를 벗어난 것이라는 취지로 판시하였다.[143]

해외금융계좌 신고제도의 경우에도 그 도입의 정당성과 위반시의 제재의 필요성이 인정되더라도 그 제도는 헌법상 비례의 원칙 내지 과잉금지의 원칙에 위반되어서는 아니된다고 할 것이다. 신고의무 위반의 경우 신고의무자는 그 계좌금액의 규모에 비례하여 신고의무 위반에 대한 과태료, 소명불이행에 대한 과태료 처분을 받을 수 있고 그 위반금액이 크다면 형사고발 및 명단공개라는 무거운 제재를 받을 수도 있다. 반면, 과세관청에서는 해외금융계좌 신고제도에 의하여 신고의무자로부터 입수되는 해외금융계좌 정보는 국가간 금융정보자동교환협정 등을 통하여 상당 부분 입수가 가능하고 해외금융계좌 신고포상금 제도에 의해서도 제3자로부터 다수의 해외금융계좌에 대한 정보를 확보할 수 있다. 또한, 해외금융계좌 신고제도 외에 다른 해외자산 신고제도나 외국환거래법상 자본거래 신고제도를 두고 있는데 해외금융계좌에 대해서 추가로 신고의무를 부담시키는 것은 법익침해의 최소성의 원칙에 반하는 측면이 있다. 또한, 해외자산 신고제도의 대상이 되는 해외부동산 등에 대한 신고의무 위반의 제재는 해외금융계좌 신고의무 위반의 경우에 비하여 현저히 낮은데, 그와 같은 중대한 차등을 두어야 하는 합리적 필요성이 없다는 점 등에 비추어 볼 때, 거주자의 납세의무의 이행을 위한 보충적 성격을 가지는 해외금융계좌 신고의무 위반에 대하여 매해 과태료, 형사처벌 및 명단공개의 다중 제재를 부과하는 것은 법익균형성과 법익침해

---

142) 헌법재판소 1995. 11. 30. 선고 94헌가3 결정.
143) 헌법재판소 1998. 5. 25. 선고 96헌바83 결정.

최소성에 관한 헌법재판소의 결정례 등에 비추어 헌법 제37조 제2항의 과잉금지의 원칙에 반할 소지가 상당하다.[144]

나. 유관 법률과의 체계상 문제점

(1) 조세법

해외금융계좌 신고의무는 자금세탁 방지 등 다른 목적도 있지만 기본적으로 거주자의 국외원천소득에 대한 과세정보를 획득하기 위하여 납세자에게 보충적으로 부담시키는 의무이다. 따라서 국외원천소득에 대해 납세의무를 부담하지 않는 비거주자 등에 대해서는 해외금융계좌 신고의무를 지우지 않는 것이 타당하고 쟁점 신고의무의 범위와 제재의 정도는 그 보충적 성격에 비추어 주된 납세의무 위반에 대한 그것보다는 크지 않아야 할 것이다. 전자와 관련하여 만일 납세의무를 부담하는 거주자를 그대로 신고의무자로 곧바로 인정하거나 비거주자가 거주자로 그 지위가 변경된 경우 비거주자로 있던 기간에 대하여 해외금융계좌 신고의무를 부담시킨다면 이는 주된 납세의무가 없던 기간에 대하여 소급적으로 보충적인 신고의무를 부담시키는 것이 되어 그 제도의 취지에 반하는 것이 된다.

후자와 관련하여 쟁점 신고의무 위반시의 제재의 정도가 거주자의 국외원천소득에 대한 납세의무 미이행에 대한 제재보다 크다면 주객전도의 비판이 제기될 수 있다. 우선 경제적 부담의 측면만 비교해 보더라도 신고의무자가 종합소득세 신고의무를 게을리하여 추징이 되더라도 그 위반에 대한 제재인 가산세는 대체로 탈루 소득의 50%를 넘는 경우는 많지 않을 것인데 만일 그 보충적 의무인 쟁점 신고의무 위반에 대해서는 최대 5년간 매년 20%의 과태료가 부과된다면 계좌금액의 100% 상당의 경제적 부담을 지우는 것이 된다.

쟁점 신고제도는 신고의무의 보충적 성격에 대한 고려 없이 원칙적으로 거주자와 내국법인을 그대로 해외금융계좌의 신고의무자로 보아 신고의무 위반에 대하여 계좌금액의 최대 20%의 과태료 및 징역형과 위반금액의 20% 이하의 형사처벌 및 명단공개의 무거운 제재를 가하고 있는바, 이는 보충적 규범인 해외금융계좌 신고의무 위반에 대한 적용범위와 제재가 주된 규범인 납세의무 위반에 대한 그것보다 동일하거나 과중한 결과를 초래하는 것으로서 조세법의 체계상 중대한 문제점을 노정하고 있다.

---

144) 권오성 앞의 논문, 153, 157면.

(2) 형사법

해외금융계좌 신고의무 위반에 대한 제재로 국제조세조정법은 행정질서벌로서 계좌금액의 10%에서 20%의 과태료를, 조세범 처벌법은 형사벌로서 2년 이하의 징역형과 위반금액의 13%에서 20%의 벌금을 규정하고 있다. 당초 쟁점 신고의무 위반에 대해서는 과태료만 규정하고 있었으나 2013년 개정에서 위반금액 50억 원 이상의 미신고 등에 대해서는 형사처벌 규정을 도입하였고 형사처벌이 되는 경우에는 과태료를 부과하지 않는다는 규정을 신설하여[145] 위반금액 50억 원을 기준으로 그 미만은 과태료 부과, 그 이상은 형사처벌로 그 제재를 달리하고 있다.

행정법상 해외금융계좌 신고는 과세관청에 대한 신고에 의하여 공법적 효과가 발생하는 '자기완결적 신고'이고, 신고의무자가 보유하는 금융자산의 규모를 확인하는 '사실파악형 신고'에 해당한다. 일반적으로 행정법상 사실파악형 신고의 경우 신고의무 위반에 대해서는 과태료가 부과되고 규제적 신고 내지 허가적 신고 위반에 대한 제재인 형사처벌[146]과는 친숙하지 않다. 그러한 측면에서 헌법재판소도 행정형벌제도는 의무이행 확보수단으로 최후적·보충적인 것이 되어야 한다는 입장[147]이다.

그럼에도 불구하고 우리나라의 해외금융계좌 신고제도는 자기완결적 신고와 사실파악형 신고의무 위반에 대해서 행정질서벌로서의 과태료 부과 외에 형사처벌까지 규정하고 있어 형사법의 체계상으로도 특이한 제도로 사료된다.[148] 특히 고의나 과실 대신 위반 금액 50억 원을 기준으로 비범죄행외와 범죄행위를 판가름하는 것[149]은 납득하기 어려운 측면이 많다. 사실파악형 신고인 해외금융계좌 신고의무 위반에 대해서 형사처벌을 과한다면 이는 헌법상 비례의 원칙에 반할 여지도 있다.[150] 형사법적 측면에서도 그 체계개편의 필요성이 있다.

---

145) 구 국제조세조정법 제34조 제3항, 국제조세조정법 제35조 제4항.
146) 박균성, 앞의 논문, 35면. 다만, 경우에 따라 입법정책 목적에서 형벌이 아닌 과태료가 부과되기도 한다.
147) 헌법재판소 2002. 6. 27. 선고 2000헌마642 결정.
148) 권오성, 앞의 논문, 157면.
149) 조병선, "형벌과 과태료의 기능과 그 한계" 청대학술논집 제1집, 청주대학교 학술연구소, 2003. 8., 110면.
150) 박균성, 앞의 논문, 35면.

(3) 행정법

쟁점 신고의무 위반시의 과태료에 대해서는 국제조세조정법과 행정법상 과태료의 총칙 규정인 질서위반행위규제법이 동시에 적용된다. 국제조세조정법은 쟁점 신고의무 위반에 대해서 위반금액에 비례하여 20% 이하의 과태료가 부과되고,[151] 그 위반행위의 회수, 위반행위의 동기와 결과 등을 고려하여 50% 범위에서 가감될 수 있다고 규정하고 있다.[152] 수정신고하거나 기한 후 신고를 하는 경우에는 과태료를 90%까지 감면하되, 과태료 부과를 미리 알고 수정신고 등을 하는 경우에는 감경대상에 포함되지 않는다. 다만 보유계좌 잔액의 합산오류 등 단순 착오에 따라 신고하지 않았다고 인정할 만한 사유가 있는 경우에는 과태료를 부과하지 않을 수 있다.[153] 출처에 대한 소명의무 위반의 경우도 미소명 금액의 20%에 상당하는 과태료를 부과하는데,[154] 천재지변, 화재·재난, 도난 등 불가항력적 사유로 증명서류 등이 없어져 소명이 불가능한 경우 및 해외금융계좌 소재 국가의 사정 등으로 인하여 신고의무자가 신고의무 위반금액의 출처에 대하여 소명하는 것이 불가능한 경우에는 과태료를 부과하지 않는다.[155] 출처 미소명 과태료와는 달리 신고의무 위반 과태료는 정당한 사유 등 감면 규정을 두고 있지 않고 그 구성요건 등에 관한 규정도 별도로 없다.

반면, 질서위반행위규제법은 과태료 부과·징수, 재판 및 집행 등의 절차에 관한 총칙적 법률로서 다른 법률의 규정 중 이 법의 규정에 저촉되는 것은 이 법으로 정하는 바에 따른다고 하면서,[156] 고의 또는 과실이 없는 질서위반행위는 과태료를 부과하지 아니한다고 하고,[157] 당사자가 제출한 의견에 상당한 이유가 있는 경우에는 과태료를 부과하지 아니하거나 통지한 내용을 변경할 수 있다고 규정하고 있다.[158] 또한, 행정청과 법원은 과태료를 정함에 있어서 질서위반행위의 동기·목적·방법·결과, 질서위반행위 이후의 당사자의 태도와 정황, 질서위반행위자의 연령·재산상태·환경, 그 밖에 과태료의 산정에 필요하다고 인정되

---

151) 국제조세조정법 제35조 제1항.
152) 국제조세조정법 시행령 제51조 제5항.
153) 국제조세조정법 시행령 제51조 제8항.
154) 국제조세조정법 제35조 제2항.
155) 국제조세조정법 시행령 제51조 제9항.
156) 질서위반행위규제법 제5조.
157) 질서위반행위규제법 제7조.
158) 질서위반행위규제법 제16조 제3항.

는 사유를 고려해야 한다고 규정하고 있다.159)

쟁점 신고의무 위반시의 과태료에 관하여 국제조세조정법에 명문의 규정이 없는 경우에 질서위반행위규제법의 관련 규정이 어느 정도까지 적용될 수 있는지에 해석상 다툼의 여지가 있다. 우선, 쟁점 신고의무 위반에 고의 · 과실이 필요한지 여부가 문제되는바, 종전에는 과태료와 같은 행정질서벌은 행정법규 위반의 객관적 사실에 대한 제재이므로 고의 · 과실을 요하지 않는다는 것이 통설과 판례160)였으나 질서위반행위규제법에서 명시적으로 고의나 과실이 없는 행위는 과태료를 부과하지 않는다고 규정하여 쟁점 신고의무 위반의 과태료의 경우에도 고의 · 과실이 없다면 과태료를 부과할 수 없다고 할 것이다.161)

쟁점 신고의무 위반에 관하여 정당한 사유가 있다면 국제조세조정법상의 명문 규정이 없음에도 과태료 부과가 면제되는지도 문제이다. 질서위반행위규제법에도 정당한 사유에 관한 명문의 규정이 없지만, 통설은 정당한 사유가 있는 경우에는 과태료 부과가 면제된다는 입장이다. 쟁점 신고의무 위반에 대한 과태료는 출처 소명 불이행 과태료와는 달리 과태료 면제의 명문 규정이 없다는 점에 비추어 쟁점 신고의무 위반 과태료는 정당한 사유를 묻지 않고 부과된다는 견해도 가능하나, 법률에 명문의 규정이 없더라도 사법의 기본원칙인 신의성실의 원칙에 비추어 위반행위에 정당한 사유가 있다면 과태료를 부과하지 않는 것이 타당하다는 점,162) 질서위반행위규제법상 행정청은 사전통지에 대하여 당사자가 제출한 의견에 상당한 이유가 있다면 과태료를 부과하지 않는다고 규정하고 있는 점, 질서위반행위규제법은 과태료의 부과 · 징수, 재판 및 집행 등에 관하여 저촉되는 다른 법률의 규정에 대해 우선하여 적용된다는 점 등에 비추어 쟁점 신고의무 위반 과태료에 대해서도 정당한 사유가 있다면 과태료 부과는 허용되지 않는다는 입장이 보다 타당하다고 생각된다. 나아가 입법적 차원에서도 법적 안정성과 예측가능성을 보장하기 위하여 다소 중복되는 측면이 없지는 않지만 국제조세조정법의 과태료 규정에 정당한 사유나 합리적 사유에 의한 감면, 고의나 과실의 필요성 등을 명문으로 추가하는 등의 방법으로 명확하고 체계적으로 정비하는 노력을 기울여야 할 것이다.

---

159) 질서위반행위규제법 제14조.
160) 대법원 2000. 5. 26. 선고 98두5972 판결 등.
161) 대법원 법원행정처, 법원실무제요 [5]: 행정 · 소년 · 비송, 1986, 584면.
162) 이동신, "과태료 사건의 실체법 및 절차법상 제문제", 사법논집 제31집, 법원도서관, 2000, 98면.

질서위반행위규제법을 고려하지 않은 채 행해지는 합리적이고 체계적이지 못한 과태료의 양정도 문제이다. 쟁점 신고의무 위반에 대하여 과세관청에서는 담당자의 자의를 방지한다는 이유로 실무상 재량감경의 사유를 제한적으로 인정하고 있고 일률적으로 위반금액에 비례하여 과태료를 부과하면서 수정신고 등의 시기에 따른 필요적 감면 사항 정도를 고려하고 있지만 법원에서는 국제조세조정법에서 규정하고 있는 위반행위의 회수, 위반행위의 동기와 결과 이외에도 질서위반행위규제법의 위반행위의 동기·목적·방법·결과·당사자의 태도와 정황 등 여러 사유를 고려하여163) 과태료 금액을 산정하고 있다. 그 결과 법원 단계에서 과태료의 감경이 다수 이루어지고 있는 실정이다. 행정청 단계에서의 과태료 적정한 부과를 위하여 재량감경 등을 적극적으로 인정할 수 있도록 국제조세조정법에도 과태료 감경에 관하여 세부적이고 명확한 규정을 추가적으로 마련할 필요가 있다.

3. 해외금융계좌 신고제도 자체의 문제점과 개선방안

가. 개편의 틀과 논의의 방향

해외금융계좌 신고제도는 기본적으로 헌법상 자기부죄금지의 원칙과 과잉금지의 원칙의 위배 가능성이 있다. 또한, 쟁점 신고제도는 유관 법률인 조세법의 납세의무 규정과 조세범처벌법의 형사처벌 규정 및 질서위반행위규제법의 총칙 규정과 체계 정합성이 떨어진다. 즉, 쟁점 신고제도는 세법상 거주자의 국외원천 소득에 대한 과세정보의 수집을 위하여 보충적으로 인정되는 것이므로 주된 납세의무보다 그 제도의 적용범위가 넓거나 그 위반의 제재가 과중하면 안 될 것이다. 또한, 신고의무 위반에 대해서 형사처벌을 하는 쟁점 신고제도는 자기완결적 선고와 사실확인형 신고 위반에 대한 과태료 중심의 제재를 하는 행정법과 형사법 체계에서 이례적인 것이다. 나아가 쟁점 신고의무 위반에 대한 과태료는 질서위반행위규제법의 적용을 받아야 하는데 그 제재의 수준과 방식이 질서위반행위규제법이 예정하고 있는 과태료의 전형과는 차이가 있으며 지나치게 과중하다. 이러한 제반 사정을 고려하면 해외금융계좌 신고제도의 적용 범위의 확대와 제재의 강화는 신중하여야 하고 오히려 그 규정의 범위와 정도를 완화하는 방향으로 나아가는 것이 필요하다.

---

163) 질서위반행위규제법 제14조.

나아가, 외국의 입법례를 보더라도 해외금융계좌 신고제도의 개편의 틀과 논의의 방향은 그 적용 범위의 축소와 제재 수준의 완화이다. 선진국의 경우에도 상시적으로 해외금융계좌에 대한 신고의무를 부여하고 있는 국가는 미국, 프랑스, 일본 정도이다. 그나마도 미국은 사실상 상시적 사면제도를 같이 운영하면서 과태료를 위반금액의 12.5%까지 낮추고 형사처벌을 면제해 주고 있다. 프랑스의 경우에도 과태료의 금액이 그다지 높지는 않으며 일본의 경우에는 위반시 제재 일변도가 아니라 신고를 하는 경우 가산세 감면의 혜택을 부여하기도 한다. 다른 국가들의 경우에도 과태료 부과에 상한을 설정하고 횟수나 고의 · 과실 등을 기준으로 과태료 금액에 차등을 두고 있으며 정당한 사유 등이 있으면 과태료 면제를 허용하고 있어 상대적으로 그 제재의 정도는 경미한 것으로 보인다.

해외금융계좌 신고제도의 헌법과 유관 법률의 체계상의 문제점은 쟁점 신고제도의 구성요소별 규정 내용에 따라 그 위반의 정도가 가중될 수 있다. 따라서 해외금융계좌 신고제도의 구체적 쟁점에 대한 개선방안을 논의하면서 쟁점 신고제도의 법 체계적 문제점을 인지하고, 외국의 입법례에 대해서도 종합적으로 이해하는 것이 중요하다. 이러한 관점에서 해외금융계좌 신고제도의 개선방안을 마련함에 있어서는 제도의 실효성을 확보한다는 명분에서 일률적으로 제재의 강도와 적용의 범위를 확대하거나 외국의 제도의 구체적 요소를 단편적으로 반영하는 입장 보다는 쟁점 신고제도의 개별 구성요소의 합리성을 분석함으로써 쟁점별로 반영 여부를 판단하는 기본적 방향성을 견지하는 것이 타당하다고 할 것이다.

나. 신고의무자

(1) 신고의무자 범위의 축소

해외금융계좌의 신고의무자는 거주자 및 내국법인으로서 5억 원 초과의 해외금융계좌를 유지하고 있으면서 신고면제자에 해당하지 않는 자를 말한다.[164] 먼저 쟁점 신고제도는 인적요소로 세법상 거주자를 신고의무자로 규정하고 있는데, 쟁점 신고제도의 보충적 성격에 비추어 신고의무를 부담하는 거주자 개념을 세법과 같이하는 것은 재고의 필요성이 있다. 외국환거래법상의 거주자 개념[165]과 세법상의 거주자 개념이 다르고, 상속세 및 증여세법상 거주자의 개념과 소득

---

164) 국제조세조정법 제34조 제1항.
165) 외국환거래법은 우리나라에 주소 또는 거소를 두고 있는지 여부를 기준으로 거주자와 비거주자를 구분하고 별도의 정의규정을 두고 있지 않다(외국환거래법 제3조 제1항 제14호).

세법상 거주자의 개념을 달리하는 국가들도 있다는 점을 참고할 필요가 있다.[166] 소득세법의 거주자 판정기준이 '거소기간 183일 이상'으로 되어 있어 그 기준에 해당하기만 하면 쟁점 신고제도상으로도 자동적으로 신고의무자에 해당하게 되는바, 그 제도의 취지에 차이가 있으므로 신고의무자 개념은 거주자 개념과 달리하여 예컨대, 그 거소기간을 1년 이상으로 늘리는 등으로 신고의무자의 범위를 축소시킬 필요가 있다.

다음으로 물적 요소를 보면, 쟁점 신고의무가 일률적으로 계좌금액 5억 원 초과를 기준으로 정해지고 있는데, 예컨대, 위 기준금액을 당초의 10억 원 초과 정도로 증액하는 것으로 검토할 필요가 있다. 실무상으로 과태료 부과단계에서 정당한 사유에 의한 면제 여지가 별로 없는 상황에서 5억 원 초과의 신고대상 금액의 일률적 적용은 형평에 반하는 결과가 초래될 수 있고, 특히 계좌금액을 기초로 과태료 금액 등이 산정되는 점 등을 고려하면 그 기준금액을 증액하는 방향으로 정비하여 신고의무자의 범위를 축소시키는 것이 필요하다. 또한, 거주자에게 5억 원 초과의 해외금융계좌 금액이 있다고 하더라도 그 금액이 명백히 신고의무자의 납세의무와 무관하다면 쟁점 신고제도의 보충적 성격에 비추어 이를 신고의무자 판정금액에서 제외하는 것도 검토할 필요가 있다. 예컨대, 착오나 다른 사정으로 거액의 송금이 행해져 그 계좌금액이 5억 원을 초과하는 경우에 그 금액을 제외하거나 비거주자가 거주자로 그 지위가 변경된 경우에 비거주자 지위에서 발생한 소득임이 명백한 금액은 거주자로서의 납세의무와 무관하므로 신고의무자 판정금액에서 제외하는 방식을 들 수 있다.[167] 특정외국법인의 유보소득을 간주배당으로 과세하는 특정외국법인 세제에서도 유사한 문제가 있었는데, 특정외국법인 세제의 적용을 받기 전에 생긴 유보소득에 대해 그 출처를 묻지 않고 특정외국법인이 되는 시점에 그 전부를 특정외국법인의 유보소득으로 간주배당 과세를 하다가 2006년 개정으로 그 간주배당의 범위를 특정외국법인 세제의 적용 시점 이후에 생긴 유보소득으로 제한하였다.[168] 만일 이와 같은 방식의 신

---

166) 상속세는 전 생애에 걸쳐 축적한 전세계 상속재산에 대해서 거주자가 납세의무를 부담하는 것인 반면, 소득세는 1년의 과세기간 동안 발생한 소득에 대한 납세의무를 부담하는 것이므로 특정 국가에 6개월 정도 체류하였다는 사정으로 그 국가가 전세계 상속재산에 대해서 과세하는 것은 부당하다는 입장에서 상속세의 거주자가 되는 거소기간을 소득세의 그것과 달리한다.
167) 실무상으로는 계좌금액의 입출금 시점을 보면 그 대상 금액을 어렵지 않게 구별해 낼 수 있을 것이다.
168) 구 국제조세조정법 시행령(2006. 8. 24. 대통령령 제19650호로 개정된 것) 제31조 제1항 제5호.

고의무자 판정에 행정적 비용이 과대하다는 등의 사유로 그 개정이 어렵다면 그와 같은 경우를 쟁점 신고제도의 면제의 정당한 사유의 고려요소로서 규정하거나 위반시의 과태료 산정 기준금액에서 적용 제외를 인정하는 방안도 대안이 될 것이다.

또한, 거주자의 지위를 계속 유지한 경우에도 외국환거래법 등 타 법령에 따라 자본거래 신고가 이루어진 해외금융계좌 보유 잔액은 신고의무자 판정대상에서 제외하는 것도 검토 필요성이 있다. 외국환거래법상 자본거래 내역은 외국환은행에서 국세청으로 통보가 되고 있는 점, 해외부동산 취득이나 처분신고의 불이행에 대한 과태료 부과 시 외국환거래법상 신고된 금액은 산정 대상에서 차감하는 것으로 규정하고 있는 점169) 등을 고려하면 그 금액에 대하여 중복적으로 신고의무를 부담시키는 것은 헌법상 비례의 원칙 위반의 소지가 있다. 만일 신고의무 판정의 제외금액으로 규정하는 것이 행정적 측면에서의 부담이 된다면 쟁점 신고의무 위반의 과태료 산정기준 금액에서 제외하는 것도 대안이 될 수 있을 것이다.

(2) 신고면제자 범위의 확대

해외금융계좌 신고제도에 의하면 원칙적으로 직전년도에 외국인이라고 하더라도 대상연도에 거주자로 판정되면 곧바로 신고의무를 부담하게 된다. 외국인이 본국에서 장기간 보유하던 금융계좌에 대해서 갑자기 신고의무를 부담해야 하는 불합리가 발생하게 되는 것이다. 쟁점 신고제도도 이러한 문제를 인지하고 외국인에 대한 신고면제를 규정하고 있다. 비거주자에서 거주자로 변경되는 경우에는 10년 전부터 국내에 주소나 거소를 둔 기간의 합계가 5년 이하의 외국인 거주자에 대해서 면제를 허용하고 있다.170) 외국인의 해외금융계좌의 보유금액이 비거주자 지위에서 가득한 것으로 그 소득에 대해서는 우리나라가 과세권을 가지지 않는다는 생각에서 보충적인 성격의 신고의무의 면제를 허용하고 있는 것이다.

그러나 장기간 외국에서 거주하다가 거주자의 지위를 취득한 내국인의 경우에도 외국인과 달리 취급한 합리적인 이유가 없다는 점에서 그러한 신고면제를 허용할 필요가 있다. 내국인이 우리나라의 거주자의 지위를 취득하지 않은 상태에서 10년 전부터 국내에서 거소를 둔 기간이 5년 이하라면 그가 벌어들인 국외

---

169) 소득세법 시행령 제228조, 법인세법 시행령 제167조.
170) 국제조세조정법 제34조 제5항 제1호.

원천소득의 대부분은 비거주자 신분에서 벌어들인 것이기 때문이다. 신고의무 면제의 취지에 부합하도록 내국인 비거주자가 거주자의 지위를 취득하는 경우에 국내 거소 기간의 합계가 10년 중 5년이나 아니면 10년 중 3년 이하의 내국인에 대해서는 외국인과 같이 신고의무를 면제할 필요가 있다. 내국인이라고 하더라도 장기간 비거주자이던 자가 거주자가 되는 경우에는 해외금융계좌 신고제도의 존재를 알지 못할 가능성이 크다는 점도 고려되어야 할 것이다.[171] 앞서 본 비거주자 기간 동안에 발생한 금액을 신고의무자 판정금액에서 제외한다면 유사한 효과가 있겠지만 신고면제자 범위의 확대방안이 보다 근본적이다.

　우리나라 국적을 가진 재외국민에 대해서는 사업연도 종료일 1년 전부터 국내에 거소를 둔 기간이 183일 이하이면 신고의무를 면제하고 있다.[172] 영주권을 가진 우리나라 국민에 대하여 국내 체류 기간이 길어지더라도 위 규정에 의하여 신고면제를 허용하고 있는데 위 183일은 소득세법상 거주자 판정기준일이기도 하므로 일반적으로 위 기간을 초과하면 바로 소득세법상 거주자가 되고 위 기간 미만으로 체류하면 통상 비거주자가 되는 것이기 때문에 위 규정은 183일 미만 체류하는 재외국민에 대해 안전장치로서 명시적으로 신고의무를 면제한다는 정도의 의미를 가진다. 외국에서 영주목적으로 거주하는 재외국민이 단지 일정기간 초과하여 체류하였다는 이유로 곧바로 해외금융계좌 신고의무를 부담시키는 것은 불합리하다는 이유로 위 면제 규정의 체류기간은 1년 이하, 2년 중 6개월 이하, 1년 중 6개월 이하 등으로 수차례 개정되어 왔는데, 앞서 본 바와 같이 비거주자이다가 거주자가 되는 우리나라 국민에 대해서도 외국인과 유사하게 신고면제의 범위를 확대한다면 별도 위 조항의 존치 실익은 줄어들 것이지만 재외국민에 대한 면제조항은 비거주자였다가 거주자가 되는 외국인에 대한 면제와는 그 규정 취지가 다르므로 재외국민에 대해서는 위 규정상의 면제 대상기간을 확대하는 방법으로 문제점을 해결할 필요성은 여전히 존재한다고 보인다. 현행 183일 체류기간 기준에 의하여 재외국민에 대한 부당한 신고의무 양산의 결과를 방지하는 것이 어려우므로 2년 중 1년 이하 등으로 재외국민의 신고면제 범위의 확대장치도 같이 정비하는 것이 필요하다.

---

171) 세무행정적인 측면에서도 신고의무를 간과하기 쉬운 외국인 등에게 개별 안내서를 보내는 등의 방법으로 납세사 진화적으로 운영하자는 견해도 있다(김태경·변혜정, 앞의 논문, 173면).
172) 국제조세조정법 제34조 제5항 제1호.

다. 신고방법

해외금융계좌의 신고방법으로는 일반적인 신고 외에 수정신고와 기한 후 신고 및 특례 자진신고가 있다. 수정신고와 기한 후 신고의 경우에는 과태료의 필요적 감면이 허용된다. 특례 자진신고는 다른 해외자산과 소득의 신고누락에 대한 사면의 형식으로 2015년에 1회 시행되었는데 그 신고자에 대하여 가산세와 과태료가 감면되고 명단공개가 면제되었다. 미국에서는 FBAR와 함께 OVDP를 한시적으로 운영해 오다가 2012년부터는 사실상 상시적으로 운영하여 형사처벌 없이 최대 계좌잔액의 12.5%로 과태료를 감면해 주고 있다. 반면 쟁점 신고제도는 수정신고와 기한 후 신고의 경우 그 신고시기에 따라 과태료를 감면해 주고 있는데 1년 정도 지연신고를 하는 경우에 수정신고는 50%, 기한 후 신고는 30% 정도의 감면율만 적용될 뿐이다. 단순히 신고시기를 놓쳐 뒤늦게 신고하는 경우가 많지 않은 점을 고려하면 그 감면 혜택을 적용받는 경우는 드물 것으로 보인다. 또한 쟁점 신고제도는 형사처벌에 대해서는 감면을 규정하고 있지도 않아 거액의 계좌금액 보유자가 그 위반행위를 신고하는 것을 기대하기 어렵다.

쟁점 신고의무 위반의 제재에 대한 감면의 실효성이 별로 없다는 점을 고려하면, 미국의 OVDP와 같이 과태료 감경비율도 높이고 형사처벌을 면제하는 자진신고제도를 보다 적극적으로 도입할 필요가 있다. 현행 자진신고제도는 해외금융계좌 신고제도만을 위한 것이 아니고 과중한 제재가 수반되는 쟁점 신고제도에 대해서는 다른 취급의 필요성도 있으므로 차제에 자진신고제도 중 해외금융계과 신고 부분을 분리하여 별도의 사면규정을 도입할 필요가 있다고 보인다. 다만, 제한 없는 사면제도는 정상적인 법집행의 저해요소가 되므로 1회 내지 2회로 사면 횟수의 제한을 두면서 해외금융계좌 신고와 관련된 세금의 납부를 전제로 형사처벌의 면제와 과태료의 대폭 감면을 허용하는 형태가 바람직하다고 사료된다. 나아가 쟁점 신고제도의 제재가 지나치게 과중하고 반복적으로 적용되는 점을 고려하여 사면제도를 미국의 OVDP와 같이 상시적 형태로 운영하는 것도 적극 검토할 필요가 있다.

한편, 해외금융계좌에 대해서는 외국환거래법상 자본거래 신고제도도 적용되는데 신고의무자가 외국환거래법상 자본거래 신고의무를 이행하였다고 하더라도 여전히 해외금융계좌 신고의무를 추가로 부담해야 한다. 신고의무자의 입장에서 해외금융계좌에 대하여 외국환거래법상 자본거래신고를 하고 다시 해외금융계좌신고를 이행하여야 하는 것은 신고의무가 중복되는 측면이 강하다. 특히 근자에 들어 국가간 과세정보 교환 협정 등에 따라 다수의 해외금융계좌 정보를 과세관청에서 입수하고 있는 상황에서 자본거래 신고제도 외에 해외금융계좌 신고제도를 동시에 유지하는 것은 신고의무자에게 지나친 부담이 된다. 신고의무자의 이러한 불편을 해소하기 위하여 장기적으로 해외금융계좌 신고제도와 외국환거래 신고 등과 통합하여 운영하는 문제도 진지하게 검토해 볼 필요가 있다. 만일 구체적인 통합 신고의 방식이 정해지기 전이라면 그 기간 동안에는 신고의무자가 두 가지 신고 중 어느 하나의 신고를 마치면 다른 신고도 이행한 것으로 간주하거나 정당한 사유가 존재하는 것으로 보아 과태료를 면제해 주는 것도 고려해야 할 것이다.

라. 신고의무 위반시의 제재

쟁점 신고의무 위반에 대한 제재로는 국제조세조정법상 신고의무 미이행 과태료와 출처소명 불이행 과태료가 있고 조세범 처벌법상 2년 이하의 징역 또는 위반금액의 20% 이하 벌금의 형사처벌 및 국세기본법상 명단공개가 있다. 우선, 쟁점 신고제도 위반시의 제재의 문제점으로는 무엇보다도 제재의 규모와 수위가 지나치게 과중하다는 점이 지적된다. 특히 대표적 제재수단인 과태료는 행정질서 벌임에도 위반금액의 최대 20% 비율로 최대 5회까지 부과되어 지나치게 가혹한 결과가 초래될 수 있다. 행정질서벌인 과태료의 성격에 부합하지 않게 그 과태료 금액이 상한 없이 위반금액에 비례하도록 되어 있고, 매년 신고의무 위반 시점마다 그 위반행위가 계속하여 발생하는 것으로 되어 있기 때문이다. 이는 과태료가 목적으로 하고 있는 법률상 의무의 효율적 이행 확보의 수준을 넘어서는 것으로, 이러한 고액의 과태료는 납세의무자에 대한 실질적인 형사처벌로 간주될 수 있다. 국민들이 과태료를 경미한 질서위반행위로 인식하고 있는 것과는 지나치게 괴리가 있다.[173] 유사 제도인 해외자산 신고제도의 경우 1억 원을 한도로 하고 있고 자본거래 신고제도의 경우에도 과태료의 상한을 위반금액의 4%로 설정하고 있는 점만 보더라도 쟁점 신고제도 과태료의 과중함은 쉽게 파악된다. 신고의무 위반을 이유로 그 계좌금액의 20% 상당을 매년 과태료로 부과한다면 해외금융계좌에 보유된 신고의무자의 자산 원본을 고스란히 앗아가는 결과가 될 수 있다.

---

173) 김재광, 앞의 논문, 124면.

상한의 설정 없이 계좌잔액 기준으로 일률적으로 과태료를 부과하는 것은 정당성의 결여 문제가 심각하므로 과태료의 상한을 도입하고 과태료 양정기준도 다변화하는 것을 적극 검토해야 할 것이다. 또한 신고의무 미이행 과태료에 더하여 그 계좌금액에 대한 출처소명의무를 이행하지 못하면 다시 위반금액의 20%에 이르는 과태료가 부과되는 부분도 큰 부담이다. 천재지변 등의 부득이한 사유로 인한 면제를 허용하기는 하지만 그 범위가 지나치게 협소하다. 과세관청은 원칙적으로 과세처분에 대한 입증책임을 지고 있는데, 만일 그 입증이 어려운 경우에는 추계과세 등 다양한 방법으로 과세를 할 수 있는 장치를 가지고 있음에도 보충적 신고의무를 부담하는 납세자에 대하여 입증책임을 전가하여 그 미이행을 이유로 다시 한번 거액의 과태료를 부과하는 것은 지나친 측면이 강하므로 감면사유를 넓히고 제재의 정도도 완화하는 것이 타당하다.

둘째, 신고의무 위반시의 제재는 형사법적으로도 여러 문제점이 지적된다. 먼저, 신고의무 위반행위가 매년 행해지는 것으로 보아 반복해서 과태료를 합산하여 부과하는 부분은 형사법리상 문제가 있다. 이에 대해 쟁점 신고의무 위반의 과태료는 행정질서벌의 성격을 가지는 것으로 매번 신고의무가 발생하고, 질서위반행위규제법상 수개의 질서위반행위가 경합하는 경우에 각 질서위반행위에 대해 각각 과태료를 부과한다는 규정[174]에 따라 단순 합산이 타당하다는 주장도 가능하지만 이는 쟁점 신고의무 과태료의 성격을 제대로 헤아렸다고 보기에는 부족하다. 첫해에 쟁점 신고의무를 이행하지 못한 신고의무자에게 그 다음해에 신고의무의 정상적 이행을 기대하는 것은 어렵고, 2차 신고의무 위반은 1차 신고의무 위반 이후의 행위로서 사실상 불가벌적 사후행위의 성격을 가진다고도 볼 수 있다. 또한, 2차 연도의 미신고가 별도의 위반 행위를 구성한다고 하더라도 그 범정은 1차 연도의 위반보다는 가볍다고 할 것임에도 1차 연도 위반과 같이 과태료를 단순 합산하는 것은 위반행위의 질적 차이와 성격을 고려하지 않은 것이다. 형사범의 경우 수개의 범죄를 저질러 경합범이 되더라도 가장 중한 죄의 장기 또는 다액의 50%까지만 가중되는데[175] 쟁점 신고의무 위반에 대한 제재는 형사처벌이 아니어서 그러한 규정의 적용이 없다. 그 결과 신고의무 위반금액이 50억 원을 초과하여 형사처벌의 대상이 되는 경우에는 경제적 부담만을 비교해 볼 때

---

174) 질서위반행위규제법 제13조 제2항.

175) 형법 제38조 제1항 제2호.

위반금액이 50억 원 이하여서 과태료의 대상이 되는 경우보다 오히려 그 처벌의 수위가 낮아질 가능성이 높아 형사벌과 행정질서벌의 역전 현상이 발생할 수 있다. 쟁점 신고의무 위반시의 과태료는 경제적 부담의 측면에서 실질적으로는 거액의 벌금 성격을 가지고 있는 점, 위 과태료는 적정한 과세를 위해 납세자에게 신고의무를 부여하고 그 위반에 대해 제재로서 과하여 지는 것으로 다른 질서의무위반행위와는 그 성격에 차이가 있는 점, 연속되는 위반행위가 각기 다른 위반행위라기 보다는 하나의 행위의 연장선의 성격을 가지는 점 등에 비추어 다른 과태료와 구분되는 분명한 특성이 있으므로 매년 과태료를 단순 합산하여 부과하는 부분은 이를 경감하는 대폭적인 개선의 필요성이 있다고 보인다.

셋째, 쟁점 신고의무 위반시의 과태료의 감면사유로 고의나 과실의 부재 및 정당한 사유의 존재를 인정하지 않는 것도 문제이다. 과태료의 성립과 양정기준의 부적절성을 의미하는 것이다. 해외금융계좌 미신고로 인한 형사처벌이 이루어지기 위해서는 고의 등의 주관적 구성요건이 필요하고 정당한 사유가 있는 경우에는 그 책임이 감면되는데, 행정질서벌인 쟁점 신고의무 위반시 과태료를 부과하는 경우에는 그러한 개별적 사정에 대해서는 별다른 고려 없이 국제조세조정법에 규정된 수정신고나 기한 후 신고의 사정만을 고려하여 지체기간에 따라 일률적으로 감면을 적용하는 것이 실무이다. 과태료를 부과하는 공무원에게 재량권을 인정하지 않겠다는 취지로 보이지만 국제조세조정법에 정당한 사유에 따른 감면을 인정하는 명문 규정의 부재의 영향도 있는 것으로 사료된다. 신고의무 미이행에 정당한 사유가 있다면 그 위반의 책임으로부터 벗어날 기회를 부여하는 것이 타당하다. 고액의 위반금액에 대하여 형사절차가 개시되는 경우 고의나 과실이 없거나 정당한 사유가 있는 경우에는 그 책임이 감면되는데 그보다 경미한 과태료 부과단계에서 정당한 사유 등의 적용을 배제하는 것은 앞뒤가 바뀐 측면이 있다. 외국의 입법례를 보더라도 정당한 사유가 있으면 과태료를 부과하지 않거나 위반 횟수나 고의나 과실 등 위반자의 귀책 정도를 기준으로 과태료 부과의 정도를 달리하고 있는 경우가 일반적이다. 특히 쟁점 신고제도의 경우에는 수정신고나 기한 후 신고시에 과태료를 감면해 주는 것으로 되어 있지만 실무상 6개월이나 1년 이내에 자진해서 그와 같은 신고를 하여 과태료 감면을 적용받는 것은 기대하기 어려우므로 비록 질서위반행위규제법과 그 해석론에 따른 정당한 사유에 의한 감면이 가능하다고 하더라도 과태료 감면의 실효성을 제고하기 위하여 국제조세조정법상 쟁점 신고제도 위반시의 제재와 관련하여 정당한 사유 등을 감면사유로 명문으로 도입하는 것이 바람직하다.

V. 결 론

　해외금융계좌 신고제도에 대해서는 과세정보의 입수와 과세형평성의 제고 목적에서 신고대상을 확대하고 위반시의 제재를 강화하자는 견해들이 제기되고 있다. 그러나 쟁점 신고제도의 강화에 따른 세수확보의 필요성에 터잡아 외국의 입법례를 선별적으로 도입하여 그 적용범위를 확대하고 위반시의 제재의 수준을 높이는 문제는 신중하게 접근할 필요가 있다. 해외금융계좌 신고제도는 납세자에게 자발적 신고의무를 부여하고 그 위반에 대해서 과중한 제재를 가하고 있는 것으로 헌법상 자기부죄금지의 원칙이나 과잉금지의 원칙의 위배 소지가 상당하다. 또한, 법 체계상으로도 세법상 납세의무에 대한 보충적 성격의 의무로서 주된 납세의무보다는 그 적용범위나 위반시의 제재가 가벼워야 할 것이나 실상은 그렇지가 않다. 또한 해외금융계좌 신고는 사실파악형 신고이자 자기완결적 신고로서 그 위반에 대한 제재는 행정질서벌인 과태료가 부과되어야 하는데 쟁점 신고의무 위반에 대해서는 일부이기는 하지만 형사처벌이 가해지는 문제가 있다. 또한, 쟁점 신고의무 위반에 대한 과태료에 대해서는 질서위반행위규제법상 일반 과태료에 관한 법원리가 적용되는데, 그 구성요건이나 감면 등에 관한 규정에 차이가 있어 모순되거나 불명확한 부분은 체계적으로 정비할 필요성이 있다.

　이와 같은 개편의 틀과 방향성 하에서 해외금융계좌 신고제도의 구체적 개선방안에 관하여 보면, 해외금융계좌 신고제도의 적용범위를 축소하고 그 제재의 수위도 완화할 필요가 있다. 구체적으로 신고의무자의 범위를 축소하고 구체적 타당성을 고려하여 비거주자가 거주자가 되는 경우 등에 대한 신고 면제의 범위를 넓히는 것이 바람직하다. 신고방식의 경우에도 자진신고를 확대하여 그 구제의 범위를 넓히고 유사 신고제도인 외국환거래법상의 신고제도와 통합하거나 상호 보완적으로 운영하는 것이 필요하다. 신고의무 위반에 대한 제재에 있어서도 계좌잔액에 대한 비율적인 과태료의 양정은 본래의 납세의무에 비하여 지나치게 과중한 결과를 가져올 수 있고, 고의나 과실의 부재 및 정당한 사유의 존재를 명문의 감면사유로 규정하여 질서위반행위규제법의 적용과 관련하여 초래되는 해석상 문제점도 줄여 주는 것이 필요하다. 해외금융계좌 신고제도의 대폭적인 개편을 통하여 그 신고제도의 합리적인 운용을 기대한다.

3

조세조약

다국적 기업의 해외지주회사와 조세조약상 수익적 소유자 판단기준*

〈대법원 2016. 7. 14. 선고 2015두2451 판결〉

I. 대상판결의 개요

1. 사실관계의 요지와 이 사건 처분의 경위

T 그룹은 석유가스 관련 사업을 하는 다국적 기업이고, A는 1983년 영국 법률에 따라 설립되어 석유화학 관련 사업을 영위하는 T 그룹 산하의 해외지주회사이다. B는 프랑스 법률에 의하여 설립된 법인으로서 A의 지분을 100% 보유하고 있고, C는 1924년 프랑스 법률에 따라 설립된 T 그룹의 최종 모회사로서 B의 지분의 50% 이상을 직접적으로, 그리고 나머지 지분 전부를 다른 프랑스법인을 통하여 간접적으로 보유하고 있다.

영국법인 A는 T 그룹의 해외지주회사로서 30여 개의 자회사를 두고 있는데, A 내에는 별도의 영업부서를 두지 아니하고 그 일상적 업무 대부분은 자회사 직원들이 수행하고 있으나 이사회를 설치하여 중요한 의사결정을 하고 자회사로부터 배당을 수취하며 자회사에 대한 지급보증을 하는 등으로 지주회사로서의 역할을 수행하였다. 그에 따라 A는 영국에서 법인세를 납부하고 재무제표에 대하여 회계감사법인으로부터 매년 외부감사를 받고 있으며 관계회사에 대한 투자활동 내역을 명시한 연차보고서, 환경 및 사회적 책임보고서 등을 발간하여 업무내역을 공시하여 왔다.

---

* 한국세정신문 제4801호 (2017. 4. 3.)

내국법인 D는 국내 석유제품 관련 사업을 위하여 2001년경부터 T 그룹의 최종모회사인 프랑스법인 C와 합작계약에 관한 협상을 진행하여 2002. 12. 2. C와 사이에 합작에 관한 양해각서를 체결하였고, 2003. 5. 27. 합작계약(이하 '이 사건 합작계약')을 체결하였는데, 이때 계약상대방이 영국법인 A로 되었다. 그 과정에서 T 그룹에서는 당시 석유화학부문 계열사가 실무적인 역할을 수행하였으나 그와 관련한 법률 및 회계비용은 A가 부담하였고 A의 이사회는 이 사건 합작계약의 체결 및 그에 따른 투자에 관하여 의사결정을 하였다.

위 합작계약에 따라 2003. 8. 1. 국내 석유제품 관련 사업을 위하여 내국법인인 원고가 설립되었고, A는 원고 주식 중 50%(이하 '이 사건 주식')를 보유하게 되었는데, 이를 위한 투자자금은 C의 금융자회사로부터 송금되었으며 이는 A의 지시에 따라 송금된 A의 자금이었다.

원고의 운영과 관련하여 영국법인 A는 이사회를 열어 원고의 주주총회에 참석할 권한을 위임하거나 원고의 배당정책과 이사책임 면책 등에 관하여 논의하였고 2007. 8.경에는 이 사건 합작계약에 따라 이사지명권한을 행사하여 재무담당임원을 임명하여 근무하도록 하는 등 이 사건 주식에 기초한 주주로서의 권한을 행사하였다.

원고는 2006년부터 2010년까지 사이에 영국법인 A에게 배당소득(이하 '이 사건 배당소득')을 지급하면서 한·영 조세조약 제10조 제2항 가목에 따른 5%의 제한세율을 적용하여 산출한 법인세를 원천징수하여 납부하였다. 한편 이와 같이 원천징수되고 남은 배당금은 외국은행 서울지점의 A 명의 계좌, 외국은행 런던지점의 금융자회사 명의 계좌 등을 거쳐 최종적으로 A에게 송금되었고 A는 이를 영국 내 자금관리회사에 예치하여 운용·관리하면서 그 이자를 수취하거나 또는 다른 자회사에게 대여하는 등으로 사용하였다.

피고들은 원고를 관할하는 내국세 및 지방세 과세관청으로서 영국법인 A가 한·영 조세조약 제10조 제2항 가목에서 정한 수익적 소유자가 아니고 그 모회사인 프랑스법인 B 역시 수익적 소유자가 아님을 전제로 T 그룹의 최종 모회사인 프랑스법인 C를 이 사건 배당소득의 수익적 소유자로 보아 한·프 조세조약을 적용하여야 한다고 하면서 C가 원고의 주식을 직접 소유하지 않고 있다는 이유로 한·프 조세조약 제10조 제2항 가목의 10%의 제한세율 대신 제10조 제2항 나목의 15% 제한세율을 적용하여 원고에게 법인세와 지방소득세 등을 각 부과하는 이 사건 처분을 하였다. 이에 대하여 원고는 조세심판원에 심판청구를 제기하였고 그 청구가 기각되자 피고들을 상대로 행정소송을 제기하였다.

2. 원심판결 및 대상판결의 요지

가. 원심판결의 요지

원심은 내국법인 D의 담당임원들은 합작계약 당시부터 프랑스법인 C를 합작사로 인지하고 있었고, 영국법인 A와는 업무를 진행한 사실이 없었다는 점, 원고는 C에게 재무보고, 경영계획 및 중장기 성장전략, 경영실적 보고 등을 하여왔고, A에게는 별도의 재무보고나 업무보고를 하거나 연락을 취한 사실이 없는 점, A는 다른 영업활동을 수행하지 않는 순수지주회사로서 인적 시설을 고용한 사실이 없고 사업장 등의 물적 시설도 없는 점, 프랑스 법인세율은 영국의 법인세율보다 높고 2009. 7. 1.부터 영국에서 지분면제규정(participation exemption)[1]이 채택됨에 따라 이 사건 배당소득은 영국에서 법인세 과세대상에서 제외되었다는 점 등의 사실인정을 한 다음, 이 사건 배당소득의 권원이 되는 원고의 지분취득 및 원고의 경영·관리에 있어서 영국법인 A는 이를 지배·관리할 의사나 능력을 보인 사실이 없이 형식상 거래당사자의 역할만을 수행하였고 그 배후의 실질적 주체인 프랑스법인 C가 실질적으로 그 지분취득과 주주사로서의 역할을 수행해 왔으며 C가 A의 지분을 사실상 100% 보유하고 있으므로 A의 이익은 결과적으로 모두 C에게 귀속됨에도 원고의 주식을 형식적으로 영국법인 A가 보유함으로써 한·영 조세조약의 제한세율의 적용을 통해 상당한 액수의 조세를 회피할 수 있었던 사정이 인정되고, 이와 달리 C가 직접 원고의 주식을 보유하지 않고 굳이 인적·물적 시설도 없는 A의 명의로 주식을 취득·관리할 다른 목적이나 필요성은 인정되지 않는다는 이유로 A는 이른바 도관회사 또는 형식적 거래당사자이고, 이 사건 배당소득의 수익적 소유자는 C라고 할 것이므로 결국 이 사건 배당소득에 대하여는 한·프 조세조약이 적용되어야 하고, 한·프 조세조약 제10조 제2항에 따르면 수취인이 해당 법인의 자본금의 10% 이상을 직접 소유하는 경우에 10%의 제한세율이, 그렇지 않은 경우에 15%의 제한세율이 각 적용되며 여기서 직접 소유 여부는 법적 형식에 의하여 판단하여야 한다고 전제한

---

[1] 자회사에 대하여 일정 지분 이상을 보유하는 경우 자회사로부터의 배당소득이나 그 지분 양도소득에 대한 과세를 감면하는 제도이다.

다음, 이 사건 주식의 법적 소유 명의자는 A이고 C는 A, B를 통하여 이 사건 주식을 간접적으로 소유하고 있어 직접 소유자가 아니므로 한·프 조세조약 제10조 제2항 나목의 15% 제한세율을 적용하여 한 이 사건 처분은 적법하다고 판단하였다.

나. 대상판결의 요지

대상판결은 원심판결의 수익적 소유자 부분에 대해서는 다음과 같은 논거에서 국세기본법 제14조의 실질과세원칙이나 한·영 조세조약 제10조 제2항의 수익적 소유자 등에 관한 법리를 오해하여 판결에 영향을 미친 잘못이 있다고 하면서 나머지 직접 소유 부분에 대해서는 판단을 하지 않은 채 원심판결을 파기 하였다.

한·영 조세조약 제10조는 제1항에서 "일방체약국의 거주자인 법인이 타방체약국의 거주자에게 지급하는 배당에 대하여는 동 타방체약국에서 과세할 수 있다"고 규정하는 한편, 제2항에서 "그러나 그러한 배당에 대하여는 배당을 지급하는 법인이 거주자로 되어 있는 체약국에서도 동 체약국의 법에 따라 과세할 수 있으나 수취인이 배당의 수익적 소유자인 경우에는 그렇게 부과되는 조세는 다음을 초과할 수 없다"고 규정하면서 가목에서 "수익적 소유자가 배당을 지급하는 법인의 의결권의 최소한 25%를 직접 또는 간접으로 지배하는 법인(조합은 제외)인 경우에는 배당총액의 5%"라고 규정하고 있다. 그리고 국세기본법 제14조 제1항은 "과세의 대상이 되는 소득, 수익, 재산, 행위 또는 거래의 귀속이 명의일 뿐이고 사실상 귀속되는 자가 따로 있을 때에는 사실상 귀속되는 자를 납세의무자로 하여 세법을 적용한다"고 규정하고 있다.

국세기본법 제14조 제1항에서 규정하는 실질과세의 원칙은 소득이나 수익, 재산, 거래 등의 과세대상에 관하여 그 귀속 명의와 달리 실질적으로 귀속되는 자가 따로 있는 경우에는 형식이나 외관을 이유로 귀속명의자를 납세의무자로 삼을 것이 아니라 실질적으로 귀속되는 자를 납세의무자로 삼겠다는 것이므로 재산의 귀속명의자는 이를 지배·관리할 능력이 없고 명의자에 대한 지배권 등을 통하여 실질적으로 이를 지배·관리하는 자가 따로 있으며 명의와 실질의 괴리가 조세를 회피할 목적에서 비롯된 경우에는 재산에 관한 소득은 재산을 실질적으로 지배·관리하는 자에게 귀속된 것으로 보아 그를 납세의무자로 삼아야 할 것이나 그러한 명의와 실질의 괴리가 없는 경우에는 소득의 명의자에게 소득이 귀속된 것으로 보아야 한다. 이러한 원칙은 법률과 같은 효력을 가지는 조세조약의 해석과 적용에 있어서도 이를 배제하는 특별한 규정이 없는 한 그대로 적용된다고 할 것이다(대법원 2012. 10. 25. 선고 2010두25466 판결, 대법원 2014. 7. 10. 선고 2012두16466 판결 등 참조).

앞서 본 사실관계에 의하여 알 수 있는 영국법인 A의 설립 경위와 사업활동 내역, 이 사건 주식의 취득과 관련한 의사결정과정과 비용부담 및 그 취득자금의 원천, 주주활동 경과, 이 사건 배당소득의 지급 및 사용내역 등을 종합하여 보면, A는 독립된 실체와 사업목적을 갖고 있는 T 그룹 내 석유화학 관련 사업의 해외지주회사로서 이 사건 배당소득을 지배·관리할 수 있는 실질귀속자 또는 그에 관한 한·영 조세조약 제10조 제2항의 수익적 소유자에 해당한다고 볼 여지가 충분하고, 이와 같은 사정을 고려하지 아니한 채 A가 지주회사로서 자체 영업부서 등을 갖추는 대신에 대부분의 업무를 자회사 직원을 통하여 수행하였다거나 T 그룹의 최종 모회사인 C 또는 다른 자회사 등이 그룹 차원의 전략적 의사결정을 위하여 이 사건 합작계약의 체결 및 주주활동 과정에 A와 함께 관여하였다거나 또는 C 내지 프랑스 내 다른 자회사를 통하여 이 사건 주식을 취득하였을 경우와 비교하여 A가 이 사건 주식을 취득함으로써 이 사건 배당소득에 관한 조세부담이 일부 경감될 수 있다는 등의 사정만으로 A가 이 사건 배당소득의 실질귀속자 또는 수익적 소유자가 아니라고 단정할 것은 아니다.

Ⅱ. 대상판결의 평석

1. 이 사건 쟁점 및 논의의 범위

위 사실관계 및 이 사건 처분의 경위에 비추어 보면, 대상판결의 쟁점은 크게 '수익적 소유자 부분', '직접 소유 부분'으로 구분된다. 수익적 소유자 부분은 이 사건 배당소득의 수익적 소유자가 다국적 기업인 T 그룹의 해외지주회사인 영국법인 A인지, 아니면 그 상위 주주로서 최종 모회사인 프랑스법인 C인지 여부, 직접 소유 부분은 만일 영국법인 A의 수익적 소유자의 지위가 부인되는 경우 프랑스법인 C가 이 사건 주식을 직접 소유한 것으로 볼 수 있는지 여부이다. 대상판결에서는 수익적 소유자 부분에 대해서 영국법인 A는 다국적 기업인 T 그룹의 해외지주회사로서 한·영 조세조약 제10조 제2항의 수익적 소유자에 해당한다고 판단하였고 직접 소유 부분에 대하여는 별도의 판시를 하지 않았는바, 본 판례평석에서는 수익적 소유자 부분만을 이 사건 쟁점으로 보아 그에 대해서 논의하고자 한다.

그동안 조세조약상 수익적 소유자의 의미와 판단기준은 독자적으로 검토되기 보다는 외국법인에 대한 국내세법상 실질과세원칙의 적용 문제와 같이 논의되어 왔다. 대법원은 실질과세원칙의 적용과 관련하여 외국법인의 실질귀속자 해당 여부를 종전에는 법적 실질설의 입장에서 그 외국법인의 설립과 운영이 가장행위나 통정 허위표시에 해당하는지의 사실인정 문제로 파악해 오다가[2] 대법원 2012. 1. 19. 선고 2008두8499 전원합의체 판결(이하 '전원합의체 판결')에서 최초로 외국법인의 실질귀속자의 지위를 부인하기 위한 법리적 판단기준을 제시하였다. 전원합의체 판결이 명의와 실질의 괴리 및 조세회피 목적이 있는 경우에 외국법인의 형식적 거래당사자의 지위를 부인할 수 있다고 판시한 이래 외국법인의 실질귀속자 문제를 둘러싸고 다수의 대법원 판결이 선고되었는데, 대법원이 외국인의 국내투자와 관련한 사안에서 인적·물적 시설이 없는 외국법인을 소득의 실질귀속자에 해당한다고 판단한 사례는 많지 않았다.[3] 그러한 명목회사 형태의 외국법인에 대하여 실질귀속자의 지위를 인정한 판결로서는 대법원 2014. 9. 4. 선고 2012두1747, 1754 판결과 대법원 2014. 7. 10. 선고 2012두16466 판결이 대표적이다.[4]

전자의 판결은 인적·물적 시설이 없는 외국법인의 본점에 관한 사안으로서 대법원은 원고의 홍콩본점이 이사회를 개최하고 배당을 실시하며 증자, 자산의 매각 등 회사로서의 독자적인 활동을 하고 있고, 원고의 국내지점과는 담당업무가 명확히 분장되며, 원고의 지점은 원고 본점 명의의 예금계좌에 대한 지배·관

2) 대법원 2009. 3. 12. 선고 2006두7904 판결 등.
3) 대법원이 집합투자기구의 역할을 수행하는 외국의 유한파트너쉽을 실질귀속자로 인정한 사례가 다수 있지만 이는 조세조약의 체약국에 소재하는 최종 외국투자자에 대해서 그 조세조약의 적용을 배제하기 위해서 중간단계에 있는 과세상 투명한 사업체인 유한파트너쉽을 우리나라의 합자회사와 유사한 외국법인으로 보아 실질귀속자의 지위를 부여한 것으로서 명목회사 형태의 외국법인의 법인격을 존중하여 실질귀속자의 지위를 인정한 경우와는 그 맥락이 다르다.
4) 안경봉, "외국단체의 소득귀속자 판단기준", 현대 조세소송의 좌표, 영화조세통람, 2017, 712-713면.

리·처분권한이 없고 조세회피 목적이 없이 역외트레이딩에 관한 법적 규제상의 이유로 30년 이상 그 거래구조를 유지하여 온 점을 고려하여 원고 본점의 역외 이자소득에 대한 실질귀속자의 지위를 인정하였다. 위 사안은 명목회사 형태의 외국법인의 본점의 실체성을 인정하였다는 점에서 대상판결의 사안과 유사하지만, 외국법인의 본점과 지점 사이에서 모회사 격인 본점의 실체성이 문제된 사안으로 최종 모회사와 해외지주회사 사이에서 그 자회사 격인 해외지주회사의 실체성이 문제되는 대상판결의 사안과는 그 실체성 판단의 대상과 방향이 다르며, 외국법인 본점의 소재지국과 지점의 소재지국 사이에 조세조약이 존재하지 않아 국내세법상의 실질과세원칙의 적용 여부만이 문제되었다는 점에서 조세조약의 적용이 같이 문제되는 대상 판결의 사안과는 차이가 있다.

   반면, 후자의 판결(이하 '쟁점 판결')은 다국적 기업의 해외지주회사에 관한 사안으로서 대법원은 해외지주회사가 한국에 투자하기 12년 전에 이미 네덜란드에 설립되어 약 50여개 자회사를 보유하면서 독립적으로 사업활동을 수행한 점 등을 고려하여 해외지주회사를 주식 양도소득의 실질귀속자로 판단하였다. 쟁점 판결의 사안은 그 대상소득이 조세조약상 수익적 소유자라는 말이 없는 양도소득이어서 수익적 소유자라는 표현이 있는 대상판결의 배당소득과는 차이가 있지만, 모두 조세조약이 적용되는 사안이고 다국적 기업의 해외지주회사의 실체성이 문제가 되었다는 점에서 쟁점 판결의 판단과 논거는 해외지주회사의 수익적 소유자의 지위를 인정한 대상판결의 결론에 상당한 영향을 주었을 것으로 사료된다. 쟁점 판결에서도 해외지주회사가 양도소득의 실질귀속자로 인정받을 수 있는 논거가 언급되었는데, 대상판결은 쟁점 판결의 판시에 더하여 조세조약상 수익적 소유자의 판단기준에 관한 추가적인 고려요소를 제시하면서 해외지주회사인 영국법인 A를 실질귀속자 내지 수익적 소유자로 인정하였다.

   이와 같이 대상판결과 쟁점 판결에서 공히 해외지주회사의 수익적 소유자 내지 실질귀속자의 지위가 인정되었는바, 대상판결의 검토에 앞서 국내세법상 실질귀속자 내지 조세조약상 수익적 소유자로 판단된 다국적 기업의 해외지주회사의 성격과 기능에 대한 우선적 고찰의 필요성이 있다. 한편, 대상판결에서는 쟁점 판결과는 달리 수익적 소유자라는 말이 있는 배당소득이 문제가 되었으므로 조세조약상 수익적 소유자의 의미와 판단기준에 대한 검토도 병행되어야 할 것이다. 이에 따라, 본 판례평석에서는 먼저 실질귀속자 내지 수익적 소유자의 지위를 인정받은 해외지주회사의 역할과 기능에 대해서 살펴보고 이어서 조세조약상의 수익적 소유자의 의미와 판단기준에 대하여 검토한 다음 대상판결의 사안에서 다국적 기업의 해외지주회사인 영국법인 A가 한·영 조세조약상 수익적 소유자에 해당하는지 여부 및 대상판결의 의미와 평가에 대하여 논의하고자 한다.

2. 다국적 기업의 해외지주회사

가. 다국적 기업의 사업환경

다국적 기업은 세계 각국에 자회사나 지점을 두고 국제적 규모로 생산·판매활동을 수행하는 기업집단을 말한다. 다국적 기업은 여러 국가에서 경제활동을 하기 때문에 그 자회사 등의 소재지국에 따라 다양한 경제환경에 노출되고 각기 다른 제도와 세제의 적용을 받는다. 이러한 사정 때문에 다국적 기업은 전세계를 대상으로 가장 유리한 지역에 최적 생산거점을 마련하고 자본비용이 가장 낮은 국가에서 자금을 조달하며 가장 조세부담이 낮고 사업상의 규제가 적은 지역을 고려하여 사업활동을 하는 경우가 일반적이다. 다국적 기업의 전세계적 사업환경의 최적화를 위해 해외지주회사가 이용되는 경우가 많다.

나. 해외지주회사의 의의

일반적으로 주식의 보유를 통하여 다른 회사를 지배하는 회사, 즉 독립적 법인격 또는 사업적 속성을 갖춘 자회사에 대한 출자를 장기간 유지하는 것을 주된 사업목적으로 해서 형성된 실체[5]가 지주회사이므로 해외지주회사란 독립된 법인격을 가지면서 다수의 해외자회사에 대한 주식보유를 주된 사업으로 하는 외국법인체를 말한다.[6] 해외지주회사는 단순 투자지주회사와 구분된다. 단순 투자지주회사의 경우에도 자회사의 주식을 보유하고 있지만 이는 대부분 단기간의 일회성 투자에 따른 주식보유이고 투자가 종료되면 그 자금을 주주에게 송금하고 청산을 하는 반면 해외지주회사의 경우에는 다수의 자회사의 주식을 장기간 보유하면서 재투자를 한다는 점에서 차이가 있다.

---

5) Pia Dorfmueller, *Tax Planning for U.S. MNCs with EU Holding Companies*, Kluwer Law International (2003), p. 23.

6) 백제흠, "해외지주회사의 과세문제", 조세법연구 제15-2집, 세경사, 2009. 8., 280면.

다. 해외지주회사의 유형과 기능

해외지주회사는 자회사의 주식보유 이외에 다른 사업을 영위하지 않는 순수지주회사와 일반사업을 영위하면서 지주회사 기능을 수행하는 사업지주회사로 구분된다. 해외지주회사는 기능별로는 관리지주회사, 금융지주회사로, 단계나 지역별로는 중간지주회사, 지역지주회사, 국가지주회사로, 보유자산에 따라서는 지적재산권지주회사, 투자지주회사로 구분된다.[7] 영국법인 A는 일반사업을 수행하지 않는 순수지주회사이고 그 상위주주로서 프랑스법인 C가 존재하므로 중간지주회사이며 주식을 보유하고 있으므로 투자지주회사에 해당한다. 다국적 기업의 해외지주회사는 최종모회사가 존재하므로 그 산하에 설치·운영되는 중간지주회사의 형태가 일반적이다.

일반적으로 국내에서는 지주회사 체제가 일반기업집단에 비하여 기업경영구조의 측면, 경영효율성의 측면, 기업가치의 측면에서 유용성이 있다고 평가되고 있다.[8] 우선 기업지배구조의 측면에서 일반기업집단의 경우 복잡한 지배구조로 인하여 소속기업의 매각, 합병이 어려운 측면이 있는 반면 지주회사 체제의 경우에는 출자구조의 재편에 따라 사업부문의 분리·매각이 용이하다는 장점이 있다. 또한 경영효율성의 측면에서 지주회사는 독자적으로 존재하는 자회사별로 차별화된 인사제도 및 기업문화를 유지하는 것이 가능하고 인사·법무·재무 등 각 회사들에게 공통되는 기능을 지주회사에 집중시켜 효율적으로 그룹을 경영할 수 있다. 기업가치 측면에서도 지주회사 체제는 지배구조의 투명성에 따라 기업가치의 증가를 가져올 수 있다.

해외지주회사의 경우에는 여기에다가 기업지배구조와 경영효율성 및 기업위험관리 측면에서 추가적인 장점을 가진다. 해외합작투자에 있어서 해외지주회사 체제는 현지국 정부와 우호관계에 있는 외국기업과 공동투자 등을 모색할 수 있는 등 다양한 투자형태를 제공할 수 있다. 또한 해외지주회사는 외국에의 신규투자나 기존사업이나 투자의 확장을 위한 출자처나 금융처로 활용되고 해외지주회사에 소득을 유보하였다가 다시 재투자함으로써 그렇지 않은 경우에 발생하는 제반 비용과 지연을 감소시킬 수 있다. 또한 정보의 불확실성이 존재하고 투자위

---

7) 백제흠, 앞의 논문, 281면.
8) 강희철·김경연, "지주회사의 설립방안에 관한 법적 고찰", 지주회사와 법, 도서출판 소화, 2008, 115−116면.

험이 각기 다른 해외시장에서 해외지주회사는 투자위험을 단절하고 분산하는 기능을 수행한다.[9]

3. 조세조약상 수익적 소유자의 의미와 판단기준

가. 논점의 정리

우리나라가 체결한 대부분의 조세조약은 배당소득·이자소득·사용료소득(이하 '배당소득 등')에 대하여는 그 소득의 수익적 소유자가 해당체약국의 거주자인 경우에 제한세율이 적용된다고 규정하고 있으나 양도소득에 대해서는 그와 같은 제한을 두고 있지 않다.[10] 한·영 조세조약 제10조 제2항도 배당소득에 대한 제한세율이 적용되기 위해서는 그 수취자가 해당 체약국의 수익적 소유자이어야 할 것을 요구하고 있지만 특정자산의 양도소득의 비과세 적용과 관련하여 제13조 제5항은 양도자가 별도로 수익적 소유자일 것을 요구하고 있지 않다.

따라서 한·영 조세조약상 배당소득에 대한 제한세율의 적용을 받기 위해서는 먼저 수익적 소유자의 의미가 무엇인지를 파악하는 것이 중요하다. 그런데 국내세법은 수익적 소유자 개념과 유사하게 실질과세원칙에 따른 실질귀속자의 개념을 두고 있어 양자의 관계가 문제가 된다. 특히 전원합의체 판결은 국내세법상 실질귀속자의 판단기준에 관하여 중요한 법리를 제시하였는바, 국내세법상의 실질과세원칙을 조세조약에 적용하는 것이 가능한지, 만일 가능하다면 국내세법상 실질귀속자의 범위와 조세조약상 수익적 소유자의 범위가 같은 것인지, 아니면 다른 것인지 등을 살펴볼 필요가 있다. 달리 말하면 이는 조세조약상 수익적 소유자라는 말이 없는 양도소득의 양도인이나 배당소득 등의 수취인의 의미를, 수익적 소유자라는 말이 있는 조세조약상의 배당소득 등의 수취인의 의미와 같은 것으로 보아야 하는지의 문제이기도 하다. 만일 같은 것으로 본다면 국내세법상 실질귀속자의 개념이 결정적으로 중요하고 조세조약상 수익적 소유자라는 개념은 별다른 의미가 없는 것이 된다.

나. 조세조약상 수익적 소유자의 의미

수익적 소유자(beneficial owner)란 개념적으로 문제되는 자가 대체로 소득에

---

9) 백제흠, 앞의 논문, 282－286면.
10) 우리나라가 체결한 조세조약 중 배당소득 등에 관하여 수익적 소유자라는 말이 등장하지 않은 조세조약은 미국, 네덜란드와의 조세조약 정도로서 그 수가 매우 적다.

대한 법적 권리를 갖고 있는 데 그치지 않고 그 소득에 대하여 그 이상의 사실상의 힘을 가져야 하는 정도의 의미를 지닌다.[11] 원래 수익적 소유자는 연혁적으로 보통법이 지배하는 영국법상의 개념으로서 '처분권이 붙어 있는 소유권' 정도의 의미를 가진다. 따라서 수익적 소유의 대상은 소유권의 대상이 되는 '재산'이고 그 대상이 '소득'이 되는 경우는 영미법상의 신탁에서 사용되는 '신탁의 이익을 받을 권리' 정도이며 신탁관계를 떠나 쓰이는 경우는 찾아보기 어렵다.[12]

수익적 소유자 개념은 OECD 모델조세조약에서 1977년 처음으로 규정되었는데, 1977년 OECD 모델조세조약 주석은 수익적 소유자에 관하여 수익자와 지급자 사이에 대리인 또는 명의인과 같은 중간매개자를 끼워 넣은 경우 그 대리인과 명의자는 수익적 소유자에 해당하지 않는다고 하여 수익적 소유자를 적극적으로 정의하는 대신 대리인이나 명의인을 그 범위에서 제외하는 방식으로 설명하였다. 그 후 1986년 OECD 도관회사 보고서는 대리인 등에 더하여 도관회사도 수익적 소유자에서 배제된다고 하였고, 2003년 개정 OECD 주석은 수익적 소유자 개념은 조세회피 문제의 대책으로 도입되었다고 하면서 도관회사가 형식적 소유자라고 하더라도 실질적으로 단순수탁자나 관리인에 불과하여 매우 제한된 권한을 보유한다면 수익적 소유자가 될 수 없다고 하였다. 이처럼 OECD 모델조세조약은 수익적 소유자가 무엇을 의미하는 것인지에 관하여 구체적인 정의를 하고 있지 않다.

이러한 수익적 소유자의 개념에 대해서는 협의설과 광의설이 대립하고 있다.[13] 협의설에 의하면 수익적 소유자란 소득을 발생시킨 자산을 스스로 사용하거나 제3자를 위하여 사용할 것인지 여부 또는 발생한 소득을 어떻게 처분할 것인지 여부 중 어느 하나를 결정할 권한을 가지는 자로 좁게 보는 견해이다. 협의설에 의하면 문제가 되는 자가 '사용'과 '처분'의 어느 하나에 대해 사실상의 권한을 가지면 수익적 소유자에 해당하는데, 이 경우 수익적 소유자 개념은 조약편승에 효과적으로 대처하는 기능을 수행하게 된다. 반면, 광의설은 소득의 직접 수취인은 원칙적으로 수익적 소유자가 되는 것이고 명의인이나 대리인만이 수익적

---

11) 윤지현, "수익적 소유자 개념의 해석: 최근 국내외의 동향과 우리나라의 해석론", 사법 제25호, 사법발전재단, 2013. 9., 109면.
12) 김석환, "조세조약상 수익적소유자와 국내세법상 실질귀속자와의 관계", 조세학술논집 제29집 제1호, 한국국제조세협회, 2013. 2., 180-181면,
13) 윤지현, 앞의 논문, 119면.

소유자에서 배제된다는 견해이다. 조약편승에 대한 대처의 필요성이 인정되더라
도 수익적 소유자 개념의 축소해석에 의하여 대응하는 것은 타당하지 않다는 입
장이다.

다. 조세조약상 수익적 소유자와 국내세법상 실질귀속자

(1) 실질과세원칙이 조세조약에 적용되는지 여부

우리나라에서는 국내세법의 실질과세원칙과 관련하여 수익적 소유자와 유사
한 개념인 실질귀속자를 규정하고 있는바, 이러한 국내세법상의 실질과세원칙에
따른 실질귀속자 규정이 조세조약에 적용될 수 있는지 여부가 문제된다.

긍정설은 실질과세원칙은 헌법상의 원칙으로 조세조약에 적용된다는 견해이
다. 우선, 실질과세원칙은 헌법상 평등의 원칙을 조세법률관계에서 구현하기 위
한 실천적 원리로서 거주자와 비거주자에 대하여 달리 차등적으로 적용될 수 없
으며 조세조약의 명시적인 배제 규정이 없는 한 국내세법의 일부인 실질과세원
칙은 조세조약에도 적용되어야 하고, 조세조약에서 조세회피 방지목적으로 수익
적 소유자 개념을 두고 있다고 하더라도 이는 국내세법상 실질과세원칙의 적용
을 배제하기 위한 것이 아니라 실질과세원칙의 적용을 당연히 전제한다는 것이
다. 또한, 1986년 OECD 도관회사 보고서 및 2003년 OECD 모델조세조약 제1조
에 대한 주석 등에서 각국의 국내세법에서 규정하고 있는 실질과세원칙과 같은
일반적 남용방지원칙은 조세조약과 상충하지 않으며 이러한 조항의 적용은 조세
조약에 의하여 영향을 받지 않는다고 설명하고 있다고 한다. 나아가, 미국의 US
모델조약에 대한 기술적 설명서도 수익적 소유자는 조세조약에 그 정의가 없으
므로 조세를 부과하는 국가의 국내법에 따라 정의된다고 기술하면서 이와 같은
해석은 OECD 모델조세조약 주석의 태도에서도 확인할 수 있다고 한다.[14]

부정설은 조세조약은 국내세법의 특별법이므로 국내세법상 실질과세원칙은
조세조약에 적용되지 않는다는 견해이다. 조세조약은 국내세법의 특별법으로서
일반법인 국내세법상의 실질과세원칙은 조세조약에 영향을 미칠 수 없다는 것이
다.[15] 실질과세원칙은 순수하게 국내세법에 규정되어 있는 원칙이고, 조세조약은
세법의 체계가 다른 체약상대방과의 약정으로서 체약국의 서로 다른 이해관계가

---

14) 김석환, 앞의 논문, 200 – 202면.
15) 김석환, "조세조약 해석에 있어서 국내법상 실질과세원칙의 적용 여부", 조세판례백선 2, 박영
    사, 2015, 774면.

개입되어 있기 때문에 어느 일방 국가의 입장만을 고려하여 조세조약에 실질과 세원칙을 적용하게 되면 조세조약보다 국내세법이 우위에 서는 결과가 된다고 한다.16)

이에 대하여 대법원 2012. 4. 26. 선고 2010두11948 판결은 국세기본법 제14조 제1항에서 규정하는 실질과세원칙은 법률과 같은 효력을 갖는 조세조약의 해석과 적용에 있어서도 특별한 규정이 없는 한 그대로 적용된다고 판시함으로써 긍정설의 입장을 취하였다.

(2) 수익적 소유자와 실질귀속자의 관계

조세조약의 해석에 있어서 국내세법상 실질과세원칙의 적용을 긍정하는 경우 조세조약상 수익적 소유자와 실질과세원칙에 따른 실질귀속자의 범위를 어떻게 파악하여야 할 것인지가 문제된다. 이론적으로는 그 개념에 차이가 있어 양자의 적용범위가 다를 수 있지만 다음과 같은 점에서 조세조약의 적용에 있어 수익적 소유자와 실질귀속자는 같은 의미로 파악하는 것이 타당하다고 사료된다.17)

첫째, 실질과세원칙은 조약편승을 통한 조세회피 목적에서 도입된 수익적 소유자의 개념보다는 포괄적인 세법의 해석 및 적용상의 원칙이지만 실제로 조약편승을 방지하기 위한 수익적 소유자 개념의 적용 국면에서는 조세회피행위에 대한 규제 수단으로서 해당 소득 등을 그 명의가 아닌 실질에 따라 귀속시킨다는 점에서 실질과세원칙상의 실질귀속자의 의미와 다르지 않다.

둘째, 미국 US 모델조약에 대한 기술적 설명서는 수익적 소유자의 개념을 조세조약에서 규정하지 않고 있으므로 조세를 부과하는 원천지 국가의 국내세법에 따라 정의되고, 조세조약상 배당소득의 수익적 소유자는 원천지 국가의 법률에 따라 그 소득이 귀속되는 자이다라고 설명하여 국내세법상 실질귀속자 개념과 조세조약상 수익적 소유자 개념이 동일하게 정해질 수 있다고 한다.

셋째, 우리나라는 2005년말 법인세법 개정에 의하여 법인세법 제98조의5를 신설하여 외국법인에게 일정한 국내원천소득을 지급하는 내국법인에 대한 원천징수 특례절차를 도입하면서 그 시행령 제138조의5 제2항에서 실질귀속자를 소득의 수취법인이 당해 국내원천소득과 관련하여 법적 또는 경제적 위험을 부담하고 동 소득을 처분할 수 있는 권리를 가지는 등 동 소득에 대한 소유권을 실질

---

16) 강석규, 조세법쟁론, 삼일인포마인, 2017, 1263면.
17) 김석환, 앞의 논문, 202-204면.

적으로 보유하고 있는 자라고 규정하였다. 원천징수 특례조항은 조세조약의 적용을 위한 수익적 소유자에 대한 판단을 전제하는 것이어서, 사실상 조세조약상 수익적 소유자에 대한 국제적 논의를 국내세법의 실질귀속자의 형태로 반영하였다고 평가된다.

　원심판결은 한·영 조세조약 제3조 제2항은 일방체약국이 이 협약을 적용함에 있어서 달리 정의되지 않는 용어는 문맥에 따라 달리 해석되지 않는 한 이 협약이 적용되는 조세에 관한 동 체약국의 법에 따른 의미를 가진다고 규정하고 있으므로 한·영 조세조약에 직접 정의되어 있지 아니한 제10조 제2항의 수익적 소유자의 의미는 국내세법에 따라 확정하여야 하고 국제적인 조세조약 해석의 기준이 되는 OECD 모델조세조약 제12조의 주석에서는 수익적 소유자라는 용어는 좁은 기계적인 의미로 쓰이는 것이 아니라 오히려 협약 문맥과 이중과세의 방지 및 조세회피, 조세포탈의 방지라는 목표 및 의도 안에서 이해되어야 한다는 등의 이유로 위 수익적 소유자의 의미는 실질과세원칙의 실질귀속자의 의미와 같다고 판단하였다.

　대상판결도 영국법인 A는 이 사건 배당소득을 지배·관리할 수 있는 실질귀속자 또는 그에 관한 한·영 조세조약 제10조 제2항의 수익적 소유자에 해당한다고 볼 여지가 충분하다고 하면서 원심판단은 국세기본법 제14조의 실질과세원칙이나 한·영 조세조약 제10조 제2항의 수익적 소유자 등에 관한 법리를 오해하지 않았다고 판시하였는바, 대상판결의 태도 역시 수익적 소유자란 실질과세원칙에 따른 소득의 실질귀속자와 같은 의미이거나 적어도 두 개념을 구태여 구별할 필요가 없다는 것으로 보인다.

　이러한 대법원의 입장에 따르면 결국 조세조약상 수익적 소유자와 국내세법의 실질귀속자가 같은 의미이므로 국내세법상 실질귀속자 판단기준을 그대로 가져와 조세조약상 수익적 소유자 판단기준으로 삼으면 되는 것이고 결과적으로 수익적 소유자는 우리나라 법원의 조세조약의 해석에 있어서 별다른 의미를 가지지 않는 셈이 된다.

　라. 조세조약상 수익적 소유자의 판단기준
　(1) 국내세법상 실질귀속자 판단기준의 원용
　전원합의체 판결은 재산이나 소득의 귀속 명의자는 이를 지배·관리할 능력이 없고(이하 '명의자 요건'), 제3자가 이를 실질적으로 지배·관리하고 있으며(이하 '지배자 요건') 그와 같은 명의와 실질의 괴리가 조세를 회피할 목적에서 비롯된 경우에는(이하 '조세회피 요건') 실질과세원칙에 의하여 명의자의 소득귀속자의 지위를 부인할 수 있다고 하면서 국내세법상 실질귀속자 판단기준을 제시하였는바, 이러한 실질귀속자 판단기준으로서의 명의자 요건, 지배자 요건 및 조세회피 요건은 조세조약상 수익적 소유자 판단에서도 원용할 수 있다.

따라서 만일 외국인이 유리한 조세조약의 적용을 받기 위한 다른 국가에 명목회사 형태의 법인을 설립하여 투자를 하는 경우에 이러한 판단기준에 해당한다면 그 법인은 명의자로서 거래당사자의 지위는 부인되고 그 배후의 지배자가 수익적 소유자가 되어 그 지배자의 거주지국과의 조세조약이 적용된다. 그러나 만일 명의와 실질의 괴리가 없거나 조세회피의 목적이 없다면 그 거래구조는 존중되고 명의자의 수익적 소유자의 지위를 부인되지 않는다.

(2) 세 가지 판단요건의 의미와 관계[18]

명의자 요건은 명의자가 형식적인 거래 당사자로서 재산에 대한 지배·관리 능력이 없는 경우를 말하고, 지배자 요건은 제3자가 명의자에 대하여 지배권 등을 통한 실질적 지배·관리를 하여야 한다는 요건이다. 조세회피 요건은 그와 같은 명의와 실질의 괴리가 정당한 사업목적 없이 오로지 조세회피 목적에서 비롯되어야 한다는 것이다. 명의자와 지배자 요건은 객관적 요건이고 조세회피 요건은 주관적 요건이며 위 세가지 요건 모두에 해당하여야 명의자의 실질귀속자의 지위가 부인되고 지배자가 실질귀속자가 된다.

지배자 요건에 관하여 전원합의체 판결은 명의자에 대하여 지배권 등을 통하여 주식이나 지분을 실질적으로 지배·관리하는 제3자를 지배자라고 하면서, 당해 주식이나 지분이 그 지배자에게 귀속되는 것으로 보아 그를 납세의무자로 삼아야 한다고 판시하고 있는바, 과연 지배자가 명의자의 경제적 이익에 대한 귀속자가 아니어도 그 지배자를 납세의무자로 볼 수 있는지 여부가 문제된다. 전원합의체 판결의 문언상 지배자 요건만 충족되면 그 자를 납세의무자로 보아 과세할 수 있다는 견해도 가능하나 지배자에 대해서는 과세대상 이익의 귀속이 전제되어야 하고 그러한 이익의 귀속 여지가 없는 경우에는 그 지배자를 납세의무자

---

18) 위 세가지 요건에 대한 자세한 설명은 백제흠, "인적·물적 시설이 없는 외국법인 본점과 소득 귀속자 판단기준", 세법의 논점, 박영사, 2016, 326-329면 참조.

로 볼 수 없다고 할 것이다. 예외적인 상황이기는 하나 지배자에 대한 경제적 이익의 귀속이 없다면, 예컨대, 단순히 호의적인 차원에서 명의자의 거래행위에 관여하여 도움을 준 지배자를 명의자의 소득에 대한 수익적 소유자 내지 실질귀속자로 보거나 지배자가 강박 등에 의하여 명의자를 실질적으로 지배하여 거래행위를 하였다고 하더라도 그 자체로 지배자에게 명의자의 소득을 귀속시키는 것은 부당하다. 그러한 차원에서 지배자는 명의자에 대하여 최소한 직접 또는 간접적인 지분이나 명의자의 소득에 대한 법적 권리를 가지거나 사실상 이익을 향유한다는 조건이 추가되어야 할 것이다. 전원합의체 판결이 소득이나 수익, 재산, 거래 등의 과세대상에 관하여 귀속명의와 달리 실질적으로 '귀속'되는 자가 따로 있는 경우에 국세기본법상 실질귀속자 원칙이 적용된다고 판시하고 있는 점을 보면 대법원도 지배자에 대한 경제적 이익의 귀속을 전제하고 있다고 보인다.

한편, 명의자 요건과 지배자 요건은 동전의 양면과 같아 명의자 요건을 구비하면 지배자 요건도 같이 충족되는 것이므로 두 요건을 각기 별도로 따져볼 필요가 없이 명의와 실질의 괴리만 판단하면 된다는 견해가 제기될 수 있다. 대부분의 경우 명의자 요건에 해당하면 지배자 요건도 충족되고 그 반대의 경우도 일반적일 것이다. 그러나 앞서 본 바와 같이 호의나 강박 등에 의한 지배자의 관여라는 예외적인 경우도 존재할 수 있고, 그와 같은 경우에는 명의자 요건에는 해당한다고 볼 수 있지만 지배자 요건은 구비하지 못한 것이 되는 점, 앞서 본 바와 같이 지배자 요건에 추가적인 경제적 이익 귀속의 조건이 필요한 점 등을 고려하면 명의자 요건과 지배자 요건은 별도의 요건으로 보아 수익적 소유자를 판단하는 것이 타당하다.

조세회피 요건에 대해서는 오직 조세회피 목적만을 위하여 거래를 구성하는 경우에는 이를 부인할 수 있으나 조세회피 이외에 사업 목적이 혼합되어 있는 경우 어떻게 보아야 하는 지가 문제된다.[19] 이러한 혼합목적의 경우 조세회피목적이 주된 목적이고 사업목적이 부수적이라면 그러한 거래는 부인될 가능성이 상대적으로 높을 것이다. 반면 사업목적이 주된 목적이거나 사업목적과 조세회피목적이 대등한 경우에는 대법원 판례가 명의와 실질의 괴리가 오로지 조세회피 목적에서 비롯된 경우라고 판시하고 있으므로 이를 함부로 부인하기는 어려울 것이다.

---

19) 윤지현, 앞의 논문, 154-156면.

4. 다국적 기업의 해외지주회사가 조세조약상 수익적 소유자에 해당하는지 여부

가. 대상판결의 판단요소와 논의의 범위

대상판결은 다국적 기업의 해외지주회사인 영국법인 A의 설립 경위와 사업 활동 내역, 주식취득의 의사결정과정과 비용부담 및 취득자금의 원천, 주주활동의 경과, 배당소득의 지급 및 사용내역을 종합하여 영국법인 A를 한·영 조세조약상의 수익적 소유자에 해당한다고 판단하면서 자회사를 통한 업무수행, 최종 모회사의 의사결정의 관여, 조세부담의 일부 절감 등만으로 수익적 소유자가 아니라고 단정한 것은 부당하다고 판시하였다. 전자는 적극적 고려사항이고 후자는 소극적 고려사항으로 볼 수 있는바, 여기서는 조세조약상 수익적 소유자 판단기준인 명의자 요건, 지배자 요건 및 조세회피 요건에 따라 대상판결의 판시의 타당성에 대하여 검토한다. 이러한 대상판결의 판시는 해외지주회사의 실질귀속자의 지위를 인정한 쟁점 판결의 판시내용보다 추가적 고려사항을 제시하여 진일보한 측면이 있는바, 대상판결과 쟁점 판결의 판시사항의 비교를 통하여 조세조약상 수익적 소유자의 의미를 보다 심도 있게 분석한다.

나. 수익적 소유자 판단기준의 적용

(1) 명의자 및 지배자 요건

명의자 및 지배자 요건은 주로 인적·물적 시설이 없는 서류상의 회사에서 문제가 된다. 서류상의 회사라고 하더라도 수익적 소유자의 지위가 부인되기 위해서는 명의자 요건 및 지배자 요건에 해당하여야 하는데, 대상판결은 다음과 같은 사정을 영국법인의 A의 수익적 소유자 판단의 주요 고려사항으로 보았다.

첫째, 영국법인 A의 설립 경위와 사업활동 내역이다. 대상판결은 영국법인 A는 1983년 영국법에 따라 설립된 법인으로 T 그룹 내에서 석유화학 관련 사업을 영위하는 해외지주회사로서 30여 개의 산업적 투자에 종사하는 자회사를 두고 있고, 20여 년 동안 역할을 수행하다가 원고의 지분을 취득하였으며, 이사회를 두고 중요의사결정을 하면서 자회사로부터 배당을 받는 한편 자회사에 대한 지급보증을 하는 등 지주회사로서의 역할을 수행하였고 그에 따라 영국에서 법인세를 납부하고 재무제표에 대하여 회계감사법인으로부터 매년 외부감사를 받은 점을 강조하고 있는바, 이는 해외지주회사의 전형적인 사업적 징표로서 영국법인 A를 단순 명의자로 보기는 어렵다고 사료된다.

둘째, 투자의사결정 과정과 비용부담 주체 및 취득자금 원천이다. 대상판결
은 합작계약의 체결과 관련한 법률 및 회계비용은 최종적으로 영국법인 A가 부
담하였고, A의 이사회는 이 사건 합작계약의 체결 및 그에 따른 투자에 관하여
의사결정을 하였으며, 그 투자자금은 A의 자금이라는 점을 언급하고 있다. 배당
소득의 발생원천은 자회사에 대한 투자라고 할 것인데 그러한 투자의사결정에
직접 관여하였고 투자자금 및 제반 비용도 부담하였다면 영국법인 A가 이를 지
배·관리할 능력이 없다고 보기는 힘들 것이다.

셋째, 주주활동의 경과이다. 주주로서의 적법한 절차에 의한 권한행사가 주
요 고려요소가 된다. 대상판결은 영국법인 A는 이사회를 열어 원고의 주주총회
에 참석할 권한을 위임하거나 원고의 배당정책과 이사책임 면제 등에 관하여 논
의하는 등 이 사건 주식에 기초한 주주로서의 권한을 행사하였다는 점을 기술하
고 있다. 영국법인 A가 상법상 주주총회의 결의가 필요한 사항에 대하여 권한행
사를 하였고 특히 이 사건 배당소득에 관한 배당정책에 관여하였으므로 명의자
요건에는 해당하지 않는다고 평가된다.

넷째, 소득의 지급 및 사용내역도 중요 고려사항이다. 소득의 실질귀속자 판
단에 있어 그 소득이 최종적으로 누구에게 귀속되었는지, 즉 담세력이 있다고 인
정되는 자가 누구인지는 대상판결뿐만 아니라 그 이전의 판결에서도 중요한 기
준이 되어 왔다. 대상판결은 이 사건 배당소득이 최종모회사 C가 아니라 A에게
송금되었고 A는 이를 자금관리회사에 예치하여 운용·관리하면서 그 이자를 수
취하거나 다른 자회사에게 대여하는 등의 방법으로 사용하였다는 점을 주된 고
려요소로 삼고 있다. 영국법인 A가 수취한 소득을 최종모회사 C에 반입하지 않
고 보유·관리하며 재투자하는 것은 지배·관리능력의 중요한 징표인바, 이는 해
외지주회사의 전형적 설립목적이자 사업활동이다.

(2) 조세회피 요건

조세회피 요건은 명의와 실질의 괴리가 정당한 사업목적 없이 오로지 조세
회피 목적에서 비롯되어야 한다는 요건이다. 대상판결은 영국법인 A는 독립된
실체와 사업목적을 갖고 있는 T 그룹 내의 석유화학 관련 사업의 해외지주회사
로서 그 설립 경위나 사업활동에 정당한 사업목적이 있다고 보았고 A가 이 사건
주식을 취득함으로써 이 사건 배당소득에 관한 조세부담이 일부 경감될 수 있다

는 등의 사정만으로 A가 이 사건 배당소득의 실질귀속자 또는 수익적 소유자가 아니라고 단정할 것은 아니라고 판단하였다. 다국적 기업의 국제적 경영활동에 있어서 조세효과를 고려하지 않는 것은 상정하기 어렵다. 영국법인 A는 해외지주회사로서 그 자체로 정당한 사업목적이나 설립 필요성이 있고 거기에 조세절감 측면의 고려가 있더라도 이는 부수적인 것이므로 결국 조세회피 요건도 인정되지 않는다.

다. 쟁점 판결의 사안과 비교
(1) 고려사항의 차이
쟁점 판결은 해외지주회사의 설립 목적과 경위, 사업활동내역, 임직원 및 사무소의 존재, 주식의 매각과 관련한 의사결정과정, 매각자금의 이동을 수익적 소유자 판단의 주요 고려사항으로 보았다. 반면, 대상판결은 쟁점 판결의 주요 고려사항 중 임직원 및 사무소의 존재를 제외한 나머지 사항에다가 비용부담의 주체 및 취득자금의 원천을 더하여 이를 적극적 고려사항으로 보았고, 임직원 및 사무소의 존재, 최종모회사의 관여, 일부 조세절감의 사정은 소극적 고려사항으로 파악하였다. 대상판결의 이러한 세부적 고려사항은 조세조약상 수익적 소유자 판단기준인 명의자 요건, 지배자 요건 및 조세회피 요건에도 부합하는 정당한 판단방법으로 사료된다.

(2) 개별 고려사항의 구체적 사실관계의 비교
대상판결과 쟁점 판결의 사안은 해당 해외지주회사가 다국적 기업의 최종모회사의 소재지국이 아닌 다른 국가에서 설립되었고, 재무적 투자자가 설립한 단순 투자지주회사와는 달리 산업적 투자자에 의하여 사업목적에서 오래 전부터 설립되어 다수의 해외자회사들을 보유하고 있다는 점 등에서 해외지주회사의 공통적 특징을 가지고 있다.

나아가 개별 고려사항별 구체적 사실관계를 비교하면 다음과 같은바, 전체적으로 쟁점 판결의 해외지주회사보다 대상판결의 해외지주회사가 수익적 소유자의 판단기준에 보다 부합하는 것으로 보인다.

첫째, 설립 목적과 경위를 보면, 쟁점 판결의 해외지주회사는 소매업을 영위하는 자회사들에 대한 지분보유를 목적으로 하여 투자 당시 기준으로 12년 전 설립되어 약 50개 소매업 자회사를 보유하였다. 대상판결의 해외지주회사는 석유화학 관련 자회사에 대한 지분보유의 목적에서 투자 당시 기준으로 20년 전에 설립되어 30여 개 석유화학 자회사를 보유하고 있었다.

둘째, 사업활동을 보면, 쟁점 판결의 해외지주회사는 자회사에 대한 투자를 실시하고 자회사로부터 배당을 받고 자회사를 위해 담보를 제공하였으며 매년 연차보고서를 발간하고 회계감사를 받았으며 과세당국에 세무신고를 하였다. 대상판결의 해외지주회사는 자회사에 대한 투자를 하고, 자회사로부터 배당을 받았으며 자회사에 지급보증 등 담보를 제공하였고 영국에서 매년 사업활동 관련하여 연차보고서와 환경 및 사회적 책임보고서를 발행하였으며 매년 외부감사를 받았고 과세당국에 세무신고를 하였다.

셋째, 인적·물적 시설의 존재, 의사결정과정 및 자금이동을 보면, 쟁점 판결의 해외지주회사는 소수의 직원이 존재하였고 이사회는 네덜란드 거주자 1인으로 구성되었으며 투자 실무 및 협상은 C 그룹의 M&A팀의 담당이 해외지주회사의 이사회 의결을 거쳐 수행하였고 자금통합관리를 활용하여 매각대금을 자회사 등에 재투자하였다. 대상판결의 해외지주회사는 영국 자회사의 직원이 일상적인 업무를 수행하였고 투자 당시 이사회는 17명으로 구성되었으며 그 중 이사회 의장을 비롯한 8명이 영국 거주자이고 투자실무 및 협상을 T 그룹의 석유화학부문 계열사가 담당하였으며 자금통합관리를 하여 배당소득을 영국 내 금융기관에 예치하고 자회사에 대여하였다.

넷째, 조세절감의 측면을 보면, 쟁점 판결의 해외지주회사는 네덜란드의 지분면제규정으로 인해 양도소득이나 배당소득에 대하여 네덜란드에서 세금이 면제되었고, 대상판결의 해외지주회사는 영국에서 수취한 배당에 대하여 법인세를 납부하여 오다가 2009. 7.경 지분면제규정의 도입으로 법인세를 납부하지 않게 되었다.

5. 대상판결의 의미 및 평가

대상판결은 외국법인의 실질귀속자 내지 수익적 소유자의 지위를 인정한 많지 않은 대법원 판결 중의 하나로서 다국적 기업의 해외지주회사의 설립과 사업활동에 정당한 사업목적이 존재한다고 판단하였고, 국내세법상 실질귀속자 판단기준이 조세조약상 수익적 소유자의 판단기준과 동일하다는 점을 재차 확인하였다는 점에서 의미가 있다. 또한 조세조약상 수익적 소유자를 판단함에 있어서 쟁점 판결은 회사의 설립 목적과 경위, 임직원 및 사무소의 존재, 주식 매각의 의사결정과정, 매각자금의 이동을 근거로 실질귀속자의 지위를 인정한 원심의 판단을 정당한 것으로 판시하였을 뿐 수익적 소유자 내지 실질귀속자의 판단기준과 그 구성요소에 대한 별도의 법리를 제시하지 않았지만, 대상판결은 더 나아가 수익적 소유자 내지 실질귀속자 판단요소로서 추가적인 고려사항을 적극적 고려사항과 소극적 고려사항으로 구분하여 판시함으로써 그 구체적 지침을 제공하였다는 측면에서 중요한 선례적 의의가 있다. 특히 대상판결이 쟁점 판결의 원심에서 중요하게 고려하였던 인적·물적 시설의 존재 여부와 모회사의 자회사에 대한 의사결정의 관여 여부를 소극적 고려사항으로 판시하였다는 점은 특기할 만하다. 최근 과세관청에서는 유리한 조세조약이 체결된 국가에 설립된 외국법인의 소득귀속자 지위를 비교적 쉽사리 부인하는 경향이 있는데 대상판결의 이러한 소극적 고려사항과 적극적 고려사항의 제시는 조약편승에 대처하기 위한 실질과세원칙의 적용대상과 범위에 한계를 설정한 것으로서 납세자의 예측가능성과 법적 안정성을 보장하였다는 점에서도 중요한 의미를 가진다.

　　나아가 대상판결의 배당소득의 수익적 소유자 판단기준은 사용료소득이나 이자소득의 수익적 소유자 판단기준에도 중요한 지침을 제공할 것으로 보인다. 뿐만 아니라 대상판결의 판시는 외국 다국적 기업의 국내 진입 인바운드 거래에 관한 수익적 소유자 판단기준이지만 국내 다국적 기업의 해외 진출 아웃바운드 거래에서의 해외지주회사의 실질귀속자 지위의 판단에도 상당한 영향을 미칠 것으로 사료된다. 또한 대상판결이 제시한 수익적 소유자의 적극적 고려사항과 소극적 고려사항은 해외지주회사가 아니더라도 이와 관련된 다른 외국법인의 수익적 소유자 판단에 있어서 중요한 참고가 될 것이다. 후속 판결의 추이가 주목된다.

조세조약상 수증소득의 비과세·면제 규정과 법인세법상 수증자의 양도소득금액계산에 있어서의 증여자의 취득가액승계 규정의 적용관계*

〈대법원 2016. 9. 8. 선고 2016두39290 판결〉

Ⅰ. 대상판결의 개요

1. 사실관계의 요지와 이 사건 처분의 경위

　　자동차 부품제조 및 판매사업을 영위하는 다국적 그룹(이하 '구 다국적 그룹')
의 최종 모회사인 미국법인(이하 '최종 모회사')은 경영악화로 인하여 2005. 10. 8.
미국 파산법원에 파산보호신청(Chapter 11 bankruptcy protection)을 하였는데, 미
국 파산법원은 구 다국적 그룹의 자체 회생이 어렵다고 판단하여 제3자 매각방법
으로 파산보호절차1)를 진행하기로 결정하면서 구 다국적 그룹의 전세계 해외자
회사 주식들 및 우량자산들에 대해서 공개입찰을 실시하였고 2009. 7. 사모펀드
등으로 구성된 투자자들(이하 '신 다국적 그룹')이 낙찰을 받았다. 미국 파산법원의
승인조건에 의하면 구 다국적 그룹이 해외지주회사를 설립하여 그가 보유하고
있던 해외자회사의 주식들을 위 해외지주회사에 이전한 다음 신 다국적 그룹에
게 위 해외지주회사 주식을 양도하는 방식으로 구조조정 및 투자계획을 진행하
도록 되어 있었다.

　　이에 따라 구 다국적 그룹은 2009. 8. 19. 해외지주회사로서 룩셈부르크 법

----

　* 한국세정신문 제4815호 (2017. 6. 5.)
　1) 기업의 채무이행을 일시 중지시키고 자산매각을 통해 기업을 정상화시키는 절차로서 우리나라
　　의 회생절차와 유사하다.

인(이하 '룩셈부르크 법인')을 설립하였고 이어서 룩셈부르크 법인에게 일부 해외자
회사 주식들은 양도의 방식으로, 나머지 주식들은 증여의 방식으로 이전하였는
데, 그 일환으로 구 다국적 그룹의 최종 모회사의 자회사인 다른 미국법인(이하
'미국법인')도 당초 보유하고 있던 내국법인의 49.5% 주식(이하 '내국법인 주식')을
2009. 10. 2. 룩셈부르크법인에게 무상으로 이전하게 되었다.

    룩셈부르크 법인은 내국법인 주식의 증여에 따른 수증이익(이하 '이 사건 수증
소득')이 구 법인세법(2011. 12. 31. 법률 제11128호로 개정되기 전의 것, 이하 '구 법인
세법') 제93조 제10호 다목에 따른 기타소득으로서 국내원천소득에 해당하지만
한·룩 조세조약(이하 '쟁점 조세조약'이라고도 한다) 제21조 제1호에 따라 거주지국
인 룩셈부르크에서만 과세된다는 이유로 이 사건 수증소득에 대해서 비과세·면
제신청을 하였고 과세관청으로부터 비과세·면제 확인을 받았다.

    이후 구 다국적 그룹은 2009. 10. 6. 룩셈부르크 법인 주식을 신 다국적 그
룹의 자회사에게 양도하였고 룩셈부르크 법인은 내국법인 주식을 보유하다가
2010. 12. 13. 원고에게 이를 396억 원에 양도하였고 원고는 2011. 1. 31. 그 양
도대금을 모두 지급하였다(이하, 위 거래를 '대상거래'라고 한다).

    원고는 원천징수의무자로서 국내사업장이 없는 룩셈부르크 법인이 내국법인
주식의 양도로 얻은 이익이 구 법인세법 제93조 제9호 가목, 구 법인세법 시행령
(2011. 6. 3. 대통령령 제22951호로 개정되기 전의 것, 이하 '구 법인세법 시행령') 제132
조 제8항 제2호에 해당하고 위 소득은 한·룩 조세조약 의정서(이하 '쟁점 의정서'
라고도 한다) 제3조에 따라 국내과세가 면제되지 않는다고 보면서 한·룩 조세조
약 제21조 제1호(이하 '쟁점 조세조약 규정'), 국제조세조정에 관한 법률(이하 '국제
조세조정법') 제28조(이하 '쟁점 국제조세조정법 규정') 및 구 법인세법 시행령 제129
조 제3항 제2호 단서(이하 '쟁점 법인세법 단서 규정')에 따라 내국법인 주식의 취득
가액을 룩셈부르크 법인이 증여 받은 2009. 10. 2. 당시의 상속세 및 증여세법(이
하 '상증세법')상의 보충적 평가방법에 따라 평가한 36,864,168,780원으로 보아,
그   양도차익을   2,734,831,220원(=위   양도대금   396억   원－위   취득가액
36,864,168,780원)으로 산정하였고 구 법인세법 제92조 제2항 제1호 단서, 제98조
제1항 제5호 단서에 따라 그 양도차익의 20%에 해당하는 546,966,244원을 룩셈
부르크 법인의 위 양도소득에 대한 법인세로 원천징수하여 2011. 2. 10. 과세관
청에 납부하였다.

그런데 피고는 룩셈부르크 법인의 이 사건 수증소득이 기타소득으로 과세되지 아니하였으므로 수증자인 룩셈부르크 법인의 내국법인 주식의 양도차익은 구 법인세법 시행령 제129조 제3항 제2호 본문(이하 '쟁점 법인세법 본문 규정')에 따라 증여자인 미국법인의 취득가액에 의하여 산정하여야 하는데 미국법인의 취득가액이 확인되지 않는다는 이유로 그 원천징수액을 구 법인세법 제98조 제1항 제5호 본문에 따라 내국법인 주식의 양도가액의 10%에 해당하는 39.6억 원으로 산정하여 2011. 9. 15. 원고에게 2011 사업연도 원천징수 법인세 3,628,054,883원을 경정·고지하였다.

원고는 이에 대해서 2011. 12. 5. 조세심판원에 심판청구를 하였고, 그 심리 과정에서 미국법인의 내국법인 주식 취득가액이 27,625,512,864원으로 확인되자 피고는 이를 기준으로 양도차익을 11,974,487,136원으로 산정한 다음 위 양도차익의 20%에 해당하는 2,394,897,427원을 룩셈부르크 법인에 대한 2011 사업연도의 원천징수 법인세로 결정하고 2012. 4. 25. 원고에게 원천징수 법인세를 1,964,350,848원으로 직권으로 감액경정·고지하였다(위 2011. 9. 15.자 부과처분 중 감액경정에 따라 잔존하는 위 1,964,350,848원 부분을 '이 사건 처분'이라고 한다). 조세심판원은 2013. 11. 1. 원고의 심판청구를 기각하였고 원고는 이 사건 처분의 취소를 구하는 행정소송을 제기하였다.

2. 대상판결의 요지

대법원은 과세관청이 국내사업장이 없는 룩셈부르크 법인이 증여받은 내국법인 주식을 양도함으로써 발생하는 양도소득금액을 계산하면서 쟁점 법인세법 본문 규정을 적용한 경우 쟁점 조세조약 규정이나 쟁점 국제조세조정법 규정에 반하여 위법한지 여부에 관하여 다음과 같이 판시하였다.

한·룩 조세조약 및 그 의정서는 원천지국에서 얻은 소득에 대하여 거주지국과 원천지국이 모두 과세권을 행사할 경우 이중과세의 문제가 발생하므로 거주지국의 과세권과 원천지국의 과세권을 적정하게 배분·조정하고자 체결된 것으로서, 소득을 사업소득, 이자소득, 배당소득, 기타소득 등으로 구분한 다음 각 소득별로 원천지국과 거주지국 사이에 과세권을 조정하는 조항을 두고 있을 뿐 각 소득금액의 구체적 산정방법이나 양도소득 및 수증소득의 범위 등에 관하여는 따로 정하고 있지 아니하다. 한편, 국내사업장이 없는 외국법인이 증여받은 내국법인 발행주식을 양도함으로써 발생하는 소득을 계산할 때 증여자가 주식을 보유한 기간 동안의 가치증가액에 상응하는 자본이득을 수증법인에게 귀속되는 양도소득으로 보아 과세할지 여부는 입법정책의 문제이고, 쟁점 법인세법 본문 규정은 수증법인이 그 주식을 양도할 때에 그와 같은 자본이득이 수증법인에게 실현된 것으로 보아 양도소득금액을 계산하도록 규정하여 한·룩 조세조약에 따라 원천지국의 과세권이 인정되는 양도소득의 범위를 정하고 있을 따름이므로, 증여재산 자체의 가치에 대하여 증여를 과세의 계기로 삼아 수증소득으로 과세하는 규정으로 볼 수 없다. 따라서 과세관청이 국내사업장이 없는 룩셈부르크 법인이 증여받은 내국법인 발행 주식을 양도함으로써 발생하는 양도소득금액을 계산하면서 쟁점 법인세법 본문 규정을 적용한 것을 두고 수증소득에 대한 원천지국 과세권을 제한하는 쟁점 조세조약 규정에 위반된다거나 소득구분에서 조세조약의 우선 적용을 규정한 쟁점 국제조세조정법 규정에 반하여 위법하다고 볼 수 없다.

나아가 대법원은 쟁점 조세조약 규정에 따라 수증소득이 비과세되는 경우 쟁점 법인세법 단서 규정이 적용될 수 있는지 여부에 관하여, 위 규정의 문언 내용과 취지 등에 비추어 볼 때 수증법인이 양도하는 내국법인 발행 주식의 취득가액을 수증 당시의 시가로 정하면서 조세조약을 이용한 조세회피 등을 방지하기 위하여 적용 범위를 수증소득이 과세된 경우로 한정하고 있음을 알 수 있으므로, 수증소득이 실제 과세된 바가 없다면 쟁점 조세조약 규정에 따라 비과세되더라도 쟁점 법인세법 단서 규정이 적용될 수 없다고 판단하였다.

Ⅱ. 대상판결의 평석

1. 이 사건 쟁점 및 문제의 소재

이 사건 쟁점은 쟁점 조세조약 규정에 의하여 기타소득으로 비과세된 룩셈부르크 법인의 내국법인 주식의 수증소득을 쟁점 법인세법 본문 규정을 적용하여 내국법인 주식의 양도소득으로 변경하여 과세할 수 있는지 여부이다. 다시 말하면 쟁점 법인세법 본문 규정을 적용하면 쟁점 조세조약 규정이 부여한 수증자인 룩셈부르크 법인의 수증소득에 대한 비과세 내지 면제의 효과가 사후적으로 없어지는 결과가 되는데 쟁점 법인세법 본문 규정을 대상거래에 적용하는 경우 쟁점 조세조약 규정에 위반되는 것인지 문제된다.

조세조약상 기타소득은 특정하여 열거되어 있는 소득세법의 기타소득과는 달리 개별 조세조약에서 규정하지 않는 나머지 소득을 포괄적으로 지칭한다.[2) 주로 수증소득이 기타소득에 해당하나 양도소득 등 다른 소득도 기타소득이 될 수 있다. 룩셈부르크 법인의 이 사건 수증소득은 내국법인 주식의 증여로 인한 소득으로서 구 법인세법 제93조 제10호 다목의 국내원천소득에 해당하지만 이 사건 수증소득에 대해서 쟁점 조세조약에서 별도로 규정하고 있지 않으므로 쟁점 조세조약 규정의 기타소득에 해당하고 그 기타소득에 대해서는 거주지국인 룩셈부르크에 과세권이 있고 원천지국인 우리나라가 과세권을 가지지 않는다는 점에 대해서는 별다른 이견이 없다.

여기서 다투어지는 것은 룩셈부르크 법인이 증여 받은 내국법인 주식을 양도하는 때에 증여자인 미국법인의 취득가액으로 수증자인 룩셈부르크 법인의 내국법인 주식의 양도소득을 산정하도록 하여 그 과세대상 양도소득의 범위에 비과세된 수증소득을 포함시키도록 하는 쟁점 법인세법 규정을 대상거래에 적용할 수 있는지의 여부이다. 쟁점 법인세법 규정에 의하면 내국법인 주식이 수증소득으로 과세된 경우에는 수증 당시의 시가가 내국법인 주식의 취득가액이 되는 반면, 그렇지 않은 경우에는 증여자의 취득가액이 내국법인 주식의 취득가액이 된다. 내국법인 주식의 증여 당시의 시가에 해당하는 이 사건 수증소득은 내국법인 주식의 증여자인 미국법인의 취득가액과 미국법인의 보유기간의 자본이득으로 구성된다. 만일 증여자인 미국법인의 취득가액이 수증자인 룩셈부르크 법인의 취득가액이 되면 룩셈부르크 법인의 내국법인 주식의 양도소득에는 자신의 보유기간의 자본이득 외에 미국법인의 보유기간의 자본이득이 포함되게 되어 쟁점 조세조약 규정에 의하여 비과세 내지 면제된 이 사건 수증이익의 상당 부분이 쟁점 법인세법 본문 규정에 따라 수증자의 양도소득으로서 다시 과세되는 결과가 되는데, 쟁점 조세조약 규정에도 불구하고 쟁점 법인세법 본문 규정을 대상거래에 적용할 수 있는지가 검토대상이 되는 것이다.

한편, OECD 모델조세조약 제3조 제2항은 조세조약상 정의되지 않은 용어는 조세조약상 문맥에 따라 해석하고 조세조약의 문맥에 따라 합리적으로 해석할 수

---

2) 조세조약상 기타소득은 거주지국에서만 과세되는 경우와 원천지국에서만 과세되는 경우로 구분되는데, 우리나라가 체결한 조세조약은 대부분 거주지국에서만 과세되는 것으로 정하고 있다.

없을 때에는 일반 체약국이 조세조약을 적용하는 데 있어서 조약을 적용할 당시 조약 적용대상이 되는 조세의 과세목적상 그 나라에서 갖는 의미에 따른다고 규정하고 있고 한·룩 조세조약 제3조 제2항도 같은 내용으로 규정하고 있는데, 이 사건 쟁점은 결국 쟁점 법인세법 본문 규정이 위 제3조에서 허용하는 조세조약의 문맥이나 맥락과 상치되지 않는 영역에 해당하는지를 판단하는 문제이기도 하다.

조세조약과 국내세법이 충돌하는 경우에 지배적인 견해는 조세조약이 특별법에 해당하므로 조세조약이 우선한다고 보고 있다.[3] 그동안 조세조약과 국내세법의 적용관계에 관하여는 국내세법상의 실질과세원칙을 조세조약에 적용할 수 있는지 여부, 조세조약상 제한세율과 소득구분이 국내세법과 다른 경우 조세조약이 우선 적용되는지 등이 주로 문제가 되었다. 대상판결의 사안과 같이 조세조약과 국내세법이 시차를 두고 간접적으로 충돌하는 경우에 조세조약과 국내세법의 적용 순위에 관하여 다툼이 되었던 경우는 드물었는바, 이에 대한 대상판결의 판시는 검토 필요성이 크다.

대상판결에서는 추가적으로 쟁점 법인세법 본문 규정을 적용하는 것이 쟁점 조세조약에 위반되지 않는다고 하더라도 쟁점 법인세법 단서 규정의 '과세된 경우'의 해석상 조세조약이나 다른 법률에 의하여 비과세나 면제된 경우도 포함되는지도 쟁점이 되었다. 다만, 추가적 쟁점에 대한 판단에서 '과세된 경우'의 의미를 조세조약에 의하여 비과세나 면제되는 경우를 포함하는 것으로 해석한다면 조세조약의 비과세나 면제를 존중하는 것이 되어 국내세법과 조세조약과의 충돌 문제는 없는 것이 되므로 결국 주된 쟁점의 판단과 표리를 이루는 측면이 있어 독자적인 검토의 실익은 적어 보인다.

이하에서는 우선 대상판결에 대한 이해를 위하여 국내사업장이 없는 외국법인의 국내원천 유가증권의 양도소득금액 계산에 관한 구 법인세법 규정 내용을 살펴 본 다음 이 사건 쟁점에 대한 본격적 논의를 위하여 조세조약 및 국내세법의 적용관계에 대한 일반론을 검토한다. 이어서 쟁점 법인세법 본문 규정과 쟁점 조세조약 규정의 적용관계에 관하여 대립하는 견해를 분석하고 보론으로서 추가적 쟁점인 쟁점 법인세법 단서 규정의 '과세된 경우'의 의미를 검토한 후 대상판결의 의미와 평가에 대하여 논의하고자 한다.

---

3) 이용섭, 국제조세, 세경사, 2005, 127면.

2. 외국법인의 국내원천 유가증권 양도소득금액의 계산과 수증주식의 취득가 액 결정

가. 국내사업장이 없는 외국법인의 국내원천 유가증권 양도소득금액의 계산방법

국내사업장 등이 없는 외국법인의 국내원천소득에 대하여는 완납적 분리과 세방식에 의하여 소득금액의 지급자가 소득별 수입금액을 과세표준으로 하여 소 득발생시마다 해당 세액을 원천징수를 하여야 한다.[4] 이는 법인세법 제93조에서 정하는 국내원천소득의 합계액에서 이월결손금, 비과세소득 등을 순차적으로 공 제하는 금액으로 과세표준을 정하는 국내사업장이 있는 외국법인의 경우와 비교 된다.[5]

국내사업장이 없는 외국법인의 유가증권의 양도소득에 대해서는 양도가액으 로 지급되는 수입금액을 기준으로 과세표준을 산정하여 10% 세율을 적용하거나 당해 수입금액에서 취득가액 및 양도비용을 공제한 금액을 기준으로 과세표준을 산정하여 20% 세율을 적용하여 외국법인에게 유리한 방법으로 원천징수세액을 정할 수 있다.[6] 양도소득에 대해서는 양도차익이 존재하여야 국내원천소득이 있 는 것이므로 수입금액 자체를 국내원천소득으로 보는 이자소득이나 배당소득 등 과는 달리 수입금액에서 취득원가 등을 공제하는 방법을 추가로 허용하고 있는 것이다.

한편, 한·룩 조세조약은 쟁점 조세조약 규정에서 '자산을 증여받아 생긴 소 득'과 같은 기타소득에 대하여 "소득의 발생지를 불문하고 이 협약의 선행 제조 항에 규정되지 아니한 일방 체약국의 거주자의 소득에 대하여는 동 일반 체약국 에서만 과세될 수 있다"고 규정하면서 양도소득에 대해서 별도의 규정을 두고 있 지 않아 양도소득이 기타소득에 해당하여 거주지국에서만 과세권이 행사될 여지 가 있었으나 별도로 체결된 쟁점 의정서 제3조에서 쟁점 조세조약 규정에도 불구 하고 이 조약은 재산의 양도소득에 대한 조세에는 적용되지 아니한다고 규정함 으로써 양도소득에 대해서는 원천지국 과세권이 인정되게 되었다.

---

4) 구 법인세법 제98조 제1항.
5) 구 법인세법 제91조 제1항.
6) 구 법인세법 제98조 제1항 제5호.

나. 유가증권 양도소득금액계산에 있어서의 수증주식의 취득가액 결정

유가증권 양도소득에 대하여 취득가액 등의 공제방법을 선택하는 경우 양도가액 외에 추가로 유가증권의 취득가액을 결정하여야 한다. 취득가액은 유가증권의 취득에 실제로 직접 소요된 금액으로서 관련 증빙서류에 의하여 확인되는 것을 의미한다.[7] 수증 유가증권을 양도한 경우 당초의 증여자의 해당 유가증권의 취득가액을 수증 유가증권의 취득가액으로 보아 양도소득금액을 계산한다.[8] 즉, 유가증권을 증여받은 경우 그 수증자가 그 유가증권을 제3자에게 양도하는 때에는 증여자가 제3자에게 직접 양도한 것으로 보아 양도소득을 계산한다. 다만, 해당 유가증권이 법인세법 제93조 제10호 다목에 의해 과세된 경우에는 해당 유가증권의 수증 당시의 시가를 취득가액으로 본다.[9] 위 쟁점 법인세법 단서 규정은 2000. 12. 29. 대통령령 제7033호로 개정된 법인세법 시행령에 의하여 당초 증여자의 취득가액을 수증자의 취득가액으로 하는 경우에 생기는 이중과세 문제를 해소하기 위하여 도입된 것으로서 2001. 1. 1. 이후 양도하는 분부터 적용된다. 법인세법에 의하여 국내원천 기타소득으로 과세되었는지 여부에 따라 수증 당시의 시가 또는 증여자의 취득가액이 당해 유가증권의 취득가액이 되는 것이고 내국법인 주식의 수증자인 외국법인이 국외에서 과세되었는지 여부는 관련이 없다. 수증자나 상속인이 비거주자인 경우에도 당해 유가증권의 취득가액은 증여자 등의 취득가액을 보되 상증세법에 의하여 과세된 경우에는 수증 당시의 시가로 보는 유사한 규정이 소득세법에 있다.[10]

3. 국내세법과 조세조약의 관계에 대한 일반론

가. 조세조약과 국내세법의 의의와 효력

조세조약은 과세권 배분에 관한 체약국 간의 합의이다. 조세조약상 과세권은 주로 조세조약에 열거된 소득을 그 소득구분에 따라 소득의 원천지국과 소득 수취자의 거주지국이 나누어 가지는 방식으로 배분된다.

헌법 제6조 제1항은 헌법에 의해 체결 · 공포된 조약과 일반적으로 승인된 국제법규는 국내법과 동일한 효력을 갖는다고 규정하고 있으므로 헌법에 의하여

---

7) 구 법인세법 제92조 제2항 제1호 단서, 구 법인세법시행령 제129조 제3항.
8) 구 법인세법 시행령 제129조 제3항 제2호 본문.
9) 위 제2호 단서.
10) 소득세법 시행령 제183조 제1항 제2호.

체결 · 공포된 조세조약은 국내법적 효력을 갖는다. 조세조약과 국내세법과의 관계에 관하여 조세조약이 법률보다 상위라는 소수 견해가 존재하나 다수설은 조세조약은 원칙적으로 법률과 동등한 효력을 갖는다고 보고 있다.[11] 다만, 조세조약은 국내세법에 대해 특별법적 지위에 있으므로 국내세법에 우선한다는 견해가 통설이다.[12] 특히 쟁점 국제조세조정법 규정은 국내원천소득의 소득구분에 있어서 조세조약이 국내세법보다 우선한다고 명시적으로 규정하고 있다.

납세자의 납세의무는 국내세법에 의하여 성립 · 확정이 되는데 조세조약은 둘 이상의 국가에서 각기 존재하는 납세자의 납세의무를 과세권 배분의 방식으로 체약국 사이에 조정을 하는 것이므로 국내세법상 납세의무가 없다면 조세조약에 의하여 이를 새롭게 창설하는 것은 허용되지 않는다. 나아가 국내세법에 대한 조세조약의 우선적 지위를 고려하면 국내세법에서 특정한 국내원천소득을 과세대상이라고 규정하더라도 조세조약에서 그 특정소득에 대하여 우리나라의 과세권을 배제하고 있다면 우리나라는 그 소득에 대하여 과세권을 행사할 수 없다. 따라서 외국법인의 특정소득을 우리나라가 과세하기 위해서는 기본적으로 그 소득이 국내세법에서 과세대상 국내원천소득으로 규정되어 있어야 하고 이에 더하여 외국법인의 거주지국 사이의 조세조약에서도 비과세나 면제로 규정되어 있지 않아야 한다.

나. 국내세법과 조세조약의 보완과 충돌

조세조약에 의한 과세권의 배분은 일반적으로 이중과세를 없애거나 조세부담을 덜어주기 위하여 체약국 사이에서 조세조약에서 규정하고 있는 소득에 대하여 국내세법상의 소득구분을 변경하거나 국내세법에 의하여 적용되는 최고세율을 제한세율로 낮추거나 거주지국이나 원천지국 중 어느 하나의 국가에서만 과세권이 행사되도록 하는 방식으로 이루어진다. 조세조약은 개별 소득에 대한 구체적인 과세방법과 절차를 별도로 규정하고 있지 않으므로 그러한 과세방법과 절차는 국내세법에 의하여 정해진다. 따라서 조세조약에서 과세권 배분대상으로 삼지 않은 소득이나 과세방법과 절차에 대해서는 국내세법에 의하여 얼마든지 과세권을 창설하거나 과세방법 등에 대해 규정할 수 있다.

---

11) 이재호, 국내세법과 조세조약, 경인문화사, 2007, 213 – 214면.
12) 서울고등법원 2010. 8. 19. 선고 2009누8009 판결.

조세조약이 국내세법과 충돌하는 경우 조세조약이 특별법으로서 국내세법에 우선한다는 점에 대해서는 별다른 이견이 없지만 어느 경우가 과연 조세조약과 국내세법이 상충하는 경우에 해당하는지에 대해서는 불분명한 부분이 많다. 실무적으로 조세조약과 국내세법이 서로 상치하는 듯한 상황에서 이를 국내세법과 조세조약의 충돌로 보아 조세조약을 우선 적용할 것인지 아니면 조세조약과 무관하게 국내세법을 적용할 수 있는 사항에 해당하는지를 판단하는 것이 쉽지 않다. 앞서 본 바와 같이 OECD 모델조세조약 제3조 제2항은 조세조약의 문언의 해석에 관하여 일방체약국의 조세조약 적용상 해당 조세조약에서 정의되지 않는 용어는 문맥상 다른 의미를 갖는 경우를 제외하고는 조약을 적용할 당시 조약의 적용대상이 되는 조세의 과세목적상 그 나라에서 갖는 의미에 따른다고 규정하여 조세조약의 과세권 배분에서 협의하지 않은 사항에 대한 적용방식을 제시하고 있으나 이 역시 명확한 가이드라인이 되기에는 부족하다.

다. 국내세법과 조세조약의 충돌에 대한 유형별 사례

일반적으로 과세대상소득 내지 과세표준의 산정과 이에 대한 세율의 적용에 의하여 납부할 세액이 정해지고 납세자는 그 세액에 대한 신고와 납부절차를 거쳐서 납세의무를 이행한다. 과세표준의 산정과 세율의 적용은 납세의무의 실체적인 부분이고 신고와 납부 절차의 이행은 절차적인 부분으로서 주로 조세조약은 전자에 대한 과세권 배분을 규정하고 있고 후자는 국내세법에 맡겨져 있다. 조세조약과 국내세법의 상충의 문제는 일반적으로 전자의 영역에서 생기는데 조세조약과 국내세법의 상충을 유형별로 대별하면 다음과 같다.

첫째, 조세조약에서 정해진 과세권의 배분을 전제로 국내세법에 의하여 구체적인 과세방법과 절차를 규정하는 경우이다. 전형적으로 국내세법에 의하여 조세조약을 보완하는 경우로서 조세조약과의 상충은 없다. 조세조약에서는 과세권 배분의 대상이 되는 소득에 대한 과세방법이나 절차를 규정하고 있지 않으므로 이러한 절차는 국내세법에 의할 수밖에 없다. 대법원도 한·미 조세조약은 제8조 제3항에서 국내원천소득에 합리적으로 관련되는 경비는 그 발생장소에 관계 없이 비용공제가 허용된다고 규정하고 있을 뿐이고, 그 구체적인 비용공제의 절차와 방법에 관하여는 아무런 규정을 두고 있지 아니하므로 이는 위 규정취지에 벗어나지 않는 한 체약당사국의 국내법령이 정하는 바에 따라야 할 것이라고 판시

하고 있다.13)

둘째, 조세조약에 의하여 과세대상 소득에 대한 과세권이 배분되어 국내세법상의 납세의무와 조세조약의 적용에 따른 납세의무가 달라지게 되는 경우이다. 과세대상 소득의 범위와 과세대상 소득의 구분이 달라지면 납세자의 과세표준의 범위와 내용이 달라지므로 소득금액의 계산에 변동이 초래되어 조세조약과 국내세법이 충돌하게 된다. 그 유형은 아래의 세가지 정도로 나누어 볼 수 있다.

우선, 과세대상 소득범위의 충돌의 경우이다. 만일 조세조약이 국내세법에 의하여 성립하는 과세대상 소득의 범위를 제한하여 그 범위 내에서만 원천지국에 과세권이 있다고 규정한다면 그 범위를 벗어나는 소득에 대해서는 국내세법에 의하여 과세권을 행사할 수 없게 된다. 대법원은 미국법인의 국내 미등록 특허권이 국내에서 제조·판매 등에 사용된 경우 미국법인이 사용대가로 지급받는 소득을 국내원천소득으로 볼 것인지 여부에 관하여, 구 법인세법 제93조 제9호 단서 후문은 외국법인이 특허권을 국외에서 등록하였을 뿐 국내에서 등록하지 아니한 경우라도 특허권 등이 국내에서 제조·판매 등에 사용된 때에는 사용의 대가로 지급받는 소득을 국내원천소득으로 보도록 정하였으나, 미국법인이 사용의 대가로 지급받는 소득을 국내원천소득으로 볼 것인지는 한·미 조세조약에 따라 판단하지 아니할 수 없는데, 한·미 조세조약 제6조 제3항, 제14조 제4항은 특허권의 속지주의 원칙상 특허권자가 특허물건을 독점적으로 생산·사용·양도·대여·수입 또는 전시하는 등의 특허실시에 관한 권리는 특허권이 등록된 국가의 영역 내에서만 효력이 미친다고 보아 미국법인이 국내에 특허권을 등록하여 국내에서 특허실시권을 가지는 경우에 그 특허실시권의 사용대가로 지급받는 소득만을 국내원천소득으로 정하였을 뿐이고, 한·미 조세조약의 해석상 특허권이 등록된 국가 외에서는 특허권의 침해가 발생할 수 없어 이를 사용하거나 사용의 대가를 지급한다는 것을 관념할 수도 없으므로 미국법인이 특허권을 국외에서 등록하였을 뿐 국내에는 등록하지 아니한 경우에는 미국법인이 그와 관련하여 지급받는 소득은 그 사용의 대가가 될 수 없으므로 이를 국내원천소득으로 볼 수 없다고 판시하였다.14) 위 판례는 조세조약에 의하면 특허권의 사용대가만을 과세대상 소득으로 삼을 수 있음에도 이와 달리 국내세법이 미등록 특허권의 사용대가를 추가로 과

---

13) 대법원 1995. 6. 13. 선고 94누7621 판결.

14) 대법원 2014. 11. 27. 선고 2012두18356 판결 등.

세대상으로 규정하였다고 하더라도 과세대상 소득의 범위는 여전히 조세조약에 의하여 판단하여야 한다고 판시함으로써 과세대상 소득의 범위에 관하여 국내세법과 조세조약이 충돌한 경우 조세조약이 우선한다는 것을 밝혔다.[15)

다음으로 과세대상 소득구분의 충돌의 경우이다. 조세조약이 특정소득의 구분을 국내세법과 달리 규정하고 있는 경우에 그 조세조약에 의한 소득구분이 국내세법에 의한 소득구분에 우선한다. 대법원은 일본국 법인이 대한민국 내에서 6개월을 초과하지 않는 기간 동안 건설관련 용역을 제공하고 얻은 소득이 한·일 조세조약 제6조의 사업소득으로 간주되어 면세되는지 여부에 관하여, 조세조약에 있어서 건설·건축·설비 또는 조립공사와 관련된 감독·기술 등의 인적 용역을 항구적 시설 또는 고정사업장과 결부시켜 규정하고 있는 경우에는 건설관련 용역을 건설공사 등을 수주한 자 이외의 제3자가 제공하고 얻는 소득을 건설공사 등을 수주한 자의 건설소득과 같은 방법으로 과세하기 위하여 사업소득으로 간주하여 항구적 시설 과세원칙을 적용하고자 하는 취지이므로, 그 건설관련 용역소득에 대하여는 그 조세조약상의 사업소득에 관한 규정이 적용되어야 할 것이어서, 일본국 법인이 대한민국 내에서 건설관련용역을 제공하고 그에 대한 대가를 받았다고 하더라도 그 용역제공기간이 6개월을 초과하지 아니하는 경우에는 대한민국 내에 항구적 시설을 가지고 있다고 볼 수 없어 그 건설관련 용역소득은 한·일 조세조약 제6조 제1항에 의하여 대한민국에서 면세되어야 할 것이라고 판시하였다.[16) 국내세법에 의하면 위 건설관련 용역은 인적용역소득으로 소득구분이 되지만 한·일 조세조약이 우선 적용되어 사업소득으로 소득구분이 변경된다는 것을 확인한 판결이다.

셋째, 과세표준에 대해서 적용되는 원천징수 세율이 국내세법과 조세조약이 서로 다른 경우이다. 국내세법에 의하여 특정 소득에 대한 높은 원천징수세율이 있더라도 그 원천징수세율을 제한하는 조세조약이 있다면 조세조약이 국내세법에 우선하여 적용된다. 조세조약상 제한세율이 국내세법상 원천징수세율에 우선하여 적용된다는 점에 대해서는 다른 의견이 없고, 따라서 이와 관련된 판례도 찾아보기 어렵다.

---

15) 이에 대한 자세한 논의는 오윤, "조세조약 해석상 국내세법의 지위", 조세학술논집 제32집 제2호, 한국국제조세협회, 2016. 6. 및 김석환, "사용료소득의 원천지 판단기준", 저스티스 제140호, 한국법학원, 2014. 2. 참조.
16) 대법원 1995. 8. 25. 선고 94누7843 판결.

4. 이 사건에 있어서의 쟁점 법인세법 본문 규정과 쟁점 조세조약 규정의 적용관계

가. 논점의 정리

쟁점 조세조약 규정이 우선 적용되는 경우와는 달리 쟁점 법인세법 본문 규정이 적용되면 수증자인 룩셈부르크 법인의 과세대상 양도소득에 증여자인 미국 법인의 자본이득이 포함되고 그 증여자의 자본이득의 소득구분은 당초 룩셈부르크 법인의 수증소득이었음에도 그 소득구분이 자본이득 내지 양도소득으로 변경되어 과세가 된다는 점에서 대상판결의 사안은 단순 절차적 영역이 아니라 실체적 영역에 있어서 국내세법과 조세조약의 충돌 여부가 문제되는 경우이다. 기존에 비과세된 수증자의 수증소득이 시차를 달리하여 양도소득으로 과세되므로 동일 시점에서 조세조약과 국내세법의 충돌이 발생한 경우와 차이가 있고, 비과세 대상이 되는 수증자의 수증소득 전부가 아니라 일부인 증여자의 자본이득이 수증자의 양도소득으로 과세가 된다는 점에서 특색이 있다.

나. 제1설: 국내세법 적용설

제1설은 쟁점 법인세법 규정 본문에 의하여 증여자의 자본이득도 수증자의 양도소득에 포함되고 쟁점 조세조약 규정과는 충돌이 없다는 견해로서 대상판결과 원심의 판단이다. 만일 조세조약과 충돌이 있다면 조세조약이 우선 적용된다는 입장으로 이해된다. 상호 충돌이 없다는 점에 대해서는 다음과 같은 사유가 논거로 제시된다.

첫째, 한·룩 조세조약 의정서 제3조는 쟁점 조세조약 규정에도 불구하고 이 조약은 재산의 양도소득에 대한 조세에는 적용되지 아니한다고 규정하고 있고, 한·룩 조세조약 및 그 의정서는 거주지국과 원천지국의 과세권을 적정하게 배분하기 위하여 체결된 것으로 각 소득금액의 구체적인 산정방법이나 양도소득 및 수증소득의 범위 등에 관하여는 따로 정하고 있지 아니하므로, 국내세법에 의하여 양도소득금액을 계산함에 있어서 증여자의 보유기간 동안 발생한 자본이득을 수증자에게 귀속되는 양도소득으로 보아 과세할 수 있다. 국내세법은 거주자와 내국법인을 구분하지 않고 수증자산을 양도한 경우 그 취득가액을 증여 시점의 시가로 하고 있지만 이는 필연적인 선택은 아니고 쟁점 법인세법 본문 규정과 같이 취득가액 승계방식을 선택한 다른 나라의 입법례도 있으며 국내세법의 경우에도 배우자 등으로부터 증여받은 재산을 5년 이내에 양도하는 경우 취득가액 승계방식을 채택하고 있어[17] 증여자의 취득가액으로 양도소득을 산정할 것인지는 입법정책의 문제이다.

둘째, 한 · 룩 조세조약 제3조 제2항은 일방체약국에 의한 이 협약의 적용에 있어서 이 협약에서 정의되지 아니한 용어는 문맥에 따라 달리 해석되지 아니하는 한 이 협약이 적용되는 조세에 관한 동 체약국의 법에서 가지는 의미를 가진다고 규정하고 있는데, 한 · 룩 조세조약이나 그 의정서에는 양도소득에 대한 정의 규정이 없고, 쟁점 의정서에 의하여 별도의 양도소득에 대한 원천지국 과세권을 인정하고 있으므로 쟁점 법인세법 본문 규정에 의하여 비과세 내지 면제된 수증소득을 수증자의 양도소득으로 과세하더라도 한 · 룩 조세조약의 문맥이나 맥락에 따른 것으로 볼 수 있다.

셋째, 쟁점 법인세법 본문 규정은 수증자가 양도하는 경우 증여자의 자본이득이 수증자에게 실현된 것으로 보아 양도소득금액을 계산하도록 규정하여 양도소득의 범위를 정하고 있을 뿐 증여재산인 내국법인 주식의 가치자체를 증여시점에 수증소득이 아닌 양도소득으로 구분하여 과세하는 규정으로 볼 수 없으므로 소득구분에 있어서 조세조약의 우선 적용을 규정한 쟁점 국제조세조정법 규정에도 반한다고 볼 수 없다.

다. 제2설: 조세조약 적용설

제2설은 쟁점 법인세법 본문 규정에 의하여 내국법인 주식의 양도소득의 범위에 증여자의 자본이득을 포함시키는 것은 쟁점 조세조약 규정에 의하여 비과세 내지 면제 받은 수증소득을 다시 과세하는 것으로 한 · 룩 조세조약에 위반된다는 견해로서 제1심의 판단이다. 쟁점 조세조약 규정이 우선 적용되는 범위 내에서 쟁점 법인세법 규정은 효력을 상실하게 된다. 제2설은 다음과 같은 점을 그 근거로 제시하고 있다.

첫째, 조세조약은 국내세법에 대하여 특별법적 지위를 가지므로 국내세법에 우선하여 적용된다. 쟁점 국제조세조정법 규정도 조세조약상의 소득구분이 국내세법에 우선하여 적용된다는 점을 명시하고 있다. 이 사건 수증소득은 쟁점 조세

---

17) 소득세법 제97조의2.

조약 규정에 의하여 과세대상이 아님에도 쟁점 조세조약의 과세대상에 해당하는 양도소득에 포함시켜 과세하는 것은 쟁점 조세조약 규정과 국제조세조정법 규정에 정면으로 위반된다. 한·룩 조세조약은 양도소득과 수증소득을 구분하여 수증소득에 대해서는 원천지국의 과세권을 배제하고 있는데 쟁점 법인세법 본문 규정에 의하여 쟁점 조세조약 규정상 비과세인 수증소득을 양도소득으로 재분류하는 것은 허용될 수 없다.

둘째, 쟁점 조세조약상의 기타소득의 분류와 과세방법에 대해서는 쟁점 조세조약 규정에서 명시적으로 규정하고 있다. 즉, 한·룩 조세조약은 제6조 내지 제20조에서 부동산소득, 사업소득, 배당소득, 이자소득 등 각 소득을 열거하는 규정을 두면서 쟁점 조세조약 규정에서 이 조약의 선행 제조항에 규정되지 아니한 일반 체약국의 거주자의 소득, 즉 제6조 내지 제20조에 규정되지 않은 모든 소득에 대하여는 동 일방체약국에서만 과세된다고 규정하여 원천지국에서의 국내세법에 의한 다른 소득구분에 따른 과세의 가능성을 배제하고 있다.

라. 소 결

국내세법과 조세조약의 적용관계에 관한 제1설과 제2설의 논거 모두 나름대로 합리적이라고 생각되나 다음과 같은 추가적인 사유를 고려하면 제2설이 보다 타당하다고 사료된다.

첫째, 제1설은 쟁점 법인세법 본문 규정은 단순히 양도소득금액을 계산하는 규정이므로 쟁점 조세조약 규정과 충돌하지 않는다는 것이나 쟁점 법인세법 본문 규정은 단순히 과세절차나 방법을 규정한 것이 아니라 과세대상 소득의 범위와 구분에 관하여 쟁점 조세조약 규정에서 인정한 과세권 배분에 배치되는 실체적인 내용을 규정한 것이다. 소득금액계산은 과세대상 소득의 범위와 구분을 정하는 과세표준의 확정의 문제이므로 그와 병렬적 수준에 있는 적용세율의 판정과 같은 차원에서 논의하여야 할 사항으로서 단순히 과세절차나 방법의 문제로 볼 것은 아니다. 앞서 본 대법원 판례의 사안에서도 한·미 조세조약의 과세대상 특허권의 사용대가의 범위나 한·일 조세조약의 인적용역소득의 소득구분에 관하여 조세조약이 국내세법에 우선하는 것으로 과세권 배분이 정해지면 이는 자동적으로 국내세법에 의한 소득금액의 계산에 영향을 미치게 된다. 대상판결의 사안은 위 대법원 판례의 사안과는 그 적용시점에 차이만 있을 뿐 과세대상 소득의 범위와 소득구분 모두에 관하여 조세조약과 국내세법의 충돌이 있는 경우이므로 위 대법원 판결과 결론을 달리할 이유가 없다. 국내세법에 의하여 양도소득금액을 산정하면서 예컨대 단순히 양도소득 기본공제를 얼마로 할 것인지 정도를 정하는 것이라면 조세조약의 양도소득에 대한 과세권 배분 규정과 상충되는 문제는 없겠지만 조세조약에서 이미 규정하고 있는 과세대상 소득에 대한 과세권의 배분의 내용과 다른 결과를 가져오는 국내세법 규정이라면 그 규정은 조세조약에 반하여 효력이 없다고 할 것이다.

둘째, 한·룩 조세조약 제3조 제2항은 조세조약에서 명시적으로 정의하지 않은 용어는 맥락에 따라 해석하여야 한다고 규정하고 있다. 우리나라와 룩셈부르크는 쟁점 조세조약을 체결하면서 양도소득을 기타소득으로 보아 원천지국의 과세권을 배제하였다가 별도로 체결된 쟁점 의정서 제3조에서 양도소득에 대한 원천지국 과세권을 허용하였는바, 그러한 체결 경위 등에 비추어 보면 과연 우리나라와 룩셈부르크가 수증소득에 대하여 비과세하는 쟁점 조세조약 규정의 효력을 사후적으로 박탈할 수 있도록 비과세된 수증소득, 즉 증여자의 자본이득을 수증자의 양도소득에 포함시켜 원천지국의 양도소득 과세를 허용하는 것으로 의도하였는지에 대해서는 중대한 의문이 있다. 수증 유가증권의 경우에는 추후 대부분 양도의 방식으로 이전이 될 것인데 조세조약에 의하여 비과세된 수증이익을 국내세법에서 양도의 기회에 다시 살려 과세하도록 허용하는 것이 체약 당사국의 의사는 아니었을 것이다. 만일 그런 의문이 해소되지 않는다면 쟁점 법인세법 본문 조항과 쟁점 조세조약 규정의 충돌이 없다는 해석은 쟁점 조세조약과 의정서의 취지와 맥락에 부합하는 않는 것으로 보아야 한다.

셋째, 양도소득이란 자산의 양도로 인하여 발생하는 소득으로서 보유자의 자산보유기간 동안 발생한 자본이득이 양도를 계기로 실현된 것이다. 따라서 양도소득에는 해당 자산에 대한 종전 소유자의 보유기간 동안에 발생한 자본이득을 포함시키지 않는 것이 일반적이다. 쟁점 법인세법 본문 규정에 의하면 수증자인 룩셈부르크 법인의 자본이득 외에 미국법인의 자본이득도 룩셈부르크 법인의 양도소득으로 과세가 되는데 쟁점 조세조약과 의정서의 문맥이나 맥락에 비추어 보면 쟁점 의정서 제3조가 국내세법에 의하여 쟁점 법인세법 본문 규정과 같은 이례적인 양도소득의 개념에 의하여 원천지국의 양도소득 과세를 허용하도록 의도하지는 않았던 것으로 보인다. 만일 우리나라의 과세권을 확보한다는 명목에서

국내세법에 의하여 조세조약에서 비과세나 면제를 위하여 사용되는 용어의 일반
적 정의와 다른 개념 정의를 통하여 조세조약의 비과세나 면제 규정을 무력화 시
킨다면 역으로 체약 상대국의 우회적인 조세조약의 적용 회피행위에 대해서 적
절하게 대응하지 못할 수도 있다는 점에서 제1설의 입장을 취하는 데에는 신중을
기할 필요가 있다.

넷째, 수증자인 룩셈부르크 법인과 원고 사이의 대상거래에 대한 양도소득
과세는 미국법인의 룩셈부르크 법인에 대한 내국법인 주식의 증여 거래를 전제하
고 있고, 쟁점 조세조약 규정은 그 증여거래에 대해서 적용이 되었는데 쟁점 조세
조약 규정의 적용을 부인하고 미국법인이 내국법인 주식을 원고에게 직접 양도하
는 거래로 재구성하기 위해서는 대법원 판례에 따라 미국법인의 내국법인 주식의
룩셈부르크 법인에 대한 증여가 오로지 조세회피 목적에서 이루어져야 한다.[18]
그러나 그 증여거래는 미국 파산법원의 파산보호절차에서 파산법인의 승인 하에
구 다국적 그룹의 자산매각을 위해서 이루어진 것으로서 조세회피 목적은 인정되
기 어렵다고 보인다. 만일 미국법인이 룩셈부르크 법인에게 주식을 증여하고 룩
셈부르크 법인이 원고에게 이를 양도하는 대신에 직접 원고에게 내국법인 주식을
양도하였다면 한·미 조세조약 제16조에 따라 거주지국인 미국에서만 과세권이
인정되므로 원천지국인 우리나라는 과세권을 행사할 수 없었을 것이나 내국법인
주식이 룩셈부르크법인에게 증여되었다가 원고에게 양도되는 형식을 취하여 우리
나라가 양도소득에 대하여 일부 과세할 수 있었던 사정을 보더라도 위 증여거래
에 조세회피 목적이 없었다는 점을 알 수 있다. 만일 쟁점 법인세법 본문 규정이
적용되어 증여자인 미국법인의 취득가액을 가지고 양도소득을 산정하게 되면 결
과적으로 조세회피 목적이 없어 쟁점 조세조약 규정의 적법한 적용대상이 되었던
증여거래가 부인되고 미국법인이 원고에게 내국법인 주식을 직접 양도하는 것으
로 재구성되는 셈이 되는바, 이 점에 비추어 보아도 쟁점 법인세법 본문 규정에
의한 쟁점 조세조약 규정의 적용배제가 인정되어서는 아니될 것이다.

5. 보론: 쟁점 법인세법 단서 규정의 '과세된 경우'의 의미

추가적으로 쟁점 법인세법 단서 규정에 의하면 해당 유가증권의 법인세법
제93조 제10호 다목에 따라 '과세된 경우'에는 해당 유가증권의 시가가 취득가액

---

18) 대법원 2012. 1. 19. 선고 2008두8499 전원합의체 판결.

이 된다고 규정하고 있는데 '과세된 경우'의 문언의 의미에 관하여 조세조약에 의하여 비과세·면제 되는 경우를 포함하는지 여부에 대해서 견해 대립이 있다.

이에 대해서 세법의 규정은 조세법률주의에 따라 엄격하게 해석하여야 하고 비과세소득 및 면제 소득을 포함한다는 특별규정이 없는 이상 쟁점 법인세법 단서 규정의 과세된 경우란 비과세나 면제된 경우는 제외된다는 견해가 있다. 대상판결과 원심판결의 입장이다.

그러나 대법원은 다음에서 보는 바와 같이 '과세된 경우' 또는 '부과된 경우'를 요건으로 하여 이중과세를 방지하는 규정들에 대하여 실제로 과세처분 또는 부과처분이 있거나 세금을 납부한 경우가 아니라 과세대상이 되는 경우 또는 과세대상이었으나 다른 법령에 의하여 비과세 면제되는 경우도 포함한다고 보고 있으므로, 쟁점 법인세법 단서 규정의 '과세된 경우'에 조세조약에 의하여 비과세나 면제된 경우도 포함한다고 해석하는 것이 동일 내지 유사한 용어에 대한 다른 세법의 영역에서의 해석과 일관성을 견지할 수 있고 앞서 언급한 바와 같이 조세조약과의 충돌의 문제도 피할 수 있는 합리적 판단이라고 사료된다.

우선, 대법원은 상속세법 제29조의3 제3항의 "소득세법에 의하여 소득세가 부과되는 때에는 증여세를 부과하지 아니한다"는 규정의 해석과 관련하여 대법원은 소득세 과세대상이 되는 경우에 증여세를 중복하여 부과할 수 없다는 것으로 판시하여 실제로 과세액이 산출되어 납부되었는지에 관계 없이 소득세가 부과되는 때의 법문을 소득세의 과세대상이 되는 경우라고 판시하였다.[19)

다음으로, 대법원은 조세특례제한법 제49조 제1항의 적용으로 의제배당소득에 대한 법인세가 비과세된 경우 합병신주의 취득가액의 산정방법이 문제가 된 사안에서 합병에 의하여 주주 등이 취득한 주식의 취득가액은 종전의 장부가액에 법인세법 제16조 제1항 제5호의 의제배당소득금액을 가산한 가액으로 한다고 규정하고 있었는데 조세특례제한법에 따라 의제배당소득에 대한 법인세가 비과세되었다는 사정에 의하여 의제배당소득금액을 합병신주의 취득가액에 가산하지 않는다면 실질적으로 법인세 비과세라는 효과가 발생하지 않은 것이므로 합병신주의 처분에 따른 양도차익 계산목적상 합병신주의 취득가액은 의제배당소득에 대하여 법인세가 과세되었는지 여부를 불문하고 종전의 장부가액에 의제배당소득금액을 가산한 가액으로 산정하여야 한다고 해석하였다.[20)

---

19) 대법원 1995. 5. 23. 선고 94누15189 판결.

6. 대상판결의 의미 및 평가

대상판결은 쟁점 조세조약에 소득금액의 계산에 관한 구체적 산정방법이나 양도소득이나 소득소득의 범위 등에 관한 규정이 없으므로 국내사업장이 없는 외국법인이 증여받은 내국법인 주식을 양도함으로써 발생하는 양도소득금액을 계산함에 있어서 쟁점 법인세법 본문 규정에 의하여 증여자가 주식을 보유한 기간 동안의 가치증가액에 상응하는 자본이득을 수증자에게 귀속되는 양도소득으로 보아 과세하더라도 수증소득에 대한 원천지국의 과세권을 제한하는 쟁점 조세조약 규정에 위반된다고 볼 수 없다고 판단함으로써 수증소득에 대한 비과세·면제를 허용하는 쟁점 조세조약 규정과 증여자의 취득가액 승계방식을 허용하는 쟁점 법인세법 본문 규정이 서로 충돌되지 않음을 분명히 하였고 국내세법에 의한 이러한 과세방식의 선택은 입법정책의 문제일 뿐 조세조약상 과세권 조정이나 소득구분과는 관련이 없다고 판단한 점에서 의미가 있다.

그러나 대법원이 소득금액의 계산과 양도소득과 수증소득의 범위에 관하여 조세조약에서 아무런 규정을 두고 있지 않다는 이유로 국내세법에서 이를 어떻게 규정할지는 각국의 입법정책의 문제라고 판시한 부분은 다소 납득하기 어렵다. 소득금액계산의 구체적인 항목이나 양도소득의 범위에 대해서는 국내세법에 의하여 규정하는 것이 타당하지만 그와 같은 경우에도 국내세법상의 소득금액의 계산규정이나 양도소득의 범위는 조세조약에서의 과세권의 배분의 결과를 토대로 이루어져야 조세조약의 문맥과 맥락에 부합하는 것이고 이와 다른 내용의 국내세법 규정을 적용하는 것은 조세조약과의 상충 내지 충돌의 문제를 초래하는 것이 된다. 예컨대, 국내세법에 의하여 조세조약에서 규정하지 않는 양도소득에 유사한 소득항목을 양도소득으로 정의하여 원천지국 과세권을 행사하는 것은 가능하겠지만 조세조약에서 양도소득이 아닌 것으로 규정한 소득항목마저도 국내세법에 의하여 양도소득에 포함시켜 우회적으로 과세하는 것까지 국내세법의 입법재량 사항이라고는 볼 수는 없다. 대상판결은 쟁점 조세조약 규정의 수증소득에 대한 비과세의 효과를 쟁점 법인세법 본문 규정에 의하여 양도소득으로 과세하여 이를 사후적으로 박탈함으로써 쟁점 조세조약 규정의 적용을 실질적으로 배제시킨 측면이 있으므로 국내세법에 의한 '조세조약 무효화'(Treaty Override)의 사례가 아닌지의 의문이 있다.

---

20) 대법원 2005. 11. 10. 선고 2005두1022 판결.

한·중 조세조약상 간주외국납부세액공제규정의 해석*

〈대법원 2017. 3. 13. 선고 2017두59727 판결〉

I. 대상판결의 개요

1. 사실관계 요지와 처분 경위

원고는 2010 사업연도에 100% 지분을 보유한 중국자회사로부터 배당금을 수령하면서 한·중 조세조약(이하 '한·중 조세조약') 제10조 제2항 가목(이하 '쟁점 조약규정')의 5%의 제한세율에 따른 원천징수세액을 납부하고, 이를 법인세법 제57조 제1항 제1호의 직접외국납부세액으로 공제하여 법인세를 신고·납부하였다.

원고는 피고에게 위 배당금에 대해 위 5%의 세율 외에 한·중 조세조약 제2의정서(이하 '한·중 의정서') 제5조 제1항(이하 '이 사건 조항') 후문에 따라 추가로 5%가 간주외국납부세액으로 공제되어야 한다고 하면서 법인세 경정청구를 하였다. 피고는 중국 세법이 변경되어 2010 사업연도에는 위 5% 제한세율보다 낮은 조세감면조치를 시행하지 않아 공제가 허용되지 않는다는 이유로 원고의 청구를 거부하였다.

2. 판결요지

이 사건 조항 후문은 한시적으로 한·중 조세조약 제10조 제2항 등의 경우에는 세액공제 대상인 외국납부세액을 배당 등 총액의 10%로 간주하는 방식을 채택하여 조약 자체에서 체약당사국에서 납부한 것으로 간주되는 세액을 일률적으로 정하고 있다. 즉, 쟁점 조약규정은 배당의 수취자가 25% 이상을 직접 소유

---

* 법률신문 제4637호 (2018. 9. 17.)

하는 경우 이중과세를 최소화할 필요성이 크다고 보아 일반적 제한세율인 10%보다 낮은 5%의 한도 내에서만 배당소득에 대한 원천지국 과세를 인정하고 있는데, 이 사건 조항 후문은 그와 같은 경우 실질적으로 투자유치의 효과를 거둘 수 있도록 2014년까지 일률적으로 10%의 세율이 적용되는 것으로 간주하여 외국납부세액을 산정하도록 하고 있다.

이처럼 공제세율을 간주하여 특별한 조세혜택을 부여하는 방식은 한·중 조세조약 체약국의 의사에 따라 적용대상과 시한이 명확히 한정되어 있는 만큼, 원천지국의 국내법률에서 거주지국 투자회사가 받는 배당소득에 대한 세율이 변경되었다고 하여 이 사건 조항 후문의 의미가 달라진다고 보기 어렵다. 따라서 쟁점 조약규정에 의하여 원천지국에서 5%의 제한세율로 배당소득에 대한 조세를 납부하였더라도, 이 사건 조항 후문에 따라 원천지국에 납부한 것으로 간주되는 세액은 총배당액의 10%로 보는 것이 타당하다.

Ⅱ. 대상판결의 평석

1. 문제의 소재 및 이 사건 쟁점

한·중 조세조약 제10조 제2항은 25% 이상의 지분을 직접 소유하는 경우 배당소득의 제한세율을 5%, 기타의 경우에는 10%로 규정하고 제23조 제3항은 간주외국납부세액공제에 관해 규정하고 있다. 이 사건 조항은 위 제23조 제3항을 대체하여 전문에서 '조세경감, 면제 또는 경제발전 촉진을 위한 그 밖에 조세유인 조치 관련 법률규정'(이하 '쟁점 법률규정')이 없었더라면 납부하여야 할 조세는 외국납부세액에 포함하는 것으로 간주한다고 하고, 그 후문에서 "이 항의 목적상 제10조 제2항 등의 경우에는 세액은 배당 등 총액의 10%인 것으로 간주한다"고 규정하면서 그 적용시한을 2005. 1. 1. 이후 10년으로 한정하고 있다.

중국세법은 2008. 1. 1. 이전까지는 외국투자자가 투자기업으로부터 취득한 배당에 대한 소득세를 면제하여 이 사건 조항에 따른 10% 간주외국납부세액공제는 당연시 되었으나 그 이후부터는 적용세율을 10%로 하면서 중국자회사의 지분을 25% 이상 보유하고 있는 한국 모회사의 경우 5% 제한세율에 따른 직접 외국납부세액공제 외에 5%의 간주외국납부세액공제의 적용이 가능한지가 문제되었다. 피고는 이 사건 조항 전문의 쟁점 법률규정은 제한세율을 넘는 혜택을 주는 중국세법상의 감면규정만을 의미하고 이 사건 조항 후문의 '이 항의 목적상'이란 이 사건 조항 전문의 적용을 전제하는 것이어서 중국세법상 쟁점 조약규정의 제한세율보다 혜택을 주는 감면규정이 없어진 이상 이 사건 조항 후문이 적용될 수 없다는 입장이다. 따라서 이 사건 쟁점은 쟁점 조약규정이 쟁점 법률규정에 포함되는지 및 이 사건 조항 후문이 전문과는 무관하게 공제를 허용하는 규정인지 여부이다.

2. 법인세법과 조세조약의 간접외국납부세액공제 규정

법인세법 제57조 제1항은 내국법인의 과세표준에 국외원천소득이 포함되어 있는 경우 그 국외원천소득에 대해 납부하였거나 납부할 외국법인세액이 포함되어 있는 때에는 공제한도 내에서 외국법인세액을 당해 사업연도의 법인세액에서 공제하는 방법을 선택할 수 있도록 하고 제3항은 내국법인이 외국에서 당해 국외원천소득에 대해 법인세를 감면받은 세액 상당액은 조세조약이 정하는 범위 안에서 세액공제의 대상이 되도록 하는 간주외국납부세액 공제를 정하고 있다. OECD 모델조세조약 주석은 간주외국납부세액 공제를 Tax Sparing 방식과 Matching Credit 방식으로 구분하고 있다. 전자는 원천지국에서의 조세유인조치에 따라 포기된 세액을 간주외국납부세액공제의 대상으로 삼는 방식이고, 후자는 조세유인조치와 무관하게 특정한 세율로 세금이 납부된 것으로 간주하여 공제하는 방식이다. 간주외국납부세액공제규정은 외국에서 실제로 납부하지 않고 감면받은 조세를 조세조약이 정하는 범위에서 외국납부세액으로 국내에서 공제받을 수 있도록 한 것으로 외국의 조세감면혜택의 실효성을 보장하기 위한 것이다.

3. 이 사건 조항 전문의 충족 여부

쟁점 조약규정이 쟁점 법률규정에 해당하는지 여부에 대해, 부정설은 간주외국납부세액공제는 원천지국이 투자유치 목적으로 과세권을 양보한 경우 실효성을 보장하기 위한 것이므로 쟁점 법률규정은 원천지국의 국내세법만을 의미한다고 본다. 긍정설은 쟁점 법률규정의 문언이 조세유인조치 관련 법률규정이라고 하여 법률과 동일한 효력을 갖는 조약이 제외된다고 볼 수 없고 제한세율 규정은 투자촉진의 기능을 가지므로 쟁점 조약규정도 쟁점 법률규정에 포함된다는 것이다.

조세조약의 해석에서는 영문본이 우선하는데 쟁점 법률규정의 영문은 'legal provisions'으로 그 국제법상 의미는 국내법률만을 지칭하지 않고 포괄적으로 법률적 효력을 가지는 규정을 의미한다는 점, 실제 제한세율이 0%여서 그 이상으로 감면하는 국내법률상의 조세유인조치를 상정할 수 없는 경우가 있고 그 경우에도 Matching Credit 방식의 공제를 허용할 필요성이 있다는 점에서 긍정설이 보다 타당하다.

4. 이 사건 조항 후문의 충족 여부

이 사건 조항 후문이 전문의 충족을 전제로 하는 규정인지 여부에 대해, 긍정설은 모두에서 '이 항의 목적상'이라고 하여 후문이 전문의 적용을 조건으로 하고 있고 한 · 중 조세조약은 한국 모회사 수취배당에 대해 중국이 조세조약상 제한세율보다 낮게 과세한다는 전제에서 체결된 것으로 추정되며, 2008년 중국세법의 개정으로 Tax Sparing 방식의 전문의 공제가 불가능한 상황에서 Matching Credit 방식의 후문만이 독자적으로 적용된다는 보는 것은 불합리하다는 것이다. 부정설은 이 사건 조항 모두에서 '이항의 목적상'이라는 문언을 '이 사건 조항 전문의 요건을 갖춘 경우에 한하여'라고 해석하는 것이 오히려 문언해석의 범위를 벗어나고 이 사건 조항의 한시적 성격에 비추어 그 기간 동안에는 체약국 일방의 조세유인조치의 변동과 상관없이 일률적인 간주납부세율을 적용하겠다는 것이 체약국의 의사라는 것이다.

'이 항의 목적상'이라는 문언이 긍정설과 같이 해석되려면, '전문 적용을 조건으로'라는 식으로 문언 자체에서 한정적 취지가 있어야 하는데 그러한 제한문구가 없다. 실제로 한 · 중 조세조약 제7조 제2항, 제15조 제1항 등은 그러한 의미를 나타낼 때 '~에 따를 것을 조건으로'(subject to~)라는 문언을 사용하고 있다. 또한 이 사건 조항 전문은 쟁점 법률규정을 포함한다고 하여 개방적 형태로 규정되어 있어 이를 전제규정으로 삼기는 어렵다. 또한 긍정설과 같이 해석한다면 중국에 투자를 25% 이상 한 기업과 그렇지 않은 기업 사이에 세후소득의 차이가 없거나 오히려 투자를 많이 한 회사가 불리한 취급을 받게 되는 문제가 있다. 따라서 이 사건 조항 후문은 한 · 중 조세조약 제10조 제2항이 적용된 배당의 경우 세액공제의 대상인 외국납부세액을 배당 총액의 10%로 간주하는 규정으로, 그 자체에서 독립된 요건과 효과를 정한 것으로 보아야 한다. 대상판결도 이 사건 조항 후문은 실질적으로 투자유치의 효과를 거둘 수 있도록 일률적으로 10%의 세율이 적용되는 것으로 간주하여 외국납부세액을 산정하도록 하고 있다고 판시하였다.

5. 대상판결의 의의

대상판결은 이 사건 조항 전문에 대한 입장은 밝히지는 않았지만, 이 사건 조항 후문의 해석에 대해서는 그 문언, 취지 및 체약국의 의사 등을 종합적으로 고려하여 이견이 있었던 그 의미를 명확히 하였다는 점에서 의의가 있다. 비록 이 사건 조항은 2014년까지 한시적으로 도입된 것으로서 향후 직접 적용이 문제되는 사례는 찾기 힘들겠지만, 대상판결이 제시한 간주외국납부세액공제에 관한 해석론은 향후 유사한 조세조약 조항의 해석에 있어서 중요한 참고가 될 것이다.

4

관 세 법

관세법상 특수관계가 수입물품의 거래가격에 영향을 미쳤는지 여부에 대한 입증책임의 소재와 입증의 정도*

〈대법원 2009. 5. 28. 선고 2007두9303 판결〉

Ⅰ. 대상판결의 개요

1. 사실관계의 요지와 이 사건 부과처분의 경위

원고는 1983. 5.경 의약품 제조업, 의약품 수입 등을 목적으로 설립된 내국법인으로서, 외국법인인 소외회사가 원고 주식의 50% 이상을 소유하고 있어 원고와 소외회사 사이에는 관세법 시행령1) 제23조 제1항 제5호 소정의 특수관계가 있다.

원고는 1999. 9.경부터 2002. 5.경까지 사이에 소외회사로부터 수십 차례에 걸쳐 대장암 치료제(이하 '이 사건 의약품')를 수입하고 관세법 제30조에 따라 실제 거래가격을 과세가격으로 하여 관세 및 부가가치세를 신고 · 납부하였다.

원고는 1993. 3.경 보건복지부로부터 보험수가를 지정받고 이 사건 의약품을 판매하였는데, 이 사건 의약품의 국내판매가격은 소외회사가 2001. 1.경 책정한 가격정책상의 최저판매가격보다 낮은 가격이었고 그 매출원가율은 초기에는 60%, 2002. 9.경 환율변동 이후에는 50% 내지 55%로서 원고가 소외회사로부터 수입하여 판매하는 비만치료제, 독감치료제 등의 매출원가율 70%보다 낮았다.

한편, 관세청은 '이윤 및 일반경비 인정신청에 따른 처리 지침'에 따라 이 사

---

* 한국세정신문 제4794호 (2017. 3. 9.)
1) 본 판례평석의 관련법령은 관세법령을 포함하여 모두 구법이지만 현행법령과 그 내용에 별다른 차이가 없는 경우 편의상 구법 표시는 생략한다.

건 의약품과 수입물품 부호가 일치하는 물품을 수입하는 국내 8개 업체를 비교대
상업체로 선정하여 이윤 및 일반경비의 비율을 가중평균하여 계산하였는데, 그
비율은 18%~57%로 산정되었다.

피고는 2002. 5.경 원고가 수입한 이 사건 의약품에 대하여 실질심사를 한
다음 원고와 소외회사 사이의 특수관계가 이 사건 의약품의 수입가격에 영향을
미쳤다고 보고 관세법 제30조 제3항 제4호를 적용하여 원고가 신고한 실제거래
가격을 부인하고 관세법 제33조2)에 따라 국내판매가격에 의하여 과세가격을 결
정하면서 원고의 회계보고서에 따른 이윤 및 일반경비가 관세청장이 정하는 기
준비율의 범위 내에 포함되지 않는다는 이유로 관세법 시행령 제27조 제4항, 관
세법 시행규칙 제6조 제1항3)을 적용하여 위 기준비율의 120%를 기초로 이윤 및
일반경비를 산정하여 원고에게 1999년부터 2002년까지의 위 수입신고분에 대하
여 관세와 부가가치세 합계 1,198,971,890원을 부과할 것을 통지하였다.

이에 원고는 피고가 산출한 이윤 및 일반경비의 비율이 불합리하다고 판단
하여 관세법 시행규칙 제6조 제2항4)에 의하여 국내 의약품 수입업체의 회계보고
서를 토대로 이윤 및 일반경비를 산정하여 줄 것을 신청하였는데, 피고는 원고가
신청한 비율 중 2002년도의 이윤 및 일반경비의 비율만을 일부 축소하고 나머지
연도의 신청은 전부 받아들여 2003. 6. 12. 및 10. 23. 원고에 대하여 관세와 부
가가치세 합계 650,554,500원의 부과처분(이하 '이 사건 부과처분')을 하였다.

원고는 이 사건 부과처분에 대하여 전심 절차를 거쳐 행정소송을 제기하여 제
1심 및 원심에서 승소판결을 선고 받았고 피고는 이에 대하여 상고를 제기하였다.

---

2) 관세법 제33조에 의한 과세가격 결정방식은 국내판매가격을 기초로 과세가격을 결정하는 방식
으로서 그 산식은 과세가격＝(국내판매가격)－(수입자의 이윤 및 일반경비＋기타 관련비용＋
조세)이다.
3) 관세법 시행령 제27조 제4항, 관세법 시행규칙 제6조 제1항은 원칙적으로 납세의무자가 제출하
는 회계보고서를 근거로 이윤 및 일반경비를 산정하되, 그에 따른 이윤 및 일반경비의 비율이
당해 물품이 속하는 업종에 통상적으로 발생하는 이윤 및 일반경비로서 관세청장이 정하는 바
에 따라 산출한 이윤 및 일반경비의 비율(이하 '기준비율')의 범위에 포함되지 않는 경우에는 기
준비율의 100분의 120에 해당하는 금액을 이윤 및 일반경비로 인정하여 산정한다고 규정하고
있다.
4) 관세법 시행규칙 제6조 제2항은 납세의무자는 관세청장이 정하는 기준비율을 기초로 산정한 이
윤 및 일반경비가 불합리하다고 판단하는 경우에는 관세청장에게 당해 수입물품에 적용하고자
하는 이윤 및 일반경비를 산정해 줄 것을 신청할 수 있고, 그와 같은 신청이 있는 경우 관세청
장은 당해 납세의무자의 수입물품에만 적용될 이윤 및 일반경비를 산출하여 이를 적용할 수 있
다고 규정하고 있다.

2. 피고의 상고이유와 대상판결의 요지

가. 피고의 상고이유의 요지

피고는 관세 및 무역에 관한 일반협정 제7조의 시행에 관한 협약(이하 'WTO[5] 관세평가협정') 제1조 제2항, WTO 관세평가위원회의 결정사항 6.1, WTO 관세평가협정 예해 14.1 등에 의하면 특수관계가 수입가격에 영향을 미치지 않았다는 점에 대한 입증책임은 납세자에게 있으므로 구매자에 의하여 그 사실이 입증되지 않는다면 수입가격은 부인되어야 하고, 가사 특수관계가 수입가격에 영향을 미쳤다는 점에 대한 제1차적 입증책임을 과세관청이 부담한다고 하더라도 이는 합리적인 의심을 가질 정도의 입증으로 족하고 이러한 합리적 의심에 대하여 이를 번복할 제2차적 입증책임은 납세자가 부담한다고 전제하면서, 피고는 원고가 제출한 회계보고서에 의하여 계산한 이윤 및 일반경비가 관세청장이 정한 기준비율의 범위에 해당하지 않는다는 점, 이 사건 의약품의 국내 재판매가격이 소외회사가 2001. 1.경 책정한 가격정책상의 최저판매가격보다 낮은 점, 이 사건 의약품의 매출원가의 비율이 원고가 소외회사로부터 수입한 다른 완제의약품의 그것보다 낮다는 점을 증명하였으므로 피고로서는 원고와 소외회사 사이의 특수관계가 이 사건 의약품의 수입가격에 영향을 미쳤다는 점을 입증한 것이므로 이와 달리 판단한 원심 판결은 위법하다.

나. 대상판결의 요지

관세법 제30조는 과세가격 결정의 원칙에 관하여, 제1항에서 수입물품의 과세가격은 우리나라에 수출하기 위하여 판매되는 물품에 대하여 구매자가 실제로 지급하였거나 지급하여야 할 가격에 구매자가 부담하는 수수료 및 중개료 등 그 각호에 정한 금액을 가산하여 조정한 거래가격으로 한다고 정하고, 제3항 제4호에서 '구매자와 판매자 간에 대통령령이 정하는 특수관계가 있어 그 관계가 당해 물품의 가격에 영향을 미친 경우'에 해당할 때에는 제1항의 규정에 의한 거래가격을 당해 물품의 과세가격으로 하지 아니하고 관세법 제31조 내지 제35조의 규정에 의한 방법으로 과세가격을 결정한다고 정하고 있다.[6]

---

5) 세계무역기구(World Trade Organization).

6) 이 사건에 같이 적용되는 2000. 12. 29. 법률 제6305호로 전문 개정되기 전의 구 관세법 제9조의3 제1항, 제3항 제4호도 같은 취지로 규정하고 있다.

이러한 각 규정의 취지 및 내용, 과세요건 사실에 대한 증명책임은 원칙적으로 과세관청에 있는 점, WTO 관세평가협정 제1조 제2항 (a)는 구매자와 판매자 간에 특수관계가 있다는 사실 자체만으로 그 실제거래가격을 과세가격으로 수락할 수 없는 것으로 간주하는 근거가 되지 아니한다고 정하고 있는 점 등을 종합하여 보면, 관세법 제30조 제3항 제4호를 적용하기 위하여는 구매자와 판매자 간에 특수관계가 있다는 사실 외에도 그 특수관계에 의하여 거래가격이 영향을 받았다는 점까지 과세관청이 증명하여야 한다.

그리고 국내재판매가격을 기초로 한 과세가격의 결정에 관한 규정인 관세법 제33조는 관세법 제30조 내지 제32조에서 정한 방법으로 과세가격을 결정할 수 없는 경우에 한하여 비로소 적용할 수 있는 점 등에 비추어 보면, 과세관청이 관세법 제33조 제1항, 관세법 시행령 제27조 제4항에 의하여 납세의무자가 제출한 회계보고서를 근거로 계산된 당해 수입물품에 대한 '이윤 및 일반경비의 비율'이 그 물품이 속하는 업종에 통상적으로 발생하는 이윤 및 일반경비로서 관세청장이 정하는 바에 따라 산출한 기준비율의 범위에 속하지 않는다는 점을 밝혔다는 것만으로는 특수관계가 거래가격에 영향을 미쳤다는 증명을 다하였다고 볼 수 없고, 이 사건 의약품의 매출원가율이 구매회사가 수입한 다른 의약품에 비하여 낮고 다른 업체들의 평균치에 미치지 못한다거나 그 재판매가격이 수출자인 판매회사의 가격정책에 부합하지 않는다는 사정만으로는 이 사건 의약품의 거래가격이 구매회사와 판매회사의 특수관계에 영향을 받아 부당하게 낮은 가격으로 책정된 것이라고 단정할 수 없다.

Ⅱ. 대상판결의 평석

1. 이 사건 쟁점 및 문제의 소재

관세의 과세가격은 관세법 제30조의 수입물품의 실제거래가격을 기준으로 하는 것이 원칙이다. 그러나 일정한 사유가 있는 경우에는 실제거래가격이 부인되고 관세법 제31조 내지 제35조에 규정된 방법을 순차로 적용하여 과세가격을 결정한다.[7] 실제거래가격이 부인되는 경우 제2방법 이하의 방법이 적용되는데,

---

7) 관세법 제30조 내지 제35조에 규정된 과세가격의 결정방법을 실무상 제1방법 내지 제6방법이라

특수관계자 거래의 특성상 제2방법과 제3방법에서 규정하고 있는 동종·동질·유사물품이 존재할 가능성이 낮으므로 대부분의 경우 제4방법의 적용이 문제된다. 국내판매가격을 기초로 한 제4방법을 적용하는 경우에는 특수관계가 수입가격에 영향을 미쳤는지의 직접적 쟁점 이외에 추징세액의 규모에 가장 크게 영향을 미치는 요소인 동종·동류의 수입물품에 적용되어야 할 이윤 및 일반경비율 산정 및 적절한 조정방안이 명확하지 않아 이 사건의 경우와 같이 과세관청과 납세자 사이에 추징규모 등에 대하여도 추가적 다툼의 여지가 높다.

　관세법 제30조 제3항 제4호를 적용하여 과세하는 경우에 판매자와 구매자 사이에 특수관계가 있는지 여부의 판단은 비교적 용이하지만 이러한 특수관계가 과연 수입물품의 거래가격에 영향을 미쳤는지를 구체적으로 입증하는 것은 쉽지 않다. 그러므로 이에 대한 입증이 실패한 경우가 상당수 발생하게 되는데 그와 같은 경우 입증책임의 부담을 누구에게 지우는 것이 타당한지가 문제된다. 결국 특수관계가 수입가격에 영향을 미쳤다는 점에 대한 입증책임을 누가 부담하는지, 그에 대한 입증책임의 완화를 허용할 것인지에 따라 과세처분의 적법성의 당부가 판가름되는 것이다. 특히 국제교역의 60% 이상이 특수관계자 거래가 차지하는 상황8)에서 다수의 특수관계자 간 수입거래에 대하여 과세관청에 의한 저가수입 문제가 제기되고 있으므로 특수관계가 수입가격에 영향을 미쳤는지에 대한 입증책임의 문제는 실무적으로도 매우 중요하다고 할 것이다.

　그런데, 관세법 제30조 제3항 제4호(이하 '쟁점 법률규정')는 실제거래가격이 부인되는 경우를 규정하면서 구매자와 판매자가 특수관계에 있을 것, 특수관계가 수입가격에 영향을 미쳤을 것이라는 2가지의 요건을 규정하고 있을 뿐 달리 그 입증책임을 누가 부담하고 있는지에 대한 명확한 내용을 담고 있지 않다. 한편, 관세법 시행령 제23조 제2항(이하 '쟁점 시행령규정')은 실제거래가격이 존중되는 경우에 관하여 별도로 규정하고 있는데 이에 따르면 당해 물품의 가격이 특수관계가 없는 구매자와 판매자 간에 통상적으로 이루어지는 가격결정방법에 의하여 결정되거나 당해 산업부문의 정상적인 가격결정관행에 부합하는 방법으로 결정된 경우 등이라고 하고 있을 뿐 이러한 사정의 존재나 부재를 과세관청이나 납세자 중 누가 입증하여야 하는지 분명하게 언급하고 있지 않다. 쟁점 법률규정과

　고 한다.
8) 이득수, "다국적기업간 이전가격에 대한 합리적 과세방안", 관세와 무역 제38권 제5호, 한국관세무역개발원, 2006. 5., 26면.

쟁점 시행령규정이 실제거래가격이 부인되고 존중되는 대립적 상황을 전제하면서 그 체계적 관계와 입증책임의 소재에 대하여 명확하게 규정하지 않고 있는 것이다. 따라서 그와 같은 경우에 조세소송의 입증책임의 일반원칙으로 돌아가 과세관청이 수입가격이 특수관계에 의하여 영향을 받았다는 점을 입증해야 하는지, 아니면 특수관계자 거래라는 특수성에 주목하여 납세자에게 입증책임을 부담시키거나 다른 조세 분야의 입증책임의 완화나 전환 등의 예외를 인정할 것인지가 문제되는 것이다.

　　이 사건에 있어서는 원고와 소외회사 사이에 관세법 시행령 제23조 제1항 소정의 특수관계가 있다는 점에 대해서는 다툼이 없으므로 관세법상 원고와 소외회사 간의 이러한 특수관계가 이 사건 의약품의 수입가격에 영향을 미쳤는지 여부가 문제가 된다. 피고는 구매자와 판매자 사이에 특수관계가 존재하는 이상 그 특수관계가 수입가격에 영향을 미치지 않았다는 점에 대한 입증책임은 납세자에게 있다고 하고 가사 그 입증책임이 제1차적으로 과세관청에게 있다고 하더라도 그 입증의 정도는 '합리적 의심'의 수준 정도만 증명하면 되는 것이며 과세관청이 그러한 입증에 성공하는 경우 납세자가 그 합리적인 의심을 번복하여야만 실제거래가격을 관세법 제30조 제1항에 의한 과세가격으로 삼을 수 있다고 주장하고 있다. 따라서 이 사건에서는 특수관계가 수입가격에 영향을 미쳤는지 여부에 대한 입증책임을 누가 부담하는지, 만일 과세관청이 부담한다면, 과세관청은 이에 대한 합리적 의심이 들 정도의 사정만 입증하면 되는지 아니면 전체 요증사실에 대하여 입증책임을 부담하는지 여부를 우선 따져보아야 한다. 나아가 입증책임의 소재에도 불구하고 특수관계가 수입가격에 영향을 미쳤는지는 결국 사실인정의 문제이므로 피고가 앞서 주장한 사정에 의하여 특수관계가 이 사건 의약품의 수입가격에 영향을 미쳤다는 것을 입증한 것으로 볼 수 있는지 여부도 부수적인 쟁점이 된다.

　　본 판례평석에서는 우선 관세법상 수입물품에 대한 관세평가규정을 살펴 본 다음 이 사건의 주된 쟁점이 되는 특수관계가 수입물품의 거래가격에 영향을 미쳤는지 여부에 대한 입증책임 문제, 그리고 부수적 쟁점인 피고 주장의 사유에 의하여 특수관계가 수입가격에 영향을 미친 것으로 판단할 수 있는지를 중심으로 논의한 후 대상판결의 의미에 대하여 평가하고자 한다.

2. 관세법상 수입물품에 대한 관세평가

가. 관세법상 관세과세가격의 결정

관세는 수입물품의 과세가격을 기준으로 부과한다. 관세법 제30조 제1항은 수입물품의 과세가격은 우리나라에 수출하기 위하여 판매되는 물품에 대하여 구매자가 실제로 지급하였거나 지급하여야 할 가격에 구매자가 부담하는 수수료 및 중개료 등 그 각호에 정한 금액을 가산하여 조정한 거래가격으로 한다고 규정함으로써 실제거래가격을 과세가격으로 삼는 것을 원칙으로 하고 있다. 실제로 지급했거나 지급할 가격이란 거래당사자 간의 합의에 의하여 수입물품에 대한 대가로, 그리고 수입물품의 판매조건으로 판매자에게 또는 판매자를 위하여 지급했거나 지급할 총 금액을 말한다.[9] 이러한 실제로 지급하였거나 지급하여야 할 가격에 관세법 제30조 제1항 제1호 내지 제6호 소정의 수수료와 중개료, 포장용기와 포장비용, 생산지원비용, 지적재산권사용료, 사후귀속이익, 운임 및 보험료 등을 가산하고 관세법 제30조 제2항 제1호 내지 제4호 소정의 수입 후 행해지는 용역에 대한 대가, 내국운송비, 세금과 공과금, 연불이자 등을 공제하여 과세가격을 결정한다.

관세법 제30조는 제1항 본문에서 당해 수입물품의 실제거래가격을 과세가격으로 하기 위해서는 당해 물품이 우리나라에 수출하기 위하여 판매되어야 하는 요건 이외에 제3항에서 구매자가 이를 사용 또는 처분하는 데에 특별한 제약이 없어야 하고(제1호), 가격 성립에 금액으로 계산할 수 없는 조건 또는 사정이 있어서 그 영향을 받는 것이 아니어야 하며(제2호), 구매자가 그 물품을 사용, 처분한 후의 이익을 판매자에게 되돌려 주는 조건이 없어야 하고(제3호), 구매자와 판매자 간에 특수관계가 없어 그 관계가 당해 물품의 가격에 영향을 미치지 아니하여야 한다(제4호)고 정하고 있다.

관세법 제30조 제3항은 위와 같은 사유로 실제거래가격이 과세가격에서 제외되는 경우 관세법 제31조 내지 제35조의 방법, 즉 동종·동질물품의 거래가격을 기초로 한 과세가격의 결정방법(제2방법), 유사물품의 거래가격을 기초로 한 과세가격의 결정방법(제3방법), 국내재판매가격을 기초로 한 과세가격의 결정방법

---

9) 홍용건, "관세법 제30조 제3항 제4호 소정의 '특수관계가 당해 수입물품의 거래가격에 영향을 미쳤는지 여부'에 대한 증명책임의 소재", 대법원 판례해설 제80호, 법원도서관, 2009, 95-96면.

(제4방법), 당해 물품의 제조원가를 기초로 한 결정방법(제5방법), 합리적 기준에 의한 과세가격의 결정방법(제6방법)으로 과세가격을 결정한다고 하고 있다. 위 6 가지 방법을 적용하기 위해서는 각각 일정한 요건이 구비되어야 하는데, 과세가격 결정은 제1방법부터 순차로 적용가능성을 검토하되 요건이 충족되지 못하면 다음 순위의 평가방법을 적용한다. 다만, 제4방법과 제5방법은 납세의무자가 요청하는 경우 그 순서를 바꾸어 제5방법이 우선 적용될 수 있다.[10]

나. 내국세법의 이전가격세제와의 비교

내국세법에서는 6가지의 관세과세가격결정과 유사하게 이전가격세제를 두고 있다. 국제조세조정에 관한 법률(이하 '국제조세조정법') 제4조 제1항은 국외특수관계자 거래에 대한 과세조정에 대하여 과세당국은 거래당사자의 일방이 국외특수관계자인 국제거래에 있어서 그 거래가격이 정상가격에 미달하거나 초과하는 경우에는 정상가격을 기준으로 과세표준 및 세액을 경정할 수 있다고 규정하고 있다. 국제조세조정법 제5조 제1항은 정상가격은 비교가능 제3자가격법(제1호), 재판매가격법(제2호), 원가가산방법(제3호), 이익분할방법(제4호), 거래순이익률방법(제5호), 대통령령이 정하는 기타 합리적이라고 인정되는 방법(제6호) 중 가장 합리적인 방법에 의하여 계산한 가격으로 하되 제6호의 방법은 제1호 내지 제5호의 방법으로 정상가격을 산출할 수 없는 경우에 한한다고 규정하고 있다.

관세과세가격결정에서는 수입자가 판매자로부터 물품을 수입하면서 관세부담을 줄이기 위해서 수입물품의 거래가격 내지 원가를 낮추는 경우를 상정하여 여러 가지 규정을 두고 있는 반면, 이전가격세제는 반대로 거주자나 내국법인이 국외특수관계자로부터 물품 등을 수입하면서 그 거래가격 내지 원가를 높이는 방법으로 내국세의 부담을 낮추는 것을 전제로 대응규정을 마련하고 있다. 따라서 납세자로서는 관세과세가격결정과 이전가격세제에 의한 추가 과세의 위험을 줄이기 위해서 양 규정의 적용을 받지 않도록 수입물품의 거래가격을 적정하게 결정할 필요가 있다.

관세과세가격결정과 이전가격세제를 비교하여 보면 이전가격세제의 경우에는 국외특수관계자 간의 거래에 한하여 국제조세조정법 제5조 제1항의 정상가격 산정방법의 순위를 정하지 않고 가장 합리적인 방법을 적용하여 정상가격을 산

---

10) 정재완, 관세법, 도서출판 청람, 2016, 224-225면.

출하는 반면 관세과세가격결정방법은 특수관계를 묻지 않고 적용하되 특수관계
가 영향을 미치는 경우 등 제1방법의 적용이 배제되는 경우에는 제2 내지 6방법
을 순차로 적용한다는 점에서 기본적인 차이가 있다. 관세과세가격결정은 수입물
품의 객관적 가치를 판단하는 것이 중요하므로 이전가격세제의 이익분할방법 등
이 채택되지 않는 등 이전가격세제의 전통적인 방법만이 사용되고 있다는 점에
서 구별된다. 그 밖에도 관세법상 특수관계자의 범위가 다르고 비교가능성이 떨
어지는 거래에 대한 차이조정에도 차이가 있다.11)

3. 관세법상 특수관계자로부터의 수입물품에 대한 관세평가

가. 논의의 정리

특수관계자로부터의 수입물품에 대한 관세평가와 관련하여 쟁점 법률규정은
실제거래가격이 부인되는 경우를, 쟁점 시행령규정은 실제거래가격이 존중되는
경우를 각기 규정하고 있다. 특수관계가 이 사건 의약품의 수입가격에 영향을 미
쳤는지에 관한 입증책임의 소재를 파악하기 위해서는 기본적으로 쟁점 법률규정
과 시행령 규정의 체계적 관계에 대한 판단과 해석이 중요하다. 쟁점 법률규정은
쟁점 시행령규정이 적용되지 않는 경우에 적용되고 실제거래가격이 존중되는 경
우에 관한 쟁점 시행령규정에 대하여는 납세자가 입증책임을 부담한다는 이유로
쟁점 시행령규정의 적용이 배제되는 때에 바로 쟁점 법률규정에 의하여 실제거
래가격이 부인된다고 본다면 쟁점 시행령규정의 적용에 대한 입증이 쟁점 법률
규정의 적용을 좌우하므로 결국 쟁점 법률규정에 대한 입증책임을 납세자가 부
담하는 셈이 된다. 그와 달리 쟁점 시행령규정은 쟁점 법률규정의 적용이 배제되
는 안전조항(safe harbor rule)의 기능만을 수행한다고 보면 쟁점 시행령규정이 적
용되지 않더라도 쟁점 법률규정을 적용하기 위해서는 입증책임의 일반원칙으로
돌아가 과세관청이 별도의 입증책임을 부담하게 된다.

한편, 특수관계가 이 사건 의약품의 수입가격에 영향을 미쳤는지 여부를 판
단함에 있어서는 쟁점 법률규정과 쟁점 시행령규정 이외에 WTO 관세평가협정
등도 같이 살펴보아야 한다. 우리나라는 WTO 회원국이므로 WTO 관세평가협정
을 준수할 의무가 있고 WTO 관세평가협정은 관세법과 동일한 효력을 가진다.

---

11) 오윤, "이전가격과 관세과세가격의 조화방안", 조세법연구 제12-1집, 세경사, 2006. 7.,
    263-264면.

WTO 평가협정은 일반서설(general introductory commentary)과 24개의 본문 조문 (article), 3개의 부속서(annex)로 이루어져 있는데, 3개의 부속서 중 부속서 I은 주해(interpretative notes)이다. 관세평가제도의 정책적 문제를 취급하기 위하여 WTO에 관세평가위원회를 두고 있는데, 관세평가위원회의 결정사항은 결정 (decision)이라는 형태로 발표되고 있다. 이중 일반서설, 24개의 본문 조문, 부속 서만이 법규로서의 효력을 가지고 있다.

관세평가위원회와는 별도로 관세평가제도의 구체적이고 기술적 문제를 다루 기 위하여 WCO[12)]에 관세평가기술위원회가 설치되어 있다. 관세평가위원회의 결정사항은 권고의견(advisory opinion), 예해(commentary), 해설(explanatory note), 사례연구(case study), 연구(study) 형태의 문서로 발표되고 있다. 관세평가기술위 원회의 권고의견 등은 회원국을 구속하는 법적 효력을 가지지는 않으나 각 국가 는 관련 내용을 자국의 법에 반영하고 있는 경우도 있고 그 준수를 사실상 요구 받고 있다.[13)]

나. 특수관계가 수입가격에 영향을 미친 경우 그 실제거래가격을 부인하는 규정
쟁점 법률규정은 구매자와 판매자 간 특수관계가 수입가격에 영향을 미치는 경우에는 실제거래가격의 적용이 배제된다고 규정하고 있다. WTO 관세평가협정 제1조 제1항 (d)도 수입물품의 관세가격은 거래가격, 즉 수입국에 수출판매되는 상품에 대하여 실제로 지급했거나 지급할 가격이며 구매자와 판매자 간에 관련 이 없어야 관세의 목적상 수락할 수 있다고 규정하고 있다.

한편, WTO 관세평가협정 제1조 제2항 (a)는 거래가격을 수락할 수 있는지 결정함에 있어서 구매자와 판매자가 특수관계가 있는 그 사실 자체만으로 거래 가격을 수락할 수 없는 것으로 간주되지는 않고 이러한 경우 판매를 둘러싼 상황 이 검토되어야 하고 그 관계가 가격에 영향을 미치지 않는 경우에는 거래가격이 수락되며 수입자에 의해 또는 기타의 방법으로 제공된 정보에 비추어 과세관청 은 그 관계가 영향을 미쳤다고 판단할 수 있는 근거를 가지고 있는 경우 그 근거 를 수입자에게 통보하며 수입자는 답변할 수 있는 합리적인 기회가 제공된다고 규정하고 있다.

---

12) 세계관세기구(World Customs Organization).
13) 홍용건, 앞의 논문, 94면.

관세법과 WTO 관세평가협정의 위 규정들은 특수관계가 수입물품의 거래가격에 영향을 미친 경우에 실제거래가격을 부인할 수 있는 일반원칙을 제시한 것으로 보이고 구체적 기준이나 그에 대한 입증책임이 누구에게 있는지 밝히고 있지 않다.

다. 특수관계가 수입가격에 영향을 미쳤더라도 그 실제거래가격을 존중하는 규정

특수관계가 수입가격에 영향을 미쳤는지 여부를 매번 심사하여 판단하는 것은 납세자나 과세관청에 매우 번거로운 일이 된다. 이에 관세법과 WTO 관세평가협정은 거래상황과 비교가격에 의한 판단방법을 두어 그와 같은 번잡함을 줄이고 있다. 위 두 판단방법 중의 어느 하나에 해당하면 특수관계자 사이의 실제거래가격이 존중된다. 다만, 비교가격에 의한 판단방법을 사용할 수 있는 동종·동질·유사물품이 있는 경우는 거의 없어 거래상황에 의한 판단방법이 주로 이용된다.

(1) 거래상황에 의한 판단방법

거래상황에 의한 판단방법으로 3가지 방법이 규정되어 있다. 첫째, 특수관계가 없는 구매자와 판매자 간에 통상적으로 이루어지는 가격결정방법으로 결정된 경우, 둘째, 당해 산업부문의 정상적인 가격결정관행에 부합하는 방법으로 결정된 경우, 셋째, 판매자가 대표적 기간에 당해 물품의 가격이 그 물품의 생산 및 판매에 관한 모든 비용과 동종 또는 동류의 물품의 판매에서 실현된 당해 기업의 전반적인 이윤(overall profit)을 합친 금액의 회복을 보장할 수 있는 경우가 그것이다. 첫째와 둘째는 쟁점 시행령규정 제1, 2호에 도입되어 있는 방법이고 셋째는 WTO 관세평가협정 제1조 제2항의 주해 제3항에 규정되어 있는 방법이다.

WTO 관세평가협정 제1조 제2항의 주해 제3항 전단은 과세관청이 추가적인 조사 없이 당해 거래가격을 수락할 수 없을 때에는 판매를 둘러싼 상황을 조사할 수 있도록 하는데 필요한 추가적인 상세정보를 제공하는 기회를 수입자에게 부여하여야 하고 특수관계가 거래가격에 영향을 미쳤는지를 결정하기 위해서는 당해 가격이 어떻게 결정되는지 등 거래의 모든 관련 사항을 조사하여야 한다고 하고 있다.

(2) 비교가격의 의한 판단방법

비교가격에 의한 판단방법은 간이한 판별 방법으로서 특수관계자 간 거래가

격이 첫째, 특수관계가 없는 우리나라의 구매자에게 수출되는 동종·동질물품 또는 유사물품의 거래가격(제2방법 및 제3방법), 둘째, 국내재판매가격을 기초로 하여 결정되는 거래가격(제4방법), 셋째, 당해 물품의 제조원가를 기초로 하여 결정되는 거래가격(제5방법)과 비교하여 그 가격 중 어느 하나와 매우 근접함을 수입자가 입증하는 경우에는 언제라도 그 거래가격이 수락된다고 하고 있다. WTO 관세평가협정 제1조 제2항 (b)와 쟁점 시행령규정 제3호 가목 및 나목에 규정된 판단방법이다.

비교가격의 근접과 관련하여 구 관세법 시행규칙(2012. 2. 28. 기획재정부령 제273호로 일부 개정되기 전의 것) 제5조 제1항은 기획재정부령이 정하는 가격이란 수입가격과 비교가격의 차이가 비교가격을 기준으로 할 때 100분의 10 이하인 경우를 말하고 다만, 세관장은 해당 물품의 특성·거래내용·거래관행 등으로 보아 그 수입가격이 합리적이라고 인정되는 때에는 비교가격의 100분의 110을 초과하더라도 비교가격에 근접한 것으로 볼 수 있으며 수입가격이 불합리한 가격이라고 인정되는 때에는 비교가격의 100분의 110 이하인 경우라도 비교가격에 근접한 것으로 보지 아니할 수 있다고 하고 있다.

이러한 비교가격에 의한 판단방법은 수입자의 이익을 위해서만 사용된다. WTO 관세평가협정 제1조 제2항 (c)는 비교가격에 의한 판단방법은 수입자의 주도로 그리고 비교의 목적으로만 사용되어야 하고 과세가격은 위 규정에 따라 결정될 수 없다고 하여 비교가격은 비교의 목적으로만 사용되고 과세가격으로 사용될 수 없음을 명시적으로 규정하고 있다. 관세법 시행규칙 제5조 제2항도 비교가격은 비교의 목적으로만 사용되어야 하며 비교가격을 과세가격으로 결정하여서는 아니된다고 규정하고 있다. 즉, 비교검사는 수입자의 이익을 위한 것이므로 비교검사에서 부정적인 결과가 나오더라도 거래상황에 의한 판단방법에 의한 조사절차를 별도로 거쳐야 하고 곧바로 실제거래가격을 부인하고 제2방법 이하의 방법으로 과세가격을 결정하는 것은 위법하다.[14]

4. 특수관계가 수입물품의 거래가격에 영향을 미쳤는지에 대한 입증책임

가. 논의의 범위

조세소송의 입증책임도 민사소송과 같이 민사상의 법률요건 분류설에 입각

---

14) 김기인·신태욱, 한국관세법, 한국관세무역개발원, 2015, 362면.

하여 분배되고 있다. 권리발생사실을 과세요건사실로 보아 납세의무자·과세물건·과세표준 등의 입증책임을 과세관청에 지우고 있는 것이다.[15] 반면에 비과세요건에 해당하는 사실이나 부과제척기간 및 소멸시효의 완성 등은 납세의무자가 입증하여야 한다.[16] 원칙적으로 과세관청에게 입증책임이 있지만 과세관청에게 입증책임을 부담시키는 것이 불합리하다고 인정되는 때에는 사실상 추정 등의 법리를 동원하여 입증의 정도를 완화하여 납세자에게 입증의 필요를 전환시키고 있다.[17]

관세의 경우에도 관세의 과세가격에 대한 가산요소 또는 공제요소에 대해서는 과세관청이 입증책임을 부담하고 소급과세금지원칙이나 비과세관행에 대해서는 납세의무자가 입증책임을 진다.[18] 쟁점 법률규정에 의하여 수입물품의 거래가격을 부인하기 위해서는 판매자와 구매자 사이에 특수관계가 존재하여야 하고 그 특수관계가 거래가격에 영향을 미쳐야 한다는 점이 입증되어야 한다. 전자의 요건에 대해서 대법원은 과세관청에게 입증책임이 있다고 판단[19]하였으나 후자의 요건에 대한 입증책임에 대해서는 별다른 판단이 없었으므로 쟁점 법률규정과 쟁점 시행령규정에 더하여 WTO 관세평가협정의 관련 규정 등의 체계적 해석에 의하여 그 입증책임의 소재를 판단할 필요성이 있다. 나아가 만일 과세관청이 입증책임을 부담하는 경우라도 특수관계자 거래라는 이유로 과세관청의 입증의 정도를 완화하는 해석이 가능한지 여부도 문제된다.

나. 입증책임의 소재에 대한 두 가지 견해의 대립

(1) 제1설

제1설은 피고의 입장으로서 WTO 관세평가협정과 관세법의 다음과 같은 규정의 합리적인 해석에 따르면 납세자에게 특수관계가 거래가격에 영향을 미치지 않았다거나 실제거래가격이 존중되는 사유에 대하여 입증책임이 있다는 견해이다.[20]

---

15) 대법원 1994. 8. 12. 선고 92누12094 판결 등.

16) 대법원 2000. 7. 7. 선고 98두16095 판결, 대법원 2006. 6. 29. 선고 2005두2858 판결 등.

17) 김영순, "특수관계자간 수입거래와 관련한 입증책임 분배의 입법적 개선방안", 법학연구 제18집 제2호, 인하대학교 법학연구소, 2015. 6., 188면; 이준명, "조세소송에 있어서의 입증책임", 재판자료 제115집, 법원도서관, 2008, 267면.

18) 대법원 2006. 6. 29. 선고 2005두2858 판결.

19) 대법원 1993. 7. 13. 선고 92누17112 판결.

첫째, WTO 관세평가협정 제1조 제2항 (b)는 수입가격 내지 거래가격이 3가지의 비교가격과 검사하여 그 가격 중의 하나와 매우 근접함을 수입자가 입증한 경우에는 언제나 수입가격이 수락된다고 규정하고 있다. 따라서 납세자가 수입가격을 과세가격으로 인정받기 위해서는 비교가격과의 근접성을 입증하여야 하는 부담을 져야 한다.

둘째, WTO 관세평가위원회 결정사항 6.1은 거래가격이 신고되면 과세관청은 그 신고를 뒷받침하기 위하여 제출된 세부자료나 서류들의 진실성이나 정확성을 의심할 만한 사유가 있는 경우 신고가격이 수입물품에 대하여 실제로 지급하였거나 지급할 금액임을 밝히는 서류나 증거를 포함하여 추가적인 소명을 수입자에게 요청할 수 있다고 하였다. 또한 같은 취지에서 관세법 제30조 제4항은 세관장은 납세의무자가 제1항에 따른 거래가격으로 신고한 경우 해당 신고가격이 동종·동질물품 또는 유사물품의 거래가격과 현저한 차이가 있는 등 이를 과세가격으로 인정하기 곤란한 경우로서 대통령령이 정하는 경우에는 대통령령이 정하는 바에 따라 납세의무자에게 신고가격이 사실과 같음을 증명할 수 있는 자료를 요구할 수 있다고 규정하고 있고, 그 위임을 받은 관세법 시행령 제24조 제1항은 대통령령이 정하는 경우란 납세의무자가 신고한 가격이 동종·동질물품 또는 유사물품의 가격과 현저한 차이가 있는 경우(제1호), 납세의무자가 동일한 공급자로부터 계속하여 수입하고 있음에도 불구하고 신고한 가격에 현저한 변동이 있는 경우(제2호), 신고한 물품이 원유·광석·곡물 등 국제거래시세가 공표되는 물품인 경우 신고한 가격이 그 국제거래시세와 현저한 차이가 있는 경우(제3호), 납세의무자가 거래선을 변경한 경우로서 신고한 가격이 종전의 가격과 현저한 차이가 있는 경우(제4호)라고 규정함으로써 납세자에게 신고가격의 적정성에 대한 입증을 요구하고 있다.

셋째, WTO 관세평가협정 제1조 제2항 (a)는 구매자와 판매자가 특수관계에 있지 않거나 특수관계에 있다 하더라도 동 특수관계가 당해 가격에 영향을 미치지 않았다는 조건 하에 거래가격이 수락된다고 규정하고 있고, 예해(commentary) 14.1도 수입자가 실제거래가격 방식에 의해 과세가격을 신고할 때 판매자와 특수관계에 있지 않거나 그 특수관계가 당해 거래가격에 영향을 미치지 않았음을 가

---

20) 홍용건, 앞의 논문, 106-113면; 권은민, "관세법상 '특수관계에 의한 영향'의 입증책임", 조세실무연구 1, 김·장 법률사무소, 2009, 438-442면.

능한 한 최대한으로 확실하게 해야 할 의무가 있다고 규정하였으므로 그 입증의
무는 수입자인 납세자에게 있다.

넷째, 쟁점 시행령규정 즉 관세법 시행령 제23조 제2항은 구매자와 판매자
가 특수관계에 있는 경우 당해 물품가격이 특수관계가 없는 구매자와 판매자간
에 통상적으로 이루어지는 가격결정방법으로 결정된 경우(제1호), 당해 산업부문
의 정상적인 가격결정관행에 부합하는 방법으로 결정된 경우(제2호)에는 그 특수
관계가 당해 물품의 가격에 영향을 미치지 않은 것으로 본다고 규정하고 있는데
동조 제4항은 제2항의 규정을 적용받고자 하는 자는 관세청장이 정하는 바에 따
라 가격신고를 하는 때에 그 증명에 필요한 자료를 제출하여야 한다고 규정하고
있으므로 납세자는 실제거래가격을 존중받기 위해서 그 입증의무를 이행하여야
한다.

(2) 제2설

제2설은 원고 및 대상판결의 입장으로서 제1설에서 들고 있는 납세자 입증
책임 부담의 근거들은 다음에서 보는 바와 같이 타당하지 않으므로 조세소송의
입증책임의 일반원칙으로 돌아가 과세관청이 그 입증책임을 부담한다는 견해이
다.[21]

첫째, WTO 관세평가협정 제1조 제2항 (b)는 수입가격 내지 거래가격이 3가
지의 비교가격과 검사하여 그 가격 중의 하나와 매우 근접함을 수입자가 입증한
경우에는 언제나 수입가격이 수락된다고 규정하고 있지만 비교검사제도는 수입자
가 자신의 이익을 위하여 특수관계의 영향을 간편하게 판정하는 제도로서 비교검
사에서 불합격하더라도 과세관청으로서는 WTO 관세평가협정 제1조 제2항 (a)에
서 규정한 거래상황에 의한 판단방법에 대한 조사절차를 거쳐서 특수관계가 수입
가격에 영향을 미쳤는지 여부를 별도로 따져야 하고, 또한 WTO 관세평가협정 제
1조 제2항 (a)는 구매자와 판매자 간에 특수관계가 있다는 사실 자체만으로 그 수
입가격을 수락할 수 없는 것으로 간주되는 근거가 되지 않는다고 규정하고 있으
므로 WTO 관세평가협정 제1조 제2호 (b)는 특수관계로 인하여 수입가격에 영향
을 받지 않았다는 점에 대한 입증책임이 수입자에게 있다는 근거가 될 수 없다.

둘째, WTO 평가위원회 결정사항 6.1은 수입신고가격의 진실성이나 정확성
이 의심되는 경우 즉 수입자가 실제 수입가격과 다르게 수입신고를 하였다고 의

21) 홍용건, 앞의 논문, 106-113면; 권은민, 앞의 논문, 438-442면.

심이 되는 일반적인 경우에 관한 것으로서 쟁점 법률규정 소정의 특수관계가 수입가격에 영향을 미친 경우와는 그 맥락이나 차원이 다르다. 우리나라는 1998. 12. 관세법 개정시 위 결정사항을 관세법 제30조 제4항에 도입하였는데 그 입법취지는 관세법은 선의의 수입자의 성실한 신고를 전제로 수입자가 자진 신고한 실제거래가격을 기초로 과세가격을 결정하는 것으로 규정하고 있으나 그 거래와 관련된 증빙자료는 수입자가 보유하고 있고 신고납세제도 하에서 수입자가 자료제출의무를 제대로 이행하지 않으면 이를 달리 부인할 근거가 없어 이를 규정함으로써 불성실 신고를 방지하기 위한 것이었다.[22] 즉, 위 결정사항 등은 수입신고가격 자체의 진실성이나 정확성이 의심되는 경우이나 쟁점 법률규정은 수입신고가격의 진실성이나 정확성이 의심되지는 않지만 그 수입가격의 결정이 특수관계로 인하여 부당하게 낮게 책정된 것이어서 수입가격을 부인하는 경우라는 점에서 중요한 차이가 있다.

셋째, 예해 14.1은 수입자가 수입가격 신고시 당해 수입신고가격이 특수관계에 의해 영향을 받지 않았음을 가능한 한 최대한으로 확실하게 해야 할 의무가 있다고 설명하고 있으나 우선 예해 14.1은 그 자체로 법규적 효력이 없다는 점에서 적절한 전거가 될 수 없다. 뿐만 아니라 수입자가 수입가격 신고시 이러한 의무를 이행하지 않았다고 하더라도 곧바로 특수관계가 수입가격에 영향을 미쳤다고는 볼 수 없는 점, 과세관청이 수입가격 신고 후 각종 조사를 통하여 특수관계가 수입가격에 영향을 미쳤다고 판단하더라도 추가로 수입자가 특수관계로 인하여 수입가격에 영향을 미치지 않았다는 사실을 밝힌 경우에는 그 실제거래가격을 과세가격으로 삼아야 하는 점, 예해 14.1의 원문에는 'ensure'나 'be shown' 등의 단어가 사용되는데[23] 이는 입증을 의미하는 'prove'나 'evidence'와는 구별되므로 전체적으로 자료제공의무 정도를 부담시키는 취지로 보이는 점 등에 비추어 보면 예해 14.1은 본래의 입증책임에 관한 것이 아니고 단순히 성실하게 납

---

22) 나성길, "신고가격이 의심스러운 경우에 대한 관세평가와 입증책임에 관한 고찰", 관세와 무역 제34권 제2호, 한국관세무역연구원, 2002. 2., 87 – 89면.

23) 예해 14.1의 해당 부분 원문은 다음과 같다. "When declaring the customs value under the transaction value method the importer has an obligation to ensure to the greatest extent possible that the price in not influenced. This is placed upon the importer by virtue of Article 1 which stipulates that the transaction value shall be used provided that the buyer and seller are not related or, where the buyer and seller are related, it cannot be shown that the relationship did not influence the price."

세의무를 이행하게 하도록 하는 선언적 내용이라고 봄이 상당하다.

넷째, 쟁점 시행령규정 즉 관세법 시행령 제23조 제2항과 쟁점 법률규정 즉, 관세법 제30조 제3항 제4호의 조문체계상 쟁점 법률규정이 과세관청이 실제거래 가격을 부인할 수 있는 과세요건사실을 규정한 것에 대하여 쟁점 시행령규정은 쟁점 법률규정이 적용되더라도 그 과세요건사실로부터 벗어날 수 있는 납세자의 항변사유를 규정한 것으로 해석되므로 쟁점 시행령규정을 근거로 입증책임이 납세자에게 있다는 견해는 타당하지 않다.

다. 입증책임의 완화문제

일반적인 조세소송에 있어서 입증책임이 완화되는 경우가 있는데 그러한 입증책임의 완화를 관세법상 특수관계가 수입가격에 영향을 미치는 경우에도 과세관청에게 허용할 것인지 여부가 문제된다. 조세소송에 있어서 과세관청의 입증책임 완화에 관한 판례의 기본적인 입장은 과세요건사실의 입증책임은 과세관청에 있지만 구체적인 소송과정에서 경험칙에 비추어 과세요건을 추정할 만한 간접적인 사실이 밝혀지면 납세자가 당해 사실이 경험칙 적용의 대상적격이 되지 못하는 사정을 입증하지 못하는 한, 당해 과세처분이 과세요건을 충족시키지 못하는 위법한 처분이라고 단정할 수 없다는 것이다.

내국세법상의 이전가격세제의 정상가격의 입증책임에 관하여 대법원은 과세관청의 입증책임을 완화한 판결을 선고한 바 있다. 즉 판례는 구 법인세법 시행령(1994. 12. 31. 대통령령 제14468호로 개정되기 전의 것) 제46조 제5항에 규정된 바와 같이 국외 특수관계자와의 거래의 경우 납세의무자로서는 과세관청이 정상가격을 조사하기 위하여 요구하는 자료 및 증빙서류를 성실하게 제출할 의무가 있고 과세관청이 스스로 위와 같은 정상가격의 범위를 찾아내어 고려해야만 하는 것은 아니므로 국외 특수관계자와의 이전가격이 과세관청이 납세의무자에게 같은 법 시행령 제46조 제5항 소정의 자료 및 증빙서류의 제출을 요구하는 등의 최선의 노력으로 확보한 자료에 기하여 합리적으로 산정한 정상가격과 차이를 보이는 경우에는 비교가능성 있는 독립된 사업자 간의 거래가격이 신뢰할 만한 수치로서 여러 개 존재하여 정상가격의 범위를 구성할 수 있다는 점 및 당해 국외 특수관계자와의 이전가격이 그 정상가격의 범위 내에 들어있어 경제적 합리성이 결여된 것으로 볼 수 없다는 점에 관하여 그 입증의 필요가 납세의무자에게 돌아간다고 판시24)하였다.

이러한 판례의 입장을 고려하여 특수관계자 사이의 수입물품 거래에 있어서 특수관계가 수입가격에 영향을 미쳤는지 여부에 대한 과세관청의 입증책임을 완화할 필요성이 있다는 견해25)가 있다.

라. 소결론

특수관계가 수입가격에 영향을 미쳤다는 점에 대한 입증책임의 소재에 대한 제1설이나 제2설 나름대로 설득력이 있다고 하겠으나 기본적으로 쟁점 법률규정이 실제거래가격을 부인하는 경우를 규정하고 있고, 반면에 쟁점 시행령규정은 쟁점 법률규정의 적용대상이라고 하더라도 일정한 사유가 있으면 쟁점 법률규정의 적용이 배제되는 체계로 규정하고 있는 점에 비추어 쟁점 법률규정의 해당여부는 과세관청이 입증하여야 할 과세요건 사실이고 쟁점 시행령규정의 해당여부는 납세자가 입증하여야 할 항변사실로 보는 제2설이 타당하다고 사료된다. 과세처분의 과세요건사실이 다투어지는 상황에서 그 과세요건에서 벗어날 수 있는 항변사실을 납세자가 입증하지 못하였다고 하여 그 과세요건사실이 바로 인정되는 것은 아니라고 할 것이다. 특히 납세자에게 특수관계가 수입가격에 영향을 미치지 않았다는 점에 대한 입증책임을 부여한다면 이는 부존재의 입증을 요구하는 것이 되어 입증책임의 일반원칙에도 반하는 것이 된다. 원심판결도 이점에 대해서 같은 입장이다.

입증책임의 완화를 주장하는 견해도 수긍할 점이 있지만 그 근거로 제시하는 합리적인 의심이라는 것은 추상적인 불확정 개념으로서 그 객관적인 기준을 구체화하기 어렵다. 막연히 과세관청이 합리적 의심을 입증하였다는 이유로 납세자가 특수관계로 인하여 거래가격에 영향을 미치지 않았다는 점을 입증하게 한다면 이를 납세자로 하여금 부존재의 입증을 요구하는 것이 되어 사실상 그 입증불가능으로 과세관청에 의한 남용의 우려가 있고 과세처분의 적법성에 대한 입증책임이 과세관청에 있다는 일반원칙을 중대하게 잠탈할 가능성이 있다고 할 것이다. 또한 이전가격세제와는 달리 관세과세가격결정의 경우에는 그 과세대상이 되는 수입물품에 대한 과세관청 자체의 심사나 조사가 가능하므로 이전가격

---

24) 대법원 2001. 10. 23. 선고 99두3423 판결.
25) 김영순, 앞의 논문, 203－204면.

세제에 비하여 과세관청의 입증곤란의 정도가 강하다고 볼 수 없다는 점에서도 입증책임 완화문제는 신중하게 접근하는 것이 바람직하다.

5. 이 사건의 경우 특수관계가 이 사건 의약품의 수입가격에 대한 영향을 미쳤다고 인정할 수 있는지 여부

가. 논점의 정리

피고는 특수관계가 이 사건 의약품의 거래가격에 영향을 미쳤다는 근거로서 다음과 같은 3가지의 사정 즉, 이 사건 의약품의 국내재판매가격이 소외회사의 가격정책상의 최저판매가격보다 낮다는 점, 원고가 소외회사로부터 수입하는 다른 완제의약품의 매출원가율보다 이 사건 의약품의 매출원가율이 낮다는 점, 과세관청의 기준비율과 납세자가 제출한 회계보고서를 토대로 산정한 이윤 및 일반경비율이 다르다는 점을 제시하고 있다.

과세관청으로서는 다국적 기업 사이의 내부적 거래에 있어서 그 특수관계가 거래가격에 영향을 미쳤는지 여부에 대한 구체적이고 직접적인 증거를 확보하는 것이 쉽지 않은 측면이 있다. 이 사건의 경우 입증책임의 소재나 완화문제와는 별도로 피고가 주장하는 3가지의 사정에 기하여 특수관계가 이 사건 의약품의 거래가격에 영향을 미쳤는지를 판단해 볼 필요가 있다. 하급심 판결이나 조세심판원 결정 등을 보더라도 직접적인 내부의 의사결정에 관한 입증을 다하지 못하였다고 하더라도 간접적인 사실에 의하여 특수관계가 수입가격에 영향을 미쳤다고 판단하고 있다. 예컨대, 수입물품의 수입가격이 구매자의 영업상 손실 뿐만 아니라 영업외 손실까지 보전하도록 결정되어 판매자가 경우에 따라 제조원가 이하로 물품을 판매함으로써 구매자가 항상 법인세 차감전 당기순이익이 매출액대비 2%의 흑자가 되도록 한 사안,[26] 쟁점 물품의 국내판매가격에서 관세 등 부대경비와 추가가공비, 이윤 및 일반경비를 공제한 가격이 수입신고가격 대비 100분의 10을 초과하여 수입가격과 비교가격의 차이가 수입가격을 기준으로 100분의 28 내지 100분의 59에 해당하는 사안,[27] 쟁점 물품의 수입기간 중 청구법인의 영업이익율 등에 상당한 변화가 있었음에도 수입가격이 일정한 사안,[28] 청구법인이 개별품목별로 일정이익을 보장하기 위하여 협상을 통해 수입가격을 조정하지 아

---

26) 서울고등법원 2010. 7. 1. 선고 2009누10873 판결.
27) 국심 96관29호, 1996. 10. 08.
28) 조심 2015관0012호, 2015. 05. 08.

니하고 수출자가 자회사에게 동일하게 적용하는 가격정책에 따른 수입가격으로 거래한 사안29)에서 특수관계가 수입가격에 영향을 미친 것으로 판단하였다.

따라서 실무적으로는 과세관청에서 제시하는 간접사실에 대한 합리적인 반박이 수반되지 않으면 간접사실만으로도 특수관계가 수입가격에 영향을 미쳤다고 판단될 가능성이 상당한바, 이 사건에서 피고가 제시하는 3가지의 간접사실에 의하여 특수관계의 영향을 인정하는 것이 타당한 것인지, 나아가 간접사실만에 의하여 특수관계의 영향을 인정하는 것이 바람직한 것인지를 순차 검토한다.

나. 이 사건 의약품의 이윤 및 일반경비의 비율이 관세청장이 정한 이윤 및 일반 경비에 대한 기준비율을 초과하는 사정

피고는 우선 원고의 회계보고서에서 이 사건 의약품의 이윤 및 일반경비의 비율이 관세법 제33조 제1항, 관세법 시행령 제27조 제4항 소정의 관세청장이 정한 기준비율을 초과하고 있다는 점을 수입가격에 대한 특수관계자 영향의 근거로 들고 있다.

그런데 관세법 시행규칙 제6조 제2항은 납세의무자는 관세청장이 정한 기준비율이 불합리하다고 판단되는 경우에는 관세청장에게 당해 수입물품에 적용하고자 하는 이윤 및 일반경비를 산정해 줄 것을 신청할 수 있고 그 신청이 있는 경우 관세청장은 이를 산출하여 당해 납세자의 수입물품에만 적용될 이윤 및 일반경비를 산출하여 이를 적용할 수 있다고 규정하고 있는바, 이와 같이 관세법령 자체에서 기준비율에 따른 이윤 및 일반경비를 산정하는 것이 불합리할 수 있다는 전제 하에 일정한 경우에는 그 기준비율의 적용을 납세자의 신청에 의하여 과세관청 스스로 배제하도록 하고 있는 점, 관세청장은 매년 업종별로 이윤 및 일반경비에 대한 기준비율을 정하고 있는데, 같은 업종에 속하더라도 세부적으로는 수십 내지 수백 개의 수입물품이 존재할 수 있으므로 특정 수입물품에 대한 이윤 및 일반경비가 그 기준비율을 초과한다는 이유만으로 곧바로 특수관계가 특정 수입물품의 수입가격에 영향을 미쳤다고 단정할 수는 없는 점, 이윤 및 일반경비를 공제하여 과세가격을 결정하는 관세법 제33조는 관세법 제30조의 실제거래가격을 과세가격으로 삼을 수 없는 경우에야 비로소 적용되므로 관세법 제33조의 이윤 및 일반경비 초과여부를 가지고 관세법 제30조가 적용되어야 한다는 논리

---

29) 조심 2013관0285, 2014. 04. 30.

는 선·후가 뒤바뀐 측면이 있는 점 등을 종합하면 피고 주장의 위 사유만으로 원고와 소외회사의 특수관계가 이 사건 의약품의 수입가격에 영향을 미쳤다고 보기 어렵다.

다. 이 사건 의약품의 재판매가격이 소외회사의 가격정책상의 최저 판매가격보다 낮다는 사정

피고는 이 사건 의약품의 재판매가격이 소외회사가 가격정책으로 정한 최저 판매가격보다 낮다는 점을 그 근거로 삼고 있다.

그러나 이 사건 의약품의 재판매가격은 약사법령 하에서 보험수가결정제도에 따라 1998년 말경에 결정된 것이고, 소외회사의 가격정책은 2001년에 권고사항으로 결정된 것이라는 점, 국내재판매가격은 원화로 정해진 반면 소외회사의 가격정책상의 가격은 스위스 프랑으로 정해져 있었는데, 1998. 12. 당시 이 사건 의약품의 재판매가격을 스위스 프랑으로 환산하면 소외회사가 정한 최저판매가격보다 높았고, 위 가격정책을 발표할 당시인 2001. 1.경에도 스위스 프랑으로 환산하면 최저 판매가격보다 높았다는 점, 재판매가격 결정방식에 의한 수입가격 결정구조 하에서 국내보험수가 제도 때문에 재판매가격 자체가 변경될 수 없다는 점 등을 종합하면 피고 주장의 사유만으로 수입가격에 대한 특수관계 영향이 있었다고 보기 어렵다.

라. 이 사건 의약품의 재판매가격에서 차지하는 매출원가의 비율이 다른 완제의약품의 그것보다 낮다는 사정

피고는 이 사건 의약품의 매출원가 비율이 소외회사로부터 수입한 다른 완제의약품에 비하여 낮다는 사정을 그 근거로 들고 있다.

그러나 원고가 소외회사로부터 수입한 다른 의약품은 비만치료제·독감치료제·항악성종양제이므로 이 사건 의약품과 단순 비교할 수 없는 점, 이 사건 의약품의 매출원가율이 60% 정도였고 환율변동에 따라 50% 내지 55%로 그 비율이 낮아지기는 하였으나 현재까지 외화를 기준으로 한 수입가격은 변동이 없는데 외화를 기준으로 수입가격을 책정한 다음 환율이 변동될 때마다 반드시 재판매가격을 조정해야 하는 것으로 볼 수 없는 점, 소외회사와 특수관계가 없는 내국법인이 소외회사로부터 수입하는 완제의약품의 경우에도 재판매가격에서 차지

하는 매출원가의 비율이 50% 정도인 점, 피고가 이 사건 부과처분을 위하여 비교대상업체들을 대상으로 산출한 이윤 및 일반경비율이 최저 18%에서 최대 57%에 이르러 원고의 이윤 및 일반경비율 40%~50%보다 높은 업체가 있었다는 점 등을 종합하면 피고 주장의 위 사정 역시 원고와 소외회사의 특수관계가 이 사건 의약품의 수입가격에 영향을 미쳤다고 보기 어렵다.

마. 소결론 및 추가적 고려사항

쟁점 법률규정은 특수관계가 수입가격에 영향을 미쳤다고 판단되는 경우 실제거래가격을 부인할 수 있다고 규정하고 있는데 이는 특수관계자가 관세부담을 줄이기 위하여 고의로 수입물품의 가격을 낮추는 경우를 상정한 것으로 보인다. 그러나 관세부담을 낮추기 위해서 고의로 거래가격을 낮춘다면 수출자의 거주지국에서 국세의 과소 납부를 초래하여 그 거주지국 과세관청에서 이전가격 문제를 제기할 여지가 있고 만일 관세 추징의 위험을 줄이기 위해서 수입물품의 거래가격을 높게 잡는다면 우리나라의 내국세 납부가 줄어들게 되므로 내국세 과세관청에서 이전가격 문제를 제기할 가능성이 크다. 또한 내국세 문제 외에도 수입가격과 관련된 다른 여러 가지 행정규제상의 문제도 수반이 될 수 있다.

따라서 납세자의 입장에서는 충돌되는 여러 사정을 고려하여 거래 당사국의 관세 외에 내국세 등 전반적인 조세부담 및 규제상의 요소 등을 고려하여 거래가격을 결정할 수밖에 없으므로 납세자가 특수관계자와 거래를 한다고 하더라도 오로지 우리나라에서의 관세부담만을 낮추기 위한 노력을 할 가능성은 높지 않아 보인다. 이러한 의사결정의 경위와 제반 사정에 비추어 볼 때 쟁점 법률규정 소정의 특수관계가 수입가격에 영향을 미쳤는지에 대한 인정문제는 단순히 간접사실에 의하는 것보다는 그 요증사실에 대한 보다 근접하고 직접적인 사정이 입증되는 경우에 한하여 이를 인정하는 것이 바람직하다고 판단된다. 이러한 측면에서도 위 쟁점에 대한 대상판결의 판시는 타당하다.

6. 대상판결의 의미와 평가

그동안 관세법 제30조 제3항 제4호에서 정한 특수관계가 당해 수입물품의 거래가격에 영향을 미쳤는지 여부에 대한 입증이 쉽지 않아 증명책임에 대하여 논란이 되어 왔는데, 대상판결은 쟁점 법률규정의 특수관계가 수입물품의 거래가격에 영향을 미쳤는지 여부에 대한 입증책임이 과세관청에 있다는 점을 명백히 하였다는 점에서 의미가 크다. 또한 과세관청이 납세자가 제출한 회계보고서를 근거로 계산된 당해 수입물품에 대한 이윤 및 일반경비의 비율이 기준비율의 범위에 속하지 않았다는 것을 밝혔다는 것만으로는 특수관계가 거래가격에 영향을 미쳤다는 증명을 다한 것으로 볼 수 없다고 판시하였고 이 사건 의약품의 재판매가격이 소외회사가 정한 가격 정책상의 최저판매가격보다 낮거나 원고가 소외회사로부터 수입한 다른 의약품들의 매출원가율이 이 사건 의약품의 매출원가율보다 높다고 하더라도 합리적인 사유에 대한 설명이 있는 이상 그러한 사정만으로는 이 사건 의약품의 수입가격이 특수관계에 영향을 받아 부당하게 낮게 책정된 것으로 볼 수 없다고 판단함으로써 간접사실에 의한 요증사실의 인정에 제한을 가하였다는 점에서도 의의가 있다.

다만, 대상판결에 따르면 실제거래가격이 부인되는 쟁점 법률규정에 대해서는 과세관청이 입증책임을 지고 실제거래가격이 존중되는 쟁점 시행령규정에 대해서는 납세자가 입증책임을 부담하게 되는데 쟁점 법률규정에 대한 입증책임을 과세관청이 부담하더라도 특수관계자 사이의 직접적인 의사결정에 대한 입증까지 요구하는 것은 아니라고 보이는바, 쟁점 시행령규정과 쟁점 법률규정의 체계적 관계와 두 규정의 적용대상이 아닌 중간 영역에 해당하는 사유 중에서 어느 정도의 사정을 입증하면 특수관계가 수입가격에 영향을 미친 것으로 판단될 것인지에 대한 구체적인 기준의 설시가 없다는 점은 다소 아쉬움이 있다. 납세자의 입장에서는 수입가격을 결정함에 있어 관세 외에 내국세 등도 같이 고려하여 의사결정을 하는 사정을 고려하면 특수관계가 수입가격에 영향을 미쳤는지 여부의 근거가 되는 간접사실의 기준 제시와 관련하여 특수관계자의 결손 등의 사정으로 인한 내국세 부담을 고려할 필요가 없는지, 납세자나 특수관계자에게 적용되는 이전가격세제가 관세에 대해서 적용되는 관세과세가격결정과 동일한지 아니면 다른 방식을 사용하고 있는지, 납세자의 경제활동이나 거래에 있어서 당해 수입물품이 차지하는 비중이 얼마나 되는지 등도 그 참고사항이 될 수 있을 것이다. 대상판결의 결론에 찬성하며 추후 유사사안에서의 구체적 판시를 기대한다.

자유무역협정상 원산지증명서의 하자와
협정관세의 적용*

I. 서 론

1995년 무역자유화를 통한 세계경제발전을 목적으로 세계무역기구(World Trade Organization, 'WTO')가 출범하였으나 2001년부터 시작된 도하개발어젠다(Doha Development Agenda) 협상이 지지부진하자 국가들 사이에서는 그 대안으로 조건이 맞는 상대국을 찾아 자신들 사이의 특혜적 교역체제의 수립이 추진되었고[1] 자유무역협정(Free Trade Agreement, 'FTA')으로 대표되는 양자협약 또는 지역주의가 전 세계적으로 확대되었다.[2] 우리나라의 경우 2004년 한·칠레 FTA[3]의 체결을 효시로 2012년 한·미 FTA, 2015년 한·EU FTA가 발효되었고 2020년 11월에는 8년간의 협상을 거쳐 일본, 중국, 호주, 뉴질랜드, 아세안 10개국 등 총 15개 국가가 참여하는 세계 최대의 FTA인 '역내포괄적경제동반자협정'(Regional Comprehensive Economic Partnership)에도 최종 서명하였다.[4]

자유무역협정은 체약상대국과 관세의 철폐, 세율의 연차적인 인하 등 무역의 자유화를 내용으로 하여 체결한 1994년도 관세 및 무역에 관한 일반협정 제

---

* 조세학술논집 제37집 제1호 (2021. 3.)

1) 기획재정부 FTA 국내대책본부, FTA 이해와 활용, 중앙일보 시사미디어, 2010, 21면.

2) 다수 국가간 이해관계가 첨예하게 대립하여 합의 도출이 어려운 WTO 체제와는 달리 양자협약 형태인 FTA 체제에서는 WTO가 규범화 합의를 하지 못한 투자·환경 등의 분야에 있어서도 비교적 유연하게 합의에 이를 수 있다.

3) 이하에서는 개별 FTA를 지칭하는 경우 정식명칭을 사용하는 대신 편의상 바로 한·칠레 FTA와 같은 약칭의 방식으로 표기한다.

4) 2021년 1월 기준 56개국과 17건의 FTA가 발효되어 있고 16개국과 4건의 FTA가 타결된 상태이며 11개국과 7건의 FTA가 협상 중에 있다.

24조5)에 따른 국제협정과 이에 준하는 관세의 철폐 또는 인하에 관한 조약·협정을 말한다.6) WTO 중심의 다자무역체제에서는 회원국들 사이에 단일한 규범이 적용되는 반면, FTA 체제에서는 다양한 FTA가 그 규범 내용을 각기 달리하여 적용되므로 개별국가의 입장에서는 다양한 국가로부터의 수입물품에 대하여 해당 FTA 규정을 적용하는 데에 실무상 부담이 가중된다. 그중에서도 대표적 영역이 협정관세의 적용 여부를 판가름 짓는 원산지제도이다. FTA로 관세를 인하하거나 철폐하더라도 원산지제도를 통해 당해 수입물품이 체약상대국의 원산지로 판정되지 않으면 그 특혜를 누릴 수 없게 되므로 원산지의 증명이 무엇보다 중요하다. 원산지제도는 협정관세의 혜택을 부여하기 위한 수입물품의 '실체적 원산지결정규정'과 그에 따라 판정된 원산지를 증명하는 '절차적 원산지증명규정'으로 크게 구분해 볼 수 있는데, 원산지증명방식은 개별 FTA와 FTA 관세법에 의하여 법정 양식의 원산지증명서류에 의하도록 규정되어 있고, 개별 FTA별로 원산지증명방식에 관한 규정이 상이하여 협정관세의 적용상 절차적인 어려움이 가중되고 있다. 특히 원산지증명서류를 대표하는 원산지증명서의 발급주체, 서식과 내용, 신청기간 및 유효기간 등이 개별 FTA별로 각기 달라 원산지증명서의 기재와 제출시점 등의 하자나 오류에 따라 원산지결정기준에 실체적으로 부합하는 수입물품이라 하더라도 협정관세의 적용이 배제될 수 있다. 관세당국은 원산지제도의 절차적 요건을 엄격하게 해석하여 원산지증명서의 하자를 이유로 다수의 사례에서 협정관세의 적용을 배제하고 있고 이에 따라 원산지증명서에 관한 다양한 다툼이 지속적으로 제기되고 있다.

이 글에서는 우리나라로 수입되는 물품에 대하여 절차적인 측면에서 원산지증명서류의 하자를 이유로 협정관세의 적용 여부가 문제된 사안에 관한 법원 판결과 조세심판원 결정 등 선례를 검토해 보고 그에 대한 바람직한 해석론을 모색하는 것을 목적으로 한다. 이를 위해서 우선 자유무역협정상 원산지제도와 원산지증명규정의 의미에 대해서 살펴보고 협정관세의 적용요건을 실체적 요건과 절차적 요건으로 구분한 다음, 협정관세의 적용절차에서의 원산지증빙서류의 기능과 역할을 원산지증명서를 중심으로 검토한다. 이어서 그 절차적 과정에서 제기

---

5) 같은 조 제5항은 본 협정의 규정은 체약국 영역 간에 관세동맹 또는 자유무역지역을 형성하거나 또는 관세동맹 또는 자유무역지역의 형성에 필요한 잠정협정의 체결을 방해하지 않는다고 규정하고 있다.

6) 자유무역협정의 이행을 위한 관세법의 특례에 관한 법률(이하 'FTA 관세법') 제2조 제1항 제1호.

되는 원산지증명서의 하자를 둘러싸고 협정관세의 적용 여부가 문제되었던 선례를 원산지증명서 하자의 존부 및 정도, 그리고 치유의 문제를 중심으로 분석하여 원산지증명서의 하자와 협정관세 적용에 관한 법리를 도출하여 평가한 후 그에 대한 정당한 해석론을 제안하는 순서로 논의를 전개한다.

Ⅱ. 원산지제도와 원산지증명서

1. 원산지제도

가. 원산지제도의 의의

원산지란 물품이 생산된 국가로서 '물품의 국적'을 의미한다. 원산지제도란 수입물품의 원산지를 확인하여 그 원산지에 따라 차별적인 조치를 취하는 제도로서 '특혜원산지제도'(Preferential Rules of Origin)와 '비특혜원산지제도'(Non-preferential Rules of Origin)로 구분된다. 특혜원산지제도는 수혜국이 원산지인 수입물품과 비수혜국이 원산지인 수입물품을 구별하여 후자에 대해 부당한 혜택이 부여되는 것을 방지함으로써 해당 특혜제도의 실효성을 확보하는 원산지제도를 말한다. 반면 비특혜원산지제도란 관세인하의 특혜와 무관하게 원산지표시 · 수입제한 · 덤핑방지관세의 부과 · 무역통계의 작성7) 등 관세행정이나 무역정책상 수입물품의 원산지 판정이 필요한 경우에 적용되는 원산지제도를 말한다.

자유무역협정은 대표적인 특혜원산지제도로서 체약상대국의 수입물품의 원산지에 따라 특혜관세율을 적용하므로 수입물품의 원산지 판정이 매우 중요하다. FTA 관세법에서는 원산지를 관세의 부과 · 징수 및 감면, 수출입물품의 통관 등을 할 때 협정에서 정하는 기준에 따라 물품의 생산 · 가공 · 제조 등이 이루어진 것으로 보는 국가를 말한다고 규정하고 있다.8) 관세법상 FTA 특혜관세 외에 그 밖의 특혜원산지제도로는 국제협력관세9) 및 일반특혜관세10)가 있다.

---

7) 관세법 제322조.
8) FTA 관세법 제2조 제1항 제4호. 비특혜원산지제도의 원산지에 관하여는 대외무역법이 완전생산물품, 실질적 변형, 단순가공활동 등 기준에 따라 해당국가를 원산지로 한다는 규정을 두고 있다(대외무역법 시행령 제61조).
9) 관세법 제73조. 국제협력관세란 특정국가와의 관세협상에 따라 정해진 관세로서 세계무역기구협정 일반양허관세, 세계무역기구협정 개발도상국간 양허관세, 아시아태평양무역협정 양허관세, 개발도상국간의 특혜무역제도 양허관세가 있다.

나. 자유무역협정상 원산지규정

(1) 원산지규정의 종류와 적용순서

자유무역협정상 원산지규정은 수입물품의 원산지 판정을 위한 각종 기준 및 절차를 담은 것으로서, 원산지 판정기준 등을 규정한 '실체적 원산지결정규정'과 원산지증명서류의 작성 · 제출 및 관세당국의 확인 과정 등을 규정한 '절차적 원산지증명규정'으로 구분된다.

수입물품에 적용되는 원산지규정은 여러 법령과 협정에 위치하고 있는데, 크게는 개별 FTA와 FTA 관세법 및 관세법[11]상의 원산지규정으로 나누어 볼 수 있다. 관세법의 원산지규정은 다자간 협상의 결과를 규정한 것인 반면, FTA 관세법의 원산지규정은 양자간 관세협정의 중요한 내용을 규정한 것이며 개별 FTA의 원산지규정은 개별 FTA에서 원산지에 관하여 규정하고 있는 것이다. 이들 원산지규정들이 서로 상충하는 경우 우선적으로는 개별 FTA의 원산지규정이 적용되지만 그에 반하지 않는 사항에 대하여는 FTA 관세법 및 관세법의 원산지규정이 순차로 적용된다.[12] 특정 국가와 사이에 복수의 FTA 등이 존재하는 경우에 이미 수입신고 당시에 적용받은 특정 FTA와는 다른 FTA에 근거하여 다시 협정관세의 사후적용 신청을 하는 것도 가능하므로[13] 그 범위 내에서 납세자는 유리한 FTA의 적용에 대한 선택권을 가진다고 할 것이다.

(2) 원산지결정규정

원산지결정규정이란 특정 물품의 원산지를 결정하는 실체적 기준에 관한 규정이다. 원산지결정기준은 실무상 크게 '원산지상품기준'과 '직접운송기준'으로 구분된다. 원산지상품기준은 물품의 원산지를 판단하는 기준으로 '완전생산기준'과 '실질적 변형기준'이 있는데, 완전생산기준은 해당 물품의 전부를 생산 · 가공 또는 제조한 국가를 원산지로 판정하는 기준이다.[14] 실질적 변형기준은 물품이 2개국 이상에 걸쳐 생산 · 가공 또는 제조된 경우에 적용되는 것으로, 그 물품의 중

---

10) 관세법 제76조. 일반특혜관세란 개발도상국에서 수입하는 물품에 대한 일방적인 무관세나 낮은 세율로 부과하는 관세를 말한다.

11) 관세법상의 원산지규정은 별도의 규정이 없는 한 특혜원산지제도뿐만 아니라 비특혜원산지제도에 대해서도 적용된다.

12) FTA 관세법 제3조.

13) 자유무역협정집행기획담당관실, 1국 2개 이상 협정이 적용되는 수입물품에 대한 협정관세 사후적용시 업무처리 지침, 2018. 8. 14.

14) FTA 관세법 제7조 제1항 제1호, 관세법 제229조 제1항 제1호. 농수산물이나 광물 등 1차 생산품이 주요대상이다.

요한 특성을 변경하는 정도의 실질적인 변화가 최종적으로 이루어진 국가를 원산지로 하는 기준이다.15) 실질적 변화의 판단에는 세번변경기준을 기본으로 주요공정기준과 부가가치기준이 사용된다.16) 세번변경기준의 경우 단순작업에 의한 세번변경은 제외된다.17) 그 밖에 해당물품이 협정에서 정한 원산지상품기준을 충족시킨 국가가 그 물품의 원산지가 된다.18)

직접운송기준(Direct Transportation Rule)이란 해당물품이 원산지가 아닌 국가를 경유하지 아니하고 직접 우리나라에 운송·반입되는 경우에 한하여 해당 국가를 원산지로 인정하는 기준이다.19) 제3국을 경유하는 경우에는 수입물품의 동일성 여부에 대한 수입국의 확인이 어려워 원산지를 인정하지 않겠다는 취지이다. 원산지상품기준에 부합하는 수입물품이더라도 직접운송기준을 충족하지 못하면 그 수입물품은 원산지결정기준을 구비하지 못하는 것이 된다.

(3) 원산지증명규정

원산지증명규정이란 수입물품에 대한 원산지를 증명하는 방식 및 절차에 관한 규정으로서 해당 수입물품이 실체적 원산지결정기준을 충족하였다는 점에 대한 입증방식을 정한 원산지증명서류에 관한 규정이 대표적이다.20) 이에 더하여 원산지심사와 원산지조사 등 원산지증명이 이루어지는 절차에 관한 규정을 포함하여 전체를 원산지증명규정으로 분류할 수도 있다. 원산지증명서류에 대한 하자와 오류가 원산지심사와 원산지조사과정에서 치유 내지 보정된다는 점에서 이들 규정도 원산지증명규정으로 볼 수 있는 것이다. 나아가 최광의로는 협정관세의 적용신청 및 협정관세의 적용판정에 관한 규정도 포함된다는 견해도 있으나21)

---

15) FTA 관세법 제7조 제1항 제2호, 관세법 제229조 제1항 제2호. 대체로 공산품의 원산지 결정에 사용된다.

16) 세번변경기준이란 당해 물품의 생산과정에서 사용되는 물품의 품목분류표상 품목번호와 다른 품목번호의 물품을 최종적으로 생산하는 국가를 원산지로 보는 기준을 말하는데, 2단위, 4단위, 6단위 기준이 있다. 주요공정기준이란 물품 생산과정에서 중요한 공정을 수행한 국가를 원산지로 판정하는 기준이고, 부가가치기준이란 물품 생산과정에서 일정 비율 이상의 부가가치의 기여가 있는 국가를 원산지로 판정하는 기준이다.

17) 관세법 시행규칙 제74조 제4항. 분야별 특례기준으로 누적기준, 최소기준 및 중간재, 대체가능 물품 기준 등이 있다.

18) FTA 관세법 제7조 제1항 제3호.

19) 관세법 시행규칙 제76조 본문.

20) 원산지증명서에 관한 규정은 원산지증명서의 형식에 관한 규정이지만 원산지증명이라는 일련의 법정 절차의 일부를 구성하므로 절차적 규정의 측면이 있다.

21) 이명구·정재완·정재호, FTA 이해와 활용, 도서출판 청람, 2016, 157－158면. 위 견해는 협정관세의 적용요건을 증명하는 원산지증명서가 작성되고 이를 기반으로 협정관세의 적용신청 및

이러한 규정들은 엄밀하게 보면 원산지증명규정에 관한 것만이 아니라 원산지결정규정에도 적용되는 절차이고, 체약상대국이 원산지인 수입물품에 관한 납세자의 협정관세 적용신청과 그 요건의 해당 여부에 관한 관세당국의 판단이 이루어지는 절차이므로 별도로 협정관세의 적용절차규정으로 보는 것이 타당하다.

2. 원산지증명서류

가. 원산지증명과 원산지증명서류

원산지증명이란 수입물품의 통관, 관세의 부과 등과 관련하여 체약상대국이 그 물품의 원산지임을 확인하고 이를 서류로써 증명하는 것을 말한다.[22] 원산지증명규정은 수입물품의 원산지에 대한 공신력을 보증하여 체약상대국이 이를 신뢰하도록 함으로써 원활한 행정처리를 하기 위한 데에 목적이 있다.[23] 수입자는 협정관세를 적용받으려는 수입물품에 대해 개별 FTA 및 FTA 관세법에서 정하는 바에 따라 원산지를 증명해야 하고,[24] 수출자 및 생산자는 체약상대국에서 협정관세를 적용받으려는 수출물품에 대해 개별 FTA 및 FTA 관세법에서 정하는 바에 따라 원산지증빙서류를 작성하거나 발급해야 한다.[25]

원산지증명서류(Documentary Evidence of Origin)란 수입물품의 원산지를 관세당국에 증명하기 위하여 발행되는 문서를 말한다.[26] 원산지증명서류에는 '협의의 원산지증명서'(Certificate of Origin)와 '원산지신고서'(Declaration of Origin)가 있다(원산지증명서류는 협의의 원산지증명서와 원산지신고서를 포함하는데 그 중 협의의 원산지증명서와 원산지신고서는 광의의 원산지증명서로 볼 수 있다. 이하에서는 광의의 원산지증명서를 편의상 '원산지증명서'로 약칭하기도 한다[27]). 협

원산지심사와 검증이 행해지고 협정관세의 적용 여부가 판단되는 절차라는 점을 중시한다.

22) WTO 설립 전에는 통일된 원산지증명제도가 없었으나 WTO는 1994년 원산지규정에 관한 협정을 부속협정으로 제정하였고 관세협력이사회는 1973년 교토협약에서 원산지제도에 관한 부속서를 채택하였으며 1999년 교토협약이 개정되면서 특별부속서K로 통합되었다. 교토협약 특별부속서K 제2장은 원산지증명서류란 특정 수입물품의 원산지를 관세당국에 증명하기 위하여 발행되는 모든 문서를 의미한다고 규정하고 있다(김기인 · 신태욱, 한국관세법, 한국관세무역개발원, 2015, 291면).

23) 김만길, "우리나라 원산지증명제도의 문제점 분석 및 개선방안", 경영경제연구 제34권 제1호, 충남대학교 경영경제연구소, 2011. 8., 184면.

24) FTA 관세법 제10조 제1항.

25) FTA 관세법 제10조 제2항.

26) 김기인 · 신태욱, 앞의 책, 291면.

27) 관세법 시행령 제236조 제1항은 해당 물품의 원산지를 증명하는 서류를 원산지증명서라고 하면

의의 원산지증명서는 원산지증명서를 발행할 권한이 있는 국가기관이나 단체가 특정 물품에 대해 특정 국가가 원산지라는 것을 명백한 문구로 증명 내지 보증하는 특정 양식의 서류를 말한다. 원산지증명서는 수입물품의 수출국에서 작성 · 발급되고 수입국의 관세당국에 제출되므로 무역서류의 하나로 수출자가 수입자에게 송부하게 된다. 원산지신고서란 수출물품의 상업송장(invoice) 기타 관련 서류에 제조자 · 생산자 · 공급자 · 수출자 기타 권한 있는 관계인이 해당 물품의 원산지에 관하여 적절한 표현으로 원산지를 신고한 서류를 말한다.[28] 원산지신고서는 특정한 형식이 없고 수출자가 자신의 물품의 원산지를 증명하는 문구를 기재하는 것으로 충분하다.

원산지증명서류 외에 '원산지증빙서류'의 개념이 있는데, 원산지증빙서류란 우리나라와 체약상대국 간의 수출입물품의 원산지를 증명하는 서류인 원산지증명서와 그 밖에 원산지 확인을 위하여 필요한 서류 · 정보 등을 말한다.[29] 원산지증빙서류[30]는 협약에서 정한 원산지증명서와 그 증명서의 내용을 확인하기 위한 서류 등을 포괄하는 개념[31]으로 원산지결정규정 즉 원산지상품기준 및 직접운송기준을 구비하였다는 점에 대한 증빙서류를 말한다. 원산지증명서류는 협의의 원산지증명서와 원산지신고서를 주로 지칭하여 원산지상품기준에 관한 증명서류의 측면이 강한 반면, 원산지증빙서류는 직접운송기준에 대한 증명서류와 서류 외의 정보도 포함한다는 점에서 원산지증명서류보다는 그 범위가 넓다는 설명도 가능하나, 양자는 사실상 동일한 개념으로서 그 구분의 실익은 크지 않다고 보인다.

서 제3항 제1호에서는 협의의 원산지증명서가, 제3호에서는 원산지신고서가 원산지증명서가 된다고 규정하여 원산지신고서도 원산지증명서류의 하나로 파악하고 있다.

28) 그 밖에 공적 확인 원산지신고서(Certificate Declaration of Origin)가 있는데, 사인이 작성한 원산지신고서를 권한 있는 국가기관이나 단체가 증명 · 보관하는 경우 그 서류를 공적 확인 원산지신고서라고 한다(김기인 · 신태욱, 앞의 책, 291면).

29) FTA 관세법 제2조 제1항 제5호.

30) 구체적으로 원산지증명서 외에 송품장이나 거래계약서, 원자재 조달과 관련된 수입신고필증 또는 원산지확인서, 원재료에 대한 가격 관련자료, 생산공정설명서, 수출사실을 증명하는 서류, 운송사실을 증명하는 서류 등이 이에 해당한다(정재완, 관세법, 도서출판 청람, 2016, 635면).

31) 종전에는 원산지증빙서류를 수출입물품의 원산지를 입증할 수 있는 것으로서 작성자, 기재사항, 유효기간 등 대통령령이 정하는 요건을 갖춘 서류라고 규정하여 원산지증명서와의 관계가 모호하였고 그 증빙서류의 범위가 좁았으나 2013년 개정을 통하여 그 개념을 명확히 하면서 서류뿐만 아니라 정보도 원산지증빙서류의 범위에 포함되는 것으로 광범위하게 정의하였다.

나. 원산지증명서: 협의의 원산지증명서와 원산지신고서

(1) 원산지증명서의 의미와 성격

특정 수입물품의 수입신고시 다른 국가의 수입물품에 적용되는 세율보다 낮은 협정세율을 적용받고자 하는 경우에 원산지증명서의 제출이 필요하다.[32] 원산지증명서 중 협의의 원산지증명서와 원산지신고서에 대해서는 개별 FTA와 FTA 관세법이 그 법정서식을 규정하고 있다. 개별 특혜관세제도에 따라 각기 다른 원산지증명서류 양식을 사용하고 있고, 개별 FTA에서도 그 양식에 차이가 있는데,[33] 이는 원산지의 증명은 개별 FTA와 FTA 관세법에 의한 법정 서류인 원산지증명서에 의해야 한다는 원칙을 규정한 것이기도 하다. 수입국 관세당국의 입장에서는 역외에서 생산된 수입물품의 원산지를 판단하는 데 사실상 어려움이 있어 원산지증명서에 크게 의지할 수밖에 없으므로, 그 증명방식으로 법정 서류인 원산지증명서를 요구하는 것이다.

원산지증명서의 법적 성격에 관하여는, 원산지증명서에 관한 규정은 행정규칙의 일종으로 원산지증명서는 실체적 원산지결정규정을 충족하였다는 점에 대한 증빙자료에 불과하므로 원산지결정규정을 충족하였다는 점이 다른 원산지증빙자료에 의하여 증명된다면 원산지증명서의 서식 등의 하자를 이유로 수입물품의 원산지가 증명되지 않았다고 판단할 수는 없다는 견해[34]와, 원산지증명서는 단순한 증명서의 역할을 하는 것이 아니라 국제무역의 공인된 증명력을 담보하기 위한 것으로 그 구체적인 서식과 사용언어까지 요구하고 있으므로 원산지증명서에 관한 규정에 위반한 경우에는 수입물품의 원산지가 증명된 것으로 볼 수 없다는 견해가 가능하다. 원산지증명서의 서식이 FTA 관세법 시행규칙의 별지에 규정되어 있지만 이는 개별 FTA에 규정되어 있는 원산지증명서의 서식을 FTA 관세법 시행규칙에 반영하여 통일적으로 규정한 것이므로 그 서식의 성격을 단

---

32) 관세법 시행령 제236조 제1항 제1호. 다만, 관세법 시행령 제236조 제2항은 세관장이 물품의 종류·성징·형상 또는 그 상표·생산국명·제조자 등에 의하여 원산지를 확인할 수 있는 물품, 우편물, 과세가액이 15만 원 이하인 물품, 개인에게 무상으로 송부된 탁송품·별송품 또는 여행자의 휴대품 등은 원산지증명서 제출대상에서 제외된다고 규정하고 있다.

33) 원산지증명서에는 일반 원산지증명서 이외에도 단순가공공정만을 수행한 것을 증명하는 '가공 원산지증명서', 국제운송과정에서 특정지역을 단순히 경유한 사실을 입증하기 위한 '재수출·환적 원산지증명서', 수출당사국이 발행한 원산지증명서를 근거로 경유하는 수출당사국이 발행하는 '연결 원산지증명서'가 있는데, 일반 원산지증명서를 보충하는 기능을 가진다.

34) 대법원은 시행규칙이나 고시상의 서식에 대해서는 일반적으로 구속력을 인정하지 않는 입장이다. 예컨대, 이의신청서의 서식의 효력에 관한 대법원 1997. 11. 28. 선고 97누13627 판결 등 참조.

순한 시행규칙으로 볼 수는 없고, 그렇다고 원산지증명서의 경미한 하자가 존재한다는 이유로 원산지결정기준을 충족한 수입물품에 대하여 원산지가 증명되지 않은 것으로 간주하는 것은 원산지증명서의 증명기능에 부합하지 않으므로 그 하자의 종류와 정도에 따라 원산지증명의 성사 여부를 판정하여야 할 것이다.[35]

조세법상 원산지증명서는 우선 국제거래에서 문제되는 거주자증명서와 비교될 수 있다. 원산지증명서는 협정관세의 적용을 받기 위한 서류로서 조세조약의 적용을 위하여 제출되는 거주자증명서와 유사한 기능을 수행하고 있다. 거주자증명서가 제출된다고 하더라도 당연히 조세조약상 거주자의 지위가 인정되는 것은 아니고 실질과세원칙에 의하여 그 지위가 부인될 수 있으며 원산지증명서의 경우에도 그 증명서의 형식적 증명이 있더라도 원산지결정기준이 충족되지 못한 경우에는 그 효력이 부인될 수 있다. 다만, 원산지증명서는 그 서식과 유효기간 및 절차 등에 관하여 개별 FTA에서 구체적으로 각기 달리 규정하고 있고, 협정관세의 적용을 받는 물품의 원산지의 증명 목적으로 작성되는 반면, 거주자증명서는 그 서식 등은 체약국의 법률에 따르는 것으로 하고 조세조약에는 별도의 서식 등에 관하여 구체적인 규정을 두고 있지 않으며 조세조약의 적용을 받는 거래당사자의 거주자의 지위를 증명한다는 점에서 차이가 있다. 또한, 거주자증명서의 경우에는 거주자증명서가 제출되지 않거나 거주자증명서에 하자가 있다고 하더라도 실제 거주자에 해당하면 조세조약이 적용되는 반면 원산지증명서의 경우에는 그 증명서가 제출되지 않거나 형식적인 하자가 있다면 실체적인 수입물품의 원산지가 체약상대국이 맞더라도 협정관세의 적용이 배제될 수 있다는 점에서 두 증명서는 법적 성격에 차이가 있다.

다음으로 원산지증명서는 국내거래에서 부가가치세법상 거래당사자 사이에서 수수되는 세금계산서와도 비교될 수 있다. 세금계산서는 재화나 용역을 공급한 사업자가 공급받는 자로부터 부가가치세를 거래징수한 사실을 증명하는 것으로 공급자가 공급받는 자에게 발행한다. 세금계산서는 원산지증명서와 같이 그 기재사항이 법정되어 있고, 당해 재화나 용역의 공급자가 세금계산서를 발급하지 않거나 기재사항 등에 오류가 있는 경우에는 실제 부가가치세법상 매입거래가 있다고 하더라도 공급받는 자의 매입세액은 공제되지 않을 수도 있다는 점에서

---

35) 김영순, "최빈국 특혜관세 활용을 위한 원산지증명서의 완화 필요성", 법학연구 제19집 제1호, 인하대학교 법학연구소, 2016. 3., 95-96면.

당해 물품의 실체적 원산지규정을 충족하더라도 원산지증명서의 하자가 있는 경우에는 협정관세의 적용을 받지 못하는 원산지증명서와 유사한 측면이 있다. 다만, 부가가치세법상 세금계산서는 주로 국내 과세관청의 관할권 내에 있는 국내거래에 관한 것이고 하자가 있는 경우 보정의 법적 절차가 별도로 마련되어 있지 않는 반면, 원산지증명서는 국내 관세당국의 관세관할이 미치기 어려운 국제거래에 관한 것이고 체약상대국 등에 대한 원산지조사라는 절차를 통해 그 하자를 보정할 수 있다는 점에서 세금계산서와는 차이가 있다.

(2) 원산지증명서의 발급주체

원산지증명서의 발급주체는 수출자나 생산자 등 거래당사자인 경우도 있고, 정부기관이나 그로부터 위탁을 받은 권한 있는 기관인 경우도 있다. 전자는 '자율발급방식'이라고 하고, 후자는 '기관발급방식'이라고 한다.[36] 자율발급은 원산지신고서에 의하는데 FTA에서 정한 방법으로 양국의 수출자·생산자 또는 수입자가 자율적으로 원산지를 확인하여 작성하고 서명하는 방식이다. 자율발급방식에는 수출국 관세당국으로부터 인증을 받은 수출자에 한하여 자율증명을 허용하는 제한적 자율발급방식도 있다. 기관발급은 원산지국의 권한 있는 당국이 원산지를 직접 확인하여 원산지증명서를 발급하는 방식이다. 우리나라에서도 기획재정부령으로 정하는 기관이 해당물품에 대한 원산지를 확인하여 발급하는 기관발급방식과 수출자·생산자 또는 수입자가 자율적으로 원산지를 확인하여 작성·서명하는 자율발급방식을 구분하여 규정하고 있다.[37]

(3) 원산지증명서의 서식 및 내용

협의의 원산지증명서에는 통상 수출자, 원산지포괄증명기간, 생산자, 수입자, 원산지증명대상 물품내역, 서명권자의 서명을 기재하여야 한다. 원산지증명대상 물품내역은 연번, 품명 및 규격, 수량 및 단위, HS코드번호, 원산지결정기준, 원산지국가로 구성된다. 원산지신고서에는 인증수출자의 인증번호, 상품의 원산지, 장소 및 일자, 수출자의 서명이 기재된다. 우리나라의 경우에도 원산지증명서는 협정에서 다르게 정하고 있는 경우를 제외하고는 해당 물품의 수출자·

---

36) 미국, EFTA, EU의 경우 자율발급방식을 선호하고 아세안의 경우 기관발급방식을 선호한다. 자율발급방식은 증명서류의 발급이 간편하고 그에 따른 발생 비용이 적다는 장점이 있지만 허위증명의 가능성이 상대적으로 높다는 단점이 있다. 기관발급방식은 정부기관 등이 발급하므로 공신력이 상대적으로 높지만 증명서 발급에 드는 시간과 비용이 크다는 단점이 있다.

37) FTA 관세법 제11조 제1항.

품명ㆍ수량ㆍ원산지 등 기획재정부령으로 정하는 사항이 기재되어 있어야 하고 영문으로 작성되어야 하며[38] 원산지증명서에 서명할 자가 지정되어 있으며 그 서명할 자가 서명하여 발급해야 한다.[39]

원산지증명서는 체약당사국간의 통일 규정으로서 서식이 정해져 있는 경우도 있고 체약상대국이 각각 정하는 경우도 있으며 별도의 서식을 두고 있지 않는 경우도 있다. 원산지신고서의 서식이 없는 경우에는 수출자가 수입자에게 송부하는 해당 물품의 상업송장 또는 서류에 생산자 또는 수출자가 원산지 신고문안을 기재하는 것으로 원산지증명을 한다.

(4) 원산지증명서의 발행일과 유효기간 및 보관기간

원산지증명서는 수출물품의 선적이 완료되기 전에 신청되어야 한다. 다만, 수출자의 과실ㆍ착오 그 밖의 부득이한 사유로 인하여 그때까지 원산지증명서의 발급을 신청하지 못한 경우에는 수출물품의 선적일로부터 1년 이내에 원산지증명서의 발급을 신청할 수 있는데, 이를 '소급발급'이라고 한다.[40] 원산지증명서의 양식이 없거나 상업서류 등이 원산지신고서로 사용되는 경우에는 소급발급은 별도 의미가 없고 사용된 서류의 유효성이 문제된다.[41]

원산지증명서의 유효기간은 협정에서 달리 정하는 경우[42]를 제외하고는 발급일로부터 1년이다.[43] 원산지증명서는 수입신고일 또는 협정관세 적용신청일을 기준으로 유효기간 이내의 것이어야 한다. 다만, 그 유효기간을 계산할 때 원산지증명서의 유효기간이 지나기 전에 물품이 수입항에 도착한 경우에는 물품이 수입항에 도착한 다음날부터 해당 물품에 대한 협정관세 적용을 신청한 날까지의 기간 및 천재지변 등 불가항력에 의한 운송지연, 그 밖에 이에 준하는 사유가 발생한 경우에는 해당 사유가 발생한 다음날부터 소멸된 날까지의 기간을 제외하여 계산한다.[44]

수입자ㆍ수출자 및 생산자는 개별 FTA 및 FTA 관세법에 따른 원산지확인,

---

38) 일부 자유무역협정에서는 영어 이외의 언어를 사용하여 원산지증명서를 작성할 수 있도록 규정하고 있는데, 한ㆍ미, 한ㆍEU, 한ㆍ캐나다 FTA 등이 그 예이다.
39) FTA 관세법 시행령 제6조 제1항.
40) 한ㆍ아세안 FTA 등에 관련 규정이 있다.
41) 이종익ㆍ박병목, 자유무역협정(FTA)의 이행을 위한 관세법의 특례에 관한 법률 해설, 세경사, 2020, 123면.
42) 한ㆍ칠레와의 FTA에서는 서명일로부터 2년, 한ㆍ미 FTA에서는 발급일로부터 4년 등이다.
43) FTA 관세법 시행령 제6조 제2항, 관세법 시행령 제236조 제4항.
44) FTA 관세법 시행령 제5조 제2항 제1호, 제2호.

협정관세의 적용 등에 필요한 서류를 보관하여야 한다. 원산지증명서가 대표적 보관대상서류이다. 수입자의 경우에는 협정관세 적용을 신청한 다음날부터, 수출자 및 발급자는 원산지증명서의 작성일 또는 발급일로부터 5년간이 각 그 보관기간이다.[45)]

Ⅲ. 원산지증명서와 협정관세의 적용절차

1. 협정관세의 적용과 원산지증명서의 중요성

납세자의 협정관세의 적용신청을 받은 관세당국은 그 적용 여부에 대한 판단을 하고 이에 대해 불명확한 부분이 있으면 원산지조사 등을 하는 일련의 절차를 거치게 되는데, 이는 원산지결정규정과 원산지증명규정에 따라 수입물품에 대한 협정관세의 적용 여부가 판정되는 법정의 절차로서 그에 관한 규정을 협정관세 적용 절차규정이라고 할 수 있다. 이러한 절차규정을 통하여 특정의 수입물품이 실체적 원산지결정규정과 절차적 원산지증명규정을 충족하였는지 여부에 대한 판단이 이루어지게 된다.

납세자가 협정관세를 적용받기 위해서는 해당 물품이 개별 FTA에서 규정하고 있는 협정관세의 '실체적 적용요건'과 '절차적 적용요건'을 모두 충족하여야 한다. 협정관세의 실체적 적용요건은 '인적 요건'과 '물적 요건'으로 구분되는데, 인적 요건으로는 '당사자 요건'이, 물적 요건으로는 '품목요건', '원산지상품요건' 및 '직접운송요건'이 요구된다. 또한 절차적 적용요건으로 실체적 적용요건이 충족되었다는 점을 증명하는 '원산지증명요건'을 충족하여야 한다. 실체적 적용요건은 원산지결정규정의 충족 여부를, 절차적 적용요건은 원산지증명규정의 구비 여부를 판정하는 것이기도 하다. 만일 원산지증명상 하자가 존재한다면 원산지조사 등의 절차를 거치고 그 결과에 따라 협정관세의 적용 여부가 판단된다.

원산지증명서는 수입국의 입장에서 원산지 확인을 용이하게 하여 협정관세 적용에 따른 행정적 부담을 덜어 주는 것으로 해당 물품이 원산지요건을 구비하였다는 것을 입증하는 서류이기는 하지만 원산지증명서에는 협정관세의 당사자 요건인 발급주체 등 기재사항이 법정되어 있고 그 기재사항에 하자가 없어야 하

---

45) FTA 관세법 제15조, FTA 관세법 시행령 제10조 제2항.

므로 원산지증명서는 단지 원산지상품요건만을 증명하는 것이 아니라 그 기재사항으로 규정된 협정관세의 당사자요건 등 주요 적용요건에 대한 적법한 표시를 확인하는 것이기도 하여 협정관세 적용의 절차적 요건의 핵심적 기능과 역할을 수행한다.

2. 협정관세의 적용요건

가. 실체적 요건

(1) 인적 요건

협정관세 적용의 인적요건이란 당사자 요건을 말한다. 당사자요건이란 원칙적으로 체약상대국 간의 거래에 대해 협정관세를 적용한다는 요건이다. 체약상대국 간의 거래란 체약상대국에 거주하는 자연인 또는 법인이 물품을 수출하고 다른 당사국에 소재하는 자연인 또는 법인이 그 물품을 수입하는 거래를 말한다. '수출자'와 '수입자' 및 '생산자'가 그 거래당사자가 되는데, 수출자란 상품이 수출되는 당사국의 영역에 소재하면서[46] 그 상품을 수출하는 자연인 또는 법인을, 생산자란 상품을 재배·채굴·수확·어로·덫사냥·수렵·제조·가공·조립하는 자연인 또는 법인을 말한다. 수출이란 내국물품을 외국으로 반출하는 것을 말하므로[47] 수입자와 계약관계가 없는 생산자나 중간판매자도 해당 물품에 대한 처분권을 보유한다면 수출자가 될 수 있다.[48] 자율발급의 경우에는 인증수출자[49]가 중요한데, 인증수출자란 관세당국이 원산지증명능력이 있다고 인증한 수출자를 말한다. 수입자란 상품이 수입되는 당사국의 영역에 소재하면서 그 상품을 수입하는 자연인 또는 법인을 말한다.

---

46) 한·미 FTA의 경우 수출자를 '당사국에 소재하는 수출자'라고 규정하고 있지 않아 이에 대한 논란이 발생하였는데, 한·미 관세당국은 이에 관하여 추가 합의를 하였고 관세청은 이를 반영하여 한·미 자유무역협정 통관원칙에 따른 원산지검증 업무지침 제3조에 "세관장은 원산지증명서를 발급한 수출자, 생산자의 주소나 소재지가 역외(域外, 협정 1.4조의 '영역' 외를 의미한다)라는 사유로 원산지증명서를 불인정하지 아니한다"고 규정함으로써 물품 생산이 역내에서 이루어졌음이 밝혀지면 협정관세를 적용하도록 운영하고 있다.

47) 관세법 제2조 제2호.

48) 한위수·이종현, "한·EU FTA에서의 원산지증명에 관한 몇 가지 문제", 조세법의 쟁점 제3권, 경인문화사, 2018, 294면.

49) 인증수출자에 대해서는 원산지증명서 발급절차 등에 관한 간소화의 혜택을 부여하고 있다.

(2) 물적 요건

(가) 물품요건

물품요건은 품목요건과 원산지상품요건으로 구분된다. 전자는 각 협정에서 정한 특정한 품목에 대해서 협정관세가 적용된다는 요건이다. 협정관세는 모든 물품에 대해서 적용되는 것은 아니고 체약상대국간에 관세를 인하나 철폐하기로 한 특정한 품목에 대하여 허여된다. 품목요건은 개별 FTA의 양허표에 규정되어 있다.50) 후자는 그 특정품목이 협정에서 규정하고 있는 원산지상품에 해당하여야 한다는 요건으로, 체약상대국 국적의 상품으로 개별 FTA에서 정하고 있는 원산지상품기준을 충족하여야 한다는 것이다. 원산지결정규정 중 원산지상품요건이 물품요건의 주요 구성부분이 된다.

(나) 직접운송요건

원산지결정규정으로서 직접운송기준은 협정관세의 적용맥락에서는 직접운송요건이 된다. 직접운송요건이란 해당 물품이 수출당사국을 출발하여 운송 도중에 제3국을 경유하지 않고 수입당사국으로 직접 운송되어야 한다는 요건이다. 다만, 해당 물품이 제3국을 거치더라도 제3국에서 원상태를 유지하거나 환적 등 운송에 필요한 작업 이외의 다른 작업이 없는 경우 등 일정한 조건을 충족하면 수출당사국에서 수입당사국으로 직접 운송되는 것으로 인정하는데,51) 이를 '직접운송간주요건'이라고 한다. 협정에서 다르게 정하고 있는 경우에는 그에 따른다.52)

나. 절차적 요건

협정관세 적용의 절차적 요건이란 원산지증명요건을 말한다. 원산지증명요건이란 물품의 원산지는 원산지증명서 등 적법한 증빙서류에 의하여 증명되어야 한다는 것으로 원산지결정기준에 따른 원산지상품요건 및 직접운송요건을 충족하였다는 점을 증명하는 적법한 서류가 제출되어야 한다는 요건이다. 원산지상품요건은 개별 FTA에 규정한 원산지증명서 또는 원산지신고서 등 법정 서류에 의하여 증명되어야 한다. 인증수출자에 한하여 원산지신고서를 자율발급할 수 있는 경우에는 인증수출자가 아닌 자는 적법한 원산지신고서를 발급할 수 없으므로

---

50) 자유무역협정에서는 체약당사국의 사정에 따라 일반 양허품목 외에 민간품목, 초민감품목, 양허 제외품목 등으로 구분되어 협상대상품목이 정해진다.
51) FTA 관세법 제7조 제2항.
52) FTA 관세법 제7조 제3항.

그 수입물품에 대하여 협정관세의 적용을 받을 수 없다. 원산지증명서의 하자는 원산지조사의 과정에서 보정될 수 있으므로 원산지조사에 관한 규정도 원산지증명요건을 구성한다고 볼 수 있다.

직접운송요건의 경우에는 개별 FTA에 따라 차이가 있지만 대부분의 FTA에서 규정을 하고 있고, 통상 원산지증명서와 같은 법정 서류에 의하여 이를 증명할 것을 요구하지 않는다. 다만, 제3국 경유시의 직접운송간주요건의 충족을 통과선하증권 등 일정한 서류에 의하여 증명해야 하는지가 실무상 문제되는데, 직접운송간주요건의 구비여부를 통과선하증권이라는 특정의 서류에 의하여 입증하여야 한다면 이는 원산지증명서와 유사한 기능을 한다.

3. 협정관세의 적용신청

가. 일반적인 경우

원칙적으로 수입자가 수입신고 수리 전까지 협정관세 적용신청서를 세관장에게 제출하는 경우에 한하여 협정관세가 적용될 수 있다.[53] 조세조약의 경우 비과세·감면신청이 없더라도 조세조약의 적용 요건에 해당하면 종국적으로 조세조약의 혜택을 받을 수 있는 것과 비교된다. 협정관세 적용신청서에는 해당 물품의 수입자, 수출자, 생산자의 인적사항, 품명·규격 및 품목번호, 협정관세율·원산지 및 해당 물품에 적용한 원산지결정기준, 원산지증빙서류를 갖추고 있는지 여부, 원산지증명서의 발급번호, 발급일 및 발급기관이 포함되어야 한다.[54] 협정관세의 적용을 신청할 때 수입자는 원산지증빙서류를 갖추고 있어야 하며 세관장이 요구하면 제출하여야 한다.[55]

나. 협정관세 사후적용 신청

수입신고 수리 전까지 협정관세의 적용신청을 하지 못한 수입자는 해당 물품의 수입신고 수리일부터 1년 이내에 협정관세 적용을 신청할 수 있다.[56] 긴급한 사정이나 착오로 증빙서류를 사전에 구비하지 못한 납세자에 대한 편의 제고

53) FTA 관세법 제8조 제1항.
54) FTA 관세법 시행령 제4조 제2항.
55) FTA 관세법 제8조 제2항. 다만 세관장은 일정한 물품에 대하여는 관세 탈루의 우려가 있는 경우를 제외하고는 원산지증빙서류의 제출을 요구할 수 없다.
56) FTA 관세법 제9조 제1항.

의 차원에서 인정된 것이다. 사후적용 신청의 경우에는 협정관세 적용신청서에 원산지증빙서류[57]를 첨부하여 제출하여야 한다.[58] 협정관세 사후적용신청을 한 수입자는 대통령령이 정하는 바에 따라 해당 물품에 대하여 이미 납부한 세액의 보정을 신청하거나 경정을 청구할 수 있고, 세액의 보정신청이나 경정청구를 받은 세관장은 그 신청이나 청구를 받은 날로부터 2개월 이내에 협정관세의 적용 및 세액의 보정이나 경정 여부를 신청인 또는 청구인에게 통지하여야 한다.[59]

4. 협정관세의 적용 여부의 판단

가. 원산지심사

관세당국은 협정관세의 적용신청을 받은 경우 원산지 확인을 위한 원산지심사를 진행하는데, 해당 수입물품이 협정관세 적용대상 품목인지 여부, 원산지와 협정관세율 및 관세율 구분부호의 일치 여부, 직접운송기준 서류 구비 여부, 그 밖에 협정관세 적용신청의 절차적 요건 확인을 위해 필요한 사항이 심사의 대상이다.[60] 법정서류인 원산지증명서에 의하여 협정관세 적용요건을 증명하도록 하였기 때문에 특별한 사정이 없는 한 수입물품에 대한 원산지상품요건이나 직접운송요건 등의 실체적 요건에 대한 별도의 조사는 행해지지 않는다. 원산지심사는 수입신고를 수리한 후에 행한다.

해당 물품의 수입신고 전에 협정관세 적용의 기초가 되는 사항에 대하여 의문이 있는 자가 관세청장에게 그 의문사항을 미리 심사하여 줄 것을 신청할 수도 있는데,[61] 이를 '원산지 사전심사'라고 한다.

관세당국은 협정에서 정하는 범위 내에서 필요한 경우에는 수입자, 수출자, 생산자 등에게 일정한 서류의 제출을 요구할 수 있는데, 인증수출자의 인증번호가 체약상대국으로부터 통보받은 인증수출자 번호체계와 일치하지 않는 경우, 원산지증명서 작성자의 주소가 체약상대국이 아닌 다른 국가로 기재된 경우, 협정

---

57) 한·칠레 FTA, 한·미 FTA등 일부 FTA의 경우에는 사본 제출이 가능하나 대부분 FTA의 경우에는 원본을 제출하여야 한다.

58) FTA 관세법 시행령 제5조 제1항.

59) FTA 관세법 제9조 제4항.

60) 관세법도 원산지증명서의 진실성이 의심되는 경우에 추가 확인방법을 규정하고 있는데, 수입자로 하여금 원산지확인에 필요한 자료를 제출하도록 하여 직접적으로 원산지를 확인하는 방법 (관세법 제232조 제3항)과 원산지국가의 원산지증명서 발급기관에 의뢰하여 간접적으로 원산지를 확인하는 방법(관세법 제233조 제1항)이 있다.

61) FTA 관세법 제31조 제1항.

관세를 적용받은 수입신고 내역과 일치하지 않는 경우, 원산지증명서의 기재사항이 협정 및 법에서 정한 기재방법과 상이한 경우에는 5일 이상 45일 이내의 기간을 정하여 그 원산지증명서를 제출한 자에게 보완을 요구하여야 한다. 다만, 관세청장 또는 세관장은 이러한 경우가 원산지결정에 영향을 미치지 않는 경미한 사항이라고 인정하는 때에는 보완을 요구하지 않을 수 있다.[62] 원산지증빙서류의 제출을 요구받은 자는 원칙적으로 30일 이내에 이를 제출하여야 한다.[63] 다만, 관세당국은 부득이한 사유로 기한연장을 신청하는 경우에는 30일을 초과하지 않는 범위에서 한차례만 그 기한연장을 할 수 있다.[64]

　　FTA 관세법은 수입자는 협정관세 사전적용을 신청할 때 원산지증빙서류를 갖추고 있어야 하며 세관장이 요구하면 제출하여야 한다고 규정하고 있는데,[65] 협정관세 적용 신청 당시에 원산지증빙서류를 가지고 있지 못한 경우 그 사유가 협정관세 적용배제 사유가 되는지가 문제된다. FTA 관세법 제35조가 신청 당시의 원산지증빙서류 미비 자체를 협정관세 적용제한 사유로 규정하고 있지 않고, 원산지증명서의 하자는 원산지조사 등의 과정에서 치유될 수 있으며 협정관세 사전적용 신청 당시 원산지증빙서류를 가지고 있는지 여부에 대한 판단은 쉽지 않고, 별도로 세관장의 원산지증빙서류의 자료제출 요구에 응하지 않는 경우에는 협정관세 적용을 배제한다는 규정[66]을 두고 있는 점에 비추어 신청 당시 원산지증빙서류의 미소지가 곧바로 협정관세 적용배제의 사유가 된다고 보기는 어렵다.[67]

　　협정관세 사후적용신청과 관련하여 수입신고 수리 전까지 협정관세 적용신청을 하였으나 요건 미비 등의 사유로 특혜관세의 적용이 배제된 경우에 다시 서류를 갖추어 사후적용 신청을 할 수 있는지 여부가 문제된다. 관세청은 그동안 협정관세의 적용을 받은 물품 중 협정관세 적용 오류로 인하여 세액보정·수정 또는 경정되어 세액이 정정된 물품에 대하여는 협정관세의 재적용이 불가하나[68] 세액이 정정되지 않은 물품에 한하여 협정관세 사후적용을 다시 신청할 수 있다

62) FTA 관세법 시행규칙 제21조 제5항.
63) FTA 관세법 제16조 제2항, FTA 관세법 시행규칙 제21조 제2항 제2호 본문.
64) FTA 관세법 시행규칙 제21조 제2항 제2호 단서.
65) FTA 관세법 제8조 제2항.
66) FTA 관세법 제8조 제2항, 제3항.
67) 이종익·박병목, 앞의 책, 98면.
68) 자유무역협정집행기획담당관실, 자유무역협정관세 재적용업무 처리방법 지침, 2014. 11. 5.

고 보았는데,[69] 최근 협정관세를 적용받았으나 원산지증빙서류 미소지 등 협정관세 적용요건을 갖추지 못하여 세액의 보정·수정 등을 통해 부족세액을 납부한 수입자도 협정관세 사후적용을 신청할 수 있다고 종전 지침을 변경하였다.[70] 하급심에서는 협정관세 사전적용신청을 하였다가 취하한 경우에는 수입신고 수리 전까지 협정관세의 적용신청을 하지 못한 수입자에 해당한다는 이유로 협정관세 사후적용 신청을 할 수 있다고 판단한 경우가 있다.[71] 사전신청과 사후신청을 연계하여 판단하는 규정이 없는 이상 사전신청과 무관하게 사후신청의 요건을 구비하였다면 이를 허용하는 것이 타당할 것이다. 규정의 성격에 다소 차이가 있지만 내국세의 경우 통상의 경정청구와 후발적 경정청구도 각 규정의 문언 해당 여부에 따라 그 적용여부를 판단하고 있는 점도 고려할 필요가 있다.

나. 원산지조사
(1) 원산지조사의 의의와 대상

협정관세 적용신청을 받은 관세당국은 수입물품의 원산지 또는 협정관세 적용의 적정 여부 등에 대한 확인이 필요한 경우 직접 수입자 등을 상대로 필요한 조사를 할 수 있다. 원산지조사[72]는 '협의의 원산지조사'와 '광의의 원산지조사'로 구분되는데, 협의의 원산지조사는 주로 관세당국이 수입물품의 원산지가 협정 또는 국내법에서 정한 원산지상품요건과 부합하는지 여부를 확인하는 것을 말한다. 원산지조사는 통상 원산지증명서의 형식적 하자가 원인이 되어 개시되지만 원산지증명서의 하자가 보완이 되지 않는다면 협정관세의 실체적 적용요건을 구비하였다고 하더라도 절차적 요건의 미비로 협정관세의 적용이 배제될 수 있다. 원산지조사는 관세당국 입장에서는 협정관세 적용요건에 대한 판단의 과정이지만 납세자의 입장에서는 실체적 적용요건이 구비되었다면 절차적 적용요건에 해당하는 원산지증명서의 하자를 보완하는 치유과정으로도 기능한다.[73]

---

69) 자유무역협정집행기획담당관실, 자유무역협정관세 적용관련 업무처리 지침, 2015. 6. 25.

70) 자유무역협정집행기획담당관실, 협정관세 사후적용 등에 관한 업무처리 지침, 2021. 3. 18.

71) 부산지방법원 2019. 4. 12. 선고 2018구합 25333 판결, 부산고등법원 2019. 8. 21. 선고 2019누 21566 판결. 위 항소심 판결은 대법원 2019. 12. 24. 선고 2019두51994 판결로 심리불속행 기각되었다.

72) FTA에서는 '원산지검증'이라는 용어를 사용한다.

73) 원산지조사는 '절차적 조사'와 '실체적 조사'로도 구분된다. 절차적 조사는 협정관세 신청절차와 원산지증명기준의 충족여부를, 실체적 조사는 물품의 원산지를 결정하는 원산지결정기준의 충족 여부를 각 검증하는 것이다.

(2) 원산지조사의 방법

관세청장이나 세관장은 수입물품의 원산지나 협정관세 적용의 적정 여부 등에 대한 확인이 필요하다고 인정하는 경우에는 협정에서 정하는 범위에서 대통령령으로 정하는 바에 따라 수입자, 수출자 또는 생산자, 원산지증빙서류 발급기관 등을 대상으로 필요한 서면조사나 현지조사를 할 수 있다.[74] 관세청장 또는 세관장이 수입물품의 원산지를 조사할 때에는 서면조사를 원칙으로 하되, 서면조사만으로 원산지증빙서류의 진위 여부와 그 정확성 등을 확인하기 어려운 경우에는 현지조사를 할 수 있다.[75]

원산지조사는 우리나라 관세당국이 수출국에 가서 하는 '직접검증방법'과 수출국 관세당국에 의뢰하여 그 수출국 관세당국이 조사한 결과를 통보받는 '간접검증방법'이 있다. 직접검증보다는 간접검증의 경우가 일반적인데, 관세당국은 체약상대국으로부터 수입된 물품에 관하여 협정에서 정하는 범위에서 원산지나 협정관세 적용의 적정여부 등에 대한 확인에 필요하다고 인정하는 경우 원산지증빙서류의 진위 여부와 그 정확성에 관한 확인을 체약상대국의 관세당국에 요청할 수 있다.[76] 체약상대국 관세당국으로부터 확인결과를 통보받았을 때에는 그 회신결과와 그에 따른 결정을 수입자에게 통보하여야 한다.[77] 원산지조사를 하는 기간 동안에는 조사대상자가 추가로 수입하는 동종동질의 물품에 대하여는 협정관세의 적용을 보류할 수 있다.[78]

다. 적용 여부에 대한 판단

(1) 적용제한의 의의

관세당국은 원산지심사나 원산지조사에 따라 협정관세 적용신청을 승인하거나 적용을 배제할 수 있다.[79] 협정관세의 적용신청이 수리되면 수입물품에 대하여 협정세율이 적용되나 그 적용이 제한되면 일반세율에 따라 과세된다. 수입자가 세관장이 요구한 원산지증빙서류를 제출하지 않거나 수입자 제출의 원산지증

---

74) FTA 관세법 제17조 제1항.
75) FTA 관세법 시행령 제11조 제1항.
76) FTA 관세법 제19조 제1항.
77) FTA 관세법 제19조 제2항.
78) FTA 관세법 제21조 제1항.
79) FTA 관세법 제35조 제1항.

빙서류만으로 해당 물품의 원산지를 인정하기 어려운 경우에는 FTA 관세법 제35조에 따라 협정관세를 적용하지 아니할 수 있다.[80] 협정관세 적용제한은 FTA 이행의 실효성을 확보하기 위하여 모든 FTA의 당사국 관세당국에 부여되는 권한이고 그 적용배제 여부에 대한 판단권한은 검증요청 관세당국인 수입국에 두는 것이 원칙이다.[81]

(2) 적용제한의 사유

협정관세 적용제한 사유는 FTA 관세법 제35조 제1항에서 자세하게 규정하고 있는데, 수입물품에 대한 원산지심사나 원산지조사 결과 원산지상품요건의 미충족, 상대국의 검증결과 미회신 및 원산지증빙서류의 미제출 등이 그 사유이다. 이에 해당하면 협정관세의 적용을 배제하거나 이미 협정관세가 적용된 경우에는 관세를 추징하게 된다.[82]

협정관세 적용제한사유는 크게는 '원산지심사에서의 사유'와 '원산지조사에서의 사유'로 구분할 수 있다. 원산지심사에서는 첫째, 정당한 사유 없이 수입자, 체약상대국의 수출자 또는 생산자(이하 '체약상대국수출자등')가 원산지확인에 필요한 증빙서류를 법정기간 내에 제출하지 아니하거나 허위 또는 사실과 다르게 제출하는 경우(제1호), 둘째, 원산지 등에 대한 사전심사를 신청한 수입자가 사전심사의 결과에 영향을 미칠 수 있는 자료를 고의로 제출하지 아니하거나 거짓으로 제출한 경우 또는 사전심사서에 기재된 조건을 이행하지 아니한 경우(제6호)가 적용제한 사유가 된다.

원산지조사에서의 사유는 직접검증과 간접검증의 조사방식에 따라 다시 구분되는데, 직접검증에서는 첫째, 체약상대국수출자 등이 서면조사에 대하여 법정기간 내에 그 결과를 회신하지 아니하거나 현지조사에 대한 동의요청에 대하여

---

80) FTA 관세법 제8조 제3항. 관세법도 수입자가 원산지증명서를 제출하지 아니하는 경우에는 국제협력관세 등의 편익을 적용하지 아니할 수 있고(관세법 제232조 제2항) 원산지 확인이 필요한 물품의 수입자가 정당한 사유 없이 원산지증명서 확인자료를 제출하지 아니할 때에는 수입신고시 제출받은 원산지증명서의 내용을 인정하지 아니할 수 있다(관세법 제232조 제3항)고 규정하고 있다.

81) 한·EFTA FTA 부속서 I 제24조 제7호 등.

82) 관세법에서도 세관장이 확인을 요청한 사항에 대하여 외국세관 등이 법정기간 이내에 그 결과를 회신하지 아니하는 경우, 세관장에게 신고한 원산지가 실제 원산지와 다른 것으로 확인되는 경우 및 외국세관 등이 회신내용에 원산지증명서 및 원산지증명서확인자료를 확인하는 데 필요한 정보가 포함되지 아니한 경우에는 특혜관세를 적용하지 아니할 수 있다고 규정하고 있다(관세법 제233조 제2항).

동의하지 아니한 경우(제2호), 둘째, 현지조사에 대하여 체약상대국수출자 등이 정당한 사유 없이 원산지증빙서류 확인에 필요한 자료에 대한 접근을 거부하거나 원산지증빙서류를 보관하지 아니한 경우(제3호), 셋째, 서면조사나 현지조사결과 원산지가 사실과 다른 것으로 확인되거나 수입자 또는 체약상대국수출자 등이 제출한 자료에 원산지의 정확성을 확인하는데 필요한 정보가 포함되지 아니한 경우(제4호), 넷째, 그 밖에 원산지의 정확성 여부를 확인할 수 없는 경우로서 원산지조사대상자의 부도 · 폐업 · 소재불명 또는 그 밖에 이에 준하는 불가피한 사유로 인하여 원산지조사가 불가능하게 된 경우 및 조사대상자가 관세청장 또는 세관장의 서면조사 또는 현지조사를 거부 · 방해 또는 기피한 경우(제8호)가 적용제한 사유이다.[83]

간접검증에서는 체약상대국의 관세당국이 기획재정부령으로 정하는 기간 이내에 결과를 회신하지 아니한 경우 또는 신고한 원산지가 실제 원산지와 다른 것으로 확인되거나 회신내용에 원산지의 정확성을 확인하는 데 필요한 정보가 포함되지 않는 경우(제5호)가 제한사유이다. 그 밖의 사유로는 협정에 따른 관세적용의 거부 · 제한 사유에 해당하는 경우(제7호)를 규정하고 있다.

한편, 협정관세 적용제한 사유는 크게 '절차적인 사유'와 '실체적인 사유'로도 구분된다. 원산지심사의 경우에는 정당한 사유 없는 자료의 미제출과 허위제출 및 사전심사의 조건 미이행이 절차적 사유이고, 원산지조사 중 직접조사에서는 체약상대국 수출자등의 법정기간 내 미회신, 조사 미동의 및 방해, 정당한 사유 없는 자료접근 거부와 자료 미보관이 절차적 사유이며, 허위 원산지 확인 및 원산지 확인불명이 실체적 사유이다. 간접조사에서는 체약상대국 관세당국의 법정기간내 미회신이 절차적 사유이고 허위 원산지확인 및 원산지 확인불명이 실체적 사유이다.

원산지심사와 원산지조사 과정에서 절차적 적용제한 사유가 존재하면 그 자체로 협정관세의 적용이 배제되고, 그러한 절차적인 문제점이 없더라도 신고한 원산지가 허위로 판정되거나 그 확인이 불명하게 되는 실체적 적용제한 사유의 경우에도 협정관세의 적용이 배제된다고 규정되어 있다. 절차적 사유는 협정관세의 실체적 적용요건과는 무관하게 그 자체로 협정관세 적용배제의 근거가 된다고 규정하고 있는 점이 주목되는데, 그 절차적 적용제한 사유가 있다면 반드시

---

83) FTA 관세법 시행령 제44조 제2항.

협정관세의 적용을 제한해야 하는지에 관하여는 다툼이 있다. 이에 대하여는 법률의 문언을 중시하여 엄격해석하는 것이 타당하다는 입장과 실체적 적용요건을 구비한 수입물품에 대하여 단순한 절차적 적용제한 사유를 곧바로 적용하는 것은 지나치게 가혹한 결과를 초래할 수 있고 FTA 관세법 제35조 제1항은 아래 각 호의 사유에 해당하는 경우 협정관세를 적용하지 아니할 수 있다고 규정하여 재량판단의 여지를 두고 있는 점[84]을 고려하면 다소 탄력적인 해석을 하는 것도 가능하다는 입장을 상정해 볼 수 있다.

협정관세 적용제한의 절차적 사유의 대부분이 원산지조사 과정에서 원산지 검증의 어려움을 이유로 한 것이고, 원산지증명서의 신빙성을 의심할 만한 사정이라고 개괄적으로 규정하는 대신 그 구체적인 사정을 열거하고 있는 점이 특징적이다. 실체적 제한사유로서 원산지의 정확성 또는 필요한 정보라는 포괄적 개념을 사용하는 것과 비교된다. 이는 수입국 관세당국의 재량적 판단의 여지를 제한하기 위한 것으로 그 열거된 절차적 적용제한 사유에 해당하는 경우에 한하여 협정관세의 적용을 배제할 수 있는 것이고 다른 절차적 사유를 이유로 적용을 배제를 하는 것은 불가능하다고 사료된다. 절차적 사유는 객관적이고 형식적인 사유이고 실체적 사유는 주관적이고 실질적인 사유라는 점에서 관세당국의 제한사유의 해당 여부의 판단에 차이가 있다.[85]

IV. 원산지증명서 하자의 법적 쟁점과 선례의 분석

1. 원산지증명서 하자의 의미와 법적 쟁점

가. 원산지증명서 하자의 의미

원산지증명서의 하자란 원산지증명서의 법정 기재사항에 오류나 누락이 있는 것을 말한다. 일반적으로는 협정관세의 실체적 적용요건의 충족 여부와 무관하게 원산지증명서가 제대로 작성되지 않은 모든 경우가 원산지증명서의 하자라

---

84) 위 규정이 협정관세 적용 여부에 대하여 관세당국에 재량권을 부여한 것이라는 입장에 대해서는 같은 항 후단이 세관장은 납부하여야 할 세액과 납부한 세액의 차액을 부과·징수하여야 한다고 규정하고 있어 협정관세 적용제한의 사유에 해당하면 추징을 하여야 하므로 위 규정은 기속규정으로 해석하는 것이 타당하다는 견해가 있다(이종익·박병목, 앞의 책, 252면).

85) 절차적 사유의 판단에서도 일부 그 사유를 구성하는 정당한 사유 내지 특별한 사유 등에 대한 판단의 영역이 존재한다.

고 할 수 있다. 다만, 논의의 편의상 여기에서의 원산지증명서의 하자란 수입물품에 대한 협정관세 실체적 적용요건을 구비하였으나 절차적 적용요건인 원산지증명요건이 제대로 갖춰지지 못하여 협정관세의 적용 여부가 문제되는 경우에 있어서의 원산지증명서의 하자를 지칭하는 것으로 한다. 따라서 협정관세의 실체적 요건을 구비하지 못한 수입물품에 대한 원산지증명서의 하자는 제외한다. 그러한 비정상적인 수입물품에 대하여 협정관세의 적용을 받기 위해 원산지증명서가 위조나 변조되는 경우도 통상적 의미에서는 원산지증명서의 하자에 해당하는 것이나 그 경우에는 오히려 외형상의 기재에 의하여 겉으로는 정상적인 원산지증명서처럼 보이는바, 정상적 수입물품에 대한 원산지증명서의 외형상 기재 누락이나 오류와는 차이가 있다.

　협의의 원산지증명서의 경우 통상 수출자, 원산지포괄증명기간, 생산자, 수입자, 원산지증명대상 물품내역, 서명권자의 서명의 기재가, 원산지신고서의 경우에도 인증수출자의 인증번호, 상품의 원산지, 장소 및 일자, 수출자의 서명의 기재가 요청되고 이를 통해 협정관세의 원산지상품요건만이 아니라 인적요건, 품목요건 등도 같이 확인이 되는데, 수입물품에 대한 협정관세의 실체적 적용요건이 구비되었다고 하더라도 이에 대한 적법한 기재가 이루어지지 않으면 협정관세 적용이 배제될 수 있다는 점에서 원산지증명서의 하자는 그 자체로 매우 중요하다.

나. 하자에 대한 대응과 법적 쟁점

　원산지증명서가 협정관세 적용의 절차적 측면에서의 핵심적 요소라는 사정에 터잡아 실체적 적용요건을 구비한 수입물품에 대하여 단지 원산지증명서의 하자가 존재한다는 이유로 협정관세의 적용을 곧바로 배제하는 것은 부당하므로, 개별 FTA와 FTA 관세법은 원산지증명서의 경미한 하자에 대해서는 보정 없이 협정관세의 적용을 허용하고 있고 중대한 하자가 있다고 하더라도 보정의 기회를 제공하여 협정관세를 적용받을 수 있도록 하고 있다.

　먼저, 원산지증명서의 경미한 하자는 무시한다. 경미한 하자란 원산지증빙서류의 기재사항을 단순한 착오로 잘못 기재한 것으로서 원산지결정에 실질적인 영향을 미치지 않는 경우를 말하고[86] 이에 대하여는 보정 없이 협정관세의 적용

---

86) 단순 착오로 잘못 기재한 경우란 관련 서류에 의해 착오에 의한 기재임이 쉽게 입증되는 경우

을 인정하고 있다.[87] 원산지심사의 경우에도 원산지증명서의 기재사항이 협정 등에서 정한 기재방법과 상이하더라도 그러한 사유가 원산지 결정에 영향을 미치지 않는 경미한 사항이라고 인정되는 때에는 보완을 요구하지 않을 수 있다고 규정하고 있다.[88] 개별 FTA에서도 그러한 규정을 두고 있는 경우가 있는데, 한·EU FTA는 원산지증명서의 불일치 및 형식적 오류로 원산지증명이 무효화되지 않는다고 규정하고 있고,[89] 한·아세안 FTA도 경미한 차이로 인해 원산지증명서의 효력을 사실상 무효화해서는 아니된다고 규정하고 있다.[90]

다음으로, 원산지증명서의 중대한 하자에 대해서는 치유의 기회를 제공한다. 개별 FTA와 FTA 관세법은 납세자에게 원산지심사에서 원산지증명서를 제출한 자에 대한 보완 절차나 원산지조사 과정에서 간접검증 등의 절차를 통하여 원산지증명서의 하자를 보정할 수 있는 기회를 부여하고 있다. 따라서 원산지증명서의 하자는 그 하자에 대한 보정 내지 치유 결과와 결합하여 원산지증명서의 하자에 대한 종합적 판단이 이루어지고 그에 따라 협정관세의 적용 여부가 판단된다.

이와 같이 개별 FTA와 FTA 관세법상 원산지증명서의 경미한 하자에 대해서는 협정관세를 바로 적용하고, 중대한 하자가 있다고 하더라도 이를 치유하는 절차를 마련하여 구제의 기회를 허여하고 있는바, 원산지증명서의 하자 문제는 구체적으로는 첫째, 특정의 오류가 과연 원산지증명서의 하자에 해당하는지, 둘째, 만일 하자에 해당한다면 그 하자가 경미한 하자인지 아니면 중대한 하자인지, 셋째, 중대한 하자라면 그 하자는 치유될 수 있는지의 세 가지 법적 쟁점으로 구분할 수 있다. 개별 FTA에 따라 차이가 있지만 결론적으로 원산지증명서의 하자로 인하여 협정관세의 적용이 배제되기 위해서는 기본적으로 당해 수입물품의 원산지증명서의 하자가 존재하고 그 하자의 정도가 중대하여야 하며 원산지심사나 원산지조사 등의 과정에서 그 하자가 치유되지 않아야 한다는 것으로 요약된다.

를, 원산지결정에 실질적인 영향을 미치지 않는 경우란 그러한 기재가 원산지결정기준과 관련이 없는 사항에 관한 경우를 말한다.
87) FTA 관세법 제35조 제1항 제1호 단서. 원산지제도 운영에 관한 고시 제43조 제1항도 세관장은 수입자가 제출한 원산지증빙서류의 오·탈자 등 형식적이고 경미한 오류가 있으나 물품의 원산지 등 실질에 영향을 미치지 않는 경우에는 당해 서류의 효력 전체를 부인해서는 아니된다고 규정하고 있고, FTA 관세법에 관한 법률사무처리에 관한 고시 제13조도 이와 유사한 내용을 규정하고 있다.
88) FTA 관세법 시행규칙 제21조 제5항 단서.
89) 한·EU FTA 원산지 제품의 정의 및 행정협력의 방법에 관한 의정서 제24조 제1항.
90) 한·아세안 FTA 부속서 3 부록 1 제12조 제1항.

2. 원산지증명서 하자의 존부와 정도

가. 원산지증명서 하자의 존부와 정도의 의미

원산지증명이란 원산지결정기준에 따라 특정 물품의 원산지가 체약상대국이라는 사실을 증명하는 것으로 그 증명대상은 협정관세 적용의 실체적 요건 중 원산지상품요건과 직접운송요건을 구비하였다는 점이다. 원산지증명서 하자의 존부는 원산지증명서의 기재사항 등의 오류나 누락이 존재하는지 여부를 판정하는 문제로서 원산지증명서의 하자는 '법리적 하자'와 '사실상 하자'로 구분된다. 전자는 법리적 측면에서 주요사항에 대한 특정한 기재나 그 기재의 누락이 원산지증명서의 하자에 해당하는 경우이고[91] 후자는 단순히 사실적 측면에서 특정한 기재나 그 기재의 누락이 원산지증명서의 하자가 되는 경우이다. 전자의 영역에서는 주로 원산지증명서의 하자의 존부 문제가 다툼의 대상이 되고 후자의 경우에는 그 누락과 오류의 정도에 따라 그 하자가 경미한 것인지 아니면 중대한 것인지의 하자의 정도 문제가 주로 따져진다.

원산지증명서 하자의 정도 문제는 당해 하자가 협정관세의 적용을 배제할 만한 중대한 하자인지 아니면 경미한 하자인지를 판정하는 것이다. 원산지증명서 하자의 정도는 원산지증명서의 하자의 성격과 밀접하게 관련이 있다고 보이는데, 문제가 되었던 주요사항에 대한 원산지증명서의 하자가 법리적 하자로 판정된다면 그 자체로 협정관세 적용배제에 해당하는 중대한 하자가 되고, 그것이 사실상 하자라면 경미한 오류나 누락인지 여하에 따라 협정관세 적용 배제 여부가 결정될 것이다. 원산지증명서를 제출하지 아니한 경우,[92] 기관발급을 하여야 함에도 자율발급한 경우[93] 등은 중대한 하자로 판단될 것이지만, 원산지증명서나 원산지신고서의 수출자 등의 오타는 경미한 하자로 볼 수 있을 것이다. 원산지증명서 하자의 존부와 정도는 그 증명대상인 원산지상품요건와 직접운송요건에 대한 것으로 구분할 수 있고, 발급주체와 서식과 유효기간 등에 의하여 세분된다.

---

91) 경미한 하자에 대해서는 협정관세를 바로 적용하므로 법리적 하자가 있다고 하더라도 그 하자가 경미하다면 이를 따지는 것은 별다른 의미가 없다. 따라서 여기에서의 법리적 하자란 주요사항에 대한 법리적 하자를 의미한다.

92) 서울행정법원 2016. 5. 27. 선고 2015구합70263 판결.

93) 조심 2016관0113, 2016. 07. 25. 한ㆍ아세안 FTA 협정관세 적용을 받기 위해서는 동 FTA의 원산지증명서 서식으로 작성된 원산지증명서가 제출되어야 하나 다른 서식의 원산지증명서를 제출한 경우이다.

나. 원산지상품요건과 원산지증명서의 하자

(1) 발급주체

원산지증명서의 발급주체의 하자는 협의의 원산지증명서의 경우에는 비당사국 수출자가 발급한 원산지증명서가, 원산지신고서의 경우에는 비인증수출자가 발급한 원산지신고서가 주로 문제된다. 비당사국 수출자가 발급한 원산지증명서에 관하여 다툼이 있는 경우가 많은데, 수입자가 제3국 수출자로부터 미국 생산자가 제작한 물품을 수입하면서 제3국 수출자가 발행한 원산지증명서에 근거하여 한·미 FTA 협정관세의 적용을 받았으나, 관세당국은 제3국 수출자가 발행한 원산지증명서는 부적법하다고 보아 협정관세의 적용을 배제한 사안에서, 조세심판원은 한·미 FTA 제6.15조는 수입자·수출자 또는 생산자에 의한 서면에 기초하여 수입자는 특혜관세대우를 신청할 수 있다고 규정하고 있는데 비당사국 수출자가 작성한 원산지증명서는 이에 해당하지 않으므로 협정관세의 적용배제는 정당하다고 판단하였다.[94]

또한, 비인증수출자가 발급한 원산지신고서의 경우도 하자의 존부와 정도가 문제된다. 수입자는 수출자가 생산한 물품을 비인증수출자인 판매자로부터 수입하면서 그가 발급한 원산지신고서에 근거하여 한·EU FTA 협정관세를 적용받았으나, 관세당국은 보정 절차 없이 원산지신고서의 효력을 부인하여 협정관세의 적용을 배제하고 관세 등을 부과한 사안에서, 조세심판원은 위 원산지신고서는 비인증수출자에 의하여 발급되었고 그 발급자가 애당초 한·EU FTA와 관련이 없음이 명백하여 구 FTA 관세법 시행규칙 제16조 제5항에 따른 보정의 대상으로 보기도 어렵다는 이유로 관세당국의 과세는 정당하다고 판단하였다.[95] 한·EU FTA 발효 후 수출자가 우리나라를 수출대상국으로 지정하지 않아 인증수출자번호가 유효하지 않은 경우[96]나 인증수출자인 생산자가 아니라 판매자가 생산자 명의로 인증수출자번호를 기재하여 작성한 원산지신고서의 경우[97]에도 비인증수

---

94) 조심 2016관0004, 2016. 06. 30. 수입신고수리일로부터 1년이 경과되어 협정관세 사후적용의 대상이 될 여지가 없어 보이는 점도 고려되었다.

95) 조심 2015관0307, 2016. 06. 08.

96) 조심 2015관0290, 2016. 06. 20.

97) 대법원 2020. 2. 27. 선고 2016두63408 판결. 판매회사가 생산회사의 인증수출자번호를 잘못 기재하여 발급한 원산지신고서를 제출하였다가 이후 수입자가 발행일자의 기재가 없고 상업서류와 별도로 생산회사 명의로 작성되고 인증수출자번호가 제대로 기재된 원산지신고서를 제출한 사안에서, 대법원은 위 원산지신고서는 모두 인증수출자인 생산회사가 작성한 것이 아니므로 한·EU FTA 협정관세를 적용받을 수 없다고 판단하였다.

출자가 발급한 원산지신고서이므로 그 하자가 중대하다고 보았고, 한·EU FTA
에서 정한 인증수출자가 발행한 원산지신고서가 아니라 생산자에 의해 자국의
지방상공회의소에서 발급한 원산지증명서 하자의 경우도 중대한 하자라고 판단
하였다.[98]

한편, 인증수출자의 원산지신고를 제3자가 대리 또는 대행하는 것으로 보아
제3자인 판매자가 작성한 원산지신고서를 적법한 원산지증명서로 볼 수 있는지
의 문제가 있다. 개별 FTA나 FTA 관세법에서 대리나 대행의 방식에 의한 원산지
신고를 금지하는 규정을 두고 있지 않으므로 제3자가 수출자의 원산지신고를 대
리나 대행하여 원산지신고서를 작성하는 경우에도 그 원산지신고서는 유효하다
는 견해가 있다.[99] 반면, 수출입 통관절차의 경우 대규모 물품을 원산지신고서
등을 통해 신속하고 정확하게 검사해야 하는 특성상 형식적 요건을 중시할 수밖
에 없으므로 원산지신고서의 경우 본인이 작성한 서류만을 진정한 서류로 볼 것
이고 위임 또는 대행관계에 의해 작성된 서류는 적법한 것이 아니며, 다만 대리
또는 대행 방식으로 작성된 것임이 명시되어 있고 그 부속서류로 위임장 등을 함
께 제출할 경우라면 달리 볼 수 있다는 견해도 있다.[100] 하급심에서는 한·미
FTA 제6.15조는 수출자가 서면 또는 전자증명을 수출자 본인이 항상 직접 작성
하여야 한다고 명시하고 있지 아니하고, 국세청 발행의 한·미 FTA 활용 가이드
는 원산지증명서에 공인된 서명, 회사명, 직함, 전화번호, 팩스번호, 이메일 그리
고 증명 날짜를 포함시켜야 하고, 서명인은 기초기록에 접근할 권한과 회사를 구
속할 수 있는 법적 권한을 가지고 있어야 한다고 설명하고 있는바, 기초기록에
접근할 권한과 회사를 구속할 수 있는 법적 권한을 가지고 있다면 수출자로부터
위임을 받은 자가 서명한 경우도 한·미 FTA 제6.15조의 수출자에 포함될 수 있
다라고 판시하여 일정한 대리나 대행의 방식으로 작성된 경우 한·미 FTA 협정
관세의 적용 가능성을 긍정한 사례가 있다.[101]

---

98) 조심 2013관0246, 2013. 12. 19. 한·싱가포르 FTA에서 정한 바와 같이 싱가포르 정부가 발급
한 원산지증명서를 첨부하여야 하나 싱가포르 상공회의소에서 발급한 원산지증명서를 제출한
사안에서도 같은 입장을 취하였다(관적 제2007-19호, 2007. 04. 26.).

99) 한위수·이종현, 앞의 논문, 304-309면.

100) 이정원, "자유무역협정의 협정관세를 적용받기 위한 원산지 증명의 요건", 대법원 판례해설 제
124호, 법원도서관, 2020, 89면.

101) 서울고등법원 2021. 1. 22. 선고 2020누40695 판결. 위 판결은 대법원 2021두35285로 상고심
계류 중에 있다.

나아가 협정당사국의 법인은 아니지만 협정당사국의 인증수출자가 발급한 원산지신고서가 적법한 원산지증명서인지의 문제가 있다. 대표적으로 한·EU FTA에서 EU 회원국에 사무실을 두고 있는 비회원국 법인이 인증수출자로 지정된 경우 원산지신고서의 발급주체가 될 수 있는지 여부에 관하여, 한·EU FTA가 원산지증명이 비당사자인 수출자에 의하여 발행된 경우에는 원산지증명의 검증 없이 거절될 수 있다고 규정하여[102] 그러한 원산지신고서는 효력이 없다는 견해가 있다.[103] 그러나 EU 관세법은 EU 관세영역에서 설립되면 수출자가 된다고 규정하고 있고,[104] 법인이나 단체의 경우 EU 관세영역에 등록된 사무실, 본점 또는 항구적 사업체를 가지고 있는 경우를 설립으로 정의하고 있는바,[105] 이는 EU 비회원국의 국적을 가지면서 EU 회원국 내에도 고정사업장이 없는 수출자에 한하여 협정관세 적용을 배제한다는 것을 의미한다고 보이므로 EU 회원국에 고정사업장이 있는 인증수출자는 비회원국 국적을 가지더라도 원산지신고서의 발급주체가 될 수 있다고 판단된다.[106]

또한, 원산지신고서의 원산지 신고문안의 작성자와 서명자가 불일치하는 경우에 이를 원산지증명서의 하자로 볼 것인지의 문제가 있다. 납세자가 비당사국 판매자로부터 체약상대국 수출자가 생산한 물품을 수입하면서 수출자가 서명한 원산지신고서를 근거로 한·EU FTA의 협정관세를 적용받았으나 관세당국에서 원산지신고서상의 신고문안을 수출자가 아니라 판매자가 작성했다는 이유로 협정관세 적용을 배제한 사안에서, 조세심판원은 한·EU FTA 관세위원회에서 제3국 발행 송품장에 원산지신고서가 작성된 것을 유효한 원산지신고서로 인정하고 있는 점, 원산지신고서상 송품장 발행일자가 명기되어 있고 수출자의 명판에 수출자 주소가 기재되어 있어 장소 및 일자가 문서 자체에 포함되어 있는 점 등에

---

102) 한·EU FTA 부속서4 주해 제9조 다호.

103) 조심 2015관0341, 2016. 09. 23. 위 결정에 불복하여 제기한 행정소송 제1, 2심에서는 납세자의 주장이 받아들여졌고(인천지방법원 2017. 7. 14. 선고 2016구합54606 판결, 서울고등법원 2018. 2. 27. 선고 2017누65984 판결) 대법원에서는 심리불속행 기각판결로 종결되었다(대법원 2018. 7. 13. 선고 2018두39201 판결).

104) EU관세법 위임법률 제1조 제19호.

105) EU관세법 제5조 제31호.

106) 한위수·이종현, 앞의 논문, 295-297면. 동일 쟁점에 관하여 조심 2016관0069, 2017. 11. 15.은 원산지신고서에 영국에서 인증수출자 지위를 부여받은 자의 인증번호가 기재되어 있고 실제 거래대금도 영국으로 송금된 것으로 보이는 점 등에 비추어 영국 관세당국에 간접검증을 요청하여 원산지신고서의 진위 여부 및 그 유효성 등을 재조사하라는 내용의 결정을 하였고 그 재조사 결과 최종적으로 협정관세가 적용되었다.

비추어 수출자가 판매자로부터 원산지 신고문안이 기재된 송품장을 직접 출력하
여 서명하는 방식으로 원산지신고서를 작성한 것은 한·EU FTA에서 정한 유효
한 작성방법이라고 판단하였다.[107] 그러나 판매자가 발행한 송품장에 판매자 직
원이 생산자의 인증수출자번호를 기재하고 서명한 경우,[108] 선사가 선하증권에
인증수출자번호를 기재한 경우[109]는 인증수출자에 의하여 발급된 것이 아니어서
적법한 원산지증명서가 아니라고 보았다.

(2) 서식 및 내용

원산지증명서의 서식과 내용의 하자는 원산지증명서의 양식이나 사본 등 원
산지증명서 그 자체에 하자가 있는 경우와 원산지증명서 그 자체는 문제가 없으
나 기재 내용에 하자가 있는 경우로 구분된다. 먼저, 원산지증명서의 양식 자체
가 다른 경우에 이를 적법한 원산지증명서로 볼 수 있는지의 문제가 있다. 특정
FTA의 협정관세를 적용받기 위해서는 협정에서 규정한 원산지증명서 양식을 사
용하여야 하는데, 만일 다른 FTA의 양식을 사용한 경우 그 원산지증명서를 적법
한 것으로 인정하여 협정관세를 적용하여야 하는지 여부가 다투어지고 있다. 수
입자가 착오로 통상부가 아닌 상공회의소가 발급한 원산지증명서를 구비하여 협
정관세를 적용받았으나 관세당국에서 협정관세를 적용배제하여 관세 등을 과세
한 사안에서, 조세심판원은 수입자가 착오로 양식이 다른 원산지증명서를 제출하
였으나 부정한 방법으로 협정관세를 신청한 것은 아니고 유효하지 않은 원산지
증명서를 제출하였다는 이유만으로 협정관세 적용을 배제할 수는 없으며 재조사
를 통하여 새로 보완 제출한 원산지증명서의 진위여부를 확인할 필요성이 있다
고 결정하였다.[110] 위 심판원 결정은 기본적으로 양식을 달리하는 원산지증명서
의 하자는 중대한 것으로 보면서도 그 하자의 사후 치유가능성은 열어 놓은 것으
로 평가된다.

다음으로, 복수의 수출자, 생산자 등을 하나의 원산지증명서의 해당란에 기

---

107) 조심 2014관0311, 2016. 10. 28. 싱가포르 판매자가 발행한 송품장에 벨기에 수출자의 인증번호
를 기재하여 원산지신고문안을 작성한 다음 벨기에 수출자에게 이메일로 송부하여 그 수출자가
이를 출력하여 하단에 명판을 찍은 다음 수입자에게 송부한 경우이다.
108) 조심 2015관0201, 2015. 11. 17., 조심 2017관0001, 2017. 04. 05. 싱가포르 판매자가 발행한 송
품장에 영국 생산자의 인증수출자번호를 판매자의 직원이 기재하고 서명하여 발급한 경우이다.
109) 조심 2016관0109, 2016. 11. 28. 네덜란드 선사가 발행한 선하증권에 프랑스 생산자의 인증수출
자번호가 기재된 경우로서 인증수출자의 지시에 의한 사자(使者)의 작성이라는 납세자의 주장
에 대한 입증이 부족하다는 이유로 받아들여지지 않았다.
110) 조심 2008관0048, 2008. 10. 13.

재한 것이 원산지증명서의 하자에 해당하는지의 문제가 있다. 예컨대, 납세자가 복수의 수출자들과 매매계약을 체결하고 그 수입물품에 대하여 하나의 원산지증명서의 수출자란에 복수의 수출자가 기재된 원산지증명서를 구비하여 수입신고를 하였고 그 이후 한·호주 FTA에 기하여 기존에 납부한 관세 등의 환급을 구하는 경정청구를 하였으나 관세당국은 원산지증명서가 수출자별로 발행되지 않았다는 이유로 이를 거부한 사안에서, 조세심판원은 생산자가 원산지증명서의 수출자란에 수출자들을 모두 기재하였으므로 생산자는 정확하게 원산지증명서를 발급한 것으로 볼 수 있는 점, 수입물품을 하나의 수입신고서로 신고하였고 각 수출자별 수출 물량이 기재된 인보이스를 모두 첨부하여 각 수출자별 원산지물량 산정에는 어려움이 없어 보이는 점, 한·호주 FTA에 수출자별로 원산지증명서가 발급되어야 한다는 명백한 규정이 없는 점 등에 비추어 관세당국의 경정거부처분은 잘못이 있다고 판단하였다.111)

나아가, 인증수출자번호가 아닌 통관고유부호(Economic Operator Registration Identification)로 발급된 원산지신고서의 경우도 문제가 되었는데, 하급심에서 인증수출자번호는 원산지신고서에 기재되는 여러 항목 중의 하나에 불과한 경미한 사정이 아니라 물품의 원산지를 증명하는 기능을 하는 것으로서 원산지신고서의 유효성을 결정하는 주요한 항목이라고 봄이 타당하므로 이러한 원산지증명서의 하자는 중대하다는 취지로 판단한 사례가 있다.112)

(3) 발급일과 유효기간

원산지증명서는 협정관세 적용 신청 당시 구비하고 있어야 하는 것이 원칙이다. 원산지증명서의 발급시기가 협정관세 적용신청 이후인 경우에 그 사후발급받은 원산지증명서의 적법성이 문제된다. 납세자는 수출자로부터 물품을 수입하면서 한·인도 CEPA113)에 의한 협정관세를 적용하여 수입신고하였으나, 관세당국은 납세자가 특혜관세를 적용하는 시점에는 유효한 원산지증명서를 갖추지 아니하고 사후에 이를 발급받았다는 이유로 관세를 추징한 사안에서, 조세심판원은 수입물품의 원산지증명서가 협정관세 적용신청 이후에 발급되어 원산지증명서의

111) 조심 2016관0111, 2016. 09. 08.
112) 인천지방법원 2015. 11. 5. 선고 2015구합51341 판결, 서울고등법원 2016. 5. 18. 선고 2015누67924 판결. 위 판결은 대법원 2016. 9. 8. 선고 2016두41606 판결에 의하여 심리불속행 기각되었다.
113) 한·인도 포괄적경제동반자협정(Comprehensive Economic Partnership Agreement)으로 실질적 무역자유화를 목적으로 하므로 GATT 제24조 규정에 부합하는 FTA 협정으로 볼 수 있다.

하자가 중대하다는 취지로 판단하였다.114)

한·EFTA FTA의 협정관세의 적용이 문제되는 사안에서 조세심판원은 한·EFTA FTA 협정관세 적용신청 이후에 발행된 원산지신고서의 경우에도 그 신고서의 하자는 중대한 것으로 보았다.115) 그러나 하급심에서는 한·EFTA FTA 부속서 I 제17조가 수입시 원산지신고서를 소지하지 아니한 경우라도 원산지증명서를 사후 제출하여 특혜관세대우 적용을 받을 수 있다고 규정하고 있는 점, 수입물품에 대하여 협정과 법령에서 정한 절차와 방법에 따라 수출국 관세당국의 검증결과를 통하여 그 원산지가 스위스라는 점에 대한 충분한 확인이 이루어진 점 등에 비추어 그러한 검증결과를 도외시한 채 그 검증 전의 단계에서 제출되어 검증을 수행하는 계기가 된 원산지증명서의 형식적 요건이나 제출 절차의 흠결만을 이유로 협정관세의 적용을 배제하는 것은 부적법하다는 취지로 판단하였다.116)

FTA 관세법과는 달리 개별 FTA에 원산지증명서의 사후발급에 관한 규정이 없는 경우에 체약상대국의 수입물품에 대하여 사후발급된 원산지증명서의 적법성을 인정할 것인지 여부가 문제된다. 개별 FTA가 FTA 관세법에 우선하므로 체약상대국이 사후발급을 해 주었다고 하더라도 그 원산지증명서의 적법성을 인정할 수 없다는 견해가 있지만,117) 자유무역협정의 도입 취지상 개별 FTA가 명시적으로 이를 금지하고 있지 않은 이상 사후발급된 원산지증명서에 대하여 국내법인 FTA 관세법에서 협정관세의 적용을 허용하더라도 개별 FTA 규정과 상충한다고 보기 어렵다고 사료된다. 국내법상 개별 FTA에 반하지 않는 사항의 적용을 허용하더라도 헌법과 국제법 위반의 문제가 발생하지 않고, 무역자유화의 취지에도 부합하기 때문이다.

사후 발급규정이 있는 개별 FTA에서도 원산지증명서가 수입신고 수리일로부터는 1년 이내이나 수입물품의 선적일로부터 1년이 지나서 발급된 경우 그 유효기간이 문제된다. 한·아세안 FTA는 원산지증명서가 수출시 또는 수출 직후

---

114) 조심 2016관0114, 2016. 07. 15.

115) 조심 2017관0045, 2017. 09. 22.

116) 인천지방법원 2019. 2. 1. 선고 2017구합55200 판결, 서울고등법원 2019. 10. 11. 선고 2019누 37525 판결. 위 판결은 대법원 2020. 2. 13. 선고 2019두56593 판결에 의하여 심리불속행 기각되었다. 그 밖에 인천지방법원 2018. 10. 18. 선고 2017구합52393 판결, 서울고등법원 2019. 3. 21. 선고 2018누73661 판결도 같은 취지로서, 위 판결도 대법원 2019. 7. 25. 선고 2019두39031 판결에 의하여 심리불속행 기각되었다.

117) 이종익·박병목, 앞의 책, 28–29면.

곧 발급되지 않는 예외적인 경우에는 선적일로부터 1년 이내에 소급 발급될 수 있다고 규정하고 있으므로,[118] 그로부터 1년 이후에 발급된 원산지증명서는 유효기간이 도과하여 부적법하다는 이유로 관세당국이 관세 등을 부과한 사안에서, 조세심판원은 협정관세 적용신청이 수입신고 수리일로부터 1년 이내에 통관지 세관장에게 적법하게 이루어졌고 사후적용신청을 받은 통관지 세관장이 이를 승인한 점, 원산지증명서 소급발급신청이 협정에서 규정한 선적일로부터 1년 이내에 이루어져 발급기관에 의하여 원산지증명서가 적법하게 발급된 점, 청구법인이 선적전부터 수출자 측에게 원산지증명서 발급을 요청하였고 이후 거듭되는 요청에도 불구하고 수출자 측과 수출국 정부에 의해 발급이 지체된 것으로 확인되는 점 등에 비추어 수입신고 수리일로부터 1년 이내에 적법하게 협정관세 적용신청을 한 이상 한·아세안 FTA 부속서3 부록1 원산지규정 제7조 제4항만을 들어 원산지증명서의 효력을 부인할 수 없다고 결정하였다.[119] 반면, 조세심판원은 한·아세안 FTA에 따라 선적일로부터 1년 이내에 소급 발급신청을 하였더라도 선적일로부터 1년을 경과하여 발급되었다면 그 원산지증명서는 유효기간이 경과한 것이므로 협정관세의 적용을 받을 수 없다고 판단한 경우도 있다.[120]

다. 직접운송요건과 통과선하증권의 문제

수입물품의 원산지결정기준의 하나인 직접운송요건은 원산지증명서가 아닌 기타 증빙서류에 의하여 증명할 수 있으므로 그 증명방식으로 법정서류의 제출이 요청되지 않는다는 점에서 원산지증명서에 의한 원산지상품요건의 증명방식과 비교된다. 체약상대국 출발부터 우리나라 도착까지의 선하증권 등 운송서류, 원산지가 아닌 국가의 보세구역에서 환적이나 일시 장치되었음을 해당 국가의 권한있는 기관이 확인한 증명서가 그 증빙서류가 될 수 있다.

직접운송요건을 충족하지 못한 경우라도 원산지가 아닌 국가의 보세구역에

---

118) 한·아세안 FTA 부속서3 부록1 원산지규정 제7조 제4항.

119) 조심 2012관0185, 2013. 03. 13. 이에 대하여 협정관세 적용 여부의 중요한 판단기준은 원산지증명서의 진실성 담보 여부이고 위 결정에서의 원산지증명서의 발급절차상의 하자는 경미하여 원산지의 진실성을 배척할 만큼 크지 않다고 판단한 대상 결정에 전적으로 찬성하며 실무상 수입자가 수출국의 원산지증명서의 발급에 관하여 이를 실질적으로 독촉하는 절차가 없는 점을 고려하면 구체적 타당성 측면에서도 의미 있는 결정이라는 견해가 있다(최정미, "선적일 1년 이후, 수입신고 수리일 1년 이내에 발급된 원산지증명서를 첨부한 경우의 한·아세안 FTA 협정관세의 적용 여부", 조세실무연구 5, 김·장 법률사무소, 2014, 396면).

120) 조심 2015관0047, 2016. 04. 29.

서 운송목적으로 환적되는 등 예외사항에 해당하면 여전히 해당 국가가 원산지로 간주되는데, 이러한 직접운송간주요건도 증명하여야 한다. 개별 FTA에서 직접운송간주요건의 증명서류로 통과선하증권을 규정하고 있는 경우가 다수 있다. 이 경우 직접운송간주요건을 충족하기 위하여 반드시 통과선하증권을 제출하여야 하는지, 아니면 그 밖의 증빙서류에 의하여 직접운송간주요건을 실체적으로 구비하였다는 점을 증명할 수 있는지가 문제된다.

아 · 태 무역협정[121]상의 통과선하증권에 관한 선례가 대표적으로, 이에 대해서는 '예시서류설'과 '필수서류설'이 대립하고 있다. 예시서류설은 운송에 관한 대표적인 증빙서류로 통과선하증권을 가급적 제출하여야 한다는 취지이고, 육상운송과 해상운송이 결합되어 통과선하증권을 구비하기가 사실상 불가능한 경우에는 다른 증빙서류를 제출하여 직접운송간주요건을 구비하였음을 증명하면 된다는 견해이다. 이에 반해 필수서류설은 그 증빙서류로서 통과선하증권이 반드시 제출되어야 하고 만일 그 제출이 없다면 아 · 태 무역협정 부속서 제5조 나항의 직접운송간주요건의 실질을 갖추었다고 하더라도 협정관세의 적용을 받을 수 없다는 견해이다.[122]

조세심판원은 인도네시아산 수입물품을 싱가포르를 경유해 수입하면서 한 · 아세안 FTA 협정관세의 적용이 문제가 된 사안에서, 제3국을 경유해 운송하는 경우 필수서류로서 수출당사국이 발행한 통과선하증권을 제출하지 못한 수입물품에 대하여 협정관세의 적용을 배제하는 것은 타당하다고 결정하였다.[123] 반면, 대법원은 아 · 태 무역협정 원산지 확인기준 등에 관한 규칙 제8조 제3항의 문언, 체계, 제정경위, 아 · 태 무역협정[124]과 그 부속서를 비롯한 관련 법령의 직접운송에 관한 규정들의 취지와 목적 등을 모두 종합할 때, 위 조항은 아 · 태 무역협정 부속서에서 정한 직접운송규정을 원활히 실시 · 집행하기 위하여 관세당국에 제출할 증명서류에 관하여 일반적으로 신빙성이 높게 보는 대표적 증빙서류들을

---

121) 아 · 태 무역협정은 GATT 제24조의 규정에 미치지 못하는 수준의 무역자유화 협정으로 개발도상국간의 권능조항에 의해 승인된 특혜협정이지만 통과선하증권에 대한 판단은 자유무역협정에서도 동일한 의미가 있다.

122) 이의영, "통과선하증권과 직접운송의 원칙", 대법원 판례해설 제120호, 법원도서관, 2019, 374면.

123) 조심 2011관0090, 2011. 09. 21.

124) 대법원은 한 · 아세안 FTA상 통과선하증권의 문제되는 사안에서도 수출당사국에서 발행된 통과선하증권을 발급받기 어려운 사정이 있는 경우에는 다른 신빙성 있는 증명자료를 제출하여 직접운송간주요건의 충족을 증명할 수 있고 통과선하증권이 제출되지 않았다는 형식적 이유만으로 협정관세 적용을 부인할 수 없다고 판단하였다(대법원 2019. 2. 14. 선고 2017두63726 판결).

정하고 있는 것으로서 이를 제출하기 어려운 사정이 있다면 다른 신빙성 있는 자료로 대체할 수 있고, 따라서 제1호의 수출참가국에서 발행된 통과선하증권을 발급받기 어려운 사정이 있다면 같은 항 제4호에 따라 다른 신빙성 있는 증명서류를 제출하여 직접운송간주요건의 충족을 증명할 수 있으며, 단지 위 통과선하증권이 제출되지 않았다는 형식적 이유만으로 아·태 무역협정의 직접운송간주요건을 충족하지 못한다고 단정하여 협정세율 적용을 부인할 수는 없다고 판시하였다.125)

3. 원산지증명서 하자의 치유

가. 하자의 치유에 대한 두 가지의 견해

원산지증명서 하자의 치유란 원산지증명서상의 중대한 하자가 있는 경우 원산지조사 등의 과정에서 사후적으로 그 하자를 보정하는 것을 말한다. 원산지증명서의 하자는 그 자체로 협정관세의 적용이 배제되는 하자가 있고 원산지조사 등을 통해 보정의 기회가 부여되는 하자가 있는데, 원산지증명서의 하자가 사후적으로 치유되었다는 것은 협정관세의 적용신청 후에 그 하자가 보정되어 협정관세의 적용이 허용된다는 것을 의미한다. 협정관세의 적용절차에서 원산지증명서의 하자는 그 치유의 기회가 허여되므로 원산지증명서의 하자에 관한 중핵적 논의는 결국 하자 치유의 대상과 기간 및 정도를 어느 범위까지 인정할 것인지의 문제이다.

FTA 관세법과 개별 FTA에서는 협정관세 적용제한 사유를 규정하고 있는데, 위 제한사유에 대한 해석은 원산지증명서의 하자와 그에 대한 치유의 범위 문제이기도 하다. 원산지증명서 하자의 치유는 원산지조사 등의 과정에서 제대로 된 원산지증명서가 제출되거나 원산지증명서 하자로 인하여 제기되었던 의문이나 문제가 해소되는 방식으로 진행된다. 원산지증명서의 하자가 치유되면 수입신고를 하면서 이미 협정관세의 적용을 받은 경우에 원산지조사 등의 과정에서 별도의 관세 등이 부과되지 않고 협정관세의 적용을 받지 못한 경우에는 협정관세의 사후적용이나 경정청구 등의 절차를 통해 기납부한 관세를 환급받게 된다.

125) 대법원 2019. 1. 17. 선고 2016두45813 판결. 대법원 2019. 1. 31. 선고 2016두54374 판결도 통과선하증권이 제출되지 않았다고 하더라도 이러한 사정만으로 곧바로 아·태 무역협정에 따른 특혜관세가 배제되는 것은 아니고 통과선하증권 이외의 다른 증명서류에 의하여 요건이 충족되었는지를 심리하여 처분의 적법여부를 판단하여야 한다고 판시하였다.

원산지증명서의 하자에 관한 치유 기회의 허여에 대해 여러 가지 견해가 제기되고 있는데 그 중에서 '제한적 치유설'과 '확장적 치유설'의 두 가지 입장이 대표적이다. 제한적 치유설은 원산지증명서 하자의 치유는 협정관세 실체적 적용요건의 구비와 무관하게 제한적 범위에서 인정하여야 한다는 견해이다. 민사소송 및 행정소송에 있어서 당사자 적격을 갖추지 못한 경우 부적법한 소로 간주하여 본안심리도 할 것 없이 각하 판결을 하는데, 협정관세 적용요건 중 절차적 원산지증명요건을 구비하지 못하였다면 협정관세의 실체적 요건을 구비하였는지에 관한 원산지조사 등의 필요도 없이 협정관세 적용을 배제하여야 한다는 것이다.126) 관세당국의 과세에 대해서는 적법절차에 위배되면 그 자체로 위법하다고 판단하는 반면 납세자의 경우에는 협정관세 적용신청시 그 절차상의 요건을 미비하더라도 이를 보정하는 기회를 주는 것은 이중적인 관점에서 납세자 보호에 치중하는 것이므로 그 보정의 기회는 제한적으로 허용해야 한다는 논거도 추가된다.127)

반면, 확장적 치유설은 협정관세의 적용은 가급적 실체적 적용요건의 구비 여부에 의하여 결정되어야 하고 원산지증명서 하자의 치유는 폭넓게 인정하여야 한다는 것이다. 대법원은 생산자와 수출자 및 수입자가 존재하는 3자 거래에서 상품은 역내국에서 직접 운송되었으나 비당사국 수출자가 원산지신고서를 작성하여 협정관세를 적용받은 사안에서, 물품이 역내산인 경우에 비록 작성권한이 없는 자가 원산지신고서를 발급한 경우에도 수입자에게 보정의 기회를 보장하여야 하며 이후 체약상대국 관세당국에 검증을 요청하여 회신결과에 따라 원산지기준 충족여부를 판단하여야 한다고 판시하면서,128) 한 · EU FTA 의정서 주해 제9조는 원산지증명이 적용될 수 없음이 객관적으로 인정되는 경우에 한하여 검증없이 특혜관세를 배제할 수 있도록 규정하여 보정 가능한 하자로 인한 협정관세의 적용배제를 방지하고 있고 FTA 관세법 시행규칙 제21조 제5항에서 요건을

---

126) 이명구, "FTA 원산지기준의 실체적 · 절차적 요건에 관한 법적 고찰", 관세학회지 제20권 제1호, 한국관세학회, 2019. 2., 93면.

127) 이명구, 앞의 논문, 94면.

128) 관세청도 구 FTA 관세법 시행규칙 제16조 제5항에서 원산지신고서 오류사항의 보정절차가 마련되어 있는 취지는 수입자가 협정관세 신청을 위하여 세관장에게 제출한 원산지증명서가 형식적인 요건을 갖추지 아니하였거나 일부 기재사항을 누락하는 등 오류가 있어도 이를 보정할 수 있는 절차가 명확하지 못하여 이에 따른 문제점을 치유하기 위한 것으로 처분청이 이러한 보정절차를 생략하여 청구인에게 형식적인 오류를 치유할 수 있는 기회를 제공하지 않았다면 이는 절차적 하자에 해당하여 위법하다고 판단하였다(관심 제2011-37호, 2012. 05. 03.).

갖추지 못한 원산지증명서에 대해 반드시 보정을 하도록 규정하고 있고, 보정요구 대상으로 원산지신고서 등 자체에 유효성이 인정되는 경우만을 전제로 한다고 볼 수 없다고 하여, 원산지기준 등 실체적 요건의 충족 여지가 있는 한 원산지신고서 하자에 대한 보정기회 제공이나 보정요구 및 검증절차를 제대로 취하지 않은 채 이루어진 과세는 위법하다고 보았다.129) 협의의 원산지증명서나 원산지신고서는 수입물품의 원산지를 일정한 형식적 요건과 방식을 갖춘 서류에 의하여 쉽게 확인할 수 있도록 함으로써 원산지증명 절차의 효율성을 도모하려는 것이므로 원산지증명서류가 구비해야 할 요건이나 형식을 제대로 갖추지 못하거나 신고서상 유효성 내지 진실성을 의심할 만한 사정이 있는 경우에는 원산지조사를 통해서 검증하면 되는 것이고, 원산지증명서나 원산지신고서의 형식적 요건의 흠결을 이유로 협정관세의 적용을 배제하는 것은 부당하다는 것이다.130) 제한적 치유설과 확장적 치유설은 원산지증명요건을 협정관세 적용의 실체적 요건으로 볼 것인지 아니면 절차적 요건으로 볼 것인지의 차이이다. 전자에 의하면 원산지증명서의 중대한 하자는 실체적 요건으로 보정의 필요가 없이 바로 협정관세의 적용이 부인되는 것이고, 후자의 경우에는 수입물품이 실체적인 원산지상품요건 및 직접운송요건을 구비하였다면 협정관세가 적용될 수 있고 그에 대한 증명은 절차적 요건으로, 원산지증명서 발급 주체 등의 오류, 통과선하증권의 미제출 등의 절차적 하자는 사후적으로 치유 가능하다고 보는 것이다.

나. 하자 치유의 대상

협정관세 적용의 실체적 요건을 충족한 경우 그 실체적 요건의 구비 여부를 증명하기 위한 보정 가능한 하자는 치유의 대상이 된다. 전심절차에서는 그 치유의 대상을 제한적으로 파악하고 있는데, 조세심판원은 비인증수출자가 발급한 원산지신고서는 보정대상으로 보기 어렵다고 판단하였고,131) 판매자가 발행한 송품장에 생산자의 인증수출자번호를 기재한 경우 인증수출자가 아닌 자에 의하여

---

129) 인천지방법원 2017. 7. 14. 선고 2016구합54606 판결, 서울고등법원 2017. 8. 17. 선고 2017누65984 판결. 위 항소심 판결은 대법원 2018. 7. 13. 선고 2018두39201 판결에 의하여 심리불속행 기각되었다.
130) 인천지방법원 2019. 2. 1. 선고 2017구합55200 판결, 서울고등법원 2019. 10. 11. 선고 2019누37525 판결. 위 항소심 판결은 대법원 2020. 2. 13. 선고 2019두56593 판결에 의하여 심리불속행 기각되었다.
131) 조심 2015관0307, 2016. 06. 08.

원산지신고서가 발급되었고 발급자가 한·EU FTA와 관련이 없음이 명백하므로 보정의 대상이 되지 않는다고 보았다.[132] 관세청에서는 최빈국 특혜관세의 적용에 관한 것이기는 하지만 수입신고시 원산지증명서의 제출 및 원산지증명서의 발급주체에 대한 하자도 보정대상으로 보기 어렵다고 하였고[133] 한·인도 CEPA의 특혜관세 적용과 관련하여 조세심판원도 원산지증명서의 제출기한의 도과는 보정 가능한 하자가 아니라고 판단하였다.[134]

반면, 법원에서는 조세심판원에 비하여 실체적 요건의 충족 가능성이 있다면 절차적 요건에 대한 하자에 대해서는 넓은 보정의 기회를 허여하고 있다. 그 중에서도 원산지신고서 발급주체에 관한 대법원 판례가 대표적이다. 한·EFTA FTA 체약상대국 스위스 생산회사가 생산한 수입물품을 홍콩 판매회사를 통하여 수입하면서 판매회사가 발급한 1차 원산지신고서에 의해 협정관세를 적용하여 수입신고를 하였다가 피고의 보정요청에 의하여 생산회사가 발급한 2차 원산지신고서를 제출한 사안에서, 피고의 검증요청에 대하여 스위스 관세당국이 2차 원산지신고서는 생산회사가 발급한 것은 맞지만 1차 원산지신고서는 생산회사가 발급한 것은 아니고 해당 수입물품은 원산지상품기준을 충족하여 특혜관세대우 조치가 부여될 수 있다는 검증결과를 회신하였다. 관세당국은 해당 수입물품에 관하여는 협정관세 신청 당시 적법한 원산지증빙서류가 갖추어져 있지 않았다는 이유로 협정관세의 적용을 배제하고 관세 등을 부과하였다. 이에 대하여 원심은 해당 수입물품에 관하여는 스위스 관세당국의 검증결과를 통하여 그 원산지가 스위스라는 점에 대한 충분한 확인이 이루어졌으므로 1, 2차 원산지신고서의 형식적 요건 등의 흠결만을 이유로 협정관세의 적용을 배제할 수 없다고 보았고 스위스 관세당국의 검증회신을 근거로 해당 수입물품에 대해서는 원산지증빙서류가 갖추어졌다고 판단하였는데, 대법원은 이를 수긍하여 심리불속행 기각판결을 하였다.[135] 원산지증명서의 발급주체와 발급시기에 관한 원산지신고서의 하자는 치유의 대상이 된다는 것을 보여준 판결이다.

그 밖에 한·미 FTA와 관련하여 원산지증명서를 비당사국 수출자가 발행하였다는 이유로 협정관세가 배제되었다가 원고가 추후 체약당사국 생산자가 발행

---

132) 조심 2015관0341, 2016. 09. 23., 조심 2015관0309, 2016. 06. 10.
133) 관심 제2007−003호, 2007. 05. 21.
134) 조심 2016관0114, 2016. 07. 15.
135) 대법원 2019. 7. 25. 선고 2019두39301 판결.

한 원산지증명서를 근거로 협정관세를 적용받은 사례가 있다.[136) 한·EFTA FTA
와 관련하여 판매회사가 발급한 원산지신고서를 수출자 명의의 원산지신고서로
추후 보완하여 협정관세를 적용받은 사례도 있다.[137) 한·EU FTA에서 권한 없
는 자가 발급한 원산지신고서에 대하여 대법원은 한·EU FTA 제9조는 원산지증
명이 적용될 수 없음이 객관적으로 인정되는 경우에 한하여 검증없이 특혜관세
를 배제할 수 있도록 규정하고 있고[138) FTA 관세법 시행규칙 제21조 제5항은 요
건을 갖추지 못한 원산지증명서에 대하여 반드시 보정을 하도록 규정하고 있으
므로 원산지 등 실체적 요건의 충족 여지가 있는 경우에는 보정대상이 될 수 있
다는 취지로 판결한 바도 있다. 즉, 대법원은 원고가 프랑스 생산회사가 생산한
탄산수를 수입신고하면서 유효하지 않은 인증수출번호가 잘못 기재되거나 제3국
업체가 발행한 원산지신고서나 증명서를 제출한 경우 이러한 하자는 그 기재사
항, 기재방법 등의 요건이 충족되지 않거나 그 기재사항에 누락, 오류 또는 흠이
있는 경우 등으로서 보정 및 검증이 가능하다고 볼 여지가 충분함에도 하자에 대
한 보정기회의 제공이나 보정요구 및 검증절차를 제대로 취하지 않은 채 곧바로
협정관세 적용을 배제한 처분을 위법하다고 보아 그 처분을 취소한 원심을 그대
로 수긍하였다.[139) 결국 법원 단계에서는 보정 가능한 원산지증명서의 하자는 특
별한 사정이 없는 한 치유의 대상이 되고 다만 보정의 기간을 언제까지로 볼 것
인지가 주로 문제되었다.

다. 하자 치유의 기간

원산지조사의 경우에는 간접검증 등에 관하여 일정한 회신기간이 부여되어
있고 원산지심사에 따라 협정관세의 적용을 배제하는 경우에도 원산지증명서의
하자 등에 대하여 5일 이상 45일 이내의 기간을 정하여 보완의 기회를 부여하고
있다.[140) 다만, 원산지증명서 하자의 치유가 가능하다고 하더라도 그 기한이 무
한정으로 인정될 수는 없다. 하자의 치유기간에서는 간접검증의 회신기간의 경과
가 주로 문제되고 특히 회신기간 경과한 후에 도착한 회신결과를 가지고 하자의

136) 대법원 2018. 11. 29. 선고 2016두53180 판결.
137) 대법원 2016. 8. 18. 선고 2015두50399 판결.
138) 한·EU FTA 의정서 주해 제9조.
139) 대법원 2018. 7. 13. 선고 2018두39201 판결.
140) FTA 관세법 시행규칙 제21조 제5항.

치유를 인정할 것인지를 둘러싸고 다툼이 발생한다.

우선, 수출국과 수출자 회신기간 경과에 관한 선례가 있는데, 납세자가 수출자로부터 해당 물품을 수입하면서 수출국 관세당국이 발행한 원산지증명서를 근거로 한·아세안 FTA 협정관세 적용신청을 하자 관세당국은 수출국 관세당국에 원산지조사를 요청하였으나, 수출국 관세당국의 검증결과가 회신기간을 경과하여 도착하자 납세자에게 협정관세를 적용하지 않고 과세한 사안에서, 조세심판원은 정해진 기간 이내에 회신이 없는 경우 협정관세를 배제한 결정은 타당하다고 결정하였다.141) 관세당국의 수출자에 대한 서면질의에 대하여 협정에서 정한 30일의 회신기간이 경과하도록 회신하지 않고 기간 연장도 하지 않은 사안에서, 조세심판원은 실질적 원산지상품요건 충족과 관계없이 수입자가 원산지조사에 응하지 않은 사실은 협정관세 배제의 충분한 근거가 된다고 판시하였다.142) 회신기간을 경과하여 회신한 경우143)도 마찬가지로 보았다.

반면, 수출자가 원산지증명서를 제출하고 협정관세를 적용받았고 이에 대해 원산지조사가 행해져 관세당국의 원산지검증요청일로부터 10개월이 지나도록 회신이 없다가 수출국 관세당국이 회신기간 종료 전에 특정한 기간까지 회신하겠다고 통보하였는데, 관세당국이 이를 기다리지 않고 그로부터 2달 후에 협정관세를 부인하고 관세 등을 부과하였고 그 부과일로부터 한 달 내에 원산지가 맞다는 수출국 관세당국의 회신결과가 통보된 사안에서, 조세심판원은 기한 내에 검증결과가 송부되었다면 검증내용대로 인정받을 수 있었다는 점, 수출국 관세당국이 기한 경과 전에 중간 통보를 하여 사실상 회신기한 연장을 구한 점, 회신기간 경과일이 2개월 정도인 점을 감안하면 단지 회신기간 내에 검증결과를 통보하지 않았다고 하여 수입물품에 대한 원산지를 부인할 수 없다고 판단하였다.144) 종전의 심판례에서 다소 벗어나 구체적 타당성을 중시한 결정이다.

라. 하자 치유의 정도

---

141) 조심 2015관0128, 2015. 11. 24. 다만, 수출국 관세당국의 검증결과가 회신기간 경과 후 도착한 것에 납세자의 귀책사유는 없다고 보아 가산세 부과처분은 취소하였다.

142) 조심 2009관0087, 2010. 07. 26.

143) 조심 2016관0004, 2016. 06. 30., 서울행정법원 2014. 11. 14. 선고 2014구합9974 판결, 서울고등법원 2015. 7. 23. 선고 2014누72905 판결.

144) 조심 2011관0138, 2012. 05. 31., 조심 2019관0114, 2020. 07. 22. 결정도 회신기간 도과 이후 도착한 검증결과를 근거로 협정관세를 적용하였다.

(1) 절차적 사유와 하자의 치유

FTA 관세법은 원산지증명서 하자의 치유와 관련하여 실체적 사유와 함께 절차적 사유를 협정관세 적용제한 사유로 자세히 규정하고 있다. 원산지심사의 경우에는 정당한 사유 없는 자료의 미제출과 허위제출 및 사전심사의 조건 미이행이 절차적 사유이고 원산지조사의 경우에는 직접검증에서는 체약상대국 수출자 등의 법정기간내 미회신, 조사 미동의 및 방해, 정당한 사유 없는 자료접근 거부 및 자료 미보관이, 간접조사에서는 체약상대국 관세당국의 법정기간내 미회신이 절차적 사유이다. 이러한 절차적 사유는 대부분 객관적 기준에 의하여 판단될 수 있으나 정당한 사유 등의 경우에는 주관적 판단의 여지가 있다. 앞서 본 조심 2011관0138, 2012. 05. 31. 등은 회신기간이 도과한 후에 검증결과가 도착하여 절차적 적용제한의 사유가 있었지만 단기간 지연 등의 사정을 고려하여 협정관세의 적용을 허용하였다는 점에서 절차적 사유의 경우에도 탄력적 해석의 여지가 있어 보인다.

(2) 실체적 사유와 하자의 치유

(가) 수출국 검증결과와 예외적 사정

수출국 관세당국에 간접검증을 의뢰한 경우 실체적 적용제한 사유의 해당여부 판단은 수출국 관세당국의 검증결과 등에 대한 신뢰 문제와 관련이 된다. 이는 수출국 관세당국이 검증결과를 통보한 경우 그 검증을 의뢰한 수입국 관세당국은 그 검증결과에 기속되는 것인지의 문제이기도 하다. 기본적으로는 원산지조사결과에 따라 수입국의 관세당국은 원칙적으로 수출국의 관세당국이 수행하여 회신한 검증결과를 존중하여야 하는 것이 원칙이다.[145] 체약상대국의 관세당국으로부터 기한 내에 간접검증결과가 통보되고 해당 서류의 진정성 또는 상품의 원산지를 판정할 수 있는 충분한 정보가 포함되어 있는 경우에는 수입국 관세당국은 이를 부인할 만한 명백한 근거가 없는 이상 체약상대국의 간접검증결과를 최대한 존중하는 것이 타당하다.[146] 그러나 간접검증에서 체약상대국의 관세당국이 협정 및 법령상의 회신기한을 지키지 않거나 해당 서류의 진정성에 의문이 있거나 해당 물품의 원산지의 판정에 필요한 충분한 정보가 포함되어 있지 아

---

145) 대법원 2016. 8. 24. 선고 2014두4290 판결, 대법원 2016. 8. 24. 선고 2014두5644 판결.
146) 김재식, "원산지 검증과정에서 형식적 측면과 실질적 요건의 관계: 사례검토를 중심으로", 관세학회지 제20권 제1호, 한국관세학회, 2019. 2., 45면. 한·EU FTA에 따른 영국 관세당국의 검증결과의 존중 문제에 관하여는 조심 2014관0266, 2015. 02. 13. 참조.

니한 경우에는 천재지변과 같은 예외적인 경우에 해당하는 사정이 없는 한 수입
국 관세당국은 협정관세의 적용배제 권한이 있다고 할 것이다.[147]

개별 FTA에 따라 간접검증을 의뢰받은 수출국 관세당국으로부터 소정의 기
간 내에 회신이 없거나, 회신이 있더라도 수입물품의 진정한 원산지 등에 대한
충분한 정보를 포함하지 아니한 때라도 특혜관세를 적용해야 하는 예외적 상황
을 규정하고 있는 경우가 있다. 예외적인 사정이 있다면 회신이 없거나 불충분한
회신이라도 협정관세를 적용해야 한다는 것으로, 예외적 사정이 어떠한 경우를
의미하는지가 문제된다. 하급심에서는 예외적인 사유란 수출국 관세당국이 검증
내지 회신을 지연하거나 그 내용상의 부실을 정당화할 수 있는 생산자, 수출자
및 수출국 관세당국이 통제 불가능한 특정의 상황을 의미한다고 판시한 사례가
있다.[148] 한·EU FTA와 한·EFTA FTA는 합리적 의심이 있는 경우 검증요청일
로부터 10개월 이내에 회신이 없거나 그 회신에 해당서류의 진정성 또는 제품의
진정한 원산지를 결정하기 위한 충분한 정보를 포함하지 아니하는 경우 요청하
는 과세당국은 예외적인 경우를 제외하고 특혜관세를 거부한다고 규정하고 있는
데,[149] 대법원은 한·EFTA FTA의 위 규정의 적용과 관련하여 체약상대국 관세
당국이 회신기간 내에 회신을 하지 아니한 데에 예외적인 사정이 있는 경우에 해
당하는지 여부는 그 회신 지연을 정당화할 수 있는 객관적 사유가 있는지 여부에
의하여 판단하여야 한다고 하면서, 스위스 관세당국이 제1금괴에 대하여는 원산
지가 스위스가 아니라고 회신하고 제2금괴에 대하여는 회신기간이 10개월 내에
회신하지 아니한 상태에서 관할 세관장이 관세 등을 부과한 뒤 회신기간 경과 후
에 스위스 관세당국이 제1, 2금괴의 일부만이 스위스가 원산지라고 최종 회신한
사실만으로는 협정관세를 적용할 만한 예외적인 사정이 있다고 볼 수 없다는 취
지로 판시하였다.[150] 수출국 관세당국이 자국 내에서 소송 등을 이유로 검증요청
일로부터 10개월 이내에 회신하지 않는 것도 한·EFTA FTA에서 정하고 있는 예
외적인 사유에 해당하지 않는다고 보았다.[151] 또한, 한·아세안 FTA의 사안에서
말레이시아 산업부의 내부인사 이동으로 인한 담당자의 부재는 예외적 사유에

147) 대법원 2016. 8. 24. 선고 2014두4290 판결, 대법원 2016. 8. 24. 선고 2014두5644 판결.
148) 서울행정법원 2014. 9. 25. 선고 2014구합54424 판결.
149) 한·EU FTA 원산지의정서 제27조 제7항, 한·EFTA FTA 부속서 I 제24조 제2항.
150) 대법원 2016. 8. 24. 선고 2014두5644 판결.
151) 대법원 2016. 8. 24. 선고 2014두8391 판결.

해당하지 않는다고 판단한 사례도 있다.[152]

(나) 수출국 검증결과의 불명확성

협정관세 적용제한의 대표적인 실체적 사유가 간접검증의 결과 원산지의 정확성을 확인하는 데 필요한 정보가 포함되지 않은 경우이다. 실무상 원산지증명서 하자의 치유 여부에 대한 판단이 어려운 경우의 상당 부분은 간접검증의 결과 회신 내용이 명확하지 않거나 복수의 검증결과가 서로 모순되는 경우이다. 스위스 금괴의 원산지 조사와 관련하여 형식적으로 스위스 금괴 수출자가 발행한 원산지증명서를 제대로 제출하였으나 수입국인 우리나라 관세당국이 원산지검증을 요청하자 스위스 관세당국은 처음에는 원산지요건을 불충족한다는 회신을 보내왔고, 이후 재조사하겠다고 결정을 유보했다가 회신기한이 지난 후에 검증결과를 회신하였는데, 관세당국은 스위스 금괴 수입업체들에 대해 FTA 협정세율 적용을 취소하고 관세 등을 부과한 사안에서, 대법원은 원산지증명서류의 진정성 또는 상품의 원산지를 판정할 수 있는 충분한 정보가 포함되어 있지 않다고 보아 관세당국의 과세가 정당하다고 판단하였다.[153] 하급심에서는 한·EU FTA와 관련하여 체약상대국 관세당국에서 처음에는 검증결과가 불충족되었다고 회신하였다가 그 후 충족되었다고 재차 회신한 사안에서도 관세당국의 과세가 정당하다고 한 사례가 있다.[154]

수출국에서 서류보관기간이 만료하여 검증이 불가하다는 회신이 온 경우도 수출국 검증결과의 불확실성 문제이다. FTA 관세법의 협정관세 적용제한 사유로 현지조사를 할 때 정당한 사유 없이 협정에서 정한 원산지증빙서류를 보관하지 않는 경우를 규정하고 있는바,[155] 서류보관기간이 만료한 경우에는 미보관에 대한 정당한 사유로 인정될 수 있을 것이다. 간접검증의 경우에는 이를 별도의 협정관세 적용제한 사유로 규정하고 있지 않다. 한·EFTA FTA와 관련하여 스위스에 대한 간접검증 결과 스위스 관세당국에서 국내법상 서류보관기간이 경과하여 검증이 불가능하다고 회신하여 관세당국이 협정관세의 적용을 부인하고 관세 등을 부과한 경우 관세당국의 과세가 정당하다고 판단한 사례가 있다.[156] 또한, 수

152) 대법원 2016. 8. 18. 선고 2015두50399 판결.
153) 대법원 2016. 8. 24. 선고 2014두4290 판결.
154) 인천지방법원 2016. 12. 8. 선고 2016구합51638 판결.
155) FTA 관세법 제35조 제1항 제3호.
156) 조심 2013관0058, 2013. 11. 04., 서울행정법원 2014. 7. 11. 선고 2014구합51739 판결.

출국 관세당국이 간접검증 요청에 따라 국내법상 서류보관기간 3년이 경과하여 원산지검증을 진행할 수 없어 원산지를 수출국으로 간주하여야 한다고 회신한 사안에서, 조세심판원은 한·EFTA FTA는 원산지증명서를 작성한 수출업체는 관련 서류를 최장 5년간 보관하고 수출국 세관이 요청하면 모든 서류를 제출하여야 하고157) 검증 요청일로부터 10개월 이내에 회신이 없거나 원산지판명에 필요한 충분한 정보가 없는 경우 예외적 상황을 제외하면 특혜관세의 적용을 배제할 수 있다158)고 규정하고 있는바, 수출국 세관이 국내법을 근거로 원산지 적정여부를 확인하지 않고 증빙자료를 제출하지 않은 것은 부당하다는 이유로 협정관세의 적용을 배제할 수 있다고 판단하였다.159)

4. 원산지증명서 하자의 선례에 대한 평가와 정당한 해석론

가. 선례에 대한 평가

(1) 원산지증명서 하자의 존부와 정도

법원과 조세심판원 등의 선례는 원산지증명서의 하자의 존부 및 정도에 관하여 원산지증명서의 하자를 발급주체와 서식 및 내용, 그리고 유효기간 등을 기준으로 법리적 하자와 사실상 하자로 구분하여, 법리적 하자는 개별 FTA와 FTA 관세법 규정에 따라 원산지증명서의 하자 해당 여부에 대한 법리적 논거와 입증의 문제로 파악하고, 만일 원산지증명서의 하자가 존재한다고 판정된다면 이는 중대한 하자로서 원산지조사 등의 과정에서 그 하자가 치유되지 않는다면 협정관세의 적용이 배제된다고 보고 있다. 사실상의 하자는 원산지증명서의 주요사항에 대하여 그 기재의 오류나 누락으로 해당 수입물품이 실체적 적용요건을 구비하였다면 그 하자가 경미한 경우 보정 없이 협정관세를 적용할 수 있고 중대한 하자인 경우에는 보정되지 않으면 협정관세의 적용이 배제된다는 입장이다.

(2) 원산지증명서 하자의 치유

원산지증명서의 중대한 하자에 대해서는 원산지조사 등의 과정에서 그 치유나 보정의 기회를 허여하고 있는데, 조세심판원 등 전심에서는 그 하자 치유의 대상과 기간을 제한적으로 인정하고 있는 반면, 대법원에서는 협정관세의 실체적 적용요건의 충족 여지가 있는 경우에는 치유의 대상은 비교적 넓게 파악하여 하

---

157) 한·EFTA FTA 협정 부속서 I 제21조.
158) 한·EFTA FTA 협정 부속서 I 제15조.
159) 조심 2012관0015, 2012. 06. 27.

자의 치유의 기회를 주고 있지만 그 치유의 기간에 대해서는 검증결과의 회신기간 등 절차적 적용사유는 기본적으로 엄격하게 보아야 한다는 입장이다. 치유의 정도에 있어서도 수출당사국이 검증을 수행하여 회신한 결과는 존중하되 그 회신의 진정성에 의심이 있는 경우에는 비록 수출국 관세당국의 긍정적인 회신이 있더라도 협정관세의 적용을 제한할 수 있다는 입장이다. 이는 개별 FTA상 협정관세를 적용해야 하는 예외적 경우를 엄격하게 파악하고 있는 것이기도 하다. 협정관세 적용배제의 절차적 사유는 엄격하게 해석하는 반면 원산지 확인에 필요한 정보의 부재 등과 같은 실체적 사유는 탄력적으로 넓게 해석하여 전체적으로는 원산지증명서 하자의 치유를 제한적으로 인정하고 있다고 보인다.

나. 해석론의 제안

(1) 합목적적 해석의 필요성

수입국 관세당국은 체약상대국 수출자 등을 상대로 원산지의 진정성이나 직접 운송요건 충족 여부 등을 확인할 방법이 제한적이지만 FTA는 협정 당사국간의 자유무역의 확대가 주목적이므로 협정관세 적용요건의 구비여부는 특별한 사정이 없다면 형식보다는 실질을 우선적으로 고려해서 합목적적으로 해석하는 것이 타당하다.[160) 일단 원산지증명서에 대한 심사나 검증과정에서 절차적 하자가 발견된 경우에는 특별한 경우를 제외하고는 실체적 협정관세 적용요건의 충족여부를 파악하여 만일 이를 구비하였다면 절차적 하자는 치유된 것으로 보아 확인된 원산지에 따라 협정세율의 적용 여부를 결정하는 것이 바람직하다. 체약당사국의 관세당국이 원산지증명요건을 협정관세의 절차적 적용요건으로 규정한 것도 그 심사나 조사과정에서 법정 서류의 하자를 살펴 실체적 적용요건의 위반혐의를 포착하는 것에 주안점이 있는 것이지 그 자체의 하자를 이유로 협정관세의 적용을 배제하겠다는 의사는 아닌 것으로 사료된다.

특히 협정관세의 적용요건으로서의 원산지증명요건은 조세법의 영역에서 이질적인 측면이 있다는 점도 고려해야 한다. 조세법 분야에서는 예컨대 조세특례제한법 등에서 각종 감면 등 특혜를 주면서 일정한 양식의 서류를 신고서와 함께 제출하도록 규정하는 경우는 있지만 그러한 서류 제출이 그 감면 여부를 결정짓는 필수요건으로 해석되지는 않는다.[161) 조세법상 감면 등 조세혜택 여부에 대한

---

160) 김재식, 앞의 논문, 47-48면.

판단은 그 감면 등에 관한 실체적 요건을 구비하였는지가 중요하고 이에 대한 증빙서류는 실체적 요건의 구비 여부에 대한 하나의 증명자료가 되는 것에 지나지 않으므로162) 가사 그와 같은 일정한 양식의 서류를 제출하지 않았다고 하더라도 그 자체로 감면 등의 혜택이 부인되지는 않는다.163) 원산지증명서는 관세법 영역에서도 사실상 유일한 예외164)로서 관세법상 일정 기한까지 승인신청 등을 하도록 정하는 등의 절차적 규정165)을 두는 경우가 종종 있지만 실체적 요건의 증명을 위하여 반드시 원산지증명서와 같은 법정 양식의 서류의 제출을 요구하는 경우는 찾아보기 어렵다.166) 비록 절차적 엄격성이 요청되는 관세법의 특성이 원산지증명서의 경우에도 존중될 필요가 있지만, 절차적 증명요건을 완화하여 해석하더라도 이에 대한 판정은 통관이 마쳐진 후 별도의 조사나 불복절차에서 수행되는 것이므로 통관절차상 중대한 저해요인이 된다고 볼 수는 없을 뿐만 아니라, 실체적 요건을 구비했음에도 불구하고 원산지증명서의 하자를 이유로 협정관세 적용을 배제하는 것은 본말전도의 측면이 있으므로 제한적으로 해석할 필요가 있다. 따라서 협정관세의 절차적 요건의 해당여부를 판단함에 있어 원산지증명서의 하자의 범위도 좁게 파악하고, 하자의 정도에 있어서도 중대한 하자의 범위도 제한적으로 분류하며 하자의 치유도 확대하여 목적론적 해석을 할 필요가 있는 것이다. 다른 세법 영역에서는 실체적 요건에 대한 목적론적 해석의 경우는 많지 않으나 대부분 절차적 요건에 대해서는 폭넓게 합목적적 해석을 하고 있는 점도 고려할 수 있다.167)

---

161) 1세대 1주택의 거주월수를 계산함에 있어서 주민등록표기재에 따르도록 한 소득세법 시행령 제15조 제7항의 규정의 취지는 입증의 편의를 위한 것에 지나지 않으며 거주사실의 인정을 오로지 주민등록표상의 기재만에 의하여야 한다는 취지로 볼 수 없다는 대법원 1986. 1. 21. 선고 85누618 판결 및 소득세법 시행규칙 제5조 제2항에 규정된 사항은 소유와 계속 경작한 농지인 사실의 필요적 입증자료를 규정한 것이 아니라 단지 예시적으로 규정된 것에 불과하다는 대법원 1983. 10. 25. 선고 83누419 판결 등 참조.

162) 이의영, 앞의 논문, 378면.

163) 부가가치세법상 사실과 다른 세금계산서의 경우에는 매입세액 불공제 등의 불이익이 있으나 세금계산서는 거래의 법정증명서류라기보다는 그 자체가 매입세액 공제의 실체적 요건이 되는 것으로, 협정관세의 실체적 적용요건을 입증하기 위한 법정 양식의 서류인 원산지증명서와 차이가 있다.

164) 2000. 12. 관세법 개정으로 원산지증명서 제출을 의무로 정하면서 "미제출시에는 협정 등에 정한 관세편익을 적용하지 아니할 수 있다"라는 규정을 신설하였다(관세법 제232조).

165) 미납세반출 승인신청에 관한 구 개별소비세법 시행령 제19조 제1항 등에 대한 대법원 2015. 12. 23. 선고 2013두16074 판결 등 참조.

166) 이의영, 앞의 논문, 378-379면.

167) 대표적으로 조세감면은 그 감면요건이 충족되면 당연히 감면되고 감면신청이 있어야만 감면되

(2) 원산지증명서 하자의 존부와 정도

협의의 원산지증명서와는 달리 원산지신고서의 경우에는 발급기관과 서식 및 내용 등에서 상대적으로 엄격성이 떨어지므로, 인증수출자가 발급하는 원산지신고서에 다소 오류가 있더라도 이를 하자로 파악하지 않거나 경미한 하자로 판정하는 것이 타당하다. 실무상 원산지신고서의 작성일자나 작성방식 및 원산지신고서 작성의 대행 또는 대리의 적법성을 이유로 협정관세의 적용이 문제되는 경우가 많은데 이에 대해서도 합리적 해석의 필요성이 있다.

먼저, 한·EU FTA에서는 한·EU FTA 부속서 3에서 원산지신고서 문안 '(7) 장소 및 일자'는 문서 자체에 그 정보가 포함되는 경우에는 그 표시를 생략할 수 있다고 규정하고 있는데, 이러한 명시적인 규정이 없는 FTA의 경우에도 다른 상업서류 등에 의하여 작성일자 등이 확인된다면 그 누락이나 오류는 경미한 하자로 파악하여 보정없이 협정관세를 적용하여야 할 것이다.

또한, 개별 FTA에서 원산지신고서는 상업서류와 같이 작성되어야 한다는 규정을 두고 있지 않는 경우 다양한 방식의 원산지신고서의 작성이 가능하다고 판단된다. 특히 원산지신고서로 대체가 되는 송품장 등 상업서류는 판매자가 작성하는 것이고 생산자가 이를 작성하기는 어려우므로, 판매자가 송품장을 작성한 경우라면 수입자는 수입신고 당시 원산지증명으로 생산자로부터 별도 서류인 수출자 작성의 인도증서나 제3자가 작성한 원산지 신고문안이 인쇄되어 있는 송품장을 수출자가 출력하여 수출자 명판을 찍고 서명한 서류를 제출할 수 있고 그러한 서류도 적격의 원산지신고서라고 보는 것이 합리적이다.[168]

나아가 인증수출자의 원산지신고를 제3자가 대리 또는 대행하는 경우, 개별 FTA에서 이를 금지하는 규정을 두고 있지 않은 이상 위임장 등 적격의 서류가 없더라도 다국적기업의 계열사간 내부규정 등에 의하여 인증수출자의 통제 하에 원산지신고서의 작성에 포괄적인 양해나 동의 또는 사후 추인이 인정된다면 그 원산지신고서의 적법성을 인정하는 것으로 해석하는 것이 합리적으로 사료된다. 해당 수입물품이 인증수출자에 의한 것이라는 실체적 사실이 원산지조사 등을 통하여 인정된다면 위임장 등의 미작성이라는 형식적 하자를 이유로 협정관세의 적용을 배제하는 것은 수입자의 귀책사유에 비하여 수입자의 과도한 부

는 것은 아니라는 대법원 2003. 5. 16. 선고 2001두3006 판결 등 다수의 대법원 판례를 들 수 있다.

168) 이정원, 앞의 논문, 88-89면.

담으로 귀결되기 때문이다.

(3) 원산지증명서 하자의 치유

대법원 판례가 일응 원산지증명서 하자의 치유 대상을 폭넓게 인정하고 있지만, 개별 FTA의 원산지증명서를 규정된 양식이 아닌 다른 양식의 서류를 사용하거나 원산지신고서를 송품장 등 상업서류가 아닌 별도 서류로 작성하거나 원산지증명서를 제출하여야 함에도 원산지신고서를 제출하는 경우에 원산지조사 등의 과정에서 그러한 하자를 치유할 수 있는지 문제되는바, 대법원 판시의 취지에 따라 협정관세 적용의 실체적 요건을 구비하였다면 사후발급 등의 요건에 위배되지 않는 한 이 역시 보정의 기회를 허용하는 것이 타당하다. 최빈국 특혜관세제도의 원산지증명서에 대해서도 유사한 관점에서 그 적용요건 완화의 필요성이 제기되고 있는바,[169] 이러한 사정도 충분히 고려할 필요가 있다.

수입신고 당시 유효하지 않은 원산지증명서를 제출한 경우에도 관세당국의 보정명령에 따른 보정기한까지, 수출국 관세당국의 간접검증 회신 이전까지 유효한 원산지증명서를 제출하거나 수출국 관세당국의 간접검증 결과 보정된 원산지증명의 유효성이 증명되면 수입신고 당시 유효하지 않은 원산지증명을 제출하지 않은 형식적 하자는 치유된다고 봄이 상당하다. 원산지증명서 하자 치유의 기간에 대해서 선례들은 그 회신기간의 범위 내에서 이를 인정하는 것으로 보이나 회신기간 이후에 검증결과 등이 도착하더라도 그 시점이 부과처분이 있기 전이라면 최소한 그때까지는 그 보정의 적법성을 인정하더라도 별다른 문제는 없을 것으로 보인다. 과세처분에 대하여 불복을 제기한 경우에도 경정청구기간이나 사후적용신청기간을 고려하여 그 보정이 사회통념상 상당한 기간 내에 이루어졌다면 적법한 하자의 치유로 인정하는 것이 합리적이다. 과세처분일로부터 2개월 내에 회신이 도착한 경우에도 적법하게 하자 치유가 이루어진 것으로 판단한 조세심판원 결정도 그러한 사정을 고려한 것으로 사료된다. FTA 관세법상 수출국 관세당국의 회신을 무한정 기다릴 수는 없지만 간접검증제도에서 발생 가능한 다양한 상황을 고려하지 않고 협정에서 정한 기간이 경과하였다고 일률적으로 협정관세를 배제하는 것은 타당하지 않다.[170]

---

169) 김영순, 앞의 논문, 86면. 최빈국에 대한 특혜관세의 경우 일반특혜관세와의 과세실무의 통일성 및 능률성의 제고와 최빈국의 정치·사회적 특수성 등을 고려하여 원산지증명서의 적용요건 완화 필요성이 있다는 견해로서 다양한 자유무역협정상의 원산지증명서의 경우에도 채용할 부분이 많다.

하자의 치유의 정도에 대해서도 선례는 수출당사국의 검증결과가 다소라도 불확실한 부분이 있거나 검증결과에 모순이 있다면 이를 신뢰하지 않고 협정관세 적용을 배제하고 있으나, 수출국 관세당국의 검증결과에 완벽한 신뢰가 가지 않는다고 하더라도 사실관계나 원산지증명서의 발급경위 등을 종합적으로 고려하여 전체적으로 그 검증결과가 믿을 만하다고 판단되면 적극적으로 이를 반영하여 협정관세를 적용하는 것이 타당하다. 예컨대, 수출국의 서류보관기간이 경과하여 수출국 관세당국으로부터 명확한 검증결과의 통보를 받지 못한 경우 그 문언결과만을 중시하여 협정관세의 적용배제를 할 것이 아니라, 그와 같은 경우에는 통상적인 견지에서 보면 원산지증명서 발급 당시에 적법한 증명요건을 구비하였다고 추정되므로 특별한 반대 사정의 입증이 없다면 비록 불명확한 검증결과라도 하더라도 협정관세의 적용을 허여하는 것이 합리적이라 할 것이다. 이는 같은 맥락에서 회신기간 내에 회신을 하지 아니하거나 그 결과가 불확실하더라도 서류보관기간 만료 등의 합리적 사정이 인정된다면 개별 FTA상 협정관세를 적용해야 하는 예외적 경우를 다소 넓게 파악하는 논의와도 연결되는 것이다.

V. 결 론

자유무역협정상 원산지증명제도는 체약당사국 사이에서 수입물품의 원산지를 일정한 형식을 갖춘 법정의 서류 자체만으로 쉽게 확인할 수 있도록 함으로써 원산지증명 절차의 효율성을 도모하기 위한 것이다. 수입물품의 원산지결정기준의 충족 사실에 대한 충분한 확인 및 검증이 이루어졌다면 관세당국으로서는 그러한 검증결과를 도외시한 채 원산지증명서의 하자를 이유로 새삼스레 협정관세의 적용을 배제하는 것은 지나치게 가혹한 측면이 있다. 자유무역협정에서 원산지 판정의 문제가 중요하지만 그 판정의 엄격화가 자칫 무역장벽으로 기능하여 자유무역협정의 순기능을 앗아가지 않도록 신중하게 운영할 필요가 있다. 이러한 측면에서 볼 때 협정관세의 절차적 요건을 중시하여 원산지증명서의 하자의 범위와 정도를 넓게 해석하고, 그에 대한 치유를 비교적 제한적으로 인정하는 법원 판결과 조세심판원 결정은 무역자유화의 실현을 목적으로 하는 자유무역협정의

170) 장근호, "FTA 특혜 원산지 검증제도: 이행상의 문제점과 향후 개선방안", 조세연구 제13권 제1집, 한국조세연구포럼, 2013. 4., 251-252면.

취지에 부합하지 않는다고 판단된다.

　　원산지증명서의 하자와 협정관세의 적용에 관하여는 협정관세의 적용배제에 이르는 원산지증명서의 중대한 하자의 범위를 제한적으로 인정하고 그러한 하자가 있다고 하더라도 하자 치유의 기회를 폭넓게 인정하여 실체적 적용요건을 충족한 수입물품이 절차적 사유로 인하여 협정관세 적용배제의 불이익을 받는 것을 방지할 필요가 있다. 원산지증명서에 하자가 있다는 이유로 협정관세의 적용을 배제하는 원산지증명규정은 조세법 분야에서도 극히 이례적인 규정이므로 그 적용의 범위를 제한하는 합목적적 해석의 필요성이 있다. 따라서 협정관세 적용의 실체적 요건을 구비한 경우 특별한 사정이 없는 한, 절차적 성격의 원산지증명서의 하자의 범위와 정도를 제한적으로 파악하고 원산지증명서의 절차적 하자에 대해서는 그 치유의 기회도 확대함으로써 수입물품에 대하여 절차적 오류로 협정관세의 적용이 배제되는 일이 없도록 하는 것이 협정관세의 절차적 적용요건에 대한 바람직한 해석이고, 다른 절차적인 세법 규정의 해석과도 조화로운 결과를 가져올 것이다.

　　나아가 장기적인 관점에서는 국제무역거래에 대한 국제적 통제수준이 높아지고 있고 다양한 방식의 정보교환을 통하여 수입국 과세당국의 입장에서 원산지상품요건 등의 확인이 가능한 실정을 감안하여 원산지증명서는 통과선하증권과 마찬가지로 주요서류 정도로 규정하여 다른 서류를 통한 입증이 가능하도록 함으로써 법제적으로 원산지증명요건을 완화하는 입법적인 개선방안도 마련할 필요가 있다. 원산지상품요건의 증명방법을 직접운송요건과 질적으로 달리 취급할 이유가 없다는 점에서도 그러하다. 이는 또 하나의 원산지결정기준인 직접운송요건의 경우는 그 증명을 위하여 특정한 서류를 필수적으로 제출하지 않아도 된다는 것과 균형을 맞추는 것이기도 하다.

부　　록

2016년 조세법 중요판례분석*

I. 국세기본법

1. 대법원 2016. 9. 28. 선고 2016두39382 판결: 재조사결정과 불이익변경 금지원칙

구 국세기본법 제65조 제1항, 제81조는 심판청구에 대한 결정의 유형으로 각하, 기각, 처분의 취소·경정 또는 필요한 처분의 결정을 각 규정하고 있고, 동법 제79조 제2항은 조세심판관회의는 제81조에서 준용하는 제65조에 따른 결정을 할 때 심판청구를 한 처분보다 청구인에게 불리한 결정을 하지 못한다는 불이익변경금지원칙을 규정하고 있다. 그런데 실무상 빈번하게 행해지는 재조사결정은 구 국세기본법 제65조 제1항이 규정한 심판결정의 유형에 포함되어 있지 않아 재조사결정에 대하여도 불이익변경금지원칙이 적용되는지는 분명하지 않았다.

대상판결은 재조사결정의 취지에 따른 후속처분이 심판청구를 한 당초처분보다 청구인에게 불리하면 불이익변경금지원칙에 위배되어 후속처분 중 당초처분의 세액을 초과하는 부분은 위법하게 된다고 판시하였다. 대상판결은 그 근거로 재조사결정은 처분청의 재조사결과를 기다려 그에 따른 후속 처분의 내용을 심판청구에 대한 결정의 일부분으로 삼겠다는 의사가 내포된 변형결정에 해당하고, 처분청의 후속처분에 따라 그 내용이 보완됨으로써 결정으로서 효력이 발생한다는 점을 들고 있다. 재조사결정에 따른 후속 처분도 '심판청구에 따른 결정'이므로, 다른 결정유형과 마찬가지로 구 국세기본법 제79조 제2항의 불이익변경

---

* 법률신문 제4526호 (2017. 7. 14.)

금지원칙이 적용된다고 본 것이다.

대상판결은 납세자가 과세처분에 대하여 심판청구 등을 제기하였다면 그 결정유형이 무엇이든 간에 이로 인하여 납세자에게 더 불리한 결과를 야기하는 것이 허용되지 않는다는 입장에서 불이익변경금지원칙의 적용범위를 넓게 파악함으로써, 납세자의 절차적 권리를 확대시켰다는 점에서 의미가 있다. 그 후 개정 국세기본법 제65조 제1항은 재조사결정을 심판결정의 유형에 추가하여 대상판결의 판시를 입법에 반영하였다.

2. 대법원 2016. 4. 15. 선고 2015두52326 판결: 과세예고통지의 누락과 후속처분의 효력

국세기본법 제81조의15 제1항은 세무조사결과통지나 과세예고통지를 받은 자는 각 통지를 받은 날로부터 30일 이내에 과세전적부심사청구를 할 수 있다고 규정하고, 동조 제2항 및 국세기본법 시행령 제63조의14 제3항은 과세전적부심사청구의 대상이 아닌 경우를 열거하고 있다. 대상판결의 사안에서 과세관청은 위 법령상 열거된 제외사유가 아닌 '감사원 감사결과 처분지시에 따라 고지하는 경우'라는 이유로 납세자에게 과세예고통지를 하지 않고 곧바로 법인세를 과세하였다.

원심판결은 과세예고통지의 누락이 중대한 절차 위반에 해당하지 않는다는 이유로 원고의 청구를 기각하였으나, 대상판결은 과세관청이 과세처분에 앞서 필수적으로 행하여야 할 과세예고통지를 하지 아니함으로써 납세자에게 과세전적부심사의 기회를 부여하지 아니한 채 과세처분을 하였다면, 이는 납세자의 절차적 권리를 침해한 것으로서 과세처분의 효력을 부정하는 방법으로 통제할 수밖에 없는 중대한 절차적 하자가 존재하는 경우에 해당하므로 그 과세처분은 위법하다고 하여 원심판결을 파기하였다.

대상판결은 과세처분 이전에 예방적 구제제도의 기능을 하는 과세전적부심사 제도가 납세자의 중요한 절차적 권리라는 점을 확인하고, 헌법상 적법절차의 원칙에 따라 이러한 절차적 권리를 부여하지 않은 채 이루어진 과세처분의 효력 자체를 부정하였다는 점에서 의미가 있다.

3. 대법원 2016. 7. 14. 선고 2014두45246 판결: 원천납세의무자의 경정청구권과 환급청구권의 범위

대법원 2011. 11. 24. 선고 2009두20274 판결에 의하면 소득처분에 의하여 소득금액에 변동이 발생한 경우 원천납세의무자는 원천징수의무자인 법인에 대한 소득금액변동통지의 취소를 구할 수는 없지만, 추가신고·자진납부한 소득에 대해 경정청구를 통하여 원천납세의무의 적법 여부를 다툴 수 있다. 다만 이 경우 원천납세의무자가 경정청구를 통하여 환급을 구할 세액의 범위가 어디까지인지, 청구가 인용되어 환급청구권이 발생할 경우 그 환급청구권자가 누구인지에 관하여는 선례가 없었다.

대상판결은 종합소득 과세표준 확정신고기한이 경과한 후에 소득처분에 의하여 소득금액에 변동이 발생하여 원천납세의무자가 종합소득 과세표준 및 세액을 추가신고·자진납부한 경우 원천납세의무자는 그가 실제로 납부한 세액의 한도 내에서가 아니라 추가신고의 대상이 된 과세표준과 세액 전부에 대하여 경정청구권을 행사할 수 있다고 판시하면서, 그 근거로 국세기본법이 경정청구의 요건으로 해당 세액의 납부를 요구하지 아니하여 원천납세의무자의 경정청구권 행사범위가 실제로 납부한 세액 한도로 제한된다고 볼 근거가 없다는 점을 들고 있다. 나아가 대상판결은 원천징수의무자인 법인이 소득금액변동통지를 받고 그에 따른 소득세를 납부한 경우 법인 명의로 납부한 세액의 환급청구권자는 원천징수의무자이고, 원천납세의무자는 자신 명의로 납부한 세액에 관하여만 환급청구권자가 될 수 있을 뿐이라고 판단하여, 원천납세의무자의 경정청구권의 행사범위와 경정청구에 따라 발생하는 환급청구권의 범위에 관하여 명확한 기준을 제시하였다.

II. 소득세법 · 법인세법

1. 대법원 2016. 2. 18. 선고 2015두50153 판결: 임원퇴직금 손금산입의 한계

법인세법 시행령 제44조 제4항 제1호 및 제5항에 따라 정관이나 정관에서 위임된 퇴직급여 지급기준(이하 '임원 퇴직급여 규정')에 따라 임원에게 지급되는 퇴직금은 원칙적으로 법인의 손금으로 인정된다. 대상판결의 사안에서 법인은 절차적으로 하자가 없는 임원 퇴직급여 규정에 근거하여 임원에게 퇴직금을 지급하였지만, 과세관청은 그 퇴직금이 사회통념상 과다하다고 보아 법인세법 제52조의 부당행위계산부인 규정을 적용하여 퇴직금 일부를 손금불산입하였다.

대상판결은 부당행위계산부인 규정의 적용여부에 관하여는 별도로 판단하지 않고, 위 '임원 퇴직급여 규정'의 적용범위 자체를 제한적으로 해석하였다. 즉 대상판결은 임원 퇴직급여 규정이 근로 등의 대가로서 퇴직급여를 지급하려는 것이 아니라 퇴직급여의 형식을 빌려 특정 임원에게 법인의 자금을 분여하기 위한 일시적인 방편으로 마련된 것이라면, 이는 위 시행령 조항의 임원 퇴직급여 규정에 해당하지 아니한다고 판시함으로써, 임원 퇴직급여 규정이 부정되기 위한 구체적인 요건을 제시하였다. 나아가 대상판결은 그 경우 '퇴직하기 전 1년 동안 지급한 총급여액×1/10×근속연수'의 동항 제2호 산식에 따라 산정된 금액을 넘는 부분은 손금에 산입될 수 없고, 임원의 퇴직 직전에 월 급여를 합리적인 이유 없이 인상한 경우에는 인상되기 전의 월 급여를 기초로 산정되는 금액만이 퇴직급여로 손금산입 대상이 된다고 보았다.

대상판결은 임원 퇴직급여 규정에 절차적 하자가 없더라도 퇴직급여의 형식을 빌려 특정 임원에게 법인의 자금을 분여한 경우 그 퇴직급여 지급의 근거가 된 임원 퇴직급여 규정의 세법상 효력을 부인하는 방식으로 제재할 수 있도록 하고, 그 손금불산입액의 산정기준도 명확히 마련하였다는 점에서 중요한 선례적 의미가 있다.

2. 대법원 2016. 6. 23. 선고 2012두28339 판결: 금전채권에 의한 손해배상채권의 대물변제와 기타소득의 귀속시기

대상판결은 금전채권의 변제가 지연되어 채권자와 채무자가 변제기를 연장하면서 그 변제기 이후에는 지연배상금을 수수하기로 하였고, 그 후 일정시점이 지나도 변제가 되지 않아 채무자는 다른 금전채권을 양도하여 대물변제를 하였으며 그 금전채권은 수년이 지나 추심되었는데, 과세관청은 채권자의 기타소득의 귀속시기를 현실적인 추심시점으로 보아 과세한 사안에 관한 것이다. 위 금전채권 중 채권자가 지연이자 명목으로 받은 부분은 '계약의 위약으로 인하여 받는 배상금'으로 소득세법상 기타소득에 해당하는데, 그 기타소득의 귀속시기가 채권양도의 시점인지, 아니면 그 금전채권을 현실로 추심한 시점인지가 문제되었다.

대상판결은 사법상 어떠한 소득이 생긴 것으로 보이더라도 계산상·명목상의 것에 불과할 뿐 실제로는 경제적 이익을 지배·관리·향수할 수 없다면 소득세의 과세대상인 소득이 있다고 할 수 없다는 전제 하에, 채무변제에 갈음한 채권양도를 한 경우 채권자로서는 여전히 채권이라는 형태의 자산을 보유한 채 그 실질적·종국적인 만족을 얻지 못한 상태에 머물게 된다는 점, 구 소득세법 시행령 제50조 제1항도 기타소득의 수입시기를 원칙적으로 '지급받은 날'로 규정하고 있는 점 등에 비추어, 채권양도 당시가 아니라 채권자가 원래의 채권의 원리금을 초과하는 금액을 현실로 추심한 때를 기타소득의 귀속시기로 보아야 한다고 판단하였다.

대상판결은 부동산 등과는 달리 대물변제를 금전채권으로 한 경우 그 기타소득의 귀속시기 판정에 있어서 현금주의를 채택한 측면이 있다고 사료된다. 과세관청의 입장에서 금전채권의 양도만으로는 기타소득의 발생 여부를 파악하기 어렵다는 점, 납세자의 입장에서도 채권가액을 기준으로 소득세를 납부하였다가 향후 추심이 불가능한 시점에 경정청구를 통해 구제받는 것보다는 채권을 현실적으로 변제 받은 시점에서 소득세를 납부하는 것이 보다 합리적이라는 점을 고려한 판결로서 일반 권리확정주의에서는 다소 벗어난 사례라고 생각된다.

Ⅲ. 부가가치세법

1. 대법원 2016. 8. 26. 선고 2015두58959 전원합의체 판결: 포인트에 의한 대금할인과 부가가치세법상 에누리액

그동안 대법원은 소비자에게 할인 혜택을 주는 쿠폰·보조금 등 거래에서 그 할인액이 부가가치세 과세표준에서 제외되는 '에누리액'에 해당하는지 여부에 관한 일련의 판결을 선고하였는데, 대상판결의 사안에서는 1차 거래의 실적에 따라 적립된 '포인트 또는 마일리지' 상당액을 2차 거래에서 공제하고 나머지 금액만 현금 등으로 결제할 수 있도록 한 경우 그 포인트 상당액이 에누리액에 해당하는지 여부가 쟁점이 되었다.

대상판결의 다수의견은 고객이 재화를 구입하면서 사업자와 사이의 사전약정에 따라 그 대가의 일부를 할인받은 경우 이는 통상의 공급가액에서 직접 공제·차감되는 에누리액에 해당하므로 그 할인액은 과세표준에 포함되지 아니한다는 전제 하에, 2차 거래에서 포인트 상당액만큼 감액된 가액은 사업자와 고객 사이에서 미리 정해진 공급대가의 결제조건에 따라 공급가액을 직접 공제·차감한 것으로서 에누리액에 해당한다고 판단하였다. 이에 대하여는 사업자들이 2차 거래에서 지급받은 포인트는 나중에 포인트 상당의 금전을 지급받을 수 있는 권리를 표창하는 것으로서 금전적 가치가 있는 금전 외의 대가에 해당하므로 공급가액에 포함되어야 한다는 반대의견이 있다.

나아가 대상판결은 사업자가 포인트 제도를 다른 사업자들과 함께 운영하면서 다른 사업자들과의 거래에서 적립된 포인트를 2차 거래에서 공제한 경우에도 여전히 그 공제된 가액은 에누리액으로서 부가가치세법상 공급가액에서 제외된다고 판단하였다. 그 후 개정 부가가치세법 시행령은 자기적립 포인트 내지 마일리지는 공급가액에서 제외하면서, 위와 같은 제3자 적립의 경우에는 공급가액에 포함하는 것으로 개정하였다.

대상판결은 현실에서 매우 빈번하게 문제되는 포인트의 부가가치세법상 취급에 대한 판단기준을 제시한 전원합의체 판결로서 그 의미가 매우 크다. 이동통신사업자의 단말기 구입보조금이 에누리액에 해당한다는 대법원 2015. 12. 23. 선고 2013두19615 판결, 홈쇼핑업체와 오픈마켓 운영회사의 할인쿠폰 발행으로 인한 할인액이 에누리액에 해당한다는 대법원 2016. 6. 23. 선고 2014두144 판결, 대법원 2016. 6. 23. 선고 2014두298 등 판결의 연장선에서, 대상판결은 사업자가 할인혜택을 주는 법적 지위를 부여한 경우 이로 인한 대금할인은 방식의 복잡성과 무관하게 부가가치세법상 에누리액에 해당한다는 입장을 밝힌 판결로 평가된다.

Ⅳ. 상속세 및 증여세법

1. 대법원 2016. 6. 9. 선고 2013두23058 판결: 유상증자시 상장주식의 평가방법

상속세 및 증여세법 제63조 제1항 제1호 가목 및 동법 시행령 제52조의2에 따르면, 상장주식을 평가할 경우 평가기준일 이전·이후 각 2개월동안 공표된 거래소 최종시세가액의 평균액을 시가로 함이 원칙이나, 평가기준일 이전에 증자·합병 등의 사유가 발생한 경우에는 동 사유가 발생한 날의 다음날부터 평가기준일 이후 2월이 되는 날까지, 평가기준일 이후에 위 사유가 발생한 경우에는 평가기준일 이전 2월이 되는 날부터 동 사유가 발생한 날의 전일까지의 평균액이 시가가 된다.

대상판결은 위 규정이 평가기간 내에 증자·합병 등의 사유가 발생한 경우 그로 인하여 영향을 받기 전의 기간 또는 받은 후의 기간을 제외하고 상장주식을 평가하도록 한 것은 그러한 사유가 유가증권시장에서 형성되는 주가에 상당한 영향을 미침으로써 평가기준일이 속한 기간의 주가와는 본질적인 차이를 가져옴을 감안한 것이라는 점을 고려하여, 평가기준일 이후에 유상증자와 권리락이 있는 경우 그 '권리락일'을 '증자 등의 사유가 발생한 날'로 보아야 한다고 판단하는 한편, 평가기준일 이전에 유상증자와 권리락이 있는 경우 '권리락일'을 '증자 등의 사유가 발생한 날의 다음날'로 보아야 한다고 판시하였다. 나아가, 대상판결은 평가기간 중에 매매거래정지기간이 포함되어 있다면 원칙적으로 이를 제외하고 나머지 기간만을 평가기간으로 삼아야 한다는 전제에서, 권리락일이 매매거래정지기간 내에 있는 경우 권리락 조치일인 매매거래정지 해제일을 '증자 등의 사유가 발생한 날의 다음날'로 보아야 한다고 판시하여, 실무적으로 다소 혼란이 있어왔던 상장주식의 평가방법 및 평가대상기간을 명확하게 정리하였다.

Ⅴ. 국제조세법

1. 대법원 2016. 1. 14. 선고 2014두8896 판결: 내국법인 판단기준인 실질적 관리장소의 의미

법인세법상 내국법인은 국외원천소득에 대하여도 법인세 납세의무를 부담하는 반면, 외국법인은 국내원천소득에 대하여만 납세의무를 진다. 2005년 이전 법인세법은 국내에 본점 또는 주사무소가 있는지를 기준으로 내국법인과 외국법인을 구별하였으나, 2006년 법인세법 개정으로 국내에 본점 또는 주사무소가 있는 법인뿐만 아니라 국내에 '실질적 관리장소'를 둔 법인도 내국법인에 포함되었다.

대상판결은 '실질적 관리장소'란 법인의 사업 수행에 필요한 중요한 관리 및 상업적 결정이 실제로 이루어지는 장소를 의미한다고 판시하면서, 여기서 법인의 사업 수행에 필요한 중요한 관리 및 상업적 결정이란 '법인의 장기적인 경영전략, 기본정책, 기업재무와 투자, 주요 재산의 관리·처분, 핵심적인 소득창출 활동 등을 결정하고 관리하는 것'이라고 하여 다소 추상적인 '실질적 관리장소'의 개념을 구체화하였다. 나아가 대상판결은 법인의 실질적 관리장소는 어느 정도의 '시간적·장소적 지속성'을 갖출 것이 요구되므로, 실질적 관리장소를 외국에 두고 있던 법인이 이미 국외에서 전체적인 사업활동의 기본적인 계획을 수립·결정하고 국내에서 단기간 사업활동의 세부적인 집행행위만을 수행하였다면 특별한 사정이 없는 한 실질적 관리장소를 국내로 이전하였다고 단정할 것은 아니라고 하여, 외국에 실질적 관리장소를 둔 법인이 그 장소를 국내에 이전하였다고 볼 수 있는 기준도 제시하였다. 대상판결의 사안에서는 싱가포르 법인인 원고가 홍콩법인으로부터 내국법인이 발행한 사채를 매수하고 이를 상환받음에 따라 얻은 소득과 관련하여 원고가 국내에 실질적 관리장소를 둔 것인지가 문제되었는데, 대상판결은 원고가 외국에서 다른 사업도 진행하였다는 점, 홍콩에서 채권의 거래조건에 관한 협상을 진행하였다는 점, 원고의 대표이사가 미국에 체류하면서 매수대금의 조달방법 등을 협의하였다는 점 등의 사정에 근거하여 원고를 국내에 실질적 관리장소를 둔 내국법인으로 볼 수 없다고 판단하였다.

대상판결은 OECD 모델조약 주석 등에서 제시한 실질적 관리장소의 개념을 선택적으로 차용하여 2006년 내국법인의 판정기준으로서 법인세법에 도입된 '실질적 관리장소'의 정의를 최초로 제시하였다는 점에서 의미가 크다. 향후 관련 사례가 누적되어 보다 구체적인 판단기준이 제시되기를 기대해 본다.

2. 대법원 2016. 12. 15. 선고 2015두2611 판결: 한·미 조세조약상 상호 합의의 요건과 효력

한·미 조세조약 제27조는 '조약의 적용에 관하여 발생하는 곤란 또는 의문'을 해결하기 위한 일반적 상호합의절차를 규정하고 있고, 동조 제2항 C호는 일반적 상호합의의 대상 중 하나로 '특정 소득항목의 원천을 동일하게 결정하는 것'을 들고 있다. 대상판결의 사안에서 한·미 과세당국은 2001. 4. 6. "한·미 조세조약 제6조 제9항과 제27조 제2항 C호의 목적상 이중과세 방지를 위하여 한국 소재 부동산을 과다보유한 법인의 주식 양도소득의 원천이 부동산 소재지국에 있다"는 내용의 상호합의(이하 '쟁점 합의')를 하였고, 과세관청은 쟁점 합의에 근거하여 국내 소재 부동산을 과다보유한 법인의 주식을 양도한 원고에게 양도소득세를 부과하였다.

이에 대해 원고는 쟁점 합의의 내용은 '타방 체약국에 소재하는 부동산의 매각'의 경우에 한하여 타방 체약국에서 과세된다는 한·미 조세조약 제16조의 내용을 변경하는 것이고 쟁점 합의는 조세조약의 실시상 문제를 해결하기 위한 협의절차에 불과하여 조세조약의 내용과 다른 과세를 허용하는 근거가 될 수 없다고 주장하였다. 그러나 대상판결은 쟁점 합의는 한·미 조세조약 제27조 제2항 C호가 예정한 조약의 적용, 특히 특정 소득항목의 원천을 동일하게 결정하는 데 관하여 발생하는 곤란 또는 의문을 해결하기 위한 상호합의에 해당하여 유효하다고 볼 것이므로 한국은 그에 따라 한국 소재 부동산을 과다보유한 법인 주식의 양도소득에 대하여 과세할 수 있고, 국내에서 따로 조약 개정에 준하는 절차를 밟지 않았다고 하여 그 효력을 부인할 것이 아니라고 판시하여 원고 주장을 배척하였다.

대상판결은 조세조약이 예정한 상호합의의 내용이 조세조약상 개별 조문의 내용과 배치되더라도 유효하다고 판단한 것으로, 한·미 조세조약의 상호합의의 요건과 효과에 대한 의미 있는 선례로서 국제거래의 과세실무에 적지 않은 영향을 줄 수 있는 판결이다. 이에 대해 상호합의의 요건 및 효과가 조세조약에 명확하게 규정되어 있는 경우에 한하여 개별 조문의 내용과 배치되는 상호합의의 효력이 인정되어야 한다는 반론이 있다.

VI. 지방세법

1. 대법원 2016. 8. 30. 선고 2016두36864 판결: 사실혼 해소로 인한 재산분할과 취득세 특례세율

구 지방세법 제15조 제1항 제6호는 민법 제834조 및 제839조의2에 따른 재산분할로 인한 취득에 대하여 표준세율에서 중과기준세율인 1000분의 20을 뺀 세율을 적용하도록 규정하고 있다. 재산분할로 인한 취득이 부부공동재산 청산의 성격을 가지고 있음을 반영한 것이다. 그런데 민법 제834조는 협의이혼에 관한 규정이고 제839조의2는 협의이혼시의 재산분할 청구권에 관한 규정이어서 구 지방세법 제15조 제1항 제6호가 사실혼 해소에 따른 재산분할의 경우에도 적용되는지에 관하여 다툼의 소지가 있었다.

대상판결은 사실혼 해소의 경우에도 민법상 재산분할의 규정이 준용되는 점, 법률혼과 사실혼이 혼재된 경우 재산분할은 특별한 사정이 없는 한 전체 기간 중에 쌍방의 협력에 의하여 이룩한 재산을 모두 청산의 대상으로 하는 점, 실질적으로 부부의 생활공동체로 인정되는 경우에는 혼인신고의 유무와 상관없이 재산분할에 관하여 단일한 법리가 적용됨에도 세법을 적용할 때 혼인신고의 유무에 따라 다르게 과세하는 것은 합리적이라고 보기 어려운 점 등에 비추어 사실혼 해소로 인한 재산분할에도 법률혼 해소와 같은 취득세 특례세율이 적용된다고 판단하였다.

대상판결은 세법이 사실혼과 법률혼을 구분하여 배우자 상속이나 증여공제, 1가구 1주택 양도소득세 비과세 등에서 다른 취급을 하는 일반적인 경우와는 달리 취득세 특례세율 적용에 있어서는 민사법에서 재산분할을 사실혼과 법률혼에서 동일하게 취급하는 사정을 고려하여 양자를 동일하게 처우하였다는 점에서 의미가 있다.

2017년 조세법 중요판례분석*

I. 국세기본법

1. 대법원 2017. 3. 16. 선고 2014두8360 판결: 현지확인과 중복세무조사금지

탈세제보를 받은 세무공무원이 먼저 현장조사(이하 '1차 조사')를 하고 그 결과 매출을 누락했다고 보아 세무조사(이하 '2차 조사')를 한 후 부가가치세를 부과한 사안에서 현지확인 형식의 1차 조사를 재조사가 금지되는 '세무조사'로 보아야 할 것인지에 대해 원심은 1차 조사는 '현지확인'에 해당할 뿐이고 세무조사로볼 수 없다고 하였다. 그러나, 대상판결은 "세무공무원의 조사행위가 재조사가금지되는 '세무조사'에 해당하는지 여부는 조사의 목적과 실시경위, 질문조사의대상과 방법 및 내용, 조사를 통하여 획득한 자료, 조사행위의 규모와 기간 등을종합적으로 고려하여 구체적 사안에서 개별적으로 판단하여야 한다"는 기준을제시하면서, 1차 조사는 실질적으로 매출누락 금액을 확인하기 위하여 원고의 사업장에서 원고나 그 직원들을 직접 접촉하여 포괄적으로 질문조사권을 행사하고과세자료를 획득하는 것이어서 재조사가 금지되는 '세무조사'라고 판단하였다.

국세기본법 제81조의4 제2항은 원칙적으로 같은 세목 및 같은 과세기간에대한 재조사를 금지하고, 일정한 예외사유가 있는 경우에 한하여 재조사를 허용하고 있다. 대상판결은 재조사가 금지되는 세무조사는 실질 내용에 따라 판단해야 함을 명확하게 밝히면서, "단순한 사실관계의 확인이나 통상적으로 이에 수반되는 간단한 질문조사에 그치는 것이어서 납세자 등으로서도 손쉽게 응답할 수

* 법률신문 제4624호 (2018. 7. 26.)

있을 것으로 기대되거나 납세자의 영업의 자유 등에도 큰 영향이 없는 경우에는
원칙적으로 재조사가 금지되는 '세무조사'로 보기 어렵지만, 조사행위가 실질적으
로 과세표준과 세액을 결정 또는 경정하기 위한 것으로서 납세자 등을 직접 접촉
하여 상당한 시일에 걸쳐 질문하거나 일정한 기간 동안의 장부·서류·물건 등
을 검사·조사하는 경우에는 특별한 사정이 없는 한 재조사가 금지되는 '세무조
사'로 보아야 할 것"이라고 하여 재조사가 금지되는 세무조사의 판단 기준을 제
시하였다. 대상판결은 그동안 국세청 훈령인 조사사무처리규정에 근거하여 현지
확인이라는 명목으로 자유롭게 행하여지던 조사관행에 엄격한 제한을 가한 것으
로서, 세무조사의 절차적 적법성이 엄격하게 준수되어야 함을 재확인한 판결이라
는 점에서 의미가 크다.

2. 대법원 2017. 4. 7. 선고 2016도19704 판결: 조세포탈죄의 성립과 후발 적 경정청구

피고인 등이 공모하여 도박 인터넷사이트를 개설·운영하면서 발생한 소득
을 신고하지 않는 방법으로 종합소득세를 포탈하였다고 하여 조세범처벌법 위반
죄로 기소한 사안에서 납부기한 후 몰수나 추징이라는 후발적 사유로 당초의 부
과처분을 경정한 경우 그 후발적 사유가 조세포탈죄의 성립에 영향을 미치는지
여부가 문제되었다.

대상판결은 신고납부방식의 조세인 종합소득세를 포탈한 경우 그 신고·납
부기한이 지난 때에 조세포탈행위의 기수가 되므로 그 납부기한 후에 몰수나 추
징의 집행이라는 후발적 사유가 발생하여 당초 부과처분을 경정하더라도 조세포
탈죄의 성립에 영향을 미치지 않는다는 이유로, 공소사실을 유죄로 인정한 원심
의 판단이 정당하다고 판시하였다. 위법소득에 대해 과세된 이후 몰수나 추징이
있는 경우, 특별한 사정이 없는 한 납세자는 후발적 경정청구를 하여 납세의무의
부담에서 벗어날 수 있다는 것이 대법원의 입장이지만(대법원 2015. 7. 16. 선고
2014두5514 전원합의체 판결), 대상판결은 몰수나 추징을 이유로 후발적 경정청구
를 통해 과세는 면할 수 있다고 하더라도 이미 기수에 이른 조세포탈죄에는 영향
을 미치지 않는다는 점을 명시적으로 확인해주었다는 데 의미가 있다.

Ⅱ. 소득세법 · 법인세법

1. 대법원 2017. 9. 7. 선고 2016두35083 판결: 가족법상의 행위와 실질과 세원칙

원고는 다주택자인 갑과 협의이혼을 한 후 자신이 보유하고 있던 아파트를 양도하면서 1세대 1주택 비과세 적용을 받았고, 그 후 다시 혼인신고를 하였다. 피고는 협의이혼 후에도 원고와 갑이 실질적으로 혼인관계를 유지하고 있었으므로 원고의 아파트 양도는 비과세요건을 충족하지 않는다고 보아 양도소득세를 부과하였다. 대상판결은 양도소득세의 비과세요건인 1세대 1주택에 해당하는지를 판단할 때에 거주자와 함께 1세대를 구성하는 배우자는 법률상 배우자만을 의미하고, 따라서 거주자가 주택의 양도 당시 이미 이혼하여 법률상 배우자가 없다면, 그 이혼을 무효로 볼 수 있는 사정이 없는 한 종전 배우자와는 분리되어 따로 1세대를 구성하는 것으로 보아야 한다고 판시하였다.

대법원은 혼인신고의 법적 효력에 관하여 '실질적 의사설'에 입각하여 신고의 의사는 있지만 혼인하려는 의사가 없는 가장혼인은 무효라고 보고 있는 반면(대법원 1980. 1. 29. 선고 79므62, 63 판결), 이혼신고에 관하여서는 '형식적 의사설'을 취하여 가장이혼의 효력도 인정하고 있다(대법원 1993. 6. 11. 선고 93므171 판결). 개별거래가 아닌 신분법상의 행위에 대한 실질과세원칙의 적용문제는 세법상 더욱 판단이 어려운 영역이다. 대상판결은 이혼신고의 민사법적 효력에 부합하는 것으로서 실질과세원칙에 의해 헌법상 보장되는 개인의 신분관계 형성의 자유를 침해할 수는 없다는 점, 형식적 이혼신고에도 혼인해소의 법적 실질이 있으므로 실질과세원칙을 적용함에 있어 이를 존중해야 한다는 점에서 타당하다고 사료된다. 향후 유사한 신분법상의 행위에 대한 선례적 의미가 있다.

2. 대법원 2017. 9. 21. 선고 2015두60884 판결: 지배주주 겸 임원의 과다 보수와 손금산입 범위

원고는 대부업을 영위하는 법인이고, 갑은 원고의 1인 주주 겸 대표이사이다. 원고는 갑에게 여러 사업연도에 걸쳐 매해 30억 원 이상의 보수를 지급하였다. 피고는 동종 대부업체 12개 중 대표이사의 급여가 높은 최상위 3개 업체의 대표이사 급여 평균액을 초과하여 지급한 급여를 손금불산입하여 원고에게 법인세를 부과하였다. 원심은 위 보수 중 실질적으로 이익처분에 의하여 지급되는 상여금이 얼마인지를 인정할 증거가 없다는 이유 등으로 위 보수는 전액 손금 산입되어야 한다고 보았다.

대상판결은 이사에게 지급된 보수가 임원의 직무집행에 대한 정상적인 대가라기보다는 주로 법인에 유보된 이익을 분여하기 위하여 대외적으로 보수의 형식을 취한 것에 불과하다면, 이는 이익처분으로서 손금불산입 대상이 되는 상여금과 그 실질이 동일하므로 손금에 산입될 수 없고 그와 같은 사정이 상당한 정도로 증명된 경우 보수금 전체가 손금불산입되며 보수금에 직무집행의 대가가 일부 포함되어 있어 그 부분이 손금산입의 대상이 된다는 점에 대해서는 납세자가 증명책임을 부담한다고 판시하면서 그 판단 요소들로는 그 보수가 법인의 영업이익에서 차지하는 비중과 규모, 해당 법인 내 다른 임원들 또는 동종업계 임원들의 보수와의 현저한 격차 유무, 정기적·계속적으로 지급될 가능성, 보수의 증감 추이 및 법인의 영업이익 변동과의 연관성, 다른 주주들에 대한 배당금 지급 여부, 법인의 소득을 부당하게 감소시키려는 주관적 의도 등 제반 사정이 종합적으로 고려되어야 한다고 제시하였다.

대상판결은 사실상 이익처분 성격의 상여금을 우회적으로 지급하여 법인의 손금으로 삼는 것에 제동을 걸었다는 점에서 의미가 있다. 지배주주인 임원의 인건비에 대해 실질적 통제의 필요성은 있으나 과다지급된 보수 중 손금산입이 되는 적정한 직무집행 대가에 대해 납세자에게 입증책임을 지움으로써 사실상 보수 전부를 손금불산입하는 것은 과도한 측면이 있으므로 입법적 보완이 필요하다고 판단된다.

Ⅲ. 부가가치세법

1. 대법원 2017. 5. 18. 선고 2012두22485 전원합의체 판결: 신탁재산의 처분과 부가가치세 납세의무자

수탁자가 위탁자로부터 이전 받은 신탁재산을 관리·처분하면서 재화를 공급하는 경우 부가가치세 납세의무자가 누구인지에 대해 종전 대법원 판결은 자익신탁의 경우 부가가치세 납세의무자는 위탁자라고 판시하였고(대법원 2003. 4. 25. 선고 2000다33034 판결), 타익신탁의 경우 부가가치세 납세의무자는 위탁자가 아닌 수익자가 부가가치세 납세의무자라고 보았다(대법원 2003. 4. 25. 선고 99다59290 판결).

　　대상판결은 위탁자인 원고가 대출금채무 담보를 위하여 수탁자인 부동산 신탁회사와 신탁계약을 체결하면서 신탁부동산이 환가되는 경우 피고보조참가인을 우선수익자로 하는 신탁계약을 체결한 사안이다. 담보신탁이면서 타익신탁에 해당하는 신탁계약에서 신탁재산 처분으로 인한 부가가치세의 납세의무자가 누구인지에 관하여, 원심은 기존 대법원 판결에 따라 신탁계약의 수익자를 납세의무자로 보았다. 그러나 대상판결은 수탁자가 위탁자로부터 이전 받은 신탁재산을 관리·처분하면서 재화를 공급하는 경우 수탁자 자신이 신탁재산에 대한 권리와 의무의 귀속주체로서 계약당사자가 되어 신탁업무를 처리한 것이므로, 이때의 부가가치세 납세의무자는 재화의 공급이라는 거래행위를 통하여 재화를 사용·소비할 수 있는 권한을 거래상대방에게 이전한 수탁자로 보아야 하고, 그 신탁재산의 관리·처분 등으로 발생한 이익과 비용이 거래상대방과 직접적인 법률관계를 형성한 바 없는 위탁자나 수익자에게 최종적으로 귀속된다는 사정만으로 달리 볼 것은 아니라고 하여 종전 대법원 판결을 변경하였다.

　　대상판결은 신탁거래에서 부가가치세 납세의무자는 재화의 공급이라는 거래행위를 통하여 재화를 사용·소비할 수 있는 권한을 거래상대방에게 이전한 수탁자라고 판단하여 부가가치세는 실질적인 소득이 아닌 거래의 외형에 대하여 부과하는 거래세의 형태를 띠고 있음을 명확히 하였다는 점에서 의미가 크다. 대상판결 이후 개정된 부가가치세법 제10조 제8항은 신탁재산을 수탁자의 명의로 매매할 때에는 위탁자가 직접 재화를 공급하는 것으로 보고, 다만 위탁자의 채무이행을 담보할 목적으로 대통령령으로 정하는 신탁계약을 체결한 경우로서 수탁자가 그 채무이행을 위하여 신탁재산을 처분하는 경우에는 수탁자가 재화를 공급하는 것으로 본다고 규정하였다. 대상판결의 취지가 담보신탁에 한해서만 수탁자가 납세의무자가 된다는 것인지 의문인바, 위 신설 규정에 대하여는 지속적인 논의가 필요할 것으로 보인다.

Ⅳ. 상속세 및 증여세법

1. 대법원 2017. 1. 25. 선고 2015두3270 판결: 우회행위와 실질과세원칙의 적용한계

대상판결은 소외회사의 최대주주이자 대표이사인 원고가 그 회사가 다른 회사에 발행한 전환사채를 약정에 따른 조기상환권을 행사하여 양수한 후 전환권을 행사하여 수령한 우선주를 보통주로 전환·취득하자, 피고는 구 상속세 및 증여세법(이하 '상증세법') 제2조 제4항을 적용하여 원고의 보통주 중 원고 소유주식 비율을 초과하여 인수·취득한 부분에 대하여 당시 주가와 전환가액의 차액 상당을 증여 받았다는 이유로 증여세를 부과한 사안이다. 상증세법 제2조 제4항은 2 이상의 행위 또는 거래를 거치는 방법에 의하여 증여세를 부당하게 감소시킨 것으로 인정되는 경우에는 그 경제적인 실질에 따라 연속된 하나의 행위 또는 거래로 보아 증여세를 과세하도록 규정하고 있다. 실질과세원칙의 적용 태양 중 하나를 증여세 차원에서 규정하여 조세공평을 도모하기 위한 것이다.

대상판결은 납세의무자는 경제활동을 할 때 동일한 경제적 목적을 달성하기 위하여 여러 가지의 법률관계 중의 하나를 선택할 수 있고 과세관청으로서는 특별한 사정이 없는 한 당사자들이 선택한 법률관계를 존중하여야 하며, 또한 여러 단계의 거래를 거친 후의 결과에는 손실 등의 위험 부담에 대한 보상뿐 아니라 외부적인 요인이나 행위 등이 개입되어 있을 수 있으므로, 여러 단계의 거래를 거친 후의 결과만을 가지고 실질이 증여 행위라고 쉽게 단정하여 증여세의 과세대상으로 삼아서는 아니된다고 판시하면서 원고가 처음부터 전환사채 발행과 조기상환권 및 전환권 행사라는 일련의 행위를 통하여 소외회사의 신주를 취득하여 전환차익을 얻을 것을 예정하고 있었다고 보기 어려우며, 결국 이러한 일련의 행위가 처음부터 소외회사의 주가상승을 예정하고 대주주인 원고에게 그로 인한 이익을 과다하게 분여하기 위한 목적을 가지고 그 수단으로 이용된 행위라고 단정하기 어렵다고 판단하였다.

대상판결은 우회행위에 대해 실질과세원칙을 적용하는 경우 여러 단계의 거래를 거친 후의 결과만을 가지고 증여세 과세대상으로 삼아서는 안되며 당해 거래에 조세회피목적 이외의 다른 사업상의 목적이 있는지, 당해 거래의 거래가액이 객관적으로 결정되었는지, 처음부터 가격 상승을 예정하고 이익을 분여하기 위한 목적을 가지고 수단으로 이용한 행위인지 등을 살펴보아야 한다고 하여 실질과세원칙 적용의 구체적 기준을 제시함으로써 그 적용한계를 설정하였다는 점에서 의미가 크다.

2. 대법원 2017. 4. 20. 선고 2011두21447 전원합의체 판결: 공익법인 주식출연과 최대주주 판단

대상판결은 갑이 내국법인 주식의 90%를 장학사업에 사용하기 위해 공익법인인 원고에 기부하였는데 원고에게 약 140억 원의 증여세가 부과된 '수원교차로 사건'에 대한 판결이다. 구 상증세법 제48조 제1항 본문은 공익법인 출연재산에 대하여는 증여세를 부과하지 아니하되 단서는 공익법인이 내국법인 주식을 5%를 초과하여 출연받으면 과세한다고 규정하는 한편, 위 단서의 괄호는 다시 예외를 인정하고 있는데, 이에 관하여 구 상증세법 제16조 제2항 단서, 구 상증세법 시행령 제13조 제4항은 출연자 및 특수관계자가 해당 내국법인의 최대주주가 아니어야 한다고 규정하고 있다. 공익법인을 조세정책적 차원에서 지원하면서도 주식출연의 방법으로 공익법인을 내국법인에 대한 지배수단으로 이용하여 상속세 또는 증여세를 회피하는 것을 막기 위한 것이다.

대상판결에서는 출연자인 갑이 내국법인의 최대주주인지 여부가 쟁점이 되었다. 이와 관련하여 먼저 최대주주의 판단시점이 문제가 되었는데, 출연자가 주식을 출연하기 이전에 보유하던 주식을 기준으로 최대주주를 판단할 것인지(소수의견), 아니면 출연자의 주식출연 후의 잔여주식을 기준으로 내국법인의 최대주주 여부를 판단할 것인지(다수의견)가 다투어졌다. 대상판결은 위 규정의 입법 취지는, 공익법인 출연주식이 출연자 및 그의 특수관계자가 보유하고 있는 주식의 합계가 가장 많은 내국법인의 주식인 경우 내국법인에 대한 지배력을 바탕으로 공익법인을 내국법인에 대한 지배수단으로 이용할 수 있으면서도 이러한 공익법인에 대한 주식 출연의 방법으로 상속세 또는 증여세를 회피하는 폐해를 방지하는 것이므로 최대주주 판단시점은 주식출연 후의 시점을 기준으로 판단하여야 한다고 판시했다.

또한 비과세 적용을 받기 위해서는 출연 후의 시점에도 여전히 출연자는 내국법인의 최대주주에 해당하지 않아야 하므로, 출연자가 내국법인의 주식을 출연

받은 '당해 공익법인'과 특수관계에 있는지도 따져보아야 한다. 이와 관련하여 출연자가 공익법인의 설립과정에서 출연만 하더라도 공익법인이 출연자의 특수관계자로 묶여 그 공익법인의 보유주식도 포함시켜 최대주주를 판단해야 하는지(소수의견), 아니면 출연자가 정관작성이나 이사선임 등 공익법인의 설립과정에서 실질적인 영향력을 행사해야만 특수관계자로 되어 그 공익법인의 보유주식이 합산되는지(다수의견)가 다투어졌다. 대상판결은 조세법규의 해석원칙과 입법취지, 입법연혁, 특수관계에 있는 비영리법인의 범위를 정한 다른 조세법규의 내용, 정관작성이나 이사선임 등의 설립행위가 공익법인의 운영과정에 미치는 영향력 등을 종합적으로 고려하면, '재산을 출연하여 비영리법인을 설립한 자'란 비영리법인의 설립을 위하여 재산을 출연하고 정관작성, 이사선임, 설립등기 등의 과정에서 비영리법인의 설립에 실질적으로 지배적인 영향력을 행사한 자를 의미하는 것으로 보아야 한다고 판단했다.

대상판결은 이러한 법리를 전제로 내국법인 주식의 출연자인 갑이 주식출연으로 최대주주의 지위를 상실하고, 공익법인의 설립과정에 지배적인 영향력을 행사한 사실이 없어 출연자와 공익법인 사이에 특수관계가 인정되지 아니하여 최대주주 요건을 충족하지 못하였다는 취지로 판단하였다. 대상판결에 대해서는 최대주주 요건의 판단문제를 명확히 함으로써 공익법인에 대한 선의의 기부를 장려하면서도 편법적 제도의 남용을 견제했다는 평가가 있지만 사건해결에서의 구체적 타당성을 기하기 위해 문언의 한계를 넘어서는 법해석을 하였다는 지적도 있다.

3. 대법원 2017. 4. 20. 선고 2015두45700 전원합의체 판결: 특정법인과의 거래를 통한 이익증여와 위임입법의 한계

구 상증세법 제41조 제1항(이하 '개정 전 법률조항')은 특정법인과의 일정한 거래를 통하여 최대주주 등이 '이익을 얻은 경우'에는 그 이익에 상당하는 금액을 당해 특정법인의 주주 또는 출자자의 증여재산가액으로 한다고 규정하고, 구 상증세법 시행령 제31조 제6항(이하 '쟁점 시행령조항')은 개정 전 법률 조항에 의한 이익은 증여재산가액 등에 그 최대주주 등의 주식 등의 비율을 곱하여 계산한 금액으로 한다고 규정하였다. 그런데 대법원에서 쟁점 시행령 조항은 모법의 위임

범위를 벗어난 것이라고 판단함에 따라 개정된 구 상증세법 제41조 제1항(이하 '개정 법률조항')은 종전에 특정법인의 주주 등이 '이익을 얻은 경우'라고만 하던 것을 '대통령령으로 정하는 이익을 얻은 경우'로 문언이 일부 변경되었으나, 시행령 조항은 그대로 존치되어 왔다.

　대상판결에서는 법률의 개정이 있었음에도 쟁점 시행령조항이 모법인 개정 법률조항의 규정 취지에 반하고 그 위임범위를 벗어난 것이어서 여전히 무효인지 여부가 쟁점이 되었다. 대상판결은 개정 법률조항은 문언의 일부 개정에도 불구하고 해당 조항은 재산의 무상제공 등 특정법인과의 거래를 통하여 특정법인의 주주 등이 이익을 얻었음을 전제로 하여 그 이익, 즉 '주주 등이 보유한 특정법인 주식 등의 가액 증가분'의 정당한 계산방법에 관한 사항만을 대통령령에 위임한 규정이므로 특정법인의 주주 등과 특수관계에 있는 자가 특정법인에 재산을 증여하는 거래를 하였더라도 거래를 전후하여 주주 등이 보유한 주식 등의 가액이 증가하지 않은 경우에는 그로 인하여 주주 등이 얻은 증여 이익이 없으므로 개정 법률조항에 근거하여 증여세를 부과할 수는 없는 것인데, 쟁점 시행령조항은 특정법인에 재산의 무상제공 등이 있으면 그 자체로 주주 등이 이익을 얻은 것으로 간주함으로써, 주주 등이 실제로 얻은 이익의 유무나 다과와 무관하게 증여세 납세의무를 부담하도록 정하고 있으므로, 결국 쟁점 시행령조항은 모법인 개정 법률조항의 규정 취지에 반할 뿐만 아니라 위임범위를 벗어난 것으로서 여전히 무효라고 판단하였다.

　대상판결은 실제 이익 여부와 무관하게 증여세를 부과할 수 있도록 규정한 쟁점 시행령조항이 법률에 규정된 내용을 함부로 유추·확장하는 내용의 해석규정이므로 위임의 한계를 벗어난 조항으로서 무효라는 점을 확인하고 있다. 조세법률주의와 위임입법의 한계에 관한 법리를 재확인한 판결이라는 점에서 의미가 있다.

V. 지방세법

1. 대법원 2017. 11. 9. 선고 2016두40139 판결: 리스차량의 취득세 납세지

대상판결의 쟁점은 리스회사인 원고가 그 지점 소재지를 사용본거지로 하여 자동차등록을 하고 취득세를 납부한 것과 관련하여 취득세 납세지가 주사무소 소재지인지 아니면 지점 소재지인지 여부이다. 서울에 본사를 두고 있는 리스회사들은 자동차 취득시의 공채매입비용의 절감의 목적에서 창원 등에 지점을 설치하여 리스차량을 등록하고 그것을 납세지로 취득세를 신고 · 납부하였는데 서울시의 관할구청에서 리스회사 지점들이 허위사업장이라는 이유로 취득세를 부과하면서 리스차량의 취득세 납세지가 문제가 되었다.

대상판결은, 취득세와 같은 지방세는 납세지에 따라 과세권이 귀속되는 지방자치단체가 결정되므로 가능한 일률적이고 객관적인 기준에 따라 납세지를 정할 필요가 있는 점, 차량과 같이 이동성이 높은 과세물건은 과세관청이 차량의 소재지를 파악하는 데 과다한 행정비용이 발생하므로 납세지를 정할 때 차량의 소재지가 아닌 다른 합리적인 기준이 요구된다는 점을 지적하면서 법인이 자동차등록을 하면서 등록관청으로부터 주사무소 소재지 외의 다른 장소를 사용본거지로 인정받아 그 장소가 자동차등록원부에 사용본거지로 기재되었다면, 법인의 주사무소 소재지가 아닌 위 '자동차등록원부에 기재된 사용본거지'가 취득세 납세지가 된다고 보았다.

대상판결은 자동차등록 관계법령에서 법인의 지점 등 주사무소 소재지 외의 다른 장소를 사용본거지로 신청하는 경우에도 그 지점 등이 갖추고 있는 인적 · 물적 설비에 관한 자료를 요구하지 않고 있다는 사정을 고려한 것으로 보인다. 별도의 위법한 행위가 개재되어 위 자동차등록 수리처분이 당연무효에 해당하지 아니하는 이상 자동차 등록관청으로부터 인정받은 사용본거지를 취득세 납세지로 보았는바, 지방자치단체간의 조세경쟁에 관한 첫 사례로서의 선례적 의미가 있다.

2018년 조세법 중요판례분석*

I. 국세기본법

1. 대법원 2018. 6. 19. 선고 2016두1240 판결: 중복세무조사의 실질적 판단기준

과세관청은 2008년 1차 세무조사를 실시하여 제3자 명의의 쟁점 주식에 대해 원고들이 1991년과 1994년 갑으로부터 이를 증여받아 명의신탁한 것으로 보았으나 부과제척기간 경과로 증여세를 과세하지 않았다. 이에 원고들은 2008년경 그 명의를 원고들로 환원하는 주주명의 정정신고서를 제출하였는데, 과세관청은 2011년 2차 세무조사를 실시하여 원고들이 위 정정신고서를 제출한 때에 갑으로부터 쟁점 주식을 증여받았다고 보아 증여세를 과세하였다.

대상판결은 후행 세무조사가 선행 세무조사와 실질적으로 같은 과세요건사실에 대한 것이라면 구 국세기본법 제81조의4 제2항에 따라 금지되는 재조사로 보아야 한다는 법리 하에 조사의 목적과 실시 경위, 질문조사의 대상과 방법 및 내용, 조사를 통하여 획득한 자료 등에 비추어 2차 세무조사가 1차 세무조사 이후에 이루어진 별개의 증여사실에 대한 것이 아니므로, 2차 세무조사를 위법한 중복세무조사라고 판단하였다.

형식적으로 1차 세무조사는 1991년과 1994년의 증여, 2차 세무조사는 2008년의 증여에 관한 것이어서 조사대상 증여시점이 다르므로 재조사에 해당하지 않는다고 볼 여지가 있었음에도 대상판결은 2차 세무조사가 1차 세무조사와 '실

---

* 법률신문 제4711호 (2019. 6. 27.)

질적으로' 같은 증여사실에 대한 것으로서 위법하다고 판단하였다. 대상판결은 최근 세무조사의 절차적 적법성을 중시하는 다수 대법원 판결의 연장선에서 형식보다 실질을 중시하여 중복세무조사의 판단기준을 제시하였다는 점에서 의미가 있다.

Ⅱ. 법인세법

1. 대법원 2018. 6. 28. 선고 2016두40986 판결: 적격 물적분할의 요건

법인이 물적분할을 하면 분할신설법인에 이전된 자산의 양도차익에 대하여 법인세가 과세되나 법인세법 제47조에서는 일정 요건을 충족한 적격분할에 대해서는 과세이연을 허용하고 있다. 이는 납세자가 물적분할 등과 같은 기업조직재편으로 일시에 거액의 조세를 부담하게 되면 원활한 구조조정을 저해할 수 있다는 고려에서 도입된 것이다.

대상판결에서 주로 문제가 된 적격분할의 요건은 '분리하여 사업이 가능한 독립된 사업부문의 분할'과 '분할사업부문의 자산·부채의 포괄 승계'이었다. 원고는 인천공장 사업부문 중 화학제품제조 사업부문과 도시개발 사업부문을 물적분할하여 분할신설법인을 설립하였는데, 대상판결은 분할된 사업부문만으로 독립적 사업이 가능하다면 '단일 사업부문의 일부'를 분할하는 것도 전자의 요건을 충족한 것이라고 판단하였다. 또한, 대상판결은 분할하는 사업부문의 필수적인 자산 또는 영업활동과 직접적인 관계가 있는 자산이 승계되었다면 후자의 요건이 충족되었다는 전제 하에 원고가 운영자금 조달 목적에서 인천공장 부지를 담보로 차입한 차입금 채무 일부를 분할신설법인에 승계하지 않았더라도 위 요건을 갖추지 못한 것으로 볼 수 없다고 판단하였다.

대상판결은 최초로 적격분할 요건에 관한 법리와 구체적인 판단기준을 기능적 관점에서 해석하였다는 점에서 큰 의미가 있다. 한편 대상판결은 분할사업부문 근로자의 고용승계는 적격분할의 요건이 아니라고 판시했지만, 2017년 법인세법 제46조 제2항 제4호가 신설되면서 적격분할 요건에 분할사업부문 근로자의 80% 이상 승계 요건이 추가되었다는 점에 유의하여야 할 것이다.

2. 대법원 2018. 5. 11. 선고 2015두41463 판결: 합병 영업권과 합병평가 차익 과세

원고는 피합병법인과 합병하면서 피합병법인의 주주에게 발행한 합병신주 가액과 피합병법인 순자산 공정가액의 차액인 쟁점 영업권을 회계상 영업권으로 계상하였으나 세법상 영업권에는 해당하지 않는다고 보아 익금에 산입하지 않았다. 그러나 피고는 쟁점 영업권이 세법상으로도 자산성이 인정된다고 보아 그 금액을 익금에 산입하여 법인세를 부과하였다.

대상판결은 구 법인세법 제17조 제1항 제3호 단서, 동법 시행령 제24조 제2항 등 관련 규정의 해석에 따르면 합병의 경우 영업권 가액을 합병평가차익으로 과세하기 위해서는 합병법인이 피합병법인의 상호 등을 장차 초과수익을 얻을 수 있는 무형의 재산적 가치로 인정하여 그 사업상 가치를 평가하여 대가를 지급한 것으로 볼 수 있어야 하고, 사업상 가치의 평가 여부는 합병의 경위와 동기, 합병 무렵 합병법인과 피합병법인의 사업 현황, 합병 이후 세무 신고 내용 등 여러 사정을 종합하여 객관적으로 판단하여야 하며, 기업회계기준에 따라 영업권이 산출된다는 것만으로 이를 추단할 수 없다는 법리를 제시하면서 합병 무렵 피합병법인이 자본잠식 상태였다는 점, 원고가 합병 이후 쟁점 영업권이 세법상 영업권에 해당하지 않는다고 보아 스스로 영업권 감가상각비를 손금부인하여 세무신고를 하였다는 점 등에 근거하여 쟁점 영업권이 세법상 영업권의 자산성 요건을 갖추었다고 할 수 없다고 판단하였다.

대상판결은 그간 과세실무에서 많은 논란이 되었던 합병에 따른 회계상 영업권의 세법상 처리에 대해 비교적 명확한 판단기준을 제시하였다는 점에서 선례적 의미가 있다. 다만, 위 판단기준에 따르더라도 피합병법인의 사업 현황과 합병 이후 세무신고 내용 등 구체적 사실관계에 따라 개별 합병영업권의 세법상 자산성에 대한 다른 판단의 여지는 있다.

Ⅲ. 국제조세법

1. 대법원 2018. 2. 28. 선고 2015두2710 판결: 과소자본세제 초과이자의 소득구분

원고는 싱가포르에 본점을 두고 국내에 지점을 개설하여 금융업을 영위하였는데, 원고 지점은 본점으로부터의 외화차입금 중 본점 출자지분의 6배를 초과한 부분의 지급이자에 해당하는 쟁점 금액을 손금불산입하고 기타사외유출로 소득처분하였고, 피고는 쟁점 금액을 배당으로 소득처분하면서 원고에게 소득금액변동통지를 하였다.

대상판결은 구 국제조세조정에 관한 법률(이하 '국제조세조정법') 제14조 등에서 외국법인의 국내사업장을 포함한 내국법인이 국외지배주주로부터 금전을 차입한 경우 그 차입금 중 일정 한도 초과분에 대한 지급이자는 배당으로 보아 국외지배주주의 국내원천소득으로 규정하고 있으므로 이는 원칙적으로 배당소득에 해당하나 그 지급이자가 조세조약상 배당소득으로서 원천지국의 과세권이 인정되는지 여부는 우리나라가 그 국외지배주주의 거주지국과 체결한 조세조약에 따라 판단하여야 한다고 보았다. 대상판결은 이 때 이자소득 등 다른 소득에 해당한다면 조세조약에 따라 원천지국의 과세권 유무나 적용되는 제한세율 등이 결정된다고 하면서도 쟁점 금액이 국내 세법상 배당으로 간주되는 이상 국내원천 배당소득에 해당하고 그 결과 조세특례제한법상 법인세가 면제되는 국제금융거래에 따른 이자소득에는 해당하지 않는다고 보았다. 이와 같은 이유에서 대상판결은 쟁점 금액은 한·싱가포르 조세조약상으로는 배당소득이 아닌 이자소득에 해당하여 이를 전제로 제한세율 등이 정해질 것임에도 불구하고 단지 쟁점 금액이 위 조세조약상 배당소득에 해당하지 않는다는 이유로 위 소득금액변동통지를 취소한 원심판결은 위법하다며 파기하였다.

대상판결에 의하면 외국법인의 국내원천소득과 관련하여 국내세법과 조세조약의 소득구분이 상이한 경우 국내세법상의 소득구분은 조세조약과 무관하게 효력이 있고, 조세조약상 소득구분이 국내세법상 소득구분을 변경하는 것은 아니라는 결론에 이르게 된다. 즉, 쟁점 금액이 국내세법상으로는 배당소득에 해당한다고 보면서도 그 소득에 대한 원천지국의 과세권 및 제한세율은 한·싱가포르 조세조약상 이자소득에 대한 규정이 적용된다는 것이다. 외국법인의 국내원천소득의 구분에 관하여 조세조약이 국내세법에 우선한다는 국제조세조정법 제28조의 문언, 조세조약의 국내세법에 대한 특별법적 지위를 인정한 종전 판례 법리 및 조약법에 관한 비엔나 협약 제27조의 조약존중의 원칙에 비추어 볼 때 대상판결의 결론에 의문이 제기될 수 있다. 최근 개정된 한·룩셈부르크 조세조약 의정서나 한·폴란드 조세조약 의정서와 같이 과소자본세제의 적용에 따른 초과이자에 대한 조세조약상 배당소득의 과세 근거를 두는 편이 바람직한 방식이라고 사료된다.

2. 대법원 2018. 11. 15. 선고 2017두33008 판결: 조세조약상 수익적 소유자의 의미

우리나라가 체결한 대부분의 조세조약은 배당·이자 및 사용료 소득에 관하여 소득의 수취인이 '수익적 소유자'여야 조세조약상 제한세율이 적용된다고 정하고 있는데, 대상판결 이전에 대법원은 국내세법상 실질과세원칙은 조세조약의 해석에도 적용될 수 있다는 전제 하에 조세조약상 수익적 소유자와 실질과세원칙에 따른 실질귀속자의 개념을 구분하지 않았다(대법원 2016. 7. 14. 선고 2015두2451 판결 등). 내국법인인 원고가 헝가리의 쟁점 법인에게 지급한 사용료 소득에 대하여 한·헝가리 조세조약이 적용되는지 여부가 문제된 이 사건에서 대상판결은 조세조약상 수익적 소유자란 소득을 지급받는 자가 타인에게 이를 이전할 법적 또는 계약상의 의무 등이 없는 사용·수익권을 갖는 경우를 뜻한다고 판시하여 그 의미를 최초로 밝히면서 조세조약상 수익적 소유자에 해당하더라도 실질과세원칙에 따라 조약 남용으로 인정되는 경우에는 조세조약 적용을 부인할 수 있다는 기준을 제시함으로써 이른바 '2단계 판단기준'을 설정하였다.

위 새로운 법리에 따라 대상판결은 쟁점 법인의 설립 경위, 사업활동 내역과 현황, 원고와의 계약 체결과 관련 업무 수행 내역, 그에 따른 사용료의 수령, 관련 비용 지출과 자금 운용 내역을 비롯한 사용·수익 관계 등 제반 사정들을 고려할 때 쟁점 법인은 사용료 소득의 수익적 소유자에 해당한다고 보았다. 나아가, 대상판결은 쟁점 법인 그룹의 헝가리 내 사업 연혁, 쟁점 법인의 각 사업부문 구성과 장기간의 활발한 사업활동, 인적·물적 설비, 배포권과 사용료 소득의 지배·관리·처분 내역 등을 종합하여 볼 때 쟁점 법인이 사용료 소득의 실질귀속자에도 해당한다고 판단하였다. 대상판결은 조세조약상 수익적 소유자의 의미 및 그 판단기준을 최초로 제시한 것으로, 2014년 개정된 OECD 모델조세조약 주석서의 입장을 받아들인 것으로 평가된다. 또한, 대상판결은 실질과세원칙에 따라 조세조약 적용을 부인할 수 있는 기준 및 그 근거가 되는 구체적인 사실관계가 무엇인지를 판시하였다는 점에서 중요한 선례적 가치를 갖는다. 수익적 소유자 판단에 있어서는 문제된 소득에 관한 사업활동 및 그 소득의 사용·수익 관계 등 객관적 사실관계가 주된 고려요소가 되는데 향후 조세조약 적용 여부 판단시 이러한 사실관계의 측면이 더욱 중요하게 참작될 것으로 예상된다. 향후 수익적 소유자 및 실질귀속자의 판단이 쟁점이 되는 국제조세법 분야 판례의 추이가 주목된다.

Ⅳ. 부가가치세법

1. 대법원 2018. 6. 28. 선고 2017두68295 판결: 회생계획과 대손매입세액 공제

부가가치세법 제45조 등에 의하면 사업자가 보유한 채권이 회생계획인가의 결정 등으로 회수불능으로 확정된 경우 사업자는 대손세액 공제를 받을 수 있고, 그 경우 사업자의 거래 상대방인 채무자의 매입세액에서 위 대손세액은 불공제된다. 채무자인 원고는 회생계획인가결정을 받았는데, 그 결정은 회생채권의 2%만 현금변제되고 나머지 98%는 보통주식으로 출자전환되며, 출자전환으로 발행된 주식 전부를 무상으로 소각하는 것으로 정해졌다. 원고의 채권자는 대손세액 공제를 받았고, 이에 피고는 위 대손세액만큼 원고의 매입세액을 불공제하여 부가가치세를 과세하였다.

이 사건 쟁점은 위 회생계획에서 정한 '출자전환 후 무상감자'가 부가가치세법이 정하는 대손매입세액 공제 사유, 즉 '회생계획인가결정에 따라 회수불능으로 확정'된 경우에 해당하는지 여부였다. 대상판결은 회생계획에서 신주발행 방식의 출자전환으로 기존 회생채권 등의 변제에 갈음하기로 하면서도 그 출자전환에 의하여 발행된 주식은 무상으로 소각하기로 정하였다면 그 인가된 회생계획의 효력에 따라 새로 발행된 주식은 그에 대한 주주로서의 권리를 행사할 여지

가 없고 다른 대가 없이 그대로 소각될 것이 확실하게 되므로, 위 출자전환의 전
제가 된 회생채권은 회생계획인가 결정에 따라 회수불능으로 확정되었다고 봄이
상당하다고 판단하였다.

　이 사건에서 회생계획에 따른 출자전환으로 회생채권자는 채무의 변제에 갈
음하여 주식을 발행 받으므로 채무가 변제된 것으로 볼 여지도 있다. 그러나 채
무자 회생 및 파산에 관한 법률에 의하면 출자전환 후 무상감자 방식의 회생절차
가 허용되고 있고 그 경우 상법상 주식 소각 절차에 관한 규정의 적용은 배제되
므로, 그러한 내용의 회생계획인가 결정이 있다면 채권자는 상법상 주주로서의
권리를 행사할 여지가 없이 경제적 손실이 확정되게 되므로, 이를 실질적인 회생
채권의 회수불능 확정으로 본 대상판결의 결론은 타당하다.

V. 상속세 및 증여세법

1. 대법원 2018. 3. 29. 선고 2012두27787 판결: 주식의 포괄적 교환과 명
의신탁 증여의제

　원고들은 갑 법인 주식의 명의수탁자인데 갑 법인은 이후 을 법인과 주식의
포괄적 교환계약을 체결하였고, 그에 따라 원고들은 갑 법인 주식을 반환하고 을
법인 신주를 배정받았다. 이 사건에서는 최초 갑 법인 주식 명의신탁에 대한 명
의신탁 증여의제에 더하여 을 법인 주식에 대하여도 상속세 및 증여세법(이하 '상
증세법') 제45조의2 제1항에 의한 명의신탁 증여의제의 과세대상이 되는지 여부
가 쟁점이 되었다.

　대상판결은 상법상 주식의 포괄적 교환에 따라 배정받은 신주에 대하여 새
로운 명의신탁관계가 성립되어 명의신탁 증여의제의 적용대상이 될 수 있다는
기존 대법원 2013. 8. 23. 선고 2013두5791 판결의 법리를 제시하면서, 다만 주
식의 포괄적 교환의 경우 최초의 명의신탁 주식과 명의수탁자가 완전모회사가
되는 회사로부터 배정받은 신주에 대하여 각각 별도의 증여의제 규정을 적용하
게 되면, 증여세 부과와 관련하여 최초의 명의신탁 주식에 대한 증여의제의 효과
를 부정하는 모순을 초래하고 형평에 어긋나는 부당한 결과가 발생하므로, 최초
명의신탁받은 갑 법인 주식의 이전대가로 받은 동일인 명의의 을 법인 주식은 명

의신탁 증여의제의 적용대상이 될 수 없다고 판단하였다.

　　대법원은 명의신탁 증여의제 규정은 조세회피행위를 방지하기 위하여 필요하고도 적절한 범위 내에서만 적용되어야 한다는 전제에서 명의신탁 증여의제 규정의 적용범위를 좁게 해석하는 일련의 판결을 선고하고 있다. 최초 명의신탁 주식의 매도대금으로 취득한 주식에 대하여 명의신탁 증여의제를 부정한 대법원 2017. 2. 21. 선고 2011두10232 판결이 대표적이다. 대상판결도 이러한 맥락에서 명의신탁 증여의제 규정의 적용범위를 좁게 해석하였다. 이후 대법원 2019. 1. 31. 선고 2016두30644 판결은 명의자에게 배정된 합병신주에 대하여 명의신탁 증여의제의 적용을 부정하고 있는바, 기업구조조정으로 명의수탁자에게 새롭게 주식이 배정된 경우 명의신탁 증여의제에 따른 과세를 허용하지 않는 입장으로 평가된다.

Ⅵ. 지방세법

1. 대법원 2018. 3. 22. 선고 2014두43110 전원합의체 판결: 3자간 등기명의신탁과 취득세 납세의무자

　　원고는 매도인으로부터 토지를 양수하되 명의수탁자와 사이에 명의신탁약정을 하여 바로 명의수탁자 앞으로 위 토지의 소유권이전등기를 하는 3자간 등기명의신탁을 하고 취득세를 납부하였다. 이후 원고는 명의수탁자로부터 위 토지에 관한 소유권이전등기를 경료받았는데 이 때 원고에게 재차 취득세 납세의무가 성립하는지가 문제되었다. 대상판결의 쟁점은 3자간 등기명의신탁에 있어 명의신탁자가 잔금 지급일에 부동산을 '사실상 취득'한 것으로 보아야 하는지, 아니면 그와 별도로 자신 명의의 등기일에 새로운 취득세 납세의무가 성립하는지 여부이다. 전자의 견해에 의하면 명의신탁자인 원고가 명의수탁자로부터 소유권이전등기를 받았더라도 이는 원고가 이미 '사실상 취득'한 부동산에 관하여 소유권 취득의 형식적 요건을 갖춘 것에 불과하므로 새로운 취득세 납세의무가 성립할 수 없으나, 후자의 견해에 따르면 등기명의 변경에 따라 명의수탁자의 취득세 납세의무와 별도로 명의신탁자인 원고에게도 취득세 납세의무가 발생하게 된다.

　　대상판결의 다수의견은 매매대금을 모두 지급하여 부동산을 사실상 취득한 명의신탁자가 3자간 등기명의신탁 약정에 따라 명의수탁자 명의로 소유권이전등기를 마쳤다가 그 부동산에 대하여 자신의 명의로 소유권이전등기를 마친 경우 이는 잔금지급일에 '사실상 취득'한 부동산에 관하여 소유권 이전의 형식적 요건을 추가로 갖춘 것에 불과하므로 그 등기일에 취득을 원인으로 한 새로운 취득세 납세의무가 성립하지 않는다고 판단하였다. 구 지방세법 제105조 제2항은 민법 등의 등기, 등록 등을 이행하지 아니하여도 사실상 취득한 때에는 취득이 있는 것으로 간주하고 있다는 점, 3자간 등기명의신탁의 경우 명의신탁자와 매도인 간의 매매계약은 유효하므로 명의신탁자의 매수인 지위는 일반 매매계약의 매수인 지위와 다르지 않다는 점 등을 근거로 들고 있다. 이러한 다수의견에 대하여 등기시점에 명의수탁자와 명의신탁자가 각기 취득세 납세의무자가 되어야 한다는 반대의견이 있었다.

　대상판결은 3자간 등기명의신탁에 있어 명의신탁자가 매도인에게 대금 지급을 완료한 경우 납세의무가 성립한다고 판단한 대법원 2007. 5. 11. 선고 2005두13360 판결의 연장선에서 이후 명의신탁자 앞으로 등기가 경료되었더라도 추가로 취득세 납세의무가 없다는 점을 확인하였다. 결국 대상판결을 통하여 3자간 등기명의신탁에서는 명의신탁자만이 취득세를 1회만 납부하는 것으로 정리되었다. 대상판결은 명의신탁관계에 있어 취득세 납세의무자의 판단기준을 명확히 하였다는 점에서 선례적 의미가 크다.

2. 대법원 2018. 6. 15. 선고 2017두73068 판결: 종합부동산세 합산배제신고와 경정청구

　2007년 종합부동산세법의 개정으로 종합부동산세는 종전의 신고납부방식에서 부과과세방식으로 변경되었고, 다만 납세자의 선택에 따라 신고납부가 가능하도록 운영되고 있다. 이에 따라 납세자가 합산배제신고를 하면 과세관청은 신고의 내용을 반영하여 종합소득세를 부과한다. 이에 따라 부과된 종합부동산세에 이의가 없는 경우 납세자는 이를 그대로 납부하면 되는 것이나, 그 선택에 따라 신고납부방식으로 종합부동산세를 납부할 수도 있다. 이 사건의 원고는 2012. 9. 합산배제신고서를 제출하였고, 피고는 그에 따라 2012. 11. 위 신고 내용을 반영하여 종합소득세를 부과하였다. 그 후 원고는 2015. 11. 위 종합부동산세의 감액

경정청구를 하였으나 피고는 위 경정청구를 각하하였다.

원심 판결은 국세기본법 제45조 제1항에서 '과세표준신고서'를 법정신고기한까지 제출한 자를 경정청구권자로 규정하고 있는데, 합산배제신고는 과세관청으로 하여금 정당한 세액을 부과·징수할 수 있도록 정보를 제공하는 협력의무를 이행한 것일 뿐 이를 종합부동산세 과세표준신고서 제출로 보기는 어렵다는 이유로 경정청구권이 없는 원고의 청구를 각하하는 통지는 항고소송의 대상이 되는 거부처분이 아니라는 이유에서 소각하판결을 하였다.

그러나 대상판결은 종합부동산세의 경우 납세의무자가 합산배제신고를 하게 되면, 과세관청이 특별한 사정이 없는 한 이러한 신고의 내용과 시장 등으로부터 제공받은 과세자료 등을 토대로 납부하여야 할 세액을 그대로 산정할 수 있게 된다는 점 등 종합부동산세법의 제정 및 개정 경위, 관련 규정의 체계 및 내용에 비추어, 과세관청이 정당한 세액을 특정할 수 있도록 구 종합부동산세법 제8조 제3항에서 정한 법정신고기한까지 합산배제신고서를 제출한 납세의무자는 국세기본법 제45조의2 제1항 본문에 따른 통상의 경정청구를 할 수 있다고 봄이 타당하다고 판시하였다.

엄밀하게 보면 합산배제신고를 과세표준신고와 동일시하기 어려움에도, 대상판결은 납세자의 권리구제를 우선하여 합산배제신고를 한 납세자에게 경정청구권을 부여하는 것이 타당하다고 적극적으로 해석하였다는 점에 의의가 있다. 대상판결에 대하여는 조세법률주의의 원칙에 반하여 무리하게 경정청구권자의 범위를 확대하였다는 지적도 있으나, 합산배제신고를 하지 않고 종합부동산세를 신고납부한 납세자와의 형평 및 불복방법이 없는 납세자에게 해석을 통하여 그 구제수단을 부여할 필요성이 있는 점 등을 고려하면 대상판결의 결론은 타당한 것으로 평가된다.

2019년 조세법 중요판례분석*

I. 조세법총론 – 국세기본법

1. 대법원 2019. 1. 31. 선고 2017두75873 판결: 조세심판 결정의 기속력의 범위

피고는 원고가 2013 사업연도에 구 조세특례제한법 제6조 제2항에 따른 창업벤처중소기업이 아니었음에도 법인세 감면을 신청하였다는 이유로 원고에게 법인세 부과처분(이하 '1차 처분')을 하였다. 조세심판원은 원고가 2013 사업연도에 창업벤처중소기업에 해당하여 세액감면이 적용되어야 한다는 이유로 1차 처분을 취소하는 인용결정을 하였다. 그러나 피고는 감면기한이 2012 사업연도에 종료하여 2013 사업연도는 감면대상이 아니라는 국세청의 감사지적에 따라, 2013 사업연도 법인세를 경정·고지하는 재부과처분(이하 '2차 처분')을 하였다.

대상판결은 과세처분 불복절차에서 납세자의 불복사유가 옳다고 인정되고 이에 따라 필요한 처분을 하였을 경우에는 심판 결정의 기속력에 관한 국세기본법 제80조 및 제81조 등의 취지에 비추어 동일 사항에 관하여 특별한 사유 없이 이를 번복하고 다시 종전의 처분을 되풀이할 수는 없다고 하면서 피고의 2차 처분은 위법하다고 판시하였다. 한편, 종전의 처분을 번복할 만한 '특별한 사유'에 대해 판례는 납세자가 허위의 자료를 제출하는 등 부정한 방법에 기초하여 종전의 처분을 하였다는 사정이 있어야 한다고 판시하여 그 범위를 매우 엄격하게 해석하고 있다(대법원 2017. 3. 9. 선고 2016두56790 판결 등).

* 법률신문 제4801호 (2020. 7. 9.)

대상판결은 조세심판 결정의 기속력에 관한 법리를 재확인하면서 '동일 사항'의 범위를 과세관청의 명시적 처분사유 외에도 그와 관련된 전체적인 사실관계를 포함하는 것으로 넓게 해석함으로써 납세자의 권익구제를 실효적으로 도모하였다는 점에서 의미가 있다.

2. 대법원 2019. 5. 16. 선고 2018두36110 판결: 과점주주의 제2차 납세의무의 단계적 확장

피고는 A 법인이 법인세를 납부하지 않자, 납세의무 성립일을 기준으로 A 법인의 과점주주인 B 법인을 제2차 납세의무자로 지정하고 A 법인의 체납세액 중 그 지분비율 해당금액에 대해 납부통지를 하였다. 피고는 B 법인이 납부기한까지 위 법인세를 납부하지 않자 B 법인의 100% 주주이던 원고를 B 법인의 제2차 납세의무자로 다시 지정하여 납부통지를 하였다.

대상판결은 과점주주의 제2차 납세의무는 주주유한책임 원칙에 대한 중대한 예외로서 제3자에게 보충적인 납세의무를 부과하는 것이기 때문에 그 적용요건을 엄격하게 해석해야 한다는 전제에서, 법률상 근거 없이 2차 과점주주가 단지 1차 과점주주의 과점주주라는 사정만으로 1차 과점주주를 넘어 2차 과점주주에까지 그 보충적 납세의무를 확장하는 것은 조세법률주의상 엄격해석의 원칙 및 제2차 납세의무에 관한 국세기본법 제39조의 취지에 반하는 것이라고 판단하였다.

그간 과점주주 제2차 납세의무는 주식회사의 본질에 반하여 그 주주에게 회사의 책임을 지우는 것으로서 과점주주의 재산권을 침해하는 것이라는 비판을 받아 왔고, 과점주주의 과점주주에까지 제2차 납세의무를 확장하는 것은 헌법상 자기책임의 원칙에 반하고 법률관계의 불안정을 초래하며 부과제척기간이 과도하게 연장될 우려가 있다는 지적도 있었다. 대상판결은 과점주주의 제2차 납세의무의 적용요건을 엄격하게 해석하여 그 납부의무를 단계적으로 확대하려는 과세관행에 한계를 설정하였다는 의의가 있다. 한편, 사업양수인의 과점주주에 대해 제2차 납세의무를 인정한 대법원 1993. 5. 11. 선고 92누10210 판결이 있는데, 이는 과점주주의 과점주주에 대한 제2차 납세의무에 관한 대상판결의 사안과는 다소 차이가 있지만 납부의무의 단계적 확장이라는 본질은 동일하므로 재고의 필요성이 있다고 보인다.

Ⅱ. 소득세제 - 법인세법·국제조세법

1. 대법원 2019. 5. 30. 선고 2016두54213 판결: 비특수관계자를 통하여 이루어진 거래와 부당행위계산부인

원고와 그 이사인 소외인들은 원고가 보유한 A 법인 주식 전부 및 그 법인에 대한 경영권과 소외인들이 보유한 A 법인 주식 일부를 제3자에게 매도하고 그 매매대금을 양도 주식 비율대로 나누어 가졌다. 피고는 위 매매대금 중 그 주식의 거래소 종가를 초과하는 부분은 경영권 프리미엄에 해당하고, 소외인들은 그 부분을 분배받을 만한 합리적인 이유가 없다고 하면서 이는 원고가 자신이 받아야 할 대가를 과소수취하여 그 이익을 소외인들에게 분여한 것이라는 이유로 법인세법상 부당행위계산부인 규정을 적용하여 과세처분을 하였다.

법인세법 제52조의 부당행위계산부인은 법인과 특수관계자 간의 거래가 조세 부담을 부당히 감소시킨 경우에 과세관청이 법인의 소득을 조정할 수 있게 하는 제도로서 원칙적으로 법인과 특수관계자 간의 거래를 대상으로 한다. 다만, 법인세법 시행령 제88조 제2항은 "제1항의 규정은 그 행위 당시를 기준으로 하여 당해 법인과 특수관계자 간의 거래(특수관계자 외의 자를 통하여 이루어진 거래를 포함한다)에 대하여 적용한다"라고 규정하였는데, 그동안 '특수관계자 외의 자를 통하여 이루어진 거래'의 구체적 의미가 분명하지 않았다. 대상판결은 그 사안과 같이 형식적으로는 법인과 비특수관계자 간의 거래로 보이지만, 실질적으로는 비특수관계자를 통하여 특수관계자와 거래한 것으로 볼 수 있는 경우에 그 적용 사례를 명시적으로 인정하였다는 점에서 의미가 있다.

종래 판례는 법인이 특수관계 없는 자와의 거래를 통하여 특수관계자가 경제적 이익을 얻었다는 사정만으로는 부당행위계산에 해당한다고 볼 수는 없다고 판단한 바 있다(대법원 2014. 4. 10. 선고 2013두20127 판결). 대상판결의 사안은 원고와 제3자 사이에 사전에 소외인들에 대한 이익분여의 거래조건에 관하여 실질적 합의가 이루어진 점을 고려하여 종전 판례와는 다른 결론을 내린 것으로 보이는데 이에 대한 법리의 설시가 없었다는 아쉬움이 있다. 향후 유사한 이전가격세제와 과소자본세제의 제3자 개입거래에서의 과세요건에 준하는 판시를 기대해 본다.

2. 대법원 2019. 12. 24. 선고 2016두35212 판결: 독일 공모펀드와 한·독 조세조약상 수익적 소유자의 의미

원고는 집합투자기구에 관한 독일 투자법에 따라 투자펀드를 설정하고 운용할 목적으로 설립된 독일 자산운용회사이다. A 펀드는 원고가 독일 투자법에 따라 설정한 상장·공모형 투자펀드로서 전 세계 부동산에 투자하여 얻은 수익을 일반투자자들에게 배당하고 있다. 원고는 A 펀드의 투자자금으로 부동산임대업을 영위하는 내국법인 B의 발행주식 100%를 취득하였다. B 법인은 건물의 임대소득을 그 주주인 원고에게 배당금으로 지급하면서 '그 수익적 소유자가 배당을 지급하는 법인의 자본의 25% 이상을 직접 보유하고 있는 경우'로 보아 한·독 조세조약 제10조 제2항 가목의 제한세율 5%를 적용하였다. 그러나 피고는 위 배당금의 수익적 소유자가 A 펀드이고 직접 소유하고 있지 않다는 이유로 같은 항 나목의 15% 제한세율을 적용하여 B 법인의 제2차 납세의무자인 원고에게 법인원천세를 부과하였다.

대상판결은, 원고는 A 펀드와 함께 하나의 집합투자기구로 기능하였고 위 배당금을 A 펀드의 일반투자자 등 타인에게 이전할 법적 또는 계약상의 의무를 부담하지 아니하는 수익적 소유자로서 B 법인의 주식을 직접 보유하고 있으므로 그 배당금에 대해서는 한·독 조세조약상 5% 제한세율이 적용된다고 하면서, 그 판단 근거로서 원고의 설립 목적과 사업 연혁, A 펀드의 투자자와 투자대상, 배당금을 송금받은 계좌의 개설 경위, 원고의 A 펀드에 대한 업무수행 내역 및 A 펀드에 대한 독일 법령 등을 제시하였다.

한·독 조세조약의 제한세율 적용을 둘러싸고 다수 사건이 계류 중에 있었는데 대상판결은 대법원 2018. 11. 15. 선고 2017두33008 판결 및 대법원 2018. 11. 29. 선고 2018두38376 판결에 이어 수익적 소유자의 개념을 실질귀속자와 구분하여 자산운용사의 경우에도 법적 또는 계약상의 의무 등이 없는 사용·수익권을 가진다면 수익적 소유자에 해당한다고 다시 한 번 확인하였다는 점에서 의미가 있다. 참고로, 올해부터 개정 소득세법 제119조의2와 개정 법인세법 제93조의2의 국외투자기구에 대한 실질귀속자 특례가 시행되고 있는데, 위 개정법 시행 이후의 사안들에서 국외투자기구에 대한 판례의 태도에 어떠한 변화를 불러올 수 있을지 그 귀추가 주목된다.

Ⅲ. 소비세제 - 부가가치세법 · 관세법

1. 대법원 2019. 6. 27. 선고 2018도14148 판결: 미등록사업자의 세금계산서 발급의무

A는 부가가치세를 포탈할 목적으로 자기 명의로는 사업자등록을 하지 않은 채 B 등의 명의 대여자를 소개받아 그들 명의로 사업자등록을 마친 다음 합계 약 62억 원 상당의 허위 신용카드매출전표 등을 발급한 후 수개월 만에 사업자등록을 폐지하였다. 피고인은 A로부터 물품을 구매하면서 A 명의의 세금계산서를 발급받지 아니하였는데, 피고인의 조세범처벌법상 세금계산서 미수취죄와 관련하여 부가가치세법상 미등록 사업자인 A에게 세금계산서 발급의무가 있는지 여부가 쟁점이 되었다.

대상판결은 세금계산서범에 있어서 재화 등을 공급한 '사업자'는 그 등록 여부에 관계 없이 조세범처벌법 제10조 제1항 제1호의 '부가가치세법에 따라 세금계산서를 작성하여 발급하여야 할 자'라고 판시하면서 그 이유로 구 부가가치세법 제16조 제1항은 '납세의무자로 등록한 사업자'에게 세금계산서 발급의무를 부과하고 있었으나, 개정 부가가치세법 제32조 제1항은 발급의무의 주체를 '사업자'로 개정하였다는 점, 개정 부가가치세법 제2조 제3호가 사업자를 부가가치세법상 사업자등록 여부를 불문하고 사업 목적이 영리이든 비영리이든 상관없이 사업상 독립적으로 재화 또는 용역을 공급하는 자라고 규정한 점을 들었다.

대상판결 이전에도 판례는 구 법인세법상 증빙미수취 가산세의 해석과 관련하여 재화 등을 공급하는 사업자가 부가가치세법 또는 소득세법에 따른 사업자등록을 한 사업자가 아니더라도 가산세를 부과할 수 있다는 취지로 판단하였는데(대법원 2016. 6. 10. 선고 2015두60341 판결), 대상판결은 위 판결의 연장선상에서 개정 부가가치세법의 문언에 충실하게 해석한 것으로 평가된다. 다만, 대상판결에 따르면 사업자등록을 하지 않은 것 자체를 처벌하는 명문의 규정은 아직 없음에도, 사실상 사업자등록을 하지 않은 것 자체를 처벌하고 사업자등록을 하지 않은 자에게 이행할 수 없는 의무를 강제하는 것이 되며 나아가 공급받는 자까지 형사처벌 대상으로 삼게 된다. 대상판결처럼 조세범처벌법을 개정하는 과정에서 구성요건의 범위를 넓히려 했다는 입법자의 의도가 명시적으로 드러나지 않는 경우라면 형사처벌의 확대는 보다 신중할 필요가 있다.

2. 대법원 2019. 12. 27. 선고 2019두47834 판결: 관세법상 '유사물품 거래 가격'의 의미

　피고는 원고가 중국에서 수입한 생강에 대하여, 관세법 제32조 제1항에서 말하는 거래가격에는 과세관청이 제35조의 방법으로 결정한 과세가격이 포함되지 않고 달리 제30조부터 제35조 제1항에서 정한 방법을 적용할 수 없으므로 제35조 제2항에 따라 중국 산동성에서 수확한 생강을 유사물품으로 보고 이를 기초로 과세가격을 결정하여 관세를 부과하였다. 이에 원고는 과세관청이 타사의 수입물품에 대하여 관세법 제35조의 방법을 적용하여 결정한 과세가격이 위 생강에 대한 제32조 제1항의 '과세가격으로 인정된 사실이 있는 유사물품의 거래가격'으로 인정되어야 한다고 주장하였다.

　대상판결은 관세법 제32조 제1항이 제30조에서 사용된 '거래가격'이라는 용어를 그대로 사용하고 있는 점 등에 비추어, 제32조 제1항의 과세가격으로 인정된 사실이 있는 유사물품의 '거래가격'은 제30조에 따라 과세가격으로 인정된 유사물품의 '거래가격'만을 의미한다고 보고, 과세관청이 신고가격을 부인하고 제31조 내지 제35조에서 정한 방법에 따라 결정한 과세가격은 제32조의 유사물품의 거래가격에 포함되지 않는다고 해석하였다.

　수입물품의 과세가격은 원칙적으로 관세법 제30조 제1항에서 규정하는 구매자가 실제로 지급하였거나 지급하여야 할 가격에 일정 항목을 더하여 조정한 거래가격으로 하고, 이러한 방법으로 과세가격을 결정할 수 없는 경우에는 제31조부터 제35조까지에 규정된 방법을 순차 적용하여 결정하도록 관세평가의 방법을 정하고 있다. 관세평가에서의 '거래가격'은 단순히 물건의 가격이 아니라 '우리나라에 수출판매되는 물품에 대하여 실제로 지급하였거나 지급하여야 할 가격에 일정한 가감조정을 한 것으로서 별도의 적용배제요건에 해당하지 않는 것을 말하는 관세법상 특유한 개념이다. 대상판결은 관세법 제32조 제1항에서 말하는 유사물품의 '거래가격'은 제30조 제1항의 방법에 의하여 과세가격으로 결정된 '거래가격'만을 말한다고 보아 그 문언에 따른 엄격해석원칙을 견지하였다는 점에 그 의의가 있다.

Ⅳ. 재산세제 - 상속세 및 증여세법 · 지방세법

1. 대법원 2019. 5. 30. 선고 2017두49560 판결: 신주인수권의 행사에 따른 이익증여와 '인수인'의 의미

A 법인은 B 증권사에 신주인수권부사채를 발행하였고, B 증권사는 해당 신주인수권부사채에서 분리한 신주인수권을 A 법인의 최대주주인 원고에게 양도하였다. 그 후 원고는 해당 신주인수권을 행사하여 A 법인의 주식을 교부받았다. 피고는 B 증권사가 구 상속세 및 증여세법(이하 '상증세법') 제40조 제1항에서 규정한 '인수인'에 해당함을 전제로 신주인수권 행사이익에 대하여 증여세 부과처분을 하였다. 이에 B 증권사가 구 상증세법 제40조 제1항의 '인수인'에 해당하는지가 쟁점이 되었다.

대상판결은 위 '인수인'은 전환사채등의 발행 법인을 위하여 제3자에게 취득의 청약을 권유하여 전환사채 등을 취득시킬 목적으로 이를 취득하는 자를 말할 뿐이고, 이러한 목적 없이 단순한 투자 목적으로 취득하는 자는 특별한 사정이 없는 한 '인수인'에 해당하지 않는다고 보았다. 그러한 전제에서 대상판결은 B 증권사는 A 법인을 위하여 제3자에게 취득의 청약을 권유하여 신주인수권을 취득시킬 목적으로 신주인수권을 취득한 것이 아니라, 투자자의 지위에서 이자수익, 매도차익 등의 투자수익을 얻을 목적으로 신주인수권을 취득한 것이어서 B 증권사를 '인수인'이라고 볼 수 없으므로, 이를 전제로 한 피고의 증여세 부과처분은 위법하다고 판단하였다.

대상판결은 단순한 투자 목적으로 전환사채 등을 취득하는 자는 특별한 사정이 없는 한 '인수인'에 해당하지 아니한다는 법리를 설시하였다는 데에 의미가 있다. 또한, 금융기관이 엄격한 조건 하에 신주인수권부사채에 투자를 하고 그 사채에서 신주인수권만을 분리하여 최대주주 등에게 매각하여 위험을 최소화하는 당시의 거래 관행도 존중한 것으로 보인다. 구 상증세법 제40조 제1항이 그 과세대상인 '인수 · 취득'에 자본시장과 금융투자업에 관한 법률(이하 '자본시장법')에 따른 '인수'를 포함시킴으로써 과세 범위를 확대한 이상, '인수인'의 의미도 자본시장법과 조화롭게 해석할 필요가 있다는 점에서도 대상판결의 결론은 타당하다.

2. 대법원 2019. 6. 13. 선고 2016두50792 판결: 명의신탁 증여의제와 재차증여 가산규정

A는 1998년 그가 소유하던 비상장주식을 원고에게 명의신탁하는 약정을 체결하였고 원고는 자신의 명의로 명의개서를 마쳤다. 이어 원고는 2000년 및 2001년 B 등 명의로 명의개서되어 있던 A 소유의 비상장주식을 자신의 이름으로 명의개서하였다. 원고는 2003년 및 2004년에도 C 등이 형식적으로 명의를 보유하던 A 소유의 비상장주식을 명의개서받았다. 피고는 원고가 위 비상장주식을 명의신탁받은 것으로 보고 원고에게 각 연도별로 증여세를 결정·고지하면서 각 과세시점마다 그 이전에 명의신탁된 주식 가액을 모두 합산하는 재차증여 가산방식으로 증여세를 부과하였다.

대상판결은 10년 이내 재차 동일인의 명의신탁이 있어 증여로 의제되는 경우에도 구 상증세법 제47조 제2항의 재차증여 가산규정이 적용된다고 판단하면서, 그 판단 근거로 구 상증세법 제47조 제1항의 합산배제 증여재산에 증여로 의제된 명의신탁 재산가액이 포함되어 있지 않은 점, 구 상증세법 제55조 제1항은 증여세의 과세표준을 규정하면서 명의신탁의 증여의제(제1호)와 합산배제 증여재산(제2호)을 별도로 규정하고 있던 점, 증여의제 명의신탁재산에 대하여 공제제도를 규정하지 않은 것은 입법목적을 달성하기 위하여 수증자에 비하여 명의수탁자에게 불이익을 주려는 취지인 점, 명의신탁재산의 합산배제를 허용하는 개정 상증세법 제47조 제1항은 창설적 규정으로 그 적용 이전인 이 사건 사실관계에 적용될 수 없는 점 등을 제시하였다.

대상판결은 2003년 상증세법 개정 이후에도 명의신탁 증여의제는 일반적인 증여와 마찬가지로 재차증여의 가산규정이 적용되어 10년간의 증여가액을 합산하여야 한다고 본 최초의 사례라는 의미가 있다. 대상판결은 상증세법 제55조보다는 합산배제증여재산에 관한 직접적인 규정인 상증세법 제47조에 보다 중점을 두었던 것으로 보인다. 그러나 구체적 타당성의 견지에서 명의신탁재산의 증여의제규정의 적용범위를 가급적 제한적으로 해석하려는 것이 판례의 일관된 경향이고, 명의신탁 증여의제의 위헌성에 대한 학계에서의 지속적인 논의가 있으며, 합리적 경제인의 입장에서 누진세율을 피하기 위한 목적에서 명의신탁을 분할증여의 수단으로 사용하는 경우는 상정하기 어렵기 때문에 명의신탁재산은 합산과세대상에서 제외한다고 해석하는 것이 타당하다는 반대 견해도 있다. 한편, 현행 상증세법 제4조의2 제2항은 명의신탁 증여의제의 증여세 납세의무자를 명의신탁자로 변경하였으나 부칙 제3조는 위 조항을 2019. 1. 1. 이후 증여로 의제되는 분부터 적용하도록 하였으므로, 대상판결의 판시는 여전히 상당기간 적용될 전망이다.

3. 대법원 2019. 11. 28. 선고 2019두45074 판결: 교환으로 취득한 부동산의 취득세 과세표준

원고는 그 소유의 감정평가액 약 57억 원의 갑 부동산을 학교법인 A 소유의 감정평가액 약 31억 원의 을 부동산과 교환하되, 각 부동산의 감정평가 차액 상당인 약 26억 원은 원고가 A에게 무상으로 출연하는 내용의 계약을 체결하고 을 부동산의 소유권이전등기를 경료받았다. 그 후 원고는 B에게 을 부동산을 양도하고, 당초 지방세특례제한법 제50조 제1항 단서 제3호 등에 따라 면제받았던 을 부동산에 대한 취득세를 신고·납부하였는데, 그 과세표준을 갑 부동산의 감정평가액 57억 원으로 하였다. 그 후 원고는 을 부동산의 취득세 과세표준은 을 부동산의 감정평가액인 31억 원임을 전제로 위 신고·납부 세액과의 차액을 감액하여 달라는 경정청구를 하였으나, 피고는 이를 거부하였다.

대상판결은 지방세법 제10조 제1항 본문이 취득세의 과세표준으로 규정한 '취득 당시의 가액'은 원칙적으로 부동산 등 과세물건을 취득하는 데 든 사실상의 취득가액을 의미한다는 법리 하에서 31억 원을 을 부동산의 취득가액으로 보았다. 또한, 갑 부동산과 을 부동산의 감정평가 차액인 26억 원은 원고가 A에게 직접 증여한 것으로 을 부동산을 취득하기 위한 지방세법 시행령 제18조 제1항 제5호 또는 제10호의 간접비용에도 해당하지 아니한다고 판단하였다.

대상판결 이전까지 교환에 있어서 교환차액의 증여가 동시에 이루어진 경우 이를 포괄적으로 1:1 교환으로 보아 교환대상 부동산 중 가치가 큰 부동산의 가액을 과세표준으로 삼아 취득세를 부과하여 오는 과세관행이 형성되어 있었는데, 대상판결은 기존의 불합리한 실무 처리에 대한 새로운 기준을 제시하였다는 점에 큰 의의가 있다. 교환과 동시에 교환차액을 증여하는 약정을 하는 경우 이는 보충금을 수반하는 교환과 법적 실질이 동일하다. 따라서 보충금을 수령하는 경우 그 차액을 간접비용으로 볼 수 없는 것과 마찬가지로 교환차액을 증여하는 경우에도 그 차액을 취득가액에 포함시키지 않는 것이 타당하다.

2020년 조세법 중요판례분석*

Ⅰ. 조세법총론 - 국세기본법

1. 대법원 2020. 3. 2. 선고 2017두41771 판결: 국세징수권의 시효중단사유와 민법상 재판상 청구의 준용 여부

일본법인인 피고는 2006. 10. 2.부터 2007. 4. 6.까지 내국법인 주식을 양도하였다. 관할 세무서장이 2011. 3. 2. 위 양도소득에 대한 법인세를 부과하여 조세채권이 확정되었는데(이하 '쟁점 조세채권'), 피고는 국내재산을 보유하고 있지 않아 2014. 12.경까지 독촉장 발송, 일본에 대한 징수위탁 요청 등이 이루어졌다. 이후 원고(대한민국)는 국세징수권의 소멸시효가 다가오자 2015. 5. 26. 쟁점 조세채권의 존재 확인을 구하는 소를 제기하였고, 대상판결에서는 '재판상 청구'가 국세징수권의 소멸시효 중단사유가 되는지 여부가 쟁점이 되었다.

대상판결은 '재판상 청구'도 국세징수권의 소멸시효 중단사유가 될 수 있고, 특별한 사정이 있는 경우에는 재판상 청구도 소의 이익이 있다고 판단하였다. 즉, 원칙적으로 조세채권자는 부과권 및 자력집행권 등에 기하여 만족을 얻을 수 있어 납세자를 상대로 소를 제기할 이익을 인정하기 어렵지만, 예외적으로 납세의무자가 무자력이거나 소재불명이어서 국가가 자력집행권을 행사할 수 없는 등 국세기본법 제28조 제1항이 열거한 사유들로는 징수권의 소멸시효 중단이 불가능하고, 조세 징수를 위하여 가능한 모든 조치를 충실히 취하여 왔음에도 조세채권이 실현되지 않은 채 소멸시효 만료가 임박하는 등의 특별한 사정이 있는 경우

---

* 법률신문 제4905호 (2021. 7. 8.)

에는 소의 이익이 있다는 것이다.

대상판결이 그 논거로서 제시한 사정들, 즉, 원고가 피고에게 법인세를 부과·고지하였으나 국내 재산이 없어 압류 등 조치를 취하지 못하였고, 조세채권자가 조세채권의 징수를 위하여 가능한 모든 수단을 동원하였다는 점은 일견 대상판결의 구체적 타당성을 뒷받침한다. 그러나 국세기본법 제27조 제2항은 이 법 또는 세법에 특별한 규정이 있는 것을 제외하고 민법을 부분적으로 준용하고, 제28조 제1항은 국세징수권의 소멸시효의 중단사유로 납부고지, 독촉, 교부청구 및 압류를 열거하는 별도 규정을 두고 있으므로 조문의 체계적 해석상 징수권의 시효중단사유로 민법상 사유가 추가로 준용될 여지는 적다고 보인다. 악성 체납자에 대한 징수권 확보 필요성의 측면에서 대상판결의 취지가 이해되기는 하지만 그에 따르면 연장된 소멸시효 만료를 앞두고 재차 재판상 청구도 허용하는 것이 되어 조세법률관계를 조기에 종결하고자 하는 입법자의 의도에도 저촉될 우려가 있으므로, 입법적 보완이 필요할 것으로 생각된다.

2. 대법원 2020. 11. 12. 선고 2017두36908 판결: 국세징수권에 대한 특례 제척기간의 준용 여부

원고는 2005. 4. 15. 말레이시아법인으로부터 주식을 양수하고 그 대금을 지급하면서 한·말레이시아 조세조약에 따라 양도소득에 대한 법인세를 원천징수하지 않았다. 피고는 2006. 12. 18. 위 법인이 SPC에 불과하고, 위 양도소득의 실질귀속자는 영국령 케이만군도에 설립된 유한파트너십의 투자자들이라는 전제 하에 원고에게 양도소득에 대한 원천징수분 '소득세'를 고지하였는데(이하 '1차 징수처분'), 1차 징수처분은 2014. 9. 4. 원천징수분 '법인세'를 과세하는 것이 타당하다는 이유로 대법원 판결에 의해 취소 확정되었다. 피고는 판결 확정일로부터 1년 이내인 2015. 4. 17. 원고에게 양도소득에 대한 원천징수분 '법인세'를 고지하였다(이하 '2차 징수처분'). 대상판결에서는 부과권의 특례제척기간이 징수권에 준용될 수 있는지 등이 쟁점이 되었다.

대상판결은 원천징수분 법인세의 납부의무는 법률의 규정에 의하여 자동확정되는 것이므로 부과권에 대한 특례제척기간이 징수권의 소멸시효에 적용될 여지가 없다는 점을 명확하게 언급하면서, 2차 징수처분에 부과권의 특례제척기간이 적용되지 않는다고 판단한 원심은 정당하다고 판단하였다. 대상판결은 위법한 선행 처분에 대한 납세자 승소판결이 선고된 이후 특례제척기간을 적용한 재처분의 범위를 동일한 세목 내로 제한하면서, 부과권에 대한 특례제척기간은 징수권의 소멸시효에 유추적용될 수 없다는 법리를 최초로 밝힌 의의가 있다. 부과권과는 달리 징수권은 국세기본법 제28조 제1항에서 그 시효의 중단사유를 규정하고 있으므로 별도의 법 규정 없이 특례제척기간을 해석론으로 유추적용하는 것은 조세법률주의에 반하므로 대상판결은 타당하다. 한편, 2019. 12. 31. 개정된 국세기본법은 부과권에 관한 규정인 제26조의2 제7항 제2호에서 국내원천소득의 실질귀속자가 확인된 경우에는 국내원천소득의 실질귀속자 또는 원천징수의무자에게 필요한 처분을 할 수 있도록 규정하고 있는데, 대상판결의 취지를 존중하여 원천징수의무자에 대해서는 징수권의 소멸시효 중단에 관한 제28조에 해당 내용을 신설하는 것이 입법론적으로 타당하다고 사료된다.

3. 대법원 2020. 7. 9. 선고 2017두63788 판결: 결손금 감액경정 통지의 행정처분성

원고는 2010 내지 2014 사업연도에 각 결손금이 발생하였다고 법인세 과세표준을 신고하였다. 피고는 2015. 5. 원고가 특수관계인에 대한 매출채권 지연회수에 따른 인정이자 상당 금액을 부당행위계산으로 부인하고, 그 금액을 위 각 사업연도의 익금으로 산입하여 각 법인세 과세표준의 결손금을 감액경정하였다. 원고는 결손금 감액경정의 취소를 구하는 소를 제기하였으나, 원심은 결손금 감액경정이 항고소송의 대상인 행정처분이 아니라는 이유로 소를 각하하였다.

대상판결은 2009. 12. 31. 개정된 구 법인세법에 신설된 제13조 제1호 후문 규정(이하 '쟁점 조항')의 시행일 이후 최초로 과세표준을 신고한 사업연도에 발생한 결손금 등에 대한 과세관청의 감액경정은 행정처분에 해당한다고 판시하였다. 대상판결은 쟁점 조항이 원칙적으로 공제가 가능한 이월결손금의 범위를 신고 · 경정 등으로 확정된 결손금으로 축소하여 법적 안정성을 도모하기 위한 것이라고 전제한 뒤, 납세의무자로서는 결손금 감액경정 통지가 이루어진 단계에서 그 적법성을 다투지 않는 이상 이후 사업연도 법인세의 이월결손금 공제와 관련하여 종전의 결손금 감액경정이 잘못되었다거나 추가되어야 할 이월결손금이 있다는 주장을 할 수 없다고 보았다.

대상판결은 결손금 감액경정이 법인의 납세의무에 직접 영향을 미치는 과세관청의 행정처분이라고 판단한 최초의 판결이라는 의미가 있다. 쟁점 조항의 개정 이유가 법적 안정성 등을 감안하여 공제가 가능한 신고·경정을 통해 확정된 결손금으로 명확히 하는 것이었으므로, 이후 사업연도의 이월결손금 공제 크기를 결정하는 결손금 감액경정의 처분성을 인정하는 것이 법리적으로 타당하다. 대상판결에 따라 결손금 감액경정에 대한 불복 시점을 앞당김으로써 납세자가 신속하게 권익을 구제받고 법률관계를 조기에 종결시킬 수 있게 되었다. 다만, 대상판결 선고 이전에 결손금 감액경정 통지가 이루어졌으나 그 적법성을 다투지 아니한 납세자들은 불복기한이 이미 도과하였다면 종전의 감액경정의 하자를 다툴 수 없게 되는 불측의 손해도 예상된다.

Ⅱ. 소득세제 – 소득세법·법인세법

1. 대법원 2020. 6. 18. 선고 2016두43411 전원합의체 판결: 상증세법상 평가조항을 준용한 소득세법 시행령의 무효 여부

원고는 특수관계인에게 상장법인 주식 116,022주(이하 '쟁점 상장주식')를 매도하면서 그 대금을 당일 거래소 종가인 1주당 65,500원 합계 75억 원(이하 '쟁점 매매대금')으로 정하여 양도소득세를 신고·납부하였다. 피고는 신고된 양도가액을 부인하고 구 소득세법 시행령 제167조 제5항(2012. 1. 1. 법률 제11146호로 개정되기 전의 것, 이하 '쟁점 조항')이 준용하는 구 상증세법(2011. 12. 31. 법률 제11130호로 개정되기 전의 것) 제63조 제1항 제1호 가목 및 제3항에 따라 평가기준일(양도일) 전후 각 2개월 동안의 종가 평균액 64,178원에 최대주주 등 할증률인 30%를 가산한 1주당 83,431원을 시가로 보아 양도소득세를 수정신고하도록 안내하였다. 원고는 양도소득세를 수정신고하고 차액을 납부한 뒤 쟁점 매매대금을 양도가액으로 보아야 한다는 취지의 경정청구를 하였다. 대상판결에서는 특수관계인 간 상장주식 양도로 인한 양도소득세 산정에 구 상증세법을 준용하도록 한 쟁점 조항의 무효 여부가 쟁점이 되었다.

대상판결의 다수의견은 상장주식 시가에 관하여 소득세법 시행령이 상증세법의 상장주식 시가평가 조항을 준용한 것이 법률의 위임 범위 내에서 입법재량을 부여한 것으로 조세법률주의에 위배되지 않고, 거래일 전후 2개월의 종가 평균액을 시가로 간주하고 '경영권 프리미엄'을 고려하여 일정한 할증률을 가산하는 규정의 합리성과 정당성을 인정하였다. 반면 반대의견은 상장주식 양도가액 과세요건을 시행령에서 규정한 것이 조세법률주의에 반하고, 그 내용도 부당행위계산 부인대상 여부의 판단 기준시점은 '거래시'라는 모법의 원칙에 반하며, 상장주식의 양도가 경영권 프리미엄의 이전을 수반하지 않는 경우가 있음에도 일률적으로 할증평가액을 시가로 보아 양도차익을 의제하는 것은 부당행위계산 부인제도의 취지 및 헌법상 조세평등원칙에 반하여 시행령 규정이 무효라고 하였다.

시행령 조항이 과세요건인 '시가'에 관하여 다른 법률조항을 준용하는 방식은 입법체계만 보더라도 조세법률주의 위반 소지를 내포하고 있다. 뿐만 아니라 소득세법이 부당행위계산 부인제도를 운영하면서 주식의 시가 평가방법을 법인세법과 달리 규정하여 개인 주주를 법인 주주와 차별 취급하는 것은 합리적인 차별로 볼 수 없다. 또한, 양도인이 개인이라는 이유로 상장주식을 양도후 2월이 경과한 시점에서 매매가액을 재조정하라는 것은, 이해관계가 대립하는 양수도거래에 대한 현실적 고려도 부족하였다. 과세당국에서는 이러한 비판을 고려하여 2021. 2. 17. 소득세법 시행령 제167조 제7항을 신설하여 상장주식의 시가를 법인세법 시행령 제89조 제1항을 준용하도록 개정하여, 부당행위계산 부인의 과세요건으로서 시가 평가와 관련된 규정을 소득세법과 법인세법에서 통일적으로 규율하였다. 타당한 입법적 해결로 평가된다.

2. 대법원 2020. 6. 25. 선고 2017두72935 판결: 국내 고정사업장 귀속이윤의 범위와 부가가치세 납부의무

필리핀법인인 원고는 외국인 전용 카지노를 운용하는 원고보조참가인(이하 '참가인')과 사이에, 원고가 카지노 고객을 모집하여 주고 참가인으로부터 고객이 잃은 돈의 70%를 수수료로 받기로 하는 계약을 체결하고 중국 등 아시아 지역에서 모객행위를 하였다. 원고는 참가인의 국내 영업장 내 사무실에 직원들을 두고 모집한 고객들에게 칩을 제공하고 롤링게임에서 발생한 매출액을 확인하였고, 고객의 항공권 예약 및 탑승 의전, 호텔 및 식당 예약 및 안내 업무 등을 수행하였다. 피고는 원고가 국내에서 사용한 카지노 사무실 일부를 고정사업장으로 보고 원고가 지급받은 모집수수료 전부가 국내에 귀속된다고 평가하여 법인세와 부가가치세를 과세하였다. 환송 전 상고심인 대법원 2016. 7. 14. 선고 2015두51415 판결(이하 '선행판결')에서 국내 고정사업장의 존재가 인정되었고, 환송 후 재상고심인 대상판결에서는 고정사업장에 귀속되는 이윤의 범위가 쟁점이 되었다.

대상판결은 필리핀법인이 국내 사업장을 통하여 사업을 영위하는 경우에는 고정사업장이 법인과 분리된 별개의 독립된 기업으로서 얻었을 이윤만이 우리나라에서 귀속되어 과세될 수 있고, 그 이윤의 범위는 과세관청이 증명책임을 부담한다고 판단하였다. 따라서, 원고 직원들이 위 사무실에서 수행하는 활동이 본질적이고 중요한 사업활동에 해당하더라도, '보다' 본질적이고 핵심적인 업무는 국외에서 이루어지고 모집수수료 중 국내 고정사업장(사무실)에 귀속되는 수입금액은 그 사무실에서 수행한 업무의 대가로 국한되므로 그 모집수수료 전액을 고정사업장에 귀속되는 수입금액으로 부과한 법인세 및 부가가치세 등 부과처분이 위법하다는 원심 판단을 수긍하였다.

대상판결은 고정사업장의 존재가 인정되는 경우 법인세와 부가가치세를 어떻게 산정해야 하는지에 관하여 구체적인 기준을 제시하였다는 점에서 큰 의미가 있다. 대상판결은 조세조약에 따라 고정사업장에 귀속되는 이윤에 대해서만 법인세를 과세할 수 있다는 점과 외국법인의 고정사업장이 인정되더라도 국내 매출 전부에 대해 부가가치세 납세의무가 있는 것은 아니라는 점을 확인함으로써 법인세와 유사하게 부가가치세법상으로도 고정사업장에 귀속되는 부분에 한하여 가분적으로 부가가치세 납세의무를 부담하는 것으로 해석될 여지를 남겼다고도 평가된다. 다만, 대상판결에서는 정당세액 불명을 이유로 법인세 및 부가가치세 부과처분이 모두 취소되었기 때문에, 법인세법 및 부가가치세법상 국내의 고정사업장에 귀속되는 소득의 크기를 동일하게 보아야 하는지, 달리 말하면 법인세법상 고정사업장 귀속 소득 전부가 그대로 부가가치세의 과세표준을 구성하는 것인지에 대해서는 명확한 판단이 내려지지 못하였다. 고정사업장 귀속소득에 대한 부가가치세의 산정방식에 관한 후속 대법원 판결의 동향이 주목된다.

Ⅲ. 소비세제 및 재산세제 - 관세법·상속세 및 증여세법

1. 대법원 2020. 2. 27. 선고 2016두63408 판결: 원산지신고서 발급 주체의 하자와 FTA 협정관세의 적용

원고는 인증수출자인 영국법인이 생산한 니켈합금튜브를 싱가포르법인을 통하여 수입하면서 원산지신고서를 첨부하여 한·EU FTA에 따른 협정세율 적용을 신청하였는데, 그 원산지신고서는 영국이 원산지로 표시되었으나 싱가포르법인이 발급한 것이었다. 피고의 지적에 따라 원고는 영국법인 명의로 작성되고 인증수출자 번호가 제대로 기재된 원산지신고서를 보정하여 제출하였으나, 이는 발급일자의 기재가 없고 상업서류와 별도로 작성된 것이었다. 피고는 영국 관세당국에 1, 2차 원산지신고서의 검증을 요청하였는데, 영국 관세당국은 "1차 원산지신고서는 생산회사가 아닌 판매회사가 작성한 것이고, 2차 원산지신고서도 인증수출자가 발급한 것이 아니다. 다만, 생산회사의 인증수출자 번호는 진정한 것이고, 검증 대상은 FTA가 정한 원산지 기준을 충족한다"라는 취지로 회신하였다. 피고는 원산지신고서가 인증수출자에 의하여 작성된 것이 아니라는 이유로 협정세율의 적용을 배제하고 부과처분을 하였다. 대상판결에서는 FTA 협정세율을 적용받기 위해서 수입물품이 원산지기준을 구비하였다는 실질적 요건에 더하여 원산지신고서의 형식적 요건까지도 충족하여야 하는지 여부가 쟁점이 되었다.

대상판결은 영국 관세당국이 1, 2차 원산지신고서가 모두 인증수출자가 작성한 것이 아니라고 회신하여 원산지신고서의 진정성에 대하여 합리적인 의심을 갖게 되었다면 특혜관세대우의 자격이 없다는 이유에서, 이와 같은 원산지신고서에 따라 FTA 협정관세를 적용받을 수 없다고 판단하였다. FTA협정관세의 적용을 받기 위해서는 수출 당사국의 원산지요건을 충족시킨 상품이라는 원산지상품요건과 수출당사국이 원산지임을 증명하는 적법한 원산지증명서 또는 원산지신고서가 제출되어야 한다는 원산지증명요건 등을 구비하여야 한다. 한·EU FTA의 경우 인증수출자가 작성한 원산지신고서에 의하여 협정관세를 적용받을 수 있도록 규정하므로 비록 원산지상품요건을 갖추었다고 하더라도 형식적 원산지증명요건을 위반한 경우에는 협정관세 혜택을 받을 수 없다는 대상판결의 판시는 기본적으로 타당하다고 보인다. 다만, 원산지신고서가 그 생산자인 영국법인 명의로 작성된 이상 원산지신고서가 위조되었다는 사정이 인정되지 않는다면 싱가포르법인에게 그 작성권한에 관한 포괄적인 대리나 위임의 여지가 있어 보이고, 해당물품의 원산지가 실질적으로 영국임에도 원산지신고서의 물리적 작성자가 영국법인이 아니라는 이유로 협정관세의 적용을 배제하는 것은 지나친 측면이 있으므로 원산지증명요건을 합목적적으로 해석하여 협정관세를 적용하는 것이 타당하다고 사료된다. 세법의 다른 영역에서도 절차적 규정에 대해서는 합목적적 해석을 하고 있는 점도 참고할 필요가 있다.

2. 대법원 2020. 11. 12. 선고 2018두65538 판결: 비특수관계인으로부터 전환사채 취득 후 전환권 행사에 따른 이익에 대한 구 상증세법 제42조 제1항 적용 여부

원고는 2012. 2. 6. 갑 법인 주식 및 경영권을 A로부터 매수하고, 같은 날 갑 법인이 제3자 배정방식으로 발행하는 신주와 전환사채를 인수하는 계약을 체결하였고, 이후 전환사채, 신주, 구주를 차례로 취득함으로써 갑 법인의 최대주주가 되었으며, 2013. 2. 13. 전환권을 행사하여 전환사채를 주식으로 전환하였다. 원고는 전환사채 취득 시점에는 갑 법인과 특수관계에 있지 아니하였으나, 전환권을 행사하는 시점에는 주주로서 특수관계인이 되었다. 피고는 구 상속세 및 증여세법(2015. 12. 15. 법률 제13557호로 개정되기 전의 것, 이하 '구 상증세법') 제42조 제1항 제3호에 근거하여, 원고가 전환권 행사시점의 주식가액 1,190원과 전환가액 779원의 차액의 이익을 얻었다고 보아 원고에게 증여세를 부과하였다. 대상판결에서는 비특수관계인으로부터 전환사채를 취득한 후 원고가 신주와 구주를 취득함으로써 비로소 특수관계인이 된 이후에 전환권을 행사하여 전환이익을 얻은 경우에도 제42조 제1항 제3호를 적용하여 증여세를 과세할 수 있는지 및 같은 조 제3항에 따라 그 전환권행사가 특수관계에 있는 자가 아닌 자간의 거래로서 거래관행상 정당한 사유가 인정될 수 있는지가 쟁점이 되었다.

대상판결은 우선 구 상증세법 제42조 제1항 제3호는 제2조 제3항에서 증여세 과세대상으로 포괄적으로 정의한 증여에 관한 가액산정규정 중 하나이고, 법 제40조 제1항의 과세요건을 충족하지 않더라도 제42조 제1항 제3호에 의하여 증여재산가액을 산정하여 증여세를 과세할 수 있다고 봄이 타당하다고 판시하였다. 즉, 비특수관계자로부터 취득한 전환사채를 특수관계인이 된 후 행사하여 얻은 전환이익에 대하여 제42조 제1항 제3호가 적용될 수 있다는 것이다. 또한, 대상 판결은 전환사채의 전환권을 행사할 당시 특수관계가 있는 이상 설령 그 취득 시점에 특수관계가 없었더라도 '특수관계인이 아닌 자 간의 거래'에는 해당하지 않는다고 판단하였다.

대상판결은 특수관계가 없는 자로부터 전환사채를 취득한 후 전환권 행사로 얻은 이익이 비록 구 상증세법 제40조 제1항의 과세요건을 충족하지 않더라도 특수관계가 있는 상태에서 전환권을 행사한 이상 제42조 제1항 제3호의 적용대상이 됨을 확인하였다는 의의가 있다. 구 상증세법 제42조 제1항은 제40조 제1항 이외에 전환사채 등에 의한 주식의 전환 등으로 일정한 이익을 얻은 경우에 특수관계 여부를 불문하고 과세하기 위한 '유형별 포괄주의'의 성격을 띤 규정이므로 대상판결의 결론은 일응 수긍할 수 있다. 그러나 구 상증세법 제40조 제1항 제2호 가목이 '전환사채 등을 특수관계인으로부터 취득한 경우'라고 표현하여 전환사채 취득 시점을 특수관계의 판단 시점으로 규정하고, 전환권 행사를 통하여 발생한 이익에 증여세를 과세하려는 취지는 전환사채 발행조건을 정할 때 전환가액을 시가보다 낮게 정함으로써 비정상적인 이익을 얻는 것을 방지하기 위함이므로 전환권 부여 및 취득 시점이 특수관계의 판단 기준이 되는 것이 타당하므로 그 행사 시점에 특수관계가 있다는 이유로 제42조 제3항의 적용을 배척한 부분은 의문이 있다. 거래의 관행상 정당한 사유에 관한 특수관계인 판단 시점을 입법론으로 정비하는 것이 바람직하다.

참고문헌

국내문헌

단 행 본

강석규, 조세법쟁론, 삼일인포마인, 2017.

강인애, 신소득세법, 한일조세연구소, 2006.

계희열, 헌법학(상), 박영사, 2010.

광장신탁법연구회, 주석 신탁법, 박영사, 2015.

국회예산정책처, 부동산세제 현황 및 최근 논의 동향, 2018.

기획재정부 FTA 국내대책본부, FTA 이해와 활용, 중앙일보시사미디어, 2010.

김기인 · 신태욱, 한국관세법, 한국관세무역개발원, 2015.

김두형, 부가가치세법론, 피앤씨미디어, 2016.

김문현 · 김주환 · 임지봉 · 정태호, 기본권 영역별 위헌심사의 기준과 방법, 헌법재판소, 2008.

김빛마로 · 유현영 · 김민경, 디지털경제의 주요특징과 조세쟁점연구, 한국조세재정연구원, 2016.

김완석 · 정지선, 소득세법론, 광교이택스, 2013.

김유찬 · 이유향, 주요국의 조세제도 독일편, 한국조세재정연구원, 2009.

김재진 · 홍용식, 신탁과세제도의 합리화 방안, 한국조세연구원, 1998.

김철용, 행정법, 고시계사, 2013.

김해마중, 고정사업장과세의 이론과 쟁점, 경인문화사, 2017.

대법원 법원행정처, 법원실무제요 [5]: 행정 · 소년 · 비송, 1986.

류지태 · 박종수, 행정법신론, 박영사, 2010.

박명호 · 최정욱 · 정훈, 주요국의 해외금융계좌 신고제도에 대한 비교연구, 한국조세재정연구원, 2013.

서울행정법원, 행정재판실무편람 III, 2002.

성낙인, 헌법학, 법문사, 2014, 2018.

소순무, 조세소송, 영화조세통람, 2014.

안종범, 저출산 고령화에 대비한 과세단위 개편에 관한 연구, 국회예산정책처, 2009.

오윤, 국제조세법론, 삼일인포마인, 2016.

오종현·손은주·정경화, 1세대 1주택 양도소득 비과세제도 연구, 한국조세재정연구원, 2016.

이경근, 국제조세의 이해와 실무, 영화조세통람, 2018.

이경근·서덕원·김범준, 국제조세의 이해와 실무, 영화조세통람, 2011.

이계정, 신탁의 기본법리에 관한 연구, 경인문화사, 2017.

이명구·정재완·정재호, FTA 이해와 활용, 도서출판 청람, 2016.

이용섭, 국제조세, 세경사, 2005.

이재호, 국내세법과 조세조약, 경인문화사, 2007.

이종엽·김주경, 법원의 헌법판단을 위한 위헌심사기준연구, 사법정책연구원, 2018.

이종익·박병목, 자유무역협정(FTA)의 이행을 위한 관세법의 특례에 관한 법률 해설, 세
    경사, 2020.

이준봉, 조세법총론, 삼일인포마인, 2016.

이중기, 신탁법, 삼우사, 2007.

이창희, 국제조세법, 박영사, 2015, 2020.

이창희, 세법강의, 박영사, 2012, 2017, 2020.

이철송, 회사법강의, 박영사, 2016.

이태로·한만수, 조세법강의, 박영사, 2014, 2015, 2016, 2018.

임승순, 조세법, 박영사, 2010, 2014, 2016, 2017, 2020.

장영수, 헌법학 II, 홍문사, 2010.

전광석, 한국헌법론, 집현재, 2016.

정재완, 관세법, 도서출판 청람, 2016.

정종섭, 헌법학원론, 박영사, 2017.

최명근, 세법학총론, 세경사, 2006.

최수정, 신탁법, 박영사, 2016.

최호석, 신탁법, 한국법학교육원, 2014.

한국조세재정연구원, 주요국의 소득세제도 제1권, 2019.

허영, 한국헌법학원론, 박영사, 2014.

홍성훈·이은별·홍민옥, 국외투자기구 과세제도 국제비교 연구, 한국조세재정연구원,
    2014.

논 문

강남규, "원천징수제도의 개선방안", 조세법연구 제13-2집, 세경사, 2007. 8.

강석규, "엔화스왑예금거래의 선물환차익이 이자소득세 과세대상인지 여부", 대법원 판례
해설 제87호, 법원도서관, 2011.

강석훈·정광진, "해외투자펀드의 국내원천소득에 대한 원천징수제도의 문제점", 법학평
론 창간호, 서울대학교 출판문화원, 2010.

강성모, "2016년 부가가치세법 판례회고", 조세법연구 제23-1집, 세경사, 2017. 4.

강성모, "이동통신사업자가 지원하는 단말기 보조금과 부가가치세", 대법원 판례해설 제
106호, 법원도서관, 2015.

강헌구, "위법소득에 대한 몰수나 추징이 있는 경우 후발적 경정청구를 하여 납세의무의
부담에서 벗어날 수 있는지 여부(원칙적 적극)", 대한변협신문 제568호, 대한변호사
협회, 2015. 11. 30.

강희철·김경연, "지주회사의 설립방안에 관한 법적 고찰", 지주회사와 법, 도서출판 소화,
2008.

공현진·박훈, "마일리지 결제시 부가가치세법상 매출에누리 인정여부", 조세법연구 제
20-2집, 세경사, 2014. 8.

권오성, "해외금융계좌 신고의무에 관한 과태료 부과에 관한 소고", 세무와 회계연구 제3
권 제2호, 한국세무사회 한국조세연구소, 2014. 2.

권용숙, "주식명의신탁에 있어 명의수탁자의 처분과 법률관계", 판례연구 제22집, 서울지
방변호사회, 2008. 8.

권은민, "관세법상 '특수관계에 의한 영향'의 입증책임", 조세실무연구 1, 김·장 법률사무
소, 2009.

김경하, "주택에 대한 과세제도의 합리적 개선방안 연구", 조세법연구 제26-3집, 세경사,
2020. 11.

김경환, "주택관련 세제의 개편 방안", 부동산연구 제17집 제2호, 한국부동산연구원,
2007. 12.

김관중, "명의신탁재산의 증여의제: 조세회피목적의 합헌적 해석·적용", 재판자료 제108
집, 법원도서관, 2005. 12.

김남진, "토지공개념의 사상적 기초", 사법행정 제32권 제11호, 한국사법행정학회, 1991.

김동수·마영민, "신탁과 세법", BFL 제17호, 서울대학교 금융법센터, 2006. 5.

김만길, "우리나라 원산지증명제도의 문제점 분석 및 개선방안", 경영경제연구 제34권 제
1호, 충남대학교 경영경제연구소, 2011. 8.

김민훈, "세무조사권에 대한 법적 통제", 공법학연구 제6권 제2호, 한국비교공법학회, 2005. 6.

김범준, "제3자를 거친 신주인수권부사채 거래와 실질과세원칙", 대법원 판례해설 제122호, 법원도서관, 2020.

김석환, "사용료 소득의 원천지 판단기준", 저스티스 제140호, 한국법학원, 2014. 2.

김석환, "조세조약상 수익적소유자와 국내세법상 실질귀속자와의 관계", 조세학술논집 제29집 제1호, 한국국제조세협회, 2013. 2.

김석환, "조세조약 해석에 있어서 국내법상 실질과세원칙의 적용 여부", 조세판례백선 2, 박영사, 2015.

김선아, "국세기본법 제14조 제3항과 실질과세원칙: 적용요건을 중심으로", 행정재판실무연구 VI, 법원도서관, 2020.

김선영, "원천징수 절차에 대한 개선방안", 조세실무연구 2, 김·장 법률사무소, 2011.

김성균, "부동산 신탁 관련 재산세 및 부가가치세 검토", 원광법학 제33권 제1호, 원광대학교 법학연구소, 2017. 3.

김성균, "유형별 포괄주의 방식에 따른 조항의 효력', 조세판례백선 2, 박영사, 2015.

김승호·이진우, "부동산신탁과 조세 1", 국세 제605호, 국세청, 2017. 6.

김신언, "최근 디지털세제의 동향과 우리나라 과세제도의 개편방안", 조세법연구 제26-1집, 세경사, 2020. 4.

김영순, "최빈국 특혜관세 활용을 위한 원산지증명서의 완화 필요성", 법학연구 제19집 제1호, 인하대학교 법학연구소, 2016. 3.

김영순, "특수관계자간 수입거래와 관련한 입증책임 분배의 입법적 개선방안", 법학연구 제18집 제2호, 인하대학교 법학연구소, 2015. 6.

김영심, "조세법상의 '사기 기타 부정한 행위' 관련 소고", 법학연구 제19권 제1호, 연세대학교 법학연구소, 2009. 3.

김영우, "조세입법에 있어서 고려해야 할 과잉금지원칙: 헌법재판소 판례분석을 중심으로", 인권과 정의 제394호, 대한변호사협회, 2009. 6.

김완석, "법인세법상 손금의 해석에 관한 연구", 세무학연구 제19권 제2호, 한국세무학회 2002. 12.

김완석, "원천징수의 법적 성질에 관한 고찰 1", 조세 제96호, 조세통람사, 1996.

김완석, "원천징수제도의 위헌여부에 관한 고찰", 한국조세연구 제11권, 한국조세학회, 1996.

김완석·이전오, "여성의 결혼·이혼·상속과 세제", 세무학연구 제22권 제1호, 한국세무학회, 2005. 3.

김은철, "혼인과 가족에 대한 헌법적 보호", 법학논총 제21집 제1호, 조선대학교 법학연구원, 2014. 4.

김재광, "과태료제도와 관련한 법적 문제", 경희법학 제52권 제2호, 경희법학연구소, 2017. 6.

김재광, "과태료제도의 문제점과 개선방안", 법조 제577호, 법조협회, 2004. 10.

김재승, "위법비용과 손금", 법학논총 제32집 제3호, 전남대학교 법학연구소, 2012. 12.

김재식, "원산지 검증과정에서 형식적 측면과 실질적 요건의 관계: 사례검토를 중심으로", 관세학회지 제20권 제1호, 한국관세학회, 2019. 2.

김정홍, "BEPS 이행 다자협약의 현황과 전망", 조세학술논집 제34집 제1호, 한국국제조세협회, 2018. 2.

김정홍, "케이만 유한 파트너쉽의 외국법인 해당 여부에 대한 검토 및 향후 과제", 조세학술논집 제36집 제1호, 한국국제조세협회, 2020. 3.

김종근 · 박훈, "배당소득 요건의 정립에 따른 배당소득 과세제도 개선방안", 조세법연구 제22-2집, 세경사, 2016. 8.

김지혜 · 노민지 · 오민준 · 권건우, "영국의 부동산 조세정책과 시사점", 국토정책 BRIEF 제766호, 국토연구원, 2020. 6. 8.

김지혜 · 노민지 · 오민준 · 권건우, "주요국의 주택가격 변동과 부동산 조세정책", 국토정책 BRIEF 제758호, 국토연구원, 2020. 4. 6.

김지혜 · 노민지 · 오민준 · 권건우 · 오아연, "프랑스·싱가포르의 부동산 조세정책과 시사점", 국토정책 BRIEF 제767호, 국토연구원, 2020. 6. 15.

김태경 · 변혜정, "해외금융계좌신고제도의 문제점 및 개선방안", 원광법학 제31권 제1호, 원광대학교 법학연구소, 2015. 3.

김태호, "원천징수와 특별징수의 법적 및 실무상의 문제점 고찰", 월드텍스연구논집 제2권 제1호, 월드텍스연구회, 2006. 6.

김하열, "자유권 제한입법에 대한 위헌심사: 판례에 대한 몇 가지 비판적 고찰", 동아법학 제56호, 동아대학교 법학연구소, 2012. 8.

김학세, "행정법상 신고제도", 변호사 제32집, 서울지방변호사회, 2002. 1.

김해마중, "국제상속과세에 관한 연구", 조세법연구 제26-1집, 세경사, 2020. 4.

김해마중, "위법한 세무조사대상 선정에 따른 과세처분의 효과", 조세실무연구 7, 김 · 장 법률사무소, 2016.

나성길, "신고가격이 의심스러운 경우에 대한 관세평가와 입증책임에 관한 고찰", 관세와 무역 제34권 제2호, 한국관세무역연구원, 2002. 2.

민태욱, "오피스텔의 법적 지위와 조세문제", 고려법학 제72호, 고려대학교 법학연구원, 2014. 3.

박균성, "행정법상 신고", 고시연구 제26권 제11호, 고시연구사, 1999. 4.

박민, "부동산 보유세 증세에 대한 소고: 미국의 보유세를 중심으로", 토지공법연구 제81집, 한국토지공법학회, 2018. 2.

박민 · 안경봉, "법인세법상 '실질적 관리장소'의 판단기준", 조세학술논집 제29집 제1호, 한국국제조세협회, 2013. 2.

박설아, "단말기약정보조금의 부가가치세법상 매출에누리 인정여부", 법조 제716호, 법조협회, 2016. 5.

박성욱 · 노정관 · 정희선, "부동산 양도소득세제의 개선방안에 관한 연구: 비사업용토지를 중심으로", 세무학연구 제32권 제3호, 한국세무학회, 2015. 9.

박재찬, "2013년도 법인세법 판례회고", 조세법연구 제20 – 1집, 세경사, 2014. 4.

박정수, "부가가치세법상 매출에누리의 범위", 2013년 사단법인 한국세법학회 제110차 정기학술대회 자료집, 한국세법학회, 2013.

박훈, "디지털 경제하에서의 고정사업장 개념 변경과 해외이전소득에 대한 과세제도의 도입에 관한 소고", 조세학술논집 제35집 제1호, 한국국제조세협회, 2019. 2.

박훈, "부동산세제와 기본권: 국제적 비교분석", 2020년 제15회 조세관련연합학술대회 자료집, 한국세법학회, 2020.

박훈, "세대(世帶) 관점에서 바라 본 부동산 관련 취득세, 재산세, 지방소득세의 합리적 과세단위 개선방안", 지방세논집 제7권 제2호, 한국지방세학회, 2020. 8.

방진영, "부동산 신탁과 부가가치세 문제", 조세법연구 제24 – 2집, 세경사, 2018. 8.

배형석 · 양성국, "부동산세제의 국제비교와 시사점", 유라시아연구 제16권 제2호, 아시아 · 유럽미래학회, 2019. 6.

백새봄, "해외금융계좌 신고제도에 관한 몇 가지 쟁점", 조세법의 쟁점 제4호, 경인문화사, 2020.

백제흠, "가산세 면제의 정당한 사유와 세법의 해석", 특별법연구 제8권, 사법발전재단, 2006.

백제흠, "국내원천소득에 대한 원천징수의무를 부담하는 '소득금액을 지급하는 자'의 의미", 세법의 논점, 박영사, 2016.

백제흠, "국제상속과세와 상속세조약", 조세법연구 제13 – 3집, 세경사, 2007. 12.

백제흠, "국제조세법의 체계와 그 개편방안에 관한 연혁적 고찰", 조세학술논집 제36집 제2호, 한국국제조세협회, 2020. 6.

백제흠, "소득의 귀속자에 대한 소득금액변동통지의 처분성", 세법의 논점, 박영사, 2016.

백제흠, "엔화스왑예금거래의 선물환차익과 소득세법상 유형별 포괄주의 이자소득의 범위", 세무사 제29권 제2호, 한국세무사회, 2011. 8.

백제흠, "외국법인의 국내원천소득에 대한 원천징수의무에 있어서의 실질과세원칙의 적용과 그 한계", 세법의 논점, 박영사, 2016.

백제흠, "인적·물적 시설이 없는 외국법인 본점과 소득귀속자 판단기준", 세법의 논점, 박영사, 2016.

백제흠, "유형적 포괄주의 과세조항의 해석과 그 한계", BFL 제57호, 서울대학교 금융법센터, 2013. 1.

백제흠, "장기부과제척기간의 적용요건으로서의 사기 기타 부정한 행위와 조세포탈 결과의 인식", 세법의 논점, 박영사, 2016.

백제흠, "지방세법상 부동산신탁의 과세쟁점", BFL 제94호, 서울대학교 금융법센터, 2019. 3.

백제흠, "피지배외국법인의 유보소득 과세제도에 관한 연구", 서울대학교 대학원 박사학위논문, 2005. 2.

백제흠, "해외지주회사의 과세문제", 조세법연구 제15-2집, 세경사, 2009. 8.

서규영, "위법소득에 대한 과세문제", 재판자료 제60집, 법원도서관, 1993. 10.

손영철, "소득세법상 집합투자기구 세제 해설", 세무사 제27권 제1호, 한국세무사회, 2009. 4.

손영화, "현행 지방세법상 신탁재산 재산세 납세제도의 개선방안", 한양법학 제29권 제2집, 한양법학회, 2018. 5.

신영수·윤소연, "부동산신탁의 쟁점", BFL 제62호, 서울대학교 금융법센터, 2013. 11.

신한미, "혼인과 그 해소에 관련된 조세문제", 가사재판연구 I, 서울가정법원 가사재판연구회, 2007.

심경, "경정청구사유에 관한 고찰", 사법논집 제40집, 법원도서관, 2005.

안경봉, "외국단체의 소득귀속자 판단기준", 현대 조세소송의 좌표, 영화조세통람, 2017.

안병욱, "사실과 다르게 기재된 세금계산서에 의한 매입세액 공제 여부", 재판자료 제108집, 법원도서관, 2005.

안종범, "저출산·고령화와 과세단위의 변경", 세무사 제27권 제4호, 한국세무사회, 2010. 2.

양충모, "조세입법에 대한 사법심사원리로서 비례원칙의 한계", 공법연구 제38집 제4호, 한국공법학회, 2010. 6.

여경수, "헌법상 주택공개념에 관한 연구", 법학논총 제22집 제2호, 조선대학교 법학연구원, 2015. 8.

오경석, "과세표준 및 세액을 추가신고·자진납부한 경우 경정청구의 기산일", 조세실무연구 4, 김·장 법률사무소, 2013.

오윤, "조세조약 해석상 국내세법의 지위", 조세학술논집 제32집 제2호, 한국국제조세협회, 2016. 6.

오윤, "이전가격과 관세과세가격의 조화방안", 조세법연구 제12-1집, 세경사, 2006. 7.

오윤·이진영, "해외금융계좌신고제도 개선방안", 조세학술논집 제28집 제1호, 한국국제조세협회, 2012. 2.

우진욱·이재호, "디지털 경제화에 따른 사업소득 과세권 배분원칙의 재정립에 관한 최근 국제적 논의와 우리나라의 정책방향", 조세와 법 제12권 제2호, 서울시립대학교 법학연구소, 2019. 12.

윤준석, "외국법인의 국내원천소득에 대한 원천징수", 조세학술논집 제33집 제3호, 한국국제조세협회, 2017. 10.

윤지현, "상속세 및 증여세의 간주·추정규정의 한계", 조세법연구 제16-1집, 세경사, 2010. 4.

윤지현, "소득 지급의 '대리' 또는 '위임'과 원천징수의무", 조세법연구 제18-3집, 세경사, 2012. 12.

윤지현, "수익적 소유자 개념의 해석: 최근 국내외의 동향과 우리나라의 해석론", 사법 제25호, 사법발전재단, 2013. 9.

윤현석, "소득세법상 국외전출세 도입에 관한 연구", 조세학술논집 제32집 제3호, 한국국제조세협회, 2016. 10.

이경근, "집합투자기구(CIV)와 역외소득탈루", 조세학술논집 제27집 제1호, 한국국제조세협회, 2011. 2.

이근영, "신탁법상 수익자의 수익권의 의의와 수익권포기", 민사법학 제30호, 삼진인쇄공사, 2005.12.

이다영·변혜정, "BEPS 방지 다자협약에 관한 연구", 서울법학 제27권 제4호, 서울시립대 법학연구소, 2020. 2.

이동식, "거주용 주택에 대한 과세의 새로운 접근", 세무학연구 제25권 제4호, 한국세무학회, 2008. 12.

이동식, "국세기본법상 후발적 경정청구제도", 현대공법이론의 제문제, 삼영사, 2003.

이동식, "부동산보유세의 현황과 문제점: 종합부동산세를 중심으로", 토지공법연구 제36집, 한국토지공법학회, 2007. 5.

이동식, "부부재산공유제와 증여세 과세", 법제연구 제55호, 한국법제연구원, 2018. 12.

이동식, "소득세와 종합부동산세의 부부합산과세제도 도입방안", 조세법연구 제26-3집, 세경사, 2020. 11.

이동식·황헌순·전세진, "주거용 주택에 대한 취득·재산세 차등과세방안", 지방자치법연구 제15권 제3호, 한국지방자치법학회, 2015. 9.

이동신, "과태료 사건의 실체법 및 절차법상 제문제", 사법논집 제31집, 법원도서관, 2000.

이득수, "다국적기업간 이전가격에 대한 합리적 과세방안", 관세와 무역 제38권 제5호, 한국관세무역개발원, 2006. 5.

이명구, "FTA 원산지기준의 실체적·절차적 요건에 관한 법적 고찰", 관세학회지 제20권 제1호, 한국관세학회, 2019. 2.

이명웅, "위헌여부 판단의 논증방법", 저스티스 제106호, 한국법학원, 2008. 9.

이미현, "국외투자기구의 소득에 대한 조세조약의 적용", 조세학술논집 제31집 제1호, 한국국제조세협회, 2015. 2.

이봉의, "보건의료산업 리베이트관행의 경쟁법적 쟁점과 과제", 법학 제50권 제4호, 서울대학교 법학연구소, 2009. 12.

이상신, "위법비용과 세법", 조세법연구 제10 - 2집, 세경사, 2004. 11.

이상신·박훈, "사실혼 배우자에 대한 일관된 과세방식 도입방안", 조세법연구 제12 - 2집, 세경사, 2006. 11.

이상우, "신주배정에 대한 명의신탁 증여의제 규정의 적용", 조세실무연구 2, 김·장 법률사무소, 2011.

이상우, "해외법인에 대한 과세상의 취급의 문제점", 특별법연구 제12권, 사법발전재단, 2015.

이예슬, "우선적 세무조사 대상자 선정에 관한 구 국세기본법 제81조의5 제2항의 해석", 대법원 판례해설 제100호, 법원도서관, 2014.

이용우, "국세기본법 제26조의2 제1항 제1호에 따른 국세의 부과제척기간에 관한 연구", 조세법연구 제20 - 2집, 세경사, 2014. 8.

이은총, "제약업계에서 지급되는 리베이트 비용 등의 손금 허용 여부", 조세실무연구 7, 김·장 법률사무소, 2016.

이의영, "통과선하증권과 직접운송의 원칙", 대법원 판례해설 제120호, 법원도서관, 2019.

이재교, "명의신탁 증여의제의 조세회피목적에 대한 해석", 법학연구 제10집 제1호, 인하대학교 법학연구소, 2007. 3.

이재호, "법인세법상 실질적 관리장소의 기본개념 및 판단요소", 조세학술논집 제31집 제1호, 한국국제조세협회, 2015. 2.

이재호, "비거주자의 주식양도소득에 대한 원천징수의무의 한계", 조세학술논집 제27집 제2호, 한국국제조세협회, 2011. 8.

이전오, "신탁세제의 문제점과 개선방안에 관한 연구", 성균관법학 제25권 제4호, 성균관대학교 법학연구소, 2013. 12.

이전오, "종합부동산세제의 문제점에 관한 고찰: 헌법측면을 중심으로", 성균관법학 제23권 제3호, 성균관대학교 법학연구소, 2011. 12.

이정란, "소득금액변동통지와 원천납세의무에 대한 부과제척기간", 법학연구 제56권 제1
　　호, 부산대학교 법학연구소, 2015. 2.

이정원, "실질과세원칙에 따른 거래의 재구성: 이른바 교차증여를 직접증여로 재구성할
　　수 있는지 여부", 대법원 판례해설 제111호, 법원도서관, 2017.

이정원, "자유무역협정의 협정관세를 적용받기 위한 원산지 증명의 요건", 대법원 판례해
　　설 제124호, 법원도서관, 2020.

이준명, "조세소송에 있어서의 입증책임", 재판자료 제115집, 법원도서관, 2008.

이준봉, "하이브리드 미스매치의 해소와 관련된 국내세법상 대응방안에 관한 연구", 조세
　　학술논집 제32집 제3호, 한국국제조세협회, 2016. 10.

이준봉 · 이재호, "역외탈세의 개념", 역외탈세, 삼일인포마인, 2014.

이중교, "무상주 과세의 논점", 특별법연구 제9권, 사법발전재단, 2011.

이중교, "신탁법상의 신탁에 관한 과세상 논점", 법조 제639호, 법조협회, 2009. 12.

이지수 · 남태연, "디지털 경제를 둘러싼 국제조세쟁점에 관한 고찰", 2015 세정전문가네
　　트워크 BEPS분과, 한국조세재정연구원, 2015.

이진석, "구 국세기본법 제47조의3 제2항 제1호가 규정한 '부당한 방법으로 과세표준을
　　과소신고한 경우'에 해당하기 위한 요건", 대법원 판례해설 제104호, 법원도서관,
　　2015.

이진석, "위법소득과 몰수 · 추징", 대법원 판례해설 제106호, 법원도서관, 2015.

이창, "법인세법상 내국법인 인정요건인 실질적 관리장소의 판단기준", 법학 제54권 제4
　　호, 서울대학교 법학연구소, 2013. 12.

이창희, "국외투자기구에 대한 실질귀속자 특례", 법학 제60권 제3호, 서울대학교 법학연
　　구소, 2019. 9.

이창희, "조세조약과 실질과세", 사법 제25호, 사법발전재단, 2013. 9.

이창희, "조세조약상 이중거주자", 법학 제51권 제1호, 서울대학교 법학연구소, 2010. 3.

이철송, "법인 임 · 직원의 횡령행위의 과세효과", 인권과 정의 제311호, 대한변호사협회,
　　2002.

이철송, "소득금액변동통지의 처분성에 수반하는 쟁점들", 세무사 제30권 제3호, 한국세무
　　사회, 2012. 10.

이철송, "현행 원천징수제도의 문제점", 세무사 제23권 제2호, 한국세무사회, 2005. 8.

이형하, "신탁법상의 신탁재산에 대한 종합토지세 부과대상자", 대법원 판례해설 제19－2
　　호, 법원도서관, 1993. 12.

임태욱 · 양인준, "신탁부동산에 대한 과점주주의 간주취득세 과세", 조세연구 제17권 제2
　　집, 한국조세연구포럼, 2017. 6.

장근호, "FTA 특혜 원산지 검증제도: 이행상의 문제점과 향후 개선방안", 조세연구 제13권 제1집, 한국조세연구포럼, 2013. 4.

장기용, "주택에 대한 양도소득세 중과세제도의 헌법적 한계", 부동산학보 제43집, 한국부동산학회, 2010. 12.

정광진, "법인에 대한 포괄적 과세권의 기초개념으로서 법인의 실질적 관리장소에 대한 고찰", 2016년 법관연수 어드밴스과정 연구논문집, 사법연수원, 2016.

정유리, "다국적기업의 조세회피 문제에 대한 대응방안", 조세법연구 제24-3집, 세경사, 2018. 11.

정회근·신평우, "조부유세로서 종합부동산세제에 대한 법률적 검토", 토지공법연구 제61집, 한국토지공법학회, 2013. 5.

조병선, "형벌과 과태료의 기능과 그 한계", 청대학술논집 제1집, 청주대학교 학술연구소, 2003. 8.

조윤희·하태흥, "2014년 조세분야 판례의 동향", 특별법연구 제12권, 사법발전재단, 2015.

차진아, "저출산 사회에서 혼인과 가족생활의 보호", 헌법학연구 제19권 제4호, 한국헌법학회, 2013. 12.

차진아, "조세국가의 헌법적 근거와 한계", 공법연구 제33집 제5호, 한국공법학회, 2005. 6.

차진아, "종합부동산세의 구조와 성격 및 헌법적 문제점: 헌재 2008. 11. 13. 2006헌바112 등 결정에 대한 평석", 고려법학 제53호, 고려대학교 법학연구원, 2009. 6.

최갑선, "헌법 제36조 제1항에 의한 혼인과 가족생활의 보장", 헌법논총 제14집, 헌법재판소, 2003.

최명근, "불법정치자금 과세의 법리적 검토", 조세 190호, 영화조세통람, 2004. 3.

최수정, "개정 신탁법상의 수익권", 선진상사법률연구 제59호, 법무부 상사법무과, 2012. 7.

최정미, "선적일 1년 이후, 수입신고 수리일 1년 이내에 발급된 원산지증명서를 첨부한 경우의 한·아세안 FTA 협정관세의 적용 여부", 조세실무연구 5, 김·장 법률사무소, 2014.

최정희, "BEPS 체제하에서 원천지국 과세권확보를 위한 원천징수제도 검토", 조세학술논집 제33집 제1호, 한국국제조세협회, 2017. 2.

최정희, "국제조세분야에서의 미국 개정 세법의 의의", 조세학술논집 제35집 제1호, 한국국제조세협회, 2019. 2.

최정희, "출국세 도입에 대한 헌법적 검토와 입법형태에 관한 연구", 조세학술논집 제30집 제3호, 한국국제조세협회, 2014. 10.

하상혁, "준비금의 자본전입·주식배당과 증여의제", 민사집행법 실무연구 제3권, 사법발전재단, 2011.

하태흥, "공급자가 사실과 다른 세금계산서와 명의위장사실에 대한 선의·무과실의 판단 요소", 대법원 판례해설 제98호, 법원도서관, 2014.

한만수, "위법소득의 과세에 관한 연구", 조세법연구 제10-2집, 세경사, 2004. 11.

한만수, "이동통신용역의 이용자 겸 단말기 구입자에게 지급되는 보조금의 부가가치세 과 세표준에의 포함여부에 관한 연구", 법학논집 제17권 제1호, 이화여자대학교 법학연 구소, 2012. 9.

한수웅, "헌법 제37조 제2항의 과잉금지원칙의 의미와 적용범위", 저스티스 제95호, 한국 법학원, 2006. 12.

한원교, "신탁과 관련된 조세법의 몇 가지 쟁점", 2017년도 법관연수 어드밴스과정 연구 논문집, 사법연수원, 2018.

한위수·이종현, "한·EU FTA에서의 원산지증명에 관한 몇 가지 문제", 조세법의 쟁점 제 3권, 경인문화사, 2018.

허원, "디지털 경제관련 국제조세 분야의 최근 논의와 대응 동향", 세무와 회계저널 제21 권 제2호, 한국세무학회, 2020. 4.

홍성훈, "디지털경제 과세에 대한 국제사회의 논의와 시사점", 의정연구 제25권 제3호, 한 국의정발전연구회, 2019.

홍용건, "관세법 제30조 제3항 제4호 소정의 '특수관계가 당해 수입물품의 거래가격에 영 향을 미쳤는지 여부'에 대한 증명책임의 소재", 대법원 판례해설 제80호, 법원도서관, 2009.

해외문헌

단 행 본

Bruins · Einaudi · Seligman · Stamp, *Report on Double Taxation*, League of Nations—Economic and Financial Commission (1923).

Ekkehart Reimer · Alexander Rust, *Klaus Vogel on Double Taxation Conventions*, Wolters Kluwer (2015).

European Commission, *Commission Staff Working Document Impact Assessment* (2018).

Michaels S. Schadewald · Robert J. Misey, *Practical Guide to US Taxation of International Transactions*, Wolters Kluwer (2015).

OECD, *Addressing the Tax Challenge of the Digital Economy Action 1: 2015 Final Report, OECD/G20 Base Erosion and Profit Shifting Project* (2015).

OECD, *BACKGROUND BRIF Inclusive Framework on BEPS* (2017. 1.)

OECD, *Explanatory Statement, OECD/G20 Base Erosion and Profit Shifting Project* (2015).

OECD, *OECD Secretary—General Tax Report to G20 Finance Ministers and Central Bank Governors* (2020. 2.).

OECD, *IF on BEPS on the Two—pillar Approach* (2020).

OECD, *OECD Digital Economy Outlook* (2015).

OECD, *Public Consultation Document – Addressing the Tax Challenge of the Digitalization of the Economy* (2019. 2.).

OECD, *Public Consultation Document – Global Anti—Base Erosion Proposal ("GloBE") – Pillar Two* (2019. 11.).

OECD, *Public Consultation Document – Secretariat Proposal for a United Approach under Pillar One* (2019. 10.).

OECD, *Statement by the OECD/G20 Inclusive Frame work on BEPS on the Two—Pillar Approach to Address the Tax Challenges Arising from the Digitalization of the Economy* (2020. 1.).

OECD, *Taxation and Electronic Commerce: Implementing the Ottawa Taxation Framework Conditions* (2001).

OECD, *Tax Challenges Arising from Digitalization — Interim Report 2018* (2018).

OECD, *Taxing Profits in a Global Economy: Domestic and International Issues* (1991).

OECD, *Transfer Pricing and Multinational Enterprises* (1979).

OECD, *Transfer Pricing and Multinational Enterprises: Three Taxation Issues* (1984).

OECD, *Transfer Pricing Guideline for Multinational Enterprises and Tax Administration* (1995).

OECD Committee on Fiscal Affairs, *The Granting of Treaty Benefits with respect to the Income of Collective Investment Vehicles*, CTPA (2010),

Pia Dorfmueller, *Tax Planning for U.S. MNCs with EU Holding Companies*, Kluwer Law International (2003).

Robert Couzin, *Corporate Residence and International Taxation*, IBFD (2002).

谷口勢津夫, 租税條約論, 清文社, 1999.

논 문

Arvid Aage Skaar, "Erosion of the Concept of Permanent Establishment: Electronic Commerce", *28 Intertax 188* (2000).

John H. Langbein, "The Secret Life of the Trust: The Trust as an Instrument of Commerce", *107 Yale L. J.165* (1997).

Chang Hee Lee·Ji－Hyun Yoon, "Withholding Tax in the Era of BEPS, CIVs and Digital Economy", *Cahiers de droit fiscal international Vol. 103* (2018).

Cummings Jr. Jasper. L., "Selective Analysis: The BEAT", *Tax Notes* (2018. 3. 26.).

Je－Heum Baik, "Meaning and Basis of Judgment on 'Place of Effective Management under the Corporate Income Tax Law of Korea", *Journal of Korean Law Vol. 17* (2018. 6.).

Marcel Olbert·Christoph Spengel, "International Taxation in the Digital Economy: Challenge Accepted?", *World Tax Journal Feb. 2017* (2017).

OECD, "Electronic Commerce: Verification of Customer Status and Jurisdiction", *Consumption Tax Guidance Series: Paper No. 3* (2003).

판례색인

대법원 판결

하급심 판결

헌법재판소 결정

저자 소개

❖ 김 · 장 법률사무소 백제흠 변호사

학 력

서울대학교 법과대학 (법학사, 법학석사, 법학박사)
연세대학교 경영대학원 (경영학석사)
Harvard Law School (International Tax Program)
NYU School of Law (LL.M. in Taxation)

경 력

제30회 사법시험 합격
제31회 행정고등고시 합격
육군 법무관
서울지방법원, 인천지방법원, 창원지방법원 판사
대한변호사협회 변호사연수원 원장
서울지방변호사회 조세연수원 원장
기획재정부 세제실 고문변호사
기획재정부 세제발전심의위원회, 국세예규심사위원회 위원
행정안전부 지방세발전위원회 위원

학술활동

서울대학교, 서울시립대학교, 고려대학교, 성균관대학교, 이화여자대학교 겸임교수
한국지방세학회 명예회장
한국세법학회 차기회장, 조세법연구 편집위원장
한국국제조세협회, 한국세무학회, 한국조세연구포럼, 한국관세학회 부회장
NYU Tax Practice Council Member

자격취득

변호사 (대한민국, 미국 뉴욕주)
공인회계사 (미국 일리노이주)

세법의 논점 2

초판발행	2021년 9월 10일
지은이	백제흠
펴낸이	안종만 · 안상준
편 집	김상인
기획/마케팅	조성호
표지디자인	박현정
제 작	고철민 · 조영환
펴낸곳	(주)**박영사**
	서울특별시 금천구 가산디지털2로 53, 210호(가산동, 한라시그마밸리)
	등록 1959. 3. 11. 제300-1959-1호(倫)
전 화	02)733-6771
f a x	02)736-4818
e-mail	pys@pybook.co.kr
homepage	www.pybook.co.kr
ISBN	979-11-303-3999-3 93360

정 가   46,000원